Hohnel

Kapitalmarktstrafrecht

Kapitalmarktstrafrecht

Kommentar

herausgegeben von

Dr. Andreas Hohnel
Rechtsanwalt in Frankfurt am Main

Bearbeitet von

Dr. iur. Oliver Brunke
Wertpapierhändler

Dr. iur. Andreas Hohnel
Rechtsanwalt, Fachanwalt für
Strafrecht

Dr. iur. Michael Köhler
Oberregierungsrat

Dr. iur. Andreas Popp, M.A.
Privatdozent

Dr. iur. Henrik Vogel, LL.M.
Rechtsanwalt

Ulrike Grube
Rechtsanwältin

Dr. iur. Brigitta Hohnel
Rechtsanwältin, Fachanwältin für
Strafrecht

Björn Krug
Rechtsanwalt, Fachanwalt für
Strafrecht

Kathie Schröder
Rechtsanwältin

Markus Weimann
Oberstaatsanwalt

Gernot Zimmermann
Rechtsanwalt, Fachanwalt für Strafrecht

2013

C.H.BECK

www.beck.de

ISBN 978 3 406 63153 5

© 2013 Verlag C. H. Beck oHG
Wilhelmstraße 9, 80801 München
Druck und Bindung: fgb · freiburger graphische Betriebe GmbH & Co. KG
Bebelstraße 11, 79108 Freiburg

Satz: Meta Systems Publishing & Printservices GmbH, Wustermark

Gedruckt auf säurefreiem, alterungsbeständigem Papier
(hergestellt aus chlorfrei gebleichtem Zellstoff)

Vorwort

Dieses Buch ist eine Einführung in das Kapitalmartktstrafrecht. Es entspricht dem Konzept der sog. „Gelben Reihe" im Verlag C. H. BECK, praxisgerecht und anwenderfreundlich auch extrem heterogene Rechtsgebiete in einem Praktikerkommentar darzustellen.

Das Buch enthält eine übersichtliche Darstellung von Straftatbeständen sowie Ordnungswidrigkeiten, die das Wirtschaftsstrafrecht und dabei vornehmlich den Wertpapierhandel betreffen. Es liegen nur sehr wenige Entscheidungen vor, die sich mit dem WpHG auf strafrechtlicher oder ordnungswidrigkeitenrechtlicher Ebene auseinandersetzen. Es wurde versucht, bislang unveröffentlichte Entscheidungen der Bafin in die Kommentierung einzubeziehen – dies hat die Bafin jedoch leider abgelehnt.

Der Gesetzgeber bedient sich im Kapitalmarktstrafrecht und bei den Ordnungswidrigkeiten im Wirtschaftsrecht regelmäßig sog. Blanketttatbestände. Dies führt zu einer Normzersplitterung, die dieses schwierige Rechtsgebiet unübersichtlich werden lässt. Auf Grund häufiger Gesetzesänderungen im Zusammenhang mit Wertpapierhandel sind verschiedenen Gesetzen das Datum ihres Inkrafttretens vorangestellt, so dass der Rechtsanwender bereits die zeitliche Gültigkeit prüfen kann.

Einen weiteren Schwerpunkt legt das Buch auf die Erläuterung des Verfahrensrechts im Ordnungswidrigkeitenprozeß. Dabei werden die Besonderheiten der verschiedenen Verfahrensstadien, der Verbandsgeldbuße, § 30 OWiG, der Inhaberverantwortlichkeit, § 130 OWiG, des Beweisantragsrechts im Ordnungswidrigkeitenverfahren sowie die Unterschiede des Verwaltungsrechts und des Strafrechts im Verhältnis zum Recht der Ordnungswidrigkeiten aufgezeigt. Auch die Wechselwirkungen von zivilrechtlichen und strafrechtlichen bzw. ordnungswidrigkeitenrechtlichen Sanktionen werden in einem Kapitel aufgezeigt. Darüber hinaus werden nicht nur die in der Praxis bedeutsamen Fragen der Compliance-Regelungen dargestellt, sondern auch die Probleme im Zusammenhang mit grenzüberschreitenden Ermittlungen in Wirtschaftsstrafsachen.

Das Wirtschaftsrecht wird durch europäische Richtlinien und Verordnungen geprägt. Dass der europäische Einfluss auf das nationale Wirtschaftsrecht und damit zwangsläufig auf das Wirtschaftsstrafrecht ständig steigt, zeigen der Vertrag von Lissabon und die Einführung des Art. 83 Abs. 2 AEUV. Dadurch kommt es vereinzelt nicht nur zu Kollisionen mit nationalem Strafrecht, sondern es werden auch dogmatisch umstrittene Institute aus dem anglo-amerikanischen Rechtskreis wie die sog. Safe-Harbour-Regelung in deutsches Strafrecht eingeführt.

Überdies unterscheiden sich die verwaltungsrechtlichen und strafrechtlichen Folgen im Zusammenhang mit Insiderhandel und Marktmanipulation innerhalb der Mitgliedsstaaten der Europäischen Union teilweise sehr erheblich. Aus diesem Grund wird versucht, Ermittlungsbefugnisse von Behörden auf europäischer Ebene zu erweitern sowie die unterschiedlichen Sanktionsregime zu harmonisieren.

Vor diesem Hintergrund verbleibt dem Rechtsanwender eine große Gestaltungsmöglichkeit!

Vorwort

Abschließend sei an dieser Stelle Frau Mónica Sequeira Heinbücher großer Dank für ihre bewundernswerte Akribie und Geduld bei der Prüfung des Manuskripts ausgesprochen!

Anregungen und Kritik nehme ich gerne unter kanzlei-ffm@hohnel.de entgegen.

Frankfurt am Main, 23. Mai 2013   Andreas Hohnel

Inhaltsverzeichnis

Inhaltsverzeichnis

Inhaltsverzeichnis

Abkürzungsverzeichnis

Abkürzungsverzeichnis

Abkürzungsverzeichnis

Abkürzungsverzeichnis

Gesamtliteraturverzeichnis

Achenbach	Ordnungsfaktor Wirtschaftsstrafrecht, StV 2008, 324
Achenbach /	
Ranisek	Handbuch Wirtschaftsstrafrecht, 3. Auflage, 2012
Adick	Organuntreue (§ 266 StGB) und Business Judgement: Die strafrechtliche Bewertung unternehmerischen Handelns unter Berücksichtigung von Verfahrensregeln, 2010
Ahlbrecht / Böhm /	
Esser / Hugger / Kirsch /	
Rosenthal	Internationales Strafrecht in der Praxis, 2008
Assmann / Pötzsch /	
Schneider	Wertpapiererwerbs- und Übernahmegesetz, 2. Auflage, 2013
Assmann /	
Schneider	Kommentar zum Wertpapierhandelsgesetz, 6. Auflage, 2012
Baums / Thoma	Kommentar zum Wertpapiererwerbs- und Übernahmegesetz, 2011
Beck / Samm /	
Kokemoor	Gesetz über das Kreditwesen, Loseblattsammlung, 2009
Benner	Konsequenzen der Zentralisierungsbestrebungen der Wertpapiermarktaufsicht, ZRP 2001, 450
Bittermann	Strafrechtliche Folgen des MoMiG, NStZ 2009, 113
Bittmann	Zur Befreiung eines für eine juristische Person tätigen Berufsgeheimnisträgers von der Schweigepflicht, wistra 2012, 173
Bock	Criminal Compliance, 2011
Bock	Strafrechtliche Aspekte der Compliance-Diskussion – § 130 OWiG als zentrale Norm der Criminal-Compliance ZIS 2009
Bohnert	Ordnungswidrigkeitenrecht, 2010
Brand / Reschke	Die Bedeutung der Stoffgleichheit im Rahmen betrügerischer Telefonanrufe, NStZ 2011, 379
Buck-Heeb	Kapitalmarktrecht, 5. Auflage, 2011
Bürger	Die Haftung der Konzernmutter für Kartellverstöße ihrer Tochter nach deutschem Recht, WuW 2011, 130
Bürkle	Grenzen der strafrechtlichen Garantenstellung des Compliance-Officers, CCZ 2010, 4
Bussian	Die Verwendung von Insiderinformationen, WM 2011, 8
Dahs / Dahs	Die Revision im Strafprozeß, 8. Auflage, 2012
Dauster / Braun	Verwendung fremder Daten im Zivilprozess und zivilprozessuale Beweisverbote, NJW 2000, 313
ders.	Das Untreuestrafrecht auf dem Prüfstand der Verfassung, NJW 2010, 3195
Diehm	Strafrechtsrelevante Maßnahmen der Europäischen Union gegen Insidergeschäfte und Kursmanipulation, DZWIR 2012, 177
Eisenberg	Beweisrecht der StPO Spezialkommentar, 7. Auflage 2011
Emittentenleitfaden .	der Bundesanstalt für Finanzdienstleistungsaufsicht, 2005/2009
Erb	Gängige Formen suggestiver Irrtumserregung als betrugsrelevante Täuschungen, ZIS 2011, 368
Erbs / Kohlaas	Strafrechtliche Nebengesetze 194. Ergänzungslieferung 2013
Fahl	Zur Heilung von Zustellungsmängel, JR 2008, 524
Fischer	Strafgesetzbuch und Nebengesetze, 59. Auflage, 2012

Gesamtliteraturverzeichnis

Flatten .... Die Strafbarkeit von Bankangestellten bei der Geldwäsche, 1996

Förster .... Kapitalmarktrechtliche Haftung aus § 826 BGB, AL 2011, 197

Franzen / Gast /
Joecks .... (Hrsg.) Steuerstrafrecht, 7 Aufl., 2009

Fritz .... Beschlagnahmefähigkeit von im Rahmen von unternehmensinternen Untersuchungen durch beauftragte Rechtsanwälte angefertigten Befragungsprotokollen – faktische Einschränkung der Auskunftspflichten von Mitarbeitern – „nemo tenetur"-Grundsatz im Arbeitsrecht, CCZ 2011, 155

Fuchs .... Kommentar zum Wertpapierhandelsgesetz, 2009

Gaede / Mühlbauer . Wirtschaftsstrafrecht zwischen europäischem Primärrecht, Verfassungsrecht und der richtlinienkonformen Auslegung am Beispiel des Scalping – zugleich Besprechung von BGH wistra 2004, 109 –, wistra 2005, 9

Gassner / Escher ..... Bankpflichten bei der Vermögensverwaltung nach Wertpapierhandelsgesetz und BGH-Rechtsprechung, WM 1997, 93

Gätsch / Bracht .... Die Behandlung eigener Aktien im Rahmen der Mitteilungs- und Veröffentlichungspflichten nach §§ 21, 22 und 26a WpHG, AG 2011, 813

Gehrmann .... Das Spector-Urteil des EuGH – zur Beweislastumkehr beim Insiderhandel, ZBB 2010, 48

Geibel / Süßmann ... Wertpapiererwerbs- und Übernahmegesetz Kommentar, 2. Auflage, 2008

Göhler .... Ordnungswidrigkeitengesetz, 2009

Gräfin von Galen .. Beschlagnahme von Interviewprotokollen nach „Internal Investigations" – HSH Nordbank, NJW 2011, 942

Gramisch .... Die Strafvorschriften des Bilanzrichtliniengesetzes, wistra 1987, 157

Groß .... Kapitalmarktrecht, 5. Auflage, 2012

Grützner / Leisch .... §§ 130, 30 OWiG – Probleme für Unternehmen, Geschäftsleitung und Compliance-Organisation, DB 2012, 787

Haarmann /
Schüppen .... Frankfurter Kommentar zum WpÜG, 3. Auflage, 2008

Haas .... Die Verjährung von Insolvenzverschleppungsansprüchen, NZG 2011, 691

Hammen .... Börsen- und kreditwesengesetzliche Aufsicht über börsenähnliche Handelssysteme, Wertpapierbörsen und Börsenträger, WM 2001, 929

Hammen / Bressler /
Lösler .... Insiderrecht / Compliance, 2009

Hannich .... (Hrsg.) Karlsruher Kommentar zur StPO, 6. Auflage, 2008

Hansen .... Schadenswiedergutmachung für geschädigte Unternehmen der Marken- und Produktpiraterie – das Adhäsionsverfahren, GRUR 2009, 644

Hanten .... Aufsichtsrechtliche Erlaubnispflicht bei grenzüberschreitenden Bankgeschäften und Finanzdienstleistungen, WM 2003, 1412

Hantschel .... Untreuevorsatz: Eine Untersuchung zu Begriff und Beweis des Vorsatzes bei § 266 StGB, 2010

Harbort .... Die Bedeutung der objektiven Zurechnung beim Betrug, Diss. 2008

Harnos .... Rechtsirrtum über Aufklärungspflichten beim Vertrieb von Finanzinstrumenten, BKR 2009, 316

Hauschka .... Corporate Compliance – Handbuch der Haftungsvermeidung im Unternehmen, 2. Auflage 2010

Hecker .... Verwertungsverbot infolge unterlassener Betroffenenbelehrung?, NJW 1997, 1833

Gesamtliteraturverzeichnis

Bürgers / Körber	Heidelberger Kommentar zum Aktiengesetz, 2. Auflage 2011
Heintschel-Heinegg	(Hrsg.) Beck'scher Online-Kommentar (BeckOK) StGB, Edition 22, 2013
Hellgardt	Europarechtliche Vorgaben für die Kapitalmarktinformationshaftung, AG 2012, 154
Hellgardt	Kapitalmarktdeliktsrecht, 2008
Hellmann / Beckemper	Wirtschaftsstrafrecht, 3. Auflage, 2010
Henn / Frodermann / Jannot	Handbuch des Aktienrechts, 8. Auflage 2009
Hirte / Möllers	Kölner Kommentar zum WpHG, 2007
Herzog	GwG Kommentar 2010
Heusel	Der neue § 25a WpHG im System der Beteiligungstransparenz, WM 2012, 291)
Hienzsch	Das deutsche Insiderhandelsverbot in der Rechtswirklichkeit, Diss. 2005
Hohnel	Die Abgrenzung von Tat- und Rechtsfrage in der Rechtsprechung der Strafsenate des Bundesgerichtshofs, Diss. 1999
ders.	Selbstbelastungsfreiheit in der Insolvenz, NZI 2005, 152
Hölters	Aktiengesetz, 1. Auflage 2011
Hutter / Kaulamo ...	Das Transparenzrichtlinie-Umsetzungsgesetz: Änderungen der anlassabhängigen Publizität, NJW 2007, 471
Ignor	Rechtsstaatliche Standards für interne Erhebungen in Unternehmen – Die „Thesen zum Unternehmensanwalt im Strafrecht" des Strafrechtsausschusses der Bundesrechtsanwaltskammer, CCZ 2011, 143
Ignor / Rixen	(Hrsg.) Handbuch Arbeitsstrafrecht, Personalverantwortung als Strafbarkeitsrisiko, 2008
Jäger	„Churning" und „kick-back" im Rahmen der Kapitalanlageberatung, MDR 2010, 903
Jahn	Die verfassungskonforme Auslegung des § 97 Abs. 1 Nr. 3 StPO, ZIS 2011, 453
Janssen	Gewinnabschöpfung im Strafverfahren, 2008
Just / Voß / Ritz / Zeising	Wertpapierprospektgesetz Kommentar, 1.Auflage, 2009
Karitzky / Wannek .	Die EU-weite Vollstreckung von Geldstrafen und Geldbußen, NJW 2010, 3393
Kaufmann	Möglichkeiten der sanktionsrechtlichen Erfassung von (Sonder-)Pflichtverletzungen im Unternehmen, Diss. 2002
Kempf / Lüderssen / Volk	Die Finanzkrise, das Wirtschaftsstrafrecht und die Moral, 2010
Kiethe	Prozessuale Zeugnisverweigerungsrechte in der Insolvenz, NZI 2006, 267
ders.	Zum Akteneinsichtsrecht des Verletzten (§ 406e StPO), wistra 2006, 50;
ders.	Zivilprozessuale Sanktionen gegen unrichtigen und rechtswidrigen Sachvortrag, MDR 2007, 625
Kind / Bruchwitz	Die Verjährung von Prospekthaftungsansprüchen bei geschlossenen Fonds und Bauherrenmodellen, BKR 2011, 10
Klein	Das Adhäsionsverfahren nach der Neuregelung durch das Opferrechtsreformgesetz, 2006
Klesczewski	Ordnungswidrigkeitenrecht, 2010

Gesamtliteraturverzeichnis

Knauth	Kapitalanlagebetrug und Börsendelikte im zweiten Gesetz zur Bekämpfung der Wirtschaftskriminalität, NJW 1987, 28
Kopp/Ramsauer	Verwaltungsverfahrensgesetz, 2011
Krack	Die Tätige Reue im Wirtschaftsstrafrecht, NStZ 2001, 505
Kraft/Winkler	Zur Garantenstellung des Compliance-Officers – Unterlassungsstrafbarkeit durch Organisationsmangel, CCZ 2009, 29
Krause	Strafrechtliche Haftung des Aufsichtsrates, NStZ 2011, 57
Kretschmer	Das Verbot des Insiderhandels im Wertpapierhandelsgesetz, Jura 2012, 380
Krumm	Gewinnabschöpfung durch Geldbuße, NJW 2011, 196
Kubiciel	Gesellschaftsrechtliche Pflichtwidrigkeit und Untreuestrafbarkeit, NStZ 2005, 353
Kümpel/Wittig	Bank- und Kapitalmarktrecht, 2011
Kümpel/Hammen/ Ekkenga	Kapitalmarktrecht, Handbuch für die Praxis, 2000
Kümpel/Veil	Wertpapierhandelsgesetz, 2006
Laufhütte/ Rissing-van Saan/ Tiedemann	Leipziger Kommentar, Strafgesetzbuch, Band 8 §§ 242–262, 12. Auflage 2010
Lauterwein	Akteneinsicht und -auskünfte für den Verletzten, Privatpersonen und sonstige Stellen, 2011
Lehmann	Anmerkung zum BGH-Urteil vom 22.3.2011, Az. XI ZR 33/10, JZ 2011, 749
Maunz/Dürig	(Hrsg.), Grundgesetz Kommentar, 61. Ergänzungslieferung, 2011
Michalke	Untreue – neue Vermögensbetreuungspflichten durch Compliance-Regeln, StV 2011, 245
Mitsch	Recht der Ordnungswidrigkeiten, 2005
Möllers	Zur Zulässigkeit von Telefonwerbung, Anmerkung zum Urteil des BGH vom 27.1.2000, Az. I ZR 241/97, JZ 2001, 102
Moosmayer	Straf- und bußgeldrechtliche Aspekte des Wertpapiererwerbs- und Übernahmegesetzes, wistra 2004, 401
Muders	Zur Haftung juristischer Verbände für das Verhalten natürlicher Personen im europäischen Kartellrecht, wistra 2011, 405
Müller-Gugenberger/ Bieneck	Wirtschaftsstrafrecht, 5. Auflage 2011
	Münchener Kommentar AktG, Band 6 §§ 329–410, 3. Auflage 2011
	Münchener Kommentar StGB, Band 6/1 Nebenstrafrecht II, 1. Auflage 2010
Neuheuser	Die Strafbarkeit des Bereithaltens und Weiterleitens des durch „Phishing" erlangten Geldes, NStZ 2008, 492
Neus/Scharpf/ Schneider/Weber ...	KWG Kommentar, 2. Auflage 2011
Nietsch	Internationales Insiderrecht, 2004
Otto	Großkommentar zum Aktiengesetz, 4. Auflage 1997
Palandt	(Hrsg.), BGB Kommentar, 72. Aufl., 2013
Pananis	Kurs- und Marktpreismanipulation durch Scalping, NStZ 2004, 287
Park	Kapitalmarktstrafrecht, 2. Auflage 2008
Park/Rütters	Untreue und Betrug durch Handel mit problematischen Verbriefungen, StV 2011, 434
Pfeiffer	StPO Kommentar, 5. Auflage 2005

Gesamtliteraturverzeichnis

Popp	Das Rätsel des § 38 Abs. 5 WpHG – Transnationales Regelungsbedürfnis und Gesetzgebungstechnik im Nebenstrafrecht, wistra 2011, 169
Prütting/Gehrlein ..	ZPO – Kommentar, 5. Aufl., 2013
Ransiek	Beihilfe zur Untreue als taugliche Vortat für die Geldwäsche?, JR 2008, 480
Ransiek/Hüls	Strafrecht zur Regulierung der Wirtschaft, ZGR 2009, 157
Rauscher/Wax/ Wenzel	(Hrsg.), Münchener Kommentar zur Zivilprozessordnung, 4. Aufl., 2012
Rengier	Strafrecht AT, 4. Auflage, 2011
Rengier	Strafrecht BT 1, 13. Auflage, 2011
Renz/Hense	Wertpapier-Compliance in der Praxis, 2010
Retemeyer	Gewinnabschöpfung im Ordnungswidrigkeitenrecht, wistra 2012, 56
Rögner	Zur „Auslegung" des Inlandsbegriffs des § 32 KWG durch die Verwaltungspraxis der Bundesanstalt für Finanzdienstleistungsaufsicht, WM 2006, 745
Rönnau	Untreue als Wirtschaftsdelikt, ZStW 2007, 887
Rübenstahl/ Stapelberg	Anwaltliche Forderungsbeitreibung in bemakeltes Vermögen – grundsätzlich keine Geldwäsche!, NJW 2010, 3692
Safferling	Bestimmt oder nicht bestimmt? Der Untreuetatbestand vor den verfassungsrechtlichen Schranken, Anmerkung zum Beschluss des BVerfG vom 23.6.2010 – 2 BvR 2559/08; 105/09; 491/09, NStZ 2011, 376
ders.	Internationales Strafrecht, 2011
Saliger	Auswirkungen des Untreue-Beschlusses des Bundesverfassungsgerichts vom 23.6.2010 auf die Schadensdogmatik, ZIS 2011, 902
ders.	Parteienuntreue durch schwarze Kassen und unrichtige Rechenschaftsberichte, NStZ 2007, 545
Satzger	Internationales und Europäisches Strafrecht, 5. Aufl. 2011
Schaefer	Selbstbelastungsschutz außerhalb des Strafverfahrens, NJW-Spezial 2010, 120
Schäfer	Die MaComp und die Aufgaben von Compliance, BKR 2011, 187
Schäfer	Sind die §§ 31 ff. WpHG nF Schutzgesetze i.S.v. § 823 Abs. 2 BGB?
Schaub/Koch/ Linck/Treber/ Vogelsang	Arbeitsrecht-Handbuch, 14. Auflage 2011
Scherp/Stief	Compliance-Sonderuntersuchungen in Banken und der Datenschutz, BKR 2009, 404
Schlachter	Fristlose Kündigung wegen Whistleblowing – Schutz der Meinungsfreiheit vor dem EGMR, RdA 2012, 109
Schmidt/Lutter	Aktiengesetz, II. Band §§ 150–410, 2. Auflage 2010
Schmidt-Bleibtreu/ Hofmann/ Hopfauf	GG Kommentar, 12. Aufl., 2011
Schomburg/ Lagodny/Gleß/ Hackner	Internationale Rechtshilfe in Strafsachen, 4. Aufl. 2006
Schönke/Schröder ..	Kommentar zum Strafgesetzbuch, 2010
Schrader	Die Strafbarkeit des Verteidigers wegen Geldwäsche (§ 261 StGB) durch Annahme bemakelter Honorarmittel, 2008

Gesamtliteraturverzeichnis

Schröder	Erweiterung des Vortatenkatalogs der Geldwäsche um Marktmanipulation und Insiderhandel – Risiken für die Kreditwirtschaft und die Kapitalmärkte, WM 2011, 769
Schröder	Erweiterung des Vortatenkatalogs der Geldwäsche um Markt- und Insiderhandel-Risiken für die Kreditwirtschaft und die Kapitalmärkte, WM 2011, 769
Schröder	Kapitalmarktstrafrecht, 2. Auflage, 2010
Schröder/Hansen ...	Die Ermittlungsbefugnisse der BaFin nach § 44c KWG und ihr Verhältnis zum Strafprozessrecht, ZBB 2003, 113
Schürrle/Olbers	Praktische Hinweise zu Rechtsfragen bei eigenen Untersuchungen im Unternehmen, CCZ 2010, 178
Schuster	Telekommunikationsüberwachung in grenzüberschreitenden Strafverfahren nach Inkrafttreten des EU-Rechtshilfeübereinkommens, NStZ 2006, 657
Schwark/Zimmer ..	Kapitalmarktrechts-Kommentar, 4. Auflage, 2010
Schwennicke/	
Auerbach	Kreditwesengesetz, 2. Auflage, 2013
Schwind	Staatsanwaltschaftlicher Umgang mit nach § 149 ZPO ausgesetzten Zivilverfahren, NStZ 2006, 598
Simitis	Bundesdatenschutzgesetz-Kommentar, 7. Auflage, 2011
Soesters	Die Insiderhandelsverbote des Wertpapierhandelsgesetz, Diss. 2001
Spindler/Stilz	AktienG §§ 197–410 Band 2, 1. Auflage 2007
Szagunn/Haug/	
Ergenzinger	Gesetz über das Kreditwesen, 6. Auflage, 1997
Szesny	Finanzmarktaufsicht und Strafprozess, Diss. 2007
Taschke	Verteidigung von Unternehmen – Die wirtschaftsstrafrechtliche Unternehmensberatung., StV 2007, 495
Tautges	Kapitalmarktrechtliche Mitteilungen trotz nicht bestehender Mitteilungspflicht und deren Veröffentlichung – Lehren aus dem Fall „MAN – Invesco", BB 2010, 1291
Tiedemann	Untreue bei Interessenkonflikten, Tröndle-FS (1989), S. 319
ders.	Wirtschaftsstrafrecht, 2010
Trüg	Die Verbandsgeldbuße gegen Unternehmen, ZWH 2011, 6
Trüstedt	Das Verbot der Börsenkursmanipulation, Diss. 2004
Veil	Compliance Organisationen im Wertpapierdienstleistungsunternehmen im Zeitalter der MiFiD, WM 2008, 1093
Vogel	Geldwäsche – ein europaweit harmonisierter Straftatbestand?, ZStW 109 (1997), 335
Volk	(Hrsg.), Verteidigung in Wirtschafts- und Steuerstrafsachen, 2006
Völzmann	Die Bindungswirkung von Strafurteilen im Zivilprozess, 2006
von Briel	Der Beginn der Strafverfolgungsverjährung bei Steuerstraftaten- und -ordnungswidrigkeiten, SAM 2006, 115
von Schönborn	Kapitalanlagebetrug, 2003
von Staudinger	(Hrsg.), BGB – Kommentar, 2009
Vortmann	Schadensersatzpflicht der kontoführenden Bank wegen pflichtwidriger Verwendung von Fremdgeldkonten, BKR 2007, 449
Voß	Das Tatobjekt der Geldwäsche, 2007
Wabnitz/	
Janowsky	(Hrsg.), Handbuch des Wirtschafts- und Steuerstrafrechts, 2009
Wachter	Aktiengesetz, 1. Auflage 2012
Wachter	Beteiligungstransparenz bei GmbH und AG, GmbHR 2011, 1084
Weber	Deutsches Kapitalmarktrecht im Umbruch, NJW 1994, 2849

Gesamtliteraturverzeichnis

Weber .... Scalping – Erfindung und Folgen eines Insiderdelikts, NJW 2000, 562

Weißer .... Betrug zum Nachteil hierarchisch strukturierter arbeitsteilig tätiger Organisationen, GA 2011, 333

Wessing/
Brennecke .... Schadensfeststellung bei betrügerischer Kapitalerhöhung, NZG 2011, 932

Widmaier .... (Hrsg.), Münchener Anwaltskommentar Strafverteidigung, 2006

Wittig .... Wirtschaftsstrafrecht, 2010

Wodsak .... Täuschung des Kapitalmarkts durch Unterlassen, Diss., 2004

Wulf .... Telefonüberwachung und Geldwäsche im Steuerstrafrecht – Die Reform der schweren Steuerhinterziehung (§ 370a AO aF) durch das Gesetz zur Neuregelung der Telekommunikationsüberwachung – Fluch oder Segen?, wistra 2008, 321

Wybitul .... Strafbarkeitsrisiken für Compliance-Verantwortliche, BB 2009, 2590

Zimmermann .... Die kapitalmarktrechtliche Beteiligungstransparenz nach dem Risikobegrenzungsgesetz, ZIP 2009, 57

Zimmermann .... Die straf- und zivilrechtliche Verantwortlichkeit des Compliance Officers, BB 2011, 634

Zingel .... Stellung und Aufgaben von Compliance nach der MaComp, BKR 2010, 500

Zöller .... (Hrsg.), ZPO Kommentar, 28. Aufl., 2010

Zöllner/Noack ...... Kölner Kommentar zum Aktiengesetz, Band 7 §§ 394–410, 3. Auflage, 2011

Zuck .... Das rechtliche Interesse auf Akteneinsicht im Zivilprozess, NJW 2010, 2913

1. Teil Wertpapierhandelsgesetz (WpHG)

Übersicht

A. § 20a Verbot der Marktmanipulation

Gültig ab 28.7.2011

(1) **Es ist verboten,**

1. **unrichtige oder irreführende Angaben über Umstände zu machen, die für die Bewertung eines Finanzinstruments erheblich sind, oder solche Umstände entgegen bestehenden Rechtsvorschriften zu verschweigen, wenn die Angaben oder das Verschweigen geeignet sind, auf den inländischen Börsen- oder Marktpreis eines Finanzinstruments oder auf den Preis eines Finanzinstruments an einem organisierten Markt in einem anderen Mitgliedstaat der Europäischen Union oder in einem anderen Vertragsstaat des Abkommens über den Europäischen Wirtschaftsraum einzuwirken,**

2. **Geschäfte vorzunehmen oder Kauf- oder Verkaufsaufträge zu erteilen, die geeignet sind, falsche oder irreführende Signale für das Angebot, die Nachfrage oder den Börsen- oder Marktpreis von Finanzinstrumenten zu geben oder ein künstliches Preisniveau herbeizuführen oder**

3. sonstige Täuschungshandlungen vorzunehmen, die geeignet sind, auf den inländischen Börsen- oder Marktpreis eines Finanzinstruments oder auf den Preis eines Finanzinstruments an einem organisierten Markt in einem anderen Mitgliedstaat der Europäischen Union oder in einem anderen Vertragsstaat des Abkommens über den Europäischen Wirtschaftsraum einzuwirken.

Satz 1 gilt für Finanzinstrumente, die

1. an einer inländischen Börse zum Handel zugelassen oder in den regulierten Markt oder in den Freiverkehr einbezogen sind oder
2. in einem anderen Mitgliedstaat der Europäischen Union oder einem anderen Vertragsstaat des Abkommens über den Europäischen Wirtschaftsraum zum Handel an einem organisierten Markt zugelassen sind.

Der Zulassung zum Handel an einem organisierten Markt oder der Einbeziehung in den regulierten Markt oder in den Freiverkehr steht es gleich, wenn der Antrag auf Zulassung oder Einbeziehung gestellt oder öffentlich angekündigt ist.

(2) Das Verbot des Absatzes 1 Satz 1 Nr. 2 gilt nicht, wenn die Handlung mit der zulässigen Marktpraxis auf dem betreffenden organisierten Markt oder in dem betreffenden Freiverkehr vereinbar ist und der Handelnde hierfür legitime Gründe hat. Als zulässige Marktpraxis gelten nur solche Gepflogenheiten, die auf dem jeweiligen Markt nach vernünftigem Ermessen erwartet werden können und von der Bundesanstalt als zulässige Marktpraxis im Sinne dieser Vorschrift anerkannt werden. Eine Marktpraxis ist nicht bereits deshalb unzulässig, weil sie zuvor nicht ausdrücklich anerkannt wurde.

(3) Der Handel mit eigenen Aktien im Rahmen von Rückkaufprogrammen sowie Maßnahmen zur Stabilisierung des Preises von Finanzinstrumenten stellen in keinem Fall einen Verstoß gegen das Verbot des Absatzes 1 Satz 1 dar, soweit diese nach Maßgabe der Verordnung (EG) Nr. 2273/2003 der Kommission vom 22. Dezember 2003 zur Durchführung der Richtlinie 2003/6/EG des Europäischen Parlaments und des Rates – Ausnahmeregelungen für Rückkaufprogramme und Kursstabilisierungsmaßnahmen (ABl. EU Nr. L 336 S. 33) erfolgen. Für Finanzinstrumente, die in den Freiverkehr oder in den regulierten Markt einbezogen sind, gelten die Vorschriften der Verordnung (EG) Nr. 2273/2003 entsprechend.

(4) Die Absätze 1 bis 3 gelten entsprechend für

1. Waren im Sinne des § 2 Abs. 2c,
2. Emissionsberechtigungen im Sinne des § 3 Nummer 3 des Treibhausgas-Emissionshandelsgesetzes und
3. ausländische Zahlungsmittel im Sinne des § 51 des Börsengesetzes,

die an einer inländischen Börse oder einem vergleichbaren Markt in einem anderen Mitgliedstaat der Europäischen Union oder in einem anderen Vertragsstaat des Abkommens über den Europäischen Wirtschaftsraum gehandelt werden.

(5) Das Bundesministerium der Finanzen kann durch Rechtsverordnung, die der Zustimmung des Bundesrates bedarf, nähere Bestimmungen erlassen über

1. Umstände, die für die Bewertung von Finanzinstrumenten erheblich
   sind,
2. falsche oder irreführende Signale für das Angebot, die Nachfrage oder
   den Börsen- oder Marktpreis von Finanzinstrumenten oder das Vorliegen eines künstlichen Preisniveaus,
3. das Vorliegen einer sonstigen Täuschungshandlung,
4. Handlungen und Unterlassungen, die in keinem Fall einen Verstoß
   gegen das Verbot des Absatzes 1 Satz 1 darstellen, und
5. Handlungen, die als zulässige Marktpraxis gelten, und das Verfahren
   zur Anerkennung einer zulässigen Marktpraxis.

Das Bundesministerium der Finanzen kann die Ermächtigung durch
Rechtsverordnung auf die Bundesanstalt für Finanzdienstleistungsaufsicht übertragen. Diese erlässt die Vorschriften im Einvernehmen mit
den Börsenaufsichtsbehörden der Länder.

(6) Bei Journalisten, die in Ausübung ihres Berufes handeln, ist das
Vorliegen der Voraussetzungen nach Absatz 1 Satz 1 Nr. 1 unter Berücksichtigung ihrer berufsständischen Regeln zu beurteilen, es sei denn, dass
diese Personen aus den unrichtigen oder irreführenden Angaben direkt
oder indirekt einen Nutzen ziehen oder Gewinne schöpfen.

§ 38 Strafvorschriften

Gültig ab 13.12.2011

(1) Mit Freiheitsstrafe bis zu fünf Jahren oder mit Geldstrafe wird
bestraft, wer
1. entgegen § 14 Abs. 1 Nr. 1 ein Insiderpapier erwirbt oder veräußert
   oder
2. a) als Mitglied des Geschäftsführungs- oder Aufsichtsorgans oder als
   persönlich haftender Gesellschafter des Emittenten oder eines mit
   dem Emittenten verbundenen Unternehmens,
   b) auf Grund seiner Beteiligung am Kapital des Emittenten oder eines
   mit dem Emittenten verbundenen Unternehmens,
   c) auf Grund seines Berufs oder seiner Tätigkeit oder seiner Aufgabe
   bestimmungsgemäß oder
   d) auf Grund der Vorbereitung oder Begehung einer Straftat
   über eine Insiderinformation verfügt und unter Verwendung dieser Insiderinformation eine in § 39 Abs. 2 Nr. 3 oder 4 bezeichnete vorsätzliche
   Handlung begeht.

(2) Ebenso wird bestraft, wer eine in § 39 Abs. 1 Nr. 1 oder Nr. 2 oder
Abs. 2 Nr. 11 bezeichnete vorsätzliche Handlung begeht und dadurch
1. auf den inländischen Börsen- oder Marktpreis eines Finanzinstruments, einer Ware im Sinne des § 2 Abs. 2c, einer Emissionsberechtigung im Sinne des § 3 Nummer 3 des Treibhausgas-Emissionshandelsgesetzes oder eines ausländischen Zahlungsmittels im Sinne des § 51
   des Börsengesetzes,

2. auf den Preis eines Finanzinstruments an einem organisierten Markt in einem anderen Mitgliedstaat der Europäischen Union oder in einem anderen Vertragsstaat des Abkommens über den Europäischen Wirtschaftsraum oder
3. auf den Preis einer Ware im Sinne des § 2 Abs. 2c, einer Emissionsberechtigung im Sinne des § 3 Nummer 3 des Treibhausgas-Emissionshandelsgesetzes oder eines ausländischen Zahlungsmittels im Sinne des § 51 des Börsengesetzes an einem mit einer inländischen Börse vergleichbaren Markt in einem anderen Mitgliedstaat der Europäischen Union oder in einem anderen Vertragsstaat des Abkommens über den Europäischen Wirtschaftsraum

einwirkt.

(2a) Ebenso wird bestraft, wer gegen die Verordnung (EU) Nr. 1031/2010 der Kommission vom 12. November 2010 über den zeitlichen und administrativen Ablauf sowie sonstige Aspekte der Versteigerung von Treibhausgasemissionszertifikaten gemäß der Richtlinie 2003/87/EG des Europäischen Parlaments und des Rates über ein System für den Handel mit Treibhausgasemissionszertifikaten in der Gemeinschaft (ABl. L 302 vom 18.11.2010, S. 1) verstößt, indem er

1. entgegen Artikel 38 Absatz 1 Unterabsatz 1, auch in Verbindung mit Absatz 2 oder Artikel 40, ein Gebot einstellt, ändert oder zurückzieht oder
2. als Person nach Artikel 38 Absatz 1 Unterabsatz 2, auch in Verbindung mit Absatz 2,
   a) entgegen Artikel 39 Buchstabe a eine Insider-Information weitergibt oder
   b) entgegen Artikel 39 Buchstabe b die Einstellung, Änderung oder Zurückziehung eines Gebotes empfiehlt oder eine andere Person hierzu verleitet.

(3) In den Fällen der Absätze 1 und 2a ist der Versuch strafbar.

(4) Handelt der Täter in den Fällen des Absatzes 1 Nummer 1 oder des Absatzes 2a Nummer 1 leichtfertig, so ist die Strafe Freiheitsstrafe bis zu einem Jahr oder Geldstrafe.

(5) Einer in Absatz 1 Nr. 1 oder 2 in Verbindung mit § 39 Abs. 2 Nr. 3 oder 4 oder in Absatz 2 in Verbindung mit § 39 Abs. 1 Nr. 1 oder 2 oder Abs. 2 Nr. 11 genannten Verbotsvorschrift steht ein entsprechendes ausländisches Verbot gleich.

§ 39 Bußgeldvorschriften

Gültig ab 1.6.2012 bis 31.10.2012

(1) Ordnungswidrig handelt, wer
1. entgegen § 20a Abs. 1 Satz 1 Nr. 2, auch in Verbindung mit Abs. 4, jeweils in Verbindung mit einer Rechtsverordnung nach Absatz 5

Satz 1 Nr. 2 oder 5 ein Geschäft vornimmt oder einen Kauf- oder Verkaufsauftrag erteilt,

2. entgegen § 20a Abs. 1 Satz 1 Nr. 3, auch in Verbindung mit Abs. 4, oder einer Rechtsverordnung nach Absatz 5 Satz 1 Nr. 3, eine Täuschungshandlung vornimmt,

3. entgegen § 31g Abs. 1 eine Veröffentlichung nicht, nicht richtig, nicht vollständig oder nicht rechtzeitig vornimmt,

4. entgegen § 32d Abs. 1 Satz 1 einen Zugang nicht gewährt,

5. entgegen § 34b Abs. 1 Satz 2 in Verbindung mit einer Rechtsverordnung nach Absatz 8 Satz 1 eine Finanzanalyse weitergibt oder öffentlich verbreitet oder

6. entgegen § 34b Abs. 2 in Verbindung mit einer Rechtsverordnung nach Absatz 8 Satz 1 eine Zusammenfassung einer Finanzanalyse weitergibt.

(2) Ordnungswidrig handelt, wer vorsätzlich oder leichtfertig

1. entgegen § 4 Abs. 8 oder § 10 Abs. 1 Satz 2 eine Person in Kenntnis setzt,

2. entgegen
   a) § 9 Abs. 1 Satz 1, auch in Verbindung mit Satz 2, jeweils auch in Verbindung mit Satz 3, 4 oder 5, jeweils auch in Verbindung mit einer Rechtsverordnung nach Absatz 4 Nr. 1 oder 2,
   b) § 10 Abs. 1 Satz 1, auch in Verbindung mit einer Rechtsverordnung nach Absatz 4 Satz 1,
   c) § 15 Abs. 3 Satz 4, Abs. 4 Satz 1 oder Abs. 5 Satz 2, jeweils auch in Verbindung mit einer Rechtsverordnung nach Absatz 7 Satz 1 Nr. 2,
   d) § 15a Abs. 1 Satz 1, auch in Verbindung mit Satz 2, Abs. 4 Satz 1, jeweils auch in Verbindung mit einer Rechtsverordnung nach Absatz 5 Satz 1,
   e) § 21 Abs. 1 Satz 1 oder 2 oder Abs. 1a, jeweils auch in Verbindung mit einer Rechtsverordnung nach § 21 Abs. 3,
   f) § 25 Abs. 1 Satz 1, auch in Verbindung mit einer Rechtsverordnung nach § 25 Abs. 3, oder § 25a Absatz 1 Satz 1, auch in Verbindung mit einer Rechtsverordnung nach § 25a Absatz 4,
   g) § 26 Abs. 2, auch in Verbindung mit einer Rechtsverordnung nach § 26 Abs. 3 Nr. 2,
   h) § 26a Satz 1,
   i) § 29a Abs. 2 Satz 1,
   j) § 30c, auch in Verbindung mit § 30d,
   k) § 30e Abs. 1 Satz 1, auch in Verbindung mit einer Rechtsverordnung nach § 30e Abs. 2,
   l) § 30f Abs. 2,
   m) § 30i Absatz 1 Satz 1 oder Satz 3 Nummer 1 jeweils auch in Verbindung mit einer Rechtsverordnung nach § 30i Absatz 5 Satz 1 Nummer 1,
   n) § 37v Abs. 1 Satz 3, auch in Verbindung mit § 37y, jeweils auch in Verbindung mit einer Rechtsverordnung nach § 37v Abs. 3 Nr. 2,
   o) § 37w Abs. 1 Satz 3, auch in Verbindung mit § 37y, jeweils auch in Verbindung mit einer Rechtsverordnung nach § 37w Abs. 6 Nr. 3,

p) § 37x Abs. 1 Satz 3, auch in Verbindung mit § 37y, jeweils auch in Verbindung mit einer Rechtsverordnung nach § 37x Abs. 4 Nr. 2, oder

q) § 37z Abs. 4 Satz 2

eine Mitteilung nicht, nicht richtig, nicht vollständig, nicht in der vorgeschriebenen Weise oder nicht rechtzeitig macht,

3. entgegen § 14 Abs. 1 Nr. 2 eine Insiderinformation mitteilt oder zugänglich macht,

4. entgegen § 14 Abs. 1 Nr. 3 den Erwerb oder die Veräußerung eines Insiderpapiers empfiehlt oder auf sonstige Weise dazu verleitet,

5. entgegen

a) § 15 Abs. 1 Satz 1, auch in Verbindung mit Satz 2, § 15 Abs. 1 Satz 4 oder 5, jeweils in Verbindung mit einer Rechtsverordnung nach Abs. 7 Satz 1 Nr. 1,

b) § 15a Abs. 4 Satz 1 in Verbindung mit einer Rechtsverordnung nach Abs. 5 Satz 1,

c) § 26 Abs. 1 Satz 1, auch in Verbindung mit Satz 2, jeweils in Verbindung mit einer Rechtsverordnung nach § 26 Abs. 3 Nr. 1, oder entgegen § 26a Satz 1 oder § 29a Abs. 2 Satz 1,

d) § 30b Abs. 1 oder 2, jeweils auch in Verbindung mit § 30d,

e) § 30e Abs. 1 Satz 1 in Verbindung mit einer Rechtsverordnung nach § 30e Abs. 2 oder entgegen § 30f Abs. 2,

f) § 30i Absatz 1 Satz 2 oder Satz 3 Nummer 2 jeweils auch in Verbindung mit einer Rechtsverordnung nach § 30i Absatz 5 Satz 1 Nummer 1,

g) § 37v Abs. 1 Satz 2 in Verbindung mit einer Rechtsverordnung nach § 37v Abs. 3 Nr. 1, jeweils auch in Verbindung mit § 37y, oder entgegen § 37z Abs. 4 Satz 2,

h) § 37w Abs. 1 Satz 2 in Verbindung mit einer Rechtsverordnung nach § 37w Abs. 6 Nr. 2, jeweils auch in Verbindung mit § 37y, oder

i) § 37x Abs. 1 Satz 2 in Verbindung mit einer Rechtsverordnung nach § 37x Abs. 4 Nr. 1, jeweils auch in Verbindung mit § 37y

eine Veröffentlichung nicht, nicht richtig, nicht vollständig, nicht in der vorgeschriebenen Weise oder nicht rechtzeitig vornimmt oder nicht rechtzeitig nachholt,

6. entgegen § 15 Abs. 1 Satz 1, § 15a Abs. 4 Satz 1, § 26 Abs. 1 Satz 1, § 26a Satz 2, § 29a Abs. 2 Satz 2, § 30e Abs. 1 Satz 2, § 30f Abs. 2, § 37v Abs. 1 Satz 3, § 37w Abs. 1 Satz 3 oder § 37x Abs. 1 Satz 3, jeweils auch in Verbindung mit § 37y, oder entgegen § 37z Abs. 4 Satz 3 eine Information oder eine Bekanntmachung nicht oder nicht rechtzeitig übermittelt,

7. entgegen § 15 Abs. 5 Satz 1 eine Veröffentlichung vornimmt,

8. entgegen § 15b Abs. 1 Satz 1 in Verbindung mit einer Rechtsverordnung nach Absatz 2 Satz 1 Nr. 1 oder 2 ein Verzeichnis nicht, nicht richtig oder nicht vollständig führt,

9. entgegen § 15b Abs. 1 Satz 2 das Verzeichnis nicht oder nicht rechtzeitig übermittelt,

10. entgegen

a) § 16 Satz 1 oder

b) § 34 Abs. 1 oder Abs. 2 Satz 1 oder Satz 2, jeweils in Verbindung mit einer Rechtsverordnung nach § 34 Abs. 4 Satz 1, eine Aufzeichnung nicht, nicht richtig, nicht vollständig oder nicht rechtzeitig erstellt,

11. entgegen § 20a Abs. 1 Satz 1 Nr. 1, auch in Verbindung mit Abs. 4, oder einer Rechtsverordnung nach Absatz 5 Satz 1 Nr. 1, eine Angabe macht oder einen Umstand verschweigt,

12. entgegen § 30a Abs. 1 Nr. 2, auch in Verbindung mit Abs. 3 oder § 30d, nicht sicherstellt, dass Einrichtungen und Informationen im Inland öffentlich zur Verfügung stehen,

13. entgegen § 30a Abs. 1 Nr. 3, auch in Verbindung mit Abs. 3 oder § 30d, nicht sicherstellt, dass Daten vor der Kenntnisnahme durch Unbefugte geschützt sind,

14. entgegen § 30a Abs. 1 Nr. 4, auch in Verbindung mit Abs. 3 oder § 30d, nicht sicherstellt, dass eine dort genannte Stelle bestimmt ist,

14a. entgegen § 30h Absatz 1 Satz 1 einen ungedeckten Leerverkauf tätigt,

14b. entgegen § 30j Absatz 1 Kreditderivate begründet oder rechtsgeschäftlich in solche eintritt,

15. entgegen § 31 Abs. 1 Nr. 2 einen Interessenkonflikt nicht, nicht richtig, nicht vollständig oder nicht rechtzeitig darlegt,

15a. entgegen
  a) § 31 Absatz 3a Satz 1 in Verbindung mit einer Rechtsverordnung nach § 31 Absatz 11 Satz 1 Nummer 2a ein Informationsblatt,
  b) § 31 Absatz 3a Satz 3 in Verbindung mit Satz 1 die wesentlichen Anlegerinformationen oder
  c) § 31 Absatz 3a Satz 4 in Verbindung mit Satz 1 ein Vermögensanlagen-Informationsblatt.
  nicht, nicht richtig, nicht vollständig oder nicht rechtzeitig zur Verfügung stellt,

16. entgegen § 31 Abs. 4 Satz 3 ein Finanzinstrument empfiehlt oder im Zusammenhang mit einer Finanzportfolioverwaltung eine Empfehlung abgibt,

16a. entgegen § 31 Absatz 4a Satz 1 ein Finanzinstrument oder eine Wertpapierdienstleistung empfiehlt,

17. entgegen § 31 Abs. 5 Satz 3 oder 4 einen Hinweis oder eine Information nicht oder nicht rechtzeitig gibt,

17a. entgegen § 31d Absatz 1 Satz 1 eine Zuwendung annimmt oder gewährt,

17b. entgegen § 33 Absatz 1 Satz 2 Nummer 1, auch in Verbindung mit einer Rechtsverordnung nach § 33 Absatz 4, eine Compliance-Funktion nicht einrichtet,

17c. entgegen § 33 Absatz 1 Satz 2 Nummer 4, auch in Verbindung mit einer Rechtsverordnung nach § 33 Absatz 4, ein dort genanntes Verfahren nicht vorhält oder eine dort genannte Dokumentation nicht vornimmt,

18. entgegen § 33a Abs. 5 Satz 2 oder Abs. 6 Nr. 1 oder 2 einen Hinweis oder eine Information nicht oder nicht rechtzeitig gibt oder eine Einwilligung oder Zustimmung nicht oder nicht rechtzeitig einholt,

19. entgegen § 33a Abs. 6 Nr. 3 eine Mitteilung nicht richtig oder nicht vollständig macht,

19a. entgegen § 34 Absatz 2a Satz 1 in Verbindung mit einer Rechtsverordnung nach § 34 Absatz 4 Satz 1 ein Protokoll nicht, nicht richtig oder nicht rechtzeitig anfertigt,

19b. entgegen § 34 Absatz 2a Satz 2 eine Ausfertigung des Protokolls nicht, nicht vollständig, nicht in der vorgeschriebenen Weise oder nicht rechtzeitig zur Verfügung stellt,

19c. entgegen § 34 Absatz 2a Satz 3 und 5 in Verbindung mit einer Rechtsverordnung nach § 34 Absatz 4 Satz 1 eine Ausfertigung des Protokolls nicht, nicht vollständig, nicht in der vorgeschriebenen Weise oder nicht rechtzeitig zusendet,

20. entgegen § 34 Abs. 3 Satz 1 eine Aufzeichnung nicht oder nicht mindestens fünf Jahre aufbewahrt,

21. entgegen § 34c Satz 1, 2 oder 4 eine Anzeige nicht, nicht richtig, nicht vollständig oder nicht rechtzeitig erstattet,

22. (zukünftig in Kraft)

23. entgegen § 36 Abs. 1 Satz 4 einen Prüfer nicht oder nicht rechtzeitig bestellt,

24. entgegen § 37v Abs. 1 Satz 4, § 37w Abs. 1 Satz 4 oder § 37x Abs. 1 Satz 4, jeweils auch in Verbindung mit § 37y, einen Jahresfinanzbericht einschließlich der Erklärung gemäß § 37v Abs. 2 Nr. 3 und der Eintragungsbescheinigung oder Bestätigung gemäß § 37v Abs. 2 Nr. 4, einen Halbjahresfinanzbericht einschließlich der Erklärung gemäß § 37w Abs. 2 Nr. 3 oder eine Zwischenmitteilung nicht oder nicht rechtzeitig übermittelt.

(2a) Ordnungswidrig handelt, wer vorsätzlich oder leichtfertig entgegen Artikel 7 oder Artikel 8 der Verordnung (EG) Nr. 1287/2006 der Kommission vom 10. August 2006 zur Durchführung der Richtlinie 2004/39/EG des Europäischen Parlaments und des Rates betreffend die Aufzeichnungspflichten für Wertpapierfirmen, die Meldung von Geschäften, die Markttransparenz, die Zulassung von Finanzinstrumenten zum Handel und bestimmte Begriffe im Sinne dieser Richtlinie (ABl. EU Nr. L 241 S. 1) eine Aufzeichnung nicht, nicht richtig, nicht vollständig oder nicht rechtzeitig erstellt.

(2b) Ordnungswidrig handelt, wer gegen die Verordnung (EG) Nr. 1060/2009 des Europäischen Parlaments und des Rates vom 16. September 2009 über Ratingagenturen (ABl. L 302 vom 17.11.2009, S. 1) verstößt, indem er vorsätzlich oder leichtfertig

1.–4. (weggefallen)

5. entgegen Artikel 4 Absatz 1 Unterabsatz 1 ein Rating für aufsichtsrechtliche Zwecke verwendet,

6. entgegen Artikel 4 Absatz 1 Unterabsatz 2 nicht gewährleistet, dass die dort genannten Informationen im Prospekt enthalten sind,

7.– 42. (weggefallen)

(2c) Ordnungswidrig handelt, wer gegen die Verordnung (EU) Nr. 1031/2010 verstößt, indem er vorsätzlich oder leichtfertig

1. als Person nach Artikel 40

a) entgegen Artikel 39 Buchstabe a eine Insider-Information weitergibt oder

b) entgegen Artikel 39 Buchstabe b die Einstellung, Änderung oder Zurückziehung eines Gebotes empfiehlt oder eine andere Person hierzu verleitet,

2. entgegen Artikel 42 Absatz 1 Satz 2 oder Satz 3 das Verzeichnis nicht, nicht richtig, nicht vollständig oder nicht rechtzeitig übermittelt,

3. entgegen Artikel 42 Absatz 2 eine Unterrichtung nicht, nicht richtig oder nicht innerhalb von fünf Werktagen vornimmt oder

4. entgegen Artikel 42 Absatz 5 die Behörde nicht, nicht richtig, nicht vollständig oder nicht rechtzeitig informiert,

(3) Ordnungswidrig handelt, wer vorsätzlich oder fahrlässig

1. einer vollziehbaren Anordnung nach
   a) § 4 Abs. 3 Satz 1,
   b) § 34d Absatz 4 Satz 1 Nummer 1 oder Nummer 2 Buchstabe b,
   c) § 36b Abs. 1,
   d) § 37o Abs. 4 Satz 1 oder § 37q Abs. 2 Satz 1
   zuwiderhandelt,

2. entgegen § 4 Abs. 4 Satz 1 oder 2 oder § 37o Abs. 5 Satz 1 ein Betreten nicht gestattet oder nicht duldet,

3. entgegen § 33 Abs. 3 Satz 1 Nr. 2 eine Portfolioverwaltung auslagert,

4. entgegen § 34a Absatz 1 Satz 1, auch in Verbindung mit einer Rechtsverordnung nach § 34a Absatz 5 Satz 1, Kundengelder nicht in der vorgeschriebenen Weise verwahrt,

5. entgegen § 34a Absatz 1 Satz 3, auch in Verbindung mit einer Rechtsverordnung nach § 34a Absatz 5 Satz 1, die Zustimmung des Kunden nicht oder nicht rechtzeitig einholt,

6. entgegen § 34a Absatz 1 Satz 4, auch in Verbindung mit einer Rechtsverordnung nach § 34a Absatz 5 Satz 1, eine treuhänderische Einlegung nicht offenlegt,

7. entgegen § 34a Absatz 1 Satz 5, auch in Verbindung mit Absatz 2 Satz 2, jeweils auch in Verbindung mit einer Rechtsverordnung nach § 34a Absatz 5 Satz 1, den Kunden nicht, nicht richtig oder nicht rechtzeitig unterrichtet,

8. entgegen § 34a Absatz 2 Satz 1, auch in Verbindung mit einer Rechtsverordnung nach § 34a Absatz 5 Satz 1, ein Wertpapier nicht oder nicht rechtzeitig zur Verwahrung weiterleitet,

9. entgegen § 34a Absatz 4 Satz 1, auch in Verbindung mit Satz 2, jeweils auch in Verbindung mit einer Rechtsverordnung nach § 34a Absatz 5 Satz 1, ein Wertpapier nutzt,

10. (zukünftig in Kraft)

11. entgegen § 36 Absatz 2 Satz 1 eine Anzeige nicht, nicht richtig, nicht vollständig oder nicht rechtzeitig erstattet oder

12. entgegen § 37v Absatz 1 Satz 1, § 37w Absatz 1 Satz 1 oder § 37x Absatz 1 Satz 1, jeweils auch in Verbindung mit § 37y, einen Jahresfinanzbericht, einen Halbjahresfinanzbericht oder eine Zwischenmitteilung nicht oder nicht rechtzeitig zur Verfügung stellt.

(3a) (weggefallen)

(4) Die Ordnungswidrigkeit kann in den Fällen des Absatzes 1 Nummer 1 und 2, des Absatzes 2 Nummer 2 Buchstabe e und f, Nummer 5

Buchstabe a, Nummer 7 und 11 mit einer Geldbuße bis zu einer Million Euro, in den Fällen des Absatzes 2 Nummer 2 Buchstabe g bis i sowie Nummer 14a und 14b mit einer Geldbuße bis zu fünfhunderttausend Euro, in den Fällen des Absatzes 1 Nummer 3 und 5, des Absatzes 2 Nummer 1, 2 Buchstabe a, c und m bis q, Nummer 3, 4 und 5 Buchstabe c bis i, Nummer 6, 16a, 17b, 17c, 18, 22 und 25, des Absatzes 2b Nummer 5 und 6 und des Absatzes 3 Nummer 1 Buchstabe b, Nummer 3 und 12 mit einer Geldbuße bis zu zweihunderttausend Euro, in den Fällen des Absatzes 2 Nummer 2 Buchstabe d, Nummer 5 Buchstabe b, Nummer 12 bis 14 und Nummer 16 und 17a und des Absatzes 3 Nummer 1 Buchstabe c mit einer Geldbuße bis zu hunderttausend Euro, in den übrigen Fällen mit einer Geldbuße bis zu fünfzigtausend Euro geahndet werden.

(5) Die Bestimmungen des Absatzes 2 Nr. 2 Buchstabe a, Nr. 10 Buchstabe b, Nr. 15, 16, 18 bis 21, des Absatzes 2a sowie des Absatzes 3 Nummer 1 Buchstabe c, Nummer 3, 10 und 11, jeweils in Verbindung mit Absatz 4, gelten auch für die erlaubnispflichtige Anlageverwaltung im Sinne des § 2 Abs. 3 Satz 3.

§ 39 Bußgeldvorschriften

Gültig ab 1.11.2012

(1) **Ordnungswidrig handelt, wer**
1. entgegen § 20a Abs. 1 Satz 1 Nr. 2, auch in Verbindung mit Abs. 4, jeweils in Verbindung mit einer Rechtsverordnung nach Absatz 5 Satz 1 Nr. 2 oder 5 ein Geschäft vornimmt oder einen Kauf- oder Verkaufsauftrag erteilt,
2. entgegen § 20a Abs. 1 Satz 1 Nr. 3, auch in Verbindung mit Abs. 4, oder einer Rechtsverordnung nach Absatz 5 Satz 1 Nr. 3, eine Täuschungshandlung vornimmt,
3. entgegen § 31g Abs. 1 eine Veröffentlichung nicht, nicht richtig, nicht vollständig oder nicht rechtzeitig vornimmt,
4. entgegen § 32d Abs. 1 Satz 1 einen Zugang nicht gewährt,
5. entgegen § 34b Abs. 1 Satz 2 in Verbindung mit einer Rechtsverordnung nach Absatz 8 Satz 1 eine Finanzanalyse weitergibt oder öffentlich verbreitet oder
6. entgegen § 34b Abs. 2 in Verbindung mit einer Rechtsverordnung nach Absatz 8 Satz 1 eine Zusammenfassung einer Finanzanalyse weitergibt.

(2) **Ordnungswidrig handelt, wer vorsätzlich oder leichtfertig**
1.   entgegen § 4 Abs. 8 oder § 10 Abs. 1 Satz 2 eine Person in Kenntnis setzt,
2.   entgegen
     a) § 9 Abs. 1 Satz 1, auch in Verbindung mit Satz 2, jeweils auch in Verbindung mit Satz 3, 4 oder 5, jeweils auch in Verbindung mit einer Rechtsverordnung nach Absatz 4 Nr. 1 oder 2,

b) § 10 Abs. 1 Satz 1, auch in Verbindung mit einer Rechtsverordnung nach Absatz 4 Satz 1,

c) § 15 Abs. 3 Satz 4, Abs. 4 Satz 1 oder Abs. 5 Satz 2, jeweils auch in Verbindung mit einer Rechtsverordnung nach Absatz 7 Satz 1 Nr. 2,

d) § 15a Abs. 1 Satz 1, auch in Verbindung mit Satz 2, Abs. 4 Satz 1, jeweils auch in Verbindung mit einer Rechtsverordnung nach Absatz 5 Satz 1,

e) § 21 Abs. 1 Satz 1 oder 2 oder Abs. 1a, jeweils auch in Verbindung mit einer Rechtsverordnung nach § 21 Abs. 3,

f) § 25 Abs. 1 Satz 1, auch in Verbindung mit einer Rechtsverordnung nach § 25 Abs. 3, oder § 25a Absatz 1 Satz 1, auch in Verbindung mit einer Rechtsverordnung nach § 25a Absatz 4,

g) § 26 Abs. 2, auch in Verbindung mit einer Rechtsverordnung nach § 26 Abs. 3 Nr. 2,

h) § 26a Satz 1,

i) § 29a Abs. 2 Satz 1,

j) § 30c, auch in Verbindung mit § 30d,

k) § 30e Abs. 1 Satz 1, auch in Verbindung mit einer Rechtsverordnung nach § 30e Abs. 2,

l) § 30f Abs. 2,

m) § 30i Absatz 1 Satz 1 oder Satz 3 Nummer 1 jeweils auch in Verbindung mit einer Rechtsverordnung nach § 30i Absatz 5 Satz 1 Nummer 1,

n) § 37v Abs. 1 Satz 3, auch in Verbindung mit § 37y, jeweils auch in Verbindung mit einer Rechtsverordnung nach § 37v Abs. 3 Nr. 2,

o) § 37w Abs. 1 Satz 3, auch in Verbindung mit § 37y, jeweils auch in Verbindung mit einer Rechtsverordnung nach § 37w Abs. 6 Nr. 3,

p) § 37x Abs. 1 Satz 3, auch in Verbindung mit § 37y, jeweils auch in Verbindung mit einer Rechtsverordnung nach § 37x Abs. 4 Nr. 2, oder

q) § 37z Abs. 4 Satz 2
eine Mitteilung nicht, nicht richtig, nicht vollständig, nicht in der vorgeschriebenen Weise oder nicht rechtzeitig macht,

3. entgegen § 14 Abs. 1 Nr. 2 eine Insiderinformation mitteilt oder zugänglich macht,

4. entgegen § 14 Abs. 1 Nr. 3 den Erwerb oder die Veräußerung eines Insiderpapiers empfiehlt oder auf sonstige Weise dazu verleitet,

5. entgegen

a) § 15 Abs. 1 Satz 1, auch in Verbindung mit Satz 2, § 15 Abs. 1 Satz 4 oder 5, jeweils in Verbindung mit einer Rechtsverordnung nach Abs. 7 Satz 1 Nr. 1,

b) § 15a Abs. 4 Satz 1 in Verbindung mit einer Rechtsverordnung nach Abs. 5 Satz 1,

c) § 26 Abs. 1 Satz 1, auch in Verbindung mit Satz 2, jeweils in Verbindung mit einer Rechtsverordnung nach § 26 Abs. 3 Nr. 1, oder entgegen § 26a Satz 1 oder § 29a Abs. 2 Satz 1,

d) § 30b Abs. 1 oder 2, jeweils auch in Verbindung mit § 30d,

e) § 30e Abs. 1 Satz 1 in Verbindung mit einer Rechtsverordnung nach § 30e Abs. 2 oder entgegen § 30f Abs. 2,

f) § 30i Absatz 1 Satz 2 oder Satz 3 Nummer 2 jeweils auch in Verbindung mit einer Rechtsverordnung nach § 30i Absatz 5 Satz 1 Nummer 1,

g) § 37v Abs. 1 Satz 2 in Verbindung mit einer Rechtsverordnung nach § 37v Abs. 3 Nr. 1, jeweils auch in Verbindung mit § 37y, oder entgegen § 37z Abs. 4 Satz 2,

h) § 37w Abs. 1 Satz 2 in Verbindung mit einer Rechtsverordnung nach § 37w Abs. 6 Nr. 2, jeweils auch in Verbindung mit § 37y, oder

i) § 37x Abs. 1 Satz 2 in Verbindung mit einer Rechtsverordnung nach § 37x Abs. 4 Nr. 1, jeweils auch in Verbindung mit § 37y eine Veröffentlichung nicht, nicht richtig, nicht vollständig, nicht in der vorgeschriebenen Weise oder nicht rechtzeitig vornimmt oder nicht oder nicht rechtzeitig nachholt,

6. entgegen § 15 Abs. 1 Satz 1, § 15a Abs. 4 Satz 1, § 26 Abs. 1 Satz 1, § 26a Satz 2, § 29a Abs. 2 Satz 2, § 30e Abs. 1 Satz 2, § 30f Abs. 2, § 37v Abs. 1 Satz 3, § 37w Abs. 1 Satz 3 oder § 37x Abs. 1 Satz 3, jeweils auch in Verbindung mit § 37y, oder entgegen § 37z Abs. 4 Satz 3 eine Information oder eine Bekanntmachung nicht oder nicht rechtzeitig übermittelt,

7. entgegen § 15 Abs. 5 Satz 1 eine Veröffentlichung vornimmt,

8. entgegen § 15b Abs. 1 Satz 1 in Verbindung mit einer Rechtsverordnung nach Absatz 2 Satz 1 Nr. 1 oder 2 ein Verzeichnis nicht, nicht richtig oder nicht vollständig führt,

9. entgegen § 15b Abs. 1 Satz 2 das Verzeichnis nicht oder nicht rechtzeitig übermittelt,

10. entgegen
a) § 16 Satz 1 oder
b) § 34 Abs. 1 oder Abs. 2 Satz 1 oder Satz 2, jeweils in Verbindung mit einer Rechtsverordnung nach § 34 Abs. 4 Satz 1, eine Aufzeichnung nicht, nicht richtig, nicht vollständig oder nicht rechtzeitig erstellt,

11. entgegen § 20a Abs. 1 Satz 1 Nr. 1, auch in Verbindung mit Abs. 4, oder einer Rechtsverordnung nach Absatz 5 Satz 1 Nr. 1, eine Angabe macht oder einen Umstand verschweigt,

12. entgegen § 30a Abs. 1 Nr. 2, auch in Verbindung mit Abs. 3 oder § 30d, nicht sicherstellt, dass Einrichtungen und Informationen im Inland öffentlich zur Verfügung stehen,

13. entgegen § 30a Abs. 1 Nr. 3, auch in Verbindung mit Abs. 3 oder § 30d, nicht sicherstellt, dass Daten vor der Kenntnisnahme durch Unbefugte geschützt sind,

14. entgegen § 30a Abs. 1 Nr. 4, auch in Verbindung mit Abs. 3 oder § 30d, nicht sicherstellt, dass eine dort genannte Stelle bestimmt ist,

14a. entgegen § 30h Absatz 1 Satz 1 einen ungedeckten Leerverkauf tätigt,

14b. entgegen § 30j Absatz 1 Kreditderivate begründet oder rechtsgeschäftlich in solche eintritt,

15. entgegen § 31 Abs. 1 Nr. 2 einen Interessenkonflikt nicht, nicht richtig, nicht vollständig oder nicht rechtzeitig darlegt,

15a. entgegen
   a) § 31 Absatz 3a Satz 1 in Verbindung mit einer Rechtsverordnung nach § 31 Absatz 11 Satz 1 Nummer 2a ein Informationsblatt,
   b) § 31 Absatz 3a Satz 3 in Verbindung mit Satz 1 die wesentlichen Anlegerinformationen oder
   c) § 31 Absatz 3a Satz 4 in Verbindung mit Satz 1 ein Vermögensanlagen-Informationsblatt.
   nicht, nicht richtig, nicht vollständig oder nicht rechtzeitig zur Verfügung stellt,

16. entgegen § 31 Abs. 4 Satz 3 ein Finanzinstrument empfiehlt oder im Zusammenhang mit einer Finanzportfolioverwaltung eine Empfehlung abgibt,

16a. entgegen § 31 Absatz 4a Satz 1 ein Finanzinstrument oder eine Wertpapierdienstleistung empfiehlt,

17. entgegen § 31 Abs. 5 Satz 3 oder 4 einen Hinweis oder eine Information nicht oder nicht rechtzeitig gibt,

17a. entgegen § 31d Absatz 1 Satz 1 eine Zuwendung annimmt oder gewährt,

17b. entgegen § 33 Absatz 1 Satz 2 Nummer 1, auch in Verbindung mit einer Rechtsverordnung nach § 33 Absatz 4, eine Compliance-Funktion nicht einrichtet,

17c. entgegen § 33 Absatz 1 Satz 2 Nummer 4, auch in Verbindung mit einer Rechtsverordnung nach § 33 Absatz 4, ein dort genanntes Verfahren nicht vorhält oder eine dort genannte Dokumentation nicht vornimmt,

18. entgegen § 33a Abs. 5 Satz 2 oder Abs. 6 Nr. 1 oder 2 einen Hinweis oder eine Information nicht oder nicht rechtzeitig gibt oder eine Einwilligung oder Zustimmung nicht oder nicht rechtzeitig einholt,

19. entgegen § 33a Abs. 6 Nr. 3 eine Mitteilung nicht richtig oder nicht vollständig macht,

19a. entgegen § 34 Absatz 2a Satz 1 in Verbindung mit einer Rechtsverordnung nach § 34 Absatz 4 Satz 1 ein Protokoll nicht, nicht richtig oder nicht rechtzeitig anfertigt,

19b. entgegen § 34 Absatz 2a Satz 2 eine Ausfertigung des Protokolls nicht, nicht vollständig, nicht in der vorgeschriebenen Weise oder nicht rechtzeitig zur Verfügung stellt,

19c. entgegen § 34 Absatz 2a Satz 3 und 5 in Verbindung mit einer Rechtsverordnung nach § 34 Absatz 4 Satz 1 eine Ausfertigung des Protokolls nicht, nicht vollständig, nicht in der vorgeschriebenen Weise oder nicht rechtzeitig zusendet,

20. entgegen § 34 Abs. 3 Satz 1 eine Aufzeichnung nicht oder nicht mindestens fünf Jahre aufbewahrt,

21. entgegen § 34c Satz 1, 2 oder 4 eine Anzeige nicht, nicht richtig, nicht vollständig oder nicht rechtzeitig erstattet,

22. entgegen § 34d Absatz 1 Satz 1, Absatz 2 Satz 1 oder Absatz 3 Satz 1, jeweils in Verbindung mit einer Rechtsverordnung nach § 34d Absatz 6 Satz 1 Nummer 2, einen Mitarbeiter mit einer dort genannten Tätigkeit betraut,

23. entgegen
    a) § 34d Absatz 1 Satz 2 oder Satz 3, Absatz 2 Satz 2 oder Satz 3 oder Absatz 3 Satz 2 oder Satz 3, jeweils auch in Verbindung mit einer Rechtsverordnung nach § 34d Absatz 6 Satz 1 Nummer 1, oder
    b) § 34d Absatz 1 Satz 4 in Verbindung mit einer Rechtsverordnung nach § 34d Absatz 6 Satz 1 Nummer 1
    eine Anzeige nicht, nicht richtig, nicht vollständig oder nicht rechtzeitig erstattet oder
24. entgegen § 37v Abs. 1 Satz 4, § 37w Abs. 1 Satz 4 oder § 37x Abs. 1 Satz 4, jeweils auch in Verbindung mit § 37y, einen Jahresfinanzbericht einschließlich der Erklärung gemäß § 37v Abs. 2 Nr. 3 und der Eintragungsbescheinigung oder Bestätigung gemäß § 37v Abs. 2 Nr. 4, einen Halbjahresfinanzbericht einschließlich der Erklärung gemäß § 37w Abs. 2 Nr. 3 oder eine Zwischenmitteilung nicht oder nicht rechtzeitig übermittelt.

(2a) Ordnungswidrig handelt, wer vorsätzlich oder leichtfertig entgegen Artikel 7 oder Artikel 8 der Verordnung (EG) Nr. 1287/2006 der Kommission vom 10. August 2006 zur Durchführung der Richtlinie 2004/39/EG des Europäischen Parlaments und des Rates betreffend die Aufzeichnungspflichten für Wertpapierfirmen, die Meldung von Geschäften, die Markttransparenz, die Zulassung von Finanzinstrumenten zum Handel und bestimmte Begriffe im Sinne dieser Richtlinie (ABl. EU Nr. L 241 S. 1) eine Aufzeichnung nicht, nicht richtig, nicht vollständig oder nicht rechtzeitig erstellt.

(2b) Ordnungswidrig handelt, wer gegen die Verordnung (EG) Nr. 1060/2009 des Europäischen Parlaments und des Rates vom 16. September 2009 über Ratingagenturen (ABl. L 302 vom 17.11.2009, S. 1) verstößt, indem er vorsätzlich oder leichtfertig
1.–4. (weggefallen)
5.　　　entgegen Artikel 4 Absatz 1 Unterabsatz 1 ein Rating für aufsichtsrechtliche Zwecke verwendet,
6.　　　entgegen Artikel 4 Absatz 1 Unterabsatz 2 nicht gewährleistet, dass die dort genannten Informationen im Prospekt enthalten sind,
7.– 42. (weggefallen)

(2c) Ordnungswidrig handelt, wer gegen die Verordnung (EU) Nr. 1031/2010 verstößt, indem er vorsätzlich oder leichtfertig
1. als Person nach Artikel 40
    a) entgegen Artikel 39 Buchstabe a eine Insider-Information weitergibt oder
    b) entgegen Artikel 39 Buchstabe b die Einstellung, Änderung oder Zurückziehung eines Gebotes empfiehlt oder eine andere Person hierzu verleitet,
2. entgegen Artikel 42 Absatz 1 Satz 2 oder Satz 3 das Verzeichnis nicht, nicht richtig, nicht vollständig oder nicht rechtzeitig übermittelt,
3. entgegen Artikel 42 Absatz 2 eine Unterrichtung nicht, nicht richtig oder nicht innerhalb von fünf Werktagen vornimmt oder
4. entgegen Artikel 42 Absatz 5 die Behörde nicht, nicht richtig, nicht vollständig oder nicht rechtzeitig informiert,

(3) Ordnungswidrig handelt, wer vorsätzlich oder fahrlässig

1. einer vollziehbaren Anordnung nach
   a) § 4 Abs. 3 Satz 1,
   b) § 34d Absatz 4 Satz 1 Nummer 1 oder Nummer 2 Buchstabe b,
   c) § 36b Abs. 1,
   d) § 37o Abs. 4 Satz 1 oder § 37q Abs. 2 Satz 1
      zuwiderhandelt,
2. entgegen § 4 Abs. 4 Satz 1 oder 2 oder § 37o Abs. 5 Satz 1 ein Betreten nicht gestattet oder nicht duldet,
3. entgegen § 33 Abs. 3 Satz 1 Nr. 2 eine Portfolioverwaltung auslagert,
4. entgegen § 34a Absatz 1 Satz 1, auch in Verbindung mit einer Rechtsverordnung nach § 34a Absatz 5 Satz 1, Kundengelder nicht in der vorgeschriebenen Weise verwahrt,
5. entgegen § 34a Absatz 1 Satz 3, auch in Verbindung mit einer Rechtsverordnung nach § 34a Absatz 5 Satz 1, die Zustimmung des Kunden nicht oder nicht rechtzeitig einholt,
6. entgegen § 34a Absatz 1 Satz 4, auch in Verbindung mit einer Rechtsverordnung nach § 34a Absatz 5 Satz 1, eine treuhänderische Einlegung nicht offenlegt,
7. entgegen § 34a Absatz 1 Satz 5, auch in Verbindung mit Absatz 2 Satz 2, jeweils auch in Verbindung mit einer Rechtsverordnung nach § 34a Absatz 5 Satz 1, den Kunden nicht, nicht richtig oder nicht rechtzeitig unterrichtet,
8. entgegen § 34a Absatz 2 Satz 1, auch in Verbindung mit einer Rechtsverordnung nach § 34a Absatz 5 Satz 1, ein Wertpapier nicht oder nicht rechtzeitig zur Verwahrung weiterleitet,
9. entgegen § 34a Absatz 4 Satz 1, auch in Verbindung mit Satz 2, jeweils auch in Verbindung mit einer Rechtsverordnung nach § 34a Absatz 5 Satz 1, ein Wertpapier nutzt,
10. entgegen § 36 Absatz 1 Satz 4 einen Prüfer nicht oder nicht rechtzeitig bestellt,
11. entgegen § 36 Absatz 2 Satz 1 eine Anzeige nicht, nicht richtig, nicht vollständig oder nicht rechtzeitig erstattet oder
12. entgegen § 37v Absatz 1 Satz 1, § 37w Absatz 1 Satz 1 oder § 37x Absatz 1 Satz 1, jeweils auch in Verbindung mit § 37y, einen Jahresfinanzbericht, einen Halbjahresfinanzbericht oder eine Zwischenmitteilung nicht oder nicht rechtzeitig zur Verfügung stellt.

(3a) (weggefallen)

(4) Die Ordnungswidrigkeit kann in den Fällen des Absatzes 1 Nummer 1 und 2, des Absatzes 2 Nummer 2 Buchstabe e und f, Nummer 5 Buchstabe a, Nummer 7 und 11 mit einer Geldbuße bis zu einer Million Euro, in den Fällen des Absatzes 2 Nummer 2 Buchstabe g bis i sowie Nummer 14a und 14b mit einer Geldbuße bis zu fünfhunderttausend Euro, in den Fällen des Absatzes 1 Nummer 3 und 5, des Absatzes 2 Nummer 1, 2 Buchstabe a, c und m bis q, Nummer 3, 4 und 5 Buchstabe c bis i, Nummer 6, 16a, 17b, 17c, 18, 22 und 25, des Absatzes 2b Nummer 5 und 6 und des Absatzes 3 Nummer 1 Buchstabe b, Nummer 3 und 12 mit einer Geldbuße bis zu zweihunderttausend Euro, in den Fällen des Absatzes 2 Nummer 2 Buchstabe d, Nummer 5 Buchstabe b, Nummer 12 bis 14 und

Nummer 16 und 17a und des Absatzes 3 Nummer 1 Buchstabe c mit einer Geldbuße bis zu hunderttausend Euro, in den übrigen Fällen mit einer Geldbuße bis zu fünfzigtausend Euro geahndet werden.

(5) Die Bestimmungen des Absatzes 2 Nr. 2 Buchstabe a, Nr. 10 Buchstabe b, Nr. 15, 16, 18 bis 21, des Absatzes 2a sowie des Absatzes 3 Nummer 1 Buchstabe c, Nummer 3, 10 und 11, jeweils in Verbindung mit Absatz 4, gelten auch für die erlaubnispflichtige Anlageverwaltung im Sinne des § 2 Abs. 3 Satz 3.

Literatur: *Altenhain,* Die Neuregelung der Marktpreismanipulation durch das Vierte Finanzmarktförderungsgesetz, BB 2002, 1874; *Arlt,* Der strafrechtliche Anlegerschutz vor Kursmanipulation, Diss. 2004; *Assmann-Schneider,* Kommentar zum WpHG, 2009; *Barnert,* Deliktischer Schadensersatz bei Kursmanipulation de lege lata und de lege ferenda, WM 2002, 1473; *Conen,* Anmerkung zum Beschluß des Bundesgerichtshofs vom 20.7.2011, Az. 3 StR 506/10, GWR 2011, 421; *Degoutrie,* „Scalping" Strafbedürftigkeit und Einordnung unter die tatbestandlichen Voraussetzungen der Kurs- und Marktpreismanipulation nach § 20a WpHG, Diss. 2007; *Diehm,* Strafrechtsrelevante Maßnahmen der Europäischen Union gegen Insidergeschäfte und Kursmanipulation, 2006; *Eichelberger,* Zur Verfassungsmäßigkeit von § 20a WpHG, ZBB 2004, 296; *Ekkenga/Maas,* Das Recht der Wertpapieremissionen, 2006; *Emittentenleitfaden* der Bundesanstalt für Finanzdienstleistungsaufsicht 2005/2009; *Fuchs,* Kommentar zum Wertpapierhandelsgesetz, 2009; *Hellgardt,* Kapitalmarktdeliktsrecht, 2008; *Hellmann/Beckemper,* Wirtschaftsstrafrecht, 2010; Jahresbericht der BaFin, 2011; *Hobe,* Europarecht, 2012; *Klöhn,* Die Haftung wegen fehlerhafter Ad-hoc-Publizität gem. §§ 37b, 37c WpHG nach dem IKB-Urteil des BGH, AG 2012, 345; Kölner Kommentar zum WpHG 2007; *Kudlich,* Zur Frage des erforderlichen Einwirkungserfolgs bei handelsgestützten Marktpreismanipulationen, wistra 2011, 361; *Kümpel,* Kapitalmarktrecht, 2004; *Langenbucher,* Aktien- und Kapitalmarktrecht, 2008; *Leuering/Rubner,* Keine allgemeine Haftung für falsche Kapitalmarktinformationen, NJW-Spezial 2012, 79; *Mitsch,* Recht der Ordnungswidrigkeiten, 2005; *von Schönborn,* Kapitalanlagebetrug, 2003; *Schönhöft,* Die Strafbarkeit der Marktmanipulation gemäß § 20a WpHG, Diss. 2006; *Schröder,* Kapitalmarktstrafrecht, 2. Aufl.; *Singhof/Weber,* Neue Kapitalmarktrechtliche Rahmenbedingungen für den Erwerb eigener Aktien, AG 2005, 549; *Sturm,* Die kapitalmarktrechtlichen Grenzen journalistischer Arbeit, ZBB 2010, 20; *Volk* (Hrsg.), Verteidigung in Wirtschafts- und Steuerstrafsachen, 2006; *Wabnitz/Janovsky* (Hrsg.), Handbuch des Wirtschafts- und Steuerstrafrechts, 2007; *Woodtli,* Marktpreismanipulation durch abgesprochene Geschäfte: Einwirkung auf den Börsenpreis und Verfall, NZWiSt 2012, 51.

Übersicht

I. Einleitung

§ 20a WpHG wurde durch das 4. FMFG, das am 1. Juli 2002 in Kraft getreten **1** ist (BGBl. I Nr. 39/2002 vom 26. Juni 2002) im 4. Abschnitt „Überwachung des Verbots der Kurs- und Marktpreismanipulation" eingeführt.

Eine Novellierung erfuhr § 20a WpHG bereits durch das Anlegerschutzverbes- **2** serungsgesetz vom 28. Oktober 2004. Durch das Anlegerschutzverbesserungsge-setz wurde die EU-Marktmissbrauchsrichtlinie (Richtlinie 2003/6/EG) des euro-päischen Parlamentes und des Rates vom 28. Januar 2003 über Insidergeschäfte und Marktmanipulation (Marktmissbrauch, ABl. Nr. L 96 vom 12. April 2003, S. 16) umgesetzt.

§ 20a WpHG sollte den **strafrechtlichen Schutz der Anleger,** der bislang **3** in den §§ 88, 89 BörsG geregelt wurde und als unzureichend empfunden wurde, **verbessern** (BT-Drucks. 14/8017 S. 89; *Hellmann/Beckemper,* S. 27; *Wabnitz/Janovsky-Benner* 9. Kap. Rn. 123 ff.; *Volk-Benner,* § 22 Rn. 731 ff.; *von Schönborn,* S. 14 ff.; *Diehm,* S. 43 ff.). So will sein sachlicher Schutzbereich die regelgerechte Bildung von Markt- und Börsenpreisen gewährleisten (BT-Drucks. 14/8017, S. 89, 98). Eine regelkonforme Preisbildung dient dem Vertrauen der Anleger in die Funktionsfähigkeit der Börse. Die Vorschrift schützt auch „Vermögenswerte, die in einem anderen Staat des europäischen Wirtschaftsraumes (EWR) zum Han-del zugelassen sind, um die Funktionsfähigkeit der Wertpapiermärkte innerhalb des EWR" zu schützen (BT-Drucks. 14/8017, S. 89). Diesem Rechtsgedanken entspricht § 20a Abs. 1 S. 2 WpHG. Angesichts der unüberschaubaren Anzahl von Finanzinstrumenten und Manipulationsmöglichkeiten hat der Gesetzgeber § 20a WpHG sehr ausführlich gestaltet und die Manipulationstaten in drei wesent-liche Teile gegliedert. So sollen Manipulationen informationsbedingt, handelsge-stützt und handlungsgestützt möglich sein. Auch um dem Analogieverbot gerecht zu werden, hat der Verordnungsgeber von der Ermächtigung des § 20a Abs. **5**

WpHG Gebrauch gemacht. Eine in ihrer Bedeutung für die Praxis herausragende
Stellung nimmt die vom Bundesfinanzministerium am 30. Oktober 2004 in Kraft
getretene (BGBl. 2005 I Nr. 15, 515) **Verordnung zur Konkretisierung des
Verbots der Marktmanipulation** (Marktmanipulationskonkretisierungsverord-
nung – **MaKonV**) ein. Die MaKonV konkretisiert die Tatbestandsvoraussetzungen des § 20a WpHG und unterstützt somit einerseits die weitreichende Fassung
des § 20a WpHG und andererseits trägt sie damit dem Bestimmtheitsgebot Rechnung (*Assmann/Schneider-Vogel*, vor § 20a WpHG Rn. 26 ff.; *Langenbucher*, S. 284;
vgl. zur Verfassungsmäßigkeit des § 20a WpHG *Eichelberger*, ZBB 2004, 296; vgl.
zur Verfassungsmäßigkeit des Tatbestandsmerkmales „sonstige Täuschungshandlung" in § 20a Abs. 1 S. 1 Ziff. 3 WpHG Schröder Rn. 544 ff.). Das Verbot der
Kurs- und Marktpreismanipulation weist in seiner gesetzlichen Zielrichtung und
in seinem Rechtsgutcharakter große Übereinstimmung mit dem Verbot des Insiderhandels auf. Die Nähe der beiden Tatbestände wird durch die gemeinsame
Behandlung in einer Richtlinie (Richtlinie 2003/6/EG des Europäischen Parlaments und des Rates vom 28.1.2003 über Insider-Geschäfte und Marktmanipulation – Marktmissbrauch) unterstrichen.

4   Die Verordnungsermächtigung ermöglicht zudem schnelles Handeln zur Regelung unerwünschter Handelspraktiken.

5   Den Verbotstatbeständen steht in § 20a S. 2 WpHG eine so genannte **Safe-
Harbour-Regelung** gegenüber, die bestimmte Handelsverhaltensweisen ausdrücklich erlaubt. Der Tatbestandsausschluß des § 20a Abs. 2 WpHG dokumentiert das Spannungsfeld zwischen verbotenem (§ 20a Abs. 1 WpHG) und erlaubten
(§ 20a Abs. 2 WpHG) Verhalten und die damit verbundene Schwierigkeit, straf-
rechtsrelevantes Handeln an Börsen und Märkten zu regeln.

6   Das geschützte **Rechtsgut** des § 20a WpHG ist der Kapitalmarkt und das
Funktionieren seiner Einrichtungen sowie die Zuverlässigkeit und Wahrheit der
Preisbildung an Börsen und Märkten (*Ziouvas*, S. 150 ff.; *Fuchs-Fuchs* Einl.
Rn. 4 ff.; *Fuchs-Fleischer*, § 20a Rn. 1, *Kümpel*, S. 30 ff.). **Kritiker** dieser Rechts-
gutbestimmung wenden ein, dass schon der Begriff „Kapitalmarkt" nicht eindeutig
definiert sei. Weitgehende Übereinstimmung herrscht über die Feststellung, § 20a
WpHG schütze ein überindividuelles Rechtsgut – mit der Folge, dass § 20a
WpHG kein Schutzgesetz im Sinne von § 823 Abs. 2 BGB darstellt (OLG Frank-
furt am Main AG 2007, 749; LG Berlin Beschl. v. 8.3.2005, Az. (505) 3 Wi
Js 82/04 (11/04), 505–11/04; *Fuchs-Fleischer* § 20a Rn. 154). § 20a WpHG ist
verglichen mit anderen Straftatbeständen ausführlich formuliert. Während die
Kunst der Gesetzgebung darin besteht, mit wenigen Begriffen möglichst viele
Sachverhalte zu erfassen und dabei noch dem Bestimmtheitsgrundsatz aus Art. 103
Abs. 2 GG zu genügen, so zeigt auch § 20a WpHG dieses Bestreben auf dem
Gebiet des Kapitalmarktstrafrechts. Der Kapitalmarkt verändert sich überaus
schnell, sodass § 20a WpHG weit umfassend regelt. Dies zeigt sich in den verschiedenen Begehungsweisen „irreführende Angaben machen", „Umstände verschweigen", „Geschäfte vornehmen", „Aufträge erteilen", und schließlich „sonstige Täuschungshandlungen vornehmen".

7   Bei der **Auslegung** des § 20a WpHG kann einerseits die Rechtsprechung zu
§ 88 aF BörsG verwendet werden, andererseits geht § 20a WpHG auf europäische
Rechtsetzung zurück, sodass eine einheitliche europäische Rechtsprechung im
Lichte der Auslegung anderer EU-Staaten und des Europäischen Gerichtshofes
zu erfolgen hat. Im Zweifel ist ein Vorabentscheidungsverfahren nach Art. 267
AEUV vor dem Europäischen Gerichtshof durchzuführen.

Dies führt zu Komplikationen, sofern deutsches Strafrecht durch die Auslegung **8**
des § 20a WpHG auf europäischer Ebene berührt wird, denn die Europäische
Union besitzt keine Kompetenz zur Schaffung nationaler Strafrechtsnormen. Zwar
weist die Marktmissbrauchsrichtlinie darauf hin, dass das Verbot der Marktmanipulation durch geeignete Sanktionen flankiert werden soll, allerdings bedeutet dies
noch keinen Eingriff in die nationale Strafrechtszuständigkeit. Problematisch wird
es, wenn die nationale Rechtsgutbestimmung als Auslegungshilfe herangezogen
wird. Hier könnte der europarechtliche Einwand erhoben werden, dass das nationale Rechtsgut einer einheitlichen europäischen Auslegung entgegensteht. Dem ist
entgegenzuhalten, dass nationales Strafrecht – § 20a WpHG iVm § 38 WpHG – einzig deutscher Strafrechtsdogmatik unterliegt (vgl. auch *Volk-Benner,* § 22 Rn. 340 ff.
„Abschied von einer deutschen Strafrechtskultur"). Dies kann dazu führen, dass aus
zivilrechtlicher Sicht das WpHG anders als im Strafrecht ausgelegt wird.

Die **praktische Bedeutung** einer Sanktionierung aus § 20a WpHG iVm **9**
§§ 38, 39 WpHG ist überaus gering. 2011 kam es zu drei Verurteilungen nach
einer Hauptverhandlung, acht Verfahren wurden im Strafbefehlswege erledigt, 13
Verfahren wurden gegen Zahlung einer Auflage eingestellt. Von den insgesamt
90 Straf- und Bußgeldverfahren wurden im Jahr 2011 56 sanktionslos eingestellt.

Die BaFin leitete 2011 13 neue Bußgeldverfahren ein. Acht Verfahren wurden **10**
aus Opportunitätsgründen eingestellt. In zwei Verfahren wurden Geldbußen bis
zu 30.000 Euro verhängt (Jahresbericht der BaFin 2011, S. 204 f.).

II. Tatbestände

§ 20a WpHG verbietet Kurs- und Marktpreismanipulation. Führt die Tathand- **11**
lung des § 20a WpHG zu einer **Einwirkung auf den inländischen Börsen-
oder Marktpreis,** liegt eine Straftat nach § 20a Abs. 1 WpHG iVm § 38 Abs. 2
WpHG iVm § 39 Abs. 1 Ziff. 1 oder 2 oder Abs. 2 WpHG vor. Wirkt die Tathandlung nicht auf den inländischen Börsen- oder Marktpreis ein, kommen Ord-
nungswidrigkeiten in Betracht:
– Ordnungswidrig handelt, wer vorsätzlich entgegen § 20a Abs. 1 S. 1 Ziff. 2,
  auch iVm Abs. 4, jeweils in Verbindung mit einer Rechtsverordnung nach
  Abs. 5 S. 1 Ziff. 2 oder 5, ein Geschäft vornimmt oder einen Kauf- oder Ver-
  kaufsauftrag erteilt.
– Ordnungswidrig handelt zudem, wer vorsätzlich entgegen § 20a Abs. 1 S. 1
  Ziff. 3 WpHG auch iVm Abs. 4 WpHG oder einer Rechtsverordnung nach
  Abs. 5 S. 1 Ziff. 3 WpHG eine Täuschungshandlung vornimmt.
– Ordnungswidrig handelt auch, wer vorsätzlich oder leichtfertig entgegen § 20a
  Abs. 1 S. 1 Ziff. 1, auch iVm Abs. 4 oder einer Rechtsverordnung nach Abs. 5
  S. 1 Ziff. 1 WpHG eine Angabe macht oder einen Umstand verschweigt.
Im Mittelpunkt der Ahndbarkeit stehen die drei Tatvarianten des § 20a Abs. 1 **12**
WpHG. Der Unterschied zwischen einer Ordnungswidrigkeit und einer Strafbar-
keit im Zusammenhang mit § 20a WpHG liegt in der tatsächlichen Einwirkung
auf den Preis.

1. Unrichtige und irreführende Angaben, § 20a Abs. 1 S. 1 Ziff. 1 WpHG

Nach § 20a Abs. 1 S. 1 Ziff. 1 1. Alt. WpHG ist es verboten, unrichtige oder **13**
irreführende Angaben über Umstände zu machen, die für die Bewertung eines

Finanzinstruments erheblich sind, wenn diese Angaben geeignet sind, auf den inländischen Börsen- oder Marktpreis eines Finanzinstruments oder auf den Preis eines Finanzinstruments der Europäischen Union oder in einem anderen Vertragsstaat des Abkommens über den europäischen Wirtschaftsraum einzuwirken.

14   Die zweite Alternative des § 20a Abs. 1 S. 1 Ziff. 1 WpHG enthält ein **echtes Unterlassungsdelikt.** Danach ist es verboten, Umstände entgegen bestehenden Rechtsvorschriften zu verschweigen, wenn das Verschweigen geeignet ist, auf den inländischen Börsen- oder Marktpreis eines Finanzinstruments oder auf den Preis eines Finanzinstruments der Europäischen Union oder in einem anderen Vertragsstaat des Abkommens über den europäischen Wirtschaftsraum einzuwirken.

15   **a) Adressat.** § 20a WpHG kann von **jedermann** verwirklicht werden; „Es ist verboten (...)". § 20a WpHG ist mithin ein Allgemeindelikt und kein Sonderdelikt. Die Strafvorschrift des § 38 Abs. 2 WpHG oder die Ordnungswidrigkeit nach § 39 WpHG iVm § 20a WpHG können nur von natürlichen Personen begangen werden.

16   Demgegenüber können **juristische Personen** bei Pflichtverletzungen aus § 20a WpHG sanktioniert werden, falls eine Haftung „über" **§ 130 OWiG** in Betracht kommt. Dies wäre der Fall, wenn ein Unternehmensinhaber seine Aufsichtspflicht verletzt hat und es zu einem Verstoß im Unternehmen gegen § 20a WpHG gekommen ist. Ein Mitarbeiter hat z. B. irreführende Angaben nach außen gemacht, die bei gehöriger Aufsicht durch den Unternehmensinhaber nicht erfolgt wären.

17   Entsprechendes gilt für die Anwendung des **§ 30 OWiG,** der ebenfalls bei Pflichtverletzungen aus § 20a WpHG Geltung erlangen kann.

18   **b) Angaben.** Der Begriff der Angabe umfasst **Tatsachen** einschließlich innerer Tatsachen und Werturteile. Es handelt sich um beweisbare Umstände, zu denen auch Meinungsäußerungen, Prognosen und Gerüchte gehören, sofern ihnen ein Tatsachenkern zukommt. Erfolgt die Meinungsäußerung, die Prognose oder die Äußerung des Gerüchts schlicht „ins Blaue hinein" **ohne Tatsachenkern,** liegt **keine Angabe** i.S.v. § 20a WpHG vor (Emittentenleitfaden, S. 108). Zu den Tatsachen zählen auch innere Tatsachen, also etwa die Kundgabe einer Absicht (*Schröder,* Rn. 388). Eine Angabe kann mündlich oder schriftlich, beispielsweise per E-Mail oder im Internet, gemacht werden. Es genügt, dass zumindest eine weitere Person von der Angabe Kenntnis nehmen kann (Emittentenleitfaden, S. 107). Auch konkludentes Verhalten soll eine Angabe sein können (*Arlt,* S. 157 ff.; *Schönhöft,* S. 61).

19   **c) Unrichtig.** Unrichtig sind Angaben, wenn sie nicht den tatsächlichen Gegebenheiten entsprechen (Emittentenleitfaden, S 108).

20   Werturteile, Meinungsäußerungen, Einschätzungen und Prognosen sind **unrichtig,** wenn ihnen **falsche Tatsachen** zu Grunde liegen (Emittentenleitfaden, S. 108). Naturgemäß führt eine unzutreffende Tatsachenbasis zu einer falschen Prognose und Einschätzung der Lage; der Fehler setzt sich fort. Aus diesem Grund verlangt die BaFin in ihrem Emittentenleitfaden eine „weitest mögliche" (Emittentenleitfaden, S. 108) Prüfung der Tatsachen, die einer anschließenden Einschätzung zu Grunde gelegt werden. Wird eine **Prognose** ohne Prüfung der Richtigkeit ihrer Tatsachengrundlagen abgegeben, kann dies zu einer Prognose „ins Blaue hinein" führen, die dann eine Kurs- und Marktpreismanipulation dar-

stellen kann. Eine solche Richtigkeitsprüfung stellt auch ein erhebliches entlasten-
des Indiz im Zusammenhang mit dem subjektiven Tatbestand dar. Aber auch
richtige Tatsachen können zu unrichtigen Angaben führen, wenn der daraus
gezogene Schluss „schlechterdings nicht vertretbar" (Emittentenleitfaden, S. 108)
ist.

d) Irreführend. Irreführend sind Angaben, die zwar inhaltlich richtig sind, 21
jedoch durch ihre Darstellung beim Empfänger der Information eine **falsche
Vorstellung** über den geschilderten Sachverhalt **hervorrufen.** Ob eine Angabe
irreführend ist, hängt vom Gesamtzusammenhang ihrer Kundgabe ab. Dabei sind
der Inhalt der Äußerung, Weglassungen und die Form der Angabe von Bedeutung. Die unwahre Angabe wird in der Regel gerade nicht positiv zum Ausdruck
gebracht; sie steht ähnlich wie bei der irreführenden Werbung nach § 16 UWG
häufig zwischen den Zeilen (*Schröder,* Rn. 392; vgl. zu irreführenden Angaben in
einer Presseerklärung BGH AG 2011, 702 m. Anm. *Conen* GWR 2011, 421).

e) Machen. Eine unrichtige oder irreführende Angabe ist gemacht, wenn die 22
Erklärung **nach außen gedrungen** ist und zumindest eine weitere Person davon
Kenntnis nehmen könnte (Emittentenleitfaden, S. 107). Eine tatsächliche
Kenntnisnahme ist nicht erforderlich (*Assmann/Schneider-Vogel,* § 20a Rn. 65).
Hier liegt ein wesentlicher Unterschied zum Kapitalanlagebetrug gem. § 264a
StGB, der „einen größeren Kreis von Personen" als Empfänger von Angaben
verlangt.

Zur Verwirklichung des Ordnungswidrigkeitentatbestands gem. § 20a Abs. 1 23
S. 1 Ziff. 1 1. Alt. WpHG iVm § 39 Abs. 2 Ziff. 11 WpHG genügt also die
leichtfertige Abgabe einer unrichtigen oder irreführenden – kurserheblichen –
Angabe in einem Einzelgespräch. Eine tatsächliche Beeinflussung des Börsen-
oder Marktpreises verlangt die Ordnungswidrigkeit gerade nicht.

f) Bewertungserhebliche Umstände. Als weiteres Tatbestandsmerkmal sieht 24
§ 20a Abs. 1 Ziff. 1 WpHG vor, dass die gemachten unrichtigen oder irreführenden Angaben bewertungserheblich sind. Sofern Angaben entgegen Rechtsvorschriften nicht gemacht werden, § 20a Abs. 1 S. 1 Ziff. 1, 2. Alt. WpHG, müssen
auch diese unterlassenen Angaben bewertungserheblich sein. Bewertungserhebliche Umstände sind nach der **Definition in § 2 Abs. 1 MaKonV** Tatsachen
und Werturteile, die ein **verständiger Anleger** bei seiner Anlageentscheidung
berücksichtigen würde. Als bewertungserhebliche Umstände gelten auch solche,
bei welchen mit hinreichender Wahrscheinlichkeit davon ausgegangen werden
kann, dass sie in Zukunft eintreten werden. Bei diesem Tatbestandsmerkmal handelt es sich um eine Spezifizierung des Begriffs Angabe; es sollen z. B. Äußerungen
nicht § 20a WpHG unterfallen, die mit dem Wertpapierhandel in keinem Zusammenhang stehen.

Dem Begriff des „verständigen Anlegers" liegt einerseits ein subjektiver Beur- 25
teilungsmaßstab zu Grunde, dem einer Person. Andererseits soll damit ein Maßstab
mit Allgemeingültigkeit, eine Sichtweise, die für alle Marktteilnehmer zu gelten
hat, geschaffen werden. Eine Objektivierung ist durch den Begriff „Verständig-
keit" geschaffen. Damit ist schon durch den Wortlaut irrationales Verhalten ausgeschlossen. Auch kurzzeitige Moden sollen zum Beurteilungsmaßstab des verständigen Anlegers nichts beitragen (so auch *Schröder,* Rn. 404 mit einem Beispielfall
zur Mode). Zwar ändert sich der Begriff des „verständigen Anlegers" im Lauf der
Zeit, aber innerhalb eines Zeitraums, der der Beurteilung zu Grunde gelegt wird,

dürfen Moden nicht das Bild des verständigen Anlegers prägen. Der verständige Anleger darf auch nur als Maßstab **innerhalb eines Finanzinstruments** herangezogen werden. D.h., der verständige Anleger, der mit Swaps handelt, verhält sich anders, als derjenige, der mit festverzinslichen Wertpapieren handelt. An dieser Stelle wird der Unterschied zum „durchschnittlichen Anleger" deutlich. Der durchschnittliche Anleger handelt nicht mit Swaps und kennt sich damit nicht aus; er ist als Beurteilungsmaßstab untauglich. Der verständige Anleger ist ein Beurteilungsmaßstab innerhalb eines Marktsegments in dem ein Marktteilnehmer handelt (so im Ergebnis auch *Schröder*, Rn. 404 ff.).

26   Zudem präzisiert § 2 Abs. 1 MaKonV den Begriff der bewertungserheblichen Umstände. Danach sind **Insiderinformationen** nach § 15 Abs. 1 S. 1 WpHG, sowie Entscheidungen und Kontrollerwerbe, die nach § 10 oder § 35 des Wertpapiererwerbs- und Übernahmegesetzes zu veröffentlichen sind, regelmäßig bewertungserhebliche Umstände.

27   Des Weiteren nennt § 2 Abs. 3 und 4 MaKonV eine Reihe von Beispielen bewertungserheblicher Umstände (§ 2 Abs. 3 und 4 MaKonV zählt nicht abschließend bewertungserhebliche Umstände auf; dies wird schon aus der Formulierung „insbesondere" deutlich.). Diese sind:

– Bedeutende Kooperationen, der Erwerb oder die Veräußerung von wesentlichen Beteiligungen sowie der Abschluss, die Änderung oder die Kündigung von Beherrschungs- und Gewinnabführungsverträgen und sonstigen bedeutenden Vertragsverhältnissen;

– Liquiditätsprobleme, Überschuldung oder Verlustanzeige nach § 92 AktG;

– bedeutende Erfindungen, die Erteilung oder der Verlust bedeutender Patente und Gewährung wichtiger Lizenzen;

– Rechtsstreitigkeiten und Kartellverfahren von besonderer Bedeutung;

– Veränderungen in personellen Schlüsselpositionen des Unternehmens;

– strategische Unternehmensentscheidungen, insbesondere der Rückzug aus oder die Aufnahme von neuen Kerngeschäftsfeldern oder die Neuausrichtung des Geschäfts;

– Änderungen in den Jahresabschlüssen und Zwischenberichten und die hieraus üblicherweise abgeleiteten Unternehmenskennzahlen;

– Änderungen der Ausschüttungen, insbesondere Sonderausschüttungen, eine Dividendenänderung oder die Aussetzung der Dividende;

– Übernahme-, Erwerbs- und Abfindungsangebote, soweit sie nicht von § 2 Abs. 2 MaKonV erfasst sind;

– Kapital- und Finanzierungsmaßnahmen.

28   **g) Eignung zur Preiseinwirkung.** Die unrichtigen oder irreführenden Angaben müssen zudem geeignet sein, auf den Börsen- oder Marktpreis einzuwirken. Geeignet zur Einwirkung auf Preise ist ein **Verhalten**, wenn es bei Würdigung aller Umstände des Einzelfalles generell **tauglich** ist, den **Preis zu beeinflussen** (*Assmann/Schneider-Vogel*, § 20a Rn. 118; *Schröder*, Rn. 433; Eignung einer Pressemitteilung zur Preiseinwirkung LG Düsseldorf Urt. v. 14.7.2010 Az. 14 KLs 6/09). Es muss eine „generelle Kausalität" (*Assmann/Schneider-Vogel*, § 20a Rn. 118) zwischen dem Handeln des Täters und einer möglichen Preisbeeinflussung bestehen. Dabei existiert – anders als im Insiderhandel – keine Erheblichkeitsschwelle (Emittentenleitfaden, S. 111).

29   Die BaFin nennt folgendes Beispiel (Emittentenleitfaden, S. 111) als Eignung zur Preiseinwirkung: Der Vorstand eines Emittenten macht falsche Angaben für seine Geschäfte in einem **Interview** in einer vielgelesenen Unterhaltungszeitschrift.

Aber auch eine Angabe in einem **Vier-Augen-Gespräch** kann geeignet sein, 30 auf den Preis einzuwirken: Der Vorstand eines Emittenten macht falsche Angaben gegenüber einem Privatanleger, der zwar eine große Beteiligung am Emittenten hält (und durch die falschen Angaben vom geplanten börslichen Verkauf seiner Beteiligung abgehalten wird), aber ansonsten nicht an der Börse tätig ist (Beispiel aus dem Emittentenleitfaden, S. 111).

Nach dieser Definition wird deutlich, dass dem Tatbestandsmerkmal der Eig- 31 nung zur Preiseinwirkung neben dem Tatbestandsmerkmal der Bewertungserheblichkeit kaum eine praxisrelevante selbständige Bedeutung zukommt (*Altenhain* BB 2002, 1874; *Schönhöft,* S. 81). Auch die BaFin weist darauf hin, „einwirken" und „beeinflussen" bedeutet sprachlich dasselbe (Emittentenleitfaden, S. 111). In der Literatur wird daher zur näheren Bestimmung des Einwirkens auf die Rechtsprechung zum Beeinflussen i.S.v. §§ 13, 15 WpHG verwiesen (*Assmann/Schneider-Vogel,* § 20a Rn. 115 mwN).

Die Eignung wird aus einer objektiv nachträglichen Betrachtung heraus festge- 32 stellt. Die Objektivität soll durch die Sichtweise eines verständigen Anlegers gewahrt werden (Emittentenleitfaden, S. 111; *Schröder,* Rn. 423).

h) Journalistenprivileg, § 20a Abs. 6 WpHG. § 20a Abs. 6 WpHG enthält 33 für Journalisten im Hinblick auf § 20a Abs. 1 S. 1 Ziff. 1 WpHG eine Auslegungshilfe. Danach ist ihr Verhalten, sofern sie unrichtige oder irreführende Angaben publizieren, im Lichte ihrer **berufsständischen Regeln** zu beurteilen. Diese Regeln, vornehmlich zur Finanzberichterstattung, sind bei der Beurteilung der Marktpreismanipulation durch Journalisten heranzuziehen (www.presserat.de). Diese Privilegierung von Journalisten will der Pressefreiheit aus Art. 5 Abs. 1 S. 2 GG zu recht eine starke Stellung verleihen. Die Standesregeln führen jedoch nicht zu einer Besserstellung, sobald der Journalist einen Nutzen oder **finanziellen Vorteil** aus der unrichtigen oder irreführenden Berichterstattung zieht, § 20a Abs. 6 aE WpHG (*Sturm* ZBB 2010, 20).

i) Verschweigen. § 20a Abs. 1 S. 1 Ziff. 1 WpHG enthält eine zweite Alterna- 34 tive: Danach ist das Verschweigen entgegen bestehender Rechtsvorschriften zur Veröffentlichung dem Machen unwahrer und unrichtiger Angaben gleichgestellt. § 20a Abs. 1 S. 1 2. Alt. WpHG ist ein echtes Unterlassungsdelikt (*Schröder,* Rn. 449; vgl. auch zum „bewussten Nichtssagen" BVerfG NJW 2008, 1726). Als Rechtsvorschriften gelten Gesetze im materiellen Sinne, Rechtsverordnungen und EG-Verordnungen (*Schröder,* Rn. 449, 451). Der ratio legis des § 20a Abs. 1 WpHG ist zu entnehmen, dass nur solche Rechtsvorschriften gemeint sind, die eine **Publizitätspflicht** aufstellen (*Schröder,* Rn. 450 f.). Als Beispiel sei die Ad-hoc-Mitteilung aus § 15 WpHG genannt.

Demgegenüber liegt kein Verstoß gegen die Veröffentlichungspflicht aus § 20a 35 Abs. 1 S. 1 Ziff. 1 2. Alt. WpHG vor, wenn etwa unterlassen wird, der BaFin eine Stimmrechtsveränderung nach § 21 Abs. 1 WpHG mitzuteilen. Des Weiteren stellen folgende Vorschriften eine praxisrelevante Publizitätspflicht in Zusammenhang mit § 20a Abs. 1 S. 1 Ziff. 1 2. Alt. WpHG auf:

- § 15a WpHG, Director's Dealings
- §§ 10, 27, 35 WpÜG, Unternehmensübernahmen
- § 92 Abs. 2 AktG, Insolvenz
- § 40 BörsG iVm §§ 53 ff. BörsenZulVO, Zwischenberichtspflicht

– §§ 325 ff. HGB iVm §§ 264 ff. HGB, Aufstellung und Offenlegung eines Jahresabschlusses der Gesellschaft

36 Verschweigen bedeutet, dass zu offenbarende Umstände nicht oder nicht rechtzeitig demjenigen gegenüber offengelegt wurden, denen gegenüber sie kraft Rechtsvorschrift bekannt zu geben waren (vgl. auch Emittentenleitfaden, S. 110). Dabei ist die Veröffentlichungspflicht im Zusammenspiel mit § 20a Abs. 1 S. 1 2. Alt. WpHG kein Selbstzweck: Eine Ad-hoc-Mitteilung, die unter Verletzung von Form- und Verfahrensvorschriften publiziert wird und auf diese Weise nicht die gesamte Bereichsöffentlichkeit erreicht hat, bedeutet keine Verletzung des § 20a Abs. 1 S. 1 Ziff. 1 2. Alt. WpHG, wenn der Anleger auch anderweitig die Nachricht hätte erfahren können. Bereits öffentlich bekannte Umstände können nicht verschwiegen werden (vgl. auch *Schönhöft*, S. 87).

37 **j) Subjektiver Tatbestand des § 20a Abs. 1 S. 1 Ziff. 1 1. Alt. WpHG.** Auch im subjektiven Tatbestand ist zwischen Straftat und Ordnungswidrigkeit zu unterscheiden.

38 **aa) Straftat.** Hat das Machen unrichtiger oder irreführender Angaben über bewertungserhebliche Umstände **auf den Preis eingewirkt,** kommt eine Strafbarkeit nur in Betracht, wenn der Täter **vorsätzlich** handelte; dolus eventualis genügt. Es müsste also zweifelsfrei feststehen, dass der Täter wusste, dass seine unrichtigen oder irreführenden Angaben den Preis tatsächlich verändern können und er sich mit dem Erfolgseintritt – auch wenn er ihn nicht wünschte – abgefunden hat, ihn billigend in Kauf genommen hat. Eine solche Feststellung ist in der Praxis mit erheblichen Beweisproblemen behaftet.

39 Liegt hinsichtlich auch nur eines Tatbestandsmerkmales **Leichtfertigkeit** vor, scheidet eine Strafbarkeit aus. Es kommt allenfalls eine Ordnungswidrigkeit in Betracht. Diese kommt in dieser Konstellation auch dann in Betracht, wenn nicht bloß eine Eignung zur Preiseinwirkung vorliegt, sondern gar eine tatsächliche Einwirkung stattgefunden hat.

40 Eine Straftat scheidet auch dann aus, wenn der Täter Tatumstände nicht kannte, die zum gesetzlichen Tatbestand gehören. Dann könnte ein Tatbestandsirrtum vorliegen, der den Vorsatz entfallen lässt.

41 Unberührt davon bleibt der Fahrlässigkeitsvorwurf. Dabei ist zu beachten, dass nur leichtfertiges Handeln, also eine besonders grob unsorgfältige Verhaltensweise, zur Bejahung einer Ordnungswidrigkeit führt. Kann nur ein durchschnittliches Maß an Sorgfaltspflichtverletzung festgestellt werden, kommt weder eine Strafbarkeit noch eine Ordnungswidrigkeit in Betracht; das Verhalten der handelnden Person bliebe sanktionslos.

42 **bb) Ordnungswidrigkeit.** Führt die Tathandlung des § 20a Abs. 1 S. 1 Ziff. 1 WpHG, sei es durch Tun oder Unterlassen, nicht zu einem Einwirkungserfolg auf den Börsen- oder Marktpreis, kommt eine Ordnungswidrigkeit gem. § 39 Abs. 2 Ziff. 11 WpHG in Betracht (LG München NJW 2003, 2328; LG München NStZ 2004, 291). Diese kann sowohl **vorsätzlich** als auch **leichtfertig** begangen werden. D.h. es sind zwei Tatbegehungen umfasst:
– Der Betroffene macht vorsätzlich unwahre oder unrichtige Angaben über bewertungserhebliche Umstände, die geeignet sind, auf den Preis einzuwirken oder er unterlässt vorsätzlich Angaben entgegen Rechtsvorschriften.
– Der Betroffene handelt insgesamt leichtfertig. Er macht leichtfertig entsprechende Angaben oder er unterlässt leichtfertig die gesetzlich vorgesehene Veröffentlichung.

k) Subjektiver Tatbestand, § 20a Abs. 1 S. 1 Ziff. 1 2. Alt. WpHG. Eine 43
Strafbarkeit durch Unterlassen gem. § 20a Abs. 1 S. 1 Ziff. 1, 2. Alt. WpHG verlangt im subjektiven Tatbestand ebenfalls mindestens dolus eventualis. Liegt hinsichtlich auch nur eines Tatbestandsmerkmales Leichtfertigkeit vor, kommt eine
Ordnungswidrigkeit nach § 39 Abs. 2 Ziff. 11 WpHG in Betracht.

Der Täter muss es, obwohl er die Rechtsvorschrift zur Veröffentlichung kannte, 44
mit Wissen und Wollen unterlassen haben, diese zu veröffentlichen und dadurch
vorsätzlich auf den Börsen- oder Marktpreis eingewirkt haben. Dann liegt eine
Strafbarkeit gem. § 20a Abs. 1 Ziff. 1, 2. Alt. iVm § 38 Abs. 2 WpHG vor.

Die Ordnungswidrigkeit gem. § 20a Abs. 1 S. 1 Ziff. 1 WpHG iVm § 39 Abs. 2 45
Ziff. 11 WpHG ist bei vorsätzlicher Begehung mit einem Bußgeld bis zu
1.000.000 € bedroht, § 39 Abs. 4 WpHG. Erfolgt die Ordnungswidrigkeit leichtfertig, beträgt das Höchstmaß der Geldbuße 500.000 €, § 17 Abs. 2 WpHG.

Im Rahmen der Beweisführung sind regelmäßig folgende Einlassungen beacht- 46
lich: Lässt sich der Täter unwiderlegbar dahingehend ein, er habe aus Versehen
vergessen, zu veröffentlichen, kommt allenfalls eine Ordnungswidrigkeit in
Betracht. Diese verlangt Leichtfertigkeit. Ein mittlerer Fahrlässigkeitsgrad beim
„Vergessen" wäre sanktionslos.

Lässt sich der Täter dahingehend ein, er kannte die Pflicht zur Veröffentlichung 47
nicht, kommt ein **Verbotsirrtum, § 17 StGB oder § 11 Abs. 2 OWiG** in
Betracht.

Sofern ein solcher Irrtum durch das Gericht anerkannt wird, stellt sich die 48
Frage seiner Vermeidbarkeit. Nicht zuletzt im Hinblick auf die Compliance-
Vorschriften dürfte ein Verbotsirrtum durch den Vorstand einer Aktiengesellschaft
regelmäßig vermeidbar gewesen sein (vgl. zum Verbotsirrtum auch *Schröder,*
Rn. 595; *Volk-Volk,* § 2 Rn. 58 ff.). Es bliebe bei einer Bestrafung, die jedoch
gem. § 17 S. 2 StGB bzw. § 11 Abs. 2 OWiG fakultativ gemindert werden könnte.

2. Irreführende Signale oder künstliches Preisniveau, § 20a Abs. 1 S. 1 Ziff. 2 WpHG

Nach § 20a Abs. 1 S. 1 Ziff. 2 WpHG ist es verboten, Geschäfte vorzunehmen 49
oder Kauf- oder Verkaufsaufträge zu erteilen, die geeignet sind, falsche oder
irreführende Signale für das Angebot, die Nachfrage oder den Börsen- und Marktpreis von Finanzinstrumenten zu geben oder ein künstliches Preisniveau herbeizuführen. Wer die vorbezeichneten Handlungen vorsätzlich begeht und dadurch
vorsätzlich auf den inländischen Börsen- oder Marktpreis eines Finanzinstruments
oder auf den Preis eines Finanzinstruments an einem organisierten Markt in einem
anderen Mitgliedstaat der Europäischen Union oder in einem anderen Vertragsstaat des Abkommens über den Europäischen Wirtschaftsraum einwirkt, verwirklicht den Straftatbestand aus § 20a Abs. 1 S. 1 Ziff. 2 WpHG iVm § 38 Abs. 2
WpHG. Die Straftat ist mit Freiheitsstrafe bis zu fünf Jahren oder mit Geldstrafe
bedroht.

Wirkt die Tathandlung des § 20a Abs. 1 S. 1 Ziff. 2 WpHG nicht auf den 50
Börsen- oder Marktpreis ein, scheidet eine Straftat aus; es liegt nur noch eine
Ordnungswidrigkeit vor, § 39 Abs. 1 Ziff. 1 WpHG. Die Ordnungswidrigkeit ist
mit Geldbuße bis zu 1.000.000 € bedroht, § 39 Abs. 4 WpHG.

a) Geschäft. Geschäft i. S. d. § 20a Abs. 1 S. 1 Ziff. 2 WpHG ist der Erwerb 51
oder die Veräußerung eines Finanzinstruments. Erwerb und Veräußerung ist hier
im Sinne einer **schuldrechtlichen Verpflichtung** gemeint, es kommt nicht auf

eine dingliche Rechtsänderung an. Dies folgt aus der Entstehungsgeschichte (vgl. zur Entstehungsgeschichte *Schönhöft*, S. 90. Viele Rechtsgedanken des WpHG gehen auf den anglo-amerikanischen Rechtskreis zurück; diesem ist das Abstraktionsprinzip fremd.) der Vorschrift und aus der einheitlichen Auslegung des WpHG; § 15a WpHG enthält ebenfalls das Tatbestandsmerkmal des „Geschäfts", auch dort genügt eine schuldrechtliche Verpflichtung.

52   Ein Kauf- oder Verkaufsauftrag verlangt auch keinen schuldrechtlichen Vertragsabschluss; es genügt vielmehr der Auftrag zum Abschluss eines solchen Vertrages. Eine solche Order kann an den nach § 16 BörsG zugelassenen Börsenhandelsteilnehmer erteilt werden. Die Auftragserteilung ist nicht formgebunden (*Schönhöft*, S. 91). Bereits die **Auftragserteilung** kann „**Signale**" im Wertpapierhandel setzen, die die Entscheidungen anderer Handelsteilnehmer beeinflussen können. Vor diesem Hintergrund soll manipulatives Verhalten frühzeitig ausgeschaltet werden.

53   **b) irreführende Signale.** Ein Signal i. S. d. § 20a Abs. 1 S. 1 Ziff. 2 WpHG liegt vor, wenn das Geschäft bzw. der Auftrag **geeignet** ist, das Angebots- bzw. Nachfrageverhalten auf dem **Markt bzw.** den **Preis zu beeinflussen** (*Assmann/Schneider-Vogel*, § 20a Rn. 150; *Schröder*, Rn. 522). Das Signal kann auch durch **konkludentes Handeln** gesetzt werden (*Schönhöft*, S. 107); dies folgt bereits aus der wörtlichen Auslegung. Die Beeinflussung kann den Preis hoch oder runter treiben, aber auch eine Stabilisierung im Sinne eines Gleichbleibens unterfällt der Definition (*Assmann/Schneider-Vogel*, § 20a Rn. 150). Dabei muss das Signal nicht zu einer tatsächlichen Beeinflussung führen, es genügt die bloße Eignung.

54   In der Literatur (*Assmann/Schneider-Vogel*, § 20a Rn. 150) wird zutreffend darauf hingewiesen, dass ein Geschäft oder eine Order mit der Eignung zur Signalwirkung auch tatsächlich ein solches Signal setzt. Zwar mag ein solches Signal unverzüglich durch Richtigstellung ausgeräumt werden, allerdings ändert dies an der entstandenen Ahndbarkeit nichts mehr. Die Grenze zwischen der Eignung zum Signal und einem tatsächlichen Signal erscheint konturlos.

55   Falsch ist ein Signal, wenn es nicht den wahren wirtschaftlichen Verhältnissen auf dem jeweiligen Markt in Bezug auf das jeweilige Finanzinstrument entspricht (*Assmann/Schneider-Vogel*, § 20a Rn. 150).

56   Eine Irreführung durch ein Signal liegt vor, wenn es geeignet ist, einen verständigen Anleger über die wirtschaftlichen Verhältnisse eines Finanzinstruments zu täuschen (*Assmann/Schneider-Vogel*, § 20a Rn. 150).

57   **c) künstliches Preisniveau.** Die zweite Alternative des § 20a Abs. 1 S. 1 Ziff. 2 WpHG verlangt, dass durch Geschäfte oder Aufträge ein künstliches Preisniveau herbeigeführt wird. Das Tatbestandsmerkmal Preisniveau ist gleichbedeutend mit Börsen- und Marktpreis. Aus welchem Grund der Begriff Preisniveau gewählt wurde, ist schleierhaft (*Assmann/Schneider-Vogel*, § 20a Rn. 151). Ein Preisniveau ist künstlich, wenn der gebildete Börsen- oder Marktpreis **nur scheinbar** den marktgerechten Preis ausdrückt (*Schröder*, Rn. 482; *Assmann/Schneider-Vogel*, § 20a Rn. 151). Auch hier genügt die bloße Eignung durch die Tathandlung, ein künstliches Preisniveau zu erzeugen; eine tatsächliche Veränderung des Preises ist nicht erforderlich.

58   **d) § 3 MaKonV.** § 3 MarKonV dient als **Auslegungshilfe** der Tatbestandsmerkmale falsche oder irreführende Signale und künstliches Preisniveau. § 3 Abs. 1 MaKonV spricht von „Anzeichen" für falsche oder irreführende Signale oder

die Herbeiführung eines künstlichen Preisniveaus i.s.v. § 20a Abs. 1 S. 1 Ziff. 2 WpHG. Anzeichen können daher für einen verfahrensrechtlichen Hinweis stehen, gleichsam einer indiziellen Wirkung, bei Vorliegen der genannten Umstände Ermittlungen in Richtung § 20a Abs. 1 S. 1 Ziff. 2 WpHG aufzunehmen. § 3 Abs. 1 MaKonV kann jedoch nicht darauf reduziert werden, da die genannten Verhaltensweisen neben Indizien auch vollendete Tathandlungen beschreiben.

§ 3 Abs. 1 MaKonV hat folgenden Wortlaut: **59**

(1) Anzeichen für falsche oder irreführenden Signale oder die Herbeiführung eines künstlichen Preisniveaus i. S. d. § 20a Abs. 1 S. 1 Nr. 2 des Wertpapierhandelsgesetzes können insbesondere auf Finanzinstrumente bezogene
1. Geschäfte oder Kauf- oder Verkaufsaufträge sein,
   a) die an einem Markt einen bedeutenden Anteil am Tagesgeschäftsvolumen dieser Finanzinstrumente ausmachen, insbesondere wenn sie eine erhebliche Preisänderung bewirken;
   b) durch die Personen erhebliche Preisänderungen bei Finanzinstrumenten, von denen sie bedeutende Kaufs- oder Verkaufspositionen innehaben oder bei sich daraus beziehenden Derivaten oder Basiswerten bewirken;
   c) mit denen innerhalb kurzer Zeit Positionen umgekehrt werden und die an einem Markt einen bedeutenden Anteil am Tagesgeschäftsvolumen dieser Finanzinstrumente ausmachen und die mit einer erheblichen Preisänderung im Zusammenhang stehen könnten;
   d) die durch die Häufung innerhalb eines kurzen Abschnitts des Börsentages eine erhebliche Preisänderung bewirken, auf die eine gegenläufige Preisänderung folgt;
   e) die nur dem Zeitpunkt der Feststellung eines bestimmten Preises, der als Referenzpreis für ein Finanzinstrument oder andere Vermögenswerte dient, erfolgen und mittels Einwirkung auf diesen Referenzpreis den Preis oder die Bewertung des Finanzinstruments oder des Vermögenswertes beeinflussen:
2. Kauf- oder Verkaufsaufträge sein, die auf die den Marktteilnehmern ersichtliche Orderlage, insbesondere auf die zur Kenntnis gegebenen Preise der am höchsten limitierten Kaufaufträge oder der am niedrigsten limitierten Verkaufsaufträge, einwirken und vor der Ausführung zurückgenommen werden;
3. Geschäfte sein, die zu keinem Wechsel des wirtschaftlichen Eigentümers eines Finanzinstruments führen.

§ 3 Abs. 2–4 MaKonV konkretisiert das Tatbestandsmerkmal des irreführenden **60** Signals. Ein irreführendes Signal i. S. d. § 20a Abs. 1 S. 1 Ziff. 2 WpHG wird insbesondere durch Geschäfte oder einzelne Kauf- oder Verkaufsaufträge über Finanzinstrumente gegeben:

(2) Die geeignet sind, über Angebot oder Nachfrage bei einem Finanzinstrument im Zeitpunkt der Feststellung eines bestimmten Börsen- oder Marktpreises, der als Referenzpreis für ein Finanzinstrument oder andere Produkte dient, zu täuschen, insbesondere wenn durch den Kauf oder Verkauf von Finanzinstrumenten bei Börsenschluss Anleger, die aufgrund des festgestellten Schlusspreises Aufträge erteilen, über die wahren wirtschaftlichen Verhältnisse getäuscht werden,
(3) Die zu im Wesentlichen gleichen Stückzahlen und Preisen von verschiedenen Parteien, die sich abgesprochen haben, erteilt werden, es sei denn, diese Geschäfte wurden im Einklang mit den jeweiligen Marktbestimmungen rechtzeitig angekündigt oder

(4) die den unzutreffenden Eindruck wirtschaftlich begründeter Umsätze erwecken.

61 Des Weiteren enthält Art. 4 der Durchführungsrichtlinie 2003/124/EG (Richtlinie 2003/124/EG der Kommission vom 22.12.2003 zur Durchführung der Richtlinie 2003/6/EG des Europäischen Parlaments und des Rates betreffend die Begriffsbestimmung und die Veröffentlichung von Insider-Informationen und die Begriffsbestimmung der Marktmanipulation. (Eine ausführliche Auseinandersetzung mit bekannten Erscheinungsformen der Marktmanipulation unter Bezugnahme auf die MaKonV nimmt *Schröder*, Rn. 487 ff. vor. Vgl. auch *Assmann/Schneider-Vogel*, § 20a Rn. 156 ff.) weitere Beispiele für Verhaltensweisen, die den Verdacht einer Kurs- und Marktpreismanipulation nach § 20a Abs. 1 S. 1 Ziff. 2 WpHG begründen oder bereits die Tatbestandsverwirklichung beschreiben.

62 Art. 4 lautet wie folgt:

Manipulatives Verhalten in Bezug auf falsche oder irreführende Signale und in Bezug auf die Kurssicherung. Für die Anwendung von Art. 1 Nr. 2 Buchstabe a) der Richtlinie 2003 und unbeschadet Beispiele, die im zweiten Absatz von Nr. 2 dieses Art. 1 genannt werden, sorgen die Mitgliedsstaaten dafür, dass die folgenden nicht erschöpfenden Signale – die als solche nicht unbedingt als Marktmanipulation anzusehen sind – berücksichtigt werden, wenn die Geschäfte oder Geschäftsaufträge von den Marktteilnehmern und den zuständigen Behörden geprüft werden:

a) Der Umfang, in dem erteilte Geschäftsaufträge oder abgewickelte Geschäfte einen bedeutenden Anteil des Tagesvolumens der Transaktionen mit dem entsprechenden Finanzinstrument auf dem jeweiligen geregelten Markt ausmachen, vor allem dann, wenn diese Tätigkeiten zu einer erheblichen Veränderung des Kurses dieses Finanzinstrumentes führen;

b) der Umfang, in dem erteilte Geschäftsaufträge oder abgewickelte Geschäfte, die von Personen mit einer bedeutenden Kauf- oder Verkaufsposition in einem Finanzinstrument getätigt wurden, zu einer erheblichen Veränderung des Kurses dieses Finanzinstruments bzw. eine sich darauf beziehenden Finanzinstruments oder aber des Basisvermögenswertes führen, die zum Handel auf einem geregelten Markt zugelassen sind;

c) ob abgewickelte Geschäfte zu keiner Veränderung in der Identität des wirtschaftlichen Eigentümers eines zum Handel auf einem geregelten Markt zugelassenen Finanzinstruments führen;

d) der Umfang, in dem erteilte Geschäftsaufträge oder abgewickelte Geschäfte Umkehrungen von Positionen innerhalb eines kurzen Zeitraums beinhalten und einem beträchtlichen Teil des Tagesvolumens der Geschäfte mit dem entsprechenden Finanzinstrument auf dem betreffenden geregelten Markt ausmachen, sowie mit einer erheblichen Veränderung des Kurses eines zum Handel auf einem geregelten Markt zugelassenen Finanzinstruments in Verbindung gebracht werden könnten;

e) der Umfang, in dem erteilte Geschäftsaufträge oder abgewickelte Geschäfte innerhalb einer kurzen Zeitspanne des Börsentages konzentriert werden und zu einer Kursveränderung führen, die in der Folge wieder umgekehrt wird;

f) der Umfang, in dem erteilte Geschäftsaufträge die besten bekannt gemachten Kurse für Angebot und Nachfrage eines auf einem geregelten Markt zugelassenen Finanzinstruments verändern oder genereller die Aufmachung des Orderbuchs verändern, dass den Marktteilnehmern zur Verfügung steht, und vor ihrer eigentlichen Abwicklung annulliert werden könnten;

g) der Umfang, in denen Geschäftsaufträge genau oder ungefähr zu einem bestimmten Zeitpunkt erteilt oder Geschäfte zu diesem Zeitpunkt abgewickelt werden, an dem die Referenzkurse, die Abrechnungskurse und die Bewertungen berechnet werden, und dies zu Kursveränderungen führt, die sich auf eben diese Kurse und Bewertungen auswirken.

e) Tatbestandsausschluss, § 20a Abs. 2 WpHG. § 20a Abs. 2 WpHG **63** bestimmt, dass § 20a Abs. 1 Nr. 2 WpHG nicht gilt, wenn die Handlung mit der zulässigen Marktpraxis auf dem organisierten Markt oder im Freiverkehr vereinbar ist und der Handelnde hierfür legitime Gründe hat. Wer im Einklang mit einer zulässigen Marktpraxis vorgeht, kann sich nicht wegen einer handelsgestützten Marktmanipulation strafbar machen.

Das Vorliegen der Voraussetzungen des § 20a Abs. 2 WpHG führt zu einem Tatbestandsausschluss des § 20a Abs. 1 Nr. 2 WpHG. § 20 Abs. 2 WpHG wird auch als „Safe-Harbour-Regelung" bezeichnet. Informationsgestützte und handelsgestützte Manipulationen nach § 20a Abs. 1 Nr. 1 und Nr. 3 WpHG bleiben von der Vorschrift des § 20 Abs. 2 WpHG unberührt. § 20a Abs. 2 WpHG geht auf die sogenannte Marktmissbrauchsrichtlinie (Richtlinie 2003/6/EG des Europäischen Parlaments und des Rates vom 28. Januar 2003 über Insider-Geschäfte und Marktmanipulation (Markmissbrauch), ABlEG Nr. L 96 vom 12. April 2003) zurück.

Art. 1 Abs. 5 der Marktmissbrauchsrichtlinie enthält folgende Definition: **64** „,Zulässige Marktpraxis' sind Gepflogenheiten, die auf einem oder mehreren Finanzmärkten nach vernünftigem Ermessen erwartet werden und von den zuständigen Behörden gemäß den Leitlinien, die von der Kommission nach dem Verfahren des Art. 17 Abs. 2 erlassen werden, anerkannt werden."

Art. 1 Nr. 2 lit. a der Begründung zur Marktmissbrauchsrichtlinie führt zur Konkretisierung des Begriffs zulässiger Marktpraxis aus, dass unter bestimmten Voraussetzungen eine Manipulation vorliege, „es sei denn, die Person, welche die Geschäfte abgeschlossen oder die Aufträge erteilt hat, weist nach, dass sie **legitime Gründe** dafür hatte und diese Geschäfte oder Aufträge nicht gegen die zulässige Marktpraxis auf dem betreffenden geregelten Markt verstoße."

Diese Formulierung bedeutet eine **Beweislastumkehr** durch den europäischen Richtliniengeber (KölnKomm-*Mock, Stoll, Eufinger* § 20a Rdn. 218). Allerdings besteht die Pflicht zur Umsetzung nur im Hinblick auf Verwaltungsmaßnahmen, sie gilt nicht für das Ordnungswidrigkeiten- und Strafverfahren (KölnKomm-*Mock, Stoll, Eufinger* § 20a Rdn. 244 ff). Zudem sind Richtlinien in ihren Zielen verbindlich; für die konkrete Umsetzung besteht ein Spielraum, Art. 288 Abs. 3 AEUV(*Hobe*, S. 94). Die Umsetzung in nationales Recht, in der vorliegenden Ausgestaltung beinhaltet keine Beweislastumkehr. Insofern verstößt § 20a Abs. 2 WpHG nicht gegen die Unschuldsvermutung aus Art. 6 Abs. 2 EMRK.

Im Übrigen erlaubt die Rechtsprechung des EuGH in engen Grenzen gesetzliche Vermutungen aufzustellen und anzuwenden, wenn sie widerlegbar sind, das Gericht eine sorgfältige Abwägung der Verteidigungsargumente vornimmt und der Angeklagte nicht jeder Verteidigungsmöglichkeit beraubt ist, EuGRZ 1992, 472 – dem Fall Pham Hoang gegen Frankreich lag ein Strafverfahren nach dem französischen Zollgesetz zugrunde.

Legitim sind Gründe, wenn sie **kapitalmarktrechtlich relevant** sind (Köln- **65** Komm-*Mock, Stoll, Eufinger* § 20a Rdn. 238). Subjektive Elemente bleiben bei der Definition der legitimen Gründe unbeachtet (KölnKomm-*Mock, Stoll, Eufinger* § 20a Rdn. 237f).

66   Vor diesem Hintergrund ist das Vorliegen einer zulässigen Marktpraxis stets von Amts wegen zu prüfen. Dabei gilt der Grundsatz in dubio pro reo (Köln-Komm-*Mock, Stoll, Eufinger* § 20a Rdn. 246). Der Tatverdächtige kann selbständig die Feststellung bei der Bafin beantragen, dass das ihm vorgeworfene Verhalten einer zulässigen Marktpraxis entspricht. Zudem ist es der Staatsanwaltschaft möglich, dass Strafverfahren während des Feststellungsverfahrens der Bafin gemäß **§ 154d StPO** zur Klärung präjudizieller verwaltungsrechtlicher Fragen auszusetzen oder nach Fristsetzung einzustellen (OLG Stuttgart NStZ-RR 2003, 145).

67   Zuständige Behörde für die Anerkennung einer zulässigen Marktpraxis ist nach Umsetzung der Richtlinie die Bafin. § 20a Abs. 5 Nr. 5 WpHG ermächtigt das Bundesministerium der Finanzen durch Rechtsverordnung Bestimmungen zu erlassen, die als zulässige Marktpraxis gelten und das Verfahren zur Anerkennung einer zulässigen Marktpraxis regeln. Von dieser Ermächtigung hat das Finanzministerium durch Schaffung der MaKonV Gebrauch gemacht.

Auch die **Börsengeschäftsführung** kann ein wichtiger Informationsgeber zur Bestimmung von Usancen im Wertpapierhandel und damit zur Beurteilung von „legitimen Gründen" sein (*Volk-Benner*, § 22 Rdn. 514).

68   Die §§ 7 bis 10 MaKonV regeln das Verfahren und nennen die Kriterien zur Feststellung einer zulässigen Marktpraxis:

§ 7 Verfahren zur Anerkennung einer zulässigen Marktpraxis

(1) Erhält die Bundesanstalt für Finanzdienstleistungsaufsicht (Bundesanstalt) im Rahmen ihrer Aufsichtstätigkeit Kenntnis von einer Gepflogenheit, die geeignet sein könnte, falsche oder irreführende Signale für das Angebot, die Nachfrage oder den Börsen- oder Marktpreis von Finanzinstrumenten zu geben oder ein künstliches Preisniveau herbeizuführen, so entscheidet sie über die Anerkennung dieser Gepflogenheit als eine zulässige Marktpraxis im Sinne des § 20a Abs. 2 des Wertpapierhandelsgesetzes nach Maßgabe des Absatzes 2 und der §§ 8 und 9. Sie überprüft die zulässige Marktpraxis regelmäßig und berücksichtigt dabei insbesondere wesentliche Änderungen des Marktes, wie geänderte Handelsregeln oder eine Änderung der Infrastruktur des Marktes. Sie kann die Anerkennung mit Wirkung für die Zukunft ändern oder widerrufen. Für die Änderung oder den Widerruf gelten die §§ 8 und 9 entsprechend.

(2) Wurde bereits ein Verfahren wegen des Verdachts auf Marktmanipulation eingeleitet, so kann die Bundesanstalt für den Einzelfall bei besonderer Eilbedürftigkeit ohne die in § 9 vorgesehene Beteiligung von Marktteilnehmern, anderen Behörden und zuständigen ausländischen Stellen nur nach Maßgabe des § 8 Abs. 1 entscheiden. Die Beteiligung von Marktteilnehmern, anderen Behörden und zuständigen ausländischen Stellen nach § 9 sowie gegebenenfalls die Bekanntgabe der Anerkennung nach § 10 sind nachzuholen. Die Befugnisse der Staatsanwaltschaft bleiben unberührt.

§ 8 Kriterien

(1) Bei der Anerkennung von Gepflogenheiten als zulässige Marktpraxis im Sinne des § 20a Abs. 2 Satz 2 des Wertpapierhandelsgesetzes berücksichtigt die Bundesanstalt insbesondere, ob die Gepflogenheit

1 für den gesamten Markt hinreichend transparent ist,

2 die Liquidität und Leistungsfähigkeit des Marktes beeinträchtigt,

3 das Funktionieren der Marktkräfte und das freie Zusammenspiel von Angebot und Nachfrage unter Berücksichtigung wesentlicher Parameter, insbesondere der Marktbedingungen vor Einführung der Marktpraxis, des gewichteten Durch-

schnittskurses eines Handelstages und der täglichen Schlussnotierung, beeinträchtigt,

4 mit dem Handelsmechanismus auf dem Markt vereinbar ist und den anderen Marktteilnehmern eine angemessene und rechtzeitige Reaktion erlaubt,

5 den Strukturmerkmalen des Marktes, insbesondere dessen Regulierung und Überwachung, den gehandelten Finanzinstrumenten und der Art der Marktteilnehmer gerecht wird und

6 die Integrität anderer Märkte, auf denen dasselbe Finanzinstrument gehandelt wird, gefährdet.

(2) Die Bundesanstalt berücksichtigt die Erkenntnisse anderer inländischer Behörden sowie zuständiger Stellen anderer Mitgliedstaaten der Europäischen Union und anderer Vertragsstaaten des Abkommens über den Europäischen Wirtschaftsraum aus Ermittlungstätigkeiten im Zusammenhang mit der betreffenden Marktpraxis, insbesondere zur Vereinbarkeit der Gepflogenheit mit Marktmissbrauchsrecht und den Verhaltensregeln des betreffenden Marktes oder mit diesem in Beziehung stehenden Märkten innerhalb der Europäischen Union und dem Europäischen Wirtschaftsraum.

§ 9 Beteiligung von Marktteilnehmern, Behörden und ausländischen Stellen

(1) Soweit für eine sachgerechte Entscheidung erforderlich, sind vor der Anerkennung einer zulässigen Marktpraxis Spitzenverbände der betroffenen Wirtschaftskreise, insbesondere der Emittenten und der Wertpapierdienstleistungsunternehmen, Betreiber von Märkten, auf denen Finanzinstrumente gehandelt werden, Verbraucherverbände oder Behörden, deren Aufgabenbereiche von der Anerkennung der Marktpraxis berührt werden, anzuhören. Zuständige Stellen anderer Mitgliedstaaten der Europäischen Union und anderer Vertragsstaaten des Abkommens über den Europäischen Wirtschaftsraum, die den Handel mit Finanzinstrumenten überwachen, sollen angehört werden, insbesondere wenn sie für die Überwachung von mit dem jeweiligen Markt vergleichbaren Märkten zuständig sind.

(2) Die Bundesanstalt setzt eine angemessene Frist für die Abgabe von Stellungnahmen nach Absatz 1. Fristgemäß abgegebene Stellungnahmen werden bei der Entscheidung über die Anerkennung berücksichtigt.

§ 10 Bekanntgabe

(1) Die Bundesanstalt gibt die Anerkennung einer zulässigen Marktpraxis durch Veröffentlichung im elektronischen Bundesanzeiger und auf ihrer Website bekannt. In der Bekanntgabe beschreibt sie das Verhalten, welches die zulässige Marktpraxis kennzeichnet, und nennt die der Anerkennung zugrunde liegenden Erwägungen. Abweichungen von der zulässigen Marktpraxis auf anderen, mit dem jeweiligen Markt vergleichbaren Märkten, sind gesondert zu begründen.

(2) Die Bundesanstalt übermittelt die Bekanntgabe nach Absatz 1 unverzüglich dem Ausschuss der Europäischen Wertpapierregulierungsbehörden zum Zweck der Veröffentlichung auf dessen Website.

Ist bereits ein Strafverfahren eingeleitet, kann die BaFin in einem sogenannten beschleunigten Verfahren ohne Anhörung anderer Verkehrskreise die Zulässigkeit oder Unzulässigkeit der Marktpraxis feststellen, § 7 Abs. 2 S. 1 MaKonV. Das Prüfungsergebnis der BaFin stellt eine verwaltungsrechtliche **Allgemeinverfügung** dar; sie ist für alle Behörden, so auch für die Staatsanwaltschaft und alle Marktteilnehmer bindend (KölnKomm-*Mock, Stoll, Eufinger*, § 20a Anh. I – § 7 MaKonV Rdn. 15.

69   **f) Subjektiver Tatbestand.** Eine Straftat nach § 38 Abs. 2 WpHG ivM § 20a Abs. 1 S. 1 Ziff. 2 WpHG kann nur **vorsätzlich** begangen werden; dolus eventualis genügt. In der Praxis dürfte hier häufig dolus directus ersten Grades vorliegen. Entweder es werden wirtschaftlich sinnvolle Geschäfte, die im Einklang mit der Rechtsordnung stehen, getätigt, oder aber es werden Aufträge mit Signalwirkung erteilt, die auch wirtschaftlich unsinnig sein können, einzig mit dem Ziel eine Irreführung zu erreichen, um daraus unlautere Gewinne zu erzielen.

70   Eine Straftat nach § 38 Abs. 2 WpHG ivM § 20a Abs. 1 S. 1 Ziff. 2 WpHG setzt die Einwirkung auf den Börsen- und Marktpreis voraus. Ist dieses Tatbestandsmerkmal nicht erfüllt, kommt bei Vorliegen der übrigen Tatbestandsmerkmale eine Ordnungswidrigkeit gem. § 39 Abs. 1 S. 1 Ziff. 1 WpHG in Betracht. Diese kann nur vorsätzlich begangen werden. Das leichtfertige Setzen etwa eines irreführenden Signals ist sanktionslos.

3. Sonstige Täuschung, § 20a Abs. 1 S. 1 Ziff. 3 WpHG

71   Nach § 20a Abs. 1 S.1.Ziff. 3 WpHG ist es verboten, sonstige Täuschungshandlungen vorzunehmen, die geeignet sind, auf den inländischen Börsen- oder Marktpreis eines Finanzinstruments oder auf den Preis eines Finanzinstruments an einem organisierten Markt in einem anderen Mitgliedsstaat der Europäischen Union oder in einem anderen Vertragsstaat des Abkommens über den Europäischen Wirtschaftsraum einzuwirken.

72   Führt die Tathandlung, die sonstige Täuschung, tatsächlich zu einer Einwirkung auf den Kurs- oder Marktpreis, liegt eine Strafbarkeit nach § 38 Abs. 2 WpHG ivM § 20a Abs. 1 S. 1 Ziff. 3 WpHG vor.

73   Kann eine solche Preiseinwirkung nicht festgestellt werden, so verbleibt, bei Bejahung der weiteren Tatbestandsmerkmale, eine Ordnungswidrigkeit nach § 39 Abs. 1 Ziff. 2 WpHG, die im Höchstmaß mit einem Bußgeld über 1.000.000 € geahndet werden kann, § 39 Abs. 4 WpHG.

74   **a) Sonstige Täuschung. § 4 Abs. 1 MaKonV definiert sonstige Täuschungshandlungen** i. S. d. § 20a Abs. 1 S.1.Ziff. 3 WpHG als Handlungen oder Unterlassungen, die geeignet sind, einen verständigen Anleger über die wahren wirtschaftlichen Verhältnisse, insbesondere Angebot und Nachfrage in Bezug auf ein Finanzinstrument an einer Börse oder einem Markt, in die Irre zu führen und den inländischen Börsen- oder Marktpreis eines Finanzinstruments oder den Preis eines Finanzinstruments an einem organisierten Markt in einem anderen Mitgliedsstaat der Europäischen Union oder einem anderen Vertragsstaat des Abkommens über den Europäischen Wirtschaftsraum hoch- oder herunterzutreiben oder beizubehalten. Auch hier ist einmal mehr der **verständige Anleger** wie in § 20a Abs. 1 S. 1 Ziff. 1 WpHG ivM § 2 Abs. 1 S. 1 MaKonV – nicht der durchschnittliche Anleger – der **Beurteilungsmaßstab.**

75   Die **Eignung** einer Handlung oder Unterlassung, jemanden **in die Irre zu führen,** verlangt nicht eine persönliche Kommunikation zwischen Täter und Opfer. Der Täter kann sich an eine Vielzahl unbekannter Personen wenden, etwa durch Versenden von E-Mails oder mittels eines Fernsehauftritts. Auch muss kein tatsächlicher Irrtum entstehen, etwa wie beim Betrug i.S.v. § 263 Abs. 1 StGB; es genügt die Eignung einer Handlung oder Unterlassung, dass jemand dadurch in die Irre geleitet werden könnte. Dies ist eine **Vorverlagerung der Ahndung.**

76   Anzeichen für sonstige Täuschungshandlungen sind gem. § 4 Abs. 2 MaKonV auch Geschäfte oder einzelne Kauf- oder Verkaufaufträge, bei denen die Vertragspartner oder Auftraggeber oder mit diesen in enger Beziehung stehende Personen vorab oder im Nachhinein unrichtige oder irreführende Informationen weitergeben oder unrichtige, fehlerhafte, verzerrende oder von wirtschaftlichen Interessen beeinflusste Finanzanalysen oder Anlageempfehlungen erstellen oder weitergeben.

§ 4 Abs. 3 MaKonV nennt weitere Beispiele für sonstige Täuschungshandlun-   **77**
gen. § 4 Abs. 3 Ziff. 1 MaKonV hat folgenden Wortlaut:

„Sonstige Täuschungshandlungen sind insbesondere auch die Sicherung einer markbeherr-
schenden Stellung über das Angebot von oder die Nachfrage nach Finanzinstrumenten durch
eine Person oder mehrere in Absprache handelnde Personen mit der Folge, dass unmittelbar
oder mittelbar Ankaufs- oder Verkaufspreise dieser Finanzinstrumente bestimmt oder nicht
marktgerechte Handelsbedingungen geschaffen werden."

§ 4 Abs. 3 Ziff. 2 MaKonV lautet wie folgt: **78**

„Sonstige Täuschungshandlungen sind insbesondere auch die Nutzung eines gelegentli-
chen oder regelmäßigen Zugangs zu traditionellen oder elektronischen Medien durch Kund-
gabe einer Stellungnahme oder eines Gerüchts zu einem Finanzinstrument oder dessen
Emittenten, nachdem Positionen über dieses Finanzinstrument eingegangen worden sind,
ohne dass dieser Interessenkonflikt zugleich mit der Kundgabe in angemessener und wirksa-
mer Weise offenbart wird."

Die in § 4 Abs. 3 Ziff. 2 MaKonV beschriebene sonstige Täuschungshandlung   **79**
wird auch als Scalping (vgl. ausführlich zum Scalping, *Degoutrie,* S. 172 ff.; vgl.
auch *Volk-Benner,* § 22 Rn. 569 ff.; *Arlt,* S. 99 ff. LG Stuttgart wistra 2003, 153;
LG Frankfurt am Main NJW 2000, 301) bezeichnet.

Der BGH betont zutreffend (BGHSt 48, 373), dass der Strafgrund des Scalpings   **80**
in der **Nichtoffenbarung eines Interessenskonflikts** zu sehen ist. In der Literatur (*Schröder,* Rn. 560 f.) wird dabei nicht nur die Offenlegung der Tatsache, dass
die empfehlende Person die gleichen Finanzinstrumente erworben hat, gefordert.
Offenzulegen soll auch die Absicht sein, die Aktien „alsbald" wieder zu verkaufen.
Nur in dieser Form sei der Interessenkonflikt vollständig offengelegt (*Schröder,*
Rn. 560 f.).

In der vorbezeichneten Entscheidung hat der BGH Scalping auch von Front-   **81**
running abgegrenzt: **Frontrunning** unterfällt dem **Insiderhandel** gem. § 14
Abs. 1 Nr. 1 WpHG, da es die Verwendung einer Insiderinformation verlangt.
Der Täter erfährt, wie sich eine andere Person an der Börse verhält – eine Insiderinformation – und schließt sich dem an bzw. trifft unter Verwendung dieser
Information i.S.v. § 13 Abs. 1 S. 4 Ziff. 1 WpHG eine eigene Entscheidung. Dieses „Dranhängen" ist ebenfalls strafbewährt. Dem gegenüber verwendet der
„Scalper" selbst geschaffene Informationen. Diese sind indes keine Insider-
informationen, da ihnen der sog. Drittbezug fehlt.

b) Subjektiver Tatbestand. Der subjektive Tatbestand einer Strafbarkeit   **82**
gem. § 38 Abs. 2 WpHG iVm § 20a Abs. 1 S.1.Ziff. 3 WpHG verlangt Vorsatz –
dolus eventualis genügt – bezüglich aller Tatbestandsmerkmale.

Liegt eine Preiseinwirkung i.S.v. § 38 Abs. 2 WpHG nicht vor, kommt bei   **83**
Vorliegen der übrigen Tatbestandsmerkmale eine Ordnungswidrigkeit in
Betracht, die nur vorsätzlich begangen werden kann. Wer also leichtfertig täuscht
und dadurch andere in die Irre führt, bleibt sanktionslos.

4. Einwirken auf den Preis, § 38 Abs. 2 WpHG

84   Führen die Tathandlungen des § 20a Abs. 1 S. 1 Ziff. 1–3 WpHG zu einer Einwirkung auf den Börsen- und Marktpreis, liegt eine Straftat i.S.v. § 38 Abs. 2 WpHG vor. Kommt es hingegen nicht zu einer Einwirkung i.S.v. § 38 Abs. 2 WpHG, verbleibt eine Ordnungswidrigkeit. Damit stellt die tatsächliche Einwirkung auf den Börsen- oder Marktpreis das prägende Tatbestandsmerkmal zwischen dem Unrechtsgehalt einer Straftat und einem minder gewichtigen Unrechtstatbestand verbunden mit dem Normappell, verwaltungsrechtliche Ge- und Verbote einzuhalten, dar (*Mitsch,* S. 18; BVerfGE 27, 18).

85   Ob eine bestimmte Handlung auf den Börsen- oder Marktpreis eingewirkt hat, muss im **Einzelfall** konkret untersucht werden (OLG Stuttgart NJW 2011, 3667; *Woodtli* NZWiSt 2012, 51; *Kudlich* wistra 2011, 361; *Volk-Benner* § 22 Rn. 420 ff.). Die Börsenpreisbildung ist rund um die manipulative Handlung zu analysieren. Der Börsenpreis wird unter Beachtung des § 24 BörsG iVm der jeweils gültigen Börsenordnung gebildet. Dabei sind die **Handelsdaten,** z. B. beteiligte Personen, Datum und Uhrzeit des Geschäftsabschlusses etc., bekannt; nach § 7 Abs. 1 S. 1 BörsG erfasst die Handelsüberwachungsstelle systematisch und lückenlos sämtliche Daten über den Börsenhandel und die Börsengeschäftsabwicklung. Sofern der Verdacht einer Straftat vorliegt, könnten beweiserhebliche Daten auch mittels Durchsuchung und Beschlagnahme erlangt werden. Im Ordnungswidrigkeitenverfahren gilt dies eingeschränkt nach Maßgabe des § 46 OWiG und unter Beachtung der besonderen Ermittlungsbefugnisse der BaFin nach dem WpHG.

86   Naturgemäß stehen sämtliche Beweisgewinnungsmethoden eines Ermittlungsverfahrens, insbesondere Zeugenvernehmung zur Verfügung.

87   Die so gewonnenen Erkenntnisse sind auszuwerten und § 20a Abs. 1 Ziff. 1–3 WpHG iVm § 38 Abs. 2 WpHG gegenüber zu stellen.

88   Eine Preiseinwirkung ist ein Erhöhen, Erniedrigen oder Stabilisieren des Preises, entgegen den wahren wirtschaftlichen Verhältnissen am Markt (OLG Stuttgart, Urt. v. 4. Oktober 2011, Az. 2 Ss 65/11).

89   Das strafbare Handeln des Täters muss **ursächlich** für den „unwahren" Preis sein. Dabei ist zu beachten, das Handeln muss nicht notwendigerweise zu einer Veränderung des Preises führen, auch ein Halten (Stabilisieren) des Preises kann eine strafbare Manipulation darstellen. Auch eine bagatellartige Preiseinwirkung ist von § 38 Abs. 2 WpHG erfasst; es besteht also keine Geringwertigkeitsschwelle (OLG Stuttgart, Urt. v. 4. Oktober 2011, Az. 2 Ss 65/11).

90   Die Bestimmung der Ursächlichkeit manipulativen Verhaltens für einen Taterfolg – Einwirken auf den Preis eines Finanzprodukts – richtet sich nach den allgemeinen Kriterien der Kausalitätsfeststellung im Strafrecht (Zur Kausalitätsfeststellung bei Gremienentscheidungen vgl. BGHSt 37, 106; 45, 270).

91   Die Rechtsprechung hat im Zusammenhang mit § 38 Abs. 2 WpHG verschiedene **Kriterien zur** Bestimmung der **Kausalität** herausgearbeitet (OLG Stuttgart, Urt. v. 4. Oktober 2011, Az. 2 Ss 65/11), teilweise unter Bezugnahme auf BGHSt 43, 373:

- „Vergleich des Kursverlaufs und Umsatzes vor und nach der Manipulationshandlung."
- „Analyse der Preis- und Umsatzentwicklung an dem Börsentag, auf den die Manipulationshandlung fällt."
- „Analyse des Volumens der Order, die der Manipulator in Zusammenhang mit der Manipulation tätigt."

– „Zeitabstand zwischen den Manipulationsverhalten und der Preiseinwirkung, je zeitnäher der Markt auf eine Manipulation reagiert, desto näher liegt die Feststellung der Kausalität."

Ein anerkanntes Indiz für eine Preisbeeinflussung ist ein erheblicher Kursausschlag **92** im Zusammenhang mit der verdächtigen Handlung.

Zudem ist die Feststellung notwendig, dass die Börsenpreisfindung ohne die **93** Tathandlung anders verlaufen wäre (*Schröder,* Rn. 582, 585). Es soll ausgeschlossen werden, dass derselbe Preis auch ohne die schädigende Handlung entstanden wäre. Diese Überzeugungsbildung trägt auch dem Grundsatz in dubio pro reo Rechnung.

Es ist also die zum **Tatzeitpunkt** bestehende **Orderlage** festzustellen. Dann **94** ist der weitere Verlauf, um die manipulative Handlung zu bereinigen, hinweg zu denken. Sodann ist ex post der Preisverlauf festzustellen, der ohne das verdächtige Handeln entstanden wäre. Kommt es zu keiner Differenz, liegt kein Einwirken i.S.v. § 38 Abs. 2 WpHG vor. Entsteht eine Differenz, ist ein Einwirkungserfolg zu bejahen (*Schröder,* Rn. 578 ff., vgl. zum Kausalitätsnachweis auch *Assmann/Schneider-Vogel,* § 38 Rn. 52 ff.).

Eine **Besonderheit** weist die Feststellung der Einwirkung auf den Börsen- oder **95** Marktpreis im Zusammenhang mit dem **Verschweigen** von publizitätspflichtigen Umständen nach § 20a Abs. 1 S. 1 Ziff. 1 2. Alt. WpHG auf. Es geht hier um die Feststellung, dass eine unterlassene Mitteilung auf den Börsen- oder Marktpreis eingewirkt hat. Auch hier ist der Einzelfall zu analysieren. Handelt es sich um eine verspätete Mitteilung, die im Zeitpunkt ihres (verspäteten) Bekanntwerdens einen Kursausschlag verursacht hat, so spricht dies für eine mögliche Manipulation (*Schröder,* Rn. 585).

In der Praxis wird die Frage der Preiseinwirkung i.d.R. durch einen Sachver- **96** ständigen zu begutachten sein. Das Verfahren zur Preisbildung an einem organisierten Markt verlangt besondere Sachkunde (*Fuchs-Wasmer,* § 38, Rn. 41).

§ 38 Abs. 2 WpHG in Verbindung mit § 20a Abs. 1 WpHG ist ein Erfolgsdelikt. **97** Die Preiseinwirkung muss vom Vorsatz des Täters umfasst sein (OLG Stuttgart, Urt. v. 4. Oktober 2011, Az. 2 Ss 65/11; BGH NZG 2011, 1075; OLG München NJW 2011, 3664).

Bei diesen Ausführungen wird die enorme Schwierigkeit der Multikausalität **98** (*Schröder,* Rn. 585b) einer Preisfindung nicht verkannt. Trotz Sachverständigengutachtens dürfte dieser Prüfungspunkt mit erheblichen Beweisschwierigkeiten verknüpft sein.

Der Unterschied zwischen Ordnungswidrigkeit und Straftat, also dem Vorlie- **99** gen des Tatbestandsmerkmals der Preiseinwirkung, zeigt sich auch in der Sanktionierung sehr deutlich:

Eine Ordnungswidrigkeit eröffnet hier einen Bußgeldrahmen bis zu **100** 1.000.000 €. Wird demgegenüber eine Preiseinwirkung festgestellt, die zur Vorliegen einer Straftat führt sind sehr viel höhere Geldzahlungen möglich: Die maximale Tagessatzhöhe einer einzelnen Tat beträgt 360 Tagessätze, § 40 Abs. 1 S. 2 StGB, zu maximal 30.000 € je Tagessatz, § 40 Abs. 2 S. 3 StGB, also 10.800.000 €.

Liegen mehrere Straftaten vor und ist eine Gesamtgeldstrafe zu bilden, können **101** maximal 720 Tagessätze, § 54 Abs. 2 S. 2 StGB zu je 30.000 € – mithin bis zu 21.600.000 € – ausgeurteilt werden. Wurden mehrere Ordnungswidrigkeiten verwirklicht, ist keine „Gesamtgeldbuße" zu bilden, jede Ordnungswidrigkeit behält ihren Wert in der Vollstreckung.

III. Safe-Harbour, § 20a Abs. 3 S. 1 WpHG

102 § 20a Abs. 3 WpHG enthält einen Tatbestandsausschluss (*Singhof/Weber* AG 2005, 549); danach liegt keine Marktmanipulation i. S. v. § 20a Abs. 1 S. 1 WpHG vor, sofern ein **Eigenhandel** mit Aktien im Rahmen von Rückkaufprogrammen erfolgt oder Maßnahmen zur **Stabilisierung** des Preises von Finanzinstrumenten getroffen werden und dies der Verordnung (EG) 2273/2003 der Kommission vom 22. Dezember 2003 zur Durchführung der Richtlinie 2003/6/EG des Europäischen Parlaments und des Rates – Ausnahmeregelungen für Rückkaufprogramme und Kursstabilisierungsmaßnahmen (ABl.EU Nr. L 336, S. 33) entspricht. Der Hinweis auf die Verordnung hat lediglich deklaratorische Bedeutung, da die Verordnung ohnehin unmittelbar gilt, Art. 288 Abs. 2 AEUV.

§ 20a Abs. 3 S. 2 WpHG hat dem gegenüber konstitutive Wirkung für die Einbeziehung in den Tatbestandsausschluss von Finanzinstrumenten, die im Freiverkehr oder im geregelten Markt gehandelt werden (KölnKomm-*Mock, Stoll, Eufinger* § 20a Rdn. 273 ff.). Die Verordnung gilt nur für organisierte Märkte. Der Freiverkehr und der geregelte Markt wurden in den Tatbestandsausschluß einbezogen, um Wertungswidersprüche zu vermeiden (DT-Drucks. 15/3174, S. 34 zum Freiverkehr).

Die so genannte Marktmissbrauchsrichtlinie bestimmt in Art. 8 und Art. 17 Abs. 2, dass die hier vorliegenden so genannten Safe-Harbour-Regelungen sowohl für den Insider-Handel als auch für die Kurs- und Marktpreismanipulation in den jeweils umsetzungspflichtigen Ländern gelten sollen. In Deutschland wurden diese Vorgaben der Richtlinie in dem § 20a Abs. 3 WpHG und § 14 Abs. 2 WpHG umgesetzt. Die in Bezug genommene Durchführungsverordnung konkretisiert die Marktmissbrauchslinie. Sie benennt Definitionen und **weitere Voraussetzungen**, um den Ausnahmeregelungen für Rückkaufprogramme und Kursstabilisierungsmaßnahmen von den Verboten des Insider-Handels und der Kurs- und Marktpreismanipulation in Europa einheitlich Geltung zu verschaffen.

Sofern der bundesdeutsche Verordnungsgeber – hier nach § 20a Abs. 5 WpHG das Bundesfinanzministerium – die **MaKonV** erlassen hat, ist im Verhältnis der Durchführungsverordnung zu erwähnen, dass die EU-Verordnung Anwendungsvorrang genießt und § 5 MaKonV, der dem Wortlaut des § 20a Abs. 3 S. 1 WpHG entspricht, nur eine klarstellende Funktion zukommt, (Begründung BMF MaKonV BR-Drucks. 18/05, S. 18).

Eigenhandel und Kursstabilisierungsmaßnahmen sind zwar Manipulationen, allerdings überwiegt hier das Interesse an Preiskontinuität insbesondere bei Neuemissionen, der Funktionsfähigkeit der Börse sowie an einem ordnungsgemäßen Handel (BT-Drucks. 14/8017, S. 90), so dass die vorliegende Sonderregelung eine Strafbarkeit bereits auf Tatbestandsebene ausschließt.

Mit dem **Eigenhandel**, hier nur durch Rückkauf eigener Aktien, soll Einfluss auf die Kursentwicklung genommen werden. Durch Verknappung der handelbaren Aktien soll ein Signal gesetzt werden, um den Wert der Aktie im Sinne des Emittenten zu steuern. Unter „Rückkaufprogramm" ist der Handel mit eigenen Aktien gem. den Art. 19-24 der Richtlinie 77/91/EWG zu verstehen, Art. 2 Nr. 3 Durchführungsverordnung (EG) 2273/2003. Die Safe-Harbour-Regelung gilt auch für ein programmiertes Rückkaufprogramm. Ein programmiertes Rückkaufprogramm ist ein Rückkaufprogramm bei dessen Bekanntgabe Termine und Menge der Wertpapiere, die während der Laufzeit des Programms gehandelt werden sollen, festgelegt werden, Art. 2 Nr. 4 Durchführungsverordnung (EG) 2273/2003.

Zu den entscheidenden Kriterien eines zulässigen Rückkaufprogramms gehört seine **Transparenz**. Andere Marktteilnehmer sollen wissen, wer die Aktien zurückkauft; dies in Abgrenzung zu regulären Marktteilnehmern.

„**Kursstabilisierung**' ist jeder Kauf bzw. jedes Angebot zum Kauf relevanter Wertpapiere und jede Transaktion mit vergleichbaren verbundenen Instrumenten, die Wertpapierhäuser oder Kreditinstitute im Rahmen eines signifikanten Zeichnungsangebots für diese Wertpapiere mit dem alleinigen Ziel tätigen, den Marktkurs dieser relevanten Wertpapiere für einen im Voraus bestimmten Zeitraum zu stützen, wenn auf diese Wertpapiere Verkaufsdruck besteht; (…)", Art. 2 Nr. 7 Durchführungsverordnung (EG 2273/2003).

Eine Maßnahme, die nicht der Durchführungsverordnung EG 2273/2003 entspricht muss nicht sogleich ein Verstoß gegen § 20a Abs. 1 WpHG oder § 14 Abs. 1 WpHG darstellen (Erwägungsgrund Nr. 2 Durchführungsverordnung EG 2273/2003).

Sofern das Rückkaufprogramm offengelegt wurde und trotzdem nicht den Voraussetzungen der Durchführungsverordnung (EG 2273/2003) entspricht, scheiden handelsgestützte Manipulationen nach § 20a Abs. 1 S. 2 Nr. 2 WpHG und sonstige Täuschungshandlungen i. S. v. § 20a Abs. 1 S. 2 Nr. 3 WpHG regelmäßig aus, die auf Grund der Transparenz keine irreführenden Signale gegeben oder Täuschungen begangen wurden. Eine informationsgestützte Manipulation gem. § 20a Abs. 1 S. 1 Nr. 1 WpHG ist denkbar, sofern falsche Angaben über das Rückkaufprogramm erfolgt sind (Kölner Kommentar *Mock, Stoll, Eufinger*, § 20a Rdn. 341 ff).

Besonders praxisrelevant ist die **Greenshoe-Option** als ergänzende Kursstabilisierungsmaßnahme. Nach Art. 2 Nr. 14 der Durchführungsverordnung 2273/2003 ist diese wie folgt definiert: „‚Greenshoe-Option' ist eine Überzeichnungsreserve, die der Bieter einem Wertpapierhaus bzw. den Wertpapierhäusern oder einem Kreditinstitut bei der diese Häuser bzw. Institute innerhalb eines bestimmten Zeitraums nach der Emission der relevanten Wertpapiere eine bestimmte Menge dieser Wertpapiere zum Ausgabekurs erwerben können."

Die Greenshoe-Option (Mehrzuteilungsoption) kann als Aktienleihe oder durch Kapitalerhöhung seitens der Gesellschaft ausgestaltet werden (BGH Beschl. v. 21 Juli 2008, Az. II ZR 1/07). Das Fehlen einer solchen Option ist geeignet den Erfolg einer Emission zu gefährden (BGH Beschl. v. 21. Juli 2008, Az. II ZR 1/07).

Eine ausführliche Kommentierung der Durchführungsverordnung (EG) Nr. 2273/2003 der Kommission vom 22. Dezember 2003 zur Durchführung der Richtlinie 2003/6/EG des Europäischen Parlaments und des Rates – Ausnahmeregelung für Rückkaufprogramme und Kursstabilisierungsmaßnahmen enthält KölnKomm-*Mock, Stoll, Eufinger* § 20a Anhang II VO 2273/2003.

IV. Schadensersatz

Ein Verstoß gegen § 20a WpHG kann einen Schadensersatzanspruch nach **103** § 826 BGB, z. B. gegen die Mitglieder des Vorstandes einer Aktiengesellschaft (LG Berlin, Beschl. v. 20.5.2008, Az. 514 AR 1/07) begründen. § 20a WpHG ist **kein Schutzgesetz** i.S.v. § 823 Abs. 2 WpHG, so dass diese Schadensersatzgrundlage ausscheidet (BGH AG 2012, 206; BKR 2004, 403; *Leuering/Rubner,* NJW–Spezial 2012, 79; schon § 88 BörsG wurde ein Schutzgesetzcharakter abgesprochen: vgl. BVerfG ZIP 2002, 1986; BGH NJW 2004, 2664; *Barnert* WM 2002, 1473; aa LG Augsburg WM 2001, 1944; *Ekkenga/Maas,* S. 339).

104 Kommt ein sog. face-to-face-Geschäft durch manipulatives Verhalten i.s.v. § 20a WpHG zustande, kommen i.d.R. Gewährleistungsansprüche aus § 311 Abs. 2 BGB (vorvertragliche Pflichtverletzung, c.i.c.) in Betracht. Unter Umständen ist eine Anfechtung gem. § 123 BGB möglich (*Langenbucher,* S. 297). Es sind zudem Konstellationen denkbar, in denen eine informationsgeschützte Marktmanipulation durch unterlassene oder fehlerhafte Ad-hoc-Beteiligungen begangen wird, so dass die Schadensersatzpflicht aus §§ 37b, 37c WpHG hier mittelbar Bedeutung erlangt (*Langenbucher,* S. 298; *Klöhn* AG 2012, 345).

105 Kurs- und Markpreismanipulationen gehen auch manchmal mit Verstößen gegen Bilanzierungsregeln einher, so dass sich ein Schadensersatzanspruch im Hinblick auf die Fehldarstellung aus § 823 Abs. 2 BGB ivm § 334 Abs. 1 HGB ergeben kann. Den Ordnungswidrigkeiten aus § 334 Abs. 1 HGB wird eine Schutzgesetzeigenschaft zuerkannt (*Hellgardt,* S. 252).

B. § 14 Verbot von Insidergeschäften

Gültig ab 1.11.2007

(1) **Es ist verboten,**

1. **unter Verwendung einer Insiderinformation Insiderpapiere für eigene oder fremde Rechnung oder für einen anderen zu erwerben oder zu veräußern,**

2. **einem anderen eine Insiderinformation unbefugt mitzuteilen oder zugänglich zu machen,**

3. **einem anderen auf der Grundlage einer Insiderinformation den Erwerb oder die Veräußerung von Insiderpapieren zu empfehlen oder einen anderen auf sonstige Weise dazu zu verleiten.**

(2) **Der Handel mit eigenen Aktien im Rahmen von Rückkaufprogrammen und Maßnahmen zur Stabilisierung des Preises von Finanzinstrumenten stellen in keinem Fall einen Verstoß gegen das Verbot des Absatzes 1 dar, soweit diese nach Maßgabe der Vorschriften der Verordnung (EG) Nr. 2273/2003 der Kommission vom 22. Dezember 2003 zur Durchführung der Richtlinie 2003/6/EG des Europäischen Parlaments und des Rates – Ausnahmeregelungen für Rückkaufprogramme und Kursstabilisierungsmaßnahmen (ABl. EU Nr. L 336 S. 33) erfolgen. Für Finanzinstrumente, die in den Freiverkehr oder in den regulierten Markt einbezogen sind, gelten die Vorschriften der Verordnung (EG) Nr. 2273/ 2003 entsprechend.**

Literatur: *Assmann/Schneider,* Kommentar zum Wertpapierhandelsgesetz, 2009; *Barta,* Die Insiderinformation als aufklärungsbedürftiger Umstand de lege lata und de lege ferenda, DZWIR 2012, 177; *Bussian,* Die Verwendung von Insiderinformationen, WM 2011, 8; *Diehm,* Strafrechtsrelevante Maßnahmen der Europäischen Union gegen Insidergeschäfte und

Kursmanipulation; *Emittentenleitfaden* der Bundesanstalt für Finanzdienstleistungsaufsicht, 2005/2009; *Förster,* Kapitalmarktrechtliche Haftung aus § 826 BGB, AL 2011, 197; *Fuchs,* Kommentar zum Wertpapierhandelsgesetz, 2009; *Gehrmann,* Das Spector-Urteil des EuGH – zur Beweislastumkehr beim Insiderhandel, ZBB 2010, 48; *Hammen/Bressler/Lösler,* Insiderrecht/Compliance, 2009; *Hellgardt,* Kapitalmarktdeliktsrecht, 2008; *Hellmann/Beckemper,* Wirtschaftsstrafrecht, 2010; *Hienzsch,* Das deutsche Insiderhandelsverbot in der Rechtswirklichkeit, Diss. 2005; Jahresbericht der BaFin 2011; *Klöhn,* Insiderhandel vor deutschen Strafgerichten – Implikationen des freenet – Beschlusses des BGH, DB 2010, 769; *Kretschmer,* Das Verbot des Insiderhandels im Wertpapierhandelsgesetz, Jura 2012, 380; *Rengier,* Strafrecht AT, 2011; *Schröder,* Erweiterung des Vortatenkatalogs der Geldwäsche um Marktmanipulation und Insiderhandel – Risiken für Kreditwirtschaft und Kapitalmärkte, WM 2011, 769; *Soesters,* Die Insiderhandelsverbote des Wertpapierhandelsgesetz, Diss. 2001; *Volk* (Hrsg.), Verteidigung in Wirtschafts- und Steuerstrafsachen, 2006; *Wabnitz/Janowsky* (Hrsg.) Handbuch des Wirtschafts- und Steuerstrafrechts, 2007; *Weber,* Deutsches Kapitalmarktrecht im Umbruch, NJW 1994, 2849; *Wessels/Beulke,* Strafrecht Allgemeiner Teil, 2008.

Übersicht

I. Einleitung

Der dritte Abschnitt des WpHG trägt die Überschrift „Insiderüberwachung". **1** Danach werden bestimmte Verhaltensweisen im Umgang mit Insiderinformationen iVm §§ 38, 39 WpHG sanktioniert. Das Zweite Finanzmarktförderungsgesetz (BGBl. I 1994, 1749; *Weber,* NJW 1994, 2849) schuf in seinem Artikel 1 das WpHG.

§§ 12–14 WpHG traten am **1. August 1994** in Kraft. Die Straf- und Bußgeld- **2** vorschriften im 6. Abschnitt des WpHG, die auch den Insiderhandel unter Strafe stellen, traten in Kraft am **1. Januar 1995.** Zuvor existierten lediglich unverbindliche Absichtserklärungen (*Hellmann/Beckemper,* S. 12), so z. B. die Wohlverhaltensregel der EWG-Kommission aus dem Jahr 1977, in der die Gleichbehandlung aller Aktionäre hervorgehoben wurde (vgl. ausführlich *Diehm,* S. 92 ff).

Die durch das Zweite Finanzmarktförderungsgesetz erfolgte Schaffung des **3** WpHG geht auf die **Insiderrichtlinie** vom 13. November 1989 (Richtlinie 89/591/EWG des Rates vom 13. November 1989 zur Koordinierung der Vorschriften betreffend Insidergeschäfte, ABl. EG 1989 Nr. L 334, S. 30; nachzulesen auch in WM 1989, 1829) zurück.

4 Die Insiderrichtlinie verpflichtete Deutschland den **Anlegerschutz** zu erweitern und führte zur Schaffung von **Strafvorschriften** auch auf dem Gebiet des Insiderhandels: „Insidervergehen sind geeignet, das Vertrauen in den Kapitalmarkt zu erschüttern und damit das Funktionieren eines wesentlichen Bereichs der geltenden Wirtschaftsordnung zu gefährden. Die Gefahren die von Insiderverstößen für die Funktionsfähigkeit der Börse und den Vermögensinteressen einzelner Anlagen durch Beeinträchtigung oder Gefährdung ausgehen, erfordern deshalb einen verstärkten strafrechtlichen Schutz" (BT-Drucks. 12/6679, S. 57).

5 Das Insiderstrafrecht will die **„gleichen Informationszugangschancen"** (*Hellmann/Beckemper*, S. 13) aller Anleger gewährleisten und Chancengleichheit (BT-Drucks. 12/6679, S. 47; BGH Beschl. v. 27.1.2010, Az. 5 StR 224/09) für alle Anleger garantieren, um einen Beitrag zum Funktionieren des Kapitalmarktes zu leisten (BT Drucks. 15/3174, S. 26, *Hienzsch,* S. 40; *Soesters,* S. 37 ff.; vgl. zur geschichtlichen Entwicklung des Insiderhandelsverbots *Barta,* DZWIR 2012, 177; zur möglichen Vortat des Insiderhandels im Katalog der Geldwäsche, § 261 StGB *Schröder,* WM 2011, 769). Ein ungleicher Zugang könnte zur Abkehr von Anlegern und damit zur Beeinträchtigung der Volkswirtschaft führen. Der Wissensvorsprung eines Marktteilnehmers kann zu einem Vorteil im Zusammenhang mit dem Kauf oder Verkauf von Finanzinstrumenten führen. Ein solcher **Wissensvorsprung** wäre **unfair** anderen Anlegern gegenüber; es bestünde die Gefahr, dass „informationelle Outsider" sich von einer **Marktteilnahme abwenden** würden. Notwendiges Geld würde mithin dem Kapitalmarkt vorenthalten. Da die Verlockung eines Vorsprungs und einer „sicheren" Gewinnerzielung offenkundig ist, wird Insiderhandel als Ordnungswidrigkeit oder Straftat geahndet.

6 Der europäische Richtliniengeber ist nicht in der Lage, der Bundesrepublik Deutschland den Erlass von Strafrechtsnormen verbindlich vorzuschreiben. Deshalb lautete die Vorgabe der Insiderrichtlinie lediglich, es bleibe den Mitgliedstaaten überlassen, durch geeignete Sanktionen dafür Sorge zu tragen, dass die Ziele der Insiderrichtlinie umgesetzt würden. Die Richtlinie aus dem Jahr 1989 sollte gem. Art. 14 Abs. 1 Insiderrichtlinie bis zum 30. Mai 1992 umgesetzt werden; Deutschland überschritt diese Frist um zwei Jahre.

7 Die Strafbarkeit und die ordnungswidrigkeitenrechtliche Ahndung von Insiderverstößen wurden durch das Anlegerschutzverbesserungsgesetz vom 28. Oktober 2004 erheblich erweitert. Das Anlegerschutzgesetz setzte die Marktmissbrauchsrichtlinie (Richtlinie 2003/6/EG des europäischen Parlaments und des Rates vom 28. Januar 2003 über Insidergeschäfte und Marktmanipulation, ABl. L 96/16 vom 12. April 2003) um. So wurde eine Versuchsstrafbarkeit eingeführt und leichtfertiges Handeln im Zusammenhang mit Insidervergehen sanktioniert (zur Entstehungsgeschichte *Fuchs/Waßmer* vor §§ 30–40b, Rn. 2ff).

8 Die **praktische Bedeutung** der strafrechtlichen und ordnungswidrigkeitenrechtlichen Seite der Vorschriften über die Insiderüberwachung ist überaus gering. Im Jahr 2011 wurden nur zwei Personen wegen Insiderhandels verurteilt; in einem Fall mittels Strafbefehl, in einem anderen Fall nach einer Hauptverhandlung. Vier Verfahren wurden 2011 gegen Zahlung einer Geldauflage eingestellt. In einem weiteren Fall erfolgte ein Freispruch (Jahresbericht der BaFin 2011, S. 200).

II. Erwerb und Veräußerung

9 Nach § 14 Abs. 1 Ziff. 1 WpHG ist es verboten, unter Verwendung einer Insiderinformation Insiderpapiere für eigene oder fremde Rechnung oder für einen anderen zu erwerben oder zu veräußern.

Die Tatbestandsmerkmale des Erwerbs oder der Veräußerung von Finanzin- **10** strumenten meint hier die bloße **schuldrechtliche Verpflichtung;** eine dingliche Rechtsänderung i.S.v. §§ 929 ff. BGB ist nicht erforderlich (Emittentenleitfaden S. 36; OLG Karlsruhe Beschl. v. 4.2.2004, 3 Ws 195/03).

Wann die dingliche Rechtsänderung stattfindet, hängt von der Abwicklung **11** des Wertpapiergeschäfts ab und ist zur Begründung der Strafbarkeit oder Ordnungswidrigkeit nicht von entscheidender Bedeutung. Die Ausführung der Order ist entscheidend, da der Insider somit eine vertraglich gesicherte Position im Hinblick auf seinen (verbotenen) Gewinn erreicht.

III. Verwenden

Verwenden i.S.v. § 38 Abs. 1 Ziff. 2 WpHG liegt vor, wenn der Täter, der **12** Kenntnis von einer Insiderinformation hat, diese **in sein Handeln einfließen** lässt (BT-Drs. 15/3174, S. 34). Der Begriff des Verwendens steht in engem Zusammenhang mit den Tatbestandsmerkmalen Erwerb und Veräußerung. Die Insiderinformation wird demgemäß verwendet, wenn sie ursächlich für den Erwerb oder die Veräußerung von Insiderpapieren ist (*Assmann/Schneider-Assmann* § 14 Rn. 26; vgl. auch *Volk-Benner*, § 22 Rn. 634 ff.).

Der EuGH (EuGH, Urteil v. 23.12.2009 – C 45/08) hat das Tatbestandsmerkmal **13** „nutzen" aus Art. 2 Abs. 1 der Marktmissbrauchsrichtlinie, das in § 14 Abs. 1 Ziff. 1 WpHG als „verwenden" bezeichnet wird, dahingehend ausgelegt, dass der Primärinsider, der Finanzinstrumente handelt, stets Insiderinformationen verwendet und somit eine widerlegbare Vermutung geschaffen, die eine strafrechtliche bedenkliche Beweislastumkehr darstellt (*Bussian* WM 2011, 8; *Gehrmann* ZBB 2010, 48).

IV. Insiderpapier

Das Tatbestandsmerkmal Insiderpapiere ist in § 12 WpHG definiert. Dazu **14** gehören beispielsweise Aktien, Derivate, Schuldverschiebungen, Genussscheine und Optionsscheine (*Volk-Benner*, § 22 Rn. 542 ff.).

Hierzu gehören auch Finanzinstrumente, die zum Handel an einem organisier- **15** ten Markt im Inland oder einem anderen Mitgliedsstaat der Europäischen Union zugelassen sind oder für die eine solche Zulassung beantragt worden ist. Finanzinstrumente, die ausschließlich am Grauen Kapitalmarkt gehandelt werden, unterfallen nicht § 12 WpHG (*Volk-Benner*, § 22 Rn. 545 ff.).

V. Insiderinformation

Nach **§ 13 Abs. 1 WpHG** ist eine Insiderinformation **16**
– eine konkrete Information
– über nicht öffentlich bekannte Umstände,
– die sich auf einen oder mehrere Emittenten von Insiderpapieren oder auf Insiderpapiere selbst beziehen und
– die geeignet sind, im Falle ihres öffentlichen Bekanntwerdens den Börsen- oder Marktpreis der Insiderpapiere erheblich zu beeinflussen.

Eine Information ist konkret, wenn sie so bestimmt ist, dass sie hinreichende **17** Grundlage für eine Einschätzung über den zukünftigen Verlauf des Börsen- oder Marktpreises eines Insiderpapiers bilden kann (*Volk-Benner*, § 22 Rn. 573).

18   Diese Definition umfasst innere und äußere Tatsachen, überprüfbare Werturteile, Einschätzungen, Absichten, Prognosen und Gerüchte (Emittentenleitfaden, S. 30; *Wabnitz/Janovsky-Benner,* 9. Kap. Rn. 175). **Gerüchte** unterfallen einer Insiderinformation, wenn sie einen **Tatsachenkern** beinhalten. Dieser muss indes nicht der Wahrheit entsprechen. Fraglich ist anschließend, ob das Gerücht geeignet ist, den Preis *erheblich* zu beeinflussen. Es kann also die Konstellation eintreten, dass ein Gerücht eine Insiderinformation darstellt, eine Strafbarkeit jedoch ausgeschlossen werden kann, da der verständige Anleger sich von diesem Gerücht nicht bei seiner Kauf- oder Verkaufsentscheidung leiten lässt. Dies ist im Einzelfall zu prüfen.

19   „**Nicht öffentlich bekannt**" ist im WpHG nicht definiert. Gemeinhin wird es **negativ bestimmt:** Eine (Insider-) Information ist öffentlich bekannt, wenn sie einem breiten Anlegerpublikum, also einer unbestimmten Personenzahl, zugänglich gemacht wurde. Ausreichend ist eine sog. „Bereichsöffentlichkeit". Diese ist hergestellt, wenn jeder interessierte Marktteilnehmer die Möglichkeit hat, den Inhalt der Insiderinformation zur Kenntnis zu nehmen. Es genügt daher eine Veröffentlichung in einem allgemein zugänglichen elektronischen Informationsverbreitungssystem; eine Publikation in der Tagespresse etwa ist nicht erforderlich (Emittentenleitfaden, S. 32).

20   Die Insiderinformation muss sich auf den Emittenten oder das Insiderpapier beziehen. Ein mittelbarer Bezug genügt. Dieser kann z. B. bei Zinsbeschlüssen von Notenbanken oder Gesetzesvorhaben oder -änderungen gegeben sein.

21   § 13 Abs. 1 S. 4 WpHG enthält **Regelbeispiele** zur Insiderinformation. Aus strafrechtlicher Sicht ist die Erfassung des sog. Front Runnings, auch als Vor- oder Gegenlaufen bezeichnet, von hervorgehobener Bedeutung (Emittentenleitfaden, S. 34; *Wabnitz/Janovsky-Benner,* 9. Kap. Rn. 98). § 13 Abs. 1 S. 4 Ziff. 1 WpHG behandelt die Kenntnis nicht öffentlich bekannter Umstände, die sich auf Aufträge von anderen Personen über den Kauf oder Verkauf von Finanzinstrumenten bezieht. Diese Vorgehensweise betrifft Wertpapierhändler oder Mitarbeiter von Banken, die Kenntnis von Kundenaufträgen erhalten – diese naturgemäß ausführen – und sich an das Geschäft „dranhängen", indem sie ebenfalls vorher oder nachher dieselben Finanzinstrumente kaufen oder verkaufen.

22   Die Kenntnis derartiger Umstände ist eine Insiderinformation, die der Insider nur bestimmungsgemäß zur Auftragserfüllung verwenden darf.

VI. Erhebliches Preisbeeinflussungspotential

23   Des Weiteren muss die Insiderinformation im Falle ihres Bekanntwerdens geeignet sein, den Börsenpreis erheblich zu beeinflussen. Ist das Potenzial nur unerheblich, scheidet eine Sanktionierung, trotz Verwendens einer Insiderinformation beim Kauf oder Verkauf von Wertpapieren, aus.

24   Damit wird die Verwendung von Insiderinformationen, die lediglich geeignet sind, **geringfügige Preisbeeinflussungen** zu verursachen, **nicht sanktioniert.**

25   Nach § 13 Abs. 1 S. 2 WpHG liegt eine Eignung zur erheblichen Kursbeeinflussung vor, wenn ein **verständiger Anleger** die Information bei seiner Anlageentscheidung **berücksichtigen** würde.

26   Der Gesetzgeber verzichtet auf die Festlegung von Zahlenwerten zur Bestimmung der Kurserheblichkeit und überließ die Feststellung dem Einzelfall.

Die BaFin schlägt **zwei Prüfungsschritte** vor (Emittentenleitfaden, S. 34):   27
1. Zunächst ist zu prüfen, ob der Umstand für sich allein betrachtet zum Zeitpunkt des Handelns des Insiders (ex ante) nach allgemeiner Erfahrung ein erhebliches Preisbeeinflussungspotential haben kann.
2. Sodann sind auch die zum Zeitpunkt des Handelns vorliegenden oder absehbaren konkreten Umstände des Einzelfalls zu berücksichtigen, die das Preisbeeinflussungspotential erhöhen oder vermindern können.

Entscheidend ist die Sicht ex ante! Dies kann zu folgenden Konstellationen führen: 28
Erfolgt tatsächlich (ex post) keine Kursveränderung, kann trotzdem eine Insiderinformation vorgelegen haben, wenn dies ex ante zu prognostizieren gewesen wäre (*Langenbucher,* S. 268).

Auch wird eine allgemeine Information nicht nachträglich zur Insiderinforma-   29
tion, wenn sich der Kurs verändert hat, obschon dies ex ante nicht vorherzusehen war (Erwägungsgrund 1 der Durchführungsrichtlinie 2004/72/EG).

VII. Mitteilen oder Zugänglichmachen

§ 38 Abs. 1 Ziff. 2 WpHG nennt verschiedene Tätertypen, sog. Primärinsider,   30
die sich strafbar machen, wenn sie Insiderinformationen verwenden und dabei eine in § 39 Abs. 2 Ziff. 3 oder 4 WpHG bezeichnete vorsätzliche Handlung begehen.

§ 39 Abs. 2 Ziff. 3 WpHG verbietet entgegen § 14 Abs. 1 Ziff. 2 WpHG eine   31
Insiderinformation mitzuteilen oder zugänglich zu machen. Mitteilen bedeutet die unmittelbare Weitergabe (Emittentenleitfaden, S. 41, *Achenbach/Ransiek-Schröder* X 2 Rn. 172 f.; *Assmann/Schneider-Assmann* § 14 Rn. 64 ff.; zum Verhältnis Mitteilen, Veröffentlichen und öffentlich Bekanntmachen, vgl. *Schneider* NZG 2005, 702). Zugänglichmachen meint die Schaffung von Voraussetzungen für eine Kenntniserlangung durch einen Dritten (Emittentenleitfaden, S. 41; aA, *Hammen/Bressler/Lösler* Rn. 7/734). Beispiel: Ein Insider teilt einem Dritten ein Passwort mit, so dass dieser die Möglichkeit hat, auf geschützte Daten zuzugreifen.

Mitteilen oder Zugänglichmachen im Sinne von § 14 Abs. 1 Ziff. 2 WpHG   32
wird zusammengefasst auch als **Weitergabe** bezeichnet. Das Weitergeben einer Information kann mündlich oder schriftlich erfolgen. Es kommt nicht darauf an, ob der Empfänger die Weitergabe der Nachricht als Insiderinformation erkannt hat.

VIII. Empfehlungs- oder Weitergabeverbot

§ 39 Abs. 2 Ziff. 4 WpHG will verhindern, entgegen § 14 Abs. 1 Ziff. 3 WpHG   33
den Erwerb oder die Veräußerung eines Insiderpapiers zu empfehlen (LG Bonn Urt. v. 27.3.2009, Az. 27 Kls 11/08) oder auf sonstige Weise dazu zu verleiten.

Ein erheblicher Unterschied zwischen Verleiten und Empfehlen liegt in folgen-   34
der Konstellation: Verleiten verlangt den Erwerb oder die Veräußerung eines Finanzinstruments. Die bloße Empfehlung verlangt diese Rechtsänderung nicht. Der Adressat der Empfehlung muss keine Order aufgeben; es genügt der Zugang der Empfehlung.

Angenommen, „der Verleitete" hat keine Kenntnis davon, dass seinem (einge-   35
fädelten) Kauf oder Verkauf eine Insiderinformation zu Grunde liegt, so hat er

sich nicht strafbar gemacht. Diese Situation erinnert an ein undoloses Werkzeug im Rahmen mittelbarer Täterschaft.

36 Der Hintermann, der in dem Dritten den Handlungsentschluss hervorgerufen hat, könnte nun nicht wegen Anstiftung, § 26 StGB bestraft werden, da keine vorsätzliche, rechtswidrige Haupttat vorliegt (vgl. hierzu OLG Düsseldorf NJW – RR 1989, 294 zu § 89 BörsG). Diese Lücke schließt das Verleiten – nicht das Empfehlen – im Sinne von § 14 Abs. 1 Ziff. 3, 2. Alt. WpHG.

IX. Primär- oder Sekundärinsider

37 Die Ordnungswidrigkeiten im Zusammenhang mit Insiderhandel sind in § 39 Abs. 2 Ziff. 3 und 4 WpHG geregelt. Danach handelt unter Bezugnahme auf § 14 Abs. 1 Ziff. 2 und 3 WpHG ordnungswidrig, wer Insiderinformationen mitteilt, zugänglich macht, empfiehlt oder zum Erwerb oder Verkauf von Insiderpapieren verleitet. Die Tathandlungen der Ordnungswidrigkeiten überschneiden sich mit den Tathandlungen der Straftatbestände. Der Unterschied liegt in dem besonderen persönlichen Merkmal des Täters: Ist der **Täter Primärinsider** und handelt **vorsätzlich,** so kommt eine **Straftat** in Betracht, § 38 Abs. 1 Ziff. 2 WpHG ivm § 14 Abs. 1 Ziff. 2 und 3 WpHG.

38 Ist der **Täter Sekundärinsider** und handelt **vorsätzlich,** so kommt eine **Ordnungswidrigkeit** in Betracht, § 39 Abs. 2 Ziffer 3 und 4 WpHG ivm § 14 Abs. 1 Ziff. 2 und 3 WpHG.

39 Gibt eine Person eine Insiderinformation weiter, die nicht die in § 38 Abs. 1 Ziff. 2 a–d WpHG genannten besonderen persönlichen Merkmale aufweist, z. B. der Taxifahrer, so scheidet ein Straftatbestand aus; es kommt eine Ordnungswidrigkeit gem. § 39 Abs. 2 Ziff. 3 und 4 WpHG in Betracht.

40 Es ist daher zuerst festzustellen, ob der Täter Primär- oder Sekundärinsider ist. Primärinsider sind die in § 38 Abs. 1 Ziff. 2 lit. a–d WpHG genannten Personen.

41 Die Unterscheidung erscheint interessengerecht: Der Vorstandsvorsitzende ist Primärinsider. Gibt er Insiderinformationen vorsätzlich weiter, so ist er der Strafverfolgung ausgesetzt. Er hat ständig intensiven Kontakt zu Insiderinformationen – die Einhaltung der Verbote und Gebote soll durch eine abschreckende Strafandrohung erreicht werden.

42 Anders im Falle des Sekundärinsiders: Erfährt jemand von Insiderinformationen, der „an sich" nichts damit zu tun hat, z. B. der Taxifahrer, so wiegt sein Fehlverhalten im Falle der Weitergabe oder des Verleitens geringer; ihn trifft ein Ordnungswidrigkeitenverfahren. Diese Rechtsgedanken werden indes stellenweise durch die Bußgeldhöhe von bis zu 200.000 € relativiert.

43 Handelt der **Primärinsider leichtfertig,** so liegt eine **Ordnungswidrigkeit** vor, § 38 Abs. 2 Ziff. 2 WpHG ivm § 39 Abs. 2 Ziff. 3 oder 4 WpHG. Das heißt eine Straftat i.S.v. § 38 Abs. 1 Ziff. 2 WpHG kann nur vorsätzlich begangen werden. Handelt der Täter, der gegen § 38 Abs. 1 ivm § 14 Abs. 1 Ziff. 1 WpHG verstößt leichtfertig, so liegt eine Straftat vor, § 38 Abs. 4 WpHG.

44 Handelt der **Sekundärinsider,** der gegen § 14 Abs. 1 Ziff. 2 oder 3 WpHG verstößt, **leichtfertig,** liegt eine **Ordnungswidrigkeit** vor. Eine solche leichtfertige Ordnungswidrigkeit nach § 39 Abs. 2 Ziff. 3 oder 4 WpHG ist im Höchstmaß mit Geldbuße bis 100.000 € bedroht. Vorsätzliche Verstöße hiergegen sind mit 200.000 € bußgeldbewehrt. Nach § 17 Abs. 2 OWiG beträgt das Höchstmaß der

Geldbuße bei Leichtfertigkeit die Hälfte des für vorsätzliches Handeln angedrohten Betrages.

§ 38 Abs. 1 Ziff. 1 WpHG iVm § 14 Abs. 1 Ziff. 1 WpHG – der klassische **45** Insiderhandel – kann demgegenüber von jedermann („wer") begangen werden.

Der Sekundärinsider, der Insiderinformationen weitergibt oder empfiehlt, **46** macht sich nicht strafbar; er begeht lediglich eine Ordnungswidrigkeit. Der Empfänger der Insiderinformation, der aufgrund der durch den Sekundärinsider erhaltenen Informationen Finanzinstrumente kauft oder verkauft, macht sich demgegenüber strafbar, § 38 Abs. 1 WpHG iVm § 14 Abs. 1 Ziff. 1 WpHG. Das heißt, der „Mittelsmann" begeht eine Ordnungswidrigkeit, der weitere Täter begeht eine Straftat. Ob der Hintermann Primär- oder Sekundärinsider ist, kann dahinstehen, § 38 Abs. 1 Ziff. 1 WpHG kann von Jedermann begangen werden (für eine Unterscheidung im Rahmen der Strafzumessung *Kretschmer,* Jura 2012, 380). Der Tippgeber ist sodann nicht nach den Vorschriften der Beihilfe, § 27 StGB oder Anstiftung, § 26 StGB, zu bestrafen. Die Vorschriften sind in dieser Konstellation nicht anwendbar, da ansonsten die gesetzliche Privilegierung des Sekundärinsiders gegenüber dem Primärinsiders aufgehoben würde.

Der Sekundärinsider würde nicht mehr wie ein Sekundärinsider bestraft, son- **47** dern wie ein Primärinsider, bzw. ein „Jedermann" i.S.v. § 38 Abs. 1 Ziff. 1 WpHG, nämlich wegen Anstiftung oder Beihilfe zu einer Straftat, die aber nach dem Willen des Gesetzgebers als Ordnungswidrigkeit geahndet werden soll (vgl. weitere Beispiele *Volk-Benner,* § 22 Rn. 558 ff.).

X. Vorsatz

§ 38 Abs. 1 Ziff. 1 WpHG stellt vorsätzliches Handeln unter Strafe. Die Bestim- **48** mung des Vorsatzes erfolgt nach den Regeln des Allgemeinen Teils des StGB. Vorsatz bedeutet Wissen und Wollen zur Verwirklichung des objektiven Tatbestandes in Kenntnis sämtlicher Tatumstände (*Rengier,* S. 99 ff.; *Klöhn* DB 2010, 769). **Dolus eventualis** genügt. Eventualvorsatz liegt vor, wenn der Täter es ernstlich für möglich hält und sich damit abfindet, dass sein Verhalten zur Verwirklichung des gesetzlichen Tatbestandes führt (*Wessels/Beulke,* S. 78). Da es sich bei der Strafnorm des § 38 WpHG um einen sog. Blankettstrafbestand handelt, müssen das Wissen und das Wollen des Täters auch die Bezugsnormen umfassen. Der Vorsatz muss sich mithin auch auf die Kurserheblichkeit beziehen (Emittentenleitfaden, S. 42; BGH Beschl. v. 27.1.2010, Az. 5 StR 224/09).

XI. Leichtfertigkeit

Leichtfertigkeit i.S.v. § 38 Abs. 4 WpHG oder § 39 Abs. 2 WpHG bedeutet, **49** die gebotene Sorgfalt in einem ungewöhnlich hohem Maße zu verletzen. Damit ist ein erhöhtes Maß von Unrecht und Schuld verbunden. Bei der Bestimmung der Schuld sind individuelle Fähigkeiten und Kenntnisse zu berücksichtigen (*Wessels/Beulke* Rn. 662; Emittentenleitfaden, S. 44; vgl. zur fahrlässigen Unkenntnis einer Insiderinformation *Volk-Benner,* § 22 Rn. 565 ff.).

XII. Versuch

50   Der Versuch einer Straftat nach § 38 Abs. 1 WpHG ist strafbar, § 38 Abs. 3 WpHG. Einen Insiderhandel versucht, wer den Tatentschluss gefasst hat und zur Tatbestandsverwirklichung unmittelbar angesetzt hat (*Wessels/Beulke*, Rn. 595). Da jedoch nicht alle objektiven Tatbestandsmerkmale verwirklicht worden sind, liegt keine Vollendung, sondern Versuch vor. Ein versuchter Insiderhandel liegt beispielsweise vor, wenn der Insider die Order gegenüber der depotführenden Bank abgegeben hat (Emittentenleitfaden, S. 44; weitere Beispiele in *Wabnitz/ Janovsky-Benner*, 9. Kap. Rn. 119).

51   Der Versuch einer Ordnungswidrigkeit wird nur sanktioniert, wenn dies im Gesetz ausdrücklich vorgesehen ist; dies ist in § 39 Abs. 2 WpHG nicht der Fall.

XIII. Schadensersatz

52   Ein Insiderhandelsgeschäft kann eine Schadensersatzpflicht gem. **§ 826 BGB** auslösen (ausführlich *Förster*, AL 2011, 197). Eine sittenwidrige Schädigung liegt vor, wenn das Handeln gegen das Anstandsgefühl aller billig und gerecht Denkenden verstößt (St. Rspr. seit RGZ 48, 114, 124; LG Düsseldorf, Urt. v. 4.8.2009, Az. 4 O 379/08). Die Sittenwidrigkeit liegt im Kapitalmarktrecht „in einem Gesetzesverstoß gepaart mit einem qualifizierten Verschuldensmerkmal" (*Hellgardt*, S. 65). Dieses „qualifizierte Verschuldensmerkmal" meint eine besondere Verwerflichkeit, die sich in dem verfolgten Ziel, den eingesetzten Mitteln, der zu Tage tretenden Gesinnung und den eingetretenen Folgen zeigen kann (BGH NJW 2004, 2668, 2670; BGH NJW 2004, 2971, 2973 „Infomatec"; LG Düsseldorf, Urt. v. 4.8.2009, Az. 7 O 379/08).

53   Der subjektive Tatbestand des § 826 BGB verlangt, dass der Täter bedingt vorsätzlich handelt. Dabei muss der Vorsatz auch den Schaden umfassen. Der Handelnde muss nicht präzise wissen, wer oder wie viele Personen durch sein Handeln geschädigt werden; es genügt eine ungefähre Vorstellung über den Kreis der Geschädigten und die Art des in Kauf genommenen Schadens (BGH NJW 2004, 446, 448, *Hellgardt*, S. 63). Die Sittenwidrigkeit im objektiven Tatbestand kann bereits in leichtfertigem Verhalten liegen. Aus dieser Leichtfertigkeit heraus schließt die Rechtsprechung (vereinzelt) auf bedingten Vorsatz (BGH NJW 1991, 3282, 3283).

54   Ein **Schaden** i.S.v. § 826 BGB ist
– jede nachteilige Einwirkung auf die Vermögenslage;
– jede Beeinträchtigung eines rechtlich anerkannten Interesses;
– jede Belastung mit einer ungewollten Verpflichtung (*Hellgardt*, S. 64; vgl. zur Berechnung eines strafrechtlich relevanten „Sondervorteils" durch Insiderhandel BGH Beschl. v. 27.1.2010, Az. 5 StR 224/09).

55   Vor diesem Hintergrund kann der Geschädigte zwischen Naturalrestitution (BGH NJW 2004, 2668, 2669) und dem Differenzschaden (BGH NJW 2005, 2450, 2453) wählen. Naturalrestitution bedeutet, dem Geschädigten wird der gezahlte Kaufpreis gegen Rückgabe der erworbenen Aktien erstattet. Im Zivilprozess können sich daraus unterschiedliche Anforderungen an einen substantiierten Vortrag ergeben: Die Naturalrestitution geht zurück auf die Verletzung der Willensfreiheit beim Abschluss des Vertrages, während der Differenzschaden eine Beeinflussung im Preisbildungsprozess verlangt (*Hellgardt*, S. 64). Dies führt insbesondere im

Rahmen der Kausalität und ihrer Beweisbarkeit zu Differenzierungen (vgl. ausführlich *Hellgardt,* S. 64, 519 f., 541 ff.).

Ein Anspruch aus § 823 Abs. 2 BGB scheidet aus, da § 14 WpHG **keinen** 56
Schutzgesetzcharakter aufweist (*Assmann/Schneider-Assmann,* § 14 Rn. 208 f.; LG Augsburg Urt. v. 27.1.2003, Az. 3 Kls 502 Js 127369/99). Wird eine Insiderinformation unbefugt weitergegeben, kommt eine Haftung gem. **§ 823 Abs. 2 BGB ivm § 404 AktG** in Betracht. Ein solches Verhalten impliziert regelmäßig einen Geheimnisverrat.

Begeht ein Organmitglied einer juristischen Person eine Insidertat, so liegt 57
eine Vertragsverletzung vor, die regelmäßig geeignet ist, eine außerordentliche Kündigung auszusprechen. Zudem verstößt das Organmitglied in der Regel gegen §§ 76, 93, 116 AktG. Erfolgt der Verstoß gegen § 14 WpHG im Zusammenhang mit einem sog. face-to-face-Geschäft, z. B. Unternehmenskauf oder Erwerb einer bedeutenden Beteiligung, können Gewährleistungsansprüche oder Ansprüche aus § 311 Abs. 2 BGB in Betracht kommen.

Ein Rechtsgeschäft, das unter Verstoß gegen § 14 WpHG abgeschlossen wird, 58
führt in der Regel nicht zur Nichtigkeit des Rechtsgeschäfts i.S.v. § 134 BGB. Nach der Rechtsprechung des BGH (BGH Urt. v. 5.5.1992 – X ZR 134/90; BGHZ 118, 182, 188 mwN) ist ein Rechtsgeschäft dann nichtig, wenn Sinn und Zweck des betroffenen Verbotsgesetzes dies verlangt. Dies ist im Rahmen des § 14 Abs. 1 WpHG ivm § 38 WpHG regelmäßig nicht der Fall, da die verbotene Handlung i.d.R. nur von einer Vertragsseite begangen wird. Die andere Vertragspartei ist i.d.R. ahnungslos und rechtstreu. Auch der Inhalt in seiner Gesamtheit eines unter Verstoß gegen § 14 WpHG abgeschlossenen Rechtsgeschäfts führt in der Regel nicht zur Nichtigkeit (*Assmann/Schneider-Assmann* § 14 Rn. 206; *Fuchs-Mennicke* § 14 Rn. 419 ff.).

C. § 15 Mitteilung, Veröffentlichung und Übermittlung von Insiderinformationen an das Unternehmensregister

Gültig ab 20.1.2007

(1) **Ein Inlandsemittent von Finanzinstrumenten muss Insiderinformationen, die ihn unmittelbar betreffen, unverzüglich veröffentlichen; er hat sie außerdem unverzüglich, jedoch nicht vor ihrer Veröffentlichung dem Unternehmensregister im Sinne des § 8b des Handelsgesetzbuchs zur Speicherung zu übermitteln. Als Inlandsemittent gilt im Sinne dieser Vorschrift auch ein solcher, für dessen Finanzinstrumente erst ein Antrag auf Zulassung gestellt ist. Eine Insiderinformation betrifft den Emittenten insbesondere dann unmittelbar, wenn sie sich auf Umstände bezieht, die in seinem Tätigkeitsbereich eingetreten sind. Wer als Emittent oder als eine Person, die in dessen Auftrag oder auf dessen Rechnung handelt, im Rahmen seiner Befugnis einem anderen Insiderinformationen mitteilt oder zugänglich macht, hat diese gleichzeitig nach Satz 1 zu veröffentlichen und dem Unternehmensregister im Sinne des § 8b des Handelsgesetzbuchs zur Speicherung zu übermitteln, es sei denn, der andere ist rechtlich zur Vertraulichkeit verpflichtet. Erfolgt die Mitteilung oder**

Zugänglichmachung der Insiderinformation nach Satz 4 unwissentlich, so ist die Veröffentlichung und die Übermittlung unverzüglich nachzuholen. In einer Veröffentlichung genutzte Kennzahlen müssen im Geschäftsverkehr üblich sein und einen Vergleich mit den zuletzt genutzten Kennzahlen ermöglichen.

(2) Sonstige Angaben, die die Voraussetzungen des Absatzes 1 offensichtlich nicht erfüllen, dürfen, auch in Verbindung mit veröffentlichungspflichtigen Informationen im Sinne des Absatzes 1, nicht veröffentlicht werden. Unwahre Informationen, die nach Absatz 1 veröffentlicht wurden, sind unverzüglich in einer Veröffentlichung nach Absatz 1 zu berichtigen, auch wenn die Voraussetzungen des Absatzes 1 nicht vorliegen.

(3) Der Emittent ist von der Pflicht zur Veröffentlichung nach Absatz 1 Satz 1 solange befreit, wie es der Schutz seiner berechtigten Interessen erfordert, keine Irreführung der Öffentlichkeit zu befürchten ist und der Emittent die Vertraulichkeit der Insiderinformation gewährleisten kann. Die Veröffentlichung ist unverzüglich nachzuholen. Absatz 4 gilt entsprechend. Der Emittent hat die Gründe für die Befreiung zusammen mit der Mitteilung nach Absatz 4 Satz 1 der Bundesanstalt unter Angabe des Zeitpunktes der Entscheidung über den Aufschub der Veröffentlichung mitzuteilen.

(4) Der Emittent hat die nach Absatz 1 oder Absatz 2 Satz 2 zu veröffentlichende Information vor der Veröffentlichung
1. der Geschäftsführung der inländischen organisierten Märkte, an denen die Finanzinstrumente zum Handel zugelassen sind,
2. der Geschäftsführung der inländischen organisierten Märkte, an denen Derivate gehandelt werden, die sich auf die Finanzinstrumente beziehen, und
3. der Bundesanstalt
mitzuteilen. Absatz 1 Satz 6 sowie die Absätze 2 und 3 gelten entsprechend. Die Geschäftsführung darf die ihr nach Satz 1 mitgeteilte Information vor der Veröffentlichung nur zum Zweck der Entscheidung verwenden, ob die Ermittlung des Börsenpreises auszusetzen oder einzustellen ist. Die Bundesanstalt kann gestatten, dass Emittenten mit Sitz im Ausland die Mitteilung nach Satz 1 gleichzeitig mit der Veröffentlichung vornehmen, wenn dadurch die Entscheidung der Geschäftsführung über die Aussetzung oder Einstellung der Ermittlung des Börsenpreises nicht beeinträchtigt wird.

(5) Eine Veröffentlichung von Insiderinformationen in anderer Weise als nach Absatz 1 in Verbindung mit einer Rechtsverordnung nach Absatz 7 Satz 1 Nr. 1 darf nicht vor der Veröffentlichung nach Absatz 1 Satz 1, 4 oder 5 oder Absatz 2 Satz 2 vorgenommen werden. Der Inlandsemittent hat gleichzeitig mit den Veröffentlichungen nach Absatz 1 Satz 1, Satz 4 oder Satz 5 oder Absatz 2 Satz 2 diese der Geschäftsführung der in Absatz 4 Satz 1 Nr. 1 und 2 erfassten organisierten Märkte und der Bundesanstalt mitzuteilen; diese Verpflichtung entfällt, soweit die Bundesanstalt nach Absatz 4 Satz 4 gestattet hat, bereits die Mitteilung nach Absatz 4 Satz 1 gleichzeitig mit der Veröffentlichung vorzunehmen.

(6) **Verstößt der Emittent gegen die Verpflichtungen nach den Absätzen 1 bis 4, so ist er einem anderen nur unter den Voraussetzungen der §§ 37b und 37c zum Ersatz des daraus entstehenden Schadens verpflichtet. Schadenersatzansprüche, die auf anderen Rechtsgrundlagen beruhen, bleiben unberührt.**

(7) **Das Bundesministerium der Finanzen kann durch Rechtsverordnung, die nicht der Zustimmung des Bundesrates bedarf, nähere Bestimmungen erlassen über**

1. **den Mindestinhalt, die Art, die Sprache, den Umfang und die Form der Veröffentlichung nach Absatz 1 Satz 1, 4 und 5 sowie Absatz 2 Satz 2,**

2. **den Mindestinhalt, die Art, die Sprache, den Umfang und die Form einer Mitteilung nach Absatz 3 Satz 4, Absatz 4 und Absatz 5 Satz 2 und**

3. **berechtigte Interessen des Emittenten und die Gewährleistung der Vertraulichkeit nach Absatz 3.**

Das Bundesministerium der Finanzen kann die Ermächtigung durch Rechtsverordnung auf die Bundesanstalt für Finanzdienstleistungsaufsicht übertragen.

Literatur: *Assmann/Schneider,* Kommentar zum Wertpapierhandelsgesetz, 2009; Emittentenleitfaden der Bundesanstalt für Finanzdienstleistungsaufsicht, Stand 2005, 2009; *Förster,* Kapitalmarktrechtliche Haftung aus § 826 BGB, AL 2011, 197; *Fuchs,* Wertpapierhandelsgesetz, 2009; Kölner Kommentar zum WpHG, 2007; *Seibt,* Anmerkung zum Urteil des BGH vom 13.12.2011, Az. XI ZR 51/10, EWiR 2012, 159; *Szesny,* Finanzmarktaufsicht und Strafprozess, Diss. 2007; *Wabnitz/Janowsky,* Handbuch des Wirtschafts- und Steuerstrafrechts, 2009; *Weber,* Kapitalmarktinformationshaftung und gesellschaftsrechtliche Kapitalbindung – ein einheitliches Problem mit rechtsformübergreifender Lösung? ZHR 176, 184; *ders.* Kapitalmarktrecht im Umbruch, NJW 1994, 2849; *Wodsak,* Täuschung des Kapitalmarkts durch Unterlassen, Diss., 2004.

Übersicht

I. Einleitung

1. Entstehung

§ 15 WpHG wurde durch das Zweite Finanzmarktförderungsgesetz vom 26. **1**
Juli 1994 in das neu geschaffene WpHG aufgenommen. Das Artikelgesetz transformierte die Insiderrichtlinie (89/592/EWG, ABl. EG Nr. L334/30 ff) in nationales

Recht. Zuvor regelte § 44a BörsG die so genannte Ad-hoc-Publizität. In der Praxis hatte § 44a BörsG kaum Beachtung gefunden.

2 § 15 WpHG sieht die **schnellstmögliche Veröffentlichung von Insidertatsachen** vor, um den strafrechtlichen Schutz vor Insiderverstößen präventiv zu flankieren (*Weber,* NJW 1994, 2849, 2853; Finanzausschuss, BT-Drucks. 12/7918, S. 96, 102). Durch ihre Veröffentlichung werden Insiderinformationen beseitigt und Insiderhandel vermieden. Die unverzügliche Offenlegung kursbeeinflussender Informationen trägt außerdem dazu bei, das Entstehen von unzutreffenden Börsen- oder Marktpreisen von Wertpapieren durch fehlerhafte oder unvollständige Informationen des Marktes zu verhindern (Finanzausschuss, BT-Drucks. 12/7918, S. 96; *Wabnitz/Janovsky-Benner,* 9. Kap., Rn. 156 ff.). Dieses Ziel ist erreicht, wenn die sog. Bereichsöffentlichkeit hergestellt ist, d.h. die professionellen Handelsteilnehmer in ihrer Gesamtheit informiert werden (Finanzausschuss, BT-Drucks. 12/7918, S. 101).

3 Emittenten nutzten § 15 WpHG – entgegen der ratio legis – zunächst sehr intensiv zur Selbstdarstellung. Die ad-hoc-Mitteilung war oft nur ein Mittel, um zu Werbezwecken auf das Unternehmen aufmerksam zu machen. Um diesen Missstand zu beseitigen, wurden im Vierten Finanzmarktförderungsgesetz (BGBl. I Nr. 39/2002 vom 26. Juni 2002) Schadensersatzansprüche nach §§ 37b f. WpHG geschaffen, die den fehlerhaften Gebrauch einer ad-hoc-Mitteilung schadensersatzpflichtig machten.

4 Eine weitere Änderung hat § 15 WpHG durch das Anlegerschutzverbesserungsgesetz vom 28. Oktober 2004 erfahren (BGBl. I 2004, S. 2630). Das Anlegerschutzverbesserungsgesetz geht auf die Marktmissbrauchsrichtlinie (Richtlinie 2003/6/EG des Europäischen Parlaments und des Rates vom 28. Januar 2003 über Insidergeschäfte und Marktmanipulation – Marktmissbrauch) zurück. Das Anlegerschutzverbesserungsgesetz erweiterte den Kreis der veröffentlichungspflichtigen Insidertatsachen (Kölner Kommentar-*Versteegen* § 15 Rn. 23 ff).

2. Ordnungswidrigkeiten

5 Verstöße gegen die Ad-hoc-Publizitätspflicht können zu einer Fülle von Ordnungswidrigkeiten führen:

6 Nach § 39 Abs. 2 Ziff. 5 lit. a WpHG handelt ordnungswidrig, wer entgegen § 15 Abs. 1 S. 1 WpHG auch iVm S. 2 WpHG, § 15 Abs. 1 S. 4 oder 5, jeweils in Verbindung mit einer Rechtsverordnung nach Abs. 7 S. 1 Ziff. 1 WpHG eine Veröffentlichung nicht, nicht richtig, nicht vollständig, nicht in der vorgeschriebenen Weise oder nicht rechtzeitig vornimmt, oder nicht rechtzeitig nachholt.

7 Ebenso handelt rechtswidrig, wer entgegen § 15 Abs. 5 S. 1 WpHG eine Veröffentlichung vornimmt, § 39 Abs. 2 Ziff. 7 WpHG. Die Geldbuße kann in beiden Fällen jeweils bis zu 1.000.000 € betragen.

8 Ordnungswidrig handelt auch, wer entgegen § 15 Abs. 1 S. 1 WpHG eine Information oder eine Bekanntmachung nicht oder nicht rechtzeitig übermittelt. Die Geldbuße beträgt in diesem Fall bis zu 200.000 €.

9 Ferner ist ein Verstoß gegen § 15 Abs. 3 S. 4, Abs. 4 S. 1 oder Abs. 5 S. 2 WpHG jeweils iVm einer RVO nach § 15 Abs. 7 S. 1 Ziff. 2 WpHG bußgeldbewehrt, § 39 Abs. 2 Ziff. 2 lit. c. WpHG. Wird die darin geforderte Mitteilung nicht, nicht richtig, nicht vollständig, nicht in der vorgeschriebenen Weise oder nicht rechtzeitig vornimmt, droht eine Geldbuße bis zu 200.000 €.

§ 15 Abs. 2 S. 2 WpHG stellt ein **Berichtigungsgebot** auf. Hat der Emittent 10
unwahre Informationen in einer Ad-hoc-Mitteilung gem. § 15 Abs. 1 S. 1 WpHG
veröffentlicht, muss er diese unverzüglich in einer neuen Ad-hoc-Mitteilung kor-
rigieren (*Szesny*, S. 198; *Fuchs-Pfüller*, § 15 Rn. 334 ff.).

§ 4 WpAIV regelt näheres zum Inhalt der Berichtigung. Unterbleibt die Berich- 11
tigung oder erfolgt sie zu spät, kommt eine Ordnungswidrigkeit gem. § 39 Abs. 2
Ziff. 5 lit. a WpHG in Betracht.

II. Inlandsemittent

Die Ad-hoc-Publizität i.S.v. § 15 WpHG gilt für alle Inlandsemittenten, deren 12
Finanzinstrumente im Inland zum Börsenhandel zugelassen sind und für alle
Inlandsemittenten, die die Zulassung beantragt haben, § 15 Abs. 1 WpHG.

Ein Inlandsemittent ist derjenige für den **Deutschland** der **Herkunftsstaat** 13
ist, § 2 Abs. 7 WpHG. Dabei gilt folgende Ausnahme: Inlandsemittent ist auch
der Emittent, dessen Wertpapiere nicht im Inland, sondern ausschließlich in einem
anderen Mitgliedsstaat der EU oder dem EWR zugelassen sind, soweit sie in diesem
anderen Staat Veröffentlichungs- und Mitteilungspflichten nach Maßgabe der
Transparenzrichtlinie unterliegen.

Inlandsemittent ist auch derjenige, für den nicht Deutschland, sondern ein 14
anderer Mitgliedsstaat der EU oder des EWR der Herkunftsstaat ist, dessen Wertpapier aber ausschließlich in Deutschland zum Handel an einem organisierten
Markt zugelassen ist (vgl. ausführlich Emittentenleitfaden, S. 49 ff.).

III. Insiderinformation

Der Inlandsemittent muss von einer Insiderinformation unmittelbar betroffen 15
sein. Eine Insiderinformation ist eine konkrete Information über nicht öffentlich
bekannte Umstände, die sich auf einen oder mehrere Emittenten von Insiderpapieren oder auf die Insiderpapiere selbst beziehen und die geeignet ist, im Falle
ihres öffentlichen Bekanntwerdens den Börsen- oder Marktpreis erheblich zu
beeinflussen, § 13 WpHG.

Eine Insiderinformation betrifft den Emittenten insbesondere dann unmittelbar, 16
wenn sie auf Umstände bezieht, die in seinem Tätigkeitsbereich eingetreten
sind, § 15 Abs. 1 S. 2 WpHG (vgl. ausführlich mit vielen Beispielen Emittentenleitfaden, S. 53 ff.).

Die veröffentlichungspflichtige Insiderinformation muss also den Inlandsemit- 17
tenten unmittelbar betreffen und erhebliches Preisbeeinflussungspotential haben.
Die Verschmelzung mit einer Konzerntochter kann die Publizitätspflicht auslösen.
Ist die Konzerntochter indes völlig unbedeutend, scheidet eine Ad-hoc-Mitteilung aus.

Grundsätzlich geeignet, eine Veröffentlichungspflicht i.s.v. § 15 WpHG auszu- 18
lösen, sind der Erwerb oder die Veräußerung wesentlicher Beteiligungen, bedeutende Erfindungen, Erteilung bedeutender Patente oder die Gewährung wichtiger
Lizenzen. Ebenso kann der Verdacht auf Bilanzmanipulation oder erhebliche
außerordentliche Aufwendungen, z. B. im Zusammenhang mit der Aufdeckung
von Straftaten im Unternehmen, eine Ad-hoc-Mittelungspflicht auslösen (vgl.
Emittentenleitfaden, S. 56; vgl. zum Zeitpunkt des Beginns der Publizitätspflicht
OLG Frankfurt am Main NJW 2009, 1520).

19 Die Ad-hoc-Mitteilung hat – sofern keine Befreiung vorliegt – unverzüglich zu erfolgen. Die Veröffentlichungspflicht besteht unabhängig von den Börsenhandelszeiten. News-Provider, Nachrichtenagenturen und Finanzweb-Seiten bieten 24 Stunden am Tag Gelegenheit, unverzüglich zu veröffentlichen.

IV. Befreiung, § 15 Abs. 3 WpHG

20 Grundsätzlich ist eine **Interessenabwägung** zwischen dem Interesse des Emittenten und dem Interesse des Kapitalmarktes vorzunehmen. Das **Unternehmen entscheidet** selbst, ob eigene Interessen überwiegen und kann – sofern die weiteren Voraussetzungen der Befreiung nach § 15 Abs. 3 WpHG vorliegen – die Legalausnahme („ist befreit") nutzen.

21 Dabei ist dem Unternehmen ein „weiter Ermessensspielraum" (OLG Frankfurt am Main NJW 2009, 1520) einzuräumen. Im Rahmen der Abwägung trägt das Unternehmen das Risiko einer möglichen Fehlentscheidung: Gelangt die BaFin zu der Ansicht, eine Ad-hoc-Mitteilung sei aufgrund fehlerhafter Interessenabwägung vorsätzlich oder leichtfertig, zu spät oder gar nicht erfolgt, droht ein Ordnungswidrigkeitenverfahren. Für den Aufschub der Veröffentlichung einer Insiderinformation nach § 15 Abs. 3 WpHG bedarf es keiner bewussten Entscheidung des Emittenten. Selbst wenn eine bewusste Entscheidung erforderlich wäre, der Emittent eine solche aber nicht getroffen hätte, würde bei Vorliegen der Voraussetzungen für diesen Befreiungstatbestand gleichwohl eine Haftung wegen nicht unverzüglicher Veröffentlichung der Insiderinformation entfallen, weil der Emittent auch bei bewusster Entscheidung für die Selbstbefreiung die Information nicht früher veröffentlicht hätte (rechtmäßiges Alternativverhalten) (OLG Stuttgart Beschl. v. 22.4.2009, Az. 20 Kap. 1/08).

22 Während des Befreiungszeitraumes hat der Emittent dafür Sorge zu tragen, dass die **Vertraulichkeit** der **Insiderinformation gewährleistet** wird. Gelangen gleichwohl Gerüchte mit einem Tatsachenkern an die Öffentlichkeit, spricht dies für fehlerhafte organisatorische Maßnahmen oder für einen Geheimnisverrat innerhalb eines organisatorisch ausreichenden Apparats. Geht die indiskrete Verbreitung auf eine Person zurück, die innerhalb eines geordneten Unternehmens unter Beachtung der Compliance-Regelungen lediglich das in sie gesetzte Vertrauen missbraucht, bleibt der Befreiungstatbestand aufrecht erhalten (Emittentenleitfaden, S. 67 f.).

23 Der Emittent muss seine Ad-hoc-Mitteilung vor ihrer Veröffentlichung der BaFin und an die Geschäftsführungen der inländischen Börsen übermitteln, an denen die vom Unternehmen emittierten Finanzinstrumente zugelassen sind oder Derivate gehandelt werden, die sich auf diese Finanzinstrumente beziehen, § 15 Abs. 4 WpHG. Die BaFin empfiehlt eine solche Vorabmitteilung 30 Minuten vor der weiteren Veröffentlichung der Ad-hoc-Mitteilung (Emittentenleitfaden, S. 73). Die Börsen werden in den Stand versetzt, die Auswirkungen der Ad-hoc-Mitteilung zu prüfen, ggf. Maßnahmen wie die Aussetzung der jeweiligen Preisfeststellungen zu beschließen. Die BaFin überwacht die Rechtmäßigkeit der Befreiung.

24 Ist der **Befreiungstatbestand weggefallen** – die Verhandlungen wurden beispielsweise abgeschlossen, eine Gefährdung ist nicht mehr zu befürchten – muss die **zurückgestellte Insiderinformation veröffentlicht** werden, es sei denn, es ist bereits durch das Zuwarten die Eigenschaft als Insiderinformation weggefallen, § 15 Abs. 3 S. 2 WpHG.

Die Art und Weise der Veröffentlichung einer Ad-hoc-Mitteilung ist in den **25** §§ 3a, 3b, 5 WpAIV geregelt.

V. Sonstige Erfordernisse

Nach der Veröffentlichung der Insiderinformation als Ad-hoc-Mitteilung ist **26** dies dem Unternehmensregister zu übermitteln, § 15 Abs. 1 S. 1 WpHG (weitere Informationen hierzu unter www.unternehmensregister.de).

Neben der Veröffentlichung der Ad-hoc-Mitteilung ist der BaFin und den **27** Geschäftsführungen der inländischen Börsen, an denen die Finanzinstrumente zugelassen sind oder an denen Derivate auf diese Finanzinstrumente gehandelt werden ein Beleg über die Veröffentlichung zu übermitteln, § 15 Abs. 5 S. 2 WpHG. Der Inhalt des Belegs ist in § 3c WpAIV geregelt.

Die fehlende oder verspätete Belegübersendung kann bei vorsätzlicher Bege- **28** hungsweise mit einem Bußgeld bis zu 200.000 € geahndet werden, § 39 Abs. 2 Ziff. 2 lit. c. WpHG. Die leichtfertig fehlende oder verspätete Übermittlung ist mit einem Bußgeld bis zu 100.000 € bedroht, § 17 Abs. 2 OWiG.

Der Täter muss vorsätzlich oder leichtfertig handeln. Bedingter Vorsatz genügt. **29** Leichtfertig handelt, wer die gebotene Sorgfalt besonders grob verletzt.

Ein Ordnungswidrigkeitenverfahren wegen Verletzung der Ad-hoc-Mittei- **30** lungspflicht könnte sich auch gem. § 130 OWiG gegen Vorstandsmitglieder einer Aktiengesellschaft richten, sofern diese Aufsichtspflichten im Zusammenhang mit der Publizitätspflicht aus § 15 WpHG verletzt haben. Dabei ist zu untersuchen, welches Vorstandsmitglied für die fehlerhafte Mitteilung verantwortlich ist oder ob der gesamte Vorstand betroffen ist. Der Vorstand bzw. das Vorstandsmitglied kann durch den Nachweis von organisatorischen Maßnahmen zum rechtmäßigen Umgang mit Ad-hoc-Mitteilungen erheblich zu seiner Entlastung beitragen. Außerdem ist eine Geldbuße nach § 30 OWiG gegen die Gesellschaft denkbar (vgl. zum Ausschluss von Straftatbeständen wegen unterlassener Ad-Hoc-Mittei-lungen, *Wodsak*, S. 84 ff.).

VI. Schadensersatz

Die zivilrechtliche Haftung bei Verstößen gegen § 15 WpHG ist entscheidend **31** in **§§ 37b und 37c WpHG** geregelt. Danach haftet der Emittent nach § 37b Abs. 1 WpHG für Schäden, die durch nicht veröffentlichte Insiderinformationen dem Anleger entstanden sind (zur Haftung wegen unterlassener Veröffentlichung einer Ad-hoc-Mitteilung BGH ZIP 2012, 318, m. Anm. *Seibt* EWiR 2012, 159). Dabei sind die weiteren Voraussetzungen des § 37b Abs. 1 Ziff. 1 und 2 WpHG zu beachten. Veröffentlicht der Emittent unwahre Insiderinformationen, kommt eine Haftung aus § 37c Abs. 1 WpHG in Betracht. §§ 37b und 37c WpHG dienen mithin der Prävention fehlerhafter Kapitalmarktinformation (vgl. Begr. RegE, BR.-Drucks. 936/09, S. 177, 260). Der Anspruchsteller muss die objektiven Tat-bestandsvoraussetzungen der §§ 37b, 37c WpHG darlegen und beweisen (OLG Schleswig AG 2005, 212; OLG Stuttgart AG 2007, 250). Im Hinblick auf das Verschulden gilt folgende Besonderheit: Der Emittent haftet nur für grobe Fahr-lässigkeit und Vorsatz (LG Düsseldorf Urt. v. 4.8.2009, Az. 7 O 274/08) also nicht für einfache und mittlere Fahrlässigkeit. In diesem Zusammenhang beinhal-ten § 37b Abs. 2 und § 37c Abs. 2 WpHG Beweislastumkehrungen, so dass der

Emittent beweisen muss, dass seine Fehlinformation gerade nicht auf grober Fahrlässigkeit oder Vorsatz beruht (zur Berechnung des Schadensersatzes BGH NJW 2012, 1800).

32   Als juristische Person muss sich der Emittent das Verschulden seiner Organmitglieder gem. § 31 BGB analog und dass seiner Angestellten gem. § 278 BGB zurechnen lassen. Des Weiteren muss sich der Emittent das Verschulden seiner Verrichtungsgehilfen i.S.v. § 831 BGB, etwa eines Informationsdienstleisters oder des Börsenpflichtblattes, zurechnen lassen (*Assmann/Schneider-Sethe*, §§ 37b, 37c Rn. 63a).

33   Der Anspruch nach § 37b Abs. 1 WpHG verjährt in einem Jahr von dem Zeitpunkt an, zudem der Dritte von der Unterlassung Kenntnis erlangt. Erlangt der Dritte keine Kenntnis von der Unterlassung, verjährt der Anspruch spätestens in drei Jahren seit der Unterlassung, § 37b Abs. 4 WpHG. Entsprechendes gilt für § 37c Abs. 1 WpHG iVm § 37c Abs. 4 WpHG (zahlreiche spezialgesetzliche Regeln des Kapitalmarktdeliktrechts enthalten ein solches Verjährungsregime: § 46 BörsG; § 13a Abs. 5 VerKProspG; § 12 Abs. 4 WpÜG; § 127 Abs. 5 InvG).

34   Die Verjährung wird also nicht nach den allgemeinen Verjährungsregeln, § 90 BGB am Ende des betroffenen Jahres in Gang gesetzt.

35   Im Zusammenhang mit fehlerhaften Ad-Hoc-Mitteilungen kommt ein Schadensersatzanspruch gem. **§ 826 BGB** gegen Vorstandsmitglieder des Emittenten in Betracht (BGH WM 2004, 1726; WM 2004, 1731). Diese haften persönlich, wenn eine vorsätzliche, sittenwidrige Schädigung nachzuweisen ist. Im Rahmen des § 826 BGB muss der Vorsatz auch den Schaden umfassen. Der Vorsatz muss sich zudem auf die Tatumstände erstrecken, die gegen die guten Sitten verstoßen (Förster AL 2011, 197).

36   Sofern ein Schadensersatzanspruch aus § 826 BGB wegen einer fehlerhaften Ad-hoc-Mitteilung geltend gemacht wird, muss der Anspruchsteller darlegen und beweisen, dass die Ad-hoc-Mitteilung ursächlich für seine Kaufentscheidung war (LG Düsseldorf, Urt. v. 4.9.2009, Az. 14c O 210/07; LG Düsseldorf Urt. v. 4.8.2009, 7 O 379/09). Dieser Nachweis ist auch dann zu führen, wenn die Kapitalmarktinformation extrem unseriös gewesen ist (BGH 4.6.2007, II. ZR 173/05; vgl. weitergehende Rechtsprechung zur Haftung einer Gesellschaft für fehlerhafte Ad-hoc-Mitteilungen und zur Haftung der Organmitglieder BGH WM 2005, 1358 „EM-TV"; AG 2007, 322 „ComROAD I", AG 2007, 324 „ComROAD II"; AG 2007, 169 „ComROAD III"; AG 2007, 620 „ComROAD IV"; AG 2007, 623 „ComROAD V"; AG 2007, 252 „ComROAD VI", AG 2008, 254 „ComROAD VII", AG 2008, 377 „ComROAD VIII").

37   Ein Anspruch aus § 823 Abs. 2 BGB iVm § 15 WpHG scheidet aus, da **§ 15 WpHG kein Schutzgesetz** ist (BT-Drs. 14/8017, S. 87). Denkbar wäre im vorliegenden Kontext ein Schadensersatzanspruch aus § 823 Abs. 2 BGB iVm § 400 AktG (BGH NJW 2005, 2450; eine Übersicht zu den Anspruchsgrundlagen infolge mangelhafter Kapitalmarktinformation gibt Weber ZHR 176, 184).

38   Für Klagen nach §§ 37b, 37c WpHG ist das Landgericht ausschließlich zuständig. Gleiches gilt für Ansprüche aus §§ 823 Abs. 2 BGB, 826 BGB, wenn diesen eine fehlerhafte Kapitalmarktinformation zu Grunde liegt, § 71 Abs. 2 Ziff. 3 GVG.

39   Als Sitz des Emittenten gilt der in der Satzung genannte Sitz, § 17 Abs. 1 S. 1 ZPO, hilfsweise der Ort, an dem die Verwaltung geführt wird, § 17 Abs. 1 S. 2 ZPO. Das Kapitalanleger-Musterverfahrensgesetz (KapMuG) ermöglicht die Bündelung zahlreicher Schadensersatzansprüche aus §§ 37b, 37c WpHG. Eine fehler-

hafte Kapitalmarktinformation führt häufig zu einer Vielzahl von Schäden (vgl. zur Schadensberechnung LG Düsseldorf Urt. v. 4.8.2009 Az. 7 O 274/08). Um kontradiktorische Entscheidungen zu vermeiden und um den Präventionsgedanken aus §§ 37b, 37c WpHG stärkere Geltung zu verschaffen, wurde das KapMuG eingeführt (Begr. RegE BR-Drs. 2/05, S. 33f). Weiterhin wurde seine Entstehung von dem Gedanken getragen, dem geschädigten Anleger ein geringeres Prozesskostenrisiko insbesondere in Bezug auf Sachverständigengutachten zur Durchsetzung seiner Ansprüche aufzuerlegen.

D. § 15a Mitteilung von Geschäften, Veröffentlichung und Übermittlung an das Unternehmensregister

Gültig ab 1.11.2007

(1) Personen, die bei einem Emittenten von Aktien Führungsaufgaben wahrnehmen, haben eigene Geschäfte mit Aktien des Emittenten oder sich darauf beziehenden Finanzinstrumenten, insbesondere Derivaten, dem Emittenten und der Bundesanstalt innerhalb von fünf Werktagen mitzuteilen. Die Verpflichtung nach Satz 1 obliegt auch Personen, die mit einer solchen Person in einer engen Beziehung stehen. Die Verpflichtung nach Satz 1 gilt nur bei Emittenten solcher Aktien, die
1. an einer inländischen Börse zum Handel zugelassen sind oder
2. zum Handel an einem ausländischen organisierten Markt zugelassen sind, sofern der Emittent seinen Sitz im Inland hat oder es sich um Aktien eines Emittenten mit Sitz außerhalb der Europäischen Union und des Europäischen Wirtschaftsraums handelt, für welche die Bundesrepublik Deutschland Herkunftsstaat im Sinne des Wertpapierprospektgesetzes ist.
Der Zulassung zum Handel an einem organisierten Markt steht es gleich, wenn der Antrag auf Zulassung gestellt oder öffentlich angekündigt ist. Die Pflicht nach Satz 1 besteht nicht, solange die Gesamtsumme der Geschäfte einer Person mit Führungsaufgaben und der mit dieser Person in einer engen Beziehung stehenden Personen insgesamt einen Betrag von 5.000 Euro bis zum Ende des Kalenderjahres nicht erreicht.

(2) Personen mit Führungsaufgaben im Sinne des Absatzes 1 Satz 1 sind persönlich haftende Gesellschafter oder Mitglieder eines Leitungs-, Verwaltungs- oder Aufsichtsorgans des Emittenten sowie sonstige Personen, die regelmäßig Zugang zu Insiderinformationen haben und zu wesentlichen unternehmerischen Entscheidungen ermächtigt sind.

(3) Personen im Sinne des Absatzes 1 Satz 2, die mit den in Absatz 2 genannten Personen in einer engen Beziehung stehen, sind deren Ehepartner, eingetragene Lebenspartner, unterhaltsberechtigte Kinder und andere Verwandte, die mit den in Absatz 2 genannten Personen zum Zeitpunkt des Abschlusses des meldepflichtigen Geschäfts seit mindestens einem Jahr im selben Haushalt leben. Juristische Personen, bei denen Personen im Sinne des Absatzes 2 oder des Satzes 1 Führungsaufgaben wahrnehmen, gelten ebenfalls als Personen im Sinne des Absatzes 1

Satz 2. Unter Satz 2 fallen auch juristische Personen, Gesellschaften und Einrichtungen, die direkt oder indirekt von einer Person im Sinne des Absatzes 2 oder des Satzes 1 kontrolliert werden, die zugunsten einer solchen Person gegründet wurden oder deren wirtschaftliche Interessen weitgehend denen einer solchen Person entsprechen.

(4) Ein Inlandsemittent hat Informationen nach Absatz 1 unverzüglich zu veröffentlichen und gleichzeitig der Bundesanstalt die Veröffentlichung mitzuteilen; er übermittelt sie außerdem unverzüglich, jedoch nicht vor ihrer Veröffentlichung dem Unternehmensregister im Sinne des § 8b des Handelsgesetzbuchs zur Speicherung. § 15 Abs. 1 Satz 2 gilt entsprechend mit der Maßgabe, dass die öffentliche Ankündigung eines Antrags auf Zulassung einem gestellten Antrag auf Zulassung gleichsteht.

(5) Das Bundesministerium der Finanzen kann durch Rechtsverordnung, die nicht der Zustimmung des Bundesrates bedarf, nähere Bestimmungen erlassen über den Mindestinhalt, die Art, die Sprache, den Umfang und die Form der Mitteilung nach Absatz 1 und Absatz 4 Satz 1 sowie der Veröffentlichung nach Absatz 4. Das Bundesministerium der Finanzen kann die Ermächtigung durch Rechtsverordnung auf die Bundesanstalt für Finanzdienstleistungsaufsicht übertragen.

Literatur: *Assmann/Schneider,* Kommentar zum Wertpapierhandelsgesetz, 2009; *Bode,* Die Anwendung von § 15a WpHG bei Geschäften innerhalb eines Konzerns, AG 2008, 648; *Engelhart,* Meldepflichtige und meldefreie Geschäftsarten bei Directors' Dealings (§ 15a WpHG), AG 2009, 856; Emittentenleitfaden der Bundesanstalt für Finanzdienstleistungsaufsicht, Stand 2005/2009; *Hagen-Eck/Wirsch,* Gestaltung von Directors' Dealings und die Pflichten nach § 15a WpHG, DB 2007, 504.

Übersicht

I. Einleitung

1 § 15a WpHG wurde mit Inkrafttreten des Vierten Finanzmarktförderungsgesetzes neu in das WpHG aufgenommen (BT-Drucks. 14/8017 vom 18. Januar 2002). Bereits am 30. Oktober 2004 wurde § 15a WpHG durch das Anlegerschutzverbesserungsgesetz (Gesetz zur Verbesserung des Anlegerschutzes vom 28. Oktober 2004, BGBl. I 2004, S. 2630) novelliert. Das Anlegerschutzverbesserungsgesetz erfüllt die Vorgaben der europäischen Marktmissbrauchsrichtlinie und der Durchführungsrichtlinie 2004/72/EG. Eine weitere Änderung erfuhr § 15a WpHG durch das Transparenzrichtlinie- Umsetzungsgesetz – TUG (BT-Drucks. 16/2498) Die Regelung des § 15a WpHG geht in ihrer heutigen Fassung im Wesentlichen auf die **Marktmissbrauchsrichtlinie** (Richtlinie 2003/6 EG des europäischen Parlaments und des Rates vom 28. Januar 2003 über Insidergeschäfte und

Marktmanipulation (Marktmissbrauchsrichtlinie) ABl. EG vom 22. April 2003 Nr. L 96/16 und die Durchführungsrichtlinie 2004/72/EG (Richtlinie 2004/72 EG der Kommission vom 29. April 2004 zur Durchführung der Richtlinie 2003/6/EG des europäischen Parlamentes und des Rates – zulässige Marktpraktiken, Definition von Insiderinformationen in Bezug auf wahren Derivaten, Erstellung von Insiderverzeichnissen, Meldung von Eigengeschäften und Meldung verdächtiger Transaktionen, ABl. EG vom 30. April 2004 Nr. L 162, S. 70) zurück.

Normzweck ist – wie auch im Rahmen des § 15 WpHG – die **Verhinderung** **2** **von Insiderverstößen** (BT-Drucks. 14/8017, 63, 87). Zudem entfaltet die Veröffentlichung der Entscheidungen von Führungspersonen eine **Signalwirkung** für andere Anleger (Kölner Kommentar – *Heinrich* § 15a Rn. 3). So kann das Verhalten der Unternehmensleitung – z. B. durch Kauf oder Nicht-Kauf eigener Finanzprodukte – Schlüsse hinsichtlich des Vertrauens in das jeweilige Unternehmen erlauben.

II. Tätereigenschaft

§ 15a WpHG richtet sich an Personen, die bei einem Emittenten von Aktien **3** **Führungsaufgaben** wahrnehmen und auch **eigene Geschäfte** mit Aktien des Emittenten oder entsprechender Finanzinstrumente tätigen (zur ratio legis *Engelhart* AG 2009, 856; allgemeine Übersicht *Hagen-Eck/Wirsch,* DB 2007, 504). § 15a WpHG gilt auch für Angehörige der Führungskräfte. Dieser Personenkreis wird durch § 15a Abs. 1 WpHG verpflichtet, innerhalb einer Frist von fünf Tagen das Geschäft zu veröffentlichen. Ein sog. Director's Deal muss dem Inlandsemittenten selbst und der BaFin mitgeteilt werden.

Unterlässt es die betreffende Person, den Inlandsemittenten oder die BaFin **4** fristgemäß zu unterrichten, kommt ein Bußgeldverfahren gem. § 39 Abs. 2 Ziff. 2 lit. d WpHG iVm § 15a Abs. 1 S. 1 auch iVm S. 2 WpHG in Betracht.

Zu dem möglichen **Täterkreis** gehören: **5**
– Personen mit Führungsaufgaben,
– Personen, die mit Führungskräften in enger Beziehung stehen (Angehörige),
– juristische Personen
§ 15a Abs. 2 WpHG enthält eine nähere Bestimmung der Person mit Führungsauf- **6** gaben. Dazu gehören:
– Persönlich haftende Gesellschafter,
– Mitglieder eines Leitungsorgans, Verwaltungsorgans oder Aufsichtsorgans des Emittenten,
– sowie sonstige Personen, die regelmäßig Zugang zu Insiderinformationen haben und zu wesentlichen unternehmerischen Entscheidung ermächtigt sind.
Personen, die in enger Beziehung zu Führungspersonen stehen, sind gem. § 15a **7** Abs. 3 WpHG
– Ehepartner, auch bei Getrenntleben,
– eingetragene Lebenspartner,
– unterhaltsberechtigte Kinder,
– andere Verwandte, die mit der „Führungsperson" zum Zeitpunkt des meldepflichtigen Geschäfts seit mindestens einem Jahr im selben Haushalt leben.
Diese gesetzliche Vorgabe führt dazu, dass den Großneffen, der seit einem Jahr **8** im Direktorenhaushalt lebt, eine Meldepflicht trifft. Die Lebensgefährtin, die mit der Führungsperson seit Jahrzehnten zusammenlebt, ist nicht meldepflichtig.

9   Die Meldepflicht will Insiderhandel verhindern. Deshalb soll sich der Kenner der Szene selbst outen und damit dem interessierten Publikum, dem Emittenten und der BaFin Gelegenheit geben, gegebenenfalls zu prüfen, ob bei dem Geschäft Insiderwissen verwandt wurde. Aus diesem Grund müssen auch nahestehende Personen, etwa die Ehefrau sogleich offen legen, dass sie ein Geschäft getätigt haben, das mit dem Unternehmen ihres Gatten zu tun hat, aber Insiderwissen gerade keine Rolle spielte. Diese Transparenz dient natürlich auch der Vertrauensbildung der Anleger in den Kapitalmarkt.

10   Um diese Ziele zu erreichen, hat der Gesetzgeber sogleich einer Umgehungsmöglichkeit einen Riegel vorgeschoben, indem er juristische Personen, die im Zusammenhang mit meldepflichtigen, natürlichen Personen stehen nach Maßgabe des § 15a Abs. 3 WpHG ebenfalls mit einer Meldepflicht belegt.

11   Hat eine meldepflichtige, natürliche Person in einer juristischen Person eine Führungsaufgabe inne, so ist diese juristische Person ebenfalls meldepflichtig. Ein Director's Deal soll nicht unter dem Deckmantel einer scheinbar fernen juristischen Person unerkannt bleiben.

12   Entsprechendes gilt für nahestehende Personen: Eine juristische Person, Gesellschaft oder Einrichtung, die direkt oder indirekt von einer nahestehenden Person, einem Ehegatten, einer verwandten Person oder sonst nahestehenden Person kontrolliert wird oder die zu Gunsten einer solchen Person gegründet wurde oder deren wirtschaftlichen Interessen weitgehend dem einer solchen entspricht, ist ebenfalls meldepflichtig (Emittentenleitfaden, S. 86 f.).

III. Meldepflichtige Geschäfte

13   Von der Meldepflicht betroffen sind Geschäfte mit **Aktien des Emittenten** und **sich darauf beziehende Finanzinstrumente,** insbesondere Derivate, § 15a Abs. 1 S. 1 WpHG. Hierzu gehören ferner Geschäfte mit Optionen, Optionsscheinen, aktienähnlichen Genussrechten und Wandelanleihen (weitere Einzelfälle siehe Emittentenleitfaden, S. 88 ff.; *Bode* AG 2008, 648). § 15 Abs. 1 S. 1 WpHG enthält eine Bagatellgrenze. Danach sind Geschäfte erst **ab** einer Grenze von **5.000 € meldepflichtig.** Die Geschäfte der von § 15a WpHG betroffenen Personen werden addiert. Beispiel: Die Führungsperson und seine Ehefrau kaufen für jeweils 3.000 € Aktien im Rahmen eines Eigengeschäfts. Der Wert des Geschäfts beträgt 6.000 € und ist damit meldepflichtig.

IV. Handlungsgebote

14   Den Inlandsemittenten treffen sodann drei Pflichten:
1. Er muss die von seiner Führungsperson oder ihren Angehörigen erhaltenen Informationen über den Kauf oder Verkauf von Aktien oder sonstigen relevanten Geschäften, unverzüglich in geeigneten Medien **veröffentlichen.**
Unterlässt er dies vorsätzlich oder leichtfertig, droht ein Bußgeld bis zu 100.000 €. Gleiches gilt für Veröffentlichungen, die unrichtig oder unvollständig sind oder nicht rechtzeitig zugehen, § 15a Abs. 4 S. 1 WpHG iVm § 39 Abs. 2 Ziff. 2 lit. d WpHG.
2. Der Inlandsemittent ist verpflichtet, gleichzeitig mit der Veröffentlichung in den Medien die **BaFin** von dem Geschäft **in Kenntnis zu setzen.** Die BaFin wird also von der Führungskraft und von den betroffenen Emittenten über

dasselbe „Eigengeschäft" unterrichtet. Veröffentlicht der Inlandsemittent nicht, nicht vollständig, unrichtig oder unterrichtet er nicht rechtzeitig die BaFin, so droht auch hier ein Bußgeld bis zu 100.000 €, § 15a WpHG Abs. 4 S. 1 ivm § 39 Abs. 2 Ziff. 2 lit. d WpHG.

3. Die dritte Pflicht des Inlandsemittenten im Rahmen eines Director's Dealing ist es, sodann die Information dem **Unternehmensregister** zu **übermitteln.** Ein Unterlassen oder eine unzutreffende Mitteilung ist auch hier bußgeldbewehrt, § 15a Abs. 4 S. 1 WpHG ivm § 39 Abs. 2 Ziff. 2 lit. d WpHG. Es sind zunächst die Medien und die BaFin zu unterrichten und erst dann soll eine Mitteilung an das Unternehmensregister erfolgen. In der Literatur (*Assmann/Schneider-Sethe,* § 15a Rn. 132) wird daher zutreffend darauf hingewiesen, dass die verfrühte Mitteilung an das Unternehmensregister den objektiven Tatbestand der Ordnungswidrigkeit erfüllt.

Zu beachten ist ferner Folgendes: § 39 Abs. 2 Ziff. 5 lit. b WpHG ivm § 15a **15** Abs. 4 S. 1 WpHG spricht als Tathandlung auch davon, dass eine Mitteilung nicht rechtzeitig nachgeholt wurde. Dieser Text ist indes nicht konstituierend; § 15a WpHG enthält **keine Nachholpflicht.** Diese Tathandlung gilt nur für § 15 WpHG.

V. Mitteilungsfrist

Aus ordnungswidrigkeitenrechtlicher Sicht ist die Mitteilungsfrist von **fünf 16 Tagen** von besonderer Bedeutung; stellt doch § 39 Abs. 2 WpHG gerade die leichtfertig verspätete Mitteilung unter eine Bußgeldandrohung. Die Mitteilung i.S.v. § 15 Abs. 1 S. 1 WpHG muss spätestens am fünften Werktag nach dem Geschäftsabschluss bei dem Emittenten und der BaFin eingegangen sein. Die Frist wird mit der schuldrechtlichen Verpflichtung in Gang gesetzt. Werktage sind alle Wochentage, außer Sonn- und Feiertage. Zu beachten ist, Feiertage sind Feiertage am Sitz des Emittenten oder am Sitz der BaFin (Nordrhein-Westfalen und Hessen) (Emittentenleitfaden, S. 93). Eine Mitteilungspflicht besteht nicht, wenn die Gefahr von Strafverfolgung oder Verfolgung nach dem Gesetz über Ordnungswidrigkeiten auch für Personen i.S.v. § 383 Abs. 1 Ziff. 1–3 ZPO besteht (Emittentenleitfaden, S. 93). Weitere Einzelheiten zu Form und Inhalt der Mitteilungen nach § 15a enthält die WpAIV (Emittentenleitfaden, S. 93 ff.).

VI. Schadensersatz

Die Schadensersatzanspruchsgrundlagen aus §§ 37b, 37c WpHG gelten nicht **17** für Verstöße gegen § 15a WpHG (*Assmann/Schneider-Sethe,* § 15a Rn. 139). Dies folgt unter anderem daraus, dass § 15a WpHG nicht wie § 15 Abs. 6 WpHG über einen entsprechenden Verweis verfügt. Außerdem sind §§ 37b, 37c WpHG Haftungsgrundlagen für Emittenten. § 15a WpHG richtet sich an natürliche Personen, die bei einem Emittenten Führungsaufgaben wahrnehmen oder mit ihm verbunden sind.

E. § 21 Mitteilungspflichten des Meldepflichtigen

(1) **Wer durch Erwerb, Veräußerung oder auf sonstige Weise 3 Prozent, 5 Prozent, 10 Prozent, 15 Prozent, 20 Prozent, 25 Prozent, 30 Prozent,**

50 Prozent oder 75 Prozent der Stimmrechte an einem Emittenten, für den die Bundesrepublik Deutschland der Herkunftsstaat ist, erreicht, überschreitet oder unterschreitet (Meldepflichtiger), hat dies unverzüglich dem Emittenten und gleichzeitig der Bundesanstalt, spätestens innerhalb von vier Handelstagen unter Beachtung von § 22 Abs. 1 und 2 mitzuteilen. Bei Zertifikaten, die Aktien vertreten, trifft die Mitteilungspflicht ausschließlich den Inhaber der Zertifikate. Die Frist des Satzes 1 beginnt mit dem Zeitpunkt, zu dem der Meldepflichtige Kenntnis davon hat oder nach den Umständen haben mußte, daß sein Stimmrechtsanteil die genannten Schwellen erreicht, überschreitet oder unterschreitet. Es wird vermutet, dass der Meldepflichtige zwei Handelstage nach dem Erreichen, Überschreiten oder Unterschreiten der genannten Schwellen Kenntnis hat.

(1a) Wem im Zeitpunkt der erstmaligen Zulassung der Aktien zum Handel an einem organisierten Markt 3 Prozent oder mehr der Stimmrechte an einem Emittenten zustehen, für den die Bundesrepublik Deutschland der Herkunftsstaat ist, hat diesem Emittenten sowie der Bundesanstalt eine Mitteilung entsprechend Absatz 1 Satz 1 zu machen. Absatz 1 Satz 2 gilt entsprechend.

(2) Inlandsemittenten und Emittenten, für die die Bundesrepublik Deutschland der Herkunftsstaat ist, sind im Sinne dieses Abschnitts nur solche, deren Aktien zum Handel an einem organisierten Markt zugelassen sind.

(3) Das Bundesministerium der Finanzen kann durch Rechtsverordnung, die nicht der Zustimmung des Bundesrates bedarf, nähere Bestimmungen erlassen über den Inhalt, die Art, die Sprache, den Umfang und die Form der Mitteilung nach Absatz 1 Satz 1 und Absatz 1a.

Literatur: *Assmann/Schneider,* Kommentar zum Wertpapierhandelsgesetz, 2009; *Buck/Heeb,* Kapitalmarktrecht, 2006; *Fuchs,* Wertpapierhandelsgesetz, 2009; *Gätsch/Bracht,* Die Behandlung eigener Aktien im Rahmen der Mitteilungs- und Veröffentlichungspflichten nach §§ 21, 22 und 26a WpHG, AG 2011, 813; *Heusel,* Der neue § 25a WpHG im System der Beteiligungstransparenz, WM 2012, 291); *Tautges,* Kapitalmarktrechtliche Mitteilungen trotz nicht bestehender Mitteilungspflicht und deren Veröffentlichung – Lehren aus dem Fall „MAN – Invesco", BB 2010, 1291; *Wachter,* Beteiligungstransparenz bei GmbH und AG, GmbHR 2011, 1084; *Zimmermann,* Die kapitalmarktrechtliche Beteiligungstransparenz nach dem Risikobegrenzungsgesetz, ZIP 2009, 57.

Übersicht

I. Objektiver Tatbestand

Der fünfte Abschnitt des WpHG regelt die Mitteilung, Veröffentlichung und **1** Übersendung von Stimmrechtsanteilen an einen Emittenten für den die Bundesrepublik Deutschland der Herkunftsstaat ist (eine Übersicht geben *Gätsch/Bracht,* AG 2011, 813; Zimmermann, ZIP 2009, 57). Die öffentliche Bekanntmachung erfolgt in zwei Schritten: Zuerst unterrichtet der Meldepflichtige den Emittenten und die BaFin (die BaFin veröffentlicht unter www.bafin.de eine Datenbank bedeutender Stimmrechtsanteile nach § 21 WpHG) über die Veränderung der Schwellenwerte i.S.v. § 21 Abs. 1 oder 1a WpHG. In einem zweiten Schritt informiert der betroffene Emittent die Öffentlichkeit, d.h. das breite Anlegerpublikum erfährt erstmalig von Veränderungen im Unternehmen und der Emittent übermittelt die Veränderungen an das Unternehmensregister.

Diese Informationsweitergabe dient der Herstellung von **Transparenz** und **2** will **Insiderhandel verhindern** (*Fuchs-Dehlinger/Zimmermann,* vor §§ 21 bis 30 Rn. 1; *Assmann/Schneider-Schneider* § 21 Rn. 3). Um dieses Ziel zu erreichen, wurde ein Sanktionssystem geschaffen. Nach § 21 Abs. 1 S. 1 oder 2 oder Abs. 1a WpHG ivm § 39 Abs. 2 Ziff. 2 lit. e WpHG ist bußgeldpflichtig, wer eine Mitteilung nicht, nicht richtig, nicht vollständig, nicht in der vorgeschriebenen Weise oder nicht rechtzeitig macht. Nicht richtig ist eine Mitteilung, Veröffentlichung oder Übermittlung, wenn sie unwahr ist (*Assmann/Schneider-Vogel,* § 39 Rn. 12). Die Veröffentlichung nach § 25 WpHG ist unwahr, wenn sie mit der Mitteilung nach § 21 WpHG nicht übereinstimmt.

Unvollständig ist eine Veröffentlichung, wenn sie den jeweiligen gesetzlichen **3** Vorgaben etwa aus §§ 17, 18 WpAIV nicht entspricht (*Fuchs-Waßmer,* § 39 Rn. 39). Falschmitteilungen können zudem eine Kursmanipulation i.S.v. § 20a WpHG sein.

1. Adressat

Meldepflichtig ist nach der Definition in § 21 Abs. 1 S. 1 WpHG jede natürliche **4** oder juristische Person, die durch Erwerb, Veräußerung oder in sonstiger Weise die in § 21 Abs. 1 oder 1a WpHG genannten **Schwellenwerte** von 3, 5, 10, 15, 20, 25, 30, 50 oder 75% erreicht.

Bei der Stimmrechtsberechnung ist die Zurechnung nach § 22 WpHG zu **5** beachten (vgl. zur Berechnung des Stimmrechtsanteils Emittentenleitfaden, S. 128 ff.; zur Stimmrechtsberechnung in der Konstellation „acting in concert" OLG München AG 2009, 2095; VG Frankfurt am Main Urt. v. 18.5.2006, Az. 1 E 3049/05; OLG Düsseldorf WM 2010, 709).

Adressat der Mitteilung nach § 21 Abs. 1 WpHG ist der **Emittent,** dessen **6** Stimmrechtsanteile verändert wurden sowie die **BaFin.** Die Meldepflicht entsteht jedoch nur gegenüber Emittenten, für die in der Bundesrepublik Deutschland der Herkunftsstaat ist. Meldepflichtig ist z. B. in einer Aktiengesellschaft der Vorstand, §§ 76 Abs. 1, 78 Abs. 1 AktG. Dieser ist auch in der Insolvenz meldepflichtig und nicht etwa der Insolvenzverwalter (BVerwG NJW-RR 2005, 1207). Der Meldepflichtige hat die Meldung unverzüglich jedoch spätestens innerhalb von vier Handelstagen dem Emittenten und der BaFin zu übermitteln. Aus sanktionsrechtlicher Sicht ist daher der Fristbeginn von besonderer Bedeutung; ein verspäteter Zugang kann einen Ordnungswidrigkeitentatbestand erfüllen (vgl. zur Fristberechnung *Fuchs-Dehlinger/Zimmermann,* § 21 Rn. 87 f.).

7   Die **Frist** beginnt mit dem Erwerb oder der Veräußerung des Finanzinstruments. Eine Aktie ist übertragen, wenn sie in das Wertpapierdepot eingetragen ist. Sodann beginnt die Frist zur unverzüglichen Meldung im Sinne von § 21 Abs. 1 S. 1 WpHG. Die BaFin ist nicht in der Lage, die Frist wirksam zu verlängern (Emittentenleitfaden, S. 136). Ein Ausschöpfen der Meldepflicht von bis zu vier Tagen kann nach den Umständen des Einzelfalles geboten sein, z. B. um Rechtsrat einzuholen etwa bei Unklarheiten, ob überhaupt eine Meldepflicht besteht (RGZ 124, 115, 118).

8   Die substantiierte Darlegung des Verzögerungsgrundes obliegt dann jedoch dem Mitteilungspflichtigen (OLG München NJW-RR 1988, 497). Die Frist ist gewahrt, wenn die Mitteilung spätestens nach vier Tagen zugegangen ist, § 130 BGB.

9   **Adressat der Meldepflicht** ist in einer Aktiengesellschaft der **Vorstand** (*Fuchs-Dehlinger/Zimmermann,* § 21 Rn. 8). Besteht der Vorstand aus mehreren Personen, so genügt die Kenntnis der meldepflichtigen Umstände eines Vorstandsmitglieds. Es erfolgt insofern eine Wissenszurechnung an das Organ. Das Wissen schon eines Mitglieds des in der Sache vertretungsberechtigten Organs ist das Wissen der Gesellschaft (BGHZ 20, 149; BGH NJW 1990, 975).

10   Die Kenntnis eines Mitarbeiters des Unternehmens wird dem Vorstand nicht zugerechnet, es sei denn, diese Aufgabe wurde dem Mitarbeiter übertragen. Dann erfolgt eine Zurechnung, die die Frist zur Mitteilung durch den Vorstand auslöst (*Fuchs-Dehlinger/Zimmermann,* § 21 Rn. 8).

11   Eine solche Wissenszurechnung ist in § 166 BGB oder § 166 BGB analog eine gesetzliche Verankerung. Danach ist Wissensvertreter jeder, der nach der Arbeitsorganisation des Geschäftsherrn dazu berufen ist, im Rechtsverkehr als dessen Repräsentant bestimmte Aufgaben in eigener Verantwortung zu erledigen und die dabei angefallenen Informationen zur Kenntnis zu nehmen sowie gegebenenfalls weiterzuleiten (BGH NJW 1992, 1099; vgl. auch zum Fristbeginn bei delegierten Aufgaben BGH NJW 1994, 1150).

12   Aus sanktionsrechtlicher Sicht ist folgende Konstellation denkbar: Die zu späte oder unterlassene Meldung beruht auf einfacher oder mittlerer Fahrlässigkeit. § 39 Abs. 2 WpHG verlangt jedoch wenigstens Leichtfertigkeit. Möglicherweise kann an dieser Stelle eine Ordnungswidrigkeit – trotzt verspäteter oder unterlassener Meldung – ausscheiden.

13   § 25 WpHG erweitert den Kreis der Meldepflicht. Danach können – anders als in § 21 WpHG – auch Rechte an einem Finanzinstrument, die eine natürliche oder juristische Person an einem Finanzinstrument hält, eine Mitteilungspflicht auslösen (*Heusel* WM 2012, 291). Diese müssen so ausgestaltet sein, dass sie dem Inhaber der Rechte an dem Finanzinstrument einseitig die Möglichkeit einräumen, Stimmrechte zu erwerben. Hierzu zählen z. B. Termin- und Optionsgeschäfte.

14   § 25 WpHG will gewährleisten, „dass der Emittent und die Anleger darüber informiert werden, dass der Inhaber von Finanzinstrumenten die Möglichkeit, mit diesem Finanzinstrument Aktien zu erwerben und die aus diesen Aktien resultierenden Stimmrechte auszuüben, genützt hat" (Begr. RegE. BT-Drs. 16/2498, S. 37). Anders ausgedrückt: „Zuvor war es möglich, dass der listige Investor sich unbemerkt vom Markt in aller Heimlichkeit anschleichen konnte, indem er sich schuldrechtlich eindeckte, die Übertragung der Aktien aber hinauszögerte." (*Assmann/Schneider-Schneider,* § 25 Rn. 3).

15   Es gelten – außer der 3%-Schwelle – die gleichen Werte wie in § 21 WpHG. Auch der Adressat ist mit § 21 WpHG identisch.

2. Mitteilungsfrist

Nach § 25 Abs. 1 S. 1 WpHG ist die Mitteilung an den Emittenten und die   **16**
BaFin **unverzüglich** zu machen, **spätestens jedoch nach vier Handelstagen.**
Die Frist beginnt mit dem hypothetischen Erreichen, Über– oder Unterschreiten
der Meldeschwelle. Gem. § 21 Abs. 1 S. 3 WpHG analog besteht auch hier die
Vermutung, dass der Meldepflichtige zwei Handelstage nach dem hypothetischen
Erreichen, Über- oder Unterschreiten der Schwellenwerte die erforderliche Kennt-
nis hatte (*Assmann/Schneider-Schneider*, § 25 Rn. 76; Emittentenleitfaden, S. 166).

Die Mitteilungspflicht entsteht mit dem Erwerb des Rechts, das zum Erwerb   **17**
der Aktie berechtigt. Auf die mögliche oder tatsächliche Ausübung des Rechts
kommt es nicht an. Wird eine Option nicht ausgeübt und wird dadurch ein
Schwellenwert verändert, entsteht eine Mitteilungspflicht (*Assmann/Schneider-
Schneider*, § 25 Rn. 73).

Der Inlandsemittent, dem eine Mitteilung nach § 21 Abs. 1, 1a WpHG oder   **18**
§ 25 WpHG zugeht, ist seinerseits verpflichtet diese Mitteilung zu veröffentlichen.

3. Verstöße

Ein Verstoß gegen § 26 Abs. 1 S. 1 1. Alt. WpHG ist nach vorsätzlicher oder   **19**
leichtfertiger Begehung, § 39 Abs. 2 Ziff. 5 lit. c WpHG bußgeldbewehrt.

Ein Verstoß liegt vor, wenn eine Veröffentlichung nicht, nicht richtig, nicht   **20**
vollständig, nicht in der vorgeschriebenen Weise oder nicht rechtzeitig vorge-
nommen wurde. Auch die nicht rechtzeitige Nachholung ist bußgeldbewehrt.
Wird die Öffentlichkeit z. B. nicht fristgemäß informiert, droht ein Bußgeld in
Höhe von bis zu 200.000 € (für eine Erhöhung der Bußgeldobergrenze *Tautges*
BB 2012, 1291).

Erfolgt die Mitteilung an das Unternehmensregister nicht oder nicht rechtzeitig,   **21**
droht ebenfalls ein Bußgeld von bis zu 200.000 €, § 39 Abs. 2 Ziff. 6 WpHG.

Der Inlandsemittent hat zudem gleichzeitig mit der Veröffentlichung nach § 26   **22**
Abs. 1 S. 1 und 2 WpHG diese der BaFin mitzuteilen, § 26 Abs. 2 WpHG. Die
BaFin erfährt mithin zweimal von Stimmrechtsveränderungen in einem Unter-
nehmen: Erstmalig durch den Meldepflichtigen i.s.v. § 21 WpHG oder § 25
WpHG und dann durch den betroffenen Inlandsemittenten.

Der Inlandsemittent, der es vorsätzlich oder leichtfertig unterlässt, die BaFin   **23**
über die Erfüllung seiner Informationspflicht gegenüber der Öffentlichkeit und
dem Unternehmensregister in Kenntnis zu setzen, ist einem Ordnungswidrigkeitenverfahren gem. § 39 Abs. 2 Ziff. 2 lit. g WpHG ausgesetzt. Die Ordnungswidrigkeit sanktioniert das Verhalten eines Emittenten, der eine Mitteilung nicht,
nicht richtig, nicht vollständig, nicht in der vorgeschriebenen Weise oder nicht
rechtzeitig macht. Erlangt der Inlandsemittent nicht von dem Meldepflichtigen
i.S.v. § 21 Abs. 1, 1a WpHG oder § 25 WpHG Kenntnis von Stimmrechtsveränderungen in seinem Unternehmen, sondern von einem Dritten, so besteht für
den Inlandsemittenten das Recht aber nicht die Pflicht, eine Veröffentlichung
und Übermittlung nach § 26 Abs. 1, 2 WpHG vorzunehmen.

Dabei hat der Inlandsemittent darauf zu achten, dass die Veröffentlichung und   **24**
Übermittlung zutreffend ist. Anderenfalls droht ein Bußgeld wegen einer nicht
richtigen Veröffentlichung und Übermittlung i.S.v. § 39 Abs. 2 Ziff. 2 lit. g,
Ziff. 6 WpHG. Hiervon unberührt bleibt die mögliche entstehende Pflicht zur
Ad-hoc-Mitteilung (*Assmann/Schneider-Schneider*, § 26 Rn. 7). Weitere Bußgeld-
tatbestände können sich aus Verstößen gegen Veröffentlichungspflichten nach

§ 26a WpHG und § 29a WpHG ergeben. § 26a WpHG regelt die Veröffentlichung der Gesamtzahl der Stimmrechte eines Inlandsemittenten sowie ihre Übermittlung an das Unternehmensregister.

25 § 29a WpHG sieht Beschreibungen und Modifizierungen von Veröffentlichungspflichten aus §§ 21 ff. WpHG für Drittstaatenemittenten vor. Verstöße hiergegen sind in § 39 Abs. 2 Ziff. 2 lit. h, i; Ziff. 6 WpHG erfasst.

II. Subjektiver Tatbestand

26 Der subjektive Tatbestand der Ordnungswidrigkeit nach § 39 Abs. 2 Ziff. 2 WpHG iVm § 21 Abs. 1 S. 1 oder 2 oder Abs. 1a WpHG verlangt, dass der Täter Kenntnis von der Meldepflicht hatte oder hätte haben müssen, Vorsatz und Leichtfertigkeit sind bußgeldbewehrt.

III. Schadensersatz

27 Ob den §§ 21 ff. WpHG Schutzgesetzqualität zukommt, ist in der Literatur streitig (vgl. zum Streitstand *Buck-Heeb* S. 120 f.; *Assmann/Schneider-Schneider,* § 28 Rn. 79); eine Entscheidung durch die Rechtsprechung wurde – soweit ersichtlich – noch nicht vorgenommen. Denkbar wäre ein Schadensersatzanspruch des Geschädigten gegenüber dem Meldepflichtigen aus § 823 Abs. 2 BGB iVm § 263 StGB. Ferner kommt § 826 BGB bei einer vorsätzlich sittenwidrigen Schädigung durch fehlerhafte Mitteilungen oder Veröffentlichungen in Betracht. § 28 S. 1 WpHG droht dem Meldepflichtigen einen Rechtsverlust für den Zeitraum, in dem die Meldepflicht gem. § 21 Abs. 1 oder 1a WpHG nicht erfüllt war, an (zur Nachholungsmöglichkeit vgl. § 28 S. 2 WpHG). Eine Auskunft der BaFin, dass eine Mitteilung nach § 21 WpHG entbehrlich sei, schützt nicht vor einem Rechtsverlust nach § 28 S. 1 WpHG; die Zivilgerichte sind an eine Auskunft der BaFin nicht gebunden (LG Köln AG 2008, 336).

F. § 31 Allgemeine Verhaltensregeln

Gültig ab 1.6.2012

(1) **Ein Wertpapierdienstleistungsunternehmen ist verpflichtet,**
1. **Wertpapierdienstleistungen und Wertpapiernebendienstleistungen mit der erforderlichen Sachkenntnis, Sorgfalt und Gewissenhaftigkeit im Interesse seiner Kunden zu erbringen,**
2. **sich um die Vermeidung von Interessenkonflikten zu bemühen und vor Durchführung von Geschäften für Kunden diesen die allgemeine Art und Herkunft der Interessenkonflikte eindeutig darzulegen, soweit die organisatorischen Vorkehrungen nach § 33 Abs. 1 Satz 2 Nr. 3 nicht ausreichen, um nach vernünftigem Ermessen das Risiko der Beeinträchtigung von Kundeninteressen zu vermeiden.**

(2) **Alle Informationen einschließlich Werbemitteilungen, die Wertpapierdienstleistungsunternehmen Kunden zugänglich machen, müssen**

redlich, eindeutig und nicht irreführend sein. Werbemitteilungen müssen eindeutig als solche erkennbar sein. § 124 des Investmentgesetzes und § 15 des Wertpapierprospektgesetzes bleiben unberührt. Sofern Informationen über Finanzinstrumente oder deren Emittenten gegeben werden, die direkt oder indirekt eine allgemeine Empfehlung für eine bestimmte Anlageentscheidung enthalten, müssen

1. die Wertpapierdienstleistungsunternehmen den Anforderungen des § 33b Abs. 5 und 6 sowie des § 34b Abs. 5, auch in Verbindung mit einer Rechtsverordnung nach § 34b Abs. 8, oder vergleichbaren ausländischen Vorschriften entsprechen oder

2. die Informationen, sofern sie ohne Einhaltung der Nummer 1 als Finanzanalyse oder Ähnliches beschrieben oder als objektive oder unabhängige Erläuterung der in der Empfehlung enthaltenen Punkte dargestellt werden, eindeutig als Werbemitteilung gekennzeichnet und mit einem Hinweis versehen sein, dass sie nicht allen gesetzlichen Anforderungen zur Gewährleistung der Unvoreingenommenheit von Finanzanalysen genügen und dass sie einem Verbot des Handels vor der Veröffentlichung von Finanzanalysen nicht unterliegen.

(3) Wertpapierdienstleistungsunternehmen sind verpflichtet, Kunden rechtzeitig und in verständlicher Form Informationen zur Verfügung zu stellen, die angemessen sind, damit die Kunden nach vernünftigem Ermessen die Art und die Risiken der ihnen angebotenen oder von ihnen nachgefragten Arten von Finanzinstrumenten oder Wertpapierdienstleistungen verstehen und auf dieser Grundlage ihre Anlageentscheidungen treffen können. Die Informationen können auch in standardisierter Form zur Verfügung gestellt werden. Die Informationen müssen sich beziehen auf

1. das Wertpapierdienstleistungsunternehmen und seine Dienstleistungen,

2. die Arten von Finanzinstrumenten und vorgeschlagene Anlagestrategien einschließlich damit verbundener Risiken,

3. Ausführungsplätze und

4. Kosten und Nebenkosten.

(3a) Im Falle einer Anlageberatung ist dem Kunden rechtzeitig vor dem Abschluss eines Geschäfts über Finanzinstrumente ein kurzes und leicht verständliches Informationsblatt über jedes Finanzinstrument zur Verfügung zu stellen, auf das sich eine Kaufempfehlung bezieht. Die Angaben in den Informationsblättern nach Satz 1 dürfen weder unrichtig noch irreführend sein und müssen mit den Angaben des Prospekts vereinbar sein. An die Stelle des Informationsblattes treten bei Anteilen an inländischen Investmentvermögen die wesentlichen Anlegerinformationen nach § 42 Absatz 2 des Investmentgesetzes, bei ausländischen Investmentvermögen die wesentlichen Anlegerinformationen nach § 137 Absatz 2 des Investmentgesetzes sowie bei EU-Investmentanteilen die wesentlichen Anlegerinformationen, die nach § 122 Absatz 1 Satz 2 des Investmentgesetzes in deutscher Sprache veröffentlicht worden sind. Bei Vermögensanlagen im Sinne des § 1 Absatz 2 des Vermögensanlagengesetzes tritt an die Stelle des Informationsblatts nach Satz 1 das Vermögensanlagen-Informationsblatt nach § 13 des Vermögensanlagengesetzes, soweit der

Anbieter der Vermögensanlagen zur Erstellung eines solchen Vermögensanlagen-Informationsblatts verpflichtet ist.

(4) Ein Wertpapierdienstleistungsunternehmen, das Anlageberatung oder Finanzportfolioverwaltung erbringt, muss von den Kunden alle Informationen einholen über Kenntnisse und Erfahrungen der Kunden in Bezug auf Geschäfte mit bestimmten Arten von Finanzinstrumenten oder Wertpapierdienstleistungen, über die Anlageziele der Kunden und über ihre finanziellen Verhältnisse, die erforderlich sind, um den Kunden ein für sie geeignetes Finanzinstrument oder eine für sie geeignete Wertpapierdienstleistung empfehlen zu können. Die Geeignetheit beurteilt sich danach, ob das konkrete Geschäft, das dem Kunden empfohlen wird, oder die konkrete Wertpapierdienstleistung im Rahmen der Finanzportfolioverwaltung den Anlagezielen des betreffenden Kunden entspricht, die hieraus erwachsenden Anlagerisiken für den Kunden seinen Anlagezielen entsprechend finanziell tragbar sind und der Kunde mit seinen Kenntnissen und Erfahrungen die hieraus erwachsenden Anlagerisiken verstehen kann. Erlangt das Wertpapierdienstleistungsunternehmen die erforderlichen Informationen nicht, darf es im Zusammenhang mit einer Anlageberatung kein Finanzinstrument empfehlen oder im Zusammenhang mit einer Finanzportfolioverwaltung keine Empfehlung abgeben.

(4a) Ein Wertpapierdienstleistungsunternehmen, das die in Absatz 4 Satz 1 genannten Wertpapierdienstleistungen erbringt, darf seinen Kunden nur Finanzinstrumente und Wertpapierdienstleistungen empfehlen, die nach den eingeholten Informationen für den Kunden geeignet sind. Die Geeignetheit beurteilt sich nach Absatz 4 Satz 2.

(5) Vor der Erbringung anderer als der in Absatz 4 genannten Wertpapierdienstleistungen zur Ausführung von Kundenaufträgen hat ein Wertpapierdienstleistungsunternehmen von den Kunden Informationen über Kenntnisse und Erfahrungen der Kunden in Bezug auf Geschäfte mit bestimmten Arten von Finanzinstrumenten oder Wertpapierdienstleistungen einzuholen, soweit diese Informationen erforderlich sind, um die Angemessenheit der Finanzinstrumente oder Wertpapierdienstleistungen für die Kunden beurteilen zu können. Die Angemessenheit beurteilt sich danach, ob der Kunde über die erforderlichen Kenntnisse und Erfahrungen verfügt, um die Risiken in Zusammenhang mit der Art der Finanzinstrumente, Wertpapierdienstleistungen angemessen beurteilen zu können. Gelangt ein Wertpapierdienstleistungsunternehmen aufgrund der nach Satz 1 erhaltenen Informationen zu der Auffassung, dass das vom Kunden gewünschte Finanzinstrument oder die Wertpapierdienstleistung für den Kunden nicht angemessen ist, hat es den Kunden darauf hinzuweisen. Erlangt das Wertpapierdienstleistungsunternehmen nicht die erforderlichen Informationen, hat es den Kunden darüber zu informieren, dass eine Beurteilung der Angemessenheit im Sinne des Satzes 1 nicht möglich ist. Der Hinweis nach Satz 3 und die Information nach Satz 4 können in standardisierter Form erfolgen.

(6) Soweit die in den Absätzen 4 und 5 genannten Informationen auf Angaben des Kunden beruhen, hat das Wertpapierdienstleistungsunternehmen die Fehlerhaftigkeit oder Unvollständigkeit der Angaben seiner Kunden nicht zu vertreten, es sei denn, die Unvollständigkeit oder

Unrichtigkeit der Kundenangaben ist ihm bekannt oder infolge grober Fahrlässigkeit unbekannt.

(7) Die Pflichten nach Absatz 5 gelten nicht, soweit das Wertpapierdienstleistungsunternehmen

1. auf Veranlassung des Kunden Finanzkommissionsgeschäft, Eigenhandel, Abschlussvermittlung oder Anlagevermittlung in Bezug auf Aktien, die zum Handel an einem organisierten Markt oder einem gleichwertigen Markt zugelassen sind, Geldmarktinstrumente, Schuldverschreibungen und andere verbriefte Schuldtitel, in die kein Derivat eingebettet ist, den Anforderungen der Richtlinie 2009/65/EG entsprechende Anteile an Investmentvermögen oder in Bezug auf andere nicht komplexe Finanzinstrumente erbringt und

2. den Kunden darüber informiert, dass keine Angemessenheitsprüfung im Sinne des Absatzes 5 vorgenommen wird. Die Information kann in standardisierter Form erfolgen.

(8) Wertpapierdienstleistungsunternehmen müssen ihren Kunden in geeigneter Form über die ausgeführten Geschäfte oder die erbrachte Finanzportfolioverwaltung berichten.

(9) Bei professionellen Kunden im Sinne des § 31a Abs. 2 ist das Wertpapierdienstleistungsunternehmen im Rahmen seiner Pflichten nach Absatz 4 berechtigt, davon auszugehen, dass sie für die Produkte, Geschäfte oder Dienstleistungen, für die sie als professionelle Kunden eingestuft sind, über die erforderlichen Kenntnisse und Erfahrungen verfügen, um die mit den Geschäften oder der Finanzportfolioverwaltung einhergehenden Risiken zu verstehen, und dass für sie etwaige mit dem Geschäft oder der Finanzportfolioverwaltung einhergehende Anlagerisiken entsprechend ihren Anlagezielen finanziell tragbar sind. Ein Informationsblatt nach Absatz 3a Satz 1 oder ein Dokument gemäß Absatz 3a Satz 3 oder 4 muss professionellen Kunden im Sinne des § 31a Absatz 2 nicht zur Verfügung gestellt werden.

(10) Absatz 1 Nr. 1 und die Absätze 2 bis 9 sowie die §§ 31a, 31b, 31d und 31e gelten entsprechend auch für Unternehmen mit Sitz in einem Drittstaat, die Wertpapierdienstleistungen oder Wertpapiernebendienstleistungen gegenüber Kunden erbringen, die ihren gewöhnlichen Aufenthalt oder ihre Geschäftsleitung im Inland haben, sofern nicht die Wertpapierdienstleistung oder Wertpapiernebendienstleistung einschließlich der damit im Zusammenhang stehenden Nebenleistungen ausschließlich in einem Drittstaat erbracht wird.

(11) Das Bundesministerium der Finanzen kann durch Rechtsverordnung, die nicht der Zustimmung des Bundesrates bedarf, nähere Bestimmungen erlassen

1. zu Art, Umfang und Form der Offenlegung nach Absatz 1 Nr. 2,

2. zu Art, inhaltlicher Gestaltung, Zeitpunkt und Datenträger der nach den Absätzen 2 und 3 Satz 1 bis 3 notwendigen Informationen für die Kunden,

2a. im Einvernehmen mit dem Bundesministerium für Ernährung, Landwirtschaft und Verbraucherschutz, zu Inhalt und Aufbau der Informationsblätter im Sinne des Absatzes 3a Satz 1 und der Art und Weise ihrer Zurverfügungstellung,

3. **zur Art der nach den Absätzen 4 und 5 von den Kunden einzuholenden Informationen,**
4. **zur Zuordnung anderer Finanzinstrumente zu den nicht komplexen Finanzinstrumenten im Sinne des Absatzes 7 Nr. 1,**
5. **zu Art, inhaltlicher Gestaltung, Zeitpunkt und Datenträger der Berichtspflichten nach Absatz 8.**

Das Bundesministerium der Finanzen kann die Ermächtigung durch Rechtsverordnung auf die Bundesanstalt übertragen.

Literatur: *Assmann/Schneider,* Kommentar zum Wertpapierhandelsgesetz, 2009; *Buck/ Heep,* Kapitalmarktrecht, 2006, *Harnos,* Rechtsirrtum über Aufklärungspflichten beim Vertrieb von Finanzinstrumenten, BKR 2009, 316; *Kümpel/Veil,* Wertpapierhandelsgesetz, 2006; *Lehmann,* Anmerkung zum BGH-Urteil vom 22.3.2011, Az. XI ZR 33/10, JZ 2011, 749; *Jäger,* „Churning" und „kick-back" im Rahmen der Kapitalanlageberatung, MDR 2010, 903; *Schäfer,* Sind die §§ 31 ff. WpHG nF Schutzgesetze i.S.v. § 823 Abs. 2 BGB?

Übersicht

I. Ordnungswidrigkeit

1   Nach § 31 Abs. 1 Ziff. 2 WpHG ist ein Wertpapierdienstleistungsunternehmen verpflichtet, sich um die **Vermeidung von Interessenkonflikten** zu bemühen und vor Durchführung von Geschäften für Kunden, diesen die allgemeine Art und Herkunft der Interessenkonflikte eindeutig darzulegen, soweit die organisatorischen Vorkehrungen nach § 33 Abs. 1 S. 2 Ziff. 3 WpHG nicht ausreichen, um nach vernünftigem Ermessen das Risiko der Beeinträchtigung von Kundeninteressen zu vermeiden. Wird ein solcher Interessenkonflikt vorsätzlich oder leichtfertig nicht, nicht richtig, nicht vollständig oder nicht rechtzeitig dargelegt, droht ein Bußgeld bis zu 50.000 €, § 39 Abs. 2 Ziff. 15 WpHG; im Falle leichtfertigen Handelns ein Bußgeld bis zu 25.000 €.

2   Ein Interessenkonflikt liegt vor, wenn die **Benachteiligung eines Kunden** droht *(Assmann/Schneider-Koller,* § 33 Rn. 6; vgl. zum Interessenkonflikt bei Rückvergütungen OLG Hamm Urt. v. 3.3.2010, Az. 31 LI 106/08; LG Frankfurt am Main Urt. v. 1.3.2010, Az. 2–19 O 116/09; OLG Düsseldorf Urt. v. 25.8.2008, Az. I-9 LI 11/08, *Jäger* MDR 2010, 903; zum Interessenkonflikt bei Zinsswap-Verträgen BGH JZ 2011, 744 m. Anm. *Lehmann* JZ 2011, 749). § 13 Abs. 1 WpDVerOV konkretisiert den Begriff Interessenkonflikt. Ein Interessenkonflikt kommt danach in Betracht, wenn die Erbringer von Wertpapierdienstleistungen oder Wertpapierdienstnebenleistungen

– zu Lasten von Kunden einen finanziellen Vorteil erzielen oder vermeiden könnten,

– am Ergebnis einer für Kunden erbrachten Dienstleistung oder eines für diesen getätigten Geschäfts ein Interesse haben, das nicht mit dem Kundeninteresse an diesem Ergebnis übereinstimmt,

– einen finanziellen oder sonstigen Anreiz haben, die Interessen eines Kunden oder einer Kundengruppe über die Interessen anderer Kunden zu stellen,

– dem gleichen Geschäft nachzugehen wie Kunden,
– im Zusammenhang mit der für einen Kunden erbrachten Dienstleistung für die hierfür übliche Provision oder Gebühr hinaus von einem Dritten eine Zuwendung i.S.v. § 31d Abs. 2 WpHG erhalten oder in Zukunft erhalten könnten.

Grundsätzlich sind Interessenkonflikte zu vermeiden; sind sie unvermeidbar (zur **3** Unterscheidung vermeidbarer und unvermeidbarer Interessenskonflikte *Kümpel/Veil,* S. 181 ff.), muss das Wertpapierdienstleistungsunternehmen den Kunden eindeutig aufklären. Durch die Aufklärung wird der Kunde in die Lage versetzt, das Umsatzinteresse der Bank selbst einzuschätzen und er kann selbständig beurteilen, ob die Bank ihm ein bestimmtes Produkt nur empfiehlt, weil sie daran verdient (BGH NJW 2007, 1876; vgl. auch BGHZ 146, 235). Die Aufklärungspflicht will der Gefahr entgegentreten, dass ein Wertpapierdienstleistungsunternehmen eine Anlageempfehlung nicht allein im Kundeninteresse nach den Kriterien anleger- und objektgerechter Beratung abgibt, sondern zumindest auch in ihrem eigenen Interesse, möglichst hohe Rückvergütungen umsatzabhängig zu erhalten (BGH NJW 2007, 1876). Der Umfang der Aufklärung wird durch den Zweck bestimmt, den Kunden ein genaues und zutreffendes Bild davon zu vermitteln, welche Position er aufgibt, um auf diese Weise seine Interessen frei verantwortlich wahrnehmen zu können.

Hierzu muss der Kunde den Informationen entnehmen können, dass und in **4** welchem Ausmaß seine Belange durch einen bestimmten Interessenkonflikt beeinträchtigt werden (OLG Düsseldorf, Urteil v. 31.1.2008, Az. 6 U 21/07).

Eine Aufklärung ist i.S.v. § 31 Abs. 1 Ziff. 2 WpHG eindeutig, wenn aus **5** der Sicht eines durchschnittlichen Kunden keine Missverständnisse entstehen können (*Assmann/Schneider-Koller,* § 31 Rn. 10; LG Wuppertal Urt. v. 18.1.2012, Az. 3 O 270/11). Das Wertpapierdienstleistungsunternehmen muss dem Kunden die allgemeine Art und Herkunft des Interessenkonflikts erklären (*Assmann/Schneider-Koller,* § 31 Rn. 10). Die Aufklärung hat auf einem dauerhaften Datenträger, z. B. Papier, zu erfolgen § 13 Abs. 4 S. 2, 3 WpDVerOV. Eine Aufklärung hat vor Durchführung des Geschäfts zu erfolgen, § 31 Abs. 1 Ziff. 2 WpHG. Eine Aufklärung ist demgemäß verspätet i.S.v. § 39 Abs. 2 Ziff. 15 WpHG, wenn sie erst nach der Durchführung des Geschäfts erfolgt (*Assmann/Schneider-Vogel,* § 39 Rn. 27; zum Irrtum über die Aufklärungspflicht *Harnos* BKR 2009, 316). Ob eine Aufklärung nicht richtig oder nicht vollständig erfolgt ist, ist eine Frage des jeweiligen Interessenkonflikts und ist an den dargestellten Grundsätzen zu messen.

II. Schadensersatz

Der BGH hat bislang **noch keine Entscheidung** darüber getroffen, ob § 31 **6** Abs. 1 Ziff. 2 WpHG ein **Schutzgesetz** i.S.v. § 823 Abs. 2 BGB ist (für eine Schutzgesetzeigenschaft *Buck-Heep,* S. 135 f. mwN; differenzierend BGHZ 170, 226; dagegen *Schäfer* WM 2007, 1872). Die Entscheidung des BGH vom 19.2.2008, Az. XI ZR 170/07 verneint die Schutzgesetzeigenschaft von § 32 Abs. 2 Ziff. 1 WpHG ausführlich und überzeugend. In der Begründung wird auch Bezug auf § 31 WpHG genommen, so dass die Möglichkeit besteht, der BGH könnte in einer künftigen Entscheidung auch eine Schutzgesetzeigenschaft des § 31 Abs. 1 Ziff. 2 WpHG ablehnen.

7 Das Urteil des BGH vom 19.12.2006 zu Az. XI ZR 56/05 lässt ebenfalls offen, ob und inwieweit den §§ 31, 32 WpHG Schutzgesetzcharakter i.s.v. § 823 Abs. 2 BGB zukommt. Die Entscheidung enthält indes den Hinweis: „Die Pflicht eines Wertpapierdienstleistungsunternehmens nach § 31 Abs. 1 Ziff. 2 WpHG, sich zu bemühen, Interessenskonflikte zu vermeiden, hat danach keinen Schutzgesetzcharakter, soweit diese Pflicht die Ergreifung organisatorischer Maßnahmen beinhaltet" (BGH Urt. v. 19.12.2006, Az. VI ZR 56/05).

8 Für die Praxis dürfte der denkbare Ausschluss eines Schutzgesetzcharakters des § 31 Abs. 1 Ziff. 2 WpHG nur einen geringen Einschnitt bedeuten, da bei unterlassener Aufklärung über Interessenkonflikte zahlreiche, vertragliche und vorvertragliche Anspruchsgrundlagen bestehen.

9 § 31 Abs. 1 Ziff. 2 WpHG beinhaltet lediglich den zivilrechtlichen Grundsatz vertragswidrige Interessenskonflikte zu vermeiden. Dabei hat der BGH unterschiedliche Grundsätze zu Interessenkonflikten für unterschiedliche Anlageformen entwickelt, so dass bei der Suche nach der jeweiligen Schadensersatzanspruchsgrundlage das jeweilige Anlagemodell entscheidend zu berücksichtigen ist (vgl. OLG Frankfurt am Main Urt. v. 20.10.2009, Az. 14 U 98/09 zu einem Schadensersatzanspruch aus § 280 BGB wegen Aufklärungspflichtverletzungen einer Bank über Provisionen bei Beteiligung an Medienfonds; zum Schadensersatz im Zusammenhang mit verschwiegenen Rückvergütungen vgl. OLG Hamm Urt. v. 3.3.2010, Az. 31 U 106/08).

10 Darüber hinaus kommt bei Verletzung aus § 31 Abs. 1 Ziff. 2 WpHG ein Anspruch aus **§ 826 BGB** in Betracht. Das OLG Düsseldorf (OLG Düsseldorf, Urt. v. 31.1.2008, Az. I – 6 U 21/07) verurteilte einen Vermögensverwalter wegen unterlassener Aufklärung über einen Interessenkonflikt zu Schadensersatz aus § 826 BGB. Der Vermögensverwalter hielt einerseits selbst eigene Aktien einer AG und andererseits riet er Kunden zum Kauf oder Verkauf dieser Aktien. Das Gericht stellte fest, dass hier ein „sittenwidriger Missbrauch geschäftlicher Überlegenheit" vorliege, es seien „Kardinalspflichten" verletzt worden und das „uneingeschränkte Vertrauen" der Kunden sei vorsätzlich missbraucht worden.

11 Als Rechtsfolge der unerlaubten Handlung ist der Geschädigte gem. §§ 249 ff. BGB so zu stellen wie er stehen würde, hätte er im vorbezeichnetem Fall die Aktien nicht gekauft. Der Geschädigte erhält den Kaufpreis für die Aktien – gegebenenfalls unter Abzug erzielter Gewinne – gegen Rückgabe der Aktien zurück.

G. § 30a **Pflichten der Emittenten gegenüber Wertpapierinhabern**

Gültig ab 20.1.2007

(1) Emittenten, für die die Bundesrepublik Deutschland der Herkunftsstaat ist, müssen sicherstellen, dass
1. alle Inhaber der zugelassenen Wertpapiere unter gleichen Voraussetzungen gleich behandelt werden;
2. alle Einrichtungen und Informationen, die die Inhaber der zugelassenen Wertpapiere zur Ausübung ihrer Rechte benötigen, im Inland öffentlich zur Verfügung stehen;
3. Daten zu Inhabern zugelassener Wertpapiere vor einer Kenntnisnahme durch Unbefugte geschützt sind;

4. **für die gesamte Dauer der Zulassung der Wertpapiere mindestens ein Finanzinstitut als Zahlstelle im Inland bestimmt ist, bei der alle erforderlichen Maßnahmen hinsichtlich der Wertpapiere, im Falle der Vorlegung der Wertpapiere bei dieser Stelle kostenfrei, bewirkt werden können;**
5. **im Falle zugelassener Aktien jeder stimmberechtigten Person zusammen mit der Einladung zur Hauptversammlung oder nach deren Anberaumung auf Verlangen in Textform ein Formular für die Erteilung einer Vollmacht für die Hauptversammlung übermittelt wird;**
6. **im Falle zugelassener Schuldtitel im Sinne des § 2 Abs. 1 Satz 1 Nr. 3 mit Ausnahme von Wertpapieren, die zugleich unter § 2 Abs. 1 Satz 1 Nr. 2 fallen oder die ein zumindest bedingtes Recht auf den Erwerb von Wertpapieren nach § 2 Abs. 1 Satz 1 Nr. 1 oder Nr. 2 begründen, jeder stimmberechtigten Person zusammen mit der Einladung zur Gläubigerversammlung oder nach deren Anberaumung auf Verlangen rechtzeitig in Textform ein Formular für die Erteilung einer Vollmacht für die Gläubigerversammlung übermittelt wird.**

(2) Ein Emittent von zugelassenen Schuldtiteln im Sinne von Absatz 1 Nr. 6, für den die Bundesrepublik Deutschland der Herkunftsstaat ist, kann die Gläubigerversammlung in jedem Mitgliedstaat der Europäischen Union oder anderen Vertragsstaat des Abkommens über den Europäischen Wirtschaftsraum abhalten. Das setzt voraus, dass in dem Staat alle für die Ausübung der Rechte erforderlichen Einrichtungen und Informationen für die Schuldtitelinhaber verfügbar sind und zur Gläubigerversammlung ausschließlich Schuldtitelinhaber mit einer Mindeststückelung von 50.000 Euro oder dem am Ausgabetag entsprechenden Gegenwert in einer anderen Währung eingeladen werden.

(3) Für die Bestimmungen nach Absatz 1 Nr. 1 bis 5 sowie nach § 30b Abs. 3 Nr. 1 stehen die Inhaber Aktien vertretender Zertifikate den Inhabern der vertretenen Aktien gleich.

Literatur: *Assmann/Schneider,* Kommentar zum Wertpapierhandelsgesetz, 2009; Emittentenleitfaden der Bundesanstalt für Finanzdienstleistungsaufsicht, Stand: 2005/2009; *Fuchs,* Kommentar zum WpHG, 2009; *Hutter/Kaulamo,* Das Transparenzrichtlinie-Umsetzungsgesetz: Änderungen der anlassabhängigen Publizität, NJW 2007, 471.

Die §§ 30a bis g WpHG verpflichten den Emittenten, **Anleger zu informie-** 1 **ren.** Der Emittent ist verpflichtet, (potenzielle) Anleger bereits vor dem Börsengang über finanzielle Verhältnisse und Strukturen des Unternehmens zu unterrichten (*Hutter/Kaulamo* NJW 2007, 471). Die Informationspflicht wird nach dem Börsengang durch die §§ 30a bis g WpHG fortgesetzt (Emittentenleitfaden, S. 183 f.). Die gewünschte Transparenz des Kapitalmarkts wird durch die BaFin überwacht und durch ein Sanktionssystem gefördert.

Nach § 39 Abs. 2 Ziff. 12 bis 14 WpHG handelt ordnungswidrig, wer 2
– entgegen § 30a Abs. 1 Ziff. 2 WpHG Einrichtungen und Informationen im Inland nicht öffentlich zur Verfügung stellt,
– entgegen § 30a Abs. 2 Ziff. 3 WpHG nicht sicherstellt, dass Daten vor der Kenntnisnahme durch Unbefugte geschützt sind oder
– entgegen § 30a Abs. 1 Ziff. 4 WpHG nicht sicherstellt, dass eine dort genannte Stelle bestimmt ist.

3 Vorsatz und Leichtfertigkeit kommen als Begehungsformen in Betracht. Die vorsätzliche Ordnungswidrigkeit kann mit einem Bußgeld bis zu 100 000 € geahndet werden, § 39 Abs. 4 WpHG.

4 Ein Verstoß gegen § 30a Abs. 1 Ziff. 1 WpHG – alle Inhaber der zugelassenen Wertpapiere unter gleichen Voraussetzungen gleich zu behandeln – ist kein Ordnungswidrigkeitentatbestand.

5 § 30a WpHG richtet sich an alle Emittenten, für die die Bundesrepublik Deutschland der Herkunftsstaat ist, § 2 Abs. 6 WpHG, sowie an Emittenten i.s.v. § 30d WpHG. Außerdem müssen die Wertpapiere des Emittenten an einem organisierten Markt im Inland oder in einem anderen Mitgliedsstaat der Europäischen Union oder Vertragsstaat des Abkommens über den Europäischen Wirtschaftsraum zugelassen sein.

6 § 30a Abs. 3 WpHG erweitert den Pflichtenkatalog des § 30a Abs. 1 Ziff. 1 bis 5 WpHG und des § 30b Abs. 3 Ziff. 1 WpHG auch auf Inhaberaktien vertretende Zertifikate.

7 Ob die §§ 30a, b WpHG **Schutzgesetzcharakter** i.S.v. § 823 Abs. 2 BGB haben ist in der Literatur streitig (Dagegen: *Assmann/Schneider-Mühlbert,* vor § 30a Rn. 11, § 30a Rn. 32, § 30b Rn. 34, § 30e Rn. 21. Die Vorschriften beschreiben ausschließlich öffentlich-rechtliche Aufsichtspflichten. Dafür: *Fuchs-Zimmermann,* § 30a Rn. 30, § 30b Rn. 25). Dem Inhaber von Wertpapieren könnte gegenüber dem Emittenten bei Verletzung des Gleichbehandlungsgebots aus § 30a Abs. 1 Ziff. 1 WpHG ein Schadensersatzanspruch aus § 280 BGB iVm § 31 BGB zustehen (*Fuchs-Zimmermann,* § 30a Rn. 27).

II. § 30b Veröffentlichung von Mitteilungen und Übermittlung im Wege der Datenfernübertragung

Gültig ab 1.4.2012

(1) **Der Emittent von zugelassenen Aktien, für den die Bundesrepublik Deutschland der Herkunftsstaat ist, muss**
1. **die Einberufung der Hauptversammlung einschließlich der Tagesordnung, die Gesamtzahl der Aktien und Stimmrechte im Zeitpunkt der Einberufung der Hauptversammlung und die Rechte der Aktionäre bezüglich der Teilnahme an der Hauptversammlung sowie**
2. **Mitteilungen über die Ausschüttung und Auszahlung von Dividenden, die Ausgabe neuer Aktien und die Vereinbarung oder Ausübung von Umtausch-, Bezugs-, Einziehungs- und Zeichnungsrechten**
unverzüglich im Bundesanzeiger veröffentlichen. Soweit eine entsprechende Veröffentlichung im Bundesanzeiger auch durch sonstige Vorschriften vorgeschrieben wird, ist eine einmalige Veröffentlichung ausreichend.

(2) **Der Emittent zugelassener Schuldtitel im Sinne von § 30a Abs. 1 Nr. 6, für den die Bundesrepublik Deutschland der Herkunftsstaat ist, muss**
1. **den Ort, den Zeitpunkt und die Tagesordnung der Gläubigerversammlung und Mitteilungen über das Recht der Schuldtitelinhaber zur Teilnahme daran sowie**

2. Mitteilungen über die Ausübung von Umtausch-, Zeichnungs- und Kündigungsrechten sowie über die Zinszahlungen, die Rückzahlungen, die Auslosungen und die bisher gekündigten oder ausgelosten, noch nicht eingelösten Stücke

unverzüglich im Bundesanzeiger veröffentlichen. Absatz 1 Satz 2 gilt entsprechend.

(3) Unbeschadet der Veröffentlichungspflichten nach den Absätzen 1 und 2 dürfen Emittenten, für die die Bundesrepublik Deutschland der Herkunftsstaat ist, Informationen an die Inhaber zugelassener Wertpapiere im Wege der Datenfernübertragung übermitteln, wenn die dadurch entstehenden Kosten nicht unter Verletzung des Gleichbehandlungsgrundsatzes nach *§ 30a Abs. 1 Nr. 1* den Wertpapierinhabern auferlegt werden und

1. im Falle zugelassener Aktien
   a) die Hauptversammlung zugestimmt hat,
   b) die Wahl der Art der Datenfernübertragung nicht vom Sitz oder Wohnsitz der Aktionäre oder der Personen, denen Stimmrechte in den Fällen des § 22 zugerechnet werden, abhängt,
   c) Vorkehrungen zur sicheren Identifizierung und Adressierung der Aktionäre oder derjenigen, die Stimmrechte ausüben oder Weisungen zu deren Ausübung erteilen dürfen, getroffen worden sind und
   d) die Aktionäre oder in Fällen des § 22 Abs. 1 Satz 1 Nr. 1, 3, 4 und Abs. 2 die zur Ausübung von Stimmrechten Berechtigten in die Übermittlung im Wege der Datenfernübertragung ausdrücklich eingewilligt haben oder einer Bitte in Textform um Zustimmung nicht innerhalb eines angemessenen Zeitraums widersprochen und die dadurch als erteilt geltende Zustimmung nicht zu einem späteren Zeitpunkt widerrufen haben,

2. im Falle zugelassener Schuldtitel im Sinne von § 30a Abs. 1 Nr. 6
   a) eine Gläubigerversammlung zugestimmt hat,
   b) die Wahl der Art der Datenfernübertragung nicht vom Sitz oder Wohnsitz der Schuldtitelinhaber oder deren Bevollmächtigten abhängt,
   c) Vorkehrungen zur sicheren Identifizierung und Adressierung der Schuldtitelinhaber getroffen worden sind,
   d) die Schuldtitelinhaber in die Übermittlung im Wege der Datenfernübertragung ausdrücklich eingewilligt haben oder einer Bitte in Textform um Zustimmung nicht innerhalb eines angemessenen Zeitraums widersprochen und die dadurch als erteilt geltende Zustimmung nicht zu einem späteren Zeitpunkt widerrufen haben.

§ 30b Abs. 1 Ziff. 1 WpHG stellt für **Emittenten** von zugelassenen Aktien, **1** für die die Bundesrepublik Deutschland der Herkunftsstaat ist, Verhaltensregeln im Zusammenhang mit der Einberufung einer **Hauptversammlung** auf. Der Emittent, der eine Hauptversammlung durchführt, muss folgende Angaben **unverzüglich im elektronischen Bundesanzeiger veröffentlichen**, § 30a Abs. 1 WpHG:

– Die Einberufung der Hauptversammlung einschließlich der Tagesordnung,

– die Gesamtzahl der Aktien und Stimmrechte im Zeitpunkt der Einberufung der Hauptversammlung,

– die Rechte der Aktionäre bezüglich der Teilnahme an der Hauptversammlung

2 § 30b Abs. 1 Ziff. 2 WpHG verlangt vom Emittenten die Publikation folgender **Veränderungen im Unternehmen:**

– Ausschüttung und Auszahlung von Dividenden,

– Mitteilungen über die Ausgabe neuer Aktien,

– Mittelungen über die Vereinbarung oder Ausübung von Umtausch-, Bezugs-, Einziehungs- und Zeichnungsrechten.

3 Der Vorstand beruft die Hauptversammlung ein, § 121 Abs. 2 S. 1 AktG. Maßgeblich für die unverzügliche Mitteilung i.S.v. § 30b Abs. 1 Ziff. 1 WpHG ist der Zeitpunkt der Bekanntgabe der Einberufung der Hauptversammlung in den Gesellschaftsblättern (Emittentenleitfaden, S. 188).

4 Die Veröffentlichungspflicht besteht nicht, sofern bereits eine Veröffentlichung nach dem Aktienrecht erfolgt ist. Eine doppelte Veröffentlichung ist unnötig (Begr. RegE BT-Drs. 16/2498, S. 40). Ähnliche Vorgaben enthält § 30a Abs. 2 WpHG für Emittenten zugelassener Schuldtitel i.S.v. § 30a Abs. 1 Ziff. 6 WpHG für den der Bundesrepublik Deutschland der Herkunftsstaat ist. Auch die entsprechenden Angaben zur Gläubigerversammlung sind unverzüglich im elektronischen Bundesanzeiger zu veröffentlichen. Wer entgegen § 30b Abs. 1 oder 2 WpHG eine Veröffentlichung nicht, nicht richtig, nicht vollständig, nicht in der vorgeschriebenen Weise, nicht rechtzeitig vornimmt oder nicht rechtzeitig nachholt, macht sich gem. § 39 Abs. 2 Ziff. 5d WpHG bußgeldpflichtig.

5 Die Vorschriften des § 30b Abs. 1 und 2 WpHG gelten auch für Emittenten, für die nicht die Bundesrepublik Deutschland, sondern ein anderer Mitgliedstaat der Europäischen Union oder Vertragsstaatsabkommens über den Europäischen Wirtschaftsraum der Herkunftsstaat ist, wenn ihre Wertpapiere zum Handel an einem inländischen organisierten Markt zugelassen sind und ihr Herkunftsstaat für sie keine dem § 30b Abs. 1 und 2 WpHG entsprechende Vorschrift vorsieht, § 30d WpHG. Damit erstreckt sich das Ordnungswidrigkeitenverfahren auch auf diese Emittenten.

I. § 30c Änderungen der Rechtsgrundlage des Emittenten

Gültig ab 20.1.2007

Der Emittent zugelassener Wertpapiere, für den die Bundesrepublik Deutschland der Herkunftsstaat ist, muss beabsichtigte Änderungen seiner Satzung oder seiner sonstigen Rechtsgrundlagen, die die Rechte der Wertpapierinhaber berühren, der Bundesanstalt und den Zulassungsstellen der inländischen oder ausländischen organisierten Märkte, an denen seine Wertpapiere zum Handel zugelassen sind, unverzüglich nach der Entscheidung, den Änderungsentwurf dem Beschlussorgan, das über die Änderung beschließen soll, vorlegen, spätestens aber zum Zeitpunkt der Einberufung des Beschlussorgans mitteilen.

Literatur: *Assmann/Schneider,* Kommentar zum Wertpapierhandelsgesetz, 2009; Emittentenleitfaden der Bundesanstalt für Finanzdienstleistungsaufsicht, Stand: 2005/2009; *Fuchs,* Wertpapierhandelsgesetz, 2009.

Nach § 39 Abs. 2 Ziff. 2 lit. j WpHG handelt ordnungswidrig, wer vorsätzlich **1**
oder leichtfertig eine Mitteilung i.S.v. § 30c WpHG nicht, nicht richtig, nicht
vollständig, nicht in der vorgeschriebenen Weise oder nicht rechtzeitig macht.
Die Geldbuße beträgt bis zu 50.000 €, § 39 Abs. 4 WpHG.

§ 30c WpHG gilt für Emittenten, für die die Bundesrepublik Deutschland der **2**
Herkunftsstaat ist. § 30d WpHG erweitert auch hier den Kreis der Ordnungswid-
rigkeitsadressaten auf Emittenten, für die ein anderer Mitgliedsstaat der Europäischen Union oder Vertragsstaat des Abkommens über den Europäischen Wirtschaftsraum der Herkunftsstaat ist, sofern ihre Wertpapiere zum Handel an einem
inländischen organisierten Markt i.S.v. § 2 Abs. 5 WpHG zugelassen sind und ihr
Herkunftsstaat keine dem § 30c WpHG entsprechende Vorschrift vorsieht.

Ein solcher Emittent ist verpflichtet, jede beabsichtigte Satzungsänderung oder **3**
beabsichtigte Änderung sonstiger Rechtsgrundlagen, die die Rechte der Wertpapierinhaber berühren, der BaFin und den **Zulassungsstellen** mitzuteilen.
Gemeint sind Zulassungsstellen der inländischen oder ausländischen organisierten
Märkte, an denen die Wertpapiere zum Handel zugelassen sind.

Die Meldung ist unverzüglich der BaFin und der Zulassungsstelle mitzuteilen **4**
(*Fuchs-Zimmermann,* § 30c Rn. 4). Die Frist beginnt, wenn der Emittent, z. B. der
Vorstand, beschlossen hat, die Satzungsänderung dem Beschlussorgan, z. B. der
Hauptversammlung, § 179 AktG vorzulegen (Emittentenleitfaden, S. 195).

Die Meldung muss den bisherigen Satzungsinhalt, der geändert werden soll, **5**
und die beabsichtigte neue Fassung wiedergeben. Möglich ist nach den Ausführungen der BaFin auch eine „Umschreibung der Änderung" (Emittentenleitfaden,
S. 195). Stellen Aktionäre Ergänzungsanträge zur Satzungsänderung und werden
diese von dem Vorstand gem. § 126 AktG zugelassen, so sind auch diese Anträge
mitteilungspflichtig (*Assmann/Schneider-Mülbert,* § 30c Rn. 12).

J. § 30e Veröffentlichung zusätzlicher Angaben und Übermittlung an
das Unternehmensregister

Gültig ab 20.1.2007

(1) **Ein Inlandsemittent muss**
1. **jede Änderung der mit den zugelassenen Wertpapieren verbundenen
   Rechte sowie**
   a) **im Falle zugelassener Aktien der Rechte, die mit derivativen vom
      Emittenten selbst begebenen Wertpapieren verbunden sind, sofern
      sie ein Umtausch- oder Erwerbsrecht auf die zugelassenen Aktien
      des Emittenten verschaffen,**
   b) **im Falle anderer Wertpapiere als Aktien Änderungen der Ausstat-
      tung dieser Wertpapiere, insbesondere von Zinssätzen, oder der
      damit verbundenen Bedingungen, soweit die mit den Wertpapie-
      ren verbundenen Rechte hiervon indirekt betroffen sind,**
   c) **bei Wertpapieren, die den Gläubigern ein Umtausch- oder Bezugs-
      recht auf Aktien einräumen, alle Änderungen der Rechte, die mit
      den Aktien verbunden sind, auf die sich das Umtausch- oder
      Bezugsrecht bezieht,**

2. die **Aufnahme von Anleihen mit Ausnahme** staatlicher Schuldverschreibungen im Sinne des § 36 des Börsengesetzes sowie die für sie übernommenen Gewährleistungen, sofern er nicht eine internationale öffentliche Einrichtung ist, der mindestens ein Mitgliedstaat der Europäischen Union oder ein anderer Vertragsstaat des Abkommens über den Europäischen Wirtschaftsraum angehört, oder er nicht ausschließlich Wertpapiere begibt, die durch den Bund garantiert werden, und

3. **Informationen,** die er in einem Drittstaat veröffentlicht und die für die Öffentlichkeit in der Europäischen Union und dem Europäischen Wirtschaftsraum Bedeutung haben können,

unverzüglich veröffentlichen und gleichzeitig der Bundesanstalt diese Veröffentlichung mitteilen. Er übermittelt diese Informationen außerdem unverzüglich, jedoch nicht vor ihrer Veröffentlichung dem Unternehmensregister im Sinne des § 8b des Handelsgesetzbuchs zur Speicherung.

(2) **Das Bundesministerium der Finanzen** wird ermächtigt, durch Rechtsverordnung, die nicht der Zustimmung des Bundesrates bedarf, nähere Bestimmungen zu erlassen über den Mindestinhalt, die Art, die Sprache, den Umfang und die Form der Veröffentlichung und der Mitteilung nach Absatz 1 Satz 1.

Literatur: *Hellgardt,* Europarechtliche Vorgaben für die Kapitalmarktinformationshaftung, AG 2012, 154.

1   § 30e WpHG verpflichtet den Emittenten zur Veröffentlichung zusätzlicher Angaben (Hellgardt AG 2012, 154). Adressat der Norm ist der Inlandsemittent zugelassener Wertpapiere mit dem Herkunftsstaat Bundesrepublik Deutschland. Die Mitteilungen müssen in einem „Medienbündel" in der Europäischen Union und in dem Europäischen Wirtschaftsraum verbreitet werden. Näheres regelt die WpAIV (siehe zum Medienbündel § 3a Abs. 1 und 2 WpHG). Außerdem ist gleichzeitig die BaFin von dieser Veröffentlichung zu unterrichten und sodann hat unverzüglich eine Mitteilung an das Unternehmensregister zu erfolgen, § 30e Abs. 1 WpHG.

2   Zu den veröffentlichungspflichtigen Angaben gehören gem. § 30a Abs. 1 S. 1 WpHG

– Ziff. 1 WpHG: Informationen, die für das von dem Emittenten begebene Wertpapier relevant sind.

– Ziff. 2 WpHG: Informationen über die Aufnahme von Anleihen und Übernahme von Gewährleistungen für Anleihen.

– Ziff. 3 WpHG: Informationen, die in einem Drittstaat veröffentlicht werden und die für die Öffentlichkeit in der Europäischen Union und dem Europäischen Wirtschaftsraum Bedeutung haben können.

3   Der Gesetzgeber hat der Verordnungsermächtigung des § 30e Abs. 2 WpHG durch Einführung der WpAIV Gebrauch gemacht. Diese regelt Details zu Mindestinhalt, Sprache und Form der Veröffentlichung.

4   Dabei handelt ordnungswidrig, wer vorsätzlich oder leichtfertig entgegen § 30e Abs. 1 S. 1 WpHG auch iVm einer Rechtsverordnung nach § 30e Abs. 2 WpHG eine Mitteilung nicht, nicht richtig, nicht vollständig, nicht in der vorgeschriebenen Weise oder nicht rechtzeitig macht, § 39 Abs. 2 Ziff. 2 lit. k WpHG.

5   Ebenso handelt ordnungswidrig, wer vorsätzlich oder leichtfertig entgegen § 30e Abs. 1 S. 1 WpHG iVm einer Rechtsverordnung nach § 30e Abs. 2 oder

entgegen § 30f Abs. 2 WpHG eine Veröffentlichung nicht, nicht richtig, nicht vollständig, nicht in der vorgeschriebenen Weise oder nicht rechtzeitig macht, § 39 Abs. 2 Ziff. 2 lit. k WpHG.

K. § 30f Befreiung

Gültig ab 1.1.2012

(1) **Die Bundesanstalt kann Inlandsemittenten mit Sitz in einem Drittstaat von den Pflichten nach den §§ *30a*, 30b und 30e Abs. 1 Satz 1 Nr. 1 und 2 freistellen, soweit diese Emittenten gleichwertigen Regeln eines Drittstaates unterliegen oder sich solchen Regeln unterwerfen. Die Bundesanstalt unterrichtet die Europäische Wertpapier- und Marktaufsichtsbehörde über die erteilte Freistellung.**

(2) **Emittenten, denen die Bundesanstalt eine Befreiung nach Absatz 1 erteilt hat, müssen Informationen über Umstände im Sinne des § 30e Abs. 1 Satz 1 Nr. 1 und 2, die nach den gleichwertigen Regeln eines Drittstaates der Öffentlichkeit zur Verfügung zu stellen sind, nach Maßgabe des § 30e Abs. 1 in Verbindung mit einer Rechtsverordnung nach *§ 30e Abs. 2* veröffentlichen und die Veröffentlichung gleichzeitig der Bundesanstalt mitteilen; sie müssen die Informationen außerdem unverzüglich, jedoch nicht vor der Veröffentlichung dem Unternehmensregister im Sinne des § 8b des Handelsgesetzbuchs zur Speicherung übermitteln.**

(3) **Das Bundesministerium der Finanzen wird ermächtigt, durch Rechtsverordnung, die nicht der Zustimmung des Bundesrates bedarf, nähere Bestimmungen über die Gleichwertigkeit von Regeln eines Drittstaates und die Freistellung von Emittenten nach Absatz 1 zu erlassen.**

Literatur: *Assmann/Schneider,* Kommentar zum Wertpapierhandelsgesetz, 2009; Emittentenleitfaden der Bundesanstalt für Finanzdienstleistungsaufsicht, Stand: 2005/2009.

§ 30f WpHG enthält für Inlandsemittenten mit **Sitz in einem Drittstaat** eine **1** Befreiungsmöglichkeit von den Pflichten aus §§ 30a, 30b und 30e Abs. 2 S.1.Ziff. 1 und 2 WpHG. Der Inlandsemittent muss die Befreiung nach § 30f WpHG bei der BaFin beantragen (Emittentenleitfaden, S. 201) und gleichwertige Vorschriften im Drittstaat befolgen. Gleichwohl muss der Inlandsemittent Veröffentlichungen, Mitteilungen und Übermittlungen in der Bundesrepublik Deutschland vornehmen. Die Befreiung des § 30f WpHG ist in ihrer praktischen Wirkung überaus beschränkt: Sie befreit nur von Mitteilungen in der Bundesrepublik Deutschland, die über die Vorgaben des Drittstaates gegenüber der Bundesrepublik Deutschland hinausgehen (*Assmann/Schneider-Mühlbert,* § 30f Rn. 6). Wer trotz Befreiung die erforderliche Veröffentlichung oder Mitteilung an die BaFin unterlässt, macht sich wie beschrieben bußgeldpflichtig.

§ 39 Abs. 2 Ziff. 6 WpHG sanktioniert zudem den Emittenten, der entgegen **2** § 30f Abs. 2 WpHG eine Information oder eine Bekanntmachung nicht oder nicht rechtzeitig übermittelt. Die Information ist an das Unternehmensregister zu übermitteln. Das angedrohte Bußgeld beträgt 200.000 €.

L. § 39 Abs. 3 Ziff. 1 Vollziehbare Anordnungen

Gültig ab 1.11.2012

(3) **Ordnungswidrig handelt, wer vorsätzlich oder fahrlässig**
1. **einer vollziehbaren Anordnung nach**
   a) **§ 4 Abs. 3 Satz 1,**
   b) **§ 34d Absatz 4 Satz 1 Nummer 1 oder Nummer 2 Buchstabe b,**
   c) **§ 36b Abs. 1,**
   d) **§ 37o Abs. 4 Satz 1 oder § 37q Abs. 2 Satz 1 zuwiderhandelt.**

Literatur: *Assmann/Schneider,* Kommentar zum Wertpapierhandelsgesetz, 2009.

1   Eine vollziehbare Anordnung ist ein Verwaltungsakt i.S.v. § 35 S. 1 VwVfG, den die BaFin erlassen hat. Ein Verstoß gegen eine **vollziehbare Anordnung** der BaFin kommt nur als Ordnungswidrigkeit in Betracht, **wenn sie auf den in § 39 Abs. 3 Ziff. 1 WpHG genannten Vorschriften des WpHG beruht.** Sonstige Verwaltungsakte der BaFin sind von dieser Vorschrift nicht umfasst. Die vollziehbare Anordnung muss wirksam, vollziehbar und rechtmäßig sein. Nach § 43 Abs. 1 VwVfG wird der Verwaltungsakt wirksam, indem er demjenigen, für den er bestimmt ist oder der von ihm betroffen wird, bekannt gegeben wird. Der Verwaltungsakt wird dann mit dem so bekannt gegebenen Inhalt wirksam. Der Verwaltungsakt bleibt solange wirksam, bis er zurück genommen, widerrufen, anderweitig aufgehoben oder durch Zeitablauf oder auf andere Weise erledigt ist, § 43 Abs. 2 VwVfG.

2   Ein nichtiger Verwaltungsakt ist unwirksam, § 43 Abs. 3 VwVfG. Ein Verwaltungsakt ist nichtig, soweit er an einem besonders schwerwiegenden Fehler leidet und dies bei verständiger Würdigung aller in Betracht kommenden Umstände offensichtlich ist, § 44 Abs. 1 VwVfG.

3   Die BaFin kann die **Nichtigkeit** jederzeit von Amtswegen feststellen. Die Nichtigkeit ist auf Antrag des Betroffenen festzustellen, wenn dieser hieran ein berechtigtes Interesse hat, § 44 Abs. 5 VwVfG. Zu weiteren Umständen, die die Nichtigkeit eines Verwaltungsaktes begründen vgl. § 44 Abs. 2 VwVfG. Ein Verstoß gegen einen nichtigen Verwaltungsakt ist nicht tatbestandsmäßig, eine Ordnungswidrigkeit kann somit nicht verwirklicht werden. Hat die BaFin einen rechtswidrigen Verwaltungsakt zurückgenommen, § 48 VwVfG oder widerrufen, § 49 VwVfG, so ist eine anschließende Zuwiderhandlung nicht tatbestandsmäßig.

4   Verstößt der Betroffene jedoch gegen den Inhalt der vollziehbaren Anordnung und wird diese nach der Tat mit rückwirkender Kraft zurückgenommen oder infolge Rechtswidrigkeit aufgehoben, § 48 VwVfG, §§ 72, 113 Abs. 1 S. 1 VwGO, so bleibt die Tat tatbestandsmäßig, da zum Zeitpunkt der Tat ein wirksamer Verwaltungsakt vorgelegen hat.

5   Die Anordnung der BaFin ist vollziehbar, wenn sie i.S.v. § 6 Abs. 1 VwVG vollstreckbar ist. Vollstreckbar ist die Anordnung der BaFin, wenn sie unanfechtbar ist oder wenn ein sofortiger Vollzug angeordnet wurde oder ein Rechtsmittel keine aufschiebende Wirkung hat, § 6 Abs. 1 VwVG.

6   Vollziehbare Anordnungen nach §§ 4 Abs. 3 S. 1, 37o Abs. 4 Satz 1, 37q Abs. 2 S. 1 WpHG sind sofort vollziehbar, da Rechtsmittel in dieser Konstellation **keine**

aufschiebende Wirkung haben, vgl. § 80 Abs. 2 S. 1 Ziff. 3 VwGO ivm §§ 4 Abs. 7, 37t Abs. 2 WpHG. Im Falle der vollziehbaren Anordnung gem. § 36b Abs. 1 WpHG ist die sofortige Vollziehbarkeit seitens der BaFin erst anzuordnen, § 80 Abs. 2 S. 1 Ziff. 4 VwGO.

Als zulässiger Verwaltungszwang kommen die in § 9 Abs. 1 VwVG genannten **7 Zwangsmittel** in Betracht. Diese sind Ersatzvornahme, § 10 VwVG, Zwangsgeld, § 11 VwVG, und unmittelbarer Zwang, § 12 VwVG.

Die Ordnungswidrigkeit kann in den Fällen des § 39 Abs. 3 Ziff. 1b WpHG mit **8** 200.000 € und in den Fällen des § 39 Abs. 3 Ziff. 1 lit. c WpHG mit bis zu 100.000 € geahndet werden. In den übrigen Fällen beträgt die Geldbuße bis zu 50 000 €.

Entsteht durch eine rechtswidrige und schuldhafte Maßnahme der BaFin einer **9** natürlichen oder juristischen Person ein adäquat kausaler Schaden, kommt ein Amtshaftungsanspruch gem. § 839 BGB ivm Art. 34 GG in Betracht (BT-Drucks. 12/7918, S. 100; *Assmann/Schneider-Vogel*, § 4 Rn. 94).

M. § 36b Werbung der Wertpapierdienstleistungsunternehmen

Gültig ab 1.5.2002

(1) Um Mißständen bei der Werbung für Wertpapierdienstleistungen und Wertpapiernebendienstleistungen zu begegnen, kann die Bundesanstalt den Wertpapierdienstleistungsunternehmen bestimmte Arten der Werbung untersagen.

(2) Vor allgemeinen Maßnahmen nach Absatz 1 sind die Spitzenverbände der betroffenen Wirtschaftskreise und des Verbraucherschutzes anzuhören.

Literatur: *Assmann/Schneider*, Kommentar zum Wertpapierhandelsgesetz, 2009; *Fuchs*, Wertpapierhandelsgesetz, 2009; *Möllers*, Zur Zulässigkeit von Telefonwerbung, Anmerkung zum Urteil des BGH vom 27.1.2000, Az. I ZR 241/97, JZ 2001, 102.

Um Missständen bei der Werbung für Wertpapierdienstleistungen und Wertpa- **1** piernebendienstleistungen zu begegnen, kann die Bundesanstalt den Wertpapierdienstleistungsunternehmen bestimmte Arten der Werbung untersagen. Die Untersagung kann als Verwaltungsakt und damit als vollziehbare Anordnung i. S. d. § 39 Abs. 3 WpHG ausgestaltet werden. Ein Missstand soll vorliegen, wenn die Werbemaßnahme geeignet ist, die Ordnungsmäßigkeit der Erbringung von Wertpapierdienstleistungen und Wertpapiernebendienstleistungen zu beeinträchtigen oder zu gefährden (*Fuchs-Schlette/Bouchon*, § 36b Rn. 4). Zu den Missständen gehören unter Umständen **unzumutbare Belästigungen** in Form **unerwünschter Telefonwerbung** (BGH JZ 2001, 101 m. Anm. *Möllers*, JZ 2001, 102), unerwünschte Telefax- und E-Mail-Werbung sowie unzulässige Beeinträchtigungen der Entscheidungsfreiheit oder auch bestimmte Formen des persönlichen Aufsuchens des Anlegers (*Assmann/Schneider-Koller*, § 36b Rn. 4).

Ordnungswidrig handelt, wer vorsätzlich oder fahrlässig einer vollziehbaren **2** Anordnung nach § 36b Abs. 1 WpHG zuwiderhandelt, § 39 Abs. 3 Ziff. 1 lit. c WpHG. Das Bußgeld beträgt bis zu 100.000 €.

N. § 37o Anordnung einer Prüfung der Rechnungslegung und Ermittlungsbefugnisse der Bundesanstalt

Gültig ab 1.4.2012

(4) Das Unternehmen im Sinne des § 37n, die Mitglieder seiner Organe, seine Beschäftigten sowie seine Abschlussprüfer haben der Bundesanstalt und den Personen, derer sich die Bundesanstalt bei der Durchführung ihrer Aufgaben bedient, auf Verlangen Auskünfte zu erteilen und Unterlagen vorzulegen, soweit dies zur Prüfung erforderlich ist; die Auskunftspflicht der Abschlussprüfer beschränkt sich auf Tatsachen, die ihnen im Rahmen der Abschlussprüfung bekannt geworden sind. Satz 1 gilt auch für die nach den Vorschriften des Handelsgesetzbuchs in den Konzernabschluss einzubeziehenden Tochterunternehmen. Für das Recht zur Auskunftsverweigerung und die Belehrungspflicht gilt *§ 4 Abs. 9* entsprechend.

1   Nach § 37o Abs. 1 WpHG ordnet die BaFin eine Prüfung der Rechnungslegung von Unternehmen i.S.v. § 37n WpHG an, sofern konkrete Anhaltspunkte für einen Verstoß gegen Rechnungslegungsvorschriften vorliegen. Zu diesem Zweck sind Auskünfte zu erteilen und Unterlagen vorzulegen. Auskunftsverweigerung und Belehrungspflicht richten sich nach § 4 Abs. 9 WpHG. Sollten die Auskünfte nicht erteilt oder Unterlagen nicht vorgelegt werden, so kann die BaFin nach § 37o Abs. 4 S. 1 WpHG eine vollziehbare Anordnung zur Durchsetzung ihres Anspruchs erlassen.

2   Wird die vollziehbare Anordnung nicht befolgt, ist die Verhängung eines Bußgeldes zur Durchsetzung der Maßnahme möglich, § 39 Abs. 3 Ziff. 1 lit. d WpHG. Vorsätzliches Handeln ist mit Geldbuße bis zu 50.000 €, fahrlässiges Handeln mit bis zu 25.000 € bedroht.

O. § 37q Ergebnis der Prüfung von Bundesanstalt oder Prüfstelle

Gültig ab 1.4.2012

(2) Die Bundesanstalt ordnet an, dass das Unternehmen den von der Bundesanstalt oder den von der Prüfstelle im Einvernehmen mit dem Unternehmen festgestellten Fehler samt den wesentlichen Teilen der Begründung der Feststellung bekannt zu machen hat. Die Bundesanstalt sieht von einer Anordnung nach Satz 1 ab, wenn kein öffentliches Interesse an der Veröffentlichung besteht. Auf Antrag des Unternehmens kann die Bundesanstalt von einer Anordnung nach Satz 1 absehen, wenn die Veröffentlichung geeignet ist, den berechtigten Interessen des Unternehmens zu schaden. Die Bekanntmachung hat unverzüglich im Bundesanzeiger sowie entweder in einem überregionalen Börsenpflichtblatt oder über ein elektronisch betriebenes Informationsverbreitungssystem, das bei Kreditinstituten, nach § 53 Abs. 1 Satz 1 des Kreditwesengesetzes täti-

gen Unternehmen, anderen Unternehmen, die ihren Sitz im Inland haben und die an einer inländischen Börse zur Teilnahme am Handel zugelassen sind, und Versicherungsunternehmen weit verbreitet ist, zu erfolgen.

Literatur: Emittentenleitfaden der Bundesanstalt für Finanzdienstleistungsaufsicht, Stand: 2005/2009.

Die BaFin prüft die Richtigkeit von Jahresabschlüssen und Konzernabschlüssen **1** sowie verkürzte Abschlüsse, § 37n WpHG.

Ergibt die Prüfung, dass die Rechnungslegung fehlerhaft ist, so ordnet die **2** BaFin an, dass das Unternehmen den Fehler samt den wesentlichen Teilen der Begründung der Fehlerfeststellung bekannt zu machen hat, § 37q Abs. 2 WpHG (OLG Frankfurt am Main AG 2009, 328).

Unterlässt das Unternehmen die Veröffentlichung oder fügt es unzulässige **3** Zusätze an, kann die BaFin ein Zwangsgeld i. H. v. 250.000 € androhen und festsetzen oder die Veröffentlichung ersatzweise vornehmen (Emittentenleitfaden, S. 212). Die Zuwiderhandlung gegen eine Bekanntmachungsanordnung ist als Ordnungswidrigkeit nach § 39 Abs. 3 Ziff. 1 lit. d WpHG mit einem Bußgeld bis zu 50.000 € bedroht.

2. Teil Ordnungswidrigkeitengesetz (OWiG)

Übersicht

Kapitel 1: Allgemeiner Teil des OWiG

A. § 1 Begriffsbestimmung

(1) **Eine Ordnungswidrigkeit ist eine rechtswidrige und vorwerfbare Handlung, die den Tatbestand eines Gesetzes verwirklicht, das die Ahndung mit einer Geldbuße zuläßt.**

(2) **Eine mit Geldbuße bedrohte Handlung ist eine rechtswidrige Handlung, die den Tatbestand eines Gesetzes im Sinne des Absatzes 1 verwirklicht, auch wenn sie nicht vorwerfbar begangen ist.**

Literatur: *Achenbach,* Ordnungsfaktor Wirtschaftsstrafrecht, StV 2008, 324; Karlsruher Kommentar zum Ordnungswidrigkeitengesetz, 2006, *Klesczewski,* Ordnungswidrigkeitenrecht, 2010.

1   Die **BaFin** ist für die Verfolgung und Ahndung von **Ordnungswidrigkeiten**
nach dem WpHG **zuständig,** §§ 40 WpHG, 36 Abs. 1 Ziff. 1, 35 OWiG (zur
Bedeutung des Ordnungswidrigkeitenrechts im Wirtschaftsrecht *Achenbach* StV
2008, 324). Dabei ergibt sich ein Zusammenspiel aus OWiG, StPO und WpHG.
Das OWiG ist in drei Teile gegliedert: Es enthält einen allgemeinen Teil, einen
zweiten Teil zum Verfahrensrecht insbesondere vor der Verwaltungsbehörde und
dem Gericht, sowie einen dritten Teil, der materielle Ordnungswidrigkeiten
beschreibt. Eine ahndbare Ordnungswidrigkeit begeht, wer tatbestandsmäßig,
rechtswidrig und vorwerfbar handelt (zum Begriff der Ordnungswidrigkeit
Klesczewski, Rn. 4 ff). Der Tatbestand einer Ordnungswidrigkeit liegt nur vor,
wenn die Sanktion auf Erkennung einer Geldbuße lautet, § 1 OWiG. Ist im
Tatbestand von Geld- oder Freiheitsstrafe die Rede, liegt ein Straftatbestand vor.
Ein wesentlicher Unterschied zwischen Ordnungswidrigkeitenverfahren und dem
typischen Verwaltungsverfahren liegt darin, dass der Betroffene ein Schweigerecht
hat. § 26 Abs. 2 VwVfG gilt nicht im Ordnungswidrigkeitenverfahren; die Verwaltungsbehörde trägt die Beweislast. Auch gilt die Unschuldsvermutung aus
Art. 6 Abs. 2 MRK und die Beweisregel in dubio pro reo bei der Verfolgung
einer Ordnungswidrigkeit.

2   § 46 Abs. 1 OWiG erklärt die Vorschriften der StPO, des GVG und des JGG
sinngemäß für anwendbar. Dabei ähnelt das Ordnungswidrigkeitenverfahren überaus stark dem Strafverfahren. Einige signifikante **Unterschiede** werden im Folgenden dargestellt. Dazu gehört insbesondere ein verkürztes **Beweisantragsrecht** im
Ordnungswidrigkeitenverfahren. Ferner ist eine Berufung als zweite Tatsacheninstanz im Ordnungswidrigkeitenverfahren ausgeschlossen, die Rechtsbeschwerde,
welche lediglich Rechtsfragen prüft, kommt als Kontrolle der amtsgerichtlichen
Entscheidung – falls ihre Zulassungsvoraussetzungen vorliegen – in Betracht.

3   Ein weiterer erheblicher Unterschied zwischen Ordnungswidrigkeiten- und
Strafverfahren ist das im Ordnungswidrigkeitenverfahren herrschende **Opportu-
nitätsprinzip.** Opportunität heißt freie, von keiner Vorschrift bestimmte Ent-
scheidung (OLG Köln, Beschl. v. 29.1.2010 zu Az. 2 Ws 585/09; VG Saarland,
Urt. v. 24.2.2010 zu Az. 5 K 531/09; VG Regensburg, Urt. v. 28.1.2010 zu Az.
RO 5 K 08. 2047).

4   Das bedeutet, es liegt im Ermessen des Beamten der BaFin, ob ein Verfahren
eingeleitet (Einleitungsermessen) oder ein eingeleitetes Verfahren wieder eingestellt wird. Gleiches gilt für den Strafrichter, der mit einem Ordnungswidrigkeitenverfahren befasst ist.

5   Das Opportunitätsprinzip wird § 47 Abs. 1 OWiG entnommen. Danach liegt
die Verfolgung von Ordnungswidrigkeiten im „pflichtgemäßen Ermessen" der
Verwaltungsbehörde. § 47 Abs. 1 S. 2 OWiG schreibt vor: Solange das Verfahren
bei der Verwaltungsbehörde anhängig ist, kann sie es einstellen. Es finden sich
mithin zwei Stützen für das Opportunitätsprinzip: Ermessen bedeutet, dass innerhalb eines Ermessensspielraumes mehrere Entscheidungen richtig sein können
und dass die jeweilige Entscheidung im Übrigen gerichtlich nur sehr eingeschränkt
überprüfbar ist.

6   Zudem belegt die Kann-Formulierung, dass eine Möglichkeit und keine Pflicht
zur Verfolgung besteht.

7   Demgegenüber wird der Strafprozess vom Legalitätsprinzip, § 152 StPO
beherrscht, danach muss eine Straftat verfolgt werden. Die Ungleichbehandlung
folgt aus dem Wesen des Ordnungswidrigkeitenverfahrens. Das Bundesverfassungsgericht hat den Unterschied der beiden Verfahren wie folgt gekennzeichnet:

„Die Kriminalstrafe ist durch eine Schwere des Eingriffs in die Rechtsstellung **8** des Bürgers gekennzeichnet. Sie ist mit einem ethischen Schuldvorwurf verbunden. Demgegenüber wird mit der an eine Ordnungswidrigkeit geknüpften Sanktion lediglich eine nachdrückliche Pflichtenmahnung bezweckt, der der Ernst der staatlichen Strafe fehlt. Zum Kernbereich des Strafrechts gehören alle bedeutsamen Unrechtstatbestände, während das Ordnungswidrigkeitenrecht Fälle mit geringem Unrechtsgehalt erfasst." (BVerfG NJW 1977, 1629 unter Bezugnahme auf BVerfGE, 8, 197; 9, 167; 22, 49; 22, 125; 23, 113; 27, 18; 43, 101).

Dabei betont das Bundesverfassungsgericht, dass im Grenzbereich zwischen **9** Ordnungsrecht und Kriminalunrecht nur „graduelle Unterschiede" bestehen. Die exakte Grenzlinie unter Berücksichtigung der historischen Situation zu ziehen, sei Aufgabe des Gesetzgebers (BVerfG NJW 1977, 1629). Das Opportunitätsprinzip bedeutet indes nicht die Regentschaft von Willkür. Die praktische Ausgestaltung bedeutet: „Die gesetzwidrige Tat ist zu verfolgen." (KK-OWiG-*Bohnert*, Einl. Rn. 150) Der Beamte, der eine Ordnungswidrigkeit ahndet, sofern ihre Voraussetzungen vorliegen, verhält sich stets rechtmäßig. Der Gesetzgeber hat mit der Schaffung eines Ordnungswidrigkeitentatbestandes zum Ausdruck gebracht, dass ein Verstoß in der Regel eine Sanktion verlangt. Würde der Verwaltungsbehörde das Recht zustehen, den einen Betroffenen zu verfolgen, den anderen bei gleicher Rechtslage nicht zu verfolgen, wäre der Bürger staatlicher Willkür ausgesetzt.

Die dogmatische Grenze zwischen der Nicht-Verfolgung einer Ordnungswid- **10** rigkeit und Willkür ist jedoch bislang unklar. Stellt ein Beamter pflichtwidrig ein Verfahren ein oder unterlässt er pflichtwidrig seine Verfolgung, so drohen ihm lediglich dienstaufsichtsrechtliche Konsequenzen. Die Unterlassung einer Bußgeldahndung ist weder eine Ordnungswidrigkeit, noch eine Straftat.

Demgegenüber liegt eine Verfolgung Unschuldiger gem. § 344 Abs. 2 S. 2 **11** Ziff. 1 StGB vor, wenn ein Beamter in einem Bußgeldverfahren absichtlich oder wissentlich jemanden, den nach dem Gesetz nicht ordnungswidrigkeitenrechtlich verfolgt werden darf, ordnungswidrigkeitenrechtlich verfolgt oder auf eine solche Verfolgung hinwirkt (LG Hechingen NJW 1986, 1823). Der Versuch ist strafbar, § 344 Abs. 2 S. 3 StGB.

Eine falsche Verdächtigung gem. § 164 StGB durch einen Beamten kommt **12** ebenfalls im Falle grundloser Verfolgung in Betracht, tritt aber hinter § 344 StGB zurück (BGH Beschl. v. 4.12.1997, Az. 5 StR 6200/97).

B. § 8 Begehen durch Unterlassen

Wer es unterläßt, einen Erfolg abzuwenden, der zum Tatbestand einer Bußgeldvorschrift gehört, handelt nach dieser Vorschrift nur dann ordnungswidrig, wenn er rechtlich dafür einzustehen hat, daß der Erfolg nicht eintritt, und wenn das Unterlassen der Verwirklichung des gesetzlichen Tatbestandes durch ein Tun entspricht.

Literatur: *Bohnert*, Ordnungswidrigkeitenrecht, 2008, Karlsruher Kommentar zum Ordnungswidrigkeitenrecht, 2006; *Klesczewski*, Ordnungswidrigkeitenrecht, 2010; *Wessels/Beulke*, Strafrecht Allgemeiner Teil, 2008.

Ordnungswidrigkeiten können auch durch Unterlassen der gebotenen Hand- **1** lung begangen werden, § 8 OWiG. Ein **echtes Unterlassungsdelikt** liegt vor, wenn bereits der Tatbestand ein Unterlassen als bußgeldpflichtig bezeichnet. Im

WpHG weisen viele Tatbestände auf das Unterlassen von Melde-, Auskunfts-, Anzeige- und Unterrichtungspflichten hin. Weitere echte Unterlassungsdelikte existieren im Zusammenhang mit der Gewährung von Zutritts- und Einsichtsrechten der BaFin.

2   Nennt ein Bußgeldtatbestand nicht ausdrücklich das Unterlassen als bußgeldpflichtig, so kann trotzdem eine Ahndbarkeit vorliegen, wenn der Täter für die Erfolgsverhinderung aufgrund seiner **Garantenstellung** einzustehen hat (BGHSt GrS 16, 155; *Klesczewski,* Rn. 229), § 8 OWiG. Ein unechtes Unterlassungsdelikt verlangt im Unterschied zum echten Unterlassungsdelikt eine Garantenstellung des Betroffenen.

3   Eine Garantenstellung kann sich aus Vertrag, Ingerenz, Gesetz, Verordnung, tatsächliche Übernahme der Verantwortung durch den Verantwortlichen, über eine Gefahrenquelle und einer engen Gemeinschaftsbeziehung ergeben (*Wessels/Beulke* S. 271 ff.; KG Berlin Beschl. v. 31.1.1997 zu Az. 2 Ss 20/97).

4   Im Wertpapierhandel entstehen viele Garantenstellungen durch einen Arbeitsvertrag (BGHSt 46, 196; BGH wistra 2000, 419). Der Arbeitnehmer übernimmt kraft Vertrages die Gewähr dafür, dass in seinem Tätigkeitsfeld die Ge- und Verbote des WpHG eingehalten werden. Führt sein Nichtstun zum Verstoß gegen eine Vorschrift des WpHG, kann eine Ordnungswidrigkeit vorliegen.

5   Hinzukommen muss, dass er die reale Möglichkeit zur Erfolgsabwendung hatte, dass der tatbestandliche Erfolg mit an Sicherheit grenzender Wahrscheinlichkeit ausgeblieben wäre (hypothetische Kausalität), und das vorgesehene Tun des WpHG muss dem Betroffenen zumutbar gewesen sein (*Bohnert,* S. 28; BGH NJW 1994, 1357; *ders.* StV 1985, 229).

6   Derjenige der kraft (Arbeits-)Vertrages zur Einhaltung von Vorschriften des WpHG bestellt wird, kann diese Pflicht wiederum delegieren. Dabei entsteht die Pflicht die Delegation zu überwachen, d.h. der Delegierende muss eine geeignete Person auswählen und darauf achten, dass diese Person wiederum der delegierten Garantenstellung gerecht wird. Unterlaufen dabei Fehler, kommt eine Haftung des Delegierenden in Betracht, also auch für Ordnungswidrigkeiten durch Unterlassen. Dabei geht stets eine Täterschaft durch Unterlassen, § 8 OWiG der Täterschaft aus § 130 OWiG vor (KK-OWiG-*Rengier,* § 8 Rn. 47 ff.; Thüringisches OLG GewArch 2004, 414).

C. § 10 Vorsatz und Fahrlässigkeit

Als Ordnungswidrigkeit kann nur vorsätzliches Handeln geahndet werden, außer wenn das Gesetz fahrlässiges Handeln ausdrücklich mit Geldbuße bedroht.

Literatur: *Assmann/Schneider,* Kommentar zum Wertpapierhandelsgesetz,2009; *Göhler,* Ordnungswidrigkeitengesetz, 2009; Karlsruher Kommentar zum Ordnungswidrigkeitengesetz, 2006; *Klesczewski,* Ordnungswidrigkeitenrecht, 2010; *Schönke/Schröder,* Kommentar zum Strafgesetzbuch, 2010, *Wessels/Beulke,* Strafrecht Allgemeiner Teil, 2008.

Übersicht

I. Vorsatz

Als Ordnungswidrigkeit wird stets vorsätzliches Handeln geahndet, es sei denn, **1** das Gesetz bußgeldbewehrt Fahrlässigkeit, § 10 OWiG. § 10 OWiG, entspricht § 15 StGB (KK-OWiG-*Rengier*, § 10 Rn. 1). Vorsatz wird definiert als Wissen und Wollen der zum gesetzlichen Tatbestand gehörenden objektiven Merkmale (*Schönke/Schröder-Cramer-Sternberg-Lieben*, § 15 Rn. 9; *Klescewski*, Rn. 174 ff). Der Vorsatz umfasst ein kognitives und voluntatives Element (RGSt 58, 247; 70, 257; BGH NStZ 1988, 175; BGH NJW 1988, 781). Das **kognitive Element** liegt vor, wenn der Täter um die Tatbestandsverwirklichung weiß. Er kennt bei Begehung der Tat alle strafbegründenden und strafschärfenden Umstände des objektiv verwirklichten Tatbestandes. Ein permanentes, exaktes Durchdenken der Situation ist nicht erforderlich. Eine juristische Subsumtion des Sachverhalts ist ebenso wenig erforderlich. Bei deskriptiven Tatbestandsmerkmalen ist die Erfassung des natürlichen Sinngehalts nötig; bei normativen Tatbestandsmerkmalen genügt eine Parallelwertung in der Laiensphäre, d.h. der Täter muss den rechtlich-sozialen Bedeutungsgehalt des Tatbestandsmerkmals nach Laienart zutreffend erfasst haben (BGHSt 3, 248; 4, 347; 8, 321; zum Verstoß gegen behördliche Verbotsverfügung *Klescewski*, Rn. 190).

Das **voluntative Element** des Vorsatzes verlangt, dass der Täter die erkannte **2** Möglichkeit der Tatbestandsverwirklichung in seinem Willen aufgenommen hat und sich für sie entschieden hat.

Zu den Erscheinungsformen des Vorsatzes zählt die Absicht (dodus directus 1. **3** Grades), der direkte Vorsatz (dodus directus 2. Grades) und der bedingte Vorsatz (dodus eventualis).

Absicht liegt vor, wenn die Verwirklichung des Tatbestandes das Ziel der **4** Handlung ist (BGHSt 16, 1; 18, 246; BGH GA 1985, 321). Dabei kommt es dem Täter gerade darauf an, den Tatbestand zu verwirklichen und er hält dies auch wenigstens für möglich. Absicht wird in keinem Ordnungswidrigkeitentatbestand des WpHG verlangt.

Direkter Vorsatz setzt das sichere Wissen des Erfolgseintritts voraus. Der Täter **5** hält die Tatbestandsverwirklichung für sicher, der Erfolg könnte ihm dabei sogar unerwünscht sein (BGHSt 21, 283).

Bedingt vorsätzliches Handeln setzt voraus, dass der Täter den Eintritt des **6** tatbestandlichen Erfolges als möglich und nicht ganz fernliegend erkennt und dass er ihn billigt oder sich um des erstrebten Zieles Willen mit der Tatbestandsverwirklichung abfindet (BGH NStZ 1994, 584; BGHSt 36, 1).

Das WpHG enthält zahlreiche Ordnungswidrigkeitstatbestände, die durch **7** Unterlassung begangen werden können (echtes Unterlassungsdelikt). Unterlässt der Täter z. B. die verlangte Mitteilung gegenüber der BaFin oder dem Unternehmensregister, kann eine Ordnungswidrigkeit vorliegen. Der Täter eines Unterlassungsdelikts muss die tatbestandsmäßige Situation kennen, die zu seiner Handlungspflicht führt.

Dem Täter muss bewusst sein, dass sein Handeln den Erfolg abwenden kann. **8** Hierzu gehört auch das Bewusstsein, die erwartete Handlung werde den Erfolg mit an Sicherheit grenzender Wahrscheinlichkeit abwenden (BGH NJW 1994, 1357; StV 85, 229). Es kann nur derjenige vorsätzlich unterlassen, in dessen Bewusstsein die von ihm nicht vorgenommene Handlung getreten ist.

9   Im Ordnungswidrigkeitenrecht gibt es typische Situationen, in denen dem Unterlassenden die konkret vorzunehmende Handlung nicht bewusst ist, weil er das rechtliche Gebot nicht kennt. Kennt z. B. der Inlandsemittent gewisse Meldepflichten aus dem WpHG oder sonstige Pflichten nicht, kann ein Vorsatz ausgeschlossen sein. Es bliebe das Vorliegen eines Tatbestandsirrtums gem. § 11 Abs. 1 S. 1 OWiG und eines Verbotsirrtums gem. § 11 Abs. 2 OWiG zu klären. Nach § 11 Abs. 1 S. 1 OWiG liegt ein Tatbestandsirrtum vor, wenn der Täter bei Begehung einer Handlung einen Umstand nicht kennt, der zum gesetzlichen Tatbestand gehört.

II. Fahrlässigkeit und Leichtfertigkeit

10   Die Ordnungswidrigkeitstatbestände des WpHG können auch fahrlässig begangen werden, wenn die Fahrlässigkeit ausdrücklich im Gesetz erwähnt ist. § 39 Abs. 3 WpHG sanktioniert Vorsatz und Fahrlässigkeit; § 39 Abs. 2 WpHG sanktioniert Vorsatz und Leichtfertigkeit.

11   **Fahrlässig** handelt, wer die **gebotene Sorgfalt außer Acht lässt.** Der Fahrlässigkeitsvorwurf verlangt zudem, dass der Betroffene pflichtwidrig handelt und der Erfolg voraussehbar war (*Wessels/Beulke,* Rn. 661; *Göhler-Gürtler* § 10 Rn. 6; OLG Hamm NJW 2005, 3298).

12   Bewusste Fahrlässigkeit liegt vor, wenn der Betroffene die Gefahr erkennt, aber darauf vertraut, sie trete nicht ein. Demgegenüber liegt unbewusste Fahrlässigkeit vor, wenn der Betroffene sorgfaltspflichtwidrig schon die Gefahr nicht erkennt (*Wessels/Beulke* S. 247; *Göhler-Gürtler* § 10 Rn. 6; BGHSt 12, 75). Die Unterscheidung der bewussten von der unbewussten Fahrlässigkeit ist vornehmlich für die Bußgeldbemessung von Bedeutung.

13   Das WpHG sanktioniert sehr häufig leichtfertiges Verhalten. **Leichtfertigkeit** verlangt einen **besonders groben Verstoß gegen die erforderliche Sorgfalts-pflicht** (BGHSt 43, 158; vgl. zum Begriff der Leichtfertigkeit im Zusammenhang mit Geldwäsche BGHSt 43, 158; BVerfG Urt. v. 30.3.2004, 2 BvR 1520/01; BGHSt 33, 66; BGH Urt. v. 4.2.2010 zu Az. 4 StR 394/09; *Kleszcewski* Rn. 222). „Mittlere Fahrlässigkeit" reicht dann nicht aus. § 39 Abs. 2 WpHG iVm den dort zahlreich genannten Blanketttatbeständen ahndet leichtfertiges Verhalten. Bei unvollständigen Mitteilungen kommt Leichtfertigkeit häufig in Betracht, wenn die WpAIV den Inhalt eines Formulars vorgibt, der Betroffene unterschreibt und sich unwiderlegt dahingehend einlässt, er habe keinen Vorsatz zur Abgabe einer unvollständigen Meldung oder Mitteilung gehabt, er habe lediglich unterschrieben, ohne sich das von einer anderen Person ausgefüllte Formular durchzulesen. Hier ist es zu erwarten, dass der für eine Meldung oder Mitteilung Verantwortliche das Formular auf seine Vollständigkeit hin überprüft. Es spricht für eine besondere Gleichgültigkeit und damit für Leichtfertigkeit, wenn jemand eine Mitteilung unterschreibt, ohne sie zu lesen.

14   Die grobe Fahrlässigkeit im Zivilrecht ist nicht identisch mit der Leichtfertigkeit im Ordnungswidrigkeitenrecht, denn letztere knüpft zusätzlich an die persönlichen Fähigkeiten des Betroffenen an (*Assmann/Schneider-Vogel,* § 39 Rn. 65; aA *Kleszcewski* Rn. 222 „Synonym").

15   Nach § 17 Abs. 2 OWiG wird Fahrlässigkeit nur mit der Hälfte der Geldbuße des für Vorsatz angedrohten Höchstbetrages geahndet.

D. § 11 Irrtum

(1) **Wer bei Begehung einer Handlung einen Umstand nicht kennt, der zum gesetzlichen Tatbestand gehört, handelt nicht vorsätzlich. Die Möglichkeit der Ahndung wegen fahrlässigen Handelns bleibt unberührt.**

(2) **Fehlt dem Täter bei Begehung der Handlung die Einsicht, etwas Unerlaubtes zu tun, namentlich weil er das Bestehen oder die Anwendbarkeit einer Rechtsvorschrift nicht kennt, so handelt er nicht vorwerfbar, wenn er diesen Irrtum nicht vermeiden konnte.**

Literatur: Karlsruher Kommentar zum Ordnungswidrigkeitenrecht, 2006; *Klesczewski*, Ordnungswidrigkeitenrecht, 2010.

Jede Norm enthält Tatbestandsvoraussetzungen, z. B. „Insiderinformation", „veröffentlichen" etc. Hierzu zählt auch die Bestimmung der Täterqualität. § 20a WpHG, das Verbot der Kurs- und Marktpreismanipulation richtet sich an jedermann, „Es ist verboten (...)", gleiches gilt für das Insiderhandelsverbot nach § 14 WpHG, „wer (...)". 1

Demgegenüber gibt es im Recht der Ordnungswidrigkeiten eine besonders große Vielzahl an Sonderdelikten, etwa der „Inlandsemittent" oder „wer 3% (...)" (§ 21 Abs. 1, 1a WpHG) oder der „Bieter" i.S.v. § 60 WpÜG. Ebenso können gesetzliche oder gewillkürte Vertreter gem. § 9 OWiG taugliche Täter sein. D.h. der jeweils von einer Norm Betroffene muss wissen, was für ihn gilt. Kennt der Täter die Umstände der Tat, glaubt er jedoch, die Norm gelte nicht für ihn, so kommt ein Verbotsirrtum gem. § 11 Abs. 2 OWiG in Betracht. 2

Glaubt der Täter er sei nicht Inlandsemittent oder glaubt der Täter in Ansehung des § 21 Abs. 1, 1a WpHG er sei nur Inhaber von 2,5% der Stimmrechtsanteile, könnte ein Tatbestandsirrtum vorliegen, § 11 Abs. 1 S. 1 OWiG, mit der Folge, es könnte lediglich ein Fahrlässigkeitsvorwurf zu erheben sein, § 11 Abs. 1 S. 2 OWiG. 3

Kennt der Inlandsemittent das Vorliegen einer Insiderinformation, z. B. eine interne bahnbrechende Erfindung in seinem Unternehmen, (noch) nicht, so kann ihm kein Vorwurf im Sinne von § 15 Abs. 1 WpHG iVm § 39 Abs. 2 WpHG gemacht werden. 4

Dem Inlandsemittent fehlt die Kenntnis eines Tatbestandsmerkmals. Liegt auch keine Sorgfaltspflichtverletzung i.S.v. § 11 Abs. 1 S. 2 OWiG, § 39 Abs. 2 WpHG vor, scheidet eine Strafbarkeit aus. Ob dennoch ein Verstoß gegen § 130 OWiG vorliegt, ist auch eine Frage des Einzelfalles. 5

Auch die Unkenntnis einer behördlichen Einzelanordnung, etwa der BaFin, kann zu einem Tatbestandsirrtum führen. Die einzelne Anordnung der BaFin ist als Tatbestandsmerkmal, so sie denn einen Ordnungswidrigkeitentatbestand betrifft, anzusehen (KK-OWiG-*Rengier*, § 11 Rn. 27; *Klesczewski*, Rn. 197). 6

Bei Irrtümern im Zusammenhang mit **unechten Unterlassungsdelikten** ist folgende Unterscheidung von großer Bedeutung: Der Irrtum über die Garantenstellung ist ein Tatbestandsirrtum i.S.v. § 11 Abs. 1 S. 1 OWiG. Der Irrtum über Garantenpflicht ist ein Verbotsirrtum i.S.v. § 11 Abs. 2 OWiG. 7

Ein **Tatbestandsirrtum** liegt danach z. B. vor, wenn der Täter nicht weiß, dass in seinem Unternehmen eine meldepflichtige Stimmrechtsschwelle auf sonstige Weise i.S.v. § 21 WpHG überschritten wurde und in Folge der Unkenntnis eine Meldung gegenüber dem Emittenten und der BaFin unterlässt. Ein Verbots- 8 irrtum liegt vor, wenn der Täter weiß, dass eine Stimmrechtsschwelle i.S.v. § 21 WpHG überschritten wurde, er indes die Vorstellung hat, nicht er, sondern ein anderer sei von der Meldepflicht betroffen.

9   Nach § 11 Abs. 2 OWiG liegt ein **Verbotsirrtum** vor, wenn dem Täter bei Begehung der Handlung die Einsicht fehlt, etwas Unerlaubtes zu tun. Diese fehlende Einsicht liegt insbesondere vor, wenn der Täter das Bestehen oder die Anwendbarkeit einer Rechtsvorschrift nicht kennt (zur Abgrenzung von Tatbestands- und Verbotsirrtum vgl. BGHSt 50, 331; OLG Hamm Beschl. v. 11.3.2008, Az. 3 Ss OWi 687/07; Thür. OLG, Beschl. v. 1.11.2005, Az. 1 Ss 222/05). Wer „die Vorstellung hat, seine Verhaltensweise verstoße möglicherweise gegen gesetzliche Vorschriften, und diese Möglichkeit in seinen Willen aufnimmt, kann sich nicht auf fehlende Einsicht, unerlaubtes zu tun, berufen" (BGHSt 27, 196).

10   Ist der Irrtum unvermeidbar, handelt der Täter nicht vorwerfbar, d.h. er ist straffrei, obwohl er tatbestandsmäßig und rechtswidrig gehandelt hat. Ist der Irrtum vermeidbar, bleibt die Vorwerfbarkeit – im Strafrecht Schuld – bestehen. Der Irrtum ist jedoch bei der Strafzumessung mildernd zu berücksichtigen.

11   Während in der Praxis ein Verbotsirrtum nur äußerst selten vorkommt, stellen die Gerichte in der überragenden Mehrheit eine Vermeidbarkeit fest. Hinsichtlich der Vermeidbarkeit i.S.v. § 11 Abs. 2 OWiG gilt die gleiche Rechtsprechung, die zu § 17 StGB entwickelt wurde.

12   Der BGH (BGHSt 21, 18) beschreibt die **Vermeidbarkeit** wie folgt:

> *„Danach ist der Irrtum unüberwindlich, wenn der Täter trotz der ihm nach den Umständen des Falles, seiner Persönlichkeit sowie seinem Lebens- und Berufskreis zumutbaren Anspannung des Gewissens die Einsicht in das Unrechtmäßige seines Handelns nicht zu gewinnen vermochte (...). Das setzt voraus, dass er alle seine geistigen Erkenntniskräfte eingesetzt und etwa auftauchenden Zweifeln durch Nachdenken und erforderlichenfalls durch Einholung von Rat beseitigt hat (...). Hätte der Täter bei gehöriger Anspannung seines Gewissens das Unrechtmäßige seines Tuns erkennen können, so ist ein Verbotsirrtum verschuldet."*

13   Geht man davon aus, dass Ordnungswidrigkeiten nicht im Gewissen zu erreichen sind, so ist die Entscheidung dahingehend auszulegen, dass Nachdenken und Erkundigungen erforderlich sind, um das richtige Werturteil zu finden (BGHSt 2, 194; 4, 1; BGH StV 1984, 461). In der Praxis wird demjenigen, der sich auf einen Verbotsirrtum beruft, regelmäßig entgegen gehalten, er hätte **Rechtsrat einholen** müssen. Eine vertrauenswürdige und verlässliche Auskunftsperson hat der BGH (BGHSt 40, 257, 264; BayObLG NJW 1989, 1774) wie folgt beschrieben:

> *„Eine zuständige, sachkundige, unvoreingenommene Person, die mit der Erteilung der Auskunft keinerlei Eigeninteresse verfolgt und die Gewähr für eine objektive, sorgfältige, pflichtgemäße und verantwortungsbewusste Auskunftserteilung bietet."*

14   Auch die Erkundigungspflicht kann delegiert werden. Dann ist der Erkundigungspflichtige gehalten, eine geeignete Person zur Erkundigung auszuwählen und zu überwachen. Die Erkundigungspflicht im Zusammenhang mit der Vermeidbarkeit eines Irrtums ist nicht höchstpersönlich (KG NJW 1958, 921).

15   Erkundigungspflichten bestehen nicht nur im Zusammenhang mit einer konkret aufgetretenen Rechtsfrage (OLG Stuttgart, Justiz 2011, 341; AG Frankfurt am Main ZIP 2008, 2313), sondern es besteht die Pflicht für den Unternehmer, den Emittenten, den Vorstand, sich auf dem Laufenden zu halten und sich bereits

vor Gesellschaftsaufnahme über die geltende Rechtslage in der Branche zu informieren (KK-OWiG-*Rengier*, §11 Rn. 65 f.).

Für Tätigkeiten mit Wertpapierhandel ist die **BaFin** eine zuständige und kompetente Ansprechpartnerin zur Vermeidung von Verbotsirrtümern. Der BaFin wird – wie jeder Behörde – in der Rechtsprechung eine große Vertrauenswürdigkeit beigemessen. Eine unrichtige Auskunft seitens einer Behörde findet zwar nicht automatisch zum Vorliegen eines unvermeidbaren Verbotsirrtums, allerdings darf von einer großen Wahrscheinlichkeit ausgegangen werden (KK-OWiG-*Rengier*, § 11 Rn. 68 ff.). Ähnliches gilt auch für den Rat eines Rechtsanwalts. Zwar gehört ein Jurist auch zu den fachkundigen Stellen, allerdings führt seine unrichtige Antwort auch nicht ohne weiteres zu einem unvermeidbaren Verbotsirrtum. Die Vermeidbarkeit ist stets eine Einzelfallentscheidung. Das WpHG gehört zu einem juristischen Spezialgebiet; ein Fachanwalt für Transportrecht müsste seine Kompetenz auf dem Gebiet des Wertpapierhandels im Streitfall unter Umständen erklären.

Ein qualifizierter Ratgeber ist auch der **Syndikusanwalt.** Zwar wird ihm 17 stets kritisch begegnet, da seine Objektivität durch das arbeitsrechtliche Abhängigkeitsverhältnis getrübt sein kann, allerdings ist dem entgegen zu halten, dass gerade der Hausjurist Schaden von seinem Unternehmen fernhalten will – mit blauäugiger Rechtsauslegung ist dies nicht zu erreichen; sie würde sich im Prozess „rächen."

Fraglich ist, ob die bloße unterlassene Erkundigung für die Annahme der 18 Vermeidbarkeit des Verbotsirrtums genügt (so BGHSt 21, 18; OLG Köln NJW 1974, 1830; dagegen OLG Celle, NJW 1977, 1644; BayObLG NJW 1989, 1744; OLG Köln wistra 1984, 119) oder ob zusätzlich die Feststellung getroffen werden muss, die Erkundigung hätte tatsächlich zu der Einsicht geführt Verbotenes zu tun.

Für das Erfordernis einer weiteren Kausalitätsprüfung spricht folgende Konstel- 19 lation: Zwei Täter handeln rechtswidrig, indem sie unabhängig voneinander das Gleiche tun. Einer hat sich zuvor bei der BaFin erkundigt, der andere nicht. Der Rat der BaFin war aus Sicht der Rechtsprechung unzutreffend. Gäbe es das zitierte Korrektiv nicht, würde die bloße Erkundigung über die Strafbarkeit entscheiden; es läge ein neues Tatbestandsmerkmal vor. Derjenige, der sich bei der BaFin einen falschen Rat eingeholt hat, kommt in den Genuss eines sanktionslosen unvermeidbaren Verbotsirrtums; derjenige, der sich nicht erkundigt hat und das Gleiche macht, wäre zu ahnden (vgl. auch zu diesem Beispiel: KK-OWiG-*Rengier* § 11 Rn. 97 ff.).

E. § 31 Verfolgungsverjährung

(1) **Durch die Verjährung werden die Verfolgung von Ordnungswidrigkeiten und die Anordnung von Nebenfolgen ausgeschlossen. § 27 Abs. 2 Satz 1 Nr. 1 bleibt unberührt.**

(2) **Die Verfolgung von Ordnungswidrigkeiten verjährt, wenn das Gesetz nichts anderes bestimmt,**

1. **in drei Jahren bei Ordnungswidrigkeiten, die mit Geldbuße im Höchstmaß von mehr als fünfzehntausend Euro bedroht sind,**
2. **in zwei Jahren bei Ordnungswidrigkeiten, die mit Geldbuße im Höchstmaß von mehr als zweitausendfünfhundert bis zu fünfzehntausend Euro bedroht sind,**

3. in einem Jahr bei Ordnungswidrigkeiten, die mit Geldbuße im Höchstmaß von mehr als eintausend bis zu zweitausendfünfhundert Euro bedroht sind,
4. in sechs Monaten bei den übrigen Ordnungswidrigkeiten.

(3) Die Verjährung beginnt, sobald die Handlung beendet ist. Tritt ein zum Tatbestand gehörender Erfolg erst später ein, so beginnt die Verjährung mit diesem Zeitpunkt.

Literatur: *Assmann/Schneider,* Kommentar zum Wertpapierhandelsgesetz, 2009; *Bohnert,* Ordnungswidrigkeitenrecht, 2008; *von Briel,* Der Beginn der Strafverfolgungsverjährung bei Steuerstraftaten- und -ordnungswidrigkeiten, SAM 2006, 115; *Fischer,* Kommentar zum Strafgesetzbuch, 2011; *Göhler,* Ordnungswidrigkeitengesetz, 2009; Karlsruher Kommentar zum Ordnungswidrigkeitenrecht, 2006; Kölner Kommentar zum Wertpapierhandelsgesetz, 2007; *Mitsch,* Recht der Ordnungswidrigkeiten, 2005; *Trüstedt,* Das Verbot der Börsenkursmanipulation, Diss. 2004; *Wolter,* Zur dreijährigen Verjährungsfrist der §§ 130, 31, 131 OWiG – ein Beitrag zur Gesetzesauslegung.

Übersicht

I. Grundsatz

1   Verjährung bedeutet, dass nach Ablauf einer Frist eine Tat nicht mehr als Straftat oder Ordnungswidrigkeit verfolgt werden darf. Nach einer in § 31 OWiG und 78 StGB definierten Zeit besteht kein staatliches Interesse mehr an der Verfolgung und Ahndung; es soll **Rechtsfrieden** eintreten können (*Mitsch,* S. 235; KK-OWiG-*Weller,* § 31 Rn. 2).

2   Die Verfolgungsverjährung von **Ordnungswidrigkeiten** nach dem **WpHG** beträgt gem. § 31 Abs. 2 Ziff. 1 OWiG **drei Jahre.** Straftaten nach § 38 Abs. 1, 2 WpHG verjähren nach fünf Jahren, § 78 Abs. 3 Ziff. 4 StGB. Für Straftaten nach § 38 Abs. 4 WpHG beträgt die Verjährungsfrist drei Jahre, § 78 Abs. 5 StGB.

II. Verjährungsbeginn

3   Die Verjährung beginnt, sobald die Handlung **beendet** ist, § 31 Abs. 3 S. 1 OWiG (BGH MDR 1982, 461; zum Verjährungsbeginn des § 130 OWiG *Wolter,* GA 2010, 441; zum Verjährungsbeginn bei Steuerordnungswidrigkeiten *von Briel,* SAM 2006, 115). Tritt ein zum Tatbestand gehörender Erfolg erst später ein, so beginnt die Verjährung mit diesem Zeitpunkt, § 31 Abs. 3 S. 2 OWiG. Im WpHG existieren zahlreiche Tatbestände, die Handlungspflichten auferlegen, wie z. B. Mitteilungs-, Veröffentlichungs-, Übermittlungs- und Aufzeichnungspflichten. Unterlässt der Normadressat die vorgesehenen Verhaltensweisen, begeht er ein echtes Unterlassungsdelikt.

Die Verjährung eines **echten Unterlassungsdelikts** beginnt mit dem Wegfall **4**
der Handlungspflicht (RGSt 59, 6, 7; BGHSt 28, 371). Die **Handlungspflicht
erlischt,** wenn der Normadressat seine Haftungsbegründende Stellung verliert,
z. B. durch Kündigung oder Versetzung oder wenn der Täter die gebotene Handlung nachholt.

Die Handlungspflicht erlischt und die Verjährungsfrist wird auch in Gang **5**
gesetzt, wenn die zuständige Stelle **anderweitig Kenntnis** von der geforderten
Information erhält (BayObLG NJW 1991, 711). Verschiedene Tatbestände im
WpHG setzen eine Frist zur Vornahme einer Handlung, etwa eine Mitteilung
oder Übermittlung.

In dieser Konstellation ist für den Beginn der Verjährungsfrist nicht der Zeit- **6**
punkt der rechtlichen Vollendung der Ordnungswidrigkeit, sondern ihre tatsächliche Beendigung maßgebend (BGHSt 28, 371). D.h., bei **Dauerdelikten** beginnt
die Verjährungsfrist mit Wegfall des rechtswidrigen Zustands (BGHSt 20, 227).
Die Verjährung beginnt mithin nicht nach Ablauf der Dreitagesfrist, sondern erst
dann, wenn die geforderte Handlung erfolgt ist (OLG Stuttgart GewArch 1984,
84) oder die Pflichterfüllung entbehrlich geworden ist (BGHSt 28, 371; Köln-
Komm-*Altenhain,* § 39 Rn. 57).

Bei **fahrlässigen, durch Unterlassen begangenen Dauerordnungswid- 7
rigkeiten** beginnt die Verjährung i.S.v. § 31 OWiG, sobald sich der Täter seiner
Handlungspflicht nicht mehr bewusst ist (BayObLG NJW 1991, 711). Dies
setzt voraus, dass der Täter seine Handlungspflicht kennt, er ihr aber in Folge einer
Sorgfaltspflichtverletzung nicht nachkommt. Vergisst er schließlich obendrein die
ihm obliegende Pflicht, hat er sie nicht mehr im Gedächtnis, so beginnt die
Verjährung (BayObLG NJW 1991, 711; OLG Stuttgart GewArch 1984, 84;
KölnKomm-*Altenhain,* § 39 Rn. 57).

Bestehen Zweifel bei der Bestimmung des Beginns oder der Unterbre- **8**
chung der Verjährungsfrist, ist nach dem Prinzip **in dubio pro reo** zu
Gunsten des Betroffenen zu entscheiden (BGHSt 18, 274; OLG Düsseldorf,
VRS 87, 142).

Bei der Berechnung der Frist aus § 31 Abs. 3 OWiG ist der Tag der Tatbege- **9**
hung mitzuzählen. Die Frist endet an dem im Kalender vorhergehenden Tag
(OLG Karlsruhe VRS 57, 114). § 43 Abs. 2 StPO gilt nicht bei der Berechnung
der Verfolgungsverjährung; somit kann das Fristende auch auf einen Sonn- oder
Feiertag fallen (*Göhler-Gürtler,* § 31 Rn. 16; *Bohnert,* S. 56).

III. Landespresserechtliche Verjährung

Ob kurze landespresserechtliche Verjährungsfristen die strafrechtlichen bzw. **10**
ordnungswidrigkeitenrechtlichen Verjährungsfristen verdrängen, ist eine Frage des
Einzelfalles (*Assmann/Schneider-Vogel,* § 38 Rn. 87; *Trüstedt,* S. 165 ff.; BGH NJW
1995, 892).

Nach § 12 Abs. 1 HessPresseG gilt eine **sechsmonatige Verjährungsfrist, 11**
falls durch **Druckwerke** Straftaten oder – mit Einschränkungen – Ordnungswidrigkeiten begangen werden (die kurzen Verjährungsfristen der Landespressegesetze
gelten im Ordnungswidrigkeitenrecht analog, wenn die bußgeldrechtliche Relevanz allein im Inhalt des Druckwerks liegt (InhaltsOWi), BGHSt 28, 53; *Göhler-
Gürtler,* § 31 Rn. 7).

1. Druckwerk

12   Denkbar ist, dass durch falsche Mitteilungen, irreführende Angaben, etc. in Druckwerken Straftaten und Ordnungswidrigkeiten nach dem WpHG begangen werden. Dann schließt sich die Prüfung an, ob ein Druckwerk im Sinne des jeweiligen Landespressegesetzes vorliegt. Von der Anwendung des **hessischen Landespressegesetzes** sind Druckerzeugnisse ausgenommen, die ausschließlich Zwecken des Gewerbes dienen, § 4 Abs. 1 HessPresseG. An dieser Stelle scheitert auch die Einbeziehung von Prospekten i.S.v. § 264a StGB in die kurze presserechtliche Verjährungsfrist (BGH NJW 1995, 892).

13   Das **bayerische Landespressegesetz** beispielsweise fasst den Begriff des Druckwerks weiter als das hessische Landespressegesetz (vgl. zu den Unterschieden *Trüstedt,* S. 165 ff.), so dass zu prüfen ist, welches Landespressegesetz Anwendung findet.

14   Verjährung ist ein **Verfahrenshindernis.** Verfahrenshindernisse werden nicht nach dem Recht des Tatortes, sondern nach dem Recht des erkennenden Gerichts beurteilt (BGH NJW 1952, 1146; *Fischer,* vor §§ 3 bis 7 Rn. 27). Bei der Auslegung der landesgesetzlichen Regelungen im Zusammenhang mit der Frage, ob ein Presseinhaltsdelikt (RGSt 66, 145, BGHSt 26, 40) vorliegt, wird zu berücksichtigen sein, dass die kurze Verjährungsfrist der ungestörten Ausübung der Pressefreiheit dient (BGHSt 26, 40). Maßgeblich ist, in welchem Verhältnis die Begehungsweise eines Insiderhandels oder einer Kurs- und Marktpreismanipulation durch ein Druckwerk im Verhältnis zur Pressefreiheit steht.

15   Außerdem kann zur Auslegung die Begründung eines Gesetzesentwurfs (BT-Drs. 14/8017, S. 161) herangezogen werden, dergemäß für Kursmanipulation durch Druckwerke die kurzen presserechtlichen Verjährungsfristen gerade nicht gelten sollen. Der Gesetzgeber erkannte die Gefahr, dass zwischen Tathandlung und der Feststellung des täuschenden falschen Inhalts nicht selten ein Zeitraum von mehr als sechs Monaten liegen könnte und damit eine Strafverfolgung auf diesem Gebiet leer liefe (BT-Drs. 14/8017, S. 161).

2. Verjährungsbeginn

16   Bei der Berechnung der landespresserechtlichen Verjährungsfristen ist zu beachten, dass diese im Zeitpunkt der ersten Verbreitungshandlung, des **Erscheinens des Druckwerks** beginnt (vgl. hierzu die Regelungen der jeweiligen Landespressegesetze; vgl. auch BGH NJW 1977, 305). Verbreitung bedeutet die Weitergabe des Druckwerkes an einen „größeren Personenkreis", der nicht öffentlich zu sein braucht (BGHSt 19, 63; 13, 257).

17   Durch den Eintritt der Verfolgungsverjährung entsteht ein Prozesshindernis, dass in jedem Stadium des Verfahrens von Amts wegen zu berücksichtigen ist (OVG Berlin-Brandenburg NZV 2009, 103). Im Ermittlungsverfahren stellt die BaFin eine verjährte Ordnungswidrigkeit gem. § 46 Abs. 1 OWiG iVm § 170 Abs. 2 StPO ein (*Bohnert,* S. 58). Erkennt die Staatsanwaltschaft im Zwischenverfahren, dass die Tat verjährt ist, so stellt sie gem. § 69 Abs. 4 S. 2 OWiG ein. Im Hauptverfahren stellt das Amtsgericht außerhalb der Hauptverhandlung oder im schriftlichen Verfahren nach § 46 Abs. 1 OWiG iVm § 206a StPO ein. In der Hauptverhandlung ist nach § 71 OWiG iVm § 260 Abs. 3 OWiG einzustellen.

18   Da das Rückwirkungsverbot nicht für das Strafverfahrensrecht gilt, ist eine rückwirkende Verlängerung noch nicht abgelaufener Verjährungsfristen zulässig. Allerdings führt die Beachtung des Rechtsstaatsprinzips dazu, dass für bereits abgeschlossene Sachverhalte die Rückwirkung von Verjährungsfristen zum Nachteil des Betroffenen unzulässig ist (BVerfGE 25, 269, 289; 46, 188, 192).

F. § 32 Ruhen der Verfolgungsverjährung

(1) **Die Verjährung ruht, solange nach dem Gesetz die Verfolgung nicht begonnen oder nicht fortgesetzt werden kann. Dies gilt nicht, wenn die Handlung nur deshalb nicht verfolgt werden kann, weil Antrag oder Ermächtigung fehlen.**

(2) **Ist vor Ablauf der Verjährungsfrist ein Urteil des ersten Rechtszuges oder ein Beschluß nach § 72 ergangen, so läuft die Verjährungsfrist nicht vor dem Zeitpunkt ab, in dem das Verfahren rechtskräftig abgeschlossen ist.**

Literatur: Karlsruher Kommentar zum Ordnungswidrigkeitenrecht, 2006; *Klesczewski,* Ordnungswidrigkeitenrecht, 2010.

Eine Verjährung gem. § 31 OWiG kann nicht eintreten, wenn das Verfahren **1** ruht. Die Verjährung ruht gem. § 32 Abs. 1 OWiG, solange nach dem Gesetz die Verfolgung nicht begonnen oder nicht fortgesetzt werden kann. Durch das anfängliche Ruhen der Verfolgungsverjährung wird die **Verfolgungsverjäh-rungsfrist hinausgeschoben** oder eine bereits in Gang gesetzte Verjährungsfrist wird vorübergehend zum Stillstand gebracht. Mit dem Aufheben des Ruhens beginnt die Verfolgungsverjährung zu laufen bzw. weiter zu laufen. Das Ruhen der Verfolgungsverjährung führt nicht zum Lauf der Verfolgungsverjährungsfrist von vorne (KK-OWiG- *Weller,* § 32 Rn. 4; *Klesczewski,* Rn. 806).

Ruhensgründe sind rechtliche Verfolgungshindernisse, die in der Person des **2** Täters, etwa im Falle von Diplomaten, oder im Verfahren liegen können (BVerfGE 7, 29, 36; OLG Düsseldorf NJW 1968, 117). Ein Normenkontrollverfahren gem. Art. 100 GG führt beispielsweise zum Ruhen der Verjährung.

G. § 33 Unterbrechung der Verfolgungsverjährung

(1) **Die Verjährung wird unterbrochen durch**
1. **die erste Vernehmung des Betroffenen, die Bekanntgabe, daß gegen ihn das Ermittlungsverfahren eingeleitet ist, oder die Anordnung dieser Vernehmung oder Bekanntgabe,**
2. **jede richterliche Vernehmung des Betroffenen oder eines Zeugen oder die Anordnung dieser Vernehmung,**
3. **jede Beauftragung eines Sachverständigen durch die Verfolgungsbehörde oder den Richter, wenn vorher der Betroffene vernommen oder ihm die Einleitung des Ermittlungsverfahrens bekanntgegeben worden ist,**
4. **jede Beschlagnahme- oder Durchsuchungsanordnung der Verfolgungsbehörde oder des Richters und richterliche Entscheidungen, welche diese aufrechterhalten,**
5. **die vorläufige Einstellung des Verfahrens wegen Abwesenheit des Betroffenen durch die Verfolgungsbehörde oder den Richter sowie**

jede Anordnung der Verfolgungsbehörde oder des Richters, die nach einer solchen Einstellung des Verfahrens zur Ermittlung des Aufenthalts des Betroffenen oder zur Sicherung von Beweisen ergeht,

6. jedes Ersuchen der Verfolgungsbehörde oder des Richters, eine Untersuchungshandlung im Ausland vorzunehmen,

7. die gesetzlich bestimmte Anhörung einer anderen Behörde durch die Verfolgungsbehörde vor Abschluß der Ermittlungen,

8. die Abgabe der Sache durch die Staatsanwaltschaft an die Verwaltungsbehörde nach § 43,

9. den Erlaß des Bußgeldbescheides, sofern er binnen zwei Wochen zugestellt wird, ansonsten durch die Zustellung,

10. den Eingang der Akten beim Amtsgericht gemäß § 69 Abs. 3 Satz 1 und Abs. 5 Satz 2 und die Zurückverweisung der Sache an die Verwaltungsbehörde nach § 69 Abs. 5 Satz 1,

11. jede Anberaumung einer Hauptverhandlung,

12. den Hinweis auf die Möglichkeit, ohne Hauptverhandlung zu entscheiden (§ 72 Abs. 1 Satz 2),

13. die Erhebung der öffentlichen Klage,

14. die Eröffnung des Hauptverfahrens,

15. den Strafbefehl oder eine andere dem Urteil entsprechende Entscheidung.

Im selbständigen Verfahren wegen der Anordnung einer Nebenfolge oder der Festsetzung einer Geldbuße gegen eine juristische Person oder Personenvereinigung wird die Verjährung durch die dem Satz 1 entsprechenden Handlungen zur Durchführung des selbständigen Verfahrens unterbrochen.

(2) Die Verjährung ist bei einer schriftlichen Anordnung oder Entscheidung in dem Zeitpunkt unterbrochen, in dem die Anordnung oder Entscheidung unterzeichnet wird. Ist das Schriftstück nicht alsbald nach der Unterzeichnung in den Geschäftsgang gelangt, so ist der Zeitpunkt maßgebend, in dem es tatsächlich in den Geschäftsgang gegeben worden ist.

(3) Nach jeder Unterbrechung beginnt die Verjährung von neuem. Die Verfolgung ist jedoch spätestens verjährt, wenn seit dem in *§ 31 Abs. 3* bezeichneten Zeitpunkt das Doppelte der gesetzlichen Verjährungsfrist, mindestens jedoch zwei Jahre verstrichen sind. Wird jemandem in einem bei Gericht anhängigen Verfahren eine Handlung zur Last gelegt, die gleichzeitig Straftat und Ordnungswidrigkeit ist, so gilt als gesetzliche Verjährungsfrist im Sinne des Satzes 2 die Frist, die sich aus der Strafdrohung ergibt. *§ 32* bleibt unberührt.

(4) Die Unterbrechung wirkt nur gegenüber demjenigen, auf den sich die Handlung bezieht. Die Unterbrechung tritt in den Fällen des Absatzes 1 Satz 1 Nr. 1 bis 7, 11 und 13 bis 15 auch dann ein, wenn die Handlung auf die Verfolgung der Tat als Straftat gerichtet ist.

Literatur: *Burhoff,* Handbuch für das straßenverkehrsrechtliche Ordnungswidrigkeitenverfahren, 2006; Karlsruher Kommentar zum Ordnungswidrigkeitengesetz, 2006; *Klesczewski,* Ordnungswidrigkeitenrecht, 2010.

Die Verjährungsfrist kann durch die in § 33 Abs. 1 Ziff. 1 bis 15 OWiG abschlie- **1** ßend aufgezählten Handlungen unterbrochen werden. Eine wirksame Unterbrechung führt dazu, dass die **Verjährungsfrist von neuem** beginnt, § 33 Abs. 3 S. 1 OWiG. Mehrere Unterbrechungshandlungen können die Verjährungsfrist immer wieder verlängern. Ein Ende findet diese Praxis in der absoluten Verjährung, die eintritt, wenn die doppelte Zeit der gesetzlichen Verjährungsfrist verstrichen ist, § 33 Abs. 3 S. 2 OWiG (*Klesczewski,* Rn. 809). Die absolute Verjährungsfrist von Ordnungswidrigkeiten nach dem WpHG beträgt somit sechs Jahre.

Für Straftaten nach § 38 Abs. 1, 2 WpHG gilt eine absolute Verjährungsfrist **2** von zehn Jahren. Straftaten nach § 38 Abs. 4 WpHG sind nach sechs Jahren absolut verjährt.

Ein Urteil oder Beschluss gem. § 72 OWiG lässt die Verjährung ruhen, § 32 **3** Abs. 2 OWiG.

Die Unterbrechung wirkt nur gegenüber demjenigen auf den sich die Hand- **4** lung nach § 33 Abs. 1 Ziff. 1 bis 15 OWiG bezieht, § 33 Abs. 4 S. 1 OWiG (§ 33 Abs. 4 S. 1 OWiG entspricht § 78c Abs. 4 StGB; vgl. auch BGHSt 42, 283; OLG Hamm Beschl. v. 5.3.2009, Az. 3 Ss OWi 860/08). Dabei muss die Person namentlich bekannt sein, um die Verjährung ihr gegenüber wirksam zu unterbrechen. Ein Schreiben der BaFin an „die Firma" unterbricht nicht die Verfolgungsverjährung gegenüber dem der Verfolgungsbehörde zu diesem Zeitpunkt noch unbekannten Täter (OLG Brandenburg, NZV 1998, 424).

Eine Verjährungsunterbrechung kommt auch nur dann in Betracht, wenn der **5** Adressat als Betroffener angesehen wird und nicht bloß etwa als Zeuge (OLG Hamm MDR 2000, 210).

Ist eine Handlung gleichzeitig Straftat und Ordnungswidrigkeit und erfolgt **6** keine Verurteilung wegen der Straftat, so ist eine Verurteilung wegen der Ordnungswidrigkeit nur möglich, wenn diese nicht verjährt ist. Beispiel: Angeklagt ist eine Kurs- und Marktpreismanipulation gem. § 20a WpHG iVm § 38 WpHG. Eine tatsächliche Beeinflussung des Preises steht zur Überzeugung des Gerichts nicht fest. Mithin verbleibt eine Ordnungswidrigkeit gem. § 39 WpHG.

Bei der **Berechnung** der Verjährungsfrist der Ordnungswidrigkeit ist zu beach- **7** ten, dass verschiedene Unterbrechungshandlungen im Strafverfahren auch die Verjährungsunterbrechung der Ordnungswidrigkeit bewirken, § 33 Abs. 4 S. 2 OWiG. Durch die Gleichstellung sollen doppelspurige Unterbrechungshandlungen vermieden werden (OLG Stuttgart NJW 1976, 2223).

Der **Katalog der Unterbrechungshandlungen** nach § 33 Abs. 1 Ziff. 1 bis 15 **8** OWiG ist abschließend. An dieser Stelle soll nur auf einige wenige Besonderheiten hingewiesen werden:

– Das brandenburgische Oberlandesgericht vertritt die Auffassung (OLG Brandenburg NStZ-RR 1999, 279), dass die Übersendung von Gutachtenablichtungen an den Betroffenen zur Stellungnahme die Verjährung unterbricht, weil darin eine Anordnung der richterlichen Vernehmung des Betroffenen i.S.v. § 33 Abs. 1 Ziff. 2 OWiG zu sehen sei. Diese Auffassung ist sehr zweifelhaft (so *Burhoff-Gübner,* Rn. 2169).

– Eine rechtswidrige Durchsuchung unterbricht nicht die Verjährung gem. § 33 Abs. 1 Ziff. 4 OWiG (vgl. zur rechtswidrigen Durchsuchung AG Stuttgart NZV 2002, 330). Eine Durchsuchung ist u.a. rechtswidrig, wenn der Durchsuchungsbeschluss rechtswidrig ist. Dieser kann rechtswidrig sein, wenn er verfassungsrechtlichen Mindestanforderungen nicht gerecht wird. Dies ist beispielsweise der Fall, wenn Durchsuchungs- und Beschlagnahmeanordnungen weder die dem Betroffenen zu Last gelegten Taten benennen, noch die beweiserheblichen Unterlagen hinreichend konkret bezeichnen, sondern nur von den Unterlagen sprechen, die zur Aufklärung eines nicht näher bezeichneten Sachverhalts dienlich sind (BGH StV 2000, 477).

– Nach § 33 Abs. 1 Ziff. 9 OWiG unterbricht der Erlass des Bußgeldbescheids die Verjährung, sofern er binnen zwei Wochen zugestellt wird. In dieser Konstellation ist das Datum des Erlasses des Bußgeldbescheides verjährungsunterbrechend und nicht etwa das Datum der Zustellung. Das Datum der Zustellung ist erst dann verjährungsunterbrechend, wenn zwischen Erlass und Zustellung mehr als 14 Tage liegen. Die Verjährung wird durch einen Bußgeldbescheid nur unterbrochen, wenn er wirksam ist und wirksam zugestellt wurde (KK-OWiG-Weller, § 33 Rn. 75 ff.; OLG Koblenz ZfS 2005, 263). § 33 Abs. 1 Ziff. 9 OWiG regelt die Frage, ab wann die Verjährung eines wirksamen und wirksam zugestellten Bußgeldbescheids beginnt. Eine fehlerhafte Ersatzzustellung unterbricht die Verjährung nicht (OLG Koblenz ZfS 2005, 363). Die Heilung eines Zustellungsmangels durch tatsächlichen Zugang schließt § 51 Abs. 5 S. 3 OWiG für die Zustellung des Bußgeldbescheides aus; § 189 ZPO gilt nicht.

9 Erfolgt die Zustellung des Bußgeldbescheides an den Verteidiger, so ist sie unwirksam, wenn sich zu diesem Zeitpunkt keine Vollmacht bei den Akten befindet. Voraussetzung für die Zustellung an den Verteidiger ist nicht nur ein Verteidigungsverhältnis, es muss sich vielmehr die Vollmacht des Verteidigers in den Akten befinden (BGHSt 41, 303; OLG Düsseldorf VRS 105, 438; OLG Stuttgart NStZ 1998, 193).

H. § 34 Vollstreckungsverjährung

(1) **Eine rechtskräftig festgesetzte Geldbuße darf nach Ablauf der Verjährungsfrist nicht mehr vollstreckt werden.**

(2) **Die Verjährungsfrist beträgt**

1. **fünf Jahre bei einer Geldbuße von mehr als eintausend Euro,**
2. **drei Jahre bei einer Geldbuße bis zu eintausend Euro.**

(3) **Die Verjährung beginnt mit der Rechtskraft der Entscheidung.**

(4) **Die Verjährung ruht, solange**

1. **nach dem Gesetz die Vollstreckung nicht begonnen oder nicht fortgesetzt werden kann,**
2. **die Vollstreckung ausgesetzt ist oder**
3. **eine Zahlungserleichterung bewilligt ist.**

(5) **Die Absätze 1 bis 4 gelten entsprechend für Nebenfolgen, die zu einer Geldzahlung verpflichten. Ist eine solche Nebenfolge neben einer Geldbuße angeordnet, so verjährt die Vollstreckung der einen Rechtsfolge nicht früher als die der anderen.**

1 Von der Verfolgungsverjährung, § 31 OWiG ist die Vollstreckungsverjährung, § 34 OWiG zu unterscheiden. Nach Ablauf der Vollstreckungsverjährungsfrist darf eine Geldbuße nicht mehr vollstreckt werden. Auch der Verfall nach § 29a OWiG unterliegt der Vollstreckungsverjährung, § 34 Abs. 5 OWiG. Die Frist beginnt mit Rechtskraft der Entscheidung, § 34 Abs. 3 OWiG. Die Vollstreckungsverjährungsfrist beträgt bei Geldbußen über 1 000 € fünf Jahre. Dies dürfte bei Ordnungswidrigkeiten nach dem WpHG regelmäßig der Fall sein.

Kapitel 2: Bußgeldverfahren

Wertpapierhandelsgesetz

A. § 4 Aufgaben und Befugnisse

(1) Die Bundesanstalt für Finanzdienstleistungsaufsicht (Bundesanstalt) übt die Aufsicht nach den Vorschriften dieses Gesetzes aus. Sie hat im Rahmen der ihr zugewiesenen Aufgaben Missständen entgegenzuwirken, welche die ordnungsgemäße Durchführung des Handels mit Finanzinstrumenten oder von Wertpapierdienstleistungen oder Wertpapiernebendienstleistungen beeinträchtigen oder erhebliche Nachteile für den Finanzmarkt bewirken können. Sie kann Anordnungen treffen, die geeignet und erforderlich sind, diese Missstände zu beseitigen oder zu verhindern.

(2) Die Bundesanstalt überwacht die Einhaltung der Verbote und Gebote dieses Gesetzes und kann Anordnungen treffen, die zu ihrer Durchsetzung geeignet und erforderlich sind. Sie kann den Handel mit einzelnen oder mehreren Finanzinstrumenten vorübergehend untersagen oder die Aussetzung des Handels in einzelnen oder mehreren Finanzinstrumenten an Märkten, an denen Finanzinstrumente gehandelt werden, anordnen, soweit dies zur Durchsetzung der Verbote und Gebote dieses Gesetzes oder zur Beseitigung oder Verhinderung von Missständen nach Absatz 1 geboten ist.

(3) Die Bundesanstalt kann von jedermann Auskünfte, die Vorlage von Unterlagen und die Überlassung von Kopien verlangen sowie Personen laden und vernehmen, soweit dies auf Grund von Anhaltspunkten für die Überwachung der Einhaltung eines Verbots oder Gebots dieses Gesetzes erforderlich ist. Sie kann insbesondere die Angabe von Bestandsveränderungen in Finanzinstrumenten sowie Auskünfte über die Identität weiterer Personen, insbesondere der Auftraggeber und der aus Geschäften berechtigten oder verpflichteten Personen, verlangen. Gesetzliche Auskunfts- oder Auskunfts- oder Aussageverweigerungsrechte sowie gesetzliche Verschwiegenheitspflichten bleiben unberührt.

(4) Während der üblichen Arbeitszeit ist Bediensteten der Bundesanstalt und den von ihr beauftragten Personen, soweit dies zur Wahrnehmung ihrer Aufgaben erforderlich ist, das Betreten der Grundstücke und Geschäftsräume der nach Absatz 3 auskunftspflichtigen Personen zu gestatten. Das Betreten außerhalb dieser Zeit oder wenn die Geschäftsräume sich in einer Wohnung befinden, ist ohne Einverständnis nur zulässig und insoweit zu dulden, wie dies zur Verhütung von dringenden Gefahren für die öffentliche Sicherheit und Ordnung erforderlich ist und bei der auskunftspflichtigen Person Anhaltspunkte für einen Verstoß gegen ein Verbot oder Gebot dieses Gesetzes vorliegen. Das Grundrecht des Artikels 13 des Grundgesetzes wird insoweit eingeschränkt.

(5) Die Bundesanstalt hat Tatsachen, die den Verdacht einer Straftat nach § 38 begründen, der zuständigen Staatsanwaltschaft unverzüglich

anzuzeigen. Sie kann die personenbezogenen Daten der Betroffenen, gegen die sich der Verdacht richtet oder die als Zeugen in Betracht kommen, der Staatsanwaltschaft übermitteln, soweit dies für Zwecke der Strafverfolgung erforderlich ist. Die Staatsanwaltschaft entscheidet über die Vornahme der erforderlichen Ermittlungsmaßnahmen, insbesondere über Durchsuchungen, nach den Vorschriften der Strafprozessordnung. Die Befugnisse der Bundesanstalt nach den Absätzen 2 bis 4 bleiben hiervon unberührt, soweit dies für die Vornahme von Verwaltungsmaßnahmen oder zur Erfüllung von Ersuchen ausländischer Stellen nach § 7 Abs. 2, Abs. 2b Satz 1 oder Abs. 7 erforderlich ist und soweit eine Gefährdung des Untersuchungszwecks von Ermittlungen der Strafverfolgungsbehörden oder der für Strafsachen zuständigen Gerichte nicht zu besorgen ist.

(6) Die Bundesanstalt kann eine nach den Vorschriften dieses Gesetzes gebotene Veröffentlichung oder Mitteilung auf Kosten des Pflichtigen vornehmen, wenn die Veröffentlichungs- oder Mitteilungspflicht nicht, nicht richtig, nicht vollständig oder nicht in der vorgeschriebenen Weise erfüllt wird.

(7) Widerspruch und Anfechtungsklage gegen Maßnahmen nach den Absätzen 1 bis 4 und 6 haben keine aufschiebende Wirkung.

(8) Adressaten von Maßnahmen nach den Absätzen 2 bis 4, die von der Bundesanstalt wegen eines möglichen Verstoßes gegen ein Verbot nach § 14 oder nach § 20a vorgenommen werden, dürfen andere Personen als staatliche Stellen und solche, die auf Grund ihres Berufs einer gesetzlichen Verschwiegenheitspflicht unterliegen, von diesen Maßnahmen oder von einem daraufhin eingeleiteten Ermittlungsverfahren nicht in Kenntnis setzen.

(9) Der zur Erteilung einer Auskunft Verpflichtete kann die Auskunft auf solche Fragen verweigern, deren Beantwortung ihn selbst oder einen der in § 383 Abs. 1 Nr. 1 bis 3 der Zivilprozessordnung bezeichneten Angehörigen der Gefahr strafgerichtlicher Verfolgung oder eines Verfahrens nach dem Gesetz über Ordnungswidrigkeiten aussetzen würde. Der Verpflichtete ist über sein Recht zur Verweigerung der Auskunft zu belehren und darauf hinzuweisen, dass es ihm nach dem Gesetz freistehe, jederzeit, auch schon vor seiner Vernehmung, einen von ihm zu wählenden Verteidiger zu befragen.

(10) Die Bundesanstalt darf ihr mitgeteilte personenbezogene Daten nur zur Erfüllung ihrer aufsichtlichen Aufgaben und für Zwecke der internationalen Zusammenarbeit nach Maßgabe des § 7 speichern, verändern und nutzen.

(11) Die Bundesanstalt kann zur Erfüllung ihrer Aufgaben auch Wirtschaftsprüfer oder Sachverständige bei Ermittlungen oder Überprüfungen einsetzen.

Literatur: *Assmann/Schneider,* Kommentar zum Wertpapierhandelsgesetz, 2009; *Bohnert,* Ordnungswidrigkeitenrecht, 2008; *Benner,* Konsequenzen der Zentralisierungsbestrebungen der Wertpapiermarktaufsicht, ZRP 2001, 450; *Fuchs,* Kommentar zum Wertpapierhandelsgesetz, 2009; *Göhler,* Aus der Rechtsprechung zum Gesetz über Ordnungswidrigkeiten, NStZ

1994, 71; *Hecker,* Verwertungsverbot infolge unterlassener Betroffenenbelehrung?, NJW 1997, 1833; *Hohnel,* Selbstbelastungsfreiheit in der Insolvenz, NZI 2005, 152; Karlsruher Kommentar zum Ordnungswidrigkeitengesetz, 2006; Kölner Kommentar zum Wertpapierhandelsgesetz, 2007; *Meyer-Goßner,* Kommentar zur Strafprozessordnung, 53. Aufl., 2010; *Mitsch,* Recht der Ordnungswidrigkeiten, 2005; *Schröder,* Kapitalmarktstrafrecht, 2010; *Schlachter,* Fristlose Kündigung wegen Whistleblowing – Schutz der Meinungsfreiheit vor dem EGMR, RdA 2012, 109; *Schröder,* Kapitalmarktstrafrecht, 2010; *Schröder/Hansen,* Die Ermittlungsbefugnisse der BaFin nach § 44c KWG und ihr Verhältnis zum Strafprozessrecht, ZBB 2003, 113; *Szesny,* Finanzmarktaufsicht und Strafprozess, Diss. 2007.

Übersicht

I. Anhaltspunkte § 4 Abs. 3 WpHG

Die Verwaltungsbehörde nimmt Ermittlungen gegen einen Betroffenen auf, **1** wenn der Anfangsverdacht einer Ordnungswidrigkeit besteht. Dabei gelten im Bußgeldverfahren wegen des Verdachts des Verstoßes gegen das WpHG – soweit das OWiG und das WpHG nichts anderes bestimmen – die gleichen Vorschriften der allgemeinen Gesetze über das Strafverfahren, namentlich der StPO und des GVG, § 46 Abs. 1 OWiG.

Die **BaFin** ist die zuständige Verwaltungsbehörde für die Verfolgung und **2** Ahndung von Ordnungswidrigkeiten nach dem WpHG, § 40 WpHG iVm §§ 36 Abs. 1 Ziff. 1, 35 OWiG. Sie hat die gleichen Rechte und Pflichten wie die Staatsanwaltschaft (vgl. zum Verhältnis BaFin und Staatsanwaltschaft im Rahmen strafrechtlicher Ermittlungen, *Benner* ZRP 2001, 450) bei der Verfolgung von Straftaten, soweit das OWiG oder das WpHG nichts anderes bestimmen, § 46 Abs. 2 OWiG.

Die BaFin überwacht die Einhaltung der Gebote und Verbote des WpHG, **3** § 4 Abs. 3 WpHG. Sie untersucht die Kursbildung und Umsatzentwicklung und überprüft selbständig die Einhaltung der Pflichten des WpHG. Zu ihren Erkenntnisquellen gehören auch Hinweise der Bevölkerung, sog. whistle blowing (zur fristlosen Kündigung wegen whistle blowing EuGH NJW 2011, 3501; Schlachter, RdA 2012, 109), Mitteilungen von Handelsüberwachungsstellen sowie von nationalen und internationalen Behörden.

Die BaFin hat als Ordnungsbehörde **Missständen entgegenzuwirken,** wel- **4** che die ordnungsgemäße Durchführung des Handels mit Finanzinstrumenten, Wertpapierdienstleistungen oder Wertpapiernebendienstleistungen beeinträchtigen oder erhebliche Nachteile für den Finanzmarkt bewirken können, § 4 Abs. 1 S. 2 WpHG. Ein Missstand im Sinne des WpHG sind Verhaltensweisen oder Umstände, welche die ordnungsgemäße Durchführung des Handels mit Finanzinstrumenten, Wertpapierdienstleistungen oder Wertpapiernebendienstleistungen beeinträchtigen oder erhebliche Nachteile für den Finanzmarkt bewirken können (*Assmann/Schneider-Dreyling/Döhmel,* § 4 Rn. 16). Liegt ein Missstand vor, kann die BaFin Anordnungen treffen, die geeignet und erforderlich sind, diesen Missstand zu beseitigen oder zu verhindern, § 4 Abs. 1 S. 3 WpHG. Bei der Gestaltung dieser Anordnungen und Ermittlungen ist die BaFin innerhalb der gesetzlichen Regeln frei. Die BaFin kann von jedermann Auskünfte, die Vorlage von Unterlagen und die Überlassung von Kopien verlangen sowie Personen laden und vernehmen, soweit dies aufgrund von Anhaltspunkten für die Überwachung der Einhaltung eines Verbots oder Gebots des WpHG erforderlich ist, § 4 Abs. 3 WpHG.

5   Den Begriff „Anhaltspunkte" definiert das Gesetz nicht. Er wird jedoch weitgehend dem **Anfangsverdacht** i.S.v. § 152 Abs. 2 StPO gleichgesetzt (vgl. zum Stand der Diskussion *Szesny*, S. 45 ff.; *Assmann/Schneider-Dreyling-Döhmel*, § 4 Rn. 29; *Schröder*, Rn. 729 sieht die Schwelle unterhalb des strafprozessualen Anfangsverdachts; vgl. zur außerordentlichen Kündigung gem. § 626 Abs. 2 BGB anlässlich des Verdachts einer Straftat, hier: Bilanzfälschung u.a., BAG NJW 1994, 1675; fehlerhafter Anfangsverdacht und Amtshaftung OLG Frankfurt Urt. v. 26.3.2003 Az. 1 LI 18/2). Ein Anfangsverdacht gem. § 152 Abs. 2 StPO liegt vor, wenn kriminalistische Erfahrungen das Vorliegen einer strafbaren Handlung als möglich erscheinen lassen (BVerfG, Nichtannahmebeschl. v. 21.4.2010, Az. 2 BvR 504/08, 2 BvR 1193/08; OLG Düsseldorf, Beschl. v. 5.5.2010, Az. IV – 4 RBs 143/09). Liegt der Anfangsverdacht einer Ordnungswidrigkeit vor, ermittelt die BaFin den Sachverhalt. Besteht demgegenüber der Anfangsverdacht einer Straftat nach § 38 WpHG, zeigt die BaFin dies unverzüglich der zuständigen Staatsanwaltschaft an, § 4 Abs. 5 WpHG. Die Staatsanwaltschaft leitet dann die Ermittlungen. Allerdings erfolgt in der Regel weiterhin eine enge Zusammenarbeit zwischen Staatsanwaltschaft und BaFin bei der Aufklärung von Straftaten.

6   Das Vorverfahren endet, wenn die BaFin die Erkenntnis gewonnen hat, es sind alle Tatbestandvoraussetzungen einer Ordnungswidrigkeit vorwerfbar erfüllt oder sie stellt fest, dass nach Ausschöpfung aller Erkenntnismittel eine Ordnungswidrigkeit nicht verwirklicht wurde. Die BaFin kann also einen Bußgeldbescheid erlassen, § 65 OWiG oder einstellen. Für die BaFin gilt der Grundsatz freier Beweiswürdigung (*Bohnert*, S. 85). Der Ermittlungsaufwand liegt im Ermessen der BaFin, § 47 Abs. 1 OwiG und orientiert sich am Grad des Vorwurfs. Unabhängig vom Grad der Erkenntnis und der Sachverhaltsaufklärung kann ein Verfahren auch stets aus Opportunitätsgründen eingestellt werden, § 47 OWiG.

7   Eine Verfahrensbeendigung in Form einer Einstellung gegen Auflage i.S.v. § 153a StPO ist im Recht der Ordnungswidrigkeiten ausgeschlossen, § 47 Abs. 3 OWiG. Ein durch die BaFin eingestelltes Verfahren kann jederzeit wieder aufgenommen werden; eine Einstellung erzeugt keine Bindungswirkung.

8   Sobald der Verdacht einer Straftat besteht, nimmt die Staatsanwaltschaft Ermittlungen auf, § 160 Abs. 1 StPO. Dabei ist die Staatsanwaltschaft im Strafverfahren auch für die Verfolgung der Tat unter dem rechtlichen Gesichtspunkt einer Ordnungswidrigkeit zuständig, § 40 OWiG. Diese Vorschrift regelt die Zuständigkeitskollision zwischen Staatsanwaltschaft und Verwaltungsbehörde, da ein und dieselbe Tat sowohl Straftatbestände, als auch Bußgeldvorschriften erfüllen kann (KK-OWiG-*Lampe* § 40 Rn. 1). Eine Tat im verfahrensrechtlichen Sinn ist ein „einheitlicher Lebensvorgang" (RGSt 56, 324; BVerfGE 45, 434; BGHSt 23, 141). Daneben ist der prozessuale Tatbegriff von entscheidender Bedeutung zur Bestimmung der Rechtskraft einer Entscheidung.

9   Bestehen demgegenüber nur Anhaltspunkte für das Vorliegen einer Ordnungswidrigkeit, ist die Verwaltungsbehörde – für Ordnungswidrigkeiten nach dem WpHG die BaFin – für Ermittlungen zuständig.

Es gehört zum Wesen des Ermittlungsverfahrenes, dass sich rechtliche Gesichts- 10
punkte der Tat verändern. Es werden z. B. Erkenntnisse gewonnen, die belegen,
dass entgegen der ersten Annahme keine Ordnungswidrigkeit, sondern eine Straftat vorliegt. Oder die Ermittlungen ergeben, dass der Anfangsverdacht einer Straftat ausgeräumt ist, doch es verbleibt der Verdacht des Vorliegens einer Ordnungswidrigkeit. In dieser Konstellation findet ein Wechsel der Verfahrensart statt.
Dieser Wechsel zieht einen Wechsel der Verfahrensordnungen mit sich. Grundsätzlich werden Ordnungswidrigkeiten nach dem Verfahrensrecht des OWiG verhandelt. Zwar verweist § 46 OWiG auf die StPO und andere Verfahrensvorschriften, aber es gelten im Bußgeldverfahren zahlreiche Besonderheiten des OWiG.
Straftaten werden verfahrensrechtlich nach der StPO behandelt, das OWiG gilt
hier nicht. Das Verfahrensrecht des OWiG ist lex spezialis gegenüber der StPO
und anderen Verfahrensarten (*Mitsch,* S. 209).

Der Übergang vom Bußgeld– ins Strafverfahren ist jederzeit möglich, § 81 11
OWiG, auch noch im Rechtsmittelverfahren (BGH NJW 1988, 3162).

Daneben können Straftaten und Ordnungswidrigkeiten auch in einem Ermitt- 12
lungsverfahren zusammengefasst werden. Die prozessuale Zusammenfassung von
Ordnungswidrigkeiten und Straftaten ist nach § 42 OWiG möglich, wenn:
– Ein Täter mehrere Taten begangen hat.
– Eine Tat durch mehrere Beteiligte begangen wurde.
Die Staatsanwaltschaft soll unter diesen Voraussetzungen nur die Verfolgung 13
von Ordnungswidrigkeiten übernehmen, wenn dies zur Beschleunigung des
Verfahrens oder wegen des Sachzusammenhangs oder aus anderen Gründen für
die Ermittlungen sachdienlich ist. Ein Verfahrenswechsel ist im Ermittlungsver-
fahren jederzeit möglich. Namentlich soll auf folgende Konstellation eingegan-
gen sein:
Stellt der Staatsanwalt das Strafverfahren gem. §§ 153 ff. StPO oder § 170 Abs. 2 14
StPO ein und verbleibt der Verdacht einer Ordnungswidrigkeit, gibt er das Verfahren gem. § 43 Abs. 1 OWiG an die BaFin ab.

II. Auskunft und Unterlagen

Adressat des § 4 Abs. 3 WpHG ist jedermann. **Jedermann** ist grundsätzlich zur 15
Auskunft verpflichtet (*Assmann/Schneider-Dreyling/Döhmel,* § 4 Rn. 42). Das heißt,
jedermann kann grundsätzlich Adressat einer vollziehbaren Anordnung der BaFin
werden, jedenfalls im Hinblick auf § 4 Abs. 3 S. 1 WpHG.

Nach § 4 Abs. 3 WpHG kann die BaFin von jedermann die Erteilung von 16
Auskünften, die Vorlage von Urkunden und die Überlassung von Kopien verlangen. Außerdem kann sie jedermann laden und vernehmen. Voraussetzung für
dieses Verlangen bzw. die Anordnung ist das Vorliegen von Anhaltspunkten für
einen Verstoß gegen das WpHG und die Maßnahme muss **zur Aufklärung** des
Verdachts **erforderlich** sein. Der Wortlaut in § 4 Abs. 3 WpHG („Anhaltspunkte") fordert einen niedrigeren Verdachtsgrad als der des strafprozessualen
Anfangsverdachts (KölnKomm-Altenhain, § 4 Rn. 11). Jedermann ist jede natürliche oder juristische Person oder Personenvereinigung (KölnKomm-Altenhain,
§ 4 Rn. 113).

Neben der Anwendung des unmittelbaren Zwanges zur Durchsetzung der 17
vollziehbaren Anordnung kommt auch die Festsetzung eines **Zwangsgeldes** bis
zu 250.000 € in Betracht, § 17 S. 4 FinDAG. Die Ersatzvornahme scheidet aus,

da die Pflichten aus § 4 Abs. 3 WpHG unvertretbare Handlungen sind. Die Polizei hat bei Bedarf Amtshilfe zu leisten, § 15 Abs. 2 S. 2 VwVG.

18   Einem Auskunftsverlangen der BaFin handelt zuwider, wer keine oder verspätet Auskunft erteilt oder unvollständige Auskünfte erteilt. Ebenso handelt zuwider, wer Unterlagen oder Kopien nicht, nicht vollständig, unrichtig oder verspätet vorlegt (zur Herausgabe von E-Mails vgl. VG Frankfurt am Main WM 2009, 948). Einer Ladung der BaFin handelt zuwider, wer ihr unentschuldigt nicht nachkommt.

19   Nach § 4 Abs. 3 S. 3 WpHG bestehen gesetzliche Auskunfts- und Aussageverweigerungsrechte sowie die gesetzlichen Verschwiegenheitspflichten auch gegenüber der BaFin. Zudem besteht nach § 4 Abs. 9 WpHG ein Auskunftsverweigerungsrecht, sofern sich der Verpflichtete im Falle wahrheitsgemäßer Beantwortung von Fragen selbst oder einen der in § 383 Abs. 1 Ziff. 1–3 ZPO bezeichneten Angehörigen der Gefahr strafrechtlicher Verfolgung oder eines Verfahrens nach dem Gesetz über Ordnungswidrigkeiten aussetzen würde.

20   Von dem Auskunftsverlangen **ausgeschlossen** sind **Rechtsanwälte,** die mit dem Betroffenen in einem **Mandatsverhältnis** stehen oder standen, § 43a Abs. 2 BRAO. Banken dürften regelmäßig über begehrte Informationen hinsichtlich Ermittlungen zu Sekundärinsidern und Strohmännern etc. (Identität, PIN, TAN etc.) verfügen. Bankmitarbeiter sind – so ihnen weder ein Zeugnis- noch ein Auskunftsverweigerungsrecht i.S.v. § 4 Abs. 9 WpHG zur Seite steht – auskunftspflichtig (Begr. Reg. 2. FFG zu § 16 Abs. 2; BT Drs. 12/6679, S. 49 f.; *Schröder* Rn. 734).

21   § 4 Abs. 9 S. 2 WpHG enthält eine Belehrungspflicht der BaFin gegenüber den Betroffenen bzw. Beschuldigten. Diese Regel entspricht § 136 StPO.

22   Unterbleibt eine Belehrung durch die BaFin, gilt im Strafverfahren Folgendes: Kannte der Beschuldigte sein Recht zum Schweigen nicht und erfolgte eine Vernehmung, so entsteht ein **Beweisverwertungsverbot,** wenn er rechtzeitig **widerspricht** (sog. Widerspruchslösung, BGHSt 38, 214; 42, 15). Ob diese Grundsätze auch auf das Ordnungswidrigkeitenverfahren übertragen werden können, ist durch die Rechtsprechung noch nicht entschieden und in der Literatur (dafür: *Hecker* NJW 1997, 1833; dagegen: *Göhler* NStZ 1994, 71) streitig. Aufgrund der inhaltlichen Nähe von Ordnungswidrigkeiten und Straftatbeständen erscheint es vorzugswürdig, Verfahrensregelungen zum Schutze eines Verdächtigen auch auf das Ordnungswidrigkeitenrecht zu übertragen; dies umso mehr, weil es vereinzelt nur vom Zufall abhängt, ob ein Verhalten als Ordnungswidrigkeit oder Straftatbestand eingeordnet wird. Ein solcher Zufall kann sich nicht zu Lasten des Verdächtigen auswirken.

23   Ermittelt die BaFin gegen eine juristische Person oder Personenvereinigung zur Verhängung einer Geldbuße gem. § 30 OWiG, so steht der juristischen Person oder Personenvereinigung im Vorverfahren kein Schweigerecht zu. Das Bundesverfassungsgericht (BVerfGE 95, 220) hat entschieden, der Nemo-Tenetur-Grundsatz gelte nur für natürliche Personen. Die Selbstbelastungsfreiheit sei Bestandteil der Menschenwürde. § 30 OWiG will lediglich – so die ratio legis – einen Ausgleich für Vorteile die der Tat entstammen schaffen. Im gerichtlichen Verfahren über die Festsetzung einer Geldbuße gegen eine juristische Person oder Personenvereinigung gem. § 30 OWiG, haben diese das Recht zu schweigen, §§ 444 Abs. 2 S. 2, 433 Abs. 1 S. 1 StPO.

24   Die BaFin kann zur Ermittlung von verdächtigen Sachverhalten die Angabe von **Bestandsveränderungen** der Finanzinstrumente verlangen, § 4 Abs. 3 S. 2

WpHG. Diese Ermittlungsmaßnahme gibt Aufschlüsse über Depotbestände, Käufe und Verkäufe. Dies wiederum erlaubt Schlüsse, ob Insiderhandel oder Kurs- und Marktpreismanipulation stattgefunden haben. Dabei kann bereits der Zeitpunkt der Depoteröffnung ein Indiz für Insiderhandel darstellen, wenn etwa der Verdacht besteht, das Depot wurde eigens für ein Insiderhandelsgeschäft eröffnet. Außerdem zeigt eine solche Abfrage das übliche Marktverhalten des Betroffenen; weicht es im Zusammenhang mit einer verdächtigen Transaktion ab, kann auch darin ein Indiz für eine Ordnungswidrigkeit oder Straftat erblickt werden (*Assmann/Schneider-Dreyling/Döhmel,* § 4 Rn. 42 ff.).

Zudem können bei dem Einblick in Konten und Depots weitere Bevollmäch- **25** tigte bekannt werden. Auch dieser Personenkreis eröffnet weitere Ermittlungsansätze.

Als weitere gesetzlich anerkannte Ermittlungstätigkeit der BaFin dient die Vor- **26** lage von Unterlagen und die Überlassung von Kopien, § 4 Abs. 3 WpHG. Dieser Eingriff ähnelt dem Vorlageverfahren nach § 44c Abs. 1 KWG, so dass die Auslegung hierzu ergänzend herangezogen werden kann. Die BaFin kann jedermann verpflichten, sachdienliche Unterlagen, d.h. Schriftstücke, Orderzettel, **Computerdateien** und Tonbänder, **vorzulegen** (*Assmann/Schneider-Dreyling/Döhmel,* § 4 Rn. 46; Begr. RegE AnSVG zu § 4, BT-Drs. 15/3174, S. 30). Die Vorlage hat an dem Ort zu erfolgen, an dem die Schriftstücke üblicherweise aufbewahrt werden (vgl. *Szesny,* S. 43 u.a. mit dem Hinweis auf das Vorlageverfahren gem. § 811 Abs. 1 S. 1 BGB). § 4 Abs. 3 WpHG gestattet nicht die Mitnahme der Unterlagen; der Vorlagepflichtige muss lediglich auf seine Kosten der BaFin auf Wunsch Kopien zur Verfügung stellen (Begr. RegE AnSVG zu § 4, BT-Drs. 15/3174, S. 30). Im Rahmen des Vorlageverfahrens wird die BaFin vor Ort – je nach Tatverdacht – auch das Insiderverzeichnis, § 15b WpHG, in Augenschein nehmen.

Im Vorlageverfahren besteht weder für Zeugen noch für den Betroffenen **27** bzw. Beschuldigten ein Recht, die Mitwirkung zu verweigern. Das bedeutet, auch der Tatverdächtige muss auf Verlangen der BaFin gegebenenfalls ihn belastende Unterlagen herausgeben (VG Berlin NJW 1988, 1105; vgl. auch BVerfGE 56, 37; kritisch *Schröder* Rn. 740 ff.; ebenfalls kritisch *Hohnel* NZI 2005, 152). Ob die BaFin Auskunft oder Vorlage wählt, unterfällt ihrer kriminalistischen Erfahrung. Ermittelt die BaFin wegen des Verdachts einer Ordnungswidrigkeit oder Straftat i.S.v. § 14 WpHG oder §20a WpHG, so sind Adressaten von Maßnahmen nach § 4 Abs. 2 bis 4 WpHG zur Verschwiegenheit verpflichtet. Adressaten von Maßnahmen können in einem Strafprozess den Status eines Angeklagten oder Zeugen einnehmen. Diese werden zum **Schweigen** gesetzlich verpflichtet, § 4 Abs. 8 WpHG, um die Ermittlungen nicht etwa durch Verdunklungshandlungen zu gefährden. **Bankmitarbeiter** dürfen daher Kunden über das Ermittlungsverfahren der BaFin nicht unterrichten. Eine Ausnahme von der Schweigepflicht gilt gegenüber staatlichen Stellen oder Rechtsanwälten. Dem von der Schweigepflicht Betroffenen soll Gelegenheit gegeben werden, Rechtsrat einzuholen.

III. Betreten

Nach § 39 Abs. 3 Ziff. 3 WpHG handelt ordnungswidrig, wer vorsätzlich oder **28** fahrlässig entgegen § 4 Abs. 4 S. 1 oder 2 WpHG oder § 37o Abs. 5 S. 1 WpHG ein Betreten nicht gestattet oder nicht duldet.

29   Den Mitarbeitern der BaFin ist es gestattet, Geschäftsräume auskunftspflichtiger Personen zu betreten, § 4 Abs. 4 WpHG. Betreten bedeutet nicht durchsuchen, prüfen oder besichtigen, sondern lediglich, dass die Überwachungsperson die Umgrenzung des fraglichen räumlichen Gebildes überschreitet und sich körperlich auf das Grundstück in den Raum begibt (*Fuchs-Schlette/Bouchon*, § 4 Rn. 81; *Schröder* Rn. 748 ff.).

30   Als „übliche Arbeitszeit" gilt wohl die Zeit von montags bis freitags von 8.00 Uhr bis 18.00 Uhr (*Fuchs-Schlette/Bouchon*, § 4 Rn. 82).

31   Das Betreten außerhalb der üblichen Arbeitszeit und von Geschäftsräumen in einer Wohnung (Wohnzimmerbetrieb) ist nur zur Verhütung dringender Gefahren für die öffentliche Sicherheit und Ordnung zulässig, § 4 Abs. 4 S. 2 WpHG. Eine Anmeldung der BaFin ist nicht erforderlich (*Fuchs-Schlette/Bouchon*, § 4 Rn. 84).

32   Eine Überraschung könnte aus Sicht der BaFin den Erfolg der Maßnahme schneller herbeiführen. Zweck des Betretens ist die Aufforderung der BaFin an das Unternehmen Auskünfte zu erteilen und Unterlagen vorzulegen (*Fuchs-Schlette/ Bouchon*, § 4 Rn. 81).

33   Verweigert der Unternehmensinhaber oder eine nach § 9 OWiG gleichgestellte natürliche Person Zutritt oder Herausgabe, kann die BaFin vor Ort eine **Duldungsverfügung** zum Betreten erlassen oder durch Ersatzvornahme oder unmittelbaren Zugang die Herausgabe durchsetzen.

34   Ein Widerspruch hat keine aufschiebende Wirkung, § 4 Abs. 7 WpHG. Die vorsätzliche oder fahrlässige Missachtung einer vorbezeichneten Anordnung der BaFin stellt eine Ordnungswidrigkeit gem. § 39 Abs. 3 Ziff. 2 WpHG dar.

35–36   Um vorlagepflichtige Unterlagen einzusehen, hat die BaFin die Berechtigung, Grundstücke von Adressaten einer solchen Maßnahme zu betreten, § 4 Abs. 4 WpHG.

IV. Durchsuchung und Beschlagnahme

37   Das WpHG enthält keine Rechtsgrundlagen zur Durchsuchung oder Sicherstellung. Liegt der Verdacht einer Straftat nach § 38 WpHG vor, so hat die BaFin die **Staatsanwaltschaft** zu unterrichten. Die Staatsanwaltschaft entscheidet sodann über weitere prozessuale Maßnahmen wie z. B. Durchsuchung und Sicherstellung. Die Verweisung des § 46 Abs. 1 OWiG auf die sinngemäße Anwendung der Vorschriften der StPO erlaubt auch bei Ordnungswidrigkeiten eine Durchsuchung, §§ 102 ff., und eine Sicherstellung oder Beschlagnahme, §§ 94 ff. (Grundlegend LG Kiel Beschl. v. 17.9.2003, Az. 37 QS OWi 69/03; zur Durchsuchung bei Vollstreckung aus Bußgeldbescheid VG Neustadt, Beschl. v. 16.3.2010, Az. 4 N 249/10 NW; *Schröder/Hansen* ZBB 2003, 113).

38   Eine Durchsuchung ist im Ordnungswidrigkeitenverfahren zur Feststellung der Person eines Verdächtigen und zum Auffinden von Beweismitteln und Einziehungsgegenständen, §§ 111b Abs. 3 StPO iVm § 46 Abs. 1 OWiG zulässig.

39   Für den Erlass eines Durchsuchungsbeschlusses ist das Amtsgericht zuständig, in dessen Bezirk durchsucht werden soll (LG Arnsberg, Beschl. v. 10.6.2009, Az. 2 AR 3/09), § 46 OWiG iVm § 162 Abs. 1 StPO. Sollen Durchsuchungen in mehreren Amtsgerichtsbezirken – in der Praxis häufig gleichzeitig – durchgeführt werden, ist das Amtsgericht Frankfurt am Main für sämtliche Beschlüsse zuständig, § 1 Abs. 3 FinDAG.

Gegen die **richterliche Anordnung** der Durchsuchung ist die **Beschwerde,** 40
§§ 304 ff. StPO zulässig (*Fuchs-Waßmer* § 40 Rn. 29; LG Hagen Beschl. v.
12.11.2009, Az. 46 Qs 30/09).

Eine Beschlagnahme nach §§ 94 f. StPO iVm § 46 Abs. 1 OWiG kommt sodann 41
zur Sicherung von Beweisstücken und Gegenständen, die der Einziehung unterliegen in Betracht (*Göhler-Seitz,* vor § 59 Rn. 68).

Die Beschlagnahme von Postsendungen und Telegrammen sowie Auskunfts- 42
ersuchen über Umstände, die dem Post- und Fernmeldegeheimnis unterliegen,
sind gem. § 46 Abs. 3 S. 1 OWiG unzulässig. Bei dieser Vorschrift handelt es
sich um eine gesetzliche Ausprägung des Verhältnismäßigkeitsgrundsatzes. Mithin gelten §§ 99, 100 StPO nicht im Ordnungswidrigkeitenverfahren. Die BaFin
und die Staatsanwaltschaft dürfen keine Behördenauskünfte gem. § 161 Abs. 1
StPO zur Erforschung des Sachverhalts einholen, auch Telefonüberwachungs-
maßnahmen gem. §§ 100a ff. StPO sind unzulässig (KK-OWiG-*Lampe,* § 46
Rn. 44).

Durchsuchung und Beschlagnahme sind – geht es um ein Strafverfahren – 43
aufgrund eines richterlichen Beschlusses und bei Gefahr in Verzug durch die
BaFin zulässig, §§ 46 Abs. 2 OWiG iVm §§ 98 Abs. 1, 105 Abs. 1 StPO. Erfolgte
die Durchsuchung, weil Gefahr in Verzug vorlag, also die Einhaltung des an sich
vorgesehenen Verfahrens den Erfolg der Maßnahme vereitelt hätte, ist innerhalb
von drei Tagen eine richterliche Bestätigung zu beantragen, § 46 Abs. 1 OWiG
iVm § 98 Abs. 2 OWiG. Die richterliche Beschlagnahmeanordnung kann mit
der Beschwerde gem. §§ 304 ff. StPO angefochten werden (*Fuchs-Waßmer,* § 40
Rn. 29).

Ein **Beschlagnahmeverbot** nach § 97 StPO besteht für schriftliche Mittei- 44
lungen zwischen dem Betroffenen und auskunfts- und zeugnisverweigerungsberechtigten Personen, §§ 52, 53 StPO. Ebenso unterliegen Gegenstände, auf die
sich das Zeugnisverweigerungsrecht gem. § 53 StPO bezieht, einem Beschlagnahmeverbot. Demgemäß unterliegt das berufliche Verhältnis zwischen dem
Betroffenen und seinem Rechtsanwalt, Steuerberater und Wirtschaftsprüfer
gem. § 46 Abs. 1 OWiG iVm §§ 97 Abs. 1, 53 Abs. 1 Ziff. 3 StPO einem besonderen Schutz.

Verteidigungsunterlagen sind zudem gem. § 46 Abs. 1 OWiG iVm § 148 45
StPO **beschlagnahmefrei** (vgl. zur Durchsuchung und Beschlagnahme von
Beweismitteln eines Ordnungswidrigkeitenverfahrens in einer Kanzlei, LG Ver-
den NStZ 2005, 527). Die Missachtung der Beschlagnahmefreiheit führt zu einem
Beweisverwertungsverbot (BGHSt 18, 227; *Meyer-Goßner* § 97 Rdn. 46a).

Wertpapierhandelsgesetz

B. § 10 Anzeige von Verdachtsfällen

(1) **Wertpapierdienstleistungsunternehmen, andere Kreditinstitute,
Kapitalanlagegesellschaften und Betreiber von außerbörslichen Märkten,
an denen Finanzinstrumente gehandelt werden, haben bei der Feststellung von Tatsachen, die den Verdacht begründen, dass mit einem
Geschäft über Finanzinstrumente gegen ein Verbot oder Gebot nach § 14,
§ 20a, § 30h oder § 30j verstoßen wird, diese unverzüglich der Bundesan-**

stalt mitzuteilen. Sie dürfen andere Personen als staatliche Stellen und solche, die auf Grund ihres Berufs einer gesetzlichen Verschwiegenheitspflicht unterliegen, von der Anzeige oder von einer daraufhin eingeleiteten Untersuchung nicht in Kenntnis setzen.

(2) Die Bundesanstalt hat Anzeigen nach Absatz 1 unverzüglich an die zuständigen Aufsichtsbehörden derjenigen organisierten Märkte innerhalb der Europäischen Union oder des Europäischen Wirtschaftsraums weiterzuleiten, an denen die Finanzinstrumente nach Absatz 1 gehandelt werden. Der Inhalt einer Anzeige nach Absatz 1 darf von der Bundesanstalt nur zur Erfüllung ihrer Aufgaben verwendet werden. Im Übrigen darf er nur zum Zweck der Verfolgung von Straftaten nach § 38 sowie für Strafverfahren wegen einer Straftat, die im Höchstmaß mit einer Freiheitsstrafe von mehr als drei Jahren bedroht ist, verwendet werden. Die Bundesanstalt darf die Identität einer anzeigenden Person nach Absatz 1 anderen als staatlichen Stellen nicht zugänglich machen. Das Recht der Bundesanstalt nach § 40b bleibt unberührt.

(3) Wer eine Anzeige nach Absatz 1 erstattet, darf wegen dieser Anzeige nicht verantwortlich gemacht werden, es sei denn, die Anzeige ist vorsätzlich oder grob fahrlässig unwahr erstattet worden.

(4) Das Bundesministerium der Finanzen kann durch Rechtsverordnung, die nicht der Zustimmung des Bundesrates bedarf, nähere Bestimmungen erlassen über die Form und den Inhalt einer Anzeige nach Absatz 1. Das Bundesministerium der Finanzen kann die Ermächtigung durch Rechtsverordnung auf die Bundesanstalt für Finanzdienstleistungsaufsicht übertragen.

Literatur: *Assmann/Schneider,* Kommentar zum Wertpapierhandelsgesetz, 2009; Kölner Kommentar zum Wertpapierhandelsgesetz, 2007; *Schröder,* Kapitalmarktstrafrecht, 2010.

1   Die Norm richtet sich an Kreditinstitute, Kapitalanlagegesellschaften und Betreiber von außerbörslichen Märkten, an denen Finanzinstrumente gehandelt werden. Stellt ein solcher Mitarbeiter Tatsachen fest, die den Verdacht des Verstoßes gegen §§ 14, 20, 30h oder 30j WpHG (§ 30h WpHG und § 30j WpHG gelten seit dem 27.7.2010) begründen, ist er verpflichtet, diesen **Verdacht der BaFin mitzuteilen.** Diese Vorschrift ist geeignet Berater, die in enger Beziehung zu ihren Kunden stehen, in Konflikte zu bringen.

2–3   Die Tatbestandsvoraussetzung ein „Geschäft über Finanzinstrumente" bedeutet, dass nur „transaktionsbezogene Marktmissbrauchshandlungen" (KölnKomm-*Heinrich,* § 10 Rn. 28) von § 14 WpHG und § 20a WpHG umfasst sind. Damit ist der Insiderhandel i.S.v. § 14 Abs. 1 Ziff. 1 WpHG und nicht jede Marktmanipulation i.S.v. § 20a WpHG gemeint.

4   Keine Anzeigepflicht besteht bei Verdacht des Verstoßes gegen das Mitteilungs- oder Empfehlungsverbot aus § 14 Abs. 1 Ziff. 2 und Ziff. 3 WpHG sowie bei einer möglichen Marktmanipulation i.S.v. § 20a Abs. 1 S. 1 Ziff. 1 WpHG. Sonstige Täuschungshandlungen gem. § 20a Abs. 1 S. 1 Ziff. 3 WpHG können, wenn ihnen ein Geschäft über Finanzinstrumente zu Grunde liegt, zu einer Anzeigepflicht führen.

5   Der Anzeigepflichtige muss Tatsachen festgestellt haben; Werturteile, Gerüchte oder Vermutungen schließt § 10 WpHG aus. Tatsachen sind Ereignisse, Vorgänge

oder Zustände, der Innen- oder Außenwelt, die dem Beweis zugänglich sind (*Assmann/Schneider-Vogel,* § 10 Rn. 12). Umstände, die in der Zukunft liegen, sind keine Tatsachen, sie sind dem Beweis unzugänglich. Eine Tatsache gilt als festgestellt, wenn sie in nachvollziehbarer Weise zur Überzeugung einer Person feststeht (*Assmann/Schneider-Vogel,* § 10 Rn. 12). Diese Tatsache muss einen Verdacht begründen. Der strafprozessuale Verdachtsbegriff soll nach den Motiven des Gesetzgebers nicht gelten (BT-Drucks. 15/3493, S. 64). Auch nach der amtlichen Begründung zur WpAIV, S. 3, liegt der **kapitalmarktrechtliche Verdacht** unterhalb der Schwelle des strafprozessualen Anfangsverdachts aus § 152 Abs. 2 StPO (abrufbar unter www.bafin.de/Verordnungen/wpaiv_beg.pdf).

Dem ist zuzustimmen: Ein Anfangsverdacht i.S.v. § 152 Abs. 2 StPO liegt vor, **6** wenn eine Straftat konkret möglich erscheint (BVerfG wistra 2010, 299; OVG Lüneburg, Beschl. v. 31.8.2010, Az. 11 ME 288/10). Anhaltspunkte werden an einer strafrechtlichen Arbeitshypothese untersucht; soweit sich die Anhaltspunkte aufgrund ihrer Erheblichkeit zu einem Anfangsverdacht einer Straftat verdichten, erfolgt eine Abgabe an die Staatsanwaltschaft (vgl. auch zutreffend mit ausführlicher Begründung Teil 14 Rdn. 40; A. A. *Assmann/Schneider-Vogel,* § 10 Rn. 15; *Schröder* Rn. 761).

Der **Inhalt einer Mitteilung** ist in § 2 WpAIV geregelt. Danach sind der **7** BaFin u.a. folgende Mitteilungen zu machen:
– Angaben zur anzeigepflichtigen Person, also keine anonyme Anzeige,
– eine Beschreibung des verdächtigen Geschäfts, einschließlich der Tatsachen die den Verdacht devianten Verhaltens begründen,
– Angaben zur verdächtigten Person,
– sonstige Angaben, die für die Prüfung des Vorgangs von Bedeutung sein könnten.

§ 2 Abs. 2 S. 2 WpAIV stellt die Verpflichtung auf, dass Daten, die im Zeitpunkt **8** der Meldung noch nicht vorliegen, unverzüglich nachzureichen sind. Die Form der Anzeige ist in § 3 WpAIV geregelt; sie ist u.a. schriftlich zu übersenden.

Nach § 10 Abs. 3 WpHG haftet der Anzeigeerstatter nur für Vorsatz oder **9** grobe Fahrlässigkeit. Das heißt, die fahrlässig erstattete Falschanzeige löst keinen Schadensersatzanspruch aus.

Nach § 10 Abs. 1 S. 2 WpHG ist der **Anzeigeerstatter zur Verschwiegen-** **10** **heit verpflichtet.** Die Verschwiegenheit erstreckt sich auf die Verdachtsanzeige i.S.v. § 10 WpHG, nicht auf sonstige Strafanträge oder –anzeigen (*Assmann/Schneider-Vogel,* § 10 Rn. 54).

Der Anzeigeerstatter, z. B. der Mitarbeiter einer Sparkasse, darf also nicht den **11** angezeigten Kunden vor künftigen Ermittlungen warnen oder auch nur in Kenntnis setzen.

Ein Verstoß gegen § 10 WpHG stellt eine Ordnungswidrigkeit dar. Nach § 39 **12** Abs. 2 Ziff. 2 lit. b WpHG handelt ordnungswidrig, wer eine Verdachtsanzeige nicht, nicht richtig, nicht vollständig, nicht in der vorgeschriebenen Weise oder nicht rechtzeitig macht. Das Bußgeld beträgt bis zu 50.000 €.

Eine Anzeige ist nicht richtig oder nicht vollständig gemacht, wenn der Ver- **13** pflichtete zu Gunsten oder zu Ungunsten des Angezeigten vorsätzlich oder leichtfertig Umstände weglässt oder behauptet (*Assmann/Schneider-Vogel,* § 10 Rn. 78).

Ebenso stellt es eine mit bis zu 50.000 € Bußgeld bewehrte Ordnungswidrigkeit **14** dar, wenn der Anzeigeerstatter gegen die Verschwiegenheitspflicht verstößt. Nach § 39 Abs. 2 Ziff. 1 WpHG handelt ordnungswidrig, wer entgegen § 10 Abs. 1 S. 2 WpHG eine Person über die Verdachtsanzeige in Kenntnis setzt.

Wertpapierhandelsgesetz

C. § 16b Aufbewahrung von Verbindungsdaten

(1) Die Bundesanstalt kann von einem Wertpapierdienstleistungsunternehmen sowie von einem Unternehmen mit Sitz im Inland, die an einer inländischen Börse zur Teilnahme am Handel zugelassen sind und von einem Emittenten von Insiderpapieren sowie mit diesem verbundenen Unternehmen, die ihren Sitz im Inland haben oder deren Wertpapiere an einer inländischen Börse zum Handel zugelassen oder in den regulierten Markt oder Freiverkehr einbezogen sind, für einen bestimmten Personenkreis schriftlich die Aufbewahrung von bereits existierenden Verbindungsdaten über den Fernmeldeverkehr verlangen, sofern bezüglich dieser Personen des konkreten Unternehmens Anhaltspunkte für einen Verstoß gegen § 14 oder § 20a bestehen. Das Grundrecht des Artikels 10 des Grundgesetzes wird insoweit eingeschränkt. Die Betroffenen sind entsprechend § 101 Abs. 4 und 5 der Strafprozessordnung zu benachrichtigen. Die Bundesanstalt kann auf der Grundlage von Satz 1 nicht die Aufbewahrung von erst zukünftig zu erhebenden Verbindungsdaten verlangen.

(2) Die Frist zur Aufbewahrung der bereits existierenden Daten beträgt vom Tage des Zugangs der Aufforderung an höchstens sechs Monate. Ist die Aufbewahrung der Verbindungsdaten über den Fernmeldeverkehr zur Prüfung des Verdachts eines Verstoßes gegen ein Verbot nach § 14 oder § 20a nicht mehr erforderlich, hat die Bundesanstalt den Aufbewahrungspflichtigen hiervon unverzüglich in Kenntnis zu setzen und die dazu vorhandenen Unterlagen unverzüglich zu vernichten. Die Pflicht zur unverzüglichen Vernichtung der vorhandenen Daten gilt auch für den Aufbewahrungspflichtigen.

Literatur: *Fuchs,* Wertpapierhandelsgesetz, 2009; *Schröder,* Kapitalmarktstrafrecht, 2010; *Szesny,* Finanzmarktaufsicht und Strafprozess, Diss. 2007.

1   Ermittelt die **BaFin** wegen des Verdachts einer Straftat oder einer Ordnungswidrigkeit gem. § 14 WpHG oder § 20a WpHG, erlaubt § 16b WpHG iVm § 4 Abs. 3 WpHG ein Wertpapierdienstleistungsunternehmen **anzuweisen, Verbindungsdaten aufzubewahren** und der **BaFin vorzulegen** (*Schröder,* Rn. 768). In dieser Konstellation wird § 46 Abs. 3 OWiG verdrängt. Aufbewahrungs- und vorlagepflichtig sind außerdem Unternehmen mit Sitz im Inland, die an einer inländischen Börse zur Teilnahme am Handel zugelassen sind und von einem Emittenten von Insiderpapieren sowie mit diesem verbundenen Unternehmen, die ihren Sitz im Inland haben oder deren Wertpapiere an einer inländischen Börse zum Handel zugelassen oder in dem regulierten Markt oder Freiverkehr einbezogen sind.

2   Zu den aufzubewahrenden Verbindungsdaten gehören Angaben zur Telekommunikation. Die BaFin erfährt z. B., wann von welchem Anschluss mit welcher **Telefonnummer** kommuniziert wurde. Telefaxverbindungen und Internetdaten einschließlich **E-Mails** (*Fuchs-Schlette/Bouchon,* § 16b Rn. 7) sind ebenso offen zu

legen und liefern Erkenntnisse zum Informationsfluss. Wurde beispielsweise eine irreführende Meldung i.S.v. § 20a WpHG ins Internet gestellt, könnte so die Erkenntnis über die Urheberschaft gewonnen werden.

Der zur Aufbewahrung angewiesene Marktteilnehmer ist verpflichtet, die **3** Daten **sechs Monate bereit zu halten,** § 97 Abs. 3 TKG. Bemerkenswert ist in diesem Zusammenhang ein Vergleich mit den Befugnissen der Staatsanwaltschaft gem. § 100g StPO. § 100g StPO ermöglicht der Staatsanwaltschaft, Telekommunikationsverbindungsdaten einem Ermittlungsverfahren zu Grunde zu legen. Voraussetzung ist jedoch, dass eine Straftat von erheblicher Bedeutung vorliegt. § 100a S. 1 StPO nennt exemplarisch Hochverrat, Mord, aber auch Wertpapierfälschung i.S.v. §§ 146, 151, 152 StGB. Ferner steht die Anordnung gem. § 100g StPO unter einem Richtervorbehalt. Nur bei Gefahr in Verzug kann die Staatsanwaltschaft selbst eine entsprechende Anordnung treffen, die jedoch später der richterlichen Kontrolle zugeführt wird.

Die Anordnung und Auswertung der Telekommunikationsdaten nach §§ 4 **4** Abs. 3, 16b WpHG unterliegt der BaFin und dies auch bei Ordnungswidrigkeiten. An dieser Stelle steht der BaFin eine weitreichendere Ermittlungskompetenz als der Staatsanwaltschaft zu. Ob daraus verfassungsrechtliche oder strafprozessuale Konsequenzen, etwa in Form eines Beweisverwertungsverbots in bestimmten Konstellationen zu fordern sind, hat die Rechtsprechung bislang nicht entschieden (für ein Beweisverwertungsverbot in bestimmten Verfahrenssituationen, *Szesny* S. 216 ff.).

Gesetz über Ordnungswidrigkeiten

D. § 65 Allgemeines

Die Ordnungswidrigkeit wird, soweit dieses Gesetz nichts anderes bestimmt, durch Bußgeldbescheid geahndet.

Literatur: *Bohnert,* Ordnungswidrigkeitenrecht, 2008; *Fahl,* zur Heilung von Zustellungsmängel, JR 2008, 524; *Göhler,* Ordnungswidrigkeitengesetz, 2009; Karlsruher Kommentar Ordnungswidrigkeitengesetz, 2006.

Übersicht

I. Zustellung

Die BaFin erlässt einen Bußgeldbescheid gem. § 65 OWiG, wenn aus ihrer **1** Sicht eine Ordnungswidrigkeit vorliegt, kein Verfolgungshindernis besteht und die Ahndung nach ihrem Ermessen geboten ist, § 47 Abs. 1 OWiG.

Der Bußgeldbescheid wird dem Betroffenen **zugestellt,** § 51 Abs. 2 OWiG. **2** Für Zustellungen durch die BaFin gilt das Bundesverwaltungszustellungsgesetz (VwZG). Richtet sich der Bußgeldbescheid gegen eine juristische Person, ist an den gesetzlichen Vertreter zuzustellen, § 6 Abs. 2 VwZG. Bei mehreren gesetzlichen Vertretern genügt die Zustellung an einen von ihnen, § 6 Abs. 3 VwZG. Mit der wirksamen Zustellung wird die Einspruchsfrist in Gang gesetzt. Befindet sich eine Verteidigervollmacht bei den Akten – eine Kopie genügt –, besteht eine gesetzlich fingierte Zustellungsvollmacht des Verteidigers nach § 51 Abs. 3 S. 1 OWiG.

3   Aufgrund der gesetzlichen Fiktion ist es irrelevant, ob die Vollmacht ausdrücklich zur Entgegennahme von Zustellungen befugt oder nicht; die Fiktion des § 51 Abs. 3 S. 1 OWiG kann auch nicht durch den Betroffenen in irgendeiner Form ausgeschlossen werden (Brandenburgisches OLG VRS 117, 305; *Göhler-Seitz* § 51 Rn. 44a; zu den Besonderheiten rechtsgeschäftlicher Zustellungsvollmachten vgl. OLG Dresden Beschl. v. 19.8.2009 zu Az. SS (OWi) 489/09; OLG Rostock NStZ 2003, 336).

4   Der Verteidiger ist sodann gehalten, innerhalb von zwei Wochen seinen Mandanten zu erreichen, zu beraten und zu entscheiden, ob **Einspruch** eingelegt wird. Hat der Rechtsanwalt lediglich anwaltlich versichert, den Betroffenen zu verteidigen und ergeben sich auch sonst keine Hinweise auf eine rechtsgeschäftliche Zustellungsvollmacht, wird durch Zustellung an den Verteidiger die Zwei-Wochen-Frist nicht ausgelöst (*Göhler-Seitz,* § 51 Rn. 44a; OLG Stuttgart NStZ-RR 2001, 24).

5   Eine Zustellungsvollmacht besteht aufgrund rechtsgeschäftlicher Vereinbarung – und nicht aufgrund gesetzlicher Fiktion – beispielsweise, wenn der Betroffene seinen Verteidiger mündlich bevollmächtigt, Zustellungen entgegenzunehmen. Selbst wenn eine solche Bevollmächtigung erst nach Zustellung des Bußgeldbescheides bekannt wird, wurde die Zwei-Wochen-Frist mit Zustellung an den Verteidiger in Gang gesetzt (OLG Rostock NStZ 2003, 336). Gleiches gilt, wenn der Verteidiger darum bittet, Zustellungen ausschließlich an ihn vorzunehmen (AG Tiergarten Urt. v. 25.6.2008 zu Az. (310 OWi) 3014 PLs 5603/08).

6   Einem Pflichtverteidiger kann demgegenüber auch ohne Vollmacht fristauslösend zugestellt werden, § 51 Abs. 3 S. 1 OWiG. Wird dem Betroffenen und seinem Verteidiger fristauslösend zugestellt, so richtet sich die Berechnung der Frist nach der zuletzt bewirkten Zustellung, § 51 Abs. 4 OWiG.

II. Mangel

7   Enthält der Bußgeldbescheid einen Mangel, gilt Folgendes:

8   Leidet der Bescheid offenkundig an einem besonders schwerwiegenden Fehler, so ist er **nichtig.** Wann ein solcher Mangel vorliegt, ist Sache des Einzelfalles (KK-OWiG-*Kurz,* § 66 Rn. 48; OLG Düsseldorf NStZ 1983, 323). Den Inhalt eines Bußgeldbescheides bestimmt § 66 OWiG. Da es sich bei einem Bußgeldbescheid um einen Verwaltungsakt handelt, soll nach einer Meinung in der Literatur § 44 Abs. 2 VwVfG zur Bestimmung der Nichtigkeit sinngemäß herangezogen werden (so überzeugend *Bohnert,* S 98; *Göhler-Seitz,* § 66 Rn. 57). Das Fehlen von Mussbestandteilen führt zur Nichtigkeit (*Bohnert,* S. 98).

9   Ein nichtiger Bußgeldbescheid erwächst nicht in Rechtskraft, er unterbricht nicht die Verjährung und er ist nicht vollstreckbar (*Bohnert,* S. 99). Um Rechtsklarheit zu schaffen, darf er förmlich zurückgenommen werden (*Göhler-Seitz,* § 69 Rn. 32).

Weniger schwerwiegende Fehler führen bloß zur **Rechtswidrigkeit** – nicht **10** zur Nichtigkeit – des Bußgeldbescheides. Rechtswidrige Bescheide sind zu beachten. Fehlen Angaben zu den Sollbestandteilen, ist der Bescheid rechtswidrig (*Bohnert*, S. 99; *Göhler-Seitz*, § 66 Rn. 57). Ein rechtswidriger Bescheid unterbricht die Verjährung. Dies gilt auch, wenn der rechtswidrige Bescheid von der BaFin zurückgenommen und ein neuer Bescheid erlassen wird, § 33 Abs. 1 Ziff. 9 OWiG (Zur Heilung von Zustellungsmängel *Fahl*, JR 2008, 524).

Ist der Bußgeldbescheid nicht nichtig und legt der Betroffene keinen Einspruch **11** ein, wird er rechtskräftig. Der Betroffene muss das Bußgeld bezahlen, § 66 Abs. 1 Ziff. 5 OWiG oder der Bußgeldbescheid wird vollstreckt, §§ 89, 90 OWiG.

Strafprozeßordnung

E. § 147 Akteneinsicht

(1) Der Verteidiger ist befugt, die Akten, die dem Gericht vorliegen oder diesem im Falle der Erhebung der Anklage vorzulegen wären, einzusehen sowie amtlich verwahrte Beweisstücke zu besichtigen.

(2) Ist der Abschluss der Ermittlungen noch nicht in den Akten vermerkt, kann dem Verteidiger die Einsicht in die Akten oder einzelne Aktenteile sowie die Besichtigung von amtlich verwahrten Beweisgegenständen versagt werden, soweit dies den Untersuchungszweck gefährden kann. Liegen die Voraussetzungen von Satz 1 vor und befindet sich der Beschuldigte in Untersuchungshaft oder ist diese im Fall der vorläufigen Festnahme beantragt, sind dem Verteidiger die für die Beurteilung der Rechtmäßigkeit der Freiheitsentziehung wesentlichen Informationen in geeigneter Weise zugänglich zu machen; in der Regel ist insoweit Akteneinsicht zu gewähren.

(3) Die Einsicht in die Niederschriften über die Vernehmung des Beschuldigten und über solche richterlichen Untersuchungshandlungen, bei denen dem Verteidiger die Anwesenheit gestattet worden ist oder hätte gestattet werden müssen, sowie in die Gutachten von Sachverständigen darf dem Verteidiger in keiner Lage des Verfahrens versagt werden.

(4) Auf Antrag sollen dem Verteidiger, soweit nicht wichtige Gründe entgegenstehen, die Akten mit Ausnahme der Beweisstücke zur Einsichtnahme in seine Geschäftsräume oder in seine Wohnung mitgegeben werden. Die Entscheidung ist nicht anfechtbar.

(5) Über die Gewährung der Akteneinsicht entscheidet im vorbereitenden Verfahren und nach rechtskräftigem Abschluss des Verfahrens die Staatsanwaltschaft, im Übrigen der Vorsitzende des mit der Sache befassten Gerichts. Versagt die Staatsanwaltschaft die Akteneinsicht, nachdem sie den Abschluss der Ermittlungen in den Akten vermerkt hat, versagt sie die Einsicht nach Absatz 3 oder befindet sich der Beschuldigte nicht auf freiem Fuß, so kann gerichtliche Entscheidung durch das nach § 162 zuständige Gericht beantragt werden. Die §§ 297 bis 300, 302, 306 bis 309, 311a und 473a gelten entsprechend. Diese Entscheidungen werden nicht mit Gründen versehen, soweit durch deren Offenlegung der Untersuchungszweck gefährdet werden könnte.

(6) **Ist der Grund für die Versagung der Akteneinsicht nicht vorher entfallen, so hebt die Staatsanwaltschaft die Anordnung spätestens mit dem Abschluß der Ermittlungen auf. Dem Verteidiger ist Mitteilung zu machen, sobald das Recht zur Akteneinsicht wieder uneingeschränkt besteht.**

(7) **Dem Beschuldigten, der keinen Verteidiger hat, sind auf seinen Antrag Auskünfte und Abschriften aus den Akten zu erteilen, soweit dies zu einer angemessenen Verteidigung erforderlich ist, der Untersuchungszweck, auch in einem anderen Strafverfahren, nicht gefährdet werden kann und nicht überwiegende schutzwürdige Interessen Dritter entgegenstehen. Absatz 2 Satz 2 erster Halbsatz, Absatz 5 und § 477 Abs. 5 gelten entsprechend.**

1   Der Verteidiger eines Betroffenen im Ordnungswidrigkeitenverfahren hat ein Recht auf Akteneinsicht, § 46 Abs. 1 OWiG iVm § 147 Abs. 1 StPO. Im Ermittlungsverfahren gewährt die **BaFin Akteneinsicht;** im Zwischenverfahren und in der Hauptsache ist das Gericht für die Gewährung von Akteneinsicht zuständig. Auch für den Beschuldigten gelten im Zusammenhang mit Straftaten nach dem WpHG die allgemeinen Ausführungen zu Akteneinsicht der StPO.

2   Bei staatsanwaltschaftlichen Ermittlungen, die eine Straftat aus § 38 WpHG betreffen, ist der BaFin auf Antrag Akteneinsicht zu gewähren, sofern nicht schutzwürdige Interessen des Betroffenen entgegenstehen oder der Untersuchungserfolg der Ermittlungen gefährdet wird, § 40a Abs. 3 WpHG.

3   Der durch eine Ordnungswidrigkeit oder Straftat des WpHG **Verletzte** kann gemäß § 46 Abs. 1 OWiG iVm § 406e StPO Akteneinsicht verlangen, soweit er hierfür ein **berechtigtes Interesse** darlegt. Ein berechtigtes Interesse liegt vor, wenn das dargelegte Interesse an Akteneinsicht zur Geltendmachung erheblicher **Schadensersatzansprüche** das Geheimhaltungsinteresse übersteigt (BVerfG Nichtannahmebeschl. v. 4.12.2008, Az. 2 BvR 1043/08). In die Abwägung ist einzubeziehen, dass die Gewährung von Akteneinsicht an einen mutmaßlich Verletzten für den Betroffenen bzw. Beschuldigten einen Eingriff auf sein Recht auf informationelle Selbstbestimmung aus Art. 2 Abs. 1 GG iVm Art. 1 Abs. 1 GG bedeutet (BVerfG Beschl. v. 24.9.2002, Az. 2 BvR 742/02).

4   Danach kann auch derjenige Verletzter i. S. d. § 406e Abs. 1 StPO sein, dem möglicherweise ein Schadensersatzanspruch gem. § 826 BGB aus der streitgegenständlichen Verletzungshandlung zusteht (BVerfG Nichtannahmebeschl. v. 4.12.2008, Az. 2 BvR 1043/08; LG Berlin WM 2008, 1470). Zur Begründung verweist das Bundesverfassungsgericht auf die Nähe zum Adhäsionsverfahren, § 403 StPO; zur Durchsetzung vermögensrechtlicher Ansprüche werde dort dem Verletzten ebenfalls Akteneinsicht gewährt.

5   Bei der Gewährung von Akteneinsicht kann es verhältnismäßig sein, nur auszugsweise Akteneinsicht oder Einsicht in anonymisierte, z. B. geschwärzte Unterlagen zu bewilligen (BVerfG Beschl. v. 24.9.2002, Az. 2 BvR 742/02).

6   Auch eine Verschwiegenheitsverpflichtung der Mitarbeiter der BaFin gem. § 8 WpHG steht einer Akteneinsicht für den Verletzten nicht entgegen (so ausführlich LG Berlin Beschl. v. 20.5.2008, Az. 514 AR 1/07). Ein Betroffener oder Beschuldigter erhält vor dem Verletzten Akteneinsicht (LG Berlin WM 2008, 1470).

7   Zudem kann jedermann auf der Grundlage des **Informationsfreiheitsgesetzes des Bundes (IFG)** Auskünfte und Akteneinsicht von der BaFin, z. B. über Ermittlungsverfahren, verlangen. Der Informationszugangsanspruch nach § 1

Abs. 1 S. 1 IFG ist voraussetzungslos und besteht, ohne dass – wie z. B. von § 29 Abs. 1 VwVfG für die Akteneinsicht bei Behörden gefordert – ein rechtliches oder berechtigtes Interesse geltend zu machen ist (VG Frankfurt Urt. v. 23.1.2008, Az. 7 E 3280/06).

Gleichwohl ist dieser Anspruch nicht grenzenlos; besondere öffentliche Belange **8** können es erforderlich machen, die gewünschten Auskünfte zu versagen, §§ 3 ff IFG (vgl. ausführlich zur Erteilung von Auskünften und Akteneinsicht nach dem IFG VG Frankfurt Urt. v. 23.1.2008, Az. 7 E 3280/06; keine Akteneinsicht in die Unterlagen von Kronzeugen AG Bonn NJW 2012, 947).

Strafprozeßordnung

F. § 395 Nebenklage

(1) **Der erhobenen öffentlichen Klage oder dem Antrag im Sicherungs-verfahren kann sich mit der Nebenklage anschließen, wer verletzt ist durch eine rechtswidrige Tat nach**
1. **den §§ 174 bis 182 des Strafgesetzbuches,**
2. **den §§ 211 und 212 des Strafgesetzbuches, die versucht wurde,**
3. **den §§ 221, 223 bis 226 und 340 des Strafgesetzbuches,**
4. **den §§ 232 bis 238, 239 Absatz 3, §§ 239a, 239b und 240 Absatz 4 des Strafgesetzbuches,**
5. **§ 4 des Gewaltschutzgesetzes,**
6. **§ 142 des Patentgesetzes, § 25 des Gebrauchsmustergesetzes, § 10 des Halbleiterschutzgesetzes, § 39 des Sortenschutzgesetzes, den §§ 143 bis 144 des Markengesetzes, den §§ 51 und 65 des Geschmacksmuster-gesetzes, den §§ 106 bis 108b des Urheberrechtsgesetzes, § 33 des Gesetzes betreffend das Urheberrecht an Werken der bildenden Künste und der Photographie und den §§ 16 bis 19 des Gesetzes gegen den unlauteren Wettbewerb.**

(2) **Die gleiche Befugnis steht Personen zu,**
1. **deren Kinder, Eltern, Geschwister, Ehegatten oder Lebenspartner durch eine rechtswidrige Tat getötet wurden oder**
2. **die durch einen Antrag auf gerichtliche Entscheidung (§ 172) die Erhe-bung der öffentlichen Klage herbeigeführt haben.**

(3) **Wer durch eine andere rechtswidrige Tat, insbesondere nach den §§ 185 bis 189, 229, 244 Absatz 1 Nummer 3, §§ 249 bis 255 und 316a des Strafgesetzbuches, verletzt ist, kann sich der erhobenen öffentlichen Klage mit der Nebenklage anschließen, wenn dies aus besonderen Grün-den, insbesondere wegen der schweren Folgen der Tat, zur Wahrneh-mung seiner Interessen geboten erscheint.**

(4) **Der Anschluss ist in jeder Lage des Verfahrens zulässig. Er kann nach ergangenem Urteil auch zur Einlegung von Rechtsmitteln gesche-hen.**

(5) **Wird die Verfolgung nach § 154a beschränkt, so berührt dies nicht das Recht, sich der erhobenen öffentlichen Klage als Nebenkläger anzu-schließen. Wird der Nebenkläger zum Verfahren zugelassen, entfällt eine**

Beschränkung nach § 154a Absatz 1 oder 2, soweit sie die Nebenklage betrifft.

Literatur: *Fischer*, Kommentar zum StGB, 2012.

Übersicht

1. Einleitung

1   § 395 StPO regelt die Befugnis zum Anschluss an ein Strafverfahren als Nebenkläger. § 395 Abs. 3 StPO eröffnet die Möglichkeit des Anschlusses an eine erhobene öffentliche Klage für einen durch eine rechtswidrige Tat Verletzten, wenn
dies aus besonderen Gründen, insbesondere wegen der schweren Folgen der Tat,
zu Wahrnehmung seiner Interessen geboten erscheint. Der Wortlaut dieses Auf-
fangtatbestandes (BT-Drucks 16/12098, S. 31) ermöglicht grundsätzlich auch die
Nebenklage im Wirtschaftsstrafrecht. Zwar umfasst § 395 StPO überwiegend
Aggressionsdelikte, allerdings will die Reform des § 395 StPO die Rechte des
Opfers an die Schwere der Tatfolgen (BT-Drucks 16/12098, S. 9) knüpfen und
stellt dabei entscheidend auf die Gesamtsituation des Betroffenen (BT-Drucks 16/
12098, S. 31) ab.

2   Eine Nebenklage ist im Ordnungswidrigkeitenverfahren ausgeschlossen, § 46
Abs. 3 S. 4 OWiG. Die Nebenklage dient u.a. dem Genugtuungsinteresse des
Verletzten (BGH NJW 1979, 1310) und eröffnet ihm die Möglichkeit auf das
Ergebnis der Hauptverhandlung oder auch des Revisionsverfahrens Einfluss zu
nehmen (*Fischer* vor § 395 Rdn. 1). Der Nebenkläger stellt in der Praxis oft auch
einen Adhäsionsantrag.

2. Wirtschaftskriminalität

3   Zur Einbeziehung von Wirtschaftskriminalität in den Kreis der nebenklagefähi-
gen Delikte verhält sich die **Rechtsprechung uneinheitlich**: Nach einem
Beschluss des 1. Strafsenats des BGH (BGH, Beschl. v. 2. August 2011, Az. 1
Str 633/10) soll die Nebenklage in Strafverfahren wegen Untreue, § 266 StGB,
Steuerhinterziehung, § 370 AO und Bestechung § 334 StGB unzulässig sein. Eine
Begründung liefert die Entscheidung nicht.

4   Demgegenüber hat das LG Göttingen (LG Göttingen, Urt. v. 24. Juni 2011,
Az. 8 Kls 7/09) eine Anschlusserklärung in einem Strafverfahren wegen Untreue
gemäß § 266 StGB anerkannt; der Nebenkläger hat an dem Verfahren teilgenom-
men.

5   Der 5. Strafsenat des BGH (BGH, Beschl. v. 9. Mai 2012, Az. 5 Str 523/11)
hat zum Urteil des LG Göttingen erklärt, dass er an die Entscheidung des Gerichts
hinsichtlich der Anschlusserklärung gebunden sei. Allerdings hat der Senat darauf
hingewiesen, dass eine Schutzbedürftigkeit, die zur Nebenklage berechtigte, in
der Regel bei rechtswidrigen Taten nach § 242, § 263 und § 266 StGB ausgeschlossen sei. Zur Begründung führte der Senat aus, wirtschaftliche Interessen
genügten nicht und verwies auf den Zivilrechtsweg und das Adhäsionsverfahren
gem. §§ 403 ff. StPO. Auch könne die Nebenklage zahlreicher Verletzter eines

umfangreichen Wirtschaftsstrafverfahrens zeitliche und organisatorische Schwierigkeiten verursachen. Dies würde den „vorrangigen Zielen des Strafverfahrens" und dem Gebot zügiger Verfahrensführung entgegen stehen, (BGH Beschl. v. 9. Mai 2012, Az. 5 Str 523/11; BGH Beschl. v. 15. April 2010, Az. 5 Str 96/10; vgl. zu den Rechten des Nebenklägers in der Hauptverhandlung BGH NJW 1979, 1310).

Allerdings nennt die Entscheidung auch eine Ausnahme: „Denkbar wäre allen-   **6** falls eine zu besonderer Schutzbedürftigkeit führende gravierende Beweisnot, die durch Auslandsbezug begründet sein kann und eine nur von den Strafgerichten herbeizuführende Rechtshilfe erforderlich macht" (BGH, Beschl. v. 9. Mai 2012, Az. 5 Str 523/11). Vor diesem Hintergrund wird deutlich, dass eine Nebenklage auch im Zusammenhang mit Wirtschaftsstraftaten möglich sein kann. Entscheidend ist demnach die **Schutzbedürftigkeit des Verletzten**. Dem BGH ist zuzustimmen, dass bei der Verfolgung lediglich wirtschaftlicher Interessen die Möglichkeiten des Zivilprozessrechts vorrangig in Anspruch zu nehmen sind. Allerdings sind auch Konstellationen denkbar, in denen der eingetretene wirtschaftliche Schaden existenzvernichtend ist und sich daraus eine Schutzbedürftigkeit i. S. d. § 395 Abs. 3 StPO ergeben kann. Ein solches Opfer kann ebenso traumatisiert, verletzt und schutzbedürftig sein wie das Opfer einer zur Nebenklage berechtigenden Körperverletzung gem. § 223 StGB oder Beleidigung nach § 185 StGB.

Im Fall des § 395 Abs. 3 StPO entscheidet das Gericht über die Berechtigung   **7** zum Anschluss des Nebenklägers **nach Anhörung** der Staatsanwaltschaft und des Angeschuldigten, § 396 Abs. 1 S. 1 StPO. Die Entscheidung des Gerichts zur **materiellen Anschlussbefugnis** ist **unanfechtbar**, § 396 Abs. 1 S. 2 StPO. Geht es um die Prüfung der **formellen Anschlussvoraussetzungen** oder um eine Nebenklagebefugnis im Zusammenhang mit § 395 Abs. 1 und 2 StPO kommt eine **Beschwerde** gem. § 304 Abs. 1 StPO in Betracht (*Fischer* § 397 Rdn. 10, 19).

Strafprozeßordnung

G. § 403 Adhäsionsverfahren

Der Verletzte oder sein Erbe kann gegen den Beschuldigten einen aus der Straftat erwachsenen vermögensrechtlichen Anspruch, der zur Zuständigkeit der ordentlichen Gerichte gehört und noch nicht anderweit gerichtlich anhängig gemacht ist, im Strafverfahren geltend machen, im Verfahren vor dem Amtsgericht ohne Rücksicht auf den Wert des Streitgegenstandes.

Literatur: *Weiner/Färber*, Handbuch des Adhäsionsverfahren, 1. Aufl., 2008.

Übersicht

1. Einleitung

1 Mit dem Adhäsionsverfahren kann ein Geschädigter den durch eine Straftat erlittenen Vermögensschaden in einem Strafverfahren gerichtlich geltend machen. Die Stellung eines Adhäsionsantrags vor dem Strafgericht wirkt wie eine Klageerhebung in einem bürgerlichen Rechtsstreit, § 404 Abs. 2 S. 1 StPO. Im Ordnungswidrigkeitenprozeß ist ein Adhäsionsverfahren unzulässig, § 46 Abs. 3 S. 4 OWiG.

2 Das Adhäsionsverfahren erleichtert einem Verletzten die Durchsetzung eines Schadensersatzanspruchs. Der Verletzte muss kein Auslagenvorschuss, §§ 379, 402 ZPO zahlen und es gelten die Verfahrensgrundsätze der StPO, d. h. es gilt der Amtsermittlungsgrundsatz nicht der zivilprozessuale Beibringungsgrundsatz (*Weiner/Färber* S. 31). Die staatsanwaltschaftlichen und gerichtlichen Zwangsmaßnahmen wie Durchsuchung, Beschlagnahme und u. U. Zwang zur Zeugenaussage erleichtern die richterliche Überzeugungsbildung zur Feststellung des Schadens. Die Entscheidung des Strafrichters sowohl zum Grunde als auch zur Höhe des Schadensersatzes steht einem Urteil im Zivilverfahren gleich, § 406 Abs. 3 S. 1 StPO (Zur Einschränkung der Bindungswirkung eines im Adhäsionsverfahren ergangenen Urteils gegenüber Dritten, BGH, Urt. v. 18. Dezember 2012, VI ZR 55/12).

3 Der Verletzte, im Strafprozess hat er in der Regel den Status eines Zeugen, kann den Adhäsionsantrag bis zum Beginn des Schlussvortrags des Staatsanwalts (BGH NStZ 1998, 477) stellen, § 404 Abs. 1 S. 1 StPO. Dabei wird nicht etwa vorausgesetzt, dass der Antragsteller dem Verfahren als Nebenkläger beigetreten ist. Es herrscht auch kein Anwaltszwang. Eine Antragstellung ist bereits im Ermittlungsverfahren möglich; Wirksamkeit entfaltet der Antrag aber erst mit Eingang der Verfahrensakten bei Gericht, verbunden mit dem Antrag der ermittelnden Behörde das Hauptverfahren zu eröffnen, § 404 Abs. 2 S. 2 StPO.

2. Antrag ungeeignet

4 Das Adhäsionsverfahren findet seine Grenze in der Ungeeignetheit. D. h. das Tatgericht kann den Antrag als unbegründet zurückweisen, sofern es den Antrag als nicht geeignet i. S. v. 406 Abs. 1 StPO ansieht.

5 Es liegt im Ermessen des Tatgerichts, ob ein Adhäsionsantrag geeignet oder ungeeignet ist (Hanseatisches Oberlandesgericht Hamburg NStZ-RR 2006, 347). Dabei sind die Vermögensinteressen des Geschädigten und die Strafverfolgungsinteressen des Staates abzuwägen. § 406 Abs. 1 S. 5 StPO nennt die Verfahrensverzögerung als Grund zur Zurückweisung wegen Ungeeignetheit. Bereits die Verzögerung einer Haftsache um „wenige Tage" (OLG Celle StV 2007, 293) führt zur Ablehnung des Adhäsionsverfahrens; das Beschleunigungsgebot in Haftsachen ist vorrangig. So verzögert die Bearbeitung von 800 Adhäsionsanträgen das Verfahren i. S. v. § 406 Abs. 1 S. 5 StPO (BGH wistra 2010, 272). Desweitern können die Höhe und der Umfang der Forderung im Adhäsionsverfahren Verzögerungen besorgen lassen (Hanseatisches Oberlandesgericht Hamburg NStZ-RR 2006, 347: € 763.000.000,- Klageforderung, 3.000 Seiten Sonderband Adhäsionsverfahren).

6 Das Adhäsionsverfahren ist zudem ungeeignet, wenn zunächst schwierige zivilrechtliche Rechtsfragen zu klären sind (BGH Beschl. v. 29. Juni 2006, 5 StR 77/06). Dies kann bei einem Bezug zu ausländischen Recht der Fall sein (BGH wistra 2003, 151).

Sieht das Gericht von einer Entscheidung ab, bedeutet diese Feststellung das 7
Ende der Rechtshängigkeit (BGH NStZ 2003 565). Unabhängig vom Adhäsionsverfahren steht es dem erkennenden Gericht frei, einen zu einer Bewährungsstrafe
Verurteilten die Auflage zu erteilen den Schaden wiedergutzumachen, § 56 Abs. 2
Nr. 1 StGB. Diese Regelung schafft einen großen Anreiz für den Täter den
gerichtlich festgestellten Schaden tatsächlich zu ersetzen, da andernfalls ein Bewäh-
rungswiderruf droht. Für den Geschädigten hat diese Regelung den Vorteil, dass
die Erfüllung des Schadensersatzanspruchs gerichtlich überwacht wird, gem. § 453
b StPO. Selbst zivilrechtlich verjährte Forderungen können in dieser Konstellation
zur Auflage gemacht werden (OLG Hamm NJW 1976, 527).

Gegen den **Beschluss** den Adhäsionsantrag als ungeeignet zurückzuweisen 8
steht dem Geschädigten, falls die übrigen Voraussetzungen des § 406a Abs. 1 S. 1
StPO vorliegen, die **sofortige Beschwerde**, § 311 StPO zu. Entscheidet das
Gericht durch **Urteil**, der Adhäsionsantrag sei ungeeignet i. S. v. § 406 Abs. 5
S. 2 StPO, so hat der Antragsteller **kein Rechtsmittel**, § 406a Abs. 1 S. 2 StPO.

Hat der Adhäsionsantrag nur teilweise Erfolg, wirkt sich dies auf die Kosten 9
des Adhäsionsverfahrens aus, § 472a Abs. 2 StPO. In der Regel erfolgt eine Quote-
lung im Verhältnis des Maßes des Obsiegens gegenüber dem Maß des Unterlie-
gens; dabei steht dem Gericht Ermessen zu (BVerfG, Nichtannahmebeschl. v. 20.
März 2007, Az. 2 BvR 1730/06; LG Lübeck, Urt. v. 5. Oktober 2012, Az. 3 Ns
33/11; zu notwendigen Auslagen im Adhäsionsverfahren LG Osnabrück, Beschl.
v. 22. März 2011, 2 Qs 19/11).

Gesetz über Ordnungswidrigkeiten

H. § 67 Form und Frist

(1) Der Betroffene kann gegen den Bußgeldbescheid innerhalb von
zwei Wochen nach Zustellung schriftlich oder zur Niederschrift bei der
Verwaltungsbehörde, die den Bußgeldbescheid erlassen hat, Einspruch
einlegen. Die §§ 297 bis 300 und 302 der Strafprozeßordnung über
Rechtsmittel gelten entsprechend.

(2) Der Einspruch kann auf bestimmte Beschwerdepunkte beschränkt
werden.

Finanzdienstleistungsaufsichtsgesetz

I. § 1 Errichtung

(1) Im Geschäftsbereich des Bundesministeriums der Finanzen wird
durch Zusammenlegung des Bundesaufsichtsamtes für das Kreditwesen,
des Bundesaufsichtsamtes für das Versicherungswesen und des Bundesaufsichtsamtes für den Wertpapierhandel eine bundesunmittelbare,
rechtsfähige Anstalt des öffentlichen Rechts zum 1. Mai 2002 errichtet.
Sie trägt die Bezeichnung „Bundesanstalt für Finanzdienstleistungsaufsicht" (Bundesanstalt).

(2) Die Bundesanstalt hat ihren Sitz in Bonn und in Frankfurt am Main.

(3) **Für Klagen gegen die Bundesanstalt gilt Frankfurt am Main als Sitz der Behörde. In Verfahren nach dem Gesetz über Ordnungswidrigkeiten gilt Frankfurt am Main als Sitz der Verwaltungsbehörde. Satz 1 ist auf Klagen aus dem Beamtenverhältnis und auf Rechtsstreitigkeiten, für die die Gerichte für Arbeitssachen zuständig sind, nicht anzuwenden.**

(4) **Die Bundesanstalt ist in Verfahren vor den ordentlichen Gerichten von der Zahlung der Gerichtskosten befreit.**

Literatur: *Bohnert,* Ordnungswidrigkeitenrecht, 2008; *Fuchs,* Kommentar zum Wertpapierhandelsgesetz, 2009; *Göhler,* Ordnungswidrigkeitengesetz, 2009.

1   Legt der Betroffene gegen den Bußgeldbescheid form- und fristgemäß Einspruch ein, kann er seine Rechtsfolgenwirkung nicht entfalten; der Einspruch hat einen Suspensiveffekt (*Bohnert,* S. 100). Für den Einspruch – ein Rechtsbehelf sui generis – **gilt nicht das Verschlechterungsverbot** (reformatio in peius) (*Fuchs-Waßmer,* § 40 Rn. 35). Lediglich die verjährungsunterbrechende Wirkung des Bußgeldbescheides bleibt auch bei einem Einspruch erhalten. Die Frist zur Einlegung des Einspruchs gegen den Bußgeldbescheid beträgt **zwei Wochen** ab Zustellung. Er ist schriftlich oder zur Niederschrift bei der Verwaltungsbehörde, die den Bußgeldbescheid erlassen hat – also bei Ordnungswidrigkeiten, die einen Verstoß gegen das WpHG sanktionieren, der BaFin in Frankfurt am Main – einzulegen, § 67 Abs. 1 OWiG iVm § 1 Abs. 3 S. 2 FinDAG. Wird der Einspruch bei der BaFin in Bonn eingelegt, ist die Frist nur gewahrt, wenn er rechtzeitig zur BaFin nach Frankfurt am Main weitergeleitet wird (*Fuchs-Waßmer,* § 40 Rn. 35).

2   Der Einspruch kann auf bestimmte Beschwerdepunkte beschränkt werden, § 67 Abs. 2 OWiG (§ 67 Abs. 2 OWiG ist wortgleich mit § 410 Abs. 2 StPO). Ist der Betroffene mit der Sachverhaltsfeststellung einverstanden, empfindet er jedoch die Geldbuße als zu hoch, so ist eine isolierte Anfechtung der Rechtsfolge möglich (BayObLG NStZ – RR 2000, 19; OLG Hamm MDR 2000, 881).

3   Umfasst der Bußgeldbescheid mehrere Taten, können diese ebenfalls jeweils einzeln angefochten werden; die nicht angefochtenen Taten erwachsen in Rechtskraft, über die angefochtenen Taten wird das Verfahren fortgesetzt (vgl. zu den Variationen der Anfechtungsmöglichkeiten KK-OWiG-*Bohnert,* § 67 Rn. 57 ff.; *Göhler-Seitz,* § 67 Rn. 34d ff.).

4   Einspruchsberechtigt sind der Betroffene und sein Verteidiger, § 67 Abs. 1 S. 2 OWiG iVm §§ 297, 138 StPO. Der Verteidiger handelt aus „eigenem Recht" und legt den Einspruch im eigenen Namen ein, aber er handelt für den Betroffenen. Er darf daher den Einspruch nicht gegen den ausdrücklichen Willen des Betroffenen einlegen, § 67 S. 2 OWiG iVm § 297 StPO (vgl. auch BGHSt 12, 367, 370).

5   Der Verteidiger muss bei Einlegung des Einspruchs tatsächlich **bevollmächtigt** gewesen sein. Der Nachweis kann nachgeholt werden (RGSt 46, 372; OLG Stuttgart, Die Justiz 1994, 453). Hat der Verteidiger ohne Vollmacht Einspruch eingelegt, wird dieser als unzulässig verworfen, §§ 96 Abs. 1, 70 OWiG. Beinhaltet der Bußgeldbescheid eine Nebenfolge gegen einen Dritten, ist dieser ebenfalls zum Einspruch berechtigt. Wendet sich der Bescheid nach § 30 OWiG gegen eine juristische Person oder Personenvereinigung, legt das vertretungsberechtigte Organ Einspruch ein. Der Einspruch ist schriftlich oder – wie gezeigt – zur

Niederschrift bei der BaFin zu erklären. Ein Fax genügt der Schriftform. Eine bloß telefonische Mitteilung des Einspruchs gegenüber der BaFin entspricht nicht dem Schriftformerfordernis. Führt das telefonisch Mitgeteilte zur Niederschrift i.S.v. § 67 OWiG bei der BaFin, ist die Schriftform gewahrt (BGHSt 29, 173, 176; OLG Stuttgart NStZ 1989, 42). Nachweisschwierigkeiten liegen jedoch auf der Hand.

Der Betroffene und sein Verteidiger können den Einspruch nach Belieben ganz **6** oder teilweise zurücknehmen, § 67 S. 2 OWiG iVm § 302 StPO, § 67 Abs. 2 OWiG. Es ist also möglich, zunächst uneingeschränkt Einspruch einzulegen und nach weiterer Prüfung der Sach- und Rechtslage eine Beschränkung auszusprechen. Noch in der Hauptverhandlung ist eine Beschränkung oder vollständige Rücknahme möglich (*Göhler-Seitz,* § 67 Rn. 38; zu den Voraussetzungen einer wirksamen Beschränkung des Einspruchs auf den Rechtsfolgenausspruch Thür. OLG VRS 112, 359). Ab dem Zeitpunkt der Vernehmung zur Sache in der Hauptverhandlung ist eine Beschränkung oder vollständige Rücknahme nur mit Zustimmung der Staatsanwaltschaft möglich, § 71 OWiG iVm §§ 411 Abs. 3 S. 2, 303 StPO. Nimmt die Staatsanwaltschaft an der Hauptverhandlung nicht teil, ist ihre Zustimmung entbehrlich, § 75 Abs. 2 OWiG.

Ist der **Einspruch nicht form- und fristgerecht** eingelegt, verwirft ihn die **7** BaFin als unzulässig, § 69 Abs. 1 OWiG. Gegen die Verwerfung als unzulässig – etwa bei Streit um die Einspruchsfrist – ist der Antrag auf gerichtliche Entscheidung statthaft, §§ 69 Abs. 1, 62 OWiG. Frist: Zwei Wochen.

Im Falle eines **wirksamen Einspruchs** prüft die BaFin, ob sie den Bußgeldbe- **8** scheid aufrecht erhält oder zurücknimmt, § 69 Abs. 2 OWiG. Dabei kann sie dieselben Überlegungen und Ermittlungen anstellen, wie bereits vor Erlass des Bußgeldbescheides. Stellt die BaFin Nachermittlungen an, muss sie den Betroffenen hierüber nicht informieren (*Bohnert,* S. 104). Es empfiehlt sich mithin eine erneute Akteneinsicht.

Hilft die BaFin dem Einspruch nicht ab, legt sie das Verfahren der zuständigen **9** Staatsanwaltschaft vor. Die Aufgaben der BaFin gehen sodann gem. § 69 Abs. 4 OWiG auf die Staatsanwaltschaft über. Die Staatsanwaltschaft prüft die Voraussetzungen des Bußgeldbescheides und des Einspruchs sowie Verfahrenshindernisse. Zudem prüft sie, ob der Sachverhalt Anlass zur Verfolgung als Straftat bietet; liegen zureichende tatsächliche Anhaltspunkte, die den Verdacht einer Straftat begründen vor, ist anzuklagen, § 152 StPO.

Kommt die Staatsanwaltschaft zu dem Ergebnis, der Einspruch sei unzulässig, **10** so vermag sie nicht selbst zu entscheiden, vielmehr gibt die Staatsanwaltschaft die Sache an die BaFin zurück mit dem Hinweis nach § 69 Abs. 1 OWiG zu verfahren – die BaFin kann dann den Einspruch verwerfen.

Alternativ kann die Staatsanwaltschaft die Sache dem Amtsgericht gem. § 70 **11** OWiG vorlegen; teilt das Amtsgericht die Auffassung der Unzulässigkeit, verwirft es den Einspruch.

Vertritt die Staatsanwaltschaft die Auffassung, der Sachverhalt sei nicht ausrei- **12** chend aufgeklärt, kann sie ebenfalls die Sache formlos an die BaFin zur weiteren Sachverhaltsaufklärung zurückgeben oder sie nimmt selbständig Ermittlung zur Erforschung einer Ordnungswidrigkeit auf, § 69 Abs. 4 S. 2 OWiG.

Der Staatsanwaltschaft ist zudem die Möglichkeit eröffnet, ein unzureichend **13** aufgeklärtes Verfahren dem Amtsgericht zuzuleiten, § 69 Abs. 5 OWiG. Teilt das Amtsgericht die Auffassung über den **nicht ausreichend aufgeklärten Sachverhalt,** verweist es das Verfahren an die BaFin zurück, § 69 Abs. 5 S. 1 OWiG. Die

BaFin befasst sich erneut mit der Sache (vgl. zu ergänzenden Ermittlungen in Zwischenverfahren OLG Düsseldorf NStZ 1983, 323, vgl. zur Verjährungsunterbrechung durch Zurückweisung Thür. OLG VRS 117, 355); hält sie an dem Bußgeldbescheid fest, entscheidet wieder der Amtsrichter über den Fortgang der Sache. Ist der Sachverhalt nunmehr so aufbereitet, dass von einer Ordnungswidrigkeit gesprochen werden kann, kommt es zur Eröffnung des Hauptverfahrens. War die Zurückverweisung hingegen ergebnislos, vertritt das Amtsgericht – neben der Staatsanwaltschaft – die Auffassung, der Sachverhalt sei nach wie vor nicht hinlänglich ermittelt, um ein Hauptsacheverfahren mit Verurteilungswahrscheinlichkeit durchzuführen, so stellt der Strafrichter das Verfahren endgültig ein, § 69 Abs. 5 S. 2 OWiG.

Gesetz über Ordnungswidrigkeiten

J. § 68 Zuständiges Gericht

(1) **Bei einem Einspruch gegen den Bußgeldbescheid entscheidet das Amtsgericht, in dessen Bezirk die Verwaltungsbehörde ihren Sitz hat. Der Richter beim Amtsgericht entscheidet allein.**

(2) **Im Verfahren gegen Jugendliche und Heranwachsende ist der Jugendrichter zuständig.**

(3) **Sind in dem Bezirk der Verwaltungsbehörde eines Landes mehrere Amtsgerichtsbezirke oder mehrere Teile solcher Bezirke vorhanden, so kann die Landesregierung durch Rechtsverordnung die Zuständigkeit des Amtsgerichts abweichend von Absatz 1 danach bestimmen, in welchem Bezirk**
1. die Ordnungswidrigkeit oder eine der Ordnungswidrigkeiten begangen worden ist (Begehungsort) oder
2. der Betroffene seinen Wohnsitz hat (Wohnort),
soweit es mit Rücksicht auf die große Zahl von Verfahren oder die weite Entfernung zwischen Begehungs- oder Wohnort und dem Sitz des nach Absatz 1 zuständigen Amtsgerichts sachdienlich erscheint, die Verfahren auf mehrere Amtsgerichte aufzuteilen; § 37 Abs. 3 gilt entsprechend. Der Bezirk, von dem die Zuständigkeit des Amtsgerichts nach Satz 1 abhängt, kann die Bezirke mehrerer Amtsgerichte umfassen. Die Landesregierung kann die Ermächtigung auf die Landesjustizverwaltung übertragen.

Literatur: Karlsruher Kommentar, Ordnungswidrigkeitengesetz, 2006; *Klesczewski,* Ordnungswidrigkeitenrecht, 2010.

Übersicht

I. Besonderheiten

Nach zulässigem Einspruch, der hinreichenden Aufklärung des Sachverhalts **1**
und der Annahme des Amtsrichters, die im Bußgeldbescheid ausgewiesene Handlung sei rechtlich als Ordnungswidrigkeit zu ahnden, gelangt die Rechtssache in
das Hauptverfahren. Zuständig ist der Einzelrichter, § 68 Abs. 1 S. 2 OWiG beim
Amtsgericht Frankfurt am Main. Einen förmlichen richterlichen **Eröffnungsbeschluss gibt es nicht.** Für das Hauptverfahren gelten soweit das Ordnungswidrigkeitengesetz nichts anderes bestimmt, die Vorschriften der **StPO**, die nach zulässigem Einspruch gegen einen Strafbefehl gelten, § 71 Abs. 1 OWiG. Die
Hauptverhandlung im Ordnungswidrigkeitenverfahren und ihre Vorbereitung ist
im Wesentlichen identisch mit der strafprozessualen. Nach dem Aufruf der Sache
folgen die Feststellungen zur Person, der Bußgeldbescheid wird verlesen, der
Betroffene erhält rechtliches Gehör, es folgen Beweisaufnahme, Plädoyer und der
Betroffene hat das letzte Wort. Nach einer Beratungspause wird das Urteil verkündet (vgl. zu den einzelnen Abschnitten der Hauptverhandlung im Ordnungswidrigkeitenverfahren KK-OWiG-*Senge*, § 71 Rn. 1 ff.). Möglich ist auch eine Verfahrenseinstellung nach § 47 Abs. 2 OWiG. Eine solche rechtskräftige Einstellung
führt auch zum Strafklageverbrauch, es sei denn, neue Tatsachen begründen den
Verdacht eines Verbrechens (LG Heidelberg NZV 2010, 40). Das WpHG enthält
keine Verbrechenstatbestände.

Im Folgenden soll lediglich auf einige **prozessuale Besonderheiten** des Ord- **2**
nungswidrigkeitenverfahrens gegenüber dem Strafprozess eingegangen werden.
Die prozessualen Unterschiede sind im Recht der Ordnungswidrigkeiten getragen
von den Leitgedanken der Vereinfachung und Beschleunigung. Dies ist im Hinblick auf den Bagatellcharakter vieler Ordnungswidrigkeiten, z. B. im Straßenverkehr, sinnvoll; geht es jedoch wie im Wertpapierhandelsgesetz um Tatvorwürfe,
die erhebliche Folgen nach sich ziehen können oder um sehr hohe Bußgelder,
müssen die Überlegungen zur Vereinfachung und Beschleunigung bei der Auslegung einzelner Vorschriften besonders sorgfältig abgewogen werden, gegebenenfalls müssen sie in den Hintergrund treten.

Zunächst ist es dem Amtsrichter an die Hand gegeben, von einer Hauptver- **3**
handlung abzusehen und durch Beschluss im schriftlichen Verfahren zu entscheiden, § 72 OWiG. Ein Beschlussverfahren empfiehlt sich, wenn der Sachverhalt
nach Lage der Akten ausreichend aufgeklärt und eine Hauptverhandlung nicht
erforderlich erscheinen (*Klesczewski*, Rn. 988). Gleichwohl ist dem Amtsrichter
auch im Beschlussverfahren gestattet, weitere Beweiserhebungen durchzuführen
und dann nach Lage der Akten zu entscheiden. § 71 Abs. 2 Ziff. 1, 2 OWiG gilt
auch im Beschlussverfahren. Sofern der Amtsrichter neue Kenntnisse erlangt, die
für die Urteilsfindung tragend sind, ist dem Betroffenen und der Staatsanwaltschaft
diesbezüglich rechtliches Gehör zu gewähren. Eine Hauptverhandlung findet im
Beschlussverfahren nicht statt. Dies ist für den Betroffenen vereinzelt ein wünschenswertes Ergebnis.

Eine solche Verfahrensweise ist indessen nur zulässig, wenn kein Widerspruch **4**
des Betroffenen und der Staatsanwaltschaft vorliegt. Der Widerspruch muss innerhalb von zwei Wochen, gerechnet ab Zustellung des Hinweises im Beschlusswege
entscheiden zu wollen, bei Gericht eingegangen sein, § 72 Abs. 1 S. 2 OWiG.
Das erkennende Gericht ist dazu verpflichtet, auf die Widerspruchsmöglichkeit
hinzuweisen (OLG Düsseldorf NZV 2010, 162; ein Verstoß führt zur Zulässigkeit
der Rechtsbeschwerde nach § 79 Abs. 1 Ziff. 5 OWiG, OLG Zweibrücken,

Beschl. v. 9.1.2009, Az. 1 Ss 168/08. Der Betroffene wird widersprechen, falls er z. B. eine weitere Sachverhaltsaufklärung in einem Verhandlungstermin etwa durch (erneute) Zeugenvernehmung für erforderlich hält.

5   Der Hinweis auf eine Beschlussentscheidung sagt noch nichts über den Inhalt des Urteils aus. Naturgemäß kann im Beschlusswege auch freigesprochen werden; selbst ein Widerspruch des Betroffenen oder der Staatsanwaltschaft hindert den Amtsrichter nicht, durch Beschluss gem. § 72 OWiG einen Freispruch zu verkünden.

6   Der Beschluss entfaltet die gleichen Wirkungen wie ein Urteil. Er hat den gleichen Aufbau, entfaltet Rechtskraft und kann mit der Rechtsbeschwerde angefochten werden. Die Anforderungen an die Begründung eines Beschlusses nach § 72 OWiG entsprechen im Wesentlichen denen eines Bußgeldurteils (OLG Brandenburg, Beschl. v. 18.2.2008 zu Az. 1 Ss (OWi) 266 B/07).

II. Hauptverhandlung

7   Zu den Besonderheiten der ordnungswidrigkeitenrechtlichen Hauptverhandlung gehört, dass die Staatsanwaltschaft nicht zur Teilnahme verpflichtet ist, § 75 Abs. 1 S. 1 OWiG. Zwar kann das Amtsgericht ihre Teilnahme anregen, aber selbst im bedeutungsvollen, umfangreichen Verfahren besteht keine Pflicht.

8   Die **BaFin kann,** muss aber nicht, an der Hauptverhandlung **teilnehmen.** Sie erhält durch das Amtsgericht von dem Hauptverhandlungstermin Kenntnis. Auf Verlangen ist dem Vertreter der BaFin das Wort zu erteilen, § 76 Abs. 1 S. 4 OWiG.

9   Der Betroffene muss in der Regel an der Hauptverhandlung teilnehmen, § 73 Abs. 1 OWiG. Fehlt er unentschuldigt (zur verkehrsbedingten Verspätung OLG Zweibrücken Beschl. v. 16.9.2009 zu Az. 1 SsBs 28/09), wird sein Einspruch durch Urteil verworfen, § 74 Abs. 2 OWiG.

10   War der Betroffene unverschuldet am persönlichen Erscheinen an der Hauptverhandlung gehindert, kann er innerhalb einer Woche nach Zustellung des Urteils Wiedereinsetzung in den vorherigen Stand (zum Verhältnis Wiedereinsetzung und Rechtsbeschwerde vgl. OLG Hamm, Beschl. v. 22.12.2009 zu Az. (3) 6 Ss OWi 984/09 (330); OLG Koblenz, Urt. v. 31.8.2009 zu Az. 1 SsBs 93/09) beantragen, § 74 Abs. 4 OWiG.

11   Der Betroffene kann auf Antrag von der Pflicht zum persönlichen Erscheinen in der Hauptverhandlung entbunden werden. Der Amtsrichter muss dem Antrag entsprechen, § 73 Abs. 2 OWiG, – ein Ermessen besteht nicht (OLG Bamberg, Beschl. v. 17 8. 2009 zu Az. 3 Ss OWi 780/09) – wenn folgende Voraussetzungen vorliegen:

– Der Betroffene hat sich zur Sache geäußert oder erklärt, er werde sich in der Hauptverhandlung nicht äußern.

– Seine Anwesenheit ist zur Aufklärung wesentlicher Gesichtspunkte des Sachverhaltes nicht erforderlich.

12   Der Antrag auf **Entbindung von der Pflicht zur Anwesenheit** in der Hauptverhandlung i.S.v. § 73 OWiG ist an keine Form und an keine Frist gebunden. Der Antrag kann noch von dem Betroffenen in der Hauptverhandlung gestellt werden (KK-OWiG-*Senge* § 73 Rn. 18). Die Entpflichtung kann durch den Richter auch wieder zurückgenommen werden.

13   Dann beginnt die Hauptverhandlung erneut. Dass die Anwesenheit des Betroffenen zur Aufklärung wesentlicher Gesichtspunkte des Sachverhalts erforderlich

ist, gilt vornehmlich für Fälle, in denen die Person des Täters noch unaufgeklärt ist, z. B. zur Identifikation des Betroffenen anhand von Lichtbildern. Derartige Fallkonstellationen dürften im Zusammenhang mit dem WpHG zu vernachlässigen sein.

Will der Betroffene die Prangerwirkung einer Hauptverhandlung vermeiden, **14** ist zu überlegen, ob er schweigt oder eine umfassende schriftliche Stellungnahme abgibt. Der Nutzen einer schriftlichen Stellungnahme gegenüber dem persönlichen Erscheinen wird regelmäßig geschmälert, weil Gericht und Staatsanwaltschaft keine Gelegenheit haben, Fragen an den Betroffenen zu stellen. Vereinzelt liegt darin indes der Vorteil des Mandanten. Vor- und Nachteile der Abwesenheit sind daher sorgfältig abzuwägen.

Auch in der ordnungswidrigkeitsrechtlichen Hauptverhandlung ist der Sach- **15** verhalt von Amts wegen zu erforschen. Der Umfang der Beweisaufnahme ist dabei ins Verhältnis zur Bedeutung der Sache zu setzen, § 77 Abs. 1 OWiG (vgl. zum Verhältnis der Beweisantizipation und zur Verletzung rechtlichen Gehörs OLG Hamm, Beschl. v. 5.10.2009, Az. 3 Ss OWi 764/09).

Der Betroffene, sein Verteidiger und die Staatsanwaltschaft haben das Recht, **16** Beweisanträge zu stellen. Der BaFin steht dieses Recht nicht zu, sie kann Beweiserhebungen anregen. Die Ablehnung der Beweisanträge richtet sich nach § 46 Abs. 1 OWiG iVm § 244 Abs. 3 bis 5 StPO und nach § 77 Abs. 2 OWiG.

§ 77 Abs. 2 OWiG enthält weitere Gründe zur Ablehnung eines Beweisantra- **17** ges. Hält das Gericht den Sachverhalt nach dem bisherigen Ergebnis der Beweisaufnahme für geklärt, kann es einen **Beweisantrag ablehnen**, wenn nach seinem Ermessen die Beweiserhebung zur Erforschung der Wahrheit nicht erforderlich ist, § 77 Abs. 2 Ziff. 1 OWiG. Die Vorschrift enthält eine zulässige Beweisantizipation. § 77 Abs. 2 Ziff. 2 OWiG enthält einen Ablehnungsgrund wegen verspäteter Antragstellung. Hierzu müssen folgende Voraussetzungen vorliegen:

– Der Sachverhalt wurde in der Hauptverhandlung zur Überzeugung des Gerichts geklärt.

– Der Beweisantrag ist nach freier Würdigung des Gerichts ohne verständigen Grund so spät vorgetragen, dass eine Aussetzung der Hauptverhandlung erforderlich wäre.

Hintergrund der Norm ist der Wunsch, ein Ordnungswidrigkeitenverfahren mög- **18** lichst schnell durchzuführen (vgl. ausführlich Bayer. Verfassungsgerichtshof, Entscheidung v. 16.3.2010, Az. Vf. 62-VI-09). Der Betroffene, sein Verteidiger und die Staatsanwaltschaft sollen dazu gebracht werden, frühzeitig alle bekannten und relevanten Beweismittel offen zu legen. Verzögerungstaktik oder andere unter Umständen sachfremde Erwägungen sollen eingeschränkt werden. Ergeben sich Ermittlungsansätze erst in der Hauptverhandlung, sind diesbezügliche Beweisanträge nicht verspätet.

Der Ablehnungsgrund des § 77 Abs. 2 Ziff. 2 OWiG erlangt wenig eigenstän- **19** dige Bedeutung in der Praxis, da regelmäßig schon die Voraussetzungen des § 77 Abs. 2 Ziff. 1 OWiG vorliegen (KK-OWiG-*Senge* § 77 Rn. 23 BVerfG NJW 1992, 2811; vgl. auch BVerfG EuGRZ 2004, 656; OLG Karlsruhe NStZ-RR 2000, 275): Der Richter hält den Sachverhalt für aufklärt und eine weitere Aufklärung ist nicht angezeigt. Auf eine „Verspätung" kommt es dann nicht mehr an.

Eine weitere Erleichterung zur Durchführung der Hauptverhandlung enthal- **20** ten – aus Sicht des Gerichts – §§ 77a, 78 OWiG. Anders als im Strafprozess müssen Schriftstücke nicht verlesen werden. Es genügt, wenn der Amtsrichter den wesentlichen Inhalt in der Hauptverhandlung bekannt gibt; es sei denn, es kommt gerade auf den Wortlaut an, § 78 Abs. 1 S. 1 OWiG.

21   Von einer Bekanntgabe des Inhalts eines Schriftstückes kann sogar abgesehen werden, wenn der Betroffene, der Verteidiger und der in der Hauptverhandlung anwesende Staatsanwalt ihre (stillschweigende) Zustimmung gegeben haben (OLG Köln, Beschl. v. 6.6.2000 zu Az. SS 217/00). In diesem Fall genügt die Protokollierung der Vorgehensweise, § 78 Abs. 1 OWiG. Diese Einführung von verwertbaren Beweismitteln erinnert an das strafprozessuale Selbstleseverfahren.

22   Eine weitere Verfahrensvereinfachung gem. § 78 Abs. 2 OWiG liegt in der Nichtanwendung des § 273 Abs. 2 StPO. Die wesentlichen Ergebnisse der Vernehmungen sind nicht in das zu führende Hauptverhandlungsprotokoll aufzunehmen.

23   Die Hauptverhandlung schließt mit der auf die Beratung folgende Verkündung des Urteils (zur Nichtigkeit eines Urteils im Bußgeldverfahren OLG Köln NStZ-RR 2002, 341), § 46 Abs. 1 OWiG iVm § 260 StPO. Der Richter belehrt nach Verkündung und mündlicher Begründung des Urteils gegebenenfalls den Betroffenen über die Rechtsbeschwerde, § 46 Abs. 1 OWiG iVm § 35a S. 1 StPO.

III. Gemischte Verfahren vor Gericht

24   Die Anklageschrift der Staatsanwaltschaft kann einen Straftatbestand und eine Ordnungswidrigkeit gemeinsam umfassen, § 151 StPO, §§ 64, 42 OWiG. Das Gericht ist an die rechtliche Bewertung der Tat durch die Staatsanwaltschaft nicht gebunden; es kann die Eröffnung ablehnen oder die Anklage unter veränderten Gesichtspunkten zulassen. Hat das Verfahren Ordnungswidrigkeiten und Straftaten zum Gegenstand und werden einzelne Taten nur als Ordnungswidrigkeit verfolgt, so gelten für das Verfahren wegen dieser Taten besondere Regeln aus § 83 OWiG. Entsprechendes gilt, wenn der Richter die Anklage nur im Hinblick auf eine Ordnungswidrigkeit zulässt, § 82 Abs. 2 OWiG die Eröffnung wegen einer Straftat indes ablehnt. In dieser Konstellation wird eine Ordnungswidrigkeit vor Gericht verhandelt, für die die zusätzlichen Verfahrensregelungen aus § 83 OWiG gelten.

IV. Rechtsmittel bei gemischten Verfahren

25   Grundsätzlich wird eine Entscheidung mit dem Rechtsmittel angefochten, in dessen Verfahrensart es ergangen ist. Im Strafverfahren sind dies **Berufung und Revision**, §§ 312, 333, 335 StPO; gegen Entscheidungen im Bußgeldverfahren ist die Rechtsbeschwerde nach § 79 OWiG gegeben.

26   An dieser Stelle soll nur auf eine **Besonderheit** eingegangen sein: Liegt eine Tat im prozessualen Sinn vor und spricht das Gericht vom Vorwurf einer Straftat frei, verurteilt indes bloß wegen einer Ordnungswidrigkeit, so ist das Urteil nach den Regeln der StPO mit der Berufung oder Revision anzufechten (Thür. OLG Beschl. v. 20.7.2005 zu Az. 1 Ss 164/05; BGHSt 35, 290).

27   Liegen mehrere Taten im prozessualen Sinn vor und erfolgt sowohl eine Verurteilung wegen einer Straftat und einer Ordnungswidrigkeit, so ist das Urteil mit dem Rechtsmittel der Berufung oder Revision anfechtbar. Dem Strafverfahren gebührt gegenüber dem Bußgeldverfahren insofern der Vorrang.

28   **Ausnahme** nach § 83 Abs. 1 OWiG: Liegen mehrere Taten im prozessualen Sinn vor und erfolgt demgegenüber ein Freispruch im Hinblick auf die Straftat sowie eine Verurteilung wegen der Ordnungswidrigkeit, so ist das Urteil mit der Rechtsbeschwerde anzufechten (BGHSt 23, 270).

Gesetz über Ordnungswidrigkeiten

K. § 17 Höhe der Geldbuße

(1) **Die Geldbuße beträgt mindestens fünf Euro und, wenn das Gesetz nichts anderes bestimmt, höchstens eintausend Euro.**

(2) **Droht das Gesetz für vorsätzliches und fahrlässiges Handeln Geldbuße an, ohne im Höchstmaß zu unterscheiden, so kann fahrlässiges Handeln im Höchstmaß nur mit der Hälfte des angedrohten Höchstbetrages der Geldbuße geahndet werden.**

(3) **Grundlage für die Zumessung der Geldbuße sind die Bedeutung der Ordnungswidrigkeit und der Vorwurf, der den Täter trifft. Auch die wirtschaftlichen Verhältnisse des Täters kommen in Betracht; bei geringfügigen Ordnungswidrigkeiten bleiben sie jedoch in der Regel unberücksichtigt.**

(4) **Die Geldbuße soll den wirtschaftlichen Vorteil, den der Täter aus der Ordnungswidrigkeit gezogen hat, übersteigen. Reicht das gesetzliche Höchstmaß hierzu nicht aus, so kann es überschritten werden.**

Literatur: *Assmann/Schneider,* Kommentar zum Wertpapierhandelsgesetz, 2009; Karlsruher Kommentar Ordnungswidrigkeitengesetz, 2006; *Klesczewski,* Ordnungswidrigkeitenrecht, 2010; *Mitsch,* Recht der Ordnungswidrigkeiten, 2005; *Retemeyer,* Gewinnabschöpfung im Ordnungswidrigkeitenrecht, wistra 2012, 56.

Übersicht

I. Grundsätze

Die Geldbuße ist eine Unrechtsfolge für eine tatbestandsmäßige, rechtswidrige **1** und vorwerfbare Handlung. Sie ist keine Strafe, da ihr das mit der Strafe notwendigerweise verbundene Unwerturteil und mithin „der Ernst staatlichen Strafens" (BayObLG wistra 1991, 317) fehlt.

Die Verhängung einer Geldbuße gegen eine natürliche Person – geregelt in **2** § 17 OWiG – verfolgt einen repressiven Zweck sowie einen spezialpräventiven und einen generalpräventiven Zweck (AG Meißen, Urt. v. 14.10.2009, Az. 13 OWi 705 Js 30975/09). Außerdem sollen durch eine Geldbuße wirtschaftliche

Vorteile, die dem Täter aus der Tat erwachsen sind, abgeschöpft werden, § 17 Abs. 4 OWiG. Die Begehung einer Ordnungswidrigkeit sieht als Rechtsfolge keine Freiheitsentziehung vor (§ 96 OWiG sieht die Anwendung von Erzwingungshaft vor, wenn im Vollstreckungsverfahren die verhängte Geldbuße nicht gezahlt wurde. Dabei handelt es sich nicht um eine Sanktion der Ordnungswidrigkeit, sondern um ein „Vollstreckungsinstrument", vgl. *Mitsch,* S. 152). Die Verhängung einer Geldbuße „auf Bewährung" ist ebenfalls nicht vorgesehen. Geldbußen sollen grundsätzlich unkompliziert, aufwendungsarm und schnell verhängt und durchgesetzt werden können (*Mitsch,* S. 152; dieser Grundsatz gilt problemlos für Massenverfahren, die z. B. den Straßenverkehr betreffen; auf das WpHG übertragen dürften diese Ansätze ihre Grenzen erfahren. Angesichts der hohen Geldbußen und der denkbaren möglichen Schadensersatzansprüche nach einer möglichen Sorgfaltspflichtverletzung, dürfte die Verhängung und Durchsetzung einer Geldbuße nach dem WpHG sehr viel mehr Aufwand erzeugen).

3   Der **repressive Zweck** einer Geldbuße kommt durch ihren Funktionscharakter zum Ausdruck. Der Betroffene muss Geld bezahlen. Dies ist ein fühlbarer „Pflichtappell" (BayObLG wistra 1991, 317) verbunden mit dem Sinn, den Betroffenen dazu zu bewegen, künftig Gebote und Verbote zu achten. An dieser Stelle kommt bereits der spezialpräventive Zweck zum Ausdruck. Dieser verfolgt den Gedanken, den Betroffenen persönlich davon abzuhalten, künftig Ordnungswidrigkeiten zu verwirklichen (BayObLG wistra 1991, 317; KK-OWiG *Mitsch,* § 17 Rn. 9). Die Generalprävention will die Allgemeinheit abschrecken, derartige Verstöße zu begehen; sie ist ein anerkannter Zumessungsfaktor zur Bestimmung der Geldbuße (OLG Düsseldorf MDR 1994, 1237).

4   Eine justizbedingte **Verfahrensverzögerung** von 18 Monaten rechtfertigt eine Ermäßigung der an sich verwirkten Geldbuße um 15% (OLG Düsseldorf, Beschl. v. 31.1.2005 zu Az. VI-Kart 51/01 OWi).

5   Wer als **Aufklärungsgehilfe** an einem Bußgeldverfahren mitwirkt, kann in dem eigenen Bußgeldverfahren mit einem Bußgeldnachlass rechnen (OLG Düsseldorf, Urt. v. 30.3.2009 zu Az. VI – 2 Kart 10/08 OWi); ein Inaussichtstellen eines solchen Nachlasses verstößt nicht gegen § 46 OWiG iVm § 136a StPO.

6   Ist eine Geldstrafe in einem Strafverfahren wegen Insiderhandels oder Kurs- und Marktpreismanipulation ausgeurteilt, spielt es aus juristischer Sicht keine Rolle, wer die Geldstrafe bezahlt, d.h. es liegt nicht etwa eine Strafvollstreckungsvereitelung nach § 258 Abs. 2 StGB vor, wenn der Arbeitgeber oder Familienangehörige die Geldstrafe für den Verurteilten bezahlen (BGHSt 37,226).

7   Im Recht der Ordnungswidrigkeit kommt eine Strafvereitelung gem. § 258 StGB nicht in Betracht, da diese nur Taten i.S.v. § 11 Abs. 1 Ziff. 5 StGB umfassen – Ordnungswidrigkeiten gehören nicht dazu.

8   Bußgelder dürfen unter bestimmten Umständen als Arbeitslohn behandelt werden (BFH NJW 2009, 1167; FG Bremen Urt. v. 6.10.2005 zu Az. 1 K 55/03). Dem Verurteilten können gem. § 18 OWiG Zahlungserleichterungen wie z. B. Ratenzahlungen bewilligt werden; dies ist von Amts wegen zu prüfen (OLG Koblenz, Beschl. v. 3.1.2007 zu Az. 1 Ss 289/06).

II. Bußgeldrahmen

9   Nach § 17 Abs. 1 OWiG beträgt die Geldbuße mindestens 5 € und, wenn das Gesetz nichts anderes bestimmt, höchstens 1.000 €. Im WpHG sind ausnahmslos

höhere Geldbußen angedroht. Nach § 39 Abs. 4 WpHG betragen die Höchstgrenzen je nach Ordnungswidrigkeit 50.000 €, 100.000 €, 200.000 €, 500.000 € oder 1.000.000 €. Im Einzelnen:
- **1.000.000 €**
- § 39 Abs. 1 Ziff. 1 und 2
- § 39 Abs. 2 Ziff. 2 lit. e und f; Ziff. 5 lit. a Ziff. 7 und 11
- **500.000 €**
- § 39 Abs. 2 Ziff. 2 lit. g bis i
- § 39 Abs. 2d Ziff. 3 bis 5
- § 39 Abs. 2e Ziff. 5, 8 und 9

In § 39 Abs. 4 WpHG ist § 39 Abs. 2 Ziff. 14a und 14b WpHG noch als bußgeld- **10** bewährt – bis 500.000 € – ausgewiesen, obschon § 39 Abs. 2 Ziff. 14a und 14b in derselben Gesetzesfassung vom 13. Februar 2013 als „weggefallen" bezeichnet wird.
- **200.000 €**
- § 39 Abs. 1 Ziff. 3 und 5
- § 39 Abs. 2 Ziff. 1 und 2 lit. a, c und n bis q, Ziff. 3, 4 und 5 lit. c bis i, 6, 16a, 17b, 17c, 18, 22 und 25
- § 39 Abs. 2b Ziff. 5 und 6
- § 39 Abs. 2d Ziff. 1 und 2
- § 39 Abs. 2e Ziff. 1, 3 und 4
- § 39 Abs. 3 Ziff. 1 lit. b, Ziff. 3 und 12
- **100.000 €**
- § 39 Abs. 2 Ziff. 2 lit. d
- § 39 Abs. 2 Ziff. 5 lit. b
- § 39 Abs. 2 Ziff. 10a bis 10c, Ziff. 12 bis 14 und Ziff. 16, 17a
- § 39 Abs. 2e Ziff. 2, 6 und 7
- §39 Abs. 3 Ziff. 1 lit. c

In den übrigen Fällen beträgt die Geldbuße bis zu **50.000 €**. **11**

Die Geldbußen im WpHG fallen außergewöhnlich hoch aus. Dies ist auch **12** darauf zurückzuführen, dass die Geldbußen – anders als im Strafrecht – auch gegen juristische Personen, § 30 OWiG festgesetzt werden können. Der Gesetzgeber führt hierzu aus:

> „Bei der Bemessung des Höchstbetrages hat der Finanzausschuss auch berücksichtigt, dass sich die Bußgeldandrohung vorrangig an börsennotierte Unternehmen und deren gesetzliche Vertreter richtet, die regelmäßig vermögend sind und im Zweifel nur durch entsprechend hohe Geldbußen zur Beachtung der Vorschriften über die Ad-hoc-Publizität angehalten werden können." (BT-Drucks. 12/7918, S. 96. In diese Konzeption passt auch die Bußgeldandrohung des § 130 Abs. 3 OWiG in Höhe von 1.000.000 €).

Vor diesem Hintergrund wird deutlich, dass die hohen Bußgeldandrohungen **13** vermögende börsennotierte Unternehmen und deren gesetzliche Vertreter abschrecken sollen. Eine solch hohe Bußgeldandrohung ist also erforderlich, um die „Chefetage" zu erreichen. Dem gegenüber sollen auch „einfache, natürliche Personen" abgeschreckt werden, allerdings dürfte die Höchstgrenze der Bußgeldandrohung hier selbst in schwersten Fällen wohl kaum zu erreichen sein (vgl. hierzu auch *Assmann/Schneider-Vogel,* § 39 Rn. 71).

Droht das Gesetz für vorsätzliches und fahrlässiges Handeln eine Geldbuße an, **14** ohne im Höchstmaß zu unterscheiden, so kann fahrlässiges Handeln im Höchstmaß nur mit der Hälfte des angedrohten Höchstbetrages der Geldbuße geahndet werden, § 17 Abs. 2 OWiG. Dies ist im WpHG wie folgt der Fall: § 39 Abs. 1 OWiG sanktioniert vorsätzliches Handeln, § 39 Abs. 2 OWiG sanktioniert vorsätzliches und leichtfertiges Handeln und § 39 Abs. 3 OWiG ahndet vorsätzliches und fahrlässiges Handeln.

15   Im Recht der Ordnungswidrigkeiten werden Begehungsformen wie Versuch und Beihilfe, minderschwere oder besonders schwere Fälle innerhalb des durch Vorsatz oder Fahrlässigkeit bestimmten Bußgeldrahamens des jeweiligen Tatbestandes berücksichtigt. Es existieren nicht wie im Strafrecht vertypte Milderungsgründe oder sonstige zwingende „Bußgeldrahmenverschiebungen". Der Einheitstäterbegriff führt zur verschärfenden oder mildernden Bemessung von Tatumständen innerhalb des „Normalrahmens" (*Mitsch*, S. 157).

16   Eine Geldbuße wird als Geldsumme in Euro bestimmt, § 66 Abs. 1 Ziff. 5 OWiG.

17   Grundlage für die Zumessung der Geldbuße sind die Bedeutung der Ordnungswidrigkeit und der Vorwurf, der den Täter trifft, § 17 Abs. 3 S. 1 OWiG. Auch die wirtschaftlichen Verhältnisse des Täters kommen bei der Bußgeldbemessung in Betracht, § 17 Abs. 3 S. 2 OWiG. Das Inaussichtstellen eines Nachlasses bei der Bußgeldbemessung gegen Aufklärungshilfe ist zulässig und nicht etwa eine verbotene Vernehmungsmethode nach § 136a iVm § 46 OWiG (OLG Düsseldorf, Urt. v. 30.3.2009 zu Az. VI 2. Kart. 10/08 OWi).

III. Bedeutung der Ordnungswidrigkeit

18   Die Bedeutung einer Ordnungswidrigkeit hat der Gesetzgeber in der Höhe der Bußgeldandrohung wiedergegeben (AG Saarbrücken, Urt. v. 27.3.2009 Az. 43 OWi 31 Js 1589/08; OLG Köln NJW 1988, 1606; zur Bedeutung von Kartellordnungswidrigkeiten vgl. OLG Düsseldorf Urt. v. 27.3.2006, Az. VI – Kart. 3/05 OWi). Das WpHG stellt mit Bußgeldandrohungen über 1.000.000 € die höchsten Bußgeldandrohungen im Recht der Ordnungswidrigkeiten auf. Diesen Ordnungswidrigkeiten kommt also größte Bedeutung zu.

19   Unabhängig von der Höhe der Geldbuße ist die Bedeutung einer Ordnungswidrigkeit noch an anderen Kriterien zu messen. Hierzu gehören beispielsweise die Auswirkungen der Tat (BVerfGE 42, 261), die Dauer der Ordnungswidrigkeit (OLG Düsseldorf MDR 1999, 500), ein Geständnis (ausführlich AG Saarbrücken, Urt. v. 24.4.2009 zu Az. 43 OWi 448/08), etc. (KK-OWiG-*Mitsch*, § 17 Rn. 38 ff. mit weiteren Beispielen).

IV. Vorwurf

20   Mit dem Vorwurf, der den Täter trifft, ist der spezifische, individuelle Vorwurf, der den Täter nach seinen persönlichen Fähigkeiten in der konkreten Situation trifft, zu verstehen (KK-OWiG-*Mitsch*, § 17 Rn. 52).

21   Die Einstufung einer Ordnungswidrigkeit als vorsätzlich oder fahrlässig trägt bereits der Vorwerfbarkeit Rechnung, so dass eine fahrlässige Ordnungswidrigkeit nicht (noch einmal) zu mindern ist, weil sie nicht vorsätzlich begangen wurde (KK-OWiG-*Mitsch*, § 17 Rn. 52).

22   Kriterien zur Bestimmung der Vorwerfbarkeit sind z. B. eine Arbeitsüberlastung (BayObLGSt wistra 1982, 38) des Betroffenen oder seine berufliche Stellung (BGH NJW 1987, 2685).

Das **Motiv** des Täters ist ein wesentliches Kriterium zur Bestimmung der 23
individuellen Vorwerfbarkeit. Handeln aus Not, Mitleid oder andere „verständliche" Gründe wirken strafmildernd. Demgegenüber sind Habgier, Nachteilszufügungsabsicht oder andere egoistische Ziele bußgelderhöhend (KK-OWiG-*Mitsch*, § 17 Rn. 57, S. 330 ff.).

Uneinsichtigkeit darf nur dann bußgelderhöhend gewertet werden, wenn das 24
Prozessverhalten des Betroffenen nach Art seiner Tat und nach seiner Persönlichkeit auf Rechtsfeindlichkeit, Gefährlichkeit und die Gefahr künftiger Rechtsbruchs schließen lässt (OLG Düsseldorf wistra 1990, 440).

Demgegenüber wertete das OLG Frankfurt (OLG Frankfurt am Main NJW 25
2003, 2111 zu §§ 27, 60 WpÜG) zu Lasten des Betroffenen, dass er sich bezüglich seines Fehlverhaltens während des gesamten Verfahrens uneinsichtig zeigte, ohne zu den vom OLG Düsseldorf geforderten zusätzlichen Anforderungen iVm Uneinsichtigkeit Feststellungen getroffen zu haben.

V. Wirtschaftliche Verhältnisse

Nach § 17 Abs. 3 S. 2 OWiG sollen die wirtschaftlichen Verhältnisse des Täters 26
bei der Bußgeldbemessung in Betracht gezogen werden. **Grundlage der Bemessung** sind nicht die wirtschaftlichen Verhältnisse, dies sind **Bedeutung** der Ordnungswidrigkeit und die **Vorwerfbarkeit** gegenüber dem Betroffenen. Den wirtschaftlichen Verhältnissen kommt daher nachrangige Bedeutung zu (OLG Bremen NZV 2010, 42; OLG Koblenz NZV 2009, 573).

Das im Strafrecht geltende Tagessatzsystem, das gerade durch Berücksichtigung 27
des Einkommens des Täters für einen gerechten Schuldausgleich steht, gilt im Ordnungswidrigkeitenrecht nicht. Zwar sind außergewöhnlich gute wirtschaftliche Verhältnisse des Betroffenen bei der Bemessung der Geldbuße in Betracht zu ziehen. Jedoch darf die höchstmögliche Geldbuße nur verhängt werden, wenn ein denkbar schwerer Fall in objektiver und subjektiver Hinsicht vorliegt, bei dem kein Milderungsgrund zu erblicken ist (BayObLG Beschl. v. 21.10.1998, Az. 1 OB OWi 542/98).

Maßgeblich sind die wirtschaftlichen Verhältnisse des Täters zur Zeit der Ent- 28
scheidung, nicht zur Zeit der Tat (KK-OWiG-*Mitsch*, § 17 Rn. 85). Das Tatgericht hat die wirtschaftlichen Verhältnisse des Täters aufzuklären (KK-OWiG-*Mitsch*, § 17 Rn. 86; bei Arbeitslosigkeit OLG Karlsruhe NJW 2007, 166), gegebenenfalls sind diese zu schätzen (BayObLG NStZ-RR 1986, 280; KK-OWiG-*Mitsch*, § 17 Rn. 87), § 46 OWiG iVm § 40 Abs. 3 StGB.

Die wirtschaftlichen Verhältnisse eines Gatten sind zu berücksichtigen, wenn 29
er nicht finanziell unabhängig ist. Besteht eine wechselseitige Abhängigkeit, sei sie finanziell belastend oder entlastend, so ist dies bei der Bestimmung – einschließlich der Schätzung – zu berücksichtigen (KK-OWiG-*Mitsch*, § 17 Rn. 88).

VI. Abschöpfung

Die Geldbuße soll den wirtschaftlichen Vorteil, den der Täter aus der Ord- 30
nungswidrigkeit gezogen hat, übersteigen. Reicht das gesetzliche Höchstmaß hierzu nicht aus, so kann es überschritten werden, § 17 Abs. 4 OWiG.

31   Erzielt ein Täter durch eine Ordnungswidrigkeit z. B. einen wirtschaftlichen Vorteil in Höhe von 3.000.000 € und müsste ein Bußgeld in Höhe von 1.000.000 € zahlen, so wäre ein solches Risiko nicht abschreckend, sondern einladend. Um derartige Konstellationen zu vermeiden, enthält bereits die Geldbuße eine Abschöpfung des wirtschaftlichen Vorteils.

32   Der wirtschaftliche Vorteil wird nach dem **Bruttoprinzip** ermittelt. Danach ist das aus der Tat erlangte ohne Abzug von Kosten und Gegenleistung abzuschöpfen (OLG Celle, NStZ-RR 2012, 151; ausführlich Teil 14, 10).

33   Bei der Gewinnabschöpfung ist das verfassungsmäßige **Übermaßverbot** aus Art. 20 GG zu beachten, das es verbietet, den Täter rückwirkend über lange Zeiträume nahezu einkommenslos zu stellen (BayObLG wistra 1995, 360). Würde man dem Täter einige Zeit nach der Tat den gesamten Gewinn entziehen, könnte dies zu seinem wirtschaftlichen Zusammenbruch führen, der nicht mehr in einem vernünftigen Maß zur Bedeutung einer Ordnungswidrigkeit steht (BayObLG wistra 1995, 360).

VII. Bußgeldbemessung in der Rechtsbeschwerde

34   Die Bußgeldbemessung ist mit der **Sachrüge** zu beanstanden (KK-OWiG-*Senge*, § 79 Rn. 131). Sie liegt im Beurteilungsspielraum des Tatrichters, der sich auf Grund der Hauptverhandlung ein umfassendes Bild von dem Gewicht der Tat und dem den Täter treffenden Vorwurf bildet. Die Überprüfung der Bußgeldbemessung durch das Rechtsbeschwerdegericht hat sich demnach darauf zu beschränken, ob der Tatrichter von rechtlich zutreffenden Erwägungen ausgegangen ist und von seinem Ermessen rechtsfehlerfrei Gebrauch gemacht hat (OLG Düsseldorf wistra 1990, 440; OLG Düsseldorf VRS 72, 120; OLG Bamberg NJW 2008, 3155).

35   Die Bildung einer „Gesamtgeldbuße" für mehrere selbständige Handlungen ist im Ordnungswidrigkeitenrecht nicht vorgesehen (OLG Koblenz VRS 61, 280). Vielmehr ist **jede Geldbuße gesondert festzustellen,** § 20 OWiG und anschließend zu addieren. Dieses sog. Kumulationsprinzip entlastet die Bußgeldbehörden von einer komplizierten Gesamtrechtsfolgenbildung (KK-OWiG-*Bohnert,* § 20 Rn. 2).

Gesetz über Ordnungswidrigkeiten

L. § 30 Geldbuße gegen juristische Personen und Personenvereinigungen

     (1) **Hat jemand**

1. **als vertretungsberechtigtes Organ einer juristischen Person oder als Mitglied eines solchen Organs,**
2. **als Vorstand eines nicht rechtsfähigen Vereins oder als Mitglied eines solchen Vorstandes,**
3. **als vertretungsberechtigter Gesellschafter einer rechtsfähigen Personengesellschaft,**

4. als Generalbevollmächtigter oder in leitender Stellung als Prokurist oder Handlungsbevollmächtigter einer juristischen Person oder einer in Nummer 2 oder 3 genannten Personenvereinigung oder

5. als sonstige Person, die für die Leitung des Betriebs oder Unternehmens einer juristischen Person oder einer in Nummer 2 oder 3 genannten Personenvereinigung verantwortlich handelt, wozu auch die Überwachung der Geschäftsführung oder die sonstige Ausübung von Kontrollbefugnissen in leitender Stellung gehört,

eine Straftat oder Ordnungswidrigkeit begangen, durch die Pflichten, welche die juristische Person oder die Personenvereinigung treffen, verletzt worden sind oder die juristische Person oder die Personenvereinigung bereichert worden ist oder werden sollte, so kann gegen diese eine Geldbuße festgesetzt werden.

(2) Die Geldbuße beträgt

1. im Falle einer vorsätzlichen Straftat bis zu einer Million Euro,

2. im Falle einer fahrlässigen Straftat bis zu fünfhunderttausend Euro.

Im Falle einer Ordnungswidrigkeit bestimmt sich das Höchstmaß der Geldbuße nach dem für die Ordnungswidrigkeit angedrohten Höchstmaß der Geldbuße. Satz 2 gilt auch im Falle einer Tat, die gleichzeitig Straftat und Ordnungswidrigkeit ist, wenn das für die Ordnungswidrigkeit angedrohte Höchstmaß der Geldbuße das Höchstmaß nach Satz 1 übersteigt.

(3) § 17 Abs. 4 und § 18 gelten entsprechend.

(4) Wird wegen der Straftat oder Ordnungswidrigkeit ein Straf- oder Bußgeldverfahren nicht eingeleitet oder wird es eingestellt oder wird von Strafe abgesehen, so kann die Geldbuße selbständig festgesetzt werden. Durch Gesetz kann bestimmt werden, daß die Geldbuße auch in weiteren Fällen selbständig festgesetzt werden kann. Die selbständige Festsetzung einer Geldbuße gegen die juristische Person oder Personenvereinigung ist jedoch ausgeschlossen, wenn die Straftat oder Ordnungswidrigkeit aus rechtlichen Gründen nicht verfolgt werden kann; § 33 Abs. 1 Satz 2 bleibt unberührt.

(5) Die Festsetzung einer Geldbuße gegen die juristische Person oder Personenvereinigung schließt es aus, gegen sie wegen derselben Tat den Verfall nach den §§ 73 oder 73a des Strafgesetzbuches oder nach § 29a anzuordnen.

Literatur: *Bürger,* Die Haftung der Konzernmutter für Kartellverstöße ihrer Tochter nach deutschem Recht, WuW 2011, 130; *Grützner/Leisch,* §§ 130, 30 OWiG – Probleme für Unternehmen, Geschäftsleitung und Compliance-Organisation, DB 2012, 787; *Ignor/Rixen* (Hrsg.) Handbuch Arbeitsstrafrecht, Personalverantwortung als Strafbarkeitsrisiko, 2008; Karlsruher Kommentar Ordnungswidrigkeitengesetz, 2006; *Klesczewski,* Ordnungswidrigkeitenrecht, 2010; *Krumm,* Gewinnabschöpfung durch Geldbuße, NJW 2011, 196; *Mitsch,* Recht der Ordnungswidrigkeiten, 2005; *Muders,* Zur Haftung juristischer Verbände für das Verhalten natürlicher Personen im europäischen Kartellrecht, wistra 2011, 405; *Ransiek,* Zur strafrechtlichen Verantwortung von Unternehmen, NZWiSt 2012, 45; *Reichling,* Anmerkung zum Beschluß des BGH vom 10.8.2011, Az. KRB/10 – Zur Möglichkeit der Verhinderung von Bußgeldern durch Fusion, NJW 2012, 166; *Trüg,* Die Verbandsgeldbuße gegen Unternehmen, ZWH 2011, 6.

Übersicht

I. Einleitung

1   § 30 OWiG erlaubt ein Bußgeld gegen einen Verband, z. B. eine Aktiengesellschaft zu verhängen, wenn ein leitender Mitarbeiter eine Straftat oder eine Ordnungswidrigkeit begangen hat unter Verletzung einer betriebsbezogenen Pflicht
oder den Verband bereichert hat oder ihn bereichern sollte (allgemeine Darstellung der Verbandsgeldbuße *Trüg* ZWH 2011, 6).

2   § 30 OWiG ist **kein Ordnungswidrigkeitentatbestand.** Die Vorschrift hat
ausschließlich **Rechtsfolgenrelevanz** (*Mitsch*, S. 166), sie ist ein „sanktionsrecht-
liches Phänomen" (*Ignor/Rixen-Sättele*, S. 799; zum Streit um die Rechtsnatur der
Verbandsgeldbuße *Kesczewski* Rn. 644 ff). § 30 OWiG verfolgt im Wesentlichen
zwei Zwecke: Die Norm will finanzielle Vorteile aus der Tat für das Unternehmen
abschöpfen und sie dient der Prävention (*Mitsch*, S. 167). § 30 Abs. 3 OWiG iVm
§ 17 Abs. 4 OWiG sieht vor, dass die Geldbuße den wirtschaftlichen Vorteil, den
der Verband aus der Tat gezogen hat, übersteigen soll – crime does not pay.
Reicht das gesetzliche Höchstmaß hierzu nicht aus, so kann es überschritten
werden. Es geht nicht nur darum, ohnehin zu Unrecht Erlangtes zurückzuführen,
sondern auch um eine Geldbuße, die den Verband beschweren soll. Ein weiterer
Sanktionszweck liegt darin, den Verband anzuhalten, dass aus ihm heraus keine
Straftaten oder Ordnungswidrigkeiten begangen werden (*Grützner/Leisch* DB
2012, 787; *Ransiek* NZWiSt 2012, 45). Der Verband, z. B. der Vorstand einer
AG, soll dafür Sorge tragen, dass leitende Mitarbeiter sorgfältig ausgesucht und
zuweilen kontrolliert werden.

II. Voraussetzungen

1. Anknüpfungstat

3   § 30 OWiG verlangt das Vorliegen einer Anknüpfungstat; die Vorschrift ist
streng akzessorisch. § 30 Abs. 1 Ziff. 1 bis 5 OWiG nennt den tauglichen Täterkreis einer solchen Vortat (ausführlich *Klesczewski*, Rn. 649 ff):

4   § 30 Abs. 1 Ziff. 1 OWiG:
   – Vertretungsberechtigtes Organ einer juristischen Person. z. B.
     • Aktiengesellschaft
     • Kommanditgesellschaft auf Aktien (KGaA), §§ 278 ff. HGB
     • Gesellschaft mit beschränkter Haftung (GmbH)

- Genossenschaft eingetragener Verein, §§ 21 ff. BGB
- selbständige rechtsfähige Stiftung, § 80 ff. BGB
- Mitglied eines solchen Organs

§ 30 Abs. 1 Ziff. 2 OWiG: 5
- Vorstand eines nicht rechtsfähigen Vereins
- Mitglied eines solchen Vorstands

§ 30 Abs. 1 Ziff. 3 OWiG: 6
- Vertretungsberechtigter Gesellschafter einer rechtsfähigen Personengesellschaft z. B.
- OHG, § 105 HGB
- KG, § 161 HGB
- GmbH & Co. KG
- BGB-Gesellschaft
- Partnergesellschaft, § 7 Abs. 2 PartGG
- Europäische wirtschaftliche Interessenvereinigung (EWIV)

§ 30 Abs. 1 Ziff. 4 OWiG: 7
- Generalbevollmächtigter oder in leitender Stellung als Prokurist
- Handlungsbevollmächtigter einer juristischen Person
- oder einer in Ziff. 2 oder 3 genannten Personenvereinigung.

§ 30 Abs. 1 Ziff. 5 OWiG: 8
- sonstige Person, die für die Leitung des Betriebs
- oder Unternehmens einer juristischen Person oder einer nicht in Ziff. 2 oder 3 genannten Personenvereinigung verantwortlich handelt, wozu auch die Überwachung der Geschäftsführung oder die sonstige Ausübung von Kontrollbefugnissen in leitender Stellung gehört. Zu den sonstigen Personen mit Kontrollbefugnissen in leitender Stellung gehören, beispielsweise der Compliance-Beauftragte, Rechnungsprüfer, Finanzkontroller und Aufsichtsratsmitglieder einer Aktiengesellschaft

Eine natürliche Person aus dem Katalog des § 30 Abs. 1 Ziff. 1 bis 5 OWiG muss   9
eine Straftat oder Ordnungswidrigkeit verwirklicht haben. Dabei muss der Täter im inneren Zusammenhang mit seiner Leitungsfunktion gehandelt haben (*Muders,* wistra 2011, 405; Zur Haftung der Konzernmutter für ihre Tochter *Bürger,* WuW 2011, 130). ausreichend ist ein Handeln lediglich bei Gelegenheit (BGH NStZ 1997, 30). In der Regel wird die Täterschaft einer natürlichen Person, hier eines leitenden Mitarbeiters, im Bußgeldbescheid oder in einem Urteil festgestellt. Dies ist indes nichts zwingend zur Verhängung einer Verbandsgeldbuße.

Danach kann es genügen, dass feststeht, dass eine Anlasstat begangen wurde. 10
Der Name des Anlasstäters kann unbekannt bleiben, er muss auch nicht etwa verurteilt worden sein. Des Weiteren müsste die Anlasstat unter Verstoß gegen betriebsbezogene Pflichten erfolgt sein oder das Unternehmen müsste bereichert worden sein oder es sollte bereichert werden.

2. Betriebsbezogene Pflichtverletzung

Ob eine Pflicht betriebsbezogen ist, ist im Einzelfall zu ermitteln. Betriebsbezo- 11
gen sind Pflichten, die den Unternehmensträger treffen und ihm in dieser Eigenschaft Ge- oder Verbote auferlegen (KK-OWiG-*Rogall,* § 30 Rn. 74). Der häufigste Anwendungsfall ist eine betriebsbezogene Pflichtverletzung aus § 130 OWiG (*Mitsch,* S. 171; KK-OWiG-*Rogall,* § 30 Rn. 75).

12   Auch im Zusammenhang mit Wertpapierhandel können weitere betriebsbezogene Pflichten entstehen, etwa aus der Verpflichtung fremde Vermögensinteressen wahrzunehmen. Für Delikte wie Untreue oder veruntreuende Unterschlagung ist dies allgemein anerkannt. Im Falle eines Betrugsvorwurfs ist entscheidend, ob der Verband „aufklärungspflichtig" (KK-OWiG-*Rogall*, § 30 Rn. 76) und mithin für das Irrtumsrisiko zuständig ist (KK-OWiG-*Rogall*, § 30 Rn. 76).

13   In der Literatur (KK-OWiG-*Rogall*, § 30 Rn. 73) wurde bislang vertreten, dass die betriebsbezogenen Pflichten aus § 30 OWiG weitreichender seien, als die des § 130 OWiG. Zur Begründung wurde der Wortlaut des § 130 OWiG der von betriebsbezogenen Pflichten, die den Inhaber „als solchen" treffen, genannt. Damit sei der Pflichtenkreis enger, gleichsam auf Sonderdelikte beschränkt. Diese Einengung enthält § 30 OWiG nicht, hier geht es um Pflichtverletzungen, die die juristische Person oder die Personenvereinigung (aber eben nicht „als solche") treffen.

14   Unabhängig davon, dass diese Begründung nicht zu überzeugen vermag, wurde ihr durch eine Gesetzesänderung der Boden entzogen. Die neue Fassung des § 130 Abs. 1 OWiG – gültig seit dem 11.8.2007 – hat den Wortlaut „als solche" gestrichen. Damit dürften die betriebsbezogenen Pflichten aus § 30 OWiG und § 130 OWiG identisch sein.

3. Bereicherung

15   Das Tatbestandsmerkmal der Bereicherung ist **identisch** mit dem Begriff des **Vermögensvorteils** i.S.v. § 263 Abs. 1 StGB. Bereicherung ist jede günstigere Gestaltung der Vermögenslage, d.h. jede Erhöhung des wirtschaftlichen Vorteils des Vermögens (BGH Beschl. v. 9.6.2009 zu Az. 5 StR 394/08; BGH Beschl. v. 28.2.2007 zu Az. 2 StR 338/06).

16   Eine Verbandsgeldbuße kann auch verhängt werden, wenn durch die Anlasstat eine Bereicherung der juristischen Person oder Personenvereinigung erreicht wurde oder erreicht werden sollte, § 30 Abs. 1 2. Alt. OWiG. Durch die Formulierung „werden sollte", § 30 Abs. 1 2. Alt. OWiG wird der Versuch einer Bereicherung gegenüber dem Verband geahndet.

17   Die Bereicherung muss zudem **rechtswidrig** sein (KK-OWiG-*Rogall*, § 30 Rn. 82). Anderenfalls besteht keine Veranlassung, den Gesetzeszweck des § 30 OWiG – Gewinnabschöpfung – zu verfolgen. Handelt der Täter in der Absicht, das Unternehmen rechtswidrig zu bereichern, kommt für den Täter eine Strafbarkeit gem. § 263 StGB in Betracht. Daneben besteht die Möglichkeit bei erfolgter Bereicherung des Unternehmens und dem Vorliegen der weiteren Voraussetzungen des § 30 OWiG die Bereicherung bei dem Dritten über § 30 Abs. 2 OWiG abzuschöpfen.

18   Handelt der Täter in der **irrigen Vorstellung,** er realisiere eine rechtmäßige Forderung, allerdings mit verbotenen Mitteln, so kommt strafrechtlich eine Nötigung i.S.v. § 240 StGB in Betracht. Eine Gewinnabschöpfung in Form einer Verbandsgeldbuße nach § 30 Abs. 1 OWiG scheidet indes mangels rechtswidriger Bereicherungsabsicht aus.

19   Dem Wortlaut „bereichert werden sollte" wird zudem das Tatbestandsmerkmal „Bereicherungsabsicht" entnommen. Dem Organ muss es bei der Verwirklichung der Anlasstat gerade auf eine Vermögensmehrung der juristischen Person oder der Personenvereinigung ankommen (KK-OWiG-*Rogall*, § 30 Rn. 87). Verfolgt der Täter ein anderes Ziel als die Bereicherung seines Unternehmens und ist die Bereicherung lediglich – wenn auch ein gebilligter – Begleitumstand, scheidet eine Verbandsgeldbuße gem. § 30 OWiG aus (KK-OWiG-*Rogall*, § 30 Rn. 87). Die Anlasstat kann selbständig bereits eine Bereicherungsabsicht enthalten, z. B. ein Betrug i.S.v. § 263 StGB, den der Täter begeht, um das Unternehmen zu bereichern. Enthält die Anlasstat keine Bereicherungsabsicht, z. B. eine Urkundenfälschung nach § 267 StGB, kann indes die Bereicherungsabsicht des Täters über § 30 OWiG hinzukommen, falls er mit der Urkundenfälschung eine Bereicherung des Unternehmens herbeigeführt oder erstrebt hat.

Die Tatbegehungsweisen des § 30 Abs. 1 OWiG – Pflichtverletzung oder **20** Bereicherung – stehen gleichberechtigt nebeneinander. Die Pflichtverletzung muss also nicht etwa zu einer Bereicherung geführt haben. Handelt der Täter ausschließlich in der Absicht sich zu bereichern, kommt eine Verbandsgeldbuße i.S.v. § 30 Abs. 1 OWiG nur in Form einer Pflichtverletzung in Betracht.

Schließlich muss die Anlasstat kausal für die Bereicherung der juristischen Per- **21** son oder der Personenvereinigung sein.

III. Geldbuße

Die Höhe der Verbandsgeldbuße hängt zunächst davon ab, ob die Anlasstat **22** eine Ordnungswidrigkeit oder eine Straftat ist, § 30 Abs. 2 OWiG. Danach beträgt die Verbandsgeldbuße im Falle einer vorsätzlichen Straftat bis zu 1.000.000 €; im Falle einer fahrlässigen Straftat bis zu 500.000 €.

Ist die Anlasstat eine Ordnungswidrigkeit, bestimmt sich das Höchstmaß der **23** Geldbuße nachdem für die Ordnungswidrigkeit angedrohten Höchstmaß der Geldbuße. Handelt es sich z. B. bei der Anlasstat um eine Ordnungswidrigkeit nach § 39 Abs. 1 Ziff. 1 WpHG, liegt die Obergrenze der Verbandsgeldbuße bei 1 000 000 €, § 39 Abs. 4 WpHG.

Im Übrigen gelten die **allgemeinen Strafzumessungskriterien**, § 17 **24** OWiG (KK-OWiG-*Rogall*, § 30 Rn. 115; vgl. zur Berechnung einer Geldbuße wegen Verstoßes gegen § 30 OWiG, OLG Frankfurt am Main, AG 2010, 296). Dabei ist zu beachten, dass es zur ratio legis des § 30 OWiG gehört, den erlangten Gewinn abzuschöpfen. D.h., dass bei der konkreten Bußgeldbemessung auch ein Gewinnabschöpfungsanteil hinzuzurechnen ist (*Krumm* NJW 2011, 196). Gegebenenfalls kann das mit § 30 OWiG verhängte Bußgeld das gesetzliche Höchstmaß aus § 30 Abs. 2 OWiG überschreiten, wenn die Anlasstat zu einer entsprechend hohen Bereicherung geführt hat (zur Berechnung der Bereicherungshöhe, KK-OWiG-*Rogall*, § 30 Rn. 122 ff.). Dem gegenüber ist gerade kein Gewinnabschöpfungsanteil zu berechnen, wenn eine Bereicherung nur versucht wurde.

Im Vordergrund der Bemessungskriterien steht der **Unrechtsgehalt der** **25** **Anlasstat.** Zwar spielt die individuelle Vorwerfbarkeit des Täters der Anlasstat eine entscheidende Rolle, allerdings tritt sie in folgender Konstellation zurück gegenüber dem Nutzen der Tat für das Unternehmen: Es ist seit Jahren innerhalb eines Unternehmens üblich Straftaten bzw. Ordnungswidrigkeiten zu begehen, um das Vermögen des Unternehmens zu mehren. Die Täter wechseln ständig, sie sind auswechselbar. Dem Einzelnen kann unter diesen Umständen ein verhältnismäßig geringer Tatvorwurf gemacht werden, den einzelnen angestellten Mitarbeiter trifft nur ein geringes Bußgeld im Zusammenhang mit der Anlasstat.

26   Tritt jedoch die systematische Vorgehensweise des Unternehmens offen zu Tage, kann die Verbandsgeldbuße vor dem Hintergrund des sehr großen Unrechtsgehalts viel höher ausfallen, als die Geldbuße der Anlasstat (zur bußgeldrechtlichen Haftung bei Gesamtrechtsnachfolge BGH NJW 2012, 2463 m. Anm. *Reichling* NJW 2012, 166).

27   Die Verbandsgeldbuße nach § 30 OWiG schließt den Verfall nach § 29a OWiG aus, § 30 Abs. 5 OWiG.

IV. Verfahren

28   Grundsätzlich wird das Verfahren der Verbandsgeldbuße gem. § 30 OWiG mit dem Verfahren der Anlasstat verbunden und nach Einspruchserhebung gemeinsam verhandelt. Der Täter der Anlasstat ist im Ordnungswidrigkeitenverfahren der Betroffene, im Strafverfahren der Angeklagte; die juristische Person oder die Personenvereinigung ist stets Nebenbeteiligte i.S.v. § 444 Abs. 1 StPO, § 88 Abs. 1 OWiG.

29   Grund für die **Verbindung** ist die Vorstellung, kontradiktorische Entscheidungen zu vermeiden. Daher sind getrennte Verfahren unzulässig. Es ergeht auch nur ein Bußgeldbescheid gegen den Betroffenen und den Nebenbeteiligten (OLG Koblenz, Beschl. v. 25.6.2009, Az. 1 SsBs 31/09; zur genauen Bezeichnung des Adressaten eines Bußgeldbescheides vgl. OLG Rostock Beschl. v. 15.1.2008, Az. 2 Ss (OWi) 198/05 I. 238/07). Ein Bußgeldbescheid, der auch eine Verbandsgeldbuße nach § 30 OWiG beinhaltet, ist auch der juristischen Person oder Personenvereinigung zuzustellen, §§ 88 Abs. 3, 87 Abs. 2 S. 2 OWiG.

30   Der Verband hat unabhängig vom Betroffenen ein eigenständiges Recht Einspruch einzulegen. Es ist also denkbar, dass der Betroffene die verhängte Geldbuße akzeptiert, die juristische Person indes Einspruch gegen eine Geldbuße i.S.v. § 30 OWiG einlegt. Es erwächst dann nur der Teil des Bußgeldbescheides in Rechtskraft, der den Verband nicht beschwert (KK-OWiG-*Rogall,* § 30 Rn. 209).

31   Legen der Betroffene und die juristische Person bzw. die Personenvereinigung Einspruch ein, sind sie vor Gericht aufgrund einer denkbaren **Interessenskollision** von verschiedenen Verteidigern zu vertreten. Die Interessenskollision besteht regelmäßig bereits im Verwaltungsverfahren, so dass auch hier unterschiedliche Rechtsanwälte tätig sein sollten. Eine Verbandsgeldbuße kann selbständig festgesetzt werden, wenn wegen der Straftat oder Ordnungswidrigkeit ein Straf- oder Bußgeldverfahren nicht eingeleitet, eingestellt oder von der Strafe abgesehen wurde, § 30 Abs. 4 S. 1 OWiG.

32   In diesen Fällen sind sich widersprechende Bußgeldbescheide oder Urteile ausgeschlossen. Die Möglichkeit eines solchen selbständigen Verfahrens verhindert die Privilegierung eines Unternehmens, weil zwar eine Anlasstat vorliegt, allerdings der Täter aus prozessualen Gründen nicht bestraft werden kann (*Mitsch,* S. 173).

33   Dabei kann sogar die Person des Anlasstäters offen bleiben; entscheidend ist, dass die Voraussetzungen des § 30 Abs. 1 OWiG vorliegen – man spricht hier von der anonymen Verbandsgeldbuße.

34   Ein selbständiges Verbandsgeldbußeverfahren ist nach § 30 Abs. 4 OWiG ausgeschlossen, wenn wegen einer Ordnungswidrigkeit das Bußgeldverfahren oder einer Straftat das Strafverfahren gegen die natürliche Person rechtskräftig abgeschlossen ist (AG Koblenz, Beschl. v. 20.6.2006, Az. 2010 Js 3352/08 – 34 OWi). Versäumen also die Verwaltungsbehörde und das Gericht die Verfahren zu verbinden und erwächst die Entscheidung in Rechtskraft, ist dieser Mangel unheilbar.

V. Rechtsbeschwerde

Die **juristische Person oder Personenvereinigung** kann – wieder unabhän- 35 gig von den Betroffenen der Anlasstat – **Rechtsbeschwerde** nach § 79 Abs. 1 Ziff. 2 OWiG oder **sofortige Beschwerde** gem. §§ 444 Abs. 2 S. 2, 441 Abs. 2 StPO ivm § 46 Abs. 1 OWiG einlegen.

Die §§ 444 Abs. 2 S. 2, 437 Abs. 1 bis 3 StPO ivm § 46 Abs. 1 OWiG gelten 36 analog. Mithin kann die juristische Person oder Personenvereinigung eine Rüge zur Verantwortlichkeit des Organs nur vorbringen, wenn es diesbezüglich unverschuldet nicht gehört wurde (KK-OWiG-*Rogall*, § 30 Rn. 222, vgl. BayObLG NStZ-RR 1999, 248).

VI. Verjährung

Führt die Anlasstat natürlicher Personen zu einem Verfahren gem. § 30 OWiG 37 gegen eine juristische Person, so gelten im Verfahren gegen die juristische Person die für die Tat der natürlichen Person maßgeblichen Vorschriften über die Verjährung (BGHSt 46, 207). Da § 30 OWiG kein Bußgeldtatbestand ist, gelten auch nicht die Verjährungsregeln des § 31 OWiG (KK-OWiG-*Rogall*, § 30 Rn. 227a). Vor diesem Hintergrund wirkt eine Verjährungsunterbrechung der Anlasstat auch verjährungsunterbrechend im Hinblick auf § 30 OWiG (BGH NStZ-RR 1996, 147). Sind jedoch einzelne Zuwiderhandlungen, die aus einer Aufsichtspflichtverletzung herrühren, als Ordnungswidrigkeiten verjährt, so kann die Abschöpfung des wirtschaftlichen Vorteils gem. § 17 Abs. 4 OWiG im Rahmen der Geldbuße gegenüber der juristischen Person bzw. Personenvereinigung nur auf die nicht verjährten Zuwiderhandlungen gestützt werden (BayObLG NStZ-RR 1999, 248).

Gesetz über Ordnungswidrigkeiten

M. § 29a Verfall

(1) Hat der Täter für eine mit Geldbuße bedrohte Handlung oder aus ihr etwas erlangt und wird gegen ihn wegen der Handlung eine Geldbuße nicht festgesetzt, so kann gegen ihn der Verfall eines Geldbetrages bis zu der Höhe angeordnet werden, die dem Wert des Erlangten entspricht.

(2) Hat der Täter einer mit Geldbuße bedrohten Handlung für einen anderen gehandelt und hat dieser dadurch etwas erlangt, so kann gegen ihn der Verfall eines Geldbetrages bis zu der in Absatz 1 bezeichneten Höhe angeordnet werden.

(3) Der Umfang des Erlangten und dessen Wert können geschätzt werden. § 18 gilt entsprechend.

2. Teil   Ordnungswidrigkeitengesetz (OWiG)

(4) **Wird gegen den Täter ein Bußgeldverfahren nicht eingeleitet oder wird es eingestellt, so kann der Verfall selbständig angeordnet werden.**

Literatur: *Janssen,* Gewinnabschöpfung im Strafverfahren, 2008; *Klesczewski,* Ordnungswidrigkeitenrecht, 2010; *Mitsch,* Recht der Ordnungswidrigkeiten, 2005; *Schröder,* Der Grundsatz der Unmittelbarkeit beim Vermögensverfall, GewArch 2009, 396; *Tiedemann,* Wirtschaftsstrafrecht, 2010.

I. Voraussetzungen des Verfalls

1   § 29a OWiG regelt den Verfall. Dem Täter oder einem Dritten, der aus der Tat etwas erlangt hat, sollen die finanziellen Vorteile des devianten Verhaltens wieder genommen werden.

2   Eine Geldbuße beinhaltet bereits eine Vermögensabschöpfung, § 17 Abs. 4 OWiG. Auch eine Verbandsgeldbuße gegen eine juristische Person enthält einen Abschöpfungsanteil, § 30 Abs. 3 OWiG iVm § 17 Abs. 4 OWiG. Dabei sind indes Lücken möglich, die durch § 29a OWiG geschlossen werden sollen.

3   Dies sind Fälle, in denen der **Täter** etwas aus der Tat erlangt hat, aber gegen ihn **kein Bußgeld** erlassen wurde. Oder der Täter hat für einen Dritten gehandelt und dieser hat unmittelbar etwas aus der Tat erlangt. In beiden Konstellationen kommt § 17 Abs. 4 OWiG nicht zur Anwendung. In Ermangelung einer Bußgeldfestsetzung sollen dem Täter nicht die Vorteile der Tat verbleiben. Ebenso sollen dem Dritten, der nicht gehandelt hat, keine illegalen Gewinne zur Verfügung stehen. § 29a OWiG will auch in diesen Konstellationen mit Geldbuße bedrohtes Handeln unattraktiv machen.

4   Die **Wirkung des Verfalls** i.S.v. § 29a OWiG liegt darin, dass auf Seiten des Bundes oder Landes, vgl. § 90 Abs. 2 S. 2 OWiG, eine schuldrechtliche Forderung gegen den vom Verfall Betroffenen auf Zahlung eines rechtskräftig festgesetzten Geldbetrages entsteht. Zur Sicherung des Anspruchs kann ohne vorherige Anhörung des Schuldners der dingliche Arrest angeordnet werden, §§ 111b Abs. 2, 111d, 111e Abs. 1 StPO iVm §§ 29a, 46 OWiG.

5   Voraussetzung der Verfallsanordnung ist zunächst, dass gegen den Täter kein Bußgeld verhängt wurde (OLG Frankfurt NStZ-RR 2009, 254; OLG Celle wistra 2009, 50; OLG Köln NJW 2004, 3057). Grund hierfür kann sein, dass dies aus Opportunitätsgründen unterlassen wurde, § 47 OWiG.

6   Denkbar ist auch, dass der Täter mehrere Taten i.S.v. § 20 OWiG verwirklicht hat, die Verwaltungsbehörde oder das Gericht indes nur einige verfolgen, während andere eingestellt werden. Hinsichtlich der finanziellen Vorteile der eingestellten Taten kann der Verfall nach § 29a OWiG angeordnet werden.

1. Vortat

Der Verfall setzt zunächst die Begehung einer mit Geldbuße bedrohten Hand- **7**
lung voraus. Eine solche liegt nach der Definition des § 1 Abs. 2 OWiG vor,
wenn die Handlung tatbestandsmäßig und rechtswidrig ist; Vorwerfbarkeit wird
nicht verlangt.

2. Etwas erlangt

Etwas erlangt bedeutet, dass der Täter oder der Drittbegünstigte einen **illegalen** **8**
Gewinn erzielt hat. Der illegale Gewinn wird nach dem sog. **Bruttoprinzip**
berechnet (OLG Koblenz, Beschl. v. 28.9.2006, Az. 1 Ss 247/06; *Tiedemann,*
Rn. 284 f). D.h., das Erlangte wird vollständig für verfallen erklärt. Eine „Gegen-
rechnung" mit Ausgaben oder Verlusten ist nicht möglich. Dies war indes nach
dem Nettoprinzip, das bis 1992 galt, noch möglich. Bis zu Gesetzesänderung
durch Art. 5 AWStGBÄndG wies § 29a OWiG noch das Tatbestandsmerkmal
„Vermögensvorteil" auf; dieses erlaubte eine Saldierung.

Die Berechnung des Erlangten erfolgt hinsichtlich des Dritten noch heute nach **9**
dem Nettoprinzip (*Janssen,* Rn. 324). Dem Dritten, der nicht i.S.v. § 29a OWiG
gehandelt hat, trifft keine Vorwerfbarkeit, deswegen soll er auch nicht von der
Wucht des Bruttoprinzips, dem Kritiker sanktionsähnlichen Charakter (*Janssen,*
Rn. 331) nachsagen, getroffen werden.

Die Anordnung des Verfalls liegt im **Ermessen** der Bußgeldbehörde bzw. des **10**
Gerichts. Da auch hier das Opportunitätsprinzip gilt, ist eine Härteklausel wie im
Strafrecht entbehrlich.

Auch der Tatrichter hat Ermessen auszuüben im Hinblick auf die Frage, ob **11**
der Verfall i.S.v. § 29a OWiG überhaupt angeordnet werden soll (OLG Koblenz,
Beschl. v. 28.9.2009, Az. Ss 247/06). Darüber hinaus prüft der Tatrichter eigenständig das Vorliegen sämtlicher Verfallsvoraussetzungen. Der Verfallsbescheid ist
einem Bußgeldbescheid gleichgestellt, § 87 Abs. 2 S. 2 iVm Abs. 6 OWiG.

§ 29a Abs. 2 OWiG regelt den Fall, in dem ein Dritter etwas unmittelbar aus **12**
der Tat erlangt hat (zur Unmittelbarkeit *Schröder,* GewArch 2009, 396). Dritter
kann eine natürliche Person oder eine juristische Person sein. Wird gegen die
juristische Person keine Verbandsgeldbuße festgesetzt, kommt ein Verfall nach
§ 29a Abs. 2 OWiG in Betracht.

Wird gegen die **juristische Person** hingegen eine Verbandsgeldbuße i.S.v. **13**
§ 30 OWiG festgesetzt, erfolgt eine Gewinnabschöpfung über § 30 Abs. 3 OWiG
iVm § 17 Abs. 4 OWiG. Eine Anwendung des § 29a OWiG scheidet dann aus,
§ 30 Abs. 5 OWiG.

Der Täter des § 29a Abs. 2 OWiG muss „für einen anderen" gehandelt haben. **14**
D.h., er muss die Interessen eines anderen wahrnehmen (*Mitsch,* S. 178).

Eine Beauftragung, etwa im Sinne einer Anstiftung, führt zu einer eigenen **15**
Ahndungswürdigkeit des Geldempfängers; dies spricht gegen eine Anwendung
des § 29a Abs. 2 OWiG.

Der Dritte muss also Geld empfangen haben ohne selbst Täter zu sein (*Klesczew-* **16**
ski Rn. 616). In der Praxis sind **Drittbegünstigte** häufig juristische Personen.
BGHSt 45, 235 nennt die Beispiele, dass ein Buchhalter zu Gunsten des Betriebsinhabers eine Steuerhinterziehung begeht, ohne dass dieser davon weiß oder dass
im Contergan-Fall der Chemiker Täter, die Unternehmensleitung indes gutgläubig ist.

17   Entscheidend ist auch, dass der Dritte unmittelbar etwas aus der Tat erlangt hat. Hat der Täter die Beute erst dem Dritten gegeben, so kommt gegen den Dritten keine Verfallsanordnung nach § 29a Abs. 2 OWiG in Betracht (BGHSt 45, 235; OLG Stuttgart wistra 2009, 167, *Mitsch,* S. 179).

II. Verfahren

18   Im Zusammenhang mit dem Verfahren zur Erlangung einer Verfallsanordnung nach § 29a OWiG sind zwei Konstellationen denkbar:

19   Nach § 29a Abs. 1 OWiG ist gegen den Täter keine Geldbuße festgesetzt: D.h., es ist ein selbständiges Verfallsverfahren gegen den Täter durchzuführen, § 29a Abs. 4 OWiG.

20   Nach § 29 Abs. 2 OWiG hat der Täter tatbestandsmäßig und rechtswidrig gehandelt, der Vermögensvorteil ist jedoch einem Dritten zugeflossen (OLG Koblenz, Beschl. v. 28.9.2006, Az. 1 Ss 247/06). Dies bedeutet, dass gegen den Täter ein Bußgeldverfahren durchgeführt wird und der Dritte als Nebenbeteiligter dem Verfahren verbunden wird, § 46 Abs. 1 OWiG iVm § 442 StPO.

21   Gelangt in dieser Konstellation der Tatrichter zu der Überzeugung, der Angeklagte ist nicht der Täter, muss er freisprechen. Steht jedoch zur Überzeugung des Gerichts fest, dass das Geld eines Dritten aus tatbestandsmäßiger und rechtswidriger Handlung, dessen Täter („nunmehr") unbekannt ist, herrührt, erfolgt eine Verfallsanordnung nach § 29a Abs. 2 OWiG.

22   Hat die Verbandsgeldbuße einen bestandskräftigen Bußgeldbescheid erlassen oder hat ein Gericht ein rechtskräftiges Urteil gesprochen, ist eine nachträgliche Verfallsanordnung ausgeschlossen (OLG Frankfurt am Main, NStZ-RR 2009, 254). Eine vorausgegangene, verurteilende Sachentscheidung ist ein Verfahrenshindernis (OLG Celle wistra 2009, 38).

Gesetz über Ordnungswidrigkeiten

N. § 79 Rechtsbeschwerde

(1) **Gegen das Urteil und den Beschluß nach § 72 ist Rechtsbeschwerde zulässig, wenn**
1. **gegen den Betroffenen eine Geldbuße von mehr als zweihundertfünfzig Euro festgesetzt worden ist,**
2. **eine Nebenfolge angeordnet worden ist, es sei denn, daß es sich um eine Nebenfolge vermögensrechtlicher Art handelt, deren Wert im Urteil oder im Beschluß nach § 72 auf nicht mehr als zweihundertfünfzig Euro festgesetzt worden ist,**
3. **der Betroffene wegen einer Ordnungswidrigkeit freigesprochen oder das Verfahren eingestellt oder von der Verhängung eines Fahrverbotes abgesehen worden ist und wegen der Tat im Bußgeldbescheid oder Strafbefehl eine Geldbuße von mehr als sechshundert Euro festgesetzt, ein Fahrverbot verhängt oder eine solche Geldbuße oder ein Fahrverbot von der Staatsanwaltschaft beantragt worden war,**
4. **der Einspruch durch Urteil als unzulässig verworfen worden ist oder**

5. durch Beschluß nach § 72 entschieden worden ist, obwohl der Beschwerdeführer diesem Verfahren rechtzeitig widersprochen hatte oder ihm in sonstiger Weise das rechtliche Gehör versagt wurde.

Gegen das Urteil ist die Rechtsbeschwerde ferner zulässig, wenn sie zugelassen wird (§ 80).

(2) Hat das Urteil oder der Beschluß nach § 72 mehrere Taten zum Gegenstand und sind die Voraussetzungen des Absatzes 1 Satz 1 Nr. 1 bis 3 oder Satz 2 nur hinsichtlich einzelner Taten gegeben, so ist die Rechtsbeschwerde nur insoweit zulässig.

(3) Für die Rechtsbeschwerde und das weitere Verfahren gelten, soweit dieses Gesetz nichts anderes bestimmt, die Vorschriften der Strafprozeßordnung und des Gerichtsverfassungsgesetzes über die Revision entsprechend. § 342 der Strafprozeßordnung gilt auch entsprechend für den Antrag auf Wiedereinsetzung in den vorigen Stand nach § 72 Abs. 2 Satz 2 Halbsatz 1.

(4) Die Frist für die Einlegung der Rechtsbeschwerde beginnt mit der Zustellung des Beschlusses nach § 72 oder des Urteils, wenn es in Abwesenheit des Beschwerdeführers verkündet und dieser dabei auch nicht nach § 73 Abs. 3 durch einen schriftlich bevollmächtigten Verteidiger vertreten worden ist.

(5) Das Beschwerdegericht entscheidet durch Beschluß. Richtet sich die Rechtsbeschwerde gegen ein Urteil, so kann das Beschwerdegericht auf Grund einer Hauptverhandlung durch Urteil entscheiden.

(6) Hebt das Beschwerdegericht die angefochtene Entscheidung auf, so kann es abweichend von § 354 der Strafprozeßordnung in der Sache selbst entscheiden oder sie an das Amtsgericht, dessen Entscheidung aufgehoben wird, oder an ein anderes Amtsgericht desselben Landes zurückverweisen.

Gesetz über Ordnungswidrigkeiten

O. § 80 Zulassung der Rechtsbeschwerde

(1) Das Beschwerdegericht läßt die Rechtsbeschwerde nach § 79 Abs. 1 Satz 2 auf Antrag zu, wenn es geboten ist,

1. die Nachprüfung des Urteils zur Fortbildung des Rechts oder zur Sicherung einer einheitlichen Rechtsprechung zu ermöglichen, soweit Absatz 2 nichts anderes bestimmt, oder
2. das Urteil wegen Versagung des rechtlichen Gehörs aufzuheben.

(2) Die Rechtsbeschwerde wird wegen der Anwendung von Rechtsnormen über das Verfahren nicht und wegen der Anwendung von anderen Rechtsnormen nur zur Fortbildung des Rechts zugelassen, wenn

1. gegen den Betroffenen eine Geldbuße von nicht mehr als einhundert Euro festgesetzt oder eine Nebenfolge vermögensrechtlicher Art angeordnet worden ist, deren Wert im Urteil auf nicht mehr als einhundert Euro festgesetzt worden ist, oder
2. der Betroffene wegen einer Ordnungswidrigkeit freigesprochen oder das Verfahren eingestellt worden ist und wegen der Tat im Bußgeldbe-

scheid oder im Strafbefehl eine Geldbuße von nicht mehr als einhundertfünfzig Euro festgesetzt oder eine solche Geldbuße von der Staatsanwaltschaft beantragt worden war.

(3) Für den Zulassungsantrag gelten die Vorschriften über die Einlegung der Rechtsbeschwerde entsprechend. Der Antrag gilt als vorsorglich eingelegte Rechtsbeschwerde. Die Vorschriften über die Anbringung der Beschwerdeanträge und deren Begründung (§§ 344, 345 der Strafprozeßordnung) sind zu beachten. Bei der Begründung der Beschwerdeanträge soll der Antragsteller zugleich angeben, aus welchen Gründen die in Absatz 1 bezeichneten Voraussetzungen vorliegen. § 35a der Strafprozeßordnung gilt entsprechend.

(4) Das Beschwerdegericht entscheidet über den Antrag durch Beschluß. Die §§ 346 bis 348 der Strafprozeßordnung gelten entsprechend. Der Beschluß, durch den der Antrag verworfen wird, bedarf keiner Begründung. Wird der Antrag verworfen, so gilt die Rechtsbeschwerde als zurückgenommen.

(5) Stellt sich vor der Entscheidung über den Zulassungsantrag heraus, daß ein Verfahrenshindernis besteht, so stellt das Beschwerdegericht das Verfahren nur dann ein, wenn das Verfahrenshindernis nach Erlaß des Urteils eingetreten ist.

Literatur: *Bohnert,* Ordnungswidrigkeitenrecht, 2008; *Dahs/Dahs,* Die Revision im Strafprozeß, 2008; *Hohnel,* Die Abgrenzung von Tat- und Rechtsfrage in der Rechtsprechung der Strafsenate des Bundesgerichtshofs, Diss. 1999; Karlsruher Kommentar zum Ordnungswidrigkeitengesetz, 2008; *Klesczewski,* Ordnungswidrigkeitenrecht, 2010.

Übersicht

I. Statthaftigkeit

1   Die Rechtsbeschwerde gem. §§ 79, 80 OWiG ist statthaft gegen Urteile und Beschlüsse gem. § 72 OWiG im schriftlichen Verfahren. Sie ist im Ordnungswidrigkeitenrecht das einzige Rechtsmittel, um Entscheidungen des Amtsgerichts anzufechten. Eine Berufung als zweite Tatsacheninstanz findet nicht statt. Die Rechtsbeschwerde entspricht bis auf wenige Besonderheiten der strafprozessualen Revision, §§ 79 Abs. 3, 46 Abs. 1 OWiG.

II. Zuständigkeit

2   Die **Oberlandesgerichte** sind für die Rechtsbeschwerden zuständig, § 79 Abs. 3 OWiG iVm § 121 Abs. 1 Ziff. 1a GVG. Für Rechtsbeschwerden, die auf

Entscheidungen des Amtsgerichts Frankfurt am Main zurückgehen (denen wiederum ein Bußgeldbescheid der BaFin zu Grunde liegt), ist das Oberlandesgericht Frankfurt am Main zuständig. Der Bußgeldsenat beim Oberlandesgericht ist mit drei Richtern besetzt, wenn eine Geldbuße von mehr als 5.000 € festgesetzt oder beantragt worden ist. Dabei werden der Wert einer Geldbuße und der Wert einer vermögensrechtlichen Nebenfolge gegebenenfalls zusammengerechnet, § 80a Abs. 2 OWiG. Dies dürfte bei Bußgeldbescheiden wegen des Verstoßes gegen das WpHG regelmäßig der Fall sein.

Liegt der Wert des Bußgeldes unter 5.000 €, entscheidet ein Einzelrichter am **3** OLG über die Rechtsbeschwerde, § 80a Abs. 1 OWiG. Will ein Oberlandesgericht von der Rechtsprechung eines anderen Oberlandesgerichts abweichen, ist es gegenüber dem Bundesgerichtshof vorlagepflichtig, §§ 79 Abs. 3 OWiG iVm § 121 Abs. 2 GVG. Der BGH entscheidet ferner über Ordnungswidrigkeiten, wenn einem Strafurteil sowohl eine Straftat als auch eine Ordnungswidrigkeit zugrunde liegen, § 83 OWiG.

III. Zulassungsverfahren, §§ 79, 80 OWiG

§§ 79, 80 OWiG normieren ein besonderes Zulassungsverfahren für die Rechts- **4** beschwerde. Ein solches Zulassungsverfahren ist der strafprozessualen Revision fremd. Für Rechtsbeschwerden im Zusammenhang mit dem WpHG stellt das Zulassungsverfahren jedoch keine ernstzunehmende Hürde dar. Nach § 79 Abs. 1 S. 1 Ziff. 1 OWiG ist eine Rechtsbeschwerde zulässig, wenn gegen den Betroffenen eine Geldbuße von mehr als 250 € festgesetzt wurde. Dies dürfte bei Verurteilungen im Zusammenhang mit Verstößen gegen das WpHG stets der Fall sein; insofern ist die Rechtsbeschwerde statthaft und zulässig.

Für Nebenfolgen gilt dieselbe Wertgrenze: Liegt der angefochtenen Entschei- **5** dung eine Verfallsanordnung gem. § 29a OWiG oder eine Einziehung gem. §§ 22 ff OWiG zu Grunde, die 250 € übersteigt, ist die Rechtsbeschwerde zulässig, § 79 Abs. 1 S.1.Ziff. 2 WpHG.

Eine **Verbandsgeldbuße** i.S.v. § 30 OWiG ist **keine Nebenfolge** i.S.v. § 79 **6** Abs. 1 S. 1 Ziff. 2 OWiG (OLG Koblenz, Beschl. v. 25.6.2009, Az. 1 Ss Bs 31/ 09; KK-OWiG-*Senge* § 79 Rn. 19; aA KK-OWiG-*Rogall,* § 30 Rn. 221).

Die Staatsanwaltschaft kann eine zulässige Rechtsbeschwerde gegen einen Frei- **7** spruch oder eine Einstellung erheben, wenn sie eine Geldbuße über 600 € beantragt hatte oder bereits im Bußgeldbescheid eine solche festgesetzt worden war, § 79 Abs. 1 S. 1 Ziff. 3 OWiG.

§ 80 OWiG eröffnet noch den Weg für eine Rechtsbeschwerde, wenn die **8** Nachprüfung des Urteils zur Fortbildung des Rechts oder zur Sicherung einer einheitlichen Rechtsprechung geboten erscheint oder das Urteil wegen Versagung des rechtlichen Gehörs aufgehoben werden soll. Aus Sicht des WpHG sind diese Zulassungsvoraussetzungen nahezu bedeutungslos, da die Wertgrenze von 250 € regelmäßig überschritten ist.

IV. Allgemeine Zulässigkeitsvoraussetzungen

Neben den Zulässigkeitsvoraussetzungen aus §§ 79, 80 OWiG müssen weitere – **9** allgemeine – Zulässigkeitsvoraussetzungen von dem Beschwerdeführer erfüllt werden:

10   Beschwerdeführer kann der Betroffene oder die Staatsanwaltschaft sein, § 46 Abs. 1 OWiG ivm § 296 StPO. Der Verteidiger des verurteilten Betroffenen kann selbständig Rechtsbeschwerde einlegen, es sei denn, der Betroffene widerspricht, § 46 Abs. 1 OWiG ivm §§ 298 Abs. 1, 297 StPO. Will der Verteidiger die Rechtsbeschwerde zurücknehmen, bedarf es einer „ausdrücklichen Ermächtigung", § 46 Abs. 1 OWiG ivm § 302 Abs. 2 StPO durch den Betroffenen. Diese ausdrückliche Ermächtigung kann auch mündlich erteilt werden (*Bohnert*, S. 127).

11   **Rechtsmittelberechtigt** ist – falls eine Entscheidung nach § 30 OWiG ergangen ist – auch der Vertreter der juristischen Person. Rechtsmittelberechtigt sind zudem die Nebenbeteiligten bei Einziehung, § 23 OWiG, und Verfall, § 29a Abs. 2 OWiG. Sie sind dem Betroffenen gleichgestellt, § 87 Abs. 2 OWiG. Die BaFin ist nicht rechtsmittelberechtigt (*Bohnert*, S. 125).

12   Das Rechtsmittel ist bei dem **Amtsgericht einzulegen**, dessen Entscheidung angefochten werden soll, § 79 Abs. 3 OWiG ivm § 341 Abs. 1 StPO. Wird die Rechtsbeschwerde versehentlich bei dem Oberlandesgericht eingelegt, so ist dies unschädlich; das Oberlandesgericht überprüft dann die Zuständigkeit und gegebenenfalls die Begründetheit (BayObLGSt 2001, 140, 141).

13   Die Frist zur Einlegung der Rechtsbeschwerde beträgt **eine Woche** ab Verkündung des Urteils in der Hauptverhandlung, § 79 Abs. 3 OWiG ivm § 341 Abs. 1 StPO.

14   Hat der Beschwerdeführer die Hauptverhandlung während der Urteilsbegründung verlassen oder war er nicht anwesend oder wurde das Verfahren nach § 72 OWiG schriftlich geführt, so beginnt die Anfechtungsfrist mit Zustellung der Entscheidung, § 79 Abs. 4 OWiG ivm § 341 Abs. 2 StPO.

15   War der Beschwerdeführer vom persönlichen Erscheinen in der Hauptverhandlung entbunden und hat er sich durch einen schriftlich bevollmächtigten Verteidiger vertreten lassen, so beginnt die Rechtsmittelfrist mit der Verkündung des Urteils in der Hauptverhandlung, § 73 Abs. 3 OWiG.

16   Verwirft der Amtsrichter das eingelegte Rechtsmittel als unzulässig, z. B. wegen Verspätung, so ist hiergegen die Beschwerde zum Oberlandesgericht statthaft. Liegt tatsächlich eine Fristversäumung durch den Rechtsmittelberechtigten vor, ist Wiedereinsetzung in den vorherigen Stand möglich, § 46 OWiG ivm § 44 StPO. Die **Wiedereinsetzung** verlangt eine unverschuldete (vgl. zur krankheitsbedingten Versäumung des Hauptverhandlungstermins, LG Lüneburg, Beschl. v. 8.4.2009, Az. 26 Qs 72/09; vgl. zu Fristversäumung infolge Irrtums OLG Hamm, Beschl. v. 6.8.2008, Az. 5 Ss OWi 437/08) Fristversäumung und einen formund fristgerechten Antrag, § 46 Abs. 1 OWiG ivm § 45 StPO.

17   Der Antrag ist beim Oberlandesgericht zu stellen und – und dies wird manchmal in der Praxis übersehen – ihm ist die vollständige Rechtsbeschwerde beizufügen.

18   Die Rechtsbeschwerde ist schriftlich an das Amtsgericht zu richten, auch per Fax (OLG Düsseldorf NJW 1995, 671; vgl. auch BVerfG NJW 1996, 2857) oder zu Protokoll der Geschäftsstelle gegenüber dem Rechtspfleger zu erklären. Eine telefonische Einlegung gegenüber dem Rechtspfleger ist unwirksam (BGHSt 30, 64, 67; aA LG Münster NJW 2005, 166).

19   Hat das Bundesland für das jeweils zuständige Amtsgericht ein elektronisches Verfahren, das den Voraussetzungen des § 110a OWiG entspricht, eingerichtet, kann die Rechtsbeschwerde auch mit einer E-Mail wirksam eingelegt werden.

20   Von der Frist zur Einlegung der Rechtsbeschwerde ist die Monatsfrist zur Begründung der Rechtsbeschwerde zu unterscheiden. § 46 Abs. 1 OWiG ivm

§ 345 Abs. 1 S. 1 StPO bestimmen, dass die Rechtsbeschwerde innerhalb eines Monats, beginnend ab dem Ende der Wochenfrist zur Einlegung der Rechtsbeschwerde, zu begründen ist. In der Praxis ist indes § 46 Abs. 2 OWiG iVm § 345 Abs. 1 S. 2 StPO die Regel: War nach Ablauf der Wochenfrist das Urteil noch nicht zugestellt, beginnt die Frist mit seiner Zustellung.

Die Fristberechnung richtet sich nach § 46 Abs. 1 OWiG iVm § 43a StPO. 21

Hat das Amtsgericht durch Beschluss nach § 72 OWiG entschieden, gilt für 22
die Fristen zur Einlegung und Begründung der Rechtsbeschwerde Folgendes:

Mit Zustellung des Beschlusses beginnt die Wochenfrist zur Einlegung der 23
Rechtsbeschwerde, § 46 Abs. 1 OWiG iVm § 341 Abs. 1 StPO. War der Beschluss mit einer Begründung versehen, beginnt nach Ablauf der Wochenfrist die Monatsfrist zur Begründung der Rechtsbeschwerde, § 46 Abs. 1 OWiG iVm § 345 Abs. 1 S. 1 StPO.

Hatte der Beschwerdeführer zuvor als Beteiligter auch auf eine Begründung 24
des Beschlusses nach § 72 Abs. 6 S. 1 OWiG verzichtet, so beginnt die Frist zur Begründung der Rechtsbeschwerde mit der Zustellung der Beschlussgründe durch das Amtsgericht (KK-OWiG-*Senge,* § 72 Rn. 77). Der Amtsrichter ist gehalten, innerhalb von fünf Wochen die vollständigen Gründe zu den Akten zu bringen, § 72 Abs. 6 S. 3 OWiG.

Die Rechtsbeschwerde muss sodann einen Antrag auf Aufhebung des Urteils 25
enthalten. Sein Fehlen ist unschädlich, wenn die Rechtsmittelschrift erkennen lässt, dass der Beschwerdeführer die Aufhebung der Entscheidung anstrebt.

V. Begründung der Rechtsbeschwerde

Des Weiteren ist die Rechtsbeschwerde zu begründen. Auch im Rechtsbe- 26
schwerdeverfahren wird zwischen **Sachrüge und Verfahrensrüge** unterschieden, demgemäß sind die Begründungsanforderungen – wie in der strafprozessualen Revision – unterschiedlich.

Die Rechtsbeschwerde kann nur darauf gestützt werden, dass das Urteil oder 27
der Beschluss auf einer Gesetzesverletzung beruhe. Ein Gesetz ist verletzt, wenn eine Rechtsnorm nicht oder nicht richtig angewendet worden ist, § 46 Abs. 1 OWiG iVm § 337 StPO, § 7 EGStPO.

In der Rechtsbeschwerde wird die Anwendung des WpHG, des OWiG, der 28
StPO etc. überprüft. Das Rechtsbeschwerdegericht überprüft auch die Einhaltung des gesetzlich vorgeschriebenen Verfahrens und die Strafzumessung in einem gewissen Rahmen. Da nur Rechtsfragen der Rechtsbeschwerde zugänglich sind, sind Tatfragen ausgeschlossen. Zu den Tatfragen gehört die Sachverhaltsfeststellung. Der Rechtsbeschwerdeführer kann nicht damit gehört werden, die Beweiswürdigung sei fehlerhaft, weil nicht A, sondern B der Täter sei. Die Beweiswürdigung, die Sachverhaltsfeststellung und die Überzeugungsbildung gehören zu den Aufgaben des Tatrichters. Eine klare Abgrenzung von Tat- und Rechtsfrage ist indes in über 100 Jahren Rechtsprechung nicht gelungen (*Hohnel,* S. 147 ff., KK-OWiG-*Senge,* § 79 Rn. 112).

Auch hat die Rechtsprechung der Revisions- und Rechtsbeschwerdesenate 29
immer mehr in die tatsächlichen Feststellungen der Instanzgerichte eingegriffen (*Dahs/Dahs* Rn. 437 mwN; *Kleczewski,* Rn. 1012 ff.). Dogmatisch ungeklärt ist auch die Aufhebung von Urteilen bei Verstößen gegen Denkgesetze, Erfahrungssätze und lückenhafter Sachverhaltsfeststellungen aufgrund der Sachrüge. Dabei

handelt es sich nicht um Rechtsnormen i.S.v. § 7 EGStPO. Gesetze werden von einem Parlament erlassen, nicht aber die Gesetze der Logik (*Hohnel*, S. 40 ff.).

30   Auch die **Strafzumessung** ist „ureigene Aufgabe" des Tatrichters, sie war lange der Überprüfung durch Obergerichte unzugänglich. Zunächst wurde die Anwendung der Strafzumessungsgrundsätze überprüft. Dann kam die Prüfung der Strafhöhe hinzu mit der Maßgabe, dass diese aufzuheben ist, wenn sich der Tatrichter in der „Oktave" vergreift und schließlich wurde § 354 Abs. 1a StPO (auch iVm § 79 Abs. 3 OWiG) eingeführt, der dem Revisions- und Rechtsbeschwerdegericht unter bestimmten Voraussetzungen eine eigene Strafzumessung zur Herabsetzung der Rechtsfolge erlaubt. Die Einführung des § 354 Abs. 1a StPO hat indes für die Rechtsbeschwerde keine spürbare Veränderung mit sich gebracht, da ein „Durchentscheiden" auch im Hinblick auf die Strafzumessung durch § 79 Abs. 6 OWiG dem Bußgeldsenat gestattet ist.

31   Im Rahmen der Sachrüge genügt der Vortrag, die Verletzung materiellen Rechts werde beanstandet. Der Beschwerdeführer könnte z. B. damit gehört werden, die Verurteilung wegen Insiderhandels gem. § 38 Abs. 1 Ziff. 1 WpHG ist aufzuheben, weil die in der angefochtenen Entscheidung getroffene Sachverhaltsfeststellung das Vorliegen einer Insiderinformation im Sinne von § 13 WpHG nicht belegt. Der Revisionsrichter prüft nun, ob sich § 13 WpHG unter die Tatsachenfeststellungen des Urteils subsumieren lässt. Die Behauptung materielles Recht werde gerügt, genügt den Begründungsanforderungen einer Sachrüge. Gleichwohl ist es empfehlenswert, das Revisions- bzw. Rechtsbeschwerdegericht auf den (vermeintlichen) Verstoß, insbesondere in umfangreichen Wirtschaftsstraf- bzw. Ordnungswidrigkeitenverfahren, aufmerksam zu machen.

32   Demgegenüber stellt die Verfahrensrüge hohe Ansprüche an ihre Begründung. Nicht selten scheitern Verfahrensrügen bereits an der Zulässigkeit in Folge unzureichender Begründung. Mit der Verfahrensrüge werden Verfahrensfehler beanstandet. So z. B. die Behauptung, der Tatrichter habe einen Beweisantrag zu Unrecht abgelehnt (ausführlich zur Verfahrensrüge *Dahs/Dahs*, S. 86 ff.).

33   Das Urteil muss zudem auf dem Gesetzesverstoß beruhen. Eine Entscheidung beruht auf einem Rechtsfehler, wenn die Möglichkeit besteht, das Urteil wäre ohne ihn anders ausgefallen (BayObLG NZV 1999, 306).

34   Auch die absoluten Revisionsgründe gem. § 338 StPO gelten über § 79 Abs. 3 OWiG im Rechtsbeschwerdeverfahren. Die **absoluten Revisionsgründe** unterstellen stets das Beruhen der Entscheidung auf den in § 338 StPO genannten Gesetzesverletzungen.

35   Ein absoluter Revisionsgrund liegt z. B. gem. § 338 Ziff. 3 StPO (iVm § 79 Abs. 3 OWiG) vor, wenn ein Befangenheitsantrag in bzw. vor der Hauptverhandlung von dem Amtsgericht zu Unrecht verworfen wurde. Aus anwaltlicher Sicht ist darauf hinzuweisen, dass die „Ablehnung eines Richters wegen Besorgnis der Befangenheit begründet ist, wenn auf einen berechtigten Terminverlegungsantrag ohne Rücksichtnahme auf die Anreisedauer terminiert und eine weitere Verlegung dieses Termins kategorisch abgelehnt wird" (OLG Bamberg StV 2006, 683).

VI. Entscheidung des Rechtsbeschwerdegerichts

36   Gelangt der Bußgeldsenat zu der Überzeugung, der zulässigen Rechtsbeschwerde liege kein Gesetzesverstoß zu Grunde, verwirft es die Rechtsbeschwerde als (offensichtlich) unbegründet, § 79 Abs. 2 OWiG iVm § 349 Abs. 2, 3 StPO.

Erkennt das Oberlandesgericht einen Rechtsfehler, eröffnen sich mehrere 37
Möglichkeiten der Entscheidung:

Tragen die rechtsfehlerfrei getroffenen Tatsachenfeststellungen den Schuld- 38
spruch nicht, kann das Beschwerdegericht das Urteil aufheben und freisprechen,
§ 79 Abs. 6 OWiG. Die eigene Sachentscheidung des Oberlandesgerichts hat Vorrang vor der Zurückverweisung (Schleswig-Holsteinisches OLG, Beschl. v.
24.11.2005, Az. 2 Ss OWi 196/05 (146/05)).

Ist die Rechtsfolgenbestimmung des Tatrichters fehlerhaft, kann das Rechtsbe- 39
schwerdegericht die Rechtsfolge, etwa ein neues Bußgeld festlegen, § 79 Abs. 6
OWiG. Dabei darf es die Rechtsfolgen nicht verschlechtern, wenn nur der Betroffene oder die Staatsanwaltschaft zu seinen Gunsten Rechtsbeschwerde eingelegt
hat. Hat die Staatsanwaltschaft Rechtsbeschwerde mit dem Ziel eingelegt, die
Rechtsfolgen zu verschlechtern, kann das Oberlandesgericht das Bußgeld erhöhen.

Erachtet das Oberlandesgericht die Tatsachenfeststellungen als unzureichend, 40
weil sie etwa keine ausreichende Grundlage zur Überprüfung der tatrichterlichen
Überzeugung bilden, hebt der Bußgeldsenat die Entscheidung auf und verweist
die Sache entweder an denselben Tatrichter oder an eine andere Abteilung des
Amtsgerichts zurück, § 79 Abs. 6 OWiG. Dies ist auch eine Eigentümlichkeit der
Rechtsbeschwerde, dass die Sache – im Gegensatz zur strafprozessualen Revision –
von demselben Tatrichter erneut entschieden werden kann.

Erachtet das Oberlandesgericht die Tatsachenfeststellungen der angefochtenen 41
Entscheidung als unzureichende Grundlage einer Verurteilung und geht es davon
aus, weitere Tatsachenfeststellungen seien in einer erneuten Hauptverhandlung
nicht zu erwarten, hebt es die Entscheidung auf und spricht frei (Thür. OLG,
Beschl. v. 8.11.2005 zu Az. 1 Ss 201/05).

Das Amtsgericht, an das die Sache nach Aufhebung der Entscheidung zurückge- 42
wiesen wird, ist an die Rechtsauffassung des Bußgeldsenats gebunden, § 79 Abs. 3
OWiG iVm § 358 Abs. 1 StPO. Auch hier ist das Verbot der reformatio in peius
zu beachten, § 79 Abs. 3 OWiG iVm § 358 Abs. 2 StPO.

Gesetz über Ordnungswidrigkeiten

P. § 130 Verletzung der Aufsichtspflicht in Betrieben und Unternehmen

(1) **Wer als Inhaber eines Betriebes oder Unternehmens vorsätzlich
oder fahrlässig die Aufsichtsmaßnahmen unterläßt, die erforderlich sind,
um in dem Betrieb oder Unternehmen Zuwiderhandlungen gegen Pflichten zu verhindern, die den Inhaber treffen und deren Verletzung mit
Strafe oder Geldbuße bedroht ist, handelt ordnungswidrig, wenn eine
solche Zuwiderhandlung begangen wird, die durch gehörige Aufsicht
verhindert oder wesentlich erschwert worden wäre. Zu den erforderlichen Aufsichtsmaßnahmen gehören auch die Bestellung, sorgfältige Auswahl und Überwachung von Aufsichtspersonen.**

(2) **Betrieb oder Unternehmen im Sinne des Absatzes 1 ist auch das
öffentliche Unternehmen.**

(3) **Die Ordnungswidrigkeit kann, wenn die Pflichtverletzung mit
Strafe bedroht ist, mit einer Geldbuße bis zu einer Million Euro geahndet**

werden. Ist die Pflichtverletzung mit Geldbuße bedroht, so bestimmt sich das Höchstmaß der Geldbuße wegen der Aufsichtspflichtverletzung nach dem für die Pflichtverletzung angedrohten Höchstmaß der Geldbuße. Satz 2 gilt auch im Falle einer Pflichtverletzung, die gleichzeitig mit Strafe und Geldbuße bedroht ist, wenn das für die Pflichtverletzung angedrohte Höchstmaß der Geldbuße das Höchstmaß nach Satz 1 übersteigt.

Literatur: *Göhler,* Ordnungswidrigkeitengesetz, 2009, *Ignor/ Rixen* Handbuch Arbeitsstrafrecht – Personalverantwortung als Strafbarkeitsrisiko, 2008; Karlsruher Kommentar, Ordnungswidrigkeitengesetz, 2006; *Kaufmann,* Möglichkeiten der sanktionsrechtlichen Erfassung von (Sonder-) Pflichtverletzungen im Unternehmen, Diss. 2002.

Übersicht

I. Einleitung

1   Nach § 130 OWiG handelt tatbestandsmäßig, wer als Inhaber eines Betriebes oder Unternehmens es unterlässt, erforderliche Aufsichtsmaßnahmen zu treffen und es dadurch zu betriebsbezogenen Zuwiderhandlungen kommt.

2   **Schutzgut** des § 130 OWiG ist das Interesse der Allgemeinheit an der Schaffung und Aufrechterhaltung einer innerbetrieblichen Organisationsform, mit der den von einem Unternehmen als der Zusammenfassung von Personen und Produktionsmitteln ausgehenden Gefahren begegnet wird. Es handelt sich dabei nicht nur um Sachgefahren, sondern auch um die Gefahr kriminellen Verhaltens der im Unternehmen tätigen Menschen (BGH NJW 1994, 1801).

3   § 130 OWiG soll eine **dogmatische Lücke schließen.** Durch Delegation werden betriebsbezogene Pflichten oft von Personen erfüllt, für die der Unternehmensinhaber nicht ohne weiteres einzustehen hat, obwohl er Normadressat ist. § 130 OWiG iVm § 9 OWiG ermöglicht einen Durchgriff auf das Unternehmen bzw. den Unternehmensinhaber. Dies hat auch zur Konsequenz, dass gem. § 30 OWiG gegen die juristische Person oder Personenvereinigung eine Geldbuße verhängt werden kann (BGH NJW 1994, 1801).

II. Inhaber

4   Als Inhaber eines Unternehmens i.S.v. § 130 OWiG ist derjenige zu verstehen, der die erforderlichen Aufsichtsmaßnahmen zu treffen hat (KK-OWiG-Gogall,

§ 130 Rn. 23). Inhaber einer Aktiengesellschaft sind alle ihre Aktionäre, aber die Aktionäre sind nicht Adressat des Normappells aus § 130 OWiG. Für entsprechende Aufsichtsmaßnahmen ist in einer Aktiengesellschaft der Vorstand verantwortlich. Mithin ist dieser Unternehmensinhaber i.S.v. § 130 OWiG.

Unternehmensinhaber kann eine **natürliche Person oder ein Personenver-**   **5** **band** sein. Ist der Inhaber keine natürliche Person, so erfolgt eine **Zurechnung der Inhaberschaft über § 9 OWiG** (vgl. ausführlich zu § 9 OWiG im Verhältnis zu § 130 OWiG *Kaufmann*, S. 60 ff.). Danach ist Inhaber i.S.v. § 130 Abs. 1 S. 1 OWiG auch derjenige, der als vertretungsberechtigtes Organ der juristischen Person oder als Mitglied eines solchen Organs handelt.

Viele bußgeldbewehrte Sorgfaltspflichten des WpHG richten sich an den Emit-   **6** tenten. Ist der Emittent eine Aktiengesellschaft, so erfolgt eine Zurechnung über § 9 OWiG an den Vorstand. Eine Zurechnung über § 9 OWiG erfährt auch der vertretungsberechtigte Gesellschafter einer rechtsfähigen Personengesellschaft oder wer als gesetzlicher Vertreter für einen anderen handelt.

Auch eigens bestellte **Aufsichtskräfte** i.S.v. § 9 Abs. 2 S. 1 Ziff. 2 OWiG   **7** können Unternehmensinhaber i.S.v. § 130 OWiG sein. In einer GmbH & Co. KG ist der Geschäftsführer der Komplementär GmbH aufsichtspflichtig (BGH wistra 1986, 72). Von der Rechtsprechung bislang noch nicht entschieden ist die Frage, ob in einem Konzern bzw. einem Zusammenschluss mehrerer Unternehmen der Inhaber des herrschenden Unternehmens aufsichtspflichtig für Taten des beherrschten Unternehmens ist (in der Literatur werden verschiedene Meinungen vertreten: Für eine Aufsichtspflicht: KK-OWiG-*Rogall*, § 130 Rn. 25 mwN; gegen eine Aufsichtspflicht: *Göhler-König*, § 130 Rn. 5a mwN).

III. Betrieb oder Unternehmen

Eine begriffliche Differenzierung zwischen Unternehmen und Betrieb ist nicht   **8** erforderlich, da keine unterschiedlichen juristischen Folgen in Betracht kommen. Außerdem wird das Begriffspaar in § 130 Abs. 2 OWiG und § 9 Abs. 2 S. 2 OWiG gleichgestellt. Betrieb oder Unternehmen ist danach eine nicht nur vorübergehende Zusammenfassung mehrerer Personen und der Einsatz von Sachmitteln in gewissem räumlichem Zusammenhang unter einer Leitung zur Erreichung eines bestimmten, nicht notwendigerweise wirtschaftlichen Zwecks (*Ignor/Rixen-Venn*, S. 710).

Ein privater Haushalt ist danach kein Unternehmen oder Betrieb i.S.v. § 130   **9** Abs. 1 S. 1 OWiG. Demgegenüber sind ein eingetragener Verein (BGH StV 2003, 449), eine Rechtsanwaltssozietät, eine Arztpraxis, ein Krankenhaus und ein Theater, je ein Unternehmen gem. § 130 Abs. 1 S. 1 OWiG (*Göhler-König*, § 9 Rn. 43).

Auch **öffentliche Unternehmen** sind Unternehmen i.S.v. § 130 Abs. 1 S. 1   **10** OWiG. § 130 Abs. 2 OWiG hat lediglich deklaratorische Bedeutung. Zu den öffentlichen Unternehmen gehören beispielsweise Landesbanken.

IV. Zuwiderhandlung gegen betriebsbezogene Pflichten

Die Zuwiderhandlung gegen betriebsbezogene Pflichten ist kein Tatbestands-   **11** merkmal des § 130 OWiG, sondern eine **objektive Bedingung der Ahndung.** Das bedeutet, die Zuwiderhandlung muss nicht vom Vorsatz des Betriebsinhabers umfasst sein. Der Zuwiderhandelnde muss tatbestandsmäßig und rechtswidrig handeln, Verschulden bzw. Vorwerfbarkeit ist nicht erforderlich (BayObLG wistra 1999, 71). Der Täter der Zuwiderhandlung muss noch nicht einmal ermittelt sein.

12   Der Vorwurf des § 130 OWiG richtet sich an den Unternehmensinhaber, weil „überhaupt" etwas passiert ist, das er hätte verhindern können. Ist die Zuwiderhandlung im Versuchsstadium stecken geblieben, so ist der Unternehmensinhaber nur bußgeldpflichtig nach § 130 OWiG, wenn die Vortat im Versuch strafbar ist. Der Unternehmensinhaber soll nicht schlechter gestellt werden als der Zuwiderhandelnde.

13   Täter einer Vortat kann neben einem Betriebsangehörigen auch eine betriebsfremde Person sein, selbst wenn sie nur kurzzeitig für das Unternehmen tätig war und dabei betriebsbezogene Pflichten verletzt hat (OLG Hamm NStZ 1992,499). Demgegenüber ist der Unternehmensinhaber nicht für Taten eines unabhängigen Subunternehmers verantwortlich (BayObLG NStZ 1998, 575).

14   Eine Ahndung nach § 130 OWiG scheidet für den Unternehmensinhaber aus, wenn er selbst Täter oder Gehilfe der Vortat ist. Aus § 21 OWiG folgt, dass Straftaten gegenüber Ordnungswidrigkeiten vorrangig sind; es wird nur die Straftat geahndet. § 130 OWiG ist ein Auffangtatbestand. Begehen der Unternehmensinhaber und ein Mitarbeiter gemeinsam eine Kurs- und Marktpreismanipulation i.S.v. § 20a WpHG iVm § 38 WpHG, so ist für § 130 OWiG kein Raum.

15   Gleiches gilt für den Fall, dass der Unternehmensinhaber und ein Mitarbeiter gemeinsam eine Ordnungswidrigkeit begehen, versäumen sie z. B. eine Ad-hoc-Mitteilung rechtzeitig abzugeben, so findet § 130 OWiG keine Anwendung. Beide wären Betroffene einer Ordnungswidrigkeit gem. § 15 WpHG iVm § 39 WpHG.

16   Die Zuwiderhandlung des Vortäters muss sich gegen eine betriebsbezogene Pflicht richten. Der Unternehmensinhaber muss also nicht gegen alle denkbaren Pflichtverletzungen dieser Welt Vorkehrungen treffen, sondern nur gegenüber solchen, die im Zusammenhang mit seinem Unternehmen virulent sind. Die betriebsbezogene Pflicht grenzt die Ahndbarkeit ein und trägt dem Bestimmtheitsgebot Rechnung. Es ist stets eine Einzelfallentscheidung, welche Pflicht betriebsbezogen ist.

17   Kommt es in einem Wertpapierhandelsunternehmen zu strafbarem Insiderhandel gem. § 14 WpHG iVm § 38 WpHG, so liegt darin eine Zuwiderhandlung gegen betriebsbezogene Pflichten. Hätte der Unternehmensinhaber den Insiderhandel durch Kontrollmaßnahmen verhindern können, ist er dem Vorwurf des Verstoßes gegen § 130 OWiG ausgesetzt.

V. Unterlassene Aufsichtsmaßnahmen

18   Das Tatbestandsmerkmal der unterlassenen Aufsichtsmaßnahme ist die vorwerfbare Tathandlung des Unternehmensinhabers. Demgemäß ist § 130 OWiG ein **echtes Unterlassungsdelikt.**

19   Naturgemäß ist die Frage des Betroffenen einer Ordnungswidrigkeit gem. § 130 OWiG „was hätte ich denn (noch) tun sollen?" von streitentscheidender Bedeutung.

20   § 130 OWiG will verhindern, dass tatbestandsmäßige und rechtswidrige Zuwiderhandlungen eintreten und § 130 OWiG will, dass Aufsichtsmaßnahmen dazu führen, dass Zuwiderhandlungen wesentlich erschwert werden. Dies soll durch die Aufsicht des Unternehmensinhabers erreicht werden. § 130 Abs. 1 S. 2 OWiG

nennt erforderliche Aufsichtsmaßnahmen: Dazu gehören die Bestellung, sorgfältige Auswahl und Überwachung von Aufsichtspersonen. Durch das Wort „auch" in § 130 Abs. 1 S.2.OWiG wird klargestellt, dass es sich dabei lediglich um eine nicht abschließende beispielhafte Aufzählung von Aufsichtsmaßnahmen handelt. Die Rechtsprechung hat die gesetzliche Vorgabe des § 130 Abs. 1 S. 2 OWiG umfangreich konkretisiert.

Das Urteil des OLG Düsseldorf vom 5.4.2006, Az. VI – 2 Kart 5/05 OWI, **21** VI. – 2 Kart 6/05 OWI, 2 Kart 5/05 OWI, 2 Kart 6/05 OWI beschreibt die Erforderlichkeit der Aufsichtsmaßnahme durch den Unternehmensinhaber wie folgt:

„Das Ausmaß der Aufsichtspflicht hängt von den Umständen des Einzelfalles ab. Die Aufsichtspflicht soll die Beachtung der bestehenden Gebote und Verbote gewährleisten und muss folglich so ausgeübt werden, dass die betriebsbezogenen Pflichten aller Voraussicht nach eingehalten werden. Zu den erforderlichen Aufsichtsmaßnahmen gehören insbesondere die sorgfältige Auswahl der Mitarbeiter und gegebenenfalls die Bestellung von Aufsichtspersonen, unter Umständen auch Androhung und Vollzug zulässiger Sanktionen (…).

Die Aufsichtsmaßnahmen müssen objektiv erforderlich und zumutbar sein, wobei der Maßstab wesentlich durch die konkreten Zuwiderhandlungsgefahren in dem jeweiligen Betrieb geprägt ist. Für den Umfang der Maßnahmen ist die Sorgfalt bestimmend, die einem ordentlichen Angehörigen des jeweiligen Tätigkeitsbereichs abverlangt werden kann (…). Erforderlich sind von vorn herein nur solche Aufsichtsmaßnahmen, die auch geeignet sind, betriebsbezogene Verstöße zu verhindern. Dies ergibt sich daraus, dass § 130 OWiG keine flächendeckende Personenkontrolle, also nicht die Aufsicht bloß um der Aufsicht willen, sondern nur solche Maßnahmen fordert, die eine hohe Wahrscheinlichkeit dafür bieten, dass betriebsbezogene Verstöße unterbleiben. Aufsichtsmaßnahmen, von denen keinerlei Verhaltensbeeinflussung ausgehen kann, sind von vorn herein als untauglich anzusehen."

Diese Rechtsprechung verdeutlicht, dass die erforderliche Aufsichtsmaßnahme **22** dem **Verhältnismäßigkeitsgrundsatz** unterfällt: Die Maßnahme muss geeignet und erforderlich sein.

Außerdem muss sie zumutbar sein; dies schließt die Rechtsprechung aus dem **23** Tatbestandsmerkmal der „gehörigen Aufsicht." Die Aufsicht findet ihre Grenzen in der Zumutbarkeit einer Maßnahme für den Aufsichtspflichtigen und in der Beachtung der Eigenverantwortung des Unternehmensangehörigen (BGH wistra 1986, 221).

Unzumutbar sind Verletzungen des Persönlichkeitsrechts oder der Intimsphäre **24** des Unternehmensangehörigen. Zu den gesetzlichen Vorschriften, die die Zumutbarkeit begrenzen, gehören u.a. die §§ 102 ff. StPO. Danach sind das Durchsuchen der Aktentasche oder das Lesen im privaten Terminkalender unzulässig.

Auch eine Telefonüberwachung, § 100a StPO, ist untersagt. Des Weiteren ist **25** das Öffnen privater Briefe oder privater E-Mails unzulässig, §§ 99 ff. StPO.

Etwas anderes gilt, wenn arbeitsvertraglich vereinbart wurde, dass E-Mails nur **26** im Zusammenhang mit der beruflichen Tätigkeit geschrieben und empfangen werden dürfen. Unter diesen Umständen ist das Lesen von E-Mails dem Unternehmensinhaber gestattet.

VI. Erforderlichkeit

Auch die Erforderlichkeit einer Aufsichtsmaßnahme hängt vom Einzelfall ab. **27** Dabei sind **Usancen** und andere typische Verhaltensweisen im Wertpapierhandel zu **berücksichtigen.** Im Falle eines Verwaltungsstreitverfahrens oder einer gerichtlichen Auseinandersetzung sind diese ggf. im Wege eines Sachverständigengutachtens aufzuklären, § 77 OWiG.

28   Der Unternehmensinhaber, der seine Aufsichtspflicht delegiert, ist sodann verpflichtet, den delegierten Aufsichtspflichtigen zu kontrollieren (OLG Düsseldorf Beschl. v. 12.11.1998 zu Az. 2 Ss (OWi) 385/98 – (OWi) 112/98 III). Die Delegation der Aufsicht durch den Unternehmensinhaber führt also nicht zur „Befreiung" von Verantwortung; seine Verantwortung verändert sich lediglich: Die ursprüngliche Aufsichtspflicht verwandelt sich in eine Kontrollpflicht des mit der Aufsicht betrauten Mitarbeiters.

29   Der Unternehmensinhaber darf nur qualifizierte Mitarbeiter auswählen und im Streitfall muss ein Verantwortlicher benannt werden können, anderenfalls droht der Vorwurf eines Organisationsmangels (BGHSt 27, 196). Für den Unternehmensinhaber gilt der Grundsatz, die Kontrollpflicht ist umso geringer, je höher der Mitarbeiter qualifiziert ist (OLG Düsseldorf, Urt. v. 5.4.2006 zu Az. VI. – 2 Kart 5/05 OWi, VI. – 2 Kart 5/05 OWi, 2 Kart 6/05 OWi).

30   Es genügt nicht nur gelegentlich nach dem Rechten zu sehen (BGHSt 9, 323). Im Einzelfall ist bei der Bestimmung des Umfanges der Kontrollpflicht auch zu berücksichtigen, ob es in der Vergangenheit bereits zu Unregelmäßigkeiten oder Zuwiderhandlungen gekommen ist. Unter diesen Umständen bestehen gesteigerte Aufsichtsmaßnahmen. Dies gilt auch, wenn wichtige Vorschriften (OLG Düsseldorf VRS 65, 457) oder schwierige Rechtsfragen (BGHSt 27, 196, OLG Stuttgart wistra 1987, 35; vgl. zur Übertragung von Rechtsfragen auf eine spezialisierte Anwaltskanzlei BGH NJW-RR 2009, 973) in Rede stehen. Vor diesem Hintergrund dürften Tätigkeiten, die dem WpHG unterfallen, gesteigerte Aufsichtspflichten auslösen, zumal hier häufig Rechtsänderungen durch den europäischen Richtlinien- und Verordnungsgeber eintreten.

VII. Mehrgliedrig strukturierte Geschäftsführung

31   In der Praxis kommt es häufig vor, dass mehrere Organe oder Gesellschafter ein Unternehmen vertreten. Dann stellt sich die Frage, wer Normadressat des § 130 OWiG ist. Es gilt der Grundsatz, dass jedes **Mitglied der Geschäftsführung** gleichermaßen **Pflichtenträger** des § 130 Abs. 1 OWiG und damit aufsichtspflichtig ist. Dies kann sich jedoch ändern, wenn innerhalb eines Unternehmens Aufgaben verteilt werden; so ist ein Geschäftsführer zuständig für steuerrechtliche Fragen, ein anderer Geschäftsführer ist für die technischen Einrichtungen des Unternehmens verantwortlich und ein Dritter beschäftigt sich mit Marketing und Akquise. Diese interne Geschäftsverteilung ist nach den allgemeinen für Unterlassungstaten geltenden Grundsätzen zu beurteilen (OLG Naumburg NStZ 1998, 450). Die nicht zuständigen Geschäftsführungsmitglieder dürfen darauf vertrauen, dass der zuständige Geschäftsführer im Rahmen seines Ressorts seinen Aufsichtspflichten gerecht wird. Jeder, der mit einer speziellen Aufgabe in einem Unternehmen im Rahmen seiner Geschäftsführung betraut wurde, nimmt eine Garantenstellung für die ihm übertragene pflichtgemäße Aufgabenerfüllung ein.

32   Etwas anderes gilt, wenn ein an sich nicht zuständiges Mitglied der Geschäftsführung weiß oder hätte wissen müssen, dass der an sich Zuständige seiner Aufsichtspflicht nicht gerecht wird. Ein solcher Umstand führt dazu, dass das an sich unzuständige Mitglied der Geschäftsführung eingreifen muss. Es ist verpflichtet, dass auch das andere Mitglied der Geschäftsführung im Rahmen seiner Zuständigkeit seine Pflichten befolgt. Hierzu ist das an sich unzuständige Mitglied der Geschäftsführung verpflichtet, andere Mitglieder des jeweiligen Gremiums im Unternehmen anzusprechen und gegebenenfalls gegenüber dem Aufsichtspflichtigen tätig zu werden. Sie bleiben Normadressaten des § 130 OWiG auch innerhalb der Geschäftsleitungsebene. Die Aufsicht en détail ist häufig einem anderen Mitglied der Geschäftsführung über die Tätigkeit eines anderen Geschäftsführungsmitglieds unmöglich und damit unzumutbar. Die Aufsicht darüber, ob die Aufsicht geführt wird, bleibt.

VIII. Zurechnungszusammenhang von Zuwiderhandlung und gehöriger Aufsicht

Als ungeschriebenes Tatbestandsmerkmal verlangt § 130 OWiG, dass zwischen **33** der Kausalität der Zuwiderhandlung und der Aufsichtspflichtverletzung eine Ursächlichkeit besteht. **Zurechnungszusammenhang** liegt vor, wenn die Aufsicht den Erfolg der Zuwiderhandlung mit an Sicherheit grenzender Wahrscheinlichkeit verhindert oder wesentlich erschwert hätte. Eine präzise **Kausalitätsfeststellung** ist in der Praxis oft nur schwer möglich. Da § 130 OWiG jedoch als konkretes Gefährdungsdelikt und nicht als Erfolgsdelikt ausgestaltet ist, genügt es zur Bejahung des Zurechnungszusammenhangs, dass die Aufsichtspflichtverletzung lediglich gefahrerhöhend gewirkt hat.

Das Tatbestandsmerkmal der Kausalität liegt nur dann vor, wenn der Erfolg **34** „wesentlich" erschwert worden wäre. Damit ist gesagt, nicht jede Verletzung der Aufsichtspflicht, die eine Zuwiderhandlung verursacht hat, ist auch gleichzeitig tatbestandsmäßig im Sinne von § 130 OWiG. Der Tatrichter oder die Verwaltungsbehörde ist daher gehalten, im Rahmen einer Ex-Ante-Betrachtung Feststellungen zu treffen, ob es möglich gewesen wäre, den Erfolgseintritt wesentlich zu erschweren. Dies ist stets eine Frage des Einzelfalles. Es muss also eine engere Verknüpfung zwischen der unterlassenen Aufsicht und der Zuwiderhandlung geben (OLG Düsseldorf Urt. v. 5.4.2006 zu Az. VI. – 2 Kart 5/05 OWi, VI. – 2 Kart 5/05 OWi, 2 Kart 6/05 OWi). Danach soll es jedoch bereits genügen, dass die Pflichtverletzung „mitwirksam" für den Erfolgseintritt geworden ist (*Ignor/Rixen-Venn*, S. 724 f.).

An dieser Stelle zeigt sich aus Sicht der Verteidigung eine große Schwierigkeit **35** des § 130 OWiG. Lautet der Vorwurf, der Betroffene habe es fahrlässig unterlassen Maßnahmen zu ergreifen, die die Tat erschwert hätten, sind viele Einlassungen angreifbar. Dieser Gedanke betrifft nicht nur den geforderten Zurechnungszusammenhang im objektiven Tatbestand, sondern auch den subjektiven Tatbestand.

IX. Subjektiver Tatbestand

§ 130 Abs. 1 S. 1 OWiG verlangt im Rahmen des subjektiven Tatbestandes **36** Vorsatz oder Fahrlässigkeit, § 10 OWiG. Auf die Zuwiderhandlung als objektive Bedingung der Ahndbarkeit muss sich der Vorsatz oder die Fahrlässigkeit nicht erstrecken. Vorsatz liegt vor, wenn der **Täter** die **betriebsspezifischen Zuwiderhandlungsgefahren kennt** und es willentlich unterlässt, gebotene Aufsichtsmaßnahmen zu ergreifen. Auch in der Konstellation, dass überhaupt keine Aufsichtsmaßnahme ergriffen wurde, ist der Vorsatz im Einzelfall zu prüfen; es kann nicht ohne weiteres darauf geschlossen werden.

37   Fahrlässigkeit liegt vor, wenn der Täter die betriebstypische Zuwiderhandlungsgefahr kennt oder hätte erkennen können und es unter Außerachtlassung der gebotenen Sorgfalt, etwa in Folge von Unachtsamkeit, unterlässt, gebotene Aufsichtsmaßnahmen zu treffen.

38   § 130 OWiG bietet auch Anlass für **Tatbestandsirrtümer** gem. § 11 Abs. 1 OWiG. Dieser kommt in Betracht, wenn der Aufsichtspflichtige über das Bestehen einer unternehmenstypischen Zuwiderhandlungsgefahr irrt oder wenn ihm Umstände, die ein Eingreifen erforderlich machen, unbekannt sind (KK-OWiG-*Rogall*, § 130 Rn. 104). Hinsichtlich des Verbotsirrtums, § 11 Abs. 2 OWiG, gelten die allgemeinen Grundsätze (KK-OWiG-*Rogall*, § 130 Rn. 104).

3. Teil Börsengesetz (BörsG)

§ 22 Sanktionsausschuss

(1) Die Landesregierung wird ermächtigt, durch Rechtsverordnung Vorschriften über die Errichtung eines Sanktionsausschusses, seine Zusammensetzung, sein Verfahren einschließlich der Beweisaufnahme und der Kosten sowie die Mitwirkung der Börsenaufsichtsbehörde zu erlassen. Die Vorschriften können vorsehen, dass der Sanktionsausschuss Zeugen und Sachverständige, die freiwillig vor ihm erscheinen, ohne Beeidigung vernehmen und das Amtsgericht um die Durchführung einer Beweisaufnahme, die er nicht vornehmen kann, ersuchen darf. Die Landesregierung kann die Ermächtigung nach Satz 1 durch Rechtsverordnung auf die Börsenaufsichtsbehörde übertragen.

(2) Der Sanktionsausschuss kann einen Handelsteilnehmer mit Verweis, mit Ordnungsgeld bis zu zweihundertfünfzigtausend Euro oder mit Ausschluss von der Börse bis zu 30 Handelstagen belegen, wenn der Handelsteilnehmer oder eine für ihn tätige Hilfsperson vorsätzlich oder fahrlässig gegen börsenrechtliche Vorschriften verstößt, die eine ordnungsgemäße Durchführung des Handels an der Börse oder der Börsengeschäftsabwicklung sicherstellen sollen. Mit einem Verweis oder mit Ordnungsgeld bis zu zweihundertfünfzigtausend Euro kann der Sanktionsausschuss auch einen Emittenten belegen, wenn dieser oder eine für ihn tätige Hilfsperson vorsätzlich oder fahrlässig gegen seine Pflichten aus der Zulassung verstößt. Der Sanktionsausschuss nimmt die ihm nach diesem Gesetz zugewiesenen Aufgaben und Befugnisse nur im öffentlichen Interesse wahr.

(3) In Streitigkeiten wegen der Entscheidungen des Sanktionsausschusses nach Absatz 2 ist der Verwaltungsrechtsweg gegeben. Vor Erhebung einer Klage bedarf es keiner Nachprüfung in einem Vorverfahren.

(4) Haben sich in einem Verfahren vor dem Sanktionsausschuss Tatsachen ergeben, welche die Rücknahme oder den Widerruf der Zulassung eines Handelsteilnehmers oder eines Skontroführers rechtfertigen, so ist das Verfahren an die Geschäftsführung abzugeben. Sie ist berechtigt, in jeder Lage des Verfahrens von dem Sanktionsausschuss Berichte zu verlangen und das Verfahren an sich zu ziehen. Hat die Geschäftsführung das Verfahren übernommen und erweist sich, dass die Zulassung nicht zurückzunehmen oder zu widerrufen ist, so verweist sie das Verfahren an den Sanktionsausschuss zurück.

Literatur: *Groß,* Kapitalmarktrecht, 2009; *Kümpel/Hammen/Ekkenga,* Kapitalmarktrecht, Handbuch für die Praxis, 2000.

Der Sanktionsausschuss ahndet **Verstöße gegen börsenrechtliche Vor-** 1
schriften, § 22 Abs. 2 BörsG. Nach § 22 Abs. 1 BörsG sind die Landesregierungen ermächtigt, durch Rechtsverordnungen Vorschriften über die Errichtung eines

Sanktionsausschusses zu erlassen. In **Hessen** gilt die **Börsenverordnung (BörsVO Hessen)** vom 16.12.2008 – in Kraft getreten am 9.2.2010 (die hessische Börsenverordnung tritt mit Ablauf des 31.12.2013 außer Kraft, § 35 S. 2 BörsVO-Hessen). Sie hat die Sanktionsausschussverordnung abgelöst (abgedruckt in Kümpel/Hammen/Ekkenga, Ziff. 515). Der Sanktionsausschuss kann einen Handelsteilnehmer mit Verweis, Ordnungsgeld bis 250.000 € oder mit Ausschluss von der Börse bis zu 30 Handelstagen belegen, wenn der Handelsteilnehmer oder eine für ihn tätige Hilfsperson vorsätzlich oder leichtfertig gegen börsenrechtliche Vorschriften verstoßen hat, die eine ordnungsgemäße Durchführung des Handels an der Börse oder der Börsengeschäftsabwicklung sicherstellen sollen. Eine Sanktionierung kommt auch bei Verstößen der Handelsteilnehmer gegen Pflichten aus der Zulassung in Betracht, § 22 Abs. 2 BörsG.

2   Der Sanktionsausschuss ist ein weisungsunabhängiges **Organ der Börse** und unterliegt der Rechtsaufsicht durch die Börsenaufsichtsbehörde (*Groß* § 22 Rn. 4) – in Hessen durch das Wirtschaftsministerium. Ein Sanktionsausschussverfahren wird durch die Börsengeschäftsführung oder die Börsenaufsichtsbehörde eingeleitet, indem der Verdacht dem Sanktionsausschuss mitgeteilt wird. Durch die Konkretisierung in § 22 Abs. 2 BörsG wird als „börsenrechtlich" klargestellt, dass Vorschriften außerhalb des Börsenrechts, wie etwa die des WpHG, keine Grundlage für Sanktionen nach § 22 BörsG sein können (Hess. VGH Urt. v. 16.4.2008, Az. 6 UE 142/07; zur ermessensfehlerfreien Auswahl des Sanktionsmittels VG Frankfurt am Main, Urt. v. 9.10.2008, Az. 1 K 1458/08.F).

3   Denkbar ist jedoch ein **mittelbarer Einfluss des WpHG** auf Entscheidungen des Sanktionsausschusses. Nach § 22 Abs. 2 S. 2 BörsG werden auch Pflichtverstöße gegen die Zulassung geahndet. Zu den Zulassungsvoraussetzungen gehört gem. § 19 Abs. 5 BörsG auch die Zuverlässigkeit des Börsenhändlers (*Groß* § 19 Rn. 11). Die Zuverlässigkeit wird natürlich bei Insiderhandel oder Kurs- und Marktpreismanipulation erheblich in Frage gestellt, so dass der Sanktionsausschuss Maßnahmen anlässlich eingetretener Unzuverlässigkeit ergreifen kann, die wiederum auf einen Verstoß gegen das WpHG zurückzuführen sind. Vor dem Sanktionsausschuss wird unmittelbar die Zuverlässigkeit – also ein Verstoß gegen das BörsG und nicht das WpHG – verhandelt. Eine Unzuverlässigkeit i.S.v. § 19 Abs. 5 BörsG kann auch aus einem oder mehreren Verstößen gegen Ordnungswidrigkeittatbestände des WpHG herrühren.

4   Besteht der Verdacht der **Unzuverlässigkeit** i.S.v. § 19 Abs. 5 BörsG kann die Geschäftsführung der Börse das Ruhen der Zulassung bis zu sechs Monaten anordnen, § 19 Abs. 8 BörsG. Stellt die Börsengeschäftsführung die Unzuverlässigkeit des Handelsteilnehmers, etwa nach einer Ahndung durch die BaFin, einem Strafgericht oder dem Sanktionsausschuss fest, kommt der Widerruf der Börsenzulassung in Betracht. Da der Widerruf der Börsenzulassung einem Berufsverbot in seiner faktischen Wirkung gleicht, ist seine Ausübung an schwere Pflichtverletzungen gebunden. Der Verhältnismäßigkeitsgrundsatz spielt im Rahmen der Sanktionsabwägung eine entscheidende Rolle. Bei Ersttätern dürfte ein Widerruf der Zulassung wegen Unzuverlässigkeit wohl kaum in Betracht kommen.

5   Die von einem Sanktionsausschussverfahren betroffene Person, also der Handelsteilnehmer oder Emittent, hat ein Recht auf anwaltliche Vertretung, § 26 Abs. 2 BörsVO-Hessen, Akteneinsicht und rechtliches Gehör, § 28 Abs. 2 BörsVO-Hessen.

6   Grundsätzlich entscheidet der Sanktionsausschuss im schriftlichen Verfahren. Eine mündliche Erörterung kann geboten sein, wenn der Verfahrensgegenstand

von besonderer Bedeutung ist, § 29 Abs. 1 BörsVO-Hessen. Die Sitzung des Sanktionsausschusses ist nicht öffentlich. Der Sanktionsausschuss entscheidet in der Besetzung eines Vorsitzenden und zwei Beisitzern. In der mündlichen Erörterung ist eine Niederschrift zu fertigen, die den Verlauf der Sitzung und den wesentlichen Inhalt der Zeugenaussagen wiedergibt.

Der Sanktionsausschuss kann nach eigenem Dafürhalten Beweise erheben. **7** Dabei kommen vornehmlich Zeugenaussagen, Sachverständigengutachten und Urkunden in Betracht. Die Börsenaufsichtsbehörde ist jederzeit berechtigt, eine Stellungnahme zu tatsächlichen oder rechtlichen Gesichtspunkten abzugeben. Gegen die Entscheidung des Sanktionsausschusses kann binnen eines Monats nach ihrer Zustellung Klage vor dem Verwaltungsgericht erhoben werden; ein Widerspruchsverfahren findet nicht statt (*Groß* § 22 Rn. 4).

4. Teil Aktiengesetz (AktG)

Übersicht

A. § 399 Falsche Angaben

(1) Mit Freiheitsstrafe bis zu drei Jahren oder mit Geldstrafe wird bestraft, wer

1. als Gründer oder als Mitglied des Vorstands oder des Aufsichtsrats zum Zweck der Eintragung der Gesellschaft über die Übernahme der Aktien, die Einzahlungen auf Aktien, über Sondervorteile, Gründungsaufwand, Sacheinlagen und Sachübernahmen oder in der nach § 37 a Abs. 2 abzugebenden Versicherung,

2. als Gründer oder als Mitglied des Vorstands oder des Aufsichtsrats im Gründungsbericht, im Nachgründungsbericht oder im Prüfungsbericht,

3. in der öffentlichen Ankündigung nach § 47 Nr. 3,

4. als Mitglied des Vorstands oder des Aufsichtsrats zum Zweck der Eintragung einer Erhöhung des Grundkapitals (§§ 182 bis 206) über die Einbringung des bisherigen, die Zeichnung oder Einbringung des neuen Kapitals, den Ausgabebetrag der Aktien, die Ausgabe der Bezugsaktien, über Sacheinlagen, in der Bekanntmachung nach § 183a Abs. 2 Satz 1 in Verbindung mit § 37 a Abs. 2 oder in der nach § 184 Abs. 1 Satz 3 abzugebenden Versicherung,

5. als Abwickler zum Zweck der Eintragung der Fortsetzung der Gesellschaft in dem nach § 274 Abs. 3 zu führenden Nachweis oder

6. als Mitglied des Vorstands einer Aktiengesellschaft oder des Leitungsorgans einer ausländischen juristischen Person in der nach § 37 Abs. 2 Satz 1 oder § 81 Abs. 3 Satz 1 abzugebenden Versicherung falsche Angaben macht oder erhebliche Umstände verschweigt.

(2) Ebenso wird bestraft, wer als Mitglied des Vorstands oder des Aufsichtsrats zum Zweck der Eintragung eine Erhöhung des Grundkapitals die in § 210 Abs. 1 Satz 2 vorgeschriebene Erklärung der Wahrheit zuwider abgibt.

Literatur: Münchener Kommentar StGB, Band 6/1 Nebenstrafrecht II, 1. Auflage 2010; *Erbs/Kohlaas*, Strafrechtliche Nebengesetze 188. Ergänzungslieferung 2012; Münchener Kommentar AktG, Band 6 §§ 329–410, 3. Auflage 2011; Heidelberger Kommentar zum Aktiengesetz, 2. Auflage 2011; *Schmidt/Lutter*, Aktiengesetz, II. Band §§ 150–410, 2. Auflage 2010; *Henn/Frodermann/Jannot*, Handbuch des Aktienrechts, 8. Auflage 2009; *Spindler/Stilz*,

AktienG §§ 197–410 Band 2, 1. Auflage 2007; Kölner Kommentar zum Aktiengesetz, Band 7 §§ 394–410, 2. Auflage; *Wachter,* Aktiengesetz, 1. Auflage 2012.

Übersicht

I. Vorbemerkung

1   Die verschiedenen Tatbestände des § 399 schützen gutgläubige Dritte vor Täuschungen mittels bestimmter falscher bzw. unwahrer Angaben durch die Organe einer Aktiengesellschaft (*Kiete/Hohmann* in MüKo StGB, § 399 Rn. 1; *Erbs/Kohlaas,* § 399 Rn. 2). Die Vorschrift bietet umfassenden strafrechtlichen Schutz für die Personen, die in wirtschaftliche Beziehungen zur Aktiengesellschaft treten können. Insbesondere die Gläubiger der Gesellschaft aber auch sonstige Dritte sind damit über die gesetzliche Beschränkung der aktenrechtlichen Haftung auf das Gesellschaftsvermögen geschützt. § 399 ist Schutzgesetz im Sinne von § 823 Abs. 2 BGB (*Erbs/Kohlaas,* Strafrechtliche Nebengesetze, § 399 Rn. 3; *Hefendehl* in Spindler/Stilz, Rn. 3), so dass ein Verstoß auch zivilrechtliche Schadensersatzansprüche auslöst.

2   § 399 schützt das **Vertrauen der Gläubiger** sowie der **Allgemeinheit** in die Korrektheit des Handelsregisters, in die Unterlagen, die zur Handelsregistereintragung der Gesellschaft geführt haben und in die öffentlichen Ankündigungen (*Kiete/Hohmann* in MüKo StGB, § 399 Rn. 1; *Hefendehl* in Spindler/Stilz, Rn. 1). Auch die Gesellschaft selbst ist in ihrem Interesse von den Gründern ordnungsgemäß errichtet worden zu sein, vom Schutzbereich des § 399 erfasst (*Kiethe/Hohmann* in MüKo StGB, § 399 Rn. 2; BGHZ 105, 121, 125).

3   Sämtliche Tathandlungen des § 399 sind **Äußerungsdelikte.** Diese werden in Absatz 1 durch falsche Angaben oder Verschweigen erheblicher Umstände erfüllt. Die Abgabe wahrheitswidriger Erklärungen in Absatz 2 entspricht der Tatbestandsverwirklichung durch falsche Angaben in Absatz 1, die jedoch in diesem Fall gegenüber dem Registergericht zum Zwecke der Eintragung einer Erhöhung des Grundkapitals oder einer Umwandlung der Gesellschaft in eine GmbH in das Handelsregister erfolgt sein muss (*Kiethe/Hohmann* in MüKo AktG, § 399 Rn. 222).

§ 399 ist ein **abstraktes Gefährdungsdelikt** (*Erbs/Kohlaas,* § 399 Rn. 1). Die 4 Tathandlung muss deshalb nicht zu einer Täuschung oder gar zu einem Vermögensschaden oder auch nur zu einer Vermögensgefährdung beim Adressaten geführt haben. Es reicht aus, dass der Täter eine mögliche Gefahr für die geschützten Rechtsgüter mittels der jeweiligen Tathandlung heraufbeschwört. § 399 verwirklicht sich regelmäßig im Vorfeld eines Betruges nach §263 StGB (*Kiete/ Hohmann* in MüKo StGB, § 399 Rn. 13).

Bei § 399 handelt es sich in seinen verschiedenen Tatbestandsvarianten um 5 **Blankettnormen.** Sie verweisen ausdrücklich oder konkludent auf Vorschriften des Aktiengesetzes. Die Strafbarkeit ergibt sich erst, wenn der Täter neben der eigentlichen Strafvorschrift die ausfüllende Norm des Aktiengesetzes verletzt. Diese Systematik verdeutlicht den Strafzweck der Norm, die darin besteht, zivil- bzw. gesellschaftsrechtliche Schutzvorkehrungen zu gewährleisten. Für die Auslegung der Straftatbestände sind die aktenrechtlichen Vorschriften maßgebend. Der strafrechtliche Sanktionierungsanspruch wird begrenzt durch gesellschaftsrechtlich zulässiges Verhalten. Hierbei ist jedoch das strafrechtliche Analogieverbot und der Bestimmtheitsgrundsatz nach Art. 103 Abs. 2 GG iVm § 1 StGB zu beachten (*Kiethe/Hohmann* in MüKo StGB, § 399 Rn. 17).

II. Gründungsschwindel durch unrichtige Anmeldung (§ 399 Abs. 1 Nr. 1)

Nur Gründer, Mitglieder des Vorstandes oder des Aufsichtsrates können Täter 6 eines Gründungsschwindels sein. Der Tatbestand ist als echtes Sonderdelikt ausgestaltet. Für andere Personen kommt nur eine Strafbarkeit als Anstifter oder Gehilfe in Betracht.

Gründer einer Aktiengesellschaft bzw. einer Kommanditgesellschaft auf Aktien 7 sind die Aktionäre, die die Satzung festgestellt haben (§§ 28, 280). Entscheidend ist, gegen wen der Gründungsakt rechtlich wirkt. Bei einer offenen Stellvertretung ist dies der Vertretene, bei einer verdeckten Treuhand jedoch der Strohmann, da dieser rechtlich verpflichtet wird.

Mitglieder des Vorstandes sind auch stellvertretende Vorstände. Auf einen wirk- 8 samen **Bestellungsakt kommt es nicht an,** so dass auch Personen zum möglichen Täterkreis gehören, die sich wie ein Organmitglied gerieren (BGH NJW 1997, 1936). Der mögliche Täter muss die Organstellung lediglich faktisch einnehmen (*Pelz,* HK AktG, § 399 Rn. 3).

Die Tathandlung ist verwirklicht, wenn der Täter falsch Angaben macht oder 9 erhebliche Umstände verschweigt. Die Angaben müssen sich dabei auf überprüfbare und beweisbare Tatsachen beziehen. Entscheidend ist, dass die Angabe auf Tatsachen basiert, so dass auch Schätzungen, Bewertungen und Prognosen vom Tatbestand umfasst werden (*Pelz,* HK-AktG, § 399 Rn. 4). Diese sind abzugrenzen von reinen Meinungsäußerungen oder Werturteilen, die auf einer rein subjektiven Einschätzung der Person beruhen und nach außen keinen Anspruch auf Objektivierbarkeit erheben. Vermischt eine Aussage beide Elemente, so kommt es auf den Kern oder die Prägung der Aussage an (BGH ZIP 2006, 317, 323). Für die Beurteilung kommt es auf den objektiven Empfängerhorizont an.

10   Dementsprechend sind Angaben nur dann falsch, wenn sie objektiv unwahr
sind und ihnen nach dem objektiven Empfängerhorizont eine andere Bedeutung
zukommt (*Pelz*, HK-AktG, § 399 Rn. 5). Für Werturteile und Prognosen ist
dieser objektive Maßstab auf eine objektiv fachspezifische Wertung zu beziehen.
Diese Aussagen sind dann falsch, wenn sie evident unrichtig, das heißt, auf Grundlage eines allgemeinen fachspezifischen Beurteilungsmaßstabes unvertretbar sind.

11   Tatbestandsmäßig handelt auch, wer erhebliche Umstände **verschweigt.** Ein
Umstand ist dann erheblich, wenn er nach einer Würdigung der gesamten Aussage
eine gewisse Bedeutung für die Bildung des tatbestandlich geschützten Vertrauens
des Adressaten hat. Strafbar wird das Verschweigen erst dann, wenn die Gesellschaft im Handelsregister eingetragen ist. Maßgeblicher Zeitpunkt ist deshalb der
Zugang der Erklärung beim Registergericht (*Pelz*, HK-AktG, § 399 Rn. 6).

12   Falsche Angaben oder das Verschweigen erheblicher Umstände müssen sich
auf die in Nr. 1 genannten Umstände beziehen.

III. Übernahme der Aktien

13   Die Übernahme der Aktien erfolgt durch die Gründer der Gesellschaft. Mit
der Übernahme aller Aktien durch die Gründer ist die Gesellschaft errichtet (§ 29).
Die Übernahme muss in derselben Urkunde wie die Feststellung der Satzung
beurkundet werden (§ 23 Abs. 2). Gemäß § 37 Abs. 4 Nr. 1 muss diese notarielle
Urkunde der Anmeldung beigefügt sein. Das Registergericht überprüft und stellt
fest, dass die Gesellschaft in sachlich-rechtlicher Hinsicht ordnungsgemäß errichtet
worden ist. Nr. 1 schützt das Vertrauen des Rechtsverkehrs in diese Prüfung und
stellt deren Manipulation unter strafrechtliche Sanktion.

14   Eine solche strafbewehrte Manipulation liegt vor, wenn sich das Verschweigen
oder die falschen Angaben auf den Nennbetrag oder die Gattung der von den
Gründern übernommenen Aktien beziehen oder wenn über die Identität des
Gründers getäuscht wird. Der Einsatz eines „Strohmannes" ist unschädlich, da
dieser selbst Gründer wird (*Schaal* in MüKo AktG, § 399 Rn. 69).

IV. Einzahlung auf Aktien

15   Gemäß § 37 ist in der Anmeldung zu erklären, dass die Voraussetzungen des
§ 36 Abs. 2 und des § 36a erfüllt sind und der Ausgabebetrag der Aktien gemäß
§ 54 Abs. 3 ordnungsgemäß eingezahlt ist. Dabei ist die Regelung in § 54 Abs. 3
abschließend und lässt keine andere Art der Erfüllung zu (BGHZ 119, 177, 188;
NJW 1992, 300). Im Ergebnis muss der eingezahlte Betrag **zur freien Verfügung**
des Vorstandes stehen. Dies ist der Fall, wenn dieser die tatsächliche Gewalt
hierüber hat, d.h. tatsächlich und rechtlich nicht gehindert ist hierüber zu verfügen
(*Schaal* in MüKo AktG, § 399 Rn. 73). Hierbei ist die Angabe nach § 37 Abs. 1
von entscheidender Bedeutung. Es muss klar sein, in welcher Weise der eingezahlte Betrag für den Vorstand zur Verfügung steht. Weichen die Angaben über
die Art und Weise der Einzahlung hiervon ab, sind sie falsch oder unvollständig.
Dies gilt insbesondere, wenn die behauptete Einzahlung nicht, nicht im angegebenen Umfang oder in der angegebenen Art und Weise stattgefunden hat. So muss
eine Bareinzahlung dem Vorstand auch als Barmittel zur Verfügung stehen. Die
Angabe hierüber ist falsch, wenn die Einlageforderung der Gesellschaft mit einer
Forderung des Aktionärs aufgerechnet wird (RGSt 53, 149, RGZ 94, 61). Ebenso

ist die Angabe über eine Einzahlung falsch, wenn vereinbart ist, dass diese sofort nach Einzahlung wieder zurückgewährt wird („Vorzeigegeld") (BGH NJW 1954, 1844, BGH wistra 2001, 338). Dementsprechend tilgt die **Hin- und Herüberweisung des Einlagebetrags** binnen weniger Tage die Einlageschuld nicht, weil dann nicht davon ausgegangen werden kann, dass die Leistung zur endgültigen und freien Verfügung der Geschäftsführung bzw. des Vortandes gestanden hat (BGH NJW 2001, 3781; *Wachter,* § 399 Rn. 15).

V. Verwendung eingezahlter Beträge

Die eingezahlten Beträge müssen zunächst wirksam und endgültig **in das** 16
Gesellschaftsvermögen geflossen sein, so dass der Vorstand über die Verwendung frei entscheiden kann. Dies schließt aus, dass der eingezahlte Betrag an den Anleger zurückfließt. Jedoch kann der Vorstand über die Verwendung des Betrags vor Eintragung bereits verfügen. D.h. das Vermögen muss bei Eintragung nicht mehr vorhanden sein. Auch ist eine vor Einzahlung getroffene Abrede über einen bestimmten Verwendungszweck unschädlich, sofern das Geld nicht an den Einzahlenden zurückfließt (BGH NStZ 1996, 238, 239).

VI. Ausgabebetrag der Aktien

Es soll sichergestellt sein, dass der wahre Ausgabebetrag der Aktien im Handels- 17
register erkennbar wird. Ist dieser niedriger als der Nennbetrag oder stimmt dieser nicht mit dem angegebenen Ausgabewert überein, so sind die Angaben unrichtig. Nur durch richtige Angaben über den Ausgabebetrag kann die Höhe des Grundkapitals festgestellt werden, über das der Vorstand frei verfügen kann. Der **Kurswert der Aktien** gibt auch Auskunft über die **Bonität der Gründung.** Der Ausgabebetrag muss angemessen sein. Maßgeblich für das Kriterium der Angemessenheit ist der tatsächliche Wert des Unternehmens. Bei börsennotierten Aktiengesellschaften ist der Börsenwert Bezugspunkt. Als angemessen werden Abweichungen von 5% angesehen (*Henn/Frodermann/Jannot,* 5/Rn. 3).

VII. Sondervorteile

Werden einem Aktionär in der Satzung (§ 26 Abs. 1) Sondervorteile einge- 18
räumt, sind diese vollständig anzugeben, gleichgültig ob es sich um vermögensrechtliche oder andere Vorteile handelt. Bei Sondervorteilen handelt es sich um besondere Rechte, die die Gesellschaft zugunsten eines Aktionärs, aber auch zugunsten Dritter bei ihrer Gründung gewährt. Dieser Anspruch muss in der **Satzung** verankert sein (*Schaal* in MüKo AktG, § 399 Rn. 90).
Gemäß § 26 Abs. 2 gilt dies auch für den **Gründungsaufwand,** der zu Lasten 19
der Gesellschaft an Aktionäre oder an andere Personen als Entschädigung oder Belohnung für die Gründung oder ihre Vorbereitung gewährt wird. Auch dieser ist in der Satzung zu benennen (*Schaal* in MüKo AktG, § 399 Rn. 91).
Sind die Sondervorteile oder der Gründungsaufwand nicht wahrheitsgemäß 20
benannt, kann dies zu einer Täuschung über den wirklichen Wert des Grundkapitals führen.

VIII. Sacheinlagen und Sachübernahmen

21   Sacheinlagen und Sachübernahmen werden in § 27 legal definiert. Hierzu zählen alle Vermögensgegenstände, deren Wert sich in der Bilanz der Gesellschaft niederschlägt. Hierzu zählen zunächst alle beweglichen und unbeweglichen **Sachen,** jedoch auch **Rechte** wie Erfinder-, Urheber-, und Lizenzrechte, Herstellungsverfahren, Beteiligungen an anderen Unternehmen sowie übertragbare Konzessionen, übertragbare Alleinverkaufsrechte, dingliche Rechte und Forderungen (*Schaal* in MüKo AktG, § 399 Rn. 94).

22   Im Falle der Sachübernahme übernimmt die zukünftige Gesellschaft Gegenstände auf Grundlage einer vertraglichen Verpflichtung mit einem Dritten *(Pelz,* HK-AktG, § 399 Rn. 13).

23   Falsche Angaben führen zu einer Täuschung über den wahren Wert des Gesellschaftsvermögens. Dies ist dann der Fall, wenn der Wert der Sacheinlage oder der Übernahmegegenstand, wie er in den Verträgen oder in der Satzung ausgewiesen ist, nicht zutrifft. Relevant wird dies vorwiegend bei der realistischen Bewertung von Vermögensrechten, wie Patent- und Urheberrechten (RGSt 49, 340, 341). Ebenso gehört die verschleierte Sacheinlage zu dieser Fallkonstellation.

IX. Sicherung für nicht voll eingezahlte Geldeinlagen

24   Dieser Tatbestand betrifft Sicherungen, die der Alleingründer einer kleinen Aktiengesellschaft (§ 36 Abs. 2 S. 2) für den bis dahin nicht geleisteten Teil der Geldeinlage zu leisten hat. Der Gründer muss über Art, Höhe und die Bestellung der Sicherung Angaben machen, so dass das Gericht prüfen kann, ob die Voraussetzungen des § 36 Abs. 2 S. 2 eingehalten sind (*Schaal* in MüKo AktG, § 399 Rn. 98).

25   Jegliche Angabe, die über den wahren Wert der Sicherung täuscht, etwa durch das Verschweigen wesentlicher Umstände über Art und Wert der Sicherung, ist tatbestandsrelevant. Auch wenn die Sicherung überhaupt nicht oder nur unvollständig geleistet wurde und somit deren tatsächlicher Wert unter dem angegebenen liegt, ist dies strafbewehrt (vgl.: *Oetker* in Schmidt/Lutter, § 399 Rn. 9–11).

X. Gründungsschwindel durch unrichtige Berichte (§ 399 Abs. 1. Nr. 2)

26   Bei Gründung und Nachgründung einer Gesellschaft sind Berichte zu verfassen, deren Inhalt in § 32 (Gründung) und in § 52 (Nachgründung) festgelegt ist. Die Norm stellt **falsche Angaben** in diesen Berichten unter **Strafdrohung.** Dies gilt gleichermaßen für die Prüfung der Gründungs- und Nachgründungsberichte (§ 34 Abs. 2). Geschütztes Rechtsgut ist auch hier das Vertrauen der Allgemeinheit, insbesondere der Gesellschaftsgläubiger in die Wahrhaftigkeit der Handelsregistereintragungen und deren Grundlagen (*Schaal* in MüKo AktG, § 399 Rn. 111). Anders als beim Gründungsschwindel ist es jedoch nicht erforderlich, dass die Angaben zum Zweck der Eintragung der Gesellschaft gemacht werden (*Schaal* in MüKo AktG, § 399 Rn. 113). Deswegen werden auch Angaben erfasst, die für die Eintragung der Gesellschaft nicht notwendig sind. Entsprechend dem Normzweck gilt dies einschränkend jedoch nur dann, wenn die Angabe geeignet ist, das Vertrauen Dritter in die Wahrhaftigkeit der Eintragungen im Handelsregister oder deren Grundlagen in Frage zu stellen.

Entsprechend der Verantwortlichkeit für die verschiedenen Berichte beurteilt **27** sich die mögliche Tätereigenschaft. Für den Gründungsbericht sind die **Gründer verantwortlich** (§ 32 Abs. 1), so dass nur diese Täter dieser Variante des § 399 Abs. 1 Nr. 2 sein können. **Mitglieder des Vorstandes** bzw. des **Aufsichtsrates** können jedoch Täter sein, **wenn** unrichtige Angaben im Prüfungsbericht gemacht werden, weil diese **zur Prüfung** des Gründungsberichts **verpflichtet** sind (§ 34 Abs. 2). Beim Nachgründungsbericht können nur Mitglieder des Aufsichtsrates Täter sein (§ 52 Abs. 3).

XI. Gründungsschwindel bei öffentlicher Ankündigung durch Aktien (§ 399 Abs. 1 Nr. 3)

Der Tatbestand enthält eine Verweisung auf § 47 Nr. 3. Die Strafbarkeit ergibt **28** sich erst aus dem Zusammenwirken der Blankettnorm nach Nr. 3 mit dieser Ausfüllungsvorschrift § 47 Nr. 3. Die Tathandlung besteht in falschen oder unvollständigen Angaben in einer öffentlichen Ankündigung von Aktien vor Eintragung in das Handelsregister oder in den ersten beiden Jahren danach. Der Täter muss außerdem in der Absicht handeln, die Aktien in den Verkehr einzuführen (*Schaal* in MüKo AktG, § 399 Rn. 126).

Eine öffentliche Ankündigung von Aktien ist jede Mitteilung, die in mündli- **29** cher oder schriftlicher Form das Angebot zum Erwerb der von den Gründern übernommen Aktien enthält und sich nicht enger begrenzten Personen- kreis gerichtet ist (*Schaal* in MüKo AktG, § 399 Rn. 134). Zweck der Ankündi- gung muss die Markteinführung der Aktien sein, falsche Angaben über bereits eingeführte Aktien umfasst der Tatbestand nicht.

Der Täterkreis ist nicht beschränkt, Täter kann im Gegensatz zu den übrigen **30** Tatbestandsvarianten des § 399 jedermann sein. Dies gilt zumindest für solche Personen, die für die öffentliche Ankündigung der Aktien verantwortlich sind und den Inhalt der Ankündigung beeinflussen. Dies sind in der Regel die Emitten- ten (*Schaal* in MüKo AktG, § 399 Rn. 129).

XII. Kapitalerhöhungsschwindel (§ 399 Abs. 1 Nr. 4)

Die Tathandlungen des **Kapitalerhöhungsschwindels** nach Nr. 4 **entspre- 31 chen** denen des **Gründungschwindels** nach Nr. 1 (*Schaal* in MüKo AktG, § 399 Rn. 151). Die Tathandlungen beziehen sich hier jedoch auf die Erhöhung des Grundkapitals der Gesellschaft (*Oetker* in Schmidt/Lutter, § 399 Rn. 15). Alle Formen der Kapitalerhöhung sind dabei tatbestandsrelevant. Die Tathandlung bezieht sich auf unrichtige Angaben oder unvollständige Angaben bei der Kapitalerhöhung gegen Einlagen (§§ 182–191), die bedingte Kapitalerhöhung (§§ 192–201) sowie die Kapitalerhöhung mit genehmigtem Kapital (§§ 201–206). Diese müssen jedoch in allen Fällen zum Zweck der Eintragung in das Handelsregister gemacht werden. Denn geschütztes Rechtsgut ist auch hier das Vertrauen der Allgemeinheit in die Wahrhaftigkeit des Handelsregisters und dessen Grundlagen (*Schaal* in MüKo AktG, § 399 Rn. 153).

Der Gesamttatbestand ergibt sich aus dem Zusammenwirken der Norm mit **32** den Ausfüllungsvorschriften des Aktiengesetzes (Blankettnorm) (*Schaal* in MüKo

AktG, § 399 Rn. 150; *Geilen* in Kölner Kommentar AktG, § 399 Rn. 131). Bei
Nr. 4 handelt es sich um ein abstraktes Gefährdungsdelikt.

XIII. Abwicklungsschwindel (§ 399 Abs. 1 Nr. 5)

33   Tatbestand ausfüllend für den Abwicklungsschwindel ist § 274 Abs. 3. Diese
Norm gibt dem Abwickler einer Gesellschaft auf, die Fortsetzung der Gesellschaft
zur Eintragung in das Handelsregister anzumelden. Bei der Anmeldung hat er
nachzuweisen, dass noch nicht mit der Verteilung des Vermögens der Gesellschaft
begonnen worden ist. Macht der Abwickler hierüber falsche oder unvollständige
Angaben, erfüllt dies den Tatbestand des § 399 Nr. 5. Es handelt sich um ein
Sonderdelikt, das nur Abwickler einer Gesellschaft begehen können (*Schaal* in
MüKo AktG, § 399 Rn. 181, zur Abwicklereigenschaft vgl. dort Rn. 182 ff.).

34   Mit der Verteilung des Gesellschaftsvermögens ist begonnen worden, wenn
nur ein Gesellschafter Vermögensteile erhalten hat unabhängig davon, ob die
Gesellschaft weiterhin über das Grundkapital hinausgehende Vermögenswerte
besitzt (*Pelz*, HK-AktG, § 399 Rn. 20).

XIV. Abgabe unrichtiger Versicherungen (§ 399 Abs. 1 Nr. 6)

35   § 399 Nr. 6 stellt die Abgabe falscher oder unvollständiger Angaben unter
Strafe, die von Mitgliedern des Vorstandes oder von einem Abwickler in einer
Versicherung gegenüber dem Registergericht abgegeben werden. Inhalt dieser
Versicherung sind bestimmte Umstände, die nach § 76 Abs. 3 S. 2 und 3 die
Tauglichkeit einer Person als Gesellschaftsvorstand begründen. Die Strafbarkeit
wird ausgelöst, wenn entgegen §§ 37 Abs. 2 S. 1, 81 Abs. 3 S. 1 oder 266 Abs. 3
S. 1 gegenüber dem Registergericht wahrheitswidrig versichert wird, dass der
Vorstand weder innerhalb der letzten fünf Jahre nach §§ 283–283d StGB wegen
einer Insolvenzstraftat verurteilt worden ist noch ihm das Gericht (§ 70 Abs. 1
StGB) oder eine Verwaltungsbehörde (etwa § 35 Abs. 1 GewO, soweit das Vorstandsmitglied und nicht die Gesellschaft Adressat der Verfügung ist) die Ausübung
eines Berufs oder Gewerbes untersagt hat (§ 76 Abs. 3 S. 3 und 4).

36   Das Gesetz schützt auch hier das **Vertrauen der Allgemeinheit,** insbesondere
der **Gesellschaftsgläubiger** und den **sonstigen interessierten Personen** in die
Wahrhaftigkeit der Handelsregistereintragungen sowie deren Grundlagen
(*Schaal* in MüKo AktG, § 399 Rn. 197). Es handelt sich um ein echtes Sonderdelikt (*Schaal* in MüKo AktG, § 399 Rn. 200), das nur die Äußerungen von Vorstandsmitgliedern und Abwicklern erfasst.

XV. Abgabe wahrheitswidriger Erklärungen (§ 399 Abs. 2)

37   Auch im Falle des Abs. 2 handelt es sich um eine Blankettvorschrift (*Schaal* in
MüKo AktG, § 399 Rn. 216). Die Strafbarkeit wird begründet, wenn der Täter
die in § 210 Abs. 1 Satz 2 vorgeschriebene Erklärung der Wahrheit zuwider abgibt.
Dem Beschluss zur Erhöhung des Grundkapitals ist die zugrundeliegende Bilanz
beizufügen (§ 210 Abs. 1 S. 1). Ferner haben die Anmeldenden dem Gericht
gegenüber zu erklären, dass nach ihrer Kenntnis seit dem Stichtag der zugrunde

gelegten Bilanz bis zum Tag der Anmeldung keine Vermögensminderung eingetreten ist, die der Kapitalerhöhung entgegenstünde, wenn sie am Tag der Anmeldung beschlossen worden wäre (§ 210 Abs. 1 S. 2). Inhalt der Erklärung sind alle
Angaben, die zum Zweck der Eintragung einer Erhöhung des Grundkapitals aus
Gesellschaftsmitteln gemacht werden.

Es handelt es sich um ein **Sonderdelikt** (*Hefendehl* in Spindler/Stilz, § 399   **38**
Rn. 178), da nur der **Vorstand** und der **Vorsitzende des Aufsichtsrates** diese
Erklärungen abgeben können. Auch im Fall des Abs. 2 schützt das Gesetz das
Vertrauen der Allgemeinheit in Gestalt der Gesellschaftsgläubiger und der sonsti-
gen Öffentlichkeit in die Wahrhaftigkeit der Handelsregistereintragungen und
deren Grundlagen (*Schaal* in MüKo AktG, § 399 Rn. 217; *Hefendehl* in Spindler/
Stilz, § 399, Rn. 177).

XVI. Subjektiver Tatbestand

Bei den einzelnen Varianten des § 399 handelt es sich um Vorsatzdelikte.   **39**
Bedingter Vorsatz reicht aus. Der Vorsatz muss auch die Norm erfassen, die
den jeweiligen Blanketttatbestand ausfüllt. Irrt der Täter über die tatsächlichen
Voraussetzungen der Ausfüllungstatbestände, liegt ein Tatbestandsirrtum nach § 16
Abs. 1 StGB vor (Beispiele hierzu vgl.: *Pelz*, HK-AktG, § 399 Rn. 23).

B. § 400 Unrichtige Darstellung

(1) **Mit Freiheitsstrafe bis zu drei Jahren oder mit Geldstrafe wird
bestraft, wer als Mitglied des Vorstandes oder des Aufsichtsrats oder als
Abwickler**
1. **die Verhältnisse der Gesellschaft einschließlich ihrer Beziehungen zu
   verbundenen Unternehmen in Darstellungen oder Übersichten über
   den Vermögensstand, in Vorträgen oder Auskünften in der Hauptverhandlung unrichtig wiedergibt oder verschleiert, wenn die Tat nicht
   in § 331 Nr. 1 oder 1. a des Handelsgesetzbuches mit Strafe bedroht
   ist, oder**
2. **in Aufklärungen oder Nachweisen, die nach den Vorschriften dieses
   Gesetzes einem Prüfer der Gesellschaft oder eines verbundenen Unternehmens zu geben sind, falsche Angaben macht oder die Verhältnisse
   der Gesellschaft unrichtig wiedergibt oder verschleiert, wenn die Tat
   nicht in § 331 Nr. 4 des Handelsgesetzbuches mit Strafe bedroht ist.**

(2) **Ebenso wird bestraft, wer als Gründer oder Aktionär in Aufklärung
oder Nachweisen, die nach den Vorschriften dieses Gesetzes einem Gründungsprüfer oder sonstigen Prüfer zu geben sind, falsche Angaben macht
oder erhebliche Umstände verschweigt.**

Literatur: Münchener Kommentar AktG, Band 6 §§ 329–410, 3. Auflage 2011; Heidelberger Kommentar zum Aktiengesetz, 2. Auflage 2011; *Fischer*, Strafgesetzbuch und Nebengesetze, 58. Auflage 2011; *Gramich*, Die Strafvorschriften des Bilanzrichtliniengesetzes, wistra
1987, 157; *Schmidt/Lutter*, Aktiengesetz, II. Band §§ 150 – 410, 2. Auflage 2010; *Otto*, Großkommentar zum Aktiengesetz, 4. Auflage 1997; Kölner Kommentar zum Aktiengesetz, Band
7 §§ 394–410, 2. Auflage; *Spindler/Stilz*, AktienG §§ 197–410 Band 2, 1. Auflage 2007; *Achen-
bach/Ransiek*, Handbuch Wirtschaftsstrafrecht, 2. Auflage 2008.

4. Teil

Übersicht

I. Vorbemerkung

1   Schutzzweck des § 400 ist das Vertrauen der Allgemeinheit insbesondere der Personen, die in wirtschaftliche Beziehung zur Gesellschaft treten, in die Richtigkeit und Vollständigkeit bestimmter Angaben über die wirtschaftlichen Verhältnisse der Gesellschaft (*Oetker* in Schmidt/Lutter, § 400 Rn. 1). Es ist nicht notwendig, dass die Tathandlung zu einem Erfolg führen, so dass die Täuschung nicht zu einem Schaden geführt haben muss. § 400 ist ein **abstraktes Gefährdungsdelikt** (Schaal in MüKo AktG, § 400 Rn. 4; *Otto* Großkommentar AktG, § 400 Rn. 5; *Oetker* in Schmidt/Lutter, § 400 Rn. 3; *Gramisch,* wistra 1987, 158), das bereits mit Ausführung der Tathandlung vollendet ist. Es ist nicht einmal notwendig, dass jemand von den Äußerungen Kenntnis erlangt hat.

2   § 400 benennt den möglichen Täterkreis abschließend und ist somit als **Sonderdelikt** ausgestaltet. Täter können nur Mitglieder des Vorstandes, des Aufsichtsrates oder Abwickler sein. Absatz zwei beschränkt den möglichen Täterkreis auf Gründer und Aktionäre. § 400 dient als Schutzgesetz im Sinne von § 823 Abs. 2 BGB auch den Individualinteressen des geschützten Personenkreises (*Schaal* in MüKo AktG, § 400 Rn. 3). Jedoch ist in der Praxis der Nachweis vorsätzlichen Handelns, des Schadens und der haftungsbegründenden Kausalität regelmäßig nicht zu erbringen, so dass die Ansprüche gerichtlich kaum durchsetzbar sind (*Schaal* in MüKo AktG, § 400 Rn. 7).

II. Unrichtige Wiedergabe von Gesellschaftsverhältnissen (Abs. 1, Nr. 1, 1. Fall)

3   Der Tatbestand in Abs. 1 Nr. 1 ist weit auszulegen. Die „Verhältnisse der Gesellschaft" umfassen alle Umstände, die für die wirtschaftliche Beurteilung der Gesellschaft und ihrer Entwicklung von Bedeutung sind (*Pelz,* HK-AktG, § 400 Rn. 3). Die Erwähnung der Beziehungen zu verbundenen Unternehmen unterstreicht dies lediglich beispielhaft. Der Schutzzweck der Norm beschränkt den Tatbestand jedoch auch auf die Umstände, die einen Zusammenhang mit der wirtschaftlichen Situation der Gesellschaft aufweisen. Dies umfasst auch solche Informationen, die zwar nicht unmittelbar wirtschaftlicher Art sind, jedoch Grundlage für die Einschätzung der ökonomischen Situation und Entwicklung sein können (*Oetker* in Schmidt/Lutter, § 400 Rn. 6; *Geilen* in Kölner Kommentar AktG, § 400 Rn. 18; MüKo AktG, § 400 Rn. 16–17 zum Bestimmtheitsgrundsatz).

Sofern mit Hinweis auf eine entsprechende Einschränkung im Wortlaut des **4** § 265a StGB der Tatbestand auch auf solche Äußerungen Anwendung finden soll, die nicht nur die wirtschaftlichen Verhältnisse der Gesellschaft betreffen (*Schaal* in MüKo AktG, § 400 Rn. 17), gebietet der Schutzzweck der Norm eine **einschränkende Auslegung.** Strafbar kann nur die unrichtige Wiedergabe von solchen Verhältnissen der Gesellschaft sein, die geeignet sind, das Vertrauen des interessierten Personenkreises in Tatsachen zu erschüttern, die vom Schutzzweck der Norm erfasst sind. Der Bezug zu den wirtschaftlichen Verhältnissen der Gesellschaft muss dabei mindestens so konkret sein, dass die Möglichkeit besteht, dass diese wirtschaftlichen Beziehungen nach den getätigten Angaben über die Gesellschaftsverhältnisse gestaltet werden. Damit sind jedenfalls Äußerungen ohne jegliche – auch indirekte – wirtschaftliche Relevanz aus dem Tatbestand des § 400 ausgeschlossen (*Hefendehl* in Spindler/Stilz, § 400 Rn. 39).

Unrichtig können nicht nur die Äußerung falscher Tatsachen sein, die dem **5** Beweis zugänglich sind, sondern auch Prognosen oder Einschätzungen (*Oetker* in Schmidt/Lutter, § 400 Rn. 5). Letztgenannte können in zweierlei Hinsicht tatbestandsrelevant werden. Entweder sind die den Einschätzungen zugrundeliegenden Tatsachen objektiv falsch oder die Schlussfolgerung, die auf Grundlage richtiger Tatsachen getroffen wurde, ist nach allgemein anerkannten fachlichen Standards unvertretbar sind (*Schaal* in MüKo AktG, § 400 Rn. 35).

Das Verschweigen von Umständen, ist nur dann tatbestandsrelevant, wenn **6** ansonsten der Eindruck erweckt wird, dass die Darstellung vollständig ist. Damit scheiden offensichtlich unvollständige Angaben ebenso aus wie das Schweigen auf konkrete Fragen zu bestimmten Umständen (*Schaal* in MüKo AktG, §400 Rn. 37).

Der Schutzzweck der Norm ist auch hier einschränkend dahingehend auszule- **7** gen, dass nur solche Umstände erfasst werden, die für die wirtschaftliche Beziehung des geschützten Personenkreises relevant sind (OLG Frankfurt NStZ-RR 2002, 275, 276).

III. Verschleiern von Gesellschaftsverhältnissen (Abs. 1, Nr. 1, 2. Fall)

Die zweite Alternative der tatbestandsmäßigen Handlung erweitert die Grenzen **8** des strafrechtlich relevanten Handelns erheblich. Ein Verschleiern von Gesellschaftlichen Verhältnissen liegt schon dann vor, wenn der Tatsachenkern der Äußerung zwar wahr ist, jedoch ihrem äußeren Anschein nach aber geeignet sind, die Verhältnisse wahrheitswidrig darzustellen (*Oetker* in Schmidt/Lutter, § 400 Rn. 5; *Schaal* in MüKo AktG, § 400 Rn. 40 mwN). Bei der Beurteilung der Tatbestandsmäßigkeit ist nicht mehr nur auf den Wahrheitsgehalt einer isolierten Aussage abzustellen, sondern die Wirkung der Gesamtdarstellung der Gesellschaftsverhältnisse in den Blick zu nehmen. Verschleiernd ist die Darstellung, wenn sie die wahren Tatsachen undeutlich oder unkenntlich macht, so das Gesamtbild verfälscht und zu einer falschen Beurteilung der Gesamtlage führt (*Schaal* in MüKo AktG, § 400 Rn. 40).

IV. Darstellungen und Übersichten über den Vermögensstand

9   Darstellungen über den Vermögensstand der Gesellschaft beschreiben den **wirtschaftlichen Zustand** in Berichtsform, während Übersichten diesen in tabellarischer Form in Zahlen wiedergeben (vgl. BGH NJW 2005, 445, 447). Tatbestandsmäßig sind nur solche Darstellungen und Übersichten, die sich auf den Vermögensstand der Gesellschaft beziehen (vgl. *Schaal* in MüKo AktG, § 400 Rn. 26).

10   Insbesondere bilden die während des Geschäftsjahres gefertigten Abschlüsse im Wesentlichen die Gesamtheit der Übersichten im Sinne dieser Norm. Hierzu zählen sämtliche Bilanzen, Gewinn- und Verlustrechnungen, Zwischen- und Quartalsberichte. Nur der Jahresabschluss wird von § 331 Nr. 1 HGB erfasst und ist per Gesetz der strafrechtlichen Sanktionierung nach § 400 entzogen.

11   Die von § 400 erfassten Darstellungen und Übersichten müssen jedoch einen umfassendes Bild über den wirtschaftlichen Zustand der Gesellschaft geben und den Eindruck der Vollständigkeit erwecken (BGH NJW 2004, 2971; 2005, 445, 447). Sofern diese nur einzelne für das Gesamtbild der wirtschaftlichen Lange nicht wesentliche Aspekte der Vermögenslage wiedergeben, ist der Tatbestand des § 400 nicht erfüllt (OLG München NJW 2003, 144, 146). Auszüge aus den Gesamtdarstellungen reichen jedoch aus, wenn diese wesentliche Positionen der wirtschaftlichen Gesamtlage betreffen.

V. Vorträge oder Auskünfte in der Hauptversammlung

12   Diese Tatbestandsalternative schützt den interessierten Personenkreis in seinem Vertrauen auf die **Richtigkeit von Auskünften** und Informationen, die innerhalb der Hauptversammlung gegeben werden. Vorträge und Äußerungen außerhalb der Hauptversammlung sind nicht geschützt (*Hefendehl* in Spindler/Stilz, § 400 Rn. 52). Der Tatbestand ist mit dem Begriff „Gesellschaftsverhältnisse" weit gefasst, dabei jedoch hinreichend bestimmt (BVerfG ZIP 2006, 1096). Der Begriff erfasst Beziehungen jeder Art, die geeignet sind, nicht nur die Vermögenslage der Gesellschaft, sondern auch alle anderen Umstände zu beurteilen, die die Situation der Gesellschaft im Wirtschaftsleben und in ihrem politischen und sozialen Umfeld kennzeichnen (BVerfG ZIP 2006, 1096; *Schaal* in MüKo AktG § 400 Rn. 16; *Otto,* § 400 Rn. 28; *Hefendehl* in Spindler/Stilz, § 400 Rn. 53, 60; *Oetker* in Schmidt/Lutter, § 400 Rn. 6).

13   Der Schutz des § 400 geht über die reinen **Vermögensverhältnisse** der Gesellschaft hinaus und umfasst **auch ihre sonstigen Interessen,** mithin die Interessen in ihrer Gesamtheit (*Schaal* in MüKo AktG, § 400 Rn. 17). Dies erfasst alle Tatsachen, Vorgänge, Daten und Schlussfolgerungen, die für die Beurteilung der Situation der Gesellschaft und ihrer zukünftigen Entwicklung von Bedeutung sein können (*Geilen* in Kölner Kommentar zum AktG, § 400 Rn. 18; *Otto,* § 400, Rn. 28; *Gramich* wistra 1987, 157, 159). Der Schutzbereich des § 400 geht deshalb über den des Kreditbetruges in § 265b StGB hinaus, in dem er über die wirtschaftlichen Verhältnisse hinaus auch andere Anhaltspunkte einbezieht, die für die Einschätzung der Lage der Gesellschaft, ihrer Funktion, Entwicklung oder ihres Erscheinungsbildes, kurz ihrer Gesamtheit, von Bedeutung sein können. Da der Wortlaut des § 400 anders als der des § 265b StGB keine Beschränkung auf die wirtschaftliche Situation enthält, besteht auch kein Grund für eine einschränkende Auslegung anhand des Schutzzwecks der Norm (so jedoch *Pelz*, HK-AktG, § 400 Rn. 3; *Achenbach/Rannisek*, VIII 1 Rn. 69). Auskünfte und Informationen müssen einen Bezug zur wirtschaftlichen Situation der Gesellschaft aufweisen oder zumindest geeignet sein, die Grundlage für die Einschätzung wirtschaftlicher Sachverhalte in Bezug auf die Gesellschaft zu bilden.

Vortrag ist jeder Redebeitrag oder Stellungnahme zu den Verhältnissen der **14** Gesellschaft (*Pelz*, HK-AktG, § 400 Rn. 7). Auskünfte sind sämtliche Äußerungen auf Fragen von Aktionären. Dabei ist es irrelevant, ob diese Auskünfte gegeben werden durften oder ob ein Auskunftsverweigerungsrecht bestand (*Oetker* in Schmidt/Lutter, § 400 Rn. 8).

VI. Falsche Angaben gegenüber Prüfern (Abs. 1 Nr. 2)

Wie in Nr. 1 können auch in der Tatbestandsvariante von Nr. 2 Täter nur **15** Mitglieder des Vorstands, Mitglieder des Aufsichtsrats oder Abwickler sein. Obwohl der Gründungsprüfer auch vom Gründer der Gesellschaft Aufklärung und Nachweise verlangen kann (§ 35 Abs. 1), werden dessen Angaben nicht von § 400 Abs. 1 Nr. 2 erfasst. Selbst wenn der Gründer später in den Vorstand aufrückt, begründet dies nicht nachträglich die Strafbarkeit nach Nr. 2. Diese Fallkonstellation erfasst das Gesetz in § 400 Abs. 2.

§ 400 Abs. 1 Nr. 2 schützt die **Wahrhaftigkeit der Aufklärungen** und Nach- **16** weise, die Mitglieder des Vorstandes, des Aufsichtsrates oder der Abwickler gegenüber den Prüfern abzugeben haben (§ 145 Abs. 2 und 3). Der Tatbestand erfasst nur Auskünfte auf Grundlage gesetzlicher Auskunftspflichten (*Oetker* in Schmidt/Lutter, § 400 Rn. 11). Gesetzliche Auskunftspflicht besteht unter anderem bei Zwischenprüfungen und Sonderprüfungen nach § 176 S. 2 und 3 und § 258 Abs. 5. Der Vorrang des § 333 Nr. 4 HGB schränkt den Anwendungsbereich von Abs. 1 Nr. 2 auf den Anwendungsbereich dieser Normen ein.

Über die gesetzliche Pflicht hinausgehende Erklärungen fallen nicht darunter. **17** § 145 Abs. 2 legt fest, dass Aufklärungen und Nachweise nur verlangt werden können, soweit sie für eine sorgfältige Prüfung notwendig sind. Diese Anforderung schränkt den Anwendungsbereich des Tatbestands wesentlich ein. In der Praxis muss in jedem Einzelfall geprüft werden, welche konkret umschriebenen Aufklärungen und Nachweise Teil der gesetzlichen Auskunftspflicht sind und welche Aussagen oder Teile von Auskünften darüber hinaus gehen. Dabei steht es auch im Ermessen des Prüfers, welche Aufklärungen und Nachweise er für die Erfüllung des jeweiligen Prüfauftrages für wesentlich erachtet.

Die Begriffe Aufklärungen und Nachweise sind weit auszulegen. Hierunter **18** fallen sämtliche Auskünfte, die die Prüfer zur Ausübung ihres gesetzlichen Prüfungsauftrages benötigen. Hierbei muss eine umfassende Unterrichtung des Prüfers sichergestellt sein (*Schaal* in MüKo AktG, § 400 Rn. 64).

VII. Falsche Angaben gegenüber Prüfern durch Gründer oder Aktionäre (Abs. 2)

Der Tatbestand erweitert die Strafbarkeit für falsche Angaben auf Gründer und **19** Aktionäre. Damit sind auch falsche Angaben, die diese bei Gründungen und gründungsgleichen Vorgängen gegenüber Prüfern abgeben, strafrechtlich erfasst. Gemeint sind hiermit Aufklärungen und Nachweise nach §§ 34 Abs. 1, 35 Abs. 1 (*Pelz*, HK-AktG, § 400 Rn. 11).

VIII. Innerer Tatbestand

20   Strafbar ist die Erfüllung des Tatbestandes nach § 400 Nr. 1 **nur bei vorsätzlichem Handeln,** fahrlässiges Handeln erfüllt den inneren Tatbestand nicht. Es reicht jedoch bedingter Vorsatz aus (*Schaal* in MüKo AktG, § 400 Rn. 46). Der Täter handelt mit bedingtem Vorsatz, wenn er die Tatbestandsverwirklichung für möglich hält und diese billigend in Kauf nimmt (*Fischer*, § 15 Rn. 9). Im Rahmen von § 400 liegen tatbestandsrelevante Äußerungen bereits dann vor, wenn der Täter die Unrichtigkeit oder den verschleiernden Charakter der Erklärungen für möglich hält, sie aber dennoch abgibt und sich ihren Inhalt deshalb zu eigen macht (*Schaal* in MüKo AktG, § 400 Rn. 46).

21   Dabei reicht es nicht aus, wenn ein Vorstandsmitglied ungeprüfte Informationen weitergibt.

C. § 401 Pflichtverletzung bei Verlust, Überschuldung oder Zahlungsunfähigkeit

(1) **Mit Freiheitsstrafe bis zu drei Jahren oder mit Geldstrafe wird bestraft, wer es als Mitglied des Vorstandes entgegen § 92 Abs. 1 unterlässt, bei einem Verlust in Höhe der Hälfte des Grundkapitals die Hauptversammlung einzuberufen und ihr dies anzuzeigen.**

(2) **Handelt der Täter fahrlässig, so ist die Strafe Freiheitsstrafe bis zu einem Jahr oder Geldstrafe.**

Literatur: Münchener Kommentar AktG, Band 6 §§ 329–410, 3. Auflage 2011; Heidelberger Kommentar zum Aktiengesetz, 2. Auflage 2011; *Fischer*, Strafgesetzbuch und Nebengesetze, 58. Auflage 2011; *Bittermann*, Strafrechtliche Folgen des MoMiG, NStZ 2009, 113; *Henn/Frodermann/Jannot*, Handbuch des Aktienrechts, 8. Auflage 2009; *Hölters*, Aktiengesetz, 1. Auflage 2011; *Wachter*, Aktiengesetz, 1. Auflage 2012.

Übersicht

I. Vorbemerkung

1   Mit Änderung des Aktiengesetzes durch das Gesetz zur Modernisierung des GmbH-Rechts und zur Bekämpfung von Missbräuchen (MoMiG) vom 23. Oktober 2008 (BGBl. I S. 2026) ist die frühere Ziffer 2 des ersten Absatzes weggefallen. Dieser enthielt eine Strafdrohung für Mitglieder des Vorstandes und Abwickler, wenn diese entgegen ihrer jeweiligen **Informationspflicht** aus § 92

Abs. 2 beziehungsweise § 268 Abs. 2 Satz 1 es **unterlassen** haben, bei Zahlungsunfähigkeit oder Überschuldung die Eröffnung des **Insolvenzverfahrens zu beantragen.** Diese Regelung wurde mit dem Gesetz zur Modernisierung des GmbH-Rechts in die Insolvenzordnung überführt und erweitert (§ 15a InsO) (BT-Drucks. 16/6140, S. 14; *Henn/Frodermann/Jannot*, 7 Rn. 171; *Bittermann* NStZ 2009, 113).

Zweck des § 401 ist der **Schutz der Aktionäre** als Anteilseigner **in einer** 2 **Krise** der Gesellschaft in Bezug auf deren Vermögensinteresse sowie der Schutz der Vermögensinteressen der Gesellschaft selbst (*Müller-Michaels* in Hölters, § 401 Rn. 2; *Oetker* in Schmidt/Lutter, § 401 Rn. 1). Ist ein Verlust der Gesellschaft in Höhe der Hälfte des Grundkapitals eingetreten oder bei pflichtgemäßem Ermessen zu erwarten, besteht nach § 92 Abs. 1 für den Vorstand die Pflicht, unverzüglich die Hauptversammlung einzuberufen und ihr dies anzuzeigen (*Wachter*, § 401, Rn. 1). Zur Einhaltung dieser Schutzvorschrift enthält § 401 eine Strafdrohung gegen die verpflichteten Vorstandsmitglieder, wenn diese ihrer Pflicht nicht nachkommen. Der Gesetzgeber verleiht dieser Schutzvorschrift damit einen entsprechenden Nachdruck und beugt damit in besonderer Weise den Gefahren vor, die sich aus der Haftungsbeschränkung der Gesellschaft auf das Gesellschaftsvermögen ergeben (*Schaal* in MüKo AktG, § 401 Rn. 3). Die Strafbarkeit hängt von der Erfüllung gesellschaftsrechtlicher Handlungspflichten ab, was § 401 als Blankettnorm kennzeichnet. (*Schaal* in MüKo AktG, § 401 Rn. 9). Die von § 92 Abs. 1 beabsichtigte frühzeitige Information der Aktionäre über die wirtschaftliche Krise soll deren Einflussnahme auf die weitere wirtschaftliche Entwicklung und rechtzeitige Handlungsfähigkeit garantieren (vgl.: BGH NJW 1979, 1829, 1831). Dies lässt die Möglichkeit offen, in der Hauptversammlung entweder Maßnahmen zur Stabilisierung der Vermögensverhältnisse zu treffen oder aber die Entscheidung über Sanierung oder Insolvenz zu fällen.

§ 401 stellt neben der vorsätzlichen (Abs. 1) auch die fahrlässig unterlassene 3 (Abs. 2) Verlustanzeige unter Strafe. Es handelt sich um ein echtes Unterlassungsdelikt (*Pelz*, HK-AktG, § 401 Rn. 1).

Strafbar ist bereits die **mögliche Gefährdung der Vermögensinteressen** 4 **der Gesellschaft** (*Oetker* in Schmidt/Lutter, § 401, Rn. 2) oder der Aktionäre durch die unterlassene Einberufung der Hauptversammlung in der Krise. Ein Gefährdungserfolg, etwa in Form eines Vermögensschadens, braucht nicht eingetreten zu sein. Es handelt sich um ein abstraktes Gefährdungsdelikt (*Schaal* in MüKo AktG, § 401 Rn. 10).

Täter können nur Mitglieder des Vorstandes sein, § 401 ist ein echtes Sonderde- 5 likt (*Hefendehl* in Spindler/Stilz, § 401 Rn. 12).

II. Unterlassen der Verlustanzeige

Der Tatbestand ist erfüllt, wenn der Vorstand seiner Pflicht aus § 92 Abs. 1 6 nicht nachkommt, indem er trotz eingetretener Krise es unterlässt eine Hauptversammlung einzuberufen, in der er diese Krise anzeigt. Die Pflicht auslösende Krise ist eingetreten, wenn die Gesellschaft einen Verlust in Höhe der Hälfte des Grundkapitals erlitten hat.

Ein solcher Verlust ergibt sich aus der Jahresbilanz nach §§ 242, 264 HGB 7 oder einer Zwischenbilanz. Diese Bilanzen müssen einen rechnerischen Verlust in Höhe der Hälfte des Grundkapitals der Gesellschaft ausweisen. Somit liegen die Tatbestandsvoraussetzungen der Norm nicht vor, wenn eingetretene Verluste mit vorhandenen Rücklagen aufgefangen werden können (Siehe: *Schaal* in MüKo AktG, § 401, Rn. 19).

8   Die Strafbarkeit nach § 401 beschränkt sich jedoch nicht auf den Fall, in dem der Vorstand aus den Bilanzen Kenntnis von der Krise erlangt. In Übereinstimmung mit der den Tatbestand ausfüllenden Norm § 92 Abs. 1 besteht die **Handlungspflicht** auch dann, wenn die **Erkenntnis aus anderen Quellen** gewonnen wurde. Die Handlungspflicht wird unabhängig von der Erkenntnisquelle immer ausgelöst, wenn ein Mitglied des Vorstandes nach pflichtgemäßem Ermessen annehmen muss, dass ein Verlust in Höhe der Hälfte des Grundkapitals eingetreten ist. Entscheidend ist alleine die Feststellung des Verlustes (*Schaal* in MüKo AktG, § 401 Rn. 20). Dabei gehört es aber zu den Pflichten des Vorstandes, sich fortlaufend über die wirtschaftliche Situation der Gesellschaft zu informieren. Je offenkundiger sich eine Krise der Gesellschaft abzeichnet, desto höhere Anforderungen sind an die Vorstandsmitglieder zu richten, Ihre Kontroll- und Steuerungsfunktion auszuüben und sich Gewissheit über die tatsächliche wirtschaftliche Situation zu verschaffen. In der Regel wird dies durch die Erstellung von Bilanzen geschehen (siehe hierzu „Prinzip der Gesamtverantwortung" Henn/Frodermann/Jannot, 7 Rn.155, 171).

III. Tathandlung

9   Die Tathandlung ist ausgeführt, wenn es das Vorstandsmitglied **unterlässt,** trotz Erkennens der Krise die Hauptversammlung einzuberufen und in dieser die Krise anzuzeigen. Ist die Krise erkannt, muss die Hauptversammlung „unverzüglich" (*Hefendehl* in Spindler/Stilz, § 401, Rn. 25), das heißt ohne schuldhaftes Zögern einberufen werden (Henn/Frodermann/Jannot, 7 Rn.155, 171). In der Praxis ist für die Bestimmung strafrechtlich relevanten Handelns die genaue Festlegung des Zeitpunktes der Anzeigepflicht von entscheidender Bedeutung. Diese ist anhand einer objektiven Betrachtungsweise zu bestimmen. Sie beginnt, sobald ein objektiver Betrachter auf Grundlage einer nach betriebswirtschaftlichen Grundsätzen vorgenommen Bewertung der Vermögenslage zu dem Ergebnis kommt, dass die Gesellschaft die Hälfte des Grundkapitals verloren hat. (vgl. *Schaal* in MüKo AktG, § 401 Rn. 23).

10   Die **Anzeige der Krise** muss **Tagesordnungspunkt** der Hauptversammlung sein. Zur Erfüllung der Handlungspflicht reicht es nicht aus, wenn nur anlässlich einer zu anderen Zwecken einberufenen Hauptversammlung über die Krise informiert wird. (*Schaal* in MüKo AktG, § 401 Rn. 24). In diesem Fall kann der Zweck der Informationspflicht nicht erreicht werden, der darin besteht, dass die Aktionäre über das weitere wirtschaftliche Handeln beschließen können. Im Vergleich zu § 84 GmbHG stellt das Aktienrecht erhöhte formelle Anforderungen an die Erfüllung der Informationspflicht. Die unterschiedlichen Wege des Informationstransfers sind gerechtfertigt, da die Anzahl der Aktionäre regelmäßig die Anzahl der Gesellschafter einer GmbH übersteigt.

11   Hingegen reicht es aus, wenn die Aktionäre die Möglichkeit haben, die Informationen im Rahmen einer ordnungsgemäß einberufenen Hauptversammlung zu erhalten. Erscheinen diese nicht, so ist der Vorstand nicht verpflichtet, anderweitig zu informieren (*Schaal* in MüKo AktG, § 401 Rn. 25).

IV. Innerer Tatbestand, Vorsatz und Fahrlässigkeit (Abs. 2)

Neben dem vorsätzlichen stellt Abs. 2 auch **fahrlässiges Unterlassen** unter **12** Strafe. Vorsätzliches Unterlassen liegt vor, wenn der Täter alle Umstände kennt, die eine Handlungspflicht begründen und er dennoch dieser Pflicht nicht nachkommt. Es reicht **bedingter Vorsatz** aus. Der Täter muss es deshalb lediglich für möglich halten, dass eine Krise im Sinne von § 401 Abs. 1 eingetreten ist. Positives Wissen ist nicht erforderlich, gleichwohl ist er verpflichtet, sich in diesem Fall durch Erstellung von Bilanzen Gewissheit zu verschaffen (vgl. Henn/Frodermann/Jannot, 7 Rn.155, 171).

Fahrlässiges Unterlassen kommt vor allem in Betracht, wenn der Täter über **13** das Vorliegen einer wirtschaftlichen Krise im Sinne von § 401 irrt oder er diese Krise zwar erkennt, jedoch seine Handlungspflicht nicht erkennt. Im erstgenannten Fall liegt ein Tatbestandsirrtum nach § 16 StGB vor, der den Vorsatz ausschließt. Im zweiten Fall irrt der Täter über das Gebotensein einer Handlung, in Form des Einberufens der Hauptversammlung, und unterlässt diese pflichtwidrig. Es handelt sich somit um einen **Verbotsirrtum** nach § 17 StGB, der die Schuld und damit die Strafbarkeit nur dann entfallen lässt, wenn er unvermeidbar war. In der Praxis ist bei Beurteilung der Unvermeidbarkeit der Vergleichsmaßstab eines in durchschnittlicher Weise sorgfältig handelnden Geschäftsmannes anzulegen. Aber gerade im Falle von Handlungsnormen, die für einen bestimmten Berufskreis von Bedeutung sind, verlangt die Rechtsprechung, dass sich der Täter über die ihn treffenden Pflichten erkundigt. Diese Pflicht ist umfassend zu verstehen. Selbst wenn das Vorstandsmitglied Erkundigungen eingeholt hat, darf es sich nicht immer ohne Weiteres auf die erhaltenen Informationen verlassen (vgl. *Fischer,* § 17 Rn. 9). So muss der Vorstand sicherstellen, dass die Person, die die Informationen liefert, etwa die Bilanzen erstellt oder Rechtsrat erteilt, hierzu fachlich in der Lage und vertrauenswürdig ist und sie Gewähr für eine objektive, sorgfältige, pflichtgemäße und verantwortungsbewusste Auskunfterteilung bietet (vgl. *Fischer,* § 17 Rn. 9). Drängen sich hierbei offensichtliche Zweifel auf, die bei gehöriger Anstrengung für den Vorstand auch ohne weiteres erkennbar waren, kann ein Irrtum nach § 17 StGB nicht als unvermeidbar eingestuft werden. In der Praxis dürfte ein Fahrlässigkeitsvorwurf des fachkundig beratenen Vorstands schwer zu führen sein, jedoch sind die Gegebenheiten des Einzelfalles entscheidend. Der Vorstand einer AG handelt jedenfalls dann fahrlässig, wenn er es unterlässt, die wirtschaftliche Lage der Gesellschaft regelmäßig zu prüfen, in dem er den Jahresabschluss fortschreibt oder grundlegende kaufmännische Prinzipien verletzt (BGH NJW 1981, 354, 355; wistra 1988, 69, 70).

D. § 402 Falsche Ausstellung von Berechtigungsnachweisen

(1) **Wer Bescheinigungen, die zum Nachweis des Stimmrechts in einer Hauptversammlung oder in einer gesonderten Versammlung dienen sollen, falsch ausstellt oder verfälscht, wird mit Freiheitsstrafe bis zu drei Jahren oder mit Geldstrafe bestraft, wenn die Tat nicht in anderen Vorschriften über Urkundenstraftaten mit schwererer Strafe bedroht ist.**

(2) **Ebenso wird bestraft, wer von einer falschen oder verfälschten Bescheinigung der in Absatz 1 bezeichneten Art zur Ausübung des Stimmrechts Gebrauch macht.**

(3) **Der Versuch ist strafbar.**

Literatur: Münchener Kommentar AktG, Band 6 §§ 329–410, 3. Auflage 2011; Münchener Kommentar StGB, Band 6/1 Nebenstrafrecht II, 1. Auflage 2010; *Otto,* Großkommentar zum Aktiengesetz, 4. Auflage 1997; *Schönke/Schröder,* Strafgesetzbuch, 28. Auflage 2010; *Wachter,* Aktiengesetz, 1. Auflage 2012; *Hölters,* Aktiengesetz, 1. Auflage 2011.

Übersicht

I. Vorbemerkung

1   § 402 dient dem Schutz der Gesellschaft und wahrt das **Interesse der Aktionäre und des Vorstandes** am ordnungsgemäßen **Ablauf der Hauptversammlung** (*Schaal* in MüKo AktG, § 402 Rn. 4). Die Vorschrift stellt die besondere Bedeutung des Berechtigungsnachweises heraus, der zur Stimmabgabe in der Hauptversammlung legitimiert. Eine ordnungsgemäße Willensbildung und die Bestimmung des wirtschaftlichen Schicksals der Gesellschaft sollen frei von gesellschaftsfremden Einflüssen sein. Teilweise wird nur auf die Unverfälschtheit des Abstimmungsergebnisses abgestellt (*Hefendehl* in Spindler/Stilz, § 402 Rn. 3; *Wachter,* AktG, § 402, Rn. 1). § 402 stellt diese gesellschaftsfremde Einflussnahme deren Vorbereitung und den Versuch unter Strafe. Dabei unterscheidet das Gesetz drei mögliche Varianten der Tatausführung. Absatz 1 betrifft das Ausstellen oder Verfälschen von Bescheinigungen unter Strafe, die dem Nachweis des Stimmrechts in der Hauptverhandlung dienen. Absatz 2 sanktioniert den Gebrauch, das heißt die Ausübung des Stimmrechts mittels solcher Bescheinigungen.

2   § 402 ist ein **abstraktes Gefährdungsdelikt** (*Schaal* in MüKo AktG, § 402 Rn. 8; *Oetker* in Schmidt/Lutter, § 402 Rn. 1) so dass ein Erfolg in Form einer tatsächlichen Einflussnahme auf eine Abstimmung in der Hauptverhandlung nicht vorliegen muss. Jedoch müssen die Tatvarianten des § 402 auf diesen Zweck hin ausgerichtet sein. § 402 stellt deshalb nicht die Fälschung oder Verfälschung von Bescheinigungen unter Strafe, die nicht geeignet sind, das Stimmrecht in der Hauptversammlung nachzuweisen sondern einen anderen Inhalt haben (*Schaal* in MüKo AktG, § 402 Rn. 9; *Oetker* in Schmidt/Lutter, § 402 Rn. 2).

3   Dementsprechend setzt § 402 voraus, dass die Satzung der Gesellschaft vorsieht, dass das Stimmrecht in der Hauptversammlung oder einer gesonderten Versammlung mittels eines **Berechtigungsbescheinigung** ausgeübt wird (§§ 123 Abs. 3, 138 S. 2). Dies ist in der Praxis regelmäßig der Fall. Dieser Umstand ist objektive Bedingung der Strafbarkeit, die nicht vom Vorsatz des Täters umfasst sein muss (*Schaal* in MüKo AktG, § 402 Rn. 3).

II. Tathandlung Falsches Ausstellen einer Bescheinigung (Abs. 1)

Absatz 1 sieht zwei Varianten der Tatausführung vor. Strafbewehrt ist das falsche Ausstellen von Bescheinigungen, die zur Stimmabgabe in der Hauptversammlung berechtigen ebenso wie das Verfälschen solcher Bescheinigungen. **4**

Eine Bescheinigung ist zunächst falsch, wenn sie über die wahre Identität des Ausstellers täuscht. Die Definition entspricht zunächst der Tathandlung des Herstellens einer unechten Urkunde in § 267 Abs. 1 StGB (*Fischer*, § 267 Rn. 20). **5**

Das falsche Ausstellen einer Bescheinigung nach § 402 geht jedoch wegen des unterschiedlichen Schutzzwecks (*Hefendehl* in Spindler/Stilz, § 402 Rn. 21) über den Rahmen der Urkundenfälschung hinaus und **orientiert sich an** der entsprechenden **Auslegung von § 316 HGB**. Erfasst wird nicht nur Täuschung über die Identität des Ausstellenden, sondern erfasst auch die Fälle, in denen die Person des Ausstellenden korrekt erkennbar ist, der Inhalt der Bescheinigung jedoch falsch ist. Im Gegensatz zu § 267 Abs. 1 StGB erfasst § 402 auch sie schriftliche Lüge. In dieser Tatbestandsvariante findet § 402 wegen der Subsidiarität zu den Urkundsdelikten seine praktische Bedeutung (vgl. hierzu *Schaal* in MüKo AktG, § 402 Rn. 15 bis 17). **6**

III. Tathandlung Verfälschen einer Bescheinigung (Abs. 1)

Ebenso wie die erste Tatbestandsvariante des **§ 402 entspricht das Verfälschen** einer Bescheinigung dem Verfälschen einer Urkunde im Rahmen von **§ 267 Abs. 1 StGB** (*Hefendehl* in Spindler/Stilz, § 402 Rn. 28). Die Auslegung kann aus den Urkundsdelikten übernommen werden (*Fischer*, § 267 Rn. 19). Beim Verfälschen entsteht aus einer echten Bescheinigung durch nachträgliche Änderung des Inhaltes eine falsche Bescheinigung. Die Täuschung bezieht sich nicht auf die Identität des Ausstellers, so dass aus diesem Grund weiterhin eine echte Bescheinigung vorliegt. Nachdem der Aussteller diese echte Bescheinigung in den Verkehr gebracht hat, verändert der Täter ohne Billigung durch den Aussteller und ohne dessen Wissen den Inhalt und ruft somit den Eindruck hervor als habe der Aussteller die Erklärung in der verfälschten Form abgegeben (*Otto,* § 402 Rn. 22). Der Täter verändert dabei die gedankliche Erklärung des Ausstellers der Bescheinigung (*Schaal* in MüKo AktG, § 402 Rn. 19). Die Bescheinigung ist auch dann verfälscht, wenn der Täter die Veränderung des gedanklichen Inhalts offen legt, jedoch den falschen Eindruck erweckt, dies sei mit Wissen und Billigung des Ausstellers geschehen (BGH GA 1963, 16, 17). **7**

IV. Tathandlung Gebrauchmachen von einer falschen oder verfälschten Urkunde (Abs. 2)

Gebraucht ein Täter die falsche oder verfälschte Bescheinigung im Sinne von Abs. 1, um damit ein Stimmrecht in der Hauptversammlung auszuüben, erfüllt dies den Straftatbestand nach Ab. 2 (*Hefendehl* in Spindler/Stilz, § 402, Rn. 28). Dabei reicht es aus, wenn die Bescheinigung so gebraucht wird, dass ein Dritter die Möglichkeit hat, hiervon Kenntnis zu nehmen. Gebrauchmachen heißt zugänglich machen (RGSt 66, 298, 313). Bereits durch das Zugänglichmachen **8** einer falschen oder verfälschten Bescheinigung gerät der ordnungsgemäße Ablauf der Hauptverhandlung in Gefahr, so dass das von § 402 geschützte Rechtsgut beeinträchtigt ist. Tatsächliche Kenntnisnahme eines Dritten ist nicht notwendig.

9   Entscheidend für den Tatbestand des Abs. 2 ist die **Zielrichtung des Gebrauchmachens.** Diese liegt ausschließlich in der beabsichtigten Ausübung des Stimmrechts in der Hauptverhandlung und ist damit enger gefasst, als im Rahmen von § 267 StGB. Diese Vorschrift lässt jede Täuschung im Rechtsverkehr genügen (*Schaal* in MüKo AktG, § 402, Rn. 22). Abgesehen davon sind die Tatbestände jedoch identisch (*Schaal* in MüKo AktG, § 402, Rn. 21).

10   Ein **Gebrauchmachen** im Sinne des Abs. 2 liegt nicht vor, wenn der Berechtigte Inhaber einer echten und nicht verfälschten Bescheinigung diese einem Dritten zur Ausübung des Stimmrechts überlässt. § 129 Abs. 3 sieht einen solchen Fall als Form der legitimen Ausübung des Stimmrechts gerade vor, wenn die dort geforderten Angaben gemacht werden. Geschieht dies nicht, kommt eine Ordnungswidrigkeit nach § 405 Abs. 2 oder eine Straftat § 271 StGB in Betracht (*Otto,* § 402 Rn. 25).

V. Innerer Tatbestand

11   Der subjektive Tatbestand des § 402 ist in allen Tatmodalitäten nur bei vorsätzlichem Handeln erfüllt. **Bedingter Vorsatz** reicht jedoch aus. Absatz 2 erfordert zusätzlich die **Absicht,** die falsche oder verfälschte Bescheinigung zur Ausübung des Stimmrechts in der Hauptversammlung zu gebrauchen (*Oetker* in Schmidt/ Lutter, § 402 Rn. 4).

VI. Subsidiarität

12   Die **Subsidiaritätsklausel des Abs. 1** schränkt die praktische Relevanz des Straftatbestandes wesentlich ein (*Otto,* § 402 Rn. 41; *Hefendehl* in Spindler/Stilz, § 402, Rn. 1). Er tritt hinter sämtliche Tatbestände der Urkundenfälschung zurück, dies gilt sowohl für die Urkundenfälschung nach § 267 StGB, die mittelbare Falschbeurkundung nach §§ 271, 272 StGB sowie die Falschbeurkundung im Amt nach § 348 StGB (*Oetker* in Schmidt/Lutter, § 402, Rn. 9). Die praktische Bedeutung von § 402 beschränkt sich deshalb auf die Tatvarianten, die die genannten Urkundsdelikte des Strafgesetzbuches nicht erfassen. Dies ist die falsche Ausstellung einer Bescheinigung in Form der schriftlichen Lüge sowie das Gebrauchen einer falschen oder verfälschten Bescheinigung. Der Gesetzgeber genügt mit diesen beiden Fallvarianten dem Schutzgedanken des § 402, der darin besteht, die Ausübung des Stimmrechts von Personen zu verhindern, die sich zur Täuschung über ihre Legitimation falscher oder verfälschter Berechtigungsnachweise bedienen.

VII. Versuchsstrafbarkeit (Abs. 3)

13   Sämtliche Tatvarianten des § 402 dienen letztlich der Vorbereitung der Manipulation des Abstimmungsergebnisses der Hauptverhandlung dadurch, dass nicht berechtigte Personen an ihr teilnehmen. Sie garantiert damit ein unverfälschtes Abstimmungsergebnis in der Hauptversammlung (*Oetker* in Schmidt/Lutter, § 402

Rn. 1). Als abstraktes Gefährdungsdelikt (*Hefendehl* in Spindler/Stilz, § 402 Rn. 6) ist die Tatvollendung bereits eingetreten, wenn die Gefahrenlage geschaffen ist. Im Falle des Abs. 1, 1. Variante ist dies der Fall, wenn die Bescheinigung falsch ausgestellt ist. Im Rahmen der 2. Variante ist die Tat vollendet, wenn das Bescheinigungsdokument verändert wurde. Für die Vollendung ist es in diesen Fällen unerheblich, dass die falsche oder verfälschte Bescheinigung in Verkehr gebracht oder dem zuständigen Prüfer zugänglich gemacht wird (*Schaal* in MüKo AktG, § 402 Rn. 32). Mit dem **Zugänglichmachen** der falschen oder verfälschten Bescheinigung ist die Tatvariante nach Absatz 2 **vollendet**.

Die Spanne zwischen dem Beginn der Versuchsstrafbarkeit und der Tatvollen- **14** dung ist in allen Deliktsvarianten sehr eng. Die Versuchsstrafbarkeit beginnt mit dem unmittelbaren Ansetzen zur Tat. Diese liegt vor, wenn das durch die Tat geschützte Rechtsgut unmittelbar gefährdet ist (*Schönke/Schröder-Eser*, § 22 Rn. 42). In den Varianten des Absatz 1 liegt dieser Zeitpunkt unmittelbar vor der Vollendung des Delikts. Ob überhaupt eine Zäsur zwischen Versuchsbeginn und Vollendung vorliegt, ist eine Frage der konkreten Umstände des Einzelfalles. Eine **Versuchsstrafbarkeit** kommt dann in Betracht, wenn der Täter mit der Herstellung einer falschen Bescheinigung begonnen hat (*Müller-Michaels* in Hölters, § 402 Rn. 18), diese aber noch nicht soweit abgeschlossen hat, dass sie sich nach Vorstellung des Täters zur Täuschung über die Stimmberechtigung in der Hauptversammlung eignet.

Auf die objektive Eignung zur Täuschung über den Nachweis des Stimmrechts **15** in der Hauptversammlung kommt es für die Versuchsstrafbarkeit hingegen nicht an (*Kiehte/Hohmann* in MüKo StGB, § 402 AktG, Rn. 30 und 50). Auch der untaugliche Versuch steht in Absatz 3 unter Strafe. Ein solcher liegt etwa vor, wenn sich der Täter über die Eignung der Bescheinigung zum Nachweis des Stimmrechts irrt oder beim Gebrauch der Bescheinigung diese einer Person vorlegt, die anders als es sich der Täter vorstellt, nicht der zuständige Prüfer ist (*Hefendehl* in Spindler/Stilz, § 402, Rn. 36).

E. § 403 Verletzung der Berichtspflicht

(1) **Mit Freiheitsstrafe bis zu drei Jahren oder mit Geldstrafe wird bestraft, wer als Prüfer oder als Gehilfe eines Prüfers über das Ergebnis der Prüfung falsch berichtet oder erhebliche Umstände verschweigt.**

(2) **Handelt der Täter gegen Entgelt oder in der Absicht, sich oder einen anderen zu bereichern oder einen anderen zu schädigen, so ist die Strafe Freiheitsstrafe bis zu fünf Jahren oder Geldstrafe.**

Literatur: Münchener Kommentar AktG, Band 6 §§ 329–410, 3. Auflage 2011; Heidelberger Kommentar zum Aktiengesetz, 2. Auflage 2011; *Otto*, Großkommentar zum Aktiengesetz, 4. Auflage 1997; *Park*, Kapitalmarktstrafrecht, 2. Auflage 2008; *Hölters*, Aktiengesetz, 1. Auflage 2011; *Dierlamm*, „Verletzung der Berichtspflicht gem. § 332 HGB – eine Analyse des gesetzlichen Tatbestandes", NStZ 2000, 130.

Übersicht

I. Vorbemerkung

1   § 403 schützt das **Vertrauen** in die Übereinstimmung zwischen den Feststellungen der Prüfer bei gesetzlich vorgesehenen Prüfungen und deren Dokumentation in den **Prüfungsberichten.** Geschütztes Rechtsgut ist die Wahrhaftigkeit der Prüfungsberichte (*Schaal* in MüKo AktG, § 403 Rn. 2). Gemeint ist damit jedoch nur, dass die Prüfberichte wahrhaftig das Ergebnis der Prüfung und deren Inhalt wiedergeben müssen. Vom Schutzbereich der Norm ist nicht der Fall erfasst, in dem durch fehlerhafte Prüfung das Ergebnis selbst nicht der Wahrheit entspricht. § 403 schützt nur die Richtigkeit der Berichterstattung über die Prüfung nicht die Richtigkeit der Prüfung selbst (OLG Karlsruhe WM 1985, 940, 944).

2   **§ 403 ist Schutzgesetz** im Sinne von § 823 Abs. 2 BGB (*Oetker* in Schmidt/ Lutter, § 403, Rn. 2). In den Schutzbereich einbezogen ist neben der Gesellschaft selbst, den Aktionären und den Gesellschaftsgläubigern auch jeder sonstige Dritte, der in geschäftlichen Beziehungen zur Gesellschaft tritt.

II. Rechtsnatur des Delikts

3   Bei § 403 handelt es sich um ein **echtes Sonderdelikt** (*Otto,* § 403 Rn. 4; *Oetker,* in Schmidt/Lutter, § 403, Rn. 2). Das Schutzgut ist bereits verletzt, wenn das Vertrauen des interessierten Personenkreises in die Wahrhaftigkeit der Prüfungsberichte verletzt ist. Ein Schaden oder eine konkrete Gefahr braucht nicht entstanden zu sein. § 403 ist ein abstraktes Gefährdungsdelikt. Bereits mit dem Zugänglichmachen des Prüfungsergebnisses tritt die Gefährdung ein. Es handelt sich um ein Äußerungsdelikt (*Schaal* in MüKo AktG, § 403 Rn. 5).

III. Tathandlung

4   § 403 knüpft die Strafbarkeit an die Vorlage eines falschen Berichts über das Ergebnis der Prüfung (1. Fall) oder das Verschweigen erheblicher Umstände in diesem Bericht (2. Fall). Ein Bericht, der erhebliche Umstände nicht enthält, ist immer auch ein falscher Bericht. Entscheidend ist der Gesamteindruck, den der Bericht dem Adressaten des Prüfberichts über Inhalt und Verlauf der Prüfung vermittelt. Der Schwerpunkt des Vorwurfs beim Verschweigen erheblicher Umstände ist das Vorlegen eines unvollständigen Berichts, mithin aktives Handeln. Die zweite Fallvariante des §403 ist kein Unterlassungsdelikt (*Schaal* in MüKo AktG, § 403 Rn. 6).

5   Der Prüfer legt auch dann einen **falschen Bericht** vor, wenn er überhaupt nicht geprüft, sondern sich auf die Angaben Dritter verlassen hat. Selbst wenn diese Angaben korrekt waren, erfüllt die Vorlage eines solchen Berichts den Tatbestand des § 304. Denn der Prüfbericht gibt keine wahrheitsgemäße Aussage über die Prüfung wieder, wenn diese entgegen dem Eindruck, den der Bericht erweckt, überhaupt nicht stattgefunden hat. Der Schutzbereich des § 403 garantiert nicht die Wahrheit des Prüfergebnisses, sondern die Wahrhaftigkeit der Prüfberichte (*Schaal* in MüKo AktG §403, Rn. 27).

IV. Täter

§ 403 ist ein **echtes Sonderdelikt** (*Müller-Michaels* in Hölters, § 403 Rn. 4), **6** dessen Strafdrohung sich ausschließlich gegen Prüfer und Gehilfen eines Prüfers richtet. Prüfer sind die Personen, die die nach dem Aktiengesetz vorgesehenen Prüfungen durchführen. Dies müssen nicht in jedem Falle Wirtschaftsprüfer sein. § 33 Abs. 4 lässt auch andere Personen und Prüfungsgesellschaften zu, sofern diese über Sachkunde und Erfahrung in der Buchführung verfügen. Wird die Prüfung von Prüfungsgesellschaften durchgeführt, richtet sich § 403 an die jeweiligen Organmitglieder im Sinne von § 14 Abs. 1 StGB beziehungsweise an den angestellten Prüfer, der mit der Prüfung befasst ist (§ 14 Abs. 2 StGB) (*Pelz,* HK-AktG, § 403 Rn. 2; *Oetker* in Schmidt/Lutter, § 403, Rn. 3).

Im Aktiengesetz vorgesehene Prüfer sind **Gründungsprüfer** (§ 33) und **Son-** **7** **derprüfer** (§§ 143, 258). Von § 403 nicht erfasst werden Abschlussprüfer und Konzernabschlussprüfer auch wenn diese nach § 316 HGB auch bei Aktiengesellschaften zu Prüfern bestellt werden (*Müller-Michaels* in Hölters, § 404, Rn. 5). Grundlage ihres Prüfungsberichts ist auch in diesem Fall § 321 HGB. Bei diesen Prüfungen handelt es sich jedoch nicht um solche, die im Aktiengesetz vorgesehen sind, so dass falsche und unvollständige Berichte nicht nach § 403 mit Strafe bedroht sind (*Schaal* in MüKo AktG, § 403, Rn. 10).

Gehilfe eines Prüfers ist jede Person, die den Prüfer bei seiner Prüfungstätigkeit **8** unterstützt, auch wenn es sich dabei nur um untergeordnete Tätigkeiten handelt (*Hefendehl* in Spindler/Stilz, § 403, Rn. 15).

V. Prüfung

Tatbestandsrelevant ist ein falscher Bericht nur dann, wenn sich dieser auf eine **9** Prüfung bezieht (vgl. *Janssen* in Park, T2, Kap. 8, § 403 AktG, Rn. 30). Prüfungen im Sinne von § 403 sind ausschließlich solche, die das Aktiengesetz ausdrücklich benennt (*Schaal* in MüKo AktG, § 403 Rn. 15). Hierzu zählen die Gründungsprüfung nach § 34 Abs. 2, die Nachgründungsprüfung gemäß § 52 Abs. 3, die Kapitalerhöhungsprüfung nach §§ 183 Abs. 3, 194 Abs. 4, 205 Abs. 3), die Sonderprüfung nach §§ 142, 258, die Eingliederungsprüfung nach § 320 Abs. 3, die Prüfung von Beherrschungs- und Gewinnabführungsverträgen sowie Beziehung zu verbundenen Unternehmen nach §§ 293b Abs. 1, 315 und die Prüfung über die Angemessenheit der Barabfindung nach § 327c (vgl. *Pelz,* HK-AktG, § 403 Rn. 3).

Keine Prüfung im Sinne des § 403 ist die Abschlussprüfung, weil diese in § 332 **10** HGB geregelt ist und nicht unter die im Aktiengesetz vorgesehenen Prüfungen fällt.

VI. Innerer Tatbestand

§ 403 ist ein Vorsatzdelikt, **bedingter Vorsatz** reicht aus. Der Täter muss **11** wissen und zumindest für möglich halten, dass der Bericht falsch oder unvollständig ist und diesen dennoch erstatten. Der Täter handelt mit bedingtem Vorsatz, wenn der Prüfer Anhaltspunkte dafür hat, dass der Prüfbericht unvollständig oder falsch ist und er sich darüber hinweg setzt, ohne diesen Anhaltspunkten in einer weiteren Prüfung nachzugehen (vgl. *Schaal* in MüKo AktG, § 403 Rn. 30). Für die Annahme eines unvollständigen Berichts muss der Prüfer die Erheblichkeit der fehlenden Informationen mindestens für möglich halten. Das bedeutet in der Praxis ist der Nachweis zu erbringen, dass er es für möglich hielt, dass der Bericht ohne die fehlenden Informationen beim Adressaten ein verfälschtes Bild über die Prüfung hervorruft. Irrt der Täter über die Erheblichkeit des Umstandes, liegt ein Vorsatz ausschließender Tatbestandsirrtum nach § 16 StGB vor (*Oetker* in Schmidt/Lutter, § 403, Rn. 12; *Hefendehl* in Spindler/Stilz, § 403, Rn. 38).

VII. Qualifizierung (Abs. 2)

12   Die Strafdrohung erhöht sich nach Abs. 2 von drei auf fünf Jahre, wenn der Täter gegen **Entgelt** handelt oder mit **Bereicherungs- oder Schädigungsabsicht** handelt. Der Täter handelt gemäß § 11 Nr. 9 StGB gegen Entgelt, wenn er hierfür eine Gegenleistung erhält, die in einem Vermögensvorteil besteht. Hierbei reicht jeder Vermögensvorteil aus, sofern er in einem Gegenseitigkeitsverhältnis zur strafbaren Handlung steht. Der erlangte Vermögensvorteil darf dabei nicht Gegenleistung für die Prüfungstätigkeit an sich sein. Das Prüfungshonorar fällt deshalb nicht unter den Qualifizierungstatbestand des Abs. 2. Außerhalb dessen reicht jedoch jede vermögenswerte Leistung aus, es muss sich nicht um eine direkte Geldzuwendung handeln (*Müller-Michaels* in Hölters, § 403 Rn. 21). Immaterielle Vorteile genügen hingegen nicht (*Dierlamm* NStZ 2000, 130, 133).

13   Nach überwiegender Ansicht reicht es aus, wenn das Entgelt vorher vereinbart worden ist. Es kommt nicht darauf an, ob dieses tatsächlich gewährt wird (*Schaal* in MüKo AktG, § 403 Rn. 36, *Otto*, § 304 Rn. 31).

14   Die **Bereicherungsabsicht** fungiert als zusätzliches inneres Tatbestandsmerkmal, das den Qualifikationstatbestand erfüllt. Ausreichend ist, wenn der Täter diese Willensrichtung bei der Tatausführung aufweist. Die Bereicherung muss nicht eingetreten sein, jedoch muss es dem Täter mit direktem Vorsatz auf die Bereicherung ankommen. Die Bereicherungsabsicht liegt vor, wenn der Täter sich oder einem anderen einen Vermögensvorteil verschaffen will.

15   Die dritte Variante des Qualifikationstatbestandes ist erfüllt, wenn der Täter mit **Schädigungsabsicht** handelt. Die Schädigung muss gewollt und Zweck des tatbestandsmäßigen Handelns sein. Sie muss nicht eingetreten sein. Der Täter handelt in Schädigungsabsicht, wenn er bezweckt, einem anderen einen Nachteil zuzufügen. Dies muss kein Vermögensschaden sein. Ausreichend ist jeder, auch ein ideeller Nachteil (*Schaal* in MüKo AktG, § 403 Rn. 40).

F. § 404 Verletzung der Geheimhaltungspflicht

(1) **Mit Freiheitsstrafe bis zu einem Jahr, bei börsenorientierten Gesellschaften bis zu zwei Jahren, oder mit Geldstrafe wird bestraft, wer ein Geheimnis der Gesellschaft, namentlich ein Betriebs- oder Geschäftsgeheimnis, das ihm in seiner Eigenschaft als**
1. Mitglied des Vorstandes oder des Aufsichtsrats oder Abwickler,
2. Prüfer oder Gehilfe eines Prüfers

bekannt geworden ist, unbefugt offenbart; im Falle der Nummer 2 jedoch nur, wenn die Tat nicht in § 333 des Handelsgesetzbuches mit Strafe bedroht ist.

(2) Handelt der Täter gegen Entgelt oder in der Absicht, sich oder einen anderen zu bereichern oder einen anderen zu schädigen, so ist die Strafe Freiheitsstrafe bis zu zwei Jahren, bei börsenorientierten Gesellschaften bis zu drei Jahren, oder Geldstrafe. Ebenso wird bestraft, wer ein Geheimnis der in Absatz 1 bezeichneten Art, namentlich ein Betriebs- oder Geschäftsgeheimnis, das ihm unter den Voraussetzungen des Absatzes 1 bekannt geworden ist, unbefugt verwertet.

(3) Die Tat wird nur auf Antrag der Gesellschaft verfolgt. Hat ein Mitglied des Vorstands oder ein Abwickler die Tat begangen, so ist der Aufsichtsrat, hat ein Mitglied des Aufsichtsrats die Tat begangen, so sind der Vorstand oder die Abwickler antragsberechtigt.

Literatur: Münchener Kommentar AktG, Band 6 §§ 329–410, 3. Auflage 2011; *Otto,* Großkommentar zum Aktiengesetz, 4. Auflage 1997; Heidelberger Kommentar zum Aktiengesetz, 2. Auflage 2011; *Schönke/Schröder,* Strafgesetzbuch, 28. Auflage 2010; *Park,* Kapitalmarktstrafrecht, 2. Auflage 2008; *Hölters,* Aktiengesetz, 1. Auflage 2011.

Übersicht

I. Vorbemerkung

§ 404 dient dem Schutz der Gesellschaft in ihrem Interesse an der **Wahrung** **1** **der Unternehmensgeheimnisse** *(Janssen* in Park, T2, Kap. 9, § 404 AktG, Rn. 3). Dieser Schutz erstreckt sich nach überwiegender Ansicht auch auf die Anteilseigner als Teil der Gesellschaft *(Schaal* in MüKo AktG, § 404 Rn. 3; *Otto,* § 404 Rn. 2). Dieser Schutzbereich prägt die Wirkung der Norm in dreifacher Hinsicht. In erster Linie sichert sie die Verschwiegenheitspflicht des genannten Personenkreises durch Strafandrohung, und schützt damit die Geheimhaltung von Unternehmensinformationen. Auf einer weiteren Ebene schützt das Gesetz damit auch die Vermögensinteressen, die durch eine Offenbarung von sensiblen Daten gefährdet würden. Schließlich schützt § 404 die Gesellschaft auch davor, dass sich der als Täter in Frage kommende Personenkreis mit den ihnen anvertrauten Informationen selbst bereichert *(Schaal* in MüKo AktG, § 404 Rn. 2).

§ 404 betont die besondere **Loyalität der Personen,** die kraft ihrer beruflichen **2** Stellung oder ihres Auftrages typischerweise mit geheimhaltungsbedürftigen Unternehmensdaten in Berührung kommen. Da sich die Norm nur an den beschriebenen Personenkreis wendet, handelt es sich bei § 404 um ein echtes Sonderdelikt *(Müller-Michaels* in Hölters, § 404 Rn. 7).

3   Für den geschützten Personenkreis ist § 404 Schutzgesetz im Sinne von § 823 Abs. 2 BGB (*Schaal* in MüKo AktG, § 404 Rn. 4).

4   § 404 ist ein abstraktes Gefährdungsdelikt (*Janssen* in Park, T2, Kap. 9, § 404 AktG, Rn. 5), so dass eine konkrete Gefahr oder gar ein Schaden für die Gesellschaft nicht vorliegen müssen.

5   Die Norm teilt ihre Zielrichtung mit anderen zum Schutz von Geheimnissen im Wirtschaftsleben bestehender Strafvorschriften. Auf Grund der identischen Zielrichtung mit §§ 203, 204 StGB, § 85 GmbHG, § 17 UWG und § 333 HGB können diese auch zur Auslegung von § 404 herangezogen werden (*Schaal* in MüKo AktG, § 404 Rn. 7).

II. Geheimnis

6   § 404 garantiert im Interesse des Unternehmens umfassenden informationellen Schutz. Dementsprechend ist das Tatbestandsmerkmal „Geheimnis" umfassend auszulegen. Letztlich **bestimmt die Gesellschaft** selbst, welche Informationen hierunter fallen. Das Gesetz nennt mit der Aufzählung von Betriebs- und Geschäftsgeheimnissen lediglich Beispiele, die die Schutzrichtung der Norm beschreiben jedoch nicht eingrenzen. Unter den Geheimnisbegriff fallen alle Informationen, die zum Schutz der Gesellschaft im Interesse ihrer Wettbewerbsfähigkeit nicht bekannt werden dürfen (*Otto*, § 404 Rn. 12).

7   Der Begriff entspricht dem des § 17 UWG (*Pelz*, HK-AktG, § 404 Rn. 2). Als Geheimnis zu qualifizieren sind demnach alle Tatsachen, die im Zusammenhang mit dem Geschäftsbetrieb der Gesellschaft stehen, nur einem eng begrenzten Personenkreis bekannt und somit nicht offenkundig sind. Diese Tatsachen sollen außerdem nach dem erkennbaren Willen der maßgeblichen Organe oder dem Interesse des Unternehmens als solchem geheim gehalten werden (BGH NJW 1975, 1412; 1997, 1985; *Müller-Michaels* in Hölters, § 404 Rn. 18).

III. Unbefugtes Offenbaren eines Geheimnisses (Abs. 1)

8   Als **echtes Sonderdelikt** ausgestaltet, können nur Personen mit bestimmten Eigenschaften Täter im Sinne von § 404 sein. Den möglichen Täterkreis benennt die Vorschrift ausdrücklich. Zu ihm zählen Mitglieder des Vorstandes oder des Aufsichtsrats, Abwickler, Prüfer oder deren Gehilfen. Dem Täter muss in dieser Eigenschaft ein Geschäftsgeheimnis bekannt geworden sein. Dies erfordert einen unmittelbaren Zusammenhang mit der in § 404 umschriebenen Funktionsstellung. Bekannt wird dem Täter ein Geschäftsgeheimnis wenn es ihm in seiner funktionsspezifischen Eigenschaft in irgendeiner Weise zur Kenntnis gelangt. Die Art und Weise oder der Weg der Kenntniserlangung sind dabei unerheblich.

9   Erhält eine Person Kenntnis von einem Geheimnis, bevor ihr eine Funktion im Sinne von § 404 übertragen wurde, so macht sie sich nicht nach dieser Vorschrift strafbar, wenn sie dieses Geheimnis offenbart. Es fehlt dann am Bekanntwerden des Geheimnisses in der spezifischen Eigenschaft, an die die Vorschrift die besondere Verpflichtung zur Geheimhaltung knüpft (*Otto*, § 404 Rn. 8).

10   Dagegen ist es unerheblich, ob der Täter zum Zeitpunkt der Tathandlung, dem Offenbaren des Geschäftsgeheimnisses, weiterhin die täterspezifische Eigenschaft besitzt. Strafbarkeit ist somit auch dann gegeben, wenn ein Funktionsträger einer Gesellschaft in dieser Eigenschaft Kenntnis von Geschäftsgeheimnissen erlangt, und diese nach der Beendigung der Funktionsstellung offenbart. § 404 beschränkt die Schweigepflicht nicht auf die Dauer der Amtszeit (*Schaal* in MüKo AktG, § 404 Rn. 18).

Ein **Funktionsträger** im Sinne von § 404 handelt auch dann nicht tatbestands- **11** mäßig, wenn er von ein Geschäftsgeheimnis außerdienstlich, mithin in seinem privaten Lebensbereich, Kenntnis erlangt. Da in diesem Fall an dem notwendigen Zusammenhang zwischen Kenntniserlangung und der funktionsspezifischen Eigenschaft der Person im Sinne von §404 fehlt, kommt eine Strafbarkeit nach § 404 bei Offenbarung dieses Geheimnisses nicht in Betracht (*Otto*, § 404 Rn. 10). Jedoch ist in diesen Fällen der Zusammenhang mit der funktionsspezifischen Stellung des § 404 weit auszulegen, um möglichen Missbrauch auszuschließen. Dies bedeutet in der Praxis, dass nach offensichtlicher Betrachtung kein Zusammenhang zwischen Kenntniserlangung und der Funktionsstellung des Täters bestehen darf. In der Praxis kann bei trennscharfer Abgrenzung des privaten vom beruflichen Bereich zu Auslegungsschwierigkeiten kommen. In vielen Fällen dürften sich beide Bereiche überschneiden. Deshalb reicht es aus, wenn die funktionsspezifische Eigenschaft des Täters als Geheimnisträger mindestens mitursächlich dafür geworden ist, dass dieser Kenntnis erlangt hat (*Schaal* in MüKo AktG, § 404 Rn. 16). Jedoch muss beachtet werden, dass einem Funktionsträger bei Zuordnung der Kenntniserlangung auch ein seiner Funktion entsprechender Bereich der Privatsphäre zuzugestehen ist. Dieser ist im Einzelfall zu bestimmen.

IV. Qualifikationstatbestand (Abs. 2 S. 1)

Handelt der Täter gegen **Entgelt, in Bereicherungs- oder Schädigungsab-** **12** **sicht,** so erhöht sich die Strafdrohung auf bis zu zwei Jahre. Mit bis zu drei Jahren Freiheitsstrafe oder Geldstrafe kann der Tater bestraft werden, wenn das betroffene Unternehmen **an der Börse notiert** ist. Die Merkmale der Tatbestandsqualifizierung nach § 404 Abs. 2 S. 1 entsprechen denen des § 403 Abs. 2, so dass auf die dortigen Ausführungen verwiesen werden kann.

V. Unbefugtes Verwerten eines Geheimnisses (Abs. 2 S. 2)

Die Tatalternative des Abs. 2 Satz 2 stellt das unbefugte Verwerten eines **13** Geheimnisses unter die Strafandrohung des **Qualifikationstatbestandes** des Abs. 2 S.1. Verwerten ist das wirtschaftliches Ausnutzen des Geheimnisses zum Zwecke der Gewinnerzielung (RGSt 63, 205, 207 zu § 17 UWG; *Otto*, § 404 Rn. 27). Auf den Umfang und die Form des Gewinns kommt es dabei nicht an. Es reicht bereits aus, dass ein Gewinn erstrebt wird, dieser muss nicht tatsächlich erzielt werden. Es muss dem Täter jedoch nach überwiegender Ansicht um einen wirtschaftlich-gewerblichen Gewinn gehen (*Schaal* in MüKo AktG, § 404 Rn. 48; *Pelz*, HK-AktG, § 404 Rn. 4). Dem auf Täterseite beabsichtigten Vorteil braucht jedoch kein wirtschaftlicher Schaden der Gesellschaft gegenüberzustehen. Es reicht aus, wenn der Täter aus der Verwertung eines Geheimnisses der Gesellschaft für sich einen wirtschaftlichen Vorteil ziehen will. Entscheidend ist, dass das verwertete Geheimnis aus einem berechtigten wirtschaftlichen Interesse der Gesellschaft geheim gehalten wird (*Schaal* in MüKo AktG, § 404 Rn. 50).

Vollendet ist der Tatbestand, sobald der Täter die Handlung ausführt, die zum **14** beabsichtigten vermögensrechtlichen Gewinn führt (*Schaal* in MüKo AktG, § 404

Rn. 60). Die tatsächliche Gewinnerzielung ist für die Tatvollendung unerheblich, da sie kein Tatbestandsmerkmal des Delikts darstellt. Die Tathandlung ist vielmehr dann vollendet, wenn die **Gewinnerzielung** durch die Verwertung des Geheimnisses **unmittelbar möglich erscheint** (*Schönke / Schröder-Lenckner* § 204, Rn. 10).

15   Nur für die Beendigung des Delikts ist die tatsächliche Gewinnerzielung erheblich. Diese ist eingetreten, wenn der Täter mit Ausnutzen des Geheimnisses den beabsichtigten Gewinn erlangt hat (*Schaal* in MüKo AktG, § 404 Rn. 61).

VI. Strafantrag (Abs. 3)

16   Die Tat wird nach Abs. 3 nur auf einen Strafantrag der Gesellschaft verfolgt. Dieser ist gemäß § 77b StGB innerhalb von drei Monaten ab Kenntnis von der Tat und der Person des Täters zu stellen. Zur Vermeidung von Interessenskollisionen bestimmt Abs. 3 Satz 2 besondere Strafantragsberechtigte, wenn ein Vorstandsmitglied oder ein Abwickler (1. Fall) oder ein Aufsichtsratsmitglied die Tat begangen hat.

5. Teil Kreditwesengesetz (KWG)

Übersicht

A. § 54 Verbotene Geschäfte, Handeln ohne Erlaubnis

(1) **Wer**

1. Geschäfte betreibt, die nach § 3, auch in Verbindung mit § 53b Abs. 3 Satz 1 oder 2, verboten sind, oder

2. ohne Erlaubnis nach § 32 Abs. 1 Satz 1 Bankgeschäfte betreibt oder Finanzdienstleistungen erbringt, wird mit Freiheitsstrafe bis zu fünf Jahren oder mit Geldstrafe bestraft.

(2) Handelt der Täter fahrlässig, so ist die Strafe Freiheitsstrafe bis zu drei Jahren oder Geldstrafe.

Literatur: *Achenbach/Ransiek,* Handbuch Wirtschaftsstrafrecht, 2. Auflage, Heidelberg 2007; *Beck/Samm/Kokemoor,* Gesetz über das Kreditwesen, Loseblattsammlung, Heidelberg 2009; *Boos/Fischer/Schulte-Mattler,* Kreditwesengesetz Kommentar, 3. Auflage, München 2008; *Canaris,* Die Ausgabe von Namensgewinnschuldverschreibungen an Arbeitnehmer in bankaufsichtsrechtlicher Sicht, BB 1978, 227; *Demgensky/Erm,* Der Begriff der Einlagen nach der 6. KWG-Novelle, WM 2001, 1445; *Erbs/Kohlhaas,* Strafrechtliche Nebengesetze, Loseblattsammlung, 185. Auflage, München 2011; *Hammen,* Börsen- und kreditwesengesetzliche Aufsicht über börsenähnliche Handelssysteme, Wertpapierbörsen und Börsenträger, WM 2001, 929; *Hanten,* Aufsichtsrechtliche Erlaubnispflicht bei grenzüberschreitenden Bankgeschäften und Finanzdienstleistungen, WM 2003, 1412; *Jung,* Die Auswirkungen der 6. KWG-Novelle auf Anlagevermittler, (Börsen-)Makler und Vermögensverwalter, BB 1998, 649; *Kühne/Eberhardt,* Erlaubnispflicht eines „Family Office" unter Berücksichtigung des neuen Finanzdienstleistungstatbestandes der Anlageberatung, BKR 2008, 133; *Münchener Kommentar zum StGB,* Band VI, München 2010; *Park,* Kapitalmarktstrafrecht, 2. Auflage, Baden-Baden 2008; *Prost,* Verbotene Geschäfte und strafbare Handlungen nach dem KWG, NJW 1977, 227; *Reschke,* Finanzierungsleasing und Factoring – Zwei neue Erlaubnistatbestände im Kreditwesen, BKR 2009, 141; *Rögner,* Zur „Auslegung" des Inlandsbegriffs des § 32 KWG durch die Verwaltungspraxis der Bundesanstalt für Finanzdienstleistungsaufsicht, WM 2006, 745; *Schwennicke/Auerbach,* Kreditwesengesetz, München 2010; *Szagunn/Haug/Ergenzinger,* Gesetz über das Kreditwesen, 6. Auflage, Stuttgart 1997; *Teuber,* Finanzmarkt-Richtlinie (MiFID) – Auswirkungen auf Anlageberatung und Vermögensverwaltung im Überblick, BKR 2006, 429; *Zerwas/Hanten,* Abgrenzungsprobleme und Ausnahmen bei Handelsaktivitäten nach der Sechsten KWG-Novelle, ZBB 2000, 44.

Übersicht

I. Vorbemerkung

1   §§ 54 bis 55b enthalten die Straftatbestände des Kreditwesengesetzes. Hinzu tritt der Bußgeldtatbestand in § 56.

Zuletzt durch die 6. KWG-Novelle geändert, nahm die Bedeutung des § 54   2
durch eine erhebliche Erweiterung seines Anwendungsbereichs deutlich zu. Die
Vorschrift erfuhr in Abs. 1 eine Zweiteilung und der Kreis der erlaubnispflichtigen Bankgeschäfte wurde ausgedehnt. Finanzdienstleistungen wurden der
Genehmigungspflicht des § 32 unterstellt und das unerlaubte Erbringen dieser
unter Strafe gestellt (BT-Drs. 13/7142, S. 97). Insgesamt sind die Anforderungen
an die Tathandlung reduziert worden. Überhaupt erfuhr das Kreditwesengesetz
mit der Aufnahme der §§ 55a und 55b, die den Missbrauch und die Verschwie-
genheitsverletzung im Meldeverfahren über Millionenkredite unter Strafe stellen,
eine Ausweitung der Straftatbestände. Nach Auffassung des Gesetzgebers sei diese
Expansion insoweit erforderlich, als allein mit dem ordnungsrechtlichen Instru-
mentarium nicht sichergestellt werden kann, dass die Unternehmen, die Finanzdienstleistungen erbringen, sich der Beaufsichtigung künftig nicht entziehen (BT-
Drs. 13/7142, S. 97). Wenn auch die Sachermittlungskompetenzen der Aufsichtsbehörden erweitert werden, so bedarf es doch zudem der Unterstützung
durch die Staatsanwaltschaften. Der Gesetzgeber wollte daher auf eine Kriminali-
sierung unerlaubter Finanzdienstleistungen nicht verzichten. Mit diesen Maßnahmen soll insgesamt das Vertrauen in die Seriosität des Finanzdienstleistungssektors
gestärkt werden (BT-Drs. 13/7142, S. 97).

Im Rahmen des 2. Gesetzes zur Bekämpfung der Wirtschaftskriminalität wurde   3
die ursprüngliche Strafzumessung von zuvor bis zu einem Jahr Freiheitsstrafe
auf den gegenwärtigen Strafrahmen von bis zu drei Jahren Freiheitsstrafe bei
vorsätzlicher Verwirklichung des Tatbestandes angehoben, § 54 Abs. 1. Bei fahrlässiger Begehung droht dem Täter eine Freiheitsstrafe bis zu einem Jahr, § 54
Abs. 2.

Schutzzweck des § 54 sind die Funktionsfähigkeit und Effektivität des Finanz-   4
marktes und der staatlichen Aufsicht über die Banken, das Vertrauen in die Leistungsfähigkeit der Kreditwirtschaft sowie der Anlegerschutz (BGH ZIP 2005,
1223 ff., davor schon NJW 1996, 1535, 1536). Gemeinsam mit § 32 ist § 54
Schutzgesetz i. S. v. § 823 Abs. 2 BGB (BGH NJW 2005, 2703; BGH WM
2006, 1896; OLG München WM 2006, 1765; OLG Celle BKR 2005, 65).
Richtigerweise entspricht es aber nicht dem Schutzgedanken den Anleger
schlechthin vor dem Verlust seines investierten Kapitals zu schützen. Wer sich zu
Spekulationszwecken bewusst im „grauen Markt" bewegt und trotz ordnungsgemäßer Belehrung sein Vermögen gefährdet ist nicht schutzwürdig. Ihn mit einer
Rückgriffsmöglichkeit zu versehen wäre unbillig (*Janssen* in: MüKo, § 54 Rn. 14).
Insoweit bedarf es nach zutreffender Ansicht einer Einschränkung des Schutz-
zwecks.

Der Anwendungsbereich des § 54 lässt sich in drei Fallgruppen gliedern. § 54   5
Abs. 1 Nr. 1 stellt das Betreiben von Geschäften, die nach § 3, auch in Verbindung
mit § 53b Abs. 3 Satz 1 oder 2 verboten sind unter Strafe. § 54 Abs. 1 Nr. 2 Alt. 1
sanktioniert das Betreiben von Bankgeschäften und § 54 Abs. 1 Nr. 2 Alt. 2 das
Erbringen von Finanzdienstleistungen jeweils ohne der erforderliche aufsichtsrechtliche Erlaubnis. Die gesetzgeberische Verweisungstechnik zwingt zur Ausfüllung
der Strafnorm durch die entsprechenden Vorschriften des Kreditwesengesetzes.

II. Objektiver Tatbestand

Der objektive Tatbestand der drei Fallgruppen ist dann realisiert, wenn eine   6
Handlung vorgenommen wird, die darauf gerichtet ist, entweder die nach § 3

verbotenen Geschäfte zu betreiben oder Bankgeschäfte oder Finanzdienstleistungen ohne die entsprechende Erlaubnis nach § 32 Abs. 1 Satz 1 zu erbringen.

1. Nach § 3 verbotene Geschäfte (§ 54 Abs. 1 Nr. 1)

7   § 54 Abs. 1 Nr. 1 ist eine Teilblankettnorm. Sie verweist auf verbotene Bankgeschäfte in § 3. Somit macht sich nach Abs. 1 Satz 1 strafbar, wer eines der in § 3 aufgezählten Geschäfte betreibt. Hierbei handelt es sich um Sonderkonstellationen des Einlagen- und Kreditgeschäfts, die generell und damit ohne die Möglichkeit der Erlaubnis oder Befreiung verboten sind. Die Vorschrift des § 3 nennt dazu im Einzelnen die Errichtung und den Betrieb von Werksparkassen oder Zwecksparunternehmen, die keine Bausparkasse sind, oder die systematische Beschränkung von Verfügungsmöglichkeiten durch Barabhebung über den Kreditbetrag oder die Einlagen. Adressat des Verbots ist Jedermann (*Schäfer* in: Boos/Fischer/Schulte-Mattler, § 3 Rn. 1).

8   Der Gesetzgeber unterstreicht mit der Normierung des Verbots seine Auffassung, dass der Betrieb von Werkssparkassen, Zwecksparunternehmen und die systematische Einschränkung der Verfügung über Einlagen besondere Gefahren für die Sicherheit der Einlagen oder die Währungs-, Geld- und Kreditpolitik bergen. Obwohl die drei genannten Arten des Bankgeschäfts schon in den 20er und 30er Jahren des 20. Jahrhunderts zu erheblichen Missständen in der Kreditwirtschaft führten und die ursprünglichen gesetzlichen Verbote auf diesen Zeitraum zurückfallen, zeigen Gerichtsentscheidungen neueren Datums die bis heute in hohem Maße gegebene Relevanz der Vorschrift.

9   Der Verweis auf § 53b Abs. 3 Satz 1 und Satz 2 wurde durch die 4. KWG-Novelle aus 1992 eingefügt. Damit soll ebenso die Strafbarkeit für Geschäfte sichergestellt werden, die ohne Erlaubnis der BaFin aus einer Zweigniederlassung eines Unternehmens mit Sitz in einem anderen Staat des Europäischen Wirtschaftsraums betrieben oder im Wege des grenzüberschreitenden Dienstleistungsverkehrs im Inland erbracht werden.

10   **a) Verbot von Werkssparkassen.** Es ist nach § 3 Nr. 1 Unternehmen grundsätzlich versagt, eine Werkssparkasse zu betreiben. **Werkssparkassen** sind auf Dauer angelegte Einrichtungen, durch die ein Unternehmen geschäfts- und planmäßig zu einem überwiegenden Teil von seinen Betriebsangehörigen Gelder aus Einlagen im Sinne von § 1 Abs. 1 Nr. 1 für eigene Rechnung annimmt und als Betriebsmittel oder für die Finanzierung von Investitionen des Unternehmens verwendet (*Schwennicke/Auerbach,* § 3 Rn. 1). Die bloß gelegentliche Annahme einzelner Einlagen oder das Führen einzelner Konten reicht nicht aus, sofern dieser Betrieb nicht auf Dauer angelegt und Gewinnerzielung ausgelegt ist (*Schäfer* in: Boos/Fischer/Schulte-Mattler, § 3 Rn. 7, mwN).

11   **Sinn und Zweck des Verbots** ist der Einlegerschutz (*Schäfer* in: Boos/Fischer/Schulte-Mattler, § 3 Rn. 3). Entsprechend der Regierungsbegründung des KWG von 1961 soll das Verbot von Werkssparkasen verhindern, dass die Einleger im Insolvenzfall nicht nur den Verlust ihres Arbeitsplatzes, sondern zudem den Verlust ihrer Ersparnisse zu beklagen haben (BT-Drs. 3/1114, S. 29; *Prost* NJW 1977, 228). Die wirtschaftlichen Risiken denen ein Unternehmen ausgesetzt ist sollen somit von den Risiken für Einlagen getrennt werden.

12   Das Tatbestandsmerkmal der **Einlage** ist in § 1 Abs. 1 Satz 2 Nr. 1 definiert. Dazu zählt die Annahme fremder Gelder als Einlagen oder andere unbedingt rückzahlbarer Gelder des Publikums, sofern der Rückzahlungsanspruch nicht in

Inhaber- oder Orderschuldverschreibungen verbrieft wird, ohne Rücksicht darauf, ob Zinsen vergütet werden. Grundsätzlich ist es nur Unternehmen verboten Gelder als Einlage anzunehmen, die keine Kreditinstitute sind. Kreditinstitute, und solche die nach § 2 freigestellt sind, dürfen auch Einlagen von ihren eigenen Arbeitnehmern entgegennehmen, wenn der Umfang der Mitarbeitergeschäfte geringer ist als der Umfang der übrigen zulässigerweise betriebenen Bankgeschäfte (BVerwGE 69, 120, 130; *Schwennicke/Auerbach,* § 3 Rn. 3). Nicht als Einlage im Sinne des § 1 Abs. 1 Satz 2 Nr. 1 gelten stille oder offene gesellschaftsrechtliche Beteiligungen (*Schäfer* in: Boos/Fischer/Schulte-Mattler, § 3 Rn. 5). **Zulässig** sind demnach:

Die Ausgabe von Belegschaftsaktien, § 2 Abs. 1 Nr. 1 Ziff. a) des 5. VermBG. **13** Dabei kommt es nicht darauf an, ob die Aktien im Wege des genehmigten Kapitals gemäß § 203 Abs. 4 AktG geschaffen werden (dazu im Einzelnen *Krieger,* in: Münchener Handbuch des Gesellschaftsrechts IV, § 58, Rn. 56) oder nach § 192 Abs. 2 Nr. 3 AktG „nackte" Mitarbeiteroptionen ausgegeben werden. Ebenso ist es unerheblich, ob die Aktien über ein als Treuhänder tätiges Kreditinstitut angeboten werden, aus einer regulären Kapitalerhöhung stammen oder ob es sich um eigene Aktien des Unternehmens handelt (*Schwennicke/Auerbach,* § 3 Rn. 5).

Auch zulässig ist die Beteiligung am Unternehmen des Arbeitgebers in der **14** Rechtsform einer Genossenschaft oder einer GmbH durch den Erwerb von Genossenschafts- oder GmbH-Anteilen, § 2 Abs. 1 Nr. 1 Ziff. g) und h) des 5. VermBG. Dies gilt auch für Beteiligungen über Mitarbeitergesellschaften, die sich am Unternehmen beteiligen und die aus Mitarbeitern des Unternehmens besteht.

Weiterhin ist die Ausgabe von Wandel- und Gewinnschuldverschreibungen **15** nach § 2 Abs. 1 Nr. 1 Ziff. b) des 5. VermBG zulässig, da es sich ausdrücklich nicht um Einlagen handelt (BVerwGE 69, 120). Entsprechend § 2 Abs. 1 Nr. 1 Ziff. f) und l) des 5. VermBG sind auch die Ausgabe von Genussscheinen oder Genussrechten und schließlich nach § 2 Abs. 1 Nr. 1 Ziff. i) des 5. VermBG stille Beteiligungen am Unternehmen des Arbeitgebers zulässig.

Der Kreis der Anleger muss sich zum überwiegenden Teil aus Betriebsange- **16** hörigen zusammensetzen (*Häberle,* in: Erbs/Kohlhaas, § 3 Rn. 5). Dazu zählen auch Pensionäre (*Schäfer* in: Boos/Fischer/Schulte-Mattler, § 3 Rn. 8). Keine Werksparkasse, sondern ein erlaubnispflichtiges Einlagenkreditinstitut gemäß §§ 1 Abs. 1 Satz 2 Nr. 1, 32 KWG liegt vor, sofern weniger als die Hälfte der Einleger Betriebsangehörige des Unternehmens sind, welches die Einlagen entgegennimmt (*Schwennicke/Auerbach,* § 3 Rn. 3). Abzustellen ist in jedem Fall auf den Anteil der Einleger. Es kommt nicht auf die Höhe der von ihnen geleisteten Einlagen im Verhältnis zu anderen Einlagen an (*Häberle,* in: Erbs/Kohlhaas, § 3 Rn. 5).

Vom Verbot des § 3 Abs. 1 ist der Betrieb von rechtlich selbständigen Unter- **17** nehmen nicht erfasst, dessen alleiniger Zweck die Entgegennahme von Einlagen der Mitarbeiter der Muttergesellschaft ist. Bei dieser Sachlage scheitert die Realisierung des Tatbestandes schon am Fehlen des Merkmals des „Betriebsangehörigen". Daher reduziert sich der Anwendungsbereich der Vorschrift auf **rechtlich unselbständige Werksparkassen** als Bestandteil eines Unternehmens.

Mit der Einschränkung in § 3 Nr. 1, wonach es nicht verboten ist, **sonstige 18 Bankgeschäfte** zu betreiben, die den Umfang des Einlagengeschäfts übersteigen, soll es den Kreditinstituten weiterhin offen stehen, Einlagen ihrer Mitarbeiter anzunehmen (*Janssen,* in: Park, Kapitalmarktstrafrecht, § 54 KWG Rn. 21). Beim Umfang sind auf Kennzahlen wie den Anteil an der Bilanzsumme oder den Umsatz abzustellen (*Schäfer* in: Boos/Fischer/Schulte-Mattler, § 3 Rn. 11, mwN).

Bedenken dagegen bestehen nicht, da Kreditinstitute ohnehin der Bankaufsicht unterliegen und im Hinblick auf die Anlagepolitik die Vorgaben des Aufsichtsrechts, wie bspw. die Risikostreuung der Geldanlage, beachten müssen.

19   **b) Verbot von Zwecksparunternehmen.** Mit Ausnahme des Bauspargeschäfts verwehrt § 3 Nr. 2 so genannten **Zwecksparunternehmen** die Annahme von Geldbeträgen, wenn der überwiegende Teil der Geldgeber einen Rechtsanspruch darauf hat, dass ihnen aus diesen Geldbeträgen Darlehen gewährt oder Gegenstände auf Kredit verschafft werden. Das Verbot lässt sich wegen der Erforderlichkeit, stets neue Kreditgeber finden zu müssen und der dadurch bedingten immanenten strukturellen Labilität des Geschäfts begründen. Ein solches „Schneeballsystem" kann nur funktionieren, sofern immer wieder neue Zwecksparer gefunden werden, deren neue Einlagen dazu missbraucht werden den früheren Zwecksparern ein Darlehen auszuzahlen. Bleibt dies aus, entstehen Wartezeiten. Nicht selten kommt es zum völligen Zusammenbruch des Systems. **Zweck der Vorschrift** ist auch hier der Einlegerschutz (*Janssen,* in: MüKo, § 54 Rn. 39).

20   Die **Tathandlung** besteht darin, Gelder mit dem Versprechen anzunehmen, nach einer Wartezeit den Geldgebern ein im Verhältnis zur Einzahlung erheblich höheres Darlehen zur Verfügung zu stellen. Dem überwiegenden Teil der Geldgeber muss ein **Rechtsanspruch auf Darlehensgewährung** eingeräumt werden (*Schröder,* in: HWSt, S. 882, Rn. 15). Auf die wirtschaftliche Durchsetzbarkeit des Anspruchs kommt es nicht an. Ausreichend ist, wenn der Anspruch rechtlich besteht (*Schäfer* in: Boos/Fischer/Schulte-Mattler, § 3 Rn. 15). Wie bei Nr. 1 ist auch für das Vorliegen eines verbotenen Zwecksparunternehmens ausreichend, wenn eine Mehrzahl der Geldgeber zugleich darlehensberechtigt ist. Auf die Höhe der angenommenen Beträge kommt es nicht an (*Schäfer* in: Boos/Fischer/Schulte-Mattler, KWG, § 3 Rn. 15).

21   Insoweit genügt dann die schlichte **Annahme der Gelder.** Mit der Neufassung des Nr. 2 durch § 20 Abs. 5 Nr. 2 BauSpG vom 16. November 1972 wurde der Begriff des „Einlagengeschäfts" mit Wirkung zum 1. Januar 1973 durch den deutlich weiter gefassten Terminus der „Annahme von Geldbeträgen" geändert. Ohne Rücksicht auf die Zielrichtung der Parteien werden nun alle angenommenen Geldbeträge inkludiert (*Schwennicke/Auerbach,* § 3 Rn. 13). Zweck der Ausdehnung des Anwendungsbereichs war es Umgehungsmöglichkeiten weitestgehend auszuschließen.

22   **Bausparkassen** werden gemäß § 3 Nr. 2, 2. Halbsatz von dem Verbot ausdrücklich ausgenommen. Dies ist insoweit gerechtfertigt, als die Funktionsfähigkeit des Zwecksparens hier deutlich eher gegeben ist, da die zur Verfügung stehenden dinglichen Sicherheiten in der Regel ausreichend Gewähr für den Mittelrückfluss bieten und daher Kreditausfälle ungleich unwahrscheinlicher sind (*Janssen,* in: MüKo, § 54 Rn. 39).

23   **c) Einschränkung der Verfügung über Einlagen.** Entsprechend § 3 Nr. 3 ist der Betrieb des Kredit- oder Einlagengeschäftes verboten, wenn es durch Vereinbarung oder geschäftliche Gepflogenheit ausgeschlossen oder erheblich erschwert ist, über den Kreditbetrag oder die Einlagen durch Barabhebung zu verfügen. Der Gesetzgeber sieht solche Vereinbarungen oder Gepflogenheiten als geeignet an, kreditpolitische Maßnahmen der Bundesbank zu beeinträchtigen (BT-Drs. 3/1114, S. 29). Kreditinstitute, die mit Barabhebungen nicht rechnen müssen, brauchen im Gegensatz zu den normalen Kreditinstituten nämlich für ihre Verpflichtungen gerade keine liquiden Mittel bereitzuhalten. Da sie einen besonders hohen Expansionskoeffizienten haben, können sie in deutlich höherem Maße als die anderen Kreditinstitute zur Ausdehnung des Geldvolumens und damit zu einer Störung der finanziellen Stabilität der Volkswirtschaft beitragen. **Zweck der Vorschrift** ist daher die Vermeidung der volkswirtschaftlichen Gefahren durch erhöhte Kreditkapazität (*Janssen,* in: Park, Kapitalmarktstrafrecht, § 54 KWG Rn. 28; *Schäfer* in: Boos/Fischer/Schulte-Mattler, § 3 Rn. 18).

Darüber hinaus soll die Norm dem Entstehen von sog. geschlossenen Ringen **24** entgegenwirken, die sich vom allgemeinen Geldverkehr gelöst haben, und in denen durch Lieferungen und Leistungen Guthaben geschaffen werden, über die nicht bar verfügt werden kann, sondern eine Abgeltung nur durch Verrechnung mit anderen Leistungen erfolgen soll.

Die Begriffe des **Einlagen- und Kreditgeschäftes** stimmen mit denen aus **25** § 1 Abs. 1 Satz 2 Nr. 1 und 2 überein. Demnach ist unter dem Begriff des Einlagengeschäfts die Annahme fremder Gelder als Einlagen oder anderer unbedingt rückzahlbarer Gelder des Publikums zu verstehen, sofern der Rückzahlungsanspruch nicht in Inhaber- oder Orderschuldverschreibungen verbrieft wird, ohne Rücksicht darauf, ob Zinsen vergütet werden. Dem Kreditgeschäft unterfällt entsprechend § 1 Abs. 1 Satz 2 Nr. 2 die Gewährung von Gelddarlehen und Akzeptkrediten.

§ 3 Nr. 3 setzt ferner voraus, dass die Verfügung über Bareinlagen **generell 26 ausgeschlossen** oder beschränkt ist (*Schäfer* in: Boos/Fischer/Schulte-Mattler, § 3 Rn. 21; *Schwennicke/Auerbach,* § 3 Rn. 17). Dem Wortlaut der Vorschrift nach kann sich eine solche Beschränkung aus Vereinbarungen oder geschäftlichen Gepflogenheiten ergeben. So ist ein anerkannter Fall der, wenn für die Barabhebung unangemessen hohe Gebühren verlangt werden (*Samm* in: Beck/Samm/Kokemoor, § 3 Rn. 44; *Schäfer* in: Boos/Fischer/Schulte-Mattler, § 3 Rn. 21). § 3 Nr. 3 kann auch dann zur Anwendung gelangen, wenn stehengelassene Auseinandersetzungsguthaben stiller Gesellschafter als Einlagen zu qualifizieren sind und nur eine ratenweise Auszahlung vorgesehen ist, nicht jedoch eine bloße Auszahlungsregelung von stehengelassenen Auseinandersetzungsguthaben (BGH ZIP 2005, 753; *Schäfer* in: Boos/Fischer/Schulte-Mattler, § 3 Rn. 21).

Die Einschränkung von Barabhebungen verbietet § 3 Nr. 3 in Einzelfällen **27 nicht.** Wegen des geringen Einflusses auf die Geldmenge kann dies freilich der Fall sein, wenn die Abhebung lediglich in einem Teil eingeschränkt ist, während sie grundsätzlich zulässig bleibt (*Schwennicke/Auerbach,* § 3 Rn. 17). Zulässig sind auch Unfallfinanzierungsdarlehen, die die Barauszahlung an den Kreditnehmer vertraglich ausschließen und bestimmen, dass der Darlehensbetrag unmittelbar an den Gläubiger des Kreditinstituts zu transferieren ist (OLG Düsseldorf, VersR 1973, 639; OLG Frankfurt/Main, WM 1972, 1196; OLG München, VersR 1974, 865; OLG Stuttgart, VersR 1972, 380).

§ 3 Nr. 3 ist nicht anwendbar, wenn das Unternehmen Gelder von Kapitalan- **28** legern entgegennimmt, die zur Wiederanlage im Interesse des Vertragspartners bestimmt sind. Dabei fehlt es schon am Einlagencharakter (BGH WM 1995, 874). Werden Zahlungen von stillen Gesellschaftern angenommen, bei denen es sich nicht um Einlagen im Sinne von § 1 Abs. 1 Satz 2 Nr. 1 handelt, scheidet eine Anwendbarkeit ebenso aus (BGH WM 1984, 957; BGH WM 2005, 833). Der Gesetzgeber hat zwar im Rahmen der 6. KWG-Novelle den Einlagenbegriff erweitert und gerade solche Geschäfte in Bankgeschäfte nach § 1 Abs. 1 Satz 2 Nr. 1 einbezogen. Da von diesen Geschäften jedoch keine Gefahr einer Störung der finanziellen Stabilität der Volkswirtschaft ausgeht und dadurch auch die geldpolitischen Maßnahmen der Deutschen Bundesbank beeinträchtigt werden (BGH WM 1995, 874), sind diese Geschäfte nach wie vor grundsätzlich nicht nach § 3 Nr. 3 verboten (*Schäfer* in: Boos/Fischer/Schulte-Mattler, § 3 Rn. 22). Allerdings werden sie regelmäßig unter dem Vorbehalt der Erlaubnispflicht stehen.

2. Betreiben von Bankgeschäften ohne Erlaubnis (§ 54 Abs. 1 Nr. 2 , Alt. 1)

29   Strafbar gemäß § 54 Abs. 1 Nr. 2, Alt. 1 macht sich, wer ohne die erforderliche Erlaubnis nach § 32 Abs. 1 Satz 1 Bankgeschäfte im Sinne des § 1 Abs. 1 Satz 2 Nr. 1 bis 12 betreibt. Der Gesetzgeber bedient sich hierbei der in der Gesetzgebungspraxis durchaus gängigen, im Rahmen des Strafrechts jedoch nicht gänzlich unproblematischen, doppelten Verweisungstechnik, indem zunächst auf § 32 Abs. 1 Satz 1 verwiesen wird und dieser auf die in § 1 Abs. 1 Satz 2 Nr. 1 bis 12 dargelegte Legaldefinition des Bankgeschäfts zurückgreift.

30   **Schutzzweck der Norm** sind die Effektivität der Bankenaufsicht und die Funktionsfähigkeit des Finanzwesens (*Lindemann* in: Boos/Fischer/Schulte-Mattler, § 54 Rn. 5).

31   Mangels ausdrücklicher Bestimmung im Gesetz ist der **Versuch** des Betreibens von Bankgeschäften ohne Erlaubnis entsprechend den § 23 Abs. 1 iVm § 12 Abs. 2 StGB nicht strafbar. Das Empfehlen oder bloße Anbieten solcher Bankgeschäfte bleibt somit straffrei. Gleiches gilt für organisatorische Vorbereitungsmaßnahmen.

32   **a) Das Betreiben.** Betrieben werden Geschäfte dann, wenn sie auf eine gewisse Dauer angelegt sind (BT-Drs. 13/7142, S. 62). Dies setzt nicht notwendigerweise eine ununterbrochene Tätigkeit voraus (*Lindemann* in: Boos/Fischer/Schulte-Mattler, § 54 Rn. 5). Es kann bereits die Vornahme eines einzelnen Geschäfts ausreichend sein, wenn die Absicht besteht, dieses zu wiederholen. Hingegen genügt die bloß gelegentliche Vornahme von Bankgeschäften nicht (VGH Kassel, NJW-RR, 1011; OLG Celle, BKR 2004, 484). Die Bankgeschäfte müssen in erlaubnispflichtigem Umfang erbracht werden, d.h. entsprechend § 1 Abs. 1 entweder **gewerbsmäßig** oder in einem Umfang, der einen in **kaufmännischer Weise eingerichteten Geschäftsbetrieb** erfordert. Nach dem Wortlaut bedarf es nicht mehr eines Nachweises, dass der Betrieb einen in kaufmännischer Weise eingerichteten Geschäftsbetrieb erfordert. Ausreichend ist allein der Nachweis der Gewerbstätigkeit. Somit ist derjenige Kreditinstitut, der Bankgeschäfte gewerbsmäßig betreibt, auch wenn der Umfang dieser Geschäfte objektiv keinen in kaufmännischer Weise eingerichteten Geschäftsbetrieb erfordert (BT-Drs. 13/7142, S. 62). **Gewerbsmäßig** werden Bankgeschäfte betrieben, sofern der Betrieb auf eine gewisse Dauer angelegt ist und der Betreiber ihn mit der Absicht der Gewinnerzielung verfolgt (BT-Drs. 13/7142, S. 62; BVerwGE 122, 29). Es ist dabei unerheblich, ob tatsächlich Gewinn erzielt wird.

33   Das Erfordernis, dass das Betreiben einen in **kaufmännischer Weise eingerichteten Geschäftsbetrieb** erfordert, stellt neben der Gewerbsmäßigkeit eine eigenständige Alternative dar. Merkmale, die für das Vorliegen eines solchen Umfangs sprechen können, sind eine nach kaufmännischen Grundsätzen eingerichtete Buchführung, eine geordnete Aufbewahrung ein- und ausgegangener Geschäftsbriefe, die Erstellung eines Jahresabschlusses oder auch die Anzahl der Mitarbeiter. Die Ermittlung des Erfordernisses eines in kaufmännischer Weise eingerichteten Geschäftsbetriebs obliegt der Würdigung aller Umstände des Ein-

zelfalls. Bestimmte, fest definierte Grenzwerte, existieren nicht und wären zu diesem Zweck darüber hinaus auch ungeeignet. Auf die Existenz eines in kaufmännischer Weise eingerichteten Geschäftsbetriebs kommt es nicht an, sondern rein auf die objektive Erforderlichkeit eines solchen. Insoweit ändert es nichts an der Strafbarkeit, wenn der Betreiber seiner objektiv erforderlichen kaufmännischen Organisation nicht nachkommt und bspw. die Buchführung unterlässt.

Wer die Geschäfte nicht gewerbsmäßig oder nicht in einem Umfang erbringt, **34** der einen in kaufmännischer Weise eingerichteten Geschäftsbetrieb erfordert, benötigt mithin keine Erlaubnis und macht sich somit auch nicht strafbar im Sinne der Vorschrift (*Lindemann*, in: Boos/Fischer/Schulte-Mattler, § 54 Rn. 8). Insoweit handelt es sich bei der erforderlichen Gewerbsmäßigkeit und dem Umfang des Geschäftsbetriebs um ein Korrektiv für gänzlich unerhebliche Tätigkeiten.

Erlaubnispflichtig ist nur der Betrieb von Geschäften **im Inland**. Unstreitig ist **35** zunächst, dass Geschäfte dann im Inland betrieben werden, wenn ein Unternehmen Tätigkeiten von seinem Sitz, einer Zweigniederlassung, einem Betriebsteil oder einer sonstigen Stelle im Inland ausführt (*Schwennicke/Auerbach*, § 32 Rn. 7). Ausreichend ist jede Art von physischer Präsenz (*Schwennicke/Auerbach*, § 32 Rn. 7). Streitig sind die Fälle, in denen ein ausländisches Unternehmen grenzüberschreitend Dienstleistungen für inländische Kunden erbringt, ohne selbst eine physische Präsenz im Inland zu haben (siehe hierzu die umfassende Streitdarstellung bei *Schwennicke/Auerbach*, § 32 Rn. 8 ff.).

Die Rechtsprechung ließ in dieser Frage bisher noch keine klare Tendenz **36** erkennen. Einerseits wird die Auffassung vertreten, es reiche für die Erlaubnispflicht im Inland bereits aus, wenn ein Unternehmen sich mit Mitteln moderner Kommunikation vom Ausland aus zielgerichtet an inländische Kunden wendet, ohne das es auf eine physische Präsenz des Unternehmens im Inland ankäme (VG Frankfurt/Main, Urteil vom 5.7.2007, Az. 1 E 4355/06, BKR 2007, 341; VG Frankfurt/Main, Beschluss vom 11.10.2004, Az. 9 E 993/04, NJOZ 2004, 4299; VG Frankfurt/Main, Beschluss vom 7.5.2004, Az. 9 G 6496/03, WM 2004, 1917, ZIP 2004, 1259). Nach Ansicht des Gerichts (VG Frankfurt/Main, BKR 2007, 341) vermag es nicht zu überzeugen, wenn in der Formulierung „im Inland" eine Sitzangabe zu sehen ist, da die Erlaubnispflicht an eine Tätigkeit anknüpfe und damit jegliche Geschäftsaufnahme im Inland ob mit oder ohne Sitz im Inland erlaubnispflichtig sei (sog. vertriebsbezogener oder marktbezogener Ansatz). Wortlaut, Entstehungsgeschichte und Systematik des Gesetzes seien nicht eindeutig, stünden dieser Auslegung aber auch nicht entgegen. Zwar hat der Gesetzgeber des KWG 1961 in der Gesetzesbegründung zu § 53 KWG unter anderem ausgeführt, dass für Zweigstellen ausländischer Kreditinstitute, die im Geltungsbereich des KWG unterhalten werden, eine besondere Regelung erforderlich sei, weil für diese Institute das KWG nicht gelte und eine unkontrollierte Tätigkeit solcher Zweigstellen nicht hingenommen werden könne (BT-Drs. 3/1114, S. 45). Dies spricht dafür, dass der Gesetzgeber ursprünglich davon ausgegangen ist, dass ausländische Unternehmen, die im Geltungsbereich des KWG tätig werden nicht dem Anwendungsbereich des KWG unterliegen. Allerdings führt der Gesetzgeber sodann im Diskussionsentwurf zum 4. Finanzmarktförderungsgesetz aus, dass bereits der bestehende Gesetzeswortlaut eine Erlaubnispflicht für grenzüberschreitend im Wege des Internet-Banking tätigen ausländischen Unternehmen zulasse, aus Gründen der Rechtssicherheit jedoch eine Änderung des § 32 Abs. 1 geboten sei. Dies spräche schließlich für eine Wahl des Gesetzgebers hin zu einem weiten Ansatz, um alle Bankgeschäfte im Inland aufsichtsrechtlich erfassen zu können.

37   Andererseits begegnet diese vertriebsbezogene Auslegung erheblichen rechtlichen Bedenken (so VGH Kassel, Beschluss vom 21.1.2005, Az. 6 TG 1568/04, BKR 2005, 160, WM 2005, 1123, ZIP 2005, 610). Aus dem Wortlaut der Vorschrift lasse sich nach Auffassung des Verwaltungsgerichtshofes ein derart weiter Ansatz zur Auslegung des § 32 Abs. 1 Satz 1 nicht ohne weiteres entnehmen. Im Übrigen ließe sich die Auslegung des VG Frankfurt/Main auch nicht auf höherrangiges Recht stützen. Auch ein Rückgriff auf die Regelungen des Vertrages zur Gründung der Europäischen Gemeinschaft stütze schließlich die weite, vertriebsbezogene Ansicht nicht.

38   Auf Vorlage des VG Frankfurt/Main (Beschluss vom 7.5.2004) hat in der Folge auch der EuGH im Rahmen eines Vorabentscheidungsverfahrens zu der Problematik Stellung genommen (EuGH, Urteil vom 3.10.2006, Rs. C-452/ 04). Der EuGH weist in der Entscheidung allerdings nur darauf hin, dass sich Unternehmen aus einem Drittstaat wie der Schweiz weder auf die Dienstleistungsverkehrsfreiheit nach Art. 49 ff. EGV noch auf die Kapitalverkehrsfreiheit gemäß Art. 56 ff. EGV berufen können, ohne aber auf die Frage einzugehen, ob die Anknüpfung an ein zielgerichtetes Ansprechen inländischer Kunden zulässig ist.

39   Darauf ging schließlich das Bundesverwaltungsgericht in seiner Entscheidung zu diesem Sachverhalt ein (BVerwG, Urteil vom 22.4.2009, Az. 8 C 2/09; BVerwGE 133, 358; BVerwG, GewArch 2009, 400; BVerwG, GWR 2009, 249; BVerwG, WM 2009, 1553). In dem Revisionsverfahren bestätigte das Gericht die Auffassung des VG Frankfurt/Main (Az. 1 E 4355/06). Um ein Bankgeschäft auch im Inland zu betreiben, genügt es, dass zurechenbare Teilakte des Betreibens eines Bankgeschäfts eines ausländischen Instituts im Inland stattfinden. Dabei kommt es nach Ansicht des BVerwG nicht darauf an, ob das Institut einen inländischen Sitz hat oder in einer anderen Art dauerhaft oder vorübergehend physisch im Inland präsent ist. Vielmehr ist es bereits ausreichend, wenn wesentliche zum Vertragsschluss führende Schritte im Inland vorgenommen werden, sei es – wie im vorliegende Verfahren streitgegenständlich – über Telekommunikationsmedien oder durch im Inland tätige Dritte. Schon nach dem Wortlaut der Vorschrift bezieht sich die Ortsbestimmung „im Inland" nicht auf den Betreiber, sondern auf das Betreiben des Bankgeschäfts. Ebenso entstehungsgeschichtliche Erwägungen, wonach das KWG für ausländische Kreditinstitute nicht gelte, begründen keine Einschränkung des Anwendungsbereichs, sondern nur die Begrenzung der Aufsicht auf das Inlandsgeschäft.

40   Entgegen der Ansicht des überwiegenden Teils der Literatur (*Hanten* WM 2003, 1412; *Vahldiek,* in: Boos/Fischer/Schulte-Mattler, § 53 Rn. 163; *Rögner* WM 2006, 745; *Samm* in: Beck/Samm/Kokemoor, § 32 Rn. 40; *Schwennicke/ Auerbach,* § 32 Rn. 14) knüpft die Rechtsprechung somit nicht an die institutsbezogene Auslegung an, wonach ein erlaubnispflichtiges Betreiben von Bankgeschäften nach § 32 eine physische Präsenz im Inland voraussetzt.

41   **b) Die Erlaubnis nach § 32 Abs. 1 Satz 1.** Der Täter muss zudem **ohne Erlaubnis** im Sinne des § 32 Abs. 1 Satz 1 handeln. Nach dieser Vorschrift bedarf einer Erlaubnis, wer im Inland gewerbsmäßig oder in einem Umfang, der einen in kaufmännischer Weise eingerichteten Gewerbebetrieb erfordert, Bankgeschäfte betreiben will. § 32 Abs. 1 enthält, wie sich aus dem Zusammenspiel mit § 37 ergibt, ein präventives Verbot mit Erlaubnisvorbehalt. Bankgeschäfte sollen im

Inland nur nach vorheriger Genehmigung betrieben werden dürfen. Nach dem Wortlaut der Norm („wer") ist der Adressat der Erlaubnispflicht jedermann.

Ein Handeln ohne Erlaubnis liegt immer dann vor, wenn zu Gunsten des Täters **42** im Zeitpunkt der Tat keine Erlaubnis erteilt ist oder eine bereits erteilte Erlaubnis zwischenzeitlich weggefallen ist (*Schwennicke/Auerbach,* § 54 Rn. 7). Die zum Betreiben von Bankgeschäften notwendige Erlaubnis muss grundsätzlich vor der Aufnahme der Geschäfte, in der von § 32 Abs. 1 Satz 2 bestimmten Schriftform, beantragt und durch die BaFin erteilt worden sein. Dabei ist es nicht wesentlich, ob das Geschäft erlaubnisfähig ist oder nachträglich erlaubt wird (*Lindemann* in: Boos/Fischer/Schulte-Mattler, § 54 Rn.6) oder ob im Zeitpunkt der Tathandlung der BaFin ein Antrag vorlag, der positiv zu bescheiden wäre (*Schröder* in: HWSt, S. 894, Rn. 75). Da die erteilte Erlaubnis nur ex nunc wirkt, kann sie eine Strafbarkeit auch für den Fall nicht verhindern, in dem der Täter vor Erteilung der erforderlichen Erlaubnis den Geschäftsbetrieb aufnimmt (*Schröder* in: HWSt, S. 894, Rn. 75). Diese Auffassungen ergeben sich schon aus den allgemeinen Grundsätzen des § 8 StGB, wonach eine Tat zu der Zeit begangen ist, zu welcher der Täter gehandelt hat. Maßgeblich für die Beurteilung der Tat kann somit nur allein die Rechtslage im Zeitpunkt der Handlung sein.

Sofern die Erlaubnis aufgrund eines besonders schwerwiegenden Fehlers im **43** Sinne von § 44 VwVfG nichtig ist, erfüllt der Täter durch sein Handeln dennoch den objektiven Tatbestand (*Lindemann* in: Boos/Fischer/Schulte-Mattler, § 54 Rn. 6). Jedoch wird eine Strafbarkeit regelmäßig mangels Vorsatz oder Fahrlässigkeit am subjektiven Tatbestand scheitern.

Hat die Bundesanstalt gemäß § 32 Abs. 2 Satz 2 die Erlaubnis auf einzelne **44** Bankgeschäfte beschränkt, so handelt der Täter nach § 54 Abs. 1 Nr. 2 Alt. 1 tatbestandsmäßig, wenn er Bankgeschäfte erbringt, die von der Erlaubnis nicht umfasst sind (BT-Drs. 3/1114, S. 43; *Schröder,* in: HWSt, S. 895, Rn. 78). Nicht erfasst ist hingegen das Handeln, welches eines Verstoß gegen Auflagen entsprechend § 32 Abs. 2 Satz 1 darstellt, da es hierbei um das Betreiben eines grundsätzlich erlaubten Bankgeschäfts geht (*Lindemann* in: Boos/Fischer/Schulte-Mattler, § 54 Rn. 6; *Schröder* in: HWSt, S. 895, Rn. 79; *Schwennicke/Auerbach,* § 54 Rn. 7). Jedoch stellt dieser Verstoß eine Ordnungswidrigkeit gemäß § 56 Abs. 3 Nr. 8 dar, die nach § 56 Abs. 5 mit einer Geldbuße bis zu 150.000 Euro geahndet werden kann.

Erlischt die Erlaubnis gemäß § 35 Abs. 1 so stellt jegliche Fortführung der **45** Geschäfte eine Straftat dar (*Lindemann* in: Boos/Fischer/Schulte-Mattler, § 54 Rn. 6; *Schröder* in: HWSt, S. 894, Rn. 75). Gleiches gilt, wenn die Erlaubnis entsprechend § 35 Abs. 2 aufgehoben wird und der Bescheid unanfechtbar geworden ist. Im Übrigen ist für den Beginn der Strafbarkeit im Falle der Aufhebung danach zu differenzieren, ob ein hiergegen eingelegtes Rechtsmittel eine aufschiebende Wirkung nach § 80 VwGO entfaltet. In diesem Zusammenhang stellt § 49 mit Verweis auf § 35 Abs. 2 Nr. 2 bis 6 ausdrücklich klar, dass Widerspruch und Anfechtungsklage gegen Maßnahmen der Bundesanstalt auf Grundlage des § 35 Abs. 2 Nr. 2 bis 6 keine aufschiebende Wirkung haben. Erlaubnispflichtige Bankgeschäfte dürfen somit nicht betrieben werden, es sei denn, dass Verwaltungsgericht hat im vorläufigen Rechtsschutzverfahren entsprechend des § 80 Abs. 5 VwGO den Suspensiveffekt wiederhergestellt (*Schwennicke/Auerbach,* § 54 Rn. 7).

Das Gericht hat selbständig zu prüfen, ob ein bestimmtes Geschäft einer Erlaub- **46** nis bedarf. Der Bestimmtheitsgrundsatz aus Art. 103 Abs. 2 GG gilt dabei nur für die Anwendung des § 54, nicht schon bei der Feststellung der Erlaubnispflicht nach §§ 1, 32 (BVerfG vom 5.4.2006, Az. 1 BvR 2780/04; NJW 2006, 3340; WM 2006, 959; ZIP 2006, 1484).

47   **c) Das Bankgeschäft.** Das Kreditwesengesetz unterscheidet zwischen Bankgeschäften und Finanzdienstleistungen. Wer solche Tätigkeiten betreibt oder erbringt, bedarf grundsätzlich der Erlaubnis der BaFin gemäß § 32. Sowohl die unerlaubten Bankgeschäfte, als auch die unerlaubten Finanzdienstleistungen stehen ihrerseits jedoch wiederum unter dem Ausnahmevorbehalt des § 2. Geschäfte fallen daher schon tatbestandsmäßig nicht unter § 32 und mithin auch nicht unter die Strafvorschrift des § 54, sofern die Ausnahmenorm einschlägig ist.

48   Maßgeblich für die Zuordnung zu den einzelnen nachfolgend näher dargestellten Bankgeschäften und Finanzdienstleistungen i. S. d. § 1 KWG sind die vertraglichen Vereinbarungen zwischen dem Institut und dem Kunden und die aus ihnen folgende Form des Rechtsgeschäfts (BGH BKR 2011, 65; BVerwGE 130, 262; BVerwGE 122, 29).

49   Der Begriff des Bankgeschäfts ist in § 1 Abs. 1 Satz 2 legaldefiniert. Liegt ein Bankgeschäft vor, bedarf es der Genehmigung gemäß § 32 Abs. 1 Satz 1. Der Katalog der Nr. 1 – 12 ist entsprechend dem Wortlaut abschließend. Insbesondere werden alle umgangssprachlich als Bankgeschäft bezeichneten Vorgänge nicht tatbestandsmäßig sein, die nicht in den Katalog des § 1 Abs. 1 Satz 2 Nr. 1- 12 aufgenommen wurden (*Janssen* in: Park, Kapitalmarktstrafrecht, § 54 KWG, Rn. 31; *Schröder* in: HWSt, S. 886, Rn. 28). Die Eigenschaft eines Unternehmens als Kreditinstituts ist bereits bei Durchführung nur eines der nachfolgend genannten Kataloggeschäfte gegeben (*Schwennicke/Auerbach,* § 1 Rn. 9).

50   **aa) Einlagengeschäft (Nr. 1).** Das Einlagengeschäft ist die Annahme fremder Gelder als Einlagen oder anderer unbedingt rückzahlbarer Gelder des Publikums, sofern der Rückzahlungsanspruch nicht in Inhaber- oder Orderschuldverschreibungen verbrieft wird, ohne Rücksicht darauf, ob Zinsen vergütet werden (vgl. dazu BVerwGE 69, 120). Der Wortlaut geht zurück auf die 6. KWG-Novelle, in dessen Rahmen die Norm um die zweite Alternative „anderer unbedingt rückzahlbarer Gelder des Publikums" als Auffangtatbestand erweitert wurde. Die Erweiterung steht im Einklang der 1. und 2. Bankrechtskoordinierungsrichtlinie. Ausreichend ist, wenn eine der beiden Alternativen realisiert ist.

51   Der Grundtatbestand hat vier Merkmale. Es müssen fremde Gelder als Einlage angenommen werden. Dazu im Einzelnen:

52   Zunächst muss es sich um **„Gelder"** handeln. Darunter ist Bargeld in Form der gesetzlichen Zahlungsmittel der jeweiligen Länder und Buchgeld zu verstehen (*Schwennicke/Auerbach,* § 1 Rn. 12). In seiner Funktion als Geldersatzmittel ist E-Geld – trotz seiner bisher noch nicht geklärten Rechtsnatur – als Geld im Sinne der Norm zu qualifizieren (*Schäfer* in: Boos/Fischer/Schulte-Mattler, § 1 Rn. 34). So wie Wertpapierdarlehen auf der Geberseite nicht als Kreditgeschäft im Sinne des § 1 Abs. 1 Satz 2 Nr. 2 anzusehen sind, so sind sie auf Nehmerseite nicht als Einlagengeschäft einzustufen (BT-Drs. 13/7142, S. 63).

53   Die Gelder sind **„fremd",** wenn sie nicht endgültig bei dem annehmenden Unternehmen verbleiben, sondern aufgrund getroffener Vereinbarungen in gleicher Menge dem Berechtigten zurück zu zahlen sind (BVerwGE 69, 120 = NJW 1985, 929; *Schwennicke/Auerbach,* § 1 Rn. 13). Voraussetzung für die Fremdheit ist das Vorliegen eines unbedingten Rückzahlungsanspruchs.

54   Die **„Annahme"** von Geldern liegt vor, wenn sie in die Verfügungsbefugnis des Annehmenden gelangen und dieser nicht lediglich Bote für einen Dritten ist

(*Schwennicke/Auerbach,* § 1 Rn. 14). Entscheidend bei Bargeld ist die tatsächliche Geldübergabe (*Schäfer* in: Boos/Fischer/Schulte-Mattler, § 1 Rn. 35). Wird das Geld lediglich zur unverzüglichen Weiterleitung an Dritte angenommen, handelt es sich grundsätzlich um eine erlaubnisfreie Einlagenvermittlung (*Schäfer* in: Boos/ Fischer/Schulte-Mattler, § 1 Rn. 35), sofern nicht eine Drittstaateneinlagever- mittlung nach § 1 Abs. 1a Satz 2 Nr. 5 oder ein Finanztransfergeschäft gemäß § 1 Abs. 1a Satz 2 Nr. 6 vorliegt.

Die Gelder müssen als „**Einlage**" angenommen werden. Der Begriff der Ein- **55** lage ist im KWG nicht definiert (dazu BGH, BKR 2011, 65; BGH, DStR 2010, 1040 = WM 2010, 928). Es ist umstritten, wann dieses Merkmal erfüllt ist (zum Meinungsstreit *Schwennicke/Auerbach,* § 1 Rn. 15 ff.). Weitgehende Einigkeit in Rechtsprechung und Literatur besteht insoweit, als es sich um einen bankwirt- schaftlichen Begriff handelt, der nur unter Berücksichtigung der bankwirtschaftli- chen Verkehrsauffassung bestimmt werden kann (BGH WM 1995, 874; *Canaris* BB 1978, 227, 228). Bei der Entscheidung, ob durch die Annahme fremder Gelder ein Einlagengeschäft gegeben ist, ist daher aufgrund einer Wertung aller Umstände des Einzelfalls unter Berücksichtigung der bankwirtschaftlichen Ver- kehrsauffassung zu entscheiden (BGH WM 1994, 896; BGH WM 1995, 874, 875; BGH WM 2005, 1362; BVerwG WM 1984, 1364, 1367; *Demgensky/Erm* WM 2001, 1445, 1450; *Schäfer* in: Boos/Fischer/Schulte-Mattler, § 1 Rn. 36; *Schwennicke/Auerbach,* § 1 Rn. 18). Gelder sind entsprechend jedenfalls dann ange- nommen, sofern sie aus der Sicht des Annehmenden der Ansammlung und Bereit- haltung flüssiger Mittel für die Durchführung eigener Geschäfte dienen (BGH WM 1995, 874; BVerwG WM 1984, 1364).

Der zusätzliche **Auffangtatbestand** (Alt. 2) fordert die Annahme von rück- **56** zahlbaren Geldern des Publikums und lässt sich somit auf drei Tatbestandsmerk- male zurückführen. Hinsichtlich des Merkmals „**Gelder**" kann auf die Ausfüh- rungen zu Alternative 1 verwiesen werden. Diese Gelder müssen darüber hinaus „**rückzahlbar**" sein. Der Rückzahlungsanspruch darf nicht bedingt sein (BGH DStR 2010, 1040). Um rückzahlbare Gelder handelt es sich bei Vermögenseinla- gen stiller Gesellschafter, bei denen die Verlustteilnahme abbedungen ist (BT- Drs. 13/7142, S. 63). Gleiches gilt für partiarische Darlehen, sofern nur der Zins, nicht jedoch die Rückzahlung des Darlehens durch den Erfolg des Unternehmens bedingt ist (BT-Drs. 13/7142, S. 63). Vermögenseinlagen stiller Gesellschafter, Genussrechte, die am laufenden Verlust des kapitalnehmenden Unternehmens sowie nachrangige Forderungen, die vereinbarungsgemäß im Falle der Liquidation des kapitalnehmenden Unternehmens hinter die anderen Forderungen gegen das Unternehmen zurücktreten, erfüllen die Voraussetzungen einer Einlage nach Nr. 1 nicht, da sie nur bedingt rückzahlbar sind (BT-Drs. 13/7142, S. 63).

Schließlich muss es sich um Gelder des „**Publikums**" handeln. Dieses Merk- **57** mal ist nicht realisiert, wenn rückzahlbare Gelder von verbundenen Unternehmen angenommen werden (BT-Drs. 13/7142, S. 63). Ein Einlagengeschäft ist in einem solchen Fall nicht gegeben. Der Tatbestand ist jedoch realisiert, wenn ein Unter- nehmen in ca. 150 Fällen Darlehen mit einem Volumen, welches 2 Mio. Euro übersteigt, von Privatpersonen aufnimmt (BGH DStR 2006, 1847). In bestimm- ten Fällen können überdies Gelder aus dem Freundes- und Bekanntenkreis dem Tatbestand der Alt. 2 unterliegen (OLG Celle, NJOZ 2002, 532).

Verbriefte Rückzahlungsansprüche aus Inhaber- und Orderschuldverschrei- **58** bungen bleiben nach dem klaren Wortlaut der Norm erlaubnisfrei. Die Refinan- zierung über die Kapitalmärkte bleibt somit Industrieunternehmen weiterhin möglich, ohne als Kreditinstitut qualifiziert zu werden. Insoweit hält der Gesetzgeber den Anlegerschutz durch die Bestimmungen des Wertpapierprospektgesetzes für ausreichend gewährleistet (BT-Drs. 13/7142, S. 63). Die Ausgabe von Namensschuldverschreibungen soll von der Ausnahmeregelung nicht erfasst sein (BGH ZIP 2001, 1503; *Schäfer* in: Boos/Fischer/Schulte-Mattler, § 1 Rn. 43; krit. *Schwennicke/Auerbach,* § 1 Rn. 29).

59   Nach dem Willen des Gesetzgebers kommt es auf jede Form subjektiver Zwecksetzung bei der Annahme der Mittel, auch wenn sie auf dem übereinstimmenden Parteiwillen beruht, nicht mehr an (BT-Drs. 13/7142, S. 62). Dies hat der BGH auch in seinen neueren Entscheidungen noch nicht beachten müssen, da diesen Sachverhalte aus Jahren vor der Gesetzesänderung zu Grunde lagen. Es ist darüber hinaus ebenso irrelevant, ob die Gelder des Publikums in der Absicht hereingenommen werden, durch Ausnutzung der Zinsspanne Gewinne zu erzielen (BT-Drs. 13/7142, S. 62).

60   **bb) Pfandbriefgeschäft (Nr. 1a).** Als Pfandbriefgeschäft gelten die in § 1 Abs. 1 Nr. 1 bis des Pfandbriefgesetzes bezeichneten Geschäfte. Entsprechend dieser Vorschrift wird das Pfandbriefgeschäft als die Ausgabe von Hypothekenpfandbriefen, öffentlichen Pfandbriefen sowie Schiffs- und Flugzeugpfandbriefen definiert. Ein Institut, das Pfandbriefgeschäfte betreibt (Pfandbriefbank), bedarf gemäß § 2 Abs. 1 PfandBG der Erlaubnis der BaFin nach § 32. Darüber hinaus finden insbesondere die ergänzenden Bestimmungen des § 2 Abs. 1 Satz 2 PfandBG zur Erlaubnis Anwendung.

61   **cc) Kreditgeschäft (Nr. 2).** Dem Kreditgeschäft im Sinne des § 1 Abs. 1 Satz 2 Nr. 2 unterfallen die **Gewährung von Gelddarlehen und Akzeptkrediten.** Der Begriff des **Gelddarlehens** orientiert sich an § 488 BGB. Es liegt vor, wenn zwischen dem Darlehensgeber und Darlehensnehmer ein Synallagma besteht, der Darlehensgeber sich somit zur Hingabe des Geldes, der Darlehensnehmer hingegen zur Rückzahlung des Geldes verpflichtet. Abweichend zu § 488 BGB ist bei Nr. 2 der Geschäftsgegenstand auf Geld beschränkt (*Schäfer* in: Boos/Fischer/Schulte-Mattler, § 1 Rn. 44). Insoweit ist das Wertpapierdarlehen, bzw. die Wertpapierleihe nach § 607 BGB kein Kreditgeschäft gemäß Nr. 2 (BT-Drs. 13/7142, S. 63). Auch das anderweitig gesetzlich in Abs. 3 Nr. 3 geregelte Leasing und das Kreditkartengeschäft in Form der reinen Ausgabe und Verwaltung von Kreditkarten, welches entsprechend Abs. 1a Satz 2 Nr. 8 eine Finanzdienstleistung darstellt, sind kein Kreditgeschäft.

62   Das Gelddarlehen ist **gewährt,** wenn das Geld hingegeben wird, und der Rückzahlungsanspruch in Geld zu erfüllen ist (*Schwennicke/Auerbach,* § 1 Rn. 34). Darunter fällt auch die Einräumung von Kreditlinien im Rahmen von Kontokorrentkrediten (*Schäfer* in: Boos/Fischer/Schulte-Mattler, § 1 Rn. 47; *Schwennicke/Auerbach,* § 1 Rn. 34). Hingegen liegt mangels des Merkmals der Gewährung bei dem entgeltlichen Forderungserwerb eines Dritten kein Kreditgeschäft gemäß Nr. 2 vor (*Schäfer* in: Boos/Fischer/Schulte-Mattler, § 1 Rn. 46). Die Tätigkeit eines Kreditvermittlers ist dann kein Kreditgeschäft nach Nr. 2, wenn der Vermittler den Kredit nur vermittelt, selbst jedoch kein Darlehen gewährt (*Schwennicke/Auerbach,* § 1 Rn. 37). Anders ist der Sachverhalt in den Fällen zu beurteilen, in denen der Vermittler die Darlehensvaluta zunächst in eigenem Namen entgegennimmt und dann an seinen Kunden weiterleitet und bei einer Vorfinanzierung des Darlehens durch den Vermittler selbst (*Schwennicke/Auerbach,* § 1 Rn. 37). In diesen Konstellationen betreibt der Vermittler, nicht das Kreditinstitut, das Bankgeschäft.

Die Gelder müssen schließlich **rückzahlbar** sein. Dieses Kriterium ist bspw. **63** bei verlorenen Zuschüssen, Unterstützungsleistungen oder bei der Leistung von Vorschüssen auf Lieferungen oder Leistungen eines Unternehmens nicht erfüllt (*Schäfer* in: Boos/Fischer/Schulte-Mattler, § 1 Rn. 44; *Schwennicke/Auerbach*, § 1 Rn. 36).

Die vom Gelddarlehen zu unterscheidende weitere Form des Kreditgeschäfts ist **64** die Gewährung von **Akzeptkrediten.** Bei einem Akzeptkredit wird das Darlehen durch Haftung der Bank gewährt, indem die Bank einen Wechsel ihres Kunden akzeptiert (Art. 25 WG) und der Kunde den Wechsel von einem Dritten diskontieren lässt (*Putzo* in: Palandt, BGB, Einf. v. § 488 Rn. 26).

dd) Diskontgeschäft (Nr. 3). Entsprechend Nr. 3 ist das **Diskontgeschäft** **65** als Bankgeschäft zu qualifizieren. Das Diskontgeschäft ist der Ankauf von Wechseln und Schecks. Die ankaufende Bank zahlt dabei dem Verkäufer für die noch nicht fälligen Papiere den Nominalwert, reduziert um Provision und Diskontsatz, in Geld aus. Durch die Bevorschussung der Wechsel- bzw. Scheckforderung liegt hier eine Kreditgewährung vor. Der Ankauf anderer Wertpapiere oder Forderungen erfüllt nicht den Tatbestand der Nr. 3 (*Schäfer* in: Boos/Fischer/Schulte-Mattler, § 1 Rn. 54).

ee) Finanzkommissionsgeschäft (Nr. 4). Finanzkommissionsgeschäfte **66** sind die Anschaffung und die Veräußerung von Finanzinstrumenten im eigenen Namen für fremde Rechnung (vgl. dazu BGH BKR 2011, 65; BVerwGE NVwZ-RR 2009, 980).

Was als **Finanzinstrument** gilt, bemisst sich am engen Begriff in § 1 Abs. 11. **67** Dieser ist losgelöst vom weiten Verständnis in § 1a Abs. 3 zu beurteilen und umfasst Wertpapiere, Geldmarktinstrumente, Devisen und Derivate.

Die Finanzinstrumente müssen **im eigenen Namen für fremde Rechnung** **68** angeschafft oder veräußert werden (versteckte Stellvertretung, vgl. §§ 383 ff. HGB). Dieser Fall ist abzugrenzen von dem Handel im fremden Namen für fremde Rechnung (offene Stellvertretung und als Abschlussvermittlung im Sinne des Abs. 1a Satz 2 Nr. 2 eine Finanzdienstleistung) und dem Handel im eigenen Namen für eigene Rechnung als Dienstleistung für andere (als Eigenhandel im Sinne des Abs. 1a Satz 2 Nr. 4 eine Finanzdienstleistung) und wenn keine Dienstleistung für andere vorliegt (als Eigengeschäft im Sinne des Abs. 1a Satz 3 eine Finanzdienstleistung).

ff) Depotgeschäft (Nr. 5). Bei einem **Depotgeschäft** handelt es sich um die **69** Verwahrung und die Verwaltung von Wertpapieren für andere. Zur Erlangung der Kreditinstitutseigenschaft genügt die Durchführung einer der beiden Tätigkeiten (*Schäfer* in: Boos/Fischer/Schulte-Mattler, § 1 Rn. 62).

Diese Tätigkeit muss sich auf **Wertpapiere** beziehen. Der Begriff des Wertpa- **70** piers findet sich als Unterfall des Finanzinstruments in § 1 Abs. 11 und ist in dessen Satz 2 Nr. 1 bis 4, dem Wortlaut nach nicht abschließend, definiert.

Verwahrer gemäß § 1 Abs. 2 DepotG ist derjenige, dem im Betrieb seines **71** Gewerbes Wertpapiere unverschlossen zur Verwahrung anvertraut werden. Als Verwahrungsformen kommen die im Depotgesetz geregelte Sonderverwahrung, Drittverwahrung, Sammelverwahrung, Tauschverwahrung und unregelmäßige Verwahrung in Betracht. Die Verwahrung erfolgt bei dem Bestehen eines überwiegenden Drittinteresses „**für andere**" (OVG Berlin NJW 1967, 1052).

72 Unter **Verwaltung** sind die im Rahmen der Verwahrung erbrachten Dienstleistungen anzusehen (*Schwennicke/Auerbach,* § 1 Rn. 51). Als solche sind bspw. die Einlösung von rückzahlbaren Wertpapieren im Zeitpunkt der Fälligkeit, die Ausübung von Bezugsrechten oder Stimmrechten, oder auch die Einlösung von Zins- und Ertragsscheinen denkbar.

73 **gg) Revolvinggeschäft (Nr. 7).** Als **Revolvinggeschäft** ist die Eingehung der Verpflichtung, zuvor veräußerte Darlehensforderungen vor Fälligkeit zurück zu erwerben, zu verstehen. Es besteht darin, unter Mitwirkung Dritter kurzfristige Mittel zur Gewährung wirtschaftlich langfristiger Mittel zu verwenden. Dabei verkauft ein Unternehmen eine langfristige Darlehensforderung mit der Verpflichtung an einen Dritten, sie nach kurzer Zeit, weit vor Endfälligkeit des Darlehens, wieder zurückzukaufen, um sie dann an eine andere Person mit derselben Zielrichtung weiterzuveräußern (*Schäfer* in: Boos/Fischer/Schulte-Mattler, § 1 Rn. 73). Über diesen Weg werden langfristige Aktivgeschäfte mit kurzfristigen Passivgeschäften refinanziert. Das Revolvinggeschäft ist Bankgeschäft und unterliegt daher der Erlaubnispflicht. Damit soll gewährleistet werden, dass der Veräußerer der Darlehensforderung bei Vollzug des Rückerwerbs die vereinbarte Gegenleistung erhält (*Schwennicke/Auerbach,* § 1 Rn. 53).

74 **hh) Garantiegeschäft (Nr. 8).** Das **Garantiegeschäft** ist klassisches Bankgeschäft. Es handelt sich dabei um die Übernahme von Bürgschaften, Garantien und sonstige Gewährleistungen für andere. Mit der Aufnahme in den Katalog soll sichergestellt werden, dass Liquiditätsstandards eingehalten werden, um Haftungszusagen bedienen zu können.

75 Die **Bürgschaft** ist in den §§ 765 bis 777 BGB geregelt. Durch die Bürgschaft verpflichtet sich der Bürge gegenüber dem Gläubiger eines Dritten für die Erfüllung der Verbindlichkeit des Dritten einzustehen. Die **Garantie** ist von der zu sichernden Schuld unabhängig. Sie ist ein selbständiges Versprechen, dafür einzustehen, dass ein bestimmter rechtlicher oder tatsächlicher Erfolg eintritt. Unter **sonstige Gewährleistungen** fallen bspw. harte Patronatserklärungen, Indossamentsverpflichtungen, Wechsel- und Scheckavale oder die Eingehung einer Delkredereverpflichtung.

76 Die Garantie muss **„für andere"** übernommen werden, also nicht im überwiegenden eigenen Interesse des Gewährleistenden. Da es rechtlich ohnehin nicht möglich ist, als Beispiel eine Bürgschaft für eine eigene Schuld einzugehen, ist das einschränkende Merkmal „für andere" wirtschaftlich zu verstehen (*Schäfer* in: Boos/Fischer/Schulte-Mattler, § 1 Rn. 89).

77 **ii) Girogeschäft (Nr. 9).** Die Durchführung des bargeldlosen Zahlungsverkehrs und des Abrechnungsverkehrs wird als **Girogeschäft** im Sinne der Nr. 9 verstanden. Die Erlaubnispflicht soll den Schutz der allgemeinen Ordnung in der Kreditwirtschaft gewährleisten (*Schäfer* in: Boos/Fischer/Schulte-Mattler, § 1 Rn. 91).

78 Der **bargeldlose Zahlungsverkehr** ist die Buchung von Giralgeld von Konto zu Konto, ohne das es zur tatsächlichen Übergabe von Barmitteln kommt. Als **Abrechnungsverkehr** ist die bankmäßige Abwicklung des Zahlungsverkehrs innerhalb der Gironetze der Kreditinstitute anzusehen (*Schäfer* in: Boos/Fischer/Schulte-Mattler, § 1 Rn. 101). Das Girogeschäft wird erst dann zum Bankgeschäft, wenn es für andere getätigt wird (*Schröder* in: HWSt, S. 890, Rn. 51).

jj) Emissionsgeschäft (Nr. 10). **Emissionsgeschäfte** sind die Übernahme 79
von Finanzinstrumenten für eigenes Risiko zur Platzierung oder die Übernahme
gleichwertiger Garantien. Gemeint sind damit sog. **Übernahmekonsortien** (BT-
Drs. 13/7142, S. 63). Hierbei begleiten mehrere Institute eine Emission und übernehmen von dem Emittenten das Emissionsvolumen zu einem festen Preis in den
eigenen Bestand. Der Emittent erhält umgehend den Gegenwert vergütet. Das
Übernahmekonsortium platziert nun die Finanzinstrumente im eigenen Namen
und für eigene Rechnung am Markt. Das Konsortium trägt das volle Absatzrisiko.
Sofern nicht das komplette Volumen platziert werden kann, müssen gegebenenfalls die Stücke auf Dauer in den Eigenbestand übernommen werden.

Das Übernahmekonsortium ist vom **Begebungskonsortium** abzugrenzen. 80
Bei dem Begebungskonsortium platziert das Konsortium die Finanzinstrumente
zwar auch in eigenem Namen, jedoch auf Rechnung des Emittenten. Das Absatz-
risiko auf Seiten des Konsortiums entfällt somit. Dies stellt kein Bankgeschäft im
Sinne der Nr. 10 dar, gleichwohl liegt aber ein Finanzkommissionsgeschäft nach
Nr. 4 vor.

Ferner ist Nr. 10 nicht einschlägig, wenn die Emission von einem sog. 81
Geschäftsbesorgungskonsortium im Namen und für Rechnung des Emittenten gegen Zahlung einer Bonifikation durchgeführt wird. Dessen ungeachtet
kommt jedoch eine Finanzdienstleistung in Form der Abschlussvermittlung nach
§ 1a Satz 2 Nr. 2 in Betracht. Erst für den Fall, dass das Konsortium sich verpflichtet, den nicht an den Markt veräußerten Teil der Emission in den Eigenbestand
zu nehmen, mithin garantiemäßig für den Erfolg der Emission einzustehen, liegt
wieder ein Emissionsgeschäft nach Nr. 10 vor.

Verpflichten sich die emissionsbegleitenden Institute gegenüber dem Emitten- 82
ten, für das Absatzrisiko in einer wirtschaftlich äquivalenten Weise einzustehen,
liegt eine **Übernahme gleichwertiger Garantien** vor.

kk) E-Geld-Geschäft (Nr. 11). Die Ausgabe und die Verwaltung von elek- 83
tronischem Geld ist **E-Geld-Geschäft.** Mit der Aufnahme des E-Geld-Geschäfts
in den Katalog der Bankgeschäfte wurde einer neuen Entwicklung auf dem Gebiet
der Zahlungsinstrumente Rechnung getragen (BT-Drs. 13/7142, S. 63). Sinn und
Zweck der Einführung ist die Aufrechterhaltung der Sicherheit und Funktionsfähigkeit des Zahlungsverkehrs.

Gemäß § 1 Abs. 14 sind **E-Geld** Werteinheiten in Form einer Forderung gegen 84
die ausgebende Stelle, die auf elektronischen Datenträgern gespeichert sind, gegen
Entgegennahme eines Geldbetrags ausgegeben werden und von Dritten als Zahlungsmittel angenommen werden, ohne gesetzliches Zahlungsmittel zu sein. Das
Geldkartengeschäft stellt eine Spezialform des Girogeschäfts durch die Ausgabe
vorausbezahlter Karten (sog. Geldkarten oder elektronische Geldbörsen) zu Zah-
lungszwecken dar. Die Geldkarten sind mit einem Magnetstreifen oder einem
elektronischen Chip ausgestattet, der die Speicherung von Geldbeträgen als elektronische Werteinheiten ermöglicht. Die Geldkarte ist **nicht** identisch mit der
Kreditkarte (*Schäfer* in: Boos/Fischer/Schulte-Mattler, § 1 Rn. 110).

Das E-Geld-Geschäft erfasst nur **dreiseitige Systeme** (BT-Drs. 13/7142, 85
S. 64). Im dreiseitigen System sind Kartenemittent, Karteninhaber und Leistungs-
erbringer personenverschieden. Fallen Kartenemittent und Leistungserbringer
zusammen, liegt ein zweiseitiges System vor, welches kein erlaubnispflichtiges
Bankgeschäft entsprechend der Nr. 11 darstellt. Als Beispiel seien Telefon- oder
Kaufhauskarten genannt. Grund für die ausschließliche Einbeziehung dreiseitiger

Systeme ist deren erheblich höheres Gefahrenpotenzial verglichen mit zweiseitigen Systemen. Bei einem Emittentenausfall ist nicht nur der Karteninhaber, sondern auch der Akzeptant einem hohen Verlustrisiko ausgesetzt. Insgesamt ist eine Beeinträchtigung des Vertrauens in die Funktionsfähigkeit und Sicherheit eines solchen Systems in der Lage auf den von der Vorschrift geschützten gesamten Zahlungsverkehr auszustrahlen.

86 **ll) Zentraler Kontrahent (Nr. 12).** Gemäß § 1 Abs. 31 ist ein **zentraler Kontrahent** ein Unternehmen, das bei Kaufverträgen innerhalb eines oder mehrerer Finanzmärkte zwischen den Käufer und den Verkäufer geschaltet wird, um als Vertragspartner für jeden der beiden zu dienen, und dessen Forderungen aus Kontrahentenausfallrisiken gegenüber allen Teilnehmern an seinen Systemen auf Tagesbasis hinreichend besichert sind, sog. Central Counter Part (CCP). Erfasst werden insbesondere Clearing-Systeme. Eine effektive Beaufsichtigung eines zentralen Kontrahenten ist erforderlich, da eine Insolvenz dessen bedeutende Rückwirkungen auf das gesamte mit ihm verknüpfte Finanzsystem hätte (*Schäfer* in: Boos/Fischer/Schulte-Mattler, § 1 Rn. 116a).

3. Erbringen von Finanzdienstleistungen ohne Erlaubnis (§ 54 Abs. 1 Nr. 2, Alt. 2)

87 Der Begriff des Finanzdienstleistungsinstituts wurde mit der 6. KWG-Novelle 1997 neu in das Gesetz aufgenommen. Unter dem Gesichtspunkt des Strafrechts verbirgt sich hier erhebliches Potenzial, da der Anwendungsbereich des § 54 eine wesentliche Ausdehnung in den Bereich des grauen Kapitalmarkts erfahren hat (*Schröder* in: HWSt, S. 891, Rn. 59). In § 1 Abs. 1a Satz 2 findet sich eine Legaldefinition, welche Arten von Geschäften als Finanzdienstleistungen zu verstehen sind. Ein Finanzdienstleistungsinstitut liegt immer dann vor, wenn der Geschäftstyp einem der in den § 1 Abs. 1a Satz 2 Nr. 1 bis Nr. 10 genannten entspricht und diese Dienstleistung für andere gewerbsmäßig oder in einem Umfang erbracht wird, der einen in kaufmännischer Weise eingerichteten Geschäftsbetrieb erfordert, und das Unternehmen kein Kreditinstitut ist. Hinsichtlich des Merkmals der Gewerbsmäßigkeit und des Umfangs, der einen in kaufmännischer Weise eingerichteten Geschäftsbetrieb erfordert kann insoweit auf die Ausführungen unter 2. verwiesen werden. Liegen die Voraussetzungen vor und handelt es sich bei dem Unternehmen um ein Finanzdienstleistungsinstitut, so bedarf es zur Erbringung dieser Tätigkeit einer Erlaubnis nach § 32. Das bereits dargelegt zu den Anforderungen an eine Erlaubnis beim Betreiben von Bankgeschäften gilt an dieser Stelle entsprechend.

88 Der Begriff des Finanzdienstleistungsinstituts ist subsidiär zur Einordnung als Kreditinstitut (BT-Drs. 13/7142, S. 65; *Schäfer* in: Boos/Fischer/Schulte-Mattler, § 1 Rn. 117; *Schwennicke/Auerbach*, § 1 Rn. 71). Erbringt ein Unternehmen neben Finanzdienstleistungen auch Bankgeschäfte im Sinne des Abs. 1, so ist es in jedem Fall ein Kreditinstitut. Hingegen bleibt ein Kreditinstitut ein solches, auch wenn es gleichzeitig Finanzdienstleistungen erbringt.

89 Die abschließende Aufzählung in § 1 Abs. 1a Satz 2 Nr. 1 bis Nr. 10 unterscheidet verschiedene Arten von Finanzdienstleistungen und ist vom Aufbau her an Abs. 1 angelehnt. Nachfolgend werden diese im Einzelnen in ihren Grundzügen dargestellt.

a) Anlagevermittlung (Nr. 1). Im Sinne von Nr. 1 umfasst die **Anlagever-** 90
mittlung die Vermittlung von Geschäften über die Anschaffung und die Veräußerung von Finanzinstrumenten.

Die Tätigkeit des Anlagevermittlers reduziert sich auf die **Entgegennahme** 91
und Übermittlung von Aufträgen der Anleger (BT-Drs. 13/7142, S. 65). Die
Entgegennahme und Übermittlung ist jede auf den Abschluss eines Geschäfts
abzielende Tätigkeit, wobei eine Anlagevermittlung schon dann vorliegt, wenn
der Vermittler den Abschluss eines konkreten Geschäfts bereits so umfassend vor-
bereitet und abgewickelt hat, dass der Kunde den Auftrag nur noch zu unterschrei-
ben und abzusenden braucht (VGH Kassel NJW 2003, 3578; *Schwennicke/Auer-*
bach, § 1 Rn. 77).

Gegenstand der Vermittlertätigkeit müssen **Finanzinstrumente** sein. Der 92
Begriff des Finanzinstruments richtet sich nach § 1 Abs. 11 (BT-Drs. 13/7142,
S. 65). Somit sind eingeschlossen die Tätigkeiten von Kurs- und Freimaklern an
Wertpapierbörsen, die Vermittlung von Aktienpaketen sowie Emissionszertifika-
ten und Händler an Warentermin- und Strombörsen (*Jung* BB 1998, 649; *Schäfer*
in: Boos/Fischer/Schulte-Mattler, § 1 Rn. 122; *Schwennicke/Auerbach,* § 1
Rn. 78). Nicht umfasst werden hingegen Börsen und proprietäre Handelssystem
selbst (*Schwennicke/Auerbach,* § 1 Rn. 78; aA *Hammen* WM 2001, 929; *Schäfer* in:
Boos/Fischer/Schulte-Mattler, § 1 Rn. 122).

Nach Auffassung der BaFin liegt ein gewerbsmäßiger und damit erlaubnispflich- 93
tiger Betrieb bei Abwicklung von wenigstens 25 Transaktionen im Monatsdurchschnitt vor (BaKred, Schreiben vom 21.9.1998). Die Anlagevermittlung ist abzugrenzen von der Anlageberatung, die eine Finanzdienstleistung nach Nr. 1a
darstellt.

b) Anlageberatung (Nr. 1a). Der Begriff der Anlageberatung wird in § 1 94
Abs. 1a Satz 2 Nr. 1a legaldefiniert. Danach liegt eine **Anlageberatung** bei der
Abgabe von persönlichen Empfehlungen an Kunden oder deren Vertreter vor,
die sich auf Geschäfte mit bestimmten Finanzinstrumenten beziehen, sofern die
Empfehlung auf eine Prüfung der persönlichen Umstände des Anlegers gestützt
oder als für ihn geeignet dargestellt wird und nicht ausschließlich über Informationsverbreitungskanäle oder für die Öffentlichkeit bekannt gegeben wird.

Eine **Empfehlung** liegt vor, wenn eine Handlung des Anlegers als in seinem 95
Interesse bezeichnet wird (*Schäfer* in: Boos/Fischer/Schulte-Mattler, § 1
Rn. 123c). Unerheblich ist, ob die Empfehlung vom Kunden umgesetzt wird
(*Schwennicke/Auerbach,* § 1 Rn. 83). Werden keine konkreten Handlungsvor-
schläge erbracht, sondern lediglich Informationen mitgeteilt, die sich bspw. rein
auf die gegebene Zusammensetzung eines Portfolios beziehen oder die lediglich
Kennzahlen bestimmter Märkte umfassen, liegt keine Empfehlung vor.

Gegenstand der Empfehlung müssen **Finanzinstrumente** sein. Der Begriff 96
des Finanzinstruments richtet sich nach § 1 Abs. 11 (BT-Drs. 13/7142, S. 65).
Die Empfehlung muss sich auf konkrete Finanzinstrumente beziehen. Ein allgemeiner Rat in die Kategorie Aktien oder festverzinsliche Wertpapiere zu investieren ist nicht ausreichend. Der Übergang einer konkreten Empfehlung hin zu
einer generischen ist fließend, die Abgrenzung daher nicht klar zu treffen (vgl.
dazu *Kühne/Eberhardt* BKR 2008, 135 mit einzelnen Beispielen).

Empfänger der Abgabe der Empfehlung muss ein **Kunde oder ein Vertreter** 97
dessen sein. Der Begriff des Kunden ist nicht im Sinne eines Vertragspartners
zu verstehen. Als Kunde kommen natürliche und juristische Personen in ihrer

Eigenschaft als Anleger oder potenzielle Anleger in Finanzinstrumente in Betracht (vgl. § 31a WpHG). Ob die Empfehlung auf Initiative des Anlageberaters oder auf eigenen Wunsch des Kunden erfolgte, ist unerheblich (BT-Drs. 16/4028, S. 56).

98   Die Empfehlung muss auf eine **Prüfung der persönlichen Umstände des Anlegers** gestützt oder als **für ihn geeignet** dargestellt werden. Wird in allgemeiner Form auf die finanzielle Situation des Kunden Bezug genommen, ist dies ausreichend (*Schwennicke/Auerbach,* § 1 Rn. 86). Liegt das nicht vor, so kann freilich der Auffangtatbestand einschlägig sein. Die Empfehlung müsste dann als für den Kunden geeignet dargestellt werden. Davon ist auszugehen, wenn die Empfehlung beim Betrachter wenigstens den Anschein einer vorgenommenen Exploration seiner persönlichen Umstände erweckt (*Schäfer* in: Boos/Fischer/Schulte-Mattler, § 1 Rn. 123 f.).

99   Eine Anlageberatung ist nicht gegeben, wenn die Empfehlung ausschließlich über **Informationsverbreitungskanäle** oder für die **Öffentlichkeit** bekannt gegeben wird. Vom Tatbestand ausgenommen sind somit Informationen an das breite Publikum. Richten sich Empfehlungen an einen unbestimmten Personenkreis, fehlt es dabei an dem erforderlichen persönlichen Element. Aus diesem Grund fallen Finanzanalysen regelmäßig aus dem Bereich der Anlageberatung heraus. Ebenso nicht erfasst werden reine Berichterstattungen in Zeitungen, im Fernsehen sowie im Internet (*Teuber* BKR 2006, 430).

100   **c) Betrieb eines multilateralen Handelssystems (Nr. 1b).** Bringt ein System die Interessen einer Vielzahl von Personen am Kauf und Verkauf von Finanzinstrumenten innerhalb des Systems und nach festgelegten Bestimmungen in einer Weise zusammen, die zu einem Vertrag über den Kauf dieser Finanzinstrumente führt, liegt der **Betrieb eines multilateralen Handelssystems** vor.

101   Voraussetzung für ein **System** ist das Bestehen eines Regelwerks über die Mitgliedschaft, die Handelsaufnahme in Finanzinstrumenten, den Handel zwischen den Mitgliedern, Meldungen über abgeschlossene Geschäfte und Transparenzpflichten, wobei eine Handelsplattform im technischen Sinne nicht bestehen muss (BT-Drs. 16/4028, S. 12).

102   Das System muss einer **Vielzahl von Personen** offen stehen und deren Interessen zusammenbringen (sog. Marktplatzfunktion). Was unter einer Vielzahl von Personen zu verstehen ist, bleibt unbestimmt und ist auch den Gesetzgebungsmaterialien nicht zu entnehmen. Jedenfalls fallen reine bilaterale Handelssysteme, bei denen der Kunde stets mit dem Betreiber des Systems oder einem von ihm bestellten Market Maker abschließt nicht unter Nr. 1b (*Schwennicke/Auerbach,* § 1 Rn. 91).

103   Das **Interesse am Kauf und Verkauf** ist weit zu verstehen (BT-Drs. 16/4028, S. 56). Umfasst werden neben Aufträgen auch Kursofferten, Quotes und Interessenbekundungen. Vom Anwendungsbereich der Norm nicht erfasst werden Order-Routing-Systeme, die lediglich Aufträge an eine Börse weiterleiten, oder Informationssysteme, über die eine Angebotsannahme nicht möglich ist (*Schwennicke/Auerbach,* § 1 Rn. 93).

104   **d) Platzierungsgeschäft (Nr. 1c).** Das Platzieren von Finanzinstrumenten ohne feste Übernahmeverpflichtung ist **Platzierungsgeschäft** und damit eine erlaubnispflichtige Finanzdienstleistung. Das Platzierungsgeschäft wurde bisher vom Tatbestand der Abschlussvermittlung inkludiert und stellt nun einen rechtlich eigenständigen Teilbereich der Abschlussvermittlung dar. Der Wortlaut des Platzierens von Finanzinstrumenten ohne feste Übernahmeverpflichtung lässt den Rückschluss zu, dass es sich bei der Regelung des Platzierungsgeschäfts um eine Ergänzung des Emissionsgeschäfts im Sinne des § 1 Abs. 1 Satz 2 Nr. 10 handelt. Erfasst werden damit wohl insbesondere die Fälle, in denen mangels einer Übernahme von Finanzinstrumenten für eigenes Risiko bzw. mangels Übernahme gleichwertiger Garantien ein Emissionsgeschäft als Bankgeschäft gerade nicht vorliegt (*Schäfer* in: Boos/Fischer/Schulte-Mattler, § 1 Rn. 123n).

e) Abschlussvermittlung (Nr. 2). Als **Abschlussvermittlung** gilt die 105 Anschaffung und Veräußerung von Finanzinstrumenten im fremden Namen für fremde Rechnung. Die Regelung erfasst das Handeln in offener Stellvertretung und deckt sich mit der Tätigkeit des Abschlussmaklers im Sinne des § 34c Gewerbeordnung (BT-Drs. 13/7142, S. 65). Liegt eine Stellvertretung vor, kann als Tätigkeit eine Anlagevermittlung (Nr. 1), Eigenhandel für andere (Nr. 4) oder ein Finanzkommissionsgeschäft (§ 1 Abs. 1 Satz 2 Nr. 4) in Betracht kommen. Ein Platzierungsgeschäft könnte im Fall der erstmaligen Ausgabe von Finanzinstrumenten durch den Emittenten vorliegen (Nr. 1c).

f) Finanzportfolioverwaltung (Nr. 3). Die Verwaltung einzelner in Finanz- 106 instrumenten angelegter Vermögen für andere mit Entscheidungsspielraum ist entsprechend Nr. 3 **Finanzportfolioverwaltung**. Es ist dabei nicht notwendig, dass für jeden Kunden ein separat zu verwaltendes Portfolio existiert. Vielmehr können in den Portfolios auch Vermögen verschiedener Kunden zusammengefasst werden (BGH NZG 2011, 190; BVerwGE 122, 29 = NZG 2005, 265; BT-Drs. 13/7142, S. 66). Da auch Erstanlageentscheidungen vom Tatbestand erfasst sind, ist es darüber hinaus auch nicht erforderlich, dass das Vermögen bereits in Finanzinstrumenten angelegt ist (BVerwGE 122, 29).

Der Tatbestand der Finanzportfolioverwaltung ist gegenüber dem Depotge- 107 schäft gem. § 1 Abs. 1 Satz 2 Nr. 5 **subsidiär** (BT-Drs. 13/7142, S. 66). Sofern der Portfolioverwalter keine Erlaubnis zum Betreiben des Depotgeschäfts hat und nicht schon aus diesem Grund als Kreditinstitut zu qualifizieren wäre, hat der Verwalter die Wertpapiere auf einem Depotkonto des Kunden bei einem Unternehmen verwahren zu lassen, das zum Betreiben des Depotgeschäfts befugt ist.

Der Verwalter muss über einen eigenen **Entscheidungsspielraum** verfügen. 108 Die Befugnis im eigenen Ermessen Anlageentscheidungen treffen zu können, muss ihm durch Rechtsgeschäft eingeräumt sein (*Schwennicke/Auerbach*, § 1 Rn. 93). Liegt die Anlageentscheidung nicht beim Verwalter, sondern beim Kunden, ist bei Vorliegen einer Beratung der Fall der Anlageberatung gegeben (Nr. 1a), andernfalls ist bei Vermittlung der Tatbestand der Anlagevermittlung (Nr. 1) einschlägig.

In Abgrenzung zum Eigengeschäft nach § 1 Abs. 1a Satz 3 muss die Finanzport- 109 folioverwaltung **für andere** vorgenommen werden. Entscheidend wird hierbei sein, ob der Verwalter seine Dienstleistung über den Einzelfall hinaus nach außen am Markt erbringt, die Tätigkeit mithin im Fremdinteresse erfolgt (BVerwGE 122, 29). An diesem Merkmal scheitert es im Rahmen sog. Family Offices, in denen der Familienvermögensverwalter seine Tätigkeit auf den engsten Familienkreis beschränkt, selbst wenn dies im Einzelfall entgeltlich erfolgt.

g) Eigenhandel (Nr. 4). Die Anschaffung und die Veräußerung von Finanz- 110 instrumenten für eigene Rechnung als Dienstleistung für andere ist **Eigenhandel** und somit eine Finanzdienstleistung nach § 1 Abs. 1a Satz 2 Nr. 4. Eigenhandel liegt vor, wenn ein Unternehmen Finanzinstrumente im eigenen Namen für eigene Rechnung für andere mit dem Ziel anschafft oder veräußert, bestehende oder erwartete Unterschiede zwischen Kauf- und Verkaufspreis oder andere Preis- oder Zinsschwankungen auszunutzen (BGH BKR 2011, 65). Erfasst sind die Fälle, in denen das Institut seinem Kunden nicht als Kommissionär gegenübertritt, sondern als Käufer oder Verkäufer (BT-Drs. 13/7142, S. 66). Der Eigenhandel ist abzugrenzen von der Finanzdienstleistung der Abschlussvermittlung, bei der im fremden Namen für fremde Rechnung gehandelt wird und von dem Finanzkommissionsgeschäft als Bankgeschäft, bei dem der Handel im eigenen Namen für fremde Rechnung erfolgt.

111   Voraussetzung für das Vorliegen eines Eigenhandels ist der Erwerb oder die Veräußerung von Finanzinstrumenten **für andere.** Das Geschäft muss sich objektiv als eine Dienstleistung für andere darstellen (*Schwennicke/Auerbach,* § 1 Rn. 113). Dies ist stets anzunehmen, wenn ein entsprechender Kundenauftrag vorliegt (BVerwG ZIP 2008, 911). Mag dieser richtigerweise zivilrechtlich als Kaufvertrag zu qualifizieren sein, so ist das Geschäft dennoch Dienstleistung im Sinne der Wertpapierdienstleistungsrichtlinie (BT-Drs. 13/7142, S. 66).

112   Die BaFin nimmt einen gewerbsmäßigen und damit erlaubnispflichtigen Handel bei 25 Geschäften pro Monatsdurchschnitt an (BAKred Schreiben vom 21.9.1998). Als einschlägige Geschäftsformen gelten bspw. das **Festpreisgeschäft** oder auch das **Market-Making.** Beim Festpreisgeschäft verpflichtet sich der Eigenhändler den Auftrag zu einem vorher festgelegten Preis zu erfüllen. Das dadurch entstehende Preis- und Erfüllungsrisiko trägt er selbst (*Schäfer* in: Boos/Fischer/Schulte-Mattler, § 1 Rn. 132). Market Maker übernehmen die Verpflichtung gegenüber Dritten zur jederzeitigen Anschaffung oder Veräußerung von Finanzinstrumenten (*Zerwas/Hanten* ZBB 2000, 44). Liegt kein entsprechender Kundenauftrag vor, sondern kauft oder verkauft der Händler Finanzinstrumente für sich, so ist ein Eigenhandel **nicht** gegeben. Dabei handelt es sich um ein einer Finanzdienstleistung gleichgestelltes Eigengeschäft gemäß § 1 Abs. 1a **Satz 3.**

113   **h) Drittstaateneinlagevermittlung (Nr. 5).** Die **Drittstaateneinlagevermittlung** ist die Vermittlung von Einlagegeschäften mit Unternehmen mit Sitz außerhalb des Europäischen Wirtschaftsraums. Im Interesse eines umfassenden Kundenschutzes und zur Stärkung des Vertrauens in die Seriosität der Finanzmärkte ist die Tätigkeit als eine Finanzdienstleistung qualifiziert und damit der Aufsicht durch die BaFin unterstellt worden (BT-Drs. 13/7142, S. 66). Darüber hinaus sollen Scheinkonstruktionen verhindert werden, bei denen Gelder formal für ein im Ausland ansässiges Unternehmen, von einem Betreiber im Inland verwaltet werden (BT-Drs. 13/7142, S. 66). Eine gewerbsmäßige und damit erlaubnispflichtige Drittstaateneinlagevermittlung wird bei monatlich 25 Vermittlungen oder einem Gesamtvolumen in Höhe von 12.500,– Euro im Monatsdurchschnitt angenommen (*Schäfer* in: Boos/Fischer/Schulte-Mattler, § 1 Rn. 136). Da die EG-rechtliche Harmonisierung des Bankenaufsichtsrechts einen genügenden Kundenschutz bietet, werden von der Norm die Vermittlung von Einlagen an Adressen innerhalb des EWR nicht erfasst (BT-Drs. 13/7142, S. 66).

114   **i) Finanztransfergeschäft (Nr. 6).** Unter dem Begriff des **Finanztransfergeschäfts** ist die gewerbsmäßige Besorgung von Zahlungsaufträgen für andere im bargeldlosen Zahlungsverkehr zu verstehen. Diese Art von Geschäften waren Teil eines Schattenbankensystems geworden, dass nach Erkenntnissen der Strafverfolgungsbehörden sich nicht mehr nur auf die unerlaubte Hereinnahme von

Gelder beschränkte, sondern im internationalen Maßstab verstärkt auch zu Geldwäscheaktivitäten genutzt wurde. Insoweit war es die Intention des Gesetzgebers diesen Geschäftstypus als Finanzdienstleistung der Aufsicht der BaFin zu unterstellen (BT-Drs. 13/7142, S. 66).

Der Tatbestand ist als Auffangtatbestand für das Einlagen- und Girogeschäft **115** konzipiert und umfasst den Transfer von Geld als Dienstleistung für andere (*Schäfer* in: Boos/Fischer/Schulte-Mattler, § 1 Rn. 139). Dabei ist es ausreichend, wenn der Dienstleistende Bar- oder Buchgeld oder Schecks entgegennimmt und an den Empfänger weiterleitet (BGH NStZ-RR 2003, 55). Ein physischer Transport des Geldes ist nicht erforderlich. Es genügt der Einsatz kommunikativer Mittel (BGH NStZ-RR 2003, 55).

j) Sortengeschäft (Nr. 7). Das Gesetz beschreibt das **Sortengeschäft** als den **116** Handel mit Sorten. Davon umfasst werden der Austausch von Banknoten oder Münzen, die gesetzliche Zahlungsmittel darstellen, sowie der Verkauf und Ankauf von Reiseschecks (BT-Drs. 13/7142, S. 67).

Mit Aufnahme dieses Geschäftsfeldes in den Katalog der Finanzdienstleistungen **117** unterliegen **Wechselstuben** der Aufsicht der BaFin. Anlass dazu gaben Erkenntnisse der bei der OECD angesiedelten Expertengruppe Financial Task Force on Money Laundering (FATF), wonach Wechselstuben zunehmend für Geldwäschetransaktionen missbraucht werden. Nach Auffassung der BaFin liegt ein gewerbsmäßiger Betrieb bei 50 Transaktionen im Monatsdurchschnitt vor, sofern diese mit An- und Verkäufen 15.000,– Euro übersteigen (*Schäfer* in: Boos/Fischer/Schulte-Mattler, § 1 Rn. 145).

Steht das Sortengeschäft bei Unternehmen nicht im Vordergrund ihrer Tätig- **118** keit, sondern ist die einzige Finanzdienstleistung, die betrieben wird, so sind diese Unternehmen nicht als Finanzdienstleistungsinstitute anzusehen. Dies ergibt sich aus § 2 Abs. 6 Satz 1 Nr. 12. Der Gesetzgeber will damit insbesondere Hotels, Reisebüros oder Kaufhäuser von dem Regelungsbereich des § 1 Abs. 1a KWG befreien, da das Sortengeschäft für diese Unternehmen in der Regel allenfalls eine Nebentätigkeit darstellt (BT-Drs. 13/7142, S. 67).

k) Ausgabe von Kreditkarten und Reiseschecks (Nr. 8). Von § 1 Abs. 1a **119** Satz 2 Nr. 8 wird die **Ausgabe und Verwaltung von Kreditkarten und Reiseschecks** erfasst, es sei denn, der Kartenemittent ist auch der Erbringer der dem Zahlungsvorgang zugrunde liegenden Leistung. Entsprechend dem Wortlaut werden keine zweiseitigen sondern nur **dreiseitige Kreditkartengeschäfte** erfasst. Der Leistungserbringer und der Emittent der Karte dürfen nicht identisch sein. Bei einem Kreditkartengeschäft wird rechtlich jedoch stets ein Dreipersonenverhältnis zwischen dem Emittenten, dem Kunden und dem Akzeptanten vorliegen.

Grund für die Aufnahme dieses Tatbestandes in § 1 Abs. 1a war die Intention **120** des Gesetzgebers im Anschluss an die Terroranschläge des 11.9.2001, Geldwäsche und die Finanzierung des Terrorismus wirksamer bekämpfen zu können (BT-Drs. 14/8017, S. 63). Der Zahlungsvorgang mit Kreditkarten kann nicht nur zur Autorisierung und Verrechnung der Zahlung verwendet werden. Darüber hinaus ist es möglich Gelder auf Kreditkartenkonten einzuzahlen und diese dann innerhalb der Kreditkartenorganisation auf andere, auch ausländische Konten zu übertragen. Zahlungsströme dieser Art waren bislang nicht der Aufsicht unterstellt (*Schäfer* in: Boos/Fischer/Schulte-Mattler, § 1 Rn. 149).

Das Kreditkartengeschäft ist vom E-Geld Geschäft gemäß § 1 Abs. 1 Satz 2 **121** Nr. 11 insoweit abgrenzbar, als auf Kreditkarten im Gegensatz zu Geldkarten eben gerade keine Zahlungseinheiten gespeichert sind.

122   **l) Factoring (Nr. 9). Factoring** ist der laufende Ankauf von Forderungen auf der Grundlage von Rahmenverträgen mit oder ohne Rückgriff. Der Erlaubnistatbestand wurde durch das Jahressteuergesetz 2009 (BGBl. I 2008, S. 2794) mit Wirkung vom 25.12.2008 eingefügt. Anlass war das Bestreben des Gesetzgebers Schäden nicht nur vom Kundenkreis der betreffenden Unternehmen, sondern auch von der Gesamtwirtschaft aufgrund nicht ausreichend solider Geschäftsführung von Factoringunternehmen abzuwenden (BT-Drs. 16/11108, S. 66). Die Regelung des § 1 Abs. 3 Satz 1 Nr. 2 ist subsidiär.

123   Beim Factoring kauft der Factor (Käufer) Forderungen aus Lieferungen oder Leistungen des Factoringkunden (Verkäufer) nach Maßgabe eines Rahmenvertrages und nimmt den Einzug dieser Forderungen vor. Innerhalb des Factorings ist zwischen dem echten und unechten Factoring zu differenzieren. Beim **echten Factoring** (sog. non recourse factoring) kauft der Factor die Forderungen des Factoringkunden endgültig an und übernimmt das Risiko der Bonität des Schuldners der abgetretenen Forderung. Eine Möglichkeit des Rückgriffs auf den Factoringkunden besteht nicht. Hingegen behält sich der Factor beim **unechten Factoring** (sog. recourse factoring) den Rückgriff auf den Factoringkunden, für den Fall mangelnder Bonität des Schuldners, vor.

124   Gegenstand des Ankaufs müssen **Forderungen** sein. Forderungen sind typischerweise Geldforderungen. Aufgrund der Weite des Begriffs kommen jedoch auch andere geldwerte Forderungen in Betracht, die Gegenstand von Rahmenverträgen sein können (*Reschke* BKR 2009, 141).

125   **Ankauf** ist jeder schuldrechtliche Vertrag, der auf den Erwerb der Forderung gerichtet ist (*Schwennicke/Auerbach,* § 1 Rn. 134). Unerheblich ist es dabei, ob es sich um ein echtes oder unechtes Factoring, zivilrechtlich mithin um einen Kauf- oder Darlehensvertrag handelt (BT-Drs. 16/11108, S. 67). Das Vertragsverhältnis zwischen Kreditkartenunternehmen und Vertragsunternehmen stellt keinen Forderungskauf, sondern ein abstraktes Schuldversprechen dar (BGH NJW 2002, 2234). In dieser Konstellation fehlt es an dem Merkmal des Ankaufs (BGH NJW 2002, 2234).

126   Nicht jeder Ankauf von Forderungen erfüllt den Tatbestand des Factorings. Zwischen dem Factor und dem Verkäufer muss eine **laufende Geschäftsbeziehung** bestehen, aus dieser heraus der Factor planmäßig immer wieder Forderungen ankauft (*Reschke* BKR 2009, 141). Ein erstmaliger Ankauf fällt nur dann unter Nr. 9, wenn weitere Geschäfte dieser Art verabredet sind (*Schwennicke/Auerbach,* § 1, Rn. 134).

127   Schließlich ist Voraussetzung, dass dem Geschäft eine **Finanzierungsfunktion** zukommt. Liegt eine Finanzierungsfunktion, wie in der Regel beim **Fälligkeitsfactoring,** nicht vor, so ist der Tatbestand des Factorings nach Sinn und Zweck nicht einschlägig (BT-Drs. 16/11108, S. 67). Ebenso nicht unter Nr. 9 fallen zudem der Kauf von Forderungen aus **Rücklastschriften** und der Kauf von Forderungen durch eine Zweckgesellschaft zu Refinanzierungszwecken, auch wenn der Kauf im Rahmen revolvierender **ABS-Transaktionen** erfolgt (BT-Drs. 16/11108, S. 67; *Reschke* BKR 2009, 141).

128   Da das unechte Factoring zivilrechtlich als Darlehen zu qualifizieren ist, steht es in Konkurrenz zum Kreditgeschäft nach § 1 Abs. 1 Satz 2 Nr. 2. Entsprechend der Begründung des Gesetzgebers soll unbeschadet der zivilrechtlichen Einordnung des unechten Factoring als Darlehen im Sinne des § 488 BGB der Tatbestand des Kreditgeschäfts entgegen seinem Wortlaut nicht zur Anwendung kommen (BT-Drs. 16/11108, S. 67). In Durchbrechung des Prinzips des Vorrangs des

Bankgeschäfts soll das Factoring abschließend als Finanzdienstleistung geregelt sein (BT-Drs. 16/11108, S. 67).

m) Finanzierungsleasing (Nr. 10). Das Jahressteuergesetz 2009 (BGBl. I **129** 2008, S. 2794) hat mit Wirkung vom 25.12.2008 den Katalog der Finanzdienstleistungen um den Tatbestand des **Finanzierungsleasings** erweitert.

Unter dem **Finanzierungsleasing** ist der Abschluss von Finanzierungsleasing- **130** verträgen als Leasinggeber und die Verwaltung von Objektgesellschaften im Sinne des § 2 Abs. 6 Satz 1 Nr. 17 zu verstehen. Die Norm umfasst zwei Tatbestandsalternativen. Der erste Halbsatz regelt den Abschluss von Finanzierungsleasingverträgen. Der zweite Halbsatz die Verwaltung von Objektgesellschaften im Sinne des § 2 Abs. 6 Satz 1 Nr. 17.

Der **Abschluss von Finanzierungsleasingverträgen** durch den Leasingge- **131** ber als Finanzierer erfasst die leasingtypische **Dreieckskonstellation.** Beteiligt sind dabei der Hersteller, der den Leasinggegenstand an den Leasinggeber veräußert und der Leasingnehmer als zukünftiger Verwender des Leasinggegenstands, der mit dem Leasinggeber den Leasingvertrag abschließt. Rechtlich liegt zwischen dem Hersteller und dem Leasinggeber ein Kaufvertrag zu Grunde, zwischen dem Leasinggeber und dem Leasingnehmer wird ein rechtlich selbständiger Gebrauchsüberlassungsvertrag (Leasingvertrag) geschlossen. Hersteller und Leasingnehmer stehen grundsätzlich in keiner vertraglichen Beziehung zueinander. Es berührt die Tatbestandsmäßigkeit nicht, wenn der Hersteller mit dem Leasinggeber konzernrechtlich miteinander verbunden ist (*Reschke* BKR 2009, 145; *Schwennicke/Auerbach,* § 1 Rn. 135).

In Ausnahme zu den Dreieckskonstellationen können darüber hinaus auch **132** **bilaterale Vertragsverhältnisse** einschlägig sein. Erfasst werden insbesondere die bedeutsame Fallgruppe sog. **Sale-and-Lease-Back** Konstruktionen. Dabei veräußert der Leasingnehmer das Leasinggut zunächst an den Leasinggeber, um sich dann den weiteren Gebrauch des Gutes auf Grundlage eines Leasingvertrages einräumen zu lassen.

Nicht unter Nr. 10 fällt das sog. **Operating Leasing.** Geschäfte dieser Art **133** sind zivilrechtlich schlicht Mietverträge und haben regelmäßig keine Finanzierungsfunktion (BT-Drs. 16/11108, S. 67; *Reschke* BKR 2009, 146).

Die zweite Tatbestandsalternative umfasst die **Verwaltung von Objektgesell-** **134** **schaften im Sinne des § 2 Abs. 6 Satz 1 Nr. 17.** Dies sind reine Besitzgesellschaften, deren Tätigkeit sich auf das Halten eines Leasingobjektes beschränkt (*Schwennicke/Auerbach,* § 1 Rn. 135). Konzentriert sich die Tätigkeit des Unternehmens rein auf die Verwaltung von Objektgesellschaften im Sinne des § 2 Abs. 6 Satz 1 Nr. 17, ohne selbst Finanzierungsleasingverträge abzuschließen, so betreibt es auch dann das Finanzierungsleasing (*Reschke* BKR 2009, 144).

n) Eigengeschäft (Abs. 1a Satz 3). Als Finanzdienstleistung in Form des **135** **Eigengeschäfts** gilt auch eine Anschaffung oder Veräußerung von Finanzinstrumenten für eigene Rechnung, die keine Dienstleistung für andere im Sinne des Satzes 1 Nr. 4 darstellt. Insoweit ist das Handeln auf eigene Rechnung mit Kundenbezug weiterhin als **Eigenhandel** entsprechend § 1 Abs. 1a Satz 2 Nr. 4 einzustufen. Als **Eigengeschäft** ist die Tätigkeit dann zu qualifizieren, wenn das Handeln auf eigene Rechnung ohne Kundenbezug ausgeübt wird, es also an einem Dienstleistungscharakter fehlt.

Erforderlich ist auch hier die Gewerbsmäßigkeit der Tätigkeit, bzw. die Durch- **136** führung einer solchen in einem Umfang, der einen kaufmännisch eingerichteten

Geschäftsbetrieb erfordert. Nimmt die Person nach der Verkehrsanschauung und dem Gesamtbild der Verhältnisse an dem Handel wie ein Wertpapierhändler teil, ist dies der Fall (*Schwennicke/Auerbach,* § 1, Rn. 137). Nicht wie ein Börsenhändler beteiligt sich ein Privatanleger bzw. Daytrader am Handel, der seine Orders ausschließlich über Depotbanken oder Online-Broker platziert. Eine solche Beteiligungsform am Börsengeschehen entspricht vielmehr einer für private Anleger typischen Art und Weise. Dies stellt eine Konstellation dar, die als **Verwaltung eigenen Vermögens** anzusehen ist und von Satz 3 nicht erfasst wird (BFH WM 2004, 1912 = BB 2004, 751 = DStR 2004, 598).

III. Subjektiver Tatbestand

137   § 54 stellt sowohl die fahrlässige als auch vorsätzliche Verwirklichung des Tatbestandes unter Strafe.

1. Vorsätzliche Begehung (Abs. 1)

138   Gemäß § 54 Abs. 1 ist die vorsätzliche Begehung des Delikts strafbar. Als Vorsatzform ist **dolus eventualis** ausreichend (*Janssen* in: Park, § 54 KWG, Rn. 37; *Schröder* in: HWSt, S. 895, Rn. 81; vermeintlich auf direkten Vorsatz abstellend bei *Lindemann* in: Boos/Fischer/Schulte-Mattler, § 54 Rn. 12). Der Täter muss demnach alle Tatbestandsmerkmale kennen, den Erfolgseintritt für möglich halten und diesen billigend in Kauf nehmen.

139   Wer bei Begehung der Tat einen Umstand nicht kennt, der zum gesetzlichen Tatbestand gehört, unterliegt einem Tatbestandsirrtum nach § 16 Abs. 1 Satz 1 StGB und handelt somit nicht vorsätzlich (zu einzelnen Abgrenzungsproblemen, *Janssen* in: Park, § 54 KWG, Rn. 38; *Lindemann* in: Boos/Fischer/Schulte-Mattler, § 54 Rn. 12; *Schröder* in: HWSt, S. 895, Rn. 81). Eine Strafbarkeit wegen fahrlässiger Begehung bleibt freilich davon unberührt.

140   Irrt der Täter über das Verbotensein seines Handelns, liegt ein Verbotsirrtum nach § 17 StGB vor. Dieser Irrtum entlastet den Täter lediglich insoweit, als er die Schuld nur dann entfallen lässt, wenn der Täter den Irrtum nicht vermeiden konnte. Unvermeidbar ist ein Verbotsirrtum dann, wenn er auch bei hinreichender Sorgfalt nicht hätte vermieden werden können. Aufgrund der teilweise schwer durchdringbaren Vorschriften im Kapitalmarktrecht im Allgemeinen, sowie auch vorliegend im KWG, vereint mit einer teils undurchsichtigen Verweisungstechnik sowie komplizierten und nicht selten auch umstrittenen rechtlichen Würdigungen wird dem Verbotsirrtum an hiesigem Ort wohl häufig eine nicht unerhebliche Bedeutung zukommen. Schwierige rechtliche Bewertungen können sich im Rahmen des § 54 bspw. bei der Abgrenzung der Bankgeschäfte und Finanzdienstleistungen von den sonstigen Geschäften, bei der Bestimmung der Notwendigkeit eines in kaufmännischer Weise eingerichteten Geschäftsbetriebs oder auch bei der Abgrenzung der erlaubnispflichtigen Geschäfte von den zahlreichen Ausnahmen des § 2 ergeben (*Lindemann* in: Boos/Fischer/Schulte-Mattler, § 54 Rn. 13). Darüber hinaus sei an dieser Stelle auf wesentliche Probleme bei der Beurteilung von Fragen im Zusammenhang mit privaten Investmentclubs hinzuweisen. Dies betrifft etwa die Fragen, ob dort jemand im eigenen Namen für andere Wertpapiertransaktionen tätigt, ob diese den erlaubnispflichtigen Umfang erreichen und ob von einer Finanzportfolioverwaltung mit Ermessen ausgegangen werden kann (*Lindemann,* in: Boos/Fischer/Schulte-Mattler, § 54 Rn. 13). Wer sich im Zusammenhang mit eigenen Tätigkeiten über die Reichweite der Vorschriften nicht abschließend im Klaren ist, mag versuchen über eine Auskunft der BaFin Sicherheit zu bekommen. Gleichwohl entfaltet die Auskunft keine Bindung der Gerichte. Diese haben selbständig zu beurteilen, ob Bankgeschäfte oder Finanzdienstleistungen erbracht wurden, die § 54 erfasst. Dennoch wird in den Fällen, in denen die BaFin eine Erlaubnispflicht verneint und das rechtsprechende Gericht entgegen dieser Ansicht urteilt, regelmäßig ein unvermeidbarer Verbotsirrtum vorliegen (*Lindemann* in: Boos/Fischer/Schulte-Mattler, § 54 Rn.13; *Schwennicke/Auerbach,* § 54 Rn. 15; *Janssen* in: Park, § 54 KWG, Rn. 40 sieht in der Regel schon den Vorsatz und den Vorwurf sorgfaltspflichtwidrigen Verhaltens als nicht gegeben an, nachdem entsprechende Auskünfte über Erlaubnispflichten und Ausnahmen eingeholt wurden).

2. Fahrlässige Begehung (Abs. 2)

Realisiert der Täter die Tatbestandsmerkmale nicht vorsätzlich, so bleibt eine **141** Strafbarkeit entsprechend § 54 Abs. 2 wegen fahrlässiger Begehung. Besondere Beachtung gilt dem Pflichtenmaßstab. Im Rahmen der Bestimmung des Fahrlässigkeitsvorwurfs sind individuelle Kenntnisse des Täters zu berücksichtigen (BGH 14, 52). Insoweit sind an Personen, wie Geschäftsleiter im Sinne des § 1 Abs. 2 Satz 1, höhere Anforderungen zu stellen, als an Personen, die in die Führung erlaubnispflichtiger Geschäfte weniger involviert sind. Eine rein fahrlässige Begehungsweise ist in vielfältiger Hinsicht denkbar. So bspw., wenn der Täter irrig vom Vorliegen einer Erlaubnis ausgeht (*Schwennicke/Auerbach,* § 54 Rn. 18). Eine fahrlässige Begehung kann auch für einen Verwalter einzelner Vermögen für andere in Betracht kommen, der sich nicht darüber im Klaren ist, ob er eindeutige Weisungen für die Vermögensanlage erhalten hat, aber unberechtigt annimmt, dass der Kunde immer nur eine bestimmt Form der Anlage gewollt hat (*Lindemann* in: Boos/Fischer/Schulte-Mattler, § 54 Rn. 14).

Der Täter wird seiner kaufmännischen Pflicht jedoch dann genüge getan haben, **142** wenn er sich sachkundigen Rat eingeholt und eine entsprechende Anfrage bei der BaFin getätigt hat, auch wenn eine Antwort unter Umständen noch aussteht oder eine weitere Klärung erfordert (*Lindemann* in: Boos/Fischer/Schulte-Mattler, § 54 Rn. 14; *Janssen* in: Park, § 54 KWG, Rn. 39).

IV. Täterschaft und Teilnahme

Der taugliche Täterkreis einer Straftat im Sinne des § 14 StGB reduziert sich **143** auf diejenigen Personen, die das Unternehmen leiten und damit die Geschäfte betreiben. Die Zurechnungstatbestände des § 14 setzen in Absatz 1 voraus, dass der Handelnde Vertretungsberechtigter der an sich qualifizierten, aber deliktsunfähigen juristischen Person oder eine rechtsfähige Personengesellschaft oder gesetzlicher Vertreter eines anderen ist. In Absatz 2, dass der Handelnde beauftragt ist den Betrieb ganz oder zum Teil zu leiten oder beauftragt ist, in eigener Verantwortung Aufgaben wahrzunehmen, die dem Inhaber des Betriebs obliegen. Sonstige Mitarbeiter des Unternehmens können nicht Täter, sondern allenfalls Teilnehmer einer Straftat nach § 54 sein (*Lindemann* in: Boos/Fischer/Schulte-Mattler, § 54 Rn. 10).

Als Teilnehmer macht sich immer dann strafbar, wer vorsätzlich einen anderen **144** zu dessen vorsätzlich begangener rechtswidriger Tat bestimmt hat (Anstiftung gemäß § 26 StGB) oder wer vorsätzlich einem anderen zu dessen vorsätzlich begangener rechtswidriger Tat Hilfe geleistet hat (Beihilfe gemäß § 27 StGB).

V. Konkurrenzen, Verjährung und Rechtsfolge

145   Die einzelnen Tatbestandsvarianten des § 54 können in Tateinheit verwirklicht werden. Einzelne Verkaufsakte während des Betriebs der Geschäfte stellen eine Tathandlung dar. Der Täter, der gleichlaufend verbotene Geschäfte nach § 3 und Bankgeschäfte oder Finanzdienstleistungen ohne Erlaubnis gemäß § 32 erbringt, verwirklicht dies im Rahmen einer natürlichen Handlungseinheit. Begeht der Täter neben einem Verstoß gegen das KWG weitere Straftaten, kann eine isolierte Verfolgung des KWG-Delikts zum Strafklageverbrauch führen (*Schröder* in: HWSt, S. 896, Rn. 85a).

146   § 54 kann tateinheitlich mit § 263 StGB realisiert werden. Bei betrügerischen Emissionen kommt darüber hinaus Tateinheit mit § 264a StGB in Betracht. Veruntreut der Täter zugleich Kundengelder, so kann auch Tateinheit mit § 266 StGB vorliegen. Tateinheit ist auch mit §§ 61, 23 BörsG möglich.

147   Die vorsätzliche Begehung der Tat wird in § 54 Abs. 1 mit Freiheitsstrafe bis zu drei Jahren bedroht. Gemäß § 78 Abs. 3 Nr. 4 StGB verjähren die Taten somit nach fünf Jahren. Wegen der Strafandrohung von bis zu einem Jahr Freiheitsstrafe bei fahrlässiger Begehung der Tat, verjähren diese gemäß § 78 Abs. 3 Nr. 5 StGB nach drei Jahren. Entsprechend § 78a StGB beginnt die Verjährung mit Durchführung der letzten Handlung, also der Beendigung der Tat. Die Vollstreckungsverjährung bestimmt sich nach § 79 StGB.

148   Sofern sich der Täter bereichert oder dies versucht hat, ist im Rahmen der Strafzumessung insbesondere **§ 41 StGB** zu berücksichtigen. Neben einer Geld- oder Freiheitsstrafe gegen die handelnde Person kommt ebenso eine Sanktion gegen das Unternehmen in Betracht. Regelmäßig wird bei der Verwirklichung von § 54 ein Missbrauch des Berufes vorliegen, wodurch über § 70 StGB die Möglichkeit eröffnet wird, ein Berufsverbot gegen den Täter anzuordnen. Jedoch ist die Dauer des Berufsverbots der Deliktsstruktur anzupassen (vgl. BGH NStZ 1995, 124).

149   Über § 30 OWiG kann gegen eine juristische Person oder eine Personenvereinigung eine Geldbuße festgesetzt werden, wenn nach § 30 Abs. 1 Nr. 1 OWiG jemand als vertretungsberechtigtes Organ, gemäß § 30 Abs. 1 Nr. 3 OWiG als vertretungsberechtigter Gesellschafter einer Personengesellschaft, gemäß § 30 Abs. 1 Nr. 4 OWiG als Prokurist in leitender Stellung oder entsprechend § 30 Abs. 1 Nr. 5 OWiG als sonstige für die Leitung des Betriebs oder Unternehmens verantwortliche Person gehandelt und dabei eine Straftat begangen hat. Darüber hinaus ist erforderlich, dass er Pflichten verletzt hat, die das Unternehmen treffen oder dieses bereichert wurde oder werden sollte (*Fuhrmann* in: Erbs/Kohlhaas, § 54 Rn. 16). Als Rechtsfolge sieht § 30 OWiG eine Geldbuße bei Vorsatztaten in Höhe bis zu einer Million Euro, bei Fahrlässigkeit fünfhunderttausend Euro vor. Überdies ist es unter Anwendung des § 17 Abs. 4 OWiG möglich den wirtschaftlichen Vorteil aus der Tat in unbegrenzter Höhe abzuschöpfen.

150   § 54 ist **Offizialdelikt** (*Janssen* in: Park, Kapitalmarktstrafrecht, § 54 KWG, Rn. 45). Ein Strafantragserfordernis nach § 77 StGB ist nicht gegeben (*Fuhrmann* in: Erbs/Kohlhaas, § 54 Rn. 15). Die Tat ist gemäß § 152 StPO von Amts wegen zu verfolgen. Entsprechend dem Legalitätsprinzip ist die Staatsanwaltschaft verpflichtet, Ermittlungen aufzunehmen, sofern zureichende tatsächliche Anhaltspunkte einer Straftat vorliegen. Bieten die Ermittlungen genügenden Anlass zur Erhebung der öffentlichen Klage, so erhebt die Staatsanwaltschaft diese durch Einreichung einer Anklageschrift bei dem zuständigen Gericht, § 170 Abs. 1 StPO. Andernfalls stellt die Staatsanwaltschaft das Ermittlungsverfahren gemäß § 170 Abs. 2 StPO ein. Darüber hinaus kann nach § 153 Abs. 1 StPO von der Verfolgung abgesehen werden, wenn die Schuld des Täters als gering anzusehen wäre und kein öffentliches Interesse an der Verfolgung besteht. Zu den weiteren Möglichkeiten der Einstellung der Strafverfolgung vergleiche die §§ 153 ff. StPO.

B. § 55 Verletzung der Pflicht zur Anzeige der Zahlungsunfähigkeit oder der Überschuldung

(1) **Mit Freiheitsstrafe bis zu drei Jahren oder mit Geldstrafe wird bestraft, wer entgegen § 46b Abs. 1 Satz 1, auch in Verbindung mit § 53b Abs. 3 Satz 1, eine Anzeige nicht, nicht richtig, nicht vollständig oder nicht rechtzeitig erstattet.**

(2) **Handelt der Täter fahrlässig, so ist die Strafe Freiheitsstrafe bis zu einem Jahr oder Geldstrafe.**

Literatur: *Achenbach/Ransiek,* Handbuch Wirtschaftsstrafrecht, 2. Auflage, Heidelberg 2007; *Boos/Fischer/Schulte-Mattler,* Kreditwesengesetz Kommentar, 3. Auflage, München 2008; *Erbs/Kohlhaas,* Strafrechtliche Nebengesetze, Loseblattsammlung, 185. Auflage, München 2011; *Münchener Kommentar zum StGB,* Band VI, München 2010; *Park,* Kapitalmarktstrafrecht, 2. Auflage, Baden-Baden 2008; *Szagunn/Haug/Ergenzinger,* Gesetz über das Kreditwesen, 6. Auflage, Stuttgart 1997.

Übersicht

I. Vorbemerkung

Die Vorschrift des § 55 wurde ursprünglich durch das 2. Gesetz zur Bekämp- **1** fung der Wirtschaftskriminalität vom 15. Mai 1986 (BGBl. I 1986, S. 721) in das KWG eingefügt und im Rahmen der 6. KWG-Novelle durch die Einbeziehung von Finanzdienstleistungsinstituten erweitert. Die letzte Änderung erfolgte durch das Gesetz zur Fortentwicklung des Pfandbriefrechts vom 20.3.2009 (BGBl. I, S. 607).

§ 55 stellt das Verhalten eines Geschäftsleiters im Vorfeld eines Insolvenzan- **2** tragsverfahrens unter Strafe. Dem Geschäftsleiter kommt dabei kein eigenes Recht zu, den Insolvenzantrag zu stellen. Vielmehr hat dieser die Zahlungsunfähigkeit oder Überschuldung des Instituts der BaFin gemäß § 46b anzuzeigen, die dann selbständig im Rahmen einer Ermessensentscheidung über den Antrag auf Eröffnung eines Insolvenzverfahrens über das Vermögen des Instituts entscheidet. Die im übrigen Gesellschaftsrecht vorhandenen spezialgesetzlichen Regelungen (vgl. §§ 42 Abs. 2 BGB, 401 Abs. 1 Nr. 2 AktG, 84 Abs. 1 Nr. 2 GmbHG, 148 Abs. 1 Nr. 2 GenG) finden auf die Geschäftsleiter solcher Institute keine Anwendung. Das **geschützte Rechtsgut** des § 55 ist die Sicherstellung des Prüfungsverfahrens für die Stellung eines Insolvenzantrages durch die BaFin (*Janssen* in: Park, § 55 KWG, Rn. 3; aA *Szagunn* in: *Szagunn/Haug/Ergenzinger*, KWG, § 55 Rn. 2). Der Gesetzgeber verfolgt nicht die Zweck eines unmittelbaren Schutzes von Gläubigerinteressen. § 55 ist **kein Schutzgesetz** im Sinne des § 823 Abs. 2 BGB (*Lindemann* in: Boos/Fischer/Schulte-Mattler, § 55 Rn. 2; *Janssen* in: MüKo, § 55 Rn. 4).

II. Objektiver Tatbestand

3   § 55 verweist als Teilblankettnorm auf § 46b Abs. 1 Satz 1 und § 53b Abs. 3 Satz 1. Tatbestandsmäßig in der Fassung vor der letzten Änderung im Jahr 2009 (BGBl. I, S. 607) war es, wer es als Geschäftsleiter eines Instituts oder als Inhaber eines in der Rechtsform des Einzelkaufmanns betriebenen Instituts entgegen § 46b Satz 1, auch in Verbindung mit § 53b Abs. 3 Satz 1, unterlässt, der BaFin die Zahlungsunfähigkeit oder Überschuldung anzuzeigen. § 55 stellt damit allein den Verstoß gegen diese Anzeigepflicht unter Strafe. Da der Anknüpfungspunkt des § 55 das pflichtwidrige Unterlassen der Anzeige ist, handelt es sich hierbei um ein echtes Unterlassungsdelikt (*Janssen* in: MüKo, § 55 Rn. 6).

4   Objektiv muss zunächst **Zahlungsunfähigkeit oder Überschuldung** vorliegen. Zur Definition dieser beiden Merkmale kann auf die Ausführungen in §§ 17 Abs. 2, 19 Abs. 2 InsO zurückgegriffen werden (*Schröder* in: HWSt, S. 897, Rn. 92). Demnach liegt **Zahlungsunfähigkeit** vor, wenn der Schuldner nicht in der Lage ist, die fälligen Zahlungspflichten zu erfüllen. Dies ist regelmäßig jedenfalls dann anzunehmen, wenn der Schuldner seine Zahlungen eingestellt hat. **Überschuldung** ist gegeben, wenn das Vermögen des Schuldners die bestehenden Verbindlichkeiten nicht mehr deckt, es sei denn, die Fortführung des Unternehmens ist nach den Umständen überwiegend wahrscheinlich.

5   Fraglich war, ob die Strafnorm des § 55 auch die **drohende Zahlungsunfähigkeit** erfasste (vgl. dazu auch *Häberle* in: Erbs/Kohlhaas, § 55 Rn. 7). Nach § 46b Abs. 1 Satz 1 liegt eine drohende Zahlungsunfähigkeit vor, wenn das betroffene Institut voraussichtlich nicht in der Lage sein wird, die bestehenden Zahlungspflichten im Zeitpunkt der Fälligkeit zu erfüllen. Dies ist insofern problematisch, als in § 55 zwar ohne Einschränkung auf § 46b Abs. 1 Satz 1 verwiesen und dort im 2. Halbsatz die drohende Zahlungsunfähigkeit ausdrücklich genannt wird, § 55 jedoch selbst nur von Überschuldung und Zahlungsunfähigkeit spricht. Im Ergebnis wird man dazu gelangen müssen, die drohende Zahlungsunfähigkeit vom Anwendungsbereich des § 55 auszuschließen. Sofern der uneingeschränkte Verweis auf § 46b Abs. 1 Satz 1 allein stünde, würde einer Strafbarkeit bei Verstoß gegen die drohende Zahlungsunfähigkeit nichts entgegenstehen. Dadurch, dass allerdings im weiteren Verlauf des § 55 Abs. 1 wiederum ausdrücklich nur auf die Zahlungsunfähigkeit und Überschuldung Bezug genommen wird, muss davon ausgegangen werden, dass durch die spezielle Aufzählung der beiden Tatbestandsvoraussetzungen das Merkmal der drohenden Überschuldung nicht von § 55 erfasst wird. Dabei wird auch nicht verkannt, dass § 46b Abs. 1 Satz 1 weiter geht, als die einschlägigen Normen der InsO und des GmbHG, indem er eine

Anzeigepflicht begründet. Nach damaliger Gesetzeslage spricht jedoch vieles dafür, dass zwar eine Pflicht besteht, ein Verstoß dagegen aber über § 55 nicht bußgeld- bzw. strafbewehrt ist.

In der neuen Fassung ist nun auf die ausdrückliche Nennung der Überschul- **6** dung und Zahlungsunfähigkeit verzichtet worden. Es findet sich nur noch der Verweis auf § 46 Abs. 1 Satz 1, so dass für Taten seit der Neufassung ebenso die drohende Zahlungsunfähigkeit tatbestandsmäßig ist.

Darüber hinaus wurde das Tatbestandsmerkmal des Unterlassens einer Anzeige **7** nun durch vier Varianten ersetzt. Unter Strafe ist in der gegenwärtig gültigen Gesetzesfassung gestellt, wer entgegen § 46b Abs. 1 Satz 1, auch in Verbindung mit § 53b Abs. 3 Satz 1, eine Anzeige nicht, nicht richtig, nicht vollständig oder nicht rechtzeitig erstattet.

Wenn auch nicht im Wortlaut, so entspricht die Variante des **nicht Erstattens** **8** im Wesentlichen der des Unterlassen in § 55 aF Einzig ist zu beachten, dass der Gesetzgeber nun mit der Variante des nicht rechtzeitig Erstattens einen Tatbestand geschaffen hat, der die verspätete, nicht unverzügliche Anzeige erfasst, die bisher unter das Unterlassen in § 55 aF subsumiert werden konnte. Insofern werden jetzt nur Fälle von der ersten Variante des nicht Erstattens erfasst werden, bei denen überhaupt keine Insolvenzanzeige erstattet wurde.

Die zweite Variante stellt die **nicht richtige** Anzeige unter Strafe. Als nicht **9** richtig gilt eine Anzeige, die inhaltlich unzutreffende Angaben enthält (*Häberle* in: Erbs/Kohlhaas, § 55 Rn. 8). Dabei sind fehlerhafte Angaben in Hinblick auf unbedeutende und irrelevante Details vom Anwendungsbereich des § 55 regelmä-ßig auszuschließen (*Häberle* in: Erbs/Kohlhaas, § 55 Rn. 8). Dementsprechend sind grundsätzlich nur solche Angaben tatbestandsmäßig, die für die Bewertung durch die BaFin von Relevanz sind.

Ferner werden auch **nicht vollständige** Angaben von § 55 erfasst. Nicht voll- **10** ständig sind die Angaben dann, wenn sie nicht wenigstens die Anforderungen an den gesetzlichen Mindestinhalt einer Anzeige erfüllen. § 46b Abs. 1 Satz 1 spricht in diesem Zusammenhang von aussagefähigen Unterlagen, ohne diesen Rechtsbe-griff näher zu bestimmen. Was darunter zu verstehen ist, bleibt vollkommen offen. Die ist im Hinblick auf das Bestimmtheitsgebot im Strafrecht kritisch zu sehen. Selbst bei Berücksichtigung einer besonderen Sachkunde der Adressaten bleibt es weitgehend im Dunkeln, welche Unterlagen vorzulegen sind. Eine wenigstens andeutungsweise Klarstellung, was unter aussagefähigen Unterlagen zu verstehen ist, wäre wünschenswert.

Schließlich wird bestraft, wer die Anzeige **nicht rechtzeitig** erstattet. Gemäß **11** § 46b Abs. 1 Satz 1 hat die Anzeige unverzüglich zu erfolgen. Unverzüglich bedeutet ohne schuldhaftes Zögern. Somit macht sich strafbar, wer die Insolvenz-anzeige nicht sofort nach Eintritt der Insolvenzlage stellt (*Häberle* in: Erbs/Kohl-haas, § 55 Rn. 8).

III. Subjektiver Tatbestand

Der Tatbestand differenziert zwischen einer vorsätzlichen Begehung nach **12** Abs. 1 und einer fahrlässigen entsprechend Abs. 2.

Als Vorsatzform ist **bedingter Vorsatz** ausreichend (*Schröder* in: HWSt, S. 898, **13** Rn. 103). Es genügt somit, wenn der Täter einen Verstoß gegen eine möglicher-weise bestehende Anzeigepflicht billigend in Kauf nimmt.

14   **Fahrlässig** handelt, wer unter Berücksichtigung des Einzelfalls und seiner persönlichen Verhältnisse und Fähigkeiten, sorgfaltswidrig die Möglichkeit der Tatbestandverwirklichung nicht erkennt, obwohl er sie hätte erkennen können oder
die Tatbestandsverwirklichung zwar für möglich hält, jedoch auf deren Nichteintritt vertraut. In Betracht kommen hier insbesondere die sorgfaltswidrige Nichter-
kennung der Krisenlage des Instituts und der Voraussetzungen der Anzeigepflicht
(*Schröder* in: HWSt, S. 898, Rn. 103).

IV. Täterschaft und Teilnahme

15   Mit Änderung des § 55 durch das Gesetz zur Fortentwicklung des Pfandbriefrechts vom 20.3.2009 wurde auf die ausdrückliche Nennung des Geschäftsleiters
und des Inhabers eines in der Rechtsform des Einzelkaufmanns betriebenen Instituts verzichtet. Da dieser Personenkreis jedoch weiterhin in § 46b genannt ist,
ändert dies nichts am tauglichen Täterkreis (*Janssen* in: MüKo, § 55 Rn. 7).

16   Die Anzeigepflicht nach § 46b ist allein dem **Geschäftsleiter** eines Instituts
auferlegt. Demnach können auch nur diese Täter sein. Gemäß § 1 Abs. 2 Satz 1
sind Geschäftsleiter im Sinne des KWG diejenigen natürlichen Personen, die nach
Gesetz, Satzung oder Gesellschaftsvertrag zur Führung der Geschäfte und zur
Vertretung eines Instituts in der Rechtsform einer juristischen Person oder einer
Personenhandelsgesellschaft berufen sind. Auch der von der BaFin eingesetzte
Geschäftsleiter ist tauglicher Täter. Sind mehrere Geschäftsleiter bestellt, so steht
jeder einzelne von ihnen in der strafrechtlichen Verantwortung. Über den Verweis
auf § 53b Abs. 3 Satz 1 zählen zum Täterkreis auch Geschäftsleiter inländischer
Zweigniederlassungen von Unternehmen mit Sitz in einem anderen Staat des
Europäischen Wirtschaftsraums. Bei einem in der Rechtsform des Einzelkauf-
manns betriebenen Instituts trifft die Anzeigepflicht den **Inhaber** dessen.

17   Die entwickelten Grundsätze zum faktischen Geschäftsführer sind auf den
Geschäftsleiter entsprechend anzuwenden (*Häberle* in: Erbs/Kohlhaas, § 55 Rn. 2).
Auf eine wirksame Bestellung zum Geschäftsleiter kommt es insoweit nicht an
(*Lindemann,* in: Boos/Fischer/Schulte-Mattler, § 55 Rn. 5). § 55 ist ein **echtes
Sonderdelikt** (*Lindemann,* in: Boos/Fischer/Schulte-Mattler, § 55 Rn. 5; *Schröder*
in: HWSt, S. 898, Rn. 101).

18   Nicht als Täter kommen Aufsichtsratsmitglieder oder Beschäftigte eines Insti-
tuts in Betracht (*Janssen* in: Park, Kapitalmarktstrafrecht, § 55 KWG, Rn. 11).
Gleichwohl können diese – wie im übrigen jedermann – jedoch als Anstifter oder
Gehilfe in Erscheinung treten, sofern sie den Haupttäter zur Tat bestimmen oder
ihm Hilfe leisten, §§ 26, 27 StGB. Da die Eigenschaft als Geschäftsleiter oder
Inhaber ein besonderes persönliches Merkmal im Sinne des § 28 Abs. 1 StGB
darstellt, ist die Strafe beim Teilnehmer (Anstifter oder Gehilfe) entsprechend § 49
Abs. 1 zu mildern.

19   Mangels ausdrücklicher Bestimmung im Gesetz ist der Versuch nicht strafbar,
§§ 12 Abs. 2, 23 Abs. 1 StGB.

V. Konkurrenzen, Verjährung und Rechtsfolge

20   § 55 kann im Tatmehrheit zu den §§ 283 ff. StGB realisiert werden (*Schröder*
in: HWSt, S. 898, Rn. 105). Selbiges gilt für das Verhältnis zu dem Delikt des
§ 266 StGB (*Janssen* in: MüKo, § 55 Rn. 16). Zu den Insolvenzdelikten der §§ 401

Abs. 1 Nr. 2 AktG, 84 Abs. 1 Nr. 2 GmbHG, 148 Abs. 1 Nr. 2 GenG besteht wegen der Spezialität des § 46b kein Konkurrenzverhältnis.

Die vorsätzliche Begehung der Tat wird in § 55 Abs. 1 mit Freiheitsstrafe bis 21 zu drei Jahren bedroht. Gemäß § 78 Abs. 3 Nr. 4 StGB verjähren die Taten somit nach fünf Jahren. Wegen der Strafandrohung von bis zu einem Jahr Freiheitsstrafe bei fahrlässiger Begehung der Tat, verjähren diese gemäß § 78 Abs. 3 Nr. 5 StGB nach drei Jahren. Entsprechend § 78a StGB beginnt die Verjährung mit Durchführung der letzten Handlung, also der Beendigung der Tat. Die Vollstreckungsverjährung bestimmt sich nach § 79 StGB.

C. § 55a Unbefugte Verwertung von Angaben über Millionenkredite

(1) **Mit Freiheitsstrafe bis zu zwei Jahren oder mit Geldstrafe wird bestraft, wer entgegen § 14 Abs. 2 Satz 10 eine Angabe verwertet.**

(2) **Die Tat wird nur auf Antrag verfolgt.**

Literatur: *Achenbach/Ransiek,* Handbuch Wirtschaftsstrafrecht, 2. Auflage, Heidelberg 2007; *Boos/Fischer/Schulte-Mattler,* Kreditwesengesetz Kommentar, 3. Auflage, München 2008; *Erbs/Kohlhaas,* Strafrechtliche Nebengesetze, Loseblattsammlung, 185. Auflage, München 2011; *Münchener Kommentar zum StGB,* Band VI, München 2010; *Park,* Kapitalmarktstrafrecht, 2. Auflage, Baden-Baden 2008; *Schwennicke/Auerbach,* Kreditwesengesetz, München 2010.

Übersicht

I. Vorbemerkung

§ 55a sanktioniert die unbefugte Verwertung von Angaben über Millionenkredite. Die Norm wurde durch die 6. KWG-Novelle in das Kreditwesengesetz eingefügt (BGBl. I 1997, S. 2517). Das Verständnis der Regelung erschließt sich erst im Zusammenspiel mit § 14. Entsprechend § 14 Abs. 1 haben die dort genannten Institute der bei der Deutschen Bundesbank geführten Evidenzzentrale vierteljährlich die Kreditnehmer anzuzeigen, deren Kreditvolumen 1.500.000 Euro oder mehr beträgt. Ergibt sich, dass einem Kreditnehmer von mehreren Unternehmen Millionenkredite gewährt worden sind, hat die Deutsche Bundesbank die anzeigenden Unternehmen nach § 14 Abs. 2 zu benachrichtigen. Werden diese übermittelten Informationen in unzulässiger Weise verwertet, stellt diese Handlung eine Straftat im Sinne des § 55a dar. Die Vorschrift dient somit dem **Schutz der Vertraulichkeit** der von der Bundesbank gemäß § 14 Abs. 2 übermittelten Benachrichtigungen über die Gewährung von Millionenkrediten. Die Regelung ist **Schutzgesetz** im Sinne des § 823 Abs. 2 BGB, da unmittelbar das Interesse der Kreditnehmer an der Geheimhaltung der Informationen geschützt werden soll (*Janssen* in: Park, § 55a KWG, Rn. 4; *Lindemann* in: Boos/Fischer/Schulte-

Mattler, § 55a Rn. 1). Eine besondere Bedeutung und Aufmerksamkeit erhielt § 55a insbesondere im Rahmen des Falles des Gründers und Namensgebers der Kirch Gruppe gegen Deutsche Bank und Breuer mit Entscheidung des BGH am 24.1.2006 (BGH Urteil vom 24.1.2006, Az. XI ZR 384/03). Dem lag der Sachverhalt zu Grunde, dass der damalige Vorstandsvorsitzende der Deutschen Bank, Rolf Breuer, in einem Interview mit Bloomberg TV am 3.2.2002 im Hinblick auf den Medienkonzern von Leo Kirch u.a. gesagt hat: „Was alles man darüber lesen und hören kann, ist ja, dass der Finanzsektor nicht bereit ist, auf unveränderter Basis noch weitere Fremd- oder gar Eigenmittel zur Verfügung zu stellen". Am 8.4.2002 stellte die KirchMedia GmbH & Co. KGaA Insolvenzantrag. Das Insolvenzverfahren wurde am 14.6.2002 eröffnet.

II. Objektiver Tatbestand

2   Der objektive Tatbestand setzt die Verwertung einer Angabe entgegen § 14 Abs. 2 Satz 10 voraus. Strafrechtlich relevant ist nur die Verwertung der Angaben bei einem anzeigepflichtigen Unternehmen. Welche darunter fallen, ergibt sich aus § 14 Abs. 1.

3   Die Tathandlung bezieht sich auf eine **Angabe,** die dem Unternehmen gemäß § 14 Abs. 2 Satz 10 mitgeteilt wurde. Dabei geht es einerseits um Informationen über die Gewährung von Millionenkrediten an einen Kreditnehmer durch mehrere Unternehmen nach § 14 Abs. 2 Satz 1. Andererseits über die Mitteilung des Schuldenstands eines Kunden gemäß § 14 Abs. 2 Satz 4.

4   Darüber hinaus ist eine **unbefugte Verwertung** der Angabe tatbestandlich erforderlich. Eine solche liegt vor, wenn die von der Deutschen Bundesbank übermittelten Informationen in einer von § 14 nicht gedeckten Weise für eigene oder für fremde wirtschaftliche Zwecke nutzbar gemacht werden (BGH NJW 2006, 830 = DB 2006, 607 = ZIP 2006, 317; *Lindemann* in: Boos/Fischer/ Schulte-Mattler, § 55a Rn. 5). Dies ist erfüllt, wenn die in § 14 Abs. 2 genannten Informationen nicht ausschließlich zu bankinternen Zwecken benutzt, sondern in einer anderen Form eigennützig verwendet werden (BGH NJW 2006, 830; *Janssen* in: Park, § 55a KWG, Rn. 5). Insoweit ist allerdings stets erforderlich, dass der Täter dabei ein – auch mittelbares – gewinnorientiertes Ziel verfolgt (BGH NJW 2006, 830; *Lindemann* in: Boos/Fischer/Schulte-Mattler, § 55a Rn. 6). Liegt eine Verwertung der Daten innerhalb der Ratio des § 14, so ist die Handlung nicht geeignet den Tatbestand zu realisieren. Daher kann der Empfänger der Informationen, diese zur Grundlage seiner geschäftspolitischen Entscheidungen machen, ohne strafrechtliche Sanktionen im Sinne des § 55a befürchten zu müssen (*Lindemann* in: Boos/Fischer/Schulte-Mattler, § 55a Rn. 7).

5   **Unbefugt** verwertet der Täter die Angaben, sofern die Offenbarung nicht aufgrund einer Einwilligung des Kunden, besonderer gesetzlicher Vorschriften oder zur Wahrung berechtigter eigener oder fremder Interessen zulässig ist (*Schwennicke/Auerbach,* § 55a Rn. 5). Eine Rechtfertigung kann sich aus Interessenkollisionen ergeben (dazu *Schwennicke/Auerbach,* § 55a Rn. 5).

III. Subjektiver Tatbestand

6   Der Tatbestand kann nur vorsätzlich verwirklicht werden. Als Vorsatzform ist **bedingter Vorsatz** ausreichend (*Janssen* in: Park, § 55a KWG, Rn. 6). Es genügt somit, wenn der Täter einen Verstoß gegen § 55a billigend in Kauf nimmt.

IV. Täterschaft und Teilnahme

Die Handlung einer verbotenen Verwertung muss eine Person vorgenommen **7** haben, die bei einem anzeigepflichtigen Unternehmen beschäftigt ist. Beschäftigt sind alle Personen, die mit Wissen und Wollen der Unternehmensleitung oder der für die Einstellung von Personal zuständigen Mitarbeiter für das Unternehmen abhängig tätig werden, wobei es auf die Wirksamkeit des Dienstverhältnisses nicht ankommt (*Lindemann* in: Boos/Fischer/Schulte-Mattler, § 55a Rn. 3). Ebenso ist unbeachtlich, ob der Täter innerhalb des Unternehmens organisatorisch mit der Bearbeitung der Millionenkreditrückmeldungen betraut ist oder ob er sich die Stellung ohne interne Zuständigkeit verschafft hat (*Häberle* in: Erbs/Kohlhaas, § 55a Rn. 3).

Als Teilnehmer macht sich immer dann strafbar, wer vorsätzlich einen anderen **8** zu dessen vorsätzlich begangener rechtswidriger Tat bestimmt hat (Anstiftung gemäß § 26 StGB) oder wer vorsätzlich einem anderen zu dessen vorsätzlich begangener rechtswidriger Tat Hilfe geleistet hat (Beihilfe gemäß § 27 StGB).

Mangels ausdrücklicher Bestimmung im Gesetz ist der Versuch nicht strafbar, **9** §§ 12 Abs. 2, 23 Abs. 1 StGB.

V. Konkurrenzen, Verjährung und Rechtsfolge

Die Begehung der Tat wird in § 55a Abs. 1 mit Freiheitsstrafe bis zu zwei **10** Jahren bedroht. Gemäß § 78 Abs. 3 Nr. 4 StGB **verjähren** die Taten somit nach fünf Jahren. Entsprechend § 78a StGB beginnt die Verjährung mit Durchführung der letzten Handlung, also der Beendigung der Tat. Die Vollstreckungsverjährung bestimmt sich nach § 79 StGB.

§ 55a ist lex specialis gegenüber anderen Verwertungsdelikten mit dem Zweck **11** des Geheimnisschutzes (*Janssen* in: Park, § 55a KWG, Rn. 10).

Die Tat wird gemäß § 55a Abs. 2 nur auf **Antrag** verfolgt. Antragsberechtigt **12** nach § 77 Abs. 1 StGB ist der Verletzte. Dies ist der Kreditnehmer, zu dessen Lasten die Daten verwertet wurden. Bei Unternehmen ist der gesetzliche Vertreter der Gesellschaft strafantragsberechtigt, d.h. der Vorstand bei der AG (§ 78 AktG) und der Geschäftsführer bei der GmbH (§ 35 GmbHG). Bei mehreren Vorstandsmitgliedern oder Geschäftsführern sind die §§ 77 Abs. 4 iVm 77b Abs. 3 StGB zu beachten. Im Hinblick auf die gesetzliche Vertretung gelten die allgemeinen Regelungen nach § 77 StGB. Nicht antragsberechtigt ist die Deutsche Bundesbank (*Häberle* in: Erbs/Kohlhaas, § 55a Rn. 6; *Lindemann* in: Boos/Fischer/Schulte-Mattler, § 55a Rn. 9). Gemäß § 77b Abs. 1 Satz 1 StGB beträgt die Antragsfrist drei Monate. Die beginnt mit Ablauf des Tages, an dem der Berechtigte von der Tat und der Person des Täters Kenntnis erlangt, § 77b Abs. 2 Satz 1 StGB.

D. § 55b Unbefugte Offenbarung von Angaben über Millionenkredite

(1) **Mit Freiheitsstrafe bis zu einem Jahr oder mit Geldstrafe wird bestraft, wer entgegen § 14 Abs. 2 Satz 10 eine Angabe offenbart.**

(2) **Handelt der Täter gegen Entgelt oder in der Absicht, sich oder einen anderen zu bereichern oder einen anderen zu schädigen, ist die Strafe Freiheitsstrafe bis zu zwei Jahren oder Geldstrafe.**

(3) **Die Tat wird nur auf Antrag verfolgt.**

5. Teil

Literatur: *Achenbach/Ransiek,* Handbuch Wirtschaftsstrafrecht, 2. Auflage, Heidelberg 2007; *Boos/Fischer/Schulte-Mattler,* Kreditwesengesetz Kommentar, 3. Auflage, München 2008; *Erbs/Kohlhaas,* Strafrechtliche Nebengesetze, Loseblattsammlung, 185. Auflage, München 2011; *Münchener Kommentar zum StGB,* Band VI, München 2010; *Park,* Kapitalmarktstrafrecht, 2. Auflage, Baden-Baden 2008; *Schwennicke/Auerbach,* Kreditwesengesetz, München 2010.

Übersicht

I. Vorbemerkung

1   § 55b stellt die unbefugte Offenbarung von Angaben über Millionenkredite unter Strafe. Die Vorschrift wurde zusammen mit § 55a im Rahmen der 6. KWG-Novelle in das Kreditwesengesetz eingefügt (BGBl. I 1997, S. 2517). Da Absatz 3 wegen eines redaktionellen Versehens abhanden gekommen war, wurde dieser erst durch das Dritte Finanzmarktförderungsgesetz eingefügt. Wie bei § 55a wird durch § 55b auch die Vertraulichkeit der nach § 14 Abs. 2 übermittelten Angaben geschützt. Im Übrigen kann auf die Ausführungen zu § 55a verwiesen werden.

II. Objektiver Tatbestand

2   Der **Grundtatbestand des § 55b Abs. 1** verlangt die Offenbarung einer Angabe entgegen des § 14 Abs. 2 Satz 10. Eine **unbefugte Offenbarung** von Angaben über Millionenkredite im Sinne des § 55b Abs. 1 liegt vor, wenn eine in einem anzeigepflichtigen Unternehmen beschäftigte Person solche Angaben einem anderen in der Weise zugänglich macht, dass er die Möglichkeit hat, von ihnen Kenntnis zu nehmen (BGH NJW 2006, 830 = DB 2006, 607 = ZIP 2006, 317; *Lindemann* in: Boos/Fischer/Schulte-Mattler, § 55b Rn. 3). So ist bei der verkörperten Informationsweitergabe via elektronischer Datenträger oder Schriftstücke ein Offenbaren bereits gegeben, wenn nach Zugang die bloße Möglichkeit der inhaltlichen Kenntnisnahme vorliegt (*Janssen* in: MüKo, § 55b Rn. 3). Erfolgt die Mitteilung im direkten Gespräch oder über Kommunikationsmittel, ist die Offenbarung schon mit Aussprechen der Information abgeschlossen (*Janssen* in: MüKo, § 55b Rn. 3). § 55b ist **kein Erfolgsdelikt.** Der Dritte muss die Information weder tatsächlich nutzen, noch muss sie ihm tatsächlich zur Kenntnis gelangen.

3   Streitig ist, ob eine Handlung tatbestandsmäßig ist, durch die nicht die nach § 14 Abs. 2 übermittelten Angaben weitergegeben werden, sondern nur die daraus gezogene Schlussfolgerung, wie bspw. der Hinweis, dass Unternehmen sei „erheblich überschuldet" (dies bejahend *Schwennicke/Auerbach,* § 55a, 55b Rn. 6; aA *Schröder* in: HWSt, S. 900, Rn. 118a).

4   Gibt das Institut Angaben weiter, die es aus anderer Quelle als der Benachrichtigung durch die Bundesbank nach § 14 Abs. 2 erlangt hat, so fällt dies nicht unter

§ 55b, da § 55b nicht den allgemeinen Schutz des Bankgeheimnisses bezweckt (*Schwennicke/Auerbach*, § 55a, 55b, Rn. 7). Ebenso ist der Tatbestand des § 55b nicht realisiert, wenn das Unternehmen Daten an ein anderes Institut weitergibt, die diesem bereits vorliegen (*Schwennicke/Auerbach*, § 55a, 55b Rn. 7).

§ 55b Abs. 2 ist ein strafschärfender **Qualifikationstatbestand.** Dieser ist ein-   **5** schlägig, wenn der Täter gegen Entgelt oder in der Absicht handelt, sich oder einen anderen zu bereichern oder einen anderen zu schädigen. Die Qualifikation enthält somit drei Grundkonstellationen.

Der Täter muss einerseits gegen **Entgelt** handeln. Gemäß der Legaldefinition   **6** in § 11 Abs. 1 Nr. 9 ist Entgelt jede in einem Vermögensvorteil bestehende Gegenleistung. Eine Handlung ist daher dann entgeltlich, wenn sie auf Grund einer Vereinbarung im Hinblick auf eine vermögenswerte Gegenleistung erbracht wird oder erbracht werden soll (*Fischer*, § 11 Rn. 31). Die rechtliche Wirksamkeit einer solchen Vereinbarung ist dabei ebenso unerheblich wie der Umstand, ob die Gegenleistung tatsächlich geleistet wird (*Fischer*, § 11, Rn. 31). Das Entgelt und die strafbare Handlung müssen in einem dogmatischen Zusammenhang zwischen Tathandlung und Vermögensvorteil verbunden sein (*Janssen* in: MüKo, § 55b, Rn. 9).

Als weitere Variante des § 55b Abs. 2 kommt das Handeln des Täters mit   **7** **Bereicherungsabsicht** in Betracht. Bereicherungsabsicht liegt vor, wenn die Tat auf die Erlangung eines rechtswidrigen Vermögensvorteils für den Täter oder eines Dritten gerichtet ist (*Fischer*, § 263 Rn. 186). Die Bereicherungsabsicht ist besonderes persönliches Merkmal i. S. d. § 28 Abs. 2 StGB (*Janssen* in: MüKo, § 55b Rn. 8).

Schließlich erfüllt auch den Qualifikationstatbestand, wer mit der Absicht han-   **8** delt einen anderen zu schädigen. **Schädigungsabsicht** ist gegeben, wenn der Täter einem anderen einen wirtschaftlichen oder ideellen Nachteil zufügen will, wobei der Nachteil nicht eingetreten zu sein braucht (*Schwennicke/Auerbach*, § 55a, 55b Rn. 8). Auch die Schädigungsabsicht ist besonderes persönliches Merkmal i. S. d. § 28 Abs. 2 StGB (*Janssen* in: MüKo, § 55b Rn. 8).

Die Bereicherung oder Schädigung muss End- oder wenigstens Zwischenziel   **9** sein (*Janssen* in: MüKo, § 55b Rn. 12). Hält der Täter diese lediglich für sicher, ohne dass dies Ziel seiner Tat ist, scheidet der Qualifikationstatbestand aus.

III. Subjektiver Tatbestand

Der Tatbestand kann nur vorsätzlich verwirklicht werden. Als Vorsatzform ist   **10** **bedingter Vorsatz** ausreichend (*Janssen* in: Park, Kapitalmarktstrafrecht, § 55a KWG, Rn. 6). Es genügt somit, wenn der Täter einen Verstoß gegen § 55b billigend in Kauf nimmt.

IV. Täterschaft und Teilnahme

Die Handlung einer verbotenen Verwertung muss eine Person vorgenommen   **11** haben, die bei einem anzeigepflichtigen Unternehmen beschäftigt ist.

Als Teilnehmer macht sich immer dann strafbar, wer vorsätzlich einen anderen   **12** zu dessen vorsätzlich begangener rechtswidriger Tat bestimmt hat (Anstiftung gemäß § 26 StGB) oder wer vorsätzlich einem anderen zu dessen vorsätzlich begangener rechtswidriger Tat Hilfe geleistet hat (Beihilfe gemäß § 27 StGB).

13 Im Übrigen kann an dieser Stelle auf die Ausführungen zu § 55a verwiesen werden.

V. Konkurrenzen, Verjährung und Rechtsfolge

14 Die Begehung der Tat wird in § 55b Abs. 1 mit Freiheitsstrafe bis zu einem Jahr bedroht. Gemäß § 78 Abs. 3 Nr. 5 StGB **verjähren** die Taten somit nach drei Jahren. Im Fall der qualifizierten Begehung nach § 55b Abs. 2, der eine Freiheitsstrafe bis zu zwei Jahren vorsieht, beträgt die Verjährungsfrist nach § 78 Abs. 3 Nr. 4 fünf Jahre. Entsprechend § 78a StGB beginnt die Verjährung mit Durchführung der letzten Handlung, also der Beendigung der Tat. Die Vollstreckungsverjährung bestimmt sich nach § 79 StGB.

15 § 55b kann tateinheitlich mit § 55a realisiert werden. Lediglich die qualifizierte Begehung der entgeltlichen Offenbarung konsumiert § 55a. Im Übrigen ist § 55b lex specialis gegenüber anderen Offenbarungsdelikten (*Janssen* in: Park, § 55b KWG, Rn. 7).

16 Die Tat wird gemäß § 55b Abs. 3 nur auf **Antrag** verfolgt. Antragsberechtigt nach § 77 Abs. 1 StGB ist der Verletzte. Dies ist der Kreditnehmer, zu dessen Lasten die Daten verwertet wurden. Bei Unternehmen ist der gesetzliche Vertreter der Gesellschaft strafantragsberechtigt, d.h. der Vorstand bei der AG (§ 78 AktG) und der Geschäftsführer bei der GmbH (§ 35 GmbHG). Bei mehreren Vorstandsmitgliedern oder Geschäftsführern sind die §§ 77 Abs. 4 iVm 77b Abs. 3 StGB zu beachten. Im Hinblick auf die gesetzliche Vertretung gelten die allgemeinen Regelungen nach § 77 StGB. Nicht antragsberechtigt ist die Deutsche Bundesbank (*Häberle* in: Erbs/Kohlhaas, § 55b Rn. 6; *Lindemann* in: Boos/Fischer/Schulte-Mattler, § 55b Rn. 8). Gemäß § 77b Abs. 1 Satz 1 StGB beträgt die Antragsfrist drei Monate. Die beginnt mit Ablauf des Tages, an dem der Berechtigte von der Tat und der Person des Täters Kenntnis erlangt, § 77b Abs. 2 Satz 1 StGB.

E. § 56 Bußgeldvorschriften

(1) **Ordnungswidrig handelt, wer einer vollziehbaren Anordnung nach § 36 Abs. 1 oder 2 Satz 1 zuwiderhandelt.**

(2) **Ordnungswidrig handelt, wer vorsätzlich oder leichtfertig**
1. **entgegen § 2c Abs. 1 Satz 1, 5 oder 6, jeweils auch in Verbindung mit einer Rechtsverordnung nach § 24 Abs. 4 Satz 1, eine Anzeige nicht, nicht richtig, nicht vollständig oder nicht rechtzeitig erstattet,**
2. **einer Rechtsverordnung nach § 2c Abs. 1 Satz 3 zuwiderhandelt, soweit sie für einen bestimmten Tatbestand auf diese Bußgeldvorschrift verweist,**
3. **einer vollziehbaren Untersagung oder Anordnung nach**
   a) **§ 2c Abs. 1b Satz 1 oder Abs. 2 Satz 1**
   b) **§ 12a Abs. 2 Satz 1**
   zuwiderhandelt,
4. **entgegen § 2c Abs. 3 Satz 1 oder 4, § 10 Abs. 8 Satz 1 oder 3, § 12a Abs. 1 Satz 3, § 13 Abs. 1 Satz 1, auch in Verbindung mit Abs. 4, Abs. 2 Satz 5 oder 8, jeweils auch in Verbindung mit § 13a Abs. 2, § 13 Abs. 3 Satz 2 oder 6, § 13a Abs. 1 Satz 1, auch in Verbindung mit**

Abs. 6, Abs. 3 Satz 2 oder 6, § 14 Abs. 1 Satz 1 in Verbindung mit einer Rechtsverordnung nach § 22 Satz 1 Nr. 13, § 14 Abs. 1 Satz 2, jeweils auch in Verbindung mit § 53b Abs. 3 Satz 1, § 15 Abs. 4 Satz 5, § 24 Abs. 1 Nr. 4 bis 10, 12, 13, 14, 15 oder 16, Nr. 5 oder 7 jeweils auch in Verbindung mit § 53b Abs. 3 Satz 1, § 24 Abs. 1a, § 24 Abs. 3 Satz 1 oder Abs. 3a Satz 1 Nr. 1 oder 2 oder Satz 2, jeweils auch in Verbindung mit Satz 5, § 24 Abs. 3a Satz 1 Nr. 3, § 24a Abs. 1 Satz 1, auch in Verbindung mit Abs. 3 Satz 1, oder Abs. 4 Satz 1, auch in Verbindung mit Satz 2, jeweils auch in Verbindung mit einer Rechtsverordnung nach § 24a Abs. 5, § 28 Abs. 1 Satz 1 oder § 53a Satz 2 oder 5, jeweils auch in Verbindung mit einer Rechtsverordnung nach § 24 Abs. 4 Satz 1, eine Anzeige nicht, nicht richtig, nicht vollständig oder nicht rechtzeitig erstattet,

5. entgegen § 10 Absatz 3 Satz 3 oder Satz 4, § 10a Absatz 10 Satz 4 oder Satz 5, § 25 Abs. 1 Satz 1 oder Abs. 2 Satz 1, jeweils in Verbindung mit einer Rechtsverordnung nach Abs. 3 Satz 1, jeweils auch in Verbindung mit § 53b Abs. 3 Satz 1, oder entgegen § 26 Abs. 1 Satz 1, 3 oder 4 oder Abs. 3 einen Zwischenabschluss, eine Bescheinigung über die prüferische Durchsicht des Zwischenabschlusses, einen Monatsausweis, einen Jahresabschluss, einen Lagebericht, einen Prüfungsbericht, einen Konzernabschluss oder einen Konzernlagebericht nicht, nicht richtig, nicht vollständig oder nicht rechtzeitig einreicht,

6. entgegen § 13 Abs. 3 Satz 1 oder § 13a Abs. 3 Satz 1 einen Kredit gewährt oder nicht sicherstellt, dass die Anlagebuch-Gesamtposition die dort genannte Obergrenze nicht überschreitet, oder

7. (weggefallen)

8. entgegen § 53a Satz 4 die Tätigkeit aufnimmt.

(3) Ordnungswidrig handelt, wer vorsätzlich oder fahrlässig

1. einer vollziehbaren Anordnung nach § 6a Abs. 1 zuwiderhandelt,

1a. entgegen § 10 Abs. 5 Satz 7 oder Abs. 5a Satz 7, jeweils auch in Verbindung mit einer Rechtsverordnung nach § 24 Abs. 4 Satz 1, eine Anzeige nicht, nicht richtig, nicht vollständig oder nicht rechtzeitig erstattet,

2. entgegen § 12 Abs. 1 Satz 1 oder 2 eine qualifizierte Beteiligung hält,

3. entgegen § 12 Abs. 2 Satz 1 oder 2 nicht sicherstellt, daß die Gruppe keine qualifizierte Beteiligung hält,

4. entgegen § 18 Abs. 1 Satz 1 einen Kredit gewährt,

4a. entgegen § 22i Abs. 3 Satz 1, auch in Verbindung mit § 22n Abs. 5 Satz 4, Leistungen vornimmt,

5. einer vollziehbaren Anordnung nach § 23 Abs. 1, auch in Verbindung mit § 53b Abs. 3 Satz 1, § 25a Absatz 1 Satz 8, auch in Verbindung mit einer Rechtsverordnung nach § 25a Absatz 5 Satz 1 und 2, § 25a Absatz 3 Satz 1, § 26a Abs. 3, § 45 Absatz 1 bis 4 oder § 45a Abs. 1 Satz 1 zuwiderhandelt,

6. entgegen § 23a Abs. 1 Satz 3, auch in Verbindung mit § 53b Abs. 3, einen Hinweis nicht, nicht richtig, nicht vollständig, nicht in der vorgeschriebenen Weise oder nicht rechtzeitig gibt,

7. entgegen § 23a Abs. 2, auch in Verbindung mit § 53b Abs. 3, einen Kunden, die Bundesanstalt oder die Deutsche Bundesbank nicht,

nicht richtig, nicht vollständig, nicht in der vorgeschriebenen Weise oder nicht rechtzeitig unterrichtet,

7a. entgegen § 24c Abs. 1 Satz 1 eine Datei nicht, nicht richtig oder nicht vollständig führt,

7b. entgegen § 24c Abs. 1 Satz 5 nicht dafür sorgt, dass die Bundesanstalt Daten jederzeit automatisch abrufen kann,

7c. entgegen § 25h Nr. 1 eine Korrespondenzbeziehung oder eine sonstige Geschäftsbeziehung mit einer Bank-Mantelgesellschaft aufnimmt oder fortführt,

7d. entgegen § 25h Nr. 2 ein Konto errichtet oder führt,

8. einer vollziehbaren Auflage nach § 32 Abs. 2 Satz 1 zuwiderhandelt,

9. entgegen § 44 Abs. 1 Satz 1, auch in Verbindung mit § 44b Abs. 1 oder § 53b Abs. 3 Satz 1, § 44 Abs. 2 Satz 1 oder § 44c Abs. 1, auch in Verbindung mit § 53b Abs. 3 Satz 1, eine Auskunft nicht, nicht richtig, nicht vollständig oder nicht rechtzeitig erteilt oder eine Unterlage nicht, nicht richtig, nicht vollständig oder nicht rechtzeitig vorlegt,

10. entgegen § 44 Abs. 1 Satz 4, auch in Verbindung mit § 44b Abs. 2 oder § 53b Abs. 3, Abs. 2 Satz 4, Abs. 4 Satz 3, Abs. 5 Satz 4 oder § 44c Abs. 5 Satz 1, auch in Verbindung mit § 53b Abs. 3, eine Maßnahme nicht duldet,

11. entgegen § 44 Abs. 5 Satz 1 eine dort genannte Maßnahme nicht oder nicht rechtzeitig vornimmt,

12. einer vollziehbaren Anordnung nach § 46 Abs. 1 Satz 1, auch in Verbindung mit § 53b Abs. 3 Satz 1, zuwiderhandelt oder

13. einer Rechtsverordnung nach § 47 Abs. 1 Nr. 2 oder 3 oder § 48 Abs. 1 Satz 1 zuwiderhandelt, soweit sie für einen bestimmten Tatbestand auf diese Bußgeldvorschrift verweist.

(4) Ordnungswidrig handelt, wer gegen die Verordnung (EG) Nr. 1781/2006 des Europäischen Parlaments und des Rates vom 15. November 2006 über die Übermittlung von Angaben zum Auftraggeber bei Geldtransfers (ABl. EU Nr. L 345 S. 1) verstößt, indem er bei Geldtransfers vorsätzlich oder fahrlässig

1. entgegen Artikel 5 Abs. 1 nicht sicherstellt, dass der vollständige Auftraggeberdatensatz übermittelt wird,

2. entgegen Artikel 5 Abs. 2, auch in Verbindung mit Abs. 4, eine dort genannte Angabe zum Auftraggeber nicht oder nicht rechtzeitig überprüft,

3. entgegen Artikel 7 Abs. 1 den Auftraggeberdatensatz nicht, nicht richtig oder nicht vollständig übermittelt,

4. entgegen Artikel 8 Satz 2 nicht über ein wirksames Verfahren zur Feststellung des Fehlens der dort genannten Angaben verfügt,

5. entgegen Artikel 9 Abs. 1 Satz 1 den Transferauftrag nicht oder nicht rechtzeitig zurückweist oder einen vollständigen Auftraggeberdatensatz nicht oder nicht rechtzeitig anfordert,

6. entgegen Artikel 11 oder Artikel 13 Abs. 5 eine Angabe zum Auftraggeber nicht mindestens fünf Jahre aufbewahrt oder

7. entgegen Artikel 12 nicht dafür sorgt, dass alle Angaben zum Auftraggeber, die bei einem Geldtransfer übermittelt werden, bei der Weiterleitung erhalten bleiben.

(5) Die Ordnungswidrigkeit kann in den Fällen des Absatzes 1, des Absatzes 2 Nr. 3 Buchstabe a, Nr. 6 sowie des Absatzes 3 Nr. 12 mit einer Geldbuße bis zu fünfhunderttausend Euro, in den Fällen des Absatzes 2 Nr. 1, 2 und 3 Buchstabe b sowie des Absatzes 3 Nr. 4 bis 10 mit einer Geldbuße bis zu hundertfünfzigtausend Euro, in den übrigen Fällen mit einer Geldbuße bis zu fünfzigtausend Euro geahndet werden.

Übersicht

I. Vorbemerkung

Nachdem die §§ 54, 55, 55a und 55b Handlungen strafrechtlich sanktionieren, unterscheidet sich § 56 insoweit, als es sich bei den in dieser Vorschrift genannten Verstößen um bloße Ordnungswidrigkeiten handelt, die mit Geldbuße bewehrt sind. Im Zuge der der 6. KWG-Novelle wurde der Bußgeldkatalog zuletzt überarbeitet. Dabei ist der Rahmen der zu verhängenden Bußgelder teilweise um das bis zu zehnfache angehoben worden. Gemäß § 60 ist die zuständige Verwaltungsbehörde im Sinne des OWiG die BaFin. Sie kann entsprechend Ordnungswidrigkeiten nach § 56 mit Geldbuße sanktionieren. Über § 59 iVm § 30 OWiG ist es darüber hinaus möglich gegen juristische Personen oder Personenhandelsgesellschaften Geldbußen zu verhängen, sofern der Täter, der die Ordnungswidrigkeit begangen hat, eine entsprechende Stellung innehatte (*Lindemann* in: Boos/Fischer/Schulte-Mattler, § 59 Rn. 3). **1**

§ 56 enthält eine beträchtliche Anzahl an Ordnungswidrigkeitstatbeständen, deren detaillierte Darstellung erheblich über den notwendigen Umfang der Bearbeitung hinaustreten würde. Insoweit beschränkt sich die nachfolgende Darstellung auf die Grundzüge der Vorschrift. **2**

II. Einzelne Tatbestände

Zunächst handelt nach § 56 Abs. 1 ordnungswidrig, wer einer vollziehbare Anordnung nach § 36 Abs. 1 oder 2 Satz 1 zuwiderhandelt. Von § 56 Abs. 1 wird nur die vorsätzliche Begehungsweise erfasst. **3**

Bei Realisierung der Tatbestandmerkmale des 56 Abs. 2 Nr. 1 bis Nr. 8 kann neben der vorsätzlichen auch die leichtfertige Begehung als Ordnungswidrigkeit geahndet werden. Abs. 2 enthält Verstöße gegen Pflichten, die sich unmittelbar aus dem Gesetz oder einer Rechtsverordnung ergeben. Dabei handelt es sich insbesondere um Anzeige- und Einreichungspflichten. **4**

Schließlich erfasst § 56 Abs. 3 Nr. 1 bis 13 Verstöße gegen die Bestimmungen, die vorsätzlich oder fahrlässig begangen werden. Dazu zählen Verstöße gegen Gesetze, Verordnungen und vollziehbare Anordnungen der Aufsichtsbehörde. **5**

Abschließend handelt nach § 56 Abs. 4 Nr. 1 bis Nr. 7 ebenso ordnungswidrig, wer gegen die dort genannte Verordnung verstößt, indem er bei Geldtransfers **6** vorsätzlich oder fahrlässig eines der in Nr. 1 bis Nr. 7 genannten Tatbestandsmerkmale verwirklicht.

III. Vorsatz, Leichtfertigkeit, Fahrlässigkeit

7   Im Rahmen des § 56 wird zwischen vorsätzlicher, leichtfertiger und fahrlässiger Begehungsweise unterschieden.

8   **Vorsatz** liegt bei einem Verstoß gegen § 56 vor, wenn der Täter die ihn treffende Pflicht kannte und in einer nicht oder nicht gehörigen Weise erfüllt hat (*Schwennicke/Auerbach,* § 56 Rn. 53).

9   **Leichtfertigkeit** ist mehr als eine unbewusste, aber vermeidbare Pflichtverletzung (*Lindemann* in: Boos/Fischer/Schulte-Mattler, § 56 Rn. 4). Voraussetzung ist daher, dass der Täter in einem gesteigerten Maße fahrlässig handelt.

10   **Fahrlässig** handelt, wer, unter Berücksichtigung des Einzelfalls und seiner persönlichen Verhältnisse und Fähigkeiten, sorgfaltswidrig die Möglichkeit der Tatbestandverwirklichung nicht erkennt, obwohl er sie hätte erkennen können oder die Tatbestandsverwirklichung zwar für möglich hält, jedoch auf deren Nichteintritt vertraut.

IV. Rechtsfolge

11   § 56 Abs. 5 regelt den gesetzlichen **Bußgeldrahmen** in drei Stufen. So können Ordnungswidrigkeiten in den Fällen des Absatzes 1, des Absatzes 2 Nr. 3 lit. a, Nr. 6 sowie des Absatzes 3 Nr. 12 mit einer Geldbuße bis zu fünfhunderttausend Euro, in den Fällen des Absatzes 2 Nr. 1, 2 und 3 lit. b sowie des Absatzes 3 Nr. 4 bis 10 mit einer Geldbuße bis zu hundertfünfzigtausend Euro, in den übrigen Fällen mit einer Geldbuße bis zu fünfzigtausend Euro geahndet werden.

6. Teil Investmentgesetz (InvG)

Übersicht

Literatur: *Boos, Karl-Heinz/Fischer, Reinfrid/Schulte-Mattler, Hermann,* Kreditwesengesetz, 3. Aufl. München 2008; *Berger, Hanno/Steck, Kai-Uwe/Lübbehüsen, Dieter,* Investmentgesetz, München 2010; *Fischer, Thomas,* Strafgesetzbuch und Nebengesetze, 59. Auflage München 2012; *Kopp, Ferdinand/Ramsauer, Ulrich,* Verwaltungsverfahrensgesetz 12. Auflage München 2011; *Kümpel, Siegfried/Wittig, Arne,* Bank- und Kapitalmarktrecht, 4 Auflage Köln 2011; *Mitsch, Wolfgang,* Recht der Ordnungswidrigkeiten, 2. Auflage Berlin 2004; *Schwennicke, Andreas/Auerbach, Dirk,* Kreditwesengesetz, München 2009

A. Allgemeines

Das **Investmentgeschäft** ist standardisierte kollektive Vermögensverwaltung **1** für andere nach dem Prinzip der Risikodiversifizierung (*Berger/Steck/Lübbehüsen/Köndgen* Einl Rn. 1). Ziel ist es, das durch Zusammenlegung des Kapitals verschiedener Investoren gebildete Vermögen professionell zu verwalten und anzulegen. Damit sollen breite Bevölkerungskreise Anlagemöglichkeiten erhalten, die sonst nur großen Vermögen zur Verfügung stehen (*Kümpel/Wittig/Reiter* Bank- und Kapitalmarktrecht 9.1.) Wesentliche Merkmale des Investmentgeschäfts sind die **kollektive Vermögensanlage** auf der einen Seite und die **Risikomischung** auf der anderen (*Kümpel/Wittig/Reiter* 9.18). Vereinfacht dargestellt, bedeutet dies: Kapitalanleger vertrauen Teile ihres Vermögens der Verwaltungsgesellschaft zur kollektiven Verwaltung an. Diese verwaltet das gesammelte Vermögen und trifft insbesondere die Anlageentscheidungen. Die technische Abwicklung der laufenden Geschäftsvorfälle erfolgt durch die Depotbank.

Grundlage des Investmentgeschäfts in Deutschland ist das **Investmentgesetz 2** (InvG) in der Fassung der Bekanntmachung vom 15.12.2003 (BGBl I 2003, 2676), zuletzt geändert durch Art. 2 Abs. 76 des Gesetzes vom 22.12.2011 (BGBl I 2011, 3044). Es gilt nur für offene – nicht aber für geschlossene – Fonds und kennt im Wesentlichen zwei Strukturen (vgl. *Berger/Steck/Lübbehüsen/Köndgen* Einl Rn. 6 ff.): Werden Investmentvermögen durch eine **Kapitalanlagegesellschaft** (KAG) errichtet, so ist der Anleger Vertragspartner der Kapitalanlagegesellschaft ohne eigene mitgliedschaftliche Rechte an der Gesellschaft (**„Vertragsmodell"**). Er erhält einen unmittelbaren Anteil an einem Sondervermögen, das die Kapitalanlagegesellschaft treuhänderisch und für Rechnung der Anleger verwaltet. Im sogenannten **„Gesellschaftsrechtlichen Modell"** hingegen erwirbt der Anleger

einen Anteil an einer **Investmentaktiengesellschaft** (InvAG), deren Unternehmensgegenstand nach der Satzung die Anlage und Verwaltung ihres Vermögens
ist, so § 2 Abs. 5 InvG. Das Fondsvermögen ist in diesem Fall reguläres Gesellschaftsvermögen, an dem der Anleger auf Grund seiner Gesellschafterstellung
beteiligt ist.

3   Das InvG kennt verschiedene Typen von Sondervermögen (Fonds). Grundty-
pus ist das sogenannte **Richtlinienkonforme Sondervermögen** (§§ 46 bis 65
InvG). Daneben definiert das Investmentgesetz verschiedene weitere Typen (zum
Beispiel Immobilienfonds) und gibt den Rechtsrahmen für deren geschäftliche
Tätigkeit vor. Die geringsten Beschränkungen gelten dabei für die sogenannten
Sondervermögen mit zusätzlichen Risiken **(Hedgefonds)**, die in §§ 112 bis 120
InvG geregelt sind.

4   Kapitel 6 des Investmentgesetzes enthält in §§ 143 bis 143b Bußgeld- und
Strafvorschriften. Diese nehmen Bezug auf zahlreiche Vorschriften, welche Kapitalanlagegesellschaften und Investmentaktiengesellschaften bei ihrer Geschäftstätigkeit zu beachten haben. In § 143 und § 143a InvG hat der Gesetzgeber Verstöße
gegen bestimmte – als besonders wichtig erachtete – Vorschriften des InvG als
Ordnungswidrigkeit (§ 143) oder sogar Straftat (§ 143a) ausgestaltet. Weder § 143
noch § 143a InvG haben erkennbare praktische Bedeutung. Gerichtsentscheidungen, die zu diesen Normen ergangen sind, sucht man vergebens. Grund dafür
dürfte neben der grundsätzlichen Seriosität des Investmentgeschäfts in Deutschland auch die Aufsicht durch die BaFin sein.

B. Normadressaten

1   Die **Bußgeld- und Strafbestimmungen** der §§ 143 und 143a InvG sanktionieren Verstöße und Zuwiderhandlungen gegen verschiedene Bestimmungen des
Investmentgesetzes. In einem ersten Schritt ist daher zu prüfen, ob gegen eine
Bestimmung des Investmentgesetzes verstoßen worden ist, auf die § 143 bzw. § 143a
Bezug nehmen. Die Bestimmungen des Investmentgesetzes richten sich dabei primär an Kapitalanlagegesellschaften. Über die Verweisung in § 99 Abs. 3 InvG gelten
die meisten Vorschriften aber auch für Investmentaktiengesellschaften.

2   Ist ein solcher Verstoß festgestellt, muss in einem zweiten Schritt geprüft wer-
den, ob – und ggf. durch wen – dadurch eine Ordnungswidrigkeit (§ 143) oder
Straftat (§ 143a) begangen worden ist. Dieser zweite Schritt ist erforderlich, da die
Kapitalanlagegesellschaft und Investmentaktiengesellschaft als zwingend juristische
Personen (vgl. § 6 Abs. 1 S. 2 InvG) nicht selbst Normadressat von Bußgeld- und
Strafvorschriften sein können. Nach deutschem Recht können nur **natürliche
Personen** Straftaten oder Ordnungswidrigkeiten begehen. Ein Unternehmens-
straf- und -ordnungswidrigkeitenrecht existiert grundsätzlich nicht, mit Ausnahme
des § 30 OWiG.

3   Für Fragen der strafrechtlichen Verantwortung sind insbesondere die §§ 9
OWiG, 14 StGB zu beachten (vgl. zum Beispiel die ausführliche Kommentierung
bei *Fischer* § 14 StGB).

4   **Normadressaten** der §§ 143 und 143a InvG sind nach § 9 Abs. 1 Nr. 1 OWiG,
§ 14 Abs. 1 Nr. 1 StGB zunächst diejenigen, die für die Gesellschaft handeln, also
insbesondere deren **Organe** (Vorstände bzw. Geschäftsführer). Unterhalb der
obersten Managementebene kommen als weitere Normadressaten gemäß § 9
Abs. 2 Nr. 1 OWiG, § 14 Abs. 2 S. 1 Nr. 1 StGB **Betriebsleiter** und nach § 9

Abs. 2 Nr. 2 OWiG, § 14 Abs. 2 S. 2 Nr. 2 StGB gewillkürte **Beauftragte** in Betracht. Praktisch bedeutsam sind in diesem Zusammenhang insbesondere interne und externe Fondsmanager (*Berger/Steck/Lübbehüsen/Campbell* § 143 Rn. 3).

Unter den Voraussetzungen des § 30 OWiG kann neben oder anstelle der **5** Strafe oder Geldbuße gegen den handelnden Täter eine **Unternehmensgeldbuße** verhängt werden. Zudem haften Geschäftsführer und Vorstände wegen Verletzung ihrer Aufsichtspflichten bußgeldrechtlich gemäß § 130 OWiG, falls aus dem Unternehmen heraus gegen § 143 bzw. § 143a InvG verstoßen wurde und dieser Verstoß bei gehöriger Wahrnehmung der Aufsicht wesentlich erschwert worden wäre oder dieser sogar hätte verhindert werden können.

C. § 143 Abs. 1 InvG

Übersicht

I. Objektiver Tatbestand

§ 143 InvG enthält einen umfangreichen Katalog von Bußgeldvorschriften. Der **1** Normstruktur entsprechend ergibt sich folgende Abstufung: Die Bußgeldtatbestände des § 143 Abs. 1 setzen wegen § 10 OWiG **vorsätzliches** Handeln voraus (vgl. *Schwennicke/Auerbach* § 56 Rn. 2; unzutreffend hingegen *Berger/Steck/Lübbehüsen/Campbell* § 143 Rn. 6, wonach die Erfüllung des objektiven Tatbestands genüge). Die Bußgeldtatbestände des § 143 Abs. 2 können **vorsätzlich oder leichtfertig** begangen werden. Gegen die in § 143 Abs. 3 aufgeführten Tatbestände kann **vorsätzlich oder fahrlässig** verstoßen werden.

Nach § 143 Abs. 1 Nr. 1 InvG handelt ordnungswidrig, wer einer **vollziehba- 2 ren Anordnung** der BaFin nach § 17a Abs. 1 InvG zur Abberufung der verantwortlichen Geschäftsleiter und zur Untersagung ihrer Tätigkeit zuwiderhandelt. Die Vorschrift entspricht § 56 Abs. 1 KWG. Die sofortige Vollziehbarkeit dieser von der BaFin ausgesprochenen Anordnung ist in der Regel gegeben, da weder Widerspruch noch Anfechtungsklage gegen die Anordnung gemäß § 17a Abs. 1 2. Hs InvG aufschiebende Wirkung entfalten. Die ausdrückliche Anordnung des Sofortvollzugs ist daher in der Regel nicht erforderlich. Die **sofortige Vollziehbarkeit** entfällt nur, sofern BaFin oder Verwaltungsgericht eine entsprechende Anordnung getroffen haben. Auf die Rechtmäßigkeit der Anordnung kommt es nach allgemeinen verwaltungsrechtlichen Grundsätzen nicht an, sofern sie nicht ausnahmsweise nichtig ist.

Die Bußgeldtatbestände der § 143 Abs. 1 Nr. 2 bis 4 InvG ahnden Verstöße **3** gegen bestimmte Rechtsgeschäfte bzw. Handlungen, die der Kapitalanlagegesellschaft aus Gründen des Anlegerschutzes untersagt sind.

§ 31 Abs. 4 InvG gilt für alle Arten von Sondervermögen, soweit keine Spezial- **4** vorschriften eingreifen (*Berger/Steck/Lübbehüsen/Schmitz* § 30 Rn. 3). Nach dieser Vorschrift darf die Kapitalanlagegesellschaft für gemeinschaftliche Rechnung der

Anleger weder **Gelddarlehen** gewähren noch Verpflichtungen aus einem **Bürgschafts- oder einem Garantievertrag** eingehen. Verstöße hiergegen stellen Zuwiderhandlungen und somit Ordnungswidrigkeiten nach § 143 Abs. 1 Nr. 2 InvG dar.

5   Die **Aufnahme von Krediten** für gemeinschaftliche Rechnung der Anleger ist Kapitalanlagegesellschaften – vorbehaltlich existierender Spezialvorschriften – ebenfalls nur eingeschränkt erlaubt. Grundlegend geregelt ist dies in § 53 InvG. § 90h Abs. 6 InvG erweitert die Möglichkeit der Kreditaufnahme für sogenannte **Sonstige Sondervermögen.** Hierbei handelt es sich um Vehikel, die für die Investition in innovative Finanzprodukte genutzt werden können (Begründung RegE BT-Drs. 16/5576 S. 80). Verstöße gegen § 53 InvG und § 90h Abs. 6 InvG sind Ordnungswidrigkeiten nach § 143 Abs. 1 Nr. 3 InvG.

6   **Leerverkäufe** dürfen Fonds grundsätzlich nicht vornehmen (§ 59 S. 1 InvG). Ein Verstoß gegen dieses Verbot stellt nach 143 Abs. 1 Nr. 4 InvG ebenfalls eine Ordnungswidrigkeit dar. Unter Leerverkäufen im Sinne des Investmentgesetzes versteht man die Veräußerung von Vermögensgegenständen, die sich im Zeitpunkt des Geschäftsabschlusses nicht im Sondervermögen befinden (*Kümpel/Wittig/Reiter* 9.95). Das Verbot von Leerverkäufen gilt allerdings insbesondere nicht für Hedgefonds, die ggf. sogar Leerverkäufe vorsehen müssen (vgl. § 112 Abs. 1 S. 2 Nr. 2 InvG).

7   Die vorgenannten Ordnungswidrigkeitentatbestände gelten für Kapitalanlagegesellschaften; für **Investmentaktiengesellschaften** gelten die Bußgeldvorschriften des § 143 Abs. 1 InvG **nicht,** wie sich zweifellos aus als Umkehrschluss aus dem Wortlaut des § 143 Abs. 4 InvG ergibt.

II. Subjektiver Tatbestand

8   Der Verstoß gegen die Vorschriften des § 143 Abs. 1 InvG muss unter Anwendung von § 10 OWiG vorsätzlich erfolgen. Bedingter Vorsatz reicht aus.

III. Rechtsfolgen, Sonstiges

9   Verstöße gegen die Bußgeldtatbestände des § 143 Abs. 1 InvG können gemäß § 143 Abs. 5 InvG mit **Geldbuße bis zu hunderttausend Euro** geahndet werden. Die **Verjährungsfrist** für die Verfolgung von Ordnungswidrigkeiten gemäß § 143 Abs. 1 beträgt drei Jahre, § 31 Abs. 2 Nr. 1 OWiG.

D. § 143 Abs. 2 InvG

Übersicht

1   § 143 Abs. 2 InvG sanktioniert insbesondere vorsätzliche oder leichtfertige Verstöße gegen bestimmte **Anzeige-, Publizitäts- und Rechnungslegungsvorschriften** (*Berger/Steck/Lübbehüsen/Campbell* § 143 Rn. 8).

I. Objektiver Tatbestand

Abgestellt wird hierbei auf unterschiedliche Zuwiderhandlungen gegen die 2
oben genannten Pflichten, die im InvG an unterschiedlichen Orten benannt und
nachfolgend dargestellt sind:

§ 2a Abs. 2 S. 2 InvG räumt der BaFin die Befugnis ein, den beabsichtigten 3
Erwerb einer **bedeutenden Beteiligung** an einer Kapitalanlagegesellschaft oder
deren Erhöhung im Sinne des § 2 Abs. 20 InvG zu untersagen. § 143 Abs. 2 Nr. 1
Alt. 1 InvG sanktioniert Zuwiderhandlungen gegen eine derartige vollziehbare
Anordnung der BaFin. Widerspruch und Anfechtungsklage gegen die Anordnung
der BaFin haben gemäß § 2a Abs. 2 S. 4 InvG bzw. § 2a Abs. 4 S. 1 2. Hs InvG
keine aufschiebende Wirkung. Die ausdrückliche Anordnung des Sofortvollzugs
ist daher in der Regel nicht erforderlich. Die sofortige Vollziehbarkeit entfällt
nur dann, wenn BaFin oder Verwaltungsgericht eine entsprechende Anordnung
getroffen haben. Auf die Rechtmäßigkeit der Anordnung kommt es nach allgemeinen verwaltungsrechtlichen Grundsätzen nicht an, sofern diese nicht ausnahmsweise nichtig ist.

Komplementär dazu wendet sich § 2a Abs. 4 S. 1 InvG in Verbindung mit § 2c 4
Abs. 2 S.1.Nr. 1 bis 3 KWG im Fall eines beabsichtigten Erwerbs einer bedeuten-
den Beteiligung auch an deren Inhaber. Die BaFin kann ihm unter bestimmten
Voraussetzungen die **Ausübung des Stimmrechts** untersagen sowie **Verfü-
gungsbeschränkungen** auferlegen. § 143 Abs. 2 Nr. 1 Alt. 2 InvG sanktioniert
Zuwiderhandlungen gegen eine solche Anordnung.

§ 12 InvG begründet verschiedene Anzeigepflichten der Kapitalanlagegesell- 5
schaft gegenüber der BaFin bei der Errichtung oder dem Betrieb einer **Zweigniederlassung** innerhalb der Europäischen Union, einem EWR-Mitgliedstaat und
ggf. Drittstaaten sowie der Erbringung **grenzüberschreitender Dienstleistungen** im Investmentgeschäft. Verstöße gegen diese Anzeigepflichten sind ebenfalls
als Ordnungswidrigkeiten nach § 143 Abs. 2 Nr. 2 InvG zu qualifizieren.

Im Fall der beabsichtigten **Verschmelzung** eines EU-Investmentvermögens 6
(§ 2 Abs. 8a InvG) auf ein richtlinienkonformes Sondervermögen bestehen nach
§ 40d Abs. 2 S. 1 bzw. § 40d Abs. 4 S. 1 InvG umfangreiche **Informationspflichten** gegenüber der BaFin, deren Verletzung durch § 143 Abs. 2 Nr. 2a und 2b
InvG sanktioniert wird.

Nach § 42 Abs. 1 S. 1 InvG hat die Kapitalanlagegesellschaft für die von ihr 7
verwalteten Sondervermögen dem Publikum einen vereinfachten und einen aus-
führlichen **Verkaufsprospekt** zugänglich zu machen. Damit sollen Anleger vollständig und wahrheitsgetreu über den jeweiligen Fond informiert werden, um
sich ein Bild von den Chancen und Risiken machen zu können (*Schwennicke/
Auerbach/Schmitz* § 42 Rn. 3). Nach § 143 Abs. 2 Nr. 3 InvG handelt ordnungswidrig, wer entgegen § 42 Abs. 1 S. 1 InvG die wesentlichen Anlegerinformationen und den Verkaufsprospekt mit den Vertragsbedingungen nicht oder nicht
rechtzeitig dem Publikum zugänglich macht. Der Tatbestand ist bereits erfüllt,
wenn eine der in § 42 Abs. 1 S. 3 Nr. 1 bis 29 InvG erforderlichen Angaben fehlt
oder unzutreffend ist.

Das Rechtsverhältnis zwischen der Kapitalanlagegesellschaft und den Anlegern 8
wird maßgeblich durch die **Vertragsbedingungen** bestimmt, die gemäß § 43
Abs. 1 InvG **vor** Ausgabe der Anteile schriftlich festzulegen sind und nach § 43
Abs. 2 S. 1 InvG der Genehmigung der BaFin bedürfen. Die Kapitalanlagegesellschaft darf die Vertragsbedingungen dem Verkaufsprospekt erst **nach Genehmi-**

gung durch die BaFin beifügen, § 43 Abs. 2 S. 9 InvG. Ein Verstoß hiergegen ist eine Ordnungswidrigkeit nach § 143 Abs. 2 Nr. 4 InvG. Die Vorschrift gilt gemäß § 143 Abs. 4 InvG entsprechend für Investmentaktiengesellschaften.

9   §§ 44 und 45 InvG sind die Zentralnormen für die **Rechnungslegung** durch Kapitalanlagegesellschaften und für deren **Veröffentlichung.** § 143 Abs. 2 Nr. 5 InvG sanktioniert Verstöße bei der Erstellung von Jahres-, Halbjahres-, Auflösungs- oder Abwicklungsberichten. Die Vorschrift gilt gemäß § 143 Abs. 4 InvG entsprechend für Investmentaktiengesellschaften. § 143 Abs. 2 Nr. 6 InvG betrifft die Verletzung der Bekanntgabevorschriften des § 45 Abs. 1 und 2 InvG für solche Berichte im elektronischen Bundeanzeiger.

10   § 143 Abs. 2 Nr. 6a bis 6c InvG betreffen Verstöße bei der Abwicklung, Verschmelzung, Spaltung oder Umwandlung inländischer **Master-Feeder-Strukturen** nach § 45e ff InvG. **Feederfonds** zeichnen sich gemäß § 2 Abs. 26 InvG dadurch aus, dass sie mindestens 85 Prozent ihres Vermögens in Masterfonds angelegt haben. Ein Fond ist als Masterfond zu klassifizieren, wenn er Anteile an mindestens einem Feederfond ausgegeben hat, selbst kein Feederfond ist und keine Anteile eines Feederfonds hält, § 2 Abs. 27 InvG.

11   §§ 93 Abs. 2 S. 1, 95 Abs. 1 S. 3 InvG enthalten Anzeigepflichten der Kapitalanlagegesellschaft im Zusammenhang mit **Spezial-Sondervermögen.** Diese haben gemäß § 2 Abs. 3 S. 1 InvG nur einen **beschränkten Investorenkreis.** Natürliche Personen kommen **nicht** als Investoren in Frage. Der Investorenkreis beschränkt sich daher in der Praxis auf institutionelle Anleger. Bei diesen kann Investitionserfahrung vorausgesetzt werden, so dass hier auf das sonst sehr hohe Schutzniveau des Investmentgesetzes verzichtet werden kann (*Kümpel/Wittig/Reiter* 9.130). Gemäß §§ 93 Abs. 2 S. 1, 95 Abs. 1 S. 3 InvG müssen Kapitalanlagegesellschaften der BaFin aufgelegte und geschlossenen Spezial-Sondervermögen sowie den Wechsel der Depotbank anzeigen. Verstöße gegen die vorgenannten Vorschriften werden nach § 143 Abs. 2 Nr. 7 InvG sanktioniert.

12   **Investmentaktiengesellschaften** müssen nach § 96 Abs. 5 InvG ein **Anfangskapital** von EUR 300.000 sowie innerhalb von sechs Monaten nach Eintragung im Handelsregister ein **Gesellschaftsvermögen** von EUR 1,25 Mio. aufweisen. Sinkt das Gesellschaftsvermögen unter diese Schwellenwerte, ist dies der BaFin gemäß § 96 Abs. 6 S. 1 InvG ebenso unverzüglich anzuzeigen wie der Eintritt von Zahlungsunfähigkeit oder Überschuldung (§ 96 Abs. 6 S. 2 InvG). § 143 Abs. 2 Nr. 8 InvG sanktioniert Verstöße gegen diese Anzeigepflichten.

13   § 143 Abs. 9 InvG betrifft Pflichtverletzungen bei der Einreichung von **Jahresabschlüssen und Lageberichten** durch Investmentaktiengesellschaften, die § 111a Abs. 4 InvG zu beachten haben. Reichen also Investmentanlagegesellschaften den Jahresabschluss und den Lagebericht **nicht unverzüglich** nach deren Feststellung bzw. die Halbjahresberichte **nicht unverzüglich** nach deren Erstellung bei der BaFin ein, liegt eine Pflichtverletzung nach § 143 Abs. 9 InvG vor.

II. Subjektiver Tatbestand

14   Sämtliche Begehungsmodalitäten des § 143 Abs. 2 InvG können vorsätzlich oder leichtfertig begangen werden. Unter Hinweis auf die vorsätzliche Begehung ist dolus eventualis für die Erfüllung des Tatbestands stets ausreichend. **Leichtfertigkeit** bedeutet einen erhöhten Grad von Fahrlässigkeit, vergleichbar

der groben Fahrlässigkeit im Zivilrecht. Sie ist gegeben, wenn eine ungewöhnlich grobe Pflichtwidrigkeit vorliegt. Das ist beispielsweise der Fall, wenn ganz naheliegende Überlegungen verabsäumt oder unbeachtet gelassen werden, was jedem einleuchten muss (OLG Frankfurt vom 28.1.2010 WpÜG 10/09 (OWi), ZIP 2010, 670).

III. Rechtsfolgen, Sonstiges

Ordnungswidrigkeiten nach § 143 Abs. 2 InvG können gemäß Abs. 5 mit **15** **Geldbuße** bis zu hunderttausend Euro sanktioniert werden. Die **Frist der Verfolgungsverjährung** für Ordnungswidrigkeiten beträgt gemäß § 143 Abs. 2 InvG drei Jahre, § 31 Abs. 2 Nr. 1 OWiG.

E. § 143 Abs. 3 InvG

Übersicht

§ 143 Abs. 3 Nr. 1 bis 29 InvG sanktionieren vorsätzliche oder fahrlässige **1** Pflichtenverstöße gegen die dort aufgeführten Anlage- und Vertriebsvorschriften.

I. Objektiver Tatbestand

Nach § 6 Abs. 5 InvG in Verbindung mit § 24c Abs. 1 S.1 und 5 KWG haben **2** Kapitalanlagegesellschaften Dateien mit bestimmten Informationen über die bei ihnen geführten Konten und Depots zu führen und die jederzeitige **automatisierte Abrufbarkeit** dieser Daten durch die BaFin zu gewährleisten. Dies dient insbesondere der Bekämpfung von **Geldwäsche und Terrorismusfinanzierung** (vgl. *Schwennicke/Auerbach/Döser* § 24c Rn. 2). Verstöße gegen diese Pflichten werden gemäß § 143 Abs. 3 Nr. 1 InvG geahndet.

Nach § 19g S. 1 InvG in Verbindung mit §§ 44 und 44b KWG müssen jede **3** Kapitalanlagegesellschaft sowie die Inhaber bedeutender Beteiligungen der BaFin sowie der Deutschen Bundesbank auf Verlangen **Auskünfte über alle Geschäftsangelegenheiten** erteilen und Unterlagen vorlegen. Nach § 19g S.2 InvG in Verbindung mit § 44 Abs. 1 S. 4 oder § 44b Abs. 2 S. 2 KWG darf die BaFin ferner bei Kapitalanlagegesellschaften und Inhabern bedeutender Beteiligungen **Prüfungen** vornehmen und hierzu deren Geschäftsräume betreten und besichtigen. Dies haben die Betroffenen zu dulden. Zuwiderhandlungen gegen die Pflicht zur Auskunftserteilung, Vorlage von Unterlagen und Duldung der Durchführung einer Prüfung sind Ordnungswidrigkeiten im Sinne von § 143 Abs. 3 Nr. 2 und Nr. 3 InvG.

§ 11 InvG enthält Vorschriften über die **Kapitalanforderungen** von Kapital- **4** anlagegesellschaften. Entsprechen die Eigenmittel nicht den Anforderungen, kann die BaFin gemäß § 19i InvG geeignete Maßnahmen treffen, um Verstöße gegen

§ 11 InvG zu unterbinden. Außerdem kann die BaFin gemäß § 19j InvG bei begründeter Gefahr einer Gefährdung von Gläubigerinteressen der Kapitalanlagegesellschaft derartige geeignete und erforderliche Maßnahmen ergreifen. Als derartige Maßnahme kommt insbesondere die **Untersagung** bzw. **Beschränkung der Entnahmen** durch die Gesellschafter sowie die Ausschüttung von Gewinnen in Betracht. Die vorgenannten Anordnungen sind sofort vollziehbar. Zuwiderhandlungen verstoßen gegen § 143 Abs. 3 Nr. 4 InvG.

5 Nach § 143 Abs. 3 Nr. 5, § 19k InvG, § 46b Abs. 1 S. 1 KWG handelt ordnungswidrig, wer die **Zahlungsunfähigkeit, Überschuldung** oder sogar bereits die **drohende Zahlungsunfähigkeit** der Gesellschaft **nicht** unverzüglich der BaFin anzeigt.

6 Verschiedene Bestimmungen des Investmentgesetzes enthalten Vorschriften über die zulässigen geschäftlichen Aktivitäten von Kapitalanlagegesellschaften. Insbesondere sind die Vermögensgegenstände vorgeschrieben, in die Gelder der Anleger investiert werden dürfen (vgl. § 46 InvG). § 143 Abs. 3 Nr. 6 bis 19 InvG sichern die Einhaltung der dort aufgeführten Bestimmungen über zulässige Anlagegegenstände und -grenzen bußgeldrechtlich ab. Angesichts der Vielzahl von Verweisungen ist jeweils zu prüfen, ob die Beschränkung für den konkreten Fondtypus gilt.

7 § 54 InvG enthält eine Vielzahl von Beschränkungen für die **Gewährung von Wertpapierdarlehen** für Rechnung des Sondervermögens. Verstöße sind nach Maßgabe der nach § 143 Abs. 3 Nr. 11, Nr. 12 Buchstabe a) und Nr. 13 InvG ordnungswidrig und werden entsprechend sanktioniert.

8 § 143 Abs. 3 Nr. 12 Buchstabe b) und Nr. 19 InvG sanktionieren Pflichtverstöße bei der **Darlehensvergabe durch Immobilienfonds** an Immobiliengesellschaften entgegen § 69 Abs. 1 S. 1 und S. 2 InvG.

9 § 143 Abs. 3 Nr. 14 bis 16 InvG sanktionieren Verstöße gegen weitere bestimmte benannte **Investitionsvorgaben.**

10 § 143 Abs. 3 Nr. 16a und 16b InvG enthalten Sondertatbestände für Feeder- und Masterfonds.

11 § 143 Abs. 3 Nr. 17 bis 19 InvG betreffen die Verletzung gesetzlicher **Investitionsvorgaben für Immobilienfonds,** insbesondere zur vorgeschriebene Begrenzung des Währungsrisikos (§ 143 Abs. 3 Nr. 17, § 67 Abs. 4 InvG), das Veräußerungsverbot nach § 68a Abs. 2 InvG sowie die Darlehensvergabe an Immobiliengesellschaften (§ 143 Abs. 3 Nr. 19 in Verbindung mit § 69 Abs. 1 S. 2 InvG). Verstöße gegen die zitierten Vorschriften stellen ebenfalls Ordnungswidrigkeiten dar.

12 § 143 Abs. 3 Nr. 20 InvG sichert gesetzliche **Investitionsbeschränkungen für Infrastrukturfonds** nach § 90b Abs. 8 InvG bußgeldrechtlich ab. § 143 Abs. 3 Nr. 20a InvG sanktioniert Verstöße gegen Investitionsbeschränkungen für Sonstige Sondervermögen nach § 90h Abs. S. 4 InvG.

13 **Hedgefonds** dürfen gemäß § 112 Abs. 2 InvG nicht öffentlich vertrieben werden. Dadurch soll sichergestellt werden, dass nur Privatanleger, die gezielt eine Sonderanlage in solchen Vehikeln mit zusätzlichen Risiken suchen, in diese anlegen (*Schwennicke/Auerbach/Gringel* § 112 Rn. 28). Gleiches gilt für Aktien einer Investmentaktiengesellschaft oder eines Teilgesellschaftsvermögens, die nach Satzung oder Anlagebedingungen Hedgefonds entsprechen, § 101 S. 1 InvG. **Öffentlicher Vertrieb** ist ein Vertrieb, der im Wege des öffentlichen Anbietens, der öffentlichen Werbung oder in ähnlicher Weise erfolgt, § 2 Abs. 11 S. 1 InvG.

Verstöße gegen die vorgenannten Vertriebsverbote stellen Ordnungswidrigkeiten nach § 143 Abs. 3 Nr. 21 und 22 InvG dar.

Sogenannte **Dach–Hedgefonds** (Dachfonds, die in Hedgefonds und ver-   14
gleichbare Vehikel anlegen, vgl. § 113 Abs. 1 S. 1 InvG) unterliegen anders als
Einzelhedgefonds einem **Verbot von Leverage und Leerverkäufen** nach Maßgabe des § 113 Abs. 1 S. 3 InvG. Der **Verkauf von Devisenkontrakten** durch
einen Dach-Hedgefond unterliegt nach § 113 Abs. 2 S. 2 InvG ebenso Beschränkungen (§ 143 Abs. 3 Nr. 24 InvG) wie **Investitionen in Einzelhedgefonds**
(§ 113 Abs. 4 S. 2 und 3, § 143 Abs. 3 Nr. 25 InvG). § 113 Abs. 5 InvG konkretisiert die Sorgfaltsanforderungen für Dach-Hedgefond bei Anlagenentscheidungen
betreffend Einzelhedgefonds. Insbesondere muss nach Maßgabe des § 113 Abs. 5
InvG eine ausreichende **Informationsgrundlage** über den jeweiligen Zielfond
vorhanden sein. Verstöße hiergegen werden durch § 143 Abs. 3 Nr. 26 InvG
sanktioniert.

Nach § 124 Abs. 4 S. 1 InvG kann die BaFin einer **ausländischen Invest-**   15
mentgesellschaft den öffentlichen Vertrieb bei erheblichen Verstößen gegen
die werbebeschränkenden Vorschriften des § 124 Abs. 1 bis 3 InvG untersagen.
Zuwiderhandlungen gegen eine solche Anordnung sind nach § 143 Abs. 3 Nr. 27
InvG ebenso ordnungswidrig wie der öffentliche Vertrieb ausländischer Invest-
mentanteile entgegen § 140 Abs. 2 bis 4 InvG bzw. § 140 Abs. 1 S. 1, 143 Abs. 3
Nr. 29 InvG.

Ausländische Hedgefonds und vergleichbare Vehikel dürfen nicht öffentlich   16
vertrieben werden. Ein Verstoß hiergegen ist eine Ordnungswidrigkeit, § 143
Abs. 3 Nr. 28, § 135 Abs. 1 S. 2 InvG.

Die Bußgeldtatbestände des § 143 Abs. 3 Nr. 4, 5, 6 a), Nr. 7 bis 10, Nr. 15   17
und Nr. 16 InvG gelten nicht nur für Kapitalanlagegesellschaften, sondern auch
für **Investmentaktiengesellschaften.** Dies ergibt sich aus § 143 Abs. 4 InvG.

II. Subjektiver Tatbestand

Ordnungswidrigkeiten nach § 143 Abs. 3 InvG können sowohl vorsätzlich als   18
auch fahrlässig begangen werden.

III. Rechtsfolgen, Sonstiges

Verstöße gegen die – vom Gesetzgeber offenbar als weniger gewichtig empfun-   19
denen – § 143 Abs. 3 Nr. 1, 5 bis 19 sowie Nr. 22 und 23 InvG können mit
Geldbuße bis zu fünfzigtausend Euro geahndet werden. Verstöße gegen die
sonstigen Bußgeldtatbestände des Abs. 3 können nach § 143 Abs. 5 InvG mit
Geldbuße bis zu hunderttausend Euro belegt werden.

Die **Verfolgungsverjährungsfrist** für Ordnungswidrigkeiten gemäß § 143   20
Abs. 3 beträgt drei Jahre, § 31 Abs. 2 Nr. 1 OWiG.

F. Verfolgung

Ob ein Verstoß gegen Bußgeldtatbestände verfolgt wird, ist Ermessensfrage.   1
Anders als im Strafrecht gilt gemäß § 47 Abs. 1 S. 1 OWiG das **Opportunitäts-**

prinzip (vgl. *Mitsch* 221), d.h. die Behörde kann, muss aber kein Verfahren einleiten.

2   **Zuständige Behörde** für die Verfolgung von Ordnungswidrigkeiten ist gemäß § 143 Abs. 6 InvG allein die BaFin.

G. Unerlaubtes Betreiben des Investmentgeschäfts, § 143a InvG

Übersicht

I. Allgemeines

1   Nach § 143a InvG macht sich strafbar, wer **ohne Erlaubnis** nach § 7 Abs. 1 S. 1 InvG das Geschäft einer Kapitalanlagegesellschaft betreibt.

2   Nach § 7 Abs. 1 S. 1 InvG bedarf der Geschäftsbetrieb einer Kapitalanlagegesellschaft der schriftlichen Erlaubnis durch die BaFin. Dadurch soll sichergestellt werden, dass nur Unternehmen das Investmentgeschäft betreiben, die über die notwendige personelle und finanzielle Ausstattung verfügen (*Berger/Steck/Lübbehüsen/Gringel* § 7 Rn. 1).

3   § 143a InvG stellt in Anlehnung an § 54 KWG das unerlaubte Betreiben des Investmentgeschäfts unter Strafe (Begründung RegE BT-Drs. 16/5576, S. 99). Die Norm wurde erforderlich, weil Kapitalanlagegesellschaften seit dem Inkrafttreten des Investmentänderungsgesetzes vom 21.12.2007 (BGBl. I S. 3089) **keine** Kreditinstitute im Sinne des KWG mehr sind. § 54 KWG ist daher **nicht mehr** auf sie anwendbar. Die so entstandene Schutzlücke schließt § 143a InvG. Anders als §§ 54 Abs. 1 Nr. 2, Abs. 2 KWG stellt § 143a InvG aber nur vorsätzliches Handeln unter Strafe.

4   Die Strafnorm des § 143a InvG gilt **nicht** für **Investmentaktiengesellschaften.** Für diese ergibt sich die Erlaubnispflichtigkeit des Geschäftsbetriebs nämlich nicht aus § 7 Abs. 1 S. 1 InvG, sondern aus § 97 Abs. 1 S. 1 InvG. Auf diesen nimmt § 143a InvG gerade keinen Bezug.

5   Unmittelbare Normadressaten des § 7 Abs. 1 S. 1 InvG sind Kapitalanlagegesellschaften. Davon zu unterscheiden ist der **Normadressat** des § 143a InvG, da Täter und Beteiligter an Straftaten nach deutschem Recht nur natürliche Personen sein können. Mögliche Täter des § 143a InvG sind insbesondere die **Organe** der Kapitalanlagegesellschaft (Vorstand bzw. Geschäftsführung) gemäß § 14 Abs. 1 Nr. 1 StGB, **Verfügungsberechtigte kraft Amtes** nach § 14 Abs. 1 Nr. 3 StGB (*Berger/Steck/Lübbehüsen/Cambell* § 143a Rn. 3) sowie **Betriebsleiter und besonders Beauftragte** (§ 14 Abs. 2 S. 1 Nr. 1 und 2 StGB). Personen, die nicht zum abschließenden Kreis des § 14 StGB zählen, können lediglich Anstifter (§ 26 StGB) oder Gehilfen (§ 27 StGB) sein.

6   Unter den Voraussetzungen des § 30 OWiG kann im Fall einer Straftat nach § 143a InvG neben oder anstelle der Strafe gegen den Täter ein **Bußgeld bis zu EUR 1 Mio** (§ 30 Abs. 2 S. 1 Nr. 1 OWiG) gegen die Kapitalanlagegesellschaft verhängt werden.

II. Objektiver Tatbestand

Voraussetzung der Strafbarkeit ist, dass ein gemäß § 7 Abs. 1 InvG **erlaubnis-** 7 **pflichtiges Geschäft** einer Kapitalanlagegesellschaft betrieben wird. Das ist der Fall, wenn inländisches Investmentvermögen verwaltet wird und die in § 7 Abs. 2 InvG aufgeführten Dienst- und Nebendienstleistungen mit einer gewissen Nachhaltigkeit erbracht werden (vgl. *Berger/Steck/Lübbehüsen/Campbell* § 143a Rn. 4).

Nur das von einer Aktiengesellschaft oder einer Gesellschaft mit beschränkter 8 Haftung betriebene Geschäft kann tatbestandsmäßig sein (sogenannter **„formeller Investmentbegriff"**). Das ergibt sich daraus, dass die Kapitalanlagegesellschaft gemäß § 6 Abs. 1 S. 2 InvG **zwingend** als AG oder GmbH ausgestaltet sein muss. Das von einer natürlichen Person, GbR oder KG oder sonstigen juristischen Person betriebene Kapitalanlagegeschäft fällt daher **nicht** unter § 143a InvG (vgl. *Berger/Steck/Lübbehüsen/Campbell* § 143a Rn. 2).

Ohne Erlaubnis handelt der Täter, wenn zum Tatzeitpunkt keine Erlaubnis 9 erteilt oder eine bereits erteilte Erlaubnis nach § 17 InvG erloschen oder aufgehoben worden ist (vgl. *Schwennicke/Auerbach* § 54 Rn. 7). Unerheblich ist, ob der Geschäftsbetrieb **erlaubnisfähig** wäre; auch die **nachträglich erteilte Erlaubnis** lässt den Tatbestand nicht entfallen (vgl. § 8 StGB). Eine **rechtswidrige** Erlaubnis ist nach allgemeinen verwaltungsrechtlichen Grundsätzen hingegen wirksam und schließt einen Verstoß gegen § 143a InvG aus. Anderes gilt im Fall einer wegen eines schwerwiegenden Fehlers ausnahmsweise **nichtigen Erlaubnis,** doch wird der Täter in diesem Fall regelmäßig nicht vorsätzlich handeln (*Berger/Steck/Lübbehüsen/Campbell* § 143a Rn. 4). Eine nicht schriftlich erteilte Erlaubnis ist nichtig (vgl. *Kopp/Ramsauer* § 44 Rn. 25).

Die Erlaubnis kann nach § 7 Abs. 1 S. 2 InvG mit **Nebenbestimmungen** 10 verbunden werden. Verstöße gegen Nebenbestimmungen sind nicht strafbar, da es insoweit um den Betrieb grundsätzlich erlaubter Geschäfte geht (vgl. *Schwennicke/Auerbach* § 54 Rn. 7).

§ 143a InvG gilt **nicht** für **Investmentaktiengesellschaften** (siehe oben unter 11 Punkt D. I.). Es dürfte sich insoweit um ein gesetzgeberisches Versehen handeln. Dem Schließen dieser Regelungslücke mittels einer entsprechenden Anwendung auf Investmentaktiengesellschaften steht jedoch das strafrechtliche Analogieverbot (Art. 103 Abs. 2 GG, § 1 StGB) entgegen.

III. Subjektiver Tatbestand

Anders als die Parallelnorm des § 54 Abs. 1 Nr. 2 KWG ist § 143a InvG ein 12 reines **Vorsatzdelikt.** Dolus eventualis ist ausreichend. Der Vorsatz muss sich dabei sich auf sämtliche Merkmale des objektiven Tatbestands beziehen. Ein Irrtum über die Erlaubnispflichtigkeit eines Geschäfts lässt den Vorsatz nicht entfallen, sondern ist allenfalls als Verbotsirrtum (§ 17 StGB) beachtlich, der in der Regel vermeidbar sein dürfte.

IV. Rechtswidrigkeit und Schuld

Ob die Erlaubnis der BaFin, die bereits den Tatbestand entfallen lässt, rechtferti- 13 gende Wirkung hat, ist praktisch unerheblich.

V. Strafrahmen und Verjährung

14   Verstöße gegen § 143a InvG können mit **Freiheitsstrafe** bis zu drei Jahren oder mit **Geldstrafe** bestraft werden. Die **Frist der Verfolgungsverjährung** beträgt nach § 78 Abs. 3 Nr. 4 StGB fünf Jahre.

H. Mitteilungen in Strafsachen, § 143b InvG

1   Nach § 143b InvG findet § 60a KWG für die **Mitteilungspflichten** der Gerichte, der Strafverfolgungsbehörden oder der Strafvollstreckungsbehörden gegenüber der BaFin entsprechende Anwendung.

2   Dies beruht auf der Erwägung, dass Straftaten im Zusammenhang mit dem Geschäftsbetrieb einer Kapitalanlage- oder Investmentaktiengesellschaft auf **grobe Missstände** innerhalb des Unternehmens hindeuten, von denen die BaFin als zuständige Aufsichtsbehörde Kenntnis erlangen muss, um über die **Frage zusätzlicher Maßnahmen** entscheiden zu können (vgl. *Boos/Fischer/Schulte-Mattler/ Lindemann,* § 60a Rn. 3). Die Mitteilungspflichten gelten insbesondere im Fall von Strafverfahren gegen Inhaber oder Geschäftsleiter von Anlagegesellschaften sowie Inhaber bedeutender Beteiligungen. Voraussetzung ist, dass die vorgeworfene Straftat im Zusammenhang mit der Ausübung des Geschäftsbetriebs der Anlagegesellschaft steht (*Berger/Steck/Lübbehüsen/Campbell* § 143b Rn. 2). Mitzuteilen sind der BaFin die **Anklageschrift** oder eine an ihre Stelle tretende Antragsschrift, der Antrag auf Erlass eines **Strafbefehls** sowie die das Verfahren abschließende **Entscheidung mit Begründung** (ggf. unter Hinweis auf ein eingelegtes Rechtsmittel). Bei **Fahrlässigkeitsdelikten** wird grundsätzlich nur die abschließende Entscheidung mitgeteilt; Anklageschrift und Antrag auf Erlass eines Strafbefehls hingegen nur in Ausnahmefällen.

3   Voraussetzung für die Mitteilung an die BaFin ist grundsätzlich **die Erhebung der Anklage**. Etwas anders gilt für Straftaten nach § 143a InvG. Gemäß § 143b InvG in Verbindung mit § 60a Abs. 1a KWG ist der BaFin bereits die **Eröffnung eines Ermittlungsverfahrens** wegen des Verdachts eines Verstoßes gegen § 143a InvG mitzuteilen.

4   Unter den Voraussetzungen des § 143b InvG in Verbindung mit § 60a Abs. 2 S. 1 KWG sollen die zuständigen Stellen der BaFin Tatsachen mitteilen, die in Strafverfahren gegen **sonstige Personen** bekannt werden und für aufsichtsrechtliche Maßnahmen erforderlich sein könnten. Voraussetzung ist eine Abwägung mit den schutzwürdigen Interessen des Betroffenen.

5   Die BaFin hat grundsätzlich ein **Akteneinsichtsrecht** in die betreffenden Akten des Gerichts sowie der Strafverfolgungs- und -vollstreckungsbehörden, § 143b InvG, § 60a Abs. 3 S. 1 KWG.

7. Teil Depotgesetz (DepotG)

Übersicht

A. § 34 Depotunterschlagung

Wer, abgesehen von den Fällen der §§ 246 und 266 des Strafgesetzbuchs, eigenen oder fremden Vorteils wegen
1. über ein Wertpapier der in § 1 Abs. 1 bezeichneten Art, das ihm als Verwahrer oder Pfandgläubiger anvertraut worden ist oder das er als Kommissionär für den Kommittenten im Besitz hat oder das er im Falle des § 31 für den Kunden im Besitz hat, rechtswidrig verfügt,
2. einen Sammelbestand solcher Wertpapiere oder den Anteil an einem solchen Bestand dem § 6 Abs. 2 zuwider verringert oder darüber rechtswidrig verfügt,
wird mit Freiheitsstrafe bis zu fünf Jahren oder mit Geldstrafe bestraft.

Literatur: *Fischer, Thomas* Strafgesetzbuch und Nebengesetze, 60. Auflage München 2013; *Hellmann, Uwe/Beckemper, Katharina* Wirtschaftsstrafrecht, 3. Auflage Stuttgart 2010; *Knierim, Tobias* Straftaten im Bankbereich, in Wabnitz, Heinz-Bernd/Janovsky, Thomas, Handbuch des Wirtschafts- und Steuerstrafrechts, 3. Aufl. München 2007, 446–539; *Kümpel, Siegfried/Wittig, Arne* Bank- und Kapitalmarktrecht, 4. Auflage Köln 2011; *Miletzki, Rainer* 100 Jahre Depotrecht, WM 1996, 1849–1851; *Schröder, Christian* Straf- und Bußgeldtatbestände des KWG und sonstige Strafnormen im Bankrecht, in Achenbach, Hans/Ransiek, Andreas (Hrsg.), Handbuch Wirtschaftsstrafrecht, 3. Auflage Heidelberg 2012, 1213–1250; *Schumann, Alexander* Andere Bank- und Finanzgeschäfte, in: Müller-Gugenberger, Christian/Bieneck, Klaus, Handbuch des Wirtschaftsstraf- und -ordnungswidrigkeitenrechts, 5. Auflage Köln 2011, 2256–2259; *Tiedemann, Klaus* Wirtschaftsstrafrecht, 2. Auflage Köln 2008; *Zieschang, Frank* Untreuedelikte, in: Park, Tido (Hrsg.), Kapitalmarktstrafrecht, 3. Auflage Baden-Baden 2013, 247–283.

Übersicht

I. Einleitung

1   Der 4. Abschnitt des Depotgesetzes (Gesetz über die Verwahrung und Anschaffung von Wertpapieren – Depotgesetz in der Fassung der Bekanntmachung vom 11. Januar 1995 (BGBl. I S. 34), das durch Artikel 14 des Gesetzes vom 4. Juli 2013 (BGBl. I S. 1981) geändert worden ist, enthält drei Straftatbestände: Depotunterschlagung (§ 34), Unwahre Angaben über das Eigentum (§ 35) sowie Vorschriften zur Strafbarkeit im Falle der Zahlungseinstellung oder des Insolvenzverfahrens (§ 37). Die Strafvorschriften flankieren die übrigen Bestimmungen des Depotgesetzes, deren Zweck es ist, für die Anschaffung und Verwahrung von Wertpapieren **klare Eigentumsverhältnisse** zu schaffen (*Miletzki* 1849).

2   Anlass für den Erlass des Depotgesetzes waren **umfangreiche Unterschlagungen** bei verschiedenen Banken am Ende des 19. Jahrhunderts (*Miletzki* 1849). Ungeachtet dessen haben die Strafvorschriften heute so gut wie keine praktische strafrechtliche Bedeutung (*Tiedemann* 126). Aktuelle Gerichtsentscheidungen sind kaum bekannt (*Zieschang* 92). Die wenigen zugänglichen Entscheidungen haben zumeist einen zivilrechtlichen Hintergrund (z. B. OLG Frankfurt 23 U 35/07 vom 16.1.2008: deliktische Ansprüche des Kunden infolge Depotunterschlagung). Die geringe strafrechtliche Bedeutung dürfte verschiedene Gründe haben: Erstens die ausdrücklich angeordnete Subsidiarität der Vorschriften gegenüber §§ 246, 266 StGB sowie ggf. § 263 StGB (vgl. *Schumann* 2257 f.). Zweitens die grundsätzliche Zuverlässigkeit und Seriosität des Depotgeschäfts in Deutschland (*Schröder* 1240), auch infolge der strengen Bankenaufsicht. Drittens das unverzügliche Eingreifen der BaFin bei aufgedeckten Verstößen, wobei das vorrangige Interesse der BaFin die unverzügliche Abstellung des Missstandes ist, nicht die Strafverfolgung (*Knierim* 536). Viertens könnte bei der Nichtverfolgung die Überlegung eine Rolle spielen, **das Vertrauen der Öffentlichkeit** in die Funktionsfähigkeit des Bankenwesens nicht zu beeinträchtigen. (vgl. *Knierim* 536).

II. Objektiver Tatbestand

3   § 34 Abs. 1 erfasst in Nr. 1 die **rechtswidrige Verfügung über ein Wertpapier,** das (1) einem Verwahrer oder (2) Pfandgläubiger anvertraut ist, das (3) ein Kommissionär für den Kommittenten oder (4) im Fall des § 31 ein Eigenhändler für den Kunden im Besitz hat. Nr. 2 stellt die rechtswidrige Verringerung oder Verfügung über den Sammelbestand solcher Wertpapiere unter Strafe. Nach zutreffender Ansicht unterscheiden § 34 Abs. 1 Nr. 1 und Nr. 2 nur nach der Art der geschützten Verwahrform. Der Differenzierung kommt daher keine besondere praktische Bedeutung zu (anders *Hellmann/Beckemper* 55: § 34 Abs. 1 Nr. 2 anders als § 34 Abs. 1 Nr. 1 kein Sonderdelikt).

1. Verwahrte Wertpapiere

4   § 34 Abs. 1 findet Anwendung auf **Wertpapiere** im Sinne des § 1 Abs. 1 DepotG, also auf Aktien, Kuxe, Zwischenscheine, Zins-, Gewinnanteil- und Erneuerungsscheine, auf den Inhaber lautende oder durch Indossament übertragbare Schuldverschreibungen, ferner andere Wertpapiere, wenn diese vertretbar sind, sowie Namensschuldverschreibungen, soweit sie auf den Namen einer Wertpapiersammelbank ausgestellt wurden. **Keine Anwendung** findet die Vorschrift auf **Banknoten und Papiergeld** (vgl. § 1 Abs. 1 S. 1 aE DepotG) sowie schon wegen des strafrechtlichen Bestimmtheitsgebots auf sonstige, nicht in § 1 Abs. 1 DepotG aufgeführte Wertpapiere, namentlich **elektronisch gehandelte Derivate** (vgl. *Schröder* 1241).

§ 34 Abs. 1 gilt für sämtliche Arten der Wertpapierverwahrung nach dem 5 Depotgesetz, also die **Sonderverwahrung** einzelner Stücke („Streifbandverwahrung") gemäß § 2 ebenso wie die **Sammelverwahrung** nach § 5. Die früher übliche Sonderverwahrung gemäß § 2 DepotG ist heute überholt und kaum mehr gebräuchlich (*Hellmann/Beckemper* 55; *Kümpel/Wittig/Will* 2344). Im Fall der Sonderverwahrung werden die einzelnen Wertpapiere unter äußerlich erkennbarer Bezeichnung jedes Hinterlegers gesondert von Beständen des Verwahrers und Dritter aufbewahrt. Durchgesetzt hat sich wegen der leichteren Handelbarkeit („stückeloser Effektenverkehr durch Buchungsvorgänge") die **Wertpapiersammelverwahrung.** Bei dieser Form der Verwahrung werden vertretbare Wertpapiere einer (Wertpapiersammel-)Bank zur Sammelverwahrung anvertraut. An den zum Sammelbestand gehörenden Wertpapieren besteht ideelles Miteigentum nach Bruchteilen (§ 6 DepotG). Die zentrale Wertpapiersammelbank für Deutschland ist die **Clearstream Banking AG,** eine Tochtergesellschaft der Clearstream International S.A. (*Kümpel/Wittig/Will* 2345).

Die Mehrzahl der Wertpapieremissionen erfolgen heute mittels einer einzigen 6 **Globalurkunde,** die mehrere Rechte verbrieft, die jedes für sich in vertretbaren Wertpapieren einer und derselben Art verbrieft sein könnten (§ 9a Abs. 1 DepotG). Der Tatbestand des § 34 Abs. 1 wird daher im Wesentlichen wohl nur noch durch die Verfügung über das Bruchteilseigentum an den zum Sammelbestand des Verwahrers gehörenden Wertpapieren derselben Art (§ 6 DepotG) bzw. an der Globalurkunde nach § 9a DepotG erfüllt (*Knierim* 536).

Die Aufbewahrung von Wertpapieren im Schließfach ist **Eigenverwahrung,** 7 auf die das Depotgesetz nicht anwendbar ist. § 34 gilt also z. B. nicht für Verfügungen über **Tafelpapiere.** Gegebenenfalls können in diesem Fall aber insbesondere §§ 266, 263, 246 und 242 StGB einschlägig sein.

2. Täterkreis

Nach zutreffender Ansicht handelt es sich bei sämtlichen Alternativen des § 34 8 Abs. 1 Nr. 1 und Nr. 2 um **Sonderdelikte,** die nur von einem Verwahrer, Pfandgläubiger, Kommissionär oder Eigenhändler begangen werden können (*Zieschang* 94; von einem Jedermannsdelikt gehen hingegen aus *Hellmann/Beckemper* 55; *Schröder* 1241). Für § 34 Abs. 1 Nr. 1 ist der Charakter als Sonderdelikt ausdrücklich geregelt. Bei § 34 Abs. 1 Nr. 2 ergibt sich diese Beschränkung zwar nicht eindeutig aus dem Wortlaut, doch ist nicht ersichtlich, weshalb bezüglich eines Sammelbestandes etwas anderes gelten soll (*Zieschang* 94). Die Frage hat vor allem Bedeutung bei Tathandlungen durch einfache Bankmitarbeiter (Beispiel bei *Hellmann/Beckemper* 55) sowie bei „von außen" kommenden Angriffen (Beispiel bei *Schröder* 1241: Umbuchung mittels eines gefälschtem Depotübertragungsauftrags).

Verwahrer ist gemäß § 1 Abs. 2 DepotG, wem im Betrieb seines Gewerbes 9 Wertpapiere unverschlossen zur Verwahrung anvertraut werden. Verwahrer ist auch der Zwischenverwahrer, der die Wertpapiere nach § 3 Abs. 2 DepotG von einem anderen Verwahrer verwahren lässt (*Schröder* 1241). Unerheblich ist, ob die Verwahrung – wie im Regelfall – als gemäß Kreditwesengesetz erlaubnispflichtiges Depotgeschäft betrieben wird.

10   Das Verwahrgeschäft ist in der Praxis die Domäne **juristischer Personen** (insbesondere Aktiengesellschaften). Als taugliche Täter kommen insoweit praktisch nur deren Organe (§ 14 Abs. 1 Nr. 1 StGB) oder mit der Verwahrung beauftragte Mitarbeiter (§ 14 Abs. 2 Nr. 2 StGB) in Betracht. Sonstige Personen – zum Beispiel Kundenbetreuer – können sich hingegen nur wegen Anstiftung oder Beihilfe zur Depotunterschlagung sowie nach sonstigen Strafnormen (insbesondere §§ 266, 246, 242, 263 StGB) strafbar machen (A.A. *Hellmann/Beckemper* 55). § 28 Abs. 1 StGB ist zu beachten.

11   **Pfandgläubiger** ist derjenige, dem Wertpapiere als Sicherheit bestellt und anvertraut werden (*Schröder* 1241). Nach dem Schutzzweck des § 34 muss es sich um Wertpapiere handeln, die im Depotgeschäft verwahrt werden. Wird z. B. nach allgemeinen zivilrechtlichen Vorschriften ein Pfandrecht an einem Tafelpapier begründet, gilt § 34 nicht.

12   **Kommissionär** ist nach §§ 18 DepotG, 383 und 406 HGB, wer es gewerbsmäßig übernimmt, Wertpapiere für Rechnung des Kommittenten in eigenem Namen zu kaufen oder zu verkaufen. **Eigenhändler** ist, wer im Betrieb seines Gewerbes Wertpapiere als Eigenhändler verkauft oder umtauscht oder einen Auftrag zum Einkauf oder zum Umtausch von Wertpapieren im Wege des Selbsteintritts ausführt. Er wird wie ein Kommissionär behandelt, § 31 DepotG. Ab dem Zeitpunkt der Übereignung erworbener Wertpapiere an den Kommittenten (nach allgemeinen zivilrechtlichen Vorschriften oder durch Absendung des Stückeverzeichnisses, § 18 Abs. 3 DepotG) gelten Kommissionär und Eigenhändler gemäß §§ 29 und 31 DepotG ohnehin als Verwahrer, soweit sie die Wertpapiere (unmittelbar oder mittelbar) besitzen. Kommissionär und Eigenhändler können aber bereits vor Übereignung gegen § 34 verstoßen, wenn sie rechtswidrig über für den Kommittenten erworbene Papiere verfügen. Insofern kann der Tatbestand des § 34 – anders als zum Beispiel § 246 StGB – auch an eigenen Wertpapieren begangen werden.

3. Anvertraut

13   Die Wertpapiere müssen dem Täter anvertraut sein. Das Tatbestandsmerkmal „anvertraut" hat keine eigenständige Bedeutung im Sinne eines erhöhten Vertrauenstatbestands, sondern meint lediglich die Verwahrung, Pfandbestellung oder den Fremdbesitz des Kommissionärs im üblichen Geschäftsgang. Voraussetzung ist also, dass das Wertpapier in den Gewahrsam des Täters mit der Verpflichtung gelangt, es zurückzugeben oder zweckbestimmt zu verwenden (*Zieschang* 96). Ob das Wertpapier vom Kunden oder in dessen Auftrag durch einen Dritten übergeben wird, ist ohne Belang.

4. Rechtswidrige Verfügung

14   Gemäß § 34 Abs. 1 Nr. 1 bzw. § 34 Abs. 1 Nr. 2 2. Alt. muss der Täter über das Wertpapier verfügen. **Verfügung** ist jede Beeinträchtigung des Eigentums bzw. des Anspruchs auf Eigentumsverschaffung, also zum Beispiel Veräußerung, dingliche Belastung (insbesondere Pfandrechtsbestellung), Besitzbeeinträchtigung (z. B. Übertrag auf ein anderes Depot), Gebrauchsanmaßung sowie Begebung von Optionen oder Optionsscheinen (*Schröder* 1242). Verfügung ist aber auch die Vernichtung oder Beschädigung (*Zieschang* 100).

15   Die Verfügung muss **rechtswidrig** sein. Nach zutreffender Ansicht handelt es sich um ein allgemeines Verbrechensmerkmal ohne eigenständigen Gehalt (*Schrö-*

der 1242). Nach anderer Ansicht schließt die wirksame Einwilligung des Kunden bereits den Tatbestand aus (*Zieschang* 101). Dieser Meinungsstreit hat keine erkennbaren praktischen Auswirkungen.

5. Verringerung eines Sammelbestands

Strafbar macht sich nach § 34 Abs. 1 Nr. 2 1. Alternative, wer als Verwahrer, **16** Pfandgläubiger, Kommissionär oder Eigenhändler einen Sammelbestand von Wertpapieren im Sinne des § 1 Abs. 1 entgegen § 6 Abs. 2 DepotG verringert. Nach richtiger Ansicht handelt es sich um ein Sonderdelikt. Verringerung des Sammelbestandes ist jede Maßnahme, die den materiellen Miteigentumsbestand auch nur zeitweilig verringert (*Zieschang* 103) und nicht durch die Verwaltung des Bestandes (zum Beispiel durch Ausübung von Bezugsrechten) gerechtfertigt ist. Diese Tatalternative hat jedenfalls für die Girosammelverwahrung keine eigenständige praktische Bedeutung mehr, da jede Übertragung von Wertpapieranteilen zugleich eine Verfügung darstellen dürfte (*Hellmann/Beckemper* 55).

III. Subjektiver Tatbestand

§ 34 ist Vorsatzdelikt. Eventualvorsatz ist ausreichend. Darüber hinaus ist erfor- **17** derlich, dass der Täter eigenen oder fremden Vorteils wegen handelt. Es muss sich nicht um einen Vermögensvorteil handeln. Ausreichend ist es zum Beispiel, wenn der Täter eine für ihn einfachere Verwahrform wählt (*Schröder* 1242 f.). Der erstrebte Vorteil braucht objektiv nicht eingetreten zu sein („überschießende Innentendenz"). Auch insoweit ist dolus eventualis ausreichend, eine Begrenzung auf dolus directus 1. Grades ist dem Wortlaut des § 34 nicht zu entnehmen (so aber *Zieschang* 106).

IV. Rechtswidrigkeit

Es gelten die allgemeinen Rechtfertigungsgründe. Die Einwilligung des Kun- **18** den schließt den Tatbestand nach richtiger Ansicht nicht aus.

V. Rechtsfolgen, Strafantrag, Konkurrenzen

Verstöße gegen § 34 Abs. 1 können mit Freiheitsstrafe bis zu fünf Jahren oder **19** mit Geldstrafe bestraft werden.

§ 34 Abs. 1 tritt hinter § 246 bzw. § 266 StGB zurück. Dies lässt sich dem **20** eindeutigen Wortlaut des ersten Halbsatzes der Vorschrift entnehmen. Nach überwiegender Ansicht ist § 34 gegenüber diesen Vorschriften subsidiär. Eine Minderansicht geht hingegen aus systematischen Gründen von tatbestandlicher Exklusivität aus, so dass das Vorliegen von § 246 bzw. § 266 StGB tatbestandsausschließend wirkt (*Hellmann/Beckemper* 56 f.). Diese Ansicht überzeugt.

§ 34 ist ein Antragsdelikt, soweit durch die Tat ein Angehöriger im Sinne des **21** § 11 Abs. 2 Nr. 1 StGB verletzt worden ist, § 36 DepotG.

Beruht der Verstoß auf einer Aufsichtspflichtverletzung des Betriebsinhabers **22** (bzw. von dessen Organen), kann gegen diese zusätzlich ein Bußgeld bis zu 1 Million EUR (§ 130 OWiG) sowie gegen das Unternehmen ein Bußgeld bis zu 10 Millionen EUR (§ 30 OWiG) verhängt werden.

B. § 35 Unwahre Angaben über das Eigentum

Wer eigenen oder fremden Vorteils wegen eine Erklärung nach § 4 Abs. 2 wahrheitswidrig abgibt oder eine ihm nach § 4 Abs. 3 obliegende Mitteilung unterlässt, wird, wenn die Tat nicht nach anderen Vorschriften mit schwererer Strafe bedroht ist, mit Freiheitsstrafe bis zu einem Jahr oder mit Geldstrafe bestraft.

Übersicht

I. Objektiver Tatbestand

1   § 35 enthält zwei Tatbestandsalternativen, nämlich die **wahrheitswidrige Eigenanzeige** (§ 4 Abs. 2 DepotG) sowie die **unterlassene Fremdanzeige** (§ 4 Abs. 3 DepotG). Die Vorschrift dient dem Anlegerschutz. Ebenso wie § 34 ist § 35 praktisch bedeutungslos, veröffentlichte Gerichtsentscheidungen findet man kaum.

1. Wahrheitswidrige Eigenanzeige

2   § 35 wird vor dem Hintergrund des § 4 Abs. 1 DepotG verständlich. § 4 Abs. 1 DepotG modifiziert für Depotgeschäfte die zivilrechtlichen Vorschriften über den gutgläubigen Erwerb folgendermaßen: Vertraut ein Verwahrer, der Bankgeschäfte betreibt, die Wertpapiere einem Dritten an, so gilt als dem Dritten bekannt, dass die Wertpapiere dem Verwahrer nicht gehören, § 4 Abs. 1 S. 1 DepotG. Zudem kann der Dritte an den Wertpapieren ein Pfandrecht oder ein Zurückbehaltungsrecht nur wegen solcher Forderungen geltend machen, die mit Bezug auf diese Wertpapiere entstanden sind oder für die diese Wertpapiere nach dem einzelnen über sie zwischen dem Verwahrer und dem Dritten vorgenommenen Geschäft haften sollen, § 4 Abs. 1 S. 2 DepotG. § 4 Abs. 1 DepotG schließt unter den vorgenannten Voraussetzungen also den gutgläubigen Erwerb an den anvertrauten Wertpapieren durch den Dritten grundsätzlich aus (*Hellmann/Beckemper* 57) und begrenzt ein Pfand- oder Zurückbehaltungsrecht auf enge Ausnahmefälle (*Schröder* 1243).

3   § 4 Abs. 1 gilt nicht, wenn es sich um einen Verwahrer handelt, der nicht Bankgeschäfte betreibt. Dies ergibt sich aus § 4 Abs. 3 S.1 DepotG.

4   Zudem gilt Abs. 1 nicht, wenn der Verwahrer dem Dritten für das einzelne Geschäft ausdrücklich und schriftlich mitteilt, dass er Eigentümer der Wertpapiere sei (Eigenanzeige). In diesem Fall können die allgemeinen zivilrechtlichen Vorschriften über den gutgläubigen Erwerb Anwendung finden. Aus Gründen des Anlegerschutzes stellt § 35 die wahrheitswidrige Abgabe einer solchen Eigenanzeige unter Strafe. Die wahrheitswidrige Erklärung muss nach dem Wortlaut des § 4 Abs. 1 S. 1 DepotG ausdrücklich und schriftlich erfolgen. Eine konkludente Erklärung oder eine solche, die nicht der Schriftform des § 126 Abs. 1 BGB genügt, reicht für die Strafbarkeit nicht aus. Die schriftliche Form kann durch die elektronische Form ersetzt werden, vgl. § 126 Abs. 3 BGB. Zudem muss der Verwahrer die wahrheitswidrige Erklärung für das einzelne Geschäft abgeben; eine allgemeine Erklärung über das Eigentum im Fall der Drittverwahrung ist nicht tatbestandsmäßig. Eintritt eines Schadens ist nicht erforderlich; § 35 ist abstraktes Gefährdungsdelikt.

§ 35 Alt. 1 ist kein Sonderdelikt. Bei juristischen Personen erfolgt die Zurech- **5** nung über § 14 StGB (*Schröder* 1243).

2. Unterlassene Fremdanzeige

Für Verwahrer, die nicht Bankgeschäfte betreiben, gilt § 4 Abs. 1 DepotG **6** nicht. Wertpapiere, die einem solchen Verwahrer anvertraut sind, genießen zunächst keinen besonderen Schutz gegen den gutgläubigen Erwerb durch einen Dritten, dem sie vom Verwahrer anvertraut werden.

Allerdings ist ein Verwahrer, der nicht Bankgeschäfte betreibt, gemäß § 4 Abs. 3 **7** S. 2 DepotG verpflichtet, dem Dritten mitzuteilen, sofern er nicht Eigentümer der Wertpapiere ist (Fremdanzeige). Diese Mitteilung führt zum einen dazu, dass ein gutgläubiger Erwerb wegen der Bösgläubigkeit des Dritten grundsätzlich ausgeschlossen ist. Zudem können auch an diesen Wertpapieren gemäß § 4 Abs. 1 S. 2 DepotG nur sehr beschränkte Pfand- oder Zurückbehaltungsrechte entstehen.

Unterlässt der Verwahrer die Fremdanzeige entgegen § 4 Abs. 3 S. 2 DepotG, **8** ist dies nach § 35 Alt. 2 DepotG strafbar. Es handelt sich um ein echtes Unterlassensdelikt. Bereits eine formlose Erklärung des Verwahrers schließt den Tatbestand aus. Einritt eines Schadens ist nicht erforderlich.

Tauglicher Täter kann nur ein Verwahrer sein, der nicht Bankgeschäfte **9** betreibt. Bei juristischen Personen erfolgt die Zurechnung über § 14 StGB.

II. Subjektiver Tatbestand

§ 35 DepotG ist Vorsatzdelikt. Eventualvorsatz ist ausreichend. Darüber hinaus **10** ist wie bei § 34 DepotG erforderlich, dass der Täter eigenen oder fremden Vorteils wegen handelt. Bereicherungsabsicht ist nicht erforderlich. Im Übrigen gelten die Ausführungen zu § 34 DepotG entsprechend.

III. Rechtsfolgen, Strafantrag, Konkurrenzen

Ein Verstoß gegen § 35 kann mit Freiheitsstrafe bis zu einem Jahr oder mit **11** Geldstrafe bestraft werden. § 35 ist nach dem eindeutigen Wortlaut subsidiär, wenn die Tat nach anderen Vorschriften mit schwererer Strafe bedroht ist. Das dürfte regelmäßig der Fall sein, weil eine wahrheitswidrige Eigenanzeige oder eine unterlassene Fremdanzeige zugleich eine Verfügung im Sinne des § 34 ist, der eine schwerere Strafe androht (*Schröder* 1244).

Wird durch die Tat ein Angehöriger im Sinne des § 11 Abs. 1 Nr. 1 StGB **12** verletzt, so wird sie nur auf Antrag verfolgt, § 36 DepotG.

Beruht der Verstoß auf einer Aufsichtspflichtverletzung des Betriebsinhabers **13** (bzw. von dessen Organen), kann gegen diese unter Umständen zusätzlich ein Bußgeld nach § 130 OWiG sowie gegen das Unternehmen ein Bußgeld nach § 30 OWiG verhängt werden.

C. § 37 **Strafbarkeit im Falle der Zahlungseinstellung oder des Insolvenzverfahrens**

Wer einer Vorschrift der §§ 2 und 14 oder einer sich aus den §§ 18 bis 24, 26 ergebenden Pflicht zuwiderhandelt, wird mit Freiheitsstrafe bis zu zwei Jahren oder mit Geldstrafe bestraft, wenn er seine Zahlungen eingestellt hat oder über sein Vermögen das Insolvenzverfahren eröffnet worden ist und wenn durch die Zuwiderhandlung ein Anspruch des Berechtigten auf Aussonderung der Wertpapiere vereitelt oder die Durchführung eines solchen Anspruchs erschwert wird.

Übersicht

I. Objektiver Tatbestand

1 § 37 stellt Verstöße gegen die im Tatbestand aufgeführten Pflichten unter Strafe, wenn der Verstoß im Fall der Insolvenz einen Anspruch des Berechtigten auf Aussonderung vereitelt oder deren Durchführung erschwert (*Schröder* 1244). § 37 ist strukturell § 283 StGB vergleichbar (*Hellmann/Beckemper* 150), dient dem **Schutz des Aussonderungsberechtigten** (*Tiedemann* 126) und ist damit Insolvenzdelikt im weiteren Sinne.

2 Voraussetzung ist zunächst ein Verstoß gegen eine Pflicht aus § 2, § 14, §§ 18 bis 24 oder § 26 DepotG, also insbesondere die Pflicht zur gesonderten Aufbewahrung verwahrter Wertpapiere im Fall der Sonderverwahrung (§ 2 DepotG), die ordnungsgemäße Führung des Handelsbuchs durch den Verwahrer (§ 14 DepotG) sowie die Pflichten des (Einkauf-)Kommissionärs, insbesondere die fristgerechte Absendung des Stückverzeichnisses, die nach § 18 DepotG Bedeutung für den Eigentumserwerb haben kann.

3 Durch die Zuwiderhandlung muss der Aussonderungsanspruch nach § 47 InsO vereitelt oder erschwert werden. Ausreichend ist es, wenn der Berechtigte durch die Zuwiderhandlung in eine **nachteilige Lage** versetzt wird (*Schröder* 1244). Der Pflichtenverstoß muss hierfür kausal sein.

4 Objektive Bedingung der Strafbarkeit ist jedenfalls die Zahlungseinstellung oder die Eröffnung des Insolvenzverfahrens (*Tiedemann* 126). Anders als bei § 283 StGB kommt es auf die tatsächliche Zahlungseinstellung an, nicht auf die drohende oder eingetretene Zahlungsunfähigkeit. Nach richtiger Ansicht ist die Vereitelung des Anspruchs auf Aussonderung bzw. die Erschwerung der Durchführung des Anspruchs ebenfalls objektive Bedingung der Strafbarkeit (*Hellmann/Beckemper* 151; *Knierim* 539 f.), da die Vorschrift ansonsten praktisch leerlaufen dürfte.

II. Subjektiver Tatbestand

5 § 37 DepotG ist Vorsatzdelikt. Eventualvorsatz reicht aus. Auf die Tatumstände, welche zur objektiven Bedingung der Strafbarkeit zählen, muss sich der Vorsatz nicht beziehen (vgl. *Fischer* § 16 Rn. 27).

III. Rechtswidrigkeit

Es gelten die allgemeinen Rechtfertigungsgründe.   **6**

IV. Rechtsfolgen, Konkurrenzen

Der Strafrahmen des § 37 StGB beträgt Freiheitsstrafe bis zu zwei Jahren oder **7** Geldstrafe. Das Strafantragserfordernis des § 36 DepotG gilt nicht. Tateinheit ist insbesondere mit Buchführungs- und Konkursdelikten möglich (*Schröder* 1245). Beruht der Verstoß auf einer Aufsichtspflichtverletzung des Betriebsinhabers **8** (bzw. von dessen Organen), kann gegen diese zusätzlich ein Bußgeld nach § 130 OWiG sowie gegen das Unternehmen ein Bußgeld nach § 30 OWiG verhängt werden.

8. Teil Pfandbriefgesetz (PfandBG)

A. § 38 PfandBG Ausgabe ungedeckter Pfandbriefe

Mit Freiheitsstrafe bis zu einem Jahr oder mit Geldstrafe wird bestraft,
1. **wer entgegen § 4 Abs. 7 Satz 1 Pfandbriefe in den Verkehr bringt,**
2. **wissentlich entgegen § 4 Abs. 7 Satz 2 über einen dort genannten Wert verfügt oder**
3. **entgegen § 5 Abs. 1 Satz 3 einen Ersatzwert nicht oder nicht rechtzeitig in das Deckungsregister einträgt.**

Literatur: *Fischer, Thomas* Strafgesetzbuch und Nebengesetze, 60. Auflage München 2013; *Koppmann, Tobias* Die besondere Sicherheit des Pfandbriefs in der Insolvenz der Pfandbriefbank, WM 2006, 305–311; *Schröder, Christian* Straf- und Bußgeldtatbestände des KWG und sonstige Strafnormen im Bankrecht, in Achenbach, Hans/Ransiek, Andreas (Hrsg.), Handbuch Wirtschaftsstrafrecht, 3. Auflage Heidelberg 2012, 1213–1250; *Schumann, Alexander* Andere Bank- und Finanzgeschäfte, in: Müller-Gugenberger, Christian/Bieneck, Klaus, Handbuch des Wirtschaftsstraf- und -ordnungswidrigkeitenrechts, 5. Auflage Köln 2011, 2256–2259.

I. Einleitung

Das Pfandbriefgeschäft ist im Pfandbriefgesetz vom 22. Mai 2005 (BGBl I **1** 1373), das durch Artikel 24 des Gesetzes vom 4. Juli 2013 (BGBl. I S. 1981) geändert worden ist, (PfandBG) geregelt.

Das Pfandbriefgeschäft umfasst nach § 1 Abs. 1 S. 2 Nr. 1 bis 4 PfandBG die **2** Ausgabe von Pfandbriefen. Man unterscheidet dabei gemäß § 1 Abs. 3 PfandBG Hypothekenpfandbriefe, Öffentliche Pfandbriefe, Schiffspfandbriefe und Flugzeugpfandbriefe. Pfandbriefe sind besonders gesicherte Schuldverschreibungen (Anleihen), bei denen die aufgenommenen Werte so angelegt werden müssen, dass die Verbindlichkeiten durch die Kapitalanlagen stets gedeckt sind (*Stöcker*

Rn. 15). Der Erwerber erhält eine besondere Sicherheit dadurch, dass diese **zusätzliche „Deckungsmasse"** im Fall der Insolvenz der Bank von deren sonstigen Vermögen getrennt wird und vorrangig zur Befriedigung der Pfandbriefgläubiger dient (vgl. *Koppmann* 306; *Schumann* 2258). Nach § 4 Abs. 1 S. 1 PfandBG muss die jederzeitige Deckung der umlaufenden Pfandbriefe durch die Deckungsmasse sichergestellt sein. Welche Sicherheiten zur Deckung verwendet werden dürfen, sowie deren Bewertung und Beleihungswertgrenzen, regelt Abschnitt 3 des PfandBG.

3   § 5 PfandBG schreibt vor, dass die verwendeten Sicherheiten in ein Deckungsregister einzutragen sind. Hierbei handelt es sich um ein von der Pfandbriefbank geführtes Verzeichnis. Zweck des Verzeichnisses ist die eindeutige Identifizierung des Sondervermögens der Pfandbriefbank, also der Forderungen, die bei Insolvenz der Pfandbriefbank vorrangig den Gläubigern der Pfandbriefe zustehen würden.

4   Zur Betreibung des Pfandbriefgeschäfts benötigt ein Kreditinstitut gemäß § 2 PfandBG für die jeweilige Pfandbriefart eine spezielle Erlaubnis der Bundesanstalt für Finanzdienstleistungsaufsicht (BaFin).

5   Insgesamt gilt das Pfandbriefgeschäft aus Sicht von Kapitalanlegern als besonders sicheres Geschäft. Das Vertrauen in diese Sicherheit soll auch strafrechtlich abgesichert werden. Der 6. Abschnitt des Pfandbriefgesetzes enthält daher in § 38 eine Strafvorschrift und in § 39 eine Bußgeldvorschrift. Beide Normen haben keine praktische Bedeutung. Gerichtliche Entscheidungen sucht man vergeblich. Insofern besteht kein Unterschied zu den Vorgängernormen der §§ 37 und 38 des Hypothekenbankgesetzes, die bis zum Jahr 2005 galten. Ebenso wie bei den Strafvorschriften des Depotgesetzes dürfte die mangelnde praktische Bedeutung vor allem an der grundsätzlichen Seriosität und Zuverlässigkeit des Bankgeschäftes und dem strengen Bankenaufsichtsrecht liegen.

6   §§ 38 und 39 PfandBG dienen primär dem **Vermögensschutz der Erwerber von Pfandbriefen** (*Schröder* 1245), **mittelbar** soll auch das für das **Pfandbriefgeschäft** fundamentale Vertrauen des Kapitalmarkts geschützt werden.

II. Objektiver Tatbestand

7   § 38 enthält drei Tatbestandsalternativen. Nach § 38 Nr. 1 PfandBG wird bestraft, wer entgegen § 4 Abs. 7 S. 1 PfandBG Pfandbriefe in den Verkehr bringt. Nach § 38 Nr. 2 PfandBG macht sich strafbar, wer wissentlich entgegen § 4 Abs. 7 S. 2 PfandBG über einen dort genannten Wert verfügt. Nach § 38 Nr. 3 PfandBG begeht eine Straftat, wer entgegen § 5 Abs. 1 S. 3 PfandBG einen Ersatzwert nicht oder nicht rechtzeitig in das Deckungsregister einträgt.

1. § 38 Nr. 1 PfandBG

8   Nach § 38 Nr. 1 PfandBG macht sich strafbar, wer gegen § 4 Abs. 7 S. 1 PfandBG verstößt. § 4 Abs. 7 S. 1 PfandBG verbietet es, für eine Pfandbriefbank Pfandbriefe in den Verkehr zu bringen, wenn deren Betrag nicht durch die im jeweiligen Deckungsregister (§ 5 PfandBG) eingetragenen Werte vorschriftsmäßig gedeckt ist.

9   § 38 Nr. 1 PfandBG ist kein Sonderdelikt. Tauglicher **Täter** kann daher **jeder** sein, der wirksam für eine Pfandbriefbank handeln kann, also über entsprechende Vertretungsmacht verfügt. Normadressaten sind daher zunächst diejenigen, die für die Gesellschaft handeln, also insbesondere deren Organe (Vorstände bzw.

Geschäftsführer). Auch unterhalb der obersten Managementebene kommt als Täter jeder in Frage, der faktisch oder rechtlich für das Pfandbriefinstitut handeln kann.

2. § 38 Nr. 2 PfandBG

§ 38 Nr. 2 PfandBG enthält ein strafrechtliches Verbot der Verfügung über **10** eine im Deckungsregister eingetragene Sicherheit, wenn dies zur Unterdeckung führt. Die Norm korrespondiert mit § 4 Abs. 7 S. 2 PfandBG.

Nach § 4 Abs. 7 S. 2 PfandBG ist es verboten, für eine Pfandbriefbank über **11** einen im Deckungsregister eingetragenen Wert durch Veräußerung oder Belastung zum Nachteil der Pfandbriefgläubiger oder der Gläubiger von Ansprüchen aus Derivategeschäften nach § 4 Abs. 3 PfandBG zu verfügen, sofern die übrigen im jeweiligen Register eingetragenen Werte zur vorschriftsmäßigen Deckung der entsprechenden Pfandbriefe und der Ansprüche aus Derivategeschäften nach § 4 Abs. 3 PfandBG nicht genügen. Verfügung ist jede Beeinträchtigung des Eigentums, also insbesondere Veräußerung, dingliche Belastung (z. B. Pfandrechtsbestellung); Besitzbeeinträchtigung, Gebrauchsanmaßung sowie Vernichtung oder Beschädigung. Der Begriff ist weit auszulegen.

Der Täter muss gemäß § 4 Abs. 7 S. 2 PfandBG „für eine Pfandbriefbank" **12** verfügen. Es handelt sich um kein Sonderdelikt. Erforderlich ist lediglich, dass der Täter (in der Regel als Vertreter) **wirksam für die Pfandbriefbank handelt.** Die Vertretungs- bzw. Verfügungsmacht kann sich entweder aus der Stellung des Täters als Organ der Bank ergeben oder auf Grund einer durch Rechtsgeschäft erteilten Ermächtigung.

3. § 38 Nr. 3 PfandBG

§ 38 Nr. 3 stellt Verstöße gegen § 5 Abs. 1 S. 3 PfandBG unter Strafe. Nach **13** § 5 Abs. 1 S. 3 PfandBG hat derjenige, der für die Eintragung der Deckungswerte verantwortlich ist, unverzüglich Ersatzwerte in das Deckungsregister einzutragen, sofern ein zur Deckung benötigter Wert zurückgezahlt wird. Tathandlung ist also die unterlassene oder nicht rechtzeitige (d.h. unverzügliche, also ohne schuldhaftes Zögern erfolgte) Eintragung eines erforderlichen Ersatzwertes.

Voraussetzung ist, dass ein zur Deckung benötigter Wert zurückgezahlt wird. **14** Reicht die nach Rückzahlung eines im Deckungsregister eingetragenen Werts noch vorhandene Deckungsmasse gemäß § 4 PfandBG aus, ist der Tatbestand des § 38 Nr. 3 nicht erfüllt.

§ 38 Nr. 3 PfandBG ist **Sonderdelikt.** Täter kann nur derjenige sein, der für **15** die **Eintragung der Deckungswerte verantwortlich ist.** Die Zuständigkeit ergibt sich aus der internen Geschäftsverteilung der jeweiligen Pfandbriefbank. Anstiftung und Beihilfe sind möglich.

III. Subjektiver Tatbestand

§ 38 ist in sämtlichen Alternativen **Vorsatzdelikt.** In den Fällen des § 38 Nr. 1 **16** und Nr. 3 reicht Eventualvorsatz aus. Im Fall des § 38 Nr. 2 muss die zur Unterdeckung führende Verfügung wissentlich erfolgen. Erforderlich ist insoweit also dolus directus 2. Grades (*Schröder* 1246; vgl. dazu *Fischer* § 15 Rn. 7).

IV. Rechtswidrigkeit

17   Es gelten die allgemeinen Rechtfertigungsgründe.

V. Rechtsfolgen, Konkurrenzen, Sonstiges

18   Verstöße gegen § 38 PfandBG können mit Freiheitsstrafe bis zu einen Jahr oder mit Geldstrafe sanktioniert werden.

19   Ein Verstoß gegen § 38 kann tateinheitlich mit Untreue nach § 266 StGB gegenüber der Bank zusammentreffen, wenn diese durch den Verstoß einen Vermögensnachteil erleidet (*Schumann* 2259) und der Täter gegenüber der Bank eine Vermögensbetreuungspflicht im Sinne des § 266 StGB hat.

20   Beruht der Verstoß auf einer Aufsichtspflichtverletzung durch den Inhaber der Pfandbriefbank (bzw. durch deren Organe), kann gegen diesen zusätzlich ein Bußgeld nach § 130 OWiG sowie gegen die Pfandbriefbank ein Bußgeld nach § 30 OWiG verhängt werden.

B. § 39 PfandBG Inverkehrbringen ungedeckter Pfandbriefe

(1) **Ordnungswidrig handelt, wer vorsätzlich oder fahrlässig entgegen § 4 Abs. 7 Satz 3 Pfandbriefe in den Verkehr bringt.**

(2) **Die Ordnungswidrigkeit kann mit einer Geldbuße bis zu einhunderttausend Euro geahndet werden**

1   § 39 PfandBG enthält einen Bußgeldtatbestand. Tathandlung ist das zumindest fahrlässige Inverkehrbringen eines Pfandbriefs ohne die nach § 8 Abs. 3 S. 1 PfandBG erforderliche Bescheinigung. Hierbei handelt es sich um eine Bescheinigung des Treuhänders über das Vorhandensein der vorschriftsmäßigen Deckung und über die Eintragung in das entsprechende Deckungsregister, mit der der Pfandbrief zu versehen ist. Eintritt eines Schadens ist nicht erforderlich.

2   Normadressat ist jeder, der für die Pfandbriefbank **Pfandbriefe wirksam in den Verkehr bringen** kann. Die Ordnungswidrigkeit kann mit einer Geldbuße bis zu 100.000 Euro geahndet werden. Beruht der Verstoß auf einer Aufsichtspflichtverletzung durch den Inhaber der Pfandbriefbank (bzw. durch deren Organe), kann gegen diesen zusätzlich ein Bußgeld nach § 130 OWiG sowie gegen die Pfandbriefbank ein Bußgeld nach § 30 OWiG verhängt werden.

3   Die Entscheidung über die Verhängung des Bußgelds und dessen Höhe steht im Ermessen (Opportunitätsprinzip) der Bundesanstalt für die Finanzdienstleistungsaufsicht (BaFin) als der gemäß § 40 PfandBG zuständigen Verwaltungsbehörde.

9. Teil Wertpapierprospektgesetz (WpPG)

§ 30 Bußgeldvorschriften

(1) Ordnungswidrig handelt, wer vorsätzlich oder leichtfertig
1. entgegen § 3 Abs. 1 Satz 1 im Inland Wertpapiere öffentlich anbietet, ohne dass ein Prospekt nach den Vorschriften dieses Gesetzes bereits veröffentlicht worden ist,
2. entgegen § 8 Abs. 1 Satz 6 oder 7 den Emissionspreis oder das Emissionsvolumen nicht, nicht richtig, nicht in der vorgeschriebenen Weise oder nicht rechtzeitig veröffentlicht,
3. entgegen § 8 Abs. 1 Satz 9 den Emissionspreis oder das Emissionsvolumen nicht oder nicht rechtzeitig hinterlegt,
4. entgegen § 10 Abs. 1 Satz 1 oder Abs. 2 Satz 1 das dort genannte Dokument dem Publikum nicht, nicht richtig, nicht vollständig, nicht in der vorgeschriebenen Weise oder nicht rechtzeitig zur Verfügung stellt oder nicht oder nicht rechtzeitig hinterlegt,
5. entgegen § 13 Abs. 1 Satz 1 einen Prospekt veröffentlicht,
6. entgegen § 14 Abs. 1 Satz 1, auch in Verbindung mit Satz 2, einen Prospekt nicht, nicht richtig, nicht vollständig, nicht in der vorgeschriebenen Weise oder nicht rechtzeitig veröffentlicht,
7. entgegen § 14 Abs. 3 eine Mitteilung nicht, nicht richtig, nicht vollständig, nicht in der vorgeschriebenen Weise oder nicht rechtzeitig macht,
8. entgegen § 14 Abs. 5 eine Papierversion des Prospekts nicht zur Verfügung stellt oder
9. entgegen § 16 Abs. 1 Satz 4 einen Nachtrag nicht, nicht richtig, nicht vollständig, nicht in der vorgeschriebenen Weise oder nicht rechtzeitig veröffentlicht.

(2) Ordnungswidrig handelt, wer vorsätzlich oder fahrlässig einer vollziehbaren Anordnung nach
1. § 15 Abs. 6 Satz 1 oder 2 oder § 21 Abs. 2 Satz 1 oder
2. § 21 Abs. 4 Satz 1 oder 2
zuwiderhandelt.

(3) Die Ordnungswidrigkeit kann in den Fällen des Absatzes 1 Nr. 5 und des Absatzes 2 Nr. 2 mit einer Geldbuße bis zu fünfhunderttausend Euro, in den Fällen des Absatzes 1 Nr. 6 mit einer Geldbuße bis zu einhunderttausend Euro und in den übrigen Fällen mit einer Geldbuße bis zu fünfzigtausend Euro geahndet werden.

(4) Verwaltungsbehörde im Sinne des § 36 Abs. 1 Nr. 1 des Gesetzes über Ordnungswidrigkeiten ist die Bundesanstalt.

Literatur: *Erbs/Kohlhaas,* Strafrechtliche Nebengesetze, Loseblattsammlung, 185. Auflage, München 2011; *Just/Voß/Ritz/Zeising,* Wertpapierprospektgesetz Kommentar, 1. Auflage, München 2009; *Schwark/Zimmer,* Kapitalmarktrechts-Kommentar, 4. Auflage, München 2010.

Übersicht

I. Vorbemerkung

1   **Das Wertpapierprospektgesetz (WpPG)** ist die gesetzliche Regelung über die Erstellung, Billigung und Veröffentlichung von Prospekten für Wertpapiere, die öffentlich angeboten oder zum Handel an einem organisierten Markt zugelassen werden sollen. Entsprechend den europäischen Vorgaben vereinheitlicht das Wertpapierprospektgesetz das Regelwerk für solche Prospekte. Das Gesetz wurde am 22. Juni 2005 auf Basis des *Prospektrichtlinie-Umsetzungsgesetzes* zur Umsetzung der EU-Prospektrichtlinie 2003/71/EG (Prospektrichtlinie) ausgefertigt und trat am 1. Juli 2005 in Kraft. Die zuständige Verwaltungsbehörde ist gemäß § 21 WpPG die Bundesanstalt für Finanzdienstleistungsaufsicht (BaFin).

2   § 30 enthält die Bußgeldvorschrift des WpPG. Die Vorschrift dient der Umsetzung des Art. 25 Abs. 1 der Prospektrichtlinie. Danach haben die Mitgliedstaaten im Einklang mit ihrem innerstaatlichen Recht sicherzustellen, dass gegen Personen, die eine Missachtung der zur Durchführung dieser Richtlinie erlassenen Bestimmungen zu verantworten haben, angemessene Verwaltungsmaßnahmen getroffen oder Verwaltungssanktionen verhängt werden können. Diese Maßnahmen haben wirksam, verhältnismäßig und abschreckend zu sein.

3   Die Tatbestände des § 30 orientieren sich im Wesentlichen an den bislang in § 17 Verkaufsprospektgesetz sowie § 71 Abs. 1 Börsenzulassungsverordnung enthaltenen Bestimmungen. Als Blankettnorm verweisen die allgemeinen Tatbestände des § 30auf andere Normen innerhalb des WpPG, die entsprechend zur Ausfüllung heranzuziehen sind. Der Bußgeldtatbestand ergibt sich daher nur aus einer Gesamtschau der Ausfüllungs- und Blankettvorschriften. § 30 genügt den Anforderungen an das, auch im Bereich des Ordnungswidrigkeitsrecht geltende Bestimmtheitsgebot gemäß Art. 103 Abs. 2 GG.

4   Geschütztes Rechtsgut des § 30 ist die Funktionalität und Integrität der Kapitalmärkte sowie der Anlegerschutz. Die Vorschrift dient zumindest auch einem individualschützenden Zweck. Die Stärkung des Anlegerschutzes ist nicht nur ein untergeordnetes Gesetzesziel. Vielmehr ist die Berücksichtigung des Anlegerschutzes gleichrangig mit dem Ziel der Verbesserung der Markintegrität zu sehen. Die kontinuierlichen Reformbestrebungen des Gesetzgebers verfolgen das Ziel, die Transparenz, die Integrität und den Anlegerschutz am deutschen Kapitalmarkt zu verbessern und auf diese Weise die Leistungsfähigkeit des Finanzplatzes Deutschland im internationalen Wettbewerb zu erhöhen (BT-Drs. 15/4999, S. 25). Vollständige Informationen über Wertpapiere sind geeignet das Vertrauen in die Kapitalmärkte zu erhöhen, dienen jedoch in erster Linie den Anlegern. Insoweit hat die Vorschrift drittschützenden Charakter (aA *Heidelbach* in: Schwark/Zimmer, § 30 WpPG Rn. 2 mwN).

II. Einzelne Tatbestände

1. Die Tathandlungen des Abs. 1

Die Tathandlungen des § 30 Abs. 1 können vorsätzlich oder leichtfertig began- 5 gen werden.

a) Nr. 1. Danach handelt ordnungswidrig, wer entgegen **§ 3 Abs. 1 Satz 1** 6 im Inland Wertpapiere öffentlich anbietet, ohne dass ein Prospekt nach den Vorschriften dieses Gesetzes bereits veröffentlicht worden ist. § 3 Abs. 1 Satz 1 setzt Artikel 3 Abs. 1 der Prospektrichtlinie um und orientiert sich an § 1 Verkaufsprospektgesetz aF Die Prospektpflicht besteht nur dann, wenn Wertpapiere im Inland öffentlich angeboten werden. Im Hinblick auf die Definition des Wertpapiers kann auf § 2 Nr. 1 verwiesen werden. Die Begriffsbestimmung des öffentlichen Angebots ergibt sich aus § 2 Nr. 4. Der erforderliche Inlandsbezug des § 3 Abs. 1 unterscheidet sich nicht mit dem der Regelung in § 1 VerkProspG aF

Der Täter realisiert den Tatbestand nicht nur, wenn er kein Prospekt veröffent- 7 licht, sondern auch dann, wenn dies nicht nach den Vorschriften dieses Gesetzes geschieht (*Heidelbach* in Schwark/Zimmer, § 30 WpPG Rn. 6). Hat sich der Anbieter im Einklang mit Verlautbarungen der BaFin oder CESR verhalten, kann ein unvermeidbarer Verbotsirrtum vorliegen (*Heidelbach* in Schwark/Zimmer, § 30 WpPG Rn. 5).

b) Nr. 2. Nr. 2 verweist auf **§ 8 Abs. 1 Satz 6 oder 7.** Entsprechend § 8 8 Abs. 1 Satz 1 ist es zulässig, das Prospekt zunächst ohne den Ausgabepreis der Wertpapiere (Emissionspreis) und die Gesamtzahl der öffentlich angebotenen Wertpapiere (Emissionsvolumen) zu veröffentlichen. Gemäß § 8 Abs. 1 Satz 6 ist der Anbieter oder Zulassungsantragsteller in dem Fall jedoch zur Veröffentlichung des endgültigen Emissionspreises und des Emissionsvolumens unverzüglich nach deren Festlegung in einer nach § 14 Abs. 2 zulässigen Art und Weise verpflichtet. Erfolgt kein öffentliches Angebot, sind nach § 8 Abs. 1 Satz 7 der endgültige Emissionspreis und das Emissionsvolumen spätestens einen Werktag vor der Einführung der Wertpapiere zu veröffentlichen. Ordnungswidrig handelt, wer entgegen der Vorschrift nicht, nicht richtig, nicht in der vorgeschriebenen Weise oder nicht rechtzeitig veröffentlicht.

c) Nr. 3. Wie bei Nr. 2 sind Adressaten auch hier der Anbieter oder Zulas- 9 sungsantragsteller. Diese trifft die Hinterlegungspflicht aus **§ 8 Abs. 1 Satz 9,** nach der der endgültige Emissionspreis und das Emissionsvolumen stets am Tag der Veröffentlichung bei der Bundesanstalt zu hinterlegen sind. Geahndet wird das nicht oder nicht rechtzeitige hinterlegen. Verspätet ist die Hinterlegung, sofern sie nicht bis zum Ablauf des Veröffentlichungstages erfolgt ist (Just/*Voß*/Ritz/Zeising, § 30 Rn. 59).

10   **d) Nr. 4.** Gemäß § **10 Abs. 1 Satz 1** hat ein Emittent, dessen Wertpapiere zum Handel an einem organisierten Markt im Inland zugelassen sind, mindestens einmal jährlich dem Publikum ein Dokument zur Verfügung zu stellen, das alle Informationen enthält oder auf sie verweist, die der Emittent in den vorausgegangenen zwölf Monaten auf Grund der in Nr. 1 bis 4 genannten Vorschriften veröffentlicht oder dem Publikum zur Verfügung gestellt hat. Das Dokument ist in der in § 14 Abs. 2 beschriebenen Weise zu veröffentlichen. Bußgeldbewehrt ist die nicht, nicht richtige, nicht vollständige, nicht in der vorgeschriebenen Weise oder nicht rechtzeitig zu Verfügung Stellung. Tauglicher Täter kann nur der Emittent sein.

11   Über § **10 Abs. 2 Satz 1** wird ebenso die nicht oder nicht rechtzeitige Hinterlegung des Dokuments bei der Bundesanstalt. Unbestimmt bleibt, innerhalb welcher Frist die Hinterlegung erfolgen muss. Insoweit bestehen Zweifel an der Bestimmtheit des Tatbestandes (*Wehowsky* in Erbs/Kohlhaas, § 30 WpPG Rn. 13).

12   **e) Nr. 5.** Ordnungswidrig handelt darüber hinaus, wer entgegen § **13 Abs. 1 Satz 1** ein Prospekt veröffentlicht. Demnach darf ein Prospekt vor seiner Billigung nicht veröffentlicht werden. Die Vorschrift richtet sich grundsätzlich an jedermann. Auch zeitlich zwischen Billigung und Veröffentlichung vorgenommene Änderungen können tatbestandsmäßig sein. Rein formale Änderungen, bspw. die Veränderung der Schriftform, des Layouts etc. stellen dagegen regelmäßig keine Tathandlungen dar (Just/*Voß*/Ritz/Zeising, § 30 Rn. 72).

13   **f) Nr. 6.** Entsprechend § **14 Abs. 1 Satz 1** hat der Anbieter oder Zulassungsantragsteller den Prospekt nach seiner Billigung bei der BaFin zu hinterlegen und unverzüglich, spätesten jedoch einen Werktag vor Beginn des öffentlichen Angebots, in der nach § 14 Abs. 2 vorgeschriebenen Art und Weise zu veröffentlichen. Werden die Wertpapiere ohne öffentliches Angebot in den Handel an einem organisierten Markt eingeführt, so ist § 14 Abs. 1 Satz 1 mit der Maßgabe entsprechend anzuwenden, dass für den Zeitpunkt der spätesten Veröffentlichung anstelle des Beginns des öffentlichen Angebots die Einführung der Wertpapiere maßgebend ist, § 14 Abs. 1 Satz 2. Adressat der Hinterlegungs- und Veröffentlichungspflicht ist der Anbieter oder der Zulassungsantragsteller. Geahndet wird die nicht, nicht richtige, nicht vollständige, nicht in der vorgeschriebenen Weise oder die nicht rechtzeitige Veröffentlichung des Prospekts. Mangels ausdrücklicher Bezugnahme in § 30 Abs. 1 Nr. 6 sind Verstöße gegen die Fristen des § 14 Abs. 1 Satz 3 und 4 nicht sanktionsfähig.

14   **g) Nr. 7.** Nr. 7 verweist auf § **14 Abs. 3,** wonach der Anbieter oder der Zulassungsantragsteller der Bundesanstalt Datum und Ort der Veröffentlichung des Prospekts unverzüglich schriftlich mitzuteilen hat. Es realisiert den Tatbestand, wer diese Mitteilung nicht, nicht richtig, nicht vollständig, nicht in der vorgeschriebenen Weise oder nicht rechtzeitig macht. Ein Verstoß gegen die Mitteilungspflicht ist auch bei Mitteilungsfehlern möglich, so, wenn die Mitteilung nicht in der vorgeschriebenen Schriftform erfolgt (*Heidelbach* in Schwark/Zimmer, § 30 WpPG Rn. 20).

h) Nr. 8. Über **§ 14 Abs. 5** werden der Anbieter, der Zulassungsantragsteller **15** und die genannten Institute und Unternehmen verpflichtet, sofern der Prospekt im Internet veröffentlicht wurde, dem Anleger auf Verlangen eine Papierversion kostenlos zur Verfügung zu stellen. Damit sollen die gleichen Zugangsmöglichkeiten für das gesamte Publikum sichergestellt werden (BT-Drs. 15/4999, S. 36). Innerhalb welchem zeitlichen Rahmen die Zurverfügungstellung zu erfolgen hat, ist nicht reguliert. Insoweit ist der Tatbestand auch dann nicht erfüllt, wenn der Anleger die verlangte Papierversion erst nach seinem Zeichnungswunsch erhält (*Heidelbach* in Schwark/Zimmer, § 30 WpPG Rn. 23).

i) Nr. 9. § 16 Abs. 1 regelt die Veröffentlichung von Nachträgen, wenn **16** Unrichtigkeiten im Prospekt festgestellt werden oder wichtige neue Umstände auftreten. Gemäß **§ 16 Abs. 1 Satz 4** muss der Anbieter oder Zulassungsantragsteller den Nachtrag unverzüglich in derselben Art und Weise wie den ursprünglichen Prospekt nach § 14 veröffentlichen. Ordnungswidrig handelt, wer einen Nachtrag nicht, nicht richtig, nicht vollständig, nicht in der vorgeschriebenen Weise oder nicht rechtzeitig veröffentlicht. Erfasst sind sowohl inhaltliche als auch formale Fehler. Zeitlich greift die Veröffentlichungspflicht in den Zeitraum nach der Billigung. Eine Verspätung liegt vor, wenn der Nachtrag nicht unverzüglich nach Zugang der Billigungsentscheidung der BaFin veröffentlicht wird. Insoweit gelten die Grundsätze des § 121 BGB.

2. Die Tathandlungen des Abs. 2

Die Tathandlungen des § 30 Abs. 2 können vorsätzlich oder fahrlässig begangen **17** werden. Die sofort Vollziehbare Anordnung, der zuwidergehandelt wird, muss rechtmäßig sein (*Wehowsky* in Erbs/Kohlhaas, § 30 WpPG Rn. 20).

a) Nr. 1. Entsprechend § 30 Abs. 2 Nr. 1 handelt ordnungswidrig, wer einer **18** vollziehbaren Anordnung nach § 15 Abs. 6 Satz 1 oder 2 oder § 21 Abs. 2 Satz 1 zuwider handelt. Im Einzelnen sind dies nachfolgende.

Bei gegebenen Anhaltspunkten der Bundesanstalt für einen Verstoß gegen die **19** Abs. 2 bis 5 kann sie gemäß **§ 15 Abs. 6 Satz 1** anordnen, dass die Werbung für jeweils zehn aufeinander folgende Tage auszusetzen ist. Sonn- und Feiertag sind bei der Dauer der Befristung eingeschlossen. So kann die Aussetzungsverfügung als Beginn oder Ende einer Aussetzung ebenfalls einen Sonn- oder Feiertag bestimmen (BT-Drs. 15/4999, S. 36).

Nach **§ 15 Abs. 6 Satz 2** kann die Bundesanstalt die Werbung mit Angaben **20** untersagen, die geeignet sind, über den Umfang der Prüfung nach § 13 oder § 16 irrezuführen. Hauptfall sind einzelne Angaben, die in einem konkreten Zusammenhang mit einem Angebot oder einem Prospekt stehen. So ist es bspw. unzulässig, den Eindruck zu erwecken, die Billigung durch die Bundesanstalt gewährleiste die Richtigkeit des Prospektinhalts (*Heidelbach* in Schwark/Zimmer, § 15 WpPG Rn. 25).

§ 21 Abs. 2 Satz 1 gibt der BaFin die Befugnis, vom Emittenten, Anbieter **21** oder Zulassungsantragsteller Auskünfte einzuholen sowie die Vorlage von Unterlagen und die Überlassung von Kopien zu verlangen. Die Maßnahme muss zur Überwachung der Einhaltung der Bestimmungen dieses Gesetzes erforderlich sein.

b) Nr. 2. Ordnungswidrig gemäß § 30 Abs. 2 Nr. 2 handelt ebenso, wer einer **22** vollziehbaren Anordnung nach § 21 Abs. 4 Satz 1 oder 2 zuwiderhandelt.

23   Entsprechend **§ 21 Abs. 4 Satz 1** hat die Bundesanstalt ein öffentliches Angebot zu untersagen, wenn entgegen § 3 kein Prospekt veröffentlicht wurde, entgegen § 13 ein Prospekt veröffentlicht wird, der Prospekt oder das Registrierungsfor-
mular nicht mehr nach § 9 gültig ist, die Billigung des Prospekts nicht durch eine
Bescheinigung im Sinne des § 18 Abs. 1 nachgewiesen worden ist oder der Prospekt nicht der Sprachenregelung des § 19 genügt.

24   Hat die Bundesanstalt Anhaltspunkte dafür, dass gegen eine oder mehrere der
soeben genannten Bestimmungen verstoßen wurde, kann sie gemäß **§ 21 Abs. 4
Satz 2** jeweils die Aussetzung des öffentlichen Angebots für höchstens zehn Tage
anordnen.

III. Vorsatz, Leichtfertigkeit, Fahrlässigkeit

25   Im Rahmen des § 30 wird zwischen vorsätzlicher oder leichtfertiger (Abs. 1)
und vorsätzlicher oder fahrlässiger (Abs. 2) Begehungsweise unterschieden.

26   **Der Vorsatzbegriff** des OWiG entspricht dem des StGB. Auch hier wird
zwischen den Vorsatzformen der Absicht, des direkten Vorsatzes und des bedingten Vorsatzes unterschieden, wobei gemäß § 10 OWiG grundsätzlich jede dieser
Formen ausreichend ist.

27   Allgemein wird **Vorsatz** als das Wissen und Wollen der Verwirklichung des
Tatbestandes in Kenntnis aller seiner objektiven Merkmale definiert. Somit muss
der Vorsatz nicht nur die Elemente des § 30, sondern auch die der in § 30 Bezug
genommenen Vorschriften umfassen.

28   **Fahrlässig** handelt, wer, unter Berücksichtigung des Einzelfalls und seiner
persönlichen Verhältnisse und Fähigkeiten, sorgfaltswidrig die Möglichkeit der
Tatbestandverwirklichung nicht erkennt, obwohl er sie hätte erkennen können
oder die Tatbestandsverwirklichung zwar für möglich hält, jedoch auf deren
Nichteintritt vertraut.

29   **Leichtfertigkeit** stellt einen erhöhten Grad der Fahrlässigkeit dar und bedeutet, dass sich dem Täter die Realisierung des Tatbestandes geradezu aufdrängt und
er trotzdem handelt, weil er dies aus besonderer Gleichgültigkeit oder grober
Unachtsamkeit außer Acht lässt (vgl. BGHSt 33, 66). Die Leichtfertigkeit entspricht etwa der groben Fahrlässigkeit des Zivilrechts.

IV. Rechtsfolge

30   Der Gesetzgeber hat die Höhe des maximal zu verhängenden Bußgelds in
Abs. 3 gestaffelt. So kann in den Fällen des Abs. 1 Nr. 5 und Abs. 2 Nr. 2, wenn
also der Täter ein Prospekt erst nach Billigung veröffentlicht oder gegen eine
vollziehbare Anordnung im Zusammenhang mit der Prospektpflicht verstößt, die
Ordnungswidrigkeit mit einer Geldbuße bis zu fünfhunderttausend Euro geahndet
werden. Verstöße gegen die eigentliche Prospektveröffentlichungspflicht nach
Billigung stellen eine Ordnungswidrigkeit nach Abs. 1 Nr. 6 dar und können mit
Bußgeld bis zu einer Höhe von einhunderttausend Euro sanktioniert werden.
Alle übrigen Fälle unterliegen einem Bußgeldrahmen bis zu fünfzigtausend Euro,
gleich welcher der genannten Tatbestände im Einzelnen erfüllt ist.

10. Teil Wertpapiererwerbs- und Übernahmegesetz (WpÜG)

§ 60 Bußgeldvorschriften

(1) Ordnungswidrig handelt, wer vorsätzlich oder leichtfertig
1. entgegen
   a) § 10 Abs. 1 Satz 1, § 14 Abs. 2 Satz 1 oder § 35 Abs. 1 Satz 1 oder Abs. 2 Satz 1,
   b) § 21 Abs. 2 Satz 1, § 23 Abs. 1 Satz 1 oder Abs. 2 Satz 1 oder § 27 Abs. 3 Satz 1 oder
   c) § 1 Abs. 5 Satz 2 in Verbindung mit einer Rechtsverordnung nach § 1 Abs. 5 Satz 3
   eine Veröffentlichung nicht, nicht richtig, nicht vollständig, nicht in der vorgeschriebenen Weise oder nicht rechtzeitig vornimmt,
2. entgegen
   a) § 10 Abs. 2 Satz 1, auch in Verbindung mit § 35 Abs. 1 Satz 4, § 14 Abs. 1 Satz 1 oder § 35 Abs. 2 Satz 1,
   b) § 10 Abs. 5, auch in Verbindung mit § 35 Abs. 1 Satz 4, oder § 14 Abs. 4, auch in Verbindung mit § 21 Abs. 2 Satz 2 oder § 35 Abs. 2 Satz 2, oder
   c) § 27 Abs. 3 Satz 2
   eine Mitteilung, Unterrichtung oder Übermittlung nicht, nicht richtig, nicht vollständig, nicht in der vorgeschriebenen Weise oder nicht rechtzeitig vornimmt,
3. entgegen § 10 Abs. 3 Satz 3, auch in Verbindung mit § 35 Abs. 1 Satz 4, oder § 14 Abs. 2 Satz 2, auch in Verbindung mit § 35 Abs. 2 Satz 2, eine Veröffentlichung vornimmt oder eine Angebotsunterlage bekannt gibt,
4. entgegen § 10 Abs. 4 Satz 1, auch in Verbindung mit § 35 Abs. 1 Satz 4, eine Veröffentlichung nicht, nicht richtig, nicht vollständig oder nicht rechtzeitig übersendet,
5. entgegen § 14 Abs. 3 Satz 2, auch in Verbindung mit § 21 Abs. 2 Satz 2, § 23 Abs. 1 Satz 2 oder § 35 Abs. 2 Satz 2, oder entgegen § 27 Abs. 3 Satz 3 eine Mitteilung nicht, nicht richtig oder nicht rechtzeitig macht,
6. entgegen § 15 Abs. 3 eine Veröffentlichung vornimmt,
7. entgegen § 26 Abs. 1 Satz 1 oder 2 ein Angebot abgibt,
8. entgegen § 33 Abs. 1 Satz 1 oder § 33a Abs. 2 Satz 1 eine dort genannte Handlung vornimmt,
9. entgegen § 33a Abs. 3, § 33b Abs. 3 oder § 33c Abs. 3 Satz 3 eine Unterrichtung nicht, nicht richtig, nicht vollständig oder nicht rechtzeitig vornimmt oder
10. entgegen § 33c Abs. 3 Satz 4 eine Veröffentlichung nicht, nicht richtig, nicht vollständig, nicht in der vorgeschriebenen Weise oder nicht rechtzeitig vornimmt.

(2) Ordnungswidrig handelt, wer vorsätzlich oder fahrlässig

1. **einer vollziehbaren Anordnung nach § 28 Abs. 1 oder § 40 Abs. 1 Satz 1 zuwiderhandelt oder**
2. **entgegen § 40 Abs. 2 Satz 1 oder 2 ein Betreten nicht gestattet oder nicht duldet.**

(3) Die Ordnungswidrigkeit kann in den Fällen des Absatzes 1 Nr. 1 Buchstabe a, Nr. 3, 6 bis 8 mit einer Geldbuße bis zu einer Million Euro, in den Fällen des Absatzes 1 Nr. 1 Buchstabe b, Nr. 2 Buchstabe a und Nr. 4 mit einer Geldbuße bis zu fünfhunderttausend Euro, in den übrigen Fällen mit einer Geldbuße bis zu zweihunderttausend Euro geahndet werden.

Literatur: *Assmann/Pötzsch/Schneider,* Wertpapiererwerbs- und Übernahmegesetz, 1. Auflage, Köln 2005; *Baums/Thoma,* Kommentar zum Wertpapiererwerbs- und Übernahmegesetz, 5. Ergänzungslieferung, Köln 2011; *Geibel/Süßmann,* Wertpapiererwerbs- und Übernahmegesetz Kommentar, 2. Auflage, München 2008; *Haarmann/Schüppen,* Frankfurter Kommentar zum WpÜG, 3. Auflage, Frankfurt am Main 2008; *Hirte/von Bülow,* Kölner Kommentar zum WpÜG, 2. Auflage, Köln 2010; *Moosmayer,* Straf- und bußgeldrechtliche Aspekte des Wertpapiererwerbs- und Übernahmegesetzes, wistra 2004, 401; *Schwark/Zimmer,* Kapitalmarktrechts-Kommentar, 4. Auflage, München 2010; *Steinmeyer/Häger,* Wertpapiererwerbs- und Übernahmegesetz Kommentar, 2. Auflage, Berlin 2007.

Übersicht

I. Vorbemerkung

1   Das WpÜG trat am 1.1.2002 in Kraft (BGBl. I, S. 3822). Zuvor war die öffentliche Übernahme von Unternehmen gesetzlich ungeregelt. Weder Ord-

nungswidrigkeits- oder gar Straftatbestände waren existent. Vorhanden waren seinerzeit einzig von der Börsensachverständigenkommission beim Bundesministerium der Finanzen als Wohlverhaltensregeln aufgestellte Leitsätze, die im Oktober 1995 von dem sog. Übernahmekodex abgelöst wurden (ausführlich zur Gesetzgebungsgeschichte *Altenhain* in KölnKommWpÜG, § 60 Rn. 10).

§ 60 steht im 8. Abschnitt des WpÜG und bestimmt abschließend die **Ord-**   2
nungswidrigkeitstatbestände dieses Gesetzes, die der Gesetzgeber mit einem Bußgeld geahndet wissen will. Sanktioniert werden Verhaltensweisen, die im Zusammenhang mit Wertpapiererwerbs- und Übernamevorgängen stehen. Für die in dieser Vorschrift normierten Ordnungswidrigkeiten gilt der, in Relation zu § 17 OWiG, erheblich erhöhte Bußgeldrahmen des Abs. 3. Die Abs. 2 und 3 stellen **Blankettatbestände** dar, die unmittelbar auf die einschlägigen Pflichten verweisen (*Altenhain* in KölnKommWpÜG, § 60 Rn. 3).

Entsprechend § 13 Abs. 2 OWiG ist der **Versuch** der Vornahme einer der in   3
§ 60 Abs. 1 und Abs. 2 genannten Handlungen nicht strafbar, da dies in § 60 nicht ausdrücklich erwähnt wird. Eine Verwirklichung des Tatbestandes durch **Unterlassen** kann nur in den Fällen gegeben sein, in denen die zusätzlichen Voraussetzungen des § 8 OWiG vorliegen.

§ 60 ist **kein Schutzgesetz** i.S.v. § 823 Abs. 2 BGB (*Noack/Zetzsche* in Schwark/   4
Zimmer, § 60 Rn. 10; aA *Altenhain* in KölnKommWpÜG, § 60 Rn. 4 ff.).

II. Einzelne Tatbestände

1. Täter

Gemäß § 1 OWiG ist eine Ordnungswidrigkeit eine rechtswidrige und vor-   5
werfbare Handlung, die den Tatbestand eines Gesetzes verwirklicht, das die Ahndung mit einer Geldbuße zulässt. Es ergibt sich hieraus, dass als Täter im Bereich des Ordnungswidrigkeitsrechts nur eine natürliche Person als tauglicher Täter in Frage kommt, da nur sie eine Handlung im Sinne des Gesetzes begehen kann. Eine unmittelbare Anwendung von Tatbeständen des Ordnungswidrigkeitsrecht auf andere als natürliche Personen ist ausgeschlossen (*Tschauner* in: Geibel/Süßmann, § 60 Rn. 50). Im Gesetz ist als Normadressat häufig der „Bieter" genannt. Dieser ist jedoch in keinem Fall eine natürliche Person, sondern die jeweils hinter dem entsprechenden Vertretungsorgan stehende juristische Person. Das Vertretungsorgan als natürliche Person kann daher nicht direkt gemäß § 60 eine Ordnungswidrigkeit begehen. Über § 9 OWiG erfährt der Anwendungsbereich der Ordnungswidrigkeitstatbestände jedoch insoweit eine Erweiterung, als dass für juristische Personen und Personengesellschaften grundsätzlich deren gesetzliche Vertreter haften. Dies sind bei der AG deren Vorstand, bei der GmbH der Geschäftsführer und bei der in monistischer Organisationsform geführten SE die Mitglieder des Verwaltungsrates. Somit kann eine effektive Sanktionierung von Ordnungswidrigkeiten auch beim Handeln von juristischen Personen sichergestellt werden.

2. Ordnungswidrigkeiten nach § 60 Abs. 1

Gemäß § 60 Abs. 1 handelt ordnungswidrig, wer gegen die in den Nr. 1 bis   6
10 genannten Pflichten in vorsätzlicher oder leichtfertiger Weise verstößt. Nachfolgend werden die Grundzüge der einschlägigen Zuwiderhandlungen dargestellt.

7   **a) Abs. 1 Nr. 1.** Über Abs. 1 Nr. 1 werden Verstöße gegen die in Abs. 1
Nr. 1 lit. a bis c genannten Vorschriften sanktioniert. Da die in Nr. 1 genannten
Veröffentlichungspflichten Informationen betreffen, die bei öffentlichen Angebo-
ten zum Erwerb von Wertpapieren von **zentraler Bedeutung** sind, ist deren
Einhaltung mit den Mitteln des Ordnungswidrigkeitsrechts durchzusetzen (BT-
Drs. 14/7034, S. 68). Im Einzelnen betrifft dies die Pflichten zur Veröffentlichung
– **der Entscheidung zur Abgabe eines Angebots (§ 10 Abs. 1 Satz 1).** Über
§ 10 Abs. 1 Satz 1 wird dem Bieter die bußgeldbewehrte Pflicht auferlegt, seine
Entscheidung zur Abgabe eines Angebots zum Erwerb von Wertpapieren in
der von § 10 Abs. 3 Satz 1 bestimmten Art und Weise unverzüglich zu veröffentlichen. Die Vorschrift ist § 15 WpHG nachgebildet. Wie diese soll auch
§ 10 Abs. 1 Satz 1 den Zweck verfolgen, dass die Öffentlichkeit frühzeitig über
marktrelevante Daten informiert wird, um damit das Ausnutzen von Spezialwis-
sen zu verhindern (BT-Drs. 14/7034, S. 39).
– **der Angebotsunterlage (§ 14 Abs. 2 Satz 1, § 35 Abs. 2 Satz 1).** Diese
Vorschriften verpflichten den Bieter, die von ihm gemäß § 11 zu erstellende
Angebotsunteralge in der nach § 14 Abs. 3 Satz 1 vorgeschriebenen Art und
Weise unverzüglich zu veröffentlichen, wenn ihm die BaFin die Veröffentlichung
gestattet hat oder wenn seit dem Eingang der Angebotsunterlage zehn Werktage
verstrichen sind, ohne das die BaFin das Angebot untersagt hat. Vor der Veröffentlichung darf die Angebotsunterlage nicht bekannt gegeben werden.
– **der Kontrollerlangung (§ 35 Abs. 1 Satz 1).** Entsprechend der Vorschrift
des § 35 Abs. 1 Satz 1 hat der Bieter, der unmittelbar oder mittelbar die Kontrolle über eine Zielgesellschaft erlangt hat, dies unter Angabe der Höhe seines
Stimmrechtsanteils unverzüglich, jedoch spätestens innerhalb von sieben Kalen-
dertagen in der nach § 10 Abs. 3 Satz 1 und 2 vorgeschriebenen Art und Weise
zu veröffentlichen. Die Frist beginnt mit dem Zeitpunkt, zu dem der Bieter
Kenntnis davon hat oder nach den Umständen haben musste, dass er die Kontrolle über die Zielgesellschaft erlangt hat. Eine Kontrolle besteht gemäß § 29
Abs. 2, wenn mindestens 30% der Stimmrechte der Zielgesellschaft gehalten
werden.
– **der Änderung des Angebots (§ 21 Abs. 2 Satz 1).** Danach hat der Bieter
eine Änderung des Angebots unter Hinweis auf das Rücktrittsrecht nach
Absatz 4 unverzüglich gemäß § 14 Abs. 3 Satz 1 zu veröffentlichen. Die Veröffentlichung hat in der gleichen Art und Weise wie die Veröffentlichung der
Angebotsunterlage zu erfolgen.
– **von „Wasserstandsmeldungen" nach Abgabe des Angebots (§ 23 Abs. 1
Satz 1 und Abs. 2 Satz 1).** § 23 Abs. 1 Satz 1 sieht eine Reihe von Veröffentlichungspflichten für den Bieter vor, die diesen nach Abgabe des Angebots
treffen. Die Norm bezieht sich auf die Mitteilung der Anzahl sämtlicher ihm
zustehender Wertpapiere der Zielgesellschaft einschließlich der ihm zuzurech-
nenden Stimmrechtsanteile sowie auf die sich aus den ihm zugegangenen
Annahmeerklärungen ergebene Anzahl der Wertpapiere und Stimmrechtsanteile während der Durchführung des Angebotsverfahrens. Durch die Vorschrift
soll während des Verfahrens am Markt Transparenz über die Beteiligung des
Bieters, der mit ihm gemeinsam handelnden Personen und deren Tochtergesellschaften an der Zielgesellschaft sowie über die Akzeptanz des Angebots geschaffen werden (BT-Drs. 14/7034, S. 50).
Ergänzend tritt § 23 Abs. 2 Satz 1 hinzu, wonach bei erfolgreichen Übernahme-
angeboten und bei Pflichtangeboten zusätzliche Mitteilungs- und Veröffentlichungspflichten vorzunehmen sind.

- **der Stellungnahme des Vorstands und Aufsichtsrats der Zielgesellschaft (§ 27 Abs. 3 Satz 1).** Der Vorstand und der Aufsichtsrat der Zielgesellschaft haben eine begründete Stellungnahme zu dem Angebot sowie zu jeder seiner Änderungen abzugeben. Diese Stellungnahme haben sie unverzüglich nach Übermittlung der Angebotsunterlage und deren Änderungen durch den Bieter entsprechend § 14 Abs. 3 Satz 1 zu veröffentlichen.
- **der Entscheidung zur zuständigen Aufsichtsstelle (§ 1 Abs. 5 Satz 2 i.V. m. der WpÜG-BeaufsichtigungsmitteilungsVO).** Eine Zielgesellschaft im Sinne des § 2 Abs. 3 Nr. 2, deren stimmberechtigte Wertpapiere gleichzeitig im Inland und in einem anderen Staat des EWR, jedoch nicht in dem Staat, in dem sie ihren Sitz hat, zum Handel an einem organisierten Markt zugelassen worden sind, hat zu entscheiden, welche der betroffenen Aufsichtsstellen für die Beaufsichtigung eines europäischen Angebots zum Erwerb stimmberechtigter Wertpapiere zuständig sein soll, § 1 Abs. 5 Satz 1. Diese Entscheidung hat die Zielgesellschaft der BaFin unter Berücksichtigung der Vorgaben der erlassenen WpÜG-Beaufsichtigungsmitteilungsverordnung (BGBl. I 2006, S. 2266) mitzuteilen und zu veröffentlichen.

Tatbestandliche Voraussetzung ist darüber hinaus, dass der Täter entgegen der in **8** Abs. 1 Nr. 1 lit. a bis c aufgezählten Normen eine Veröffentlichung nicht, nicht rechtzeitig, nicht vollständig, nicht in der vorgeschriebenen Weise oder nicht rechtzeitig vornimmt.

Bei der ersten Tatvariante, der Nichtvornahme, handelt es sich um ein echtes **9** Unterlassungsdelikt (*Altenhain* in KölnKommWpÜG, § 60 Rn. 34; *Rönnau* in FK-WpÜG, § 60 Rn. 9). **Nicht** vorgenommen ist eine Veröffentlichung, wenn sie vollumfänglich ausbleibt (*Tschauner* in Geibel/Süßmann, § 60 Rn. 18). Die gebotenen Veröffentlichungspflichten sind im Inland zu erfüllen (*Altenhain* in Köln-KommWpÜG, § 60 Rn. 37).

Die zweite Tatvariante setzt eine **nicht richtige** Vornahme einer Veröffentli- **10** chung voraus. Nicht richtig ist die Veröffentlichung, wenn sie inhaltlich falsche Informationen enthält. Vom Begriff der Information werden Tatsachen und Werturteile, insbesondere Prognosen einbezogen (*Altenhain* in Köln-KommWpÜG, § 60 Rn. 38). Nach Ansicht der BaFin sollte im Einklang mit dem vergleichbaren Bußgeldtatbestand des § 39 Abs. 2 Nr. 2 WpHG das Tatbestands-merkmal der nicht richtigen Vornahme nur in den Fällen realisiert sein, wenn nicht in der vorgeschriebenen Form veröffentlicht wird. Da dem weiteren und eigenständigen Tatbestandsmerkmal „nicht in der vorgeschriebenen Weise" keine Bedeutung zukommen würde, ist die Auffassung abzulehnen. Diese Auslegung ist auf vorliegenden Tatbestand nach richtigem Dafürhalten nicht übertragbar.

Ferner handelt tatbestandsmäßig, wer eine Veröffentlichung **nicht vollständig** **11** vornimmt. Die Veröffentlichung ist unvollständig, sofern durch sie nicht alle vom Gesetz geforderten Angaben übermittelt werden. Der Täter darf kein falsches Gesamtbild vermitteln, indem er bspw. erforderliche Angaben weglässt oder den Handlungspflichten nur zum Teil nachkommt (*Altenhain* in KölnKommWpÜG, § 60 Rn. 40).

Es verwirklicht darüber hinaus den Tatbestand, wer eine Veröffentlichung **12** **nicht in der vorgeschriebenen Weise** vornimmt. Dies ist der Fall, wenn der Täter gegen Formvorschriften verstößt, bspw. einen bestimmten Veröffentli-chungsweg nicht einhält (vgl. § 10 Abs. 3 Satz 1).

Schließlich wird in Abs. 1 Nr. 1 die **nicht rechtzeitige** Vornahme einer Ver- **13** öffentlichung sanktioniert. Mit nicht rechtzeitig ist nicht unverzüglich gemeint.

Unverzüglich bedeutet ohne schuldhaftes Zögern, § 121 Abs. 1 Satz 1 BGB. Welcher Zeitraum davon umfasst ist, bestimmt sich anhand der jeweils konkret auferlegten Handlungspflicht (OLG Frankfurt NJW 2003, 2111; dazu kritisch *Moosmayer* wistra 2004, 401). Sofern das Gesetz Fristen vorgibt, handelt der Täter verspätet, wenn er die Veröffentlichung nach Ablauf des Fristendes vornimmt.

14   **b) Abs. 1 Nr. 2.** Ergänzend zu den in Nr. 1 aufgeführten Vorschriften, betreffen die in Nr. 2 genannten Ordnungswidrigkeitstatbestände Mitteilungs- und Unterrichtungspflichten. Sie dienen der besseren Überwachung des Verfahrens und sollen die angemessene Information der Zielgesellschaft und der Arbeitnehmer sicherstellen (BT-Drs. 14/7034, S. 68). Im Einzelnen handelt es sich dabei um die Pflicht

– **des Bieters die Entscheidung zur Abgabe eines Angebot mitzuteilen (§ 10 Abs. 2 Satz 1).** Danach hat der Bieter die Entscheidung nach Absatz 1 Satz 1 vor der Veröffentlichung den in Absatz 2 Nr. 1 bis 3 genannten Personen mitzuteilen. Adressaten der Mitteilung sind die Geschäftsführung der in Absatz 2 Nr. 1 und 2 bezeichneten Börsen und nach Nr. 3 die BaFin. Somit wird den verantwortlichen Personen an den Börsen die Möglichkeit eingeräumt über eine Aussetzung oder Einstellung der Börsenpreisfeststellung zu entscheiden und der Bundesanstalt Gelegenheit gegeben ihren Aufsichts- und Ermittlungsaufgaben nachzukommen (*Rönnau* in FK-WpÜG, § 60 Rn. 21).

– **der Mitteilung der Kontrollerlangung (§ 10 Abs. 2 Satz 1 ivm § 35 Abs. 1 Satz 4).** Im Zusammenspiel mit § 35 Abs. 1 Satz 4 finden die in § 10 Abs. 2 Satz genannten Mitteilungspflichten ebenso auf die Erlangung der unmittelbaren oder mittelbaren Kontrolle der Zielgesellschaft Anwendung. Eine Kontrolle besteht gemäß § 29 Abs. 2, wenn mindestens 30% der Stimmrechte der Zielgesellschaft gehalten werden.

– **der Mitteilung der Entscheidung zur Abgabe eines Angebots bzw. der Kontrollerlangung (§ 10 Abs. 5, auch ivm § 35 Abs. 1 Satz 4).** Durch § 10 Abs. 5 wird der Bieter verpflichtet, dem Vorstand der Zielgesellschaft unverzüglich im Anschluss an die Veröffentlichung nach § 10 Abs. 3 die Entscheidung zur Abgabe eines Angebots schriftlich mitzuteilen. Ausreichend ist die Übersendung eines Telefax oder der Kopie der Veröffentlichung (*Rönnau* in FK-WpÜG, § 60 Rn. 25). Ein Pflichtangebot hat abzugeben, wer mindestens 30% der Stimmrechte der Zielgesellschaft hält und damit entsprechend § 29 Abs. 2 die Zielgesellschaft kontrolliert.

– **die Angebotsunterlagen der BaFin zu übermitteln (§ 14 Abs. 1 Satz 1).** Gemäß § 14 Abs. 1 Satz 1 hat der Bieter die Angebotsunterlage innerhalb von vier Wochen nach der Veröffentlichung der Entscheidung zur Abgabe eines Angebots der Bundesanstalt zu übermitteln. Sofern dem Bieter die Einhaltung der Frist auf Grund eines grenzüberschreitenden Angebots oder erforderlichen Kapitalmaßnahmen nicht möglich ist, kann die BaFin auf Antrag die Frist um bis zu vier Wochen verlängern. Der Vorschrift kommt zum einen die Funktion zu, dass die BaFin eine eingeschränkte Überprüfung der Angebotsunterlage vornehmen kann und zum anderen ist die BaFin dadurch die für das Verfahren zuständige Aufsichtsbehörde und damit zentrale Ansprechpartnerin für die in- und ausländische Zusammenarbeit mit anderen Aufsichtsbehörden und den zuständigen Stellen (BT-Drs. 14/7034, S. 44).

– **die Angebotsunterlagen dem Vorstand der Zielgesellschaft zu übermitteln (§ 14 Abs. 4 Satz 1).** Der Bieter hat die Angebotsunterlage dem Vorstand der Zielgesellschaft unverzüglich im Anschluss an die Veröffentlichung nach § 14 Abs. 3 Satz 1 zu übermitteln. Vorstand der Zielgesellschaft und Bieter habe wiederum ihrerseits nach Veröffentlichung die Angebotsunterlage an ihre Betriebsräte, sofern diese nicht bestehen, direkt an die Arbeitnehmer zu übermitteln.

– **der Übermittlung der Stellungnahme des Vorstands und Aufsichtsrats der Zielgesellschaft (§ 27 Abs. 3 Satz 2).** Der Vorstand und der Aufsichtsrat der Zielgesellschaft haben eine begründete Stellungnahme zu dem Angebot sowie zu jeder seiner Änderungen abzugeben. Diese Stellungnahme haben sie gleichzeitig mit der Veröffentlichung nach § 27 Abs. 3 Satz 1 dem zuständigen Betriebsrat oder, sofern ein solcher nicht besteht, unmittelbar den Arbeitnehmern zu übermitteln.

Der Tatbestand ist realisiert, wenn die Mitteilung, Unterrichtung oder Übermittlung nicht, nicht richtig, nicht vollständig, nicht in der vorgeschriebenen Weise oder nicht rechtzeitig vorgenommen wird. Zu den Einzelheiten dazu kann nach oben verwiesen werden.

c) Abs. 1 Nr. 3. Mit den in Nr. 3 genannten Vorschriften dienen der Gewähr- **15** leistung, dass einerseits der gesetzlich vorgeschriebene Veröffentlichungsweg eingehalten wird und andererseits, dass eine Veröffentlichung erst nach Prüfung der Angebotsunterlage durch das Bundesaufsichtsamt erfolgt (BT-Drs. 14/7034, S. 68). Nr. 3 sanktioniert die folgenden Verstöße:

– **Verbot einer anderweitigen Veröffentlichung (§ 10 Abs. 3 Satz 3, auch iVm § 35 Abs. 1 Satz 4).** Eine Veröffentlichung zur Abgabe eines Angebots hat in der Art und Weise des § 10 Abs. 3 Satz 1 zu erfolgen. § 10 Abs. 3 Satz 3 untersagt es, eine Veröffentlichung in anderer Weise vor der Veröffentlichung nach Satz 1 vorzunehmen. Über den Verweis auf § 35 Abs. 1 Satz 4 gilt dieses Verbot einer vorausgehenden anderweitigen Veröffentlichung auch im Rahmen der Kontrollerlangung.

– **Verbot einer vorausgehenden Bekanntgabe der Angebotsunterlage (§ 14 Abs. 2 Satz 2, auch iVm § 35 Abs. 2 Satz 2).** § 14 Abs. 2 Satz 1 verpflichte den Bieter, die von ihm gemäß § 11 zu erstellende Angebotsunteralge in der nach § 14 Abs. 3 Satz 1 vorgeschriebenen Art und Weise unverzüglich zu veröffentlichen, wenn die BaFin die Veröffentlichung gestattet hat oder wenn seit dem Eingang der Angebotsunterlage zehn Werktage verstrichen sind, ohne das die BaFin das Angebot untersagt hat. § 14 Abs. 2 Satz 2 verbietet eine Bekanntgabe der Angebotsunterlage vor der Veröffentlichung. Durch die Verknüpfung mit § 35 Abs. 2 Satz 2 wird das Bekanntgabeverbot auf die Pflichtangebotsunterlage erweitert.

d) Abs. 1 Nr. 4. Nr. 4 dient dem Zweck, eine sachgerechte Kontrolle der **16** Veröffentlichungs- und Mitteilungspflichten zu ermöglichen (BT-Drs. 14/7034, S. 68). Entsprechend der Vorschrift handelt ordnungswidrig, wer **entgegen § 10 Abs. 4 Satz 1, auch iVm § 35 Abs. 1 Satz 4** eine Veröffentlichung nicht, nicht richtig, nicht vollständig oder nicht rechtzeitig übersendet. Nach § 10 Abs. 4 Satz 1 hat der Bieter die Veröffentlichung nach § 10 Abs. 3 Satz 1 unverzüglich den Geschäftsführungen der in § 10 Abs. 2 Satz 1 Nr. 1 und 2 erfassten Börsen und der Bundesanstalt zu übersenden. Auf die Übersendung kann verzichtet werden, soweit die Bundesanstalt dem Bieter nach § 10 Abs. 2 Satz 3 gestattet hat, die Mitteilung nach § 10 Abs. 2 Satz 1 gleichzeitig mit der Veröffentlichung vorzunehmen.

17   **e) Abs. 1 Nr. 5.** Gleichsam zu Nr. 4 soll auch Nr. 5 eine sachgerechte Kontrolle der Veröffentlichungs- und Mitteilungspflichten gewährleisten (BT-Drs. 14/7034, S. 68). Im Einzelnen handelt es sich um die Verletzung der Pflicht
– **des Bieters eine Mitteilung über die Veröffentlichung der Angebotsunterlage zu machen** (§ 14 Abs. 3 Satz 2, auch iVm § 21 Abs. 2 Satz 2, § 23 Abs. 1 Satz 2 oder § 35 Abs. 2 Satz 2). Gemäß § 14 Abs. 3 Satz 2 hat der Bieter der Bundesanstalt die Veröffentlichung nach § 14 Abs. 3 Satz 1 Nr. 2 unverzüglich mitzuteilen. Über § 21 Abs. 2 Satz 2 dehnt sich der Anwendungsbereich auch auf die Pflicht des Bieters zur unverzüglichen Mitteilung der Veröffentlichung auf eine geänderte Angebotsunterlage aus. Als insoweit ebenso auf § 23 Abs. 1 Satz 2 verwiesen wird, trifft den Bieter zudem die Pflicht der Bundesanstalt jeweils unverzüglich die Veröffentlichung der sog. Wasserstandsmeldungen mitzuteilen. Schließlich muss der Bieter durch die in Bezugnahme des § 35 Abs. 2 Satz 2 in die Verweisungskette des § 14 Abs. 2 Satz 2 die Veröffentlichung der Pflichtangebotsunterlage mitteilen.
– **des Vorstands und des Aufsichtsrats zur Mitteilung der Veröffentlichung der Stellungnahme (§ 27 Abs. 3 Satz 3).** Über § 27 Abs. 3 Satz 3 besteht die bußgeldbewehrte Pflicht für den Vorstand und den Aufsichtsrat der Zielgesellschaft der Bundesanstalt unverzüglich die Veröffentlichung gemäß § 14 Abs. 3 Satz 1 Nr. 2 mitzuteilen. Um dem Kriterium der Unverzüglichkeit zu genügen, ist es regelmäßig ausreichend und rechtzeitig, wenn die Mitteilung innerhalb von drei Werktagen bei der BaFin eingeht. In jedem Fall ist eine Mitteilung eine Woche nach Veröffentlichung verspätet (OLG Frankfurt/Main vom 22.4.2003, NJW 2003, 2111).

18   **f) Abs. 1 Nr. 6.** Mit den in Nr. 6 genannten Ordnungswidrigkeitstatbeständen soll dem Verbot der Veröffentlichung von Angeboten im Falle einer Untersagung durch das Bundesaufsichtsamt Nachdruck verliehen werden (BT-Drs. 14/7034, S. 68). Durch Abs. 1 Nr. 6 wird sanktioniert, wenn **entgegen § 15 Abs. 3** eine Veröffentlichung vorgenommen wird. Sofern das Angebot nach § 15 Abs. 1 und 2 untersagt worden ist, so ist die Veröffentlichung der Angebotsunterlage verboten. Ein Rechtsgeschäft auf Grund eines nach § 15 Abs. 1 und 2 untersagten Angebots ist nichtig. An wen sich das Verbot richtet lässt § 15 Abs. 1 und 2 offen. Richtigerweise kommt als tauglicher Täter jedermann in Frage. Adressat der Vorschrift kann jedenfalls nicht allein der Bieter sein, da es entsprechend dem Sinn und Zweck der Norm keinen Unterschied machen darf, ob die unzulässige Veröffentlichung durch den Bieter oder einen Dritten erfolgt (*Rönnau* in FK-WpÜG, § 60 Rn. 47 mwN).

19   **g) Abs. 1 Nr. 7.** Ebenso wie Nr. 6 dient Nr. 7 der Absicht, dem Verbot der Veröffentlichung von Angeboten im Falle einer Untersagung durch das Bundesaufsichtsamt Nachdruck zu verleihen (BT-Drs. 14/7034, S. 68). Den Ordnungswidrigkeitstatbestand des § 60 Abs. 1 Nr. 6 realisiert, wer **entgegen § 26 Abs. 1 Satz 1 oder 2** ein Angebot abgibt. Im Zusammenhang mit § 26 Abs. 1 Satz 1 besteht die Pflicht darin, innerhalb der gesetzlich angeordneten Sperrfrist von einem Jahr kein erneutes Angebot abzugeben, wenn die BaFin zuvor das Angebot gemäß § 15 Abs. 1 oder 2 untersagt hat. Entsprechend § 26 Abs. 1 Satz 2 gilt gleiches, wenn der Bieter ein Angebot von dem Erwerb eines Mindestanteils der Wertpapiere abhängig gemacht hat und dieser Mindestanteil nach Ablauf der Annahmefrist nicht erreicht wurde. Nach Auffassung des Gesetzgebers ist die Anordnung der Sperrfrist insofern gerechtfertigt, als das Interesse der Zielgesellschaft an einer ungestörten Fortführung ihrer Geschäftstätigkeit das Interesse des Bieters, kurze Zeit später erneut ein Angebotsverfahren durchzuführen, überwiege (BT-Drs. 14/7034, S. 51). Zu beachten ist die Einschränkung in § 26 Abs. 1 Satz 3, wonach § 26 Abs. 1 Satz 1 und 2 bei Vorliegen der in Satz 3 dargelegten Voraussetzungen nicht zur Geltung kommen.

h) Abs. 1 Nr. 8. § 60 Abs. 1 Nr. 8 berücksichtigt die den Vorstand und Auf- **20** sichtsrat der Zielgesellschaft treffenden Vorgaben im Hinblick auf ihre Handlungen bei Unternehmensübernahmen (BT-Drs. 14/7034, S. 68). Ordnungswidrig handelt, wer **entgegen § 33 Abs. 1 Satz 1 oder § 33a Abs. 2 Satz 1** eine dort genannte Handlung vornimmt (Mit erheblichen Bedenken im Hinblick auf die erforderliche Bestimmtheit des Bußgeldtatbestands *Achenbach* in Baums/Thoma, § 60 Rn. 79; *Rönnau* in FK-WpÜG, § 60 Rn. 57). Dabei handelt es sich um folgende Pflichtverstöße:
- **Deutsches Verhinderungsverbot (§ 33 Abs. 1 Satz 1).** Demzufolge darf der Vorstand, nach Veröffentlichung der Entscheidung zur Abgabe eines Angebots bis zur Veröffentlichung des Ergebnisses nach § 23 Abs. 1 Satz 1 Nr. 2, keine Handlungen vornehmen, durch die der Erfolg dieses Angebots verhindert werden könnte. § 33 Abs. 1 Satz 2 enthält einen weit gefassten Befreiungstatbestand. § 33 Abs. 1 Satz 1 gilt demnach nicht für Handlungen, die auch ein ordentlicher und gewissenhafter Geschäftsleiter einer Gesellschaft, die nicht von einem Übernahmeangebot betroffen ist, vorgenommen hätte, für die Suche nach einem konkurrierenden Angebot sowie für Handlungen, denen der Aufsichtsrat der Zielgesellschaft zugestimmt hat.
- **Europäisches Verhinderungsverbot (§ 33a Abs. 2 Satz 1).** Die Zielrichtung des europäischen Verhinderungsverbots ist im Wesentlichen die gleiche wie die des deutschen. Erfasst wird jedoch auch der Aufsichtsrat. Entsprechend § 33a Abs. 2 Satz 1 dürfen nämlich weder Vorstand noch Aufsichtsrat der Zielgesellschaft in dem Zeitraum nach Veröffentlichung der Entscheidung zur Abgabe eines Angebots bis zur Veröffentlichung des Ergebnisses Handlungen vornehmen, durch die der Erfolg des Angebots verhindert werden könnte. Der Kreis der tauglichen Täter wird somit auf die Mitglieder des Aufsichtsrats erweitert. § 33a Abs. 2 Satz 2 enthält vier Ausnahmen von dem Verhinderungsverbot. Ausgenommen sind gemäß § 33a Abs. 2 Satz 2 Nr. 1 Handlungen, zu denen die Hauptversammlung den Vorstand oder Aufsichtsrat nach Veröffentlichung der Entscheidung zur Abgabe eines Angebots ermächtigt hat. Nach Nr. 2 sind Handlungen innerhalb des normalen Geschäftsbetriebs nicht tatbestandsmäßig. Entsprechend Nr. 3 unterfallen Handlungen außerhalb des normalen Geschäftsbetriebs, sofern sie der Umsetzung von Entscheidungen dienen, die vor der Veröffentlichung der Entscheidung der Entscheidung zur Abgabe eines Angebots gefasst und teilweise umgesetzt wurden, nicht dem europäischen Verhinderungsverbot. Schließlich gilt das Verbot auch nicht für die Suche nach einem konkurrierenden Angebot.

i) Abs. 1 Nr. 9. Durch das Übernahmerichtlinien-Umsetzungsgesetz neu ein- **21** gefügten § 60 Abs. 1 Nr. 9 wird sanktioniert, wer **entgegen § 33a Abs. 3, § 33b Abs. 3 oder § 33c Abs. 3 Satz 3** eine Unterrichtung nicht, nicht richtig, nicht vollständig oder nicht rechtzeitig vornimmt. Geahndet wird ein Unterlassen des Vorstands der Zielgesellschaft der im Tatbestand normierten Tathandlungen.

§ 33a Abs. 3 und § 33b Abs. 3 sind im Wesentlichen wortgleich und verpflich- **22** ten den Vorstand der Zielgesellschaft die BaFin sowie die Aufsichtsstellen der

Staaten des EWR, in denen Wertpapiere der Gesellschaft zum Handel zugelassen sind, unverzüglich (ohne schuldhaftes Zögern, § 121 Abs. 1 Satz 1 BGB) davon zu unterrichten, dass die Zielgesellschaft eine Satzungsbestimmung nach § 33a Abs. 1 Satz 1 bzw. nach § 33b Abs. 1 beschlossen hat. Die Regelungen dienen der effizienten Aufsicht über die Einhaltung der europäischen Durchbrechungsregel (*Rönnau* in FK-WpÜG, § 60 Rn. 79).

23   Gemäß § 33c Abs. 3 Satz 3 hat schließlich der Vorstand der Zielgesellschaft die genannten Stellen von einer nach § 33c Abs. 1 und 2 gefassten Ermächtigung zu unterrichten.

24   **j) Abs. 1 Nr. 10.** Nach § 60 Abs. 1 Nr. 10 handelt ordnungswidrig, wer entgegen § 33c Abs. 3 Satz 4 eine Veröffentlichung nicht, nicht richtig, nicht vollständig, nicht in der vorgeschriebenen Weise oder nicht rechtzeitig vornimmt. Demnach ist die Ermächtigung unverzüglich auf der Internetseite der Zielgesellschaft zu veröffentlichen. Die Vorschrift lässt offen, wer Adressat der Pflicht ist. Im Hinblick auf die systematische Stellung der Vorschrift, ist davon auszugehen, dass der Vorstand derjenige ist, der durch die Norm zur Erfüllung des Gebots aufgefordert wird (*Achenbach* in Baums/Thoma, § 60 Rn. 80b; *Rönnau* in FK-WpÜG, § 60 Rn. 82).

3. Ordnungswidrigkeiten nach § 60 Abs. 2

25   Nach § 60 Abs. 2 handelt ordnungswidrig, wer vorsätzlich oder fahrlässig gegen eine Untersagung der BaFin gemäß § 28 Abs. 1 im Falle unzulässiger Werbung oder gegen ein Ermittlungsverlangen nach § 40 Abs. 1 Satz 1 zuwiderhandelt. Gleiches gilt für denjenigen, der entgegen § 40 Abs. 2 Satz 1 oder 2 ein Betreten nicht gestattet oder nicht duldet. Die Einstufung als Ordnungswidrigkeit dient dazu, die Durchsetzung der Befugnisse des Bundesaufsichtsamtes zu erleichtern (BT-Drs. 14/7034, S. 68). Es liegt bereits bei fahrlässiger Begehung eine Ordnungswidrigkeit vor, da es den Normadressaten in jedem Fall zuzumuten sei, vollziehbaren Anordnungen nachzukommen (BT-Drs. 14/7034, S. 68). Sowohl Anordnungen gemäß § 28, als auch solche nach § 40 sind sofort vollziehbar. Widersprüche dagegen haben keine aufschiebende Wirkung. § 40 basiert auf dem Amtsermittlungsgrundsatz des § 24 Abs. 1 Satz 1 VwVfG und ist lex specialis zu § 26 Abs. 2 Satz 2 VwVfG (*Klepsch* in Steinmeyer/Häger, § 40 Rn. 3; *Noack/ Holzborn* in Schwark/Zimmer, § 40 Rn. 2).

26   **a) Verstöße gegen eine vollziehbare Anordnung (Abs. 2 Nr. 1).** Wer vorsätzlich oder fahrlässig einer vollziehbaren Anordnung nach § 28 Abs. 1 oder § 40 Abs. 1 Satz 1 zuwiderhandelt, handelt ordnungswidrig.

27   **§ 28 Abs. 1** räumt der Bundesanstalt die Befugnis ein, bestimmte Arten der Werbung zu untersagen, um Missständen bei der Werbung im Zusammenhang mit Angeboten zum Erwerb von Wertpapieren zu begegnen. Hintergrund ist der, dass Angebote regelmäßig von intensiven Werbemaßnahmen begleitet werden und über § 28 Abs. 1 die Möglichkeit geschaffen wird, missbräuchlicher Werbung entgegen zu treten. Zulässig sind auch vorbeugende Maßnahmen. Dass Missstände bereits eingetreten sind, ist nicht erforderlich (BT-Drs. 14/7034, S. 52). Untersagt werden können neben dem Inhalt auch der Umfang der Werbung sowie die zu ihrer Übermittlung eingesetzten Medien. Darüber hinaus kann die Untersagung nicht nur einzelne Werbemaßnahmen zum Gegenstand haben, sondern auch generell bestimmte Werbemaßnahmen oder Werbemethoden (BT-Drs. 14/7034, S. 52).

Entsprechend **§ 40 Abs. 1 Satz 1** kann die BaFin von jedermann Auskünfte, die **28** Vorlage von Unterlagen und die Überlassung von Kopien verlangen sowie Personen laden und vernehmen, soweit dies auf Grund von Anhaltspunkten für die Überwachung der Einhaltung eines Gebots oder Verbots dieses Gesetzes erforderlich ist. Damit werden der Bundesanstalt die zur Wahrnehmung ihrer Aufgaben erforderlichen Befugnisse bei der Überwachung der Einhaltung der Pflichten der Beteiligten an einem Übernahmeverfahren verliehen (BT-Drs. 14/7034, S. 62). Die **Erforderlichkeit** als unbestimmter Rechtsbegriff ist vollumfänglich gerichtlich nachprüfbar (*Assmann*/Pötzsch/Schneider, § 40 Rn. 18; *Noack*/*Holzborn* in Schwark/Zimmer, § 40 Rn. 3). Dem Grundsatz der Erforderlichkeit werden Maßnahmen regelmäßig dann genügen, wenn konkrete Anhaltspunkte einer Pflichtverletzung vorliegen und die Bundesanstalt zur Wahrnehmung ihrer Aufsichtpflicht den Erlass einer Verfügung anstrebt oder jedenfalls ernsthaft in Erwägung zieht (*Klepsch* in Steinmeyer/Häger, § 40 Rn. 4; *Uhlendorf* in Geibel/Süßmann, § 60 Rn. 4).

Es liegt im Ermessen der BaFin, für welche Maßnahme sie sich im Einzelnen **29** entscheidet. Jedoch hat sie dabei stets den **Verhältnismäßigkeitsgrundsatz** zu beachten (*Assmann*/Pötzsch/Schneider, § 40 Rn. 18; *Klepsch* in Steinmeyer/Häger, § 40 Rn. 7; *Noack*/*Holzborn* in Schwark/Zimmer, § 40 Rn. 3; *Uhlendorf* in Geibel/Süßmann, § 60 Rn. 5). Das Handeln hat somit geeignet und erforderlich zu sein und zudem darf die Eingriffsintensität nicht außer Verhältnis zu dem verfolgten Zweck stehen.

Die Vorschrift richtet sich an **Jedermann.** Adressaten der Auskunftspflicht sind **30** auch Dritte, soweit deren Pflichten nach dem WpÜG bzw. die Einhaltung derer ermittelt werden oder ermittelt werden soll (*Noack*/*Holzborn* in Schwark/Zimmer, § 40 Rn. 5). Die Auskunfts- und Vorlagepflichten bestehen auch gegenüber denjenigen Personen, bei denen untersucht werden soll, ob eine Verpflichtung nach dem WpÜG besteht oder bestand (*Assmann*/Pötzsch/Schneider, § 40 Rn. 32, 43; *Klepsch* in Steinmeyer/Häger, § 40 Rn. 3). Die Bundesanstalt kann die Auskunfts- und Vorlagepflichten selbständig durch Verwaltungsakt durchsetzen (*Klepsch* in Steinmeyer/Häger, § 40 Rn. 3).

Unter den Begriff der **Auskünfte** fallen schriftliche und mündliche Informationen. **31** **Unterlagen** sind verkörperte Informationen, wie Schriftstücke oder elektronische Datenträger. Das Auskunfts- oder Vorlageverlangen kann formlos gestellt werden, so bspw. per Telefax, E-Mail oder auch fernmündlich (*Assmann*/Pötzsch/Schneider, § 40 Rn. 10). Für die Erfüllung des Verlangens hat die Bundesanstalt eine angemessenen Frist zu setzen (*Uhlendorf* in Geibel/Süßmann, § 60 Rn. 6). Sowohl die Erteilung der Auskünfte, als auch die Vorlage der angeforderten Unterlagen hat vom Pflichtigen richtig, vollständig und rechtzeitig zu erfolgen (*Klepsch* in Steinmeyer/Häger, § 40 Rn. 11). Eine Schwärzung der Unterlagen ist nicht gestattet, da dies dem Ermittlungszweck zuwider laufen würde und die BaFin ohnehin der Verschwiegenheitspflicht des § 9 unterliegt (*Assmann*/Pötzsch/Schneider, § 40 Rn. 23; *Ritz* in Baums/Thoma, § 40 Rn. 27).

Neben den Ermächtigungen Auskünfte und die Vorlage von Unterlagen zu **32** verlangen, ist die BaFin darüber hinaus auch berechtigt, die **Überlassung von Kopien** anzuordnen, um Beweismittel zu sichern. Schließlich räumt § 40 Abs. 1 Satz 1 ihr zudem das Recht ein, **Personen vorzuladen und zu vernehmen.** Durch gezieltes Nachfragen hat die BaFin somit die Möglichkeit noch weitergehende Informationen zu erlangen, die geeignet sind sich ein klareres Bild vom Sachverhalt zu verschaffen oder die Anlass für ausgedehntere Ermittlungen geben könnten (*Uhlendorf* in Geibel/Süßmann, § 60 Rn. 11).

33   Personen, die zur Erteilung einer Auskunft verpflichtet sind, steht gemäß § 40 Abs. 3 ein **Auskunftsverweigerungsrecht** im Hinblick auf solche Fragen zu, deren Beantwortung sie selbst oder einen der in § 383 Abs. 1 Nr. 1 bis 3 der ZPO bezeichneten Angehörigen der Gefahr strafgerichtlicher Verfolgung oder eines Verfahrens nach dem Gesetz über Ordnungswidrigkeiten aussetzen würde. § 40 Abs. 3 ist Ausdruck des im Rechtsstaatsprinzip verankerten nemo tenetur Grundsatzes (*Assmann*/Pötzsch/Schneider, § 40 Rn. 52). Der Verpflichtete ist über sein Recht zur Verweigerung der Aussage zu belehren. Ist die Belehrung unterblieben, sind die Beweismittel zum Zweck der Straf- oder Bußgeldsachen rechtswidrig erlangt (*Noack/Holzborn* in Schwark/Zimmer, § 40 Rn. 9). Die Vorschrift begründet kein Zeugnisverweigerungsrecht i. S. d. § 53 StPO. Fragen, die die Kriterien des § 40 Abs. 3 nicht erfüllen, müssen von dem Auskunftspflichtigen richtig beantwortet werden.

34   **b) Vereiteln eines Betretensrechts der BaFin (Abs. 2 Nr. 2).** Nach § 60 Abs. 2 Nr. 2 handelt ordnungswidrig, wer entgegen § 40 Abs. 2 Satz 1 oder 2 ein Betreten nicht gestattet oder nicht duldet.

35   Bediensteten der BaFin und den von ihr beauftragten Personen muss gemäß **§ 40 Abs. 2 Satz 1,** soweit dies zur Wahrnehmung ihrer Aufgaben nach diesem Gesetz erforderlich ist, das Betreten der Grundstücke und Geschäftsräume während der üblichen Arbeitszeit (Zeitraum von 08:00 Uhr bis 18:00 Uhr) gestattet werden. Das Betreten außerhalb dieser Zeit oder das Betreten von Geschäftsräumen, die sich in einer Wohnung befinden, ist entsprechend **§ 40 Abs. 2 Satz 2** ohne Einverständnis nur zulässig und insoweit zu dulden, wie dies zur Verhütung von dringenden Gefahren für die öffentliche Sicherheit und Ordnung erforderlich ist und bei der auskunftspflichtigen Person Anhaltspunkte für einen Verstoß gegen ein Verbot oder Gebot dieses Gesetzes vorliegen.

36   Ermöglicht werden sollen Erkenntnisgewinne, insbesondere für den Fall, in dem der Verpflichtete nicht oder nicht in dem erforderlichen Maße bei der Sachverhaltsaufklärung kooperiert. Mit dem Recht zur Betretung der Grundstücke und Geschäftsräume ist kein Durchsuchungs- oder Beschlagnahmerecht verbunden (*Klepsch* in Steinmeyer/Häger, § 40 Rn. 13; *Rönnau* in FK-WpÜG, § 60 Rn. 94). Ebenso besteht keine Zutrittserlaubnis, um Beweise für einen Verstoß eines Dritten zu erlangen (*Klepsch* in Steinmeyer/Häger, § 40 Rn. 14).

37   Das Betreten außerhalb der Geschäftszeiten oder das Betreten der Geschäftsräume, die sich in einer Wohnung befinden, ist nur unter den weiteren, restriktiv zu handhabenden Voraussetzungen des § 40 Abs. 2 Satz 2 zulässig. Wann diese gegeben sind, lässt sich nicht generell bestimmen. Jedenfalls wird zu fordern sein, dass eine dringende Gefahr für die ordnungsgemäße Durchführung eines Angebotsverfahrens vorliegt oder dass die Missstände erhebliche Nachteile für den Wertpapiermarkt bewirken können (*Klepsch* in Steinmeyer/Häger, § 40 Rn. 15).

38   Das Auskunftsverweigerungsrecht nach § 40 Abs. 3 findet keine Anwendung für die Betretung, jedoch für die in diesem Zusammenhang erfolgende Befragung.

III. Subjektiver Tatbestand

39   § 60 Abs. 1 und 2 unterscheiden sich im Hinblick auf die subjektiven Voraussetzungen. Können die in Abs. 1 genannten Bußgeldtatbestände nur vorsätzlich oder leichtfertig realisiert werden, erfordern diejenigen des Abs. 2 eine vorsätzliche oder fahrlässige Begehung. Als Begehungsformen sind somit Vorsatz, Fahrlässig-

keit und Leichtfertigkeit voneinander abzugrenzen. Für die Bestimmung dieser
Begriffe gelten die allgemeinen strafrechtlichen Grundsätze.

1. Vorsatz

Der Vorsatzbegriff des OWiG entspricht dem des StGB. Auch hier wird zwi- **40**
schen den Vorsatzformen der Absicht, des direkten Vorsatzes und des bedingten
Vorsatzes unterschieden, wobei gemäß § 10 OWiG grundsätzlich jede dieser Formen ausreichend ist.

Allgemein wird **Vorsatz** als das Wissen und Wollen der Verwirklichung des **41**
Tatbestandes in Kenntnis aller seiner objektiven Merkmale definiert. Somit muss
der Vorsatz nicht nur die Elemente des § 60, sondern auch die der in § 60 Bezug
genommenen Vorschriften umfassen. Wird der Vorstand einer Aktiengesellschaft
von der BaFin auf die Vorschriften hingewiesen, kann er sich nicht mehr auf
fehlende Kenntnis des Gesetzes oder eine laienhafte rechtliche Fehlinterpretation
berufen (OLG Frankfurt, Beschluss vom 30.11.2005, NZG 2006, 792; bestätigt
durch BGH wistra 2006, 391).

2. Fahrlässigkeit

Fahrlässig handelt, wer unter Berücksichtigung des Einzelfalls und seiner per- **42**
sönlichen Verhältnisse und Fähigkeiten, sorgfaltswidrig die Möglichkeit der Tatbestandverwirklichung nicht erkennt, obwohl er sie hätte erkennen können oder
die Tatbestandsverwirklichung zwar für möglich hält, jedoch auf deren Nichteintritt vertraut.

3. Leichtfertigkeit

Leichtfertigkeit stellt einen erhöhten Grad der Fahrlässigkeit dar und bedeu- **43**
tet, dass sich dem Täter die Realisierung des Tatbestandes geradezu aufdrängt und
er trotzdem handelt, weil er dies aus besonderer Gleichgültigkeit oder grober
Unachtsamkeit außer Acht lässt (OLG Frankfurt, Beschluss vom 30.11.2005,
NZG 2006, 792).

Wer allein auf die Einholung von Rechtsrat verzichtet und trotz der im Ansatz **44**
erkannten rechtlichen Probleme das Risiko einer Rechtsverletzung eingeht, lässt
zunächst nur die gebotene Sorgfalt außer Acht und handelt damit fahrlässig. Erst
wenn noch weitere Umstände hinzukommen, liegt Leichtfertigkeit vor (OLG
Frankfurt, Beschluss vom 30.11.2005, NZG 2006, 792).

Leichtfertiges Handeln wird in dem Fall bejaht, in dem der Vorstand einer **45**
Aktiengesellschaft ohne Einholung von Rechtsrat ein öffentliches Kaufangebot
für Aktien, deren Preisfeststellung von der Börse lediglich ausgesetzt wurde, unter
Verletzung der Veröffentlichungs- und Gestattungspflichten nach dem WpÜG
bekannt gibt, weil er fälschlich davon ausgeht, bereits die Aussetzung des Börsenhandels führe zu einer Beendigung der Börsenzulassung (OLG Frankfurt,
Beschluss vom 28.1.2010, NZG 2010, 583).

IV. Rechtsfolge

§ 60 Abs. 3 gibt den **Bußgeldrahmen** für die Verstöße gegen Abs. 1 und 2 **46**
vor. Dabei wird zwischen der Schwere der Ordnungswidrigkeit differenziert. In

den Fällen des Absatzes 1 Nr. 1 Buchstabe a, Nr. 3, 6 bis 8 kann die Ordnungswidrigkeit mit einer Geldbuße bis zu einer Million Euro geahndet werden. Der Gesetzgeber vertritt die Auffassung, dass es sich bei diesen Tatbeständen um Kernvorschriften des Gesetzes handelt, die den geregelten Ablauf eines Angebotsverfahrens gewährleisten sollen bzw. dem Schutz der Minderheitsaktionäre dienen (BT-Drs. 14/7034, S. 68). Der in Relation zu § 17 OWiG erheblich erhöhte Bußgeldrahmen ist aus diesen Gründen als sachgerecht zu betrachten.

47   In den Fällen des Absatzes 1 Nr. 1 Buchstabe b, Nr. 2 Buchstabe a und Nr. 4 kann eine Geldbuße in Höhe von bis zu fünfhunderttausend Euro verhängt werden. Die hier betroffenen Fälle ergänzen die zuvor genannten zentralen Pflichten (BT-Drs. 14/7034, S. 69).

48   In den übrigen Fällen kann ein Bußgeld bis zu einer Höhe von zweihunderttausend Euro angeordnet werden.

49   Die Höhe der Bußgelder reflektiert die wirtschaftlichen Interessen, die regelmäßig mit öffentlichen Angeboten zum Erwerb von Wertpapieren und Unternehmensübernahmen verbunden sind (BT-Drs. 14/7034, S. 69).

50   Da § 60 für vorsätzliches und fahrlässiges Handeln eine Geldbuße androht, ohne dabei im Höchstmaß zu unterscheiden, so kann gemäß § 17 Abs. 2 OWiG fahrlässiges und auch leichtfertiges Handeln äußerst mit der Hälfte des angedrohten Höchstbetrages der Geldbuße geahndet werden (*Achenbach* in Baums/Thoma, § 60 Rn. 101).

51   **Schuldner des Bußgelds** ist grundsätzlich der Täter. Gemäß § 17 Abs. 3 OWiG sind als Grundlage für die Zumessung der Geldbuße hinzuziehen die Bedeutung der Ordnungswidrigkeit und der Vorwurf, der den Täter trifft. Ebenso kommen die wirtschaftlichen Verhältnisse des Täters in Betracht. Den wirtschaftlichen Vorteil, den der Täter aus der Ordnungswidrigkeit gezogen hat, soll die Geldbuße übersteigen, § 17 Abs. 4 OWiG. Sofern das gesetzliche Höchstmaß hierzu nicht ausreichend ist, kann es zu diesem Zweck überschritten werden. Regelmäßig wird der für das Unternehmen durch die Tat erlangte Vorteil die Höhe des zu verhängenden Bußgelds beträchtlich übersteigen, da sich die Strafhöhe an den wirtschaftlichen Verhältnisse des Täters messen lassen muss (*Tschauner* in Geibel/Süßmann, § 60 Rn. 75). Insoweit ist es allein über § 17 OWiG nicht in ausreichendem Maße möglich die Tat zu ahnden. Unter den Voraussetzungen des § 30 OWiG kann demzufolge die Geldbuße auch gegen juristische Personen und Personengesellschaften festgesetzt werden. Als juristische Personen gelten alle Unternehmensformen, denen die Rechtsordnung eine eigene Rechtspersönlichkeit zuerkennt (*Tschauner* in Geibel/Süßmann, § 60 Rn. 76). Dazu zählen die AG, GmbH, KGaA, eingetragene Genossenschaften und Vereine, Stiftung und auch öffentlich-rechtliche Körperschaften (*Tschauner* in Geibel/Süßmann, § 60 Rn. 76). Darüber hinaus erstreckt sich der Anwendungsbereich noch auf den nicht rechtsfähigen Verein ebenso wie auf die OHG, KG und GmbH & Co. KG als Personengesellschaften.

52   Eine selbständige Festsetzung der Geldbuße gegen die juristische Person kann nur bei Vorliegen der weiteren Merkmale des § 30 Abs. 4 OWiG erfolgen. Schließlich bietet sich über § 29a OWiG die Möglichkeit, den erlangten Vermögensvorteil durch Anordnung des Verfalls abzuschöpfen.

53   Da die Ordnungswidrigkeiten in § 60 mit Geldbuße im Höchstmaß von mehr als fünfzehntausend Euro bedroht sind, **verjährt** die Verfolgung der Taten gemäß § 31 Abs. 2 Nr. 1 OWiG in drei Jahren. Entsprechend § 31 Abs. 3 OWiG beginnt die Verjährung, sobald die Handlung beendet ist. Tritt ein zum Tatbestand gehörender Erfolg erst später ein, so beginnt die Verjährung mit diesem Zeitpunkt.

11. Teil Strafgesetzbuch (StGB)

Übersicht

A. § 261 Geldwäsche

§ 261 Geldwäsche, Verschleierung unrechtmäßig erlangter Vermögenswerte

(1) Wer einen Gegenstand, der aus einer in Satz 2 genannten rechtswidrigen Tat herrührt, verbirgt, dessen Herkunft verschleiert oder die Ermittlung der Herkunft, das Auffinden, den Verfall, die Einziehung oder die Sicherstellung eines solchen Gegenstandes vereitelt oder gefährdet, wird mit Freiheitsstrafe von drei Monaten bis zu fünf Jahren bestraft. Rechtswidrige Taten im Sinne des Satzes 1 sind
1. Verbrechen,
2. Vergehen nach
   a) § 332 Abs. 1, auch in Verbindung mit Abs. 3, und § 334,
   b) § 29 Abs. 1 Satz 1 Nr. 1 des Betäubungsmittelgesetzes und § 19 Abs. 1 Nr. 1 des Grundstoffüberwachungsgesetzes,
3. Vergehen nach § 373 und nach § 374 Abs. 2 der Abgabenordnung, jeweils auch in Verbindung mit § 12 Abs. 1 des Gesetzes zur Durchführung der Gemeinsamen Marktorganisationen und der Direktzahlungen,
4. Vergehen
   a) nach den §§ 152a, 181a, 232 Abs. 1 und 2, § 233 Abs. 1 und 2, §§ 233a, 242, 246, 253, 259, 263 bis 264, 266, 267, 269, 271, 284, 326 Abs. 1, 2 und 4, § 328 Abs. 1, 2 und 4 sowie § 348,
   b) nach § 96 des Aufenthaltsgesetzes, § 84 des Asylverfahrensgesetzes, nach § 370 der Abgabenordnung, nach § 38 Absatz 1 bis 3 und 5 des Wertpapierhandelsgesetzes sowie nach den §§ 143, 143a und 144 des Markengesetzes, den §§ 106 bis 108b des Urheberrechtsgesetzes, § 25 des Gebrauchsmustergesetzes, den §§ 51 und 65 des Geschmacksmustergesetzes, § 142 des Patentgesetzes, § 10 des Halbleiterschutzgesetzes und § 39 des Sortenschutzgesetzes, die gewerbsmäßig oder von einem Mitglied einer Bande, die sich zur fortgesetzten Begehung solcher Taten verbunden hat, begangen worden sind, und
5. Vergehen nach § 89a und nach den §§ 129 und 129a Abs. 3 und 5, jeweils auch in Verbindung mit § 129b Abs. 1, sowie von einem Mit-

glied einer kriminellen oder terroristischen Vereinigung (§§ 129, 129a, jeweils auch in Verbindung mit § 129b Abs. 1) begangene Vergehen. Satz 1 gilt in den Fällen der gewerbsmäßigen oder bandenmäßigen Steuerhinterziehung nach § 370 der Abgabenordnung für die durch die Steuerhinterziehung ersparten Aufwendungen und unrechtmäßig erlangten Steuererstattungen und -vergütungen sowie in den Fällen des Satzes 2 Nr. 3 auch für einen Gegenstand, hinsichtlich dessen Abgaben hinterzogen worden sind.

(2) Ebenso wird bestraft, wer einen in Absatz 1 bezeichneten Gegenstand

1. sich oder einem Dritten verschafft oder
2. verwahrt oder für sich oder einen Dritten verwendet, wenn er die Herkunft des Gegenstandes zu dem Zeitpunkt gekannt hat, zu dem er ihn erlangt hat.

(3) Der Versuch ist strafbar.

(4) In besonders schweren Fällen ist die Strafe Freiheitsstrafe von sechs Monaten bis zu zehn Jahren. Ein besonders schwerer Fall liegt in der Regel vor, wenn der Täter gewerbsmäßig oder als Mitglied einer Bande handelt, die sich zur fortgesetzten Begehung einer Geldwäsche verbunden hat.

(5) Wer in den Fällen des Absatzes 1 oder 2 leichtfertig nicht erkennt, dass der Gegenstand aus einer in Absatz 1 genannten rechtswidrigen Tat herrührt, wird mit Freiheitsstrafe bis zu zwei Jahren oder mit Geldstrafe bestraft.

(6) Die Tat ist nicht nach Absatz 2 strafbar, wenn zuvor ein Dritter den Gegenstand erlangt hat, ohne hierdurch eine Straftat zu begehen.

(7) Gegenstände, auf die sich die Straftat bezieht, können eingezogen werden. § 74a ist anzuwenden. § 73d ist anzuwenden, wenn der Täter gewerbsmäßig oder als Mitglied einer Bande handelt, die sich zur fortgesetzten Begehung einer Geldwäsche verbunden hat.

(8) Den in den Absätzen 1, 2 und 5 bezeichneten Gegenständen stehen solche gleich, die aus einer im Ausland begangenen Tat der in Absatz 1 bezeichneten Art herrühren, wenn die Tat auch am Tatort mit Strafe bedroht ist.

(9) Nach den Absätzen 1 bis 5 wird nicht bestraft, wer

1. die Tat freiwillig bei der zuständigen Behörde anzeigt oder freiwillig eine solche Anzeige veranlasst, wenn nicht die Tat in diesem Zeitpunkt ganz oder zum Teil bereits entdeckt war und der Täter dies wusste oder bei verständiger Würdigung der Sachlage damit rechnen musste, und
2. in den Fällen des Absatzes 1 oder 2 unter den in Nummer 1 genannten Voraussetzungen die Sicherstellung des Gegenstandes bewirkt, auf den sich die Straftat bezieht.

Nach den Absätzen 1 bis 5 wird außerdem nicht bestraft, wer wegen Beteiligung an der Vortat strafbar ist.

Literatur: *Achenbach/Ransiek* (Hrsg.), Handbuch Wirtschaftsstrafrecht, 3. Aufl., 2011; *Altenhain,* Das Anschlußdelikt, 2002; *Ambos,* Annahme „bemakelten" Verteidigerhonorars als Geldwäsche? Einschränkungsversuche im Lichte des Völker- und ausländischen Rechts, JZ 2002, 70; *Ambos,* Internationalisierung des Strafrechts: das Beispiel „Geldwäsche" ZStW, 2002, 236; *Arzt,* Geldwäscherei – Eine neue Masche zwischen Hehlerei, Strafvereitelung und Begünstigung, NStZ 1990, 1; *ders.,* Geldwäsche und rechtsstaatlicher Verfall, JZ 1993, 913; *Arzt,* Zum Anwendungsbereich des Geldwäschetatbestandes, JR 1999, 79; *Balzer,* Die berufstypische Strafbarkeit des Verteidigers unter besonderer Beachtung des Problems der Begehung von Geldwäsche (§ 261 StGB) durch Honorarannahme, 2004; *Barton,* Sozial übliche Geschäftätigkeit und Geldwäsche (§ 261 StGB), StV 1993,156; *Barton,* Das Tatobjekt der Geldwäsche: Wann rührt ein Gegenstand aus einer der im Katalog des § 261 I Nr. 1–3 StGB bezeichneten Straftaten her?, NStZ 1993, 159; *Bermejo/Wirtz,* Strafverteidigerhonorar und Geldwäsche aus europäischer Perspektive: Gleiches Problem, gleiche Lösung?, ZIS 2007, 398; *Bernsmann,* Geldwäsche (§ 261 StGB) und Vortatkonkretisierung, StV 1998, 46; *Bernsmann,* Das Grundrecht auf Strafverteidigung und die Geldwäsche. Vorüberlegungen zu einem besonderen Rechtfertigungsgrund, StV 2000, 40; *Bernsmann,* Im Zweifel: Geldwäsche? Überlegungen zum Verhältnis von materiellem und Prozess-Recht bei der Geldwäsche (§ 261 StGB), Festschrift für Amelung 2009, S. 381; *Beulke,* Der Verteidiger im Strafverfahren, 1980; *Beulke,* Gedanken zur Diskussion über die Strafbarkeit des Verteidigers wegen Geldwäsche, Festschrift Rudolphi 2004, S. 391; *Beulke/Ruhmannseder,* die Strafbarkeit des Verteidigers, 2. Aufl., 2010; *Biallaß,* Geldwäsche durch Weitergabe eingehender Gelder, ZUM 2006, 876; *Bischofberger,* Zur Auslegung des Tatbestandsmerkmals „Herrühren" im Rahmen des Straftatbestandes § 261 StGB, 2010; *Bittmann,* Die gewerbs- oder bandenmäßige Steuerhinterziehung und die Erfindung des gegenständlichen Nichts als geldwäscherelevante Infektionsquelle, wistra 2003, 161; *Bittmann,* Zur Befreiung eines für eine juristische Person tätigen Berufsgeheimnisträgers von der Schweigepflicht, wistra 2012, 173; *Bockelmann,* Das Geldwäschegesetz – Zur Effizienz des GwG in der Praxis, 2001; *Boos/Fischer/Schulte-Mattler,* KWG Kommentar, 4. Auflage 2012; *Bottermann,* Untersuchungen zu den grundlegenden Problematiken des Geldwäschetatbestandes, 1995; *Bottke,* Teleologie und Effektivität der Normen gegen Geldwäsche, wistra 1995, 121; *Braun* (Hrsg.), Insolvenzordnung, 5. Auflage 2011; *Brüning,* Die Strafbarkeit des Insolvenzverwalters wegen Geldwäsche gem. § 261 StGB, wistra 2006, 241; *Burger,* Die Einführung der gewerbs- und bandenmäßigen Steuerhinterziehung sowie aktuelle Änderungen im Bereich der Geldwäsche, wistra 2002, 1; *Burger/Peglau,* Geldwäsche durch Entgegennahme „kontaminierten" Geldes als Verteidigerhonorar, wistra 2000, 161; *Burr,* Geldwäsche, 1995; *Bussenius,* Geldwäsche und Verteidigerhonorar, 2004; *Carl/Klos,* Verdachtsmeldepflicht und Strafaufhebung in Geldwäschefällen, wistra 1994, 161; *Cebulla,* Gegenstand der Geldwäsche, wistra 1999, 281; *Dahs/Krause/Widmaier,* Strafbarkeit des Verteidigers wegen Geldwäsche durch die Annahme des Honorars, NStZ 2004, 261; *Dierlamm,* Geldwäsche und Steuerhinterziehung als Vortat – Die Quadratur des Kreises, Festschrift für Mehle 2009, S. 177; *Dionysopoulou,* Der Tatbestand der Geldwäsche, 1998; *Fabel,* Geldwäsche und tätige Reue, 1997; *Fahl,* Grundprobleme der Geldwäsche, Jura 2004, 160; *Findeisen,* Der Präventionsgedanke im Geldwäschegesetz, wistra 1997, 119; *Fischer,* Strafgesetzbuch und Nebengesetze, 58. Aufl., 2011; *Fischer,* die Strafbarkeit von Mitarbeitern der Kreditinstitute wegen Geldwäsche, 2011; *Fischer,* Ersatzhehlerei als Beruf und rechtsstaatliche Verteidigung, NStZ 2004, 473; *Flatten,* die Strafbarkeit von Bankangestellten bei der Geldwäsche, 1996; *Franzen/Gast/Joecks* (Hrsg.), Steuerstrafrecht, 7 Aufl., 2009; *Fülbier/Aepfelbach/Langweg* (Hrsg.), GwG Kommentar, 5. Aufl., Köln 2006; *Füllbier,* Zu den Anforderungen an eine im Ausland begangene Vortat bei der strafbaren Geldwäsche gemäß StGB § 261, ZIP 1994, 700; *von Galen,* Der Verteidiger – Garant eines rechtsstaatlichen Verfahrens oder Mittel zu Inquisition? Der Beschuldigte – verteidigt oder verkauft?, StV 2000, 575; *von Galen,* Bekämpfung der Geldwäsche – Ende der Freiheit der Advokatur?, NJW 2003, 117; *von Galen,* Die reduzierte Anwendung des Geldwäschetatbestands auf die Entgegennahme von Strafverteidigerhonorar – Drahtseilakt oder Rechtssicherheit?, NJW 2004, 3304; *Gentzik,* Die Europäisierung des deutschen und englischen Geldwäschestrafrechts, 2002; *Goeckenjan,* Phishing von Zugangsdaten für Online-Bankdienste und deren Verwertung, wistra 2008,

128; *Grüner/Wasserburg*, Geldwäsche durch die Annahme des Verteidigerhonorars?, GA 2000, 430; *Hamm*, Geldwäsche durch die Annahme von Strafverteidigerhonorar?, NJW 2000, 636; *Hefendehl*, Soll und kann der Allgemeine Teil bzw. das Verfassungsrecht mißglückte Regelungen des Besonderen Teils retten? – Die „Geldwäsche" durch den Strafverteidiger -, Festschrift für Roxin 2001, S. 145; *Heghmanns*, Strafbarkeit des „Phishing" von Bankkontendaten und ihrer Verwertung, wistra 2007, 167; *Heintschel-Heinegg* (Hrsg.), Beck'scher Online-Kommentar (BOK) StGB, 2011; *Herzog*, GwG Kommentar; 2010; *Herzog/Hoch*, Anmerkung zum Verhältnis zwischen Geldwäsche und Hehlerei, StV 2008, 524; *Herzog/Mülhausen* (Hrsg), Geldwäschebekämpfung und Gewinnabschöpfung, 2006; *Hetzer*, Geldwäsche und Steuerhinterziehung, WM 1999, 1306; *Hetzer*, Wirtschaftsform Organisierte Kriminalität, wistra 1999, 126; *Hetzer*, Geldwäsche und Strafverteidigung, wistra 2000, 281; *Hild/Albrecht*, Zur verfassungsrechtlichen Problematik der Anwendung und Auslegung des § 370a AO, NJW 2005, 336; *Hilgers*, Verantwortlichkeit von Führungskräften in Unternehmen für Handlungen ihrer Mitarbeiter, 1999; *Hillmann-Stadtfeld*, Die strafrechtlichen Neuerungen nach dem Steuerverkürzungsbekämpfungsgesetz (StVBG), NStZ 2002, 242; *Hirte/Möllers*, Kölner Kommentar zum WpHG, 2007; *Hombrecher*, Geldwäsche (§ 261 StGB) durch Strafverteidiger? Eine Untersuchung zur Anwendung des § 261 StGB auf das Honorar des Strafverteidigers, 2001; *Hombrecher*, Der Tatbestand der Geldwäsche (§ 261 StGB) – Inhalt, Aufbau, Problemstellungen, JA 2005, 67; *Hoyer/Klos*, Regelungen zur Bekämpfung der Geldwäsche und ihrer Anwendung in der Praxis, 2. Aufl. 1998; *Hund*, Der Geldwäschetatbestand- missglückt oder falsch verstanden?, ZRP 1996, 163; *Hunsmann*, § 370a AO – verfassungsrechtlich bedenklich?, NStZ 2005, 72; *Jahn*, Rechtsprechung Strafrecht Geldwäsche, JA 1999, 186; *Jahn*, StrafR BT: Geldwäsche bei deliktischem Sich-Verschaffen, JuS 2010, 650; *Jahn/Ebner*, die Anschlussdelikte – Geldwäsche (§§ 261–262 StGB), JuS 2009, 597; *Joecks/Miebach* (Hrsg.), Münchner Online-Kommentar (MOK) StGB, 2003; *Jung/Luxenberger/Wahle* (Hrsg.), Festschrift für Müller 2008, S. 477; *Kargl*, Probleme des Tatbestands der Geldwäsche (§ 261 StGB), NJW 2001, 57; *Katholnigg*, Kann die Honorarannahme des Strafverteidigers als Geldwäsche strafbar sein?, NJW 2001, 2041; *Katholnigg*, Zur Strafbarkeit eines Strafverteidigers wegen Geldwäsche, JR 2002, 30; *Kindhäuser/Neumann/Paeffgen*, StGB Nomos Kommentar (NK), 3. Auflage 2010; *Knorz*, Der Unrechtsgehalt des § 261 StGB, 1996; *Kögel*, Die Strafbarkeit des „Finanzagenten" bei vorangegangenem Computerbetrug durch „Phishing", wistra 2007, 206; *Körner/Dach*, Geldwäsche, 1994; *Körner*, Rechtsprechungsübersicht zu Geldwäschedelikten in Deutschland und in der Schweiz, NStZ 1996, 64; *Körner*, BtMG Kommentar, 6. Auflage 2007; *Krack*, Zu den Anforderungen an eine Gefährdung des Auffindens und zu den Verwirklichungsstufen bei der Geldwäsche, JR 1999, 472; *Kreß*, Das neue Recht der Geldwäschebekämpfung, wistra 1998, 121; *Lackner/Kühl* (Hrsg.), StGB, 27 Aufl., 2011; *Lampe*, Der neue Tatbestand der Geldwäsche, JZ 1994, 123; *Laufhütte/Rissing-van Saan/Tiedemann*, Leipziger Kommentar (LK), Strafgesetzbuch, Band 8 §§ 242–262, 12. Auflage 2010; *Leip*, Der Straftatbestand der Geldwäsche, 2. Aufl., 1999; *Leip/Hardtke*, Der Zusammenhang von Vortat und Gegenstand der Geldwäsche unter besonderer Berücksichtigung der Vermengung von Giralgeld, wistra 1997, 281; *Leipold/Beukelmann*, Entgegennahme und Weiterleitung von Bestechungsgeld als Geldwäsche, NJW-Spezial 2009, 281; *Löwe-Krahl*, die Strafbarkeit von Bankangestellten wegen Geldwäsche nach § 261 StGB, wistra 1993, 123; *Lüderssen*, Anmerkung zu HansOLG Hamburg v. 6.1.2000 (Geldwäsche gegen Strafverteidiger), StV 2000, 205; *Lütke*, Geldwäsche bei Auslandsvortat und nachträgliche Gewährung rechtlichen Gehörs, wistra 2001, 85; *Luz/ Neus/Scharpf/Schneider/Weber* KWG Kommentar, 2. Auflage 2011; *Maiwald*, Auslegungsprobleme im Tatbestand der Geldwäsche, Festschrift für Hirsch 1999, S. 631; *Matt*, Verfassungsrechtliche Beschränkungen der Strafverfolgung von Strafverteidigern, JR 2004, 321; *Michalke*, Die „Infizierungs"-Theorie bei der Geldwäsche – ein untauglicher Versuch am untauglichen „Gegenstand", DAV 2009, 346; *Mitsch*, Strafrecht BT 2, 2. Auflage 2002; *Möhrenschlager*, Das OrgKG. Eine Übersicht nach amtlichen Materialien, wistra 1992, 281; *Müller*, „Geldwäschestrafbarkeit des Strafverteidigers – die Debatte geht weiter", FS Müller 2008, S.477; *Müssig*, Strafverteidiger als "Organ der Rechtspflege" und die Strafbarkeit wegen Geldwäsche, wistra

2005, 201; *Müther,* Verteidigerhonorar und Geldwäsche, Jura 2001, 318; *Nestler,* Der Bundesgerichtshof und die Strafbarkeit des Verteidigers wegen Geldwäsche, StV 2001, 641; *Neuheuser,* Die Strafbarkeit des Bereithaltens und Weiterleitens des durch „Phishing" erlangten Geldes, NStZ 2008, 492; *Neuheuser,* Strafbarkeit des Strafverteidigers wegen Geldwäsche durch
die Annahme von Honorar, NStZ 2001, 647; *Otto,* Geldwäsche, § 261 StGB Jura 1993, 329;
Otto, Das strafrechtliche Risiko der gesetzlichen Vertreter und Geldwäschebeauftragten der
Kreditinstitute nach dem Geldwäschegesetz, wistra 1995, 323; *Otto,* Das Strafbarkeitsrisiko
berufstypischen, geschäftsmäßigen Verhaltens, JZ 2001, 436; *Peglau,* Zur Strafbarkeit des
Strafverteidigers wegen leichtfertiger Geldwäsche, wistra 2001, 461; *Petropoulos,* der Zusammenhang von Vortat und Gegenstand in § 261 StGB, wistra 2007, 241; *Putzke,* Rechtsprechungsübersicht zu § 261 StGB und Neues zum Nachteilsbegriff bei § 266 StGB – oder: Lässt
sich Wertloses noch wertloser machen und ist die Erfüllung zivilrechtlicher Pflichten strafbar?
StV 2011, 176; *Ranft,* Verteidigerhonorar und Geldwäsche – die Entscheidung des BVerfG
vom 30.3.2004, Jura 2004, 759; *Ransiek,* Beihilfe zur Untreue als taugliche Vortat für die
Geldwäsche?, JR 2008, 480; *Reichert,* Keine Strafbarkeit wegen Geldwäsche bei Annahme
eines Verteidigerhonorars, NStZ 2000, 316; *Rengier,* Strafrecht BT 1, 13. Auflage 2011;
Rübenstahl/Stapelberg, Anwaltliche Forderungsbeitreibung in bemakeltes Vermögen – grundsätzlich keine Geldwäsche!, NJW 2010, 3692; *Saliditt,* Der Tatbestand der Geldwäsche, StraFo
1992, 121; *Saliditt,* Die Schlingen des neuen Steuerstrafrechts, StV 2002, 214; *Samson,* Geldwäsche nach Steuerhinterziehung, FS Kohlmann, 263; *Satzger/Schmitt/Widmaier,* StGB Kommentar, 2009; *Sauer,* Zur Leichtfertigkeit iSv § 261 V StGB bei der Annahme von Mandanten-
geldern durch Strafverteidiger, wistra 2004, 89; *Schaefer/Wittig,* Geldwäsche und
Strafverteidiger, NJW 2000, 1387; *Scherp,* Geldwäsche durch Strafverteidiger, NJW 2001,
3242; *Schimansky/Bunte/Lwowski* (Hrsg.), Bankrechtshandbuch, Band I, 4. Aufl., 2011; *Schittenhelm,* Alte und neue Probleme der Anschlußdelikte im Lichte der Geldwäsche, Festschrift
für Lenckner 1998, S. 519; *Schmidt,* Geldwäsche und Verteidigerhonorar JR 2001, 448;
Schönke/Schröder (Hrsg.), Strafgesetzbuch Kommentar, 28 Aufl., München 2010; *Schrader,* Die
Strafbarkeit des Verteidigers wegen Geldwäsche (§ 261 StGB) durch Annahme bemakelter
Honorarmittel, 2008; *Schramm,* Zum Verhältnis von (gewerbsmäßiger) Hehlerei (§§ 259, 260
StGB) und Geldwäsche (§261 StGB), wistra 2008, 245; *Schramm,* Untreue durch Insolvenz-
verwalter, NStZ 2000, 398; *Schröder,* Erweiterung des Vortatenkatalogs der Geldwäsche um
Marktmanipulation und Insiderhandel – Risiken für die Kreditwirtschaft und die Kapital-
märkte, WM 2011, 769; *Spatscheck/Wulf,* „Schwere Steuerhinterziehung" gemäß § 370a
AO – Zwischenbilanz zur Diskussion über eine missglückte Vorschrift, NJW 2002, 2983;
Seibert, Die Haftung der Empfängerbank im Überweisungsverkehr für unterlassene Warnhin-
weise und Geldwäsche-Verdachtsanzeigen: Risiken und Vorbeugungsmaßnahmen, WM
2008, 2006; *Spiske,* Pecunia olet?, 1997; *Stolpe,* Strategien gegen das Organisierte Verbrechen,
2004; *Stuckenberg,* Zur Strafbarkeit von „Phishing" ZStW 2006, 878; *Vahle,* Rechtliche
Grundlagen der Bekämpfung der Geldwäsche DVP 2008, 353; *Vogel,* Geldwäsche-ein europaweit harmonisierter Straftatbestand?, ZStW 109 (1997), 335; *Voß,* das Tatobjekt der Geldwäsche, 2007; *Vortmann,* Schadensersatzpflicht der kontoführenden Bank wegen pflichtwidriger Verwendung von Fremdgeldkonten, BKR 2007, 449; *Wabnitz/Janovsky* (Hrsg.),
Handbuch Wirtschafts- u. Steuerstrafrechts, 3. Aufl. 2007; *Wegner,* Das Geldwäschebekämp-
fungsgesetz – Neue Pflichten für rechtsberatende Berufe und verfahrensrechtliche Besonderheiten, NJW 2002, 2276; *Werner,* Bekämpfung der Geldwäsche in der Kreditwirtschaft, 1996;
Wessels/Hillenkamp, Strafrecht BT 2, 35. Auflage 2012; *Wohlers,* Geldwäsche des Strafverteidigers durch Annahme des Honorars?, JZ 2004, 678; *Wohlers,* Strafverteidigung vor den Schranken der Strafgerichtsbarkeit, StV 2001, 420; *Wolter* (Hrsg.), Systematischer Kommentar zum
StGB (SK), 2012; *Wulf,* Telefonüberwachung und Geldwäsche im Steuerstrafrecht – Die
Reform der schweren Steuerhinterziehung (§ 370a AO aF) durch das Gesetz zur Neuregelung
der Telekommunikationsüberwachung – Fluch oder Segen?, wistra 2008, 321; *Wybitul,* Strafbarkeitsrisiken für Compliance-Verantwortliche, BB 2009, 2590;

Übersicht

I. Einführung

1. Entstehungsgeschichte

Der Tatbestand der Geldwäsche wurde durch Art 1 Nr. 19 OrgKG vom **1** 15.7.1992 (BGBl. I, 1302) am 22.9.1992 in das StGB aufgenommen. Ziel der Einführung war die effektivere Bekämpfung der Geldwäsche durch Schließung von Strafbarkeitslücken bei Hehlerei, Strafvereitelung und Begünstigung (*Arzt* NStZ 1990, 1). Bereits nach dem Weltwirtschaftsgipfel 1989 nahm eine Adhoc-Aktionsgruppe der Financial Action Task Force on Money Laundring (FATF) die Erforschung der Geldwäscheformen auf. 1993 wurde auf Grundlage des Wiener Übereinkommens der UN von 1988 die Verpflichtung zur Schaffung eines Geldwäschetatbestandes und vom Meldepflichten für Banken von Deutschland ratifiziert. Durch die Erste Geldwäscherichtlinie 91/308/EWG von 1991 wurden die Staaten ebenfalls zum Tätigwerden verpflichtet (ABl. EG 1991 Nr L 199, 77; eingehender zu den europäischen und internationalen Hintergründen *Ambos* ZStW 2002, 236; *Ambos* JZ 2002, 70, 73; *Hoyer/Klos*, 36 ff.; *Fülbier/Aepfelbach/ Langweg*, vor § 261 StGB, Rn. 15 ff.; *Neuheuser* MOK StGB, § 261 Rn. 22 mwN). Mit der Einführung des Tatbestandes der Geldwäsche wurden insbesondere die gemeinschaftlichen Vorgaben der Ersten Geldwäscherichtlinie umgesetzt.

Die zahlreichen Änderungen in der Folgezeit führten zu einer Ausweitung des **2** Tatbestandes. Insbesondere der Vortatenkatalog wurde durch das Verbrechensbekämpfungsgesetz (BGBl. I/1994, 3188), das Grundstoffüberwachungsgesetz (BGBl. I/1994, 2835), das Gesetz zur Verbesserung der Bekämpfung der organisierten Kriminalität (BGBl. I/1998, 845) und das Steuerverkürzungsbekämpfungsgesetz (BGBl. I/2002, 3922) erheblich erweitert. Ein Bezug der Vortat zur klassischen organisierten Kriminalität ist nicht mehr notwendig, so dass auch Teilnehmer des Kapitalmarktes die Geldwäschetatbestände bei ihren Geschäften im Blick haben müssen. Die Aufnahme der §§ 129 ff StGB in den Vortatenkatalog soll beispielsweise der Austrocknung von Finanzierungsquellen des internationalen Terrorismus dienen (BT-Drs. 14/8893, 10). Zusätzliche Änderungen führten zur Ausdehnung des Anwendungsbereichs auf den Vortäter und zur Erhöhung von Mindeststrafen (zu den Einzelheiten *Neuheuser* MOK StGB, § 261 Rn. 18 ff.; *Fülbier/Aepfelbach/Langweg*, vor § 261 StGB Rn. 7 ff.). Durch Art. 1 Nr. 16 VerbrBG vom 28.10.1994 (BGBl. I 1994, 3186) wurde die Überschrift von „Geldwäsche" in „Geldwäsche, Verschleierung unrechtmäßiger erlangter Vermögenswerte" geändert, um deutlich zu machen, dass jeder Vermögensgegenstand und nicht nur Geld geldwäschetauglich ist (BT-Drs. 12/6853, 28).

Der Geldwäschetatbestand wird durch das Gesetz über das Aufspüren von **3** schweren Straftaten (Geldwäschegesetz – GwG) vom 13.8.2008 (BGBl. I 1690) wesentlich ergänzt. Dieses dient der Umsetzung der Dritten EG-Geldwäscherichtlinie (2005/60/EG des Europäischen Parlaments und des Rates vom 26. Oktober 2005 zur Verhinderung der Nutzung des Finanzsystems zum Zwecke der Geldwä-

sche und der Terrorismusfinanzierung; ABl. EU vom 25.11.2005 L 309, 15) und
der dazu ergangenen Durchsetzungsrichtlinie (ABl. EU Nr. L 214, 29).

2. Normzweck

4   Die Norm zielt darauf ab, das Einschleusen von inkriminierten Vermögensge-
genständen in den legalen Wirtschaftskreislauf zu verhindern, die aus organisierter
Kriminalität und auch anderen Straftaten stammen (BT-Drs. 12/989, S. 26; BR-
Drs. 507/92, 23; *Kühl* in Lackner/Kühl, § 216 Rn. 2).

3. Geldwäschebegriff

5   Der **Begriff der Geldwäsche** ist in § 261 StGB gesetzlich **nicht definiert,**
schwer bestimmbar (*Hoyer/Klos,* 1; ausführlich *Hetzer* wistra 1999, 126; *Dionyssopoulou,* 19 ff.; *Hassemer* KJ 1996, 65 f.) und unterliegt der **Auslegung.** In den
Gesetzesmaterialien wird die Geldwäsche mit der „Einschleusung von Vermögensgegenständen aus organisierter Kriminalität in den legalen Finanz- und Wirtschaftskreislauf zum Zweck der Tarnung" umschrieben, wodurch der „Wert
erhalten, zugleich aber dem Zugriff der Strafverfolgungsbehörden" entzogen werden soll (BT-Drs. 11/7663, 24; BT-Drs. 12/989, 26; so auch *Hoyer/Klos,* 8; *Arzt*
NStZ 1990, 1 mit der Übersetzung aus dem englischen der President's Commission on Organized Crime, The Cash Connection, 1985; zu den im Kapitalmarktrecht relevanten Geldwäscheformen *Reich,* Wabnitz/Janovsky, Kap. 5 Rn. 22 ff.).
Die Geldwäsche erfasst damit einen Vorgang, der darauf abzielt, das Vorhandensein, die Herkunft oder Bestimmung von Vermögenswerten zu verschleiern, die
aus illegalen Geschäften stammen, um sie dann als rechtmäßige Einkünfte erscheinen zu lassen (*Arzt* NStZ 1990, 1; *Körner/Dach* Rn. 6).

6   Zwar wurde der Straftatbestand zunächst zur Bekämpfung der klassischen organisierten Kriminalität geschaffen, doch aus dem stetig erweiterten Vortatenkatalog
wird erkennbar, dass die Tatgegenstände hierzu keine Verbindung mehr aufweisen
müssen (BGH NStZ 1998, 622, 623; kritisch *Löwe-Krahl,* Achenbach/Ransiek,
XIII, Rn. 4 mwN). Gemein ist den Katalogtaten eine Ausrichtung auf die Erzie-
lung eines hohen finanziellen Gewinns und dem Vorhandensein von organisierten
Über-/ Unterordnungsstrukturen (*Hoyer/Klos,* 5; *Nestler,* Herzog/Mülhausen,
§ 13 Rn. 2; *Reich,* Wabnitz/Janovsky, Kap. 5, Rn. 68).

4. Normziel

7   Die Norm zielt auf die **Beseitigung** etwaiger (durch Gewinne aus Straftaten
resultierenden) Anreize zur Entstehung bzw. Ausweitung organisierter Strukturen,
indem eine Abschöpfung inkriminierter Gewinne ermöglicht und die Straftäter
in finanzieller Hinsicht gegenüber der Umwelt **isoliert** werden (BT-Drs. 12/
989, 27; OLG Karlsruhe NJW 2005, 767, 768; *Altenhain* NK StGB,§ 261 Rn. 7;
Neuheuser MOK StGB, § 261 Rn. 3; *Beulke,* FS Rudolphi, 391, 394). Auch eine
drohende Unterwanderung der legalen Finanzzirkulation abzuwehren, ist Zweck
des Straftatbestandes (*Kühl* in Lackner/Kühl § 261 Rn. 2). Um eine **möglichst
umfassende Abschöpfung** illegal erlangter Gewinne zu erreichen, dehnt der
Tatbestand der Geldwäsche die Strafbarkeit weit aus (*Barton* StV 1993, 156), was
mit der Aufzählung der tauglichen Vortaten beginnt und sich bei den Tatobjekten
fortsetzt. Es werden auch klassische Delikte der Wirtschaftskriminalität (wie z. B.:

Anlagehandel, Anlagebetrug, Plünderung einer AG, Lastschriftkarusselle, Phishing) vom Straftatbestand umfasst.

Zudem soll es den Strafverfolgungsbehörden durch die Erhaltung einer verfolg- 8
baren **Papierspur** und einer **erhöhte Transparenz** leichter ermöglicht werden, den Kern und die Struktur der organisierten Gruppen zu erkennen, um diese zerschlagen und die Verantwortlichen sanktionieren zu können (BT-Drs. 12/989, 21; BR-Dr. 507/92, 24; *Altenhain* NK StGB, § 261 Rn. 7; *Altenhain,* 397).

Die unterschiedlichen Begehungsweisen des § 261 orientieren sich an dem 9
Normzweck und der Umsetzung. Der **Verschleierungstatbestand** des Abs. 1 S. 1 Var. 1 dient der Erhaltung der Papierspur, welche an der Schnittstelle zwischen illegalem und legalem Wirtschaftskreislauf entsteht (BT-Dr. 12/3533, 11; *Altenhain* NK StGB, § 261 Rn. 8; *Voß,* 7). Der **Vereitelungs- und Gefährdungstatbestand** des Abs. 1 S. 1 Var. 2 schützt die strafrechtliche Gewinnabschöpfung (BT-Drs. 12/3533, 11; *Altenhain* NK StGB, § 261 Rn. 9; *Voß,* 7 f.). Der **Isolierungstatbestand** des Abs. 2 soll dem Täter die Möglichkeit nehmen, die Erlöse aus den Straftaten im Rechtsverkehrs nutzen zu können; „der Täter soll auf ihnen sitzenbleiben", sodass erst gar nicht der Anreiz zur Tatbegehung entsteht (BT-Drs. 12/3533, 11; 12/989, 27; *Altenhain* NK StGB, § 261 Rn. 9; *Voß,* 8).

5. Geschütztes Rechtsgut

Es besteht **Uneinigkeit** darüber, welches Rechtsgut von § 261 StGB geschützt 10
wird (dazu *Nestler, Herzog,* § 261 StGB, 21 ff.; ausführlich zum Streitstand: *Neuheuser* MOK StGB, § 261 Rn. 6; *Winkler,* 181 ff.; *Fischer,* § 261 Rn. 3; *Doinyssopoulou,* 13 ff.; *Knorz,* 97 ff.; *Voß,* 8 ff.; *Leip,* 32; *Vogel* ZStW 1997, 335, 352).

Geschützte Rechtsgüter sind nach dem Willen des Gesetzgebers die **inner-** 11
staatliche Rechtspflege sowie das **Strafverfolgungsinteresse** (Abs. 1; BT-Drs. 12/3533, 11), die durch die Vortaten geschützten Rechtsgüter sowie die staatliche Rechtspflege (Abs. 2; BT-Drs. 12/989, 27; 12/3533, 13; OLG Karlsruhe NJW 2005, 767, 768; *Leip,* 51; kein Schutz der Strafrechtspflege *Salditt,* StraFo 1992, 122). Jedenfalls soll der **Finanzkreislauf** nicht ausschließlich vor bemakeltem Geld geschützt werden (BT-Drs. 12/989, 27; BT-Drs. 12/3533, 12; aA *Findeisen* wistra 1997, 119, 121; *Lampe* JZ 1994, 123, 125). Die Rechtsprechung des BGH orientiert sich an den Gesetzesmaterialien und stellt zudem klar, dass § 261 StGB einen **eigenständigen Unrechtsgehalt** haben soll, da die Geldwäsche auf mehreren Vortaten beruhen kann (BGH NJW 1997, 3322, 3325). Das BVerfG betont eine „Weite und Vagheit der durch die Strafvorschrift möglicherweise geschützten Rechtsgüter" (BVerfG NJW 2004, 1305, 1307). Nach einer Ansicht in der Literatur soll die Schutzfunktion auf den Einziehungs- und Verfallsanspruch des Staates beschränkt sein (*Arzt* JZ 1993, 913; *Arzt* JR 1999, 79; ablehnend *Neuheuser* MOK StGB, § 261 Rn. 10; *Altenhain* NK StGB, § 261 Rn. 12), nach anderer Ansicht sei der Schutz auf die innere Sicherheit gerichtet (*Barton* StV 1993, 156, 160).

6. Aufbau

Einer Strafbarkeit nach § 261 StGB muss eine rechtswidrige Tat i. S. d. § 11 12
Abs. 1 Ziffer 5 StGB vorausgehen und damit stellt die Geldwäsche (wie die Begünstigung [§ 257 StGB] und die Hehlerei [§ 259 StGB] ein **Anschlussdelikt** dar. Sie unterteilt sich in **drei Tatbestandsvarianten,** nämlich den Verschleie-

rungstatbestand (Abs. 1 Satz 1 Var. 1), den Vereitelungs- und Gefährdungstatbestand (Abs. 1 Satz 1 Var. 3 und 4) sowie den Isolierungstatbestand (Abs. 2) (*Altenhain* NK StGB, § 261 Rn. 15 mwN; *Stree/Hecker* in Schönke/Schröder, § 261 Rn. 3; *Ruhmannseder* BOK StGB, § 261 Rn. 5). Nach dem Willen des Gesetzgebers (BR-Drs. 507/92, 23; zustimmend *Burr*, 79 f.; *Knorz*, 138; *Löwe-Krahl* wistra 1993, 125) sind nur zwei Tatbestände anzuerkennen, nach Abs. 1 Satz 1 Var. 1 und 2 der Verschleierungs- und nach Abs. 1 Satz 1 Var. 3, 4 und Abs. 2 der Vereitelungstatbestand.

13   Die beiden ersten Tatbestandsvarianten erfassen solche Verhaltensweisen, die zumindest ein Erschweren des staatlichen Zugriffs auf einen Vermögensgegenstand oder einer hoheitlichen Maßnahme zur Zielsetzung haben. Der Isolierungstatbestand des Abs. 2 sanktioniert das bloße Verschaffen, Verwahren oder Verwenden inkriminierter Gegenstände. (*Ruhmannseder* BOK StGB, § 261 Rn. 5; *Altenhain* NK StGB, § 261 Rn. 15 ff). Abs. 4 enthält Strafzumessungsgesichtspunkte und Abs. 5 normiert eine Strafbarkeit für Leichtfertigkeit. Mit Abs. 6 wird der Anwendungsbereich des weit gefassten Abs. 2 zum Schutz des allgemeinen Rechtsverkehrs eingeschränkt. In Abs. 7 wird auf die Regelungen über die Einziehung und den Verfall verwiesen. Abs. 8 betrifft den Tatbestand bei Auslandstaten. Der Abs. 9 normiert den Strafaufhebungsgrund der Tätigen Reue sowie einen Strafausschließungsgrund für Vortäter der Geldwäsche.

II. Objektiver Tatbestand

1. Tatobjekt (Abs. 1 Satz 1)

14   Als taugliches Tatobjekt ist **jeder Gegenstand** anzusehen, der aus einer rechtswidrigen Vortat des in Abs. 1 Satz 2 abschließend geregelten Katalogs herrührt.

15   **a) Gegenstandsbegriff.** Der Gegenstandsbegriff ist **weit gefasst** und umfasst alle Rechtsobjekte, die einen Vermögenswert haben (BT-Drs. 12/989, 27; *Kühl* in Lackner/Kühl § 261 Rn. 3; *Mitsch* BT/II § 5 Rn. 16;). Damit kommen alle beweglichen und unbeweglichen Sachen, Forderungen sowie Rechte mit Vermögenswert als **taugliche Tatobjekte** in Betracht (BT-Drs. 12/989, 27; *Kühl* in Lackner/Kühl, § 261 Rn. 3; dazu, dass ein Vermögensgegenstand erforderlich ist, um eine uferlose Ausweitung der Strafbarkeit zu vermeiden *Lampe* JZ 1994, 123, 126). Damit sind insbesondere Bargeld, Buchgeld in in- und ausländischer Währung sowie Giralgeld, Forderungen, Wertpapiere, Edelmetalle, Edelsteine, Grundstücke und Rechte an solchen, Beteiligungen an Gesellschaften sowie Anteile an Gesellschaftsvermögen erfasst (BT-Drs. 12/989, 27; *Ruhmannseder* BOK StGB, §261 Rn. 8, *Kühl* in Lackner/Kühl, § 261, Rn. 3; *Leib/Hardtke* wistra 1997, 281 f.).

16   Die Beurteilung, ob ein Gegenstand einen Vermögenswert besitzt, richtet sich – unabhängig von der rechtlichen Anerkennung – nach rein **wirtschaftlichen Gesichtspunkten,** womit auch illegal erlangte Gegenstände (wie Betäubungsmittel, gefälschte Urkunden, Falschgeld, etc.) erfasst sind (*Nestler*, Herzog, § 261 StGB, Rn. 30; *Altenhain* NK StGB, § 261 Rn. 27; *Voß*, 18 f.; nach AG Regensburg NJW 2001, 2897 auch unrechtmäßig wiederaufgeladene Telefonkarten). **Untaugliche Tatobjekte** stellen hingegen nichtige Forderungen dar (*Nestler*, Herzog, § 261 StGB Rn. 30; *Stree/Hecker* in Schönke/Schröder, § 261 Rn. 4; *Burr*, 55), da es an der nach Abs. 1 Satz 1 erforderlichen Rechtsqualität fehlt (**aA**

Altenhain NK StGB, § 261 Rn. 27; *Kühl* in Lackner/Kühl, § 261 Rn. 3; *Otto*
wistra, 1995, 323, 326, da § 261 StGB über § 134 BGB zumeist bereits nach der
ersten tatbestandlichen Geldwäsche leerliefe). Auch Gegenstände, die rechtlich
weder als Sachen, noch als Rechte zu qualifizieren sind (wie Software, Know-
how oder Betriebsgeheimnisse) sind ebenfalls **nicht** vom **Gegenstandsbegriff**
der Geldwäsche umfasst (*Neuheuser* MOK StGB, § 261 Rn. 30; *Voß*, 20; **aA** i.R.e.
funktionalen Gegenstandsbegriffs *Cebulla* wistra 1999, 281, 285). Dies ist darin
begründet, dass es ihnen an der zur Erreichung des Normzwecks (Abschöpfung des
Gegenstandes) notwendigen zivilrechtlichen Übertragbarkeit fehlt (*Stree/Hecker* in
Schönke/Schröder, § 261 Rn. 4; zum Transfergeschäft im Sport vgl. *Petropulous*
wistra 2007, 243).

Sobald ein – ursprünglich tauglicher Gegenstand – seinen **Vermögenswert** **17**
verliert (Totalschaden des gestohlenen Autos) führt dies zum Verlust der Eigenschaft als Tatobjekt (*Jahn/Ebner* JuS 2009, 598; *Barton* NStZ 1993, 159, 164).

b) Die Vortat. Der Gegenstand der Geldwäsche muss aus einer der in Abs. 1 **18**
Satz 2 abschließend aufgeführten **Katalogtat** herrühren. Die Vortat muss **rechts-**
widrig und **vollendet** sein, wenn nicht bereits der Versuch oder die Vorbereitung
unter Strafe gestellt ist und § 216 Abs. 1 Satz 2 StGB auf die Strafbarkeit **verweist**
(*Jahn/Ebner* JuS 2009, 598).

Als Vortat kommen alle **Verbrechen** (§ 12 Abs. 1 StGB) und die abschließend **19**
aufgezählten **Vergehen** (§ 11 Abs. 1 Nr. 5 StGB) in Betracht. Sie muss konkreti-
siert festgestellt sein (BGH wistra 2000, 67, *Petropulous* wistra 2007, 241, 243;
Altenhain NK StGB, § 261 Rn. 49), indem sich der Nachweis aus den festgestellten
Tatsachen in groben Zügen ergibt (OLG Dresden NStZ 2005, 450 OLG Köln
StV 1999, 156,161), wobei sie nicht nach Ort oder Zeit bestimmbar sein muss
(OLG Karlsruhe NJW 2005, 767, 770). Allein die tatrichterliche Gewissheit eines
deliktischen Ursprungs des betroffenen Gegenstandes reicht hingegen nicht aus
(BGH StV 2000, 67; OLG Hamburg BeckRS 2011, 23641).

aa) Verbrechen (Ziffer 1). § 261 StGB erfasst seit seiner Einführung jedes **20**
Verbrechen als taugliche Vortat. Eine sachliche Begrenzung wird nicht vorgenommen, so dass die Straftatbestände der Geldfälschung (§ 146 StGB), Raub (§ 249
StGB), gewerbs- oder bandenmäßigen Steuerhinterziehung (§ 370 AO), Waffen-
handel (§ 51 WaffG, §§ 19 ff. KrWaffKontrG) oder die Normen §§ 29a, 30, 30a
BtMG nur beispielhaft aufgeführt sind. Mit dem Steuerverkürzungsbekämpfungsgesetz vom 19.12.2001 wurde der Verbrechenstatbestand des § 370a in die AO
eingeführt, wobei nunmehr nach der Neuregelung die gewerbs- und bandenmäßig begangene Steuerhinterziehung (sowie die nach §§ 374, 375 AO mit mindestens einem Jahr Freiheitsstrafe belegten Steuerstraftaten) als mögliche Vortat der
Geldwäsche in Betracht kommt.

bb) Korruptionsdelikte (Ziffer 2a). Nach Ziffer 2a sind die Tatbestände **21**
Bestechlichkeit (§ 332 Abs. 1 auch iVm Abs. 3 StGB) und Bestechung (§ 334
StGB) als taugliche Vortaten normiert. Dies gilt auch iVm §§ 1, 4 des Gesetz
zu dem Übereinkommen vom 17. Dezember 1997 über die Bekämpfung der
Bestechung ausländischer Amtsträger im internationalen Geschäftsverkehr (Int-
BestG).

cc) Delikte nach BtMG (Ziffer 2b). Über die Katalogtat § 29 Abs. 1 S. 1 **22**
Nr. 1 BtMG werden auch Drogengeschäfte in kleinerem Umfang als Vortaten

erfasst, die nicht unter die §§ 29a ff BtMG (Verbrechen) zu subsumieren sind (*Nestler*, Herzog, § 261 StGB Rn. 39).

23   **dd) Fiskaldelikte (Ziffer 3).** Aus dem Bereich der Fiskaldelikte können gewerbsmäßiger, gewaltsamer und bandenmäßiger Schmuggel (§ 373 AO) sowie die gewerbs- oder bandenmäßige Steuerhehlerei (§ 374 Abs. 2AO) taugliche Vortaten darstellen. Da der § 261 Abs. 1 Satz 2 Ziffer 3 StGB ausdrücklich nur Fälle der gewerbsmäßigen Steuerhehlerei erfasst, sind nur die Taten des (Haupt-)Täters maßgeblich. Ein gewerbsmäßiges Handeln eines Teilnehmers ist nicht hinreichend (BGH NJW 2008, 2516 f, der eine unterschiedliche Regelung für Teilnehmer zwischen Ziffer 4a und Ziffer 3 für fernliegend hält; **aa** *Altenhain* NK StGB, § 261 Rn. 30; *Burger* wistra 2002, 1, 7). Zu beachten ist die unter § 261 Abs. 1 Satz 3 StGB geregelte Besonderheit bei Fiskaldelikten, die zu einer Ausweitung der Strafbarkeit führt. Da Abs. 1 Satz 3 auch ausdrücklich den Gegenstand erfasst, hinsichtlich dessen Abgaben hinterzogen wurden, bleibt unklar, was aus Taten i.S.v. Ziffer 3 „im Übrigen" herrühren könnte. Dies könnten ersparte Aufwendungen und nicht abgeführte Abgaben i. S. d. § 373 AO sein (*Fischer,* § 261 Rn. 13). Hinsichtlich § 374 AO könnte ein möglicher Gewinn durch Absatz von Waren in Betracht kommen. Unklar ist indes, wie diese Gegenstände im Vermögen erkannt werden könnten oder wie sich ein Dritter nicht abgeführte Einfuhrabgaben verschaffen könnte (*Fischer,* § 261 Rn. 13).

24   Über § 12 des Gesetzes zur Durchführung einer gemeinsamen Marktorganisation („MOG"), der auf die Vorschriften der AO verweist, ist sowohl die Hinterziehung von Marktorganisationsabgaben (*Kreß* wistra 1998, 121, 123) als auch der Erhalt von Direktzahlungen i. S. d. § 1 Abs. 1a MOG einbezogen.

25   **ee) Delikte aus dem Wirtschaftsstrafrechts (Ziffer 4a).** Mit Ziffer 4a werden auch Vergehen des Wirtschaftsstrafrechts erfasst, die gewerbs- oder bandenmäßig begangen wurden, da in erster Linie das wesentliche kriminalpolitische Ziel der Norm die Bekämpfung der organisierten Kriminalität ist (BT-Drs. 13/8651, 12).

26   **ff) Verstöße gegen kapitalmarktrechtliche und steuerrechtliche Normen.** Ziffer 4b erfasst zunächst das Einschleusen von Ausländern und die Verleitung zur missbräuchlichen Asylantragsstellung in gewerbs- oder bandenmäßiger Begehungsweise, da es sich auch um typische Verstöße durch die organisierte Kriminalität handelt (*Neuheuser* MOK StGB, § 261 Rn. 38).

27   Mit Gesetz vom 21.12.2007 (BGBl. I 3189) sind in Ziffer 4b auch alle gewerbs- und bandenmäßig begangenen **Steuerhinterziehungen** nach § 370 AO aufgenommen worden (*Wulf* wistra 2008, 321, 328; *Bittmann* wistra 2012, 173, 174). Durch das Gesetz zur Verbesserung der Bekämpfung der Geldwäsche und Steuerhinterziehung (Schwarzgeldbekämpfungsgesetz) vom 28.4.2011 (BGBl I, 676) wurden zudem die Straftatbestände der **Marktmanipulation** und des **Insiderhandels** nach § 38 Abs. 1 bis 3 und 5 WpHG aufgenommen (*Schröder* WM 2011, 769). Nunmehr sind auch solche Straftatbestände taugliche Vortaten, welche im Zusammenhang mit der **Produktpiraterie** stehen (§§ 143, 143a, 144 MarkenG, § 106 bis § 108b UrhG, §§ 25, 51, 65 GeschMG, § 142 PatG, § 10 des HalblSchG und § 39 SortSchG). Alle genannten Straftatbestände stellen nur dann geeignete Katalogvortaten dar, wenn sie **gewerbsmäßig** oder von einem **Bandenmitglied** begangen werden. Mit dieser Tatbestandseinschränkung soll wiederum der Bezug zur organisierten Kriminalität gewährleistet werden (*Nestler,* Herzog/Mülhausen,

§ 17 Rn. 12). Die Tatbegehung hat „**durch**" ein Bandenmitglied und nicht „**als**" **Bandenmitglied** zu erfolgen. Aus dieser Formulierung ist der Schluss zu ziehen, dass eine Mitwirkung eines weiteren Bandenmitglieds ebenso wenig erforderlich ist, wie ein Handeln im übergeordneten Interesse der Bande (*Altenhain* NK StGB, § 261 Rn. 43; *Hoyer* SK StGB, § 261 Rn. 7; *Hombrecher,* 18). Ein Handeln für eigene Zwecke ist hinreichend. Damit soll möglichen Schutzbehauptungen eines Geldwäschetäters, der Vortäter habe auf eigene Rechnung gehandelt, entgegengetreten werden. Die Erfüllung des persönlichen Merkmals der **Gewerbsmäßigkeit** nur durch einen (Vortat-) Teilnehmer ist im Rahmen des § 261 Abs. 1 Satz 2 Ziffer 4 StGB nicht ausreichend. Nach restriktiver Auslegung ist der Anwendungsbereich auf ein gewerbsmäßiges Handeln des (Vor-)Täters selbst beschränkt (BGH NStZ 2009, 326 mit Anm. *Neuheuser;* BGH NJW 2008, 2516; *Ransiek* JR 2008, 480).

gg) Delikte nach § 89a StGB, Organisationsdelikte sowie von einem　**28** **Mitglied einer kriminellen oder terroristischen Vereinigung begangene Vergehen (Ziffer 5).** Zu den von Ziffer 5 umfassten Vergehen zählen gem. § 30b BtMG und § 129b StGB auch Vereinigungen aus dem Ausland.

hh) Besonderheiten des Abs. 1 Satz 3. Der Abs. 1 S. 3 wurde zum 1.1.2008　**29** durch das Gesetz zur Neuregelung der Telekommunikationsüberwachung und anderer verdeckter Ermittlungsmaßnahmen sowie zur Umsetzung der Richtlinie 2006/24/EG vom 21.12.2007 (BGBl. I 3198) geändert. Zunächst verwies die Vorschrift auf die gewerbsmäßige oder bandenmäßige Steuerhinterziehung nach § 370a AO. Da dieser Steuerstraftatbestand erheblichen verfassungsrechtlichen Bedenken unterlag (BGH NStZ 2005, 105 mit Anm. *Hunsmann* NStZ 2005, 72; NStZ-RR 2005, 53; *Hild/Albrecht* NJW 2005, 336; *Hillmann/Stadtfeld* NStZ 2002, 242, 244), wurde diese Norm zum 1.1.2008 aufgehoben und als Regelbeispiel für einen besonders schweren Fall der Steuerhinterziehung in § 370 Abs. 3 Satz 2 Ziffer 5 AO ausgestaltet (zu den Rechtsfolgen s. *Wulf* wistra 2008, 321, 322 ff.).

Abs. 1 Satz 3 erklärt die Ausdehnung des Abs. 1 auch auf Vermögenswerte, die　**30** durch gewerbsmäßige oder bandenmäßige Steuerhinterziehung nach § 370 AO erlangt worden sind, sowie durch Steuerhinterziehung ersparte Aufwendungen und unrechtmäßig erlangte Steuererstattungen und -vergütungen. Eine Ausweitung erfolgt auch in den Fällen des Satzes 2 Ziffer 3 auf Gegenstände, für die Abgaben hinterzogen worden sind (BT-Drs. 14/7471, 18; *Hetzer* WM 1999, 1306, 1316 f.).

Zu beachten ist, dass auch Vermögensgegenstände umfasst sind, die zwar nicht　**31** aus der Vortat herrühren, jedoch „in einem klaren Zusammenhang mit der Vortat stehen" (BT-Drs. 14/7471, 9; BGH wistra 1995, 30). Taugliche Tatobjekte können nen daher auch Gegenstände sein, die auf legalem Wege dem Vermögen zugeführt werden. Daher ist der Tatbestand unverhältnismäßig und widerspricht dem Schuldgrundsatz (*Fischer,* § 261 Rn. 8b, 8c, 16b, 16c m.w.N; ausführliche Kritik *Altenhain* NK StGB, § 261 Rn. 83; *Nestler,* Herzog/Mülhausen, § 17 Rn. 32).

aaa) Abs. 1 Satz 3 HS 1. Zwar ist die Erschleichung von **Vorsteuerer-**　**32** **stattungen** eindeutig konkretisierbar und von sonstigen Vermögensbestandteilen abtrennbar (*Wabnitz/Janovsky,* Rn. 99), aber im Fall der Steuerverkürzung ist das bemakelte Vermögen häufig mit nicht inkriminierten Vermögenswerten vermischt, sodass das gesamte Vermögen des Täters als inkriminiert bewertet werden könnte. Hingegen sind **ersparte Aufwendungen** in Form von unrechtmäßigen Steuererstattungen oder -vergütungen aus gewerbs- oder bandenmäßiger Steuerhinterziehung nur schwer festzustellen, da der Täter keine konkretisierbare Leistung erlangt hat (*Schröder/Textor* in Fülbier/Aepfelbach/Langweg, § 261 StGB Rn. 25 ff., *Wulf* wistra 2008, 321, 328; ausführlich *Voß*, 114 ff.; *Spatscheck/Wulf* NJW 2002, 2983, 2987; *Bittmann* wistra 2003, 161, 167; *Ruhmannseder* BOK StGB, § 261 Rn. 22; *Samson*, FS Kohlmann, 278). Wenn Aufwendungen erspart wurden, so sind sie nicht geleistet worden; ein „Nichts" lässt sich aber nicht verschleiern (*Fischer*, § 261 Rn. 16c). Ein, sich in dem Vermögen des Täters auswirkendes, Mehr an Steuerersparnis lässt sich nicht in dem Restvermögen bestimmen. Insoweit müssen also Tathandlungen an das Gesamtvermögen anknüpfen, indem ein den hypothetischen Aufwendungen entsprechender Geldbetrag als erlangter Gegenstand angesehen wird (*Dierlamm*, FS Mehle [2009] 177 ff.).

33   Eine weitere Schwierigkeit der ersparten Aufwendung ist, dass eine **Steuererersparnis** regelmäßig erst mit Erlass eines Steuerbescheids eintritt und damit erst in der Zukunft wirkt (*Schröder/Textor* in Fülbier/Aepfelbach/Langweg, § 261 StGB Rn. 23). So kann bspw. durch die Änderung des StVBG aus einer zuvor als Beihilfe zur Steuerhinterziehung zu qualifizierenden Anlage von Schwarzgeld durch Kreditinstitute, eine (täterschaftliche) Geldwäschehandlung werden (*Hillmann-Stadtfeld* NStZ 2002, 242, 244).

34   Gänzlich unbemakelte Vermögenswerte können hingegen auch zu tauglichen Tatobjekten werden, indem sie z. B.: zum Betreiben eines Umsatzsteuerkarussells verwendet wurden.

35   **bb) Abs. 1 Satz 3 HS 2.** Nach dem Wortlaut des Satz 3 HS 2 sind zunächst ersparte Aufwendungen nur taugliche Tatgegenstände, soweit sie aus Taten nach § 370 AO stammen (*Nestler*, Herzog, § 261 StGB Rn. 78; *Fischer*, § 261 StGB Rn. 16a ff.; *Bittmann* wistra 2003, 161, 167 bei Delikten nach §§ 979, 974 AO kommen diese Ersparnisse nicht als Tatobjekte in Frage). Durch den Verweis des Abs. 1 Satz 2 Nr. 3 wird der Anwendungsbereich auch auf Vortaten nach §§ 373, 374 Abs. 2 AO und damit auch auf die Gegenstände ausgeweitet, bzgl. derer Abgaben hinterzogen worden sind, wie gehehlte unverzollte Ware (BGH NJW 2000, 3725). Schmuggel und Steuerhehlerei betreffen Einfuhr- und Ausfuhrabgaben, wie Verbrauchersteuern, welche bei der Wareneinfuhr (Zölle, Einfuhrumsatzsteuern etc.) anfallen (*Jäger*, Franzen/Gast/Joecks, § 373 Rn. 6 f.). Ein bemakelter Vermögensbestandteil ist in diesen Fällen hingegen eindeutig konkretisierbar, da die Verbrauchersteuern den Gegenständen anhaften (*Bruchner/Fischbeck*, Schimansky/Bunte/Lwowski, § 42 Rn. 80; *Jäger*, Franzen/Gast/Joecks, § 373 Rn. 6 f.). D.h. der inkriminierte Vermögensbestandteil ist die nicht versteuerte Ware bzw. deren Verkaufserlös, nicht die ersparte Steuer (*Bruchner/Fischbeck*, Schimansky/Bunte/Lwowski, § 42 Rn. 80).

36   **ii) Auslandsvortaten, Abs. 8.** Nach Abs. 8 sind auch solche Objekte taugliche Tatgegenstände, die aus einer im Ausland begangenen Vortat herrühren, wenn diese Taten auch am Tatort mit Strafe bedroht sind und einer **Katalogtat** des § 261 Abs. 1 Satz 2 StGB **entsprechen.** Damit wird der Globalisierung der Märkte Rechnung getragen (BT-Drs. 13/8651, 12). Diese Regelung stellt klar, dass nicht jede beliebige Auslandstat als Vortat geeignet ist, auch wenn sie im Ausland formal als Verbrechen qualifiziert ist (*Lücke* wistra 2001, 85, 87). Maßgeblich ist, dass die Tat den Anforderungen des Abs. 1 genügt; ob eine Tat im Ausland strafrechtlich als Verbrechen, Qualifikation, etc. ausgestaltet ist, ist nicht von Rele-

vanz (*Stree/Hecker* in Schönke/Schröder, § 261 Rn. 8; so für die aF des Abs. 8 *Körner* NStZ 1996, 64, 65; *Otto* wistra 1995, 323, 326).

Eine Tat unterliegt dem deutschen Strafrecht, wenn Vortat und Geldwäsche **37** in Deutschland begangen wurden (§ 3 StGB), ein Deutscher die Vortat und Geldwäsche im Ausland oder ein Ausländer die Vortat im Ausland und die Geldwäsche im Inland begangen hat (*Körner/Dach*, 19 mit weiteren Konstellationen).

Die **Verjährung** der Auslandstat ist ebenfalls nicht relevant (*Stree/Hecker* in **38** Schönke/Schröder, § 261 Rn. 8; *Ruhmannseder* BOK StGB, § 261 Rn. 14).

Für Auslandstaten mit einem Bezug zum deutschen Steueraufkommen gilt **39** § 370 VII AO.

c) Das „Herrühren" aus der Vortat und Kontamination. Der Tatgegen- **40** stand muss, mit Ausnahme der Regelung des Abs. 1 Satz 3, aus einer rechtswidri- gen Katalogvortat herrühren, wobei der Begriff des **„Herrührens"** weit gefasst ist (BGH NStZ 2001, 535, 537). Eine ungeschriebene Begrenzung der Vortaten auf solche der organisierten Kriminalität enthält § 261 StGB nicht (BGHSt 50, 347, 353, **aA** *Schittenhelm*, FS Lenckner [1998], 519, 528 f.). Der Gesetzgeber hat den unbestimmten Rechtsbegriff „herrühren" bewusst gewählt, um etwaige Strafbarkeitslücken zu vermeiden, die im Fall von Vermengung, Verarbeitung, Tausch oder durch sonstige Veränderung entstehen könnten (BT-Drs. 12/989, 27). Die Grenzen waren bereits im Gesetzgebungsverfahren unklar (BGH NStZ 2009, 328). Voraussetzung ist ein **kausaler Zusammenhang** zur Vortat, wobei ausreichend ist, dass sich der Gegenstand bei wirtschaftlicher Betrachtungsweise im Sinne eines Kausalzusammenhangs auf die Vortat zurückführen lässt (BT- Drs. 12/3533, 12; BGH NJW 2009, 1617, 1618; BGH NStZ 2009, 328 f.; NStZ RR 2010, 109, 110; *Neuheuser* MOK StGB, § 261 Rn. 43; *Barton* NStZ 1993, 159, 161). Geldwäschetaugliche Objekte können auch durch Aufteilung des Ursprungsgegenstand erweitert werden (*Nestler,* Herzog, § 261 StGB Rn. 59).

Der zwischen dem Gegenstand und der Vortat notwendige Kausalzusammen- **41** hang kann von unmittelbarer oder mittelbarer Natur sein. Gegenstände, die **unmittelbar** aus der Vortat erlangt wurden, sind regelmäßig taugliche Tatob- jekte. Davon erfasst sind die „scelere quaesita", also Gegenstände, die für die Vortat (z. B. Lohn, Entgelt) oder aus der Vortat (z. B. Diebesbeute, Erlös aus dem Verkauf von Betäubungsmittel) erlangt wurden. Daneben sind auch die „producta sceleris" erfasst, also Gegenstände, die durch die Tat hervorgebracht werden, wie Lohn oder Entgelt der Vortat (*Altenhain* NK StGB, § 261 Rn. 62; *Ruhmannseder* BOK StGB, § 261 Rn. 16, *Leip/Hardtke* wistra 1997, 281 f.). Gegenstände, die lediglich zur **Vorbereitung** oder als **Tatmittel** eingesetzt wurden, z. B. die zur Begehung der Tat benutzten Werkzeuge („instrumenta sceleris") rühren nicht aus der Vortat her (*Schmidt/Krause* LK StGB, § 261 Rn. 11; *Altenhain* NK StGB, § 261 Rn. 63; *Ruhmannseder* BOK StGB, § 261 Rn. 16; *Stree/Hecker* in Schönke/ Schröder, § 261 Rn. 9; *Petropulous* wistra 2007, 241, 244; *Fahl* Jura 2004, 160, 161; *Burr,* 68; **aA** unter Erweiterung des Merkmals „herrühren" BGH NStZ 2009, 328 mit ablehnender Anmerkung *Leipold/Beukelmann* NJW-Spezial 2009, 281 f.).

Unmittelbar aus der Vortat herrührende Gegenstände bleiben immer bemakelt, **42** sind demzufolge **dauerkontaminiert** (*Altenhain* NK StGB, § 261 Rn. 65).

Nach dem Willen des Gesetzgebers sind die **mittelbar** aus der Vortat herrüh- **43** renden Gegenstände (Surrogate und Nutzungen) taugliche Tatobjekte der Geldwäsche (*Ruhmannseder* BOK StGB, § 261 Rn. 17; *Burr*, 66 ff.; *Knorz*, 117; *Petropoulos* wistra 2007, 244). Damit umfasst der Begriff des „herrührens" auch (eine Kette von) Verwertungshandlungen, bei welcher der ursprüngliche Gegenstand unter Beibehaltung seines Wertes durch einen anderen ersetzt wird (BGHSt 47, 68, 70), wobei es unbedeutend ist, ob diese **Surrogate** einen höheren oder niedrigeren Wert als der Ursprungsgegenstand haben. Surrogate sind geldwäschetauglich, wenn ein entsprechend konkreter Zusammenhang mit dem aus der Vortat stammender Gegenstand besteht und dieser nicht nur aus einem Gesamt-Wertevergleich der Vermögenslage nachweisbar ist. Damit rühren alle Gegenstände aus einer Vortat, die nach wirtschaftlicher Betrachtungsweise auch infolge mehrmaligen **Austauschens** (z. B.: im bargeldlosen Zahlungsverkehr verschobenen Vermögenswerte, *Neuheuser* MOK StGB, § 261 Rn. 45, Forderung, ggü. der Bank nach Einzahlung bemakelten Geldes, BR-Drs. 507/92, 28) oder **Umwandelns** an die Stelle des Ursprungsgegenstands treten (OLG Karlsruhe NJW 2005, 767, 769; *Altenhain* NK StGB, § 261 Rn. 67; *Ruhmannseder* BOK StGB, § 261 Rn. 17; *Voß*, 33). Verbindungen, Vermischungen und Verarbeitungen sind auch möglich (*Schmidt/Krause* LK StGB, § 261 Rn. 11).

44   Bei der Beurteilung der Tauglichkeit eines Surrogats als Tatobjekt ist ein zwischenzeitlicher Eigentums- oder Rechtserwerb unerheblich (*Körner/Dach*, 20; *Jahn/Ebner* JuS 2009, 599), wovon § 261 Abs. 6 StGB eine Ausnahme im Falle des Abs. 2 darstellt, um eine unangemessen lange Strafbarkeitskette zu vermeiden.

45   Geldwäschetauglich sind auch **Nutzungen,** die aus einem aus der Vortat herrührenden Gegenstand gezogen werden, wie z. B.: Zinsen, die auf ein kontaminiertes Bankguthaben gezahlt werden, Dividenden aus Aktien, welche aus einer Vortat herrühren (*Altenhain* NK StGB, § 261 Rn. 74; *Nestler* in Herzog/Mühlhausen, § 17 Rn. 27). Ersteht ein Drogenhändler eine Uhr mit dem Erlös aus dem Drogenverkauf oder tauscht er die Uhr gegen ein Gemälde und dieses gegen einen Computer, so sind die im Vermögen verbleibenden Gegenstände bemakelt (*Löwe-Krahl* in Achenbach/Ransiek, XIII Rn. 20). Im Unterschied zum unmittelbar Erlangten kann bei einem Surrogat keine Dauerkontamination angenommen werden. Ein Surrogat bleibt so lange bemakelt, wie der entsprechende Zusammenhang mit dem Ursprungsgegenstand besteht.

46   Die Geldwäschetauglichkeit ist **abzulehnen,** wenn der Ursprungsgegenstand im Wesentlichen auf die **Leistung** eines Dritten zurückzuführen ist, vgl. 950 BGB (BT-Dr. 12/989, 27; *Jahn/Ebner* JuS 2009, 599; so *Stree/Hecker* in Schönke/Schröder, § 261 Rn. 11; *Möhrenschläger* wistra 1992, 281, 287; *Otto* Jura 1993, 329 f.). Wird ein Unternehmen mit bemakeltem Geld gekauft, so sind die Unternehmensprodukte nicht inkriminiert, soweit die Herstellung im Wesentlichen auf der Leistung der Mitarbeiter beruht. Wird ein Los mit bemakeltem Geld gekauft, so ist das – als Surrogat erlangte – Los Tatobjekt, nicht aber ein etwaiger Losgewinn, da dieser als wirtschaftlicher Vermögenswert nicht bereits im Los verkörpert ist und damit nicht auf dem Loskauf beruht, sondern erst durch den wertbildenden Faktor Zufall entsteht (*Neuheuser* MOK StGB, § 261 Rn. 49). Eine Tatobjekttauglichkeit wird für den Fall zu verneinen sein, in dem eine Immobilie mit inkriminiertem Geld erworben und die Mietzinsansprüche an einen Dritten abgetreten wurden, der von der Herkunft des Geldes weiß, da an die Stelle des Ursprungsgegenstandes [Geld] nicht der Mietzins, sondern die Immobilie getreten ist (*Löwe-Krahl* in Achenbach/Ransiek, XIII, Rn. 21 ff.).

47   Problematisch ist die Beurteilung des Merkmals Herrühren und der entsprechenden Bemakelung, wenn eine Vermischung von unbemakelten mit bemakelten Vermögensgegenständen stattfindet, der Gegenstand also teilweise kontaminiert ist (*Stree/Hecker* in Schönke/Schröder, § 261 Rn. 10 f.; *Löwe-Krahl* in Achenbach/Ransiek, XIII Rn. 21; *Michalke* DAV-FS [2009], 346; *Müller,* FS Müller, 477; *Winkler,* 198 ff.). Auch in diesen Fällen wird auf eine wirtschaftliche Betrachtungsweise abgestellt. Solange die bemakelten und nicht bemakelten Gegenstände nur vermengt, aber trennbar sind, verbleibt es bei der ursprünglichen (Nicht-)Bemakelung der einzelnen Gegenstände. Führt die Verbindung aber zu einer untrennbaren Vermischung, stellt sich die Frage nach der Fortdauer der Bemakelung für den Gesamtgegenstand (*Neuheuser* MOK StGB, § 261 Rn. 51). Zu denken ist hier an Fälle der Vermengung von Giralgeld (z. B.: inkriminierten Bargeld auf ein Bankkonto mit nicht inkriminierten Buchgeld, *Ruhmannseder* BOK StGB, § 261, Rn. 18) oder der Mischfinanzierung durch Bargeld (z. B. Kauf von Wertpapieren mit sowohl bemakeltem als auch unbemakeltem Geld). Nach der **Lehre von der Teilkontamination** rührt der aus der Vermischung hervorgegangene Gegenstand nur in dem Verhältnis aus der Vortat her, in dem die früheren Einzelgegenstände zueinander gestanden haben (*Neuheuser* MOK StGB, § 261 Rn. 53; *Hoyer* SK StGB, § 261 Rn. 14; *Jahn/Ebner* JuS 2009, 597, 599 f.; *Ambos* JZ 2002, 70, 71; *Salditt,* StraFo 1992, 121, 124; *Burr,* 76; *Nestler* in Herzog/Mülhausen, § 17 Rn. 30). Hingegen soll nach der Lehre von der **Totalkontamination** der teilkontaminierte Gegenstand vollständig aus der Vortat herrühren (*Altenhain* NK StGB, § 261 Rn. 76; *Körner* BtMG, § 29 Rn. 1860; *Barton* NStZ 1993, 159, 163; *Leip,* 163). Nach dieser Ansicht ist der Gesamtgegenstand selbst und auch jedes an seine Stelle tretende Surrogat kontaminiert und rührt komplett aus der Vortat.

Es stellt sich sodann die Frage, wie sich die Kontamination fortsetzt, also ob **48** ein vermischter Gegenstand immer (ganz oder zum Teil) kontaminiert ist oder ob, so die h.M., der kontaminierte Teil eine bestimmten Mindestquote überschreiten muss. Es werden unterschiedliche **Signifikanzquoten** diskutiert, z. B.: Wertanteil in Höhe von 1% (*Wessels/Hillenkamp,* Rn. 901) oder von 5% (*Barton* NStZ 1993, 159, 163, wobei dieses sog. Signifikanzniveau nicht bei Luxusgegenständen gelten soll), sowie 25% (in Orientierung an § 74 Abs. 2 AO, vgl. *Leip,* 112; *Leip/Hardtke* wistra 1997, 281, 283; *Dionyssopoulou,* 108) oder mindestens 50% (*Salditt,* StraFo 1992, 121, 124) oder ein „weites überwiegen" (*Spiske,* 121). Auch sprechen sich Stimmen in der Literatur gegen jede Makelquote aus (*Altenhain* NK StGB, § 261 Rn. 77; *Neuheuser* MOK StGB, § 261 Rn. 54). Nach der Rechtsprechung liegt nur dann ein taugliches Tatobjekt vor, wenn der inkriminierte Anteil aus wirtschaftlicher Sicht „nicht völlig unerheblich ist" (OLG Karlsruhe NJW 2005, 767, 769; OLG Frankfurt NJW 2005, 1727, 1732). Es wird auch die Ansicht vertreten, dass abgrenzbare Teile des Gesamtgegenstandes selbständig ohne Kontamination erfasst werden (*Petropoulos* wistra 2007, 241 ff.). Als „Gegenstand" sind dabei Teilgegenstände zu betrachten, beispielsweise soll es bei der Vermengung von „sauberem" und „bemakeltem" Geld zu keiner Teilkontamination kommen, sondern vielmehr existieren nur „(Teil-) Gegenstände", die in der Gesamtheit bemakelt sind (*Petropoulos* wistra 2007, 241, 246).

Hinsichtlich des Fall des Abs. 1, S 2 Ziffer 3 iVm Abs. 1, Satz 3, HS 2 ist zu **49** beachten, dass der Vorteil grundsätzlich nur als Wertanteil des Gesamtvermögens entsteht. Die Strafbarkeit wird auch an das Nichtzahlen von Steuern aus legalen Einkünften geknüpft (*Nestler* in Herzog/Mühlhausen § 17 Rn. 32). Da eine Trennung zwischen der steuerlichen Ersparnis und dem Vermögen des Steuerhinterziehers vielfach nicht möglich ist, stellt die Vorschrift den Erwerb von irgendwelchen

Teilen des Gesamtvermögens eines Steuerhinterziehers unter Strafe (*Spatschek/ Wulf* NJW 2002, 2983, 2986 f.; *Bittmann* wistra 2003, 161, 165 ff.). Das bedeutet, dass hier stets das legal erworbene Vermögen auch einen geldwäschetauglichen Gegenstand bildet, unabhängig von etwaigen Erheblichkeitsschwellen oder Prozentsätzen (*Fischer,* § 261 Rn. 8a mwN). Daher ist Abs. 1 S. 3 unverhältnismäßig und widerspricht dem Schuldgrundsatz (*Fischer,* § 261 Rn. 8b).

50 Surrogate sind – anders als die unmittelbar aus der Vortat herrührenden Gegenstände – grundsätzlich nicht dauerhaft bemakelt. Surrogate bleiben bemakelt, wenn ein konkreter Zusammenhang mit dem aus der Vortat stammenden Gegenstand besteht und nicht nur aus einen Gesamt-Wertevergleich der Vermögenslage nachweisbar ist (OLG Frankfurt NJW 2005, 1727, 1732; *Stree/Hecker* in Schönke/ Schröder, § 261 Rn. 9; *Kühl* in Lackner/Kühl § 261, Rn. 12). Hingegen endet die Kontamination eines Surrogats, wenn es durch ein neues Surrogat ersetzt wird („**Dekontamination**", *Altenhain* NK StGB, § 261 Rn. 79 ff.; *Nestler,* Herzog, § 261 StGB Rn. 61; *Gentzik,* 116; *Leip/Hardtke* wistra 1997, 281, 284; *Petropoulos* wistra 2007, 241, 244 offen gelassen OLG Karlsruhe NJW 2005, 767, 769). Nach wirtschaftlicher Betrachtungsweise verschwindet der ersetzte Gegenstand aus dem Vermögen des Vortäters und nur das verbleibende Surrogat gilt als taugliches Tatobjekt (*Leip/Hardtke* wistra 1997, 281, 284; *Petropoulos* wistra 2007, 241, 244 mwN). Leistet der Täter das Surrogat an das Opfer der Vortat zu Schadenersatzzwecken (z. B.: Schadenersatzzahlungen vom Konto eines Serienbetrügers) tritt ebenfalls Dekontamination ein, es sei denn der Gegenstand stellt in Gänze das Surrogat einer anderen Vortat dar (*Altenhain* NK StGB, § 261 Rn. 81).

51 Ob die **Verjährung** der Vortat zur Entmakelung durch Zeitablauf führt, ist umstritten. Dies wird von Stimmen in der Literatur mit der Begründung abgelehnt, dass § 261 StGB ein von der Vortat und Verjährungsvorschriften unabhängiges Rechtsgut schützt (*Neuheuser* MOK StGB, § 261 Rn. 59; *Jahn* in Satzger/ Schmitt/Widmaier, § 261 Rn. 32;). Dagegen wird eingewandt, dass nach Ablauf der Verjährungsfrist nicht nur die Tat verjährt, sondern auch die Möglichkeit des Verfalls der aus der Straftat erlangten Vermögensgegenstände ausgeschlossen ist. Wenn nach Ablauf der Verjährungsfrist ein Zugriff auf die Täterlöse (Verfall) ausscheide, müsse dies auch für ihre objektive Eignung zur Geldwäsche gelten. (*Altenhain* NK StGB, § 261 Rn. 66; *Barton* NStZ 1993, 159, 164 f.; *Nestler,* Herzog, § 261 StGB Rn. 33).

52 Erlangt der Täter aus einem Geschäft, in welchem er sein geldwäschetaugliches Surrogat als Sicherheit stellt, einen Gegenstand, so ist dieser ebenfalls geldwäschetauglich (*Altenhain* NK StGB, § 261 Rn. 71). Wird mit bemakeltem Geld Schmuck gekauft, dieser zur Sicherung für ein Darlehen übereignet, das anschließend zum Kauf eines Grundstücks verwendet wird, so handelt es sich ausschließlich bei dem Grundstück um ein taugliches Tatobjekt, da sich die Verfallsanordnung nach § 73 Abs. 2 StGB lediglich auf die Immobilie bezieht (BT-Drs. 12/ 3533, 12; *Ruhmannseder* BOK StGB, § 261 Rn. 17.2; *Salditt,* StraFo 1992, 121, 123 f. mit anderer Begründung; **aA** *Leip,* 76 ff.; *Fischer,* 70 f., wonach alle Austauschobjekte in der Transformationskette aus der Vortat herrühren, da andernfalls gegen § 261 Abs. 6 StGB verstoßen werde).

53 d) Tauglicher Täter. Nach der aktuellen Gesetzesfassung ist es grundsätzlich nicht (mehr) erforderlich, dass die Vortat von einem anderen begangen wurde. Als tauglicher Täter bzw. Teilnehmer einer Geldwäsche kommen damit auch Vortäter oder andere Vortatbeteiligte in Betracht. Zur Anwendung des persönlichen Strafaufhebungsgrunds und Konkurrenzregelung des Abs. 9 **Satz 2.**

2. Tathandlungen

Es werden drei Tatbestände normiert, nämlich den **Verschleierungstatbe-** 54 **stand** (Abs. 1 Var. 1 und 2), den **Vereitelungs- und Gefährdungstatbestand** (Abs. 1 Var. 3 und 4) sowie den **Isolierungstatbestand** (Abs. 2). Da die Tatbestände offen formuliert sind, kann eine Handlung unter verschiedene Tatbestände fallen; eine klare Trennung ist dementsprechend nicht möglich (zum Meinungsstand bezüglich der einzelnen Tatbestandsalternativen des § 261 Abs. 1 Satz 1 vgl. OLG Karlsruhe NStZ 2009, 269; *Fischer*, § 261 Rn. 20 ff.; *Neuheuser* MOK StGB, § 261 Rn. 60 ff.; *Stree/Hecker* in Schönke/Schröder, § 261 Rn. 3, 13 ff.; *Hoyer* SK StGB, § 261 Rn. 15 ff.; *Jahn* in Satzger/Schmitt/Widmaier, § 261 Rn. 33 ff.; *Neuheuser* NStZ 2008, 492, 494 ff.; *Goeckenjan* wistra 2008, 128, 133 ff.; *Kögel* wistra 2007, 206). Vielmehr hat der offene Tatbestand zur Diskussion über vielzählige Einschränkungskriterien durch Rspr. und Lit. geführt (*Jahn/Ebner* JuS 2009, 507, 601). Der Isolierungstatbestand stellt einen Auffangtatbestand ggü. Abs. 1 dar (BT-Drs. 12/989, 27; BR-Dr. 507/92, 30) und kommt insbesondere dann zur Anwendung, wenn Strafverfolgungsbehörden vor Beweisschwierigkeiten stehen (*Hombrecher,* 25).

a) Verschleierungstatbestand. § 261 Abs. 1 Satz 1 Var. 1 und 2 StGB sank- 55 tionieren das Verschleiern der Herkunft und das Verbergen das aus einer rechtswidrigen Tat Erlangte. Unter **Verbergen** ist jede Tätigkeit zu verstehen, die den Zugang zum Tatobjekt durch eine unübliche örtliche Unterbringung oder einer den Gegenstand verdeckenden Handlung erschwert oder verhindert (*Jahn/Ebner* JuS 2009, 597, 600; *Neuheuser* MOK StGB, § 261 Rn. 61; *Stree/Hecker* in Schönke/Schröder, § 261 Rn. 14; *Bottke* wistra 1995, 121; *Otto* wistra 1995, 323, 326). Damit wird die Existenz des Vermögensgegenstands an sich verleugnet (*Neuheuser* MOK StGB, § 261, Rn. 62), was durch geheime Aufbewahrung (in privaten Geldschränken oder Bankschließfächern), Beiseiteschaffen oder durch Ablage von Unterlagen am falschen Ort in einer Bank oder Behörde geschehen kann (*Körner/Dach,* 21).

Das **Verschleiern** der Herkunft eines Gegenstandes umfasst alle irreführenden 56 Verhaltensweisen, die darauf abzielen, einem Tatobjekt den Anschein einer anderen (legalen) Herkunft zu verleihen oder zumindest die wahre Herkunft zu verdecken (von BGH NStZ 1995, 500 beim Umtausch von registriertem Lösegeld angenommen; *Neuheuser* MOK StGB, § 261 Rn. 62; *Löwe-Krahl* in Achenbach/ Ransiek, XIII, Rn. 31). Im Unterschied zum Verbergen wird die Existenz des Vermögens an sich preisgegeben. Diese Tathandlung kann verwirklicht werden durch Manipulation der Buchführung, Einschaltung von Scheinfirmen und Strohmännern (*Körner/Dach,* 21), Zurverfügungstellung eines Kontos zum Empfang illegaler Gelder (AG Essen ZIP 1994, 699), Abheben von Drogengeldern vom Bankkonto zur Rückführung in Bargeld an den Vortäter (LG Mönchengladbach WM 1995, 910), Einfließen lassen von „sauberem" und bemakeltem Geld in einem Unternehmen mit hohem Bargeldaufkommen (*Hund* ZRP 1996, 163, 165), sowie durch Falschbuchungen und Kontoführung unter falschen Namen (*Neuheuser* MOK StGB, § 261 Rn. 62).

Ein **Erfolg** des Verbergens und Verschleierns muss **nicht** eingetreten sein; 57 zielgerichtetes Handeln reicht aus (*Leip,* 128; *Löwe-Krahl* in Achenbach/Ransiek, XIII Rn. 31). Es ist umstritten, ob zur Tatbestandsverwirklichung eine konkrete Gefährdung eines Anspruchs notwendig ist. Da der Tatbestand keine entsprechende Einschränkung enthält, ist grundsätzlich eine abstrakte Gefährdung ausreichend (*Müther* Jura 2001, 323). Stimmen der Literatur fordern hingegen eine konkrete Gefährdung, da sonst das Erfordernis in den übrigen Tatbeständen leer laufen würde (*Stree/Hecker* in Schönke/Schröder StGB § 261 Rn. 14; *Arzt* JZ 1993, 913; *Krack* JR 1999, 474).

58   **b) Vereitelungs– und Gefährdungstatbestand nach § 261 Abs. 1 Var. 3.** Der **Vereitelungs– und Gefährdungstatbestand** erfasst die Vereitelung oder Gefährdung der Ermittlung der Herkunft eines geldwäscherelevanten Gegenstands, seines Auffindens, des Verfalls (§§ 73 StGB ff.), der Einziehung (§§ 74 StGB ff.) oder Sicherstellung (§§ 111b StPO ff.) (OLG Frankfurt NJW 2005, 1727, 1733; OLG Karlsruhe NStZ 2009, 269, 270; *Kühl* in Lackner/Kühl, § 261 Rn. 7).

59   Hinsichtlich der Tathandlung des **Vereitelns** ist der Tatbestand als ein Erfolgsdelikt ausgestaltet und hinsichtlich des Gefährdens als ein konkretes Gefährdungsdelikt (BT-Drs. 12/989, 27). Geschützt werden die Ermittlungen der Strafverfolgungsbehörden durch das Aufrechterhalten der Papierspur (*Neuheuser* MOK StGB, § 261 Rn. 63). Die bezeichneten Maßnahmen der Strafverfolgungsbehörden werden abweichend zu § 258 StGB durch den Täter nach h.M. nur dann **vereitelt,** wenn dieser sie gänzlich zum Scheitern bringt. (*Altenhain* NK StGB, § 261 Rn. 110; *Kühl* in Lackner/Kühl § 261 Rn. 7; *Spiske,* 129 f.). Nach **aA** ist bereits eine Verzögerung der Ermittlungen für einen nicht unerheblichen Zeitraum als Vereitelung anzusehen (*Körner/Dach,* 21; *Müther* Jura 2001, 318, 324; *Saditt,* StraFo 1992, 121, 125). Dies kann jedoch dahinstehen, da selbst nach h.M. bei zeitlich begrenzter Vereitelung der Ermittlungen von einer Gefährdung ausgegangen werden kann. Die Tatbestandsalternative des Gefährdens ist bei einer nicht fernliegende Möglichkeit, dass der Täter mit seinem Verhalten das Scheitern der Ermittlungen konkret herbeigeführt, erfüllt (*Löwe-Krahl* in Achenbach/Ransiek, XIII Rn. 32; *Ruhmannseder* BOK StGB, § 261 Rn. 27).

60   Die Bemühungen des Täters müssen grundsätzlich konkret geeignet sein, den Vereitelungserfolg herbei zu führen (BGH NJW 1999, 436 f.). Eine **konkrete Gefährdung** ist in Maßnahmen zur Verzögerung einer Verfallsanordnung (*Stree/Hecker* in Schönke/Schröder, § 261 Rn. 14), Verbringung von Vermögens ins Ausland, um das Auffinden zu erschweren (BGH NJW 1999, 436 f.; *Neuheuser* NStZ 2008, 495) zu sehen. Auch die Entgegennahme von Honorarzahlungen aus inkriminierten Geld durch einen Strafverteidiger könnten Sicherstellungsmaßnahmen gefährden und damit auch unter den Gefährdungstatbestand fallen (BGH NStZ 2001, 535, 538; *Neuheuser* MOK StGB, § 261 Rn. 64; krit. *Nestler* StV 2001, 641, 648, dort Fn. 77). Ebenfalls kann das Einrichten von Anderkonten durch einen Steuerberater, welche ggf. nur durch etwaige Geldwäscheverdachtsanzeigen aufgedeckt werden können, eine Maßnahme zur Erschwerung des Zugriffs auf Vermögenswerte darstellen und insoweit unter den Tatbestand fallen (LG Hildesheim BeckRS 2009, 28107.

61   Eine Gefährdung von Ermittlungen ist hingegen **abzulehnen,** wenn Phishing-Erlöse auf ein von der Bank bereits überwachtes Konto fließen (OLG Karlsruhe NStZ 2009, 270; LG Darmstadt wistra 2006, 470) oder die Maßnahmen des Täters objektiv erkennbar nur auf die Übergabe des Tatobjekts an einen verdeckten Ermittler gerichtet sind (BGH NJW 1999, 436 f.; Besprechung von *Jahn* JA 1999, 186). Eine Gefährdung oder Vereitelung ist ebenfalls zu verneinen, wenn die Identifikationsmöglichkeit bzw. Papierspur nach den Vorgaben des § 3 Abs. 2 GwG erhalten bleibt.

62   **c) Isolierungstatbestand nach § 261 Abs. 2 StGB.** Abs. 2 sanktioniert das **Erwerben, Verwahren** und **Verwenden** bemakelter Gegenstände. Diese weit gefasste Regelung zielt auf die wirtschaftliche **Isolierung** des Täters und Herbeiführung der Verkehrsunfähigkeit des inkriminierten Gegenstands (BT-Drs. 12/989, 27; *Fischer,* 86; *Leip,* 140; *Bottke* wistra 1995, 121 f.) und umfasst sämtliche Verhaltensweisen, die die Strafverfolgungstätigkeit abstrakt gefährden (*Ruhmannseder* BOK StGB, § 261 Rn. 30; *Kargl* NJW 2001, 57, 59).

aa) Abs. 2 Ziffer 1. Das Tatbestandsmerkmal des (sich oder einem Dritten) **63** „**Verschaffens**" ist dem gleichlautenden Tatbestandsmerkmals der Hehlerei nachempfunden und daher auch entsprechend auszulegen (*Leip,* 140). Das Merkmal ist erfüllt, sobald der Täter sich selbst oder einen Dritten in den Stand versetzt, eigentümerähnlich und damit nach Belieben mit dem Gegenstand zu verfahren (*Altenhain* NK StGB, § 261 Rn. 112; *Fischer,* 87). Es muss ausdrücklich festgestellt werden, dass der Täter der Geldwäsche auf die Gegenstände zugegriffen und sie verwahrt und verwendet hat. Eine allgemeine Vermutung, dass ein nicht an der Vortat beteiligter Mitbewohner einer gemeinsamen Wohnung, in dessen Zugriffsbereich die Gegenstände ohne sein Zutun gelangt sind, auf diese tatsächlich auch zugegriffen oder diese im Sinne des Tatbestandes verwahrt oder verwendet hat, gibt es nicht (BGH BeckRS 2012, 04457, mit Anm. *Knierim* FD-StrafR 2012, 329528).

Sich-Verschaffen oder einem Dritten verschaffen kann bei nahezu jeder Transaktion einer **Bank** angenommen werden, wie bei Gutschriften von Überweisungen oder Bareinzahlungen (*Nestler,* Herzog, § 261 StGB Rn. 92), wobei die bloße Kontoführung nicht tatbestandsrelevant ist, da dadurch keine Vermögenswerte verschafft werden.

Der Täter muss im **Einvernehmen** mit dem Vortäter die Verfügungsgewalt **65** über den fraglichen Gegenstand erlangt haben, wobei ein kollusives Zusammenwirken nicht erforderlich ist (BVerfG NJW 2004, 1305 f.; BGH NStZ-RR 2010, 53 f.; *Neuheuser* MOK StGB, § 261 Rn. 66; *Nestler,* Herzog, § 261 StGB Rn. 92; *Ruhmannseder* BOK StGB, § 261 Rn. 31; *Stree/Hecker* in Schönke/Schröder, § 261 Rn. 16; *Leip,* 140; **aa** *Altenhain* NK StGB, § 261 Rn. 114; *Kühl* in Lackner/Kühl, § 261 Rn. 8; *Spiske,* 133; *Jahn/Ebner* JuS 2009, 597, 600). Nicht ausreichend ist hingegen, wenn der Täter die Verfügungsgewalt über den bemakelten Gegenstand **ohne** oder **gegen** den **Willen** des Vortäters erhält; eigenmächtiges Handeln des Täters ist nicht vom Tatbestand umfasst, wie z.B.: ein Raub eines aus einer Vortat herrührenden Gegenstands (BGH NStZ-RR 2010, 53 f.), da der innere Zusammenhang zwischen dem Isolierungszweck des Abs. 2 und der Ächtung des Tatobjekts nicht gegeben ist (BGH NJW 2010, 3730).

Nicht erforderlich ist aber, dass das Einverständnis frei von **Willensmängeln 66** erzielt wurde. Daher ist es unerheblich, ob das Einvernehmen zur Übertragung der Verfügungsgewalt durch Täuschung (*Jahn* JuS 2010, 650, 652; *Putzke* StV 2011, 176, 179; *Stree/Hecker* in Schönke/Schröder, § 261 Rn. 16; **aa**: BGH NStZ 2010, 517) oder Nötigung herbeigeführt wurde (BGH NStZ 1996, 599 f. zur Nötigung des Hehlers; *Rübenstahl/Stapelberg* NJW 2010, 3692, 3694; **aa** BGH Urteil v. 4.2.2010, 1 StR 95/09; ablehnende Anmerkung NJW-Spezial 2010, 250).

Tatort einer Geldwäsche durch Sich-Verschaffen eines Gegenstands ist nur **67** der Ort, an dem der Täter gehandelt, sich also den Gegenstand verschafft hat (LG Köln BeckRS 2011, 26140, mit Anm. *Schröder* FD-StrafR 2011, 325414). Die Tatbestandshandlung erschöpft sich im „Verschaffen" und darüber hinausgehende Tatfolgen sind für die Verwirklichung des Tatbestands unerheblich, so dass eine

Gutschrift auf ein deutsches Bankkonto eines Gehilfen keinen inländischen Tatort begründet. Wurde die Katalogtat der Geldwäsche im Ausland zum Nachteil eines Deutschen begangen, kommt eine Bestimmung des zuständigen Gerichts durch den BGH in Betracht.

68   **bb) Abs. 2 Ziffer 2.** Abs. 2 Ziffer 2 stellt in Variante 1 das **Verwahren** der Gegenstände unter Strafe, also wenn das Tatobjekt in Gewahrsam genommen oder gehalten wird, um es für sich oder einen Dritten zur Verfügung zu halten (*Kühl* in Lackner/Kühl, § 261 Rn. 8; *Leip,* 143). Variante 2 setzt voraus, dass das Tatobjekt für sich oder für einen Dritten zu jedem bestimmungsgemäßen Gebrauch **verwendet** wird (BT-Drs. 12/989, 27; *Stree/Hecker* in Schönke/Schröder, § 261 Rn. 16), worunter auch sämtliche Geldgeschäfte fallen. Die Annahme von Einzahlungen oder Überweisungen stellt u.U. nicht nur ein sich (oder einem Dritten) Verschaffen dar, sondern auch ein Verwenden (*Bruchner/Fischbeck* in Schimansky/Bunte/Lwowski, Band I § 42 Rn. 92).

69   Nach h.M. ist sowohl für das Verwenden, als auch für das Verwahren ein **einvernehmliches Zusammenwirken** mit dem Vortäter notwendig (BVerfG NJW 2004, 1305 f.; BGH NStZ-RR 2010, 53 f.; *Leip,* 141 ff.; *Ruhmannseder* BOK StGB, § 261, Rn. 33; *Möhrenschlager* wistra 1992, 281, 287).

3. Tatbestandsbeschränkung

70   **a) Tatbestandsbeschränkung nach Abs. 6.** Der Abs. 6 ist nicht als Strafausschließungsgrund konzipiert, sondern stellt lediglich eine **Einschränkung des Tatbestands** des Abs. 2 dar (*Altenhain* NK StGB, § 261 Rn. 85; *Ruhmannseder* BOK StGB, § 261 Rn. 35; *Neuheuser* MOK StGB, § 261 Rn. 41; *Körner/Dach,* 20; *Spiske,* 156 ff.; BT-Drs. 12/3533, 13; **aA** *Hombrecher* JA 2006, 67, 69; *Leip,* 99 f.). Danach wird eine Kette der strafbaren Verwertungshandlungen unterbrochen, sobald ein Zwischenerwerber den inkriminierten Gegenstand erlangt hat, ohne eine Straftat zu begehen (strafloser **Zwischenerwerb**). Diese Einschränkung dient dem Schutz des allgemeinen Rechtsverkehrs, da durch einen häufigen Austausch von inkriminierten Gegenständen die Möglichkeit unüberschaubarer Anschlusstaten eröffnet werden würde (BT-Drs. 12/989, 28). Eine Blockade des Wirtschaftsverkehrs soll vermieden werden (*Fischer,* § 261 Rn. 27).

71   Als **„Straftat"** kommt hier nur eine Tat i.S des § 261 StGB in Betracht (*Stree/ Hecker* in Schönke/Schröder, § 261 Rn. 14; *Hoyer* SK StGB, § 261 Rn. 25; *Neuheuser* MOK StGB, § 261 Rn. 68; *Maiwald,* FS Hirsch, 631, 645 f.; *Spiske,* 159; *Hoyer/Klos,* 296; **aA** *Jahn* in Satzger/Schmitt/Widmaier, § 261 Rn. 46; *Mitsch* BT II/2 Rn. 35), was aus der der Tatbestandseinschränkung (Verhinderung unangemessen langer Geldwäscheketten) folgt. Wird der Gegenstand durch eine andere Straftat erlangt, so hat dies keinen Einfluss auf die Anwendbarkeit (*Nestler,* Herzog, § 261 StGB Rn. 112). Abzustellen ist auf das Rechtsverhältnis zwischen dem Vortäter und dem Dritten, da dort die unmittelbare Vermögensverschiebung erfolgt. Die zivilrechtliche Wirksamkeit des Geschäfts zwischen dem Vortäter und dem Dritten oder ein späterer bösgläubiger Erwerb sind nicht von Bedeutung (BGHSt 47, 68, 79; OLG Karlsruhe NJW 2005, 767, 769; *Hombrecher,* 26; *Möhrenschlager* wistra 1992, 281, 287). Die Regelung ist insbesondere bei Geldgeschäften gutgläubiger Erwerber (§ 935 Abs. 2 BGB) von Bedeutung.

72   Da sich diese Einschränkung ausdrücklich nur auf die Tathandlungen des Abs. 2 bezieht, bleibt hiervon eine etwaige Strafbarkeit nach Abs. 1 unberührt. Dies führt zu Spannungen, da Abs. 2 gegenüber dem Abs. 1 keine Sperrwirkung entfaltet, wenn beide gleichzeitig erfüllt sind (BGH NJW 2001, 2891, 2894). So kann auch bei einem **gutgläubigen Zwischenerwerb** eine Strafbarkeit nach Abs. 1 durch einen Bösgläubigen möglich sein (BGHSt 47, 68, 80; OLG Karlsruhe NJW 2005, 767, 768 f.; *Walter* LK StGB § 261 Rn. 15; *Schmidt/Krause* LK StGB, § 261 Rn. 24). Denn bei der Verwendung von Gegenständen, die ein Bösgläubiger von einem Gutgläubigen erlangt hat, wird vermutlich auch der (bedingte) Vorsatz darauf gerichtet sein, jedenfalls auch die Ermittlung der Herkunft zu gefährden, wobei auch der Versuch genügt (*Maiwald*, FS Hirsch 631, 642). In der Literatur werden daher zahlreiche Lösungen des Spannungsverhältnisses vorgeschlagen (s. ausführlich *Gläser*, S. 77 ff.), die darauf zielen, dass Gegenstände, die einmal gutgläubig erworben wurden, nicht mehr geldwäschetauglich seien (*Kühl* in Lackner/Kühl, § 261 Rn. 5; *Rengier* BT/I, § 23 Rn. 17; *Wessels/Hillenkamp*, Rn. 901; *Maiwald*, FS Hirsch, 631, 642 ff). Diese Auffassung widerspricht dem eindeutigen Wortlaut des Abs. 6 und dem gesetzgeberischen Ziel (BT-Drs. 12/989, 28), so dass sie nicht überzeugen kann. Ansonsten könnte auch ein Täter das aus einer Vortat stammende Bargeld bei einer gutgläubigen Bank einzahlen („parken") und anschließend die Forderung gegen die Bank an einen bösgläubigen Dritten **abtreten** oder einen Geldbetrag an diesen **überweisen.** Die Bank würde nämlich über den gutgläubigen Bankangestellten das Geld straflos empfangen. Gerade diese Fälle der sollen durch die Norm sanktioniert und die Möglichkeit einer „legalen Geldwäsche" soll ausgeschlossen werden, so dass der Gelderwerb des bösgläubigen Geldempfängers nicht durch den gutgläubigen Zwischenerwerb straffrei sein kann. Damit ist bei der Einbindung von Banken in derartige Geldgeschäfte, diese lediglich als Zahlstelle anzusehen (OLG Karlsruhe NJW 2005, 767, 769, OLG Hamm NJW 2000, 636, 638). Die Kontamination des Geldes aus der Vortat setzt sich an dem Surrogat (Auszahlungsanspruch gegen das Bankinstitut) fort. (*Kühl* in Lackner/Kühl, § 261 Rn. 6; *Hombrecher,* 27 ff.; *Hombrecher* JA 2005, 67, 69 f.; *Nestler,* Herzog, § 261 StGB Rn. 113; *Ranft* Jura 2004, 759 Fn. 3; **aA** *Bernsmann* StV 2000, 40, 43; OLG Hamm NJW 2000, 636, 638).

Durch ihre Beschränkung auf Abs. 2 hat die Tatbestandseinschränkung des **73** Abs. 6 nur einen geringen Einfluss auf die generelle Strafbarkeit nach § 261 StGB, da das Verhalten nach Abs. 2 i.d.R. bereits vom Vereitelungstatbestand erfasst sein wird (nach BGH NJW 2001, 2891, 2894 f. gefährdet das sich Verschaffen üblicherweise das Auffinden des Tatobjekts; *Nestler,* Herzog, § 261 StGB Rn. 114).

b) Teleologische Auslegung des Tatbestandes. In der Literatur werden **74** weitere, über die ausdrückliche Regelung in Abs. 6 hinausgehende, Einschränkungen des Isolierungstatbestandes durch eine teleologische Auslegung diskutiert. Dem Ansatz, den Tatbestand hinsichtlich **„sozialüblichen Verhaltensweisen"** einzuschränken, steht entgegen, dass es gerade eine Eigenheit des Geldwaschens ist, dass der deliktische Charakter aus den Tathandlungen nicht erkennbar wird. Eine unauffällige Alltagshandlung (z. B.: Einzahlung von inkriminiertem Bargeld auf ein Konto oder Wechsel von großen inkriminierten Bargeldscheinen in kleine Scheine) stellt gerade eine ideale Geldwäschehandlung dar und der entsprechend weite Tatbestand zielt auf die Sanktionierung dieser „unauffälligen" Verhaltensweisen als typische Geldwäsche- und Verschleierungshandlungen ab. Daneben existiert der Ansatz, **Geschäfte zur Befriedigung des täglichen Lebensbedarfs** im Wege der teleologischen Reduktion vom Tatbestand auszunehmen (*Altenhain* NK StGB, § 261 Rn. 13; *Barton* StV 1993, 156, 159 ff.; *Löwe-Krahl*

wistra 1993, 123, 125 f.) oder eine Bagatellgrenze einzuführen, wonach Geldwä-
sche erst ab einem Mindestbetrag strafbar wäre (*Barton* StV 1993, 156, 161; *Hund*
ZRP 1996, 163, 166, der sich für eine Grenze von 1.000 EUR bis 10.000 EUR
ausspricht). Diese Einschränkungen widersprechen dem Wortlaut und dem
Normzweck und damit dem Willen des Gesetzgebers, so dass sie abzulehnen sind
(*Altenhain* NK StGB, § 261 Rn. 120 ff.; *Neuheuser* MOK StGB, § 261 Rn. 71 f.;
Bottke wistra 1995, 121, 122; *Fahl* Jura 2004, 161, 162; *Hombrecher* JA 2005, 67,
71; *Winkler*, 176). Durch eine Herausnahme einzelner Fallgruppen würde ein
Einfallstor zum „legalen Geldwaschen" geschaffen, das vermutlich intensiv ausge-
nutzt werden würde (*Neuheuser* MOK StGB, § 261 Rn. 72).

75   Zudem wird in der Literatur der Ansatz verfolgt, dass **berufstypische** neutrale
Handlungen unabhängig von der Herkunft des Geldes aus der Strafbarkeit des
§ 261 herauszunehmen wären (z. B.: im Rahmen einer Rechts- oder Finanzbera-
tung; *Barton* StV 1993, 156, 162 f.; *Vogel* ZStW 109 (1997), 335, 355 f.; vgl.
auch *Flatten*, 118). Eine Privilegierung von Angehörigen ist in § 261 StGB nicht
vorgesehen und eine analoge Anwendung des § 258 Abs. 6 StGB widerspricht
dem Gesetzeszweck des § 261 StGB (*Neuheuser* MOK StGB, § 261 Rn. 77; *Stree/
Hecker* in Schönke/Schröder, § 261 Rn. 15). Angehörige können sich somit insbesondere i.R.e. einer Verfallsvereitelung strafbar machen (*Ruhmannseder* BOK
StGB, § 261 Rn. 29). Der Gesetzgeber hat eine eindeutige Regelungen mit § 261
Abs. 2, 5 getroffen (*Otto* JZ 2001, 436, 439), so dass auch eine solche Einschränkung dem Willen des Gesetzgebers widerspricht.

76   **c) Kein Strafverteidigerprivileg.** Mit der ersten Entscheidung des BVerfG
im Jahre 2004 (BVerfGE 110, 226) ist die langjährige Diskussion über ein **Strafverteidigerprivileg** (*Bernsmann* StV 2000, 40; *von Galen* StV 2000, 575; *Hamm*
NJW 2000, 636; *Kargl* NJW 2001, 57, 62; *Lüderssen* StV 2000, 205; *Müther* Jura
2001, 318; *Wohlers* StV 2001, 420, 426; *Hoyer* SK StGB, Rn. 21; *Burger/Peglau*
wistra 2000, 161; *Grüner/Wasserburg* GA 2000, 430, 447; *Hetzer* wistra 2000, 281;
Katholnigg NJW 2001, 2041, 2043 ff.; *Otto* JZ 2001, 436, 440; *Reichert* NStZ
2000, 316, 317; *Schaefer/Wittig* NJW 2000, 1387; *Schmidt* JR 2001, 448, 451;
Hefendehl, FS Roxin, 2001, S. 153; *Rengier* BT/1, § 23 Rn. 17) zunächst beendet
worden. Die Befürworter begründeten die Notwendigkeit des Privilegs damit,
dass **(a)** das **interne Vertrauensverhältnis** zwischen Mandant und Verteidiger
leide, da ein Wahlverteidiger an keinem umfassenden Informationsaustausch mit
seinem Mandanten interessiert sei, um nicht von einer etwaigen bemakelten Herkunft seines **Honorars** zu erfahren, zudem **(b)** der Mandant als **späterer Zeuge**
in einem Ermittlungsverfahren wegen Geldwäsche gegen den Verteidiger in
Betracht käme und **(c)** bei einem entsprechenden Anfangsverdacht Ermittlungen
und ggf. Zwangsmaßnahmen durch die Strafverfolgungsbehörden in Gang gesetzt
werden, die wiederum zu Beeinträchtigungen des Verteidigungsverhältnisses führen könnten (z. B.: Hausdurchsuchung, Telekommunikationsüberwachung). **(d)**
Zudem hätte eine Sanktionierung von Strafverteidigern nicht gewollte **Auswirkungen** auf die Verteidigung im Strafprozess, da von der Beiordnung als Pflichtverteidiger auf eine Tatbeteiligung des Mandanten an einer der Katalogvortaten
geschlossen werden könne. Über die Art und Weise der dogmatischen Begründung der Ablehnung einer Strafbarkeit bestand Uneinigkeit. Nach Entscheidung
des **OLG Hamburg** (NStZ 2000, 311, zustimmend *Nestler* StV 2001, 641, 648)
müsse eine **verfassungskonforme Auslegung** des Abs. 2 Ziffer 1 dazu führen,
dass die Entgegennahme bemakelter Mittel als Strafverteidigerhonorar den objek-

tiven Tatbestand grundsätzlich nicht erfülle. Andere Stimmen befürworten eine **teleologische Reduktion** des Tatbestandes (*Barton* StV 1993, 156, 159; *Salditt,* StraFo 1992, 121, 132 und *Wohlers* StV 2001, 420, 425 f) oder die Anerkennung eines **Rechtfertigungsgrundes** (*Ambos* JZ 2002, 70, 80; *Bernsmann* StV 2000, 40, 43 f.). Nach der Rechtsprechung des **BGH** (NStZ 2001, 535) soll hingegen der Tatbestand des Abs. 2 Ziffer 1 uneingeschränkt auch auf die Honorarannahme eines Strafverteidigers anzuwenden sein. Nach dem Wortlaut wären weder Strafverteidiger als Täter noch die Annahme von Strafverteidigerhonorare als Tathandlung ausgenommen und der Gesetzeszweck (weitreichende Isolierung des Vortäters) lasse auch **keine Ausnahmeregelung** für Strafverteidiger zu. Weder werde die Berufsausübungsfreiheit des Strafverteidigers berührt noch entspräche es dem Berufsbild eines Strafverteidigers als Organ der Rechtspflege, Honorare anzunehmen, die aus inkriminierten Geldern stammen. Der Verteidiger könne sich in diesen Fällen auch als Pflichtverteidiger beiordnen lassen. Zwar könne das Verteidigungsverhältnis gestört werden, wenn gegen den Verteidiger – während des gegen seinen Mandanten geführten Verfahrens – wegen des Verdachts der Geldwäsche ermittelt wird und gegen ihn strafprozessuale Maßnahmen verhängt werden. Derartige Maßnahmen seien aber – so der BGH – auch einem Verteidiger zuzumuten, der letztlich fälschlicherweise verdächtigt wird (zustimmend *Neuheuser* MOK StGB, § 261 Rn. 75; *Burger* wistra 2002, 1, 6; *Katholnigg* NJW 2001, 2041; *Katholnigg* JR 2002, 30; *Neuheuser* NStZ 2001, 647; *Peglau* wistra 2001, 461; *Schäfer/Wittig* NJW 2000, 1387; *Scherp* NJW 2001, 3242).

Zwar ist das **BVerfG** der Rechtsansicht des BGH in allen wesentlichen Punk- **77** ten entgegen getreten, aber es hat dennoch ein Strafverteidigerprivileg dahingehend verneint, dass eine Honorierung von Strafverteidigern bereits nicht unter den objektiven Tatbestand des Abs. 2 Ziffer 1 zu fassen sei (Anm. *Dahs/Krause/ Widmaier* NStZ 2004, 261). Es müsse jedoch berücksichtigt werden, dass ein überdurchschnittlich hohes Strafbarkeitsrisiko geschaffen werde, was das Recht der Strafverteidiger einschränke, die berufliche Leistung angemessen wirtschaftlich zu verwerten. Die Strafandrohung, sowie damit verbundene (mögliche) staatsanwaltschaftliche Ermittlungen können zudem geeignet sein, das Vertrauensverhältnis zwischen Mandant und Verteidiger zu gefährden. Die Regelung des Abs. 2 Ziffer 1 stelle insoweit einen schwerwiegenden Eingriff in das Grundrecht auf freie Berufsausübung dar. Insbesondere könne es Strafverteidigern nicht zugemutet werden, dem Strafbarkeitsrisiko durch eine Niederlegung des Wahlmandats und Pflichtverteidigerbestellung entgegenzuwirken. Nach einer verfassungsrechtlich gebotenen Interessenabwägung wäre sowohl eine uneingeschränkte Einordnung von Verteidigern in den Kreis der tauglichen Täter, als auch eine völlige Freistellung von einer Strafandrohung unverhältnismäßig. Daher sei die Strafbarkeit auf Fälle zu beschränken, in denen der Verteidiger im Zeitpunkt der Entgegennahme des Honorars sichere Kenntnis von dessen bemakelten Herkunft habe. Ein Verteidiger sei hingegen zu **Nachforschungen** über die Quelle seines Honorars **nicht verpflichtet** (BVerfG NJW 2004, 1305, 1311; LG Berlin NJW 2003, 2694 f.; LG Gießen NJW 2004, 1966; **aA** *Sauer* wistra 2004, 89, 93 f.; *Schmidt* JR 2001 448, 451). Anhaltspunkte für eine Kenntnis der Herkunft des Verteidigerhonorares könnten in einer außergewöhnlichen Höhe des Honorar(-Vorschusses) oder der Art und Weise der Erfüllung herangezogen werden (BVerG NJW 2004, 1305, 1312; *Löwe-Krahl* in Achenbach/Ransiek, XIII, Rn. 44; *Ruhmannseder* BOK StGB, § 261 Rn. 45). Die Übernahme des Wahlmandats wegen einer Katalogtat begründe grundsätzlich keinen Anfangsverdacht. Auch die Verwirklichung des objektiven Tatbestands habe nur geringe Bedeutung, da Abs. 2 Ziffer 1 ein sozial unauffälliges Verhalten pönalisiere (zustimmend *Altenhain* NK StGB, § 261 Rn. 15; *Bermejo/Wirtz* ZIS 2007, 398; 403 ff.; *Matt* JR 2004, 321, 325 f.; *Wessels/Hillenkamp,* Rn. 902; krit. *Altenhain* NK StGB, § 261 Rn. 128; *Fischer* NStZ 2004, 473; *von Galen* NJW 2004, 3304; *Müssig* wistra 2005, 201; *Ranft* Jura 2004, 759, 764; *Wohlers* JZ 2004, 678). In einer Folgeentscheidung (BVerfG NStZ 2005, 443, Durchsuchung einer Rechtsanwaltskanzlei bei Geldwäscheverdacht) hat das BVerfG diese Rechtsauffassung bestätigt.

78   Eine Übertragungsfähigkeit der für Strafverteidiger entwickelten Restriktion auf andere Rechtsberater, wie Steuerberater, Zivilanwälte, etc. wird uneinheitlich beurteilt (ablehnend *Nestler,* Herzog, § 261 StGB Rn. 106, da die Entscheidung des BVerfG gerade auf den speziellen Anforderungen an die Strafverteidigung beruht; zustimmend für Insolvenzverwalter *Brüning* wistra 2006, 241, 242).

79   Nach § 44c Abs. 1 KWG haben Unternehmen, die des Betreibens von verbotenen Geschäfte i. S. d. § 3 KWG verdächtig sind, auf Verlangen der Bundesanstalt für Finanzdienstleistungsaufsicht (BaFin) Auskünfte über alle Geschäftsangelegenheiten zu erteilen und Unterlagen vorzulegen. Die Auskunftspflicht beschränkt sich nach dem Willen des Gesetzgebers nicht auf banktypische Unternehmen, sondern die **Auskunfts- und Vorlagepflicht** wurde durch Art. 6 des Vierten Finanzmarktförderungsgesetzes vom 21.6.2002 (BGBl I, 2010 [2058]) auf Drittunternehmen erweitert. Damit kann die Auskunftspflicht auch Rechtsanwälte treffen, über deren Anderkonten Transaktionen abgewickelt wurden, welche die kontoführende Bank zu einer Geldwäscheverdachtsanzeige veranlasste. Die Auskunfts- und Vorlagepflicht gilt ausnahmslos, § 44c Abs. 1 Satz 1 KWG und trifft auch die Rechtsanwälte, was aus der Regelung des § 2 VI Nr. 10 KWG geschlossen wird (*Schäfer* in Boos/Fischer/Schulte-Mattler, § 2 Rn. 62 ff.; *Weber* in Luz/Neus/Scharpf/Schneider/Weber, § 2 Rn. 26). Das Recht und die Verpflichtung zur anwaltlichen Verschwiegenheit werden durch die Pflicht zur Auskunftserteilung gemäß § 44c Abs. 1 Satz 1 KWG eingeschränkt, so dass eine Auskunftspflicht auch einen Rechtsanwalt nach einer Geldwäscheverdachtsanzeige treffen kann (BVerwG NJW 2012, 1241).

80   **d) Insolvenzverwalter.** Eine Strafbarkeit eines Insolvenzverwalters wegen Geldwäsche durch **Übernahme** von inkriminierten Gegenständen der Insolvenzmasse muss ausgeschlossen sein (*Altenhain* NK StGB, § 261 Rn. 130a), insbesondere sollte eine Inbesitznahme nicht als strafrechtlich relevantes Verwahren und Verwenden i. S. d. § 261 Abs. 2 StGB bewertet werden können. Die Begründungen sind uneinheitlich. Der Verwalter erlange zum einen lediglich Fremdbesitz an den Gegenständen und die Übergabe erfolge durch den Beschluss zur Eröffnung des Insolvenzverfahrens und nicht durch eine eigene Handlung (*Dithmar,* Braun InsO, § 148 Rn. 5 ff.). Zudem diene das Anlegen von Verzeichnissen über die Insolvenzmasse und der Erfassung des Vermögens vielmehr der Erhaltung einer Papierspur, als sie nach Abs. 1 zu verdunkeln (*Brüning* wistra 2006, 242, 244). Außerdem wird der Insolvenzverwalter nach § 148 Abs. 1 InsO verpflichtet, die Gegenstände in Besitz zu nehmen, auch wenn sie bemakelt sind. Er kann sie weder dem Schuldner, einem Berechtigten oder den Strafverfolgungsbehörden übergeben (*Altenhain* NK StGB, § 261 Rn. 130a), da er gegenüber dem Insolvenzschuldner und den Gläubigern vermögensbetreuungspflichtig i. S. d. § 266 StGB ist (*Schramm* NStZ 2000, 398). Zudem würde er sich gemäß § 60 InsO schadensersatzpflichtig machen, wenn er das Vermögen nicht verwahren oder verwenden würde. Folglich könnte sich ein Insolvenzverwalter in keinem Fall straffrei verhalten. Die Lösung des Konfliktes kann nicht in der Begrenzung des subjektiven Tatbestandes liegen, wie es vom BVerfG für Strafverteidiger entwickelt wurde, da dieses Urteil ausdrücklich nur für Verteidiger greift (BVerfG NJW 2004, 1305, 1311). Eine Ansicht fordert eine teleologische Reduktion des § 261 Abs. 2 StGB zugunsten des Insolvenzverwalters, da die Aussicht, einen etwaigen Erlös ausschließlich in einem Insolvenzverfahren verwerten zu können, keinen Tatanreiz schaffen würde (*Brüning* wistra 2006, 241, 243).

e) Einzelfälle der Geldwäsche. aa) Verdeckte Treuhandschaft. Bei der 81 verdeckten Treuhandschaft vertraut der Täter das bemakelte Vermögen einer nicht an der Tat beteiligte Person an, die dann vorgibt Eigentümer des Vermögenswertes zu sein, obwohl sie lediglich das Vermögen verwaltet (*Reich*, Wabnitz/Janovsky, Kap. 5, Rn. 22). Die Treuhand wird häufig für die Geldwäsche instrumentalisiert (*Reich*, Herzog/Mülhausen, § 41 Rn. 89;).

Richtet ein Steuerberater Treuhandkonten ein und empfängt er auf diesen 82 Konten Gelder aus dem Ausland, die aus Straftaten herrühren, kann der objektive Tatbestand der Geldwäsche verwirklicht worden sein (LG Hildesheim, BeckRS 2009, 28107).

bb) Back-to-Back-Loan. Unter Back-to-back-loan ist grundsätzlich eine 83 wechselseitige Kreditvergabe zwischen zwei Parteien in verschiedenen Währungen oder Ländern zu verstehen. Diese Form der Kreditvergabe kann den Tatbestand der Geldwäsche erfüllen, indem der Täter (regelmäßig ein Strohmann) einen Bargeldbetrag in Höhe der Kreditsumme bei einer Bank als Sicherheit für eine Investition oder Finanzierung eines anderen Unternehmens des gleichen Konzerns durch die gleiche Bank oder eine Tochterbank hinterlegt. Bei einer Kreditgewährung kann der Täter in Deutschland über scheinbar „sauberes" Geld verfügen (*Vogt*, Herzog/Mülhausen, § 2 Rn. 16; *Reich*, Wabnitz/Janovsky, Kap. 5, Rn. 28). Auf diesem Wege könnten – auch – Kapitalmarktrestriktionen umgangen werden. Wirtschaftlich betrachtet leiht sich der Täter sein eigenes Geld von dem Kreditinstitut (*Stolpe*, 123 f.).

cc) Underground-Banking. Um Dienstleistungen im nationalen und inter- 84 nationalen Geldtransfern anbieten zu dürfen, bedarf es gem. §§ 1 Abs. 1a Nr. 6, Abs. 1 S. 2 Nr. 9 KWG der entsprechenden Genehmigung. Diese Genehmigungsbedürftigkeit zielt gerade auf eine Verhinderung von Missbrauch des Finanzsystems für illegale Zwecke, wie insbesondere die Geldwäsche (Monatsbericht der BaFin, 10.2004, 77).

Das Underground-Banking (auch „Parallel-" oder „Hawala-Banking" genannt) 85 ist ein weltweit funktionierendes informelles Überweisungssystem über ein entsprechendes Netzwerk im Zahlungsverkehrsbereich, das ohne jegliche Erlaubnis agiert und keinen zugelassenen Finanztransferdienstleister einbindet. Die Übermittlung des Geldwertes von dem Geldgeber und dem Geldnehmer übernimmt ein Händler ggf. unter Einbindung einer weiteren Kontaktperson im Land des Geldnehmers, indem der Zahlungsausgleich zwischen den Transferdienstleistern entweder rein rechnerisch, durch Warenlieferungen und Dienstleistungen oder durch Übermittlung von Geld erfolgt (*Vogt*, Herzog/Mülhausen, § 2 Rn. 16). So kann ein unkontrollierter Geldtransfer vorgenommen und Bargeld in den legalen Wirtschaftskreislauf eingebracht werden, ohne das eine Papierspur entsteht (Monatsbericht der BaFin, 10.2004, 79).

4. Geldwäsche durch Unterlassen

86   Geldwäsche kann grundsätzlich auch durch Unterlassen begangen werden, wenn der Unterlassenstäter eine entsprechende Garantenpflicht zur Verhinderung des Einleitens inkriminierter Gegenstände in den legalen Verkehr hat (*Schröder/ Textor* in Fülbier/Aepfelbach/Langweg, § 261 StGB Rn. 57). Eine solche trifft nach h.M. die zuständigen Angehörigen der Strafverfolgungsbehörden sowie der Steuer- und Zollfahndung (*Neuheuser* MOK StGB, § 261 Rn. 86; *Schröder/Textor* in Fülbier/Aepfelbach/Langweg, § 261 Rn. 58; *Leip*, 138; *Körner/Dach* Rn. 59; *Werner*, 232).

87   Umstritten ist, ob die Verpflichtung zur Schaffung interner Sicherungsmaßnahmen nach § 9 GwG und die **Anzeigepflicht des § 11 GwG** eine Garantenstellung für die Verpflichteten nach § 2 GwG zu begründen können (bejahend: *Neuheuser* MOK StGB, § 261 Rn. 87; *Burr*, 86 ff.; *Hombrecher* JA 2005, 67, 71; *Körner/ Dach* Rn. 59; *Werner*, 237 ff.; verneinend: *Altenhain* NK StGB, § 261 Rn. 93; *Stree/Hecker* in Schönke/Schröder § 261 Rn. 2; *Jahn* in Satzger/Schmitt/Widmaier, § 261 Rn. 75; *Nestler* in Herzog/Mülhausen, § 17 Rn. 50; *Leip*, 138 f.; *Otto* wistra 1995, 323, 325). Die Ablehnung resultiert daraus, dass die nach § 11 GwG verpflichteten Privatpersonen zwar eine aktive Rolle bei der Geldwäschebekämpfung spielen, nicht hingegen eine Garantenstellung gegenüber der Strafrechtspflege übernehmen sollen (*Stree/Hecker* in Schönke/Schröder § 261 Rn. 2). Die Ablehnung ein Garantenpflicht aus § 11 GWG für **Geldwäschebeauftragte** (§ 9 Abs. 2, Abs. 1 Ziffer 1 GwG) wird damit begründet, dass dies der gesetzlichen Struktur wiedersprechen würde (*Bottermann*, 169; *Schröder/Textor* in Fülbier/Aepfelbach/Langweg, § 261 StGB Rn. 63 f.). Zudem würde die Annahme einer Garantenstellung regelmäßig zu einer Bejahung des Straftatbestand des § 261 StGB durch Unterlassen führen und damit den Ordnungswidrigkeitentatbestand des § 17 Abs. 1 Nr. 7 GWG leerlaufen lassen (*Nestler*, Herzog, § 261 StGB Rn. 109). Die Vertreter der Annahme einer Garantenpflicht begründen dies damit, dass der Staat zum Schutz des Rechtsguts der inländischen Strafrechtspflege im Bereich der Finanzwirtschaft auf die in § 11 genannten Private angewiesen ist, ihnen ist der Schutz möglich und sie das zur Rechtsgutverletzung hindrängende Geschehen beherrschen (*Neuheuser* MOK StGB, § 261 Rn. 87, *Rudolphi* SK StGB, § 13 Rn. 22, 54a). Insbesondere bestünde zwischen dem Schutzgut des § 261 StGB und dem § 11 GwG die erforderliche Kongruenz, da beide der inländischen Strafrechtspflege durch Verfolgung der „Papierspur" dienen. Diese Garantenpflicht treffe hingegen das Organ oder einen Leiter eines Bankinstituts gemäß §§ 11 Abs. 1, 14 Abs. 2 GwG. Soweit ein Geldwäschebeauftragter die Voraussetzungen des § 14 Abs. 2 Ziffer 1 GwG erfülle, gehe auf diesen die Garantenpflicht im Umfang seiner Beauftragung über und dem Leiter verbleibt lediglich eine Aufsichts- und Kontrollpflicht. (*Neuheuser* MOK StGB, § 261 Rn. 87).

88   Hinsichtlich des Verhaltens von einfachen **Bankangestellten** ist zu beachten, dass diese zumeist durch aktives Handeln in eine Geldwäschetransaktion eingebunden sind und so primär eine Tatbestandsverwirklichung durch aktives Tun in Betracht kommt. Die Begehungsform durch Unterlassen ist hier von untergeordneter Bedeutung (*Burr*, 92; *Nestler* in Herzog/Mülhausen, § 17 Rn. 51; *Schröder/ Textor* in Fülbier/Aepfelbach/Langweg, § 261 StGB Rn. 59; *Werner*, 232). Wird hingegen durch einen **einfachen Bankangestellten** eine verdächtige Transaktion zurückgewiesen und entgegen § 11 GwG keine Anzeige vorgenommen, so soll dies ebenfalls nicht als Geldwäsche durch Unterlassen zu bewerten sein. Da eine Anzeigepflicht dem Bankinstitut obliegt und ein einfacher Angestellter regelmäßig nicht selbstständig über die Erstattung einer Verdachtsanzeige und weiterer Maßnahmen entscheidet, fehlt diesem die Möglichkeit der Abwendung einer drohenden Rechtsgutsverletzung (*Fischer,* § 261 Rn. 118; *Leip,* 138 f.; *Schröder/ Textor* in Fülbier/Aepfelbach/Langweg, § 261 StGB Rn. 61; *Bruchner/Fischbeck* in Schimansky/Bunte/Lwowski, § 42 Rn. 98; *Burr,* 91; *Otto* wistra 1995, 323, 325; **aA** *Altenhain* NK StGB, § 261 Rn. 93; *Neuheuser* MOK StGB, § 261 Rn. 88). Der einfache Bankangestellte würde sich in einer ausweglosen Situation befinden und sich in jedem Fall dem Vorwurf einer Geldwäschestrafbarkeit ausgesetzt sehen (*Altenhain* NK StGB, § 261 Rn. 93; *Arzt*/Weber BT § 29 Rn. 43; *Fülbier* in Fülbier/Aepfelbach/Langweg, § 11 Rn. 41; *Schröder/Textor* in Fülbier/Aepfelbach/ Langweg, § 261 StGB Rn. 60, *Bruchner/Fischbeck* in Schimansky/Bunte/Lwowski, § 42 Rn. 98; *Leip,* 138 f.).

Eine Strafbarkeit wegen Unterlassens in den Fällen des Verschleierungstatbe- **89** standes (Abs. 1 Var. 1 und 2) scheidet wegen der fehlenden Entsprechung gemäß § 13 Abs. 1 HS. 2 zu einem aktiven Tun aus (*Neuheuser* MOK StGB, § 261 Rn. 90).

III. Subjektiver Tatbestand

Der subjektive Tatbestand setzt grundsätzlich bei allen Tatvarianten **Vorsatz** **90** voraus, hingegen genügt nach Abs. 5 Leichtfertigkeit hinsichtlich der Herkunft eines Gegenstands aus einer Katalogtat.

1. Vorsatz

Der **Vorsatz** muss das Tatobjekt, dessen herrühren aus einer Katalogtat, die **91** Tathandlung und den Taterfolg umfassen und damit, dass es sich um taugliches Tatobjekt handelt, das Verhalten eine Tathandlung darstellt und die Möglichkeit des Erfolgseintritts besteht (OLG Hamm wistra 2004, 73, 74; *Kühl* in Lackner/ Kühl, § 261 Rn. 9; *Balzer,* 247; *Altenhain* NK StGB, § 261 Rn. 131; *Ruhmannseder* BOK StGB, § 261 Rn. 54). Dem Täter der Geldwäsche müssen die konkreten Einzelheiten der Vortat nicht bekannt sein, sondern die Kenntnis über die Umstände der Vortat in **groben Zügen** genügt und er nach einer Parallelwertung in der Laiensphäre erkannt hat, dass eine Katalogtat vorliegt (OLG Dresden NJW 2005, 767, 770; *Goeckenjan* wistra 2008, 128, 135). Damit muss weder die Tatzeit, der Tatort, noch der konkrete Vortäter dem Geldwäschetäter bekannt sein (BGH NStZ 1998, 42; BGH wistra 2003, 260).

Die **Besonderheiten** der einzelnen **Tatbestandsvarianten** des § 261 StGB **92** sind hinsichtlich des Vorsatzes bezüglich der jeweiligen Tathandlung und des Taterfolges zu beachten. Wurde objektiv ein Gefährden des Auffindens (Abs. 1 Var. 3) festgestellt, so muss der Täter auf subjektiver Seite die konkrete Gefährdung in Kauf genommen haben. Im Falle des Abs. 2 Ziffer 1 ist es erforderlich, dass der Täter bewusst mit dem Vortäter einvernehmlich zusammengewirkt hat (*Kühl* in Lackner/Kühl, § 261 Rn. 9). Zu beachten ist, dass Abs. 2 Variante 2 voraussetzt, dass der Täter im Zeitpunkt des Erlangens die Herkunft des Gegenstandes i. S. d. Eventualvorsatzes kannte (BT-Drs. 12/3533, 13; *Kühl* in Lackner/ Kühl, § 261 Rn. 8; *Stree*/Hecker in Schönke/Schröder, § 261 Rn. 13; *Fischer,* 87; **aA** *Bottke* wistra 1995, 121, 123, der sicheres Wissen verlangt). Später erlangte Kenntnis ist unerheblich (*Neuheuser* MOK StGB, § 261, Rn. 57).

93   Sofern ein Gegenstand tatsächlich aus einer Katalogtat herrührt, ist es unerheblich, wenn der Täter das Vorliegen einer anderen Katalogtat annimmt (*Altenhain*
NK StGB, § 261 Rn. 132; **aA** *Leip,* 158). Ein vorsatzausschließender **Tatbestandsirrtum** ist gegeben, wenn der Täter über die tatsächlichen Umstände irrt
und einen Sachverhalt annimmt, der keine Katalogtat beinhaltet (*Neuheuser* MOK
StGB, § 261 Rn. 79; *Schröder/Textor* in Fülbier/Aepfelbach/Langweg § 261 StGB
Rn. 96; krit. *Kühl* in Lackner/Kühl, § 261 Rn. 9; *Spiske,* 184, da dies ein Einfallstor für schwer widerlegbare Schutzbehauptungen darstellen würde). Ein Tatbestandsirrtum liegt auch dann vor, wenn in den Fällen des Abs. 2 der Erwerber
eines (tatsächlich) inkriminierten Gegenstands irrig annimmt, ein Dritter habe
diesen zuvor straffrei erlangt (*Fischer,* § 261 Rn. 40; *Kühl* in Lackner/Kühl, § 261
Rn. 9; *Schröder/Textor* in Fülbier/Aepfelbach/Langweg § 261 StGB Rn. 96). Ein
Verbotsirrtum ist in Fällen anzunehmen, wenn einem Täter die Umstände der
geldwäschetauglichen Vortat bekannt sind, er jedoch irrig davon ausgeht, dass der
Umgang mit einem derartigen Gegenstand erlaubt sei (*Altenhain* NK StGB, § 261
Rn. 133). Schenkt ein Bankangestellter dem Urteil eines Geldwäschebeauftragten
nach § 9 Abs. 2 Nr. 1 GwG Glauben, so ist ein Vorsatz abzulehnen (*Carl/Klos*
wistra 1994, 166). Hingegen ist eine Befürwortung der Einrichtung von Treuhandkonten zum Empfang von Überweisungen mutmaßlich bemakelter Geldbeträge aus dem Ausland durch den Rechtsanwalt, der den Inhaber der fraglichen
Auslandskosten vertritt, nicht ausreichend, um einen schuldausschließenden Verbotsirrtum des die Treuhandkonten einrichtenden Steuerberaters anzunehmen
(LG Hildesheim, BeckRS 2009, 28107).

2. Leichtfertigkeit nach Abs. 5

94   Die Regelung des Abs. 5 sanktioniert schon **leichtfertige Unkenntnis** von
der Bemakelung eines Gegenstandes, um eine effiziente Bekämpfung der Geldwäsche zu ermöglichen und Beweisschwierigkeiten auf subjektiver Ebene entgegenzuwirken (BT-Drs. 12/989, 27; BR-Drs. 597/92, 33). Dies führt zu einer zusätzlichen Erweiterung des ohnehin schon weiten Tatbestandes. Ein Verstoß gegen
das Bestimmtheitsgebot gemäß Art. 103 Abs. 2 GG ist grundsätzlich nicht gegeben, aber der Begriff der Leichtfertigkeit ist verfassungskonform als vorsatznahe
Schuldform auszulegen (BGH NJW 1997, 3323, 3325; *Stree/Hecker* in Schönke/
Schröder, § 261 Rn. 23; **aA** *Dionyssopoulou,* 141 ff.; *Knorr,* 193 ff.; *Leip,* 160).

95   **a) Allgemein.** Die Leichtfertigkeit bezieht sich ausschließlich auf die Herkunft
des Gegenstands aus einer Vortat, bei den übrigen Tatbestandsmerkmale bleibt
das Vorsatzerfordernis erhalten (*Ruhmannseder* BOK StGB, § 261 Rn. 57; *Schröder/
Textor* in Fülbier/Aepfelbach/Langweg, § 261 StGB Rn. 82). Von dem Begriff
der Leichtfertigkeit ist eine gravierende Form bewusster oder unbewusster Fahrlässigkeit erfasst, die weitgehend der „groben Fahrlässigkeit" im Zivilrecht entspricht,
wobei zugleich individuelle Fähigkeiten und Kenntnisse des Täters zu berücksichtigen sind (BT-Drs. 12/989, 28; BGHSt 50, 347, 352). Eine leichtfertige
Unkenntnis ist dann gegeben, wenn sich die **Herkunft** des Gegenstandes aus
einer Katalogtat nach den Umständen geradezu **aufdrängt** und dies der Täter
bei seinen Handlungen aus besonderer Gleichgültigkeit oder grober Unachtsamkeit außer Acht lässt (BGH NJW 1997, 3323, 3326; *Löwe-Krahl* in Achenbach/
Ransiek, XIII, Rn. 40). Aufdrängen kann sich die Bemakelung eines Gegenstandes dann, wenn es sich um eine ungewöhnlich hohe Summe handelt, eine unübliche Art und Weise der Übergabe vereinbart oder Leistungen in Naturalien vorge-

nommen wurden oder wenn Zahlungen über gewöhnliche Gebührensätze hinausgehen (*Stree/Hecker* in Schönke/*Schröder* § 261 Rn. 23; *Löwe-Krahl* in Achenbach/Ransiek, XIII, Rn. 47). Aus deutlichen Anhaltspunkte für eine inkriminierte Herkunft der Gegenstände können sich auch Erkundigungspflichten im Hinblick auf die Herkunft des Gegenstandes ergeben (*Altenhain* NK StGB, § 261 Rn. 57.3, gilt nicht für Strafverteidiger BVerfG NStZ 2004, 259).

b) Besondere Berufsgruppen. Ein Strafrisiko ergibt sich insbesondere für **96** Bankangestellte, Insolvenzverwalter und Steuerberater, da sie regelmäßig besonderen gesetzlichen Sorgfaltsverpflichtungen unterliegen (*Ruhmannseder,* BOK StGB, § 261 Rn. 57.2). Diese Berufsgruppen können regelmäßig konkrete Anhaltspunkte einer möglichen Geldwäschehandlung nicht ignorieren, ohne dabei Gefahr zu laufen, sich selbst der Strafverfolgung auszusetzen.

Um den Sorgfaltsmaßstab für **Bankangestellte** festzulegen, sind die Regelun- **97** gen des GwG nur bedingt geeignet (*Nestler,* Herzog/Mülhausen, § 17 Rn. 63 f.; *Lampe* JZ 1994, 123, 130 f.; *Werner,* 247 ff.). Zu den Sorgfaltspflichten eines Bankangestellten gehört es, die im Bank- und Kreditwesen **üblichen Informationsquellen** zu nutzen, also die Einholung von SchuFa-Abfragen, Handelsregisterauszüge (*Neuheuser* MOK StGB, § 261 Rn. 83). Daneben sind die vom Zentralen Kreditausschuss und vom Bundeskriminalamt erstellten „Anhaltspunkte für Geldwäsche" sowie die „Typologieberichte" zur Geldwäsche zu beachten (*Schröder/Textor* in Fülbier/Aepfelbach/Langweg § 261 StGB Rn. 94). Ferner hat ein Institutsmitarbeiter **interne Informationsquellen** zu nutzen. So könnte eine leichtfertige Unkenntnis in Betracht kommen, wenn ein Geschäft abwickelt wird, das im Vergleich zu anderen, vergleichbaren Transaktionen eklatante Auffälligkeiten aufweist (BT-Drs. 12/2704, 15, *Nestler,* Herzog/Mülhausen, § 17 Rn. 64; *Schröder/Textor* in Fülbier/Aepfelbach/Langweg, § 261 StGB Rn. 91 mwN;). Bei langjährigen Geschäftskontakten ist hingegen auch das aufgebaute Vertrauensverhältnis zu berücksichtigen, das zu einer etwas getrübten Erkenntnisfähigkeit führen könnte (*Schröder/Textor* in Fülbier/Aepfelbach/Langweg, § 261 StGB Rn. 95). Passt das Geschäft nicht zu den Verhältnissen des Kunden, ergibt der Auftrag des Kunden aus wirtschaftlicher Hinsicht keinen Sinn oder bestehen sonstige Auffälligkeiten, so drängt sich regelmäßig ein Verdacht der Geldwäsche auf (*Fischer,* § 261 Rn. 100). Gerade wegen der Gefahr der verdeckten Treuhandschaft müssen Institute bei Treuhandverhältnissen, einen erhöhten Sorgfaltsmaßstab walten lassen (BAKred-Schreiben v. 2.2.1999, b, Consbruch Nr. 11.01i). Teilt der Mitarbeiter dem Geldwäschebeauftragten nach § 9 Abs. 1 und 2 Nr. 1 GwG einen Verdachtsfall mit und der Geldwäschebeauftragte erkennt kein Herrühren des Gegenstandes aus einer Katalogtat, woraufhin der Mitarbeiter die Transaktion ausführt, ist eine Leichtfertigkeit abzulehnen (*Altenhain* NK StGB, § 261 Rn. 57.2; *Schröder/Textor* in Fülbier/Aepfelbach/Langweg, § 261 StGB Rn. 118; *Carl/Klos* wistra 1994, 161, 166).

Hinsichtlich einer etwaigen Strafbarkeit eines **Finanzagent** durch Bereithalten **98** und Weiterleiten von durch „Phishing" erlangten Geldes ist anzunehmen, dass der Agent die konkrete Vortat (in der Regel gewerbsmäßiger Computerbetrug) nicht kennt und ihm insoweit kein Vorsatz unterstellt werden kann (*Neuheuser* NStZ 2008, 496; aA *Kögel* wistra 2007, 206, 210). Allerdings kann eine leichtfertige Unkenntnis der Herkunft in Betracht kommen, wenn der Agent (ggf. über das Internet) von Unbekannten mit einem hohen Verdienst für nur geringfügige Leistung angeworben wird. Ignoriert dieser eine Unverhältnismäßigkeit zwischen

Leistung und Lohn, eine erkennbare fehlende Notwendigkeit der Einschaltung eines Dritten oder die fehlende seriöse Geschäftsgestaltung, so kann dies im Rahmen einer Gesamtbetrachtung als besonders unachtsam bezeichnet und als leichtfertig beurteilt werden (LG Köln, MMR 2008 259, 260; AG Neunkirchen Urt. V. 13.3.2007, 11Ds 33Js 1148/06, insbes. Rn. 24; *Neuheuser* NStZ 2008, 492, 497 mit weiteren Beispielen). Der Umstand, dass das Phishing und die Funktion eines Finanzagenten mittlerweile der Öffentlichkeit bekannt sind, ist auch bei der Bewertung der Leichtfertigkeit zu berücksichtigen (OLG Karlsruhe NStZ 2009, 269; LG Köln MMR 2008. 259, 262; AG Neunkirchen Urt. V. 13.3.2007, 11Ds 33Js 1148/06; *Goeckenjan* wistra 2008, 128, 135; *Heghmanns* wistra 2007, 167; *Neuheuser* NStZ 2008, 492).

IV. Versuch, § 261 Abs. 3

99   Mit Abs. 3 wird geregelt, dass der Versuch aller Tatbestände der Gelbwäsche strafbar ist. Hinsichtlich der Versuchsstrafbarkeit gelten die allgemeinen Grundsätze (BGH NJW 2008, 1462). Glaubt ein Täter irrigerweise, dass ein Gegenstand aus einer Vortat stamme, so kommt eine Strafbarkeit wegen eines **untauglichen Versuchs** in Betracht (*Schmidt/Krause* LK StGB, § 261 Rn. 41; *Stree/Hecker* in Schönke/Schröder, § 261 Rn. 24). Gleiches gilt, wenn einem Geldwäschetäter die Durchbrechung der Bemakelung gemäß Abs. 6 unbekannt geblieben ist (*Neuheuser* MOK StGB, § 261 Rn. 91). Übergibt der Täter einen inkriminierten Gegenstand an einen, nicht als solchen erkannten, verdeckt ermittelnden Polizeibeamten, so ist **mangels konkreter Gefährdung** keine vollendete Geldwäsche, aber ein Versuch anzunehmen (BGH NJW 1999, 436; *Kühl* in Lackner/Kühl, § 261 Rn. 11).

V. Besonders schwerer Fall, § 261 Abs. 4 StGB

100   Ein besonders schwerer Fall liegt nach Abs. 4 Satz 2 in der Regel vor, wenn der Täter gewerbsmäßig oder als Mitglied einer Bande handelt, die sich zur fortgesetzten Begehung einer Geldwäsche verbunden hat. Eine gewerbsmäßige und bandenmäßige Tatbegehung führt nicht zu einem qualifizierten Delikt (wie dies bei §§ 260, 260a StGB der Fall ist), sondern sie gewählte Regelbeispielstechnik ermöglicht eine flexiblere Strafzumessung (*Neuheuser* MOK StGB, § 261 Rn. 106).

101   **Gewerbsmäßig** handelt, wer mit der wiederholten Begehung von Geldwäschedelikten eine Einnahmequelle von einiger Dauer und Bedeutung ausschöpfen will, wobei es genügt, dass sich der Täter mittelbar geldwerte Vorteile über Dritte verspricht (BGH NStZ 1998, 622, 623). Eine **Bande** ist gegeben, wenn sich mindestens drei Personen für eine gewisse Dauer zur Begehung mehrerer selbständiger, im Einzelnen noch ungewisser Taten zusammengeschlossen haben (BGH NStZ 2001, 421). Dabei ist es aber nicht erforderlich, dass ein anderes Bandenmitglied am Tatort mitwirkt (*Fischer,* § 261 Rn. 48; *Kühl* in Lackner/Kühl § 261 Rn. 12; *Hoyer* SK StGB, § 261 Rn. 29; **aA** *Altenhain* NK StGB, § 261 Rn. 145). Ferner kann auch ein Beteiligter an der Vortat als Bandenmitglied in Betracht kommen, auch wenn er nach Abs. 9 Satz 2 selbst nicht wegen Geldwäsche strafbar ist (BGH NStZ 2006, 237, 238).

Die besonderen Rechtsfolgen des Abs. 7 Satz 3 und 4 (ggf. Verhängung des **102**
erweiterten Verfalls nach § 73d StGB) sind zu beachten, wenn ein benanntes
Regelbeispiel erfüllt ist.

Ob ggf. ein **unbenannter** besonders schwerer Fall vorliegt ist, ist nach Gesamt- **103**
abwägung aller wesentlichen Umstände des Einzelfalls und Zumessungstatsachen
zu bewerten (*Neuheuser* MOK StGB, § 261 Rn. 108). Ein derartiger besonders
schwerer Fall der Geldwäsche liegt regelmäßig bei wirtschaftlich sehr hochwerti-
gen Tatobjekten vor (*Hoyer* SK StGB, § 261 Rn. 29).

VI. Strafaufhebungs- und -ausschließungsgrund des Abs. 9

Mit Abs. 9 wird ein persönlicher Strafaufhebungsgrund (BT-Drs. 12/989, 28) **104**
in Form der tätigen Reue (Abs. 9 Satz 1) sowie ein persönlicher Strafausschließungsgrund (Abs. 9 Satz 2) normiert.

1. Tätige Reue (Abs. 9 Satz 1)

Die Anforderungen an die **Tätige Reue** variieren nach der jeweiligen Bege- **105**
hungsweise der Geldwäschetat. Straflosigkeit erreicht der (leichtfertig handelnde)
Täter nach **Abs. 9 Satz 1 Ziffer 1** dann, wenn er die Tat **freiwillig** bei der
zuständigen Behörde (Staatsanwaltschaft, Polizei oder Amtsgericht, § 158 Abs. 1
Satz 1 StPO) **erstattet** oder **veranlasst**. Eine Anzeigepflicht nach § 11 Abs. 1
und 2 GwG steht der Freiwilligkeit einer Anzeige nicht entgegen (§ 11 Abs. 5
GwG). Die tätige Reue regelt einen Rücktritt vom vollendeten Delikt. Hiervon
bleibt die Möglichkeit des Rücktritts nach § 24 StGB vom Versuch unberührt
(BGH NStZ 1991, 338, 339 zu § 371 AO).

Diese Vergünstigung kommt neben dem Anzeigeerstatter (z. B.: Geschäftsleiter **106**
eines Kreditinstituts), auch einem Veranlasser (z. B.: Bankangestellter, Geldwäschebeauftragter, etc.) zugute (BT-Drs. 12/989, 28). Die Anzeige muss jedoch
zu einem Zeitpunkt erfolgen, zu dem die Geldwäsche noch **nicht entdeckt** ist.
Hierzu genügt das Vorliegen eines Anfangsverdacht nicht (*Altenhain* NK StGB,
§ 261 Rn. 154; *Burr*, 96; *von Galen* StV 2000, 575, 579). **Entdeckt** ist eine Geldwäsche hingegen, wenn **ausreichende Erkenntnisse** vorliegen, aufgrund derer
ein Erfolg der strafrechtlichen Ermittlungen **wahrscheinlich** ist (BGH NStZ
1983, 415). Es genügt, wenn eine **ausländische Behörde** (*Hoyer* SK StGB, § 261
Rn. 33; *Stree/Hecker* in Schönke/Schröder, § 261 Rn. 29) oder eine **Privatperson**
(BGH NJW 1988, 1679, 1680) die Tat entdeckt hat und mit der baldigen Weiterleitung an die zuständige Behörde zu rechnen ist.

Sofern eine Entdeckung bereits (ganz oder zum Teil) erfolgt ist, erlangen Täter **107**
oder Teilnehmer nur dann Straffreiheit, wenn ihnen dies **unbekannt** war und
nach verständiger Würdigung der Sachlage auch nicht mit der bereits erfolgten
Entdeckung gerechnet werden musste. Letzteres ist gegeben, wenn z.B.: konkrete
polizeiliche Ermittlungen bekannt waren (*Altenhain* NK StGB, § 261 Rn. 154).
Diese zusätzliche zeitliche Voraussetzung orientiert sich an der Regelung des
strafbefreienden Selbstanzeige bei Steuerhinterziehungsdelikten (§ 371 Abs. 2 Ziffer 2 AO) und soll einen etwaigen Missbrauch des persönlichen Strafaufhebungsgrunds verhindern.

Voraussetzung für das **Veranlassen** einer Strafanzeige ist eine (Mit-)Ursäch- **108**
lichkeit für deren **Erstattung** durch eine andere Person, worunter eine rein
interne Verdachtsmeldung (Meldung eines Bankangestellten an den Geldwäsche-

beauftragten, der aber eine Anzeige unterlässt) fällt (*Altenhain* NK StGB, § 261 Rn. 152; *Kühl* in Lackner/Kühl, § 261 Rn. 18; *Neuheuser* MOK StGB, § 261 Rn. 98; *Carl/Klos* wistra 1994, 161, 165; *aa Burr,* 100; *Löwe-Krahl* wistra 1993, 123, 126; krit. *Füllbier* ZIP 1994, 700).

109   Inhaltlich muss sich die Anzeige auf ein **konkretes Tatgeschehen** beziehen (*Fischer,* § 261 Rn. 51; *Schröder/Textor* in Fülbier/Aepfelbach/Langweg, § 261 StGB Rn. 110). Da die Straffreiheit nur den Straftatbestand der Geldwäsche betrifft, müssen konkurrierende Taten nicht zur Anzeige gebracht werden (*Altenhain* NK StGB, § 261 Rn. 151; *Stree/Hecker* Schönke/Schröder, § 261 Rn. 29).

110   Bei einer **vorsätzlich** begangenen Geldwäsche muss der Täter zusätzlich noch die Voraussetzung des **Abs. 9 Satz 1 Ziffer 2** erfüllen, indem durch die Anzeigeerstattung **zugleich** die **Sicherstellung** (§§ 111b StPO f.) des inkriminierten Gegenstands bewirkt wird. Dafür muss der Gegenstand **tatsächlich** sichergestellt worden sein, wofür die Anzeige mitursächlich war. Bei einem Scheitern der Sicherstellung scheidet die Anwendung des Abs. 9 Satz 1 Ziffer 2 nach dem Wortlaut aus. Dies gilt selbst dann, wenn die Strafverfolgungsbehörden die Sicherstellung unterlassen haben, obwohl diese ihnen aufgrund der Anzeige möglich gewesen wäre (*Altenhain* NK StGB, § 261 Rn. 155; *Nestler,* Herzog/Mülhausen, § 21 Rn. 11; *Fabel,* 148).

111   Hinsichtlich des Anzeigeerfordernisses treten besondere Problematiken für **bestimmte Berufsgruppen** und **Geheimnisträgern** auf (wie Rechtsanwälte, Bankangestellte, Insolvenzverwalter, Steuerberater), nämlich ob durch eine Anzeige nach Abs. 9 Satz 1 ein Geheimnisverrat isd § 203 StGB begangen werden kann (ausführlich *Bussenius,* 79 ff.; *von Galen* StV 2000, 575; *Schrader,* 88 ff.). Grundsätzlich ist festzuhalten, dass die Regelung des Abs. 9 Satz 1 **keine Befugnis** zum Offenbaren fremder Geheimnisse begründet. Streitig ist, ob sich **Berufsgeheimnisträger** (insbes. Rechtsanwälte) einer Strafverfolgung wegen des Vorwurfs des Geheimnisverrats nach § 203 Abs. 1 aussetzen, wenn anvertraute Informationen an Strafverfolgungsbehörden weiter gegeben werden, um selbst in die Straffreiheit zu gelangen. Gegenstand der Diskussion ist die Auslegung des Merkmals „**unbefugt**". Nach einer Ansicht sei Weitergabe von fremden Geheimnissen durch § 13 GwG – auch für Rechtsanwälte bzw. Strafverteidiger – **gerechtfertigt,** so dass keine unbefugte Weitergabe erfolgt sei (*Cierniak* MOK StGB, § 203 Rn. 90; *Fabel,* 109; *Otto* wistra 1995, 323, 328; *Wegner* NJW 2002, 2276, 2278). Nach anderer Ansicht sei die Anwendung des § 13 GwG mit der Begründung abzulehnen, dass sie von rein zivilrechtlicher Natur sei und dementsprechend keine Auswirkungen auf strafrechtliche Tatbestände beinhalten können (*Bussenius,* 79; *Dombeck* ZAP 2000, 683, 689; *Hombrecher,* 40 f.; *Winkler,* 221). Eine etwaige Strafbarkeit wäre im jeweiligen Einzelfall nach den Grundsätzen der **Pflichtenkollision** zu beurteilen (BVerfG NJW 2004, 1305, 1309; *Beulke,* 120 ff.; *Schrader,* 91 ff.). Erstattet ein Strafverteidiger zur Vermeidung einer eigenen Freiheitsstrafe eine Anzeige, so liegt eine Rechtfertigung der Geheimnisoffenbarung nahe (*Neuheuser* MOK StGB, § 261 Rn. 103, mwN).

112   Bankmitarbeiter werden hingegen durch § 13 GWG von einer Strafbarkeit freigestellt, sofern ihre Geldwäscheverdachtsanzeige nicht grob fahrlässig oder vorsätzlich unwahr erstattet wurde.

2. Vortatbeteiligung (Abs. 9 Satz 2)

113   Der Abs. 9 Satz 2 beinhaltet einen **persönlichen Strafausschließungsgrund** und eine Konkurrenzregel (BT-Drs. 13/8651, 11; BGH NJW 2009, 1617 f.;

BGH NJW 2000, 3725; *Ruhmannseder* BOK StGB, § 261 Rn. 74), wonach ein Täter nicht (zusätzlich) wegen des Vorwurfs der Geldwäsche bestraft wird, wenn er sich wegen einer Beteiligung an der Vortat strafbar gemacht hat (BT-Drs 13/8651, 11; BGH NStZ 2009, 328). Mit dieser Vorschrift wird der Grundsatz berücksichtigt, dass Nachtaten **mitbestraft** und insoweit Doppelbestrafungen vermieden werden sollen (*Hoyer* SK StGB, § 261 Rn. 34; *Altenhain* NK StGB, § 261 Rn. 4; *Hombrecher* JA 2005, 67, 70; *aA Altenhain* NK StGB, § 261 Rn. 21, formelle Subsidiarität). Liegen hinreichend konkrete Anhaltspunkte für eine Vortatbeteiligung eines Geldwäschetäters vor, so muss ein Instanzgericht dies berücksichtigen (*Jahn* in Satzger/Schmitt/Widmaier, § 261 Rn. 73; kritisch *Bernsmann* FS Amelung, 381, 386 ff.). Als zu weitgehend wird die Ansicht bewertet, wonach eine Verurteilung wegen Geldwäsche immer dann erfolgen könne, „wenn die Voraussetzungen der Täterschaft bezüglich des Grunddelikts unklar bleiben" (*Löwe-Krahl* in Achenbach/Ransiek, XIII Rn. 56).

Da es sich bei der Regelung Abs. 9 Satz 2 um einen **persönlichen Strafaus-** **114** **schließungsgrund** handelt, bleibt die Tatbestandsmäßigkeit und Rechtswidrigkeit von Geldwäschehandlungen der Vortatbeteiligten unberührt, weshalb die Beteiligung an einer solchen für den Täter straflosen Geldwäsche durch Personen, die an der Vortat nicht beteiligt waren, strafbar bleibt.

Die Vorschrift greift auch, wenn die Vortat und die Geldwäschehandlung **115** zusammenfallen, so dass insoweit die Norm auch eine **Konkurrenzregel** darstellt (BGH NStZ 2000, 653; NStZ 2009, 328 f.; OLG Hamburg StV 2002, 591). Keine Voraussetzung ist, dass die Vortat im Zeitpunkt der Geldwäschehandlung schon vollendet oder beendet ist (BGH NStZ 2000, 653, 654; *Jahn* in Satzger/Schmitt/Widmaier, § 261 Rn. 73).

Der Umstand, dass ein Täter aufgrund des persönlichen Strafausschließungs- **116** grundes nicht in der BRD wegen des Vorwurfs der Geldwäsche strafrechtlich verfolgt werden kann, schließt eine **Auslieferung** zur Verfolgung wegen dieses Delikts nicht aus, da **§ 3 Abs. 1 IRG** nicht die (volle) Strafbarkeit nach deutschem Recht voraus setzt, sondern es vielmehr ausreichend ist, dass die Tat auch nach deutschem Recht eine rechtswidrige Tat ist (OLG Köln, NStZ 2011, 471). Einer Auslieferung kann hingegen **§ 9 Nr. 1 IRG** entgegenstehen, wenn die Verwertung der Beute bereits Gegenstand einer Anklage war.

VII. Einziehung

Stellt der Beziehungsgegenstand der Geldwäsche zugleich das Erlangte aus einer **117** Betrugstat i. S. d. § 73 I StGB dar, so ist die Anordnung der Einziehung ausgeschlossen. Andernfalls würde in derartigen Fällen die Vorschrift des § 73 Abs. 1 Satz 2 StGB, die den Geschädigten einer Straftat zum Ausgleich ihrer gegen den Täter zustehenden Ersatzansprüche zur Seite steht, zu Gunsten des Staats und zu Ungunsten der Verletzten aus der Vortat umgangen werden (BGH BeckRS 2010, 08904).

Bei der Einziehung kommt es auf die formale Rechtsposition an. Die Einzie- **118** hung von Geldbeträgen auf Treuhandkonten ist daher auch im Fall der sogenannten „offenen Treuhand" gegen den Kontoinhaber (Treuhänder) und nicht gegen den wirtschaftlich Berechtigten (Treugeber) zu richten (LG Hildesheim BeckRS 2009, 28107). Eine Einziehung kann aber nicht dadurch abgewendet werden, dass die der Einrichtung der Treuhandkonten zugrunde liegende Treuhandabrede

rückwirkend aufgehoben wird, wenn vor der Aufhebungsvereinbarung ein strafprozessualer dinglicher Arrest ergangen ist (LG Hildesheim BeckRS 2009, 28107).

VIII. Konkurrenzen

119 Werden durch eine Handlung mehrere Tatbestände des § 261 erfüllt, so liegt
indes nur **eine Tat** (und nicht Tateinheit) vor (*Nestler,* Herzog/Mühlhausen, § 22
Rn. 1; *Neuheuser* MOK StGB, § 261 Rn. 92). Da Abs. 2 als Auffangtatbestand
ausgestaltet ist, ist er gegenüber Abs. 1 subsidiär (BT-Drs. 12/989, 27; 12/3533,
13; BGH NStZ 2001, 535, 538; *Kühl* in Lackner/Kühl, § 261 Rn. 19; *Ruhmannseder* BOK StGB, § 261 Rn. 73).

120 Soweit die erste Tathandlung iSd. § 261 Abs. 1 Satz 1 Var. 2 StGB noch nicht
abgeschlossen ist, kommt es zwischen § 257 (Hilfeleisten) und 261 Abs. 1 Satz 1
Var. 2 StGB (Verschleiern) zu vielfältigen Überschneidungen, da beide Tathandlungen auf den Verdeckungserfolg gerichtet sind. In diesem Fall besteht Idealkonkurrenz gemäß § 52 StGB für die erste Tathandlung; es fehlt es für das Hilfeleisten
an der Unmittelbarkeit zwischen Vortat und Vorteil (*Spiske,* 129). Ist die Tathandlung bereits umfassend von der in Abs. 1 S. 2 genannten Vortat unter Strafe gestellt
(z. B. gewerbsmäßige Steuerhehlerei nach § 374 AO), so tritt § 261 StGB zurück
(*Nestler,* Herzog, § 261 StGB Rn. 148).

121 **Tateinheit** besteht häufig mit §§ 257 bis 260a, 263, 266 und 267. Der Hehle-
reitatbestand sperrt die Strafbarkeit wegen (leichtfertiger) Geldwäsche nicht, wenn
es an der Erfüllung des subjektiven Tatbestands der Hehlerei fehlt (BGH NStZ
2006, 343 ff.; Anm. *Herzog/Hoch* StV 2008, 524, 526; *Fischer,* § 261 Rn. 53; *Kühl*
in Lackner/Kühl, § 261 Rn. 19; *Ruhmannseder* BOK StGB, § 261 Rn. 74; **aA**
Nestler, Herzog, § 261 StGB Rn. 148; *Schramm* wistra 2008, 245 ff.). **Tatmehrheit**
ist i.d.R. anzunehmen, wenn der Täter sich bei verschiedenen Gelegenheiten
bemakelte Gegenstände verschafft, selbst wenn die Tatobjekte aus einer oder aus
mehreren Vortaten herrühren und die Tathandlungen einem einheitlichen Ziel
dient (NJW 1997, 3322 f.; *Stree/Hecker* in Schönke/Schröder, § 261 Rn. 31).

B. § 263 Betrug

(1) **Wer in der Absicht, sich oder einem Dritten einen rechtswidrigen
Vermögensvorteil zu verschaffen, das Vermögen eines anderen dadurch
beschädigt, daß er durch Vorspiegelung falscher oder durch Entstellung
oder Unterdrückung wahrer Tatsachen einen Irrtum erregt oder unterhält, wird mit Freiheitsstrafe bis zu fünf Jahren oder mit Geldstrafe
bestraft.**

(2) **Der Versuch ist strafbar.**

(3) **In besonders schweren Fällen ist die Strafe Freiheitsstrafe von sechs
Monaten bis zu zehn Jahren. Ein besonders schwerer Fall liegt in der
Regel vor, wenn der Täter**
1. **gewerbsmäßig oder als Mitglied einer Bande handelt, die sich zur
   fortgesetzten Begehung von Urkundenfälschung oder Betrug verbunden hat,**
2. **einen Vermögensverlust großen Ausmaßes herbeiführt oder in der
   Absicht handelt, durch die fortgesetzte Begehung von Betrug eine**

große Zahl von Menschen in die Gefahr des Verlustes von Vermögenswerten zu bringen,

3. eine andere Person in wirtschaftliche Not bringt,
4. seine Befugnisse oder seine Stellung als Amtsträger mißbraucht oder
5. einen Versicherungsfall vortäuscht, nachdem er oder ein anderer zu
diesem Zweck eine Sache von bedeutendem Wert in Brand gesetzt
oder durch eine Brandlegung ganz oder teilweise zerstört oder ein
Schiff zum Sinken oder Stranden gebracht hat.

(4) § 243 Abs. 2 sowie die §§ 247 und 248a gelten entsprechend.

(5) Mit Freiheitsstrafe von einem Jahr bis zu zehn Jahren, in minder
schweren Fällen mit Freiheitsstrafe von sechs Monaten bis zu fünf Jahren
wird bestraft, wer den Betrug als Mitglied einer Bande, die sich zur fortgesetzten Begehung von Straftaten nach den §§ 263 bis 264 oder 267 bis
269 verbunden hat, gewerbsmäßig begeht.

(6) Das Gericht kann Führungsaufsicht anordnen (§ 68 Abs. 1).

(7) Die §§ 43a und 73d sind anzuwenden, wenn der Täter als Mitglied
einer Bande handelt, die sich zur fortgesetzten Begehung von Straftaten
nach den §§ 263 bis 264 oder 267 bis 269 verbunden hat. § 73d ist auch
dann anzuwenden, wenn der Täter gewerbsmäßig handelt.

Literatur: *Arzt/Weber,* Strafrecht Besonderer Teil, 2000; *Brand/Reschke,* Die Bedeutung
der Stoffgleichheit im Rahmen betrügerischer Telefonanrufe, NStZ 2011, 379; *Bosch,* Unmit-
telbares Ansetzen beim Versuch, Jura 2011, 909; *Erb,* Gängige Formen suggestiver Irrtumserregung als betrugsrelevante Täuschungen, ZIS 2011, 368; *Fischer,* Kommentar zum Strafge-
setzbuch, 2011, *Fuchs,* Kommentar zum Wertpapierhandelsgesetz, 2009; *Harbort,* Die
Bedeutung der objektiven Zurechnung beim Betrug, Diss. 2008; *Maurach/Schröder/Maiwald,*
Strafrecht Besonderer Teil. 2005; Münchener Kommentar zum Strafgesetzbuch, 2003; *Park,*
Kapitalmarktstrafrecht Handkommentar, 2008; *Rengier,* Strafrecht Allgemeiner Teil, 2011;
Rößler, Ausdehnung von Garantenpflichten durch den BGH – Anmerkung zum Urteil des
BGH vom 17.7.2009, Az. 5 StR 394/08, WM 2009, 1882; *Saliger,* Auswirkungen des
Untreue-Beschlusses des Bundesverfassungsgerichts vom 23.6.2010 auf die Schadensdogma-
tik, ZIS 2011, 902; *Schönke/Schröder,* Kommentar zum Strafgesetzbuch, 2010; *Schröder,* Kapitalmarktstrafrecht, 2010; *Wessing/Brennecke,* Schadensfeststellung bei betrügerischer Kapitalerhöhung, NZG 2011, 932; *Weißer,* Betrug zum Nachteil hierarchisch strukturierter arbeitsteilig
tätiger Organisationen, GA 2011, 333; *Wittig,* Wirtschaftsstrafrecht, 2010.

Übersicht

I. Rechtsgut

1   Geschütztes Rechtsgut des § 263 StGB ist das **Vermögen** (BVerfG NJW 2012, 907; BGHSt 16, 220; BGH StV 1991, 517; *Maurach-Schröder-Maiwald*, S. 500) nicht etwa das Eigentum (*Rengier*, S. 205 weist zurecht darauf hin). Hierfür spricht bereits der Wortlaut des § 263 Abs. 1 StGB: „(...) das Vermögen (...) beschädigt (...)." (MüKo-*Hefendehl*, § 263 Rn. 1).

II. Täuschung

2   Zu den Voraussetzungen des Betruges gehört zunächst die Täuschung eines anderen über Tatsachen. Der Gesetzeswortlaut bezeichnet die Täuschung als Vorspiegelung falscher Tatsachen sowie Entstellung oder Unterdrückung wahrer Tatsachen. Danach ist jedes Verhalten, „das objektiv irreführt oder einen Irrtum unterhält und damit auf die Vorstellung eines anderen einwirkt" eine Täuschung (BGHSt 47, 1, 3). Eine direkte Kommunikation zwischen Täter und Opfer ist nicht erforderlich. Der Täter kann sich verschiedener Medien, etwa Fernsehen, Internet oder dritter Personen bedienen (BGHSt 34, 199 Betrug durch irreführende Werbung mittels Werbeanzeigen; *Schröder*, Rn. 624).

3   Dabei ist zu beachten, dass nicht jede Täuschung strafbar ist. In Ansehung des Rechtsgüterschutzes ist nur die **vermögensschädigende Täuschung** strafbar (BGHSt 16, 220; BGH wistra 2000, 350). Eine Täuschung i.S.v. § 263 StGB ist nur über Tatsachen möglich. Hiervon abzugrenzen sind Werturteile. Tatsachen sind Umstände der Gegenwart oder Vergangenheit, die dem Beweis zugänglich sind. Die **Tatsachen** können Ereignisse oder Zustände des Außen- sowie des Innenlebens umfassen. Zu den Tatsachen des Innenlebens gehören Überzeugungen, Kenntnisse und Absichten (*Schönke/Schröder* § 263 Rn. 6 ff).

4   Ein **Werturteil** liegt demgegenüber vor, wenn eine Meinung geäußert wurde – diese kann man teilen oder nicht, sie ist nicht dem Beweis zugänglich. Ein Werturteil liegt zudem vor, wenn Hoffnungen und Erwartungen geäußert werden (BGH StV 1991, 517). Die Abgrenzung zwischen Tatsache und Werturteil gestaltet sich schwieriger, wenn nicht ohne weiteres klar ist, was der Äußernde meint. Dann ist die Äußerung den üblichen Kriterien der Auslegung zugänglich. Enthält die Äußerung einerseits wertende Elemente, andererseits einen sog. Tatsachenkern, spricht man von einer Tatsache. Zu den Werturteilen gehören auch Rechtsausführungen, welche die juristische Beurteilung eines Sachverhalts zum Gegenstand haben (OLG Karlsruhe JZ 2004, 101; BGH JR 1958, 106; OLG Stuttgart NJW 1979, 2573; OLG Zweibrücken JR 1989, 390; OLG Frankfurt am Main NJW 1996, 2172). Beinhaltet hingegen die Rechtsausführung konkludent eine Tatsachenbehauptung, kann diesbezüglich eine Täuschung vorliegen (BGHSt 46, 196).

Ob **reklamehafte Anpreisungen** Tatsachen oder Werturteile darstellen, ist 5 anhand des Gesamtzusammenhanges der Äußerung festzustellen. Wird eine Kapitalanlage mit den Worten „sicher" oder „risikolos" beworben, so ist zu ermitteln, ob die beworbenen potenziellen Anleger über die „betriebswirtschaftlichen Rahmendaten" informiert wurden und die Äußerung als „sicher" einen nachprüfbaren Hintergrund beansprucht – dann kann von einer Tatsachenäußerung ausgegangen werden oder fehlt eine „konkrete wirtschaftliche Bezugnahme" auf Zahlen und Fakten, dann kann ein Werturteil vorliegen (BGHSt 48, 331).

Die Verbreitung einer in der Zukunft liegenden Möglichkeit – **Prognose** – 6 stellt ein Werturteil dar, sofern „das Moment der subjektiven, persönlichen Einschätzung überwiegt" (BayObLG Urt. v. 29.9.1994, Az. 3 St RR 047/94).

Etwas anderes könnte gelten, wenn der Prognose objektive Erkenntnisse, etwa 7 eine wirtschaftliche Entwicklung zugrunde gelegt werden, die wiederum maßgeblich eine gegenwärtige Entscheidung beeinflussen soll. Dann könnte die Prognose eine (innere) Tatsache darstellen.

Auch die Erklärung **wahrer Tatsachen** kann eine Täuschung nach § 263 8 Abs. 1 StGB darstellen (LG Hamburg ZWH 2011, 37; *Erb* ZIS 2011, 368). Dies ist der Fall, wenn der Täter die Eignung zur Irrtumserregung einer zutreffenden Erklärung ausnutzt und durch „äußerlich verkehrsgerechtes Verhalten" einen Schaden verursacht (BGHSt 47, 1). Das Hervorrufen eines Irrtums ist dabei gerade der Zweck der Handlung (OLG Frankfurt am Main NJW 2011, 398). Der Täter muss in dieser Konstellation mit direktem Vorsatz täuschen; dolus eventualis genügt insofern nicht (BGHSt 47, 1). Ein solches Vorsatzerfordernis ist notwendig, um das straflose Ausnutzen eines gegebenenfalls bereits bestehenden Irrtums von der strafbaren gelenkten Irreführung abzugrenzen (BGHSt 47, 1).

Keine Täuschung liegt vor, wenn ein **bereits existierender Irrtum** ohne 9 weiteres Zutun **ausgenutzt** wird. Niemand ist verpflichtet, sämtliche Fehlvorstellungen seines Gegenübers zu erkennen und zu beseitigen. Zahlt jemand ohne Rechtsgrund, quasi aus Versehen, zu viel Geld an eine andere Person aus und nimmt diese das Geld an, obwohl sie erkennt, dass das Geld nicht geschuldet ist, liegt in der Annahme des Geldes keine Täuschung. Das bloße Ausnutzen eines Irrtums ist straflos (OLG Köln JZ 1988, 101; OLG Köln MDR 1980, 953). Hiervon abzugrenzen ist die Situation, in der der Täter einen bereits vorgefundenen Irrtum durch sein Verhalten verstärkt oder unterhält. Dies ist z. B. möglich, wenn der Täter ein Handeln entfaltet, welches das Erkennen des Irrtums verhindert (BGHR StGB § 263 Abs. 1 Irrtum 6).

Eine Täuschung i.S.v. § 263 Abs. 1 StGB kann auch durch **konkludentes** 10 **Handeln** erfolgen. Ob jemand eine stillschweigende Erklärung abgegeben hat, ist unter Zugrundelegung seines Gesamtverhaltens anhand der Verkehrsanschauung zu ermitteln (OLG Frankfurt am Main NJW 2011, 398; BGHSt 51, 165; LG Frankfurt am Main, Beschl. v. 5.3.2009, Az. 5/27 Kls 12/08 konkludente Täuschung durch Internetauftritt).

Der Täter eines Betruges muss also nicht ausdrücklich, etwa durch Erklärung 11 der Unwahrheit, täuschen, es genügt, wenn er durch sein Verhalten in die Irre führt (OLG Frankfurt am Main NJW 2011, 398). BGHSt 51, 165 bezeichnet die konkludente Täuschung auch als „unausgesprochenen Kommunikationsinhalt"

(Zur konkludenten Täuschung durch Lastschriftenreiterei BGHSt 50, 147; zur Täuschung arbeitsteilig tätiger Personen *Weißer* GA 2011, 333).

12   Eine **Täuschung durch Unterlassen** kommt in Betracht, wenn entgegen einer bestehenden Garantenstellung aus § 13 StGB die gesetzlich geforderte Aufklärung unterbleibt (OLG Bamberg Beschl. v. 8.3.2012, Az. 3 Ws 4/12; zur Garantenstellung des Compliance-Beauftragten BGH WM 2009, 1882 m. Anm. *Rößler* WM 2011, 918). Garantenstellungen können sich z. B. aus Vertrag, Gesetz oder Ingerenz ergeben.

13   Das **WpHG** enthält zahlreiche Pflichten, die eine **Garantenstellung** begründen könnten. Allerdings kann das Vorliegen eines Betruges an anderen Tatbestandsmerkmalen gleichwohl scheitern. § 15 WpHG normiert die Pflicht des Emittenten zur Ad-hoc-Publizität. Zwar könnte in diesem Zusammenhang eine Garantenstellung angenommen werden (*Park-Zieschang,* S. 67), allerdings würde eine unterlassene oder verspätete Meldung den Betrugstatbestand regelmäßig an der mangelnden Stoffgleichheit i.S.v. § 263 Abs. 1 StGB scheitern lassen. Eine fehlerhafte Ad-hoc-Mitteilung, die den Aktienkurs – aus Sicht des Täters wie geplant – verändert, führt nur zu einer mittelbaren Begünstigung des Vermögens des Täters (BGH NJW 2004, 2668).

14   Die **Stoffgleichheit** i.S.v. § 263 Abs. 1 StGB verlangt indes, dass der Vermögensvorteil des Täters gerade die „Kehrseite des Schadens" darstellt (BGHSt 6, 115; BGH NJW 2004, 2668).

15   Eine weitere Garantenstellung kann im Rahmen des § 263 Abs. 1 StGB aus einem langjährigen Vertrauensverhältnis entstehen. Eine derartige Garantenstellung setzt eine langjährige Geschäftsbeziehung, die auf einem besonders großen Maß an gegenseitigem Vertrauen aufgebaut ist, voraus (BGHSt 39, 392). Das Verhältnis Kunde-Bank begründet i.d.R. keine Garantenstellung aufgrund eines langjährigen Vertrauensverhältnisses (BGHSt 39, 392). Die Besonderheiten des Einzelfalles sind indes stets zu prüfen (*Rengier,* S. 212 f.; BGHSt 46, 196).

16   Der Bundesgerichtshof ist von seiner Rechtsprechung eine Garantenstellung aus § 242 BGB anzunehmen (BGHSt 6, 198; BGH NJW 1987, 185) weitgehend abgerückt (BGH wistra 1988, 262; OLG Düsseldorf; NJW 1987, 853; BGHSt 39, 392; 46, 196). Aus Treu und Glauben kann daher in der Regel eine Garantenstellung wohl nur noch sehr schwer hergeleitet werden.

III. Irrtum

17   Die Täuschungshandlung des Täters muss zumindest mitursächlich für einen Irrtum auf Seiten des Opfers sein. Ein Irrtum ist die Abweichung der Vorstellung von der Wirklichkeit (*Schröder,* Rn. 629).

18   **Zweifel des Opfers** sind in der Regel nicht geeignet einen Irrtum i.S.v. § 263 Abs. 1 StGB zu beseitigen. Zweifel bedeutet, dass das Opfer in Betracht zieht, die Wahrheit könne anders als vom Täter dargestellt, ausfallen. Allerdings entschließt sich das Opfer zur täuschungsbedingten Vermögensverfügung, da es seine Bedenken zurückstellt und es für überwiegend wahrscheinlich hält, der Täter berichte wahre Tatsachen (OLG Karlsruhe StV 2004, 325; BGHSt 47, 83; BGH NJW 2003, 1198).

19   Führen Zweifel aus Sicht des Opfers zur Ablehnung der angestrebten Vermögensverfügung, kommt eine Versuchsstrafbarkeit in Betracht (BGH wistra 2004, 142; OLG Karlsruhe StV 2004, 325).

Fehlt dem Täter jedwede Vorstellung (ignorantia facti) über die vom Täter **20** unterbreitete Täuschung z. B. aus Gedankenlosigkeit, liegt kein Irrtum vor (BGHSt 2, 234; *Arzt*/Weber BT, S. 484). Ein Irrtum liegt auch nicht vor, wenn die Information des Täters dem Opfer „gleichgültig" ist. (LG Dortmund Urt. v. 8.1.2009 zu Az. 33 KLs 4/08).

IV. Vermögensverfügung

Auf Grund des Irrtums muss der Getäuschte eine Vermögensverfügung vorneh- **21** men. Die Vermögensverfügung ist ein ungeschriebenes Tatbestandsmerkmal und kennzeichnet den Betrug als **Selbstschädigungsdelikt** (*Rengier*, S. 220). Zwischen Irrtum und Vermögensverfügung muss Kausalität bestehen. Hätte der Getäuschte auch unabhängig von seiner Fehlvorstellung über sein Vermögen entsprechend verfügt, scheidet ein Betrug mangels Kausalität aus. Denkbar wäre eine Strafbarkeit wegen versuchten Betruges.

Eine Vermögensverfügung ist jedes rechtliche oder tatsächliche Handeln, Dul- **22** den oder Unterlassen, das unmittelbar zu einer Vermögensminderung im wirtschaftlichen Sinn führt (RGSt 59, 104; BGHSt 14, 170; *Rengier*, S. 220).

Dem Handeln unterfallen etwa ein Vertragsabschluss oder eine Kündigungser- **23** klärung, Unterlassen bedeutet beispielsweise das Absehen, Forderungen geltend zu machen (*Rengier*, S. 221).

Die Vermögensverfügung muss sodann unmittelbar – nicht mittelbar – zu einer **24** Vermögensminderung auf Seiten des Opfers führen. Unmittelbarkeit i.S.v. § 263 Abs. 1 StGB liegt vor, wenn „das irrtumsbedingte Verhalten des Getäuschten ohne zusätzliche Zwischenschritte des Täters zu der Vermögensverfügung führt" (BGH GmbHR 1991, 195).

Das **Unmittelbarkeitserfordernis** ist auch gewahrt, wenn die Verfügung des **25** Opfers nicht in einem Akt, sondern mehraktig quasi in einer „Kette von Verfügungen" erfolgt (BGH GmbHR 1991, 195). Eine solche Kette kann durch „arbeitsteilige Organisationsformen" (Rengier, S. 222) in dem Geschäftsbereich des Opfers entstehen. Entscheidend ist, dass die Kette der Verfügungen auf den täuschungsbedingten Irrtum zurückzuführen ist (BGH GmbHR 1991, 195).

V. Schaden

Ein Schaden i.S.v. § 263 StGB ist unter Zugrundelegung des so genannten **26** **Prinzips der Gesamtsaldierung** (st.Rspr. BGHSt 3, 99; 16, 220; 30, 388; 34, 199; 45, 1; 51, 10; BGH Beschl. v. 6.3.2012, Az. 4 StR 669/11) entstanden, „wenn die Vermögensverfügung (...) unmittelbar zu einer nicht durch Zuwachs ausgeglichenen Minderung des wirtschaftlichen Gesamtwertes des Vermögens des Verfügenden führt" (BGHSt 53, 199).

Der Tatrichter ist gehalten, den Vermögenswert jeweils vor und nach der **27** Verfügung zu bestimmen (BGHSt 30, 388; BGH NJW 2011, 2675; BGH Beschl. v. 13.4.2012, Az. 5 StR 442/11). Im Fall von **Aktienhandel** ist der Wert der Aktie im Zeitpunkt ihrer Zeichnung zu bestimmen (BGH NJW 2011, 2675). Hierbei empfiehlt sich regelmäßig die Hinzuziehung eines Sachverständigen. Zur Schadensberechnung ist die objektive Sicht eines sachlichen Beurteilers auf den Marktwert der Leistung, nicht die subjektive Sicht des Getäuschten entscheidend (OLG Hamm Beschl. v. 7.2.2011, Az. III – 5 Ws 459–471/10). War die Aktie im Zeitpunkt ihrer Zeichnung wertlos, liegt ein Schaden in Höhe der Anlage-summe vor (BGH NJW 2011, 2675).

28   Zahlt der Täter trotz wertloser Aktien anfänglich Dividenden aus, um ein sog. **Schneeball-System** zu schaffen, so ist gleichwohl von einem Schaden in Höhe der vollständigen Anlagesumme auszugehen, da sich die Gewinnchance „allein auf die Begehung weiterer Straftaten stütze und ihre Gewinnerwartung daher von vorne herein wertlos sei" (BGH NJW 2011, 2675 unter Hinweis auf BGHSt 53, 199).

29   Eine Schadenskompensation kann das Tatbestandmerkmal des Schadens zwar nicht mehr beseitigen, ist aber im Rahmen der Strafzumessung strafmildernd zu berücksichtigen (BGH NJW 2011, 2675).

30   Ist eine präzise Rekonstruktion der Werte zum Zeitpunkt der Vermögensverfü-gung unmöglich, kann der Tatrichter **schätzen,** um Mindestfeststellungen im Urteil auszuführen (BGHSt 30, 388; 53, 199; zur Schadensfeststellung BVerfG NJW 2012, 907; BVerfG NJW 2010, 3209; *Saliger* ZIS 2011, 902).

31   Ein Schaden in Höhe der vollständigen Anlagesumme ist zudem anzunehmen, wenn der Geschädigte etwas völlig anderes als er erwerben wollte, erhalten hat. Ein solches **Aliud** liegt z. B. vor, wenn der Käufer einen Farbdiamanten zum Zweck der Kapitalanlage erwerben will, der Diamant von so geringer Qualität ist, dass er zur Geldanlage ungeeignet ist (BGH wistra 2011, 335). Zwar mag dem Farbdiamanten ein gewisser finanzieller Wert zukommen, allerdings ist er als Objekt zur Geldanlage ungeeignet, so ist nunmehr nach dem Prinzip des persönli-chen Schadenseinschlags (st.Rspr. seit BGHSt 16, 321) ein Schaden in Höhe der gesamten Geldanlage zu bejahen, die Sache ist für den Getäuschten unbrauchbar (BGH wistra 2011, 335; BGHSt 32, 22; zur Schadensfeststellung bei betrügeri-scher Kapitalerhöhung BGH NJW 2011,638; *Wessing/Brennecke* NZG 2011, 932).

32   Eine bekannte Betrugsform im Zusammenhang mit Wertpapierhandel ist die sog. **Gebührenschinderei** (Churning). Dabei wird das Anlagekonto durch einen Broker oder Vermittler entgegen dem Interesse des Kunden häufig umgeschlagen, es werden sinnlose Transaktionen durchgeführt, um Provisionen einzustreichen (LG Düsseldorf Urt. v. 13.9.2011, Az. 8 O 123/07; BGH NJW 2004, 3423).

33   Beim Handel mit Optionen auf Warentermingeschäfte wurden vereinzelt über-höhte und verschwiegene Provisionen des jeweiligen Händlers als Betrugsschaden angenommen, (BGH NJW 1983, 313; BGH wistra 2002, 22; BGHSt 30, 177; Kick-back-Zahlungen als Betrug OLG Stuttgart BKR 2011, 250).

34   Der von der Rechtsprechung angewandte juristisch- ökonomische Vermögens-begriff (vgl. *Harbort,* S. 97 ff.) umfasst auch sittenwidrige oder verbotene Geschäfte. § 263 StGB ist daher auch im Zusammenhang mit einem strafbaren Insiderhandel unter den Tatbeteiligten denkbar (BGH NStZ 2003, 151; 2002, 33).

35   Ein Vermögensschaden kann bereits mit dem bloßen Abschluss eines Vertrages entstanden sein, „wenn der Vergleich der Vermögenslage vor und nach dem Eingehen der schuldrechtlichen Verbindlichkeit ergibt, dass der Betroffene durch den Vertrag wirtschaftlich schlechter gestellt ist, sei es, weil das Versprochene gegenüber der Leistung minderwertig ist, sei es, weil der Versprechende leis-tungsunfähig oder leistungsunwillig (Schönke/*Schröder-Cramer/Perron,* § 263 Rn. 128; BGHSt 16, 220) und das Opfer bei einem nicht erfüllungsbereiten oder erfüllungsfähigen Vertragspartner vorleistungspflichtig ist" (OLG Hamm, Beschl. v. 7.2.2011 Az. III – 5 Ws 459 – 471/10).

Bei einer vertraglich vereinbarten Leistung Zug-um-Zug oder ist der **36** Getäuschte nicht vorleistungspflichtig, scheidet ein Schaden nach den vorbezeichneten Regeln des Eingehungsbetruges aus (OLG Hamm, Beschl. v. 7.2.2011, Az. III – 5 Ws 459 – 471/10). Kennzeichnend für den **Eingehungsbetrug** ist zudem der Umstand, dass der Vertrag nicht erfüllt wurde (MüKo-*Wohlers*, § 263 Rn. 480). Durch den Vertragsschluss muss auf Seiten des Getäuschten eine konkrete Vermögensgefährdung eingetreten sein (BGHSt 51, 165). Dem gegenüber kritisiert BGHSt 53, 199 den Begriff der konkreten Vermögensgefährdung zur Erklärung des Eingehungsbetruges als „unzureichend" und „entbehrlich", denn auch ein bloßer Vertragsschluss kann schon einen Schaden beinhalten bzw. muss einen Schaden beinhalten, um das Tatbestandsmerkmal des § 263 Abs. 1 StGB zu erfüllen. Danach ist auch beim Eingehungsbetrug zu saldieren, maßgebend ist der Zeitpunkt des Vertragsschlusses. Im Hinblick auf vertraglich vereinbarte Risikogeschäfte heißt dies, „dass ein Vermögensschaden nur soweit vorliegt, als die von dem Getäuschten eingegangene Verpflichtung wertmäßig höher ist als die dafür gewährte Gewinnmöglichkeit" (BGHSt 53, 199 und der Hinweis auf BGHSt 30, 388).

Bei der Saldierung werden die durch Täuschung erlangte Zahlung des Anlage- **37** betrages und der „dadurch verursachte Minderwert des im Synallagma Erlangten" (BGHSt 53, 199) bewertet und gegenübergestellt.

Bislang sollten nicht fällige Forderungen noch keinen Schaden begründen kön- **38** nen, (BVerfG Beschl. v. 23.6.2010 Az. 2 BvR 2559/08; BGH NStZ – RR 2011, 312 m. w. N; BGH StV 2011, 733). Diese Rechtsprechung befindet sich im Wandel: Einer (noch) nicht fälligen Forderung soll ein benennbarer Wert zukommen, wenn es nur noch eines „Federstreichs" bedarf, um die Fälligkeit auszulösen (BGH NStZ – RR 2011, 312). Zur Begründung weist diese Entscheidung auf den Handel mit Optionen, Futures, etc. und damit auf ihre rechtliche Ausgestaltung zur schnellen und einfachen Herbeiführung einer Fälligkeit hin.

Ein vertraglich vereinbartes Rücktrittsrecht oder eine Anfechtungsmöglichkeit **39** etwa wegen arglistiger Täuschung sind in der Regel nicht geeignet, einen Betrugsschaden zu verneinen. Dem Opfer sollen die Risiken zur Durchsetzung der denkbaren Ansprüche nicht aufgebürdet werden (BGHSt 34, 199; vgl. auch BGHSt 23, 300).

VI. Vorsatz

Der subjektive Tatbestand des § 263 StGB verlangt Vorsatz bezüglich aller **40** objektiven Tatbestandsmerkmale einschließlich der Kausalität; **dolus eventualis** genügt, (BGHSt 16, 1; 18, 235; *Fischer*, § 243 Rn. 106). Ferner muss die Absicht eigen- oder fremdnütziger, stoffgleicher Bereicherung vorliegen und der Täter muss vorsätzlich bezüglich der Rechtswidrigkeit der erstrebenden Bereicherung handeln. Die Beurteilung der Frage, ob der Täter (bedingt) vorsätzlich handelte, hängt von den Kenntnissen des Täters über den Sachverhalt und dessen Billigung ab. Kannte der Täter die schadensbegründenden Umstände, erfüllt dies das kognitive Element des Vorsatzes. Insoweit ist dann seine Haltung bezüglich eines möglichen Erfolgseintritts zu prüfen. Die Einlassung des Täters, er habe gehofft „letzten Endes" es gehe alles gut, und „das Risiko werde sich nicht realisieren" ist nicht ohne weiteres geeignet, den Betrugsvorsatz auszuschließen, (BGH NStZ 2003, 264; LG Düsseldorf, Urt. v. 30.6.2010, Az. 14 Kls 3/10).

41   Auch der bedingte Vorsatz verlangt das Vorliegen eines kognitiven und voluntativen Elements. Dies gilt auch in Bezug auf einen möglichen Gefährdungsschaden beim Betrug. Das Wissen des Täters müsste in dieser Konstellation die Kenntnis umfassen, dass die einander geschuldeten Leistungen sich nicht gleichwertig
gegenüberstehen (BGHSt 48, 331). Zur Beurteilung des Wollens-Elements bietet
der Grad der Gefährdung etwa des Rückzahlungsanspruchs eines Anlegers ein
entscheidendes Indiz. Je größer die Gefahr eines finanziellen Verlusts für den
Anleger ist, desto größer ist die Wahrscheinlichkeit, dass der Täter diesen Verlust
gebilligt hat (BGHSt 48, 331). Darüber hinaus sind das Motiv, die Interessenlage
sowie die konkrete Ausgestaltung des Geschäfts auch im Rahmen einer würdigenden Gesamtschau objektive Indizien, die Schlüsse auf das Wollens-Element zulassen, (BGHSt 48, 331). Ein Indiz für das Wollens-Element ist zudem der Verstoß
gegen anlegerschützende Normen (z. B. eine ungenügende Bilanzierung, Verstöße gegen Aufklärungspflichten nach dem WpHG, Verstöße gegen das KWG)
in Kenntnis ihres Inhalts (BGHSt 47, 148).

42   In die Abwägung ist einzubeziehen, dass Börsenhandel und Anlagegeschäfte
stets erhebliche Risiken in sich tragen und diese niemals vollständig auszuschließen
sind (BGHSt 48, 331).

VII. Stoffgleichheit

43   Der subjektive Tatbestand des Betruges enthält zudem das ungeschriebene
Tatbestandsmerkmal der eigennützigen oder fremdnützigen Absicht stoffgleicher Bereicherung. Für die Stoffgleichheit ist entscheidend, „dass dieselbe
Vermögensverfügung des Getäuschten, die den Täter oder einen Dritten bereichern sollen, eine Schaden unmittelbar herbeiführt" (BGHSt 34, 379; vgl.
auch BGHSt 17, 147; 6, 115; LG Arnsberg Urt. v. 8.11.2007, Az. 6 Kls 312
Js 124/06 zur Stoffgleichheit bei Provisionszahlungen; *Brand/Reschke* NStZ
2011, 379).

44   Stoffgleichheit schließt mittelbare Schäden und Folgeschäden aus. Führt die
Tathandlung, z. B. zur Auszahlung von Belohnungen oder sonstigen entfernten
Umständen, ist diesbezüglich Stoffgleichheit zu verneinen. Dies ist darauf zurückzuführen, dass Betrug ein **Vermögensverschiebungsdelikt** ist, (*Rengier*, S. 263).
Gibt der Vorstand einer AG eine falsche Ad-hoc-Mitteilung heraus und kommt
es infolge dessen zu Kursveränderungen und Vermögensschäden, so scheidet in
der Regel ein Betrug gem. § 263 StGB mangels Stoffgleichheit aus (BGHZ 160,
134; *Fuchs* vor § 37b Rn. 66).

45   Unmittelbare Folge der **falschen Ad-hoc-Mitteilung** ist ein unzutreffender
Aktienkurs. Eine spiegelbildliche Verbindung zwischen der falschen Ad-hoc-Mitteilung und der Vermögensverfügung ist in der Regel ausgeschlossen. Im Rahmen
des anonymen Massengeschäftes an der Börse ist die Vermögensverfügung einzelner Anleger eine mittelbare Folge i.S.v. § 263 Abs. 1 StGB der falschen Ad-hoc-
Mitteilung (BGHZ 160, 134).

46   Bereicherungsabsicht liegt vor, wenn der Vermögensvorteil ein Ziel des Handelns des Täters ist; sein Wollen muss (auch) gerade eine Verbesserung des Vermögens beinhalten. Daneben darf der Täter noch sonstige Motive verfolgen. Dolus
eventualis genügt nicht; vielmehr bedeutet Absicht i.S.v. § 263 Abs. 1 StGB dolus
directus 1. Grades: Der Täter muss die Bereicherung als „sichere Folge seiner
Täuschung voraussehen" (BGHSt 16, 1).

VIII. Rechtswidrigkeit

Die beabsichtigte Bereicherung ist rechtswidrig, „wenn der Täter keinen fälli- **47** gen und einredefreien Einspruch auf den angestrebten Vorteil hat (*Wittig*, S. 168). Die angestrebte Bereicherung ist rechtmäßig, wenn sie der Rechtsordnung entspricht. Ein Irrtum über die Rechtswidrigkeit der Bereicherungsabsicht ist ein Tatbestandsirrtum i.S.v. § 16 StGB und lässt den Vorsatz entfallen. Eine Versuchsstrafbarkeit scheidet i.d.R. auch aus, sofern der Täter nicht den Tatentschluss zur rechtswidrigen Bereicherung gefasst hätte. Die Folge wäre Straflosigkeit (BGHSt 42, 268; OLG Düsseldorf wistra 1992, 74). Ein versuchter Betrug kommt lediglich dann in Betracht, wenn der Täter den Anspruch fälschlicherweise für rechtswidrig hält, tatsächlich steht ihm der Anspruch aber rechtmäßig zu, so dass in dieser Konstellation nach den Regeln des umgekehrten Tatbestandsirrtum eine Versuchsstrafbarkeit verbliebe (BGHSt 42, 268).

IX. Strafschärfungen

1. Einleitung

§ 263 Abs. 1 StGB sieht Geldstrafe oder Freiheitsstrafe bis zu fünf Jahre vor. **48** Die Strafzumessung richtet sich nach den allgemeinen Grundsätzen (*Fischer*, § 263 Rn. 117 f.; vgl. auch § 46 StGB).

§ 263 Abs. 3 StGB enthält indes Strafschärfungen; liegt ein dort **benanntes** **49** **Regelbeispiel** oder ein **unbenannter besonders schwerer Fall** vor, ist die Freiheitsstrafe dem Rahmen von sechs Monaten bis zu zehn Jahren zu entnehmen, bloße Geldstrafe ist nicht mehr vorgesehen.

Die Verwirklichung eines im § 263 Abs. 3 Nr. 1 – 5 StGB aufgeführten Regel- **50** beispiel stellt eine widerlegbare Vermutung für einen besonders schweren Fall dar. Diese kann durch Vorliegen erheblicher Strafmilderungsumstände widerlegt werden. So kommt z. B. trotz Vorliegens eines Vermögensschadens großen Ausmaßes kein besonders schwerer Fall in Betracht, wenn im Rahmen einer Gesamtwürdigung von Tat und Täter folgende Strafmilderungsgründe festgestellt werden können:

Frühes Geständnis, Untersuchungshaft, schlechter Gesundheitszustand, nicht **51** vorbestraft, keine Wiederholungsgefahr (Landgericht Köln Urt. vom 23.3.2010, Az. 109–111/05).

Auch ein erhebliches Mitverschulden des Geschädigten kann im Rahmen einer **52** Gesamtschau zur Verneinung des besonders schweren Falles führen (LG Gera, NStZ – RR 1996, 167).

Ein besonders schwerer Fall scheidet zudem aus, wenn es um eine **Bagatelle** **53** geht, § 263 Abs. 3 StGB in Verbindung mit § 243 Abs. 2 StGB. Die Geringwertigkeitsgrenze liegt bei 25,00 € (zum Streitstand in Zusammenhang mit der Geringwertigkeitsgrenze siehe KG Berlin 13.1.2010, 1 Ss 465/09; BGH Beschl. vom 9.7.2004 zu Az. 2 StR 176/04).

Ein Bagatellbetrug kann trotz Vorliegens gewerbsmäßigen Handelns angenom- **54** men werden, wenn der Schaden die Geringwertigkeitsgrenze nur knapp übersteigt, der Gesamtschaden verhältnismäßig niedrig ist und gewichtige Strafmilderungsgründe vorliegen (KG Berlin, Beschl. vom 13.1.2010, Az. 1Ss 465/09; BGH wistra 2001, 303).

55   Der **Vorsatz** des Täters muss sich auch auf die Umstände beziehen, die zur Annahme eines besonders schweren Falles führen (BGH Beschl. vom 27.5.1980, 3 StR 197/80). In der Revision ist die Strafzumessung mit der Sachrüge angreifbar. Im Hinblick auf die Feststellung besonders schwerer Fälle oder des Ablehnens besonders schwerer Fälle trotz Vorliegens eines Regelbeispiels ist § 267 Abs. 2, 3 StPO auch mit Blick auf die Revision von entscheidender Bedeutung. Nach § 267 Abs. 3 StPO muss das Tatgericht begründen, „weshalb ein besonders schwerer Fall nicht angenommen wird, wenn die Voraussetzungen erfüllt sind, unter denen nach dem Strafgesetz in der Regel ein solcher Fall vorliegt."

56   Der BGH hat die Anforderung an der Begründung in zwei Schritte aufgeteilt (BGH NJW 2011, 2450):
1. Zunächst ist zu prüfen, ob der Sachverhalt unter die Tatbestandsmerkmale eines Regelbeispiels subsumiert werden kann. Diese Rechtsanwendung ist uneingeschränkt der revisionsrechtlichen Prüfung zugänglich.
2. Wird in dem ersten Prüfungsschritt ein Regelbeispiel bejaht und will das Tatgericht gleichwohl nicht den erhöhten Strafrahmen seinem Urteil zugrunde legen, so muss es dies nachvollziehbar darlegen (BGH NJW 2011, 2450). Dabei ist zu beachten, dass die Strafzumessung und hierzu gehört bereits die Wahl des Strafrahmens Aufgabe des Tatrichters ist. Die Wahl des Strafrahmens ist daher nur eingeschränkt revisibel. Der BGH verlangt die Abwägung aller Für und Wider die Anwendung des Strafrahmens eines besonders schweren Falles sprechenden Umstände. Bleiben entscheidende Argumente bei der Abwägung unberücksichtigt ist die Strafzumessung fehlerhaft, das Urteil kann aufgehoben werden. Wurden jedoch sämtliche Aspekte erschöpfend dargetan, ist das Ergebnis des Tatgerichts mit der Revision unantastbar (BGH NJW 2011, 2450).

2. Gewerbsmäßig

57   Der Täter handelt gewerbsmäßig i.S.v. § 263 Abs. 3 S. 2 Nr. 1 1. Alt. StGB, wenn er die Absicht verfolgt, „ sich durch wiederholte Tatbegehung eine fortlaufende Einnahmequelle von einiger Dauer und einigem Umfang zu verschaffen" (BGH Beschl. vom 7.9.2011, Az. 1 Str 343/11; so auch BGH Beschl. vom 26.5.2009, Az. 4 Str 10/09). Liegt eine solche Absicht vor, ist bereits die erste Tathandlung als gewerbsmäßig anzusehen (BGH Beschl. vom 7.9.2011, 1 StR 343/11). Eine dahingehende Absicht ist zudem zu bejahen, wenn sich der Täter aus der Tat lediglich „mittelbare Vorteile" (BGH wistra 2009, 379), verspricht, ein tatsächlicher Zugriff auf finanzielle Vorteile ist nicht erforderlich (BGH Beschl. vom 7.9.2011, Az. 1 Str 343/11). Ein mittelbarer Vorteil ist auch anzunehmen, wenn Gelder aus einer Betrugsstraftat einer von dem Täter beherrschten Gesellschaft zu Gute kommen (BGH NStZ 1989, 622; BGH wistra 2008, 379 oder wenn Vermögensvorteile auf ein (fremdes) Konto fließen auf das der Täter jederzeit problemlos Zugriff hat, BGH Beschl. vom 7.9.2011, Az. 1 Str 343/11).

3. Mitglied einer Bande

58   Eine Bande im Sinne von § 263 Abs. 3 S. 2 Nr. 1, 2. Alt. StGB liegt vor, wenn sich **mindestens drei Personen** zur fortgesetzten Begehung von Betrugstaten verbunden haben. Bei der Tatbestandsverwirklichung müssen nicht sämtliche Bandenmitglieder tätig geworden sein, das Zusammenwirken von lediglich zwei Mitgliedern in irgendeiner Form genügt. Bandenmitglieder müssen „sich mit dem

Willen verbunden haben, künftig für eine gewisse Dauer mehrere selbstständige, im Einzelnen noch ungewisse Straftaten des im Gesetz genannten Deliktstyps zu begehen" (BGHSt 46, 321). Ein darüber hinaus gehender „gefestigter Bandenwille" gehört nicht zu den Voraussetzungen (BGHSt 46, 321). Demgemäß unterscheidet sich die Bande von der Mitgliederschaft dadurch, dass die Bande auf eine gewisse Dauer angelegt ist. Die dauerhafte Verbindung zur Begehung von Straftaten ist der Kern der schon abstrakten Gefährlichkeit einer Bande und stellt den Anreiz zur Begehung ständig neuer Straftaten dar (BGHSt 23, 239). Eine kriminelle Vereinigung verlangt, anders als die Bande, eine Organisationsstruktur und einen „übergeordneten Gemeinschaftswillen" (BGHSt 54, 216; vgl. Rahmenbeschluss des Rates vom 24.10.2008 zur Bekämpfung der organisierten Kriminalität ABl. EG 2008 Nr. L300F.42).

Handelt der Täter als Mitglied einer Bande und gewerbsmäßig scheidet § 263 **59** Abs. 3 StGB aus, es liegt sodann die Qualifikation des § 263 Abs. 5 StGB vor (gegen diesen „Automatismus" differenzierend LG Berlin StV 2004, 545).

4. Vermögensverlust großen Ausmaßes

Ein Schaden in Höhe von **50.000 Euro** bedeutet einen Vermögensverlust großen **60** Ausmaßes gem. § 263 Abs. 3 S. 2 Nr. 2 StGB (BGHSt 48, 360). Der Schaden muss tatsächlich eingetreten sein, ein so genannter Gefährdungsschaden, etwa im Rahmen eines Eingehungsbetruges stellt keinen besonders schweren Fall dieser Gruppe dar (BGHSt 48, 354). Wurde die Tat nur versucht, der angestrebte Vermögensschaden über 50.000 Euro nicht erreicht, scheidet Nr. 2 des § 263 Abs. 3 S. 2 StGB auch aus (BGH NStZ-RR 2009, 206). Die Beurteilung des Vermögensverlustes ist aus der Sicht des Opfers vorzunehmen; es ist nicht auf den Vorteil des Täters abzustellen (BGH NJW 2011, 1825).

Treffen Betrugsschäden bei einem Opfer tateinheitlich zusammen, können **61** diese addiert werden und die Summe der Bestimmung eines großen Ausmaßes i.S.v. § 263 Abs. 3 S. 2 Nr. 2 1. Alt. StGB zugrunde gelegt werden. Sind mehrere Opfer betroffen, bleiben die Schadenspositionen nebeneinander stehen; die Voraussetzungen dieses großen Ausmaßes ist dann nicht durch zusammenzählen der einzelnen Schadensbeträge zu bestimmen.

5. Große Zahl von Menschen gefährdet

Ein besonders schwerer Fall liegt gemäß § 263 Abs. 3 S. 2 Nr. 2 2. Alt. StGB **62** zudem vor, wenn der Täter in der Absicht handelt, durch fortgesetzte Begehung von Betrug eine große Zahl von Menschen in die Gefahr des Verlustes von Vermögenswerten zu bringen. Zur Verwirklichung genügt die dargetane Absicht, ein Erfolg muss nicht eingetreten sein. Wann eine große Zahl vorliegt, ist streitig; teilweise soll die Absicht genügen, mindestens zwei Personen tatmehrheitlich zu gefährden, (*Fischer,* § 263 Rn. 123a mwN). Nach Ansicht der Rechtsprechung genügt die tatsächliche Schädigung **einer Person, verbunden mit der Absicht, eine große Zahl zu schädigen** (BGH NStZ 2001, 319). Juristische Personen sind durch § 263 Abs. 3 S. 2 Nr. 2 2. Alt. StGB nicht geschützt (BGH NStZ 2001, 319).

6. Wirtschaftliche Not

Ein besonders schwerer Fall des Betruges liegt vor, wenn der Täter eine andere **63** Person in wirtschaftliche Not bringt. Die wirtschaftliche Not kann sich sowohl auf den geschäftlichen als auch auf den privaten Bereich beziehen. Im Unternehmen herrscht wirtschaftliche Not i.s.v. § 263 Abs. 3 S. 2 Nr. 3 StGB, wenn die Daseinsgrundlage gefährdet ist; im Privatleben liegt sie vor, wenn der Lebensunterhalt aus eigener Kraft nicht mehr bestritten werden kann (*Fischer*, § 263 Rn. 124; § 291 Rn. 27 unter Hinweis auf BT-Drs. VI/1549, 10).

7. Befugnisse oder Stellung missbraucht

64 Ein besonders schwerer Fall des Betruges i.s.v. § 263 Abs. 3 S. 2 Nr. 4 StGB liegt vor, wenn der Täter seine Befugnisse oder seine Stellung als Amtsträger missbraucht. Ein Amtsträger missbraucht seine Stellung, durch ihre Ausnutzung zu Handlungen außerhalb seiner dienstlichen Zuständigkeit. Ein Befugnismissbrauch ist anzunehmen, wenn der Amtsträger innerhalb seiner Zuständigkeit seine Position ausnutzt (*Fischer* § 263 Rn. 125). Amtsträger sind in § 11 Abs. 1 Nr. 2 StGB definiert. Hierzu zählen z. B. der Sparkassenangestellte, § 11 Abs. 1 Nr. 2 lit. c; (BGH NStZ 2004, 559); der Redakteur einer öffentlich-rechtlichen Rundfunkanstalt, § 11 Abs. 1 Nr. 2 lit. c StGB (BGHSt 54, 202). Eine Amtsträgereigenschaft kommt auch für den Vorstand einer AG in Betracht, die über eine Beteiligungsgesellschaft im Alleinbesitz einer Stadt steht (OLG Düsseldorf StV 2008, 358). Kommunale Mandatsträger fallen nicht unter § 11 Abs. 1 StGB (BGH NStZ 2007, 36).

65 Wird der Betrug – auch in einem besonders schweren Fall – zum Nachteil eines Angehörigen i.s.v. § 11 Abs. 1 Nr. 1 StGB, eines Vormunds oder eines Hausgenossen begangen, so ist ein Strafantrag erforderlich, § 264 Abs. 4 StGB iVm § 247 StGB.

X. Qualifikation, § 263 Abs. 5 StGB

66 Die Qualifikation des § 263 Abs. 5 StGB liegt vor, wenn der Täter gleichzeitig gewerbs- und bandenmäßig handelt. Sie erhöht den Strafrahmen auf ein Jahr bis zehn Jahre und lässt somit den qualifizierten Betrug zu einem Verbrechen werden, (BGH NStZ – RR 2007, 269; 2006, 106; Landgericht Düsseldorf Urt. v. 6.7.2000 Az. 3 KLs 7/10). Die Voraussetzungen der Gewerbsmäßigkeit und der Bande verhalten sich wie oben dargestellt.

67 Da § 263 Abs. 4 StGB für die Qualifikation nicht gilt, enthält § 263 Abs. 5 Hs 2 StGB eine Regelung des minderschweren Falles. Dieser liegt bezüglich der Qualifikation vor, wenn sich etwa die Tat auf geringe Vermögenswerte (§ 248a StGB) bezieht.

68 Handelt der Täter gewerbsmäßig oder als Mitglied einer Bande, kann gem. § 263 Abs. 7 StGB iVm § 73d StGB der erweiterte Verfall angeordnet werden.

69 Nach § 263 Abs. 6 StGB iVm § 68 Abs. 1 StGB kann das Gericht Führungsaufsicht anordnen. Diese kommt in Betracht, wenn der Täter zu mindestens sechs Monaten Freiheitsstrafe verurteilt wurde und die Gefahr der Begehung weiterer Straftaten besteht. Im Rahmen der Führungsaufsicht kann das Gericht den Täter anweisen bestimmte Tätigkeiten nicht auszuüben, die er möglicherweise zur Verübung von Straftaten missbrauchen kann, § 68 Abs. 1 Nr. 4 StGB. Die Führungsaufsicht dauert zwischen zwei und fünf Jahren, § 68c Abs. 1 StGB.

70 Zu den Folgen der Tat kann neben der Anordnung eines Berufsverbots nach § 70 StGB bereits die Anordnung eines **vorläufigen Berufsverbots** gem. § 132a StPO gehören (OLG Karlsruhe StV 2002, 147).

Zu den Voraussetzungen des § 132a StPO gehört die Erwartung, dass gegen **71** den Täter ein Berufsverbot verhängt wird und dass somit konkrete Gefahren für wichtige Gemeinschaftsgüter abgewendet werden (BGH NStZ – RR 2011, 346; OLG Karlsruhe StV 2002, 147). Zudem gilt auch hier – Art. 12 GG wird eingeschränkt – der Verhältnismäßigkeitsgrundsatz (BGH NStZ – RR 2011, 346; OLG Bremen StV 1997, 9; BVerfGE 48, 292).

XI. Mittäter

Mittäter ist, wer gemeinschaftlich mit einem anderen dieselbe Straftat begeht, **72** (*Rengier*, S. 388). Für die Mittäterschaft reicht arbeitsteiliges Zusammenwirken; es genügt, wenn sich der Tatbeitrag eines Mittäters auf Vorbereitungs- und Unterstützungshandlungen erstreckt (LG Düsseldorf 14 KLs 3/08, Urt. v. 13.11.2008). Die Vornahme einer tatbestandlichen Ausführungshandlung ist nicht erforder- **73** lich. Nach st.Rspr. ist danach Mittäter, „wer nicht nur fremdes Tun fördert, sondern einen eigenen Tatbeitrag derart in eine gemeinschaftliche Tat einfügt, dass sein Beitrag als Teil der Tätigkeit des anderen und umgekehrt dessen Tun als Ergänzung seines eigenen Tatanteils erscheint." (BGH Urt. v. 10.11.2004, Az. 5 StR 403/04; LG Düsseldorf Urt. v. 13.11.2008, Az. 14 KLs 3/08; BGH NJW 1995, 142; BGHSt 6, 249).

Demgemäß wird mittäterschaftliches Handeln wechselseitig zugerechnet. Wer- **74** den Betrugstaten im Ausland und in Deutschland von Mittätern begangen, so kann Tatort i.S.v. § 9 StGB auch der Ort sein, an dem lediglich Vorbereitungshandlungen begangen wurden (BGH NStZ – RR 2009, 197; BGHSt 39, 88).

Um die **Mittäterschaft** von der **Beihilfe abzugrenzen** hat die Rechtspre- **75** chung folgende Anhaltspunkte entwickelt: Grad des eigenen Interesses am Taterfolg, Umfang der Tatbeteiligung, Tatherrschaft, Wille zur Tatherrschaft (BGH NStZ – RR 2005, 71; BGHSt 37, 289). Beim Betrug kann auch derjenige Mittäter sein, der kein eigenes Interesse an der Beute hat, da § 263 Abs. 1 StGB auch fremdnütziges Handeln umfasst (LG Düsseldorf Urt. v. 13.11.2008, Az. 14 KLs 3/08).

Sukzessive Mittäterschaft liegt vor, wenn sich ein Täter einer nach nicht **76** beendeter Straftat eines anderen durch Förderung der Tat nach den vorbezeichneten Grundsätzen anschließt (*Fischer*, § 25 Rn. 21; BGH NStZ 2010, 146). Tritt der „sich angeschlossene" Mittäter zu einem Zeitpunkt zu der Tat hinzu, als verschiedene Schäden bereits eingetreten waren, so werden diese im Rahmen sukzessiver Mittäterschaft nicht zugerechnet mit der Folge, dass sie auch bei der Strafzumessung nicht erschwerend gewertet werden dürfen (BGH NStZ 2010, 146).

XII. Beihilfe

Beihilfe, § 27 StGB leistet, wer einem anderen bei dessen Tatausführung hilft. **77** Helfen i.S.v. § 27 StGB bedeutet, Förderung des Taterfolges eines anderen Täters (BGHSt 42, 135); die Hilfe muss nicht kausal für den Taterfolg sein (BGHSt 8, 390; BGHSt 46, 107).

Der Gehilfe muss vorsätzlich handeln. Dies ist der Fall, wenn er „die Haupttat **78** in ihren wesentlichen Merkmalen kennt und in dem Bewusstsein handelt, durch sein Verhalten das Vorhaben des Haupttäters zu fördern (…) Einzelheiten der Haupttat braucht er nicht zu kennen." (BGHSt 46, 107; BGH NStZ – RR 2011,

177). Hinsichtlich berufstypischer Handlungen, die eine andere tatbestandsmäßige und rechtswidrige Haupttat fördern, stellt die Rechtsprechung an die Vorsatzfeststellungen besondere Voraussetzungen. Ein Rechtsanwalt, der Gelder für eine rechtswidrige Finanzanlage akquiriert macht sich nicht der Beihilfe etwa zu einem Betrug strafbar, wenn er es lediglich für möglich hält, dass der Täter eine Straftat dabei begeht (OLG München Urt. v. 6.2.2007, Az. 13 U 4645/06; BGHSt 46, 107). Eine strafbare Beihilfe liegt erst vor, wenn der Rechtsanwalt davon ausgeht, es liege ein „hohes Risiko strafbaren Verhaltens" (OLG München Urt. v. 6.2.2007, Az. 13 U 4645/06) vor und der Rechtsanwalt gleichwohl die fremde Tat fördert (BGHSt 46, 107).

79   Eine Beihilfe zu einem Betrug in einem besonders schweren Fall ist möglich, wenn die Beihilfehandlungen im Rahmen einer Gesamtwürdigung selbst besonders schwere Fälle darstellen. Hat der Haupttäter ein Regelbeispiel verwirklicht, bedeutet dies daher nicht gleichzeitig, dass der Gehilfe ebenfalls wegen eines besonderen schweren Falles zu bestrafen wäre, (LG Düsseldorf Urt. v. 30.6.2010, Az. 14 KLs 3/10; BGH StV 96, 87). Eine Beihilfe zu einem Betrug in einem besonders schweren Fall kommt in Betracht, wenn durch den Betrug ein Vermögensverlust großen Ausmaßes, § 263 Abs. 3 S. 2 Nr. 2 StGB verursacht wurde und der Gehilfe diese Tat gefördert hat (BGH wistra 2007, 461).

XIII. Versuch

80   Ein Versuch liegt gem. § 22 StGB vor, wenn der Täter nach seiner Vorstellung von der Tat zur Verwirklichung der Tat unmittelbar ansetzt. Der Täter muss also seinen **Tatentschluss gefasst** haben und er muss **eine Handlung vorgenommen** haben, die im ungestörten Fortgang ohne Zwischenakte in die Tatbestandsverwirklichung unmittelbar einmündet oder mit ihr in unmittelbarem räumlichen und zeitlichen Zusammenhang steht (BGH NStZ 2008, 209; BGHSt 48, 34; *Bosch* Jura 2011, 909). Es muss also nicht etwa bei mehraktigen Delikten ein Tatbestandsmerkmal bereits verwirklicht sein (BGH NStZ 2011, 400). Im Einzelfall ist stets zu prüfen, ob eine straflose Vorbereitungshandlung oder bereits ein Versuch vorliegt. Die Rechtsprechung hat hierzu zahlreiche Entscheidungen getroffen. So ist die Grenze zum versuchten Betrug noch nicht überschritten, wenn die Täuschung aus Sicht des Täters noch nicht ausreicht, um den gewünschten Irrtum zur schädigenden Vermögensverfügung hervorzurufen (BGHSt 37, 294). Ebenso wenig stellt die „bloße Sondierung der Vertragsbereitschaft" (BGH NStZ 1997, 31) im Zusammenhang mit einem **Eingehungsbetrug** einen Betrugsversuch dar. Anders kann es sein, wenn der Täter ein konkretes Vertragsangebot abgegeben hat und nur noch auf die Annahme wartet (BGH NStZ 1997, 31; zum versuchten Betrug durch Buchhaltungsmanipulationen vgl. BGH NStZ 2011, 83. Zum versuchten Betrug beim Handeln mit Schuldscheindarlehen vgl. BGH StV 2003, 444).

81   Der **Versuch** eines Betruges in einem **besonders schweren Fall** ist möglich, wenn der Täter zur Tatbestandsverwirklichung unter Einbeziehung seiner Vorstellung zur Verwirklichung des Regelbeispiels unmittelbar angesetzt hat. Es genügt nicht, das bloße Verwirklichen eines Regelbeispiels; der Täter muss zur Verwirklichung des Tatbestandsmerkmales unmittelbar angesetzt haben. Entsprechendes gilt für die **Qualifikation:** Der Täter muss zur Verwirklichung des Grundtatbestandes unmittelbar angesetzt haben, um von einem versuchten Betrug zu sprechen. Das unmittelbare Ansetzen zur Verwirklichung eines Qualifikationsmerkmals reicht nicht aus.

XIV. Vollendet, beendet

Ein Betrug ist im Zeitpunkt des Eintritts eines wenigstens teilweisen Vermögens- **82** schadens vollendet (BGH NStZ-RR 2010, 74; BGHSt 19, 342; OLG Hamm GWR 2012, 66). Beendet ist ein Betrug i.s.v. § 263 StGB, wenn der Täter den Vermögensvorteil endgültig erlangt hat (OLG Stuttgart NJW 1974, 914). Mit der Beendigung beginnt die Verjährungsfrist zu laufen, § 78a StGB (BGH wistra 2001, 339) und sie ist i. S. d. § 55 Abs. 1 S. 1 StGB „begangen" (BGH wistra 2010, 408).

XV. Verjährung

Die Verjährungsfrist des Betruges beträgt **fünf Jahre**, § 78 Abs. 1 S. 1 StGB, **83** (vgl. BGH NStZ 2009, 205). Die Qualifikation des Betruges, § 263 Abs. 5 StGB verjährt in zehn Jahren, § 78 Abs. 3 Nr. 3 StGB. Wird ein Verfahren durch Urteil wegen Verjährung eingestellt, § 260 Abs. 3 StPO muss das Urteil Feststellungen treffen, dass ein solches Verfahrenshindernis vorliegt; derartige Feststellungen sind revisibel. Stellt das Tatgericht das Verfahren mit der Begründung ein, die Betrugstaten seien verjährt, so muss es sich gegebenenfalls dazu verhalten, dass auch keine Verurteilung wegen einer Qualifikation – mit einer längeren Verjährungsfrist – in Betracht kommt (BGHSt 56, 6). Macht der Geschädigte eines Betruges im Rahmen des Strafverfahrens Schadensersatzansprüche mit einem Adhäsionsantrag geltend, so ist die für deliktische Handlungen geltende Verjährungsfrist von drei Jahren zu beachten, § 195 BGB. Bei Gesamtschuldnern ist der Verjährungsbeginn im Hinblick auf das Adhäsionsverfahren getrennt zu ermitteln und im Urteil darzustellen (BGH NStZ – RR 2011, 52).

XVI. Konkurrenz

Tateinheit ist mit § 266 StGB möglich (BGH NStZ 2008, 340) auch mit § 89 **84** BörsG, § 38 WpHG. §§ 399, 400, 403 AktG, § 333 HGB treten hinter § 263 StGB zurück. Zwischen § 263 StGB und § 263a StGB ist Postpendenz möglich (BGH NStZ 2008, 396). § 370, 371 AO gehen § 263 StGB vor (BGHSt 36, 100; 51, 356). Der Fortsetzungszusammenhang beim Betrug existiert nicht mehr, (GrSenBGH 40, 138). Zu Tateinheit und Tatmehrheit bei Deliktserien BGH StV 2011, 726. Vgl. zu Serientaten auch BGH Beschl. v. 7.12.2010, Az. 3 StR 434/10.

Strafgesetzbuch

C. § 264a Kapitalanlagebetrug

(1) **Wer im Zusammenhang mit**
1. **dem Vertrieb von Wertpapieren, Bezugsrechten oder von Anteilen, die eine Beteiligung an dem Ergebnis eines Unternehmens gewähren sollen, oder**
2. **dem Angebot, die Einlage auf solche Anteile zu erhöhen,**

in Prospekten oder in Darstellungen oder Übersichten über den Vermögensstand hinsichtlich der für die Entscheidung über den Erwerb oder die Erhöhung erheblichen Umstände gegenüber einem größeren Kreis von Personen unrichtige vorteilhafte Angaben macht oder nachteilige Tatsachen verschweigt, wird mit Freiheitsstrafe bis zu drei Jahren oder mit Geldstrafe bestraft.

(2) Absatz 1 gilt entsprechend, wenn sich die Tat auf Anteile an einem Vermögen bezieht, das ein Unternehmen im eigenen Namen, jedoch für fremde Rechnung verwaltet.

(3) Nach den Absätzen 1 und 2 wird nicht bestraft, wer freiwillig verhindert, daß auf Grund der Tat die durch den Erwerb oder die Erhöhung bedingte Leistung erbracht wird. Wird die Leistung ohne Zutun des Täters nicht erbracht, so wird er straflos, wenn er sich freiwillig und ernsthaft bemüht, das Erbringen der Leistung zu verhindern.

Literatur: *Fischer,* Strafgesetzbuch, 2011; *Fuchs,* Wertpapierhandelsgesetz, 2009; *Hagemann,* „Grauer Kapitalmarkt" und Strafrecht, Diss. 2005; *Hüffer,* Aktiengesetz, 2010; *Jacobi,* Der Straftatbestand des Kapitalanlagebetruges (§ 264a StGB), Diss. 1999; *Kind/Bruchwitz,* Die Verjährung von Prospekthaftungsansprüchen bei geschlossenen Fonds und Bauherrenmodellen, BKR 2011, 10; *Knauth,* Kapitalanlagebetrug und Börsendelikte im zweiten Gesetz zur Bekämpfung der Wirtschaftskriminalität, NJW 1987, 28; *Klöhn,* Die Ausweitung der bürgerlich-rechtlichen Prospekthaftung durch das „Rupert-Scholz"-Urteil des BGH, WM 2012, 97; *Krack,* Die Tätige Reue im Wirtschaftsstrafrecht, NStZ 2001, 505; Kölner Kommentar zum Wertpapierhandelsgesetz, 2007; *Meyer-Goßner,* Kommentar zur Strafprozessordnung, 2010; Münchener Kommentar zum Strafgesetzbuch, Bd. 4, 2006; *Palandt,* Kommentar zum Bürgerlichen Gesetzbuch, 2012; *Park,* Kapitalmarktstrafrecht, 2008; *Schönke/Schröder,* Kommentar zum Strafgesetzbuch, 2010; *Schröder,* Kapitalmarktstrafrecht, 2010; *v. Schönborn,* Kapitalanlagebetrug, 2003; *Strumpf/Lamberti/Schmidt,* Hinweispflicht auf Straf- und Ermittlungsverfahren im Prospekt geschlossener Fonds, BB 2008, 1635; *Wabnitz/Janovski,* Handbuch des Wirtschafts- und Steuerstrafrechts, 2007; *Weiß,* Ausschluß vom Geschäftsführeramt bei strafgerichtlichen Verurteilungen nach § 6 Abs. 2 GmbHG nF, wistra 2009, 209; *Wittig,* Wirtschaftsstrafrecht, 2010.

Übersicht

I. Einleitung

§ 264a StGB ist am 1.8.1986 durch das Gesetz zur Bekämpfung der Wirtschafts- **1** kriminalität vom 15.5.1986 in Kraft getreten. Durch das vermehrte Aufkommen von außerbörslichen Kapitalanlagen regelmäßig zum Zweck der Renditenerzielung oder Steuerersparnis nahm auch der Missbrauch zu. Kapitalanleger wurden häufig um ihre Anlage gebracht. Die Anlageentscheidung beruhte oftmals auf Angaben in Prospekten, die werbewirksam und mit unzutreffenden Versprechen versehen waren.

Vor diesem Hintergrund sollte weit vor dem Betrugstatbestand ein strafrechtli- **2** cher Schutz einsetzen. Bereits das „Machen unrichtiger vorteilhafter Angaben" oder „Verschweigen nachteiliger Tatsachen" in einem Prospekt oder ähnlichen Erzeugnissen soll strafbewährt sein (BT-Drs. 10/318, S. 21 ff.). § 264a StGB **verzichtet** im Gegensatz zum Betrug nach § 263 StGB auf eine sogenannte „**Individualtäuschung**", ein Schaden gehört eben so wenig zum Tatbestand und ein entsprechender Vorsatz muss demgemäß auch nicht vorliegen. § 264a StGB ist ein **abstraktes Gefährdungsdelikt** (OLG Köln NJW 2000, 598; *von Schönborn*, S. 16 mwN; vgl. zur Kritik an der „Vorverlagerung der Strafbarkeit aus Beweisgründen", *Wittig* S. 213 mwN).

Der Kapitalanlagebetrug schützt das **Funktionieren des Kapitalmarktes 3** (BT-Drs. 10/318, S. 45) und den **einzelnen Kapitalanleger** (BGH NJW 1992, 241; die Rechtsgutsfrage ist jedoch str., vgl. ausführlich *Jakobi*, S. 15 ff.). Für den individualschützenden Charakter des Kapitalanlagebetruges spricht entscheidend das Vorhandensein der tätigen Reue in § 264 Abs. 3 StGB.

In der strafrechtlichen Praxis hat § 264a StGB kaum Bedeutung gewonnen (zu **4** den möglichen Ursachen vgl. *Wabnitz/Janowski-Benner*, Handbuch Kap. 9 Rn. 5 ff.; *Fischer*, § 264a Rn. 2; *Jakobi*, S. 25). Anders im Zivilrecht: § 264a StGB ist ein Schutzgesetz im Sinne von § 823 Abs. 2 BGB (BGH NJW-RR 2010, 911; BGHZ 116, 7). Über diese deliktische Handlung haben viele Anleger versucht, Schadensersatz für ihr verlorenes Vermögen zu erlangen. Dies hat zur Folge, der Straftatbestand des Kapitalanlagebetruges wird entscheidend von den Zivilgerichten ausgelegt. § 264a StGB ist kein Sonderdelikt, sondern richtet sich an jedermann („wer").

II. Wertpapiere

Die Begriffsbestimmung des Wertpapiers i.S.v. § 264a StGB richtet sich nach **5** dem klassischen **zivilrechtlichen Wertpapierbegriff** (*Wittig,* Kap. 4 Rn. 11; *Fischer*, § 264a Rn. 6). Danach sind Wertpapiere „Urkunden, ohne deren Innehabung ein darin verbrieftes Recht nicht geltend gemacht werden kann." (*Palandt-Sprau* vor § 792 Rn. 1). Hierzu gehören namentlich Aktien, Inhaberpapiere, Schuldverschreibungen und Investmentzertifikate (*Palandt-Sprau* vor § 792 Rn. 2 ff.; *Wittig* S. 216 f.).

6   Zahlreiche Kapitalanlagen werden nicht mehr als Einzelurkunde, sondern als Sammelurkunde gemäß § 9a DepotG schriftlich verkörpert. Nach zutreffender Ansicht unterfallen auch solche Sammelurkunden der Wertpapierdefinition des § 264a StGB, sofern das Recht zur Einzelverbriefung nicht ausgeschlossen ist (MüKo-*Wohlers*, § 264a Rn. 17). Im Hinblick auf Options- und Termingeschäfte ist zu differenzieren: Handelt es sich um verbriefte Termingeschäfte in Form von Optionsscheinen, so unterfällt dies dem Schutz des § 264a StGB (*Jakobi*, S. 55 f.). Erfolgt der Options- bzw. Terminhandel unverbrieft, liegt kein Wertpapier i.S.v. § 264a StGB vor (*Jakobi*, S. 56). Im Übrigen gehört die Warenterminoption nicht zum Wertpapierbegriff des § 264a StGB, da sie keine Beteiligung an dem Ergebnis eines Unternehmens gewähren soll (*Fischer*, § 264a Rn. 9, *Knauth* NJW 1987, 28).

7   Der Wertpapierbegriff des § 264a StGB kann nicht mit dem des § 151 StGB gleichgesetzt werden. § 151 StGB ist im Zusammenhang mit Geld- und Wertzeichenfälschung auszulegen. Zwar gibt es Übereinstimmungen, § 151 Ziff. 2 StGB umfasst auch Aktien, demgegenüber nennt § 151 Ziff. 5 StGB Reiseschecks als Wertpapier. Reiseschecks sind als Zahlungsmittel dem Geld ähnlich; es wird jedoch kein Recht an einer Kapitalanlage mit Beteiligung an dem Ergebnis eines Unternehmens betrieben (vgl. zum Wertpapierbegriff des § 151 StGB BGHSt 30, 71).

8   Auch § 2 Abs. 1 WpHG ist nicht mit dem Wertpapierbegriff des § 264a StGB identisch. Wertpapiere i. S. d. § 2 Abs. 1 WpHG liegen nach dem Gesetzeswortlaut auch vor, wenn keine Urkunden über sie ausgestellt sind. Für das WpHG, das zunehmend von Finanzinstrumenten spricht und das Wertpapier in den Kreis der Finanzinstrumente einbezieht, § 2b WpHG, stellt zur Bestimmung des Wertpapierbegriffs maßgeblich auf die Handelbarkeit (Fungibilität) des jeweiligen Rechts ab (*Fuchs,* § 2 Rn. 11).

9   Demgegenüber soll es „antiquiert" (*Schröder* Rn. 16) sein, heute noch das Verkörpertsein als Abgrenzungskriterium heranzuziehen; die Definition des § 2 Abs. 1 WpHG könne auch auf § 264a StGB Anwendung finden.

III. Bezugsrecht

10   Es existiert keine strafrechtliche Definition des Begriffs ‚Bezugsrecht'. Die Gesetzesbegründung zu § 264a StGB definiert lediglich negativ, in dem es heißt, Bezugsrechte seien keine Wertpapiere oder Anteile, Bezugsrechte sollen ihnen indes gleichgestellt werden (BT-Drs. 10/318, S. 22). Im Gesellschaftsrecht umfasst der Begriff Bezugsrecht „Rechte aus einer Mitgliedschaft auf den Bezug von Leistungen." Hierzu zählen z. B. das Gewinnbezugsrecht des GmbH-Gesellschafters aus § 29 GmbHG sowie das Bezugsrecht des Aktionärs gem. § 186 AktG (MüKo-*Wohlers*, § 264a Rn. 21; *Schröder*, S. 18). Ein Bezugsrecht entsteht mit einem Erhöhungsbeschluss. Das Bezugsrecht will dem Aktionär ermöglichen, seinen Einfluss – insbesondere den Wert seines Stimmrechts – im Fall einer Kapitalerhöhung zu wahren (*Hüffer*, § 186 Rn. 2; BGHZ 71, 40 mit grundsätzlichen Ausführungen zum Bezugsrecht).

IV. Anteile

11   Anteile i.S.v. § 264a StGB gewähren eine **Beteiligung an dem Ergebnis eines Unternehmens.** Überschneidungen mit dem Begriff des Wertpapiers und des Bezugsrechts sind hier möglich (*Fischer,* § 264a Rn. 8; *Schröder,* Rn. 20). Zu den Anteilen gehören typischerweise GmbH-Anteile, Beteiligung an einer stillen Gesellschaft, Anteile an einer KG.

§ 264a Abs. 1 Ziff. 2 StGB erweitert die Tathandlung im Zusammenhang mit **12** Anteilen auf die Abgabe eines Erhöhungsangebotes (BT-Drs. 10/318, S. 22).

V. Prospekt

Ein Prospekt nach § 264a StGB ist ein **Schriftstück,** das die für die Beurteilung **13** der Anlage erheblichen Angaben enthält oder den Eindruck eines solchen Inhaltes erwecken soll (BT-Drs. 10/318, S. 23). Auch der unvollständige Prospekt kann ein Prospekt i.S.v. 264a StGB sein. Der Begriff soll weit ausgelegt werden (BT-Drs. 10/318, S. 23; Gesamtbetrachtung mehrerer Schriftstücke BGH AG 2012, 130). Sein Inhalt ist von der jeweiligen Anlage abhängig (*Klöhn* WM 2012, 97). Zweck des Prospekts ist es, den Interessenten über die Kapitalanlage sachlich richtig und vollständig zu informieren; er soll in die Lage versetzt werden, sich ein zutreffendes Bild von der Kapitalanlage zu machen (BGH NJW 2004, 2668; BGHZ 123, 106; BGH NJW 2000, 3346; zur Hinweispflicht im Prospekt auf Strafverfahren gegen Geschäftsführer *Strumpf/Lamberti/Schmidt* BB 2008, 1635).

Im Rahmen einer Gesamtschau ist festzustellen, ob ein Schriftstück dem **14** **Anspruch auf Vollständigkeit entspricht oder entsprechen soll** (BGH NJW 1982, 2823; *Schröder,* Rn. 32). Bei der Beurteilung der Gesamtschau dürfen die Prospektherausgeber eine „sorgfältige und eingehende Lektüre durch den Anleger voraussetzen" (OLG Düsseldorf AG 2010, 878).

Verschiedene Kapitalanlagen beinhalten eine gesetzliche geregelte Prospekt- **15** pflicht. Wer Vermögensanlagen anbietet, muss einen Prospekt nach Maßgabe des VerkProspG erstellen. Für den Vertrieb von Wertpapieren muss ein Prospekt nach dem WpPG veröffentlicht werden. Form und Inhalt werden durch die unmittelbar europaweit geltende Prospektverordnung Nr. EG 809/2004 spezifiziert (veröffentlicht unter www.eur-lex-europa.eu).

Der Prospekt muss vorgegebene emittentenbezogene Angaben sowie wertpa- **16** pierbezogene Angaben enthalten. Die BaFin fasst die Mindestangaben in ihrem Informationsschreiben „Der Wertpapierprospekt – Türöffner zum deutschen und europäischen Kapitalmarkt" (abrufbar unter www.bafin.de) auf S. 10 wie folgt zusammen:

„Zum Emittenten
- *allgemeine Angaben zur Gesellschaft, z. B. Rechtsform, Gründungsdatum, Unternehmensgegenstand, Gesellschafter, Tochtergesellschaften, Mitarbeiter,*
- *allgemeine Angaben zu den Geschäftsführung- und Aufsichtsorganen, z. B. Mitglieder der Organe, Bezüge, Interessenkonflikte, Corporate Governance,*
- *Geschäftstätigkeit des Emittenten,*
- *Beschreibung und Diskussion der historischen Finanzinformationen, sogenannte „Management Discussion and Analysis", „Operating and Financial Review",*
- *getätigte, laufende und zukünftige Investitionen,*
- *wesentliche Verträge,*
- *abgeschlossene, laufende und drohende Rechtsstreitigkeiten,*
- *Geschäftskapital und Geschäftsaussichten,*
- *Kapitalisierung und Verschuldung,*

– geprüfte historische Finanzinformationen der letzten drei Geschäftsjahre sowie ggf. Zwischenfinanzinformationen.
  Zum Wertpapier
– allgemeine Angaben zu den Aktien, z. B. ISIN/WKN, Währung, Beschränkungen der Übertragbarkeit, Dividendenrechte,
– Gründe für das Angebot,
– Verwendung des Emissionserlöses und Kosten der Emission,
– Bedingungen und Voraussetzungen des Angebotes,
– Verwässerung,
– Lock up-Vereinbarungen. "

17 Nicht zu den Prospekten i.S.v. § 264a StGB gehört eine Ad-hoc-Mitteilung; sie ist nur anlassbezogen und informiert über bedeutsame Einzeltatsachen (BGH NJW 2004, 2668) – sie gibt gerade kein vollständiges Bild über eine mögliche Kapitalanlage.

VI. Unrichtige vorteilhafte Angaben machen oder nachteilige Tatsachen verschweigen

18 Tathandlung des Kapitalanlagebetruges ist das „machen unrichtiger vorteilhafter Angaben" oder „das Verschweigen nachteiliger Tatsachen." Die zweite Alternative macht § 264a StGB zu einem echten Unterlassungsdelikt.

19 **Unrichtig** ist eine Angabe in Anlehnung an § 265b StGB, wenn mit ihr nicht vorhandene Umstände als vorhanden oder vorhandene Umstände als nicht vorhanden bezeichnet werden (BT-Drs. 10/318, S. 24). Ein Verschweigen liegt vor, wenn nachteilige Tatsachen überhaupt nicht oder nur unvollständig mitgeteilt werden. Schwer verständliche Angaben oder solche, die sich an versteckter Stelle in einem Prospekt oder einer Darstellung befinden, sind nicht verschwiegen; ein bewusstes Nichtsagen oder Verheimlichen liegt gerade nicht vor. Eine solche Auslegung würde die Grenzen des Wortlauts überschreiten; sie verstieße gegen das Willkürverbot als Ausprägung des allgemeinen Gleichheitssatzes aus Art. 3 Abs. 1 GG (BVerfG NJW 2008, 1726).

20 Der Begriff der **Tatsache** in § 264a StGB ist **identisch** mit der Definition in **§ 263 Abs. 1** StGB (Schönke/*Schröder-Cramer*/*Perron*, § 264a Rn. 27). „Unter Tatsachen sind alle konkreten, vergangenen oder gegenwärtigen Geschehnisse oder Zustände, der Außenwelt und des menschlichen Innenlebens zu verstehen, die sinnlich wahrnehmbar sind, empirisch überprüfbar und damit dem Beweis zugänglich sind" (RGSt 55, 131; Schönke/*Schröder-Cramer*/*Perron*, § 263 Rn. 8).

21 Der Begriff der **„Angabe"** reicht weiter und umfasst neben den Tatsachen auch Werturteile und Prognosen (Schönke/*Schröder-Cramer*/*Perron*, § 264a Rn. 24). Der Begriff der ‚Angabe' i.S.v. § 264 StGB entspricht dem des § 20a Abs. 1 Nr. 1 WpHG (KölnKomm-*Mock-Stoll-Eufinger*, § 20a Rn. 156).

22 Sofern Werturteile und Prognosen einen Tatsachenkern enthalten, werden sie unter den Tatsachenbegriff subsumiert. Daraus folgt, dass Werturteil und Prognosen ohne Tatsachenkern dem Begriff der Angabe unterfallen (Schönke *Schröder-Cramer*/*Perron*, § 263 Rn. 8 f.). Andernfalls wäre die begriffliche Differenzierung überflüssig (KölnKomm-*Mock-Stoll-Eufinger*, § 20a Rn. 156).

23 Im Übrigen korrespondiert diese Auslegung mit der Entstehungsgeschichte der Norm als Nachfolgevorschrift des § 88 BörsG. § 88 BörsG wurde regelrecht

aufgeteilt in § 264a StGB und § 20a WpHG, so dass eine unterschiedliche Auslegung des Begriffs ‚Angabe‘, der in allen Tatbeständen vorkommt, nicht gerechtfertigt ist (zur Definition des Begriffs ‚Angabe‘ in § 20a WpHG unter Einbeziehung
verschiedener Rechtsverordnungen KölnKomm-*Mock-Stoll-Eufinger* § 20a
Rn. 152 ff.).

Diese Betrachtungsweise ist zudem praxisgerecht. Ein geäußertes Werturteil **24**
(Angabe) kann – gem. § 264a StGB – juristisch überprüft werden. Ein unterlasse-
nes Werturteil kann nicht juristisch überprüft werden. Es besteht keine Pflicht,
Werturteile abzugeben. Werden jedoch nachteilige Tatsachen, deren Vorhandensein im entscheidenden Zeitpunkt nachprüfbar sind, verschwiegen, so ist dies dem
Beweis zugänglich. Es ist mithin sachgerecht, das Machen von Tatsachen und
von Werturteilen und das Verschweigen nur von Tatsachen zu erfassen.

Angaben können schriftlich, mündlich oder stillschweigend, etwa durch Gesten **25**
gemacht, werden (MüKo-*Wohlers*, § 264a Rn. 32; zur konkludenten Täuschung
im Rahmen des § 264a, vgl. *Jakobi*, S. 66 ff.; zur konkludenten Täuschung im
Optionshandel, vgl. BGH NJW 1991, 1106).

Eine **Prognose** ist unrichtig, wenn die ihr zugrunde liegenden Prämissen feh- **26**
lerhaft sind, wenn sie gegen Gesetze der Logik verstößt, etwa gegen Denkgesetze,
und wenn sie kaufmännisch schlechterdings unvertretbar ist (*Jakobi*, S. 92 ff.).

Strafbar sind nur das Machen vorteilhafter Angaben und das Verschweigen **27**
nachteiliger Tatsachen. Nachteil ist das Gegenteil von Vorteil, also die Kehrseite
der Medaille. Vorteilhaft bedeutet, eine Angabe lässt die Kapitalanlage „in einem
günstigeren Licht erscheinen“ (*Schröder*, Rn. 46).

Diese Definition umfasst zutreffender Weise nicht nur Elemente zur Rendite, **28**
sondern auch Elemente, die das Risiko betreffen. Da am Ende einer Kapitalanlage
immer (und dazu zählt auch der (Steuer-)Verlust, der an anderer Stelle zur Steuerersparnis bzw. Wertbildung führt) der Wunsch nach Vermögensmehrung steht,
ist vorteilhaft jede Angabe, die zu diesem Ziel führt. Nachteilig ist jede Tatsache,
die diesem Ziel zuwiderläuft. Eine andere Definition (*Schröder*, Rn. 48) bezeichnet
eine Tatsache als nachteilig, wenn sie geeignet ist, „die Entscheidung für den
Erwerb der Kapitalanlage negativ zu beeinflussen.“

VII. Größerer Personenkreis

Von einem größeren Personenkreis i.S.v. § 264a StGB kann gesprochen wer- **29**
den, wenn die Individualität zurücktritt und der Personenkreis von Anlageinteres-
senten im Vordergrund steht (BT-Drs. 10/318, S. 25). Individuelle Verhandlungen werden also von § 264a StGB nicht erfasst. In Betracht kommt dann etwa
§ 263 StGB. Die Prospekte sind zugänglich gemacht, wenn die Möglichkeit der
Kenntnisnahme besteht. Dies ist der Fall, wenn die Werbemittel öffentlich ausgelegt werden, die E-Mails (massenhaft) versandt werden oder mit der Post ver-
schickt werden (Schönke/*Schröder-Cramer/Perron*, § 264a Rn. 27). Ob der Adressat
tatsächlich Kenntnis nimmt oder den Inhalt als unzutreffend einstuft, ist für die
Strafbarkeit unerheblich (Schönke/*Schröder-Cramer/Perron*, § 264a Rn. 27).

VIII. Erhebliche Umstände

Die fehlerhafte Information muss sich auf erhebliche Umstände beziehen. Der **30**
Gesetzgeber hat die Definition der erheblichen Umstände der Rechtsprechung

überlassen. Diese hat sich an der bereits bestehenden Rechtsprechung zu § 265a StGB orientiert (BGHSt 30, 285; BT-Drs. 10/318, S. 24).

31 Umstände sind erheblich i. S. d. § 264a StGB, wenn sie nach der Art des Geschäfts für einen durchschnittlichen Anleger von Bedeutung sein können. Dabei ist eine objektive Betrachtung notwendig. Maßstab ist der **verständige, durchschnittlich vorsichtige Kapitalanleger,** in dessen Rolle sich der Herausgeber des Prospekts zu versetzen hat (BGH NJW 2005, 2242; BT-Drs. 10/318, S. 24).

32 Durch dieses Korrektiv soll fernliegende Gesichtspunkte ausgeschlossen werden; der Herausgeber kann naturgemäß nicht auf alle erdenklichen und subjektiven Anlegerinteressen in einem Prospekt eingehen (BGH NJW 2005, 2242). Die ausschließlich objektive Berücksichtigung von Angaben und Tatsachen führt dazu, dass persönliche Missverständnisse auf Seiten des Erklärungsempfängers nicht zu Lasten des Erklärenden gewertet werden können (*Jakobi,* S. 218). Der Begriff des „durchschnittlichen Anlegers" bezieht sich auf den durchschnittlichen Anleger des jeweiligen Finanzinstruments. Es stellt sich also z. B. die Frage, ist eine Information für den durchschnittlichen Optionsscheinhändler von Bedeutung. Maßstab ist nicht der durchschnittliche, allgemeine Anleger; dieser würde u. U. niemals mit Optionsscheinen Geschäfte machen (*Schröder,* Rn.52).

33 Ob ein Umstand entscheidungserheblich ist, hängt vom **Einzelfall** ab (BGHSt 30, 285). Es ist daher stets die in Rede stehende Anlageform auf ihre Wertbildungsfaktoren hin zu analysieren. Zur Bestimmung der Entscheidungserheblichkeit von gemachten Angaben und verschwiegenen Tatsachen verweist BT-Drs. 10/5058, S. 31 auf die zivilrechtliche Rechtsprechung zur Prospekthaftung und auf die Rechtsprechung zur Anlageberatung. Teilweise bestehen Gesetze und Rechtsverordnungen, die den Inhalt eines Prospekts im Zusammenhang mit einer Kapitalanlage konkretisieren.

IX. Vertrieb

34 Vertrieb ist „eine auf den Absatz gerichtete Tätigkeit, die sich an den Markt wendet" (BT-Drs. 10/318, S. 24). Der Vertrieb einer Kapitalanlage zeichnet sich vornehmlich dadurch aus, dass er sich an die „Masse" richtet und nicht ein individuell gefertigtes Angebot beinhaltet (BT-Drs. 10/318, S. 24). Die Definition des Vertriebs orientierte sich an den AuslInvestmG. Durch das Investmentmodernisierungsgesetz vom 15.12.2003 wurde das AuslInvestmG aufgehoben und das InvG eingeführt. § 2 Abs. 11 S. 1 InvG definiert den Vertrieb: „Öffentlicher Vertrieb ist ein Vertrieb, der im Wege des öffentlichen Anbietens, der öffentlichen Werbung oder in ähnlicher Weise erfolgt." Diese Definition ist mit der Formulierung des Vertriebs im AuslInvestmG identisch, sie kann also zur aktuellen Auslegung verwendet werden. Sie stellt zudem klar, Vertrieb umfasst auch Werbung (*Knauth* NJW 1987, 28). Das Merkmal der Darstellungen über den Vermögensstand erweitert den Anlegerschutz und umfasst auch mündliche und durch Ton- und Bildträger verbreitete Darstellungen (BT-Drs. 10/318, S. 23). Hierzu zählt beispielsweise der Werbefilm, der den Anleger überzeugen soll (*Knauth* NJW 1987, 28). Gleiches gilt für Vorträge gegenüber einem größeren Personenkreis, die den Vertrieb der in § 264a StGB genannten Anlageformen verfolgt. Ebenso kann eine Präsentation im Internet eine Darstellung i.S.v. § 264a StGB sein, sofern sie den Eindruck der Vollständigkeit erweckt (*Schröder,* Rn. 30).

X. Übersichten über den Vermögensstand

Das Tatbestandsmerkmal „Übersichten über den Vermögensstand" soll mit **35** dem Begriff „Vermögensübersichten" i.S.v. § 265b Abs. 1 Nr. 1 lit. a StGB identisch sein (BT-Drs. 10/318, S. 23). Hierzu gehören vornehmlich Handel-, Steuer- und Vermögensbilanzen (*Schröder,* Rn. 34; *Knauth* NJW 1987, 28). Die weitere Auslegung des Prospektbegriffs durch die Einbeziehung selbst mündlicher Darstellungen der Kapitalanlage in den strafrechtlichen Schutz des § 264a StGB liegt darin begründet, dass der Prospekt und seine Entsprechungen häufig die einzige Unterrichtungsmöglichkeit für den Anleger ist (OLG Düsseldorf AG 2010, 878).

XI. Anteile für fremde Rechnung, § 264a Abs. 2 StGB

Nach § 264a Abs. 2 StGB gilt Abs. 1 entsprechend, wenn sich der Prospektbe- **36** trug auf Anteile an einem Vermögen bezieht, das ein Unternehmen im eigenen Namen, jedoch für fremde Rechnung verwaltet. Hierzu zählen namentlich Treuhandkommanditisten bei Immobilienfondsgesellschaften, z. B. Bauträger von Wohnbesitzwohnungen sowie Gesellschaften, die dem Anleger aus Gründen der Steuerersparnis die Stellung eines Mitunternehmers einräumen können (BT-Drs. 10/318, S. 22 f.).

§ 264a StGB ist eine gute Grundlage für strafrechtlich zu beachtende Irrtümer. **37** Es bedarf eingehender Prüfung, wie die tatsächliche und rechtliche Vorstellung des Anlegers, der sich hier einer komplizierten gesellschaftsrechtlichen und steuerrechtlichen Konstruktion bedient und ihr Verhältnis zum Strafrecht ausgestaltet war.

XII. Zusammenhang

§ 264a StGB verlangt ferner, einen Zusammenhang zwischen dem Vertrieb **38** von Wertpapieren, Bezugsrechten oder Unternehmensanteilen bzw. einen Zusammenhang zwischen dem Angebot, die Einlage auf Unternehmensanteile zu erhöhen und unrichtigen Angaben in einem Prospekt oder ähnlichem gegenüber einem größeren Personenkreis. Dieser Zusammenhang verlangt einen „sachlichen und zeitlichen Bezug" (*Schröder,* Rn. 37).

XIII. Subjektiver Tatbestand

Zur Verwirklichung des subjektiven Tatbestands des § 264a StGB ist Vorsatz **39** erforderlich, **dolus eventualis** genügt (BGH WM 2010, 1537; *Fischer,* § 264a Rn. 20). Sämtliche Tatbestandsmerkmale müssen vom Vorsatz des Täters umfasst sein, so auch das normative Tatbestandsmerkmal der Erheblichkeit (BGH NJW 2005, 2242; MüKo-*Wohlers* § 264a Rn. 60). Das Urteil muss feststellen, dass der Täter die tatsächlichen Umstände, die zur Bejahung der Erheblichkeit führen, kannte und dass er die rechtliche Wertung zumindest als Parallelwertung in der Laiensphäre nachvollzogen hat (BGH NJW 2005, 2242; *Schröder,* Rn. 100f; *Fischer,* § 264a Rn. 20). Häufig wird von dem Vorliegen objektiver Umstände auf die subjektive Tatseite geschlossen (BGH NJW 2005, 2242). Fehlt dem Täter der Vorsatz auch nur bezüglich eines Tatbestandsmerkmales, scheidet eine Strafbarkeit wegen § 264a StGB aus. Kennt der Täter bei Begehung der Tat einen Umstand nicht der zum gesetzlichen Tatbestand gehört, liegt ein vorsatzausschließender Tatbestandsirrtum, § 16 Abs. 1 StGB, vor. Die fahrlässige Verwirklichung des § 264a StGB ist nicht strafbar.

40 Da zahlreiche Entscheidungen zu § 264a StGB in Zusammenhang mit der Verwirklichung des § 823 Abs. 2 BGB ergangen sind, ist stets zu beachten, dass die Vorsatzfeststellung hinsichtlich § 823 Abs. 2 BGB nach der im Zivilrecht vorherrschenden sogenannten Vorsatztheorie erfolgt, hingegen die Feststellung zu § 264a StGB als Schutzgesetz den Regeln der im Strafrecht sogenannten Schuldtheorie folgen (OLG Celle NZG 2001, 620). Ein zivilrechtlicher Schadenersatzanspruch aus § 823 Abs. 2 BGB iVm § 264a StGB verlangt, dass sämtliche Tatbestandsmerkmale des Strafgesetzes einschlägig sind. Liegt ein unvermeidbarer Verbotsirrtum gem. § 17 Abs. 1 StGB vor, scheidet die Anwendung des § 264a StGB aus; ein Schadenersatzanspruch wäre abzulehnen (OLG Celle NZG 2001, 620; BGH NJW 1985, 134).

41 Liegt ein vermeidbarer Verbotsirrtum gem. § 17 Abs. 2 StGB hinsichtlich des Schutzgesetzes aus dem Straf- oder Ordnungswidrigkeitenrecht vor, bleibt die zivilrechtliche Haftung – sofern die übrigen Tatbestandsmerkmale verwirklicht sind – bestehen (BGH NJW 1985, 134; BGH NJW 1962, 910; RGZ 73, 333).

XIV. Tätige Reue, § 264a Abs. 3 StGB

42 Zur Begründung der Schaffung einer Regelung der Tätigen Reue in § 264a Abs. 3 StGB führt der Gesetzgeber aus, es erscheine „angebracht, Straffreiheit vorzusehen, soweit nach der Tat Handlungen vorgenommen werden, die bei einem Verletzungsdelikt als Rücktritt vom Versuch zu werten wären" (BT-Drs. 10/318, S. 25). Vorbild für § 264a Abs. 3 StGB waren die bereits bestehenden Regelungen der §§ 264 Abs. 4, 265b Abs. 2 StGB. Die Auslegung der Tatbestandsmerkmale zur Tätigen Reue orientiert sich an den Rücktrittsregelungen des § 24 StGB (BT-Drucks. 10/318, S. 25). Da ein abstraktes Gefährdungsdelikt regelmäßig vor einem Erfolgsdelikt verwirklicht ist und das abstrakte Gefährdungsdelikt des Kapitalanlagebetruges keinen Versuch kennt, erscheint es sachgerecht – auch im Rahmen einer Gesamtschau der Strafrechtsdogmatik – dem Täter Straffreiheit unter bestimmten Voraussetzungen zu ermöglichen. Der Kapitalanlagebetrug wird als „Vorverlagerung der Betrugsstrafbarkeit" bezeichnet (*Krack* NStZ 2001, 505). Er dient Beweiserleichterungen indem § 264a StGB auf den Schadensnachweis und die Irrtumserregung – anders als § 263 StGB – verzichtet. Da die Rechtsgüter teilweise identisch sind – § 264a StGB und § 263 StGB schützen individuelle Vermögensinteressen, § 264a StGB darüber hinaus das Funktionieren des Kapitalmarktes – ist es dogmatisch begründbar, einen solchen persönlichen Strafaufhebungsgrund zu schaffen. Der Kapitalanlagebetrug ist eine Vorverlagerung der Vollendungsstrafbarkeit (nicht der Strafbarkeit überhaupt) (*Krack* NStZ 2001, 505). Der Vollendungszeitpunkt des § 264a StGB ist mit dem Versuchsbeginn des § 263 StGB identisch (*Krack* NStZ 2001, 505). Im Rahmen des Betruges gem. § 263 StGB beginnt sodann die Phase, in der ein Rücktritt nach § 24 StGB möglich wäre, dem gegenüber soll es vor der beschriebenen dogmatischen Lage nicht sein – und dies ist eine gesetzgeberische Wertung –, dass der Kapitalanlagebetrug, § 264a StGB, „unverrückbar" zu bestrafen wäre. Die tätige Reue verlangt, dass der Täter freiwillig die Leistung verhindert, § 264a Abs. 3 S. 1 StGB oder, dass er sich freiwillig und ernsthaft bemüht, die Leistungserbringung zu verhindern, sofern sie ohne sein Zutun nicht erbracht wurde, § 264a Abs. 3 Satz 2 StGB. Ein entscheidendes Kriterium für beide Alternativen ist die Bestimmung der Leistung. Die Definition der Leistung ist von dem jeweiligen Geschäftsmodell bzw. dem zugrunde liegenden Finanzinstrument abhängig. Dabei ist die dingliche Leistungserbringung entscheidend (*Park*, S. 125). Demgemäß kommt eine Strafbarkeit noch in der Zeitspanne zwischen schuldrechtlicher Verpflichtung (Vertragsschluss) und dinglicher Rechtsänderung in Betracht. In dieser Konstellation kann ein Wertungswiderspruch entstehen: Im Hinblick auf § 263 StGB liegt hier mit dem Vertragsschluss ein vollendeter Eingehungsbetrug vor; für einen Rücktritt i.S.v. § 24 StGB ist es zu spät. Demgegenüber wäre der Täter, der die Tat verhindert bzw. verhindern will, in Ansehung des § 264a StGB straflos. Natürlich ist die kein ernst zu nehmender Anreiz für einen Täter, sich zu offenbaren, wenn er nicht wegen zwei, sondern nur wegen einem Straftatbestand verurteilt werden würde. Um einen Rechtsgüterschutz zu erreichen, ist gerade die Straffreiheit ein kriminalpolitischer Anreiz. Der vorbezeichnete **Wertungswiderspruch** ist durch eine analoge Anwendung des § 264a Abs. 3 StGB auf den Betrugstatbestand, § 263 aufzulösen (*Hagemann*, S. 300 f.; aA für eine verbleibende Strafbarkeit Richter wistra 1987, 117; *Knauth* NJW 1987, 28). Das Tatbestandsmerkmal der Freiwilligkeit in § 264a Abs. 3 StGB entspricht der Definition der Freiwilligkeit in § 24 StGB. Es ist ein subjektives Element und aus Sicht des Täters zu bestimmen. Der Täter muss „Herr seiner Entschlüsse" (BGHSt 7, 296) sein und er muss die Tatausführung noch für möglich halten (st. Rspr. seit BGHSt 7, 296; BGH NStZ 1998, 510). Der Beweggrund zur tätigen Reue, etwa Angst vor Strafe, Reue, „einfach so" oder aufgrund des Anstoßes von dritter Seite, ist unerheblich (Schönke/*Schröder-Eser* § 24 Rn. 44; BGHSt 7, 296).

Keine Freiwilligkeit liegt vor, wenn der Tatvollendung aus Sicht des Täters **43** heteronome Gründe, etwa ein „zwingendes Hindernis" (BGHSt 35, 184 mwN aus der Rspr.) entgegenstehen (Schönke/*Schröder-Eser* § 24 Rn. 45 ff.).

Wird die Tathandlung ohne Zutun des Täters verhindert, so wird er straflos, **44** wenn er sich freiwillig und ernsthaft um ihre Nichtvollendung bemüht hat. Ein ernsthaftes Bemühen liegt vor, wenn der Täter alles unternimmt, „was in seinen Kräften steht und nach seiner Überzeugung zur Erfolgsabwendung erforderlich ist" (BGH NStZ-RR 2010, 276). Benachrichtigt ein Täter nach dem Zugänglichmachen des Prospekts alle Adressaten über seinen unrichtigen Inhalt und erbringt kein Anleger eine Leistung, so liegt eine Tätige Reue i.S.v. § 264a Abs. 3 Satz 1 vor. Erbringen jedoch einzelne Anleger ihre Leistung, weil das Korrekturschreiben zwar an sie abgeschickt, es aber gleichwohl nicht zugestellt wurde, so ist die Leistungserbringung nicht verhindert worden, eine Tätige Reue scheidet aus. Das Bemühen des Täters wird bei der Strafzumessung zu berücksichtigen sein.

Nehmen einzelne Anleger den Prospekt und das Korrekturschreiben zur **45** Kenntnis und erbringen trotzdem ihre Leistung, so bleibt der Täter straflos, da der Kausalzusammenhang zwischen dem fehlerhaften Prospekt und der Leistung entfallen ist (BGH NStZ 2010, 327 für § 264 Abs. 5 S. 1 StGB).

Sind mehrere Personen an einem Kapitalanlagebetrug beteiligt, so gelten die **46** Wirkungen der Tätigen Reue nur für die Person(en), welche die Voraussetzungen des § 264a Abs. 3 StGB erfüllen. Es handelt sich um einen persönlichen Strafaufhebungsgrund, der nur demjenigen zu Gute kommt, der die Leistungserbringung verhindert oder sich i.S.v. § 264a Abs. 3 S. 2 StGB bemüht (BGHSt 42, 161; BGHSt 44, 204). Ein Täter kann also nicht unabhängig von den übrigen Mittätern ihre Strafbarkeit beseitigen. Hiervon zu unterscheiden ist die Konstellation, dass mehrere Täter aufgrund einer gemeinsamen Verabredung die Tat verhindern bzw. verhindern wollen und zu diesem Zweck einen Mittäter beauftragen, die entscheidende Verhinderungshandlung vorzunehmen.

XV. Konkurrenzen

47   Wird ein fehlerhafter Prospekt i.S.v. § 264a StGB gegenüber einem größeren Personenkreis vertrieben, handelt es sich um eine Tat, und nicht etwa um – gemessen an der Zahl der Anleger – tatmehrheitliche Handlungen (OLG Köln NJW 2000, 598; BGH NStZ-RR 2001, 262; *Hagemann*, S. 319). Nach der Rechtsprechung des BGH tritt § 264a StGB hinter § 263 StGB zurück; § 264a StGB sei lediglich ein zum selbstständigen Tatbestand erhobenes Versuchsdelikt (BGH NStZ-RR 2001, 262). Dieses Ergebnis ist indes nur möglich bei Zugrundelegung identischer Rechtsgüter. Vertritt man wie hier die Ansicht, § 264a StGB schütze auch das Funktionieren des Kapitalmarktes, muss Tateinheit zwischen § 264a StGB und § 263 StGB möglich sein (*Hagemann*, S. 321 f.; *Park*, 127 f.).

48   § 16 UWG tritt hinter § 264a StGB zurück (Schönke/*Schröder-Cramer/Perron* § 264a Rn. 41; aA *Schröder*, Rn. 104: Tateinheit). § 264a StGB ist das speziellere Delikt (BT-Drs. 10/ 318, S. 22).

49   § 264a StGB kann zudem in Tateinheit mit § 38 Abs. 1 WpHG stehen (KölnKomm-*Altenhain* § 38 Rn. 145). Ebenso ist Tateinheit mit § 38 Abs. 2 WpHG denkbar. Allerdings ist ein Konkurrenzverhältnis ausgeschlossen, wenn sich die Verwirklichung des § 264a auf neu emittierte Wertpapiere bezieht; § 38 Abs. 2 WpHG iVm § 20a WpHG erfasst nur Wertpapiere die bereits gehandelt werden (KölnKomm-*Altenhain*, § 38 Rn. 146).

XVI. Verjährung

50   Die Verjährungsfrist des § 264a StGB beträgt **fünf Jahre**, § 78 Abs. 3 Nr. 4 StGB. Sie beginnt mit der Beendigung der Tat. Die Tat ist mit der Verbreitung des Prospekts beendet (OLG Köln NJW 2000, 598). Die sechsmonatige Verjährungsfrist des Landespressegesetzes gilt hier nicht. Zwar stellen Prospekte Druckwerke dar, so dass der Prospektbetrug ein Presseinhaltsdelikt ist (*Hagemann*, S. 302), allerdings gelten die Landespressegesetze nicht für Druckwerke, die nur gewerblichen Zwecken dienen (vgl. z. B. § 4 Abs. 2 Nr. 2 HessPresseG; BGHSt 40, 385). Die jeweiligen Ausnahmevorschriften stehen der Anwendung der kurzen landespresserechtlichen Verjährung entgegen. Der Prospekt ist verbreitet, sobald er erstmals einem größeren Personenkreis zugänglich gemacht worden ist (OLGR Naumburg 2005, 235; OLG Köln NJW 2000, 598). Dieser Zeitpunkt ist für den Verjährungsbeginn entscheidend, da der Kapitalanlagebetrug ein abstraktes Gefährdungsdelikt ist. Für diese Delikte beginnt die Verjährung mit der Beendigung der Ausführungshandlung (OLG Köln NJW 2000, 598; BGHSt 36, 255 im Hinblick auf § 326 StGB).

51   Die Ausführungshandlung ist das „Machen" fehlerhafter Angaben oder das „Verschweigen nachteiliger Tatsachen" in einem Prospekt. Es kommt mithin bei der Frage des Verjährungsbeginns nicht auf die „Zeichnung von Anteilen" oder „Bezahlung" an (OLG Köln NJW 2000, 598). Ebenso wenig ist vor diesem Hintergrund die Aufnahme des Vertriebes verjährungsbeginnend (OLGR

Naumburg 2005, 235). Die Verbreitung einer zweiten, unveränderten Prospekt-
auflage setzt die Verjährung nicht etwa erneut in Gang (OLGR Naumburg
2005, 235).

Für die Alternative des **Verschweigens** nachteiliger Tatsachen gilt die vorbe- 52
zeichnete Auslegung gleichermaßen. Zwar stellt die zweite Alternative ein echtes
Unterlassungsdelikt dar, dessen Verjährung regelmäßig mit dem **Wegfall einer
Handlungspflicht** beginnt. Allerdings sind die Alternativen „Machen" und
„Verschweigen" im Hinblick auf den Gesetzeswortlaut „wer (...) in Prospekten"
unterschiedslos zu behandeln (OLG Köln NJW 2000, 598; OLGR Naumburg
2005, 235). Für den Verjährungsbeginn ist das Zugänglichmachen des Prospekts
gegenüber einem größeren Kreis möglicher Anleger entscheidend, unabhängig
davon, ob seine Fehlerhaftigkeit durch „Reden" oder „Schweigen" verursacht
wurde. Die Verjährungsfrist des Anspruches aus § 823 Abs. 2 BGB iVm § 264a
StGB beträgt drei Jahre, § 195 BGB. Sie beginnt mit dem Schluss des Jahres, in
dem der Anspruch entstanden ist und der Gläubiger von den den Anspruch
begründenden Umständen und der Person des Schuldners Kenntnis erlangt oder
ohne grobe Fahrlässigkeit erlangen müsste, § 199 Abs. 1 BGB (OLG München
GWR 2011, 119). Zur Verjährung von Prospekthaftungsansprüchen aus § 823
Abs. 2 BGB iVm § 264a StGB siehe *Kind/Bruchwitz* BKR 2011, 10.

XVII. Strafzumessung

Die Strafzumessung im Rahmen des § 264a StGB folgt den allgemeinen Grund- 53
sätzen, § 46 StGB. Dabei wirken sich stets ein Geständnis und Schadenswiedergutmachung strafmildernd aus. Wirtschaftsstrafsachen sind meist sehr umfangreich;
der erhöhte Ermittlungsaufwand und eine ausführliche Hauptverhandlung führen
u. U. zu einer außergewöhnlich langen Verfahrensdauer (BVerfG Nichtannahmebeschl. v. 4.9.2009, 2 BvR 1089/09; BayObLG wistra 1994, 352; BVerfG NJW
1993, 3254) und zu einem großen Zeitraum zwischen Tat und Verfahrensende
(BGH NStZ 1992, 229; 1986, 217). Derartige Umstände sind strafmildernd zu
berücksichtigen. Hiervon zu unterscheiden ist die ebenfalls strafmildernde rechts-
staatswidrige – von Strafverfolgungsorganen zu vertretende – Verfahrensverzögerung (BVerfG NStZ 2006, 680; NJW 2003, 2897).

Ein Schaden gehört zwar nicht zu den gesetzlichen Tatbestandsmerkmalen des 54
§ 264a StGB, gleichwohl wäre er zu ermitteln, da er Gegenstand der Strafzumessung ist. Zur Schadensberechnung im Rahmen des § 264a StGB ist Folgendes
auszuführen: Einerseits sind das Geleistete und das Empfangene gegenüberzustel-
len. Der Schaden verringert sich, wenn das Opfer die empfangene Geldleistung
„ohne finanziellen und zeitlichen Aufwand" (BGH NStZ-RR 2006, 206) und
insbesondere ohne Beteiligung des Täters in Geld umsetzen kann (BGH NStZ-
RR 2006, 206; 2000, 331). Andererseits kann die gesamte Leistung des Tatopfers
als Schaden zugrunde gelegt werden, „wenn es die Gegenleistung nicht zu dem
vertraglich vorausgesetzten Zweck oder in anderer zumutbarer Weise verwenden
kann" (BGH NStZ-RR 2006, 206). Dies ist z. B. der Fall, wenn die Gegenleistung für den Anleger „in vollem Umfang unbrauchbar" (BGH NStZ-RR 2006,
206) ist (BGH NStZ-RR 2006, 206; BGHSt 30, 177; 32, 22).

Hat der Täter den Anleger über den Inhalt eines Optionsgeschäfts derart 55
getäuscht, dass dem Anleger der Inhalt des von ihm abgeschlossenen Geschäfts
verborgen blieb, der Anleger vielmehr glauben durfte, er hätte ein anderes

Geschäft („aliud") abgeschlossen, kann der gesamte gezahlte Betrag des Anlegers als Schaden angesehen werden (BGH NStZ-RR 2006, 206; BGHSt 32, 22).

56 Die Regelungen des besonders schweren Falles aus § 263 Abs. 3, 5 StGB gelten auch für § 264a StGB. Zwar ist § 264a StGB nicht ausdrücklich in den Wortlaut des § 263 Abs. 3, 5 aufgenommen, allerdings soll der dort gebrauchte Begriff des Betruges auch den Kapitalanlagebetrug i.s.v. § 264a StGB umfassen (Schönke/ Schröder-Cramer/Peron, § 263 Rn. 188a; Fischer, § 263 Rn. 120b). Handelt der Täter eines Kapitalanlagebetruges als Mitglied einer Bande und (kumulativ) gewerbsmäßig, beträgt der Strafrahmen 1–10 Jahre, § 263 Abs. 5 StGB. § 263 Abs. 5 StGB enthält indes auch eine Regelung für einen minder schweren Fall des Kapitalanlagebetruges.

XVIII. Zuständigkeit

57 In Wirtschaftsstrafsachen stellt sich regelmäßig die Frage, ob die Strafkammer mit zwei oder drei Richtern verhandeln soll. Maßgebliches Abgrenzungskriterium ist der Umfang und die Schwierigkeit der Sache, § 76 GVG. Der Strafkammer steht kein Ermessen zu, wohl aber ein weiter Beurteilungsspielraum bei der Beurteilung der Frage, ob die Sache umfangreich oder schwierig i.s.v. § 76 Abs. 2 S. 1 GVG ist (BGHSt 44, 328). In diese Feststellung sind die Anzahl der Angeklagten, der Aktenumfang, die Anzahl der Gutachten bzw. Sachverständigen, die Anzahl der Zeugen, etc. einzubeziehen (BGH NStZ 2004, 56). Im Zweifel ist mit drei Richtern zu verhandeln (BGHSt 44, 328). Ein willkürlicher Verstoß gegen § 76 Abs. 2 GVG führt zu einer nicht vorschriftsmäßigen Besetzung der Strafkammer und begründet den absoluten Revisionsgrund des § 338 Nr. 1 StPO. Willkür liegt vor, wenn das Gericht seine Besetzung mit sachfremden Erwägungen begründet hat oder den eingeräumten Beurteilungsspielraum in unvertretbarer Weise überschritten hat (BGHSt 44, 328; BGH NStZ 2004, 56). Die Verhandlung in Zweierbesetzung in einem Verfahren mit drei Angeklagten, insgesamt 1.551 Straftaten, einer Anklageschrift von 189 Seiten, 289 Zeugen und mehr als 100 Beweismittelordnern ist willkürlich, BGH NStZ 2004, 56.

58 Die Unterbesetzung kann in der Revision nur erfolgreich beanstandet werden, wenn die Präklusionsvorschriften, §§ 338 Nr. 1, 2. HS, 222b StPO analog zuvor beachtet wurden. Der Verteidiger muss daher rechtzeitig in der Hauptverhandlung rügen (BGHSt 44, 328).

XIX. Akteneinsicht des Verletzten

59 Der durch einen Kapitalanlagebetrug verletzten Person steht gem. § 406e StPO ein Recht auf Akteneinsicht zu. Der Antrag auf Einsicht in die Ermittlungsakte und amtlich verwahrte Beweisstücke muss von einem **Rechtsanwalt** gestellt werden. Der Rechtsanwalt darf die Akten einsehen bzw. sie sind an ihn – nicht etwa an den Verletzten – zu übersenden. Das Recht auf Akteneinsicht setzt ein berechtigtes Interesse voraus, § 406e StPO. Dieses ist mit Antragstellung darzulegen. Es ist empfehlenswert, nähere Ausführungen zu den Umständen, die eine Verletzteneigenschaft begründen, mitzuteilen (BVerfG NJW 2003, 501). Das berechtigte Interesse auf Akteneinsicht folgt häufig aus der Erwägung, einen Schadenersatzanspruch etwa aus § 823 Abs. 2 BGB iVm § 264a StGB gegen den Täter geltend zu machen (BVerfG NJW 2003, 501; zu weiteren Umständen, die ein berechtigtes Interesse begründen können siehe *Meyer-Goßner*, § 406e Rn. 3).

Gegen die Versagung der Akteneinsicht durch die Staatsanwaltschaft kann nach **60** § 406e Abs. 4 S. 2 StPO eine **gerichtliche Entscheidung** beantragt werden. Die Zuständigkeit des Gerichts richtet sich nach § 162 StPO.

XX. Sperrzeit

Wer nach den §§ 263 bis 264a StGB oder den § 265b bis 266a StGB zu einer **61** Freiheitsstrafe von mindestens einem Jahr verurteilt wurde, darf für die Dauer von **fünf Jahren** das Amt eines GmbH-Geschäftsführers, § 6 Abs. 2 S. 2 Nr. 3 lit. e) GmbHG oder eines Vorstandsmitglieds einer Aktiengesellschaft, § 76 Abs. 3 S. 2 Nr. 3 lit. e) AktG nicht betrauen (ausführlich *Weiß* wistra 2009, 209). Die Sperre gilt für vergleichbare ausländische Urteile entsprechend. Die Fünfjahresfrist beginnt mit der Rechtskraft der Verurteilung, Haftzeiten oder sonstige Verwahrungen in Anstalten aufgrund behördlicher Anordnungen werden in die Fristberechnung nicht einbezogen.

Geldstrafen werden in Ansehung des § 6 Abs. 2 S. 2 Nr. 3 lit. e) GmbHG nicht **62** in Freiheitsstrafen umgerechnet. Wird der Täter zu einer Gesamtfreiheitsstrafe verurteilt und beinhaltet diese Einzelgeldstrafen für Taten aus dem Katalog des § 6 Abs. 2 S. 2 Nr. 3 lit. e) GmbHG, so ist eine Saldierung unzulässig. Der Ausschlusstatbestand liegt nach dem eindeutigen Gesetzeswortlaut nur im Rahmen einer Verurteilung zu einer Freiheitsstrafe vor (OLG Hamm NJW-RR 2011, 772). Vorbezeichnetes gilt auch für § 76 Abs. 3 S. 2 Nr. 3 lit. e) AktG.

Wer bei der Verurteilung zu einer Katalogtat aus §§ 263 bis 264a StGB oder **63** §§ 265b bis 266a StGB Vorstandsmitglied einer AG oder GmbH-Geschäftsführer ist, verliert sein Amt. Die Geschäftsunfähigkeit tritt gleichzeitig mit dem Ausschlussgrund ein (BGHZ 115, 78).

Die Eintragung im Handelsregister als Vorstandsmitglied einer AG oder eines **64** GmbH-Geschäftsführer wird mit Rechtskraft des Urteils materiell unrichtig (OLG Zweibrücken NZG 2001, 857). Das Registergericht löscht die Eintragung von Amts wegen (OLG München NJW-RR 2011, 622).

D. § 266 Untreue

(1) **Wer die ihm durch Gesetz, behördlichen Auftrag oder Rechtsgeschäft eingeräumte Befugnis, über fremdes Vermögen zu verfügen oder einen anderen zu verpflichten, mißbraucht oder die ihm kraft Gesetzes, behördlichen Auftrags, Rechtsgeschäfts oder eines Treueverhältnisses obliegende Pflicht, fremde Vermögensinteressen wahrzunehmen, verletzt und dadurch dem, dessen Vermögensinteressen er zu betreuen hat, Nachteil zufügt, wird mit Freiheitsstrafe bis zu fünf Jahren oder mit Geldstrafe bestraft.**

(2) **§ 243 Abs. 2 sowie die §§ 247, 248a und 263 Abs. 3 gelten entsprechend.**

Literatur: *Adick,* Organuntreue (§ 266 StGB) und Business Judgment: Die strafrechtliche Bewertung unternehmerischen Handelns unter Berücksichtigung von Verfahrensregeln, 2010; *Arzt,* Zur Untreue durch unbefugtes Handeln, Bruns-FS, S. 365; *Bernsmann,* Alles Untreue? –

Skizzen zu Problemen der Untreue –, GA 2007, 219; *ders.*, Untreue und Korruption – der BGH auf Abwegen, GA 2009, 296; *Beulke/Witzigmann,* Zu der Frage nach dem Vorsatz und dem Vermögensnachteil bei Untreuehandlungen durch pflichtwidriges Eingehen von Risiken für fremdes Vermögen, JR 2008, 430; *Bittmann,* Risikogeschäft – Untreue – Bankenkrise, NStZ 2011, 361; *Brammsen/Apel,* „Schwarze Kassen" in Privatunternehmen sind strafbare Untreue, § 266 StGB – Zugleich eine Besprechung von BGH, Urt. v. 29.8.2008 = BGHSt 52, 323, WM 2010, 781; *Corsten,* Erfüllt die Zahlung von Bestechungsgeldern den Tatbestand der Untreue?, HRRS 2011, 247; *Dierlamm,* Untreue – ein Korruptionsdelikt?, Widmaier-FS (2008), S. 607; *ders.,* Untreue – ein Auffangtatbestand?, NStZ 1997, 534; *Gaede/Mühlbauer,* Wirtschaftsstrafrecht zwischen europäischem Primärrecht, Verfassungsrecht und der richtlinien-konformen Auslegung am Beispiel des Scalping – zugleich Besprechung von BGH wistra 2004, 109 –, wistra 2005, 9; *Hantschel,* Untreuevorsatz: Eine Untersuchung zu Begriff und Beweis des Vorsatzes bei § 266 StGB, 2010; *Hilgard,* Churning, WM 2006, 409; *Hillenkamp,* Zur Kongruenz von objektivem und subjektivem Tatbestand der Untreue, Maiwald-FS (2012), S. 323; *Ignor/Sättele,* Pflichtwidrigkeit und Vorsatz bei der Untreue am Beispiel der sog. Kredit-untreue – Zugleich ein Beitrag zum Bestimmtheitsgebot des Art. 103 Abs. 2 GG, FS Hamm, S. 211; *Jahn,* Untreue durch die Führung „schwarzer Kassen" – Fall Siemens/ENEL, JuS 2009, 173; *Jakobs,* Bemerkungen zur subjektiven Tatseite der Untreue, Dahs-FS (2005), S. 49; *Kargl,* Die Mißbrauchskonzeption der Untreue (§ 266 StGB), ZStW 2001, 565; *Kempf,* Bestechende Untreue?, Hamm-FS (2008), S. 255; *Kempf/Lüderssen/Volk,* die Finanzkrise, das Wirtschafts-strafrecht und die Moral, 2010; *Knauer,* Zur Frage der Bildung verdeckter Kassen als Untreue, NStZ 2009, 151; *Krause,* Strafrechtliche Haftung des Aufsichtsrates, NStZ 2011, 57; *ders.,* Straf- und aktienrechtliche Würdigung nachträglicher Prämienzahlungen an AG-Vorstandsmitglieder, StV 2006, 307; *Krüger,* Neues aus Karlsruhe zu Art. 103 II GG und § 266 StGB, Bespr. von BVerfG, Beschl. vom 23.6.2010 – 2 BvR 2559/08, NStZ 2010, 369; *Kubiciel,* Gesellschafts-rechtliche Pflichtwidrigkeit und Untreuestrafbarkeit, NStZ 2005, 353; *Küper,* Anmerkung zum Beschluss des BGH vom 18.2.2009 (1 StR 731/08, JZ 2009, 799) – Vermögensschaden beim Anlagebetrug, JZ 2009, 800; *Labsch,* Untreue; *Lesch,* § 266 StGB – Tatbestand ist schlechthin unbestimmt, DRiZ 2004, 135; *Lüderssen,* Zur Konkretisierung der Vermögensbetreuungspflicht in § 266 Strafgesetzbuch durch § 87 Absatz 1 Satz 1 Aktiengesetz – Das Problem akzessorischer Bindung strafrechtlicher Normen an kontrovers interpretierte Normen anderer Rechtsgebiete, FS Schroeder (2006), S. 569; *Lüderssen,* Bemerkungen zum Irrtum über die Pflicht zur Wahr-nehmung fremder Vermögensinteressen im Sinne des § 266 StGB, Richter II-FS (2006), S. 373; *Lüderssen,* „Nützliche Aufwendungen" und strafrechtliche Untreue, Müller-Dietz-FS (2001), S. 467; *Matt,* Missverständnisse zur Untreue – Eine Betrachtung auch zum Verhältnis von (Straf-)Recht und Moral, NJW 2005, 389; *Märker/Hillesheim,* Brennpunkt Finanzkrise: Anleger-schutz in Deutschland, ZRP 2009, 65; *Mayer,* Die Untreue im Zusammenhang mit Vermögens-verbrechen; *Michalke,* Untreue – neue Vermögensbetreuungspflichten durch Compliance-Regeln, StV 2011, 245; *Mölter,* Untreuestrafbarkeit von Anlageberatern unter spezieller Betrach-tung der Vermögensbetreuungspflicht, wistra 2010, 53; *Munz,* Haushaltsuntreue, 2001; *Otto,* Bankentätigkeit und Strafrecht; *Pananis,* Kurs- und Marktpreismanipulation durch Scalping, NStZ 2004, 287; *Park/Rütters,* Der Betrug durch Handel mit problematischen Verbrie-fungen, StV 2011, 434; *Ransiek,* Anmerkung zu BGH, Bildung verdeckter Kassen als Untreue – Fall Siemens, NJW 2009, 89; *ders.,* Risiko, Pflichtwidrigkeit und Vermögensnachteil bei der Untreue, ZStW 2004, 634; *ders.,* Verstecktes Parteivermögen und Untreue, NJW 2007, 1727; *ders.,* Asset Backed Securities und Strafrecht, WM 2010, 869; *Ransiek/Hüls,* Strafrecht zur Regulierung der Wirtschaft, ZGR 2009, 157; *Rönnau,* Untreue als Wirtschaftsdelikt, ZStW 2007, 887; *ders.,* Untreue durch Einrichtung verdeckter Kassen, Bestechung im geschäftlichen Verkehr im Ausland sowie ausländischer Amtsträger, StV 2009, 246; *Rönnau/Hohn,* Die Festset-zung (zu) hoher Vorstandsvergütungen durch den Aufsichtsrat – ein Fall für den Staatsanwalt?, NStZ 2004, 113; *Saffferling,* Bestimmt oder nicht bestimmt? Der Untreuetatbestand vor den verfassungsrechtlichen Schranken, Anmerkung zum Beschluss des BVerfG vom 23.6.2010 – 2 BvR 2559/08; 105/09; 491/09, NStZ 2011, 376; *Saliger,* Parteienuntreue durch schwarze

Kassen und unrichtige Rechenschaftsberichte, NStZ 2007, 545; *ders.*, Das Untreuestrafrecht auf dem Prüfstand der Verfassung, NJW 2010, 3195; *Saliger/Gaede,* Rückwirkende Ächtung der Auslandskorruption und Untreue als Korruptionsdelikt – Der Fall Siemens als Startschuss in ein entgrenztes internationalisiertes Wirtschaftsstrafrecht? – Zugleich Besprechung zu LG Darmstadt, Az. 712 Js 5213/04 – KLs, Urteil vom 14. Mai 2007, HRRS 2008, 57; *Satzger,* „Schwarze Kassen" zwischen Untreue und Korruption – Eine Besprechung des Urteils BGH – 2 StR 587/07 (Siemens-Entscheidung) –, NStZ 2009, 297; *Sauer,* Anmerkung, Zur Strafbarkeit eines Vorstands wegen Untreue auf Grund des Sponsorings eines Sportvereins, wistra 2002, 465; *Sax,* Überlegungen zum Treubruchstatbestand des § 266 StGB, JZ 1977, 663; *Schlösser,* Der Schaden der Siemens-Entscheidung – Zum Begriff des endgültigen Schadens bei der Untreue durch Führung verdeckter Kassen im Bereich privater Unternehmungen – Zugleich Besprechung von BGH, Urteil vom 29. August 2008 – 2 StR 587/07 (BGH HRRS 2008 Nr. 1100), HRRS 2009, 19; *Schröder,* Kapitalmarktstrafrecht, 2. Auflage 2010; *Schünemann,* Haushaltsuntreue als dogmatisches und kriminalpolitisches Problem, StV 2003, 463; Schwind, Kriminologie, 21. Auflage 2011; *Soesters,* Die Insiderhandelsverbote der Wertpapierhandelsgesetzes, 2002; *Tiedemann,* Untreue bei Interessenkonflikten, Tröndle-FS (1989), S. 319; *Martin Weber,* Scalping – Erfindung und Folgen eines Insiderdelikts, NJW 2000, 562; *Ulrich Weber,* Zum bedingten Vorsatz bei der vermögensgefährdenden Untreue. Bemerkungen zum Kanther-Urteil des BGH, Eisenberg-FS (2009), S. 371; *Worms,* Anlegerschutz durch Strafrecht, 1995.

Übersicht

I. Allgemeines

1. Entwicklung

1   Die Norm geht in ihrer heutigen Form nahezu unverändert auf das Gesetz zur
Abänderung strafrechtlicher Vorschriften vom 26.5.1933 zurück (RGBl I, S. 295;

vgl. zu möglichen Motiven SSW/*Saliger* Rn. 2 und zur Gesetzgebungsgeschichte MüKo/*Dierlamm* Rn. 7 ff. sowie NK/*Kindhäuser* Rn. 4 ff. und zur Entstehungsgeschichte insgesamt LK/*Schünemann*, Entstehungsgeschichte). Die **Neukonzeption des § 266** als ein allgemeiner und nicht kasuistischer Tatbestand der Untreue, der die Missbrauchs- und die Treuebruchtheorie zu einem einheitlichen Tatbestand verbindet, sollte einen **möglichst vollständigen Vermögensschutz** gewährleisten (*Schäfer* DJZ 1933, 789, 795). In der Folgezeit wurde § 266 v.a. hinsichtlich seiner Rechtsfolgen abgeändert (vgl. dazu MüKo/*Dierlamm,* Rn. 11 f.; NK/*Kindhäuser* Rn. 10). § 266 Abs. 2 ist durch das 6. StrRG (BGBl 1998 I, S. 164) neu gefasst worden.

2. Verfassungsmäßigkeit

Wegen des weitgefassten Wortlauts des § 266 Abs. 1, der neben den unbestimmten Tatbestandsmerkmalen („Treueverhältnisses", „Pflicht, fremde Vermögensinteressen wahrzunehmen") keine konkrete Tathandlung umschreibt, wurde die Verfassungsmäßigkeit des Untreuetatbestands im Hinblick auf das Bestimmtheitsgebot aus Art. 103 Abs. 2 GG diskutiert. Danach müssen strafrechtliche Normen so konkret gefasst sein, dass der Anwendungsbereich des gesetzlichen Tatbestandes erkennbar ist oder sich durch Auslegung ermitteln lässt, da der Bürger nur so erkennen und sein Verhalten danach ausrichten kann, welche Verhaltensweisen unter Strafe gestellt werden. Entgegen der Rspr. und der h.M., die sich an eine Entscheidung des RG (RGSt 69, 58, 59) anlehnte und eine einschränkende Auslegung für möglich hielt, wurde § 266 Abs. 1 in der Literatur zunehmend kritisiert (vgl. u.a. *Mayer,* Die Untreue im Zusammenhang der Vermögensverbrechen, S. 336 f.; *Sax* JZ 1977, 663, 664 f.; *Labsch,* Untreue, S. 177 ff.; *Kargl* ZStW 2001, 565, 589 f.; *Lesch* DRiZ 2004, 135 ff.; *Arzt,* FS Bruns, S. 365, 367; MüKo/*Dierlamm,* Rn. 3 ff.; *Lüderssen,* FS Schroeder, S. 569 ff.; *Ignor/Sättele,* FS Hamm, S. 211 ff.) Durch zwei Entscheidungen des BVerfG (Beschl. v. 10.3.2009 – 2 BvR 1980/07 = NStZ 2009, 560 ff. und Beschl. v. 23.6.2010 – 2 BvR 2559/08 = NJW 2010, 3209 ff.). ist dieser Streit für die Praxis weitestgehend geklärt. **Nach Auffassung des BVerfG ist § 266 Abs. 1 mit dem Bestimmtheitsgebot des Art. 103 Abs. 2 GG zu vereinbaren,** da der Tatbestand restriktiv präzisierend ausgelegt werden kann und muss und damit den Bedenken gegen eine fehlende Bestimmtheit ausreichend Rechnung getragen wird. Insbesondere das Tatbestandsmerkmal des (Vermögens-)Nachteils ist hinreichend bestimmt, ebenso wie die Rspr. zur sog. schadensgleichen Vermögensgefährdung, die sich noch im Rahmen des Art. 103 Abs. 2 GG hält (BVerfG NStZ 2009, 560, 562; BVerfG NJW 2010, 3209, 3212 mit Anm. *Krüger* NStZ 2011, 369 und Anm. *Safferling* NStZ 2011, 376; vgl. bereits MüKo/*Dierlamm* Rn. 5; SSW/*Saliger* Rn. 4; GesamtK/*Beukelmann,* Rn. 2).

II. Rechtsgut und praktische Bedeutung

1. Rechtsgut

Geschütztes Rechtsgut ist das Vermögen des Treugebers als Ganzes (h.M. und st. Rspr. des BGH, *Fischer,* Rn. 2; LK/*Schünemann,* Rn. 23; NK/*Kindhäuser* Rn. 2; von Heintschel-Heinegg/*Wittig,* Rn. 1, 2; *Lackner/Kühl,* Rn. 1; Schönke/Schröder/*Perron,* Rn. 1; MüKo/*Dierlamm,* Rn. 1; SSW/*Saliger,* Rn. 1; BGHSt 8, 254, 255 ff.; 43, 293, 297; 47, 295, 301; 50, 331, 342). **Die Dispositi-**

onsbefugnis des Treugebers stellt kein eigenständiges Schutzgut dar und wird deshalb grds. nicht von § 266 erfasst (h.L., vgl. *Lackner/Kühl*, Rn. 1; MüKo/*Dierlamm*, Rn. 1; SSW/*Saliger*, Rn. 1; AK/*Esser*, Rn. 5 f.); Ausnahmen hat der BGH allerdings bei der Bildung schwarzer Kassen (BGH NJW 2009, 89) und im Bereich der Haushaltsuntreue (BGHSt 43, 293, 299) zugelassen. Nicht geschützt wird das Befriedigungsinteresse von Gläubigern (BGH NJW 2000, 154, 155; SSW/*Saliger*, Rn. 1), wobei jedoch in Fällen von „pflichtwidrigen" Existenzgefährdungen juristischer Personen mit Einverständnis der Gesellschafter von der Rechtsprechung faktisch eine Schutzgutverlagerung vorgenommen wird (*Fischer*, Rn. 99). Ebenso wenig wird das Vertrauen in die Redlichkeit des Rechts- und Wirtschaftsverkehrs als Universalrechtsgut geschützt (*Fischer*, Rn. 2; SSW/*Saliger*, Rn. 1).

2. Struktur und praktische Bedeutung

4   Während der Betrug eine Vermögensverschiebung verlangt, ist **für die Untreue eine Vermögensschädigung ausreichend** (NK/*Kindhäuser*, Rn. 2). Bei der Untreue nutzt der Täter eine auf ihn zu einem bestimmten Zweck übertragene Vermögensverfügungsmöglichkeit zur Schädigung des fremden Vermögens und damit gerade die ihm eingeräumte Dispositionsmacht von innen her aus, während er im Falle eines Betrugs in rechtswidriger Weise von außen auf das fremde Vermögen zugreift. (NK/*Kindhäuser*, Rn. 3; von Heintschel-Heinegg/*Wittig*, Rn. 1, 3; MüKo/*Dierlamm*, Rn. 2). Während das für die Tatbestandsverwirklichung charakteristische Handlungsunrecht im falschen Gebrauchen der eingeräumten Befugnis über fremdes Vermögen liegt, besteht das Erfolgsunrecht in der Schädigung des fremden Vermögens durch den Vermögensbetreuungspflichtigen.

5   **Die Untreue ist damit kein Gefährdungs-, sondern ein Erfolgsdelikt in Form eines Verletzungsdeliktes** (SSW/*Saliger*, Rn. 1). Ferner ist sie ein Sonderdelikt, da sie nur von bestimmten, zur Vermögensbetreuung verpflichteten Personen begangen werden kann (§ 28 Abs. 1 ist nach h.M. anwendbar).

6   **Die allgemeine Bedeutung des § 266 hat in den vergangenen 15 Jahren stark zugenommen,** v.a., aber nicht nur in justizieller Hinsicht. Die Regelung wird als die Zentralnorm des Wirtschaftsstrafrechts verstanden (Achenbach/*Ransiek/Seier* V 2 Rn. 1; *Ransiek* ZStW 2004, 634; Böttger/*Böttger/Brockhaus*, Kap. 3 Rn. 7; aA insoweit *Rönnau* ZStW 2007, 887, 890 ff., der Untreue nicht als Wirtschaftsdelikt einordnen will). In der Praxis zeigt sich die Tendenz, § 266 als eine Art „Auffangtatbestand" zu instrumentalisieren („§ 266 StGB passt immer", *Ransiek* ZStW 2004, 634; vgl. auch *Dierlamm* NStZ 1997, 534) und Untreue als das „typische Wirtschaftsverbrechen unserer Zeit" zu ahnden (*Schünemann* NStZ 2006, 196).

7   Auf Grund der Stellung als Sonderdelikt handelt es sich bei der Untreue, anders als beim Diebstahl, nicht um ein Massendelikt, da es gerade nicht von jedermann begangen werden kann. **Die typischen Fälle sind gekennzeichnet durch eine sehr hohe Schadenssumme,** die pro Schadensfall ca. 15mal höher als beim Betrug liegt (*Fischer*, Rn. 3). Täter sind überwiegend Männer (NK/*Kindhäuser*, Rn. 27; zum Sozialprofil der Täter vgl. auch *Schwind*, Kriminologie, § 21 Rn. 19 ff.). Die PKS für das Jahr 2011 weist einen Rückgang der Wirtschaftskriminalität gegenüber 2010 um 22,7% auf 79.515 Fälle aus. Ausweislich der Erläuterung zur Statistik ist der Rückgang besonders durch die Verminde-

rung von Betrugsfällen um 36,6 Prozent auf 41.612 Fälle geprägt. Ursächlich hierfür sei ein komplexes Ermittlungsverfahren im Berichtsjahr 2010 im Bereich Leistungs- und Anlagebetrug gemäß § 263. Die Anzahl erfasster Taten nach § 266 ist leicht um 5,0% auf 10.697 Fälle gestiegen. Dabei ist die Untreue bei Kapitalanlagegeschäften besonders stark um 37,7% auf 635 Fälle gestiegen. Starke Rückgänge gab es hingegen im Anlage- und Finanzierungsbereich um 36,0 Prozent auf 7.792 Fälle und im Bereich Betrug und Untreue im Zusammenhang mit Beteiligungen und Kapitalanlagen um 37,8 Prozent auf 7.094 Fälle.

Die **Aufklärungsquote im Bereich der Untreue ist ausgesprochen hoch   8 (zwischen 98 und 99%).** Dies ist unter anderem darauf zurückzuführen, dass der Tatbestand es erfordert, dass zwischen dem Geschädigten und dem Täter ein Treueverhältnis bestehen muss, beide somit einander bekannt sind.

III. Objektiver Tatbestand

1. Die beiden Tatbestandsvarianten

a) Verhältnis beider Tatbestände zueinander. § 266 Abs. 1 beinhaltet zwei   9 verschiedene Varianten der Untreue. In der 1. Alt. ist der sog. Missbrauchstatbestand geregelt. Die 2. Alt. regelt den sog. Treuebruchtatbestand. Das Verhältnis beider Varianten zueinander ist von jeher umstritten (vgl. die umfassende Darstellung der vertretenen Ansichten, auch vor 1933, bei LK/*Schünemann,* Rn. 6 ff.). Der Wortlaut des Abs. 1 „dessen Vermögensinteressen er (der Täter) zu betreuen hat" gilt unstreitig für beide Tatbestandsvarianten. Damit stellt sich die Frage, ob dann auch **für beide Tatbestandsvarianten eine identische Vermögensbetreuungspflicht** Voraussetzung ist, obwohl der Gesetzeswortlaut diese (ausdrücklich) nur für die Treuebruchvariante verlangt.

Nach der dualistischen Theorie (RGSt 69, 58, 59; BGH NJW 1953, 1600,   10 1601) sind beide Tatbestandsvarianten als eigenständige Tatbestände anzusehen, was insbesondere zur Folge hat, dass es für die Verwirklichung des Missbrauchstatbestandes nicht der Verletzung einer Vermögensbetreuungspflicht bedarf.

Anders hingegen die monistische Theorie. Danach ist gemeinsamer Unrechts-   11 kern beider Tatbestandsvarianten die Verletzung der für beide geltenden, identischen Pflicht zur fremdnützigen Betreuung von Vermögen. Mit der sog. „Scheckkartenentscheidung" vollzog der BGH in BGHSt 24, 386 eine Abkehr von seiner bisherigen Rspr. und verlangt seither auch für die Tatbestandsvariante des Missbrauchs die Verletzung einer Vermögensbetreuungspflicht; dies entspricht auch der h.L. (st. Rspr. des BGH und h.M.: BGHSt 47, 187, 192; 50, 331, 342; BGH NJW 2006, 453, 454; *Fischer,* Rn. 6; LPK/*Kindhäuser,* Rn. 15; MüKo/*Dierlamm,* Rn. 16 und 21; Park/*Zieschang,* Rn. 6; von Heitschel-Heinegg/*Wittig,* Rn. 5; NK/*Kindhäuser,* Rn. 5; *Maurach/Schröder/Maiwald,* BT 1, § 45 Rn. 11 ff.; *Rengier,* BT 1, § 18 Rn. 8 ff.; *Wessels/Hillenkamp,* BT 2, Rn. 750; Achenbach/Ransiek/ *Seier,* V 2 Rn. 51 ff.; jeweils mwN). Das Erfordernis einer Vermögensbetreuungspflicht dient mithin der Einschränkung des Tatbestandes für beide Tatbestandsvarianten (MüKo/*Dierlamm,* Rn. 16). Folge dieser Betrachtungsweise ist, dass der Missbrauchstatbestand als ein Spezialfall des umfassenderen Treuebruchtatbestandes anzusehen ist (BGHSt 50, 331, 342; BGH JR 1983, 515). Es wäre auch nicht einzusehen, warum an die speziellere Form der Untreue geringere Anforderungen als an die allgemeine zu stellen sein sollen (*Wessels/Hillenkamp,* Strafrecht BT 2, Rn. 750).

12   Im Ergebnis liegt es nahe, den Missbrauchstatbestand als überflüssig anzusehen *(Fischer,* Rn. 6; *Lackner/Kühl,* Rn. 2), zumindest wird die Unterscheidung in der Praxis selten ertragreich sein (Böttger*/Böttger/Brockhaus,* Kap. 3 Rn. 27). Andere Stimmen in der Literatur sind hingegen der Ansicht, die Missbrauchsvariante könne schon deshalb nicht überflüssig sein, da sie den relativ klaren, historisch gewachsenen Untreuetyp der Verletzung einer anvertrauten internen Machtstellung durch den Missbrauch einer eingeräumten Rechtsmacht beinhalte (vgl. SSW*/Saliger,* Rn. 7; wohl auch NK*/Kindhäuser,* Rn. 26).

13   **b) Zusammenfassung der Tatbestandsalternativen.** Beiden Tatbestandsvarianten ist nach der hier vertretenen Auffassung gemein, dass die **Vermögensbetreuungspflicht die Grundlage der Täterstellung** ist. Die tatbestandlichen Handlungen Missbrauch oder Treuebruch müssen sich jeweils als **Verletzung dieser Vermögensbetreuungspflicht** darstellen, da dies das zentrale Unrecht des gesamten Untreuetatbestandes ist. Taterfolg des § 266 Abs. 1 ist ein kausaler und dem Täter objektiv zurechenbarer Eintritt eines Vermögensnachteils auf Seiten des Treugebers. In subjektiver Hinsicht muss der Täter vorsätzlich gehandelt haben.

14   **aa) Darstellung des Missbrauchstatbestands.** Es handelt sich typischerweise um Dreipersonenverhältnisse mit dem Täter als Treunehmer, dem Geschäftsherrn als Treugeber und einem Dritten, dem Geschäftspartner des Treugebers (GesamtK*/Beukelmann,* Rn. 19). Der Täter befindet sich in einer exponierten Position, da ihm durch den Treugeber eine Verfügungs- oder Verpflichtungsbefugnis über dessen (für ihn fremdes) Vermögen eingeräumt wird. Zur Tatbestandsverwirklichung macht er von dieser Befugnis nach außen hin Gebrauch, ohne dazu im Innenverhältnis befugt zu sein. **Der Missbrauchstatbestand ist somit immer dann verwirklicht, wenn der Täter zwar im Rahmen des rechtlichen Könnens, aber außerhalb seines rechtlichen Dürfens handelt** (BGHSt 5, 61, 63; *Fischer,* Rn. 9; MüKo*/Dierlamm,* Rn. 118 ff.; *Worms,* Anlegerschutz durch Strafrecht, S. 196).

15   **bb) Darstellung des Treuebruchtatbestands.** Da in jedem Missbrauch zugleich ein Treuebruch liegt, ist der Missbrauchstatbestand die speziellere und präzisere Form des Treuebruchs. Damit kommt dem **Treuebruchtatbestand eine Auffangfunktion** zu (GesamtK*/Beukelmann,* Rn. 23). Die Treuebruchvariante enthält wiederum **zwei verschiedene Ansätze,** die sich voneinander dadurch unterscheiden, dass die **eine Variante von einer rechtlich begründeten Vermögensbetreuungspflicht ausgeht, während die zweite ein tatsächliches Treueverhältnis als Grundlage der Vermögensbetreuungspflicht ausreichen lässt** *(Wessels/Hillenkamp,* Strafecht BT 2, Rn. 749). Nach § 266 Abs. 1, 2. Alt. macht sich auch strafbar, wer eine ihm obliegende Pflicht zur Betreuung fremden Vermögens auf sonstige Weise als durch rechtsgeschäftliche oder hoheitliche Handlungen verletzt. Anders als bei der Missbrauchsalternative reicht beim Treuebruch daher rein tatsächliches Handeln als Tathandlung aus (MüKo*/Dierlamm,* Rn. 13).

2. Verstoß gegen Treuepflicht

16   **a) Treuepflicht. aa) Allgemeines.** Den Tatbestand der Untreue kann nur verwirklichen, wem eine Pflicht zur Betreuung fremden Vermögens obliegt. Hat eine juristische Person oder eine Personen(handels)gesellschaft die Betreuungs-

pflicht übernommen, so richtet sich die Verantwortlichkeit desjenigen, der für die Gesellschaft handelt, nach § 14 StGB (BGH wistra 2008, 427, 248 f.; BGHSt 49, 147, 161; 54, 52, 58 f.; 41, 224, 229; *Müller-Guggenberger/Bieneck/Schmid*, § 31 Rn. 104). Die konkrete Ausgestaltung der Pflichtenstellung ist im Gesetzeswortlaut nicht näher beschrieben, weshalb weitere Kriterien zur Konkretisierung notwendig sind. Der BGH nimmt eine Vermögensbetreuungspflicht nur an, wenn es sich um eine Pflicht handelt, bei der die Wahrnehmung fremder Vermögensinteressen einige Bedeutung hat (BGHSt 24, 386, 387); sie muss inhaltlich herausgehoben und damit eine Hauptpflicht des Treupflichtigen sein und nicht nur eine beiläufige Pflicht mit untergeordneter Bedeutung (*Müller-Guggenberger/Bieneck/Schmid*, § 31 Rn. 107; *Fischer*, Rn. 21; NK/*Kindhäuser*, Rn. 22). Ferner muss sie im Verhältnis von Treugeber zu Treupflichtigem von einigem Gewicht sein und einem Pflichtverhältnis von gewisser Bedeutung entstammen (BGHSt 3, 289, 293 f.; *Böttger/Böttger/Brockhaus*, Kap. 3 Rn. 29 f.). Eine Vermögensbetreuungspflicht kann nur demjenigen obliegen, der über ein besonderes Maß an Selbständigkeit, Verantwortlichkeit und Bewegungsfreiheit in seinem Handeln verfügt (SSW/*Saliger*, Rn. 10 f.; *Müller-Guggenberger/Bieneck/Schmid*, § 31 Rn. 107; NK/*Kindhäuser*, Rn. 24). Die Treuepflicht ergibt sich i.d.R. aus einem fremdnützig typisierten Schuldverhältnis, in welchem der Verpflichtung des Täters Geschäftsbesorgungscharakter zukommt (BGHSt 49, 147, 155; *Fischer*, Rn. 38).

bb) Grundlagen. Aus § 266 Abs. 1 ergibt sich, dass sich Vermögensbetreu- **17** ungspflichten aus Gesetz, behördlichen Auftrag, Rechtsgeschäft oder einem sonstigen Treuverhältnis ergeben können. Beispiele sind:
– **Gesetz** (bspw. §§ 1626, 1681, 1705 BGB – elterliche Sorge)
– **Behördlicher Auftrag** (bspw. zur Vertretung der öffentlichen Hand, LK/ *Schünemann*, Rn. 34 mwN)
– **Rechtsgeschäft** (bspw. nach § 166 BGB bzw. §§ 80, 81 ZPO die Vollmacht, in fremden Namen zu handeln oder nach §§ 183, 185 BGB die Ermächtigung, im eigenen Namen aufzutreten, LK/*Schünemann*, Rn. 35 mwN)
Das „sonstige Treueverhältnis" ist typisch für den weiten Tatbestand des § 266 **18** Abs. 1. Das hier gemeinte Verhältnis wird i.d.R. als „tatsächliches Treueverhältnis" beschrieben, wobei es auch hierbei allein um rechtliche, nicht aber um moralische Pflichten als Grundlage der Strafbarkeit geht (*Fischer*, Rn. 40). Unter die tatsächlichen Treueverhältnisse fallen v.a. solche Konstellationen, in denen ein Betreuungsverhältnis nicht wirksam entstanden oder bereits wieder erloschen ist (vgl. dazu und zu den von der Rspr. entwickelten Fallgruppen *Müller-Guggenberger/Bieneck/Schmid*, § 31 Rn. 98 ff.; *Fischer*, Rn. 42 f.). Zu der umstrittenen Behandlung von rechts- oder sittenwidrigen Geschäften („Ganovenuntreue") vgl. *Fischer*, Rn. 44 ff.; LPK/*Kindhäuser*, Rn. 34 f.

cc) Einzelfälle. (vgl. ausführlich *Fischer*, Rn. 48 f.; MüKo/*Dierlamm*, **19** Rn. 56 ff.):
– **AG-Vorstandmitglieder**
Vorstandsmitglieder haben eine **Vermögensbetreuungspflicht gegenüber der Gesellschaft** (BGHSt 47, 187 mit Anm. *Sauer* wistra 2002, 465; MüKo/ *Dierlamm* Rn. 82) und auch gegenüber einer abhängigen GmbH im Konzern (*Fischer*, Rn. 48; NK/*Kindhäuser* Rn. 58).
– **Aktionär**
Den Aktionär trifft **gegenüber der AG und ihren Organen regelmäßig keine Vermögensbetreuungspflicht** (LG Köln wistra 1988, 279; zugleich auch zum Streit beim Mehrheitsaktionär *Fischer*, Rn. 105).

– **Anlageberater**
Einem Anlageberater obliegt die **Vermögensbetreuungspflicht dann nicht, wenn es um die (erstmalige) bloße Akquisition von Anlegern geht** (Park/ Zieschang, Rn. 44). Auch ein Beratungsverhältnis für sich genommen reicht noch nicht aus, um eine Vermögensbetreuungspflicht zu begründen, da der Berater dadurch nicht selbständig auf das Vermögen des Anlegers einwirken kann (*Mölter* wistra 2010, 53). Eine **Vermögensbetreuungspflicht ist anzunehmen, wenn der Anlageberater nicht weisungsgebunden ist und Anlagegeschäfte selbständig ausführen und damit über das Kapital des Kunden disponieren kann** (MüKo/*Dierlamm*, Rn. 63; NK/*Kindhäuser*, Rn. 58; Park/*Zieschang*, Rn. 45 f.; *Park/Rütters* StV 2011, 434, 438; *Fischer*, Rn. 48).

– **Aufsichtsrat**
Der Aufsichtsrat hat **regelmäßig eine Vermögensbetreuungspflicht gegenüber der AG und gegenüber den Gesellschaftern** (BGHSt 50, 331 „Mannesmann/Vodafone"; *Fischer*, Rn. 48 mwN). In seiner Entscheidung zum Mannesmann/Vodafone-Verfahren hat der BGH ausgeführt, dass Aufsichtsratsmitgliedern einer AG ein allgemeines Schädigungsverbot obliegt. Danach trifft Aufsichtsratsmitglieder die Pflicht, alles zu unterlassen, was den Eintritt eines (sicheren) Vermögensschadens bei der Gesellschaft zur Folge haben könnte. Diese aktienrechtliche Pflicht sei als Pflicht i.S.v. § 266 Abs. 1 ausreichend; es bedürfe keiner weiteren gesetzlichen oder rechtsgeschäftlichen Regelungen. Zugleich besteht die Vermögensbetreuungspflicht nach h.M. nicht nur für unternehmerische Leitungsaufgaben, sondern auch im Rahmen der allgemeinen Überwachungsaufgabe nach § 111 AktG (*Fischer*, Rn. 48; MüKo/*Dierlamm*, Rn. 67; Müller-Guggenberger/Bieneck/*Schmid*, § 31 Rn. 121 ff.).

– **Bankvorstand**
Dem Bankvorstand obliegt eine **auf das Vermögen der Bank gerichtete Vermögensbetreuungspflicht,** die sich im Übrigen auch auf das Vermögen der Kunden erstrecken kann (*Schröder*, Kapitalmarktstrafrecht, Rn. 1151). Diese kann sich jedenfalls auf die ordnungsgemäße Berechnung von Schadensersatzleistungen auf Grund mangelnder Beratung bei der Rückabwicklung eines notleidenden Fonds bzw. wegen der Eingehung unvertretbarer oder gar existenzgefährdender Kreditrisiken erstrecken (*Fischer*, Rn. 48; *Park/Rütters* StV 2011, 434, 437).

– **Bankmitarbeiter**
Bankmitarbeiter in leitender Funktion haben eine **Treuepflicht gegenüber ihrer Bank bei der Verpflichtung zur Risikoprüfung im Rahmen von Kreditvergaben** (*Fischer*, Rn. 48; MüKo/*Dierlamm*, Rn. 70; BGH wistra 2009, 189; BGHSt 46, 30; 47, 148). Bankmitarbeiter haben jedoch keine Pflicht gegenüber den Inhabern von Sparkonten hinsichtlich der allgemeinen Verwaltung dieser Sparguthaben, da dem Kreditinstitut damit i.d.R. noch keine eigenen Entscheidungsspielräume eröffnet werden (*Fischer*, Rn. 49; OLG München StV 2010, 490).

– **Compliance Officer**
Ob den Compliance Officer eine **Vermögensbetreuungspflicht** trifft, ergibt sich nicht allein aus seiner Stellung, sondern **ist im konkreten Einzelfall anhand des individuellen Aufgabenbereichs zu bestimmen.** In seinem vielbeachteten obiter dictum zur Garantenpflicht des Compliance Officers (BGHSt 54, 44, 49 f.) hat der BGH zwar im Rahmen des Betrugs Ausführungen zur Garantenstellung gemacht, eine Vermögensbetreuungspflicht ergibt sich

daraus aber nicht zwangsläufig (AnwK/*Esser*, Rn.143, 313; *Michalke* StV 2011, 245).

– **Darlehensnehmer**
Darlehensnehmern obliegt eine Vermögensbetreuungspflicht gegenüber dem Darlehensgeber im Falle von zweckgebundenen Darlehen (*Fischer*, Rn. 48).

– **GbR-Gesellschafter-Geschäftsführer**
Geschäftsführenden Gesellschaftern einer (Innen-)GbR obliegt eine Vermögensbetreuungspflicht dieser gegenüber (*Fischer*, Rn. 48; NK/*Kindhäuser*, Rn. 58).

– **GmbH-Geschäftsführer**
Eine Vermögensbetreuungspflicht besteht auch beim faktischen Geschäftsführer einer GmbH gegenüber dem Vermögen der Gesellschaft (MüKo/*Dierlamm*, Rn. 79; Achenbach/Ransiek/*Seier*, V 2 Rn. 141; BGH wistra 2002, 58, 60) sowie bei dem Geschäftsführer einer GmbH gegenüber einer abhängigen GmbH im GmbH-Konzern in Bezug auf existenzerhaltende Liquidität (*Fischer*, Rn. 48). Eine Vermögensbetreuungspflicht besteht jedoch nicht gegenüber den Gesellschaftern (BGH NJW 2006, 1984, 1985).

– **Makler**
Der Makler mit Alleinauftrag oder der Vertrauensmakler haben eine Vermögensbetreuungspflicht gegenüber dem Auftraggeber (*Fischer*, Rn. 48; aA MüKo/*Dierlamm*, Rn. 93).

– **Prokuristen**
Im Verhältnis zum Firmeninhaber obliegt dem Prokuristen (§ 49 HGB) eine **Vermögensbetreuungspflicht** (GesamtK/*Beukelmann*, Rn. 36; SSW/*Saliger*, Rn. 15).

– **Steuerberater**
Den Steuerberater trifft **gegenüber Kapitalanlegern i.d.R. keine Treuepflicht,** sofern sich seine Tätigkeit nur auf die Errichtung eines Treuhandkontos beschränkt und keine vertraglichen Beziehungen zu den Einzahlenden bestehen (BGH NStZ 2006, 38).

– **Treuhänder**
Wird durch den Treuhänder das Vermögen des Treugebers **eigenständig verwaltet, so hat er diesem gegenüber eine Vermögensbetreuungspflicht** (MüKo/*Dierlamm*, Rn. 106; Müller-Guggenberger/Bieneck/*Schmid*, § 31 Rn. 97).

– **Unternehmensberater**
Haben Unternehmensberater keine Entscheidungsbefugnis im Hinblick auf das Vermögen des Unternehmens, so haben sie auch keine Treuepflicht (*Fischer*, Rn. 49). Erlangen sie aber eine vorstandsähnliche Stellung und tatsächliche Entscheidungsmacht in Bezug auf das Vermögen des Beratenen, so ist eine Treuepflicht zu bejahen (*Fischer*, Rn. 48).

– **Unternehmenssanierer**
Keine Vermögensbetreuungspflicht liegt für Unternehmenssanierer **gegenüber den Gläubigern des von ihnen zu sanierenden Unternehmens** vor, denkbar ist sie aber gegenüber dem zu sanierenden Unternehmen selbst (MüKo/*Dierlamm*, Rn. 108).

– **Vermögensverwalter**
Hat der Kunde (Kapitalanleger) einen Vermögensverwaltungsvertrag mit einem Vermögensverwalter geschlossen und sieht dieser Vertrag insbesondere eine **gewisse Selbständigkeit des Verwalters vor, so dass dieser v.a. selbstän-**

dig An- und Verkäufe für den Kunden tätigen kann, so ist eine Vermögensbetreuungspflicht anzunehmen (Park/*Zieschang*, Rn. 51).

– Wertpapierhändler
  Einem Wertpapierhändler obliegt eine **Vermögensbetreuungspflicht im
  Hinblick darauf, im Einklang mit den Anlagezielen des Kunden Wert-
  papiere zu erwerben oder zu veräußern, sofern er eigene Auswahlent-
  scheidungen treffen kann** (*Schröder*, Kapitalmarktstrafrecht, Rn. 1152; Park/
  Zieschang, Rn. 58).

– Wirtschaftsprüfer
  Die Vermögensbetreuungspflicht des Wirtschaftsprüfers **kann sich aus § 2
  WPO ergeben** (LK/*Schünemann*, Rn. 60, Böttger/*Böttger/Brockhaus*, Kap. 3
  Rn. 32). Allein durch das Auftreten als Wirtschaftsprüfer und die Siegelung
  wird sich gegenüber Kapitalanlegern, sofern keine sonstigen vertraglichen
  Beziehungen bestehen, keine besondere Treuepflicht ergeben (BGH NStZ
  2006, 38); gleiches gilt für den Abschlussprüfer gegenüber der Kapitalgesell-
  schaft.

20   **b) Pflichtwidriger Verstoß. aa) Allgemeines.** Der Wortlaut des § 266
Abs. 1 benennt die **Tathandlung** nicht als tatsächlichen Vorgang, sondern
umschreibt sie durch „**Missbrauch der Befugnis**" oder „**Verletzung der
Pflicht**" als Abweichen von einer Verpflichtung (*Maurach/Schroeder/Maiwald*,
Strafrecht BT 1, § 45 Rn. 21).

21   Geht man mit der Rspr. und der h.A. in der Literatur davon aus, dass die
pflichtwidrige Verletzung der Vermögensbetreuungspflicht gemeinsamer
Unrechtskern beider Tatbestandsvarianten des § 266 Abs. 1 ist (Böttger/*Böttger/
Brockhaus*, Kap 3 Rn. 28), muss man die eigentliche Tathandlung am Missbrauch
(1. Alt.) bzw. der Verletzung (2. Alt.) der dem Täter obliegenden Vermögensbetreuungspflicht festmachen.

22   Dem stark normativ geprägten Tatbestandsmerkmal des **pflichtwidrigen Verstoßes** kommt eine **eigene Bedeutung** zu und sein **Vorliegen muss explizit
festgestellt werden** (vgl. *Ransiek* ZStW 2004, 634, 638). Insbesondere darf die
Pflichtwidrigkeit nicht automatisch deshalb bejaht werden, nur weil es zum Eintritt eines Vermögensnachteils gekommen ist. **Beide Tatbestandsmerkmale
sind insoweit unabhängig voneinander zu prüfen** und ihr Vorliegen ist festzustellen.

23   Um die Tatbestandsalternative des Missbrauchs zu verwirklichen, muss der
Täter von der Pflicht zur Betreuung fremden Vermögens nach außen hin
Gebrauch machen, ohne dazu im Innenverhältnis befugt zu sein; er muss, so die
Faustformel, zwar im Rahmen des rechtlichen Könnens, aber außerhalb seines
rechtlichen Dürfens handeln. Bei einem Vergleich der durch Gesetz, Rechtsgeschäft oder behördlichen Auftrag eingeräumten Außenmacht mit der ggf. dahinter
zurückliegenden Innenberechtigung ist festzustellen, ob ein pflichtwidriger Verstoß vorliegt (Böttger/*Böttger/Brockhaus*, Kap 3 Rn. 35).

24   Für die **Begehung der Treuebruchvariante genügt jede rein tatsächliche
Verletzung in Form eines schädigenden Verhaltens, gleich ob durch Tun
oder Unterlassen** (*Maurach/Schroeder/Maiwald*, Strafrecht BT 1, § 45 Rn. 37), da
hier die Handlung im Außenverhältnis – anders als bei der Missbrauchsvariante –
gerade nicht von der eingeräumten Befugnis gedeckt sein muss. **Inwieweit im
Fall des Unterlassens § 13 gilt, ist umstr.; nach h.M. findet jedenfalls § 13
Abs. 2 Anwendung** (*Fischer*, Rn. 55).

Sowohl in der Missbrauchs- als auch in der Treuebruchalternative richten sich **25**
Inhalt, Umfang und Grenzen der dem Treupflichtigen obliegenden Pflichten nach
dem Rechtsverhältnis, welches dieser Pflicht zum Treugeber zugrunde liegt und
somit nach zivil-, gesellschafts- oder öffentlich-rechtlichen Regelungen (*Fischer,*
Rn. 58; Böttger/*Böttger/Brockhaus,* Kap, 3 Rn. 37; Achenbach/Ransiek/*Seier,* V
2 Rn. 116 ff.). Insbesondere **gesellschaftsrechtliche Regelungen zum Schutz
des Gesellschaftsvermögens sowie die konkrete Satzung der juristischen
Person oder Körperschaft** kommen **als Pflichtengrundlage** in Betracht (Bött-
ger/*Böttger/Brockhaus,* Kap 3 Rn. 37; Achenbach/Ransiek/*Seier,* V 2 Rn. 120).

Zu beachten ist dabei zwingend Folgendes: Dem zur Vermögensbetreuung **26**
Verpflichteten steht häufig ein **Handlungs-, Beurteilungs- oder Ermessensspielraum** zu. Diesen eingeräumten Spielraum darf der Treupflichtige auch
(aus-)nutzen. Eine Strafbarkeit kann dann nicht in Frage kommen, wenn dieser
außerstrafrechtliche Spielraum genutzt wird (BGHSt 47, 187, 192; AnwK/*Esser,*
Rn. 68). Deshalb stellt **nicht jede Verletzung der zivil-, gesellschafts- oder
öffentlich-rechtlichen Regelungen zugleich eine untreuerelevante
Pflichtverletzung** dar. Eine solche kommt vielmehr nur in Betracht, wenn mit
einer den Ermessensspielraum überschreitenden Pflichtverletzung gleichzeitig
der spezifisch strafrechtliche Schutzbereich verletzt wird (*Fischer,* Rn. 59).
Zugleich stellt eine pflichtwidrige Handlung nur dann eine geeignete Tathandlung i.S.v. § 266 Abs. 1 dar, wenn sie sich gerade auf den konkret festzustellen-
den Teil der Pflichtenstellung des Täters bezieht, welche die Vermögensbetreuungspflicht zum Gegenstand hat (*Fischer,* Rn. 60).

Mit der in **§ 93 Abs. 1 Satz 2 AktG kodifizierten „Business Judgement **27**
Rule"** (integriert durch das UMAG vom 1.11.2005) findet sich ein gesetzlich
normierter Ansatz zur einschränkenden Auslegung des § 266 auf Ebene des objektiven Tatbestands. Der BGH hatte den Gedanken wirtschaftlicher Entscheidungsspielräume bereits zuvor berücksichtigt (BGHSt 49, 147 „*Bremer Vulkan"*) und
die Verzahnung von Gesellschaftsrecht und Strafrecht auch später aufgegriffen
(BGHZ 135, 244 „*ARAG/Garmenbeck"*). Eine Pflichtverletzung ist nach § 93
Abs. 1 Satz 2 AktG nicht anzunehmen, wenn **unternehmerische Entscheidungen auf Grundlage angemessener Informationen im Unternehmensinte-
resse getroffen werden** („Safe Harbour"); diese Grundsätze werden sich in der
Regel auch auf den strafrechtlichen Vorwurf übertragen lassen (vgl. insgesamt
Adick, Organuntreue [§ 266 StGB] und Business Judgment, 2010).

bb) Unproblematische Fälle. Als unproblematisch im Zusammenhang mit **28**
der Pflichtwidrigkeit sind die Fälle anzusehen, in denen dem Treupflichtigen das
Eingehen von eventuellen Risiken beinahe grenzenlos erlaubt bzw. deren Eingehen so gut wie ausgeschlossen ist.

Beinhaltet der zugrunde liegende **Auftrag** des Treugebers an den Treupflichti- **29**
gen die Eingehung eines (beinahe) **nicht begrenzten Risikos,** so kann in gerade
dieser Risikoeingehung kein pflichtwidriger Verstoß gesehen werden (*Fischer,*
Rn. 65; Park/*Rütters* StV 2011, 434, 437).

Umgekehrt ist es in den Fällen, in denen **das Eingehen von Risiken gänzlich **30**
ausgeschlossen ist.** Dann ist jede Handlung, die dem widerspricht, bereits als
pflichtwidriger Verstoß einzuordnen (*Park/Rütters* StV 2011, 434, 437). Ein Verbot für die Eingehung von Risiken hat die Rspr. angenommen im Verhältnis des
Testamentsvollstreckers zu den Erben, für den Vormund bzw. Betreuer zu dem
von ihm betreuten Vermögens (außer es handelt sich dabei um ein Unternehmen)

sowie für den Verwalter eines Stiftungsvermögens, der zum Erhalt des Vermögens verpflichtet ist (vgl. *Fischer,* Rn. 65 mwN).

31   **cc) Gravierende Verstöße.** In zwei Entscheidungen aus dem Jahr 2001 zum Unternehmensrecht (BGHSt 47, 148 und BGHSt 47, 187) hat der 1. Strafsenat versucht, die **Annahme einer strafrechtlich relevanten Pflichtverletzung auf Grund der Weite des Tatbestands zu begrenzen.** Danach genügt für die Annahme einer Pflichtwidrigkeit im Sinne des Untreuetatbestands nicht jede **gesellschaftsrechtliche Pflichtverletzung;** diese muss **zugleich gravierend** sein. Die Einordnung als gravierend bestimmt sich aus einer Gesamtschau insbesondere der gesellschaftsrechtlichen Kriterien (BGHSt 47, 187, 188 *„Sponsoring").* Gleiches ist im Rahmen von Kreditvergaben erforderlich. Der 5. Strafsenat hat sich dieser Ansicht später angeschlossen (BGHSt 49, 147, 155 ff. *„Bremer Vulkan";* vgl. *Fischer,* Rn. 61). Anders hingegen die Auffassung des 3. Strafsenats. Danach muss die zur Erfüllung des Tatbestands der Untreue erforderliche Verletzung der Vermögensbetreuungspflicht auch bei unternehmerischen Entscheidungen eines Gesellschaftsorgans nicht zusätzlich „gravierend" sein (BGHSt 50, 331, 343 *„Mannesmann/Vodafone").* In einer Entscheidung aus dem Jahre 2005 (BGH NJW 2006, 453 *„Kinowelt")* verlangte auch der 1. Strafsenat nicht mehr mit gleichem Nachdruck das Vorliegen einer gravierenden Pflichtverletzung.

32   Insbesondere die Literatur ist dem Erfordernis einer gravierenden Pflichtverletzung entgegengetreten (vgl. SSW/*Saliger,* Rn. 40 ff.). Das BVerfG hat in seiner Entscheidung vom 23.6.2010 zu den verfassungsrechtlichen Anforderungen an den strafrechtlichen Untreuetatbestand im Zusammenhang mit dem Erfordernis einer gravierenden Pflichtverletzung ausgeführt, dass der dagegen erhobene Einwand, dass sich das Erfordernis einer gravierenden Pflichtverletzung nicht dem Wortlaut der Norm entnehmen lasse, nicht überzeugt, da der sehr weite Wortlaut des § 266 Abs. 1 einer Restriktion bedarf (BVerfG NJW 2010, 3209, 3215).

33   **dd) Risikogeschäfte und Ermessen.** Besonderheiten sind im Bereich von **Risikogeschäften, insbesondere im Zusammenhang mit Kreditvergaben** zu beachten. Das Eingehen eines gewissen, angemessenen Risikos ist Bestandteil des Wesens eines Geschäftsbetriebs. Aus diesem Grund kann nicht aus jedem Eintritt eines Vermögensschadens automatisch auf das Vorliegen einer Pflichtverletzung durch den Treupflichtigen geschlossen werden. Das würde auch der gesetzlichen Systematik widersprechen, die beide Aspekte als voneinander zu trennende Tatbestandsmerkmale betrachtet (instruktiv zum sog. **„Verschleifungsverbot"** SSW/*Saliger,* Rn. 8 mwN; *Matt* NJW 2005, 390). In bestimmten Fällen kann der Eintritt eines Schadens aber erhebliche Indizwirkung für das Vorliegen einer begangenen oder bevorstehenden Pflichtverletzung haben (*Fischer,* Rn. 64). Auch kann die Zustimmung des Treugebers zu riskanten Geschäften zu einer Erweiterung der Grenzen des rechtlichen Dürfens des Treupflichtigen bei Risikogeschäften im Innenbereich führen, so dass der Treupflichtige deshalb die internen Grenzen des rechtlichen Dürfens nicht überschreitet. Lässt das Vermögensbetreuungsverhältnis riskante Geschäfte zu, so handelt jedenfalls derjenige pflichtwidrig, der ein **tatbestandsspezifisches unerlaubtes Risiko** schafft. Dies wird jedenfalls dann der Fall sein, wenn er **entgegen der Regeln der kaufmännischen Sorgfalt eine äußerst gesteigerte Verlustgefahr** auf sich nimmt, **nur um eine höchst zweifelhafte Gewinnaussicht zu erhalten** (BGH StV 2004, 424 f.; LPK/*Kindhäuser,* Rn. 62). In dem Abschluss des Geschäfts liegt dann zugleich die Pflichtverletzung.

Bei Risikogeschäften ist im Allgemeinen **aus objektiver Sicht ex ante** zu **34** beurteilen, ob und ggf. in welchem Umfang sich Begrenzungen der Dispositionsmacht des verfügenden Treupflichtigen ergeben (Böttger/*Böttger*/*Brockhaus,* Kap. 3 Rn. 41).

ee) Kreditvergabe. aaa) Allgemeines. Mit der Kreditvergabe ist stets ein **35** Risiko für den Kreditgeber verbunden; dies ergibt sich aus der Natur der Sache. Deshalb kann die **Vergabe problembehafteter Kredite nicht per se eine strafbare Untreue** sein. Der BGH (BGHSt 47, 148, 153) hat festgehalten, dass selbst die Vergabe von hochriskanten Folgekrediten nicht zwingend einen schwerwiegenden Pflichtenverstoß darstellen muss, wenn diese riskanten Kredite insgesamt Erfolg bei der Sanierung des gesamten Kreditengagements versprechen. Dies komme vor allem dann in Betracht, wenn dem ein wirtschaftlich vernünftiger Gesamtplan zu Grunde liegt.

Bei jeder Kreditvergabe sind die damit verbundenen **Risiken auf Grundlage** **36** **einer umfassenden Information über diese mit den damit verbundenen Chancen gegeneinander abzuwägen.** Auch dass es – insbesondere bei problematischen i.S.v. riskanten Krediten – zu einem Ausfall des Kredites kommen kann, indiziert keinen zwingenden Pflichtenverstoß bei der Kreditvergabe (BGH wistra 1985, 190, 191; 2000, 60, 61; BGH NJW 2002, 1211, 1214; *Fischer,* Rn. 70). Die Vernachlässigung bzw. Außerachtlassung von Informationspflichten, das Handeln des Entscheidungsträgers außerhalb der eigenen Entscheidungsbefugnis oder eigennütziges Handeln, das Hinwegsetzen über Höchstkreditgrenzen oder unrichtige Angaben gegenüber Mitverantwortlichen oder Aufsichtsorganen sind nach der Rspr. des BGH Anhaltspunkte für die Feststellung einer Treuepflichtverletzung (BGHSt 46, 30, 32; *Fischer,* Rn. 71).

bbb) Großkredite. Bei der Vergabe von Großkrediten müssen die Entschei- **37** dungsträger zum einen die §§ 13 ff. KWG und zum anderen auch bankinterne Vorschriften über Beleihungen usw. beachten (Wabnitz/Janovsky/*Knierim,* § 8 Rn. 204 ff.). Von Bedeutung ist dabei insbesondere **§ 18 KWG.** Nach § 18 Abs. 1 Satz 1 KWG darf ein Kreditinstitut einen Kredit von mehr als 750.000 Euro nur dann gewähren, wenn es sich von dem Kreditnehmer die wirtschaftlichen Verhältnisse, insbesondere durch Vorlage der Jahresabschlüsse, offen legen lässt. Wird dies durch die Bank nicht beachtet, stellt das allein (noch) nicht zwingend einen Pflichtenverstoß dar. Festzustellen ist vielmehr, ob **vor der Kreditvergabe der im Allgemeinen bestehenden Prüfungs- und Informationspflicht Rechnung getragen wurde** (BGHSt 46, 30; *Fischer,* Rn. 72 mwN). Aus der Nichtbeachtung oder Verletzung der Vorschrift können sich jedoch Anhaltspunkte dafür ergeben, dass dieser Pflicht nicht ausreichend Genüge getan wurde (BGHSt 46, 30, 32). § 18 Abs. 2 KWG dürfte nach seiner Zielsetzung keine zusätzlichen Sorgfaltspflichten gegenüber dem Kreditinstitut begründen (*Fischer,* Rn. 72).

ccc) Gremienentscheidungen. Bei Gremienentscheidungen besteht **grds.** **38** **keine eigene Prüfungspflicht jedes Mitglieds.** Die Bankleiter können sich regelmäßig auf den ihnen bekannt gemachten Bericht des federführenden Vorstandsmitglieds oder des als zuverlässig bekannten zuständigen Sachbearbeiters verlassen. **Ausnahmsweise ist aber eine eigene Pflicht zur Prüfung** anzunehmen, **wenn die Kreditvergabe ein besonders hohes Risiko** – insbesondere für die Existenz der Bank – **beinhaltet,** oder wenn bekannt ist, dass die Bonität des Kunden eines hohen Kredits ungewöhnlich problematisch ist (BGHSt 46, 30, 35; BGH NJW 2002, 1211, 1216).

39   ff) Eigenmächtige Mittelverwendung. Zu den Fällen der eigenmächtigen Mittelverwendung des Vermögensbetreuungspflichtigen gehören insbesondere die Einrichtung sog. „schwarzer Kassen" im Bereich der Privatwirtschaft und im öffentlichen Bereich sowie Fälle der sog. Haushaltsuntreue im öffentlichen Sektor (vgl. BGHSt 52, 323 *„Siemens"* sowie zu Parteispenden LG Bonn NStZ 2001, 375 *„Kohl"* und BGHSt 51, 100 *„Kanther/Weyrauch"*).

40   aaa) Einrichtung und Unterhaltung „schwarzer Kassen". Die Einrichtung von sog. „schwarzen Kassen" umschreibt die pflichtwidrige Entziehung von Teilen des vom Täter betreuten Vermögens und die darauf folgende Einrichtung und Unterhaltung von „Sonderkonten" oder Kassen mit diesen finanziellen Mitteln, wodurch dem Treugeber der Zugriff auf diese Teile seines Vermögens versperrt wird (SSW/*Saliger*, Rn. 76).

41   Regelmäßig obliegt der betreffenden Person, die Vorstandsmitglied oder leitender Angestellter ist, eine Pflicht zur Betreuung fremden Vermögens. Zugleich obliegt Geschäftsführern bzw. Vorständen die Pflicht im Rahmen der Geschäftsführung sorgfältig und gewissenhaft zu handeln, vgl. § 43 Abs. 1 GmbHG, § 93 Abs. 1 Satz 1 AktG.

42   Als Tathandlung kommt aktives Tun durch Einrichten und Unterhalten der schwarzen Kassen in Betracht. Der Schwerpunkt der Vorwerfbarkeit wird in der Regel jedoch nicht bei einzelnen Verschleierungshandlungen oder Vermögensverfügungen, sondern vielmehr in dem Unterlassen der Offenbarung der betreffenden Gelder und deren ordnungsgemäßer Verbuchung liegen (BGHSt 52, 323, 334; Müller-Guggenberg/Bieneck/*Schmid*, § 31 Rn. 141c). Ein Ausschluss der Pflichtwidrigkeit durch die Einwilligung des Treugebers wird in aller Regel nicht anzunehmen sein. So verbieten unternehmensinterne Compliance-Richtlinien (inzwischen) regelmäßig das Zahlen von Schmiergeldern und die Einrichtung bzw. Unterhaltung schwarzer Kassen. **Eine Verwendung der betreffenden Geldmittel im „Unternehmenssinn"** – insbesondere für Schmiergeldzahlungen durch Angestellte oder Vorstandsmitglieder – von Kapitalgesellschaften, **die Verfolgung guter Absichten oder die Verfolgung wirtschaftlich vorteilhafter Zwecke stehen einer Strafbarkeit nicht entgegen** (str., BGHSt 52, 323 mit zust. Anm. *Brammsen/Apel* WM 2010, 781; Müller-Guggenberg/Bieneck/ *Schmid*, § 31 Rn. 141c; *Fischer*, Rn. 83; aA *Saliger/Gaede* HRRS 2008, 57, 70; *Saliger* NStZ 2007, 545; *Dierlamm,* FS Widmaier, S. 605, 611 ff.; *Kempf,* FS Hamm, S. 255, 262 ff.).

43   Im Ergebnis wird daher eine Verletzung der Vermögensbetreuungspflicht anzunehmen sein, wenn Angestellte oder Organe von Kapitalgesellschaften gesellschaftseigene Mittel auf verdeckte Konten schleusen, die in Buchhaltung und Bilanz nicht auftauchen und dem Treugeber verheimlicht werden, um sie unter gezielter Umgehung der gesellschaftsinternen Kontrollen für eigene Zwecke nach eigenem Ermessen zu nutzen (BGHSt 51, 100, 111 f.; 52, 323, 335; Müller-Guggenberg/Bieneck/*Schmid*, § 31 Rn. 141b; *Fischer*, Rn. 82; *Schlösser* HRRS 2009, 19).

44   bbb) Haushaltsuntreue. Für die Haushaltsuntreue (vgl. auch insges. *Munz,* Haushaltsuntreue, 2001; Achenbach/Ransiek/*Seier,* V 2 Rn. 300 ff.; Böttger/ *Böttger/Brockhaus,* Kap. 3 Rn. 175 ff.) gelten die gleichen Grundsätze (*Fischer,*

Rn. 86). Auch hier verhindert das Verfolgen guter Absichten oder das Erreichen wirtschaftlicher Vorteile nicht das Bestehen der Pflichtwidrigkeit. Dennoch ist **nicht jeder Verstoß gegen haushaltsrechtliche Vorschriften als strafbare Untreue** einzustufen (BGHSt 37, 226; *Fischer*, Rn. 88; aA *Schünemann* StV 2003, 463, 469 ff.). Insbesondere lässt sich aus dem haushaltsrechtlichen Sparsamkeitsgebot nicht entnehmen, dass stets das niedrigste Angebot zur Erbringung einer Leistung angenommen werden muss (BGH NStZ 2008, 87). Kein Fall strafbarer „Haushaltsuntreue" liegt vor, wenn Abgeordnete selbst treuwidrig Haushaltsmittel in Anspruch nehmen. Ihnen obliegt keine Vermögensbetreuungspflicht hinsichtlich der Haushaltsmittel, die in den Haushaltsplan eingestellt sind (*Fischer*, Rn. 89). Anders ist dies nur, wenn im Einzelplan des Parlaments Mittel eingestellt sind, die gerade der zweckgebundenen Verwendung durch Abgeordnete dienen (*Fischer*, Rn. 86 ff. mwN). Zu berücksichtigen können auch die im WpHG geregelten **Safe Harbours für Träger hoheitlicher Gewalt nach § 20a Abs. 3 WpHG** iVm der EG-Verordnung 2273/2003 und **§ 20a Abs. 5 Satz 1 iVm § 6 MaKonV** sein (vgl. hierzu MüKo/*Pananis*, § 38 WpHG Rn. 217 ff. mwN).

c) Einverständnis des Vermögensinhabers. aa) Allgemeines. Geschütz- **45** **tes Rechtsgut** des § 266 ist **allein das Vermögen des Vermögensinhabers.** Eine Rechtsgutverletzung liegt nicht vor, sofern ein Verhalten auf der Disposition des Trägers dieses Rechtsguts beruht. Ein Eingriff in das Vermögen des Treugebers ist daher nicht gegeben, wenn dieser mit der Vermögensverletzung einverstanden war (BGH NJW 2000, 154, 155). Die Möglichkeit des Vorliegens eines tatbestandsausschließenden Einverständnisses besteht für beide Tatbestandsvarianten des § 266 Abs. 1 (BGHSt 50, 331, 342; BGH NJW 2000, 154 ff.; NJW 2009, 91; von Heintschel-Heinegg/*Wittig*, Rn. 21).

Das **Einverständnis** erweitert das rechtliche Dürfen (MüKo/*Dierlamm*, **46** Rn. 129; NK/*Kindhäuser*, Rn. 66) und **schließt demzufolge die Pflichtwidrigkeit und damit die Tatbestandsverwirklichung** aus (*Wessels/Hillenkamp*, Strafrecht BT 2, Rn. 758; *Fischer*, Rn. 90; von Heintschel-Heinegg/*Wittig*, Rn. 20; MüKo/*Dierlamm*, Rn. 129; BGHSt 49, 147, 157; 50, 331, 342; 52, 323, 335). Es handelt sich um ein tatbestandsausschließendes Einverständnis und nicht um den Rechtfertigungsgrund der rechtfertigende Einwilligung (MüKo/*Dierlamm*, Rn. 129; Schönke/Schröder/*Perron*, Rn. 21; NK/*Kindhäuser*, Rn. 66; BGHSt 52, 333, 335). Gleiches gilt auch im Rahmen des **mutmaßlichen Einverständnisses,** für das die Regelungen der mutmaßlichen Einwilligung gelten (MüKo/*Dierlamm*, Rn. 131; *Fischer*, Rn. 90). Die Annahme kommt dann in Betracht, wenn das Einverständnis des Treugebers nicht rechtzeitig erlangt werden kann und wenn der Treupflichtige im Interesse des Geschäftsherrn handelt oder dieser kein Interesse hat (MüKo/*Dierlamm*, Rn. 131).

Das tatbestandsausschließende Einverständnis ist an **verschiedene Vorausset-** **47** **zungen** gebunden, die **im Detail nicht abschließend geklärt** sind (von Heintschel-Heinegg/*Wittig*, Rn. 21). Erforderlich ist jedenfalls, dass das **Einverständnis rechtlich wirksam** ist (SSW/*Saliger*, Rn. 46; MüKo/*Dierlamm*, Rn. 130; NK/*Kindhäuser* Rn. 67); ein rein tatsächlich vorliegendes Einverständnis reicht gerade nicht aus. Dafür muss der betreffende Rechtsgutsinhaber zunächst überhaupt einwilligungsfähig sein (von Heintschel-Heinegg/*Wittig*, Rn. 21), was v.a. bei Minderjährigen oder unter Betreuung stehenden Personen nicht der Fall ist. Die Befugnis, das Einverständnis zu erteilen, obliegt nur dem Rechtsgutsinhaber (GesamtK/*Beukelmann*, Rn. 34). Das Einverständnis muss vor der Tat erklärt werden und im Tatzeitpunkt vorliegen (von Heintschel-Heinegg/*Wittig*, Rn. 21; BGHSt 50, 331, 343, vgl. zum Zeitpunkt auch *Krause* StV 2006, 307). Eine nachträgliche Genehmigung ist nicht ausreichend (von Heintschel-Heinegg/*Wittig*, Rn. 21; SSW/*Saliger*, Rn. 45; MüKo/*Dierlamm*, Rn. 129; BGHSt 50, 331, 343). Des Weiteren muss das Einverständnis frei von Willensmängeln (Täuschung oder Zwang) sein (Achenbach/Ransiek/*Seier*, V 2 Rn. 89; *Fischer* Rn. 92; von Heintschel-Heinegg/*Wittig*, Rn. 21; MüKo/*Dierlamm*, Rn. 130; GesamtK/*Beukelmann*, Rn. 34). Eine autonome Entscheidung des Rechtsgutsinhabers ist zwingend erforderlich. Dazu muss der Einwilligende über die Art und Tragweite seiner Zustimmung grds. orientiert und informiert sein (SSW/*Saliger*, Rn. 46), denn der Tatbestand soll nur dann entfallen, wenn der Rechtsgutsinhaber im Stande war, die Tragweite seiner Entscheidung zu erfassen und das hohe Risiko für sein Vermögen sachgerecht prüfen zu können. Der Vermögensinhaber muss daher Kenntnis von den Maßnahmen des Treupflichtigen haben. Ein **Einverständnis in verborgene Geschäfte ist nicht möglich** (*Wessels/Hillenkamp*, Strafrecht BT 2, Rn. 761). Schließlich darf das **Einverständnis des Vermögensinhabers selbst nicht gesetzes- oder pflichtwidrig** sein (Schönke/Schröder/*Perron*, Rn. 38; von Heintschel-Heinegg/*Wittig*, Rn. 21; *Fischer*, Rn. 92); dann kommt ein Tatbestandsschluss nicht in Betracht (SSW/*Saliger*, Rn. 46; *Fischer*, Rn. 51; NK/*Kindhäuser* Rn. 67; MüKo/*Dierlamm*, Rn. 130). Beispiele hierfür sind die Zustimmung zu einer zweckwidrigen Mittelverwendung (BGHSt 30, 247, 249) oder die unwirksame Zustimmung des zukünftigen Alleinaktionärs bei einer AG (BGHSt 50, 331, 342; vgl. auch *Krause* StV 2006, 307).

48   **bb) Einverständnis bei Risikogeschäften.** Bei Risikogeschäften ist zu differenzieren: Sind Risikogeschäfte generell nicht gestattet, bspw. im Zusammenhang mit der elterlichen Vermögensfürsorge, vgl. §§ 1642, 1667 BGB, ist auch ein tatbestandsausschließendes Einverständnis nicht möglich.

49   Sind Risikogeschäfte hingegen grundsätzlich gestattet, so soll die Möglichkeit eines wirksamen Einverständnisses nur außerhalb einer weisungsgebundenen Geschäftsführung möglich sein, **denn wer als Treupflichtiger Weisungen seines Treugebers unterworfen ist und sich bei Risikogeschäften an diese Weisungen hält, handelt schon nicht pflichtwidrig und damit nicht tatbestandsmäßig** (*Wessels/Hillenkamp*, Strafrecht BT 2, Rn. 762; von Heintschel-Heinegg/*Wittig*, Rn. 20). Eines tatbestandsausschließenden Einverständnisses bedarf es in diesen Fällen nicht.

50   In allen anderen Fällen kann ein tatbestandsausschließendes Einverständnis nur dann angenommen werden, wenn es auf einer umfassenden und sachgerechten Information über das Ausmaß des bestehenden Verlustrisikos beruht (BGH wistra 1985, 190; von Heintschel-Heinegg/*Wittig*, Rn. 21; *Fischer*, Rn. 91). Insbesondere der in geschäftlichen Dingen unerfahrene Vermögensinhaber muss gezielt und ausreichend über die hohen Risiken für sein Vermögen aufgeklärt werden; die Unerfahrenheit des Vermögensinhabers darf nicht ausgenutzt werden. Andernfalls kommt einem erteilten Einverständnis keine Wirksamkeit zu (SSW/*Saliger*, Rn. 46; NK/*Kindhäuser*, Rn. 67; MüKo/*Dierlamm*, Rn. 130; BGH NStZ 1997, 124, 125).

51   **cc) Einverständnis bei Personen(handels)gesellschaften.** Handelt es sich bei dem **Vermögensinhaber um eine Personen(handels)gesellschaft,** so ist das **Einverständnis aller Gesellschafter** erforderlich, um eine Pflichtverletzung auszuschließen (BGH wistra 1987, 216; 1989, 264, 266; 1991, 183; Schönke/

Schröder/*Perron,* Rn. 21; *Fischer,* Rn. 93; MüKo/*Dierlamm,* Rn. 132; Park/*Zieschang,* Rn. 89).

dd) Einverständnis von Organen oder Gesellschaftern der GmbH. Von 52
jeher problematisch ist die Rechtslage im Zusammenhang mit der GmbH. Das
RG (RGSt 71, 353, 355 f.) nahm früher an, die Zustimmung der Gesellschafter
können nicht zum Wegfall der Pflichtwidrigkeit führen, wenn der Geschäftsführer
der Gesellschaft einen Vermögensnachteil zufügt (MüKo/*Dierlamm,* Rn. 134).

Inzwischen ist anerkannt, dass die Pflichtwidrigkeit entfallen kann, wenn die 53
Gesellschafter der GmbH wirksam ihr Einverständnis erklären. Anders als das RG
geht der BGH also davon aus, dass ein **tatbestandsausschließendes Einverständnis möglich** ist.

In einer Entscheidung aus dem Jahr 1987 kam der 3. Strafsenat (BGHSt 34, 54
379) zu dem Ergebnis, dass tatsächliche oder rechtsgeschäftliche Handlungen, mit
denen der Geschäftsführer einer GmbH im eigenen oder im Interesse eines Dritten
Vermögen der GmbH verschiebt, auch **bei Zustimmung der Gesellschafter
als missbräuchlich und pflichtwidrig** anzusehen sind, **wenn dadurch gegen
die Grundsätze ordentlicher Kaufleute verstoßen** wird. Ein solcher Verstoß
liegt vor, wenn unter Missachtung der Pflicht nach § 41 GmbHG Vermögenswerte verschleiert und die Zustimmung der Gesellschafter unter Missbrauch der
Gesellschafterstellung erteilt werden. Dass durch diese Handlungen das nach § 30
GmbHG geschützte Stammkapital der GmbH oder deren Liquidität noch nicht
unmittelbar beeinträchtigt sind, ist für die Bejahung der Pflichtwidrigkeit der
Vermögensverschiebung irrelevant (BGHSt 34, 379, 389). Weil die Gesellschafter
nach der Konzeption des Gesetzes aber grundsätzlich frei über das Gesellschaftsvermögen verfügen dürfen und die **GmbH kein Recht auf ihren ungeschmälerten Bestand hat, solange das durch § 30 GmbHG geschützte Stammkapital nicht beeinträchtigt wird** (vgl. auch BGHZ 76, 323, 333 ff.; 95, 330, 340),
ist diese Entscheidung in der Literatur auf Kritik gestoßen, da sie mit erheblichen
Einschränkungen der Einwilligungsmöglichkeiten verbunden ist (vgl. dazu bspw.
Fischer, Rn. 93 mwN). Seit der Entscheidung des 3. Strafsenats vom 24.8.1988
(BGHSt 35, 333) versagt der BGH der Zustimmung der Gesellschafter nur dann
die erforderliche Wirksamkeit, wenn es dadurch zu einer **Existenzgefährdung
der Gesellschaft,** insbesondere zu einer Gefährdung des nach § 30 GmbHG
geschützten Stammkapitals kommt (sog. existenzvernichtender Eingriff). Eine
Vermögensminderung bei der GmbH dürfen die Gesellschafter also nicht einverständlich herbeiführen, sofern dieses Einverständnis auf dem Missbrauch ihrer
Gesellschafterstellung beruht. Dies ist insbesondere in den Fällen anzunehmen, in
denem die Existenz der Gesellschaft gefährdet wird, bspw. durch Entzug der
Produktionsgrundlage oder ihrer Liquidität (BGHSt 35, 333, 336 f.; BGH NJW
2003, 2996, 2998; BGH NJW 1997, 66, 68 f.; BGH wistra 2003, 344, 346 f.;
BGHSt 49, 147, 158) oder durch Angriff auf das Stammkapital (BGHSt 35, 333,
336 f.; BGH NJW 2003, 2996, 2998; BGH NJW 1997, 66, 68 f.; BGHSt 49, 147,
158 „*Bremer Vulkan*"). **Dem Geschäftsführer als vertretungsberechtigtem
Organ und auch dem beherrschenden Alleingesellschafter obliegt demnach die Pflicht, existenzvernichtende oder existenzgefährdende Eingriffe in die Gesellschaft zu unterlassen** (BGHSt 49, 147, 158 f.). Werden
diese dennoch vorgenommen, entfällt deren Pflichtwidrigkeit auch nicht bei Vorliegen eines Einverständnisses, da dieses unwirksam ist. Mit dieser Rspr. geht
freilich eine Schutzzweck-Verlagerung einher (*Fischer,* Rn. 99). Noch nicht

abschließend geklärt ist auch, wie sich die Änderung der zivilgerichtlichen Rspr. zur dogmatischen Grundlage des existenzvernichtenden Eingriffs strafrechtlich auswirkt (*Fischer,* Rn. 100). In seiner „*Sachsenbau*"-Entscheidung machte der BGH deutlich, dass eine die untreuebegründende Pflichtverletzung auch dann vorliegen kann, wenn einer (Treuhand-)GmbH im Einverständnis mit deren Alleingesell- schafterin ein Schaden zugefügt wird (BGH NJW 1997, 66, 68).

55   **ee) Einverständnis von Organen oder Anteilseignern der AG.** Die für die GmbH aufgezeigten Regelungen finden **auch im Rahmen der AG entspre- chende Anwendung.** Die AG ist eine selbständige juristische Person mit eige- nem Vermögen, über welches Vorstand und Aufsichtsrat eine Vermögensbetreu- ungspflicht obliegt. Die **Pflichtwidrigkeit entfällt grundsätzlich dann, wenn der Vorstand mit Zustimmung der Aktionäre oder des Aufsichtsrates tätig wird** (Park/*Zieschang,* Rn. 88; MüKo/*Dierlamm,* Rn. 140). Anders als bei der GmbH können bei der AG Zustimmungen den Treupflichtigen jedoch weni- ger entlasten, weil der Vorstand die AG gem. § 76 Abs. 1 AktG in eigener Verant- wortung leitet. Stimmt die Hauptversammlung einem nachteiligen Geschäft des Vorstandes zu, entfällt der Tatbestand, wenn nicht das Stammkapital beeinträchtigt oder eine Überschuldung der AG herbeigeführt bzw. gefördert wird (MüKo/ *Dierlamm,* Rn. 140). Bei einem entsprechenden Beschluss genügt die einfache Mehrheit, vgl. §§ 174, 133 Abs. 1 AktG (MüKo/*Dierlamm,* Rn. 140).

56   **d) Einzelfälle. aa) Pflicht zur Herausgabe von Provisionen oder Schmiergeldern.** Bei Schmiergeldzahlungen stellt sich regelmäßig die Frage, ob eine strafbare Untreue vorliegt, wenn leitende Organe juristischer Personen solche Zahlungen vornehmen, um an Aufträge für die Gesellschaft zu gelangen und ob sich derjenige strafbar macht, der als Treunehmer solche Zahlungen annimmt.

57   Leistet der Treunehmer die **Zahlung eines Schmiergeldes an einen Drit- ten,** ist zu differenzieren: Liegt ein Handeln im Einverständnis des Treugebers vor, scheidet der Tatbestand des § 266 Abs. 1 aus (LPK/*Kindhäuser,* Rn. 69; *Lack- ner/Kühl,* Rn. 15; NK/*Kindhäuser,* Rn. 81; Achenbach/Ransiek/*Seier,* V 2 Rn. 360). Hinsichtlich des tatbestandsausschließenden Einverständnisses ist zu beachten, dass dieses wirksam sein muss und v.a. selbst nicht gegen Gesetze versto- ßen darf. Liegt kein Einverständnis vor, kommt eine Untreue in Betracht, wenn der Betreffende gegen den Gesellschaftsvertrag oder unter Verstoß gegen sonstige Befugnisse handelt. Allein der Umstand, dass das betreffende Verhalten im Gesell- schaftsvertrag nicht ausdrücklich erlaubt ist, macht es noch nicht pflichtwidrig (BGH wistra 1984, 226). Enthält der Gesellschaftsvertrag kein ausdrückliches Ver- bot zur Erbringung solcher Zahlungen und erfolgen sie ersichtlich **im Interesse der Gesellschaft,** müssen diese **nicht zwingend pflichtwidrig** sein, wenn sich der Betreffende bei Leistung der Zahlungen vom Erlangen eines wirtschaftlichen Vorteils für die Gesellschaft leiten ließ und keine willkürliche Verschiebung von Gegenständen aus dem Vermögen der Gesellschaft vornahm.

58   Erhält der Treunehmer selbst Zahlungen von einem Dritten, geht der BGH in st. Rspr. davon aus, dass das **Nichtabführen bzw. Weiterleiten von emp- fangenen Schmiergeldern oder Provisionen nicht dem Tatbestand des § 266 Abs. 1 unterfällt** (BGHSt 47, 295, 298; 49, 317, 335; 50, 299, 314 f.). Die Pflicht des Schuldners (Treunehmer), Provisionen oder Schmiergelder an den Geschäftsherrn (Treugeber) herauszugeben, ist grds. keine spezifische Treuepflicht (BGHSt 47, 295, 298). Es handelt sich bei der Nichtherausgabe der erhaltenen Zahlungen lediglich um eine Verletzung einer **allgemeinen zivilrechtlichen**

Treuepflicht nach §§ 681 S. 2, 687 Abs. 2, 667 BGB (BGHSt 47, 295, 298; 49, 317, 335; BGHR StGB § 266 Abs. 1 Nachteil 49). Es ist aber nicht ausgeschlossen, dass der Schmiergeldempfänger seine Vermögensbetreuungspflicht durch andere Handlungen verletzten kann (BGHSt 49, 317, 335). Untreue kommt dann in Betracht, wenn der (Provisions-)Anspruch dem Treugeber selbst zusteht, die Forderung aber treuwidrig vom Treunehmer vereinnahmt wird (BGHR StGB § 266 Abs. 1 Nachteil 40; BGHSt 47, 295, 298).

bb) Sponsoring. Unter Sponsoring versteht man im Allgemeinen die Förde- **59** rung von Einzelpersonen, Personengruppen, Organisationen oder Veranstaltungen. Dabei werden den Begünstigten Geld oder geldwerte Vorteile i.d.R. mit der Erwartung gewährt, eine die eigenen Marketing- und Kommunikationsziele unterstützende „Gegenleistung" zurückzuerhalten (BGHSt 47, 187, 193). Auf Unternehmensseite wird Sponsoring häufig aus Marketingzwecken heraus betrieben, um möglichst im Zusammenhang mit einem medienwirksamen Ereignis auf das eigene Unternehmen aufmerksam zu machen. Ein weiterer vom Sponsor verfolgter Zweck ist, sich in der Öffentlichkeit ein gutes Image zu erwerben, was erhöhte Umsätze und damit im Ergebnis mittelbar auch wirtschaftliche Vorteile zur Konsequenz haben soll (BGHSt 47, 187, 194; vgl. auch Park/*Zieschang*, Rn. 78). **Sponsoring durch vertretungsberechtigte Organe einer Gesellschaft (Treunehmer) ist nicht per se als pflichtwidrig einzustufen.** Denn die unentgeltlichen Zuwendungen können einen unternehmerischen Wert haben und damit von dem den Organen zustehenden Handlungsspielraum gedeckt sein (AnwK/*Esser*, Rn. 87; *Fischer*, Rn. 84). Untreue wird dann in Betracht kommen, wenn der Treunehmer durch das Sponsoring eine gravierende Pflichtverletzung begeht.

Der BGH hat in seiner Entscheidung BGHSt 47, 187 die Frage beantwortet, **60** ob und ggf. unter welchen Voraussetzungen Sponsoring durch Unternehmen den Tatbestand der Untreue erfüllen kann. Dem Vorstand einer AG steht nach §§ 78, 93 AktG bei der Leitung der Geschäfte der Gesellschaft grds. ein weiter Handlungsspielraum zu. Dies gilt auch, wenn der Vorstand als Ganzes oder einzelne Mitglieder Zuwendungen für Kunst, Wissenschaft, Sozialwesen oder Sport leisten. Derartige Beteiligungen am Sozialleben sind auch für Aktiengesellschaften im Rahmen ihrer Gesellschaftstätigkeit gesellschaftsrechtlich durchaus zulässig (BGHSt 47, 187, 195). Der dem Vorstand zustehende **Ermessensspielraum besteht aber nicht grenzenlos.** Auch (teilweise) soziale Entscheidungen müssen mit der Sorgfalt eines pflichtbewussten Unternehmers getroffen werden, denn die (freiwilligen) Vermögensopfer betreffen für den Vermögensbetreuungspflichtigen fremdes Vermögen (der Gesellschaft). Vergibt der Vorstand aus dem Vermögen einer Gesellschaft Zuwendungen zur Förderung von Kunst, Wissenschaft, Sozialwesen oder Sport, genügt für die Annahme einer Pflichtwidrigkeit i.S.v. § 266 Abs. 1 nicht jede gesellschaftsrechtliche Pflichtverletzung; erforderlich soll eine gravierende Pflichtverletzung sein. Deren Vorliegen bestimmt sich in einer **Gesamtschau (insbesondere) der gesellschaftsrechtlichen Kriterien.** Anhaltspunkte für eine gravierende Pflichtverletzung können danach bspw. die fehlende Nähe zum Unternehmensgegenstand, die Unangemessenheit im Hinblick auf die Ertrags- und Vermögenslage, eine fehlende innerbetriebliche Transparenz sowie das Vorliegen sachwidriger Motive, namentlich die Verfolgung rein persönlicher Präferenzen sein. Jedenfalls dann, wenn bei der Vergabe der Zuwendung sämtliche dieser Kriterien erfüllt sind, liegt eine Pflichtverletzung i.S.v. § 266 Abs. 1 vor (BGHSt 47, 187, 197).

61 **cc) Vorstandsvergütung.** Die Vergütung des Vorstandes gehört zum Pflichtenkreis des Aufsichtsrats, vgl. § 87 Abs. 1 AktG. Bedeutung hat diese Frage vor allem durch eine Entscheidung des BGH (BGHSt 50, 331 „*Mannesmann/Vodafone*") erlangt, in welcher über die Frage zu entscheiden war, ob **freiwillige Sonderzahlungen an den Vorstand** den Tatbestand der Untreue erfüllen können. Im konkreten Fall hatten Aufsichtsratsmitglieder im Zusammenhang mit der Unternehmensübernahme Sonderzahlungen für den Vorstand beschlossen, mittels deren eine Anerkennung für in der Vergangenheit erbrachte Leistungen erfolgen sollte. Da Aufsichtsratsmitglieder eine eigene Vermögensbetreuungspflicht gegenüber der Gesellschaft haben (BGHSt 47, 187, 200; 50, 331, 335 f.; vgl. §§ 87 Abs. 1, 111 Abs. 1 AktG, begründen eine Treupflicht i.S.v. § 266 Abs. 1; BGHSt 47, 187, 201; *Fischer,* Rn. 105), kann ihnen im Hinblick auf rechtsgeschäftliche Vereinbarungen mit dem Vorstand eine Täterstellung zukommen. Im Zusammenhang mit der Vorstandsvergütung **bestimmt sich eine Pflichtwidrigkeit des Handelns des Aufsichtsrats danach, ob die Grenzen des § 87 Abs. 1 AktG eingehalten worden sind** (*Rönnau/Hohn* NStZ 2004, 113, 116). Da dem Aufsichtsrat hierbei ein Beurteilungs- und Ermessensspielraum zusteht, ist eine Pflichtverletzung i.S.v. § 266 Abs. 1 nicht bereits bei jeder Entscheidung gegeben, die zu einem Nachteil des Unternehmens führt. Solange die Grenzen eines von Verantwortungsbewusstsein getragenen, ausschließlich am Unternehmenswohl orientierten, auf sorgfältiger Ermittlung der Entscheidungsgrundlagen beruhenden unternehmerischen Handelns nicht überschritten ist, kommt eine Untreue nicht in Betracht (BGHZ 135, 244, 253 ff.; BGHSt 50, 331, 336). Eine **nachträgliche Gewährung von Sonderzahlungen für bereits in der Vergangenheit erbrachte Leistungen ist** deswegen **problematisch,** weil die jeweiligen Vorstandsmitglieder ihre vertraglich geschuldete Leistung bereits erbracht und dafür die vertraglich vereinbarte Vergütung erhalten haben (LPK/*Kindhäuser,* Rn. 68). Werden nachträgliche Sonderzahlungen gleichwohl erbracht, ist danach zu unterscheiden, ob sie dienstvertraglich vereinbart waren. Ist dies der Fall, verletzt der Aufsichtsrat mit ihrer Gewährung grds. nicht seine Vermögensbetreuungspflicht gegenüber der Gesellschaft (BGHSt 50, 331, 336 f.). Auch wenn sie nicht dienstvertragliche vereinbart sind, können sie von dem Entscheidungsspielraum, der dem Aufsichtsrat zusteht, gedeckt sein, **wenn der Gesellschaft durch die Sonderzahlungen Vorteile zufließen, die in einem angemessenen Verhältnis zur dadurch erfolgten Minderung des Gesellschaftsvermögens stehen,** bspw. weil dadurch für (zukünftige) Führungskräfte die Attraktivität gesteigert oder eine sonstige Anreizwirkung geschaffen wird (LPK/*Kindhäuser,* Rn. 68).

62 Nach der Rspr. des BGH stellen Sonderzahlungen für eine geschuldete Leistung, die zum einen im Dienstvertrag nicht vereinbart sind und zum anderen ausschließlich belohnenden Charakter haben und der Gesellschaft keinen zukunftsbezogenen Nutzen bringen kann (sog. **kompensationslose Anerkennungsprämie**) eine treupflichtwidrige Verschwendung des anvertrauten Gesellschaftsvermögens dar. Sie sind deshalb bereits dem Grunde nach unzulässig. Die Frage der Angemessenheit i.S.v. § 87 Abs. 1 AktG als zweiter Prüfungsschritt stellt sich dann nicht (BGHSt 50, 331, 337 f.).

3. Vermögensnachteil

63 **a) Allgemeines.** Beide Untreuevarianten erfordern als Taterfolg einen Vermögensnachteil, wobei unwillkommene Vermögenslagen nicht ausreichend sind

(*Maurach/Schroeder/Maiwald*, Strafrecht BT 1, § 45 Rn. 41). Nach der h.M. ist der Begriff des Vermögensnachteils identisch mit dem des Vermögensschadens i.s.v. § 263, so dass die dafür aufgestellten Grundsätze gelten (*Fischer*, Rn. 115; GesamtK/*Beukelmann*, Rn. 25; LPK/*Kindhäuser*, Rn. 75; SSW/*Saliger*, Rn. 51; MüKo/*Dierlamm*, Rn. 177; Schönke/Schröder/*Perron*, Rn. 39; von Heintschel-Heinegg/*Wittig*, Rn. 39; BVerfG NStZ 2009, 560). Ein **Nachteil ist mithin jede durch die Tathandlung der Pflichtverletzung verursachte Vermögenseinbuße.** Aus den allgemeinen Regeln über den Tatbestandsaufbau folgt, dass der Vermögensnachteil eine kausale und dem Täter objektiv zurechenbare Folge der Pflichtverletzung sein muss.

b) Feststellung des Vermögensnachteils. aa) Gesamtsaldierung. Bei der **64** Feststellung des Vermögensnachteils ist anhand einer **Gesamtsaldierung** zu prüfen, ob das Vermögen nach der Pflichtverletzung geringer als vor der Pflichtverletzung ist. Das ist **nicht** der Fall, wenn der durch die Tathandlung bewirkte Vermögensabfluss **durch einen gleichzeitig erlangten Gewinn kompensiert** wird (*Achenbach/Ransiek/Seier*, V 2 Rn. 164; *Fischer*, Rn. 115; GesamtK/*Beukelmann*, Rn. 25; LPK/*Kindhäuser* Rn. 78; MüKo/*Dierlamm*, Rn. 178; Schönke/Schröder/*Perron*, Rn. 40; von Heintschel-Heinegg/*Wittig*, Rn. 40; BGHSt 47, 295, 301 f.; BGH NStZ-RR 2006, 378; BGH NStZ 2008, 398 f.; NStZ 2010, 330, 331).

Die Berechnung des Vermögensnachteils erfolgt nach objektiv-individualisierten **65** Maßstäben unter Berücksichtigung der Grundsätze des individuellen Schadenseinschlags (*Maurach/Schroeder/Maiwald*, Strafrecht BT 1, § 45 Rn. 41; *Fischer*, Rn. 125; MüKo/*Dierlamm*, Rn. 182 f.; Schönke/Schröder/*Perron*, Rn. 43; AnwK/*Esser*, Rn. 204). Eine objektiv gleichwertige Gegenleistung ist im Rahmen der Saldierung nicht zugunsten des Täters zu berücksichtigen, wenn der Treugeber sie nicht oder nicht in vollem Umfang zu dem vorausgesetzten Zweck oder in anderer zumutbarer Weise verwenden kann, wenn er zu weiteren, vermögensschädigenden Maßnahmen genötigt wird oder wenn er in Folge der ihm obliegenden Verpflichtung nicht mehr über Mittel verfügen kann, die zur ordnungsgemäßen Erfüllung seiner Verbindlichkeiten oder für die seinen persönlichen Verhältnisse entsprechende Wirtschafts- und Lebensführung unerlässlich sind (BGHSt 43, 293, 299). Eine vergleichbare Überlegung greift bei der sog. **Haushaltsuntreue in Fällen der Haushaltsüberschreitung** ein, **wenn trotz grds. gleichwertiger Gegenleistung ein Nachtragshaushalt notwendig wird oder die Dispositionsbefugnis des Haushaltsgesetzgebers gravierend beeinträchtigt wird und dieser in seiner politischen Gestaltungsfreiheit beschnitten wird** (BGHSt 43, 293; *Fischer*, Rn. 127 ff. mwN). Bei zweckgebundenen Mitteln kann ein Schaden bereits dann vorliegen, wenn keine vollständige Zweckerreichung erfolgt (BGH NStZ 2003, 541; *Fischer*, Rn. 128 f.).

Notwendig ist weiter, dass **eine Identität zwischen dem geschädigten Ver-** **66** **mögen und dem vom Täter zu betreuenden Vermögen besteht,** für welches diesem eine Vermögensbetreuungspflicht obliegt (BGHSt 47, 295, 297; GesamtK/*Beukelmann*, Rn. 27; LPK/*Kindhäuser*, Rn. 81; MüKo/*Dierlamm*, Rn. 177). Diese Besonderheit ergibt sich schon aus dem Wortlaut des § 266 Abs. 1 („und dadurch dem, dessen…"). Der geschädigte **Vermögensinhaber und der Treugeber müssen hingegen nicht personenidentisch sein** (GesamtK/*Beukelmann*, Rn. 27).

Von besonderer Relevanz ist die Untreue zu Lasten der GmbH. Die eingetra- **67** gene GmbH ist nach § 13 GmbHG selbständiger Träger von Vermögen. Das

Vermögen der GmbH ist somit sowohl für den Geschäftsführer als auch den (Allein-)Gesellschafter fremdes Vermögen (st. Rspr., vgl. nur BGHSt 34, 379, 384; 49, 147, 158).

68 **bb) Ausbleibende Vermögensmehrung.** Auch die **pflichtwidrig unterlassene Mehrung des dem Treunehmer anvertrauten Vermögens kann ein Vermögensnachteil i.S.v. § 266 Abs. 1 sein.** Bloße Hoffnungen oder unbestimmte Erwartungen auf eine Vermögensmehrung sind nicht ausreichend (Achenbach/Ransiek/*Seier,* V 2 Rn. 168; *Fischer,* Rn. 116; Schönke/Schröder/ *Perron,* Rn. 46; GesamtK/*Beukelmann,* Rn. 33; MüKo/*Dierlamm,* Rn. 185; BGHSt 31, 232, 234). Ein Vermögensschaden kann erst vorliegen, wenn zugunsten des Treugebers bereits eine hinreichend gesicherte Aussicht (**„Exspektanz"**) auf den Vermögensvorteil bestand (MüKo/*Dierlamm,* Rn. 184; von Heintschel-Heinegg/*Wittig,* Rn. 43; BGH NStZ 2003, 540, 541). Dieser Grundsatz erfährt eine Einschränkung für den Fall, dass der Täter die unterlassene Vermögensmehrung nur durch ein rechtlich missbilligtes Geschäft hätte erreichen können. Dann ist eine unterlassene Vermögensmehrung weder pflichtwidrig, noch kann sie einen Vermögensschaden i.S.v. § 266 Abs. 1 begründen (BGH MDR 1979, 456).

69 **cc) Gefährdungsschaden.** Für den Vermögensnachteil i.S.v. § 266 wird wie auch bei § 263 auf den Begriff des Vermögensschadens abgestellt und somit findet nach h.M. und st. Rspr. auch im Rahmen der Untreue die Rechtsfigur der schädigenden **konkreten Vermögensgefährdung als Gefährdungsschaden** Anwendung. Diese entspricht auch den verfassungsrechtlichen Vorgaben (BVerfG NStZ 2009, 560; *Fischer,* Rn. 150 mwN; SSW/*Saliger,* Rn. 66; BGHSt 44, 376, 384; 47, 148, 156; 48, 354; 51, 100, 113; 52, 182; zu abweichenden Ansichten vgl. MüKo/*Dierlamm,* Rn. 190 ff.; von Heintschel-Heinegg/*Wittig,* Rn. 44).

70 Als Gefährdungsschaden wird eine **gegenwärtige Minderung des Gesamtvermögens** bezeichnet, **die ihren Grund in einer naheliegenden Gefahr eines endgültigen Verlusts i.S.e. Vermögensnachteils hat.** Der Anerkennung dieser Rechtsfigur durch die h.M. in Lit. und Rspr. liegt die Überlegung zu Grunde, dass bei wirtschaftlicher Betrachtung bereits eine konkrete Vermögensgefährdung einen Vermögensschaden begründen kann. Das erfordert, dass die Gefahr eines Vermögensverlustes nach den Umständen des Einzelfalls so naheliegend und groß ist, dass bei wirtschaftlicher Betrachtungsweise der Lage in dieser Gefährdung bereits eine Verschlechterung der gegenwärtigen Vermögenslage des Vermögensinhabers liegt. Damit liegt bei genauer Betrachtung bereits ein Vermögensschaden vor, der sich von einer tatsächlichen Vermögenseinbuße nur in quantitativer Hinsicht unterscheidet (BGHSt 53, 199, 202; BVerfGE 126, 170).

71 Die **Rechtsfigur als solche ist gleichwohl problematisch,** da sie die Tendenz hat, die Strafbarkeit in den Versuchs- oder Gefährdungsbereich vorzuverlagern. Diese Gefahr ist bei § 266 Abs. 1 besonders naheliegend. Anders als bei § 263 ist der Versuch der Untreue nicht unter Strafe gestellt; es geht also um die Frage der Strafbarkeit oder der Straflosigkeit. Weiterhin ist § 266 ein Verletzungsund kein Gefährdungsdelikt. Schließlich beinhaltet der subjektive Tatbestand der Untreue anders als der des Betruges nicht das einschränkende Erfordernis einer Bereicherungsabsicht.

72 Mit seiner Entscheidung vom 23.6.2010 (BVerfGE 126, 170) hat das BVerfG zu den verfassungsrechtlichen Anforderungen an den Untreuetatbestand, insbesondere auch zum Merkmal des Vermögensnachteils, Stellung genommen. In diesem Zusammenhang hat das BVerfG darauf hingewiesen, dass das **Tatbe-**

standsmerkmal des Vermögensnachteils ein eigenständiges Tatbestands-
merkmal neben der Pflichtverletzung ist und es nicht in letzterem aufgehen darf
(zur Gefahr, dass § 266 in der Praxis auf nur ein Tatbestandsmerkmal reduziert
wird, vgl. *Ransiek/Hüls* ZGR 2009, 157, 166).

Dass die Rspr. in den Fällen des Gefährdungsschadens eine konkrete Feststel-   **73**
lung der Schadenshöhe nach anerkannten Bewertungsmaßstäben nicht durchweg
für erforderlich gehalten hat, begegnet verfassungsrechtlichen Bedenken. Um eine
verfassungswidrige Überdehnung des Untreuetatbestands in den Fällen des
Gefährdungsschadens zu vermeiden, ist es notwendig aber auch ausreichend, die
bereits dargelegten Maßgaben für die präzisierende und restriktive Auslegung des
Nachteilsmerkmals strikt zu beachten. Danach sind auch **Gefährdungsschäden
von den Gerichten in wirtschaftlich nachvollziehbarer Weise festzustellen.** Hierbei sind anerkannte Bewertungsverfahren und -maßstäbe zu berücksichtigen.

Die Feststellung darf nicht deshalb unterbleiben, weil sie mit praktischen   **74**
Schwierigkeiten verbunden ist. Für die Feststellung sind auf die in der wirtschaftlichen Praxis entwickelten geeigneten Methoden zur Bewertung von Vermögens-
positionen zurückzugreifen; ggf. unter Hinziehung eines Sachverständigen oder
einer Schätzung. Die Schadensfeststellung muss rational nachvollziehbar sein.
Normative Gesichtspunkte dürfen dabei wirtschaftliche Überlegungen nicht über-
lagern, da es sich bei der Untreue um ein Erfolgsdelikt (Vermögensschaden)
handelt. Mit seiner Rechtsprechung hat das BVerfG zwar rechtliche Probleme
des Gefährdungsschadens eingedämmt, allerdings um den Preis praktischer Hand-
habbarkeit. Es darf bezweifelt werden, dass ein Gefährdungsschaden mit Hilfe von
Sachverständigen zweifelsfrei zu beziffern ist, so dass der nächste Streit – etwa
über die Art und Höhe der Bewertung von Risiken – vorgezeichnet scheint.
Inwiefern bilanzrechtliche Ansätze hierzu taugen – man denke an „kleinere"
Verfahren vor dem Amtsgericht –, wird die hierzu ergehende Rechtsprechung
zeigen; **in der Praxis wird man sich voraussichtlich häufig mit der Feststellung eines „Mindestschadens" begnügen müssen.**

dd) Kompensation. Es fehlt an einem Vermögensnachteil, wenn der **Verlust**   **75**
an Vermögen durch gleichzeitig erlangte Vorteile ausgeglichen wird. Die
**Kompensation muss unmittelbar mit der pflichtwidrigen schädigenden
Handlung des Täters zusammenhängen** (BGHSt 43, 296, 298; 52, 323,
337 f.; *Achenbach/Ransiek/Seier,* V 2 Rn. 169; *Schönke/Schröder/Perron,*
Rn. 41; LK/*Schünemann,* Rn. 169; *Fischer,* Rn. 164 ff. mwN; zur teilw. großzügi-
geren Rspr. *Lüderssen,* FS Müller-Dietz, 467; OLG Frankfurt a. M. NStZ-RR
2004, 244; vgl. auch *Corsten* HRRS 2011, 247). Zum Ausgleich des Vermögens-
schadens ist der Ausgleich durch Dritte ebenso wenig ausreichend wie die Kom-
pensation durch eine andere, rechtlich selbständige Handlung des Täters. Die
Möglichkeit des Treugebers, gegen den Täter **vertragliche oder deliktische
Schadensersatzansprüche geltend zu machen, lässt einen eingetretenen
Vermögensschaden daher nicht entfallen** (*Fischer,* Rn. 168; MüKo/*Dierlamm,*
Rn. 184; Schönke/Schröder/*Perron,* Rn. 42); diese Ansprüche setzen den Scha-
den vielmehr voraus, um überhaupt entstehen zu können. Ein später erfolgter
Schadensausgleich **(nachträgliche Kompensation)** ist nur im Rahmen der
Strafzumessung von Bedeutung (BGHSt 17, 147, 149; *Fischer,* Rn. 164; Böttger/
Böttger/Brockhaus, Kap. 3 Rn. 56).

Auf den im Rahmen des Betrugs durchgehaltenen Grundsatz, dass gesetzliche   **76**
Ersatzansprüche gegen den Täter im Rahmen der Schadensermittlung nicht zu

berücksichtigen sind, beharrt die Rspr. in Untreuefällen nicht uneingeschränkt (BGHSt 15, 342, 344). Der BGH verneint die Annahme eines Vermögensschadens in Form eines Gefährdungsschadens in Fällen, bei denen der Täter eine Kompensation schafft, indem er objektiv **jederzeit verfügbare Ersatzmittel bzw. Gelder** bereit hält und zusätzlich in subjektiver Hinsicht die Bereitschaft zur Erbringung dieser Ersatzleistung hat (BGHSt 15, 342, 344; BGH NStZ 1982, 331, 332; NStZ 1995, 233; *Maurach/Schroeder/Maiwald,* Strafrecht BT 1, § 45 Rn. 45; MüKo/*Dierlamm,* Rn. 184; von Heintschel-Heinegg/*Wittig,* Rn. 41; aA Schönke/Schröder/*Perron,* Rn. 42).

4. Einzelfälle

77   **a) Anlageberatung.** Ein Anlageberater wird von seinem Kunden damit beauftragt, ihn auf Grundlage seiner Expertise bei der Bewertung und der Beurteilung einer bestimmten Anlageentscheidung unter Berücksichtigung seiner persönlichen Verhältnisse zu beraten (vgl. auch die sich aus § 34 Abs. 2a WpHG und aus § 14 Abs. 6 WpDVerOV ergebenden Dokumentationspflichten).

78   Wenn der Anlageberater im Rahmen dessen eine eigene Entscheidungs- und Dispositionsfreiheit hat, liegt eine Vermögensbetreuungspflicht regelmäßig vor. Anders ist dies bei einer Weisungsgebundenheit oder wenn der Anlageberater lediglich unzutreffende Auskünfte gibt bzw. Ratschläge erteilt (BGH NStZ 1991, 489).

79   Untreuerelevante Pflichtverletzungen sind bspw. das **abredewidrige Nichtanlegen oder auch ein Zurückhalten auszahlungsreifer Gelder** (BGH wistra 1999, 339; Park/*Zieschang,* Rn. 46) **sowie der Erhalt von Provisionen für die Anlage** (Park/*Zieschang,* Rn. 48). In allen Fällen bedarf es einer gründlichen Analyse der vereinbarten Treuepflicht und des durch die Pflichtverletzung eingetretenen Vermögensnachteils.

80   **b) Asset Backed Securities.** Im Rahmen der in 2007 ins Gespräch geratenen sog. Finanzkrise ist die strafrechtliche Bewertung im Fluss, eine vor allem in der Literatur (*Park/Rütters* StV 2011, 434; *Bittmann* NStZ 2011, 361; *Ransiek* WM 2010, 869; *Märker/Hillesheim* ZRP 2009, 65) diskutierte Untreuestrafbarkeit liegt nahe. Das strukturelle Problem des Marktes (vgl. insg. auch *Kempf/Lüderssen/Volk,* die Finanzkrise, das Wirtschaftsstrafrecht und die Moral, 2010; *Schröder,* Kapitalmarktstrafrecht, Rn. 1080 ff.) wird sich damit nicht erfassen lassen, die einzelne Straftat indes schon.

81   Dabei ist es insbesondere problematisch, die (strafrechtliche) Haftung im Einzelfall aufzuklären, da die Struktur der Geschäfte hochkomplex ist (*Schröder,* Kapitalmarktstrafrecht, Rn. 1146; *Ransiek* WM 2010, 869).

82   Hintergrund der Vorwürfe ist der **Handel mit traditionellen Kreditverbriefungen auf Grundlage forderungsgestützter Wertpapiere** („Asset Backed Securities", kurz ABS). Dabei werden Buchkredite an eine dafür gegründete Zweckgesellschaft verkauft **(„Special Purpose Vehicle", kurz SPV, auch als Conduit bezeichnet).** Durch die Zweckgesellschaft werden die Ausfallrisiken aus der Sphäre der verkaufenden Bank ausgegliedert, in der Bilanz tauchen sie nicht mehr auf. Bei synthetischen Verbriefungen findet nur noch ein schuldrechtlicher Transfer der Risiken statt, womit je nach Ausgestaltung Ausfallrisiken und davon abhängige Eigenkapitalanforderungen betroffen sein können. Bei der Verlagerung von problematischen Immobiliendarlehen wurden diese in verschiedene Tranchen **(„Residential Mortgage Backed Securities", kurz RMBS)** aufgesplittet, die verschiedene Qualitäten hatten, und im Anschluss wieder gebündelt. Die sog. „Senior Tranche" hat dabei das Vorrecht, alle eingehenden Zahlungen zugerechnet zu erhalten und erst nach vollständiger Befriedigung wurde die nächstbessere Tranche bedient. Gerade die ersten Tranchen bekamen von den Ratingagenturen eine hohe Bonität (AAA oder AA) bescheinigt. Die zunächst nahezu wertlosen, weil schlecht bewerteten unteren Tranchen („Schrottanleihen") wurden in sog. „**Collateralized Debt Obligations**" (kurz CDO) umgewandelt und ein weiteres Mal tranchiert und gebündelt. Die Ratingagenturen haben auch die hierdurch neu entstandene „Senior Tranche" wieder mit hoher Bonität (AAA oder AA) bewertet. Damit konnten nun eigentlich wertlose Papiere auch von sicherheitsbewussten Anlegern – bspw. Versicherungen – mit in ihr Depot aufgenommen werden. Durch das häufige Splitten, erneutes Bündeln und rasche Weiterverkäufe ging die Transparenz der dahinterstehenden Inhalte nahezu vollständig verloren. Das Interesse der An- und Verkäufer richtete sich auch weniger auf den Erwerb und die Durchsetzung einer Forderung mit hoher Bonität, als vielmehr auf kurzfristig zu verdienende Provisionen und Boni (instruktiv *Park/Rütters* StV 2011, 434; *Ransiek* WM 2010, 869).

Im Rahmen der Untreuestrafbarkeit kommen **Fremdgeschäfte** (bspw. Anla-   **83** geberatung) und **Eigengeschäfte** in Betracht (*Fischer,* Rn. 72a). Dabei steht nicht der Handel mit Asset Backed Securities im Fokus, sondern der Vorwurf des Handels mit Residential Mortgage Backed Securities und Collateralized Debt Obligations (*Park/Rütters* StV 2011, 434, 437; *Schröder,* Kapitalmarktstrafrecht, Rn. 1167).

Ein Anlageberater, der mit einem eigenen Entscheidungsspielraum handelt und   **84** vermögensbetreuungspflichtig ist, kann zum Nachteil seines Kunden eine Untreue begehen. Dabei wird man davon ausgehen können, dass sichere Anlagen suchende Kunden ihr Geld nicht in **vollkommen undurchschaubare Finanzprodukte** investieren wollten, die **Anlageberater bei einer entsprechenden Entscheidung** mithin **objektiv pflichtwidrig** handelten (*Park/Rütters* StV 2011, 434, 437). Im Eigengeschäft kann sich der Vorwurf zum Nachteil der Bank sowohl gegen den Vorstand als auch gegen den Aufsichtsrat richten (dazu *Krause* NStZ 2011, 57). Dabei wird man die **Pflichtverletzung ebenso an der Intransparenz der Finanzprodukte festmachen, die eine Entscheidung auf Grundlage ausreichender Informationen so gut wie ausschließt** (OLG Düsseldorf NJW 2010, 1537 „*IKB*"; *Bittmann* NStZ 2011, 361). Die Feststellung eines Vermögensnachteils in Form eines Gefährdungsschadens liegt nahe, bedarf aber in Anbetracht der erhöhten Anforderungen aus der Rechtsprechung des BVerfG präziser Feststellungen (*Park/Rütters* StV 2011, 434, 439; *Saliger* NJW 2010, 3195, 3198), ebenso wie der notwendige Vorsatz.

d) Churning. Der aus dem amerikanischen Recht stammende Begriff Chur-   **85** ning hat die sinngemäße Bedeutung der **Provisions- bzw. Spesenschinderei** (*Hilgard* WM 2006, 409). Kennzeichnend für das Churning ist die Umschichtung des Wertpapierdepots im Rahmen häufiger Kauf- und Verkaufsempfehlungen durch den Vermögensverwalter bzw. Anlageberater (ausschließlich) zu dem Zweck, selbst Provisionen zu erzielen (LK/*Schünemann,* Rn. 110 mwN; Park/ *Zieschang,* Rn. 51).

Eine klare Festlegung, wann von einem übermäßigen Umschichten zu sprechen   **86** ist, gibt es nicht. Es ist in jedem **Einzelfall subjektiv auf die Risikobereitschaft und die Anlageziele des Anlegers** abzustellen und **objektiv in erster Linie**

auf die Marktverhältnisse. Indiz für das Vorliegen von Churning ist jedenfalls das In and Out-Trading, also das Verkaufen neu erworbener Werte binnen kürzester Zeit (*Mölter* wistra 2010, 53; zu weiteren Indikatoren vgl. *Hilgard* WM 2006, 409).

87   Sieht die vertragliche Vereinbarung des Anlegers eine (gewisse) Selbstständigkeit des Vermögensverwalters bzw. Anlageberaters vor, so dass dieser insbesondere An- und Verkäufe tätigen kann, obliegt ihm eine Vermögensbetreuungspflicht. Diese wird durch die häufigen Umschichtungen verletzt. Problematisch ist dies, wenn die einzelnen Transaktionen mit dem Anleger abgesprochen werden und auch in Fällen, in denen sich der Anleger formal die Entscheidung vorbehält, faktisch jedoch den Ratschlägen ohne eigene Prüfung oder die Möglichkeit dazu vertraut. Erfolgen die **Umschichtungen entgegen den Anlagezielen des Kunden, liegt eine Pflichtverletzung vor** (Schönke/Schröder/ *Perron,* Rn. 35a). Die Pflichtverletzung entfällt auch nicht etwa aufgrund der Zustimmung, da diese aufgrund der Täuschung des Kunden und einer gegebenenfalls vorliegenden geschäftlichen Unerfahrenheit unwirksam ist. Der **Vermögensnachteil besteht in der überflüssigen Belastung des Anlegers mit der Provision des Vermögensverwalters bzw. Anlageberaters** (Park/*Zieschang,* Rn. 52).

88   **d) Falschmeldungen.** Bei einer Falschmeldung handelt es sich um **gezielte Falschinformationen,** etwa über die wirtschaftliche Situation eines Unternehmens durch dessen zur Vermögensbetreuung verpflichteten Organe. Die Falschmeldung kann bspw. dazu führen, dass im Falle einer AG der Kurs der Aktie des Unternehmens sinkt. Dieser Kurseinbruch kann dann dazu genutzt werden, dass die **zur Vermögensbetreuung verpflichtete Person eigene Aktien kauft, um diese beim Wiederanstieg des Kurses gewinnbringend zu verkaufen** (Park/*Zieschang,* Rn. 55). Untreue kommt in diesen Fällen in Betracht, wenn infolge der pflichtwidrigen Falschmeldung ein Vermögensnachteil in Form einer pflichtwidrig unterlassenen Vermögensmehrung feststellbar ist. Allein im Rückgang des Aktienkurses wird i.d.R. noch kein Vermögensschaden i.S.v. § 266 StGB zu erblicken sein. Denn darin liegt keine Schädigung des Vermögens der juristischen Person, gegenüber der Täter verpflichtet ist, sondern nur der Aktionäre, für welche den Vorstand der AG gerade keine Vermögensbetreuungspflicht obliegt. Ein Vermögensschaden kommt dann allenfalls hinsichtlich der Aktien in Betracht, welche die juristische Person selbst hält; der Vermögensschaden wäre dann der Wert, den die Aktie auf Grund der Falschmeldung verloren hat.

89   **e) Front-Running.** Als Front-Running (**„Vorlaufen")** bezeichnet man im Bereich des Börsenhandels die **Ausnutzung von vertraulichem Wissen des Kunden über dessen Anlagestrategien,** um dadurch kurz vor der Durchführung einer Kundenorder die Abwicklung eigennütziger und gewinnbringender Eigengeschäfte vorzunehmen (LK/*Schünemann,* Rn. 109 mwN; Schwark/Zimmer/*Schwark/Kruse,* § 14 WpHG Rn. 33). Wenn ein Fall der Anlageberatung vorliegt, in der dem Wertpapierunternehmen eine Vermögensbetreuungspflicht gegenüber dem Kunden obliegt, Eigengeschäfte also untersagt sind, kann es beim Kunden zu dem Eintritt eines Vermögensschadens kommen, wenn der Börsenmakler in Kenntnis der Orderlage durch ein zunächst vorgenommenes Eigengeschäft Werte ankauft, um dann durch ein Vor-, Gegen- oder Mitlaufen von der nachfolgenden Order des Kunden zu profitieren (vgl. MüKo/*Pananis,* § 38 WpHG Rn. 44 und 70; Park/*Zieschang,* Rn. 57 f.). Der **Nachweis eines Ver-**

mögensnachteils ist regelmäßig problematisch, da zu belegen ist, dass der Kunde das Wertpapier hätte günstiger kaufen können (Park/*Zieschang,* Rn. 59). Eine Strafbarkeit wegen Untreue kommt in diesen Fällen i.d.R. nur dann in **90** Betracht, wenn das Eigengeschäft pflichtwidrig ist, wovon nur dann auszugehen sein wird, wenn das **Verbot derartiger Eigenschäfte zwischen Wertpapierunternehmen und Kunde vereinbart** wurde (so auch Park/*Zieschang,* Rn. 58; wohl aA LK/*Schünemann,* Rn. 109 mwN). In allen anderen Fällen verbietet die Vermögensbetreuungspflicht als solche keine derartigen Eigenschäfte. Ein Vermögensnachteil kann (theoretisch) immer dann bejaht werden, wenn der Kunde das Wertpapier ohne das vorangegangene Eigengeschäft hätte günstiger kaufen können. Dieser Nachweis gestaltet sich in der Praxis schwierig, da die Entwicklung eines Aktienkurses von mehreren Faktoren abhängt, so dass nicht zweifelsfrei festgestellt werden kann, welcher genau für den nachteiligen Anstieg für den Kunden verantwortlich war.

f) Insiderinformationen. Als Insiderinformationen bezeichnet man be- **91** stimmte **bedeutsame Vorabkenntnisse bestimmter Personen im Rahmen des Wertpapierhandels,** mittels deren es den betreffenden Personen möglich ist vorauszusehen, ob bestimmte Kurse steigen oder fallen werden. Diese **Kenntnisse werden dazu benutzt, um auf Grund dessen Wertpapiere für sich zu kaufen bzw. zu verkaufen** (*Soesters,* Die Insiderhandelsverbote des Wertpapierhandelsgesetzes, 2002, S. 19). § 266 Abs. 1 kann in diesem Bereich immer dann in Betracht kommen, wenn Insiderwissen zu einer unrichtigen oder den Kunden schädigenden Anlageberatung genutzt wird (*Otto,* Bankentätigkeit und Strafrecht, S. 84). Möglich ist auch, dass der Treupflichtige sein Wissen benutzt, um der eigenen Gesellschaft einen Vermögensschaden zuzufügen.

Dabei gilt wiederum das bereits zum Front Running Gesagte: Der Rückgang **92** des Aktienkurses der Gesellschaft reicht i.d.R. nicht aus, um einen untreuerelevanten Vermögensschaden i.S.v. § 266 Abs. 1 zu begründen, da dieser die Aktionäre schädigt, gegenüber denen der Treupflichtige aber gerade keine Vermögensbetreuungspflicht hat. Anders kann dies sein, wenn die AG selbst Aktionärin ist, da dann der Vermögensschaden am zu betreuenden Vermögen eintritt (Park/*Zieschang,* Rn. 62; *Tiedemann,* FS Tröndle, S. 319, 330 f.).

g) Kick-Back-Zahlungen. Kick-Back-Zahlungen im Zusammenhang mit **93** § 266 Abs. 1 betreffen im Allgemeinen Konstellationen, in denen Vereinbarungen zwischen Geschäftspartnern darüber getroffen werden, dass der Geschäftsführer oder Vorstand einer juristischen Person **Schmiergelder** erhält, **die wiederum auf die vertretene Gesellschaft durch die Vereinbarung einer erhöhten Zahlungsverpflichtung abgewälzt werden** (vgl. BGHSt 49, 317, 332 ff.; BGH wistra 2001, 341, 343; *Fischer,* Rn. 117; LPK/*Kindhäuser,* Rn. 85 ff.; SSW/*Saliger,* Rn. 64 ff.; Schönke/Schröder/*Perron,* Rn. 46; AnwK/*Esser,* Rn. 196 ff.; LK/*Schünemann,* Rn. 167; Park/*Zieschang,* Rn. 63 ff.).

Eine Untreue liegt vor, wenn der (treupflichtige) Geschäftsführer eine Zah- **94** lungspflicht vereinbart, die vom Wert der Gegenleistung nicht gedeckt und i. d. R um den Betrag des Schmiergeldes überhöht ist. Auch **wenn Leistung und Gegenleistung wirtschaftlich ausgeglichen sind,** liegt regelmäßig ein **Vermögensnachteil** vor, **wenn der Zuwendende bereit gewesen wäre, seine Leistung auch im einen um die Kick-Back-Zahlung reduzierten Entgelt zu erbringen** (BGH NStZ 2006, 210, 213; BGH NJW 2006, 2864, 2866 f.; BGHSt 49, 317, 332 ff.). Der Schaden liegt dann darin, dass der Treupflichtige die konkrete und sichere Möglichkeit eines günstigeren Abschlusses nicht für seinen Geschäftsherrn realisiert hat (BGHSt 31, 232, 233). **Besteht eine solche Bereitschaft hingegen nicht, so liegt kein Vermögensnachteil vor, da es nicht zur Vermögensbetreuungspflicht des Treupflichtigen gehört, Schmiergelder abzuführen** (vgl. BGHSt 49, 317, 335; 47, 295, 298; BGH NStZ 2001, 545; BGH StV 1995, 302, 303).

95 Häufig werden zwischen einem Finanzdienstleister und dem Broker bzw. Kreditinstitut ausdrücklich oder auch stillschweigend Vereinbarungen über Kick-Backs getroffen. Der abwickelnde Broker bzw. das Kreditinstitut stellen dann dem Anleger (überhöhte) Gebühren in Rechnung und zahlen einen Teil davon an den Finanzdienstleister (*Mölters* wistra 2010, 53). Davon abgesehen, dass der Finanzdienstleister die Auswahl gegebenenfalls nicht im Sinne des Anlegers, sondern nur mit Blick auf eine möglichst hohe Kick-Back-Zahlung vornimmt, was im Rahmen des § 299 relevant sein kann, ist eine **Untreue regelmäßig dann gegeben, wenn überhöhte Gebühren letztlich dem Finanzdienstleister zugeführt werden und diesem eine Vermögensbetreuungspflicht obliegt.** Wenn der Finanzdienstleister und der Broker kollusiv zusammenwirken, wird diese Vermögensbetreuungspflicht gegenüber dem Anleger verletzt und es kommt zu einem Vermögensnachteil in Gestalt der überhöhten Gebühren (Park/*Zieschang*, Rn. 64).

96 **h) Nichtveröffentlichung von Informationen.** Bei der **Verletzung von Mitteilungspflichten** (zu denken ist insbesondere an § 15 WpHG), kann sich insbesondere ein Vorstandsmitglied einer AG nach § 266 StGB strafbar machen, wenn es die **unverzügliche Veröffentlichung** einer für das Unternehmen positiven Nachricht unterlässt. Bei einer Publikationspflicht kann die Nichtveröffentlichung als Pflichtverletzung anzusehen sein. Hinsichtlich des Vermögensnachteils der AG ist zu prüfen, ob dadurch eine hinreichend konkret bestehende Gewinnaussicht betroffen ist (Park/*Zieschang*, Rn. 66). Im Übrigen kann § 266 nur eingreifen, sofern die AG selbst Aktionärin ist. Wenn der Vorstand die Veröffentlichung einer negativen Tatsache verzögert oder unterlässt, um eigene Aktien zum alten (höheren) Kurs verkaufen zu können, ist schon fraglich, worin eine Pflichtverletzung gegenüber der AG zu sehen wäre, jedenfalls wird ein Vermögensnachteil der AG ausscheiden. Hinsichtlich des Erwerbers wird regelmäßig keine Vermögensbetreuungspflicht des Vorstands bestehen (Park/*Zieschang*, Rn. 67).

97 **i) Scalping.** Einen **speziellen Fall des Front Running** stellt das sogenannte Scalping (engl. skalpieren bzw. umgangssprachlich „das Fell über die Ohren ziehen") dar. Darunter ist die Vorgehensweise zu verstehen, **Wertpapiere in der Absicht zu erwerben, diese anschließend zum Kauf zu empfehlen, um sie dann bei steigendem Kurs in Folge der eigenen Empfehlung mit Gewinn wieder abzustoßen** (BGH NStZ 2004, 285; *Weber* NJW 2000, 562). Sofern eine Vermögensbetreuungspflicht vorliegt, spricht der Treupflichtige mithin eine Empfehlung aus, um sich selbst einen Vermögensvorteil zu verschaffen. Denkbar ist ebenso der Fall, dass negative Empfehlungen ausgesprochen werden und der Treupflichtige den dadurch bedingten Kursverfall nutzt, um günstig eigene Aktien zu kaufen und diese nach einem Kursanstieg gewinnbringend wieder abzustoßen (vgl. auch *Gaede/Mühlbauer* wistra 2005, 9; *Pananis* NStZ 2004, 287).

98 **j) Risikogeschäfte/Kreditvergabe.** Das Eingehen eines gewissen Risikos in den der jeweiligen Sachlage angepassten Grenzen gehört zum Wesen jedes

Geschäftsbetriebs. Für die Strafbarkeit bedeutet dies, dass nicht jede Vornahme eines risikobehafteten Geschäftes zugleich eine Untreue ist (*Maurach/Schroeder/ Maiwald*, Strafrecht BT 1, § 45 Rn. 48). **Bei einem Risikogeschäft liegt ein Nachteil vor, wenn die eingegangene Verpflichtung höher ist als die im Gegenzug gewährte Leistung unter Berücksichtigung aller mit ihr verbundenen, zur Zeit der Tathandlung gegebenen Gewinnmöglichkeiten** (BGHSt 30, 388, 390; 53, 199, 202). Für die Frage, ob mit Vornahme eines Risikogeschäftes bereits eine Untreuehandlung getätigt wurde, ist zu differenzieren (vgl. *Maurach/Schroeder/Maiwald*, Strafrecht BT 1, § 45 Rn. 49; Müller-Guggenberg/Bieneck/*Schmid*, § 31 Rn. 160 f.; BGH wistra 1985, 190, 191; LK/ *Schünemann*, Rn. 115 ff.): **Bekommt der Treupflichtige vom Treugeber keine besonderen Weisungen hinsichtlich des Umgangs mit dem Vermögen in riskanten (Geschäfts-)Situationen, dann darf er bei der Eingehung von Risikogeschäften nur Risiken in geringem Maße eingehen.** Die zu beachtenden Pflichten ergeben sich dabei auf der Grundlage der Verpflichtung des Treunehmers gegenüber dem Treugeber. Wurden hingegen besondere Absprachen oder Weisungen seitens des Treugebers über Risikogeschäfte getroffen und diese dem Treupflichtigen erlaubt oder darf dieser einen entsprechenden Willen des Treugebers annehmen, ergeben sich die Pflichten des Treunehmers aus dieser Absprache bzw. Weisung. So kann es sein, dass selbst bei hohen Vermögenseinbußen mangels Pflichtverletzung keine Untreue vorliegt. Bei pflichtwidrigen Risikogeschäften besteht zwischen den einzelnen Senaten des BGH bislang keine Einigkeit, ob dadurch ein endgültiger Schaden oder ein Gefährdungsschaden eintritt (Müller-Guggenberg/Bieneck/*Schmid*, § 31 Rn. 178 ff.).

In Fällen der Kreditvergabe ist für die **Feststellung des** für die Untreue **99** geforderten **Nachteils** auf einen **Vergleich der Darlehensvaluta mit dem Wert des Rückzahlungsanspruchs der Bank unter Berücksichtigung der vorhandenen Sicherheiten zum Zeitpunkt der** pflichtwidrigen, weil riskanten, **Kreditgewährung** abzustellen (BGH NStZ-RR 2005, 374, 375; AnwK/ *Esser*, Rn. 183). Bei einer pflichtwidrigen Kreditvergabe nach unzureichender Bonitätsprüfung wird i.d.R. schon mit der treupflichtwidrigen Weggabe der Gelder in Form einer Darlehensgewährung ein endgültiger Vermögensnachteil für die Bank entstanden sein, da der dadurch erlangte Rückzahlungsanspruch sofort minderwertig oder wertlos ist. Auf die spätere Rückzahlung soll es hierbei nicht ankommen (BGH NJW 2008, 2451, 2452; AnwK/*Esser*, Rn. 183 mwN).

k) Schwarze Kassen. Schwarze Kassen können sowohl in der Privatwirtschaft **100** als auch im öffentlichen Bereich von Bedeutung sein.

aa) Öffentlicher Bereich. In der Rechtsprechung wurden Fälle sog. „schwar- **101** zer Kassen" im öffentlichen Bereich im Zusammenhang mit **Parteispenden** diskutiert (vgl. LG Bonn NStZ 2001, 375 *„Kohl"*; BGHSt 51, 100 *„Kanther/Weyrauch"*). Den Vermögensnachteil sah der BGH darin, dass die Täter nach eigenem Ermessen über die veruntreuten Geld verfügten und die Mittelverwendung nach deren eigenem Gutdünken – wenn auch in einem von ihnen selbst definierten Interesse des Berechtigten – erfolgte. Ein Nachteil wurde ferner darin gesehen, dass die zuständigen Gremien der Partei über die erhaltenen Spenden nicht verfügen konnten und damit Gefahr liefen, von Sanktionen durch den Präsidenten des Deutschen Bundestags wegen Verstoßes gegen die Publizitätspflicht getroffen zu werden (BGHSt 51, 100, 113 ff.; GesamtK/*Beukelmann,* Rn. 32 mwn; LPK/ *Kindhäuser,* Rn. 92 mwn).

102 **bb) Privatwirtschaftlicher Bereich.** Nach der Rechtsprechung des BGH (BGHSt 52, 323 „*Siemens"*) führt bereits das Entziehen und Vorenthalten erheblicher Vermögenswerte unter Einrichtung von verdeckten Kassen durch leitende Angestellte eines Wirtschaftsunternehmens zu einem **endgültigen Nachteil** i.S.d. § 266 Abs. 1 (aA noch BGHSt 51, 100 „*Kanther/Weyrauch"*, hier nahm der BGH bei der Einrichtung und Unterhaltung schwarzer Kassen eine **schadensgleiche Vermögensgefährdung** an). Bei der pflichtwidrigen Wegnahme, Entziehung, Vorenthaltung oder Verheimlichung von Vermögensteilen durch den Treunehmer kann der Eintritt eines Vermögensschadens nicht dadurch ausgeschlossen werden, dass der Täter beabsichtigt, die Mittel gegen die ausdrückliche Weisung des Treugebers so zu verwenden, dass diesem hierdurch „letztlich" ein Vermögensvorteil entstehen könnte. Die Verwendung des eigenen Vermögens obliegt allein dem Treugeber als Vermögensinhaber, bei einer Kapitalgesellschaft somit deren zuständigen Organen (BGHSt 52, 323, 337; BGH NJW 2010, 3458, 3462). Ob der Täter die Absicht hat, das Geld im (vermeintlichen) wirtschaftlichen Interesse des Treugebers zu verwenden, ist irrelevant (Böttger/*Böttger/Brockhaus,* Kap. 5 Rn. 195). Eine schadensvermindernde **unmittelbare Kompensation liegt in diesen Fällen grundsätzlich nicht vor.** Es entsteht nur dann kein Schaden, wenn dem Treugeber trotz der pflichtwidrigen Entziehung der Gelder unmittelbar ein wirtschaftlicher Vorteil zufließt. An dieser notwendigen Unmittelbarkeit wird es im Zusammenhang mit verdeckten Konten regelmäßig fehlen, da dem Treugeber das Geld dauerhaft entzogen wird (BGHSt 52, 323, 336 f. m. Bespr. *Jahn* Jus 2009, 173; *Knauer* NStZ 2009, 151; *Ransiek* NJW 2009, 89; *Rönnau* StV 2009, 246; *Satzger* NStZ 2009, 297; *Bernsmann* GA 2009, 296).

IV. Subjektiver Tatbestand

1. Allgemeines

103 Wegen Untreue macht sich nur strafbar, wer vorsätzlich handelt. Vorsatz ist **hinsichtlich aller Merkmale des objektiven Tatbestandes** erforderlich; **dolus eventualis** reicht aus (BGH NJW 1975, 1234, 1236; vgl. insg. *Hantschel,* Untreuevorsatz, 2010; *Fischer,* Rn. 171; GesamtK/*Beukelmann,* Rn. 40; Schönke/Schröder/*Perron,* Rn. 49; von Heintschel-Heinegg/*Wittig,* Rn. 47; AnwK/*Esser,* Rn. 221; NK/*Kindhäuser,* Rn. 122). Vorsätzlich untreu handelt, wer die ihm obliegende Pflicht zur Betreuung fremden Vermögens kennt, sie wissentlich und willentlich verletzt und damit zumindest billigend in Kauf nimmt, dass beim Vermögensinhaber ein ernsthaft für möglich gehaltener Nachteil eintritt (*Wessels/ Hillenkamp,* Strafrecht BT 2, Rn. 778).

2. Grundsätzliche Einschränkungen

104 Auf Grund der Weite des Tatbestands des § 266 Abs. 1 geht die Rspr. davon aus, dass **an den Nachweis des subjektiven Tatbestandes strenge Anforderungen zu stellen** sind (BGHSt 47, 295, 302; 48, 331, 347 ff.; BGH wistra 2000, 60; *Lackner/Kühl,* Rn. 19; MüKo/*Dierlamm,* Rn. 238; von Heintschel-Heinegg/ *Wittig,* Rn. 47; NK/*Kindhäuser,* Rn. 123). Dies speziell in Fällen, in denen nur bedingter Vorsatz in Frage steht und der Täter nicht eigennützig gehandelt hat (BGH NJW 1975, 1234, 1236; BGH NJW 1983, 461; BGH NStZ 1997, 543; BGHSt 47, 295, 302; BVerfG NStZ 2009, 560, 562; SSW/*Saliger*, Rn. 104; MüKo/*Dierlamm*, Rn. 238; Schönke/Schröder/*Perron*, Rn. 50; AnwK/*Esser*, Rn. 223; LK/*Schünemann*, Rn. 190).

Die von der Rspr. gemachte Restriktion ist zu begrüßen, jedoch bedürfte eher **105** der weit geratene objektive Tatbestand der Untreue einer Eingrenzung, so dass diese in erster Linie auf objektiver und nicht auf subjektiver Ebene vorzunehmen wäre (*Dierlamm* NStZ 1997, 534, 535; MüKo/*Dierlamm*, Rn. 238; SW/*Saliger*, Rn. 104; Schönke/Schröder/*Perron*, Rn. 50; ausführlich zu diesen Bedenken vgl. LK/*Schünemann*, Rn. 190; kritisch auch *Fischer*, Rn. 176; Achenbach/Ransiek/ *Seier*, V 2 Rn. 86; *Kubiciel* NStZ 2005, 356; *Wessels/Hillenkamp*, Strafrecht BT 2, Rn. 779). Es sollten für den Bereich des subjektiven Tatbestandes und die Feststellung des bedingten Vorsatzes deshalb die allgemeinen Regeln gelten (*Fischer*, Rn. 176; LK/*Schünemann*, Rn. 191).

3. Einzelheiten

a) Vorsatz hinsichtlich der Pflichtenstellung. Der Vorsatz muss sich auf **106** das Bestehen einer Vermögensbetreuungspflicht beziehen; auf eine zutreffende Beurteilung des der Vermögensbetreuungspflicht zugrunde liegenden rechtlichen Verhältnisses kommt es nicht an (*Fischer*, Rn. 171; Müller-Guggenberger/Bieneck/*Schmid*, § 31 Rn. 194). Der **Täter muss nur die seiner Pflichtenstellung zugrundeliegenden Tatsachen kennen und zutreffend einordnen** (MüKo/ *Dierlamm*, Rn. 239). Beim Missbrauchstatbestand muss der Vorsatz das Vorliegen sowie Umfang und Grenzen der Verfügungs- oder Verpflichtungsbefugnis umfassen (*Fischer*, Rn. 171).

b) Vorsatz hinsichtlich der Pflichtverletzung. Die **Pflichtwidrigkeit** **107** **muss ebenfalls vom Vorsatz umfasst sein** (BGHSt 34, 379, 390; BGH NJW 1990, 3219 f.; BGH NJW 1991, 990, 991; BGH NStZ 1986, 455, 456; BGH wistra 1987, 216; 2006, 463; MüKo/*Dierlamm*, Rn. 238; *Fischer*, Rn. 172). Beim Missbrauchstatbestand muss sie sich auf den bestimmungswidrigen Gebrauch der Befugnis beziehen (Schönke/Schröder/*Perron*, Rn. 49).

c) Vorsatz hinsichtlich des Vermögensnachteils. Schließlich muss der **108** **Vorsatz** auch den **Eintritt eines Vermögensnachteils** umfassen (BGH NStZ 2002, 262, 265; *Fischer*, Rn. 175; Schönke/Schröder/*Perron*, Rn. 49). Auch in diesem Fall ist nach st. Rspr. dolus eventualis ausreichend (BGHSt 46, 30, 35; 51, 100, 118 ff.; BGH StV 2010, 78). Handelt der Täter in der allgemeinen Hoffnung, sein pflichtwidriges Verhalten diene letztendlich den Vermögensinteressen des Treugebers (bspw. über Folgegeschäfte), so soll dies den Vorsatz nicht ausschließen – der **Tatbestand entfällt nicht deshalb, weil der Täter es gut meint** (BGHSt 52, 323, 339; *Fischer*, Rn. 175; MüKo/*Dierlamm*, Rn. 239; Park/ *Zieschang*, Rn. 35). Die Untreue ist kein Delikt mit überschießender Innentendenz, so dass der Täter nicht in der Absicht der Bereicherung handeln muss (vgl. bereits den Wortlaut des Abs. 1; BGHSt 51, 100, 121; SSW/*Saliger*, Rn. 104; Schönke/Schröder/*Perron*, Rn. 49; *Lackner/Kühl*, Rn. 19; AnwK/*Esser*, Rn. 221; GesamtK/*Beukelmann*, Rn. 42).

Beim **kognitiven Element des Vorsatzes** reicht es, wenn der Täter die **109** Umstände, die der konkreten Vermögensgefährdung zu Grunde liegen ebenso wie die vermögensmindernde konkrete Verlustgefahr kennt (BGH wistra 1993, 265, 266 f.; BGH NStZ 2002, 262, 265; *Fischer,* Rn. 177). Bei Risikogeschäften muss der Täter den Mangel der Äquivalenz zwischen Gewinn und Verlustschaden kennen (*Fischer,* Rn. 177; LK/*Schünemann,* Rn. 195).

110   Beim **voluntativen Element des bedingten Vorsatzes** gibt es im Rahmen des Gefährdungsschadens verschiedene Auffassungen (ausf. dazu *Fischer,* Rn. 177 ff. sowie *Ransiek/Hüls* ZGR 2009, 157, 168 f.). Der 2. Strafsenat will den Tatbestand der Untreue durch eine restriktive Interpretation des voluntativen Vorsatzelementes und damit auf der Ebene des subjektiven Tatbestandes begrenzen. Deshalb verlangte der 2. Strafsenat (BGHSt 51, 100, 121 f. *„Kanther/Wey-rauch";* bekräftigt durch BGH NStZ 2007, 704 f. und den 5. Strafsenat in BGHSt 52, 182, 189 f.), dass der bedingte Vorsatz eines Gefährdungsschadens nicht nur Kenntnis des Täters von der konkreten Möglichkeit eines Schadenseintritts und das Inkaufnehmen dieser konkreten Gefahr voraussetzt, sondern darüber hinaus eine Billigung der Realisierung dieser Gefahr, sei es auch nur in der Form, dass der Täter sich mit dem Eintritt des ihm unerwünschten Erfolgs abfindet.

111   Gegen diese Rechtsprechung wurden in der Literatur Bedenken vorgetragen. Diese richten sich weniger gegen das vom BGH verfolgte Ziel der Eingrenzung des Tatbestandes der Untreue als gegen den vom BGH dafür beschrittenen Weg. Der Anwendungsbereich des § 266 Abs. 1 müsse auf objektiver, nicht auf subjektiver Ebene eingeschränkt werden (*Bernsmann* GA 2007, 219, 229; *Beulke/Witzig-mann* JR 2008, 426, 434; *Hillenkamp,* FS Maiwald, S. 323, 341; *Küper* JZ 2009, 800, 804; *Ransiek* NJW 2007, 1727, 1729; *Ransiek/Hüls* ZGR 2009, 157, 169 f.; *Weber,* FS Eisenberg, S. 371 ff.; Achenbach/Ransiek/*Seier,* V 2 Rn. 86).

112   Der 1. Strafsenat hat sich in einem obiter dictum der Kritik angeschlossen (BGH NJW 2008, 2451, 2452). Er nimmt bei der ungesicherten Vergabe eines Kredites keine schadensgleiche Vermögensgefährdung, sondern einen endgültigen Schaden an. Bezogen auf diesen tatbestandlichen Vermögensnachteil handelt ein Täter, der die eine Pflichtwidrigkeit und den Minderwert des Rückzahlungsanspruchs begründenden Umstände kennt, bei der Tathandlung mit direktem Vorsatz. Diesen Standpunkt hat der 1. Strafsenat bekräftigt (BGHSt 53, 199, 202 ff.) und den Begriff der schadensgleichen Vermögensgefährdung als entbehrlich bezeichnet. **Zur Feststellung des Schadens ist danach auf den unmittelbar mit der Vermögensverfügung des Geschädigten eingetretenen Vermögensnachteil abzustellen. Allein darauf müsse sich das voluntative Element des Vorsatzes beim Täter beziehen. Auf die Billigung eines eventuellen Endschadens komme es insoweit gerade nicht an.**

113   Nach Auffassung des BVerfG ist die dogmatische Konstruktion des Gefährdungsschadens unter dem Blickwinkel des verfassungsrechtlichen Bestimmtheitsgebots zwar nicht grundsätzlich zu beanstanden, es geht damit aber die Gefahr der Überdehnung des Tatbestandes einher. Der Begriff „schadensgleiche Vermögensgefährdung" bezeichnet eine nicht drohende, sondern eingetretene Vermögensminderung (BVerfG NJW 2010, 3209, 3218 ff mwN). Die Ausführungen sprechen insoweit für die Auffassung des 1. Strafsenats und die Bedenken in der Literatur.

114   **d) Irrtum.** Die **irrige Annahme des Täters, der Treugeber sei mit der objektiven Pflichtverletzung einverstanden, schließt den Vorsatz aus,** § 16 (BGHSt 3, 25; *Fischer,* Rn. 171; AnwK/*Esser,* Rn. 323; LK/*Schünemann,* Rn. 193; MüKo/*Dierlamm,* Rn. 239; Schönke/Schröder/*Perron,* Rn. 49; SSW/*Saliger,* Rn. 105; NK/*Kindhäuser,* Rn. 122).

Problematisch ist, **wenn sich der Täter hinsichtlich der Pflichtverletzung** 115 **geirrt hat.** In diesem Zusammenhang werden eine **Reihe von Rechtsfragen** aufgeworfen, die **von einer Klärung weit entfernt** sind (so *Schünemann* bereits 1998, vgl. LK/*Schünemann,* Rn. 193). Umstritten ist hierbei, worauf sich der Vorsatz beziehen muss und ob demgemäß ein den Vorsatz ausschließender Tatbestandsirrtum nach § 16 oder ein den Vorsatz unberührt lassender Verbotsirrtum nach § 17 vorliegt.

Nach z.T. vertretener Ansicht (LK/*Schünemann,* Rn. 193 mwN) soll es für die 116 Annahme von Vorsatz bereits ausreichen, wenn der Täter die der Pflichtwidrigkeit zugrunde liegenden Tatsachen kennt und zutreffend einordnet. Ein Irrtum über diese Tatsachen schließt den Vorsatz aus; in der rechtlichen Bewertung führt er zu einem Verbotsirrtum.

Nach der Gegenansicht (*Jakobs,* FS Dahs, S. 49 ff.; *Lüderssen,* FS Richter II, 117 S. 373 ff.) muss die Treupflichtwidrigkeit vom Vorsatz umfasst sein. Das hat zur Folge, dass jeder Irrtum hierüber als Tatbestandsirrtum mit der Folge des Vorsatzausschlusses anzusehen ist.

Der 3. Strafsenat hat in einer Entscheidung (BGH NStZ 2006, 214, 217 118 „*Mannesmann/Vodafone*") beide Ansätze abgelehnt. Bei der Abgrenzung zwischen Verbots- und Tatbestandsirrtum und den damit zusammenhängenden Fehlvorstellungen oder -bewertungen sei die schlichte Anwendung einzelner Formeln und Begriffe nicht ausreichend; es müsse auf **„wertende Kriterien und differenzierende Betrachtungen"** zurückgegriffen werden. Welche Kriterien genau dies sein sollten, hat der 3. Strafsenat **offen gelassen.** Es sei jedenfalls nicht überzeugend, dass es für die Bejahung vorsätzlichen Handelns bereits ausreiche, dass der Täter alle tatsächlichen Umstände kennt, welche die objektive Pflichtwidrigkeit seines Handelns begründen und dass seine in Kenntnis dieser Umstände auf Grund einer unzutreffenden Bewertung gewonnenen fehlerhaften Überzeugung, keine Vermögensbetreuungspflicht zu verletzen, stets (nur) als Verbotsirrtum zu werten sei. Ebenso wenig überzeuge, dass jede fehlerhafte Wertung, nicht pflichtwidrig, sondern pflichtgemäß zu handeln, zum Vorsatzausschluss führe, weil zum Vorsatz des § 266 Abs. 1 gehöre, dass der Täter eine Vermögensbetreuungspflicht verletze.

Der 2. Strafsenat hat in einer Entscheidung, in der es um sog. „schwarze 119 Kassen" bei politischen Parteien geht, einen Irrtum (der im konkreten Fall jedoch nicht vorlag) über rechtliche Anforderungen zum Aufstellen von Rechenschaftsberichten von Parteien als **Tatbestandsirrtum** angesehen (BGHSt 51, 100 ff.; zustimmend SSW/*Saliger,* Rn. 105).

V. Täterschaft und Teilnahme

1. Täterschaft

Täter, also Alleintäter, Mittäter oder mittelbarer Täter nach § 25 Abs. 1 bzw. 120 Abs. 2, der Untreue kann nur sein, wem eine Pflicht zur Betreuung fremden Vermögens obliegt. Es handelt sich bei der Untreue mithin um ein **Sonderdelikt** (BGHSt 13, 330; *Wessels/Hillenkamp,* Strafrecht BT 2, Rn. 781; *Maurach/Schroeder/Maiwald,* Strafrecht BT 1, § 45 Rn. 21, 56; *Böttger/Böttger/Brockhaus,* Kap. 3 Rn. 85; *Fischer,* Rn. 185; LK/*Schünemann,* Rn. 201) bei dem das **Treueverhältnis ein besonderes persönliches Merkmal i.S.v. § 28 Abs. 1** ist (st. Rspr.,

BGH NStZ-RR 2009, 102; BGHSt 26, 53 f.; StV 1995, 73; BGH wistra 1988, 305, 306; 1997, 100; *Fischer*, Rn. 183; MüKo/*Dierlamm*, Rn. 243; *Wessels/Hillenkamp*, Strafrecht BT 2, Rn. 781; *Maurach/Schroeder/Maiwald*, Strafrecht BT 1, § 45 Rn. 54; aa Schönke/Schröder/*Perron*, Rn. 52).

2. Teilnahme

121   **Andere Personen kommen lediglich als Teilnehmer, also als Anstifter oder Gehilfen nach §§ 26 bzw. 27, in Betracht** (*Maurach/Schroeder/Maiwald*, Strafrecht BT 1, § 45 Rn. 54; *Böttger/Böttger/Brockhaus*, Kap. 3 Rn. 85; *Fischer*, Rn. 186; MüKo/*Dierlamm*, Rn. 243). Für den Gehilfen besteht die Möglichkeit der doppelten Strafmilderung nach § 27 Abs. 2 S. 2 iVm § 28 Abs. 1 (h.M., BGHSt 26, 53, 55; *Fischer*, Rn. 186; SSW/*Saliger*, Rn. 107). Davon wird allerdings regelmäßig nur dann Gebrauch gemacht, wenn der Beteiligte nach den allgemeinen Regelungen als Gehilfe und nicht der Sache nach als Mittäter anzusehen ist, der seine Gehilfenstellung allein dem Umstand verdankt, dass er nicht in der exponierten Stellung eines Vermögensbetreuungspflichtigen ist (BGHSt 26, 53, 55; BGH NJW 1983, 1807, 1810; BGH wistra 1985, 190, 191; SSW/*Saliger*, Rn. 107; MüKo/*Dierlamm*, Rn. 243).

3. Sonstiges

122   Sind juristische Personen oder Handelsgesellschaften Träger der Treueverpflichtung, richtet sich die **strafrechtliche Verantwortlichkeit nach § 14 Abs. 1.** Danach können deren handelnde Organe oder Gesellschafter haften (*Maurach/Schroeder/Maiwald*, Strafrecht BT 1, § 45 Rn. 55; *Fischer*, Rn. 185; SSW/*Saliger*, Rn. 107; MüKo/*Dierlamm*, Rn. 244; *Ransiek/Hüls*, ZGR 2009, 157, 165). Das gilt auch für den gesetzlichen Vertreter einer natürlichen, zur Vermögensbetreuung verpflichteten Person oder für den mit der Führung eines treueverpflichteten Betriebes Beauftragten (*Maurach/Schroeder/Maiwald*, Strafrecht BT 1, § 45 Rn. 55).

123   Im Übrigen besteht die Neigung in der Rechtsprechung, auch andere leitende Angestellte von juristischen Personen, Handelsgesellschaften oder Betrieben als taugliche Täter der Untreue zu behandeln (BGHSt 13, 330, 332; *Maurach/Schroeder/Maiwald*, Strafrecht BT 1, § 45 Rn. 55).

VI. Vollendung, Beendigung und Versuch

124   **Vollendet ist die Untreue mit dem Eintritt des Vermögensnachteils** (BGHSt 47, 22, 27; *Wessels/Hillenkamp*, Strafrecht BT 2, Rn. 781; *Böttger/Böttger/Brockhaus*, Kap. 3 Rn. 92; *Fischer*, Rn. 197; SSW/*Saliger*, Rn. 108).

125   **Beendet ist die Untreue mit der Realisierung des Vermögensverlustes** (BGH NStZ 2001, 650; BGH NStZ 2003, 540; *Böttger/Böttger/Brockhaus*, Kapitel 3 Rn. 93; *Fischer*, Rn. 187; SSW/*Saliger*, Rn. 108). Die Realisierung eines zunächst eingetretenen Gefährdungsschadens ist keine neue Tat, sondern vertieft den Schaden und beendet die Tat (BGHSt 51, 100, 116; BGH wistra 2007, 21, 22; *Fischer*, Rn. 194 ff.).

126   Der **Versuch der Untreue ist nicht unter Strafe gestellt,** vgl. §§ 23 Abs. 1, 12 Abs. 2. Dies gilt auch beim Versuch eines besonders schweren Falls, vgl. § 12 Abs. 3 (LK/*Schünemann*, Rn. 206).

VII. Rechtsfolgen

Untreue ist grds. ein Offizialdelikt, ein Strafantrag ist daher nicht erforderlich. **127**
Anders im Fall der sog. „**Familienuntreue**". Nach § 266 Abs. 2 iVm § 247
handelt es sich dabei um ein absolutes Antragsdelikt. Verletzte i.S.d. § 247 sind
auch die Gesellschafter einer GmbH, sofern sie Angehörige des Täters sind (BGH
NJW 2003, 2924, 2926; BGH NStZ-RR 2005, 86; SSW/*Saliger* Rn. 113; Bött-
ger/*Böttger/Brockhaus*, Kap. 3 Rn. 108; *Fischer*, Rn. 193). Ein Strafantrag ist ausnahmsweise nicht erforderlich, wenn die Untreue zu einer konkreten Existenzgefährdung bspw. durch Gefährdung des Stammkapitals geführt hat, da zu der
geschädigten Gesellschaft bzw. juristischen Person keine privilegierende Beziehung i. S. d. § 247 besteht (BGH NStZ-RR 2005, 86; BGH NStZ-RR 2007,
79, 80; SSW/*Saliger*, Rn. 113; *Fischer*, Rn. 193; Böttger/*Böttger/Brockhaus*, Kapitel
3 Rn. 108).

§ 266 Abs. 2 verweist für die besonders schweren Fälle auf die Regelbei- **128**
spiele des § 263 Abs. 3 (dazu ausführlich Böttger/*Böttger/Brockhaus*, Kap. 3
Rn. 100 ff.; SSW/*Saliger*, Rn. 111 ff.; MüKo/*Dierlamm*, Rn. 257 ff.). Diese Verweisung kann als wenig sinnvoll (*Wessels/Hillenkamp*, Strafrecht BT 2, Rn. 783;
Maurach/Schroeder/Maiwald, Strafrecht BT 1, § 45 Rn. 57) bzw. missglückt (Bött-
ger/*Böttger/Brockhaus*, Kap. 3 Rn. 99) bezeichnet werden. Nur wenige der Regelbeispiele des § 263 Abs. 3 können im Rahmen der Untreue angemessen und
sachgerecht angewendet werden (*Wessels/Hillenkamp*, Strafrecht BT 2, Rn. 783;
LK/*Schünemann*, Rn. 218 f.). Denkbar ist insbesondere die Anwendung des
Regelbeispiels des „Vermögensverlusts großen Ausmaßes" nach § 263 Abs. 3
Nr. 2, 1. Alt. oder des „Versetzens einer anderen Person in wirtschaftliche Not"
nach § 263 Abs. 3 Nr. 3. Ein **Vermögensschaden großen Ausmaßes kann**
nicht durch einen Gefährdungsschaden herbeigeführt werden (*Maurach/*
Schroeder/Maiwald, Strafrecht BT 1, § 45 Rn. 57). Die Motive des Gesetzgebers
hinsichtlich des Verweises auf die übrigen Regelbeispiele des § 263 Abs. 3 sind
rätselhaft (*Maurach/Schroeder/Maiwald*, Strafrecht BT 1, § 45 Rn. 57). Bei § 263
Abs. 3 Nr. 4 kommt hinzu, dass bei dem Vorliegen einer Stellung als Amtsträger,
gerade diese Stellung bereits die für § 266 Abs. 1 erforderliche Pflicht konstituiert
und deshalb neben der strafbegründenden nicht gleichzeitig auch eine strafschär-
fende Wirkung daran festgemacht werden kann (*Wessels/Hillenkamp*, Strafrecht
BT 2, Rn. 783; *Maurach/Schroeder/Maiwald*, Strafrecht BT 1, § 45 Rn. 57).

Eine Geschäftsführersperre nach § 6 Abs. 2 GmbHG ist Folge der Verurteilung **129**
zu einer Freiheitsstrafe von mind. 1 Jahr (vgl. zu den Details § 264a Rn. 61 ff.).

VIII. Konkurrenzen

Innerhalb des Untreuetatbestandes ist die **Missbrauchsvariante als Spezial-** **130**
fall der Untreuevariante anzusehen, wenn es sich um ein und denselben Vermögensnachteil handelt (SSW/*Saliger*, Rn. 109). Beide Delikte können auch nebeneinander (in Tateinheit oder Tatmehrheit) stehen, wenn sie sich auf
unterschiedliche Schäden beziehen (BGHSt 5, 61, 65; *Fischer*, Rn. 194). Die
Realisierung eines zunächst eingetretenen Gefährdungsschaden ist keine
neue Tat. Seit Aufgabe der Rechtsprechung zur fortgesetzten Handlung (BGHSt
40, 138, 165 ff.) scheidet eine fortgesetzte Untreue regelmäßig aus. Bei Schädi-

gung mehrerer Personen durch dieselbe Handlung liegt Idealkonkurrenz vor (BGH wistra 1986, 67; *Fischer*, Rn. 194; SSW/*Saliger*, Rn. 109).

131 Im Verhältnis **zum Betrug ist Idealkonkurrenz möglich,** wenn im Rahmen einer bestehenden Pflicht zur Betreuung fremden Vermögens die Nachteilszufügung durch die Täuschungshandlung bewirkt wird (st. Rspr.; BGH wistra 2009, 106; BGH NStZ 2008, 340; *Fischer*, Rn. 195; SSW/*Saliger*, Rn. 109; von Heintschel-Heinegg/*Wittig*, Rn. 55). Wird dadurch **nur ein bereits vorangegangener Betrug fortgeführt, tritt § 266 Abs. 1 als mitbestrafte Nachtat zurück** (BGH NStZ 2001, 195; von Heintschel-Heinegg/*Wittig*, Rn. 55; AnwK/*Esser*, Rn. 243). **Dient der Betrug hingegen der Sicherung des Nachteils, ist er mitbestrafte Nachtat der Untreue** (BGH NStZ 2004, 568, 570; von Heintschel-Heinegg/*Wittig*, Rn. 55; AnwK/*Esser*, Rn. 243).

132 Ferner ist **Idealkonkurrenz mit Diebstahl, Unterschlagung, Urkundenfälschung oder Bestechlichkeit möglich** (*Fischer*, Rn. 195; LPK/*Kindhäuser*, Rn. 97; vgl. zu weiteren Delikten die ausführliche Darstellung bei LK/*Schünemann*, Rn. 208 ff.).

133 In Fällen der Steuerhinterziehung nach **§ 370 AO** liegt **bei einem Auseinanderfallen der Ausführungshandlungen Tatmehrheit** vor (MüKo/*Schmitz*/*Wulf* zu § 370 AO Rn. 491). Bei der Untreue des Finanzbeamten und gleichzeitiger Beteiligung an der Steuerhinterziehung kann **Tateinheit in Betracht** kommen (BGHSt 51, 356; vgl. aber BGH wistra 2009, 398; LK/*Schünemann*, Rn. 209).

134 Hinsichtlich Verstößen nach **§ 38 WpHG** ist **Idealkonkurrenz** insbesondere in Fällen des Front-Running **möglich** (MüKo/*Pananis*, § 38 WpHG Rn. 239).

135 Mit der unrichtigen Darstellung nach **§ 331 HGB wird i.d.R. Tateinheit** vorliegen, bei der Verletzung der Berichtspflicht nach § 332 HGB sowie der Verletzung der Geheimhaltungspflicht nach § 333 HGB ist diese möglich (vgl. zu den Einzelheiten MüKo/*Sorgenfrei*, § 331 HGB Rn. 164 f, § 332 HGB Rn. 71, § 333 HGB Rn. 75).

136 Bei der Verleitung zu Börsenspekulationsgeschäften nach **§ 26 BörsG ist Idealkonkurrenz möglich** (MüKo/*Bröker*, § 26 BörsG Rn. 28 mwN).

137 Bei falschen Angaben nach **§ 399 AktG** und der unrichtigen Darstellung nach **§ 400 AktG** sowie der Pflichtverletzung bei Verlust, Überschuldung oder Zahlungsunfähigkeit nach **§ 401 AktG** wird **i.d.R. Tateinheit** vorliegen (MüKo/*Kiethe*/*Hohmann*, § 399 AktG Rn. 156, § 400 AktG Rn. 94, § 401 AktG Rn. 35; *Park*/*Südbeck*, § 399 AktG Rn. 56, § 400 AktG Rn. 164, 178). Zur falschen Ausstellung von Berechtigungsnachweisen nach **§ 402 AktG** kann je nach tatsächlicher Ausgestaltung **Tateinheit oder Tatmehrheit** bestehen, dies gilt ebenso bei der Verletzung der Berichtspflicht nach **§ 403 AktG** (MüKo/*Kiethe*/*Hohmann*, § 402 AktG Rn. 60 mwN, § 403 AktG Rn. 56 m.w.N). Bei der Verletzung der Geheimhaltungspflicht nach **§ 404 AktG** ist **Tateinheit möglich** (MüKo/*Kiethe*/*Hohmann*, § 404 AktG Rn. 86 mwN).

138 Im Verhältnis zu falschen Angaben nach **§ 82 GmbHG** wird **regelmäßig Tateinheit** vorliegen (MüKo/*Kiethe*/*Hohmann*, § 82 GmbHG Rn. 236; Scholz/*Tiedemann*, § 82 GmbHG Rn. 189). Sie ist auch bei der Verletzung der Geheimhaltungspflicht nach **§ 85 GmbHG** möglich (MüKo/*Kiethe*/*Hohmann*, § 85 GmbHG Rn. 85; Scholz/*Tiedemann*, § 85 GmbHG Rn. 38). Zur Verletzung der Verlustanzeigepflicht nach **§ 84 GmbHG** wird hingegen **regelmäßig Tatmehrheit** bestehen, es ist aber bei dem bewussten Unterlassen der Sanierung einer Gesellschaft auch Scholz/*Tiedemann*, § 84 GmbHG Rn. 52).

Tateinheit ist ebenso **möglich** bei der Verletzung der Insolvenzantragspflicht   139
nach **§ 15a InsO** (MüKo/*Kiethe*/*Hohmann*, § 15a InsO Rn. 77 mwN).
Die Depotunterschlagung nach **§ 34 DepotG ist gegenüber § 266 Abs. 1**   140
subsidiär (*Maurach*/*Schröder*/*Maiwald*, BT 1, § 45 Rn. 61; Park/*Zieschang*, § 34
DepotG Rn. 92; MüKo/*Bröker*, § 34 DepotG Rn. 17 und § 35 DepotG Rn. 9).
Bei der Strafbarkeit im Fall der Zahlungseinstellung oder des Insolvenzverfahrens
nach **§ 37 DepotG** kommt **Idealkonkurrenz** in Betracht (MüKo/*Bröker*, § 37
DepotG Rn. 14).

IX. Verjährung

Die **strafrechtliche Verjährung** richtet sich nach den Vorschriften über die   141
allgemeine Strafverfolgungsverjährung gem. §§ 78 ff. Die Verjährungsfrist für eine
im Höchstmaß mit bis zu fünf Jahren Freiheitsstrafe bedrohte Tat beträgt nach
§ 78 Abs. 3 Nr. 4 **fünf Jahre**. Die Norm findet vorliegend Anwendung, da § 266
im Höchstmaß fünf Jahre Freiheitsstrafe vorsieht. Entscheidend für den Beginn
der Verfolgungsverjährung ist nach § 78a der Zeitpunkt der **Beendigung der
Tat**. Der Zeitpunkt der Beendigung wird deliktsspezifisch ermittelt. Die Verjährung beginnt im Fall der Untreue nach dem **Abschluss der den Nachteil
begründenden oder ihn verstärkenden Handlung mit dem Schadensein-
tritt (Realisierung des Vermögensverlustes);** entsteht der Schaden erst durch
verschiedene Ereignisse oder vergrößert er sich durch sie sukzessive, ist der **Zeitpunkt des letzten Ereignisses entscheidend** (BGH NStZ 01, 650, 03, 541).

12. Teil Prozessuale Wechselwirkungen zwischen Strafrecht, Ordnungswidrigkeitenrecht und Zivilrecht

Literatur: *Arbeitsgemeinschaft Strafrecht des Deutschen Anwaltvereins* (Hrsg.), Strafverteidigung im Rechtsstaat, 2009; *Assmann/Schneider* (Hrsg.), Wertpapierhandelsgesetz Kommentar, 6. Auflage 2012; *Balzer,* Haftung von Direktbanken bei Nichterreichbarkeit., ZBB 2000, 258; *Baumbach/Lauterbach/Albers/Hartmann* (Hrsg.), Zivilprozessordnung Kommentar, 69. Aufl., 2011; *Bittmann,* Das 2. Opferrechtsreformgesetz, JuS 2010, 219; *Ders.:* Das Beiziehen von Kontounterlagen im staatsanwaltschaftlichen Ermittlungsverfahren., wistra 1990,325; *Bosbach,* Der Verteidiger als Zeuge, StraFo 2011, 172; *Böse,* Der Nemotenetur-Grundsatz als Gebot zur Aussetzung des Zivilprozesses nach § 149 ZPO, wistra 1999, 451; *Brüssow/Gatzweiler/Krekeler/Mehle,* Strafverteidigung in der Praxis Handbuch, 4. Aufl. 2007; *Bung,* Zweites Opferrechtsreformgesetz: Vom Opferschutz zur Opferermächtigung, StV 2009, 430; *Dallmeyer,* Das Adhäsionsverfahren, JuS 2005, 327; *Dauster/Braun,* Verwendung fremder Daten im Zivilprozess und zivilprozessuale Beweisverbote, NJW 2000, 313; *Eisenberg,* Beweisrecht der StPO Spezialkommentar 7. Auflage 2011; *Fischer* (Hrsg.), StGB Kommentar, 59. Aufl., 2012; *Fritz,* Beschlagnahmefähigkeit von im Rahmen von unternehmensinternen Untersuchungen durch beauftragte Rechtsanwälte angefertigten Befragungsprotokollen – faktische Einschränkung der Auskunftspflichten von Mitarbeitern – „nemo tenetur"-Grundsatz im Arbeitsrecht, CCZ 2011, 155; *Gassner/Escher,* Bankpflichten bei der Vermögensverwaltung nach Wertpapierhandelsgesetz und BGH-Rechtsprechung., WM 1997, 93; *Göpfert/Merten/Siegrist,* Mitarbeiter als Wissensträger – Ein Beitrag zur aktuellen Compliance-Diskussion, NJW 2008, 1703; *Gräfin von Galen,* Beschlagnahme von Interviewprotokollen nach „Internal Investigations" – HSH Nordbank, NJW 2011, 942; *Grau/Blechschmidt/Frick,* Stärken und Schwächen des reformierten Adhäsionsverfahrens – Zugleich Anmerkungen zu LG Stuttgart – 11 KLs 34 Js 11865/07 (Beschlüsse v. 14.7., 21.7. und Verfügung v. 29.7.2009), NStZ 2010, 662; *Haas,* Die Verjährung von Insolvenzverschleppungsansprüchen, NZG 2011, 691; *Hannich* (Hrsg.), Karlsruher Kommentar zur StPO, 6. Aufl. 2008; *Hansen,* Schadenswiedergutmachung für geschädigte Unternehmen der Marken- und Produktpiraterie – das Adhäsionsverfahren, GRUR 2009, 644; Hilger, Zur Akteneinsicht Dritter in von Strafverfolgungsbehörden sichergestellte Unterlagen (Nr. 185 IV RiStBV), NStZ 1984, 541; Huber, Modernisierung der Justiz – Anmerkungen zu dem die ZPO betreffenden Teil des beabsichtigten Justizmodernisierungsgesetzes, ZRP 2003, 268; Ignor, Rechtsstaatliche Standards für interne Erhebungen in Unternehmen – Die „Thesen zum Unternehmensanwalt im Strafrecht" des Strafrechtsausschusses der Bundesrechtsanwaltskammer, CCZ 2011, 143; *IDW* Institut der Wirtschaftsprüfer in Deutschland e.V. (Hrsg.), WP Handbuch Band I, 12. Aufl., 2000; Jahn, Die verfassungskonforme Auslegung des § 97 Abs. 1 Nr. 3 StPO, ZIS 2011, 453; *Jähnke/Laufhütte/Odersky/Rissing-van Saan/Tiedemann* (Hrsg.), Leipziger Kommentar StGB, 12. Aufl., ab 2006; *Joecks/Miebach,* Münchener Kommentar zum Strafgesetzbuch, Band 2/1, 2005; *Julius/Gercke/Kurth/Lemke/Pollähne/Rautenberg/Temming/Woynar/Zöller* (Hrsg.), 4. Aufl., 2009; *Junker/Armatage* (Hrsg.), Praxiswissen Strafverteidigung, 2009; *Kiethe,* Prozessuale Zeugnisverweigerungsrechte in der Insolvenz, NZI 2006, 267; *Ders.,* Verwertung rechtswidrig erlangter Beweismittel im Zivilprozess, MDR 2005, 965; *Ders.,* Zum Akteneinsichtsrecht des Verletzten (§ 406e StPO), wistra 2006, 50; *Ders.,* Zivilprozessuale Sanktionen gegen unrichtigen und rechtswidrigen Sachvortrag, MDR 2007, 625; *Kind/Heinrich,* Die Insolvenzakte im Blickpunkt des Gläubigerinteresses, NZI 2006, 433; *Klein,* Das Adhäsionsverfahren nach der Neuregelung durch das Opferrechtsreformgesetz, 2006; *Knauer/Wolf,* Der Strafrichter als Superrichter, oder: Justizmodernisierung und Beschleunigung auf Kosten des Strafverfahrens, StraFo 2003, 365; *Köckerbauer,* Die Geltendmachung zivilrechtlicher Ansprüche im Strafverfahren – der Adhäsionsprozeß, NStZ 1994, 305; *Kuhn,* Opferrechte und Europäisierung des Strafprozessrechts, ZRP 2005, 125; *Lauterwein,* Akteneinsicht und -auskünfte für den Verletzten , Privatpersonen und sonstige Stellen, 2011; *Löwe-Rosenberg* (Hrsg.), StPO, Band 2, 26. Aufl., 2008; *Ders.,* StPO, Band 5, 26. Aufl., 2008; *Mathy,* Tour d'horizon zum Opfer-Rechtsschutz in der Rechtsschutzversicherung, NJOZ 2009, 3786; *Maunz/Dürig* (Hrsg.), Grundgesetz Kommentar, 61. Ergänzungslieferung, 2011; *Mengel/Ulrich,* Arbeitsrechtliche Aspekte unternehmensinterner Investigations, NZA 2006, 240; *Meyer-Goßner,* Strafprozessordnung; 54. Aufl., 2011; *Müller-Glöge, Preis, Schmidt* (Hrsg.) Erfurter Kommentar zum Arbeitsrecht 8. Auflage 2008; *Musielak,* ZPO – Kommentar, 8. Aufl., 2011; *Palandt* (Hrsg.), BGB Kommentar, 69. Aufl., 2010; *Pfeiffer* StPO Kommentar, 5. Auflage 2005; *Prütting/Gehrlein,* ZPO – Kommentar. 3. Aufl., 2011; *Rauscher/Wax/Wenzel* (Hrsg.), Münchener Kommentar zur Zivilprozessordnung, 8. Aufl., 2011; *Ranft,* Strafprozessrecht, 3. Aufl., 2005; *Rudkowski,* Die Aufklärung von Compliance-Verstößen durch „Interviews", NZA 2011,612; *Rudolphi/Frisch/Paeffgen/Rogall/Schlüchter/Wolter,* Systematischer Kommentar zur Strafprozessordnung, Band 1, 63. Ergänzungslieferung, 2009; *Dies.,* Systematischer Kommentar zur Strafprozessordnung, Band 3, 61. Ergänzungslieferung, 2009; *Dies.,* Systematischer Kommentar zur Strafprozessordnung, Band 6, 41. Ergänzungslieferung, 2004; *Säcker/Rixecker* (Hrsg.), Münchener Kommentar zum BGB, *Schaefer,* Selbstbelastungsschutz außerhalb des Strafverfahrens, NJW-Spezial 2010, 120; *Schaub/Koch/Linck/Treber/Vogelsang,* Arbeitsrecht-Handbuch 14. Auflage 2011; *Schmidt-Bleibtreu/Hofmann/Hopfauf,* GG Kommentar, 12. Aufl., 2011; *Schneider,* Investigative Maßnahmen und Informationsweitergabe im konzernfreien Unternehmen und im Konzern, NZG 2010, 1201; *Schmitt,* Probleme des Zeugnisverweigerungsrechts (§ 53 I Nr. 3 StPO, § 383 I Nr. 6 ZPO) und des Beschlagnahmeverbots (§ 97 StPO) bei Beratern juristischer Personen., wistra 1993, 9; *Schönke/Schröder* (Hrsg.), StGB Kommentar, 28. Aufl., 2010; *Schürrle/Olbers,* Praktische Hinweise zu Rechtsfragen bei eigenen Untersuchungen im Unternehmen, CCZ 2010, 178; *Schwind,* Staatsanwaltschaftlicher Umgang mit nach § 149 ZPO ausgesetzten Zivilverfahren, NStZ 2006, 598; *Schroth,* 2. Opferrechtsreformgesetz – Das Strafverfahren auf dem Weg zum Parteienprozess?, NJW 2009, 2916; *Schuster,* Beschlagnahme von Interviewprotokollen nach „Internal Investigations" – HSH Nordbank, NZWiSt 2012, 26; *Stackmann,* Terra incognita – was ist gerichtsbekannt?, NJW 2010, 1409; *von Staudinger* (Hrsg.), BGB – Kommentar, 2009; *Stein/Jonas,* ZPO Kommentar 22. Auflage 2002–2006; *Taschke,* Verteidigung von Unternehmen – Die wirtschaftsstrafrechtliche Unternehmensberatung., StV 2007, 495; *Völzmann,* Die Bindungswirkung von Strafurteilen im Zivilprozess, 2006; *Wabnitz/Janovsky,* Handbuch des Wirtschafts- und Steuerstrafrechts, 3. Aufl. 2007; *Wallau,* Das Akteneinsichtsrecht des „Verletzten" in Strafsachen – und seine Probleme, NStZ 2003, 393; *Wastl/Litzka/Pusch,* SEC-Ermittlungen in Deutschland – eine Umgehung rechtsstaatlicher Mindeststandards!, NStZ 2009, 68; *Weck/Ludyga,* § 37a WpHG – Eine der letzten verjährungsrechtlichen Spezialnormen, ZRP 2006, 261; *Widmaier* (Hrsg.), Münchener Anwaltskommentar Strafverteidigung, 2006; *Wimmer,* Die Haftung des GmbH-Geschäftsführers Insbesondere im Fall der Zahlungsunfähigkeit und Überschuldung, NJW 1996, 2546; *Zimmermann,* Die straf- und zivilrechtliche Verantwortlichkeit des Compliance Officers, BB 2011, 634; *Zöller* (Hrsg.), ZPO Kommentar, 28. Aufl., 2010; *Zuck,* Das rechtliche Interesse auf Akteneinsicht im Zivilprozess, NJW 2010, 2913.

Übersicht

I. Straf- und zivilrechtliche Wechselwirkungen aus Sicht des Betroffenen eines Straf- oder Ordnungswidrigkeitenverfahrens

1. Einleitung

Die Zahl der strafrechtlichen und zivilrechtlichen Verfahren mit Kapitalmarkt- **1** bezug hat als unmittelbare Folge des Zusammenbruchs des Neuen Markts, der jüngsten Finanzkrise und der damit einhergehenden Normverschärfungen zugenommen. Staatsanwaltschaften und Gerichte sind vermehrt mit Verfahren wegen fehlerhafter Anlageberatung, falscher Prospektangaben, den Phänomenen des „Scalping", „Churning", „Front Running", Verstößen gegen das Insiderrecht, verbotener Kick-Back-Zahlungen und Provisionen, Risikogeschäften oder der Problematik der „Assed Backed Securities" befasst. Diese straf- und ordnungswidrigkeitenrechtlichen Verfahren weisen eine erhöhte Verflechtung mit dem Zivil(prozess)recht auf, da es sich bei den einschlägigen strafrechtlichen Tatbeständen (insbesondere §§ 263, 264a, 266 StGB) um Schutzgesetze im Sinne des § 823 Abs. 2 BGB handelt und zudem Haftungsansprüche nach § 826 BGB bestehen können. Strafrechtlich bedeutsame Pflichtverletzungen wirken sich zudem auf bestehende Arbeits- und Dienstverhältnisse aus. Die Wechselwirkung zwischen den Verfahrensordnungen rufen eine obligatorische Konfliktsituation zwischen Schweigerecht und zivilprozessualer Wahrheitspflicht hervor, wenn der Betroffene wegen der gleichen Vorwürfe sowohl Beschuldiger eines Ermittlungsverfahrens als auch Beklagter eines zivilrechtlichen Haftungsprozesses ist. Offenbar werden diese Konflikte besonders bei den in letzten Jahren vermehrt durchgeführten „Internal Investigations", die sowohl auf strafrechtliche als auch auf zivilrechtliche Fragestellungen zielen. Auf der anderen Seite können sich auch für den durch Kapitalmarktstraftaten Verletzten Synergieeffekte aus den strafgerichtlichen Feststellungen ergeben. Da Strafanzeigen häufig flankierend zu zivilrechtlichen Verfahren als „Druckmittel" eingesetzt werden, stellen sich zudem Fragen nach Akteneinsichtsrechten und der Einführung gewonnener Erkenntnisse in das Zivilverfahren. Konflikte können sich weiterhin für Angehörige der Berufsgruppen der Wirtschaftsprüfer, Steuerberater und Rechtsanwälte, im speziellen aber auch für Bankmitarbeiter ergeben, die in kapitalmarktrechtliche Verfahren aufgrund vorhergehender Prüfungs- oder Beratungstätigkeit eingebunden sind. Aus der Vielzahl der widerstreitenden Interessen sowie der den verschiedenen Prozessordnungen zugrundeliegenden Maximen ergeben sich Wechselwirkungen, die hinsichtlich der strafprozessualen Verteidigung und der zivilrechtlichen Haftungssituation in Einklang gebracht werden müssen. Der Verteidiger sollte die Wechselwirkungen in jeder Phase des Verfahrens im Blick haben.

2. Bindungswirkungen von Straf-, Ordnungswidrigkeiten- und Zivilverfahren

2   Verstöße gegen kapitalmarktrechtliche Vorschriften werden durch Behörden und Gerichte nach den Grundsätzen des Straf-, Ordnungswidrigkeiten- und Zivilrechts aufgearbeitet. Dabei ergeben sich Wechselwirkungen im Hinblick auf die Verwertung der nach den verschiedenen Verfahrensordnungen getroffenen Feststellungen und Entscheidungen.

3   **a) Bindungswirkung strafgerichtlicher Feststellungen im Zivilprozess.** In zivilrechtlichen Haftungsverfahren besteht ein praktisches Bedürfnis der Einbeziehung der tatsächlichen Feststellungen eines vorangegangenem Straf- oder Ordnungswidrigkeitenverfahrens. Dabei ist insbesondere von Bedeutung, welche Feststellungen und Entscheidungen für den Zivilprozess eine unmittelbare oder mittelbare Bindungswirkung entfalten.

4   **aa) Keine unmittelbare Bindungswirkung strafgerichtlicher Feststellungen.** Es gilt der Grundsatz, dass aufgrund der in Art. 97 Abs. 1 GG verfassungsrechtlich garantierten richterlichen Unabhängigkeit für das jeweils erkennende Gericht **grundsätzlich keine Bindungswirkung** an die Entscheidung anderer Gerichte begründet wird. Demnach ist die abweichende, willkürfreie Auslegung einer Norm in den Entscheidungen verschiedener Gerichte zulässig und stellt keinen Verstoß gegen den Gleichheitsgrundsatz des Art. 3 Abs. 1 GG dar (BVerfG, BeckRS 2002, 30263447; BVerfGE 78, 123, 126). **Ausnahmen** hierzu bestehen insbesondere bzgl. der **Urteile des BVerfG,** der **Verweisungsbeschlüsse** nach § 17a Abs. 2 S. 3 GVG sowie der Bindung der Instanzgerichte an die Beurteilung der **zurückweisenden Gerichte** und der anrufenden Senate an Entscheidungen des **Gemeinsamen Senats** bzw. der **Großen Senate** (Schmidt-Bleibtreu/Hoffmann/*Hopfauf,* GG, Vorb. v. Art. 92 Rn. 26).

5   Dementsprechend sind Zivilgerichte nicht an die Tatsachenfeststellungen des Strafgerichts gebunden (BGH NJW-RR 2005, 1024 f.; OLG Koblenz, NJW-RR 1995, 727, 728). Der erkennende Zivilrichter hat sich nach § 286 ZPO eine eigene Überzeugung zu bilden und dabei eine **eigenverantwortliche Beweiswürdigung** vorzunehmen (OLG Saarbrücken NJW-RR 2003, 176, 177). Es ist allein Aufgabe des erkennenden Gerichts, über den Einfluss der Feststellungen eines Ermittlungs- oder Strafverfahrens auf die zivilrechtliche Entscheidung zu befinden.

6   In den vergangenen Jahren wurden verschiedentlich Bestrebungen unternommen, die Zivilgerichte gesetzlich an die rechtskräftigen Tatsachenfeststellungen aus einem Straf- oder Bußgeldverfahren zu binden (vgl. Entwurf eines Gesetzes zur Modernisierung der Justiz, BT-Drs. 15/1508). Der Gesetzentwurf sah vor, einen **§ 415a ZPO** „Beweiskraft rechtskräftiger Strafurteile" einzufügen, wonach rechtskräftige Urteile über Straftaten und Ordnungswidrigkeiten vollen Beweis der darin für erwiesen erachteten Tatsachen erbringen sollten. Nach massiver Kritik (vgl. u.a. *Knauer/Wolf* StraFo 2003, 365; *Huber* ZRP 2003, 268) wurde die geplante Änderung **nicht** in die ZPO **übernommen.**

7   Da schon keine Bindungswirkung für strafgerichtliche Entscheidungen besteht, muss dies erst recht für **Verfahrenseinstellungen** nach **Opportunitätsgrundsätzen** gemäß §§ 153 ff. StPO gelten. Denn wenn schon eine rechtskräftige Feststellung der Schuld des Angeklagten im Strafverfahren nicht dazu führt, dass das Zivilgericht durch das Strafgericht festgestellte, für den Verurteilten nachteilige

Tatsachen unmittelbar verwerten kann, hat dies erst recht für Einstellungen nach Opportunitätsgrundsätzen zu gelten. Die Einstellung eines Verfahrens nach § 153a StPO ist kein strafrechtliches Erkenntnis über Schuld oder Strafe (vgl. BVerfG NJW 1996, 3353). Die Unschuldsvermutung wird bei einer Einstellung nach § 153a StPO nicht widerlegt (BVerfG NJW 1996, 3353; MDR 1991, 891).

bb) Faktische Bindungswirkung strafgerichtlicher Feststellungen. 8
Wenn auch keine unmittelbare Bindungswirkung besteht, wirken sich strafgerichtliche Feststellungen gleichwohl **faktisch** auf den Zivilprozess aus, auch wenn das Zivilgericht nach dem Grundsatz der Unmittelbarkeit der Beweisaufnahme dazu gehalten ist, eine Beweisaufnahme vor dem Prozessgericht durchzuführen (§ 355 ZPO). Eine **urkundliche Verwertung** eines in einem anderen Verfahren erhobenen Beweisergebnisses ist möglich, wenn der Beweisführer einen entsprechenden **Beweisantrag** stellt. In der Regel kommt **Strafurteilen** dabei eine nicht zu unterschätzende **Präjudizwirkung** zu, wenn diese durch die Parteien im Wege des Urkundsbeweises in den Zivilprozess eingeführt werden. Auch wenn der Zivilrichter sich seine Überzeugung grundsätzlich selbst zu bilden hat und daher an die Tatsachenfeststellungen eines Strafurteils nicht gebunden ist, enthebt ihn das nicht der Pflicht, sich mit solchen Feststellungen auseinanderzusetzen, wenn sie für die eigene Beweiswürdigung relevant sind (OLG Koblenz NJW-RR 1995, 727; AnwBl 1990, 215 [216]). Die in einem Urteil getroffenen tatsächlichen Feststellungen können in einem späteren Zivilprozess als Beweismittel verwertet werden (OLG Koblenz NJW-RR 1995, 727; BGH, WM 1973, 561; BayObLGZ 1959, 115). Werden gegen die strafgerichtlichen Feststellungen von den Parteien keine gewichtigen Argumente vorgebracht, wird der Zivilrichter in der Praxis regelmäßig den **Ausführungen des Strafgerichts zu folgen** haben (BGH, NJW-RR 2004, 1001, OLG Köln, FamRZ 1991 580; *Völzmann,* 43). Ein strafprozessuales **Geständnis** entfaltet in einem Zivilprozess zwar nicht die Wirkungen des gerichtlichen Geständnisses der §§ 288, 290 ZPO, stellt aber im Rahmen der freien Beweiswürdigung nach § 286 ZPO ein **wichtiges Indiz** für die Wahrheit der zugestandenen Tatsachen dar (BGH, NJW-RR 2004, 1001; LG Köln, NJW Spezial 2008, 602.). Das Gericht darf einen Beweis nur als geführt ansehen, wenn es zuvor alle für die Unrichtigkeit des Geständnisses angetretenen Beweise erhoben hat.

Werden Protokolle über **Zeugenaussagen** aus einem Strafverfahren (BGH 9 NJW 1985, 1470; NJW 2000, 1420) in das Zivilverfahren eingeführt, bleibt der Beweiswert der Urkunde hinter der des Aussage zurück (*Foerste,* Musielak ZPO, § 286 Rn. 5). Ein **Widerspruch** des Beweisgegners steht der urkundlichen Verwertung des Beweisergebnisses nur entgegen, wenn er sich entweder in qualifizierter Weise mit dem Beweisergebnis auseinandersetzt und darlegt, in welchen Punkten das Beweisergebnis zu beanstanden ist, oder der Widerspruch mit dem Antrag verbunden ist, die in dem anderen Verfahren vernommenen Zeugen unmittelbar zu hören (Zöller/Greger, § 355 Rn. 4; OLG Saarbrücken, BeckRS 2012, 04146 mit Anm. *Zimmermann* FD-StrafR 2012, 330693). Das Zivilgericht hat den Einwendungen im Rahmen der Beweiswürdigung nach § 286 ZPO nachzugehen und kritisch zu prüfen, ob es allein auf der Grundlage der urkundlichen Beweise die erforderliche subjektive Überzeugung von der Wahrheit der Beweistatsache gewinnen kann (OLG Saarbrücken, BeckRS 2012, 04146). Das Zivilgericht kann sich einer unmittelbaren Beweisaufnahme durch Vernehmung der benannten Zeugen nicht deshalb entziehen, weil die Mitglieder des Zivilgerichts die **Kenntnisse** aus dem Strafverfahren in ihrer **richterlichen Eigenschaft** erlangt haben (BGH NJW-RR 2011, 569; aA Stein/Jonas/Leipold ZPO, § 291 Rn. 8). Wenn es auf die **Glaubwürdigkeit** des Zeugen ankommt, müssen sich die zur Beurteilung wesentlichen Umstände aus den Akten ergeben und die Parteien Gelegenheit zur Stellungnahme erhalten. Im Zweifel ist eine erneute richterliche Vernehmung geboten (NGH NJW 1990, 3088; BGH NJW 2000, 1420).

10   **cc) Beweisverwertungsverbote im Zivilprozess.** Anders als in der StPO (insb. §§ 69 Abs. 3, 136a, 252 StPO) sind in der ZPO keine **Beweisverwertungsverbote** normiert. Wenn Beweismittel (im Rahmen eines Strafverfahrens) auf unzulässige Art und Weise erlangt wurden, führt dies nicht unmittelbar zu einem Beweisverwertungsverbot im Zivilprozess. Die Voraussetzungen und Grenzen des zivilprozessualen Verwertungsverbots richten sich vielmehr nach einer **Güterabwägung** im Einzelfall (BVerfGE NJW 2002, 3619, 3624; Greger, Zöller, ZPO, § 286 Rn. 15a; Prütting, Rauscher/Wax/Wenzel, ZPO § 284 Rn. 66; *Kiethe* MDR 2005, 965, 970). Abzuwägen ist dabei zwischen dem einer Verwertung entgegenstehenden allgemeinen **Persönlichkeitsrecht** des Betroffenen einerseits und einem für die Verwertung sprechenden **rechtlich geschützten Interesse** des Prozessgegners andererseits (BVerfGE NJW 2002, 3619, 3624; BVerfGE NJW 1990, 563). Das verfassungsrechtlich geschützte Recht der Parteien auf den Beweis als Ausprägung des **Justizgewährungsanspruchs** und des Anspruchs auf **rechtliches Gehör** (BVerfGE NJW 2002, 3619) führt zu dem Grundsatz, dass im Regelfall die Erhebung und Verwertung von Beweisen zulässig sein wird (Prütting, Rauscher/Wax/Wenzel, ZPO § 284 Rn. 66; *Dauster/Braun* NJW 2000, 313, 317 f.; *Kiethe* MDR 2005, 965, 967 ff.). Dabei ist indes zu berücksichtigen, ob und inwieweit der **Schutzzweck der Norm,** gegen die durch die Art und Weise der Beweisgewinnung verstoßen worden ist, ein Beweisverwertungsverbot als Sanktion gebietet (BVerfGE NJW 2002 3619, 3623 f.; *Kiethe* MDR 2005, 965, 967 ff.; *Leipold* JZ 2003, 633 mit Anm. zu BGH JZ 2003, 630). Ein Beweisverbot besteht zudem, wenn eine günstigere **Beweislage** durch den Normverstoß erst **arglistig** herbeigeführt wird (LAG Berlin JZ 1982, 258; LG Frankfurt NJW 1982, 1056).

11   Grundsätzlich **unverwertbar** sind dabei Aussagen von Zeugen oder des (ehemals) Angeklagten bei **unterlassenen Belehrungen** über die Aussage- und Zeugnisverweigerungsrechte nach §§ 52, 136 Abs. 1 S. 2, 163a Abs. 4 StPO im vorangegangenen Ermittlungs- oder Strafverfahren (BGH NJW 1985, 1470; differenziert: BGH NJW 2003, 1123;), bei **heimlich mitgehörten Telefongesprächen** (BVerfGE NJW 2002, 3619) oder bei der **Veruntreuung anvertrauter Daten** (ausführlich *Dauster/Braun* NJW 2000, 313). **Verwertbar** soll dagegen eine Zeugenvernehmung ohne Aussagegenehmigung gemäß § 376 ZPO sein (BGH NJW 1952, 151).

12   **dd) Faktische Auswirkungen auf das Arbeitsrecht.** Auch im **Arbeitsrecht** gilt der Grundsatz, dass eine unmittelbare Bindungswirkung einer strafgerichtlichen Entscheidung nicht besteht. Eine verübte Straftat bzw. der Verdacht einer Tatbegehung wird sich aber faktisch auf ein bestehendes Dienst- oder Arbeitsverhältnis auswirken. Diese **faktischen Auswirkungen** eines strafrechtlichen Ermittlungsverfahrens oder einer strafgerichtlichen Entscheidung sind im Bereich des Arbeitsrechts jedoch weitaus stärker als im allgemeinen Zivilrecht. In arbeitsgerichtlichen Verfahren steht die Beiziehung von Strafakten im pflichtgemäßen Ermessen des Arbeitsgerichts (*Müller-Glöge*, ErfK, § 626 Rn. 133). Davon wird in Kündigungsschutzprozessen mit strafrechtlichem Bezug regelmäßig Gebrauch gemacht.

aaa) Festgestellte Straftat als Kündigungsgrund („Tatkündigung"). 13
Eine **gerichtlich festgestellte,** strafrechtlich bedeutsame Handlung kann sich als Pflichtverletzung darstellen, die eine Kündigung des Arbeitsverhältnisses in der Form der **außerordentlichen Kündigung** nach § 626 BGB sowie der verhaltens- oder personenbedingten **ordentlichen Kündigung** zu rechtfertigen vermag. Es kommt dabei im Einzelnen darauf an, ob es sich bei dem strafrechtlich vorgeworfenen Verhalten zugleich um eine Verletzung arbeitsvertraglicher Pflichten handelt oder ob die Tat der außerbetrieblichen Sphäre des Arbeitnehmers zuzuordnen ist.

Grundsätzlich gilt, dass Straftaten, die **außerhalb des Arbeitsverhältnisses** 14
begangen werden, einen Kündigungsgrund darstellen können, wenn sie sich unmittelbar auf das Arbeitsverhältnis auswirken. Das ist dann der Fall, wenn die Straftat ernsthafte **Zweifel** an der **Zuverlässigkeit** oder der **Eignung** des Arbeitnehmers für die von ihm zu verrichtete Tätigkeit begründet (BAG NZA 2010, 220; *Linck*/Schaub, ArbR-HdB, § 127 Rn. 123). Entscheidend kommt es auf die **Zerstörung** des **Vertrauensverhältnisses** an (*Linck*/Schaub, ArbR-HdB, § 133 Rn. 46). Dabei sind die Qualität des Delikts und die Stellung des Arbeitnehmers zu berücksichtigen (*Müller-Glöge*/ErfK, § 626 Rn. 85). Für die kündigungsrechtliche Würdigung kommt es nicht auf die strafrechtliche Bewertung an (BAG NZA 1997, 1340).

Bei Straftaten, die sich im **betrieblichen Bereich** ereignet haben, kann ein 15
verhaltensbedingter Kündigungsgrund vorliegen, weil in der Straftat zugleich auch eine Verletzung arbeitsvertraglicher Pflichten zu sehen ist (*Müller-Glöge*/ErfK, § 626 Rn. 133). Der betriebliche Bezug kann sich daraus ergeben, dass die Straftat sich **gegen** den **Arbeitgeber** richtet (*Linck*/Schaub, ArbR-HdB, § 127 Rn. 124), in den **Geschäftsräumen** des Arbeitgebers oder zum **Nachteil** von **Geschäftspartnern** des Arbeitgebers begangen wurde (BAG NZA 2004, 919). Als besonders schwerwiegend wurden u.a. Straftaten eines Bankmitarbeiters zu Lasten von **Bankkunden** gewertet (LAG BW ArbR 2010, 100).

Eine **außerordentliche Kündigung** ist innerhalb der Zwei-Wochen-Frist des 16
§ 626 Abs. 2 BGB zu erklären. Hierbei handelt es sich um eine Ausschlussfrist, nach deren Versäumung eine außerordentliche Kündigung verwirkt ist (*Müller-Glöge*/ErfK, § 626 Rn. 200). Bei einer **Tatkündigung** kann der Arbeitgeber grundsätzlich den Abschluss des Strafverfahrens abwarten (BAG AP BGB § 626 Verdacht strafbarer Handlung Nr. 26; NZA-RR 2009, 69). Der Fristlauf beginnt in dem Zeitpunkt, zu dem der Kündigungsberechtigte ausreichende Kenntnis über den Sachverhalt hat, so dass eine arbeitsrechtliche Wertung vornehmen kann, in der Regel mit Kenntnis von der Verurteilung. Nach Ablauf der Frist kann zudem eine **ordentliche Kündigung** auf den festgestellten Sachverhalt gestützt werden.

bbb) Verdacht einer Straftat als Kündigungsgrund („Verdachtskündi- 17
gung"). Der **dringende Verdacht,** dass der Arbeitnehmer eine Straftat begangen haben könnte, kann ein wichtiger Grund zur **außerordentlichen Kündigung** des Arbeitsverhältnisses sein, wenn der Verdacht das zur Fortsetzung des Arbeitsverhältnisses notwendige Vertrauen zerstört (st.Rspr. BAG AP BGB § 626 Verdacht strafbarer Handlung Nr. 32; BAG NZA 2001, 837; BAG NZA-RR 2008, 344; BAH NZA 2009, 1136; *Linck*/Schaub, ArbR-HdB, § 127 Rn. 136).

Hierbei handelt es sich um einen eigenständigen, neben der Tatkündigung stehenden Kündigungsgrund (BAG NZA 2009, 1136). Der Verdachtskündigung steht die **Unschuldsvermutung** des Art. 6 Abs. 2 MRK nicht entgegen (BAG AP BGB § 626 Verdacht strafbarer Handlung Nr. 24).

18   An die eine Kündigung rechtfertigende **dringende Verdachtslage** ist die Anforderung zu stellen, dass **objektive Tatsachen** vorliegen, die einen verständigen und gerecht abwägenden Arbeitgeber zum Ausspruch einer Kündigung veranlassen können (BAG NZA 2008, 636). Es muss eine **große Wahrscheinlichkeit** dafür sprechen, dass der Arbeitnehmer die Straftat begangen hat (BAG NZA-RR 2011, 15; *Linck*/Schaub, ArbR MdB, § 127 Rn. 138). Die Einleitung eines **staatsanwaltschaftlichen Ermittlungsverfahrens** begründet für sich genommen noch keinen ausreichenden Verdacht (BAG AP BGB § 626 Verdacht strafbarer Handlung Nr. 40). Dagegen werden eine **Anklageerhebung** und die **Eröffnung** des **Hauptverfahrens** als verdachtsverstärkend gewertet (BAG AP BGB § 626 Verdacht strafbarer Handlung Nr. 40).

19   Der Arbeitnehmer ist vor dem Ausspruch einer Verdachtskündigung im Zuge der gebotenen Aufklärung des Sachverhalts **anzuhören** (BAG AP BGB § 626 Verdacht strafbarer Handlung Nr. 19; BAG AP BGB § 626 Verdacht strafbarer Handlung Nr. 25). Der Arbeitgeber kann entscheiden, ob er zunächst die **Ermittlungsergebnisse** der Staatsanwaltschaft oder des Tatgerichts **abwartet** oder **selbst Ermittlungen** zur Sachverhaltsklärung **anstellt** (*Müller-Glöge*/ErfK, § 626 Rn. 179). Wenn der Arbeitgeber keine eigenen Ermittlungen vornimmt, kann er die Kündigung nach dem Abschluss des Ermittlungs- oder Strafverfahrens aussprechen (BAG NZA 2009, 69).

20   Auch wenn die den Verdacht durch die den strafrechtlichen Ermittlungen zugrunde liegenden Umstände begründet haben, sind auch entlastende **Entscheidungen der Staatsanwaltschaft** oder des **Strafgerichts** für einen arbeitsrechtlichen Kündigungsschutzprozess **nicht bindend** (BAG AP BGB § 626 Verdacht strafbarer Handlung Nr. 23). Insbesondere führt auch eine **Einstellung des Ermittlungsverfahrens** nach § 170 Abs. 2 StPO nicht zu einer Unwirksamkeit der Verdachtskündigung, soweit der Verdacht ursprünglich durch objektive Tatsachen begründet war. Ein Wiedereinstellungsanspruch bei nachträglich festgestellter Unschuld des Arbeitnehmers besteht nur ausnahmsweise (BAG AP BGB § 626 Verdacht strafbarer Handlung Nr. 27; *Linck*/Schaub, ArbR-MdB, § 127 Rn. 143).

21   **b) Bindungswirkung zivilgerichtlicher Feststellungen im Strafprozess.** In Straf- oder Ordnungswidrigkeitenverfahren wird regelmäßig auf die tatsächlichen Feststellungen eines vorangegangenen Zivilverfahrens zurückgegriffen. Die Frage der unmittelbaren oder mittelbaren Bindungswirkung für das Strafverfahren ist differenziert zu betrachten.

22   **aa) Keine unmittelbare Bindungswirkung zivilgerichtlicher Feststellungen.** Im Strafprozessrecht gelten anders als im Zivilprozessrecht insbesondere die Maximen der **Amtsermittlung** (§ 244 Abs. 2 StPO), der **Unmittelbarkeit** (§ 250 StPO), der freien Beweiswürdigung (§ 261 StPO) und die Entscheidungsregel des **Zweifelssatzes** ("in dubio pro reo", BGH NStZ-RR 2009, 90). Das Strafgericht entscheidet eigenverantwortlich darüber, ob es seiner Entscheidung fremde Tatsachen- und Urteilsfeststellungen zugrunde legt oder nicht. Dies ergibt sich unmittelbar aus dem strafprozessualen Amtsermittlungsgrundsatz, mit dem die Übernahme einer Entscheidung, die wie das Zivilurteil nur die **formelle Wahrheit** des Parteivorbringens berücksichtigt, nicht vereinbar wäre (*Eisenberg*,

Beweisrecht StPO, Rn. 113). Eine unmittelbare Bindung des Strafgerichts an Entscheidungen anderer Gerichte besteht grundsätzlich nicht. Ausnahmen bestehen lediglich für Urteile, die für und gegen alle wirken (vgl. § 1600a BGB; BGH NJW 1975, 1232), sowie rechtsgestaltende Urteile und Verwaltungsakte (**BZR-Eintragungen**; BGH NJW 1965, 1030).

bb) Faktische Bindungswirkung zivilgerichtlicher Feststellungen. Auch **23** wenn keine unmittelbare Bindungswirkung zivilgerichtlicher Entscheidungen im Strafprozess besteht, können einzelne Feststellungen gleichwohl zum Gegenstand des Strafurteils werden. Soweit der Betroffene bei vollständigem und wahrheitsgemäßem schriftsätzlichen Vortrag im Zivilprozess zugleich für die Entscheidung im Strafverfahren für ihn nachteilige Tatsachen einräumt, können diese als Erklärung des Angeklagten Gegenstand des Strafurteils werden. **Schriftsätze** aus einem **Zivilprozess** oder ein **Zivilurteil** im **Strafprozess** können nach **§ 249 StPO verlesen** und **verwertet** werden (vgl. Meyer-Goßner, StPO § 249 Rn. 13). Dies gilt auch für Gesprächsprotokolle, die im Rahmen von arbeitsrechtlichen Anhörungen oder Internal Investigations erstellt wurden. Beweisverwertungsverbote, etwa nach den Grundsätzen des Gemeinschuldnerbeschlusses des BVerfG (BVerfG NJW 1981, 1431 ff.), bestehen nicht. Zudem können auch richterliche **Vernehmungsprotokolle** aus **Zivil- oder Verwaltungsverfahren** durch Verlesung nach den Grundsätzen der §§ 251 f. StPO in die strafrechtliche Hauptverhandlung eingeführt werden (Meyer-Goßner, StPO § 251 Rn. 30; RGSt 56, 257). Auch Erklärungen des Angeklagten in einem richterlichen Protokoll können nach § 254 StPO verlesen werden. Dies gilt insbesondere für **Erklärungen**, die im Rahmen eines **Zivil- oder Verwaltungsverfahrens** richterlich protokolliert wurden (Meyer-Goßner, § 254 Rn. 4; RGSt 56, 257). Bei einer **Schadensersatzforderung** von nicht unerheblichem Umfang kann selbst die **Unterwerfung** unter ein **Versäumnisurteil** in einem Strafverfahren als **Indiz** für die **Schuld** des Angeklagten gewertet werden (*Junker/Armatage*, Praxiswissen Strafverteidigung, Rn. 768). Dem Strafgericht obliegt dabei im Rahmen der freien Beweiswürdigung die Entscheidung über die Zugrundelegung der anderweitigen Feststellungen und Indizien.

3. Spannungsfeld zwischen Wahrheitspflicht und Nemo-Tenetur-Grundsatz

Sofern die strafgerichtlichen und zivilrechtlichen Verfahren noch nicht abge- **24** schlossen sind, rufen deren Wechselwirkungen unmittelbare **Konflikte** zwischen der **prozessualen Wahrheitspflicht** des § 138 ZPO einerseits und dem **Grundsatz der Selbstbelastungsfreiheit** („nemo tenetur se ipsum accusare") andererseits hervor (ausführlich hierzu Dauster, StraFo 2000, 154). Durch ein **Schweigen** zu einzelnen Tatsachen droht der darlegungspflichtigen Partei ein Unterliegen im Zivilprozess. Anders kann sich dies im Strafverfahren darstellen, in dem es aus prozesstaktischen Gründen angezeigt sein kann, sich zu einzelnen Vorwürfen oder Komplexen (zunächst) gar nicht einzulassen. Das strafprozessuale Schweigerecht wird jedoch wertlos, wenn der Betroffene sich aufgrund des Fortgangs eines Zivilverfahrens und einer drohenden zivilrechtlichen Verurteilung (teilweise) einlassen muss, um seine prozessualen Rechte sachgerecht wahrzunehmen. Entsprechendes gilt bei Auskünften gegenüber dem **Insolvenzverwalter** und bei **internen Untersuchungen**. Er wird daher immer eine **Abwägung** zwischen den unterschiedlichen Interessen vornehmen müssen.

25   **a) Der Nemo-Tenetur-Grundsatz im Strafprozess.** Das im deutschen Strafprozessrecht geltende Grundprinzip „**nemo tenetur se ipsum accusare**" wird aus dem Rechtsstaatsgebot hergeleitet (BVerfGE 45, 37, 43) und findet seine besondere Ausprägung im Selbstdarstellungsrecht aus Art. 1 Abs. 1 iVm Art. 2 Abs. 1 GG (BVerfGE 56, 37,42 ff; Di Fabio, Maunz/Dürig, GG, Art 2 Rn. 187). Demnach soll niemand in eine Konfliktlage gebracht werden, in der er sich selbst strafbarer Handlungen oder ähnlicher Verfehlungen bezichtigen muss oder in Versuchung gerät, durch Falschaussagen ein neues Delikt zu begehen, oder wegen seines Schweigens in Gefahr kommt, Zwangsmitteln unterworfen zu werden (BVerfGE 95, 220, 241). Dieses Prinzip entfaltet **lediglich im Strafverfahren** und anderen **repressiven Verfahren** (§ 136 Abs. 1 S. 1 StPO, § 46 Abs. 1 OWiG) einen absoluten Schutz zugunsten des **Angeklagten** (BVerfGE 38, 105, 114 ff) und findet seine strafprozessuale Ausprägung in § 136 Abs. 1 S. 2 StPO. Auch **Zeugen** steht als Ausfluss des Prinzips der Selbstbelastungsfreiheit (Meyer-Goßner, StPO, Einl. Rn. 29a) nach § 55 StPO ein strafprozessuales **Auskunftsverweigerungsrecht** zur Verfügung, soweit sie durch die vollständige und wahrheitsgemäße Aussage Gefahr liefen, wegen einer Straftat oder einer Ordnungswidrigkeit verfolgt zu werden.

26   **b) Der Nemo-Tenetur-Grundsatz im Zivilprozess.** Bei dem Prinzip der **Selbstbelastungsfreiheit** handelt es sich um ein **Abwehrrecht** gegenüber hoheitlichen Maßnahmen und nicht um ein Schutzrecht gegenüber privaten Dritten (Böse, wistra 1999, 456). Der Grundsatz der Selbstbelastungsfreiheit dient **nicht** dazu, dem Tatverdächtigen sowohl im Strafprozess als auch auf zivilrechtlicher Ebene das für ihn jeweils **bestmögliche Ergebnis** zu liefern. Der Nemotenetur-Grundsatz stellt **kein allgemeines Abwehrrecht** gegen jegliche Konfliktsituation dar, sondern verbietet lediglich staatliche Zwangsmaßnahmen, die final auf die Verkürzung des Selbstbezichtigungsverbots einwirken (vgl. BGH NStZ 2009, 508 [509]). Auf **schutzwürdige Belange Dritter,** insbesondere auf das Gebot des effektiven Rechtsschutzes und die zivilrechtliche Schadensersatzverpflichtung gegenüber dem Geschädigten, ist dabei Rücksicht zu nehmen (BGHSt 53, 210 Rn. 25= NJW 2009, 1984; OLG Frankfurt, NJW-RR 2001, 1649; OLG München, NJOZ 2008, 617, 619). In Zivilverfahren steht nur **Zeugen** ein **Auskunftsverweigerungsrecht** nach § 384 Nr. 2 ZPO zu, wonach Fragen nicht beantwortet werden müssen, die den Zeugen in die Gefahr bringen würden, wegen einer Straftat oder einer Ordnungswidrigkeit verfolgt zu werden. Für die **Prozessparteien** im Zivilverfahren **fehlen entsprechende Regelungen** dagegen gänzlich. Die unterschiedliche Behandlung hat ihren Grund in der Wertung, dass der Zeuge im Zivilprozess schutzwürdiger als die jeweiligen Prozessparteien ist, da er als außenstehender Dritter lediglich eine allgemeine staatsbürgerliche Pflicht im Interesse der Wahrheitsfindung erfüllt (BVerfG NJW 1981, 1431).

27   Im Zivilprozess oder sonstigen nicht repressiven Verfahren gilt der Grundsatz der **Selbstbelastungsfreiheit** für die **Prozessparteien** nicht absolut, sondern **nur relativ** (BVerfG, NJW 1981, 1431). Dabei sind das Persönlichkeitsrecht des Betroffenen einerseits und die schutzwürdigen Belange Dritter oder das öffentliche Interesse an der Ermittlung der materiellen Wahrheit andererseits im Rahmen einer **Verhältnismäßigkeitsprüfung** gegeneinander abzuwägen (BVerwG, NVwZ 1984, 376 f.). Die **Erklärungspflicht** der Prozesspartei findet erst dort ihre **Grenzen,** wo sie gezwungen wäre, eine ihr zur Unehre gereichende Tatsache oder eine von ihr begangene strafbare Handlung zu offenbaren (BVerfG, NJW

1981, 1431; OLG München NJOZ 2008, 617 f.; Di Fabio, Maunz/Dürig, GG, Art. 2 Rn. 188). Das BVerfG gesteht dem Betroffenen in einer derartigen zivilprozessualen Konfliktlage jedoch **kein Recht zur Lüge** zu, soweit er gezwungen wäre, sich selbst zu belasten. Dem steht die gesetzlich normierte **prozessuale Wahrheitspflicht** des § 138 ZPO entgegen. Die Partei eines Zivilprozesses hat bei drohender Selbstbelastung in Einschränkung der Erklärungspflicht die Möglichkeit, zu schweigen und sich nicht zu dem Vortrag der Gegenpartei zu erklären (so schon RGZ 156, 265, 269; BAG NJW 2004, 2848 [2851]); daraus folgt jedoch kein umfassendes Weigerungsrecht der strafbedrohten Prozesspartei. Noch so zentrale strafprozessuale Grundsätze dispensieren selbst bei Zeitgleichheit des Straf- und Zivilprozesses nicht von der Beachtung zentraler zivilprozessualer Grundsätze (LG Karlsruhe BeckRS 2010, 10943). Das Schweigerecht führt insbesondere nicht dazu, dass der jeweiligen Partei keine prozessualen Nachteile erwachsen können. Soweit die Partei eines Zivilprozesses sich nicht oder nicht vollständig einlässt, greift als prozessuale Folge die **Geständnisfiktion** des § 138 Abs. 3 ZPO, wonach Tatsachen, die nicht ausdrücklich bestritten werden, prozessual als zugestanden zu behandeln sind.

Ein **Verstoß** gegen die **Wahrheitspflicht** hat keine unmittelbaren zivilprozessualen Folgen, soweit der Vortrag nicht entscheidungserheblich ist, da das Gericht zunächst an den unstreitigen Sachvortrag gebunden ist. Wenn der Vortrag erkennbar unrichtig ist, wird er in der Entscheidung nicht berücksichtigt (BGH NJW 1974, 1710 [1711]). In materieller Hinsicht kann ein Falschvortrag dagegen zivil- und strafrechtliche Folgen auslösen, wenn dieser entscheidungserhebliche Tatsachen betrifft. In strafrechtlicher Hinsicht kommt insbesondere der Verdacht eines versuchten oder vollendeten **Prozessbetruges** in Betracht (*Kiethe* MDR 2007, 625). Aus zivilrechtlicher Sicht stellt § 138 ZPO ein **Schutzgesetz** im Sinne des § 823 Abs. 2 BGB dar (Musielak-*Stadler,* ZPO § 138 Rn. 8; *Kiethe* MDR 2007, 625; aA Baumbach/Lauterbach/Hopt ZPO § 138 Rn. 65). Im Einzelfall können auch Schadensersatzansprüche nach § 826 BGB in Betracht kommen. **28**

c) Der Nemo-Tenetur-Grundsatz bei kapitalmarktrechtlichen Auskunftspflichten. Das **Kapitalmarktrecht** statuiert eigenständige **Auskunftspflichten,** die zu einem Konflikt mit der Selbstbelastungsfreiheit führen können, da die offenbarten Informationen in einem Ermittlungs- oder Strafverfahren verwendet werden könnten. Dies betrifft insbesondere die **Auskunftspflichten** gegenüber der **BaFin** nach § 4 Abs. 3 WpHG, gegenüber der BaFin und der **Deutschen Bundesbank** nach § 44 Abs. 1 KWG und gegenüber der **Börsenaufsicht** nach § 2 Abs. 1 BörsG. Zum Schutz der Selbstbelastungsfreiheit ist in den spezialgesetzlichen Regelungen insoweit vergleichbar zu § 55 StPO, § 383 ZPO normiert, dass der zur Erteilung einer Auskunft Verpflichtete die **Auskunft** auf solche Fragen **verweigern** darf, deren Beantwortung ihn selbst oder einen der in § 383 Abs. 1 Nr. 1 bis 3 ZPO bezeichneten Angehörigen der Gefahr strafgerichtlicher Verfolgung oder eines Verfahrens nach dem Gesetz über Ordnungswidrigkeiten aussetzen würde (vgl. **§ 4 Abs. 9 WpHG, § 44 Abs. 6 KWG, § 2 Abs. 1 S. 10 BörsG**). Es ist dabei zu beachten, dass für die Verpflichtung zur Vorlage von Unterlagen eine entsprechende Vorschrift fehlt. Nach der Rechtsprechung des BVerfG (BVerfG NJW 1981, 1431) soll es sich bei der Vorlage von Unterlagen nicht um aktive Mitwirkungspflichten handeln. Durch eine passive Duldungs- und Verhaltenspflicht werde aber in die personale Freiheit der Willensentschließung weniger eingegriffen als durch die Nötigung, durch eigene Äuße- **29**

rungen strafbare Handlungen offenbaren zu müssen (Schneider, NZG 2010, 1201 [1203]). Daher besteht **kein Recht zur Verweigerung der Herausgabe von Unterlagen,** unabhängig von einer dadurch möglicherweise folgenden Selbstbelastung.

30   **d) Der Nemo-Tenetur-Grundsatz im Insolvenzverfahren.** Im Insolvenzverfahren bestehen besondere **Auskunfts- und Mitwirkungspflichten** des Schuldners bzw. dessen (ehemaligen) Unternehmensleiters. Nach § 97 Abs. 1 InsO besteht die Verpflichtung, dem **Insolvenzgericht,** dem **Insolvenzverwalter,** dem **Gläubigerausschuss** und auf Anordnung des Gerichts der **Gläubigerversammlung** über alle das Verfahren betreffenden Verhältnisse Auskunft zu geben. Durch die rechtlich normierten Auskunfts- und Mitwirkungspflichten insbesondere der §§ 29, 97 InsO kann der Verpflichtete in die **Konfliktsituation** geraten, sich entweder selbst einer strafbaren Handlung zu bezichtigen, durch eine Falschaussage gegebenenfalls ein neues Delikt zu begehen oder aber wegen seines Schweigens oder Unterlassens weiteren Zwangsmitteln ausgesetzt zu sein. Das BVerfG hatte bereits in dem **„Gemeinschuldnerbeschluss"** (BVerfG NJW 1981, 1431 ff.) ausgeführt, dass ein Zwang zur Selbstbezichtigung in das durch Art. 2 Abs. 1 GG geschützte Persönlichkeitsrecht eingreift, wenn eine unter Zwang herbeigeführte Selbstbezichtigung des Gemeinschuldners gegen dessen Willen zweckentfremdet und der Verwertung für eine Strafverfolgung zugeführt würde. Die Auskunftspflicht des Gemeinschuldners bedürfte daher einer Ergänzung durch ein strafrechtliches Verwertungsverbot. Damit hatte das BVerfG unter Hinweis auf den von jeher bestehenden Widerstreit der Rechte und Pflichten den Grundstein für das heute in **§ 97 Abs. 1 S. 3 InsO** normierte **strafprozessuale Verwertungsverbot** gelegt. Nach dieser Regelung darf eine Auskunft, die der Betroffene in Erfüllung seiner Mitwirkungsverpflichtung erteilt, in einem gegen ihn gerichteten Strafverfahren oder Ordnungswidrigkeitenverfahren nicht ohne seine Zustimmung verwendet werden.

31   Ein **Verwertungsverbot** besteht allerdings ausdrücklich nur in Bezug auf Auskünfte, die gegenüber den in § 97 Abs. 1 S. 1 InsO genannten Personen und Stellen gemacht werden. Insbesondere fällt der gerichtlich eingesetzte **Insolvenzgutachter** nicht originär darunter, da er in der Aufzählung des § 97 Abs. 1 S. 1 InsO nicht ausdrücklich genannt wird. Es besteht damit mangels einer mit Zwangsmitteln bedrohten Pflicht des Schuldners zur Auskunftserteilung auch keine für ein Verwertungsverbot im Sinne des § 97 Abs. 1 S. 3 InsO erforderliche Zwangslage (OLG Jena NStZ 2011, 172). Im Ergebnis kann durch diese restriktive Auslegung das Recht der Selbstbelastungsfreiheit durch die Beauftragung eines Insolvenzgutachters, der nicht zugleich der Insolvenzverwalter ist, unterlaufen werden.

32   **e) Der Nemo-Tenetur-Grundsatz bei internen Untersuchungen.** In jüngster Zeit haben im Zusammenhang mit wirtschaftsstrafrechtlichen Ermittlungsverfahren durch die Unternehmensleitung veranlasste interne Untersuchungen, sogenannte **„Internal Investigations",** zugenommen („Siemens", „HSH Nordbank", „Deutsche Bahn"). Interne Untersuchungen können sich dabei sowohl darauf beziehen, ob sich Mitarbeiter gegenwärtig und künftig rechtmäßig verhalten und/oder ob Mitarbeiter sich in der zurückliegenden Zeit rechtswidrig oder pflichtwidrig verhalten haben (*Schneider* NZG 2010, 1201). Die **Gründe** für die Durchführung von Internal Investigations sind vielfältig. Viele Unternehmen haben regelmäßige Untersuchungen in ihren **Compliance-Management-Sys-**

temen festgeschrieben. Des Weiteren werden Internal Investigations flankierend zu **staatsanwaltschaftlichen Ermittlungsverfahren** durchgeführt, um die Ermittlungen zu beschleunigen und die Auswirkungen des hoheitlichen Verfahrens für das Unternehmen sowohl hinsichtlich möglicher Reputationsschäden als auch im Hinblick auf eine Haftung nach §§ 30, 130 OWiG abzumildern. Gerade im **kapitalmarktrechtlichen Umfeld** bestehen zudem weitere Ausgangspunkte für die Durchführung von internen Untersuchungen. Insbesondere die Siemens-Korruptionsaffäre hat den Einfluss der US-amerikanischen Börsen- bzw. Wertpapieraufsicht, der **Securities Exchange Commission** (SEC), gezeigt (*Wastl/Litzka/Pusch* NStZ 2009, 68). Nach deutschem Recht hat die **BaFin** dem Compliance-Verantwortlichen die Aufgabe zugewiesen, die im Unternehmen aufgestellten Grundsätze und eingerichteten Verfahren sowie die zur Behebung von Defiziten getroffenen Maßnahmen zu überwachen und zu bewerten (BaFin Rundschreiben 4/2010 (WA) – Mindestanforderungen an die Compliance-Funktion und die weiteren Verhaltens-, Organisations- und Transparenzpflichten nach §§ 31 ff. WpHG für Wertpapierdienstleistungsunternehmen [**MaComp**]). Um den Überwachungspflichten nachzukommen, wird die Compliance-Stelle interne Untersuchungen durchzuführen haben. Im Zuge interner Untersuchungen werden schriftliche **Unterlagen** ausgewertet, insbesondere aber auch **E-Mails** gesichtet und **Befragungen** von Mitarbeitern durchgeführt. Die Ergebnisse der internen Erhebungen werden ja nach Zielrichtung durch das Unternehmen an **Ermittlungs-** oder **Aufsichtsbehörden** weitergegeben (*Fritz* CCZ 2011, 155 [156]; Schuster NZWiSt 2012, 26 [29]; zur Haftung des Compliance-Beauftragten vgl. Zimmermann BB 2011, 634 ff.).

aa) Rechtsnatur interner Untersuchungen. Interne Untersuchungen 33 werden regelmäßig durch **Private** (externe Rechtsanwälte, Wirtschaftsprüfer, Steuerberater) durchgeführt. Auch wenn die Untersuchung die Klärung strafrechtlicher Vorwürfe zum Gegenstand hat und faktisch Ermittlungen von der Staatsanwaltschaft auf private Dritte verlagert werden (*Fritz* CCZ 2011, 155 [156]; Sieg, FS Buchner [2009], 859), bleibt es dabei, dass es sich nicht um ein hoheitliches Verfahren handelt, auf die strafprozessuale Grundsätze unmittelbar anwendbar wären (vgl. hierzu *Ignor* CCZ 2011, 143).

bb) Rechtsgrundlagen interner Untersuchungen und Befragungen. Die 34 Rechtsgrundlagen interner Untersuchungen werden durch das **Arbeitsrecht** beherrscht, auch wenn den Erhebungen häufig eine strafrechtliche Zielrichtung zugrunde liegen dürfte (*Ignor* CCZ 2011, 143; *Lützeler/Müller-Sartori* CCZ 2011, 19). Der **Arbeitnehmer** ist dazu **verpflichtet,** an einer Befragung durch den Arbeitgeber **teilzunehmen.** Dies folgt aus dem Weisungsrecht des Arbeitgebers, § 106 GewO (*Rudkowski* NZA 2011, 612). Die grundsätzliche **Pflicht** zur **Auskunftserteilung** und Vorlage von Unterlagen des Arbeitnehmers gegenüber seinem Arbeitgeber folgt dabei aus §§ 675, 666, 667 BGB (*Mengel/Ulrich* NZA 2006, 240 [243]; *Göpfert/Merten/Sigrist* NJW 2008, 1703 [1705]; *Schürrle/Olbers* CCZ 2010, 178; *Fritz* CCZ 2011, 155 [157]). Der Arbeitnehmer muss dem Arbeitgeber dabei nicht für jegliche Auskünfte zur Verfügung stehen (BAG NZA 1996, 637 [640]). Es ist Voraussetzung für die Auskunftspflicht, dass der Arbeitgeber ein schutzwürdiges Interesse an der Erlangung der Auskunft hat (*Rudkowski* NZA 2011, 612 [613]). Anerkannt ist ein **Weisungsrecht** des Arbeitgebers zur **wahrheitsgemäßen** und **vollständigen Auskunftserteilung** über Art und Umfang der eigenen Leistung, über den eigenen Arbeitsbereich sowie über Wahrnehmungen im Zusammenhang mit der Arbeitsleistung (*Rudkowski* NZA 2011, 612 [613]; BAG NZA 1996, 637 [638]).

35   Auch wenn unter den aufgezeigten Voraussetzungen eine grundsätzliche Pflicht des Mitarbeiters gegenüber seinem Arbeitgeber zur vollständigen Auskunftserteilung besteht, können sich Konflikte mit den **kapitalmarktrechtlichen Vertraulichkeitspflichten** ergeben. Nach § 14 WpHG ist es untersagt, einem anderen eine Insiderinformation unbefugt mitzuteilen oder zugänglich zu machen. Zwischen und gegenüber Vorstandsmitgliedern besteht dieses Verbot nicht. Anders könnte sich dies jedoch im Verhältnis zu externen Beratern oder dem Compliance-Beauftragten darstellen. Befugt im Sinne des § 14 WpHG ist eine Weitergabe von Insiderinformationen nur dann, wenn dies für die Wahrnehmung der Compliance-Aufgabe notwendig ist (*Schneider* NZG 2010, 1201 [1203]).

36   **cc) Nemo-Tenetur-Grundsatz und Auskunftspflicht.** Es ist bislang nicht geklärt, ob ein Arbeitnehmer die **Auskunft verweigern** kann, wenn er sich in die Gefahr **strafrechtlicher Verfolgung** begeben würde (*Schneider* NZG 2010, 1201 [1204]; *Rudkowski* NZA 2011, 612 [613]). Ausgangspunkt der Diskussion ist hier ebenfalls die Frage, ob der **Nemo-Tenetur-Grundsatz** im Zivilrecht allgemein und im Arbeitsrecht speziell anwendbar ist. Da es sich um kein staatlich repressives Verfahren handelt und die Selbstbelastungsfreiheit kein allgemeines Abwehrrecht darstellt, dürfte eine unmittelbare Anwendbarkeit des Grundsatzes nicht gegeben sein. Auch der Umstand, dass Nachforschungen im Unternehmen, gerade im Umfeld von Ermittlungsverfahren, faktisch staatlich veranlasst wurden, führt dabei zu keiner anderen Beurteilung. Ein strafprozessuales Beweisverwertungsverbot für Angaben, die im Rahmen von internen Befragungen gemacht wurden, besteht nicht. Zwar hatte das BVerfG im **Gemeinschuldnerbeschluss** (BVerfG NJW 1981, 1431 ff.) statuiert, dass korrespondierend zu (insolvenzrechtlichen) Auskunftspflichten ein Beweisverwertungsverbot anzunehmen sei. Sofern der Auskunftspflichtige strafbare Handlungen offenbare, soll dessen Aussage nicht gegen seinen Willen in einem gegen ihn geführten Strafverfahren verwertet werden (so auch für Arbeitnehmer LAG Hamm, BeckRS 2009, 74015; ArbG Saarlouis ZIP 1984, 364; *Schaefer* NJW-Spezial 2010, 120; *Fritz* CCZ 2011, 159; für ein Schweigerecht *Rudkowski* NZA 2011, 612 [613]). Diese Grundsätze werden sich nicht unmittelbar auf interne Untersuchungen übertragen lassen, besonders dann nicht, wenn sie strafrechtliche Ziele verfolgen (*Ignor* CCZ 2011, 143). Eine mit insolvenzrechtlichen Auskunftspflichten vergleichbare Zwangslage besteht nicht, da der Arbeitnehmer arbeitsrechtlich jedenfalls nicht gezwungen werden kann, seinem Arbeitgeber Tatsachenmaterial für eine Kündigung zu liefern (BAG AP BGB § 626 Nr. 218; keine Selbstbezichtigungspflicht BGH, NJW-RR 1989, 614; LAG Rheinland-Pfalz, BeckRS 2004, 42011). So vertritt das **LG Hamburg** im Fall der HSH-Nordbank die Auffassung, dass auch unter dem Blickwinkel des Nemo-Tenetur-Grundsatzes **kein strafprozessuales Verwertungsverbot** für Aussagen von Mitarbeitern bestehe, die im Rahmen von unternehmensinternen Ermittlungen gemacht wurden (LG Hamburg, NJW 2011, 942). Der Gedanke, dass die Staatsgewalt den Gesetzesunterworfenen nicht durch sanktionsbewehrte Mitwirkungs- und Auskunftspflichten zur Selbstbelastung zwingen und deren Inhalt anschließend strafrechtlich gegen ihn verwenden darf, sei auf einen Fall, in dem sich Privatpersonen in (arbeits-) vertragliche Bindungen begeben haben, die sie zur Offenbarung möglicherweise auch strafbaren Verhaltens verpflichten, nicht anwendbar (LG Hamburg, NJW 2011, 942 [944]). Die Entscheidung ist auf erheb-

liche Kritik gestoßen (*Gräfin von Galen* NJW 2011, 942 [945]; *Jahn/Kirsch* StV 2011, 151; *Jahn* ZIS 2011, 453; *Szesny* GWR 2011, 169). Es ist aber derzeit davon auszugehen, dass die Rechtsprechung auch weiter eine strafprozessuale **Verwertbarkeit** der im Rahmen von internen Untersuchungen getätigten Angaben annehmen wird. Um einerseits die Rechte des Betroffenen bestmöglich zu schützen und andererseits auch eine Verwertbarkeit der durch die Untersuchung erhobenen Feststellungen sicherzustellen, ist die Beachtung der durch den Strafrechtsausschuss der Bundesrechtsanwaltskammer formulierten „**Thesen zum Unternehmensanwalt im Strafrecht**", mit denen die rechtsstaatlichen Standards für interne Erhebungen definiert werden, dringend anzuraten (vgl. hierzu *Ignor* CCZ 2011, 143 ff.).

4. Aussetzung von Ermittlungs- und Zivilverfahren

Gerade in der Situation, dass ein Ermittlungs- oder Strafverfahren parallel zu **37** einem Zivilverfahren geführt wird, hat der Betroffene ein Interesse daran, dass zumindest eines dieser Verfahren zunächst ausgesetzt wird, um die Konfliktlage abzumildern.

a) Aussetzung des Ermittlungsverfahrens, § 154d StPO. Nach § 154d **38** StPO hat die Staatsanwaltschaft (das Gericht nach § 262 Abs. 2 StPO) die Möglichkeit, ein strafrechtliches **Ermittlungsverfahren** bei Vorgreiflichkeit einer durch ein Zivil- oder Verwaltungsgericht zu treffenden Entscheidung **vorläufig einzustellen. Der Zweck der Regelung** des § 154d StPO (bzw. § 262 Abs. 2 StPO) besteht darin, die Strafverfolgungsbehörden vor einer **missbräuchlichen Instrumentalisierung** zur Beschaffung von Erkenntnissen zu schützen, die der Durchführung eines anderen Verfahrens oder der Klärung komplizierter Rechtsfragen dienen (Gercke/Julius, StPO, § 154d Rn. 1; *Weßlau/Rudolphi,* SK-StPO, § 154d Rn. 1). Insbesondere sollen der **Missbrauch** des Ermittlungsverfahrens **als zivilprozessuales Druckmittel** unterbunden und prozessökonomisches Arbeiten gefördert werden (*Weßlau/Rudolphi,* SK-StPO, § 154d Rn. 1 ff.; Meyer-Goßner, StPO, § 154d Rn. 1).

aa) Vorgreiflichkeit der Vorfrage. Voraussetzung für die Einstellung nach **39** § 154d StPO ist, dass die zu klärende **Vorfrage materiell-rechtlichen** und **präjudiziellen Charakter** hat. Die Beantwortung dieser Vorfrage muss für die Staatsanwaltschaft erforderlich sein, um das Ermittlungsverfahren überhaupt fortführen zu können. Der § 154d StPO entfaltet keinerlei beschränkende Wirkung bezüglich der grundsätzlichen Pflicht zur selbständigen Beurteilung der präjudiziellen Vorfragen durch die Staatsanwaltschaft und Gerichte (Ranft, Strafprozessrecht, Rn. 1220). Daher ist es nicht ausreichend, dass die Beantwortung der Vorfrage lediglich mit rechtlichen Schwierigkeiten verbunden ist (Meyer-Goßner § 154d Rn. 1 mwN; OLG Stuttgart NStZ-RR 2003, 145). Insbesondere unter diesem Aspekt dürfte bei **komplexen Vorfragen** eine Einstellung des Ermittlungsverfahrens nach § 170 Abs. 2 StPO zu prüfen sein, da dann ein **Tatbestands- oder Verbotsirrtum** im Sinne der §§ 16, 17 StGB vorliegen könnte (Beulke/Löwe-Rosenberg, StPO, § 154d Rn. 1).

Im **Steuerstrafverfahren** existiert mit § 396 AO eine vergleichbare Vorschrift. **40** Danach kann das Steuerstrafverfahren bis zum rechtskräftigen Abschluss des Besteuerungsverfahrens ausgesetzt werden, wenn die Beurteilung der Straftat als

Steuerhinterziehung davon abhängt, ob ein Steueranspruch besteht, ob Steuern verkürzt oder ob nicht gerechtfertigte Steuervorteile erlangt sind.

41   **bb) Ruhen des Verfahrens.** Nach § 154d S. 1 StPO bestimmt die Staatsanwaltschaft zur **Klärung** einer **präjudiziellen Frage** eine **Frist.** Während des Laufs der Frist **ruht** das Ermittlungsverfahren **vorläufig** (Beulke/Löwe-Rosenberg, StPO § 154d Rn. 12). Die vorläufige Einstellung nach § 154d StPO führt auch zum **Ruhen** der **Verjährung** im Sinne des § 78b Abs. 1 StGB (Sternberg-Lieben/ Bosch, Schönke/Schröder, StGB, § 78b Rn. 4; *Fischer,* StGB, § 78b Rn. 4a). Wenn der Anzeigeerstatter das Verfahren innerhalb der Frist nicht betreibt oder fördert, kann die Staatsanwaltschaft das Verfahren endgültig einstellen.

42   **b) Aussetzung des Zivilrechtsstreits, § 149 ZPO.** Nach § 149 ZPO kann ein **Zivilverfahren** während eines parallel geführten Ermittlungs- oder Strafverfahrens ausgesetzt werden. Der **Zweck** des § 149 ZPO besteht darin, dem Zivilgericht die Möglichkeit zu geben, sich die **besseren Erkenntnismöglichkeiten** eines Strafverfahrens zu Nutze zu machen (OLG Frankfurt, NJW-RR 2001, 1649; *Wagner,* Rauscher/Wax/Wenzel, ZPO, § 149 Rn. 1). Ferner soll im Sinne der **Prozessökonomie** eine doppelte Arbeitsbelastung durch Befassung von Straf- und Zivilgerichten und eine Belastung von Zeugen und Parteien durch mehrfache Beweisaufnahmen im Zivil- und Strafprozess vermieden werden (Baumbach/Lauterbach/Albers/Hartmann, ZPO § 149 Rn. 2). Die Vorschrift dient dabei auch der **Verhinderung divergierender** Entscheidungen z. B. in Bezug auf **Verschuldensfragen** (*Hiebl/Becker,* Widmaier, Strafverteidigung § 30 Rn. 18). Auf **Ordnungswidrigkeiten-** und **Bußgeldverfahren** ist der § 149 ZPO analog anwendbar (OLG Düsseldorf, Az. VI-W (Kart) 6/06, W (Kart) 6/ 06, Rn. 13).

43   **aa) Interessenlage.** Es sind insbesondere zwei **Konstellationen** denkbar, in denen eine Aussetzung nach § 149 ZPO im Zusammenhang mit kapitalmarktrechtlichen Zivilstreitigkeiten zum Tragen kommen kann: In Verfahren gegen die emittierenden Gesellschaften oder gegen Kreditinstitute können die **Anleger** ein Interesse daran haben, dass das Zivilverfahren bis zum Abschluss eines Strafverfahrens gegen Unternehmensverantwortliche ausgesetzt wird, um auf die Ergebnisse und mögliche Feststellungen zurückgreifen zu können. Spiegelbildlich dazu haben auch **Betroffene** eines entsprechenden **Ermittlungs- oder Strafverfahrens** ein Interesse an der Aussetzung des Zivilverfahrens, um nicht in eine Konfliktlage zu geraten. Das gleiche gilt für sonstige rechtsgeschäftliche **Vertreter, Verrichtungs-** oder **Erfüllungsgehilfen** oder sonst wichtige **Zeugen,** die einer entscheidungserheblichen Straftat verdächtig sind (*Schwind* NStZ 2006, 598, 602). Auch wenn es sich um eine **Ermessensentscheidung** handelt und das Gericht die Voraussetzungen grundsätzlich von Amts wegen zu prüfen hat, sollte eine Aussetzung durch die jeweilige Partei angeregt werden.

44   **bb) Verdacht einer Straftat.** Nach § 149 ZPO hat das Zivilgericht die Möglichkeit, die Aussetzung eines zivilrechtlichen Prozesses bis zur Erledigung des Strafverfahrens anzuordnen, wenn sich im Laufe des Rechtsstreits der **Verdacht einer Straftat** ergibt, deren Ermittlung **Einfluss auf die zivilgerichtliche Entscheidung** hat. Die Ermessensentscheidung des Gerichts ist in der Rechtsmittelinstanz nur insoweit überprüfbar, ob das Gericht das Ermessen überhaupt ausgeübt hat, die Voraussetzungen dafür vorlagen und die Grenzen eingehalten sind (OLG München NJOZ 2008, 617).

Voraussetzung für eine Aussetzung nach § 149 ZPO ist ein **strafprozessua-** 45
ler Anfangsverdacht im Sinne der §§ 152 Abs. 2, 160 StPO. Es kommt dabei
nicht darauf an, ob sich der Verdacht erst im Laufe des Verfahrens ergibt, oder
ob er bereits bei Erhebung der Klage bestanden hat (OLG Düsseldorf NJW-RR
1998, 1531). Ein **Ermittlungs- oder Strafverfahren** muss jedenfalls spätestens
zum Zeitpunkt der **Aussetzungsentscheidung** geführt werden. Bei einem entsprechenden Verdacht hat das Zivilgericht die Akten an die Staatsanwaltschaft
abzugeben.

cc) **Faktischer Einfluss auf den Ausgang des Zivilverfahrens.** Anders als 46
bei der Systematik des § 154d StPO ist eine **präjudizielle Bedeutung** des Aus-
gangs des Ermittlungs- oder Strafverfahrens für die Entscheidung über eine Aussetzung nach § 149 Abs. 1 ZPO **nicht entscheidend.** Vielmehr kommt es darauf
an, in wie weit die Beweisergebnisse des strafrechtlichen Verfahrens die **Tatsa-
chengrundlage** und damit den **Ausgang des Zivilverfahrens** beeinflussen. Die
Aussetzung kann nicht lediglich mit einem allgemeinen Hinweis auf die erleichterte Erkenntnisgewinnung im Strafverfahren z. B. in komplexen Wirtschaftsstrafsachen begründet werden (OLG München NJW-RR 2008, 1091, 1093; OLG
Zweibrücken, BeckRS 2006, 8529). Vielmehr kann die Aussetzung nur auf **Tatsachen** oder **Rechtsfragen** gestützt werden, auf deren Feststellung es im Zivilverfahren ankommt und mit deren Klärung gerade im Strafverfahren zu rechnen
ist, so dass eine Aufklärung dieser Umstände im Zivilverfahren erspart wird (vgl.
OLG Düsseldorf, NJW 1980, 2534; Wagner, Rauscher/Wax/Wenzel, ZPO,
§ 149 Rn. 5). Dies gilt insbesondere für **sachliche Beweismittel** und **objektive
Feststellungen,** die bei der zivilrechtlichen Entscheidung berücksichtigt werden
müssen. Soweit die streitigen Beweisfragen jedoch durch die Einvernahme von
Zeugen geklärt werden können, wird dies eine Aussetzung des Zivilrechtsstreits
nicht begründen, da das Zivilgericht auf die Ergebnisse des Strafverfahrens nicht
ohne weiteres zurückgreifen kann und das Gericht nicht davon entbindet, seine
Überzeugung von der Glaubwürdigkeit der Zeugen durch eine richterliche Vernehmung zu bilden.

dd) **Ermessensentscheidung über die Aussetzung.** Das Zivilgericht ent- 47
scheidet über die Aussetzung nach pflichtgemäßem Ermessen (BGH MDR 2010,
280; LAG Köln NZA-RR 2007, 157). Bei der Entscheidung über eine Aussetzung ist die Tragweite des Eingriffs in das Recht der Gegenpartei (des Klägers)
auf **effektiven Rechtsschutz** zu berücksichtigen (vgl. BVerfGE 88, 118, 125;
BVerfG, Az. 1 BvR 2022/02, Rn. 20). Die Aussetzung nach § 149 ZPO bedeutet
für den Kläger einen Eingriff in seine Rechte aus Art. 2 Abs. 1 iVm Art. 20
Abs. 3 GG und Art. 6 Abs. 1 S. 1 EMRK (BVerfGE NJW 2004, 3320; Hopfauf,
Schmidt-Bleibtreu, GG, Vorb. v. Art. 92 Rn. 25). Eine Ausprägung dieser
Maxime ist der zivilprozessuale **Beschleunigungsgrundsatz** (BVerfGE NJW
2004, 3320), der zudem auch das Interesse des Klägers an einem solventen Schuld-
ner und damit einem werthaltigen Vollstreckungstitel umfasst. Das Zivilgericht
ist daher verpflichtet, im Einzelnen sorgfältig abzuwägen, ob die (möglicherweise
besseren) Aufklärungsmöglichkeiten eines Ermittlungs- oder Strafverfahrens den
Eingriff in den Beschleunigungsgrundsatz zu rechtfertigen vermögen (BVerfG,
Az. 1 BvR 2022/02, Rn. 20). Für das Berufungsgericht muss nachprüfbar sein,
dass das erstbefasste Gericht den Vorteil einer gründlicheren Klärung durch den
Untersuchungsgrundsatz im Strafprozess und den Nachteil der Verzögerung einer
Entscheidung im Zivilprozess im Rahmen einer Abwägung ausreichend gewür-

digt hat (BGH, NJW-RR 2010, 423 f.; OLG Stuttgart, NJW 1991, 1556; Hiebl/ Becker, Widmaier, Strafverteidigung, § 30 Rn. 24; Greger, Zöller, ZPO, § 149 Rn. 2). Dem **Beschleunigungsgebot** wird nur dann ausreichend Rechnung getragen, wenn das Zivilverfahren aufgrund eines Strafprozesses ausgesetzt wird, dessen **Abschluss absehbar** ist (OLG München MDR 2003, 1010; *Schwind* NStZ 2006, 598 f.). Eine **Unvereinbarkeit** der Aussetzung mit dem Beschleunigungsgebot ist hingegen grundsätzlich dann anzunehmen, wenn noch **keinerlei Ermittlungen** auf strafrechtlicher Ebene eingeleitet wurden (*Schwind* NStZ 2006, 598 ff.). Einer unangemessenen Verzögerung soll § 149 Abs. 2 ZPO entgegenwirken, wonach das Gericht die Verhandlung auf Antrag einer Partei fortzusetzen hat, wenn seit der Aussetzung **ein Jahr** vergangen ist. Dies gilt nicht, wenn gewichtige Gründe für die Aufrechterhaltung der Aussetzung sprechen. Im Umkehrschluss ergibt sich daraus, dass eine Aussetzung im Regelfall zu unterbleiben hat, wenn mit einer Verzögerung von mehr als einem Jahr zu rechnen ist (OLG Brandenburg, NJW-RR 2010, 787 f.).

48 Der Umstand, dass ein **Straf-** und ein **Zivilverfahren** bezüglich des gleichen Sachverhalts parallel laufen und in den **strafrechtlichen Akten** Unterlagen und **Informationen** enthalten sein können, die den **Parteien** im Zivilverfahren **von Nutzen** sein könnten, ist **nicht in die Entscheidung** über eine Aussetzung mit einzubeziehen. Dies stellt keinen Verstoß gegen die Waffengleichheit dar, die § 149 ZPO nicht dem Ausgleich fehlender Erkenntnismöglichkeiten einer Partei dient (OLG Brandenburg, NJW-RR 2010, 787 f.). Möglich ist statt dessen eine **Einschränkung der Erklärungspflichten** des § 138 ZPO (OLG Brandenburg, NJW-RR 2010, 787 f.; vgl. Greger, Zöller, ZPO, § 138 Rn. 14 ff.) bzw. eine **Beiziehung der Strafakten** (OLG Brandenburg, NJW-RR 2010, 787 f.). **Keinen Aussetzungsgrund** stellt zudem der Umstand dar, dass der Beklagte wegen einer Straftat zivilrechtlich in Anspruch genommen wird und sich bei Beachtung der zivilprozessualen Wahrheitspflicht gezwungen sehen könnte, sich mit faktischer Auswirkung auf ein laufendes Ermittlungsverfahren **selbst zu belasten** (OLG Frankfurt, NJW-RR 2001, 1649). Es bleibt allein Sache des Betroffenen, diesen Konflikt selbst zu lösen; im Rahmen der Ermessensentscheidung über die Aussetzung (nach § 149 ZPO) bleibt dieser Konflikt ohne Belang (LAG Hamm, Beschluss v. 10.5.2013, Az. Z Ta 155/13, BeckRS 2013, 69504; OLG Frankfurt, NJW-RR 2001, 1649; im Ergebnis ebenso: OLG Frankfurt, OLG-Report 1992, 192; OLG Hamm, ZfS 2000, 91).

49 **ee) Entscheidung über die Aufhebung der Aussetzung.** Das Gericht kann nach § 150 ZPO die Aussetzung jederzeit aufheben. Der Aussetzungsgrund fällt mit Abschluss des Strafverfahrens weg, insbesondere durch Rechtskraft des Strafurteils, Einstellung des Verfahrens und Ablehnung der Eröffnung des Hauptverfahrens (Baumbach/Lauterbach/Albers/Hartmann ZPO, § 149 Rn. 8). Die Aussetzung endet mit der Erledigung des Strafverfahrens, ohne dass es einer Aufnahmeerklärung durch die Parteien oder eines Aufhebungsbeschlusses des Gerichts bedarf (BGHZ 106, 295, 298; Zöller/Greger, ZPO, § 148 Rn. 8; MüKo-Wagner, ZPO, § 148 Rn. 19; Musielak/Stadler, ZPO, § 149 Rn. 5). Das Zivilverfahren ist zudem auf Antrag einer Partei fortzusetzen, wenn die Aussetzung mehr als ein Jahr andauert (§ 149 Abs. 2 S. 1 ZPO) und keine gewichtigen Gründe für die weitere Aussetzung sprechen (§ 149 Abs. 2 S. 2 ZPO).

50 **c) Wechselwirkungen von § 149 ZPO und § 154d StPO aus Sicht der Staatsanwaltschaft.** Die Staatsanwaltschaft hat nach der aufgrund des Beschlusses über die Aussetzung eines Zivilrechtsstreits erfolgten Zuleitung der Zivilakten zu prüfen, ob ein **strafprozessualer Anfangsverdacht** im Sinne der §§ 152, 160 StPO vorliegt. Wenn dies nach Prüfung der Fall ist, muss die Staatsanwaltschaft nach dem **Legalitätsprinzip** des § 152 Abs. 2 StPO gegen die betroffene Partei ein Ermittlungsverfahren einleiten. Der mögliche Ausweg einer **vorläufigen Verfahrenseinstellung** über § 154d StPO sollte bei Bejahung eines Anfangsverdachts im Interesse der Verhinderung einer Verzögerung von Ermittlungs- und Zivilverfahren nur in Ausnahmefällen und nur nach Absprache mit dem Zivilgericht beschritten werden (*Schwind* NStZ 2006, 598, 602). Denn die Regelungen des § 149 ZPO und des § 154d StPO drohen anderenfalls zu einem **Zirkelschluss** zu verkümmern oder einen **Verfahrensstillstand auf beiden Ebenen** herbeizuführen. Dies kann verhindert werden, indem die Entscheidung nach § 154d StPO als Erledigung des Strafverfahrens i. S. d. § 149 Abs. 1 ZPO gewertet wird (*Schwind* NStZ 2006, 598, 602; Beulke, Löwe-Rosenberg, StPO, § 154d Rn. 2).

5. Konsequenzen aus den bestehenden Wechselwirkungen

Der beratende und verteidigende Rechtsanwalt muss die Wechselwirkungen **51** zwischen Strafrecht, Ordnungswidrigkeitenrecht und Zivilrecht in jeder Phase des Verfahrens im Blick behalten. Wenn auch keine unmittelbare Bindungswirkung der Entscheidungen im Straf- und Zivilverfahren besteht, führen gerichtliche Feststellungen aber jedenfalls faktisch zu einer Präjudizierung. Der Mandant ist darüber aufzuklären, welche tatsächlichen Auswirkungen sein Verteidigungsverhalten auf ein möglicherweise folgendes oder gar parallel geführtes zivilrechtliches Haftungsverfahren oder ein bestehendes Arbeitsverhältnis haben kann. Entsprechendes gilt in dem Fall, dass ein Zivil- oder Arbeitsgerichtsprozess strafrechtlich bedeutsame Sachverhalte zum Gegenstand hat. Eine Parallelität der Verfahren lässt sich nicht sicher verhindern, da es sich sowohl bei der Aussetzung des Zivilverfahrens (§ 149 ZPO), als auch bei der Aussetzung des Ermittlungs- oder Strafverfahrens (§§ 154d, 262 Abs. 2 StPO um Ermessensentscheidungen handelt. Der Verteidiger sollte gleichwohl versuchen, auf eine Aussetzung zumindest eines der Verfahren hinzuwirken. Hierbei ist ein interdisziplinärer Austausch der strafrechtlichen und zivilrechtlichen Berater zur Festlegung der Verteidigungsstrategien unerlässlich.

Im Ergebnis obliegt es der **Entscheidung des Betroffenen,** ob er sich im **52** Zivilprozess zu dem Vortrag der Gegenpartei vollständig und wahrheitsgemäß erklärt (§ 138 Abs. 1, Abs. 2 ZPO) oder ob er mit Blick auf ein strafrechtliches Verfahren schweigt und der Vortrag der Gegenpartei wegen der **Geständnisfiktion** als zugestanden gilt (§ 138 Abs. 3 ZPO). Der Betroffene hat im Zivilprozess bei bestehender Konfliktlage nur die Wahl zwischen Schweigen, (unsubstantiiertem) Bestreiten oder einer vollständigen und wahrheitsgemäßen Erklärung. Der Betroffene wird daher individuell **abzuwägen** haben, wodurch ihm größere Risiken drohen, durch ein bei fortgesetztem Schweigen drohendes **Unterliegen** im **Zivilprozess** oder durch eine bei wahrheitsgemäßer Einlassung drohende **Verurteilung** im **Strafprozess.** Die Entscheidung, ob der Betroffene sich im Zivilverfahren einlässt oder nicht, wird daher von persönlichen, prozesstaktischen und risikoorientierten Erwägungen getragen sein. Sofern der Betroffene im Zivilprozess **unwahr** vorträgt, mag dies seine Position im Hinblick auf das strafrechtliche Verfahren vordergründig verbessern, gleichzeitig setzt er sich dabei der Gefahr der Begehung eines (versuchten) **Prozessbetrugs** aus. Risiken drohen zudem bei einer **Inkonsistenz** des **prozessualen Verhaltens** im Zivil- und Strafprozess, wenn etwa der Angeklagte im Strafverfahren seine Schuld (teilweise oder vollumfänglich, ggf. im Rahmen des § 257c StPO) eingesteht und sein vorheriges **Geständnis** dann im nachfolgenden **Zivilprozess widerruft** (*Junker/Armatage,* Praxiswissen Strafverteidigung, Rn. 773). Entsprechendes gilt auch im umgekehrten Fall, wenn der Angeklagte etwa nach einer Verteidigung durch Schweigen im Strafprozess freigesprochen wird und im anschließenden Zivilprozess die Tat gesteht. Hier kommt dann zudem eine Wiederaufnahme des Strafverfahrens zu seinen Ungunsten nach § 362 Nr. 4 StPO in Betracht. Der **Konflikt** zwischen dem Wahrheitswillen des Täters im Zivilprozess und seinem Interesse, aus dem Bekenntnis zur Wahrheit keine strafrechtlichen Nachteile zu erleiden, kann **faktisch nie gelöst** werden (OLG Frankfurt, NJW-RR 2001, 1649).

II. Wechselwirkungen von Zivilverfahren und Straf- oder Ordnungswidrigkeitenverfahren aus Sicht von Verletzten und Dritten

1. Akteneinsichtsrechte

53   Strafanzeigen werden häufig dazu eingesetzt, um über das Vehikel des strafprozessualen Untersuchungsgrundsatzes und der strafprozessualen Zwangsmaßnahmen der §§ 102, 103, 95 ff. StPO **Beweismittel** für die **Durchsetzung zivilrechtlicher Ansprüche** zu erlangen. Auch bei bereits andauernden strafrechtlichen Ermittlungen besteht das Bedürfnis von durch die Straftat betroffenen **Verletzten** und sonstigen **Anlegern,** auf die Ermittlungsergebnisse zuzugreifen.

54   Bei kapitalmarktrechtlichen Straftaten oder Ordnungswidrigkeiten kommen sowohl individuelle Anleger als auch die (emittierenden) Gesellschaften als potenzielle Geschädigte und Verletzte in Betracht. In zivilrechtlichen Haftungsverfahren verfolgen diese Beteiligten sowie ggf. der Insolvenzverwalter das Ziel, sich bei der Durchsetzung ihrer Ansprüche die Synergien aus Straf- oder Ordnungswidrigkeitenverfahren zu Nutze zu machen.

55   **a) Akteneinsicht in Strafverfahrensakten nach § 406e StPO.** Nach § 406e Abs. 1 und 2 StPO hat der durch eine Straftat **Verletzte** über einen Rechtsanwalt das **Recht, in Ermittlungs-, Gerichts-** und ggf. **Beweismittelakten** Einsicht zu nehmen, soweit er ein berechtigtes Interesse darlegt und nicht überwiegende schutzwürdige Interessen des Beschuldigten oder sonstiger Dritter entgegenstehen oder hierdurch der Untersuchungszweck gefährdet oder das Verfahren erheblich verzögert wird. Dem Verletzten, auch wenn er nicht Privat- oder Nebenkläger ist, wird die Position eines selbständigen Verfahrensbeteiligten zugestanden (Pfeiffer, StPO, Vorb. § 406d Rn. 2).

56   **aa) Verletztenbegriff.** Der **Begriff des Verletzten** wird gesetzlich nicht bestimmt, findet sich neben § 406e StPO (Akteneinsichtsrecht) aber auch in § 172 Abs. 1 StPO (Klageerzwingungsverfahren), § 374 StPO (Privatklageverfahren), § 395 StPO (Nebenklage), § 403 StPO (Adhäsionsverfahren) und in § 73 Abs. 1 Satz 2 StGB (kein Verfall bei Schadensersatzansprüchen). Die **Auslegung** des Begriffs ist aus dem jeweiligen **Funktionszusammenhang** heraus zu bestimmen (OLG Koblenz, NStZ 1988, 89 f.; Meyer-Goßner, StPO, vor § 406d, Rn. 2;

Velten, Rudolphi, SK-StPO, vor § 406d–406h Rn. 5). Vermehrt wird ein **weites Verständnis** des **Verletztenbegriffs** in §§ 406d ff. StPO vertreten, da der Begriff auch den Verletzten im Sinne des Adhäsionsverfahrens nach § 403 StPO erfasst und die Vorschriften über die Befugnisse des Verletzten ihrem Zweck nach der Wahrnehmung vielfältiger rechtlich geschützter Interessen dienten und daher der Verletzte einer Straftat im weitesten Sinne gemeint sein kann (BVerfG BeckRS 2009, 18693; vgl. OLG Koblenz NJW 1988, S. 3275 [3277]; *Hilger*/Löwe-Rosenberg, StPO, Vorb. § 406d Rn. 2). Nach diesem weiteren Verletztenbegriff des § 403 StPO kann Verletzter auch der durch eine Straftat nur **mittelbar Geschädigte** sein. Denn die Funktion des Akteneinsichtsrechts des Verletzten soll gerade bei § 403 StPO die Verfolgung zivilrechtlicher Ansprüche im Strafverfahren sichern (LG Berlin, WM 2008, 1470 ff.; LG Mannheim, NJOZ 2007, 1954; *Grau/Blechschmidt/Frick* NStZ 2010, 662, 670; *Kuhn* ZRP 2005, 125, 127; Hilger, Löwe-Rosenberg, StPO, Vorb. § 406d Rn. 8; eingehend zu den verschiedenen Auffassungen OLG Karlsruhe, 2. Strafsenat, Beschluss v. 20. September 1993, Juris Rn. 15 ff.; aA OLG Koblenz, StV 1988, 333; Meyer-Goßner, StPO, vor § 406d Rn. 2; Graalmann-Scheerer, Löwe-Rosenberg, StPO, § 172 Rn. 54). Für diese weite Auslegung spricht insbesondere auch das reformierte Recht des Adhäsionsverfahrens. Dem Rechtsbeistand des Adhäsionsklägers stünde anderenfalls nur ein Akteneinsichtsrecht nach § 475 StPO, was zur Folge hätte, dass der Antragsteller zwar einen Richter ablehnen könnte (BVerfG, NJW 2007, 1670 f.), andererseits aber kein eigenständiges Akteneinsichtsrecht hätte (*Grau/Blechschmidt/Frick* NStZ 2010, 662, 670). Ein Vergleich mit § 172 StPO erscheint in diesem Kontext nicht sachgerecht, da diese Vorschrift im Gegensatz zu § 406e StPO dem Ausschluss von Popularklagen dient (BVerfGE, BeckRS 2009, 18693 Rn. 22; LG Berlin, WM 2008, 1470 ff.; LG Stade, StV 2001, 159; aA OLG Koblenz, StV 1988, 333; Meyer-Goßner, StPO, vor § 406d Rn. 2; Graalmann-Scheerer, Löwe-Rosenberg, StPO, § 172 Rn. 54).

Kapitalanleger sind unstreitig als **Verletzte** im Sinne des § 406e StPO anzuse- **57** hen, wenn sie Opfer einer die **Individualinteressen schützenden Strafnorm** sind (insbesondere §§ 263, 264a StGB). Nach der Rechtsprechung kommt eine Verletzteneigenschaft zudem aber selbst dann in Betracht, wenn sich der Tatverdacht nur auf Strafrechtsnormen bezieht, die nicht speziell dem Schutz der Individualinteressen der Antragsteller dienen (BVerfGE, BeckRS 2009, 18693, Rn. 18; aA Velten, Rudolphi, SK-StPO, vor §§ 406d – 406h Rn. 5). Insbesondere steht es in Ermittlungsverfahren wegen des Verdachts der strafbaren **Marktmanipulation** (§ 38 Abs. 2 iVm § 39 Abs. 1 Nr. 2, § 20a Abs. 1 S. 1 Nr. 3 WpHG) der Verletzteneigenschaft im Sinne von § 406e StPO nicht entgegen, dass der Geschädigte aufgrund eines strafrechtlich relevanten Verhaltens nur einen zivilrechtlichen Anspruch aus **§ 826 BGB** geltend machen kann (vgl. BVerfG NJW 2003, S. 501 [503]; BVerfGE, BeckRS 2009, 18693, Rn. 18; LG Berlin, WM 2008, 1470 ff.; aA Kurth, Lemke, StPO, § 406d Rn. 2; Velten, Rudolphi, StPO, vor §§ 406d – 406h Rn. 5; *Krause*, FS Widmaier, 643; 650 ff.). Bei mehreren Taten ist dem Verletzten in der Regel Akteneinsicht in die Aktenbestandteile betreffend aller gleichartigen Taten zu gewähren, nicht nur der Tat, bei der er selbst Verletzter ist (LG Berlin WM 2008, 1470 = BeckRS 2008, 10186).

Der **Insolvenzverwalter** ist **nicht Verletzter** im Sinne des § 406e StPO, da **58** die Verletzteneigenschaft dem Geschädigten als Person und nicht seinem Vermögen anhaftet, also nicht übergangsfähig ist (OLG Hamm, NStZ-RR 1996, 11 f.; OLG Frankfurt, NStZ 1996, 565; LG Frankfurt, StV 2003 495 ff.; *Krekeler*, Strafverteidigung in der Praxis, § 21 Rn. 92; Pfeiffer, StPO, Vorb. § 406d ff.; *Koch,* FS Hamm 2008, 291; aA LG Hildesheim, NJW 2009, 3799, 3801; Hilger, Löwe-Rosenberg, StPO, vor § 406d Rn. 8; Lauterwein, 46 f.). Ein Akteneinsichtsrecht des Insolvenzverwalters hat sich daher konsequent nur nach dem subsidiären § 475 StPO zu richten (str. LG Mühlhausen wistra 2006, 76; aA LG Hildesheim NJW 2009, 3799 [3801]).

59   **bb) Berechtigtes Interesse.** Dem **Verletzten** im Sinne des § 406e StPO kann **Akteneinsicht** nur **in Ausnahmefällen versagt** werden, was zu einer weiten Auslegung des berechtigten Interesses führt. Die Grenze des Einsichtsrechts ist bei der rechtsmissbräuchlichen Inanspruchnahme (*Wallau* NStZ 2003, 393 f.) und im Rahmen der Abwägung bei Überwiegen des Rechts auf informationelle Selbstbestimmung auf Seiten desjenigen, dessen Daten preisgegeben werden, zu ziehen. Im Verhältnis zum Akteneinsichtsrecht des Verteidigers (§ 147 StPO) muss ein Recht des Verletzten zugunsten der Wahrheitsfindung indes stärkeren Beschränkungen unterworfen werden können, da dem Einsichtsrecht des Verletzten die schutzwürdigen Belange des Beschuldigten und anderer Personen gegenüber stehen (Engelhardt, Hannich, StPO, § 406e Rn. 1). Nach dem Wortlaut muss deutlich zwischen der Verletztenposition und dem mit der Akteneinsicht verfolgten Interesse differenziert werden.

60   Der **Verletzte** muss ein **berechtigtes Interesse** an der Akteneinsicht darlegen, welches nicht zwangsläufig aus der Verletztenstellung folgt (OLG Koblenz NStZ 1990, 604; *Kiethe* wistra 2006, 51). Es ist eine sorgfältige **Abwägung** zwischen dem **Interesse** an der **Verfolgung zivilrechtlicher Ansprüche** des Geschädigten und dem **Geheimhaltungsinteresse** persönlicher Daten des Beschuldigten und Dritter aus Art. 2 Abs. 1 iVm Art. 1 Abs. 1 GG oder Art. 12 und 14 GG bei Betriebsgeheimnissen vorzunehmen (BVerfGE, NJW 2003, 501, 503; *Krause,* FS Widmaier, 658). Ein berechtigtes Interesse wird i.d.R. angenommen, wenn die Einsicht zur **Wahrung schutzwürdiger privatrechtlicher** oder öffentlich-rechtlicher **Interessen** dient, insbesondere zur Klärung des **Bestehens** oder des **Umfangs zivilrechtlicher Ansprüche** und der Frage des Stellens eines Klageerzwingungsantrags nach § 172 Abs. 2 StPO oder § 129 InsO (BVerfGE, NJW 2007, 1052 f.; LG Hildesheim, NJW 2008 531, 533; LG Mühlhausen, wistra 2006 76; LG Dresden, StV 2006 11; LG Frankfurt, StV 2003 495; *Riedel/Wallau* NStZ 2003, 393, 395; Meyer-Goßner, StPO, § 406e Rn. 3; Velten, Rudolphi, SK-StPO, § 406e Rn. 2 ff.). **Kein berechtigtes Interesse** ist gegeben, soweit die begehrte Einsicht **keinen Bezug** zu der den Verletzten **betreffenden Tat** hat (Hilger, Löwe-Rosenberg, StPO, § 406e Rn.6; LG Hildesheim, NJW 2008, 531; LG Frankfurt, StV 2003, 495). Es gilt den **Missbrauch** des **Akteneinsichtsrechts** zu **verhindern,** so dass eine nach materiellem Zivilrecht unzulässige Beweisgewinnung im Wege der **Ausforschung** zur Ablehnung des berechtigten Interesses führen muss (Hilger, Löwe-Rosenberg, StPO § 406e Rn. 7; Meyer-Goßner, StPO, § 406e Rn. 3; *Riedel/Wallau* NStZ 2003, 395). Das Recht auf Akteneinsicht dient nicht dazu, einer bisher **unschlüssigen Zivilklage** zur Schlüssigkeit zu verhelfen oder eine nach dem Zivilrecht **unzulässige Beweisgewinnung** (z. B. Suche nach Unterlagen, beweisrelevanten Informationen) erst zu ermöglichen. Der Darlegung eines berechtigten Interesses und damit auch einer Interessenabwägung im Einzelfall bedarf es nach § 406e Abs. 1 S. 2 StPO nicht, sofern der Verletzte zur Nebenklage berechtigt ist.

61   **cc) Entgegenstehende überwiegende schutzwürdige Belange.** Die Akteneinsicht ist zu versagen, wenn und soweit **überwiegende schutzwürdige**

Interessen des **Beschuldigten** oder **anderer Personen** entgegenstehen. Bei einer Abwägung der widerstreitenden Interessen muss dem Interesse dieser Personen an **Geheimhaltung** höheres Gewicht beizumessen sein als dem Interesse des Verletzten an einer **Offenlegung** (BVerfG NJW 2007, 1052). Die über die Akteneinsicht entscheidende Staatsanwaltschaft oder das Gericht haben die widerstreitenden **Interessen** gegeneinander **abzuwägen** (LG Krefeld NStZ 2009, 112). Die Rechtsprechung hat als schutzwürdige Interessen u. a. die Wahrung des **Steuergeheimnisses** (LG Kleve wistra 1991, 160; LG München I wistra 2006, 240) sowie das Recht auf **informationelle Selbstbestimmung** und das **Fernmeldegeheimnis** (BVerfG NJW 2007, 1052; BT-Drs 10/5305, 18; LG Hildesheim NJW 2009, 3799) anerkannt. Zu den „anderen Personen", deren Geheimhaltungsinteressen zu berücksichtigen sind, zählen auch andere Verletzte, insbesondere weitere **Kapitalanleger.** Ein **berechtigtes Interesse** von Akteneinsicht nehmenden Anlegern **an persönlichen Daten anderer Anleger,** die diese im Ermittlungsverfahren oder gegenüber Steuerbehörden gemacht haben, **besteht grundsätzlich nicht** und hat hinter dem Interesse anderer Anleger an einer Geheimhaltung ihrer persönlichen Angaben zurückzustehen (LG München I wistra 2006, 240). **Dies gilt** indes **nicht für Daten** von **Anlegern,** die diese nicht gegenüber den Ermittlungs- oder Steuerbehörden, sondern insoweit **freiwillig gegenüber** dem **Beschuldigten oder** der von diesem vertretenen **Fondsgesellschaft** gemacht haben, da sich das Geheimhaltungsinteresse von in dem Geschäftsverkehr begebenen Daten relativiert (LG München I wistra 2006, 240). Auch die **Verschwiegenheitspflicht** aus § 8 Abs. 1 Satz 4 WpHG steht der Akteneinsicht an Verletzte in BaFin-Berichte nicht grundsätzlich entgegen (LG Berlin WM 2008, 1470 = BeckRS 2008, 10186).

b) Akteneinsicht in Strafverfahrensakten nach § 475 StPO. Nach § 475 **62** StPO steht auch Privatpersonen und sonstigen Stellen ein Akteneinsichtsrecht zu, soweit diese ein berechtigtes Interesse darlegen und ein schutzwürdiges Interesse des Betroffenen nicht entgegensteht.

aa) Antragsberechtigte. Nach § 475 StPO können **Privatpersonen** und **63** **sonstige** nicht öffentliche **Stellen** Auskünfte aus oder Einsicht in Akten aus **laufenden** oder **abgeschlossenen Strafverfahren** erhalten, wenn ihnen nicht schon aufgrund einer Verfahrensbeteiligung als Beschuldigter (§ 147 StPO), Privatkläger (§ 385 Abs. 3 StPO), Nebenkläger (§ 397 Abs. 1 S. 1 StPO), Verletzter (§ 406e StPO), Einziehungsbeteiligter (§ 434 Abs. 1 S. 2 StPO), juristische Personen als Nebenbeteiligte (§§ 442 Abs. 1, 444 Abs. 2 S. 2 StPO) oder aufgrund einer anderen Spezialvorschrift (§§ 474, 476 StPO) ein Akteneinsichtsrecht zusteht (OLG Hamburg, NJW 2002, 1590 f.). Der **Anwendungsbereich** des § 475 StPO ist eröffnet für den **nicht verletzten Zeugen** und dessen **anwaltlichen Beistand** (BGH NStZ-RR 2010, 246, 247; OLG Hamburg NJW 2002, 1590; KG NStZ 2008, 587), den **Strafverteidiger** in einem anderen Verfahren (BGH NStZ 2009, 51, 52; BGH StV 2008, 295; BGH StraFo 2008, 472), zufällig von **heimlichen Ermittlungsmaßnahmen Betroffene** (BGH NStZ-RR 2010, 281), für eine durch Ermittlungsmaßnahmen **betroffene juristische Person** (*Taschke* StV 2007, 499) sowie für den **Insolvenzverwalter** (LG Frankfurt a.M. StV 2003, 495; LG Hildesheim NJW 2008, 531 [533]; Meyer-Goßner StPO § 475 Rn. 1; Meyer-Goßner Vor § 406d Rn. 2; SK-StPO/Weßlau StPO § 475 Rn. 12; aA LG Hildesheim NJW 2009, 3799 [3801], das den Insolvenzverwalter als Verletzten i. S. d. § 406e StPO ansieht).

64   **bb) Berechtigtes Interesse.** Wie beim Akteneinsichtsrecht nach § 406e StPO bedarf es auch für die Akteneinsicht nach § 475 StPO eines **berechtigten Interesses** des **Antragstellers.** Hierzu müssen Tatsachen schlüssig vorgetragen werden, aus denen sich **Grund** und **Umfang** der benötigten **Auskünfte** erkennen lassen (Meyer-Goßner StPO, § 475 Rn. 2; LG Kassel StraFo 2005, 428 f; LG Frankfurt a.M. StV 2003, 495 ff). Eine **Glaubhaftmachung** ist **nicht erforderlich** (OLG Stuttgart NStZ-RR 2000, 349; *Hilger* NStZ 1984, 541). Dabei muss sich ergeben, wegen welcher tatsächlichen Anknüpfungspunkte der Antragsteller die Aktenauskunft oder Akteneinsicht geltend macht sowie wofür er die Informationen verwenden möchte. Die Geltendmachung **zivilrechtlicher Ansprüche** ist weitestgehend anerkannt (vgl. Hilger in: Löwe-Rosenberg, StPO Band 9, 26. Aufl. 2010, § 475 Rn. 5 mwN; LG Hildesheim NJW 2009, 3799; aA Koch FS Hamm 2008, 291). Die in Rede stehenden Ansprüche müssen dabei in Ansätzen konkretisiert sein; eine **pauschale Bezugnahme** auf mögliche Ansprüche **reicht nicht** aus (*Grieg,* Karlsruher Kommentar StPO, § 475 Rn. 2). Ein berechtigtes Interesse besteht insbesondere bei Gesuchen des **Insolvenzverwalters** zur **Prüfung insolvenzrechtlicher Ansprüche** (LG Hildesheim NJW 2008, 531) sowie bei Akteneinsichtsgesuchen des **Strafverteidigers,** besonders dann, wenn die Verfahren einen sachlichen inneren Zusammenhang aufweisen (BGH StV 2008, 295; NStZ 2010, 530).

65   **cc) Entgegenstehendes schutzwürdiges Interesse.** Im Unterschied zu § 406e Abs. 2 StPO genügt nach § 475 Abs. 1 S. 2 StPO zur (Teil-) Versagung der Akteneinsicht, dass ein **schutzwürdiges Interesse** des **Betroffenen** entgegensteht. Bei der Entscheidung über die Auskunftserteilung oder Gewährung von Akteneinsicht erfolgt **keine Abwägung** der Belange des Antragstellers gegen solche des Beschuldigten (LG Dresden, StV 2006, 11; LG Bochum, NJW 2005, 999; Meyer-Goßner, StPO, § 475 Rn. 3; Hilger/Löwe-Rosenberg, StPO, § 475 Rn. 7). Vielmehr ist die Akteneinsicht bereits dann zu versagen, wenn schutzwürdige Interessen des Beschuldigten bestehen. Diese können u.a. im Schutz des **Steuergeheimnisses** (§ 30 AO), entgegenstehender **Zwecke des Strafverfahrens** nach § 477 Abs. 2 StPO oder im Schutz von **Geschäfts- und Betriebsgeheimnissen** (LG Hildesheim NJW 2009, 3799) bestehen. Das schutzwürdige Interesse entfällt bei **kapitalmarktstrafrechtlichen Verfahren** insbesondere nicht dadurch, dass die Geschäfts- und Betriebsgeheimnisse im Zusammenhang mit **unlauteren** oder **kriminellen Vorkommnissen** in Unternehmen stehen. Letztlich kann die Lauterkeit des Geheimnisses nicht das Kriterium sein, nach dem eine Einordnung als geschütztes Geschäfts- und Betriebsgeheimnis vorzunehmen wäre (Janssen/Maluga, MüKo StGB, § 17 UWG Rn. 34). Denn auch **rechtswidrige unternehmensinterne Vorgänge** sind dem Unternehmen zurechenbar. Zudem führen einzelne rechtswidrige Vorgänge innerhalb eines Unternehmens nicht dazu, dass der durch die Berufsausübungsfreiheit des Art. 12 I GG verfassungsrechtlich verankerte Schutz von Geschäfts- und Betriebsgeheimnissen ausgehebelt werden könnte (BVerfG MMR 2006, 375 [376]).

66   **c) Akteneinsicht in Zivilverfahrensakten nach § 299 ZPO.** Sowohl der von einem Strafverfahren unmittelbar Betroffene als auch Dritte können ein Interesse daran haben, die Akten eines Zivilprozesses einzusehen. Die zivilrechtliche Entsprechung des strafprozessualen Akteneinsichtsrechtes ist in § 299 ZPO geregelt.

aa) Akteneinsicht durch die Prozessparteien. Die **Prozessparteien** haben   67
nach § 299 Abs. 1 ZPO ein Recht auf **vollständige Akteneinsicht** in die Pro-
zessakten des rechtshängigen Rechtsstreits. **Beigezogene Akten** anderer
Gerichte und Behörden unterfallen dem Einsichtsrecht dabei nur, soweit die
Ursprungsstelle die Einsichtnahme gestattet (VGH Mannheim, NJW 1996, 613;
Huber, Musielak, ZPO, § 299 Rn. 2; Deppenkemper, Prütting/Gehrlein, ZPO
§ 299 Rn. 4; soweit kein Widerspruch Greger, Zöller, ZPO, § 299 Rn. 3). Die
Akten können auf der Geschäftsstelle durch die **Parteien,** die **Prozessbevoll-
mächtigten** oder **beauftragte Dritte** eingesehen werden; der Einsichtnehmende
kann sich Ausfertigungen, Auszüge und Abschriften erteilen lassen. Anders als in
Strafsachen besteht indes **kein Anspruch** des Einsichtnehmenden auf **Versen-
dung** der Akten (BGH NJW 1961, 559); dem bevollmächtigten Rechtsanwalt
können die Akten jedoch zur Einsichtnahme in seiner Kanzlei überlassen werden
(OLG Hamm ZIP 1990, 1369). Wird die Akteneinsicht verweigert, kann die
Entscheidung des Richters mit der **sofortigen Beschwerde** (§ 567 Abs. 1 Nr. 2
ZPO), die Entscheidung des Urkundsbeamten mit der **Erinnerung** (§ 573 Abs. 1
ZPO) angefochten werden.

bb) Akteneinsicht durch Dritte. Das Akteneinsichtsrecht **Dritter** richtet   68
sich nach § 299 Abs. 2 ZPO. Als Dritte im Sinne des § 299 Abs. 2 ZPO gelten
alle Personen, die **nicht selbst Prozesspartei** sind (Deppenkemper, Prütting/
Gehrlein, ZPO § 299 Rn. 8). Nach Rechtshängigkeit werden daher auch **ehema-
lige Prozessparteien** als Dritte behandelt (Musielak–Huber ZPO § 299 Rn. 3).
Es besteht nur ein Einsichtsrecht, kein Anspruch auf Erteilung von Ausfertigungen, Auszügen und Abschriften der Verfahrensakte. Im **Insolvenzverfahren**
richtet sich das Recht auf Einsichtnahme in die gerichtlichen Insolvenzakten nach
§ 4 InsO in Verbindung mit § 299 ZPO. Für die Einsichtnahme in Insolvenzakten
gilt, dass auch (potenzielle) Insolvenzgläubiger während des laufenden Insolvenzverfahrens grundsätzlich einen Anspruch auf Einsicht in die Insolvenzakten haben
(OLG Frankfurt, NZI 2010, 773; *Kind* NZI 2006, 433). Unter den Voraussetzungen des § 299 Abs. 2 ZPO können dritte Personen die vollständigen Akten eines
Zivilrechtsstreits einsehen, wenn die **Prozessparteien einwilligen** oder ein
rechtliches Interesse glaubhaft (§ 294 ZPO) gemacht wird.

Anonymisierte Urteilsabschriften können dagegen auch ohne Einwilligung   69
der Parteien an interessierte Dritte (Fachverlage, Universitäten etc.) herausgegeben
oder veröffentlicht werden, wenn ein **öffentliches Informationsinteresse**
besteht. Ein Anspruch von sonstigen Dritten auf Unterrichtung über eine gerichtliche Entscheidung besteht nach Teilen der Rechtsprechung dann, soweit diese
für einen eigenen Fall **Präjudiziencharakter** haben kann (LG München, OLGZ
1984, 477, 479; *Stackmann* NJW 2010, 1409, 1411). Dies soll insbesondere für
Kapitalanlageverfahren der Fall sein (ausführlich *Stackmann,* NJW 2010, 1409,
1411), da diese eine Vielzahl potenziell geschädigter Personen betreffen können,
so dass ein öffentliches Interesse angenommen wird.

Den Prozessparteien ist zu einem Akteneinsichtsgesuch eines Dritten **rechtli-**   70
ches Gehör zu gewähren. Das Bestehen eines Akteneinsichtsrecht des Dritten
ohne Zustimmung der Parteien setzt die **Glaubhaftmachung** eines **rechtlichen Interesses** und die Feststellung des Gerichts voraus, dass das rechtliche
Interesse gegenüber dem **Interesse** der Parteien am Schutz ihrer personenbezogenen Daten **überwiegt** (OLG Frankfurt, BeckRS 2005, 14041; Zuck, NJW 2010,
2913, 2915). Unter dem erforderlichen **rechtlichen Interesse** im Sinne des § 299

Abs. 2 ZPO ist ein auf Rechtsnormen beruhendes oder durch solche geregeltes, **gegenwärtig bestehendes Rechtsverhältnis** einer Person zu einer anderen Person oder zu einer Sache zu verstehen (BGH, NJW 1952, 579; RGZ 151, 57, 62). Es muss der **Rechtskreis** des jeweiligen Antragstellers durch das Verfahren **konkret berührt** werden, und zwar durch das Verfahren selbst oder wenigstens durch den diesem zu Grunde liegenden Sachverhalt (OLG Frankfurt NZI 2010, 773). Das rechtliche Interesse liegt insbesondere auch dann vor, wenn **persönliche Rechte** des **Antragstellers** durch den Akteninhalt auch nur **mittelbar berührt** werden, sofern ein **rechtlicher Bezug** zu dem **Streitstoff** besteht (OLG Frankfurt, NZI 2010, 773 f.; OLG Hamm, NJW-RR 1997, 1489 f.; Greger, Zöller, ZPO, § 299 Rn. 6a). Wenn sich eine Partei in einem Zivilverfahren auf den **Inhalt** der Akten eines **anderen Verfahrens** beruft, an dem sie beteiligt ist, wird dem Prozessgegner ebenfalls ein rechtliches Interesse an der Einsichtnahme zustehen (vgl. § 142 Abs. 1 ZPO; OLG Saarbrücken NJW-RR 2001, 931).

71   Bei Vorliegen eines glaubhaft gemachten rechtlichen Interesses ist eine **Interessenabwägung** zwischen dem Recht auf effektiven Rechtsschutz des Antragstellers und dem Recht auf informationelle Selbstbestimmung der Prozessparteien vorzunehmen. Dabei ist zu berücksichtigen, dass der **Öffentlichkeitsgrundsatz** des Zivilprozesses den **Geheimhaltungsschutz relativiert** und das Akteneinsichtsrecht damit grundsätzlich Vorrang vor dem Geheimhaltungsinteresse genießt (*Zuck* NJW 2010, 2913, 2916). Das Interesse der Verfahrensbeteiligten überwiegt dagegen regelmäßig das rechtliche Interesse des Dritten, wenn die **Öffentlichkeit** nach § 169 GVG **ausgeschlossen** wurde oder soweit **vertrauliche Daten** (z. B. Geschäfts und Betriebsgeheimnisse oder Steuerdaten i.S.v. § 30 AO) Gegenstand des Verfahrens sind (*Deppenkemper*, Prütting/Gehrlein, ZPO § 299 Rn. 11).

72   Die **Entscheidung** über die Gewährung von Akteneinsicht trifft der **Vorstand des Gerichts**. Die Entscheidung kann durch die Prozessparteien sowie durch den Dritten mit den Anträgen nach § 23 EGGVG angegriffen werden. Die Gewährung von Akteneinsicht an die **Staatsanwaltschaft** im Zuge der **Amtshilfe** liegt im Ermessen des Zivilrichters (*Greger, Zöller, ZPO*, § 299 Rn. 8).

2. Adhäsionsverfahren, §§ 403 ff. StPO

73   Der Verletzte einer Straftat kann einen vermögensrechtlichen Anspruch gemäß § 403 StPO im Strafverfahren geltend machen, wenn er den Anspruch bislang noch nicht anderweitig geltend gemacht hat und der Anspruch zur Zuständigkeit der Zivilgerichte gehört. Das **Adhäsionsverfahren** ist für alle Strafverfahren vorgesehen, in denen Straftaten verhandelt werden, aus denen heraus dem Verletzten Ansprüche erwachsen sind (Meyer-Goßner, StPO, § 403 Rn. 11). Die **praktische Relevanz** in umfangreichen **kapitalmarktstrafrechtlichen Verfahren** dürfte indes gering sein, da das Strafgericht nach § 406 Abs. 1 S. 5 StPO von einer Entscheidung über den Adhäsionsantrag absehen kann, wenn sich der Antrag unter Berücksichtigung der berechtigten Belange des Antragstellers zur Erledigung im Strafverfahren nicht eignet (OLG Hamburg wistra 2006, 37). Das ist insbesondere dann der Fall, wenn die weitere Prüfung des Antrags das Verfahren erheblich verzögern würde, was umso mehr aufgrund des Beschleunigungsgebots in Haftsachen zu beachten ist (BGH wistra 2010, 272; OLG Celle StV 2007, 293). Aufgrund der mit einem Adhäsionsverfahren einhergehenden zusätzlichen tatsächlichen und zeitlichen Auswirkungen sowie der Komplexität der zivilrechtlichen Fragestellungen tendieren Gerichte dazu, gerade in **umfangreichen Wirt-**

schaftsstrafverfahren von der Entscheidung über den Adhäsionsantrag abzusehen (Feigen in FS Otto 879, 894).

a) Antragstellung. Das Adhäsionsverfahren wird durch einen **Antrag** des 74
Verletzten oder seines Erben eingeleitet. Der **Insolvenzverwalter** kann für den
Insolvenzschuldner keinen entsprechenden Antrag stellen (str. OLG Frankfurt
a.M. NStZ 2007, 168; aA OLG Celle NJW 2007, 3795). Der Anschlussantrag
kann bis zum Beginn der Schlussvorträge gestellt werden (§ 404 Abs. 1 S. 1 StPO)
und muss inhaltlich (§ 404 Abs. 1 S. 2 StPO) den von § 253 Abs. 2 Nr. 2 ZPO
aufgestellten **Anforderungen** für eine **Klageerhebung** im Zivilprozess entsprechen (Meyer-Goßner, StPO, § 404 Rn. 3; Hilger in: LR–StPO, 25. Aufl. (1998),
§ 404 Rn. 1; Dallmeyer JuS 2005, 327). Durch das Strafgericht darf nicht mehr
zugesprochen werden, als durch den Verletzten beantragt (BGH NStZ-RR 2009,
319; *Klein,* 79). Die **Rechtshängigkeit** der Sache tritt mit der **Antragstellung**
(Eingang des Antrags bei Gericht) gemäß § 404 Abs. 2 S. 2 StPO ein.

Geltend gemacht werden können zivilrechtliche **vermögensrechtliche** 75
Ansprüche, die aus der Straftat erwachsen sind. In **Kapitalanlageverfahren**
werden dies typischerweise **Schadensersatzansprüche** nach §§ 823, 826 BGB
sein. Eine Streitwertgrenze sieht das Adhäsionsverfahren nicht vor, d.h. es können
in einem Strafprozess vor dem Amtsgericht auch Ansprüche geltend gemacht
werden, die in einem Zivilprozess wegen ihres Wertes nur vor dem Landgericht
verfolgt werden könnten (vgl. § 23 Nr. 1 GVG). Der Verletzte kann den Adhäsionsantrag unabhängig davon stellen, ob er ansonsten am Verfahren beteiligt ist
(z. B. als Nebenkläger).

b) Rechtsstellung der Beteiligten. Durch den Anschluss erhält der **Ver-** 76
letzte nicht die Stellung eines Nebenklägers oder Privatklägers, d.h. er kann
keine weiteren Verfahrensanträge stellen oder Rechtsmittel einlegen. Ihm steht
allerdings ein Frage- und Beweisantragsrecht zu, da das Gericht im Strengbeweisverfahren nach § 406 StPO sämtliche Anspruchsgrundlagen zu ermitteln hat
(Meyer-Goßner, StPO, § 404 Rn. 9). Der Verletzte kann sich von einem Rechtsanwalt vertreten lassen oder mit anwaltlichem Beistand erscheinen (vgl. § 406f
StPO für den nicht nebenklageberechtigten und § 406g StPO für den nebenklageberechtigten Verletzten). Hat der Angeklagte bereits einen **Verteidiger,** soll ihm
dieser auch für den **Adhäsionsprozess** beigeordnet werden, hat der Antragsteller
bereits einen **Beistand,** soll ihm dieser beigeordnet werden (§ 404 Abs. 5 S. 2
StPO iVm § 121 Abs. 2 ZPO). Dies kann z. B. dann der Fall sein, wenn dem
Verletzten als Nebenkläger bereits gem. § 397a StPO ein Rechtsanwalt als Beistand bestellt wurde oder dem Angeschuldigten gem. § 140 Abs. 2 S. 1 StPO
deshalb ein Pflichtverteidiger bestellt wurde.

Antragsgegner ist der **Angeklagte** selbst. Wer bloß zivilrechtlich mithaftet, 77
kann nicht in den Adhäsionsprozess einbezogen werden. Dies gilt auch für einen
Haftpflichtversicherer des Angeklagten. Die **Staatsanwaltschaft** ist am Adhäsionsprozess prinzipiell **nicht beteiligt.** Nach Nr. 174 Abs. 1 RiStBV nimmt der
Staatsanwalt deshalb zum Adhäsionsantrag nur Stellung, wenn dies nötig ist, um
die Tat strafrechtlich zutreffend zu würdigen oder eine Verzögerung des Strafverfahrens zu verhindern.

c) Verfahrensgrundsätze. Die sachliche **Aufklärung** der Entscheidungs- 78
grundlagen im Strafverfahren im Form der **Amtsaufklärungspflicht** erfolgt
abweichend vom **Zivilverfahren** (§ 244 Abs. 2 StPO), was Beweiserleichte-

rungen für den Adhäsionskläger mit sich bringt. Das Strafgericht hat zur Erforschung der Wahrheit die Beweisaufnahme von Amts wegen auf alle Tatsachen und Beweismittel zu erstrecken, die für die Entscheidung von Bedeutung sind (OLG Frankfurt, NJOZ 2007, 5351, 5353; *Klein,* 78; Meyer-Goßner, StPO, § 404 Rn. 11). Hierin liegt einer der wesentlichen Vorteile des Adhäsionsprozesses für den Verletzten. Eine wichtige Einschränkung erfährt die Amtsaufklärungspflicht jedoch im Adhäsionsprozess: Das Gericht kann von § 287 ZPO Gebrauch machen, d.h. den Ursachenzusammenhang zwischen Haftungsgrund und Schaden sowie die Schadenshöhe schätzen. Nachteilig für den Verletzten ist zudem, dass die Geständniswirkung des § 288 ZPO nicht eintritt (OLG Frankfurt, NJOZ 2007, 5351, 5353). Ein weiterer Vorteil für den **Verletzten** liegt darin, dass er im Adhäsionsprozess sowohl als Adhäsionskläger aktiv am Verfahren mitwirken kann (z. B. durch die Stellung von **Beweisanträgen**), als auch zugleich als **Zeuge** ein vollwertiges Beweismittel im Sinne der §§ 48 ff. StPO darstellt. Im **Zivilprozess** ist der Verletzte demgegenüber **Partei** und kann deshalb nicht als Zeuge vernommen werden. Zwar ist im Zivilprozess die Parteivernehmung eines der gesetzlichen Beweismittel; allerdings sind die Voraussetzungen hierfür in den §§ 445 ff. ZPO sehr eng gefasst. Neben diesen Vorteilen kann die andersartige Struktur des Strafprozesses aber auch Nachteile für den Verletzten mit sich bringen. Insbesondere gilt, wie allgemein im Strafverfahren, auch im **Adhäsionsprozess** für den Angeklagten uneingeschränkt die **Aussagefreiheit** (vgl. §§ 136 Abs. 1 S. 2, 243 Abs. 4 S. 1 StPO). **Schweigt** der **Angeklagte,** darf dies im Rahmen der strafgerichtlichen Beweiswürdigung grundsätzlich **nicht** zu seinen Lasten **verwertet** werden. Im **Zivilprozess** dagegen muss sich der Beklagte als Partei **vollständig** und **wahrheitsgemäß** erklären (§ 138 Abs. 1, 2 ZPO), anderenfalls greift die **Geständnisfiktion** (§ 138 Abs. 3 ZPO).

79   **d) Entscheidungsformen.** Die **Entscheidungsformen** im Adhäsionsprozess orientieren sich zunehmend an den Entscheidungsmöglichkeiten der Zivilgerichte. Die Adhäsionsentscheidung ist gleichwohl allein als Folge zur Verurteilung des Angeklagten wegen einer Straftat vorgesehen, sie beruht demnach auf einem nach den Grundsätzen der StPO durchgeführten Verfahren (BGH, NJW 1991, 1244; Meyer-Goßner, StPO, § 404 Rn. 10; *Dallmeyer* JuS 2005, 327 f.; *Köckerbauer* NStZ 1994, 305, 308). Das Gericht hat die Möglichkeit, **Grund-** oder **Teilurteile** zu erlassen (§ 406 Abs. 1 S. 2 StPO). Das Verfahren kann außerdem mittels vollstreckbaren **Prozessvergleichs** beendet werden (§ 405 StPO). Auch ein **Anerkenntnisurteil** kann erlassen werden (§ 406 Abs. 2 StPO in Anlehnung an § 307 Abs. 1 ZPO). Der Ausspruch über die **vorläufige Vollstreckbarkeit** ergeht analog den §§ 708 ff. ZPO (§ 406 Abs. 3 S. 2 StPO). Auch für die **Zwangsvollstreckung** verweist die StPO auf die ZPO (§ 406b StPO).

80   Eine weitere **Besonderheit** des **Adhäsionsverfahrens** ist zudem der Umstand, dass eine Verwerfung oder Zurückweisung des Antrags als unzulässig oder unbegründet in keinem Fall stattfindet. Gibt das Strafgericht dem Antrag nicht statt, so **sieht** es ganz oder teilweise **von einer Entscheidung ab.** Sollte das Strafgericht einem geringeren Betrag als beantragt stattgeben, bleibt es dem Verletzten gem. § 406 Abs. 3 S. 3 StPO unbenommen, in einem **Zivilprozess** einen höheren Schadensersatzanspruch geltend zu machen. Lehnt das Gericht den Schadenersatzanspruch insgesamt ab, tritt dadurch kein **Klageverbrauch** ein (*Hansen/Wolff-Rojczyk* GRUR 2009, 644 f.).

3. Nebenklage, § 395 StPO

Das Verfahren bei der **Nebenklage** gem. § 395 StPO sieht anders als die **81** Privatklage die **Beteiligung** des **Verletzten** mit Verfahrensrechten am Offizialverfahren vor. In dem Straftatkatalog des § 395 Abs. 1 StPO sind für den Verletzten von **Kapitalmarkt-, Korruptions-, Untreue-, Betrugs-, Bilanz- und Steuerhinterziehungsdelikten** grundsätzlich **keine Rechte zum Anschluss** an ein von der Staatsanwaltschaft von Amts wegen geführtes Verfahren vorgesehen.

Es bestehen jedoch zwei Ausnahmetatbestände, deren Vorliegen zu prüfen ist. **82** Der Verletzte kann sich mit der Nebenklage dem Strafverfahren dann anschließen, wenn ein durch den **gleichen Lebenssachverhalt** erfülltes **Nebenklagedelikt** in **Tateinheit** oder **Gesetzeskonkurrenz** mit einem anderen begangen worden ist, das Gegenstand der Anklage ist (Meyer-Goßner, StPO § 395 Rn. 4; BGHSt. 13, 143, 144; 29, 216, 218; 33, 114, 115; StV 1981, 535). Eine weitere Ausweitung der **Anschlussbefugnis** ist seit dem 2. Opferrechtsreformgesetz 2009 für **besonders gravierende Fälle** in § 395 Abs. 3 StPO erfolgt (Gesetz vom 29.7.2009, BGBl. I. S. 2280, in Kraft seit dem 1.10.2009; vgl. dazu *Bittmann* JuS 2010, 219; *Bung* StV 2009, 430; *Mathy* NJOZ 2009, 3786; *Schroth* NJW 2009, 2916). Zu der Frage, welche Gründe im Einzelnen als besonders schwerwiegend im Sinne der ungenannten Fälle angesehen werden, ist bislang keine Rechtsprechung ergangen. Der BGH hat dem Grunde nach entschieden, dass die Untreue gemäß § 266 StGB ausnahmsweise zum Nebenklageanschluss berechtigt (BGH, Beschluss vom 9.5.2012, NJW 2012, 2601 BeckRS 2012, 11283 mit Anm. *Schröder*). Auf die besondere Schwere einer persönlichen Betroffenheit soll es jedenfalls nicht ankommen (Meyer-Goßner, StPO, § 395 Rn. 10 unter Hinweis auf die Gesetzesbegründung, BR-Drs. 178/06). Maßgeblich für die Zuerkennung der privilegierten Rechtsstellung eines Nebenklägers ist die im Einzelfall zu prüfende prozessuale Schutzbedürftigkeit des möglicherweise durch die Tat Verletzten (BGH, Beschluss vom 9.5.2012, BeckRS 2012, 11283). Die unbenannten Voraussetzungen sind im Einzelnen im Antrag nachzuweisen und durch das Gericht nach Anhörung von Staatsanwaltschaft und Verteidigung (§ 396 Abs. 2 StPO) bindend zu entscheiden. Ob in Ausnahmefällen auch besonders schwere Fälle von **Wirtschafts- und Kapitalmarktstraftaten** hiervon erfasst werden können, bleibt abzuwarten. Allein das wirtschaftliche Interesse eines möglichen Verletzten an der effektiven Durchsetzung zivilrechtlicher Ansprüche gegen den Angeklagten ist zur Begründung besonderer Schutzbedürftigkeit unzureichend (BGH, Beschluss vom 9.5.2012, BeckRS 2012, 11283, NJW 2012, 2601).

4. Besondere Berufsgruppen als Zeugen im Straf- und Zivilprozess

In Straf- und Zivilverfahren kommen Personen als Zeugen in Betracht, deren **83** Vernehmung aufgrund ihres Amtes, ihrer beruflichen Stellung sowie aufgrund von Spezialgesetzen besonderen verfahrensrechtlichen Anforderungen unterliegt.

a) Ermittlungspersonen als Zeugen im Zivilprozess. Ein Prozessgegner **84** kann versuchen, Wahrnehmungen von Ermittlungspersonen, **Staatsanwälten** und **Polizeibeamten** über Einzelheiten der Ermittlungen, Verständigungsgespräche oder informelle Kontakte durch deren Vernehmung als Zeugen in den Zivilprozess einzuführen. Dies richtet sich nach den §§ 376, 383 Abs. 1 Nr. 6 ZPO.

85   **aa) Vernehmung bei Amtsverschwiegenheit, §§ 376, 383 Abs. 1 Nr. 6 ZPO.** Nach § 383 Abs. 1 Nr. 6 ZPO sind Personen, denen kraft ihres Amtes Tatsachen anvertraut sind, deren Geheimhaltung durch ihre Natur oder durch gesetzliche Vorschrift geboten ist, zur Verweigerung des Zeugnisses berechtigt. Grundsätzlich unterliegen alle Umstände, die Beamten in Ausübung der amtlichen Tätigkeit bekannt geworden sind, dem **Dienstgeheimnis** nach § 67 I BBG und § 37 I BeamtStG. Hierunter fallen insbesondere auch Wahrnehmungen, die die Ermittlungspersonen anlässlich eines Ermittlungsverfahrens, z. B. in Gesprächen mit dem Verteidiger, gemacht haben. Die Vernehmung als Zeuge bedarf daher der **Aussagegenehmigung.** Nach § 67 BBG darf die Genehmigung, als Zeuge auszusagen, durch den Dienstvorgesetzten nur versagt werden, wenn die Aussage dem Wohle des Bundes oder eines deutschen Landes Nachteile bereiten oder die Erfüllung öffentlicher Aufgaben ernstlich gefährden oder erheblich erschweren würde. Die Befreiung von der Verschwiegenheitspflicht lässt ein möglicherweise anderweitig bestehendes Zeugnisverweigerungsrecht nach § 383 Abs. 1 Nr. 6 ZPO unberührt (*Huber*/Musielak § 376 Rn. 6). Nach § 376 Abs. 3 ZPO ist die Genehmigung durch das Prozessgericht einzuholen und dem Zeugen bekannt zu machen. Eine fehlende Aussagegenehmigung stellt ein **Beweiserhebungsverbot** dar; ein Verstoß gegen § 376 ZPO führt jedoch zu **keinem Beweisverwertungsverbot** (BGH NJW 1952, 151). Eine Aussagegenehmigung für einen Richter befreit dabei nicht von der Beachtung des **Beratungsgeheimnisses** nach §§ 43, 45 Abs. 1 S. 2 DRiG (Baumbach/Lauterbach/Albers/Hopt, ZPO, § 376 Rn. 10).

86   **bb) Konsequenzen einer Verletzung der Amtsverschwiegenheit.** Eine Verletzung des Dienstgeheimnisses kann sowohl eine strafrechtliche Verantwortlichkeit nach § 203 Abs. 2 Nr. 1 StGB und nach § 353b StGB sowie dienstrechtliche Folgen auslösen.

87   **b) Berufsgeheimnisträger als Zeugen im Straf- und Zivilprozess.** In Zivil- und Strafverfahren mit kapitalmarktrechtlichem Bezug werden regelmäßig auch Berufsgeheimnisträger, insbesondere **Wirtschaftsprüfer, Rechtsanwälte** oder **Steuerberater** als Zeugen über die Feststellungen betreffend die emittierenden Gesellschaften oder deren Unternehmensverantwortlichen in Betracht kommen, sei es in der Funktion als **rechtliche** und **steuerliche Berater, Abschlussprüfer** nach §§ 318 ff. HGB, als **Sonderprüfer** nach § 44 KWG, **Kapitalprüfer** nach § 183 AktG oder **interne Ermittler.**

88   **aa) Verschwiegenheitspflicht und Zeugnisverweigerungsrecht. Berufsgeheimnisträger,** wie insbesondere Wirtschaftsprüfer, Rechtsanwälte und Steuerberater, sind nach den einschlägigen berufsrechtlichen Regelungen zur **Verschwiegenheit** verpflichtet mit der Folge, dass ihnen **Zeugnisverweigerungsrechte** zustehen. In **strafprozessualer Hinsicht** folgt das Zeugnisverweigerungsrecht unmittelbar aus **§ 53 Abs. 1 Nr. 3 StPO.** Korrespondierend dazu steht auch im **Zivilprozess** Personen, denen kraft ihres Amtes, Standes oder Gewerbes Tatsachen anvertraut sind, deren Geheimhaltung durch ihre Natur oder durch gesetzliche Vorschrift geboten ist, in Betreff der Tatsachen, auf welche die Verpflichtung zur Verschwiegenheit sich bezieht, ein **Zeugnisverweigerungsrecht** nach **§ 383 Abs. 1 Nr. 6 ZPO** zu.

89   Ein Zeugnisverweigerungsrecht liegt vor, wenn der beweiserhebliche Themenkreis das **berufsspezifische Vertrauensverhältnis** betrifft (*Ignor*/Bertheau/ Löwe-Rosenberg, StPO, § 53 Rn. 35). Der berufsrechtlichen Verschwiegenheitspflicht des Wirtschaftsprüfers unterliegen dabei jedenfalls nicht solche fachlichen oder rechtlichen Kenntnisse, die sich aus Berufserfahrung ergeben und den Rückschluss auf einen bestimmten Mandanten nicht zulassen (WP Handbuch, Band I Abschnitt A Rn. 264). Über alle **mandatsbezogenen Umstände** ist dagegen **Verschwiegenheit** zu bewahren. Das gilt auch dann, wenn ein Wirtschaftsprüfer nach § 183 AktG vom Registergericht als **Kapitalprüfer** eingesetzt wurde (LG Bonn, wistra 2000, 437; Senge, Hannich, StPO, § 53 Rn. 16).

bb) Entbindung von der Verschwiegenheitspflicht. Die Verschwiegen- **90** heitspflicht gilt nicht absolut. Eine **Entbindung** von der **Verschwiegenheitspflicht** kann durch denjenigen erklärt werden, zu dessen Gunsten die Verschwiegenheitspflicht gesetzlich begründet ist (Ignor/Bertheau, Löwe-Rosenberg StPO, § 53 Rn. 78; WP Handbuch Band I Abschnitt A Rn. 271). Für das **Strafverfahren** folgt dies aus **§ 53 Abs. 2 StPO.** Eine wirksame Entbindung von der Verschwiegenheitspflicht führt dazu, dass der Wirtschaftsprüfer in dem strafprozessualen Verfahren als Zeuge aussagen muss. Entsprechendes gilt für **Zivilverfahren** nach **§ 385 Abs. 2 ZPO.** Auch hier führt die Entbindung von der Schweigepflicht zu dem Verlust des Zeugnisverweigerungsrechtes. Spiegelbildlich hierzu ist der Widerruf der Entbindung von der Verschwiegenheitspflicht analog § 52 Abs. 3 S. 2 StPO, § 385 Abs. 2 ZPO jederzeit möglich (BGH NStZ 1996, 348; BGH NJW 1963, 723; Rogall, Rudolphi, SK-StPO, §53 Rn. 204; Senge, Hannich, StPO, § 53 Rn. 54). Die **Aussage** des Zeugen, die er **vor Widerruf** der Entbindung von der Schweigepflicht gemacht hat, ist jedoch **uneingeschränkt verwertbar,** sowohl im Zivil- als auch im Strafprozess (BGH StV 1997, 233; *Senge,* Hannich, StPO, § 53 Rn. 54; Meyer-Goßner, StPO, § 53 Rn. 49; *Rogall/Rudolphi* in SK-StPO, § 53 Rn. 207 ff. mwN).

cc) Entbindung von der Verschwiegenheitspflicht durch den Insol- 91 venzverwalter. Die Frage, durch wen die Entbindung im Einzelfall wirksam zu erklären ist, wird uneinheitlich beantwortet. Relevant wird diese Problematik regelmäßig, wenn ein **Wechsel** innerhalb der das Unternehmen vertretenden **Organe** stattgefunden hat oder die juristische Person in Insolvenz gefallen, ein **Insolvenzverwalter** eingesetzt ist und gegen die ehemaligen Organmitglieder ein Strafverfahren oder Zivilverfahren geführt wird.

aaa) Strafverfahren. Die Beantwortung dieser Frage ist mit Blick auf eine **92** wirksame Entbindung für das **Strafverfahren** höchst streitig. Die beschuldigten Organmitglieder werden aus verteidigungstaktischen Gründen häufig ein Interesse daran haben, dass der Wirtschaftsprüfer in dem gegen sie gerichteten Verfahren keine Angaben macht, so dass eine Entbindungserklärung verweigert wird.

Nach einem Teil der Rechtsprechung soll das **mandatsspezifische Vertrau- 93 ensverhältnis** nur zwischen den **unmittelbaren Vertragspartnern** bestehen; wenn der Wirtschaftsprüfer durch eine juristische Person mandatiert wurde, soll sich das mandatsbezogene **Vertrauensverhältnis** auch auf die **juristische Person** beschränken (OLG Nürnberg NZI 2009, 817; LG Hamburg NStZ-RR 2002, 12; OLG Oldenburg NJW 2004, 2176 = NStZ 2004, 570). Nach der Einsetzung eines Insolvenzverwalters oder dem Wechsel der Geschäftsführung soll nach dieser Auffassung der originär durch die juristische Person mandatierte Wirtschaftsprüfer **allein durch** den **Insolvenzverwalter** oder die **neue Geschäftsführung** von der Schweigepflicht entbunden werden können (OLG Nürnberg NZI 2009, 817= BeckRS 2009, 20184 mit Anm. *Zimmermann* FD-

StrafR 2009, 286222.; nach OLG Oldenburg, NJW 2004, 2176 – anderenfalls
drohe eine schwere Beeinträchtigung der Ermittlungen im Strafprozess; LG Hamburg NStZ-RR 2002, 12; ausführl. zu Schweigerechten bei Insolvenz *Kiethe* NZI
2006, 267, 269 ff.) Das **Interesse** der **juristischen Person** (Geheimhaltung im
Vertrauensverhältnis zum Wirtschaftsprüfer) und dasjenige des (ehemaligen)
Geschäftsführers (Verhinderung strafrechtlicher Konsequenzen auf privater
Ebene) seien **nicht gleichbedeutend.** Geheimnisse, die dem Wirtschaftsprüfer
von dem gesetzlichen Vertreter der juristischen Person in privaten Angelegenheiten mitgeteilt wurden, stünden in keinem unmittelbaren Zusammenhang zu den
zu prüfenden Informationen des Unternehmens und seien somit nicht zwangsläufig dem von § 53 StPO geschützten berufsbezogenen Vertrauensverhältnis zuzuordnen (OLG Nürnberg NZI 2009, 817 f). Das Geheimhaltungsinteresse des
Unternehmens nach Eröffnung des Insolvenzverfahrens oder Wechsel der
Geschäftsführung stehe **nicht** mehr **zur Disposition des ehemaligen
Geschäftsführers** (BGH NJW 1990, 510, 512; OLG Oldenburg NJW 2004,
2176; LG Hamburg NStZ-RR 2002, 12).

94   Nach der vorzugswürdigen Gegenauffassung bezieht sich die **Verschwiegenheitspflicht** des Wirtschaftsprüfers nicht nur auf die juristische Person als Mandanten, sondern aufgrund des **personalisierten Charakters** der Verschwiegenheitspflicht insbesondere auch auf dessen **Organe,** die zum Zeitpunkt des
Mandatsverhältnisses für den Mandanten bestellt waren (*OLG Düsseldorf* StV 1993,
346; OLG Celle wistra 1986, 83; OLG Koblenz NStZ 1985, 426; OLG Düsseldorf
wistra 1993, 120; OLG Schleswig NJW 1981, 294; *Rogall* in: SK-StPO, § 53
Rn. 199 f.; *Ignor/Bertheau,* Löwe-Rosenberg StPO § 53 Rn. 78; Meyer-Goßner,
StPO, 51. Aufl., § 53 Rn. 46; *Senge* in: KK-StPO, 6. Aufl., § 53 Rn. 47
m.w.Nachw.; Dierlamm, Strafverteidigung im Rechtsstaat, S. 436 ausführlich zu
den verschiedenen Ansätzen). Wenn der Auftrag durch eine juristische Person
erteilt wird, besteht zwar das Mandatsverhältnis zwischen Berufsgeheimnisträger
und der juristischen Person. Ein **Vertrauensverhältnis,** dessen Schutz gerade
§ 53 StPO bezweckt, kann aber nur zu einer natürlichen Person, namentlich
den Unternehmensvertretern, bestehen. Der **persönliche Bezug** ist dabei umso
stärker, wenn die **betreffenden Organe** als **Auskunftspersonen** zur Verfügung
standen und im Nachhinein nicht mehr sicher voneinander abgrenzbar ist, durch
wen welche Informationen zur Verfügung gestellt und damit dem Berufsgeheimnisträger „anvertraut" wurden. Zu berücksichtigen ist zudem auch der Standpunkt
der **berufsständischen Kammern.** Nach dem Beschluss der Wirtschaftsprüferkammer ist eine **Entbindung** durch die **ehemaligen Geschäftsführer** aus
berufsrechtlichen Gründen **zwingend erforderlich,** so dass ein Wirtschaftsprüfer
bei Vorliegen einer isolierten Entbindungserklärung nur des Insolvenzverwalters
Gefahr läuft, durch die Aussage gegen seine berufsrechtlichen Pflichten zu verstoßen. Die **Wirtschaftsprüferkammer** hat insoweit den Beschluss gefasst, dass
das Recht zur Entbindung von der Verschwiegenheitspflicht nicht zur alleinigen
Disposition einer GmbH steht, wenn diese, handelnd durch ihren Geschäftsführer
als Organ, einen Wirtschaftsprüfer mit der Überprüfung der wirtschaftlichen
Angelegenheiten der Gesellschaft beauftragt hat. Vielmehr stehe dieses Recht
auch der Person zu, die im Rahmen der anvertrauten Tatsachen Betroffene des
Vertrauensverhältnisses zwischen Wirtschaftsprüfer und seinem Vertragspartner ist. In einem Strafverfahren gegen die Geschäftsführer einer GmbH sind
Betroffene die anvertrauenden Geschäftsführer. Ihnen steht danach das Recht zur

Entbindung von der Verschwiegenheitspflicht nach § 53 Abs. 2 StPO zu (WPK-Mitteilungen 1–2/1989, 17).

Dieser Auffassung hat sich die **Steuerberaterkammer** angeschlossen **95** (Beschluss des Ausschusses „Steuerberatungsrecht", 69. Sitzung 22.11.2004 unter Hinweis auf LG Berlin wistra 1993, 278; Schmitt wistra 1993, 9 ff.; vgl. hierzu *Dierlamm*, Strafverteidigung im Rechtsstaat, S. 435).

bbb) Zivilverfahren. In **Zivilverfahren** erachtet die Rechtsprechung dage- **96** gen die **Entbindungserklärung** des **Insolvenzverwalters** einer juristischen Person als **ausreichend** (BGH NJW 1990, 510; OLG Düsseldorf ZIP 1993, 1807; *Weyand* wistra 1995, 240). Dies wird im Wesentlichen damit begründet, dass es in zivilrechtlichen Verfahren nicht um die strafrechtliche Verantwortlichkeit einer natürlichen Person, sondern ausschließlich darum gehe, dass im Insolvenzverfahren selbst der Schuldner bzw. dessen ehemaliger Geschäftsführer uneingeschränkt auskunftspflichtig ist und sogar strafbare Handlungen im Interesse der Gläubiger an einer ordnungsgemäßen Abwicklung der Insolvenz offenbaren müsse (so OLG Düsseldorf ZIP 1993, 1807 unter Hinweis auf BVerfG, NJW 1981, 1431). Da der Schuldner als einer der im Insolvenzverfahren wichtigsten Informationsträger zur uneingeschränkten Offenbarung verpflichtet sei, könne die Schutzbedürftigkeit auch im Hinblick auf das bestehende Vertrauensverhältnis zwischen dem Schuldner und dem betreffenden Rechtsanwalt, Steuerberater oder Wirtschaftsprüfer nicht weiter gehen und insoweit nichts anderes gelten. Durch diese Rechtsprechung wird indes nicht berücksichtigt, dass gerade im Hinblick auf die **insolvenzrechtlichen Auskunftspflichten** für den Schuldner mit § **97 Abs. 1 S. 3 InsO** ein **Beweisverwertungsverbot** für das **Strafverfahren** normiert ist. Da eine gesetzliche Entsprechung für den Berufsgeheimnisträger fehlt, läuft das Beweisverwertungsverbot leer, wenn die im Zivilverfahren getätigten Aussage etwa im Wege der **Protokollverlesung** nach § 251 StPO in das Strafverfahren eingeführt würden. Dieser Widerspruch könnte durch eine analoge Anwendung des § 97 Abs. 1 S. 3 StPO (vgl. Dierlamm, Strafverteidigung im Rechtsstaat, S. 448) durch eine entsprechende Anwendung der durch das BVerfG aufgestellten Grundsätze (BVerfG NJW 1981, 1431 ff.) aufgelöst werden.

dd) Konsequenzen einer Verletzung der Verschwiegenheitspflicht und 97 Aussageverweigerung. Sofern der Berufsgeheimnisträger in einem Zivil- oder Strafprozess aussagt, ohne wirksam von der Verschwiegenheitspflicht entbunden zu sein, droht ihm eine eigene **Strafbarkeit** nach § **203 Abs. 1 StGB.** Wird die Aussage hingegen unberechtigt verweigert, so drohen dem Berufsgeheimnisträger die **Ordnungsmittel** nach §§ **70 ff. StPO** bzw. § **390 ZPO.**

Wenn ein Wirtschaftsprüfer oder Steuerberater sich einer der Rechtsauffassung **98** der berufsständischen Kammern entgegenstehenden Rechtsauffassung einer Staatsanwaltschaft oder eines Gerichts unterwirft, kann dies die Einleitung eines **berufsrechtlichen Ermittlungsverfahrens** wegen eines Verstoßes gegen § 43 Abs. 1 WPO, § 57 Abs. 1 StBerG nach sich ziehen.

ee) Korrespondierende Beschlagnahmeverbote und Weigerungs- 99 rechte. Korrespondierend zu dem Zeugnisverweigerungsrecht ist das **strafprozessuale Beschlagnahmeverbot** nach § 97 StPO zu sehen. Demnach dürfen Aufzeichnungen und andere Gegenstände nicht beschlagnahmt werden, auf die sich das Zeugnisverweigerungsrecht der in § 53 Abs. 1 S. 1 Nr. 1 bis 3b StPO verweigerungsberechtigten Berufsgruppen erstreckt. Mit einer **wirksamen Ent-**

bindung von der Schweigepflicht **entfällt** daher mit dem Zeugnisverweigerungsrecht das **Beschlagnahmeverbot** mit der Folge, dass eine Herausgabepflicht nach
§ 95 StPO bzgl. der Unterlagen des Mandanten und der Gegenstände besteht, die
sich im Gewahrsam von Wirtschaftsprüfern, Steuerberatern und anderen in § 53
Abs. 1 StPO genannten Personen befinden. Entsprechendes gilt für **zivilprozessuale Vorlageanordnungen** nach § 142 Abs. 2 ZPO. Das Weigerungsrecht entfällt mit einer wirksamen Entbindung von der Verschwiegenheitspflicht.

100   **c) Unternehmensanwälte als Zeugen im Zivil- und Strafprozess.** Insbesondere nach der Durchführung von Internal Investigations kann die Situation
eintreten, dass die mit der Untersuchung beauftragten Unternehmensanwälte in
Zivil- und Strafverfahren als Zeugen über die gewonnen Erkenntnisse aussagen
oder aber deren Arbeitsergebnisse (Gesprächsprotokolle, Berichte) verwertet werden sollen.

101   **aa) Verschwiegenheitspflicht, Zeugnisverweigerung, Beschlagnahmeverbote.** Die **Verschwiegenheitspflicht** des Rechtsanwalts ist in § 43a Abs. 2
BRAO und inhaltsgleich in § 2 BORA normiert. Unter die Verschwiegenheitspflicht gemäß § 43a Abs. 2 BRAO fällt alles, was dem Rechtsanwalt in Ausübung
seines Berufs bekannt geworden ist, ohne dass es darauf ankommt, von wem und
auf welche Weise er sein Wissen erworben hat. Die Pflicht betrifft zudem auch
Zufallswissen, das im Rahmen beruflicher Tätigkeit erlangt worden ist (BGH
NJW 2011, 1077). **Zeugnisverweigerungsrechte** ergeben sich aus § 53 Abs. 1
Nr. 3 StPO und § 383 Abs. 1 Nr. 6 ZPO, **Beschlagnahmeverbote** folgen aus
§ 97, 160a Abs. 1 StPO nF

102   **bb) Umfang der Zeugnisverweigerung und Beschlagnahmeverbote.**
Der **Rechtsanwalt muss** in einem Straf- oder Zivilverfahren **als Zeuge** aussagen, soweit er von der **Verschwiegenheitspflicht entbunden** ist (zum Verteidi-
ger vgl. Bosbach StRFo 2011, 172). Eine beschränkte Entbindung für Teilbereiche
ist zulässig (Meyer-Goßner, StPO, § 53 Rn. 49). Seit der Entscheidung des LG
Hamburg zum Fall HSH-Nordbank (LG Hamburg, NJW 2011, 942) werden in
Bezug auf **interne Ermittlungen** Umfang und Reichweite von Zeugnisverwei-
gerungsrechten und Beschlagnahmeverboten nach §§ 97, 160a StPO diskutiert.
Das **Beschlagnahmeverbot** des § 97 Abs. 1 Nr. 3 StPO ist nach einschränkender
Auslegung auf Unterlagen aus internen Untersuchungen **nicht** anwendbar, wenn
derjenige, zu dessen Gunsten ein Aussageverweigerungsrecht besteht, nicht in
dem konkreten Verfahren Beschuldigter ist (LG Hamburg, NJW 2011, 942;
Meyer-Goßner, StPO, § 97 Rn. 10; *Schäfer*-Löwe/Rosenberg, StPO, § 97
Rn. 21). Soweit das **Mandatsverhältnis** also zu einem Unternehmen besteht
und Inhalt des Auftrags nur **zivilrechtliche Feststellungen** sind, scheidet nach
dieser Auffassung eine Anwendung des § 97 StPO wohl aus. Etwas anderes wird
über §§ 434 Abs. 1 S. 2, 444 Abs. 2 S. 2 StPO aber dann zu gelten haben, wenn
die Mandatierung der Vorbereitung einer **Verteidigung des Unternehmens** als
Einziehungs- oder Verfallsbeteiligter oder als Adressat eines Bußgeldbescheides
nach §§ 30, 130 OWiG dient (*Schuster* NZWiSt 2012, 29). In diesem Falle greift
der Schutz des § 97 Abs. 1 Nr. 3 StPO. Mit Inkrafttreten der **Neuregelung** des
§ 160a Abs. 1 StPO zum 1.2.2011 sind neben den bislang aufgeführten Verteidigern nun **alle Rechtsanwälte** in den Schutzbereich einbezogen mit der Folge,
dass Ermittlungshandlungen gegen Rechtsanwälte nicht vorgenommen werden
dürfen, wenn diese über die gewonnenen Erkenntnisse das Zeugnis verweigern

dürften. Dennoch vorgenommene Ermittlungshandlungen unterliegen einem **absoluten Beweiserhebungs- und Verwertungsverbot.** Nach der nun geltenden Fassung sind auch Unterlagen aus internen Untersuchungen nach § 160a Abs. 1 StPO geschützt, soweit und solange keine Entbindung von der Verschwiegenheitspflicht erklärt wird und sich die Unterlagen im **anwaltlichen Gewahrsam** befinden; Unterlagen im Gewahrsam des Mandanten sind nach Maßgabe der allgemeinen Regelungen beschlagnahmefähig (LG Mannheim, Beschluss vom 3.7.2012 – 24 Qs 1/12, CCZ 2013, 78 (mit Anm. Milde; NZWiSt 2012, 424 mit Anm. Schuster) BeckRS 2012, 15309 mit Anm. *Zimmermann* in FD-StrafR 2012, 335226). Anwaltliche Arbeitspapiere, Berichte und insbesondere Interviewprotokolle aus internen Untersuchungen sind in den Schutzbereich des § 160a Abs. 1 StPO ausdrücklich einbezogen. Eine Durchbrechung dieses Grundsatzes nimmt das LG Mannheim an, wenn konkrete Anhaltspunkte dafür bestehen, dass im Gewahrsamsbereich des Rechtsanwaltes Verteidigungsunterlagen mit Inhalten verknüpft werden, die dem Ermittlungsziel unterfallen, um zielgerichtet die Überwachung bzw. Beschlagnahme der letztgenannten zu verhindern (LG Mannheim a. a. O.).

d) Bankmitarbeiter als Zeugen im Zivil- und Strafprozess. Wenn in **103** einem Zivil- oder Strafverfahren durch Ermittlungsbehörden oder Gerichte Informationen zu Geschäftsbeziehungen mit Kunden angefordert werden oder Bankangestellte als Zeugen vernommen werden sollen, kann sich daraus eine Kollision mit dem Bankgeheimnis ergeben.

aa) Das Bankgeheimnis. Im deutschen Recht ist das **Bankgeheimnis 104** gesetzlich nicht ausdrücklich geregelt, wird jedoch allgemein als bestehend vorausgesetzt (vgl. Nr. 2 AGB-Banken). Das Bankgeheimnis beinhaltet die **Pflicht** des Kreditinstituts zur **Verschwiegenheit** über **kundenbezogene Tatsachen und Wertungen,** die ihm aufgrund, aus Anlass oder im Rahmen der Geschäftsverbindung zum Kunden bekannt geworden sind und die der Kunde geheim zu halten wünscht (BGH BKR 2006, 103[107]; BGH WM 2006, 380, 384; BGHZ 27, 241, 246; OLG Karlsruhe WM 1971, 486). Erforderlich hierfür ist, dass ein innerer **Zusammenhang** zwischen der **Kenntniserlangung** von dem Geheimnis durch das Kreditinstitut und dem Bestehen der **Geschäftsverbindung** gegeben ist (BGH BKR 2006, 103[107]).

bb) Das Bankgeheimnis im Zivilprozess. Das **Bankgeheimnis** unterliegt **105 zivilprozessualem Schutz.** Nach § 383 Abs. 1 Nr. 6 ZPO ist ein Zeuge im Zivilprozess berechtigt, die Aussage über solche Tatsachen zu verweigern, die ihm auf Grund seines Amtes oder Gewerbes anvertraut wurden und deren Geheimhaltung auf Grund der Vertraulichkeit geboten ist. Hiervon werden auch **Bankangestellte** oder **Bankvorstände** erfasst, da sich deren Wissen auf Tatsachen und Wertungen in Bezug auf das Vermögen der Bankkunden und damit auf das Bankgeheimnis bezieht (LG Göttingen ZIP 2002, 2269 [2270]). Das Bankgeheimnis ist als **geschütztes Geheimnis** im Sinne des § 383 Abs. 1 Nr. 6 ZPO zu sehen (Zöller/Greger, ZPO, § 383 ZPO Rn. 20; Musielak-*Huber,* ZPO, § 383 Rn. 6). Das Recht zur Zeugnisverweigerung ist grundsätzlich disponibel; aufgrund des vertraglichen Vertrauensverhältnisses besteht jedoch eine (zivilrechtliche) Pflicht des Geheimnisträgers, von diesem Recht Gebrauch zu machen. Eine Entbindung von der Verschwiegenheitspflicht nach § 385 Abs. 2 ZPO lässt das Weigerungsrecht entfallen.

106   **cc) Das Bankgeheimnis im Strafprozess.** Das Bankgeheimnis wird in repressiven Verfahren durch verschiedene Spezialregelugen durchbrochen. Eine strafprozessuale Durchbrechung erfährt das Bankgeheimnis durch die §§ 162, 161a StPO. Der Kreis der Zeugnisverweigerungsberechtigten aus beruflichen Gründen ist in den §§ 53, 53a StPO abschließend normiert. Da das Bankgeheimnis in diesen Normen nicht aufgeführt ist, steht **Kreditinstituten** sowie deren **Angestellten** und **Vorständen kein Zeugnisverweigerungsrecht** zu (Pfeiffer/*Hannich*, StPO, Einl. Rn. 101; Wabnitz/Janovsky-Knierim, 8. Kapitel Rn. 80; LG Frankfurt NJW 1954, 688, 690; *Ehlers* BB 1978, 1513 [1515]; Meyer-Goßner, StPO, § 53 Rn. 3). Strafprozessual besteht daher eine **Aussagepflicht,** sowohl gegenüber der **Staatsanwaltschaft** nach § 161a StPO, gegenüber dem **Ermittlungsrichter** nach § 162 StPO als auch gegenüber dem **Strafgericht.** Da der Zeuge nach § 161a, 162 StPO nur bei Ladungen der Staatsanwaltschaft oder des Gerichts Folge zu leisten hat, besteht **keine Pflicht** zur Aussage gegenüber der **Polizei.** Mit der Aussagepflicht geht auch eine Pflicht zur Vorlage von Unterlagen nach §§ 94 ff. StPO einher. Ein Kreditinstitut ist grundsätzlich dazu verpflichtet, Kreditunterlagen vorzulegen. Die Herausgabe kann nicht unter Berufung auf das Bankgeheimnis oder auf ein dem Bankkunden zustehendes Zeugnisverweigerungsrecht verweigert werden (Pfeiffer, StPO, § 95 Rn. 1; KG NStZ 1989, 192; *Bittmann* wistra 1990, 325). Das Bankgeheimnis wird zudem durch strafprozessualen Zwangsmittel der **Durchsuchung** (§ 102, 103 StPO) und **Beschlagnahme** (§ 98 Abs. 1 Satz 1 StPO) durchbrochen. Von **öffentlich-rechtlichen Kreditinstituten** kann die Staatsanwaltschaft nach **§ 161 StPO** eine schriftliche Auskunft anfordern (Wabnitz/Janovsky-Knierim, 8. Kapitel Rn. 330; OLG Bamberg, JurBl. 1979, 1686; LG Hof NJW 1968, 65).

107   Entsprechendes gilt für Zeugenvernehmungen oder Auskunftsersuchen einer Finanzbehörde im Rahmen eines **Steuerstrafverfahrens** aufgrund des Verweises des § 399 Abs. 1 AO auf die Regelungen der StPO. Einer Finanzbehörde, die ein Ermittlungsverfahren selbständig führt, stehen die Befugnisse der Staatsanwaltschaft zu. Das gesetzlich normierte **Steuergeheimnis** des § 30 AO oder der normierte **Schutz von Bankkunden** gemäß § 30a AO stehen nicht entgegen (Wabnitz/Janovsky-Knierim, 8. Kapitel Rn. 80).

108   Eine besondere Durchbrechung des Bankgeheimnisses begründet zudem der automatisierte **Abruf** von **Kontoinformationen** nach § 24c KWG. Die BaFin hat Zugriff auf die durch die Kreditinstitute einzurichtenden Datenbanken, in denen insbesondere die Inhaberdaten der inländisch geführten Konten hinterlegt sind. Auf Ersuchen der Strafverfolgungsbehörden hat die BaFin Auskünfte zu erteilen (§ 24c Abs. 3 Nr. 2 KWG).

III. Deliktische Haftungsgrundlagen, §§ 823, 826 BGB

109   Das Interesse von durch Kapitalmarktstraftaten geschädigten Dritten wird darin liegen, gegen die emittierenden Unternehmen bzw. die für diese handelnden Verantwortlichen Schadensersatzansprüche geltend zu machen. Gerade bei Verstößen gegen kapitalmarktrechtliche Strafnormen kommen neben vertraglichen (z. B. § 280 BGB) und spezialgesetzlichen Ansprüchen (z. B. § 44 BörsG) insbesondere Schadensersatzansprüche aus deliktischer Haftung nach §§ 823 ff. BGB in Betracht.

1. Verletzung eines Schutzgesetzes, § 823 Abs. 2 BGB

Im Zentrum möglicher Haftungsnormen steht die Schutzgesetzverletzung nach **110** § 823 Abs. 2 BGB. Hiernach ist derjenige, der gegen ein den Schutz eines anderen bezweckendes Gesetz verstößt, dem anderen zum Ersatz des daraus entstehenden Schadens verpflichtet.

a) Strafgesetze als Schutzgesetze. Nach Art. 2 EGBGB gilt **jede Rechts-** **111** **norm** als Gesetz im Sinne des BGB, so dass diese Definition als Ausgangspunkt auch für § 823 Abs. 2 BGB herangezogen werden kann (MüKo-Wagner, BGB, § 823 Rn. 332). Als **Schutzgesetze** sind dabei ausschließlich Rechtsnormen anzusehen, die zumindest auch den Schutz der **Individualinteressen** Einzelner bezwecken (BGH NJW 2004, 356 f.; *Sprau*, Palandt, BGB, § 823 Rn. 81 ff.; Looschelders, Rn. 1282). Hierunter können insbesondere **Strafnormen** des **StGB** sowie strafrechtlicher Nebengesetze (u.a. **AktG, BörsG, WpHG, HGB**) mit individualschützendem Charakter fallen.

b) Individualschützender Charakter. Voraussetzung für die Einordnung als **112** Schutzgesetz ist es, dass die jeweilige Norm den **Schutz Einzelner** oder Mitglieder einer Gruppe bezweckt. Der daneben verwirkliche Schutz des Interesses der Allgemeinheit steht dem nicht entgegen (BGHZ 125, 366, 374; BGHZ 122, 1, 3 f.; BGHZ 106, 204, 206 f.; 100, 13, 14 f.; BGHZ 40, 306, 306 f.; 84, 312, 314; BGHZ 66, 388, 390). Es hat sich eine umfangreiche Judikatur zur Bestimmung der Schutzgesetzeigenschaft herausgebildet.

c) Betroffenheit des Schutzbereiches. Die zivilrechtliche **Haftung** **113** erstreckt sich nur auf verletzte Rechtsgüter und solche Schäden, die vom **Schutz-** **bereich** des Gesetzes umfasst sind (BGHZ 12, 213, 217; BGHZ 63, 176, 179; BGHZ 114, 161, 163). Auch mit Blick auf die individuelle Betroffenheit gilt, dass das verletzte Schutzgesetz gerade den Schutz der verletzten Person bezwecken muss (BGHZ 29, 100, 102; BGHZ 62, 186, 188; BGHZ 84, 312, 314). Es muss sich zudem das durch das Gesetz **missbilligte Risiko** verwirklicht haben (BGHZ 29, 100, 104 f.; BGHZ 105, 121, 129).

d) Schutzgesetzverletzung. Soweit eine Strafnorm als Schutzgesetz in **114** Betracht kommt, müssen deren tatbestandliche Voraussetzungen vorliegen (*Sprau,* Palandt, BGB, § 823 Rn. 81). Abzustellen ist dabei auf sämtliche für die einschlägige Norm geltenden Regelungen. Insbesondere müssen zur Ausfüllung des Tatbestands des § 823 Abs. 2 BGB sowohl der objektive und subjektive Tatbestand der Strafnorm als auch Rechtswidrigkeit und Schuld vorliegen (Hk-BGB/Staudinger, § 823 Rn. 151). Der für eine Haftung nach § 823 Abs. 2 BGB erforderliche **Verschuldensmaßstab** richtet sich nach dem des verletzten Schutzgesetzes und ist durch das Zivilgericht festzustellen (BGHZ 46, 17, 21; BGH NJW 1982, 1037, 1038). Die **verletzte Strafnorm** ist dabei durch das Zivilgericht eigenständig zu **prüfen.** Die strafrechtliche Bezugnahme bewirkt **nicht,** dass im Zivilverfahren die **Unschuldsvermutung** gelten würde; vielmehr bilden die Grundsätze des Zivilrechts den Maßstab der Prüfung (Dannecker, Jähnke StGB, § 1 Rn. 275). Nach der Rechtsprechung verweist § 823 Abs. 2 BGB uneingeschränkt auf das Strafrecht, so dass auch die **strafrechtliche Irrtumslehre** Anwendung findet (BGHZ 133, 370, 381 f.; BGH NJW 1985, 134, 135; BGHZ 46, 17, 22). Ein fehlender Strafantrag steht der Anwendbarkeit des § 823 Abs. 2 BGB jedoch nicht entgegen.

115   **e) Rechtswidrigkeit und Schuld.** Die **Rechtswidrigkeit** im Sinne des § 823 Abs. 2 BGB wird durch die Schutzgesetzverletzung **indiziert** (BGH NJW 1993, 1580, 1581). Der **Verschuldensmaßstab** richtet sich nach dem verletzten Schutzgesetz (BGHZ 46, 21). Soweit eine Schutzgesetzverletzung **Fahrlässigkeit** voraussetzt, wird der objektive Fahrlässigkeitsmaßstab des Zivilrechts herangezogen (h.M. Hk-BGB/*Staudinger*, § 823 Rn. 153; BGH VersR 68, 379). Bei **Vorsatztaten** gelten strafrechtliche Grundsätze.

116   **f) Kapitalmarktrechtliche Schutzgesetze.** Als individual- und anlegerschützende Schutzgesetze im Sinne des § 823 Abs. 2 BGB werden durch die Rechtsprechung **anerkannt:**
  – **AktG:** § 399 AktG (BGH NJW 1988, 2794); § 400 AktG (BGH NJW 2001, 3622; BGH NJW 2004, 2664; BGH WM 2004, 1723; BGH NJW 2005, 2450; BGH ZIP 2007, 1560)
  – **BörsG:** § 26 BörsG (vormals § 89 BörsG) (OLG Düsseldorf WM 1989, 175; OLG Düsseldorf ZIP 1994, 1765; BGH WM 1984, 127, 128)
  – **HGB:** §§ 331, 334 HGB (LG Bonn, AG 2001, 468)
  – **InsO:** § 15a InsO (betr. § 64 GmbHG st.Rspr. vgl. BGH NJW 179 1823; BGH NJW 1994, 2220; MüKo-Wagner BGB, § 823 Rn. 395).
  – **InvG:** §§ 128, 133 Abs. 1, 136, 139, 140 Abs. 1 InvG (zu AuslInvestmG BGH DStR 2004, 1930; OLG Koblenz WM 2007, 742, 743; BGH NJW-RR 2010, 1554; BGH ZIP 2010, 1122)
  – **KWG:** § 14 Abs. 2 S. 1 KWG aF (BGHZ 166, 84, 110), §§ 32, 54 Abs. 1 Nr. 2 KWG (BGH NJW 2005, 2703; BGHZ 166, 29, 37; BGH NJW 2010, 1077; VersR 2010, 910, 911; WM 2010, 262, 263; ZIP 2010, 2491); §§ 55a, 55b KWG (BGHZ 166, 84, 110).
  – **StGB:** § 263 StGB (BGHZ 57, 137, 138; BGH NJW 1993, 2992; NJW 1994, 2027, 2028; VersR 1998, 1123, 1124; NJW 2002, 1643; OLG Hamm NJW-RR 1999, 530, 531; OLG Köln NJW-RR 1998, 1252); § 264 StGB (BGHZ 106, 204; OLG Koblenz NJW-RR 1995, 727); § 264a StGB (BGHZ 116, 7; BGH NJW 2000, 3346; BGH ZIP 2010, 1801; BGH NJW 1992, 241, 242; BGH DB 2000, 1609; BGH ZIP 2010, 1801; OLG München GWR 2011, 14; OLG München GWR 2010, 482; OLG Karlsruhe ZIP 2010, 1036; OLG Köln NJW-RR 2001, 55), § 265 (OLG Düsseldorf NJW-RR 1995, 1493; Wimmer NJW 1996, 2546, 2548); § 266 StGB (BGHZ 8, 276; BGHZ 100, 190, 192; BGH NJW-RR 2010, 1683)
  – **WpHG:** § 31 Abs. 2 WpHG aF; § 32 WpHG aF (BGH VersR 2004, 1271, 1272; Gassner/Escher WM 1997, 93; Assmann/Schneider/Koller Vorb. § 31 WpHG Rn. 6)
117 Als **nicht individualschützende** Schutzgesetze werden die folgenden Normen qualifiziert:
  – **GWG:** § 11 Abs. 5 GwG (BGHZ 176, 281)
  – **KWG:** § 6 Abs. 3 KWG; § 18 KWG (BGH WM 1973, 141; OLG München WM 1984, 128, BGH WM 1984, 131; OLG Hamm WM 1988, 191; OLG Dresden WM 2003, 1803).
  – **WpHG:** § 14 WpHG (AG München NJW-RR 2001, 1707, 1708 f.; WM 2002, 594); §§ 15, 15a WpHG (BGH NJW 2004, 2664, 2665; BVerfG NJW 2003, 501; OLG München NZG 2002, 1107); § 20a WpHG (vormals § 88 BörsG) (BGH WM 2012, 303; BGH NJW 2004, 2664, 2665; LG Berlin WM 2008, 1470, 1471; LG Berlin wistra 2005, 277, 278); § 33 WpHG (BGH NJW

2002, 62, 64; Balzer ZBB 2000, 258); § 34a Abs. 1 S 1 WpHG (BGH NZG 2010, 1071; BGHZ 186, 58; OLG Frankfurt NJW-RR 2009, 1210).

2. Sittenwidrige vorsätzliche Schädigung, § 826 BGB

Bei dem Haftungstatbestand der sittenwidrigen vorsätzlichen Schädigung nach **118** § 826 BGB handelt es sich um einen **Auffangtatbestand,** der insbesondere **Vermögensschäden** umfasst (Hk-BGB/*Staudinger* § 826 Rn. 1). Soweit bei der Verletzung kapitalmarktrechtlicher (Straf-) Normen mangels Schutzgesetzqualität eine Haftung nach § 823 Abs. 2 BGB ausscheidet, kann gleichwohl insbesondere eine deliktische Haftung nach § 826 BGB in Betracht kommen.

a) Anspruchsvoraussetzungen. Voraussetzung eines Anspruchs nach § 826 **119** BGB ist der Eintritt eines **Schadens,** ohne dass es auf eine Schutzgesetzverletzung ankommt. Der § 826 BGB stellt, anders als § 823 BGB, hinsichtlich des Schadens nicht auf die Verletzung bestimmter Rechte oder Rechtsgüter ab. Schaden ist danach nicht nur **jede nachteilige Einwirkung** auf die Vermögenslage, sondern darüber hinaus **jede Beeinträchtigung** eines rechtlich anerkannten Interesses und jede Belastung mit einer ungewollten Verpflichtung (Palandt, BGB, § 826 Rn. 3 BGB). Der Schaden muss durch einen **Verstoß gegen die guten Sitten** verursacht worden sein. Darunter ist ein Handeln im Widerspruch zum Anstandsgefühl aller billig und gerecht Denkenden zu verstehen (BGH ZIP 2004, 1598; BGH NJW 1991, 914). Hierzu hat sich eine **Kasuistik** herausgebildet. Jede sittenwidrige Schädigung ist **rechtswidrig** im Sinne des § 826 BGB, da das Gesetz selbst das Verbot normiert (MüKo-Mertens BGB § 826 Rn. 5). Der Täter muss im Hinblick auf den Schaden, nicht auf die schädigende Handlung oder die Sittenwidrigkeit, **vorsätzlich** handeln. **Eventualvorsatz** ist ausreichend (BGH ZIP 2004, 1598).

b) Kapitalmarktrechtliche Fallgruppen. aa) Haftung für Falschaus- 120 künfte und unrichtige Prospektangaben. Grundsätzlich richtet sich die Haftung von Emittenten gegenüber Anlegern für unrichtige Prospektangaben nach § 44 BörsG, § 127 InvG. Eine Haftung nach § 826 BGB kann jedoch eigenständig daneben bestehen, da eine vorsätzliche Schädigung nach § 47 Abs. 2 BörsG **keine Sperrwirkung** entfaltet (BGH NJW 1986, 837, 840). Daher kann die Verletzung von nicht individualschützenden Strafnormen gleichwohl unabhängig von § 823 Abs. 2 BGB zu einer Schadensersatzhaftung nach § 826 BGB führen. Die Rechtsprechung hat eine Haftung nach § 826 BGB für Schädigungen von Anlegern durch **unrichtige Prospektangaben** (Warenterminoptionsgeschäfte BGH NJW-RR 1999, 843; BGHZ 124, 151) anerkannt.

bb) Missbrauch von Insiderinformationen/Verstoß gegen Publizitäts- 121 pflichten. Der Missbrauch von **Insiderinformationen,** insbesondere die strafbare **Marktpreismanipulation** oder der Handel mit **Insiderpapieren** nach § 38 Abs. 2 iVm § 39 Abs. 1 Nr. 2, § 20a Abs. 1 S. 1 Nr. 3, 14 WpHG, stellen keine Schutzgesetzverletzung im Sinne des § 823 Abs. 2 BGB dar (BGH WM 2012, 303). Gleichwohl kommt eine Haftung nach § 826 BGB in Betracht, wenn und soweit eine **Schädigungsabsicht** gegeben ist. So nimmt die Rechtsprechung insbesondere eine persönliche Außenhaftung von Vorstandsmitgliedern nach § 826BGB bei vorsätzlicher **Veröffentlichung** von **bewusst unwahren Ad-hoc-Mitteilungen** an (BGH ZIP 2004, 1593; BGH NJW 2004, 2971 – Infomatec II; BGH NJW 2004, 2668; BGHZ 160, 134 = NJW 2004, 2664 – Infomatec

I; BGH NJW 2005, 2450 – EM.TV; BGH NZG 2008, 386 Tz 10 f – Comroad VIII). Die direkt vorsätzliche unlautere Beeinflussung des Sekundärmarktpublikums durch grob unrichtige Ad-hoc-Mitteilungen ist als sittenwidrig im Sinne des § 826 BGB anzusehen (BGH NJW 2004, 2971).

122   **cc) Verletzung von Beratungspflichten, Churning, Scalping.** Bei bestehenden Beratungs- und Informationspflichten über **Finanzprodukte** besteht neben der vertraglichen Haftung eine Schadensersatzpflicht nach § 826 BGB, wenn der für ein Wertpapierdienstleistungsunternehmen handelnde Anlageberater, der vorsätzlich eine anleger- und objektwidrige Empfehlung abgibt und die Schädigung des Anlegers zumindest billigend in Kauf nimmt (BGH NJW 2008, 1734, 1737). Des Weiteren hat die Rechtsprechung für das sog. **„Churning"** eine Haftung nach § 826 BGB anerkannt, wenn Broker oder Vermittler den Kapitalanlegers schädigen, indem sie Provisionseinnahmen durch häufiges Umschichten des Wertpapierdepots im Rahmen häufiger Kauf- und Verkaufsempfehlungen generieren (BGH NJW 1995, 1225, 1226; NJW-RR 2000, 51, 52; NJW 2004, 3423, 3424). Der Tatrichter kann den Mittäter- oder Gehilfenvorsatz des Brokers auf Grund geeigneter Indizien wie etwa einer zwischen ihm und dem Anlageberater und -vermittler bestehenden Rückvergütungsvereinbarung (**„Kick-Back"**) unter Berücksichtigung der gesamten Umstände des Falls feststellen (BGH NJW 2004, 3423, 3424). Beim sog. **„Scalping"** werden Wertpapiere in der Absicht erworben, diese anschließend zum Kauf zu empfehlen, um sie dann bei steigendem Kurs in Folge der eigenen Empfehlung mit Gewinn wieder abzustoßen. Es handelt sich dabei nicht um Insidergeschäfte im Sinne der §§ 13 Abs. 1 Nr. 3, 14 Abs. 1 Nr. 4 WpHG, sondern um eine strafbare Kurs- und Marktpreismanipulation nach § 20a Abs. 1 Nr. 2 WpHG (BGH NJW 2004, 302, 303 ff.). Bei dieser Norm handelt es sich nicht um ein Schutzgesetz im Sinne des § 823 Abs. 2 BGB. Bei Kursmanipulation durch „Scalping" steht einem Geschädigten aber jedenfalls dann ein Schadensersatzanspruch aus § 826 BGB zu, wenn die zur Kursmanipulation gemachten irreführenden Angaben im Rahmen eines für den Geschädigten entgeltlichen Börseninformationsdienstes erfolgten (LG Berlin WM 2008, 1470).

3. Verjährungsfragen

123   Ansprüche aus unerlaubter Handlung verjähren **zivilrechtlich** nach § 195 BGB in drei Jahren. Die **Verjährungsfrist** beginnt gemäß § 199 Abs. 1 BGB mit dem Schluss des Jahres, in dem der Anspruch entstanden ist (§ 199 Abs. 1 Nr. 1 BGB) und in dem der Gläubiger von den Anspruch begründenden Umständen Kenntnis erlangt oder ohne grobe Fahrlässigkeit hätte erlangen können (§ 199 Abs. 1 Nr. 2 BGB). Schadensersatzansprüche nach § 37c WPHG verjähren dagegen schon nach drei Jahren nach dem Wertpapierkauf.

124   Ist der Straftat, auf die der Anspruch aus § 823 Abs. 2 BGB gestützt wird, nach den Vorgaben des § 78 StGB **strafprozessual verjährt**, so **hindert** dies **nicht** die **Durchsetzbarkeit zivilrechtlicher Ansprüche** (Dörner JuS 1987, 526). Es handelt sich bei § 78 StGB um ein strafprozessuales Verfolgungshindernis (*Stree/Sternberg-Lieben,* Schönke/Schröder, StGB, Vorb. § 78 Rn. 3; Mitsch, Joecks/Miebach, StGB, Vorb. § 78 Rn. 1, § 78 Rn. 1, § 79 Rn. 1), das jedoch die Verwirklichung des Tatbestandes unberührt lässt. Zivilrechtlich ist daher lediglich die Verletzung des Schutzgesetzes zur Erfüllung des Tatbestandes zu prüfen; strafrechtliche Prozesshindernisse (Strafantrag, Verjährung) haben in diesem Zusammenhang keine eigenständige Bedeutung (MüKo-*Wagner* BGB, § 823 Rn. 361).

Die Verjährungsfrist für Schadenersatzansprüche wegen **Insolvenzverschlep-** **125** **pung** aus § 823 Abs. 2 BGB in Verbindung mit § 15a Abs. 1 InsO (§ 64 Abs. 1 GmbHG aF) für Neugläubiger richtet sich nach den deliktischen Verjährungsvorschriften, so dass § 43 Abs. 4 GmbHG keine (analoge) Anwendung findet (BGH, NZG 2011, 624, 626; *Haas* NZG 2011, 691 ff.). Grundsätzlich fanden und finden **Sonderverjährungsvorschriften** des GmbHG auf Ansprüche aus unerlaubter Handlung **keine Anwendung** (BGHZ NJW 2009, 2127 Rn. 33). Dies gilt auch für den Anspruch auf Ersatz des Neugläubigerschadens (BGH NZG 2011, 624, 626).

13. Teil Grenzüberschreitende Strafverfolgung in Wirtschaftsstrafsachen

Literatur: *Ahlbrecht/Böhm/Esser/Hugger/Kirsch/Rosenthal,* Internationales Strafrecht in der Praxis, 2008; *Ambos,* Internationales Strafrecht, 3. Aufl. 2011; *Bär,* Transnationaler Zugriff auf Computerdaten, ZIS 2011, 53; *D. Bock,* Internationales Strafrecht und Strafzumessung, HRRS 2010, 92; *Böhm,* Das neue Europäische Haftbefehlsgesetz, NJW 2006, 2529; *Eckstein,* Grund und Grenzen transnationalen Schutzes vor mehrfacher Strafverfolgung in Europa, ZStW 124 (2012), 490; *Gercke,* Zur Zulässigkeit sog. Transborder Searches – Der strafprozessuale Zugriff auf im Ausland gespeicherte Daten, StraFo 2009, 271; *Karitzky/Wannek,* Die EU-weite Vollstreckung von Geldstrafen und Geldbußen, NJW 2010, 3393; *Kniebühler,* Transnationales ,ne bis in idem', Berlin 2005; *Nietsch,* Internationales Insiderrecht, 2004; *Mankowski/S. Bock,* Fremdrechtsanwendung im Strafrecht durch Zivilrechtsakzessorietät bei Sachverhalten mit Auslandsbezug für Blanketttatbestände und Tatbestände mit normativem Tatbestandsmerkmal, ZStW 120 (2008), 704; *Popp,* Das Rätsel des § 38 Abs. 5 WpHG – Transnationales Regelungsbedürfnis und Gesetzgebungstechnik im Nebenstrafrecht, wistra 2011, 169; *Safferling,* Internationales Strafrecht, 2011; *Satzger,* Internationales und Europäisches Strafrecht, 6. Aufl. 2013; *Schomburg/Lagodny/Gleß/Hackner,* Internationale Rechtshilfe in Strafsachen, 5. Aufl. 2012; *F. Schuster,* Telekommunikationsüberwachung in grenzüberschreitenden Strafverfahren nach Inkrafttreten des EU-Rechtshilfeübereinkommens, NStZ 2006, 657; *G. Schuster,* Die internationale Anwendung des Börsenrechts, 1996; *Veh,* Internationale Rechtshilfe, in: Wabnitz/Janovsky (Hrsg.), Handbuch des Wirtschafts- und Steuerstrafrechts, 3. Aufl. 2007, 1381; *Walther,* „Tat" und „Täter" im transnationalen Strafanwendungsrecht des StGB, JuS 2012, 203.

Übersicht

I. Anwendbarkeit des deutschen Straf- und Ordnungswidrigkeitenrechts auf Sachverhalte mit Auslandsbezug

1. Der Regelungsgegenstand der §§ 3 ff. StGB

1   a) Mit den Regelungen des sog. „internationalen" bzw. (präziser) „transnationalen" Strafrechts nimmt die Bundesrepublik Deutschland gegenüber anderen Staaten, aber auch gegenüber dem Einzelnen für sich die Befugnis in Anspruch, wegen eines bestimmten Sachverhalts strafrechtlich tätig zu werden. Für ein Strafverfahren vor einem deutschen Gericht ist diese Befugnis Prozessvoraussetzung. Fehlt sie, ist das Verfahren einzustellen (BGHSt 34, 1, 3 f.); erst recht sind Zwangsmaßnahmen unzulässig (vgl. z. B. OLG München NStZ-RR 1998, 300 zur Untersuchungshaft).

2   Soweit ein Sachverhalt der nationalen Gerichtsbarkeit unterfällt, entscheiden die §§ 3 ff. StGB die Frage nach dem von den deutschen Strafgerichten anzuwendenden materiellen Strafrecht stets zugunsten der deutschen Strafrechtsordnung. Eigentliche „Kollisionsregeln" (wie etwa im IPR) gibt es daher nicht zu beachten: Deutsche Gerichtsbarkeit und die Anwendung deutschen Strafrechts auf den betreffenden Sachverhalt gehen stets einher (Satzger, § 3 Rn. 4). Die in §§ 3 ff. StGB getroffenen Regelungen gelten auch für das Nebenstrafrecht des Bundes und ggf. der Länder (Art. 1 I, II EGStGB).

3   Auch wenn ein Sachverhalt mit Auslandsbezug gemäß §§ 3 ff. StGB nach deutschem Strafrecht beurteilt wird, ist in diesem Rahmen doch die Anwendung fremden Rechts denkbar, namentlich im Zusammenhang mit zivil- oder öffentlich-rechtlichen Vorfragen (*Mankowski/Bock* ZStW 2008, 704 ff.), z. B. in Hinsicht auf die Pflichtwidrigkeit i.S.v. § 266 StGB (BGH NStZ 2010, 632; dazu

Mankowski GmbHR 2010, 822) die Fremdheit einer Sache (§ 246 StGB) oder die „gesetzliche" Buchführungspflicht i.S.v. § 283b I Nr. 1 StGB (vgl. *Liebelt* NStZ 1989, 182, gegen OLG Karlsruhe NStZ 1985, 317), aber auch auf der Rechtsfolgenseite, so etwa bei der Frage, ob ein bestimmter Gegenstand dem Täter zugeordnet ist und insoweit der Einziehung (§ 74 II Nr. 1 StGB) unterliegt (BGH v. 8.2.1995 – 2 StR 739/94).

Das Strafanwendungsrecht der §§ 3 ff. StGB unterliegt den Garantien des **4** Art. 103 II GG (BVerfG wistra 2003, 255, 257; BGHSt 20, 22, 25), insbesondere also auch dem Rückwirkungsverbot. Straftatsystematisch wird die Anwendbarkeit des deutschen Strafrechts überwiegend als objektive Bedingung (bzw. „Vor-Bedingung") der Strafbarkeit eingeordnet (s. etwa MK-*Ambos,* Vor § 3 Rn. 3; *Walter* JuS 2006, 870, 871), womit in erster Linie den Irrtumsfolgen des § 16 I 1 StGB ausgewichen werden soll (s. dazu unten Rn. 23). Die fehlende Anwendbarkeit deutschen Strafrechts führt im Ergebnis freilich nicht zum Freispruch, sondern – weil der Sachverhalt dann zugleich auch nicht der deutschen Gerichtsbarkeit unterfällt (s.o. Rn. 1) – zur **Einstellung des Verfahrens** (BGHSt 34, 1, 3 f.). Sie ist auch noch in der Revisionsinstanz von Amts wegen zu prüfen (BGH a. a. O.; BayObLG NStZ-RR 2000, 344).

b) Wichtige Sonderregelungen gegenüber den §§ 3 ff. StGB enthalten namentlich § 370 VII AO; § 35 AWG; Art. 2 § 2 EUBestG und Art. 2 § 3 IntBestG; § 21 **5** KrWaffKontrG. § 38 V WpHG zählt nicht zu ihnen.

2. Die Begründung der Anwendbarkeit des deutschen Strafrechts im einzelnen

a) Inlandstaten (§§ 3, 4 StGB). aa) Das Territorialitätsprinzip (§ 3 **6** StGB) und der Ort der Tat i.S.v. § 9 StGB. Das heute geltende Strafanwendungsrecht des StGB geht zunächst vom „Territorialitätsprinzip" aus: Anknüpfungspunkt ist das Gebiet der Bundesrepublik Deutschland im staats- und völkerrechtlichen Sinne (ggf. einschließlich „vorgeschobener" Zollabfertigungsstellen, s. zuletzt BayObLG NStZ-RR 2001, 217; OLG Brandenburg NStZ-RR 2004, 280). Für Taten, die „im Inland begangen werden" (§ 3 StGB), gilt das deutsche Strafrecht, ohne dass die Staatsangehörigkeit des Täters oder (ggf.) des Opfers weiter von Belang wäre. Den Inlandstaten gleichgestellt sind Taten auf den in § 4 StGB genannten Schiffen und Luftfahrzeugen („Flaggenprinzip").

Damit kommt es entscheidend auf die Frage an, ob sich ein Begehungsort im **7** Inland begründen lässt. Dafür genügt gem. § 9 I StGB alternativ, dass der Täter (jedenfalls auch) im Inland **gehandelt** hat (bzw.im Falle des Unterlassens im Inland hätte handeln müssen) oder dass der zum Tatbestand gehörende **Erfolg** im Inland eingetreten ist (bzw. im Falle des Versuchs nach der Vorstellung des Täters dort hätte eintreten sollen). Für ein **Handeln** im Inland reichen bloße Vorbereitungsakte vor Versuchsbeginn nicht aus (es sei denn, sie können bereits über § 30 II StGB erfasst werden; vgl. zuletzt BGH wistra 2011, 335). Ausführungshandlungen eines Mittäters (§ 25 II StGB) im Inland genügen jedoch, um die Tat für alle Mittäter zur Inlandstat zu machen (vgl. BGHSt 39, 88, 91; NStZ-RR 2009, 197).

Für den alternativ genannten inländischen **Erfolgsort** kommt es nicht auf **8** beliebige Auswirkungen der Tat, sondern allein auf *tatbestandserhebliche* Folgen an (BGHSt 20, 45, 51; 51, 29, 30 f.). Zur Inlandstat wird also etwa die Untreue eines GmbH-Geschäftsführers gegenüber der Gesellschaft (§ 266 StGB) nicht schon dadurch, dass deren Gesellschafter im Inland wohnen (BGHSt 51, 29, 31 ff.; weitere Beispiele bei *Fischer*, § 9 Rn. 4a; zum Verwaltungssitz als maßgeblichem Erfolgsort für Vermögensschädigungen einer GmbH s. *Ensenbach* wistra 2011, 4, 6 ff.), und auch beim Betrug (§ 263 StGB) begründen Nachteile, die dem Opfer im Inland aus einer im Ausland erfolgten täuschungsbedingten Weggabe eines Vermögensgegenstandes erwachsen mögen, noch keinen inländischen Tatort (OLG Koblenz wistra 2012, 39, 40). Um einen „Erfolg" i.S.v. § 9 I StGB handelt es sich jedoch namentlich bei der in § 38 II WpHG genannten Einwirkung auf die Preisentwicklung (*Popp* wistra 2011, 169, 171).

9   **Abstrakte Gefährdungsdelikte** haben keinen tatbestandlich erfassten Erfolg, der über die Begründung einer abstrakten Gefahrenlage hinausgeht. Bei ihnen soll deshalb der Täter, der vom Ausland aus handelt, von vornherein keinen tatortbegründenden „Erfolg" i.S.v. § 9 I StGB im Inland herbeiführen können (BGH NJW 2002, 3486; *Satzger* NStZ 1998, 112, 114 ff.). Auch dem Eintritt einer „objektiven Strafbarkeitsbedingung" soll diese Wirkung fehlen (*Satzger* NStZ 1998, 116; aA RGSt 16, 188 und die wohl h.M.). Weder Handlungs-, noch Erfolgsort ist das Inland schließlich bei sog. „Transitdelikten" (z. B. Durchfuhr von Gegenständen oder Übermittlung von Telekommunikation aus dem Ausland in das Ausland; vgl. *Satzger*, § 5 Rn. 33).

10   Ist die Haupttat im Inland begangen, genügt schon dies auch für den Inlandsbezug der **Teilnahme**; im Übrigen ist auch die Teilnahme jedenfalls dann im Inland begangen, wenn der Teilnehmer dort gehandelt hat (bzw. im Fall des Unterlassens dort hätte handeln müssen) oder wenn die Tat seiner Vorstellung nach dort begangen werden sollte (vgl. § 9 II 1 StGB). Die Anstiftungs- oder Beihilfehandlung zu einer nach deutschem Recht strafbaren Haupttat unterliegt deutschem Strafrecht selbst dann, wenn die Haupttat vollständig im Ausland begangen wird und nach dortigem Recht straflos ist (§ 9 II 2 StGB).

11   Lässt sich ein inländischer Begehungsort nicht begründen, liegt eine Auslandstat vor. Ob auf sie gleichwohl deutsches Strafrecht Anwendung finden kann, bestimmt sich – vom Sonderfall des § 4 StGB abgesehen – nach den §§ 5–7 StGB (s.u. Rn. 13 ff.) bzw. nach etwa bestehenden spezialgesetzlichen Regelungen.

12   **bb) Persönliche Immunität (§§ 18–20 GVG).** Die in §§ 18–20 GVG genannten Personen (Diplomaten, Konsularvertreter usw.) genießen als sog. „Exterritoriale" Immunität. Sie unterliegen zwar nach Maßgabe der §§ 3 ff. StGB ebenfalls dem deutschen materiellen Strafrecht (insbesondere gehören auch die von ihnen genutzten Räumlichkeiten und Grundstücke weiterhin zum Inland, vgl. OLG Köln NJW 1982, 2740). Jedoch können sie nicht strafrechtlich verfolgt werden, weil insoweit ein Verfahrenshindernis besteht (BGHSt 32, 275, 276; OLG Düsseldorf NStZ 1987, 87 f.).

13   **b) Auslandstaten. aa) Auslandstaten mit besonderem Bezug zum Inland (§ 5 StGB).** In § 5 StGB greift das Gesetz punktuell eine Reihe von Straftatbeständen heraus, bei denen die territoriale Beschränkung des Begehungsorts (i.S.v. § 9 StGB) auf das Inland (§ 3 StGB) unter dem Gesichtspunkt des Rechtsgüterschutzes als unbefriedigend empfunden wird. Bei den in § 5 StGB abschließend aufgezählten Delikten soll deutsches Strafrecht daher auch dann Anwendung finden, wenn ihr Begehungsort (nur) im Ausland liegt. Die dagegen erhobenen völkerrechtlichen Bedenken (vgl. nur MK-*Ambos*, § 5 Rn. 11) werden nach der jedenfalls im Strafrecht h.M. dadurch entkräftet, dass bei den betreffenden Tatbeständen immerhin an den Schutz bestimmter inländischer Interessen angeknüpft werden kann (*Satzger*, § 5 Rn. 64). Wirtschaftsstrafrechtlich von besonderem Interesse ist die Erfassung der Verletzung „inländischer" Betriebs- oder Geschäftsgeheimnisse (Nr. 7), bestimmter Umweltstraftaten (Nr. 11, 11a) sowie von Straftaten, die durch Amtsträger usw. im Ausland begangen werden (Nr. 12, 13; zu denken ist etwa an §§ 331, 333 StGB). Auf die Strafbarkeit des Verhaltens nach dem Recht des Tatortstaates kommt es insoweit ausdrücklich **nicht** an. Unerheblich ist auch die Staatsangehörigkeit des Täters.

bb) Auslandstaten gegen international geschützte Rechtsgüter (§ 6 14 StGB). Darüber hinaus erfasst § 6 StGB bestimmte Auslandstaten auch ohne besonderen Bezug gerade zum Inland (zur erleichterten Verfahrenseinstellung vgl. § 153f StPO). Seine völkerrechtliche Legitimation wird auf die Erwägung gestützt, dass es sich um Delikte gegen „Rechtswerte" handele, deren Verteidigung ohnehin international anerkannt und erwünscht sei (vgl. *Satzger*, § 5 Rn. 74 f.). Dies betrifft etwa die Strafbarkeit der Fälschung von Geld, Wertpapieren und bestimmten Zahlungskarten (§ 6 Nr. 7 StGB). Demgegenüber bezieht sich der in § 6 Nr. 8 StGB genannte Tatbestand des Subventionsbetrugs von vornherein nur auf inländische und europäische Subventionen (vgl. § 264 VII StGB). Auch hier ist es unerheblich, ob das betreffende Verhalten auch nach dem Recht des Tatortstaates strafbar ist oder nicht.

cc) Sonstige Auslandstaten. aaa) Auslandstaten gegen einen Deutschen 15 (§ 7 I StGB). Über die in §§ 5, 6 StGB herausgegriffenen Fälle hinaus findet das deutsche Strafrecht nach § 7 I StGB generell auf solche Taten Anwendung, die im Ausland „gegen einen Deutschen" begangen worden sind. Der dadurch auf Auslandstaten erweiterte strafrechtliche Individualschutz gilt Personen, die – jedenfalls auch (vgl. § 4 III StAG) – die deutsche Staatsangehörigkeit besitzen oder sonst im staatsrechtlichen Sinne Deutsche sind (Art. 116 GG). Gemeint sein können, wie die Entstehungsgeschichte und das systematische Verhältnis zu § 7 II StGB zeigen, nur *natürliche* Personen. Ist unmittelbar nur eine juristische Person (etwa eine GmbH oder AG) mit Sitz im Inland geschädigt, ohne dass dadurch schon ein inländischer Erfolgsort (§§ 3, 9 I StGB) begründet wurde, lässt sich die Anwendung deutschen Strafrechts daher auch nicht aus § 7 I StGB herleiten (h.M.; OLG Stuttgart NStZ 2004, 402 f.; KG NJW 2006, 3016 f.; AG Bremen NStZ 2007, 87; *Fischer*, § 7 Rn. 4; *Ensenbach* wistra 2011, 4, 8 f.). Dieses teilweise als unbefriedigend empfundene Ergebnis kann auch nicht dadurch umgangen werden, dass stattdessen z. B. auf die deutschen Gesellschafter einer GmbH (oder gar auf die deutschen Aktionäre einer AG) abgestellt wird, denn diese können allenfalls mittelbar von der Tat betroffen sein (s. AG Bremen NStZ-RR 2005, 87 f.).

Die Tat muss – anders als in den Fällen der §§ 5, 6 StGB – **auch am ausländi- 16 schen Tatort** nach dortigem Recht **mit Strafe bedroht** sein (es sei denn, dieser Ort unterliegt überhaupt keiner Strafgewalt, wie es wie auf Hoher See oder auch auf dem Gebiet sog. *failed states* der Fall ist). Diese einschränkende Voraussetzung ist auf die *konkrete Tat* zu beziehen (MK-StGB-*Ambos*, § 7 Rn. 6; *Satzger*, § 5 Rn. 89): Zu fragen ist nicht nach abstrakt vergleichbaren Tatbeständen im ausländischen Recht, sondern danach, ob die Tat (im prozessualen Sinne) unter irgendeinem Gesichtspunkt auch am ausländischen Tatort bestraft werden könnte, ohne dass die Schutzrichtung der ausländischen Vorschrift mit derjenigen des deutschen Strafrechts notwendig deckungsgleich sein müsste (vgl. BGH NJW 1997, 334), solange die beiderseitige Strafbarkeit nicht als reiner Zufall erscheint (näher *Satzger* a. a. O.). Immerhin muss es sich aber auch im ausländischen Recht um die Androhung einer *Kriminalstrafe* handeln; die Möglichkeit einer Sanktionierung nach Art des deutschen Ordnungswidrigkeitenrechts bzw. sonst im Sinne einer „Verwaltungsstrafe" genügt nicht (vgl. BGHSt 27, 5, 8 f.; BayObLG JR 1982, 159; anders noch BGHSt 21, 277, 278). Bei der hypothetischen Prüfung des fraglichen Lebenssachverhalts am Maßstab des ausländischen Rechts sind jedenfalls dessen materielle Straffreistellungsgründe zu berücksichtigen (nach h.M. jedoch nur, soweit sie mit internationalen Rechtsgrundsätzen vereinbar sind; vgl. BGHSt 42, 275, 279; OLG Düsseldorf NJW 1979, 59, 63). Dagegen ist nach der Rechtsprechung grundsätzlich unerheblich, ob die nach dem Recht des Tatorts etwa bestehenden Verfolgungsvoraussetzungen gerade auch im konkreten Fall gegeben sind. Als „am Tatort mit Strafe bedroht" gelten hiernach auch Taten, bei denen nach dem Recht des Tatorts Verjährung eingetreten ist (BGH NStZ 2000, 361), ein nach diesem Recht erforderlicher Strafantrag (BGH NJW 1954, 1086; NStZ-RR 2011, 245) bzw. ein erforderliches Strafverlangen (BGHSt 20, 22, 27) fehlt (zu weiteren Fällen SSW-*Satzger*, § 7 Rn. 21 mwN). In der Literatur wird – nicht zuletzt mit Blick auf die mitunter schwierige und im internationalen Vergleich keineswegs einheitlich gehandhabte Unterscheidung zwischen materiell- und prozessrechtlichen Bestrafungshindernissen – für eine einheitliche Lösung plädiert, nach der die in § 7 StGB verlangte Tatortstrafbarkeit auch in den zuletzt genannten „prozessualen" Fällen **nicht** vorliegt (s. etwa *Satzger*, § 5 Rn. 97 ff.; beschränkt auf die Konstellationen der „stellvertretenden" Strafrechtspflege nach § 7 II Nr. 1 Var. 2, Nr. 2 StGB auch NK-*Böse*, § 7 Rn. 8; *Oehler*, Internationales Strafrecht, 2. Aufl. 1983, Rn. 151e; LK-*Werle/Jeßberger* § 7 Rn. 44 ff.; s. jetzt a. BGH StraFo 2012, 64).

17   **bbb) Auslandstaten eines Deutschen (§ 7 II Nr. 1 StGB).** Praktisch bedeutsamer dürften die Fälle sein, in denen die Tat im Ausland durch einen (damals) Deutschen (wiederum im staatsrechtlichen Sinne des Art. 116 GG) begangen wird (§ 7 II Nr. 1 Var. 1 StGB – „aktives Personalitätsprinzip"). Ihm steht eine Person gleich, die erst nach der Tat (!) Deutscher geworden ist (Var. 2; zu der damit verbundenen Rückwirkungsproblematik vgl. SSW-*Satzger*, § 7 Rn. 10). Auch auf solche Auslandstaten ist deutsches Strafrecht nur unter der einschränkenden Voraussetzung anwendbar, dass die Tat auch nach dem Recht des Tatortstaates strafbar ist (vgl. o. Rn. 15), soweit der Tatort überhaupt einer staatlichen Strafgewalt unterliegt. Ob das Strafrecht des Tatortstaates darüber hinaus auch auf der Ebene der *Strafzumessung* zu berücksichtigen ist, wird unterschiedlich beurteilt (bejahend BGHSt 39, 317; 42, 275 = NJW 1997, 95; anders aber OLG Karlsruhe NStZ-RR 2010, 48; zum Ganzen *D. Bock*, HRRS 2010, 92).

18   **ccc) Auslandstat eines nicht auszuliefernden Ausländers (§ 7 II Nr. 2 StGB).** Dem Gedanken der „stellvertretenden Strafrechtspflege" verdankt sich schließlich die in § 7 II Nr. 2 StGB getroffene Regelung. Sie betrifft (jenseits der §§ 5, 6 StGB) Auslandstaten, die nicht schon i.S.v. § 7 I StGB „gegen einen Deutschen" begangen wurden und auch nicht durch § 7 II Nr. 1 StGB erfasst sind, weil der Täter nach wie vor nicht „Deutscher" ist, sondern Ausländer (bzw. staatenlos; *Fischer*, § 7 Rn. 11). Seine Tat wird gleichsam hilfsweise („stellvertretend") nach deutschem Strafrecht verfolgt, wenn er sich (bis zum Zeitpunkt des Urteils in der letzten Tatsacheninstanz, BGH NStZ-RR 2007, 48, 50) in Deutschland aufhält und an den vorrangig für die Aburteilung zuständigen ausländischen Staat aus bestimmten Gründen nicht ausgeliefert wird. Die Tat muss also auch

hier nach dem Recht des Tatorts (soweit er einer fremden Strafgewalt unterliegt) strafbar sein und nach wohl h.M. dort auch tatsächlich verfolgt werden (weil sich eine „stellvertretende" Strafverfolgung in Deutschland kaum rechtfertigen lässt, wenn das fragliche Verhalten – etwa auf Grund gewandelter rechtspolitischer Anschauungen, die sich in Opportunitätsentscheidungen oder auf andere Weise niederschlagen – nicht einmal im Tatortstaat verfolgt wird; vgl. *Ambos,* Internationales Strafrecht, § 3 Rn. 53; SSW-*Satzger,* § 7 Rn. 23; LK-*Werle/Jeßberger,* § 7 Rn. 50; aA aber die Rechtsprechung, s. etwa OLG Düsseldorf NJW 1983, 1277 f.; NStZ 1985, 268).

Die Auslieferung muss freilich nach der Art der Tat an sich zulässig sein. **19** Maßgeblich sind insoweit – vorbehaltlich vorrangiger völkerrechtlicher Vereinbarungen (EuAlÜbk v. 13.12.1957, BGBl. 1964 II, 1369; ergänzt durch Art. 59 ff. SDÜ) – zunächst die §§ 3–10, 73 IRG. Im Zusammenhang mit dem Europäischen Haftbefehl (u. Rn. 48) gelten die Sonderregelungen der §§ 80 ff. IRG; die „Überstellung" an einen anderen Mitgliedstaat der EU ist „Auslieferung" i. S. d. § 7 II Nr. 2 StGB (SSW-*Satzger,* § 7 Rn. 12).

Ob eine hiernach zulässige Auslieferung tatsächlich erfolgt oder unterbleibt, **20** entscheidet das Bundesministerium der Justiz im Einvernehmen mit dem Auswärtigen Amt und ggf. weiteren Ministerien (§ 74 I 1 IRG; für den Rechtshilfeverkehr mit EU-Staaten s. aber die Zuständigkeitsvereinbarung v. 4.5.2004 zwischen der BReg und den Landesregierungen gem. § 74 II IRG; für den Fall eines Europäischen Haftbefehls vgl. aber nunmehr §§ 80 ff. IRG. Die Nichtauslieferung kann zum einen darauf beruhen, dass weder der Tatortstaat (BGH GA 1976, 242, 243), noch der Heimatstaat (BGH NStZ 1985, 545) des betroffenen Ausländers „innerhalb angemessener Frist" (üblicherweise: drei Wochen; *Fischer,* § 7 Rn. 12) um die Auslieferung ersucht haben (was jedenfalls im Verhältnis zu Staaten, mit denen grundsätzlich Auslieferungsverkehr besteht, ein entsprechendes Angebot voraussetzt, BGH NJW 1964, 1162, 1164) Zum anderen kann das Auslieferungsersuchen des fremden Staates – etwa mangels entsprechender Rechtshilfe-Übereinkommen – von den genannten Stellen auch abgelehnt worden sein; der bereits erklärten Ablehnung steht die sicher zu erwartende gleich (BGH NJW 2001, 3717). Nicht zuletzt kann die Auslieferung auch aus praktischen Gründen „nicht ausführbar" sein, wenn der Auszuliefernde etwa erkrankt und nicht reisefähig sein sollte (SSW-*Satzger,* § 7 Rn. 13). Steht die Entscheidung der in § 74 I IRG bezeichneten Stellen noch aus, liegt ein vorläufiges Verfahrenshindernis vor (zur Frage der Inhaftierung des Beschuldigten s. OLG München NStZ-RR 1998, 300); das Gericht hat eine solche Entscheidung ggf. von Amts wegen herbeizuführen, bevor es den Sachverhalt nach deutschem Strafrecht aburteilt (BGHSt 18, 283, 287 f.; NJW 1995, 1844 f.; für die Revisionsinstanz s. BGHSt 45, 64, 73, aber auch NJW 2001, 3717, 3718).

Da die Ahndung der Tat nach deutschem Strafrecht im Falle des § 7 II Nr. 2 **21** StGB nur stellvertretend für den eigentlich zuständigen Tatortstaat erfolgt (Rn. 17), soll dessen Strafrechtsordnung *limitierende Wirkung* für die Anwendung des deutschen Strafrechts haben; insbesondere soll die Strafe nicht härter ausfallen dürfen, als dies nach dem Recht des Tatortstaates möglich wäre (MK-*Ambos,* § 7 Rn. 26; SSW-*Satzger,* § 7 Rn. 16; LK-*Werle/Jeßberger,* § 7 Rn. 96).

dd) Tatbestandliche Schutzbereichsbegrenzungen. Anwendung finden **22** die Tatbestände des deutschen Strafrechts freilich nur nach Maßgabe ihres jeweiligen Schutzzwecks, der insbesondere von den §§ 4–7 StGB unberührt bleibt:

Betrifft etwa § 164 I StGB seinem Schutzanliegen nach nur die falsche Verdächtigung gegenüber *deutschen* Behörden (MK-*Zopfs*, § 164 Rn. 11 – str.), so sind entsprechende Äußerungen im Ausland gegenüber einer dortigen Behörde schon nicht tatbestandsmäßig; daran ändert dann auch der Umstand nichts, dass der Täter Deutscher und die falsche Verdächtigung auch nach dem Recht des Tatorts strafbar ist (§ 7 II Nr. 1 StGB; vgl. a. BayObLG NStZ-RR 2000, 344 zum damaligen § 92 II Nr. 2 Var. 1 AuslG). Gleiches gilt für die Aussagedelikte (§§ 153 ff. StGB), die grundsätzlich nur dem Schutz der inländischen Rechtspflege dienen (und eben deshalb einer Erweiterung durch § 162 I StGB bedurften), und für das Korruptionsstrafrecht (vgl. aber namentlich die Erweiterungen durch Art. 2 § 1 EUBestG sowie Art. 2 § 1 IntBestG – hierzu BGH NStZ 2009, 95, 99). Während solche (durch Auslegung zu ermittelnden) Schutzbereichsbeschränkungen bei öffentlichen Rechtsgütern typischerweise naheliegen werden (vgl. die genannten Beispiele), sind sie für Individualrechtsgüter (Leib und Leben, Vermögen oder Eigentum) in der Regel nicht zu erwarten (vgl. *Satzger*, § 6 Rn. 1; BVerfG Beschl. v. 4.12.2007 – 2 BvR 38/06 Rn. 41). Doch gibt es sie auch hier, wie das Beispiel der lediglich **territorial** geschützten „verwandten Schutzrechte" i. S. d. UrhG zeigt (vgl. BGHSt 49, 93, 97 f. zu § 108 I Nr. 5 UrhG; *Sternberg-Lieben* NJW 1985, 2121, 2124 f.). Besondere Schwierigkeiten bereiten Tatbestände, die über den (vorverlagerten) Schutz individueller Vermögensinteressen hinaus auch noch bestimmte Institutionen des Wirtschaftslebens absichern helfen. Dass sie dies weltweit tun sollen, erscheint angesichts unterschiedlicher Wirtschafts(strafrechts)ordnungen kaum plausibel (ähnlich *Satzger*, § 6 Rn. 2). Deshalb schützt etwa § 265b StGB – ungeachtet der Strafanwendungsregeln in §§ 3 ff. StGB – nur das inländische Kreditwesen (OLG Stuttgart NStZ 1993, 545; offengelassen in BGH NStZ 2002, 433, 435; für eine Erweiterung auf die EU LK-*Tiedemann*, § 265b Rn. 119). Gleiches dürfte auch für den Kapitalanlagebetrug (§ 264a StGB) in Hinsicht auf den inländischen Kapitalanlagevertrieb gelten (auch insoweit für einen EU-weiten Schutzbereich LK-*Tiedemann*, § 264a Rn. 88). Für den Schutz vor Bestechung und Bestechlichkeit im geschäftlichen Verkehr hingegen bezieht § 299 III StGB den ausländischen Wettbewerb ausdrücklich mit ein (vgl. den Fall BGHSt 52, 323).

23   Auch bei den **Strafvorschriften des WpHG** ergibt sich eine Schutzbereichsbegrenzung in räumlicher Hinsicht aus dem Umstand, dass in sachlicher Hinsicht nur bestimmte Kapitalmärkte erfasst sind (eingehend dazu *Popp* wistra 2011, 169 ff.). Dies ergibt sich hier schon aus der gesetzestechnisch vorgezeichneten Tatbestandsbildung. So nimmt § 38 I WpHG (zum Teil erst über den Verweis auf § 39 II Nr. 3, Nr. 4) Bezug auf Verbote, die in § 14 I WpHG geregelt sind und – ausschließlich – „Insiderpapiere" i. S. d. § 12 I WpHG betreffen. Dazu gehören aber nur Finanzinstrumente, die an bestimmten Börsen und Märkten im Inland oder im EU-/EWR-Ausland gehandelt werden, und Derivate solcher Finanzinstrumente. Der (strafrechtliche) Schutz sämtlicher Kapitalmärkte weltweit vor Insiderhandel wird also von vornherein gar nicht angestrebt. § 38 II WpHG knüpft – über den Verweis auf § 39 I Nr. 1, Nr. 2, II Nr. 11 WpHG – an die Marktmanipulationsverbote des § 20a I WpHG an, der sich gleichfalls nur auf bestimmte Märkte in Deutschland oder einem EU-/EWR-Staat bezieht; diese gegenständliche Eingrenzung wird im Text der Strafvorschrift auch noch einmal ausdrücklich wiederholt. Mit der **sachlichen** Beschränkung der Verbotsmaterie auf bestimmte Finanzinstrumente und Kapitalmärkte geht in § 38 I, II WpHG aber auch eine **räumliche** Beschränkung einher, weil die jeweils in Bezug

genommenen Verbotsnormen (§§ 14, 20a WpHG) nach der Vorstellung des Gesetzgebers (vgl. jedenfalls in Hinsicht auf das Insiderstrafrecht BT-Drs. 12/6679, 57) als Regelungen des Wirtschaftsverwaltungsrechts lediglich eine *territorial auf das Inland begrenzte Verhaltensordnung* begründen (vgl. aber *Kondring* WM 1998, 1369, 1373 und allg. *Ohler,* Die Kollisionsordnung des Allgemeinen Verwaltungsrechts, 2005, S. 327 ff.) und §§ 38 I, II WpHG erklärtermaßen auch nur diese sanktionieren. Diese tatbestandliche Anbindung an das deutsche Kapitalmarktordnungsrecht durch die vom Gesetzgeber gewählte Verweisungstechnik liegt den §§ 3 ff. StGB voraus. Nach Umsetzung der Marktmissbrauchsrichtlinie 2003/6/EG durch das AnSVG v. 28.10.2004 erstrecken sich die genannten Verbotsnormen allerdings nun ausdrücklich auch auf „Handlungen und Unterlassungen, die im Ausland vorgenommen werden, sofern sie Finanzinstrumente betreffen, die an einer inländischen Börse gehandelt werden" (§ 1 II WpHG). Im Übrigen aber gestattet es § 38 V WpHG, die deutschen Bezugsnormen aus §§ 14, 20a WpHG durch inhaltlich „entsprechende" ausländische Regelungen zu ersetzen und damit auch über § 1 II WpHG hinaus die beschriebene räumliche Begrenzung auf Handlungen im Ausland zu überwinden (näher *Popp* wistra 2011, 169, 171 ff.), damit die Anwendung deutschen Kapitalmarktstrafrechts auf Sachverhalte mit Auslandsbezug (in dem durch §§ 3 ff. StGB abgesteckten Rahmen) nicht am räumlichen Inlandsbezug der §§ 14, 20a WpHG (ggf. modifiziert durch § 1 II) WpHG scheitert. Aus dieser Funktionsbestimmung folgt zugleich, dass die **sachliche** Reichweite der WpHG-Straftatbestände von § 38 V WpHG unberührt bleibt (*Popp* wistra 2011, 169, 175; i.E. auch *Kondring* WM 1998, 1369, 1372; *Schuster,* Die internationale Anwendung des Börsenrechts, 1996, S. 479; anders wohl *Vogel* in: Assmann/Schneider, WpHG, 5. Aufl. 2009, § 38 Rn. 67): Das ausländische Verbot ist nur dann ein „entsprechendes", wenn es (jedenfalls auch) dieselben Finanzinstrumente und Märkte in EU/EWR betrifft. Auch über § 38 V WpHG wird also nur ein solches Verhalten tatbestandsmäßig erfasst, das (abgesehen vom Handlungsort) auch schon nach §§ 38 I, II WpHG strafbar wäre (so auch *Schröder,* Kapitalmarktstrafrecht, 2007, Rn. 366 ff.).

3. Irrtumsfragen

Fehlt dem Täter bei Begehung der Tat „die Einsicht, Unrecht zu tun", so **24** führt dies nach § 17 StGB allenfalls zum Ausschluss der Schuld, ändert aber nichts am Tatbestandsvorsatz. Im Ergebnis nichts anderes soll nach h.M. gelten, wenn dem Täter die Anwendbarkeit des deutschen Strafrechts auf den von ihm verwirklichten Sachverhalt verborgen bleibt: Die sachlichen Voraussetzungen des Eingreifens deutscher Strafrechtsnormen im konkreten Fall begründen danach keinen Tatumstandsirrtum nach § 16 I 1 StGB (so aber mit beachtlichen Gründen *Neumann,* FS Müller-Dietz, 2001, 589, 604 f.; NK-StGB-*Böse,* Vor § 3 Rn. 52; vgl. a. Jakobs, AT 5/13). Der BGH hat zunächst von einem gänzlich unbeachtlichen „Irrtum über den Umfang der deutschen Gerichtsbarkeit" gesprochen (BGHSt 27, 30, 34). Nunmehr verortet er das Problem beim Unrechtsbewusstsein i.S.v. § 17 StGB (vgl. BGHSt 45, 97, 100 f. – „Fall Schreiber"), für das nach st.Rspr. nicht die Kenntnis der **Strafbarkeit** des fraglichen Verhaltens entscheidend ist (s. nur BGHSt 2, 194, 202; 15, 377, 383), sondern schon das Bewusstsein genügt, das vom jeweiligen Straftatbestand geschützte **Rechtsgut** zu verletzen (im Fall BGHSt 45, 97 also die Verwirklichung der deutschen Strafrechtspflege – § 258 I StGB; abw. *Böse* a. a. O.).

4. Ordnungswidrigkeitenrecht

25   Wie das Strafrecht (§ 3 StGB) geht auch das Ordnungswidrigkeitenrecht grundsätzlich vom Territorialitätsprinzip aus (vgl. § 5 OWiG), bleibt hierbei aber regelmäßig auch stehen, wenn sich nicht ausnahmsweise aus Regelungen des nationalen oder supranationalen Rechts bzw. aus zwischenstaatlichen Übereinkommen etwas anderes ergibt. Der Ort der Tat ist nach § 7 OWiG (ähnlich wie im Strafrecht, § 9 StGB) zu bestimmen.

II. Verbot der Doppelbestrafung (ne bis in idem)

26   Da nach den §§ 3 ff. StGB deutsches Strafrecht einerseits auch auf Sachverhalte mit Auslandsberührung anzuwenden sein kann, die aufgrund entsprechender Regelungen zugleich auch der Strafrechtsordnung eines oder gar mehrerer ausländischer Staaten unterfallen, andererseits aber die Lösung solcher Kollisionen weder im deutschen transnationalen Strafrecht, noch in dem der meisten anderen Staaten geregelt ist und eine „Kompetenzverteilung" durch internationale Übereinkommen (vgl. MK-StGB-*Ambos,* Vor §§ 3–7 Rn. 61) allenfalls in Zukunft eine größere Rolle spielen könnte, ist die **Gefahr mehrfacher Verfolgung und Sanktionierung** ein und desselben Sachverhalts durch verschiedene Staaten geradezu vorprogrammiert. Mit dem Prinzip der Verhältnismäßigkeit und dem fundamentalen rechtsstaatlichen Prinzip der **ne bis in idem** ist dieses Ergebnis nur schlecht vereinbar; gleichwohl zählt das Verbot der Doppelbestrafung derzeit nicht zu den allgemeinen Regeln des Völkerrechts (Art. 25 GG; vgl. BVerfGE 75, 1, 18 ff.). Eine Lösung der Problematik ist weniger im nationalen Recht, sondern in erster Linie im Unionsrecht bzw. entsprechenden internationalen Vereinbarungen zu suchen.

1. Das Doppelbestrafungsverbot in Art. 103 III GG

27   Art. 103 III GG bestimmt: „Niemand darf wegen derselben Tat auf Grund der allgemeinen Strafgesetze mehrmals bestraft werden". Die Vorschrift garantiert ein grundrechtsgleiches Recht, dessen Verletzung mit der Verfassungsbeschwerde gerügt werden kann (Art. 93 I Nr. 4a GG). Mit „derselben Tat" ist ein geschichtlicher (d.h. sachlich und zeitlich umgrenzter) Lebensvorgang gemeint, innerhalb dessen der Betreffende als Täter oder Teilnehmer einen Straftatbestand verwirklicht haben soll (vgl. BVerfGE 23, 191, 202; 56, 22, 28). Tateinheit i.S.v. § 52 StGB ist dafür weder notwendig (BVerfGE 45, 434 f.), noch ausreichend (BVerfGE 56, 22, 34). Ob zu den „allgemeinen Strafgesetzen" auch die Vorschriften des Ordnungswidrigkeitsrechts zählen (die immerhin unstr. zum „Strafrecht" i.S.v. Art. 74 I Nr. 1 GG gehören), ist umstritten (abl. BVerfGE 43, 101, 105; bejahend aber BGHSt 17, 5, 9; 24, 54, 57; zum Streitstand *Jarass/Pieroth,* Art. 103 Rn. 74). Über seinen Wortlaut („mehrmals bestraft") hinaus steht Art. 103 III GG auch einer (erstmaligen) Bestrafung nach einem rechtskräftigen Freispruch entgegen (BVerfGE 12, 62, 66; 65, 377, 381) und verbietet nicht erst die Verurteilung, sondern – im Sinne eines **Prozesshindernisses** – bereits die Einleitung und Durchführung eines neuen Verfahrens (BVerfGE 56, 22, 32; BGHSt 35, 60 f.; 38, 37, 43; 44, 1, 3) und in diesem Zusammenhang erst recht weitere Ermittlungseingriffe und Zwangsmaßnahmen (vgl. etwa BGHSt 38, 54, 57: Haftbefehl). Zum Strafklageverbrauch i. S. d. Art. 103 III GG führen aber nur Entscheidungen eines **deutschen** Gerichts (BVerfGE 12, 62, 66; 75, 1, 15; 2 BvR 148/11 v. 15.12.2011, Rn. 32 f.; DDR-Gerichte eingeschlossen durch Art. 18 I Einigungsvertrag) oder des EuGH (vgl. BGHSt 24, 54, 57 zu gemeinschaftsrechtlichen Kartellordnungswidrigkeiten), während die (nochmalige) strafrechtliche Verfolgung „derselben Tat" in Deutschland durch ausländische Entscheidungen in „derselben" Sache grundsätzlich nicht berührt wird (nach h.M. selbst dann nicht, wenn die deutsche Strafgewalt nur auf das „Weltrechtsprinzip" gestützt wird, s. zuletzt BGH NStZ 1998, 149, 150 mwN; aA *Oehler,* Internationales Strafrecht, 2. Aufl. 1983, 906), aber doch im Einzelfall das Übermaßverbot verletzen kann (vgl. BVerfG StraFo 2008, 151).

Für den Fall, dass der Betreffende wegen derselben Tat im Ausland verurteilt **28** und die gegen ihn verhängte Strafe bereits vollstreckt ist, ordnet allerdings § 51 III 1 StGB deren **Anrechnung** an (zum Anrechnungsmaßstab s. § 51 IV StGB und *Bock* ZIS 2010, 482 ff.). Zur Anrechnung von Auslieferungshaft s. § 450a StPO.

Bei Auslandstaten kann die Staatsanwaltschaft jedoch von vornherein von der **29** Verfolgung absehen (§ 153c I 1 Nr. 1 StPO), im Übrigen auch dann, wenn der Beschuldigte wegen der Tat im Ausland bereits rechtskräftig freigesprochen worden ist oder wenn die im Ausland gegen ihn verhängte Strafe dort bereits vollstreckt worden ist und die nun im Inland zu erwartende Strafe nach Anrechnung der ausländischen nicht ins Gewicht fiele (§ 153c II StPO).

2. Die „ne bis in idem"-Regelungen in Art. 54 SDÜ und Art. 50 EU-Grundrechte-Charta

Im Verhältnis zu den Schengen-Vertragsstaaten (s.u. Rn. 42) gilt **Art. 54 SDÜ: 30**

„Wer durch eine Vertragspartei rechtskräftig abgeurteilt worden ist, darf durch **31** *eine andere Vertragspartei wegen derselben Tat nicht verfolgt werden, vorausgesetzt, daß im Fall einer Verurteilung die Sanktion bereits vollstreckt worden ist, gerade vollstreckt wird oder nach dem Recht des Urteilsstaats nicht mehr vollstreckt werden kann."*

Anders als der Wortlaut vermuten lässt, setzt eine „rechtskräftige Aburteilung" **32** in diesem Sinne weder die Form eines Urteils, noch überhaupt die Entscheidung eines Gerichts voraus (vgl. *Satzger,* § 10 Rn. 71 ff.; s.a. Stein, NJW 2003, 1162). Vielmehr lässt der EuGH (EuGHE 2003, I-1345 – Rs. C-385/01 „Gözütok" u. C-187/01 „Brügge") letztlich jede verfahrensbeendende Entscheidung eines Organs der Strafrechtspflege (nicht schon der Polizei, vgl. EuGHE 2008, I-11039 – Rs. C-491/07) genügen, die den Effekt einer Ahndung hat und nach dem betreffenden nationalen Recht zu einem endgültigen Strafklageverbrauch führt (s.a. *Vogel/Norouzi* JuS 2003, 1059, 1062). Einbezogen sind dabei auch freisprechende Entscheidungen (BGH NStZ 2001, 557; EuGH NStZ 2007, 410; NJW 2006, 3403; OLG Stuttgart StV 2008, 402) und Verfahrenseinstellungen nach Erfüllung von Auflagen (EuGH NStZ 2003, 332), nicht aber die Einstellung nach § 170 II StPO (EuGH NStZ-RR 2009, 109) und auch nicht eine Einstellung lediglich mit Blick auf bereits eingeleitete Strafverfolgungsmaßnahmen in einem anderen Staat (EuGH NJW 2005, 1337).

Das Verfolgungsverbot aus Art. 54 SDÜ betrifft lediglich „dieselbe Tat" als **33** einen einheitlichen „Komplex von Tatsachen", die in zeitlicher und räumlicher Hinsicht sowie nach ihrem Zweck unlösbar miteinander verbunden sind (EuGH

NJW 2006, 1781; NJW 2007, 3412); der europarechtliche Tatbegriff entspricht also weitgehend dem deutschen Begriff der prozessualen Tat (*Satzger,* § 10 Rn. 77).

34   Im Gegensatz zu Art. 103 III GG stellt Art. 54 SDÜ das Verbot doppelter Strafverfolgung unter eine einschränkende Voraussetzung, die an die **Vollstreckung der Erstentscheidung** anknüpft: Soweit darin eine Sanktion verhängt worden ist, muss diese bereits vollstreckt worden sein (z. B. Bezahlung einer Geldstrafe) oder gerade noch vollstreckt werden (ggf. auch unter Aussetzung zur Bewährung, EuGH NJW 2007, 3412 – „Kretzinger") oder nach dem Recht des Urteilsstaates nicht mehr vollstreckt werden können (dazu EuGH NJW 2009, 3149). Über die Auslegung des Art. 54 SDÜ entscheidet gem. Art. 19 III lit. b EUV, Art. 267 AEUV der EuGH (Vorabentscheidungsverfahren).

35   Die **Charta der Grundrechte der Europäischen Union** v. 7.12.2000, die (in der angepassten Fassung vom 12.12.2007) durch Art. 6 I EUV anerkannt und den Verträgen gleichgestellt wird (nicht aber für Polen und das Vereinigte Königreich), regelt in Art. 50:

36   *„Niemand darf wegen einer Straftat, derentwegen er bereits in der Union nach dem Gesetz rechtskräftig verurteilt oder freigesprochen worden ist, in einem Strafverfahren erneut verfolgt oder bestraft werden."*

37   Ob diese – zunächst nur an die „Organe und Einrichtungen der Union" sowie an die Mitgliedstaaten „ausschließlich bei der Durchführung des Rechts der Union" (Art. 51 I 1 EUGRCh) adressierte – Bestimmung für die EU-angehörigen Schengen-Staaten zu einer Erweiterung des *ne bis in idem* gegenüber Art. 54 SDÜ führen kann, ist zweifelhaft und derzeit noch nicht abschließend geklärt (s. dazu *Burchard/Brodowski* StraFo 2010, 184; Satzger, § 10 Rn. 70 ff. sowie LG Aachen StV 2010, 237). Die Auffassung des BGH (NJW 2011, 1014, 1015), Art. 54 SDÜ sei im Gegenteil als eine durch Art. 52 I EuGRCh zugelassene Einschränkung von Art. 50 EuGRCh zu interpretieren, hat jedenfalls das BVerfG inzwischen als „vertretbar" akzeptiert (NJW 2012, 1202, Tz. 42 ff.; krit. *Merkel/Scheinfeld* ZIS 2012, 206).

III. Nationale Strafverfolgungsmaßnahmen mit Auslandsberührung

1. Allgemeines

38   Der völkerrechtlich gebotene Respekt vor fremder Gebietshoheit (dazu BGHSt 45, 188, 192) steht einer Ausdehnung bundesdeutscher Strafverfolgungstätigkeit auf das Gebiet eines anderen Staates prinzipiell entgegen (vgl. nur *Meyer-Goßner* Einl. Rn. 210). Sie kann freilich durch entsprechende völkerrechtliche Verträge für bestimmte Fallgestaltungen generell gestattet werden, so etwa die „Nacheile" über die fremde Staatsgrenze durch Polizei- und Zollbeamte (z. B. Art. 41 I SDÜ) oder die unmittelbare Zusendung von Prozessdokumenten (z. B. Art. 5 EU-RhÜbk; Art. 52 SDÜ). Die im Übrigen erforderliche Einbeziehung des anderen Staates in einzelne Verfahrenshandlungen ist Gegenstand zahlreicher bi- und multilateraler Übereinkommen zur gegenseitigen Rechtshilfe (s. dazu umfassend Schomburg/Lagodny/Gleß/Hackner, Internationale Rechtshilfe in Strafsachen, 5. Aufl. 2012; *Schomburg* NJW 2005, 3264) und des – insoweit nachrangigen –

IRG. Weitere Rechtsquellen finden sich nicht zuletzt im Recht der Europäischen Union.

2. Internationale Zusammenarbeit und internationale Rechtshilfe in Strafsachen

a) Allgemeine europäische und internationale Rechtsquellen. 39
aa) Europaratsübereinkommen. Grundlage der allgemeinen Rechtshilfe in Strafsachen ist im europäischen Raum das Europäische Übereinkommen über die Rechtshilfe in Strafsachen (EuRhÜbk) vom 20.4.1959 (CETS No. 30), das im institutionellen Rahmen des Europarates entstanden ist und im Verhältnis zu fast allen europäischen Staaten sowie Israel Anwendung findet und eine allgemeine Verpflichtung zur gegenseitigen Unterstützung begründet. Speziell für die Aus- und Durchlieferung von Personen zum Zweck der Strafverfolgung bzw. -vollstreckung wurde schon zuvor das Europäische Auslieferungsübereinkommen (EuAlÜbk) vom 13.12.1957 geschlossen, dem inzwischen fast alle europäischen Staaten sowie Israel und Südafrika angehören (Einzelheiten etwa bei *Veh* in: Wabnitz/Janovsky, Kap. 22 Rn. 43 ff.). Für Ermittlungen mit Bezug zu Computerdaten und Datennetzen (Internet) enthält die Budapester *Convention on Cybercrime* vom 23.11.2001 (ETS Nr. 185) in ihrem 2. Abschnitt (Art. 14 ff.) wichtige Vorgaben für die internationale Zusammenarbeit der Vertragsstaaten (neben den Mitgliedstaaten des Europarates u.a. Kanada, die USA und Südafrika).

bb) Rechtsraum der Europäischen Union. Das vom Rat (in Weiterent- 40
wicklung des EuRhÜbk, oben Rn. 39) erstellte Übereinkommen zwischen den Mitgliedstaaten der EU über die Rechtshilfe in Strafsachen (EU-RhÜbk – BGBl. II 2005, 650), das auch das Ordnungswidrigkeitenrecht mit einschließt (Art. 3 I EU-RhÜbk), gestattet die unionsweite Übermittlung von Verfahrensdokumenten unmittelbar auf dem Postweg (vgl. Art. 5 EU-RhÜbk) und enthält verschiedene Erleichterungen für einzelne Formen der Rechtshilfe, etwa im Zusammenhang mit Video- und Telefonkonferenzen (Art. 10, 11 EU-RhÜbk), mit der Bildung gemeinsamer Ermittlungsgruppen (Art. 13 EU-RhÜbk), dem Einsatz verdeckter Ermittler (Art. 14 EU-RhÜbk) und nicht zuletzt mit der Überwachung der Telekommunikation (Art. 18 ff. EU-RhÜbk; s. dazu noch unten Rn. 54). Über die Leistung von Rechtshilfe anlässlich eines entsprechenden Ersuchens hinaus sieht Art. 7 EU-RhÜbk sogar die „aktive" Übermittlung von Informationen über Straftaten oder Ordnungswidrigkeiten an die zuständigen Behörden im Inland vor. Ein Zusatzprotokoll sieht u.a. Regelungen zur Erleichterung des Aufspürens von Bankkonten vor (Art. 1–3 ZP-EU-RhÜbk).

Auch die („große") Rechtshilfe in Auslieferungsangelegenheiten ist auf EU- 41
Ebene ggü. dem entsprechenden Europaratsabkommen (EuAlÜbk, s.o. Rn. 39) fortentwickelt worden (näher dazu etwa *Veh* in: Wabnitz/Janovsky, Kap. 22 Rn. 48 ff.). Zu nennen sind das EU-AuslÜbk v. 27.9.1996 (BGBl. 1998 II, 2253) und das Übereinkommen über das vereinfachte Auslieferungsverfahren zwischen den Mitgliedstaaten der EU (EU-VereinfAuslÜbk) v. 10.3.1995 (BGBl. 1998 II, 2229), vor allem aber der Rahmenbeschluss über den Europäischen Haftbefehl. Zur Umsetzung des Rahmenbeschlusses 2005/214/JI über die Anwendung des Grundsatzes der gegenseitigen Anerkennung von Geldstrafen und Geldbußen im deutschen Recht vgl. *Karitzky/Wannek* NJW 2010, 3393; *Schünemann/Roger* ZIS 2010, 515 ff.; *Böse* ZIS 2010, 607.

42   **cc) Schengen.** Dem Schengener Übereinkommen vom 14.6.1985 zwischen Deutschland, Frankreich und den Benelux-Staaten über den Abbau von Personenkontrollen an ihren gemeinsamen Grenzen ist das Schengener Durchführungsübereinkommen (SDÜ) vom 19.6.1990 gefolgt, das unter Titel III („Polizei und Sicherheit") u.a. auch Regelungen zur gegenseitigen Rechtshilfe in Strafsachen enthält. Inzwischen ist dieser sog. „Schengen-Besitzstand" in das Rechtssystem der EU integriert worden (Protokoll Nr. 2 zum Vertrag von Amsterdam). Die Ausdehnung des durch die genannten Übereinkommen geschaffenen „Schengen-Raums" auf die gesamte EU ist damit jedoch nicht verbunden. Zu ihm gehören neben den genannten ursprünglichen fünf Vertragsstaaten nur noch Dänemark, Finnland, Griechenland, Italien, Österreich, Portugal, Spanien sowie – mit Einschränkungen (vgl. die Beschlüsse des Rates 2000/365/EG, 2004/926/EG bzw. 2002/192/EG) – auch das Vereinigte Königreich und Irland. Umgekehrt erstreckt sich der Schengen-Raum auch auf Island und Norwegen, die der EU nicht angehören, sondern lediglich ein entsprechendes Assoziierungsabkommen geschlossen haben (ABl. L 176 v. 10.7.1999). Entsprechendes gilt nunmehr auch für Liechtenstein und die Schweiz.

43   **b) Gesetz über die internationale Rechtshilfe in Strafsachen (IRG).** Der „Rechtshilfeverkehr mit dem Ausland in strafrechtlichen Angelegenheiten" ist Gegenstand des Gesetzes über die internationale Rechtshilfe in Strafsachen (IRG). Zu den „strafrechtlichen Angelegenheiten" in diesem Sinne zählen auch Bußgeldverfahren wegen Ordnungswidrigkeiten (§ 1 II IRG). Im Verhältnis zu bi- oder multilateralen völkerrechtlichen Übereinkommen, die in das innerstaatliche Recht aufgenommen worden sind, sind die Regelungen des IRG subsidiär (§ 1 III IRG). Sie gelten insbesondere auch für die Unterstützung in strafrechtlichen Angelegenheiten innerhalb der EU (§ 1 IV IRG). Geregelt sind sowohl die in Deutschland für einen anderen Staat geleistete Rechtshilfe, als auch die von Deutschland ausgehenden Rechtshilfeersuchen an ausländische Stellen, und zwar zunächst jeweils allgemein (§§ 2 ff. IRG), sodann in (grds. vorrangigen) besonderen Vorschriften für den gemeinsamen Rechtsraum der EU (§§ 78 ff. IRG).

44   Systematisch lassen sich zwei große Blöcke unterscheiden: Auf der einen Seite stehen die **Auslieferung** von Personen an einen ausländischen Staat zum Zwecke der Strafverfolgung oder Strafvollstreckung (§§ 2 ff. IRG), die **Durchlieferung** von Personen durch das Bundesgebiet zu solchen Zwecken (§§ 43 ff. IRG) sowie die **Vollstreckung** ausländischer Erkenntnisse im Inland (§§ 48 ff. IRG). Auf der anderen Seite eröffnet § 59 II IRG die Möglichkeit, „sonstige Rechtshilfe" zu leisten (auch „kleine" oder „Rechtshilfe im engeren Sinne" genannt), wenn eine „zuständige Stelle" eines ausländischen Staates darum ersucht. Als „Stelle" in diesem Sinne kommen nicht nur Gerichte in Betracht, sondern etwa auch Steuer- und Zollbehörden (*Schomburg/Lagodny/Gleß/Hackner,* IRG, § 59 Rn. 2) und nicht zuletzt auch ausländische Polizeibehörden (BGHSt 27, 383, 386). Freilich muss das Ersuchen eine bestimmte „strafrechtliche Angelegenheit" betreffen, also einen konkreten Verfahrensbezug aufweisen (*Veh* in: Wabnitz/Janovsky, Kap. 22 Rn. 7 mwN) und gerade zu repressiven Zwecken erfolgen. Dem ausländischen Ersuchen darf nur in dem Rahmen entsprochen werden, der in einem entsprechenden Fall für ein inländisches Rechtshilfeersuchen gelten würde (§ 59 III IRG). Insbesondere sind dabei auch hier die Schranken zu beachten, die für inländische Ermittlungen gelten (also z. B. § 30 AO).

3. Ausgewählte einzelne Bereiche

a) Durchsuchung und Beschlagnahme. Zur Durchsuchung von Geschäfts- **45** oder Privaträumen nach §§ 102 ff. StPO sind die deutschen Strafverfolgungsbehörden selbstverständlich nur im Inland befugt. Grenzüberschreitende Zugriffe sind aber hinsichtlich bestimmter Computerdaten möglich: Stoßen die Ermittler bei dem von der Durchsuchung Betroffenen auf ein „elektronisches Speichermedium" (etwa einen Computer), darf dessen Durchsicht nach den Regeln des § 110 StPO (dazu allg. BVerfGE 113, 29, 50 ff.) durch die dort in Abs. 1 genannten Beamten auch auf weitere Speichermedien ausgedehnt werden, die sich räumlich außerhalb des durchsuchten Objekts befinden (§ 110 III StPO), vorausgesetzt, dass auf diesen externen Speicherort von dem durchgesehenen Medium aus zugegriffen werden kann und andernfalls „der Verlust der gesuchten Daten zu besorgen ist" (s. dazu allg. *Schlegel* HRRS 2008, 23). Daten, die für die Untersuchung von Bedeutung sein können, dürfen gesichert werden (§ 110 III 2 Hs. 1 StPO). Liegt jener externe Speicherort nun im Ausland, ist ein (praktisch hier ohne weiteres denkbarer) Zugriff als Beeinträchtigung fremder Hoheitsrechte nicht ohne weiteres gestattet. Im Verhältnis zu den Vertragsstaaten der **Convention on Cybercrime** (oben Rn. 39) gilt zunächst Art. 32 lit. b des Übereinkommens: Hiernach sind grenzüberschreitende Zugriffe allgemein zulässig, wenn zuvor die „rechtmäßige und freiwillige Zustimmung" desjenigen eingeholt wird, der zur Weitergabe der Daten „rechtmäßig befugt" ist (auf öffentlich frei zugängliche Inhalte etwa im Internet darf ohnehin stets zugegriffen werden, vgl. Art. 32 lit. a). Fehlt eine solche Zustimmung des Berechtigten, bleibt nur das auch sonst vorgesehene Rechtshilfeverfahren (für den Anwendungsbereich der Convention on Cybercrime vgl. deren Art. 23 ff., 29). Diesem für die Ermittlungspraxis unbefriedigende Ergebnis dürfte kaum dadurch auszuweichen sein, dass die im Ausland gespeicherten Daten im Rahmen einer Maßnahme nach § 110 III 1 StPO zunächst „vorläufig" gesichert werden, um sich dann nachträglich mit dem betreffenden Staat über den weiteren Umgang damit zu verständigen (so aber *Bär,* Handbuch der EDV-Beweissicherung, 2007, Rn. 372 ff.; abl. freilich *Gaede* StV 2009, 96, 101; *Gercke* StraFo 2009, 271, 273; s.a. LG Hamburg wistra 2008, 116, 117).

Von dieser (ggf. nach § 110 III StPO erweiterten) Durchsicht von Speicherme- **46** dien und Computersystemen im Rahmen einer Durchsuchung zu unterscheiden ist die sog. **„Online-Durchsuchung"**, bei der mit Hilfe spezieller Software über eine Internetverbindung heimlich auf einen bestimmten Rechner zugegriffen wird, um dort verdeckt Daten erheben zu können. Ein solches Vorgehen ist nach geltendem Strafverfahrensrecht bereits im Inland unzulässig; soweit es polizeirechtlich vorgesehen ist (§ 20k BKAG), dürfen die Ergebnisse nicht zu strafprozessualen Zwecken verwendet werden (Gedanke des hypothetischen Ersatzeingriffs, vgl. § 161 II 1 StPO; *Bär* ZIS 2011, 53, 58).

Für Durchsuchungen sowie die Beschlagnahme und Herausgabe von Gegen- **47** ständen sind die Vertragsparteien des EuRh-Übk einander grundsätzlich zur Rechtshilfe verpflichtet (s. Art. 3 I, 5 I, 1 I EuRh-Übk). Aufgrund entsprechender Vorbehalte der Bundesrepublik werden jedoch umgekehrt auch Rechtshilfeersuchen aus Deutschland wohl nur bei beiderseitiger Strafbarkeit der Tat Erfolgsaussichten haben und auch dies nur soweit, als die Maßnahmen auch mit dem Recht des ersuchten ausländischen Staates vereinbar sind (*Veh* in: Wabnitz/Janovsky, Kap. 22 Rn. 144). Im Verhältnis zu den Schengen-Staaten schadet es nicht, wenn die Tat auf einer der beiden Seiten nur als Ordnungswidrigkeit behandelt wird

(Art. 51 SDÜ). Für den Bereich der EU gelten die §§ 94 ff. IRG, die den Rahmenbeschluss 2003/577/JI über die Vollstreckung von Entscheidungen über die Sicherstellung von Vermögungsgegenständen oder Beweismitteln in der EU (ABl. EU 2003 Nr. L 196/45) umsetzen. Zur künftigen „Europäischen Beweisanordnung zur Erlangung von Sachen, Schriftstücken und Daten zur Verwendung in Strafsachen" (Rahmenbeschluss 2008/978/JI, ABl. EU 2008 Nr. L 350/72) vgl. *Krüßmann* StraFo 2008, 458; *Stefanopoulou* JR 2011, 54.

48   **b) Untersuchungshaft.** Die Anordnung von Untersuchungshaft gegen den Beschuldigten setzt nach § 112 I 1 StPO voraus, dass er der Tat **„dringend verdächtig"** ist und ein Haftgrund besteht. In Sachverhalten mit Auslandsbezug erlangen die in § 112 II Nr. 1 und Nr. 2 StPO genannten Haftgründe besondere Bedeutung.

49   Als „flüchtig" (§ 112 II Nr. 1 StPO) kann nicht schon angesehen werden, wer nach ordnungsgemäßer Abmeldung seinen Lebensmittelpunkt aus verfahrensunabhängigen Gründen ins Ausland verlegt hat (ThürOLG StRR 2008, 403) oder sich mit Rückkehrwillen vorübergehend dorthin begibt (KG Berlin v. 1.3.2013 – 4 Ws 14/13). Gegenindiz kann die fortwährende Erreichbarkeit über den Verteidiger sein (OLG Karlsruhe StV 1999, 36 f.), insbesondere wenn dieser ausdrücklich auch für Ladungen zustellungsbevollmächtigt ist (§ 145a II StPO; dazu OLG Dresden StV 2007, 587).

50   **Fluchtgefahr** (§ 112 II Nr. 2 StPO) begründet nicht schon der Umstand, dass der Beschuldigte seinen Wohnsitz im Ausland hat (vgl. nur OLG Dresden StV 2005, 224; OLG Köln StV 2006, 25) und dorthin zurückgekehrt ist. Gibt er dort zu erkennen, sich dem Verfahren nicht stellen zu wollen, wird das für die Annahme von Fluchtgefahr vielfach für ausreichend gehalten (vgl. nur OLG Stuttgart NStZ 1998, 427 m. abl. Anm. *Lagodny;* OLG Köln NStZ-RR 2006, 22 f.; OLG Celle StraFo 2009, 204 f.). Wer sich jedoch als Ausländer dem Verfahren grundsätzlich stellen und nur deshalb nicht in das Bundesgebiet einreisen will, weil er eine (aus seiner Sicht ungerechtfertigte) Verhaftung fürchtet, gibt dadurch noch keinen Fluchtwillen zu erkennen (näher OLG Karlsruhe StV 2005, 33); nach OLG Oldenburg StV 2011, 419 gilt Entsprechendes für die Bekundung, nur bei vorheriger Zusicherung einer Bewährungsstrafe zur Hauptverhandlung anreisen zu wollen. Auch der Besitz von Auslandsvermögen ist nicht schon als solcher geeignet, Fluchtgefahr zu belegen (vgl. OLG Saarbrücken StV 2002, 489), ebenso wenig der Umstand, dass der Beschuldigte im Inland keine weiteren sozialen Bindungen hat (LG Oldenburg StV 2011, 34 f.). Bei der Gesamtwürdigung der Umstände des einzelnen Falles können freilich größere Vermögenswerte im Ausland (vgl. aber OLG Saarbrücken StV 2002, 489) oder auch gute Fremdsprachenkenntnisse (*Böhm* NStZ 2001, 633, 635) eine Rolle spielen (s. a. OLG Düsseldorf v. 28.3.2008 – III-1 Ws 80/08 – juris).

51   Auf den Rahmenbeschluss des Rates vom 13.6.2002 über den Europäischen Haftbefehl und die Übergabeverfahren zwischen den Mitgliedstaaten (RbEuHb, 2002/584/JI, ABl. EG 2002 Nr. L 190/5, geändert durch RB 2009/299/J/v. 26.2.2009) gehen das deutsche EuHBG vom 20.7.2006 und die dadurch in das IRG eingefügten eingefügten §§ 78 ff. zurück (eine frühere EuHBG-Version war durch BVerfGE 113, 273 für verfassungswidrig erklärt worden). Bei einem **„Europäischen Haftbefehl"** handelt es sich um eine „justizielle Entscheidung, die in einem Mitgliedstaat ergangen ist und die Festnahme und Übergabe einer gesuchten Person durch einen anderen Mitgliedstaat zur Strafverfolgung oder zur

Vollstreckung einer Freiheitsstrafe oder einer freiheitsentziehenden Maßregel der Sicherung bezweckt" (Art. 1 I RbEuHb). Nach dem Prinzip der gegenseitigen Anerkennung soll ein Haftbefehl damit grundsätzlich EU-weit vollstreckt werden können (vgl. aber zur durchaus unterschiedlichen Reichweite der Umsetzung in den einzelnen Mitgliedstaaten den Bericht der Kommission KOM [2006] 8 endg.), soweit es sich dabei um einen „Europäischen" Haftbefehl nach dem im Anhang zum RbEuHb enthaltenen Muster handelt. Er kann nur bei Handlungen erlassen werden, die nach dem Recht des Ausstellungsstaates mit einer Freiheitsstrafe oder einer freiheitsentziehenden Maßregel der Sicherung im Höchstmaß von mindestens zwölf Monaten bedroht sind; für Vollstreckungshaftbefehle ist eine Verurteilung zu mindestens vier Monaten Voraussetzung (Art. 2 I RbEuHb). Die Vollstreckung eines Europäischen Haftbefehls kann nach neuester Rspr. des EuGH (Rs. C-396/11 – Radu – m. Anm. *Brodowski* HRRS 2013, 54) nur aus den im Rahmenbeschluss genannten Gründen verweigert werden (anders freilich § 73 S. 2 IRG).

c) Überwachung der Telekommunikation. aa) Die inhaltliche Überwachung und Aufzeichnung der Telekommunikation zu strafprozessualen Zwecken gestattet § 100a StPO. Sie setzt den durch bestimmte Tatsachen begründeten Verdacht einer Straftat aus dem Katalog des § 100a II StPO voraus und ist auch dann nur zulässig, wenn die genannte Straftat „auch im Einzelfall schwer wiegt" (§ 100a I Nr. 2 StPO) und die Erforschung des Sachverhalts bzw. die Ermittlung des Aufenthaltsortes des Beschuldigten auf andere Weise „wesentlich erschwert oder aussichtslos wäre" (§ 100a I Nr. 3 StPO). Zu den Katalogtaten zählen aus dem Bereich des Wirtschaftsstrafrechts insbesondere solche nach § 34 I-VI AWG, Wettbewerbsdelikte nach § 298 StGB sowie bestimmte Fälle des (Computer-)Betruges, Subventionsbetruges, Bankrotts und der Steuerhinterziehung bzw. -hehlerei. Sofern tatsächliche Anhaltspunkte für die Annahme vorliegen, dass die Überwachungsmaßnahme allein Erkenntnisse aus dem „Kernbereich privater Lebensgestaltung" liefern würde, ist sie unzulässig (§ 100a IV 1 StPO). **52**

Zur Kooperation mit den Strafverfolgungsbehörden **verpflichtet** ist nach § 100b III 1 StPO „jeder, der Telekommunikationsdienste erbringt oder daran mitwirkt". Ein „geschäftsmäßiges" Handeln i. S. d. § 3 Nr. 10 TKG ist nicht erforderlich, so dass beispielsweise auch unternehmensinterne TK-Dienste (Intranet, Corporate Network usw.) betroffen sein können (Meyer-Goßner § 100b Rn. 8). Einzelheiten regelt die „Verordnung über die technische und organisatorische Umsetzung von Maßnahmen zur Überwachung der Telekommunikation" (TKÜV). Hiernach ist die Telekommunikation des zu überwachenden Anschlusses grundsätzlich nicht zu erfassen, falls sich das zugehörige Endgerät (z. B. ein Mobiltelefon) erkennbar im Ausland befindet (§ 4 Abs. 1 TKÜV), es sei denn, die zu überwachende Telekommunikation wird über das Inland um- oder weitergeleitet (wie etwa bei einer Mailbox-Abfrage, vgl. *Bär* ZIS 2011, 54, 57). **53**

Die Vertragsstaaten des EU-RhÜbk (oben Rn. 37) sind einander auf diesem Gebiet zur Rechtshilfe grundsätzlich verpflichtet (eingehend dazu *Schuster* NStZ 2006, 657; *Mokros* in: Lisken/Denninger, Handbuch des Polizeirechts, 5. Aufl. 2012, Kap. O Rn. 347 ff.). Sie kann in der Weise erfolgen, dass der um Rechtshilfe ersuchte Staat die Telekommunikation in seinem Hoheitsgebiet aufzeichnet und sodann an die deutschen Strafverfolgungsbehörden übermittelt. Möglich ist aber auch die unmittelbare Weiterleitung des Telekommunikationsverkehrs an die deutschen Behörden, die ihn dann selbst abhören und aufzeichnen können (vgl. Art. 18 Ia EU-RhÜbk). **54**

55   bb) Auch die sog. **Internet-Telefonie** („Voice over IP", etwa mit Hilfe von „Skype") gehört zur Telekommunikation i.S.v. §§ 100a ff. StPO. Ihre Überwachung stößt wegen der hierbei eingesetzten Verschlüsselung des Datenverkehrs an technische Grenzen, die die Praxis dadurch zu überwinden versucht, dass dem zu überwachenden Endgerät unbemerkt eine spezielle Software aufgespielt wird, die die Audiodaten schon *vor* ihrer Verschlüsselung abgreift und so den Strafverfolgungsbehörden zur Verfügung stellt (deshalb auch *Quellen-TKÜ* genannt). Aus diesem praktischen Bedürfnis leiten einzelne Strafgerichte regelmäßig auch schon die Zulässigkeit dieses Vorgehens und der damit verbundenen heimlichen Infiltration des betreffenden Endgeräts ab; sie soll als „Annexkompetenz" ebenfalls aus § 100a I 1 StPO folgen (vgl. zuletzt LG Landshut NStZ 2011, 479 f. m. abl. Anm. *Braun*, jurisPR-ITR 3/2011, Nr. 3; LG Hamburg wistra 2011, 155; AG Bayreuth MMR 2010, 266 m. zust. Anm. *Bär;* anders aber noch LG Hamburg StV 2009, 636; abl. auch das verfassungsrechtliche Schrifttum, s. etwa *Böckenförde* JZ 2008, 925, 934; *Hornung* CR 2008, 299, 300 f.; vgl. zusammenfassend *Buermeyer/Bäcker* HRRS 2009, 433; *Popp* ZD 2012, 51, 53 f.).

56   cc) „Telekommunikation" i.S.v. § 100a StPO kann auch der **Versand von E-Mails** sein. Er erfolgt typischerweise durch Vermittlung eines „Providers" auf der Absender- wie auf der Empfängerseite. Obgleich der gesamte Übermittlungsvorgang vom Absenden der Nachricht bis zu ihrem Abruf durch den Empfänger in den Schutzbereich des Art. 10 I GG fällt (BVerfG NJW 2009, 2431), sollen die vergleichsweise hohen Eingriffsvoraussetzungen der §§ 100a ff. StPO nicht durchgängig bestehen: Soweit die E-Mail als Datensatz auf dem Speicher des in den Übermittlungsvorgang eingeschalteten Providers „ruht", soll sie nach den §§ 94 ff., 99 StPO (analog?) „beschlagnahmt" werden können (BGH NStZ 2009, 397; nach BVerfG NJW 2009, 2431, 2434 ist dieser Kunstgriff mit Blick auf Art. 10 I GG zumindest dann nicht zu beanstanden, wenn der Zugriff dem Betroffenen gegenüber offen erfolgt und nach den Umständen des Einzelfalls verhältnismäßig ist; zu Recht ablehnend und für eine durchgängige Anwendung der §§ 100a ff. StPO dagg. LG Hamburg StV 2009, 70; *Beulke*, Strafprozessrecht, 12. Aufl. 2012, Rn. 253b; SK-StPO/*Wolter*, § 100a Rn. 38). Befindet sich der Datenspeicher des Providers im Ausland, gilt das oben zu § 110 III StPO Gesagte (Rn. 42) entsprechend; s. im übrigen – innerhalb des EU-Raums – §§ 94, 97 IRG (näher *Bär* ZIS 2011, 53, 57).

57   dd) Die **Ermittlung von Bestandsdaten** (§ 3 Nr. 3 TKG) im Wege des Auskunftsverfahrens nach §§ 112, 113 TKG ist nur bei inländischen Providern möglich. Im Ausland muss auch hier wieder der Rechtshilfeweg beschritten werden (*Bär* ZIS 2011, 53, 58). Die Erhebung von Verkehrsdaten, die von (inländischen) Providern lediglich vorratsweise für eine etwaige spätere Verwendung zu strafprozessualen Zwecken gespeichert werden sollten (§§ 113a, 113b TKG), ist aufgrund der Verfassungswidrigkeit der betreffenden Vorschriften (BVerfG NJW 2010, 833) derzeit ohnehin unzulässig.

58   **d) Zeugen im Ausland.** aa) Die Verpflichtung einer Person, als Zeuge vor dem Richter oder vor der Staatsanwaltschaft auf Ladung zu erscheinen und auszusagen (§§ 48 I, 161a I StPO) sowie die Aussage ggf. zu beeiden, reicht so weit wie die deutsche Gerichtsbarkeit. Sie trifft jedermann, der sich im Inland aufhält (*Meyer-Goßner* Vor § 48 Rn. 5), deutsche Staatsangehörige auch außerhalb davon (vgl. OLG Hamburg MDR 1967, 686). Sie können im Ausland durch die deutschen Auslandsvertretungen geladen werden (§ 16 KonsG; Einzelheiten bei *Meyer-*

Goßner § 37 Rn. 25a), im Schengen-Raum (vgl. Art. 52 I SDÜ) sowie im Geltungsbereich des EU-RhÜbk (s.o. Rn. 37) auch unmittelbar per Post (Art. 5 I EU-RhÜbk, der insoweit an die Stelle des Art. 52 I SDÜ getreten ist, vgl. Art. 2 II EU-RhÜbk; zum Ganzen auch Rose, wistra 1998, 11). Die **Pflicht** des erkennenden Gerichts **zur umfassenden Aufklärung** des Sachverhalts (§ 244 II StPO) **erstreckt sich grundsätzlich auch auf Auslandszeugen,** und auch vom Beweisantragsrecht (§ 244 III-V StPO) ist die Vernehmung solcher Zeugen nicht von vornherein ausgenommen (zum Erfordernis der Angabe einer ladungsfähigen Anschrift s. zuletzt BGH NStZ 2011, 231; vgl. zum Ganzen a. *Rose* NStZ 2012, 18).

bb) Ein entsprechender Beweisantrag kann freilich zum einen namentlich dann 59 abgelehnt werden, wenn der Zeuge im Ausland **„unerreichbar"** ist (§ 244 III 2 StPO), d.h. wenn die bisherigen Bemühungen, sie zum Erscheinen zu veranlassen, ohne Erfolg geblieben sind und auch künftig nicht mit ihrem Erscheinen zu rechnen ist (vgl. a. BGH NJW 2000, 443, 447; StV 2001, 664; *Meyer-Goßner,* § 244 Rn. 63 mwN; zu möglichen Recherchen mit Hilfe von Auslandsvertretungen oder Interpol [unten Rn. 66] vgl. BayObLG StV 1988, 55). Die schlichte Bekundung der Beweisperson, nicht erscheinen zu wollen, begründet ihre Unerreichbarkeit allerdings noch nicht (BGH NStZ 1985, 281). Freies Geleit kann ihr gemäß § 295 StPO erteilt werden, sofern in Deutschland anderweitig auch gegen sie ein Strafverfahren geführt wird (BGHSt 35, 216; weitergehend *Lagodny* StV 1989, 92); im Anwendungsbereich des EuRhÜbk (oben Rn. 36) auch unter den dort in Art. 12 genannten Voraussetzungen. Hält sich der Zeuge im benachbarten Ausland auf, kann mit seinem Einverständnis eine Vernehmung durch ein grenznahes deutsches Gericht im Wege der (nationalen) Rechtshilfe in Betracht kommen (§ 157 GVG; s. etwa OLG Schleswig NStZ 1989, 240). Im Übrigen darf die Ladung von Auslandszeugen (sofern sie nicht als deutsche Staatsangehörige nach § 16 KonsG geladen werden können, s. dazu etwa BGHSt 26, 140) wegen der damit verbundenen Beeinträchtigung fremder Hoheitsrechte grundsätzlich nur im Zusammenwirken mit dem jeweiligen Aufenthaltsstaat erfolgen. Für die unmittelbare Kontaktaufnahme mit ihnen – um zu klären, ob sie zur Sachaufklärung beitragen können oder wollen – bedarf es allerdings noch keines Rechtshilfeersuchens (vgl. BGH NStZ 1985, 375; 2002, 653). Die unmittelbare Übersendung der Ladung auf dem Postweg (§ 37 I StPO ivm § 183 I 2 Fall 1 ZPO) gestattet Art. 52 I SDÜ im Verhältnis zu den Schengen-Staaten (vgl. a. *Heß* NJW 2001, 15, 20) und nunmehr auch Art. 5 EU-RhÜbk; vereinfachende Regelungen enthält i.ü. auch das EuRhÜbk (näher dazu *Gleß*, FS Eisenberg, 2009, S. 499 ff.). „Erreichbar" ist im Übrigen auch ein Zeuge, der zwar im Ausland verbleibt, aber doch nach § 247a ivm § 251 II StPO im Wege **audiovisueller Übertragung** vernommen werden kann (zu dieser Möglichkeit auch im Bereich der „vertragslosen" Rechtshilfe – wie im Verhältnis zu den USA – BGHSt 45, 188, 190, 197 m. Anm. *Duttge* NStZ 2000, 158; für die EU vgl. nunmehr Art. 10 EU-RhÜbk; näher *Veh* in: Wabnitz/Janovsky, Kap. 22 Rn. 152a, 152b). Die mit der Ladung des Zeugen im Ausland verbundene Verzögerung des Verfahrens allein begründet seine Unerreichbarkeit nicht (*Hamm/Hassemer/Pauly,* Rn. 293; BGH NJW 1985, 391, 392).

cc) Zum anderen kann ein solcher Beweisantrag über die engen Voraussetzun- 60 gen des § 244 III StPO hinaus – insbesondere also selbst bei grundsätzlicher Erreichbarkeit des Zeugen – auch schon dann abgelehnt werden, wenn die Vernehmung des im Ausland zu ladenden Zeugen „nach dem pflichtgemäßen Ermessen des Gerichts **zur Erforschung der Wahrheit nicht erforderlich** ist" (§ 244 V 2, 1 StPO; zur Verfassungsmäßigkeit dieser Regelung BVerfG NStZ 1997, 94). Dies impliziert eine (sonst gerade nicht zulässige) *Beweisantizipation* (BGH NStZ 2007, 349; NStZ-RR 2011, 116, 117), die im Ablehnungsbeschluss auch offengelegt werden muss (OLG Köln StraFo 2008, 383). Ist die beantragte Zeugenvernehmung möglicherweise von ausschlaggebender Bedeutung, kann die Amtsaufklärungspflicht (§ 244 II StPO) der Ablehnung entgegenstehen (BGH NStZ 2007, 349). Bei der jenseits davon zu treffenden Ermessensentscheidung des Gerichts können auch die mit der Ladung verbundenen praktischen Schwierigkeiten Berücksichtigung finden (*Meyer-Goßner,* § 244 Rn. 43f mwN); ob dies auch im heutigen EU-Rechtshilferaum noch ein zulässiges Argument darstellen kann, ist zweifelhaft (vgl. *Gleß,* FS Eisenberg, 2009, S. 499, 504 ff.). Scheidet nach alledem eine erleichterte Ablehnung des Beweisantrags nach § 244 V 2 StPO aus, hat es mit § 244 III StPO sein Bewenden (*Hamm/Hassemer/Pauly,* Rn. 292); es wird dann entscheidend nur noch auf die Erreichbarkeit des Zeugen im Ausland ankommen (s.o. Rn. 56).

61   Eine etwa vorhandene frühere richterliche Vernehmung des Auslandszeugen kann unter den Voraussetzungen des § 251 II Nr. 1 StPO in der Hauptverhandlung **verlesen** werden. Dabei liegt ein „nicht zu beseitigendes Hindernis" nicht schon in dem Umstand, dass sich der Zeuge dauerhaft im Ausland aufhält, wohl aber darin, dass er sich weigert zu erscheinen (BGHSt 32, 68; zur Verlesung einer polizeilichen Vernehmung nach § 251 I Nr. 2 StPO in einem solchen Fall BGH wistra 2010, 232).

IV. Supra- und internationale Strafverfolgungsinstitutionen

1. Europäische Union

62   Echte Strafgerichtsbarkeit wird auf der Ebene der Europäischen Union nicht ausgeübt. Im Bereich des Kartellrechts (Art. 101 ff. AEUV) überprüfen indessen das Europäische Gericht erster Instanz und der EuGH namentlich die von der Kommission auf der Grundlage der KartellverfahrensVO Nr. 1/2003 bzw. der FusionskontrollVO 139/2004 verhängten Bußgelder.

63   Eine **Europäische Staatsanwaltschaft** gibt es derzeit nicht. Das „Grünbuch" der Kommission vom 11.12.2001 hat die Einrichtung einer solchen Institution allerdings vorgeschlagen (zu Diskussionsstand und Kritik s. etwa *Stiegel* ZRP 2003, 172; *Satzger,* FS Widmaier, 2008, S. 551 sowie die Beiträge in StV 2003, 115 ff.); seit dem Vertrag von Lissabon hält nun auch Art. 86 AEUV eine rechtliche Grundlage für sie bereit.

64   Als eigenständiges Ermittlungsorgan auf europäischer Ebene ist seit dem 1.6.1999 das **Europäische Amt für Betrugsbekämpfung** (OLAF – Organisation de la Lutte Anti-Fraude) zu nennen, dem durch die VO (EG) 1073/99 zahlreiche eigene Ermittlungsbefugnisse eingeräumt worden sind. Seine Tätigkeit beschränkt sich freilich auf die Verfolgung von Delikten zum Nachteil der finanziellen Interessen der EU (näher *Satzger,* § 9 Rn. 18 ff.). Demgegenüber steht seit 1.7.1999 das **Europäische Polizeiamt (Europol)** im Dienst der Verfolgung verschiedener Erscheinungsformen internationaler (d.h. mehr als einen Mitgliedstaat betreffender) Kriminalität (s. dazu das Europol-Übereinkommen vom 26.7.1995, BGBl. II 1997, 2154; *Gleß* NStZ 2001, 623; eingehend *Mokros* in:

Lisken/Denninger, Handbuch des Polizeirechts, 5. Aufl. 2012, Kap. O Rn. 30 ff.). Derzeit fungiert Europol – als Internationale Organisation mit Sitz in Den Haag – jedoch lediglich als Koordinations- und Unterstützungsstelle der nationalen Polizeibehörden ohne eigene exekutive Befugnisse, aber immerhin mit eigener Datenverarbeitung in einem zentralen Informationssystem (Art. 7 ff. Europol-Übereinkommen; *Manske,* Kriminalistik 2001, 105). Koordinierende und dokumentierende Funktionen hat (ebenfalls in Den Haag) auch die **Europäische Stelle für justizielle Zusammenarbeit (Eurojust),** die dem Europäischen Polizeiamt seit 2002 zur Seite gestellt ist (*Schomburg* ZRP 1999, 263; *Mokros* a. a. O. Rn. 80 ff.).

2. Schengen-Staaten: Das SIS

Das **Schengener Informationssystem (SIS)** ist ein Datenbankverbund, der **65** sich aus einer Zentraleinheit (C.SIS) in Straßburg und einzelnen nationalen Datenbanken (N.SIS) in den derzeit 15 Mitgliedstaaten des Schengen-Raums (s.o. Rn. 39) zusammensetzt (näher dazu *Mokros* in: Lisken/Denninger, Handbuch des Polizeirechts, 5. Aufl. 2012, Kap. O Rn. 179 ff.). In Deutschland liegt die Zuständigkeit hierfür beim Bundeskriminalamt (§ 3 II BKAG).

3. Sonstige Einrichtungen auf internationaler Ebene

Die im Jahre 1923 gegründete **Internationale Kriminalpolizeiliche Orga-** **66** **nisation** (Interpol – International Criminal Police Organisation) mit Sitz in Lyon stellt insbesondere ein globales Kommunikationssystem für die nationalen Kriminalpolizeibehörden ihrer 188 Mitgliedstaaten zur Verfügung; sie kooperiert auch mit Europol (Rn. 61). Eigene Eingriffsbefugnisse kommen ihr nicht zu. Nationales Zentralbüro für Deutschland ist das Bundeskriminalamt (§ 3 I BKAG).

14. Teil Wertpapiercompliance und Strafrecht

Literatur: *Assmann/Schneider,* WpHG-Kommentar, 5. Auflage 2009; BaFin – Emittenten-leitfaden (abrufbar unter *www.bafin.de*); *BaFin* – Rundschreiben 4/2010 (WA) Mindestanfor-derungen an die Compliance Funktion und die weiteren Verhaltens-, Organisations- und Transparenzpflichten nach §§ 31 ff. WpHG für Wertpapierdienstleistungsunternehmen (Macomp; abrufbar unter *www.bafin.de*); *Bauer,* Keine Beschlagnahmefreiheit für Unterlagen eines mit internen Ermittlungen beauftragten Rechtsanwalts, StV 2012, 277–280; *Bock,* Criminal Compliance, 2011; *Bock,* Strafrechtliche Aspekte der Compliance-Diskussion – § 130 OWiG als zentrale Norm der Criminal-Compliance ZIS 2009, 68–81; *Breßler/Kuhnke/ Schulz/Stein,* Inhalte und Grenzen von Amnestien bei Internal Investigations, NZG 2009, 721–727; *Bürkle,* Grenzen der strafrechtlichen Garantenstellung des Compliance-Officers, CCZ 2010, 4 – 12; *Bussian,* Die Verwendung von Insiderinformationen, WM 2011, 8–13; *Brunhöber,* Privatisierung des Ermittlungsverfahrens im Strafprozess, GA 2010, 571–588; Deutsches Aktieninstitut (DAI), Internal Investigations bei Compliance-Verstößen/Praxisleit-faden für die Unternehmensleitung, 2010; *Dreher,* Kartellrechtscompliance, ZWeR 2004, 75–107; *Dreher,* Kartellrechtliche Kronzeugenprogramme und Gesellschaftsrecht, ZWeR 2009, 397–426; Eisele, Insiderrecht und Compliance, WM 1993, 1021–1026; *Fischer,* Strafge-setzbuch-Kommentar, 60 Auflage 2013; *Göhler,* Ordnungswidrigkeitengesetz-Kommentar, 15. Auflage 2009; *Hauschka,* Corporate Compliance – Handbuch der Haftungsvermeidung im Unternehmen, 2. Auflage 2010; *Hofmann,* Verfallsanordnung gegen tatunbeteiligte Unter-nehmen, wistra 2008, 401–409; Karlsruher-Kommentar, Ordnungswidrigkeitengesetz, 3. Auflage 2006; *Karlsruher-Kommentar,* Strafprozessordnung, 6. Auflage 2008; *Klindt/Pelz/Theu-singer,* Compliance im Spiel der Rechtsprechung, NJW 2010, 2385–239; *Kort,* Lückenhafte Reform des Beschäftigtendatenschutzes – Offene Fragen und mögliche Antworten auf die geplanten §§ 32 ff. BDSG, MMR 2011, 294–299; *Kraft/Winkler,* Zur Garantenstellung des Compliance-Officers – Unterlassungsstrafbarkeit durch Organisationsmangel, CCZ 2009, 29–33; *Kudlich,* Zur Frage des erforderlichen Einwirkungserfolgs bei handelsgestützten Markt-preismanipulationen, wistra 2011, 361–365; *Kuthe/Rückert/Sickinger,* Compliance Handbuch Kapitalmarktrecht, 2. Auflage 2008; *Kümpel/Wittig,* Bank- und Kapitalmarktrecht, 4. Auflage, 2011; *Liese,* Much Adoe About Nothing? oder: Ist der Vorstand einer Aktiengesellschaft verpflichtet eine Compliance Organisation zu implementieren, BB-Spezial 5/2008, 17–22; *Lösler,* Das moderne Verständnis von Compliance im Finanzmarktrecht NZG 2005,105–108; *Mahnhof/Funk,* Zur Frage des Anwesenheitsrechtes von Sachverständigen bei strafprozessua-len Durchsuchungsmaßnahmen im Zusammenhang mit ärztlichen Abrechnungsbetrügereien, NStZ 2001, 519–525; *Malek,* Die neue Kronzeugenregelung und ihre Auswirkungen auf die Praxis der Strafverteidigung, StV 2010, 200–206; *Meyer-Goßner,* Strafprozessordnung-Kommentar, 53. Auflage 2011; *Michalke,* Untreue – Neue Vermögensbetreuungspflichten durch Compliance-Regeln, StV 2011, 245–251; *Möllers/Wenninger,* Das Anlegerschutz- und Funktionsverbesserungsgesetz, NJW 2011, 1697–1702; *Müller-Gugenberger/Bieneck,* Wirt-schaftsstrafrecht, 5. Auflage 2011; *Münchener-Kommentar* zum Aktiengesetz, 2. Auflage 2004; *Reichert/Ott,* Non Compliance in der AG-Vorstandspflichten im Zusammenhang mit der Vermeidung, Aufklärung und Sanktionierung von Rechtsverstößen, ZIP 2009, 2173–2180; *Rönnau,* Vermögensabschöpfung in der Praxis, 2003; *Rönnau/Schneider,* Der Compliance-Beauftragte als strafrechtlicher Garant, ZIP 2010, 53–61; *Peglau,* Die neue „Kronzeugenrege-lung" (§ 46b StGB), wistra 2009, 409–414; *Renz/Hense,* Wertpapier-Compliance in der Pra-xis, 2010; *Rübenstahl/Debus,* Strafbarkeit verdachtsabhängiger E-Mail- und EDV-Kontrollen bei Internal Investigations, NZWiSt 2012, 129–137; *Schäfer,* Die MaComp und die Aufgaben von Compliance, BKR 2011, 187–199; *Schäfer,* Die MaComp und das Erfordernis der Unabhängigkeit, Wirksamkeit und Dauerhaftigkeit von Compliance, BKR 2011, 45–47 *Scherp/ Stief,* Compliance-Sonderuntersuchungen in Banken und der Datenschutz, BKR 2009, 404– 410; *Schneider H.,* Compliance als Aufgabe der Unternehmensleitung, ZIP 2003, 645–650; *Schneider U.,* Investigative Maßnahmen und Informationsweitergabe im konzernfreien Unternehmen und im Konzern, NZG 2010, 1201–1207; *Schönke/Schröder,* Strafgesetzbuch-Kommentar, 28. Auflage 2010; *Schröder,* Erweiterung des Vortatenkatalogs der Geldwäsche um Markt- und Insiderhandel-Risiken für die Kreditwirtschaft und die Kapitalmärkte, WM 2011, 769–774; *Schröder,* Handbuch Kapitalmarktstrafrecht, 2. Auflage, 2010; *Schwark/Zimmer,* Kapitalmarktrechts-Kommentar, 4. Auflage 2010; *Schwintek,* Die Anzeigepflicht bei Verdacht von Insidergeschäften und Marktmanipulation nach § 10 WpHG, 861–868; *Siegrist,* Ermittlungen in Steuer- und Wirtschaftsstrafsachen – Quo Vadis?, wistra 2010, 427–431; *Simitis,* Bundesdatenschutzgesetz-Kommentar, 7. Auflage 2011; *Spindler,* Compliance in der multinationalen Bankengruppe, WM 2010, 905–918; *Stetter,* Korruption und Wirtschaftskrise-Machen sich Präventionsmaßnahmen bezahlt?, CCZ 2009, 227–231; *Szesny,* § 4 Abs. 3 WpHG: Mitwirkungspflicht trotz Selbstbelastungsgefahr, BB 2010, 1995–2000; *Theile,* „Internal Investigations" und Selbstbelastung, StV 2011, 381–386; *Theile,* Strafbarkeitsrisiken der Unternehmensführung aufgrund rechtswidriger Mitarbeiterpraktika, wistra 2010, 457– 462; *Veil,* Compliance Organisationen im Wertpapierdienstleistungsunternehmen im Zeitalter der MiFiD, WM 2008, 1093–1098; *de Vries,* Privatisierung der Ermittlungen-Ermittlungen durch Private, Kriminalistik 2011, 83–90; *Wagner,* „Internal Investigations" und ihre Verankerungen im Recht der AG, CCZ 2009, 8–17; *Wendel,* Kapitalmarkt Compliance in der Praxis, CCZ 2008, 41–49; *Woodtli,* Marktmanipulation durch abgesprochene Geschäfte: Einwirkung auf den Börsenpreis und Verfall, NZWiSt 2012, 51–55; *Zingel,* Stellung und Aufgaben von Compliance nach der MaComp, BKR 2010, 500–504.

Übersicht

I. Vorbemerkung

Compliance Einrichtungen haben in den Unternehmen und in der externen **1** Beratung von Unternehmen zunehmend an Bedeutung gewonnen. Im Unterschied zu anderen Rechtsgebieten existieren mit den §§ 33 ff. WpHG, 12 WpDVerOV iVm den Bestimmungen in den MaComp für Wertpapierdienstleistungsunternehmen und Kapitalanlagegesellschaften detaillierte Bestimmungen über die Notwendigkeit von Compliance, deren Funktionen und Ausgestaltung.

§ 33 Abs. 1 S. 1 WpHG verweist seinerseits auf die organisatorischen Pflichten **2** nach § 25a Abs. 1 und 4 KWG. Nach § 33 Abs. 1 S. 2 Nr. 1 WpHG besteht für die Wertpapierdienstleistungsinstitute eine Rechtspflicht der Institute zur Einrichtung einer Compliance-Funktion. § 12 Abs. 4 S. 1 WpDVerOV verpflichtet die Unternehmen zur Benennung eines Compliance – Beauftragten. Die MaComp fordern von den Wertpapierdienstleistungsunternehmen die Einrichtung einer dauerhaften und wirksamen sowie prozessbegleitend als auch präventiv tätigen Compliance-Funktion, die ihre Aufgaben unabhängig wahrnehmen kann (MaComp AT 6.1).

Für das Strafrecht resultiert daraus allgemein die Frage, ob durch diese **gesetzli-** **3** **chen Verpflichtungen** zusätzliche Haftungstatbestände geschaffen wurden. Dies betrifft einerseits die strafrechtliche Verantwortlichkeit des Compliance-Beauftragten als natürliche Person selbst, aber auch die Zurechnung fehlender bzw. fehlerhafter Compliance gegenüber dem Unternehmen als juristischer Person. Im letztgenannten Zusammenhang steht dabei die Möglichkeit der Anordnung des Verfalls in das Vermögen des Unternehmens nach den §§ 73 ff. StGB bzw. die

Verhängung von Verbandsgeldbußen nach §§ 9, 30, 130 OWiG, wobei gerade die Verhängung von Verbandsgeldbußen bei bloßer fahrlässiger Aufsichtspflichtverletzung nach § 130 OWiG die Sanktions- und Vermögensabschöpfungsmaßnahmen erweitert hat.

4   Aus der Sicht des **Compliance-Beauftragten** oder des Unternehmens erschließt sich bei den vornehmlich innerbetrieblich übernommenen Überwachungsfunktionen eine derartige strafrechtliche Haftungsausweitung auf die Aufsichtsperson nicht per se. Der Compliance-Beauftragte handelt im Interesse des Unternehmens und unterliegt allein den Weisungen der Unternehmensorgane.

5   Das Spannungsverhältnis von **Überwachung** und **Prävention** einerseits und repressiver **Strafverfolgung** andererseits wird besonders sichtbar, wenn Compliance selbst durch interne Untersuchungen die Sachaufklärung im Unternehmen übernimmt („Internal Investigations") und das Unternehmen Anzeigepflichten gegenüber den Behörden nachkommen muss. Die Privatisierung des Ermittlungsverfahrens im Strafprozess ist umstritten.

6   Das bisher allein bekannte „Obiter Dictum" zur Strafbarkeit des Compliance-Beauftragten in der höchstrichterlichen Rechtsprechung (BGHSt 54, 44 ff. im sogenannten BSR-Urteil) setzt sich nicht hinreichend mit dem Aufgabenkatalog für die Präventionstätigkeit von Compliance auseinander, der innerhalb der unterschiedlichen Unternehmensbereiche stark differenzieren kann. Dies ist aber notwendig, um die Garantenstellung des Compliance-Beauftragten bestimmen zu können. Zudem ist die Aufsicht wiederum in ein gesellschaftsrechtliches Regelwerk eingebunden, aus dem die Handlungsmöglichkeiten zu entnehmen sind.

II. Funktionen von Compliance

1. Allgemein

7   Compliance ist ein englisches Wort, das „Befolgung", „Einhaltung" oder „Folgsamkeit" bedeutet. In der Rechtswissenschaft ist Compliance i. w. S. als Handeln im Einklang mit dem geltenden Recht, d.h. als Rechtsbefolgung zu verstehen (*Bock*, S. 19). Compliance unterscheidet allgemein zwischen Schutzfunktion, Beratungs- und Informationsfunktion, Qualitätssicherungs- und Innovationsfunktion, Überwachungs- und Marketingfunktion (*Lösler* NZG 2005, 104, 105; *Hauschka*, 4). In welchem Segment des unternehmerischen Handelns genau diese Funktionen übernommen werden, ist nach den unterschiedlich vorhandenen Vorschriften im Gesellschafts- und Aufsichtsrecht zu bestimmen. Einschlägig ist für den Bereich des Kapitalmarktrechtes § 33 WpHG, die als öffentlich-rechtliche Vorschrift gilt (Kümpel-Wittig/*Rothendörfer*, 206). Die durch § 33 WpHG übernommenen unternehmensbezogenen Organisationspflichten stellen vorgelagerte Präventionsmaßnahmen dar, um die Wohlverhaltensregeln nach § 31 WpHG einhalten zu können. Über § 33 WpHG werden transaktionsbezogene Verhaltenspflichten normiert. In unmittelbarem Zusammenhang damit steht die Schutzfunktion von Compliance zu Gunsten des Wertpapierdienstleistungsunternehmens und den Beschäftigten. Die Wahrscheinlichkeit von aufsichtsrechtlichen Sanktionen und sonstigen Haftungsrisiken für das Unternehmen soll reduziert werden. Compliance bezweckt dadurch mittelbar sowohl den Funktionsschutz des Kapitalmarkts als auch den Anlegerschutz (MaComp AT 1.2.; *Lösler* NZG 2005, 105, 108).

2. Abwendung und Reduktion von Verfallsanordnungen und Unternehmensgeldbußen

Zum wirtschaftlichen Verständnis von Compliance muss die mögliche Betrof- **8** fenheit des Unternehmens durch Verfallsanordnungen nach §§ 73 ff. StGB oder Unternehmensgeldbußen nach §§ 9, 30, 130 OWiG vorausgesetzt werden.

Nach § 73 Abs. 1 S. 1 StGB ist beim Täter oder Teilnehmer, der für die Tat **9** oder aus ihr etwas erlangt hat, der Verfall des „Erlangten" anzuordnen. Dies ist über den Wertersatzverfall nach § 73a S. 1 StGB auch in das sonstige Vermögen möglich, wenn wegen der Beschaffenheit des Erlangten, die Anordnung nach § 73 Abs. 1 S. 1 StGB nicht mehr möglich ist. Mit der Anordnung nach §§ 73 Abs. 1 S. 1, 73a S. 1 StGB entsteht daher ein staatlicher Zahlungsanspruch gegen den nach § 73 StGB Betroffenen, der wie eine Geldstrafe beigetrieben wird (*Fischer* § 73a, Rn. 8). Über § 30 Abs. 3 iVm § 17 Abs. 4 OWiG ist über die Anordnung der Verbandsgeldbuße der wirtschaftliche Vorteil bei der juristischen Person abzuschöpfen.

Der Zugriff beim **Verfall** erfolgt nicht nur auf die Gewinne, sondern das **10** „Erlangte" (*Fischer* § 73, Rn. 3). Bei der Anordnung des Verfalls von Wertersatz ist daher vom **Bruttoprinzip** auszugehen. Hiernach sind Vermögenswerte, die der Täter oder Teilnehmer unmittelbar aus der Verwirklichung des Tatbestandes in irgendeiner Phase des Tatablaufs unmittelbar erlangt hat, in ihrer Gesamtheit abzuschöpfen, ohne dass Gegenleistungen oder sonstige Aufwendungen in Abzug gebracht werden. Müsste der von der Verfallsanordnung Betroffene lediglich die Abschöpfung des Nettogewinns fürchten, so würde sich die Tatbegehung für ihn als weitgehend risikolos erweisen. Wegen der ansonsten bestehenden Wertungswidersprüche zu § 29a OWiG, wo ebenfalls das Bruttoprinzip gilt, und zu den Verfallsvorschriften ist auch für § 17 Abs. 4 (iVm § 30 Abs. 3) OWiG beim Begriff des **wirtschaftlichen Vorteils** vom Bruttoprinzip und nicht vom Nettoprinzip auszugehen (*Göhler-Gürtler* § 17, Rn. 38). Aus dem Unmittelbarkeitserfordernis („aus der Tat") nach § 73 Abs. 1 S. 1 StGB folgt die weitere Differenzierung im Hinblick auf den verwirklichten Tatbestand, aus dem das Erlangte stammt. Ist das Geschäft insgesamt verboten, umfasst das Bruttoprinzip den Gesamterlös. Ist nur die Art und Weise der Geschäftsausführung strafbar, ist nur ein zu ermittelnder Sondervorteil erlangt. In jedem Fall, auch bei Abschöpfungen nach dem Bruttoprinzip, sind Steuerforderungen oder -ansprüche von dem ermittelten Vorteil in Abzug zu bringen, wenn zum Zeitpunkt der Verfallsanordnung bestandskräftige Steuerbescheide vorliegen. Die Nichtberücksichtigung der Steuerbelastung auf den Gewinn käme einer unzulässigen Doppelbestrafung gleich, da das Besteuerungsrecht nicht danach unterscheidet, ob die Gewinnerzielung gesetzwidrig erfolgte.

Der BGH stellt bei **Insiderdelikten** für das Tatbestandsmerkmal des „Erlang- **11** ten" i. S. d. § 73 Abs. 1 S. 1 StGB auf einen zu berechnenden Sondervorteil ab, den der Täter durch die Ausnutzung seiner Kenntnis von Insidertatsachen erlangt hat. Der Sondervorteil besteht dabei in der Verschonung vor dem Wertverlust, den uninformierte Marktteilnehmer infolge der verspäteten Veröffentlichung kursrelevanter Tatsachen erlitten hatten. Dabei entspricht dem Sondervorteil nicht der Gesamterlös aus den von dem Täter getätigten Aktienverkäufen, weil die Aktienverkäufe als solche keinem gesetzlichen Verbot unterliegen, somit für sich betrachtet rechtmäßig sind (BGH wistra 2010, 142 ff.). Für die Berechnung des rechtswidrigen Sondervorteils genügt es nicht, auf die Differenz zwischen Tagesanfangskurs und Tagestiefstkurs der Aktien an dem Tag abzustellen, an dem die Ad-hoc-Mitteilung publiziert wurde. Dies wäre rechtsfehlerhaft, denn die Bestimmung des Sondervorteils kann nicht auf der Grundlage der Kursschwankungen an einem Tag bestimmt werden. Die Schätzung muss sich auf eine längerfristige Beurteilung der Kursentwicklung stützen, die auch die Kursentwicklung bei Mitbewerbern sowie tatzeitnahe Börsen- und Markttrends mit in den Blick nimmt. Auf diese Weise können auch technisch bedingte Reaktionen am Veröffentlichungstag ausgeblendet werden. Die Berechnung des Sondervorteils, den der Täter gegenüber anderen Marktteilnehmern erlangt hat, beantwortet auch die Frage nach der Verletzteneigenschaft der übrigen Marktteilnehmer i. S. d. § 73 Abs. 1 S. 2 StGB. Die verletzte Norm bei Insiderdelikten schützt auch deren Individualinteressen (BGH NStZ 2010, 326). Für die Annahme der Verletzteneigenschaft nach § 73 Abs. 1 S. 2 StGB soll es genügen, dass den geschädigten Anlegern ein Anspruch nach § 826 BGB zusteht, wenn sie durch bewusst lancierte Falschmeldungen gezielt zum Kauf von Aktien veranlasst wurden. Es genügt, dass sich ihr Anspruch aus demselben historischen Sachverhalt ableitet, der auch der Verwirklichung der Strafnorm zu Grunde liegt.

12   Für die informationsgestützte **Marktmanipulation** ist die drittschützende Wirkung der verletzten Strafnorm demgegenüber umstritten und weniger eindeutig zu begründen. Das Landgericht Berlin hat in zwei Entscheidungen in § 20a WpHG keine Norm gesehen, die den Schutz von Anlegern bezweckt (LG Berlin wistra 2005, 277; LG Berlin Beschluss vom 20.5.2008 − 514 AR 1/07).

13   Der Kursbetrug stelle kein Schutzgesetz dar. Der Verfall von Wertersatz sei nicht durch § 73 Abs. 1 S. 2 StGB ausgeschlossen, denn die Vorschrift diene nur dem Schutz des Vertrauens der Allgemeinheit in die Funktion des Kapitalmarktes, nicht dem Schutz einzelner Anleger. Der BGH hat die Frage, ob die Marktpreismanipulation (§ 38 Abs. 1 Nr. 1 WpHG) drittschützend ist, offen gelassen (BGH wistra 2010, 141 ff.). Allerdings erlaube § 826 BGB eine Rückabwicklung der rechtswidrig erlangten Vermögenswerte, weshalb es unerheblich sei, ob dem Straftatbestand dann selbst noch ein Schutzgesetzcharakter zukomme. Für die Annahme der Verletzteneigenschaft nach § 73 Abs. 1 S. 2 StGB ist der drittschützende Normcharakter nicht entscheidend. Im Unterschied zur infomationsgestützten Marktmanipulation unterliegt bei einer handelsgestützten Marktmanipulation der Verkaufserlös beim Käufer, aber auch der vom Käufer erlangte Aktienwert dem Verfall (OLG Stuttgart NJW 2011, 3667,3670). In diesem Fall sind Käufer und Verkäufer nicht wirtschaftlich identisch. Das Wertpapiergeschäft wird zwischen beiden abgesprochen („matched orders"). Da sich bei einer derartigen vollständigen Absprache des Geschäfts kein irgendwie gearteter legaler Teil feststellen lässt, kann auch kein „Sondervorteil" extrahiert und berechnet werden. Durch das zwischen den beiden Marktteilnehmern abgesprochene Geschäft werden auch andere, etwa durch die informationsgeschützte Manipulation geschützte, Anleger nicht unmittelbar geschädigt (*Woodtli* NZWiSt 2012, 51, 55). Daher lässt sich aus einem derartigen Geschäft keine Verletzteneigenschaft nach § 73 Abs. 1 S. 2 StGB ableiten. Die durch die Täter in Form der Abstimmung der Kauf- und Verkaufsbedingungen gegeneinander durchgeführten Aufträge rufen eine Preisfeststellung am Börsenplatz hervor, der bereits als Einwirkungserfolg i.S.d. § 28 Abs. 2 WpHG ausreicht (aA *Kudlich* wistra 2011, 361, 362). Eine Auswirkung auf den weiteren Kursverfall wird nicht verlangt, da bereits die Auswirkung der Manipulationshandlung auf einen Einzelpreis im Lauf des fortlaufenden Handels genügt. Ein Kausalzusammenhang fehlt deshalb, auch wenn andere Marktteilneh-

mer im zeitlichen Anschluss an die durchgeführten Manipulationen in demselben Finanzinstrument zu für sie nachteiligen Kursen handeln (*Woodtli* a.a.O.).

Die eigene Betroffenheit des Unternehmens durch Verfallsanordnungen resul- **14** tiert aus dessen Stellung als Drittbegünstigte gemäß § 73 Abs. 3 iVm Abs. 1 und Abs. 2 StGB. Taten von Mitarbeitern können einem Unternehmen grundsätzlich auch dann zugerechnet werden, wenn dessen Organe gutgläubig waren (BGHSt 45, 245 f.). Die Rechtsprechung reduziert die Zurechnung strafrechtlichen Mitarbeiterhandelns auf das Unternehmen nicht allein auf die Fälle, in denen ein Tatbeteiligter in nach außen erkennbarer offener oder verdeckter Stellvertretung „für einen anderen" i. S. d. § 73 Abs. 3 StGB gehandelt hat, sondern legt für den Verfall als quasi-konditionelle Ausgleichsmaßnahme bzw. einer Maßnahme eigener Art ein weites Verständnis des Zurechnungszusammenhanges zugrunde (BGHSt 47, 373 f.). Ein Handeln „für einen anderen" liegt nicht nur bei Stellvertretung vor, sondern schon dann, wenn der Täter „bei oder jedenfalls im Zusammenhang mit der rechtswidrigen Tat auch, und sei es nur faktisch, im Interesse des Dritten gehandelt hat" (BGHSt 45, 235, 245; *Stetter* CCZ 2009, 227, 229).

Im Bereich der Marktmanipulation schafft der Manipulant typischerweise ein **15** **Informationsungleichgewicht,** das auf den Börsen- oder Marktpreis von Finanzinstrumenten einwirkt.

Dass der personelle Anwendungsbereich bei dieser Straftat dabei nicht auf **16** Unternehmensfremde beschränkt bleiben muss, verdeutlicht der Beschluss des BGH vom 20.7.2011 (3 StR 506/10). Die Tatbestandsvoraussetzungen des § 20a Abs. 1 S. 1 Nr. 1, 38 Abs. 2, 39 Abs. 2 Nr. 11 WpHG lagen in diesem Fall bei dem Vorstandssprecher vor, der die Haftungsverhältnisse der Muttergesellschaft durch abgegebene Garantieerklärungen für ABS-Transaktionen einer Zweckgesellschaft beschönigte. Die streitbefangene Presseerklärung führte dazu, dass der Kurs der Aktie gegenüber dem Vergleichsindex MDax eine Überrendite von 3,77% erzielte und es ohne die irreführenden Angaben zu keiner Kurssteigerung gekommen wäre.

Für die Frage einer möglichen Verfallsanordnung bei der Drittbegünstigten, **17** der AG, wäre es völlig unerheblich gewesen, ob der Täter als deren Vertreter handelte.

Maßgeblich ist allein die **faktische Begünstigung,** die sich in der Kurssteige- **18** rung der Aktie niederschlägt. Unerheblich ist zudem, ob der Wert des Erlangten zum Zeitpunkt der Anordnung des Verfalls überhaupt noch, zumindest im geminderten Umfang, im Vermögen des betroffenen Unternehmens vorhanden ist (*Stetter* CCZ 2009, 227, 229).

Die unbillige Härte, die dadurch für das Unternehmen durch den Verfall eintre- **19** ten kann, lässt sich zu einem späten Zeitpunkt nur über das Korrektiv der **Härtevorschrift** gemäß § 73c Abs. 1 S. 1 StGB mindern (BGHSt 47, 369, 377; *Fischer* § 73, Rn. 22). Ist der Schadensfall bereits eingetreten, kann ggf. darüber gestritten werden, ob das Unternehmen durch hinreichende Kontrollmechanismen sorgfältig genug Vorsorgemaßnahmen zur Vermeidung derartiger Straftaten getroffen hatte und daher die Härtevorschrift des § 73c Abs. 1 S. 1 StGB greifen könnte. Die Rechtsprechung engt zwar den Anwendungsbereich der unbilligen Härte nach § 74c Abs. 1 S. 1 StGB erheblich dadurch ein, dass die bloße Fahrlässigkeit eines Vertreters der Geschäftsleitung bereits die Anwendung der Vorschrift verschließen soll (BGHSt 47, 369, 377). Dies erscheint jedoch im Hinblick auf die Parallelvorschrift der Einziehung nach § 74a Nr. 1 StGB, die zumindest vom

Dritten einen leichtfertigen, d.h. grob fahrlässigen, Beitrag verlangt zu weitgehend (*Hofmann* wistra 2008, 401, 408).

20   Der Compliance-Beauftragte bzw. das Unternehmen muss bei in Betracht kommenden Verfallsanordnungen sich zeitlich wesentlich früher, nämlich bereits bei der Frage, ob Sicherungsmaßnahmen der Strafverfolgungsorgane in das Vermögen des Unternehmens zu befürchten sind, mit den Behörden durch völlige Offenlegung der Erkenntnisse zum eigenmächtigen Mitarbeiterhandelns auseinandersetzen.

21   Die Strafverfolgungsbehörden verfügen über die strafprozessuale Möglichkeit des vorläufigen **vollstreckungssichernden Zugriffs** nach den §§ 111b ff. StPO in das Vermögen, entweder durch die Beschlagnahme gemäß §§ 111b Abs. 1, 111c StPO oder den dinglichen Arrest gemäß §§ 111b Abs. 2, 111d StPO. Diese vollstreckungssichernden Zugriffe auf Vermögensgegenstände im Strafverfahren gelten nicht nur, soweit es um die Sicherung einer Verfallsanordnung geht. Sie haben ebenso Bedeutung für die Sicherstellung zugunsten Verletzter der Straftat, der sog. **Zurückgewinnungshilfe** i. S. d. § 111b Abs. 5 StPO. Soll die Erfüllung von Ansprüchen des Verletzten gesichert werden, die dieser aus der Straftat erworben hat, werden Vermögensgegenstände des Beschuldigten oder Dritten nach grundsätzlich denselben Regeln beschlagnahmt, das Vermögen in derselben Weise arrestiert wie bei der Sicherstellung im staatlichen Interesse (*Rönnau,* 324).

22   D.h. in der Regel, dass neben der Beschreibung des Mitarbeiterverhaltens der Staatsanwaltschaft auch unverzüglich Informationen zu dessen Transaktionsverlauf mitzuteilen sind, um dieser die sichernden Maßnahmen in das Vermögen der Täter zu ermöglichen. Dadurch könnten, zumindest zum Teil, die strafprozessualen Maßnahmen gegen das Unternehmensvermögen abgemildert werden, weil den Strafverfolgungsbehörden ein weiterer „Schuldner" mitgeteilt wird. Unter Umständen bietet sich der dazugehörende Sachvortrag in Verbindung mit einer Beschwerde gegen die Anordnung der Beschlagnahme bzw. des Arrestes an.

23   Die regelmäßig zu veranlassende Anfrage zu Konten des Beschuldigten nach § 24c KWG durch die Staatsanwaltschaft bei der BaFin vermag diesen Informationsvorsprung des Unternehmens nicht auszugleichen. Allein die Anzeige nach § 10 WpHG gegenüber der BaFin genügt nicht, denn diese verfügt nicht über die Anordnungszuständigkeit für diese Maßnahmen. Dies gilt umso mehr in den Fällen der Vermögensverschiebungen auf Drittpersonen oder in das Ausland, in denen Rechtshilfemaßnahmen angezeigt sind.

3. Criminal Compliance

24   Criminal Compliance, als enger Ausschnitt der Compliance, ist die **strafbewehrte Personalverantwortung** der Unternehmensführer für den mangelhaften Einsatz von Instrumenten zur Verhinderung von Straftaten untergebener Mitarbeiter nach innen und außen *(Bock,* 22). Dabei sind einerseits Straftaten aus dem Unternehmen heraus zu Gunsten des Unternehmens zu Lasten Unternehmensfremder und andererseits Angriffe der Mitarbeiter auf das eigene Unternehmen als der Typus von Mitarbeiterstraftaten umfasst, den Criminal Compliance verhindern soll. Compliance dient in diesem engen Verständnis der Vermeidung von Reputationsschäden für das Unternehmen auf dem Kapitalmarkt, wenn Mitarbeiterstraftaten in der Öffentlichkeit bekannt werden.

III. Die repressive Bedeutung von Compliance

1. Funktionen gegenüber der BaFin und den Strafverfolgungsbehörden

a) Anzeigepflicht nach § 10 WpHG. Dem Legalitätsprinzip nach § 152 **25**
Abs. 2 StPO entspricht es ausnahmslos Straftaten, d.h. auch solche Mitarbeiterstraftaten zu verfolgen. Außerhalb von § 138 StGB, der für bestimmte Straftaten deren Nichtanzeige unter Strafe stellt, bedarf es spezieller gesetzlicher Regeln, um einer Anzeigepflicht für unternehmensinterne Überwachungsorgane zu begründen. Beispielhaft zu nennen ist die als „Soll-Vorschrift" gefasste Prüfung der Strafanzeigenerstattung für die ärztlichen Vereinigungen und der Kassenärztlichen Bundesvereinigungen bei strafbaren Handlungen „mit nicht nur geringer Bedeutung für die gesetzliche Krankenversicherung" in § 81a Abs. 4 SGB XI. Der Verpflichtete i.S.v. § 2 Abs. 1 GwG hat „bei Feststellung von Tatsachen, die darauf schließen lassen, dass eine Tat nach § 261 StGB (…) begangen oder versucht wurde oder wird (…) diese unverzüglich (…) anzuzeigen" (§ 11 Abs. 1 GwG). Für den Bereich der Geldwäscheprävention kommt den präventiv arbeitenden Sicherungssystemen nach § 25c KWG nach Abs. 3 die Untersuchungspflicht von Sachverhalten zu, die die Prüfung dieser Strafanzeigenerstattung ermöglicht. Compliance wirkt bei der Geldwäscheprävention an der Strafanzeigenerstattung zumindest mittelbar mit.

Eine vergleichbare auf die Strafanzeigenerstattung ausgerichtete Funktion **26**
kommt Compliance nach dem WpHG unmittelbar nicht zu. Den detaillierten Regelungen der MaComp ist eine unmittelbare Verpflichtung zur Strafanzeige nicht zu entnehmen. § 33 Abs. 1 S. 2 Nr. 5 WpHG schreibt allein eine Berichterstattung an die Geschäftsleitung und das Aufsichtsorgan vor, wobei wiederum die Weiterleitung des Berichts an das Aufsichtsorgan grundsätzlich durch die Geschäftsleitung erfolgt (MaComp BT 1.1.2; *Schäfer* BKR 2011, 187, 195).

Damit verbleibt es bei der Möglichkeit der Geschäftsleitung, auf der Grundlage **27**
der internen Berichterstattung selbst über die Erstattung einer Strafanzeige zu entscheiden.

Die Bedeutung von Criminal-Compliance im Kapitalmarktstrafrecht richtet **28**
sich im Wesentlichen danach aus, wie strafbare Insidertransaktionen (§ 38 Abs. 1 Nr. 1 WpHG), die strafbare Weitergabe von Insiderinformationen (§§ 38 Abs. 1 Nr. 2, 39 Abs. 2 Nr. 3 WpHG) oder strafbare Marktmanipulationen (§ 38 Abs. 2 iVm §§ 39 Abs. 1 Nr. 1, 20a Abs. 1 S. 1 Nr. 2 WpHG iVm §§ 39 Abs. 1 Nr. 2, 20a Abs. 1 S. 1 Nr. 3 WpHG iVm §§ 39 Abs. 2 Nr. 11, 20a Abs. 1 S. 1 Nr. 1 WpHG), durch Mitarbeiter verhindert werden können. Für deren Verhinderung beschreiben die Mitteilungs- und Veröffentlichungspflichten nach §§ 15, 15a WpHG für die Emittenten eine (Ad-hoc) Publizitätspflicht.

Nach **§ 10 Abs. 1 S. 1 WpHG** ist eine **Anzeige** ist zu erstatten, wenn Tatsa- **29**
chen vorliegen, die den **Verdacht** begründen, dass mit einem Geschäft über Finanzinstrumente gegen ein Verbot oder Gebot nach § 14 WpHG oder nach § 20a WpHG verstoßen wird. Verpflichtet hierzu werden Wertpapierdienstleistungsunternehmen, andere Kreditinstitute, Kapitalanlagegesellschaften und Betreiber von außerbörslichen Märkten, an denen Finanzinstrumente gehandelt werden. Für die Anzeigepflicht ist materiellrechtlich eine Feststellung von Tatsachen erforderlich, d.h. bloße Anhaltspunkte reichen nicht aus (*Renz/Hense-Knauth*, 174). Erfasst werden durch § 10 WpHG nur Sachverhalte, in denen der

Verstoß durch ein Geschäft erfolgt. Fälle, in welchen der Verstoß lediglich durch eine Order begangen wurde, die nicht ausgeführt worden ist, sind damit nicht Gegenstand der Anzeigepflicht. Eine Anzeigepflicht wird demnach insbesondere bei Verstößen gegen das Weitergabe- bzw. Empfehlungsverbot des § 14 Abs. 1 WpHG, sowie bei einer informationsgeschützten Manipulation gemäß § 20a Abs. 1 S.1 Nr. 1 WpHG nicht ausgelöst (Renz/Hense-*Knauth*, 174, *Hauschka*, 960).

30   Ggf. über die Anzeige von Verdachtsfällen nach § 10 WpHG an die BaFin entsteht für diese Aufsichtsbehörde wiederum die Pflicht, der zuständigen Staatsanwaltschaft die Tatsachen mitzuteilen, die den Verdacht einer Straftat nach § 38 WpHG begründen (§ 4 Abs. 5 S. 1 WpHG). Von der fehlenden gesetzlichen Anordnung zur Anzeige durch Compliance ist in der Praxis der unternehmensinterne Delegationsakt der Geschäftsleitung zu unterscheiden, wonach Compliance den Kontakt zu den Aufsichtsbehörden und Ermittlungsorganen zu pflegen hat (Schwark/Zimmer-*v. Hein* § 10, Rn. 12; Assmann/Schneider-*Vogel* § 10, Rn. 44; *Schwintek* WM 2005, 861, 864). Insoweit setzt die Geschäftsleitung Wertpapier-Compliance als Erfüllungsgehilfen ein.

31   **b) Anzeigepflicht nach § 11 GwG iVm § 261 Abs. 1 Nr. 4b StGB.** Die Frage der **Anzeigepflicht** im Unternehmen bei Kapitalmarktdelikten darf jedoch nicht isoliert nach den Vorschriften des WpHG beantwortet werden.

32   Eine Pflicht zur Anzeige von Verdachtsfällen unmittelbar gegenüber den Strafverfolgungsverfolgungsbehörden nach § 11 Abs. 1 S. 1 GwG besteht zudem bei der Feststellung von Tatsachen, die darauf schließen lassen, dass eine Tat der Geldwäsche (§ 261 StGB) begangen oder versucht wurde oder wird. Mit Wirkung vom 3.5.2011 zählen auch Vergehen nach § 38 Abs. 1 bis 3 und 5 WpHG, soweit sie gewerbs- oder bandenmäßig begangen wurden, zu den Vortaten einer Geldwäsche (§ 261 Abs. 1 Nr. 4b StGB).

33   Dass die Erweiterung des **Vortatenkatalogs** der Geldwäsche um die Delikte der **Marktmanipulation** und des **Insiderhandels** durch das Schwarzgeldbekämpfungsgesetz erfolgte, ohne dass § 38 WpHG selbst die Qualifikation oder das Regelbeispiel der gewerbs-oder bandenmäßigen Begehungsweise vorsieht, ist unschädlich (aA *Schröder* WM 2011, 769). Durch § 261 StGB wird nicht die Vortat unter Strafe gestellt, sondern eine geldwäschetaugliche Handlung, deren Qualität nach § 261 StGB zu bestimmen ist.

34   Das Merkmal der Bande ist, losgelöst vom jeweiligen Grundtatbestand der genannten Vortat, hinreichend konkretisiert. Darunter ist ein Zusammenschluss von mindestens drei Personen zu verstehen, die sich ausdrücklich oder stillschweigend zur Verübung fortgesetzter Straftaten verbunden haben (*Fischer* § 244, Rn. 34 f.). Gewerbsmäßigkeit besteht in einem Handeln, bei dem sich der Täter durch wiederholte Tatbegehung eine Einnahmequelle von einigem Umfang und nicht nur vorübergehender Art verschaffen möchte (BGHSt 1, 383), wobei es genügt, wenn der Täter mittelbare Vorteile aus der Tathandlung verspricht (BGH NStZ – RR 2008, 282).

35   Durch das Qualifikationserfordernis wird der Wille des Gesetzgebers erkennbar, Kapitalmarktdelikte, sofern es sich um Formen schwerer oder organisierter Kriminalität handelt, über die Geldwäscheverfolgung zu erfassen.

36   Vielfach dürfte es sich hierbei um Formen der handelsgestützten Marktmanipulation nach § 20a Abs. 1 Nr. 2 WpHG handeln, wobei § 3 MaKonV die Anzeichen für falsche oder irreführende Signale oder die Herbeiführung eines künstlichen

Preisniveau konkretisiert. Insbesondere das nach § 3 Abs. 1 Nr. 3 MaKonV erwähnte Anzeichen für Marktmanipulation bei Geschäften, die zu keinem Wechsel des wirtschaftlichen Eigentümers eines Finanzinstruments führt, kann in Verbindung mit einer banden- oder gewerbsmäßigen Begehungsweise stehen. Typischerweise handelt es sich hierbei um Erscheinungsformen im Freiverkehr. Beispielhaft zu nennen sind „wash-sales"-Geschäfte, bei denen Käufer- und Verkäuferseite wirtschaftlich identisch sind, oder sogenannte „circular trades", d.h. abgesprochene, kreisförmig hintereinander geschaltete Transaktionen mehrerer Marktteilnehmer, so dass der erste Verkäufer wirtschaftlich zugleich der letzte Käufer ist, oder die Form des „pumping und dumping", bei der eine Person oder mehrere Personen absprachegemäß den Kurs der Aktie in die Höhe treiben, um anschließend eigene Aktien in großer Menge abzustoßen.

So wurden Erscheinungsformen bekannt, bei denen Täter systematisch Aus- **37** landsgründungen bzw. die Übernahme einer AG ohne operatives Geschäft, deren Aktien letztlich wertlos waren, für deren Tatplan ausnutzten (*Schröder*, 157; *ders.* WM 2011, 769). Dabei wurde das Grundkapital in minimale Nennwerte pro Aktie gestückelt, wodurch eine hohe Aktienzahl bei geringem Kapitaleinsatz entstand. In der Folge wurde die Einbeziehung in den Freiverkehr an einer deutschen Börse betrieben. Um den Kurs der wertlosen Aktien ohne eigenen Kapitaleinsatz in die Höhe zu treiben, selbst aber dabei anonym bleiben zu können, veranlassten die Täter telefonische Ordererteilungen, zerstreut bei zahlreichen Banken im Bundesgebiet. Unter Vorspiegelung der Verfügungsberechtigung über das Depot der ahnungslosen Kunden, veranlassten sie die Banken zum massiven Ankauf der wertlosen Aktien, wodurch der Kurs in die Höhe getrieben wurde. Den durch die Verteilung der Orders auf zahlreiche Banken gewonnenen Zeitvorsprung nutzten die Initiatoren der Marktmanipulation zum Verkauf ihrer Altbestände aus. Anschließend stürzten die Aktienkurse ab. In diesen Fällen dürften die Qualifikationsmerkmale nach §§ 38 Abs. 2 Nr. 1, 39 Abs. 1 Nr. 1 iVm 20a Abs. 1 Nr. 2 WpHG vorliegen. Demgegenüber erscheint die Annahme des ebenfalls zuvor begangenen Betruges gegenüber der Bank wegen der fehlenden Stoffgleichheit zwischen dem Vorteil der Täter und dem Schaden der Bank bzw. des Kunden problematisch. Die unmittelbare Folge der täuschungsbedingten Verfügung, welche den Schaden bei den Bankkunden herbeigeführt hat, entspricht nicht dem in § 263 StGB vorausgesetzten Vorteil des Täters, nämlich dem Ausnutzen der künstlich erzeugten Kursteigerung. Darin liegt ein Folgeschaden bzw. ein mittelbarer Vermögensschaden, der für den Betrug nicht genügt (*Fischer* § 263, Rn. 187). Dieses Beispiel belegt die Notwendigkeit, Transaktionen unter dem kapitalmarktrechtlichen Gesichtspunkt als geldwäschetauglich zur Anzeige zu bringen.

Der Verpflichtete nach § 2 Abs. 1 GwG muss daher prüfen, ob Handlungen, **38** die eine Geldbewegung oder eine sonstige Vermögensverschiebung bezwecken oder bewirken (§ 1 Abs. 4 GwG) im Zusammenhang mit einer Straftat nach § 38 WpHG stehen. Im Gegensatz zum WpHG wurde im Bereich der **Anti-Geldwäsche-Compliance** die Geschäftsleitung verpflichtet, die Repräsentationsfunktion an den Geldwäschebeauftragten zu übertragen (§§ 9 Abs. 2 Nr. 1, 16 GwG). Der Geldwäschebeauftragte darf nicht durch interne Verfahren der vorbehaltenen Abstimmung mit seinen Vorgesetzten oder zwischengeschalteten Stellen an seiner Anzeigepflicht nach § 11 GwG behindert werden. Insoweit besteht ein gravierender Unterschied in der hierarchischen Einordnung zwischen den Beauftragten nach dem WpHG und dem GwG.

39   Die Erweiterung des Vortatenkataloges kann es erfordern, einen Sachverhalt sowohl gegenüber der BaFin als auch gegenüber den Strafverfolgungsbehörden anzuzeigen. Als Tatsachen nach dem GwG gelten dabei sämtliche mit der Transaktion verbundenen Verdachtsmomente, einschließlich der nach § 8 Abs. 1 GWG zur Identifikation des Kunden angelegten Dokumentation. Diese Regelung wird den Anforderungen der Strafverfolgungsbehörden gerecht, die ohne eine detaillierte Kenntnis des Geschäftsvorganges keine Prüfung nach § 152 Abs. 2 StPO vornehmen können. Daraus leitet sich einerseits die frühzeitige auf eine Abstimmung der Anzeigeverhaltens zielende Kommunikation zwischen der Geld- und Wertpapier-Compliance ab, da die Nichtabgabe der Geldwäscheverdachtsanzeige nach § 17 Abs. 1 Nr. 4 GwG bis zu einer Höhe von 100 000 € und die Nichtabgabe der Verdachtsanzeige nach § 10 Abs. 1 WpHG bis zu einer Höhe von 50 000 € (§ 39 Abs. 2 Nr. 2 b, Abs. 4 WpHG) als Ordnungswidrigkeit sanktioniert werden kann. Andererseits legt dies in Wertpapierdienstleistungsunternehmen die organisatorische Zusammenlegung beider Funktionen nahe.

40   **c) Der Verdachtsgrad nach § 10 WpHG und die Mitwirkungspflicht nach § 4 Abs. 3 WpHG.** § 2 WpAIV legt die inhaltlichen Anforderungen für die Anzeige nach § 10 WpHG an die BaFin fest, wobei dies formularmäßig geschehen kann. U.a. hat danach die Benennung des Anzeigepflichtigen sowie der Person, welche die Anzeige für den Anzeigepflichtigen vornimmt, zu erfolgen, aber insbesondere der Tatsachen, auf die die Annahme eines Verstoßes gegen das Insiderhandelsverbot bzw. das Verbot der Marktmanipulation gestützt wird.

41   Umstritten sind die Anforderungen für den **Verdachtsgrad** nach § 10 WpHG. § 10 Abs. 1 S. 1 WpHG spricht von der „Feststellung von Tatsachen, die den Verdacht begründen, dass mit einem Geschäft über Finanzinstrumente gegen ein Verbot oder Gebot nach § 14, 20a, 30 h oder 30 j verstoßen wird". Das Meinungsspektrum reicht von einem Verdacht „unterhalb der Schwelle des Anfangsverdachts" bis zu einem „besonders qualifizierten", „auf evidente Gesetzesverstöße" reduzierten Verdachtsgrad, bei dem „keine begründeten Zweifel am Vorliegen eines Gesetzesverstoßes mehr bestehen dürfen" (vgl. Schwark/Zimmer-*v. Hein* § 10, Rn. 20, 21). Relevant wird diese Frage einerseits vor der allgemeinen Diskussion und der damit einhergehenden Forderung, dass besondere Anforderungen für die Verpflichtung privater Dritte bei der Durchführung staatliche Aufsicht gegeben sein müsste. Andererseits ist diese Frage für die Bestimmung der Grenzen der Mitwirkungspflicht gegenüber den Aufsichtsbehörden bei gleichzeitiger Selbstbelastungsmöglichkeit relevant (vgl. § 4 Abs. 3 S. 1, S. 3, Abs. 9 WpHG).

42   Zudem besteht im Hinblick auf § 4 Abs. 5 S. 1 WpHG Klärungsbedarf. Danach wird von der BaFin die unverzügliche Anzeige gegenüber der Staatsanwaltschaft verlangt über Tatsachen, „die den Verdacht einer Straftat nach § 38 WpHG begründen". Daneben bestehen die selbständigen Eingriffs- und Aufsichtsbefugnisse der BaFin nach § 4 Abs. 3 und Abs. 4 WpHG. Würde man für diese Ermittlungsbefugnisse wiederum einen Verdacht nach § 152 Abs. 2 StPO voraussetzen, dann dürfte die BaFin in Strafsachen erstmals ermitteln, wenn sie über die Strafanzeige das Verfahren an die Staatsanwaltschaft abgegeben hätte (Schwark/Zimmer-*v. Hein* § 4, Rn. 48). Die Möglichkeit über das Informationsbegehren nach § 4 Abs. 3 WpHG z. B. Personen vorzuladen, Auskünfte sowie Unterlagen zu verlangen, wäre bei mitgeteilten Sachverhalten nach § 10 Abs. 1 S. 1 WpHG praktisch ausgeschlossen. Dies wirft die Frage nach der Gesetzessystematik auf.

43   Die Verteilung der Aufgaben zwischen der BaFin und der Staatsanwaltschaft weist der BaFin über § 4 WpHG ein spezielles Gefahrenabwehrrecht und die

Ahndung von Ordnungswidrigkeiten zu. Allein zuständig für die Strafverfolgung ist die Staatsanwaltschaft. Das Verbot der Selbstbelastung im Ermittlungs- und Strafverfahren führt dazu, dass andere, sich beispielsweise aus § 4 Abs. 3 WpHG ergebende und erzwingbare Mitwirkungspflichten, deren Erfüllung zu strafrechtlichen Nachteilen führen kann, zum Recht der Auskunftsverweigerung führt (BVerfGE 56, 44 ff.; § 4 Abs. 9 WpHG). Das Antwortverweigerungsrecht nach § 4 Abs. 9 WpHG steht nur natürlichen Personen zu (Schwark/Zimmer-*Zetsche* § 4, Rn. 82). Für juristische Personen verbleibt es zunächst bei einer uneingeschränkten Mitwirkungspflicht. Prozessual ergehen sich die Rechte der juristischen Person im Strafverfahren aus der Stellung als Nebenbeteiligte nach § 444 StPO oder als Verfallsbeteiligte, ohne dass allerdings bei ihr eine vergleichbare, auf die Einschränkung der Willensfreiheit beruhende Konfliktkonstellation entstehen könnte, die überhaupt Grundvoraussetzung für das durch die Rechtsprechung angenommene Auskunftsverweigerungsrecht ist (aA *Szesny* BB 2010, 1995, 1999). Aus dem Anwendungsbereich des Gemeinschuldnerbeschlusses fällt auch die Herausgabe von Unterlagen, selbst dann, wenn sie den Betroffenen belasten würden. Insoweit handelt es sich um rein passive Duldungs- und Verhaltenspflichten, die weniger stark in die Freiheit der Willensentschließung eingreifen als die Nötigung, durch eigene Äußerungen strafbare Handlungen offenbaren zu müssen (*Schröder,* S. 283; *Schneider* NZG 2010, 1201, 1203; aA *Szesny* BB 2010, 1995,1999).

Von der Mitwirkungspflicht nach § 4 Abs. 3 WpHG ausgenommen sind damit **44** allein sich selbst belastende Äußerungen betroffener natürlicher Personen. Deren **Auskunftspflicht endet** im Bereich der vorgelagerten Gefahrenabwehrmaßnahmen der BaFin, sobald die Aufsichtsmaßnahmen die Beschuldigtenstellung ergeben. Ähnlich wie im Verhältnis der behördlichen Steueraufsicht nach § 208 Abs. 1 Nr. 3 AO und der steuerstrafrechtlichen Ermittlung der Finanzbehörde nach §§ 208 Abs. 1 Nr. 1 und Nr. 2 AO entscheidet der Zeitpunkt der internen Einleitung, d.h. die Begründung eines strafprozessualen Anfangsverdachts, über die anzuwendenden Verfahrensvorschriften.

§ 397 Abs. 2 AO verlangt von der Finanzbehörde, dass die Einleitungsmaß- **45** nahme unter Angabe des Zeitpunktes unverzüglich in den Akten zu vermerken ist. Der Aktenvermerk – als Muss-Vorschrift in die AO eingefügt – dient dazu, den Entschluss zur Klärung eines strafrechtlichen Verdachts einzuschreiten, objektiv erkennbar zu gestalten. Er dient der Beweissicherung. Es bietet sich an, zur Bewältigung der sich aus dem Nebeneinander von Aufsichtsmaßnahmen und Strafverfahren ergebenden Konfliktsituation diese Dokumentationsform in ähnlicher Form durch die BaFin zu übernehmen.

Für das Verhältnis des „vorgeschalteten" Aufsichtsverfahrens der BaFin zum **46** Ermittlungsverfahren bedeutet dies, dass für § 10 WpHG ein eigenständiger **„kapitalmarktorientierter-autonomer"** und nicht an die StPO gekoppelter **Verdachtsbegriff** zugrunde zu legen ist. Dafür spricht der kaum noch verbleibende Anwendungsbereich für Aufsichtsmaßnahmen durch die BaFin infolge einer Verdachtsanzeige, die bereits eine strafprozessuale Entscheidung vorweg nimmt. Zum anderen obliegt es nicht dem Anzeigepflichtigen darüber zu entscheiden, ob ggf. gegen einen Mitarbeiter des Unternehmens ein Anfangsverdacht besteht, wenn das WpHG allein eine Anzeige an die BaFin vorschreibt. Da seitens der BaFin eine eigenständige Prüfung einer Anzeige an die Staatsanwaltschaft zu erfolgen hat, ist sie auch berechtigt, einen Anfangsverdacht nach § 152 Abs. 2 StPO zu verneinen und sich auf „bloße" Aufsichtsmaßnahmen zu beschränken.

47   Um aus der Systematik von Aufsicht und Ermittlungsverfahren einen geeigneten Begriff zu finden, bietet sich eine Anlehnung an § 116 AO an. Danach machen
Gerichte und Behörden über von ihnen erlangte Erkenntnisse unbekannter und
unentdeckter Steuerausfälle an die Finanzbehörden Mitteilung, wenn sie „Tatsachen erfahren, die auf eine Steuerstraftat schließen lassen". Damit wird allein
eine Vorprüfung, aber noch kein endgültiges Prüfungsergebnis zur Grundlage der
Mitteilungspflicht. Eine eigenständige weitergehende Pflicht zu Verdachtsermitt-
lung durch den Verpflichteten selbst scheidet aus (vgl. auch *Schwintek* WM 2005,
861, 863). Damit lässt sich auch dem Einwand entgegnen, die Unternehmen
würden durch eine an einem zu geringen Verdachtsgrad gemessene Verpflichtung
zur Anzeige unangemessen in ihren Arbeitskapazitäten beansprucht werden.

48   Diese Betrachtungsweise hat auch weitere Konsequenzen für den Inhalt der
Verdachtsanzeige. § 2 Abs. 1 Nr. 3, Nr. 4 und Abs. 2 WpAIV präzisieren den
Darlegungsumfang für die Verdachtsbegründung nach § 10 Abs. 1 S. 1 WpHG,
wobei durch die Formulierung „weshalb diese Tatsachen den Verdacht begründen" zumindest vom Anzeigeverpflichteten eine vorläufige subjektive rechtliche
Würdigung verlangt wird (Assmann/Schneider-*Vogel* § 10, Rn. 30). Damit geht
die Ermächtigung nach § 10 Abs. 4 WpHG über den eigentlichen Regelungsge-
genstand des Abs. 1 S. 1 hinaus, der nur die Benennung der Tatsachen fordert.
Rechtliche Würdigungen oder Schlussfolgerungen können vom Anzeigepflichtigen nicht verlangt werden. Dies zeigt sich beispielsweise bei der Begründung des
Merkmals der Erheblichkeit der Eignung des Insiderinformation zur Beeinflussung
des Börsen- oder Marktpreises nach §§ 13 Abs. 1 S. 1–3, 14 Abs. 1 Nr. 1–3 WpHG
und der Frage, ob und inwieweit zukunftsbezogene Umstände zu berücksichtigen
sind (*Wendel* CCZ 2008, 41, 43). Ebenfalls kann nicht verlangt werden, dass sich
der Verpflichtete zu strittigen Rechtsfragen verhält.

49   Dazu würde beispielsweise der **Verwendungsbegriff** nach § 14 Abs. 1 Nr. 1
WpHG gehören. Nach der „Spector"-Entscheidung des EuGH (WM 2010,
65 ff.) soll bereits das Handeln im Besitz von Insiderinformationen mit einschlägigen Wertpapieren für die Annahme ausreichen, dass Insiderinformationen ausgenutzt und damit gegen das Insiderhandelsverbot verstoßen werde. Dieser Auslegung steht die Meinung entgegen, die verlangt, dass die Insiderinformation in
die Entscheidung des Insiders einfließen und damit für das Handeln ursächlich
geworden sein müsse (vgl. *Bussian* WM 2011, 8 mwN in der Fußn. 7). In der
weiteren Diskussion zu den Auswirkungen der EuGH-Entscheidung wirft zudem
die darin aufgeworfene Vermutungsregel, die Handelnden die Beweislast
dafür zuspricht, dass die Nutzung nicht der Marktmissbrauchslinie widerspreche,
die Frage auf, ob sich die Aussagen des EuGH allein auf das Verwaltungsverfahren
beschränkt haben (*Bussian* WM 2011, 8,9). Im Ermittlungsverfahren existieren
derartige Beweislastregeln wegen der Unschuldsvermutung nicht. Eine Interpretation der „Spector"-Entscheidung im letztgenannten Sinne hätte, weil es sich um
eine Rechtsfrage handelt, zur Folge, dass der Anzeigende wegen des Begrün-
dungszwanges von einer Anzeige absieht, weil der bloße Besitz von Insiderinformationen ohne „Verwendung" tatbestandlich nach seiner Ansicht nicht ausreicht.

50   **d) Die Ausführung des verdächtigten Geschäfts.** § 10 WpHG enthält im
Gegensatz zu § 11 Abs. 2, 3 GwG keine Regeln zur Aussetzung der Durchführung
der angezeigten Transaktion. Mangels „Stillhaltegebots" ist die Ausführung des
Geschäfts trotz Anzeige zulässig (Schwark/Zimmer-*v. Hein* § 10, Rn. 23). Dies
wird aus dem Umstand gefolgert, die Verdachtsanzeige richte sich nur an die

BaFin und verpflichte den Anzeigenden nur zur Verschwiegenheit nach § 10 Abs. 1 S. 2 WpHG.

Die nach dem WpHG zulässige Geschäftsausführung kann allerdings nach den 51 vom BGH entwickelten Grundsätzen zur Strafbarkeit des Bankmitarbeiters wegen Beihilfe zur Steuerhinterziehung seines Kunden (BGH WM 2000, 1447 ff.) auch in der Person des mit der Geschäftsausführung Beauftragten wegen Beihilfe zu § 38 WpHG führen, wenn das Handeln des Kunden ausschließlich darauf abzielt, eine Straftat nach dem WpHG zu begehen und der Mitarbeiter dies zumindest billigend in Kauf nimmt. In diesem Fall des Sonderwissens um das Motiv des Kunden kann sich der Mitarbeiter nicht darauf berufen, allein durch die Ausführung des Auftrags einen berufstypischen Beitrag zu leisten. Er solidarisiert sich mit dem Haupttäter. Dadurch ist sein Tatbeitrag als Beihilfehandlung zu werten (*Schwintek* WM 2005, 861, 867). Neben der Beihilfe des Mitarbeiters kann es in diesem Fall auch zur Diskussion um die Strafbarkeit des untätig bleibenden Compliance-Beauftragten kommen (dazu Rn.126 ff.).

2. Die eigenen Ermittlungen (Internal Investigations) als Bestandteil von Compliance

Im Wesentlichen wird darunter die eigene Sachverhaltsaufklärung compliance- 52 relevanter Sachverhalte im Unternehmen durch interne Ermittlungen verstanden. Es wird zwischen „präventiver" und „repressiven" Nachforschungen unterschieden. Während die präventiven Nachforschungen dazu dienen sicherzustellen, dass sich Mitarbeiter gegenwärtig und künftig rechtmäßig verhalten, somit originäre Maßnahmen der Aufsicht zur Vermeidung von Rechtsverstößen darstellen, erfolgen repressive Maßnahmen anlass- und vergangenheitsbezogen und gehen der Frage nach, ob sich der Mitarbeiter in der Vergangenheit rechtswidrig verhalten hat (*Schneider* NZG 2010, 1201). Die nachstehenden Ausführungen setzen eine Verdachtslage voraus und beschäftigen sich mit möglichen Grenzen derartiger Nachforschung.

a) Parallelermittlungen zu den staatsanwaltschaftlichen Ermittlungen. 53 Das Nebeneinander strafprozessualer Untersuchungen und eigenen **privaten Ermittlungen** ist nicht geregelt. § 160 iVm § 152 StPO schreibt der Staatsanwaltschaft die Ermittlungspflicht für jede Straftat zu. Durch Auskünfte von Behörden kann deren besondere Sachkunde in die Ermittlungen eingebunden werden. Gegenüber parallelen Ermittlungen durch Private besteht seitens der Strafverfolgungsbehörden eine kritische Distanz (u.a. *de Vries* Kriminalistik 2011, 83; *Brunshöber* GA 2010, 571) Dabei wird insbesondere auf die anderslautende Interessenlage von Privatermittlungen verwiesen, die in erster Linie darauf ausgerichtet seien, Strafverfahren, auch wenn sie sich allein gegen Mitarbeiter des Unternehmens richten würden, wegen des damit verbundenen Reputationsverlustes des Unternehmens in der Öffentlichkeit zu vermeiden. Angesichts der interessengeleiteten Ermittlung der Opfer von Straftaten wird insgesamt die Schaffung einer rechtsstaatswidrigen Parallelwelt befürchtet. Nicht völlig unberechtigt wird beklagt, bei gleichzeitiger Ermittlungen durch die Staatsanwaltschaft und das Opfer bestehe die Gefahr der „Verschmutzung" der Beweisquellen.

Der Zugriff auf die **Sachkunde** des geschädigten Opfers durch die Strafverfol- 54 ger ist allerdings auch im Wirtschaftsstrafrecht üblich. Beispielhaft zu nennen sind Ermittlungen wegen des Verstoßes gegen das Markengesetz oder das Urhebergesetz. So werden regelmäßig aus dem Lager des Opfers Sachverständige beauftragt, um die Verstöße anhand der sichergestellten Gegenstände festzustellen. Das LG

Kiel hat sich zur Unzulässigkeit der Durchsuchung und Durchsicht von Papieren durch anwesende Mitarbeiter der Gesellschaft zur Verfolgung von Urheberrechtsverletzungen (GVU) geäußert und auf die Grenzen einer derartigen Einbeziehung der Geschädigten in die Ermittlungen hingewiesen (LG Kiel NJW 2006, 3224 ff.). Durch eine „Privatisierung des Ermittlungsverfahrens", bei der Polizei und Staatsanwaltschaft nur noch formal in Erscheinung treten, sämtliche wesentlichen Ermittlungsschritte aber von der GVU bestimmt und durchgeführt werden, werde gegen das Gebot der Unparteilichkeit verstoßen. Als zulässig hat das BVerfG hingegen die Einschaltung privatrechtlich organisierter Sachverständiger für den ärztlichen Abrechnungsbetrug gehalten (2 BvR 1681/07). Dabei handelte es sich im konkreten Fall um frühere Arzthelferinnen, die in einem Sachverständigenbüro beschäftigt sind und wegen ihrer vormaligen beruflichen Tätigkeit dauerhaft von der Staatsanwaltschaft mit der Prüfung der Abrechnungen beauftragt werden.

55   Die Beauftragung gemäß § 161a Abs. 1 S. 1 StPO von Sachverständigen aus dem Lager des Opfers ist im Einzelfall unter dem Gesichtspunkt der Verhältnismäßigkeit zu prüfen, jedenfalls nicht regelmäßig abzulehnen (*Mahnhof/Funk* NStZ 2001, 519, 523). Durch den Zugriff auf die besonders hohe Sachkunde aus dem Bereich des Geschädigten kann zunehmend erst die Verpflichtung des Staates zur wirksamen Strafverfolgung erfüllt werden. Durch Sachverständige begleitete Ermittlungen konzentrieren sich schon bei der Beweismittelsuche auf das Erhebliche und wirken daher auch bei dem Betroffenen weniger eingriffsintensiv. Dabei kann es sich aber nur um die Übernahme spezieller, diese Sachkunde erfordernde, Ermittlungshilfe bzw. Begutachtung durch den Sachverständigen handeln, für die die Strafverfolgungsbehörden selbst nicht über Gleichwertiges verfügen.

56   In anderen Fällen des Wirtschaftslebens finden zumindest bis zum Zeitpunkt der Strafanzeige allein Ermittlungen durch das Opfer statt, z. B. bei der Verfolgung von Ladendiebstahl durch Detektive oder des Schwarzfahrens durch Fahrkartenkontrolleure.

57   Internal Investigations übernehmen in starker Anlehnung an das staatsanwaltschaftliche Ermittlungsverfahren auch die Untersuchungen nach der Tatentdeckung, ohne dass daraus eine Verpflichtung erwächst, diese Ermittlungsergebnisse auch den Strafverfolgern zur Verfügung stellen zu müssen. Die StPO verschafft dem Verletzten i. S. d. § 406d ff. kein Recht auf eigene Parallelermittlungen, sondern nur Anwesenheits- und Informationsrechte. Ein eigenes Recht auf Straftäterforschung lässt sich nur für den nebenklageberechtigten Verletzten und den Verletzten eines Antrags- oder Privatklagedelikts, etwa aus § 406g Abs. 1 StPO, entnehmen (*Brunhöber* GA 2010, 571, 574). Auch für das durch eine Verfallsanordnung betroffene Unternehmen sehen die §§ 442 Abs. 1 iVm 431 Abs. 3, 432 Abs. 2 StPO prozessual die Stellung als Beteiligte im Verfahren mit der Möglichkeit von Einwendungen allein gegen die sie betreffende Verfallsanordnung (dazu Rn. 8 ff.), nicht aber eigene Ermittlungsbefugnisse, vor.

58   Demgegenüber liegt keine Parallelität von staatlichen und privaten Nachforschungen vor, wenn ein Anfangsverdacht noch nicht besteht. D.h., der Verletzte wird in der Durchführung von „Vorfeldermittlungen" („preventive privat investigations") durch die StPO nicht gehindert. Eine Zulässigkeit eigener Nachforschungen nach (interner) Einleitung des Ermittlungsverfahrens lässt sich aus der StPO nicht ableiten.

59   **aa) Grundlagen im internationalen Recht.** In den USA und Großbritannien, die jeweils die Strafbarkeit der juristischen Person kennen, wird die strafrechtliche Notwendigkeit von Internal Investigations angesprochen.

Die **Selbstanzeige** bzw. die **Kooperation zur Aufklärung** des Vorfalls oder 60
die Übernahme von Verantwortung dafür („Self Reporting, Cooperation or
Acceptance of Responsibility") wird im Kapital 8 des US Federal Sentencing
Guidelines strafmildernd berücksichtigt. Nach dem Securities Exchange Act (SEA)
muss der Wirtschaftsprüfer bei Emittenten, wenn er im Rahmen seiner Tätigkeit
Anhaltspunkte für strafbares Verhalten hat, das Audit Comittee verständigen. Als
Mittel Geldbußen zu verhindern bzw. zu reduzieren wird die Beauftragung von
Internal Investigations genannt (Section 10 A [b] SEA). Nach dem sogenannten
Thompson-Memorandum („Principles of Federal Prosecution of Business Orga-
nisations" vom 20.1.2003, Abschnitt VI) kann die Strafverfolgungsbehörde u.a.
dann von einer Anklage absehen, wenn die juristische Person die Aufklärung der
Tat betrieben hat, sie bei den Behörden angezeigt hat und gewillt ist, mit diesen
zu kooperieren, z. B. die Täter zu benennen, Zeugen zur Verfügung zu stellen und
die Ergebnisse einer Interal Investigation zugänglich zu machen. Dabei können die
Regeln über die Vereinbarungen zwischen Strafverfolgungsbehörden und
Beschuldigten betreffend die Nichtanklage („Non-Prosecution Agreements") zur
Anwendung gelangen (*Wagner* CCZ 2011, 8,9). Neben dem Justizministerium
hat sich auch die Securities and Exchange Commission (SEC) in Programmen,
z. B. im Seaboard Report („SEC, Accounting and Auditing Enforcement Release
No. 1470" vom 23.10.2001) zu den strafmildernden Kriterien der eigenen Aufklä-
rung, anschließenden Anzeige und Kooperation geäußert.

Faktisch liegt in Internal Investigations das staatlicherseits geförderte Mittel, um 61
Sanktionen gegenüber der juristischen Person zu vermeiden, zumindest aber zu
verringern.

bb) Gesellschaftsrechtliche Herleitung im nationalen Recht. Die gesell- 62
schaftsrechtliche Begründung von Internal Investigations in Deutschland ist dagegen weniger eindeutig. Aus der Leitungsaufgabe des Vorstandes nach §§ 76 Abs. 1,
93 Abs. 1 AktG lässt sich zumindest keine eindeutige Aussage dazu entnehmen,
inwieweit die Rechtmäßigkeitskontrolle auch die einzelfallbezogene, nachträgliche Sachverhaltsermittlung mit einschließt (*Wagner* CCZ 2011, 8, 12). Eine weitere Grundlage könnte sich aus der Business Judgement Rule nach § 93 Abs. 1
S. 2 AktG ergeben, die eine Pflichtverletzung des Vorstandes verneint, wenn das
Vorstandsmitglied bei einer unternehmerischen Entscheidung vernünftigerweise
annehmen durfte, auf der Grundlage angemessener Information zum Wohl der
Gesellschaft zu handeln. Allerdings wird dadurch noch nichts über die Art und
Weise der Informationsbeschaffung gesagt, allein das „Ob" und die Intensität der
Informationsbeschaffung unterliegen der Prüfung, wobei nicht alle denkbaren
Erkenntnisquellen ausgeschöpft werden müssen (*Klindt/Pelz/Theusinger* NJW
2010, 2385, 2389). Da der Weg der Informationsbeschaffung („Wie") auch im
Rahmen der gerichtlichen Nachprüfung der Ermessensentscheidung nach der
ARAG/Garmenbeck Entscheidung (BGHZ 135, 254) nicht vorgeschrieben wird,
lässt sich eine gesellschaftsrechtliche Pflicht zu Internal Investigations auch dann
nicht begründen, wenn man diese wiederum als Bestandteil von Compliance
begreift.

Allerdings können sich zwingende Vorgaben aus der Anwendbarkeit des darge- 63
stellten ausländischen Rechts ergeben, wenn der verwirklichte Sachverhalt in
deren Zuständigkeit fällt (*Schneider* NZG 2010, 1201, 1202).

cc) Berücksichtigungsfähigkeit von Aufklärungshilfe. Zu Aufklärungs- 64
bemühungen äußert sich die **Kronzeugenregelung des § 46 b StGB.** Einge-

räumt wird kooperationswilligen Tatbeteiligten bei Aufklärungs- und Präventionshilfe ein vertypter Strafmilderungsgrund in Form einer im Ermessen des Gerichts liegenden Strafrahmenmilderung oder eines Absehens von Strafe *(Fischer* § 46b, Rn. 5; *Peglau* wistra 2009, 409, 412; *Malek* StV 2010, 200, 202). Der Anwendungsbereich ist auf Anlasstaten nach § 46b Abs. 1 Nr. 1 und Nr. 2 StGB iVm § 100a Abs. 2 StPO beschränkt. Dazu zählt u.a. der besonders schwere Fall des Betruges (§ 100a Abs. 2 Nr. 1 n StPO), nicht aber Verstöße gegen das WpHG. Dies erscheint lückenhaft und wirkt disharmonisch, wie der Vergleich zu der Erweiterung des Vortatenkatalogs auch auf Straftaten nach § 38 WpHG im Rahmen von § 261 StGB zeigt.

65 Eine analoge Anwendung der Kronzeugenregelung auch auf juristische Personen scheidet für den Bereich der Kapitalmarktdelikte nicht nur mangels Anlasstat für § 46b StGB aus. Die gänzlich fehlende Strafbarkeit juristischer Personen spricht gegen deren analoge Anwendung, weil durch das Schuldstrafrecht keine Regelungslücke geschaffen wurde, denn es verbleibt dabei, dass sich juristische Personen nicht strafbar machen können. Für das Unternehmen besteht aber durch die Kronzeugenregelung die potenzielle Gefahr, dass sich ein Mitarbeiter jederzeit, auch nach Abschluss der internen Ermittlungen, an die Strafverfolgungsbehörden wenden kann und unter Mitteilung seiner eigenen, aber auch der ihm durch die Internal Investigation bekanntgewordenen zusätzlichen Erkenntnisse die „Vergünstigungen" nach § 46b StGB sichern lassen kann. Dadurch kann es zu einem kaum zu kontrollierenden „Wettlauf" zwischen dem Unternehmen und dem Mitarbeiter kommen. Dies ist aber vom Gesetzgeber auch beabsichtigt.

66 Nicht entschieden ist die Möglichkeit im Wege der Einwendungen gegen die Verfallsanordnung durch die Verfallsbeteiligte nach §§ 442 Abs. 1 iVm §§ 431, 432 StPO auch das Ergebnis der internen Ermittlungen vortragen zu können. Aus dem Wortlaut erschließt sich dies nicht unmittelbar, weil sich das Einwendungsvorbringen auf die Frage zu beziehen hat, ob eigene, dem Verfall entgegenstehende Rechte, berührt sein könnten. Da selbst abzuschöpfende kriminelle Gewinne dem Dritten nicht gehören oder zustehen sollen, erscheint er fraglich, ob derartige Einwendungen nach § 432 Abs. 2 Nr. 2 StPO analog zulässig sein könnten. Erkennbar wird, wie bei der Anordnung der Verbandsgeldbuße nach §§ 9,30,130 OWiG, dass es sich in beiden Fällen, die erst die Anordnung der Nebenbeteiligung ermöglicht, um „Zurechnungsvorschriften" handelt. Fallen die illegalen Erlöse aus Straftaten oder Ordnungswidrigkeiten bei einer juristischen Person an, ist deren Abschöpfung auch bei dieser möglich. Prozessuale Einwendungen der bereicherten juristischen Person müssen inhaltlich auch allein auf Fragen aus diesem Zurechnungszusammenhang beschränkt bleiben. Lediglich bei der Frage der Höhe des Sanktionsanteils nach § 30 Abs. 1 OWiG können zwischenzeitlich im Unternehmen ergriffene Maßnahmen, durch die Wiederholungen zukünftig vorgebeugt werden sollen, angemessen berücksichtigt werden (Rn. 67). Die fehlende Strafbarkeit der juristischen Person auf der einen Seite, verkürzt auch deren „Verteidigungsverhalten" auf der anderen Seite. Präventiv ausgerichtete Compliance dient dem unternehmerischen Verständnis, Haftungslagen für das Unternehmensvermögen grundsätzlich auszuschließen. Ein Thema für die Einwendungen der Nebenbeteiligten nach der StPO ist sie gleichwohl nicht.

67 Höchstrichterliche **Entscheidungen zur Berücksichtigung von internen Ermittlungen** bei der Festsetzung von Verbandsgeldbußen nach **§§ 9, 30, 130 OWiG fehlen.** Rechtsdogmatisch lässt sich dies auch aus dem Wortlaut von § 30

OWiG nicht begründen. § 30 OWiG verweist nicht auf die Zumessungsvorschrift nach § 17 Abs. 3 OWiG, über die strafmildernde Umstände bei der Höhe der Geldbuße angesetzt werden. Die Geldbuße ist im Rahmen des § 30 OWiG in erster Linie nach dem Unrechtsgehalt der Bezugstat und deren Auswirkungen auf den geschützten Ordnungsbereich zu bemessen (BGH wistra 1991, 268). Allerdings soll unabhängig vom Wortlaut der Zweck der Geldbuße nach § 30 OWiG auch dazu führen, für die Bemessung der Buße auch unternehmensbezogene Umstände zu berücksichtigen (Göhler-*Gürtler* Vor § 29a, Rn. 11). Dazu zählt u.a. die Frage, welche Vorsorgemaßnahmen innerhalb des Verbandes vor und nach der Tat getroffen wurden, um solche Zuwiderhandlungen zu verhindern. Im Ergebnis gehören hierzu auch die internen gesellschaftsrechtlichen Bemühungen zur Sachverhaltsaufklärung, weil durch diese Informationen zu einer konkreten Anlasstat die Compliance-Funktion überprüft und zukünftig neu angepasst werden kann, um Wiederholungen auszuschließen. Das LG München hat in einem Beschluss vom 24.10.2007 (Az. 5 Kls 563 Js 45994/07 „Fall Siemens") zumindest § 17 Abs. 3 OWiG analog i. R. v. § 30 Abs. 2 S. 1 Nr. 2 OWiG angewandt. Hinsichtlich der Berücksichtigungsfähigkeit von Compliance bei Verfallsanordnungen ist auf die bereits gemachten Ausführungen zu verweisen (Rn. 19).

Den eher dürftigen Aussagen im StGB und OWiG stehen für den Bereich des **68** europäischen Kartellrechts mit der **Leniency-Bekanntmachung** (Mitteilung der Kommission über den Erlass und die Ermäßigung von Geldbußen in Kartellsachen, ABl. EU 2006 Nr. C 298, S. 17) Regeln gegenüber, wonach auch Maßnahmen der Kartell-Compliance bei der Bemessung einer konkreten Geldbuße grundsätzlich als mildernde Umstände zu betrachten sind (*Dreher* ZWeR 2004, 75, 89; *ders.* ZWeR 2009, 397.). Auf der nationalen Kartellrechtsebene hat das sich das Bundeskartellamt als Bußgeldbehörde durch die Bekanntmachung Nr. 9/ 2006 über den Erlass und die Reduktion von Geldbußen in Kartellsachen – Bonusregelung – vom 7.3.2006 zur Berücksichtigung der Aufklärungsarbeit („Kooperation") erklärt und gebunden. In einer Art Kronzeugenregelung für juristische Personen kann dabei dem ersten Kartellbeteiligten sogar eine Kartellgeldbuße erlassen werden, wenn er mit dem Kartellamt zusammenarbeitet. Der Kartellbeteiligte muss dafür u.a. über alle an der Kartellabsprache beteiligten Beschäftigten die Beweismittel erlangen und der Behörde zur Verfügung stellen, die zur Aufdeckung eines Kartells führen (Ziffer D, Rn. 10).

Diese Kartellrechtsbestimmungen sind wegen der Besonderheit, Auskünfte zu **69** weiteren am Kartell beteiligten Unternehmen zu erhalten, aber nicht ohne Weiteres auf den Bereich der Kapitalmarktdelikte zu übertragen. Das Behördeninteresse ist bei Wettbewerbsverstößen in horizontaler Richtung auf weitere Mitbewerber hin ausgerichtet und soll so in dieser Hinsicht Anreize schaffen. Regelmäßig dürfte es bei Verstößen nach dem WpHG an einer derartig vergleichbaren „Absprache" zwischen einzelnen Unternehmen fehlen. Sollte dies ausnahmsweise aber doch der Fall sein, ist die Berücksichtigung der Offenbarung dieses Wissens um die Involvierung weiterer Unternehmen durch den „Erstaussteiger" über §§ 30, 17 Abs. 3 (analog) OWiG oder § 74c StGB jedenfalls anzuerkennen.

c) Der strafprozessuale Zugriff auf die Ergebnisse von Internal Investi- **70** **gations.** Der Auftrag zur Durchführung der Internal Investigations kann, was in der Praxis üblich geworden ist, an Rechtsanwälte erfolgen.

Der mit den Ermittlungen beauftragte **Syndikusanwalt** kann sich allerdings **71** gegenüber den Strafverfolgungsbehörden nicht auf ein Zeugnisverweigerungsrecht nach § 53 Abs. 1 Nr. 3 StPO berufen. Die von ihm durch die internen Ermittlungen erlangten und in seinem Gewahrsam befindlichen Beweismittel zu diesen Untersuchungen unterliegen daher auch nicht der Beschlagnahmefreiheit nach § 97 StPO (EuGH NJW 2010, 3557; LG Berlin NStZ 2006, 470; LG Bonn NStZ 2007, 605). Voraussetzung ist, dass der Anwalt bei der Rechtsberatung des Unternehmens tätig geworden ist (Müller-Gugenberger/Bieneck/*Winkelbauer-Alexander* § 16, Rn. 80a).

72   Das LG Hamburg hat darüber hinaus **kein Beschlagnahmeverbot** nach § 97 Abs. 1 Nr. 3 iVm § 53 Abs. 1 Nr. 3 StPO für die **Interviewprotokolle** angenommen, die durch eine externe Anwaltskanzlei im Auftrag des Unternehmens durch Mitarbeiterbefragungen erstellt wurden (NJW 2011, 942 „HSH Nordbank"). Das nach § 97 Abs. 1 Nr. 3 StPO vorausgesetzte Vertrauensverhältnis des Beschuldigten im Strafverfahren zu einem von ihm in Anspruch genommenen Zeugnisverweigerungsberechtigten ist nicht auf die Organe einer juristischen Person und der bei ihr beschäftigten Mitarbeiter als Auftraggeber des Berufsgeheimnisträgers übertragbar (BVerfG NStZ-RR 2004, 83). Sollen zudem durch die internen Ermittlungen gesellschaftsrechtliche Schadensersatzansprüche geprüft werden, fehlt es an einem „mandatsähnlichen Vertrauensverhältnis" zu dem Vorstandsmitglied, dessen etwaiges Fehlverhalten selbst Ziel der Untersuchung ist. Nur ausnahmsweise kann auch gegenüber der natürlichen Person ein beratendes Tätigwerden angenommen werden (vgl. AG Bonn NJW 2010, 1390).

73   Der Beschluss des LG Hamburg stammt vom 15.10.2010 und damit vor der Änderung des § 160a StPO am 1.2.2011, der in geänderter Fassung die Ermittlungsmaßnahmen bei Zeugnisverweigerungsrechten regelt. Nunmehr soll eine Ermittlungsmaßnahme, die sich gegen ein Rechtsanwalt richtet und voraussichtlich Erkenntnisse erbringen könnte, über die diese Person das Zeugnis verweigern dürfte, als unzulässig angesehen sein und zu einem Beweiserhebungsverbot führen (§ 160a Abs. 1 S. 1 iVm § 53 Abs. 1 Nr. 3 StPO). Dennoch erlangte Erkenntnisse sollen zu einem Beweisverwendungsverbot führen (§ 160a Abs. 1 S. 2 StPO).

74   § 160a Abs. 5 StPO lässt allerdings u.a. § 97 StPO unberührt. Für die Möglichkeit der Strafverfolgungsbehörden strafprozessuale Maßnahmen zur Erlangung der Unterlagen der internen Ermittlungen ergreifen zu können, folgt daraus keine Einschränkung für die Beschlagnahme (*Meyer-Goßner* § 160a, Rn. 17; Karlsruher-Kommentar/*Griesbaum*, § 160a 21).

75   Umstritten ist die Möglichkeit der **Durchsuchung in der Anwaltskanzlei** nach § 103 StPO, um in den Besitz der dort verwahrten Unterlagen zu gelangen.

76   Teilweise wird vertreten, § 160a Abs. 1 beschränke sich nur auf verdeckte Ermittlungsmaßnahmen (Müller-Gugenberger/Bieneck-*Häcker* § 93, Rn. 41). Die Vorschrift stehe im Zusammenhang mit den verfassungsrechtlichen Entscheidungen zum Lauschangriff (BVerfGE 107, 299, 332) bzw. zur akustischen Wohnraumüberwachung (BVerfGE 109, 279, 323). Nach anderer Ansicht umfasst § 160a StPO alle, auch die offenen, Ermittlungsmaßnahmen (*Meyer-Goßner* § 160a, Rn. 1; Karlsruher-Kommentar/*Griesbaum* § 160a, Rn. 2, 4). Für die Anordnung einer Durchsuchung wäre danach erforderlich, ob diese voraussichtlich Erkenntnisse erbringen würde, über die der Berufsgeheimnisträger das Zeugnis verweigern dürfte.

77   Dabei handelt es sich um eine Prognoseentscheidung. Der gesetzliche Maßstab für diesen Wahrscheinlichkeitsmaßstab wird wieder unterschiedlich eingestuft. Teilweise wird die Durchsuchung bereits dann als unzulässig angesehen, wenn tatsächliche Anhaltspunkte dafür vorliegen, dass sie zur Erlangung von Kenntnis-

sen aus dem geschützten Bereich führen (*Meyer-Goßner* § 160a, Rn. 3a); andererseits muss schon bei der Prognose die zweifelsfreie Erkenntnis bestehen, dass schutzrelevante Inhalte der Gegenstand der Erhebung sind (Karlsruher-Kommentar/*Griesbaum* § 160a, Rn. 6).

Bei der Entscheidung dieser Wortlautauslegung muss die historische Entwicklung der Norm berücksichtigt werden. Die Strafverfahrensnorm wurde durch das Gesetz zur Neuregelung der Telefonüberwachung und anderer verdeckter Ermittlungsmaßnahmen am1.1.2008 eingeführt und sollte der verfahrensrechtlichen Umsetzung der verfassungsrechtlichen Rechtsprechung zur akustischen Wohnraumüberwachung dienen (BVerfGE 109, 279 ff.), somit dem Schutz des Kernbereichs privater Lebensführung, der der Menschenwürde zuzuordnen ist und daher unantastbar bleiben soll. Die Prognose über §§ 103, 106a Abs. 1 S.1 StPO richtet sich daher nach dem Inhalt des Gegenstandes aus, der gesucht werden soll, im Antrag selbst zu bezeichnen ist und über den letztlich schon vor der Beantragung verlässlich dahingehend geurteilt werden soll, ob dieser zum Schutzbereich der privaten Lebensführung gehört. Dabei ist durch das Verwendungsverbot nach § 160a Abs. 1 S. 2 auch Vorsorge für den Fall getroffen, dass die Prognoseentscheidung sich nachträglich als fehlerhaft erwiesen hat. **78**

Die Auffassung, die eine zweifelsfreie Erkenntnislage zur Betroffenheit schutzrelevanter Bereiche für die Unzulässigkeit verlangt, ist vor diesem Hintergrund vorzugswürdig. **79**

Interviewprotokolle mit den Mitarbeitern fallen regelmäßig nicht in diesen Bereich. Die Befragung erfolgt zu betrieblichen Geschehensabläufen, nicht über die Lebensführung des Mitarbeiters und insbesondere nicht zu dem absolut schutzwürdigen Kernbereich. Mittelbar ergibt sich dies aus der arbeitsrechtlichen Pflicht des befragten Mitarbeiters nach §§ 675, 666 BGB, auch in Ansehung eines ihm zustehenden strafprozessualen Schweigerechts als Beschuldigter als Ausfluss des Selbstbelastungsverbots in der Befragung vollständige Auskünfte machen zu müssen. **80**

Die Angaben betreffen das Arbeitsverhältnis. In der **arbeitsgerichtlichen Rechtsprechung** wird eine Auskunftspflicht des Arbeitnehmers gegenüber seinem Arbeitgeber entweder aus dem Arbeitsvertrag oder aus §§ 675,666 BGB angenommen, sofern die Informationen den unmittelbaren Tätigkeitsbereich des Arbeitnehmers betreffen (LAG Hamm – 14 Sa 1689/08 – BeckRS 2009, 74015). Außerhalb des eigenen Arbeitsbereiches wird die Auskunftspflicht auf §§ 241 Abs. 2, 242 BGB gestützt (BAG NZA 1986, 637, 638). Da es sich bei den Internal Investigations um kein staatliches Verfahren handelt, besteht keine Pflicht zur Belehrung des Arbeitnehmers nach § 136 Abs. 1 oder § 55 StPO für den Fall, dass er sich durch wahrheitsgemäße Angaben selbst belasten müsste. Ein Auskunftsverweigerungsrecht wegen der Gefahr der Selbstbelastung in einem staatsanwaltschaftlichen Ermittlungsverfahren soll dem befragten Arbeitnehmer im Arbeitsrecht nicht zustehen (LAG Hamm – 14 Sa 1689/08 – BeckRS 2009, 74015). In etwa vergleichbar mit den Konsequenzen im Gemeinschuldnerbeschluss unterliegen die Auskünfte aber im Strafverfahren einem Beweisverwertungsverbot. Dadurch wird das Problem der Zwangslage, in der sich der Arbeitnehmer eigentlich bereits im Arbeitsrecht befindet, über Art. 2 Abs. 1, Art. 1 Abs. 1 GG auf das Strafverfahren weiter verlagert (*Theile* StV 2011, 381, 385). Nach anderer Ansicht soll dem Arbeitnehmer auch im arbeitsrechtlichen Verfahren ein Auskunftsverweigerungsrecht zustehen (OLG München – 7 U 4774/08 –; BAG II ZR 107/09). Die Konfliktsituation wird angesichts der unterschiedlichen Rechtmeinungen **81** dadurch nicht beseitigt. Er kann zwar über die Verwertung seiner Angaben durch seine Zustimmung entscheiden. Seine fehlende Zustimmung schafft allerdings ein Verwertungsverbot allein bezogen auf die Angaben selbst; allerdings kein Verwendungsverbot (aA *Theile* StV, 381, 385). Die Auswertung für die weitere Verdachtsgewinnung bleibt zulässig. Das BAG (2 AZR 483/07) weist in dieser Konfliktlage daraufhin, dass die Selbstbelastungsfreiheit zumindest dahingehend anzuerkennen sei, dass der Arbeitgeber die Kündigung nicht allein auf die Weigerung stützen kann, an der Aufklärung einer etwaigen Straftat im privaten Bereich mitzuwirken. Allerdings ist fraglich, ob dies ohne Weiteres auf den dienstlichen Bereich übertragbar ist.

82 Praktisch dürfte sich das Absehen von der arbeitsrechtlichen Befragung anbieten bzw. deren zeitliche Aussetzung bis zum Abschluss des staatsanwaltschaftlichen Ermittlungsverfahrens, das insoweit wiederum eine Erkenntnisquelle für die beabsichtigten arbeitsrechtlichen Maßnahmen darstellen.

83 Bei der Befragung ohne persönlichen rechtsberatenden Charakter handelt es sich zudem um keine typische anwaltliche Tätigkeit, sondern um die Aufnahme der Äußerungen eines Mitarbeiters, somit um eine Tätigkeit, wie sie jeder Ermittlungsbeamte täglich durchführen muss. Vergleichbar sind auch Geschäftsunterlagen und Buchungsbelege beim Steuerberater beschlagnahmefrei, wenn diese nicht für die aktuelle steuerliche Beratung benötigt werden (*Meyer-Goßner* § 97, Rn. 40; *Siegrist* wistra 2010, 427, 430). Wie die reine Erledigung der Buchführung nicht zum Berufsbild des Steuerberaters gehört und deshalb nicht in den Schutzbereich fällt, gilt dies entsprechend für die von einem Rechtsanwalt als Verhörperson gefertigten Interviewprotokolle.

84 Das LG Mannheim analysiert in seinem Beschluss vom 3.7.2012 (wistra 2012, 400-409) die im Rahmen der „internal investigations" geführten Befragungen nach der Einführung des § 160a StPO nicht unter diesem Gesichtspunkt, sondern betont selbst bei dieser Tätigkeit des Rechtsanwaltes den besonders schutzwürdigen Aspekt der Mandatsbeziehung: Die Fragestellung des Rechtsanwaltes auch als Interviewer enthalte jeweils einen mandatsbezogenen Inhalt. Sie unterfallen daher dem Schutzbereich des § 97 Abs. 1 S. 1 Nr. 3 StPO bzw. von § 160a Abs. 1 StPO nF. Zwar fehle es an einem schutzbedürftigen Mandatsverhältnis bei den jeweiligen Antworten, allerdings führe das „Mischverhältnis" von geschützten Fragen und ungeschützten Antworten zum Schutz der Gesamtheit der Dokumente , soweit sich die Interviewprotokolle im Gewahrsamsbereich der Rechtsanwälte befinden. Dies erscheint sehr weitgehend.

85 Zum einen, weil durchaus zwischen dem zusammenfassenden Untersuchungsbericht des Anwaltes gegenüber seinem Auftraggeber, der juristischen Person, und den reinen von ihm durchgeführten Mitarbeiterbefragungen unterschieden werden kann: Der Untersuchungsbericht enthält eine rechtliche Risikobewertung für den Mandanten bzw. das Unternehmen in Form einer anwaltlichen Beratung. Die dieser Bewertung und Empfehlung vorausgehende Mitarbeiterbefragung als Teil der Sachverhaltsaufklärung ändert an der inneren Struktur des allein zum Unternehmen bestehenden Mandatsverhältnisses nichts. Ein wie auch immer geartetes vertrauensbegründendes Mandatsverhältnis zu den befragten Mitarbeitern ist wegen des immanenten Interessenwiderspruches zum Auftrag des Mandanten ausgeschlossen (*Bauer* StV 2012, 277, 278). Von daher ist die Annahme eines nicht aufspaltbaren Mischverhältnisses zwischen Bericht und Befragung nicht überzeugend.

Zum anderen öffnet ein derartig verstandener weitgehender Schutz die Mög- **86**
lichkeit für die juristische Person , die niemals Beschuldigte im Strafverfahren sein
kann, Beweismittel dem Zugriff der Strafverfolgungsbehörden oder Dritten durch
die Beauftragung eines Rechtsanwaltes mit internen Ermittlungen zu entziehen
(„Gefahr der Beweismittelverlagerung"). Potenzielle Beweismittel lassen sich mit
der Mitarbeiterbefragung z. B. in Form von Vorhalten verknüpfen und blieben
damit vor dem Zugriff der Strafverfolgungsbehörden geschützt, wenn sich diese
beim Rechtsanwalt befinden. Die nach dem LG Mannheim (a. a. O.) uneingeschränkte Möglichkeit der Beschlagnahme beim Nichtzeugnisverweigerungsbe-
rechtigten nach § 97 Abs. 2 S. 1 StPO beseitigt nicht diese Gefahr. Damit würde
für den Bereich der „international investigations" Mandate der nunmehr bestehende Schutzraum der § 160a StPO weit über das zuvor für Verteidiger bestehende Schutzmaß erstreckt (LG Mannheim a. a. O.).

Erfolgt der Auftrag an den Rechtsanwalt zur internen Untersuchung von straf- **87**
rechtlich relevanten Unternehmensrisiken zeitlich vor Einleitung eines Ermittlungsverfahrens gegen einen Einzelunternehmer, so unterliegen die später im
Gewahrsam des nunmehr Beschuldigten vorgefundenen Unterlagen des Rechtsanwaltes bzw. Verteidigers nicht der Beschlagnahmefreiheit. Der Schutzbereich
des § 160a StPO wird in diesem Fall nicht berührt und die Voraussetzungen der
§§ 97 Abs. 1 Nr. 1, 148 StPO liegen nicht vor. Ein schützenswerter freier Verkehr
zwischen Verteidiger und Mandant besteht erst mit dem Zeitpunkt der Einleitung
des Ermittlungsverfahrens gegen diesen (BGH NJW 2010, 1470). Allein der
Umstand, dass der Einzelunternehmer, von Durchsuchungsmaßnahmen bei Dritten erfährt, die möglicherweise Rückschlüsse auch auf seine Beteiligung an diesen
und weiteren Straftaten zulassen, und aus Furcht vor einem auch gegen ihn gerichteten Strafverfahrens einen Fachanwalt für Strafrecht konsultiert und sich von
diesem beraten lässt, führt noch nicht zur Annahme eines Verteidigungsverhältnisses. Die Ansicht des LG Gießen (Beschluss vom 25.6.2012 – 7 Qs 100/12), die
allein darauf abstellt, ob der Rechtsanwalt aus gutem Grund seine Tätigkeit materiell als Verteidigung ansehen darf und zwar unabhängig vor einem bestehenden
Ermittlungsverfahren gegen seinen Mandanten, führt zu einer ausufernden und
nicht mehr bestimmbaren Auslegung des Begriffs des Verteidigungsverhältnisses.
Dadurch wird auch nicht der Vielfältigkeit der Anlässe einer Mandatsbegründung
mehr Rechnung getragen, insbesondere übersehen, dass auch die Bewertung von
strafrechtlichen Unternehmensrisiken auch bei einem Einzelunternehmen eine
reine anwaltliche Tätigkeit ist. Das Landgericht Bonn hat demgegenüber – zutreffend – in drei Beschlüssen (Beschl. v. 16.1.2010 – 27 Qs 24/11 –, Beschl. v.
14.9.2010 – 37 Qs 27/65 –, Beschl. v. 21.6.2012 – 27 Qs 2/12 –) ausgeführt,
dass eine Ausdehnung des Beschlagnahmeverbots auf Zeiträume vor Begründung
des Verteidigungsverhältnisses und vor Beginn eines Ermittlungsverfahrens zu
einer vom Gesetz nicht beabsichtigten Aushöhlung des im Interesse der Wahr-
heitsermittlung stehenden Ermittlungsgrundsatzes der generellen Beschlagnahmefähigkeit aller Beweismittel führen würde (vgl. auch BVerfG NJW 2010, 1740,
1741). Allenfalls Schriftsätze der Verteidigung, die dazu dienen, sich gegen einen
bereits konkreten, d.h. verfahrensgegenständlichen Vorwurf vorzubereiten, können Beschlagnahmefreiheit beanspruchen.

d) Weitergabeverbot und Mitarbeiterinterviews. Die Weitergabe von **88**
Insiderinformationen ist nach § 14 Abs. 1 Nr. 2 WpHG verboten, wenn dies
unbefugt geschieht. Dabei handelt es sich um ein Tatbestandsmerkmal (*Schröder,*

S. 113). Unbefugt ist die Weitergabe, wenn sie nicht unerlässlich aufgaben-, tätig-
keits- oder berufsbedingt erfolgt oder eine gesetzliche Verpflichtung zur Weitergabe besteht (*Assmann/Schneider* § 14 Rn. 72 ff.). Das Merkmal „**befugt**" wird
durch den EuGH im Sinne eines **engen Zusammenhangs zwischen der Weitergabe und den beruflichen Aufgaben** verstanden, bei deren Wahrnehmung
die Weitergabe erfolgt, wobei zusätzlich die Erforderlichkeit verlangt wird (EuGH
ZIP 2006, S. 123). Regelmäßig stellt auch der innerbetriebliche, von sachlichen
Gründen getragene Informationsfluss eine befugte Weitergabe dar (*Schröder,* 115).
Als innerbetrieblicher Grund muss auch die Erfüllung allein aufsichtsrechtlicher
Maßnahmen nach § 33 WpHG angesehen werden. Die Compliance-Funktion
hat die Angemessenheit und Wirksamkeit der eingerichteten Organisations- und
Arbeitsanweisungen des Unternehmens zu überwachen und zu bewerten. Dazu
sind geeignete Quellen und Instrumente heranzuziehen (MaComp BT 1.2.7),
festgestellte Defizite sind zu ermitteln (MaComp BT 1.2.8). Werden durch die
Compliance-Funktion Unregelmäßigkeiten im Geschäftsverlauf sichtbar, gehören
insiderrechtliche Nachforschungen im Rahmen von Compliance und Internal
Investigations als deren Bestandteil zu den zwingenden Aufgaben (*Schneider* ZGR
2010, 1201, 1203). Auch bei dem Auftrag zur Nachforschung an Unternehmens-
externe handelt es sich wegen des allein unternehmensbezogenen Auftrags des
Externen noch um einen innerbetrieblichen Informationsfluss (*Schröder,* 116) und
damit um eine befugte Weitergabe.

89   **e) Risiken von Amnestieversprechen.** Zur Herstellung der Aussagebereit-
schaft können beim Personalbeweis der Mitarbeiterinterviews den Mitarbeitern
als Wissensträger Zusagen der Gesellschaft in Aussicht gestellt werden. In weiten
Bereichen stehen diese „Amnestieversprechen" dispositiv im Ermessen des Auf-
traggebers. Allerdings unterliegen diese wiederum gesellschaftsrechtlichen oder
strafrechtlichen Grenzen.

90   Die Zusicherung einer vertraulichen Behandlung der Interviewinhalte nach
außen reicht für den Aufbau eines den Schutz vor strafprozessualen Zugriff nach
§ 97 StPO gebietenden mandatsähnlichen Verhältnisses zum Befragten nicht aus.
Es liegt nicht im privatrechtlichen Ermessen, über die Zulässigkeit strafprozessualer
Maßnahmen im Wege von Zusagen abseits der gesetzlichen Regelungen zu entscheiden (LG Hamburg NJW 2011, 942). Zudem läuft die Gesellschaft Gefahr,
dass der Mitarbeiter, jederzeit und bis zur Eröffnung eines etwaigen Strafverfahrens
gegen ihn, selbständig den Weg zu den Strafverfolgungsbehörden sucht, um seinerseits durch die Anerkennung der Aufklärungshilfe nach § 46b StGB bestenfalls
Straffreiheit zu erlangen.

91   Außerdem kann bei freiwilligen Untersuchungen im Unternehmen und wenn
durch Mitarbeiter Insiderinformationen mitgeteilt werden, diese **Vertraulich-
keitszusage** wegen der der Ad-hoc-Mitteilungspflicht nach § 15 WpHG **nicht
gänzlich eingehalten** werden (Emittentenleitfaden, S. 44). Nach § 15 Abs. 2
S. 1 WpHG müssen zwar „sonstige Angaben, die die Voraussetzung des Abs. 1
offensichtlich nicht erfüllen" nicht mitgeteilt werden, wozu auch die Beteiligung
einzelner Mitarbeiter gehören dürften (*Breßler/Kuhnke/Schulz/Stein* NZG 2009,
721, 725). Dies kann jedoch nicht ausschließen, dass aufgrund von Strafanzeigen
von geschädigten Aktionären oder über § 10 WpHG bzw. § 11 GwG nach der
Veröffentlichung der Ad-hoc-Mitteilungen gegen die Mitarbeiter ein Ermittlungsverfahren eingeleitet werden muss. Zudem dürfte dem Vorstand in der
Hauptversammlung gegenüber dem Auskunftsrecht des Aktionärs kein Auskunfts-

verweigerungsrecht nach § 131 Abs. 3 Nr. 1 AktG zustehen. Drohende Nachteile für die Gesellschaft, die eine derartige Verweigerung rechtfertigen könnten, dürften kaum begründbar sein, wenn bereits die Ad-hoc-Mitteilung erfolgte.

Der **Verzicht von Schadensersatzansprüchen** muss sich an der **Business** 92 **Judgement Rule** gemäß § 93 Abs. 1 S. 2 AktG orientieren und in diesem Zusammenhang an der Prüfung des Aufsichtsrates nach § 112 AktG, wenn Ersatzansprüche gegen den Vorstand in Betracht kommen. Nach der Zweitstufenprüfung aufgrund des ARAG/Garmenbeck Urteils (BGHZ 135, 244 ff.) und nach § 93 Abs. 4 S. 1 AktG, wird die Verfolgung von Ersatzansprüchen gegenüber dem Vorstandsmitglied die Regel sein. Entstandene und rechtskräftige Haftungslagen nach §§ 9, 30, 130 OWiG verpflichten grundsätzlich innerhalb der Gesellschaft zur Regressverfolgung. Deren **Nichtverfolgung** kann für die Aufsichtsratsmitglieder auch strafrechtlich als **Untreue** nach § 266 StGB relevant werden, denn diesen obliegt eine Vermögensbetreuungspflicht nach § 266 StGB gegenüber der AG und deren Aktionären (*Fischer* § 266, Rn. 48). Eine „gravierende" Pflichtverletzung dürfte in diesem Zusammenhang nicht zu fordern sein, da von einer nahezu gebundenen Entscheidung des Aufsichtsrates auszugehen sein dürfte, denn durch die über §§ 9, 30, 130 OWiG festgestellte Pflichtverletzung des Vorstandes liegt ein Schaden der Gesellschaft vor, der den Regress im Innenverhältnis nach sich ziehen muss. Zudem können Aktionäre Schadensersatzansprüche nach § 117 Abs. 1 S. 2 AktG gegen den „Einflussnehmer" sowie gemäß § 117 Abs. 2 AktG gegen die Mitglieder des Vorstandes und des Aufsichtsrates als Gesamtschuldner geltend machen und über § 147 Abs. 1 S. 1 2. Fall, Abs. 3 AktG die Geltendmachung von Ersatzansprüchen gegen den Verband erzwingen.

Einen umfassenden **Schutz vor Strafverfolgungsmaßnahmen** kann das 93 **Unternehmen** im Rahmen von **Amnestieversprechen nicht gewähren.** Dem Verzicht auf die Strafanzeige kann z. B. die Anzeigepflicht nach § 10 WpHG entgegenstehen. Dem vertraglichen Verzicht im repressiven Stadium der Ermittlungen steht die jederzeitige Widerruflichkeit entgegen, wenn der Verzicht nicht gegenüber den zuständigen Strafverfolgungsbehörden freiwillig und schriftlich erklärt wird (BGH NJW 1991, 1046).

Die Freistellung von Geldstrafen, Auflagenzahlungen oder Geldbußen ist bei 94 öffentlich-rechtlichen Unternehmen unzulässig und pflichtwidrig i. S. d. § 266 StGB und kann zudem den Vorwurf der Strafvereitelung begründen (BGH NJW 1991, 990; BGH NStZ 1999, 599). Zumindest dann, wenn der Mitarbeiter (eigennützig) zum Nachteil des Unternehmens gehandelt hat, kommt im Falle einer Übernahme der Geldstrafe auch bei privatrechtlich organisierten Unternehmen eine Untreue in Betracht (*Fischer* § 266, Rn. 84 a).

f) Beweiserhebung von elektronischen Daten. Der E-Mail- oder Internet- 95 verkehr der Mitarbeiter stellt eine wichtige Erkenntnisquelle für die Rekonstruktion von Abläufen dar, sei es beim Zustandekommen von Handelsgeschäften mit Gegenparteien oder Abschlüssen im Kundenauftrag beim Wertpapierhandel, der vermuteten Nichteinhaltung von Vertraulichkeitsbereichen und dem Verdacht des Insiderhandels (*Scherp/Stief* BKR 2009, 404).

aa) Schranken nach dem BDSG. Die Erhebung, Verarbeitung und Nut- 96 zung personenbezogener Daten unterliegt nach § 4 Abs. 1 BDSG einem Verbot mit Erlaubnisvorbehalt. Ausnahmen können sich aus den individuellen Regeln des Arbeitsvertrages oder einer Betriebsvereinbarung ergeben oder bei Zustimmung des Betroffenen. Ansonsten folgt der allgemeine Zulässigkeitsrahmen für das Beschäftigtenverhältnis aus § 32 Abs. 1 S. 1 BDSG. Durch § 32 Abs. 1 S. 2 BDSG dürfen personenbezogene Daten eines Beschäftigten nur erhoben werden, wenn zu dokumentierende tatsächliche Anhaltspunkte den Verdacht begründen, dass der Betroffene im Beschäftigungsverhältnis eine Straftat begangen hat, die Erhebung, Verarbeitung oder Nutzung zur Aufdeckung erforderlich ist und die Verhältnismäßigkeit im Hinblick auf den Anlass gewahrt ist. Präventive Maßnahmen, wie das sogenannte **Massenscreening von Beschäftigtendaten** zur innerbetrieblichen Kontrolle, sind nicht von § 32 Abs. 1 S. 2 BDSG erfasst (*Simitis-Seifert* § 32, Rn. 103). Präventivmaßnahmen werden allerdings vom Gesetzgeber nicht grundsätzlich als völlig unzulässig angesehen, denn nach § 32 Abs. 1 S. 1 BDSG soll auch die Zulässigkeit solcher Maßnahmen zu beurteilen sein, die zur Verhinderung von Straftaten oder sonstigen Rechtsverstößen, die im Zusammenhang mit dem Beschäftigungsverhältnis stehen, erforderlich sind (BT-Drs. 16/13657, S. 21). Die Einstellung von Daten in einen maschinellen Suchlauf stellt noch keinen Eingriff in das Recht auf informationelle Selbstbestimmung dar, wenn die Daten anonym und spurenlos wieder ausgeschieden werden (BVerfG 2 BvR 1372/01 und 1745/07).

97   Zukünftig soll nach einem Entwurf eines **Gesetzes zur Regelung des Beschäftigtendatenschutzes** (BT-Drs. 17/4230) die Aufdeckung von Straftaten als Eingriffsvoraussetzung in § 32d Abs. 3 bzw. 32e Abs. 2 Nr. 2 BDSG-E ausdrücklich geregelt werden. Die Gesetzesbegründung sieht in § 32d Abs. 3 BDSG-E ausdrücklich die Grundlage für die Durchsetzung von Compliance-Anforderungen (BT-Drs. 14/4230, 18). Die Benennung von Straftaten wie §§ 266, 299, 331 bis 334 StGB, bei denen der automatisierte Abgleich von Beschäftigtendaten in anonymisierter oder pseudonymisierter Form möglich sein soll, ist nicht enumerativ zu verstehen, sondern es soll sich insoweit nur um Regelbeispiele handeln. Das zu den weiter in Betracht kommenden Delikten auch die Strafvorschriften des WpHG, soweit sie ihrerseits Vortatenqualität nach § 261 StGB besitzen, gehören, lässt sich mittelbar auch aus der Definition von Compliance in der Gesetzesbegründung entnehmen. Erwähnt werden ausdrücklich die **Compliance-Anforderungen für die Kreditwirtschaft,** aber auch nach dem GwG (BT-Drs. 17/4230, 18). Besonders erwähnt wird (nunmehr) der präventive Einsatz in der Gesetzesbegründung zu § 32e BDSG-E, um „systematische Strukturen (…) aufzubrechen und damit diesen Weg für weitere Taten zu versperren" (BT-Drs. 17/4230, 18). Ergibt sich daraus ein Verdachtsfall, dürfen die Daten personalisiert werden (§ 32d Abs. 3 S. 2 BDSG-E).

98   Nachbesserungsbedarf besteht im Gesetzesentwurf hinsichtlich der Aufnahme der praxisrelevanten **telefonischen Aufzeichnungen von Handelsgeschäften** (vgl. § 34 WpHG, § 25a Abs. 1 KWG) und der bislang unterbliebenen Regelung des konzernweiten Datentransfers, bei der weiterhin Konzerngesellschaften als datenschutzrechtliche Dritte behandelt werden (vgl. Stellungnahme des Bundesrates BT-Drs. 17/4230, S. 27; *Kort* MMR 2011, 294, 298). Der Gesetzentwurf spricht zudem in § 32i BDSG-E nur von der ausschließlich zu beruflichen Zwecken erlaubten Nutzung von Telekommunikationsdiensten an und äußert sich nicht zu dem praktisch relevanten Problem der erlaubten Privatnutzung von E-Mails und Internet und damit nicht zur Frage, ob die bloße Gestattung der Duldung der privaten Nutzung durch den Arbeitgeber, diesen bereits unter das TKG, das TMG oder das Fernmeldegeheimnis fallen lässt (*Kort* MMR 2011, 294, 295).

99   Der Verdachtsgrad i.S.v. § 32 Abs. 1 S. 2 BDSG ist nicht ausschließlich in Anlehnung an die Verdachtsdefinitionen nach der StPO zu bestimmen. Darauf weist die sich aus dem Gesetzeswortlaut ergebende zusätzlich vorzunehmende Verhältnismäßigkeitsprüfung hin (*Simitis-Seifert* § 32, Rn. 104). Die Schwere des Delikts ist in jedem Fall eine in den Abwägungsvorgang einzubeziehende zusätzliche feste Konstante.

bb) Strafbarkeitsrisiken nach § 206 StGB. Strafbarkeitsrisiken nach § 206 **100** bzw. § 303a StGB resultieren bei der E-Mail-Filterung in Unternehmen, wenn es dort unterblieb, die Privatnutzung zu untersagen oder zumindest unter die Bedingung zu stellen, dass sich der Arbeitgeber stichprobenartig vorbehält, E-Mails zu prüfen und bei internen Untersuchungen die Geschäftspost durchsuchen zu können. Soweit in technischer Hinsicht Vorkehrungen getroffen wurden, private E-Mails, die vom Firmen-E-Mail-Account versandt wurden, von geschäftlichen E-Mails zu trennen, lässt sich dieser Problemkreis entschärfen (*DAI*, 85). Klaren Untersagungsanordnungen läuft in der Praxis auch nicht die duldende Hinnahme der privaten Nutzung trotz dieses Verbots zuwider, weil sich daraus allein noch kein Anspruch aus betrieblicher Übung folgern lässt (*Kort* MMR 2011, 294, 295).

Umstritten ist, ob die Zulassung der Privatnutzung dazu führt, dass sich das **101** Unternehmen als „Provider" von Telekommunikationsdiensten behandeln lassen muss. Wird diese Frage bejaht, gehören auch die Unternehmensverantwortlichen zum Personenkreis der tauglichen Täter i.S.d. § 206 Abs. 1 StGB ivm §§ 39 Abs. 2 PostG, 88, 3 Nr. 6 TKG. Der Inhaber des Unternehmens und der privat-rechtlich und entgeltlich beschäftigte Mitarbeiter, d.h. in der Regel auch der interne Ermittler, sind zur Wahrung des Post- und Fernmeldegeheimnisses verpflichtet. Verstoßen sie dagegen, können sie Täter sein; der externe Ermittler Teilnehmer (*Rübenstahl/Debus* NZWiSt 2012, 129, 132). Für die Tatbestandserfüllung des § 206 Abs. 1 StGB kommt es darauf an, ob auch im Unternehmen, das nicht im Telekommunikationssektor tätig ist, geschäftsmäßig Post- und Telekommunikationsdienste erbringt. Darunter wird nach § 3 Nr. 10 TKG das nachhaltige Angebot von Telekommunikation für Dritte mit oder ohne Gewinnerzielungsabsicht verstanden. Strafrechtlich wird daraus der Schluss gezogen, dass auch das Unternehmen, das den eigenen Arbeitnehmern die private Nutzung des dienstlichen E-Mail Accounts unentgeltlich erlaubt, TKD-Anbieter und der Arbeitnehmer schutzwürdiger Dritter i.S.d. TKG ist (OLG Karlsruhe MMR 2005, 178, 179).

Einige Arbeitsgericht (LAG Niedersachsen MMR 2010, 639, 640), LAG Ber- **102** lin-Brandenburg NZA-RR 2011, 342, 343) verneinen demgegenüber die Dienstleistereigenschaft dieser Unternehmen nach § 88 TKG. Die Gleichstellung von TKD-Anbietern, die ihre Dienstleistungen an Kunden gegen Entgelt anbieten mit einem Arbeitgeber, der die private Nutzung des E-Mail Verkehrs des Arbeitnehmers im Unternehmen erlaube, erscheine nicht sachgerecht. Der Arbeitnehmer selbst, sei im Unterschied zu dem „Dritten" i.S.d. § 3 Nr. 10 TKG, kein Unternehmensfremder, sondern gehöre zur Organisationseinheit dazu. Der Ansicht der beiden Landesarbeitsgerichte ist auch für das Strafrecht zuzustimmen mit der Folge, dass es an der Strafwürdigkeit bereits nach § 206 Abs. 1 StGB dann fehlt, wenn der Arbeitgeber, der ansonsten kein TK-Anbieter ist, die private Nutzung des E-Mail Verkehrs durch seine Arbeitnehmer zulässt.

Tatbestandlich begrenzt wird der strafrechtliche Anwendungsbereich des § 206 **103** StGB auch durch die zeitliche Reduktion des Fernmeldegeheimnisses i.S.v. Art. 10 GG nach dem Abschluss des Übertragungsvorganges. Der Schutz des Fernmeldegeheimnisses endet in dem Moment, in dem die E-Mail beim Empfänger angekommen und der Übertragungsvorgang beendet ist (BVerfGE 115, 183 ff.; BVerfG NJW 2009, 2435; VGH Kassel NJW 2009, 2470 ff.). Dieser Zeitpunkt ist eingetreten, wenn der Mitarbeiter selbst die E-Mail innerhalb seines Postfaches verschiebt oder sie löscht. Verbleibt die E-Mail nach Kenntnisnahme weiterhin auf dem Server gespeichert, dient dies allenfalls noch der Archivierung, nicht aber der Aufrechterhaltung des Übertragungsvorganges (aA *Hauschka,* 779, 780).

104   Ein befugtes Handeln, etwa über die Annahme eines rechtfertigenden Notstandes zwecks Verhinderung von Straftaten, scheidet bei § 206 StGB aus, weil dort die allgemeinen Rechtfertigungsgründe keine Anwendung finden (*Fischer* § 206, Rn. 9). § 32 BDSG (dazu Rn. 96 ff.) ist zudem keine Rechtfertigungsnorm i.S.d. § 88 Abs. 3 S. 3 TKG (aA *Rübenstahl/Debus* a.a.O. 135). Der Gesetzesvorbehalt für die Rechtfertigung eines Eingriffes in das Fernmeldegeheimnis erfordert die namentliche Erwähnung der jeweiligen Norm. Die gesetzliche Einschränkungsnorm von § 88 Abs. 3 S. 3 TKG erwähnt weder im Wortlaut § 32 Abs. 1 S. 2 BDSG, noch ergibt sich eine Notwendigkeit § 32 Abs. 1 S. 2 BDSG als eine „übergelagerte" telekommunikationsspezifische Rechtfertigungsvorschrift anzusehen.

3. Zusammenarbeitsformen mit Strafverfolgungsbehörden

105   Die faktische Durchführung von repressiven Internal Investigations birgt auch weiterhin angesichts zahlreicher, zum Teil völlig ungeklärter, juristischer Probleme, nicht unbeträchtliche Risiken. Demgegenüber steht die Kostenintensität derartiger (externer) Untersuchungen bei kaum messbaren Erfolgen, wenn es um die entscheidende Frage der Berücksichtigung der Aufklärungshilfe im Strafverfahren geht. Entscheidet sich die Unternehmensleitung für derartige Untersuchungen, schließt dies auch die weitere Beantwortung der wichtigen Frage, eines von Anfang gebotenen pro aktiven Zugehens auf die Strafverfolgungsbehörden mit ein. Für Dritte als intransparent erscheinende Sonderermittlungen „im Dunkeln" des Unternehmens, neben den bereits aufgenommenen staatsanwaltschaftlichen Untersuchungen, führen zu **Verwerfungen** und gegenseitigem Misstrauen, was später nicht mehr korrigiert werden kann. Für die Gespräche mit der Staatsanwaltschaft sollte allein bezogen auf den konkreten Einzelfall eine Abstimmung in der Weise herbeigeführt werden, z. B. wer welche Ermittlungsmaßnahmen tätigt bzw. tätigen kann. Dafür bieten sich auch aus Sicht der Strafverfolgungsbehörden wegen der dort bestehenden knappen Ressourcen durchaus wegen der überlegenen organisatorischen Sachkunde einer Compliance-Funktion bzw. Revisionsabteilung bezüglich der (konzernweiten) Unternehmensorganisation Vorteile an. Soweit sich im Zuge der Ermittlungen jedoch eine Involvierung der Unternehmensverantwortlichen und nicht nur eine Schädigung des Unternehmens durch Dritte oder der eigenen Mitarbeiter ergibt, sollte eine „Kooperation" sehr kritisch betrachtet und auch beendet werden.

IV. Präventionsaufgaben der Wertpapier-Compliance

1. Aufsichtsrechtliche Grundlagen

106   Zentrales Ziel von Wertpapier-Compliance ist die präventive Bewahrung der Organe und Mitarbeiter vor Fehlhandlungen. Dies erfolgt einerseits durch das Aufzeigen und die Kommunikation zulässiger als auch unzulässiger Verhaltenswei-

sen gegenüber den Beschäftigten und andererseits durch die Errichtung einer effizienten Compliance-Organisation, die auch die Möglichkeit bietet, sich als Unternehmen gegen den Vorwurf mangelnder Aufsicht verteidigen zu können.

§ 33 WpHG gilt als zentrale Vorschrift. Sie gibt Auskunft darüber, welche **107** **Organisationspflichten das Wertpapierdienstleistungsunternehmen** einzuhalten hat. Das Unternehmen hat nicht nur die Pflichten nach § 25a Abs. 1–4 KWG zu erfüllen, sondern nach § 33 Abs. 1 S. 2 WpHG einen darüber hinausgehenden Pflichtenkatalog. Aufsichtsrechtlich bildet § 25a Abs. 1 S. 1 KWG die Basisnorm für Compliance und § 33 WpHG eine spezifizierende Sonderregel für das Wertpapiergeschäft (MaComp AT 7; Schwark/Zimmer-*Fett* § 33, Rn. 16). Danach verbinden sich in der Wertpapier-Compliance das Ziel des KWG, die Solvenzaufsicht, und das Ziel des WpHG, die Marktaufsicht. Für die Prüfung strafrechtlicher Einstandspflichten, insbesondere aber nach §§ 30, 130 OWiG, ob vorsätzlich oder fahrlässig die notwendigen Aufsichtsmaßnahmen unterlassen wurden, sind für die Praxis mit dem § 33 WpHG, den Bestimmungen der WpDVerO, der MaComp und dem Emittentenleitfaden zahlreiche Anforderungen durch den Gesetzgeber und die Aufsichtsbehörde selbst formuliert worden. Dabei handelt es sich um Kriterien, wie die Aufsicht in sachlicher Form erfüllt werden kann, aber auch um Fragen der personellen Anforderungen an die Compliance-Funktion.

2. Organisatorische Ausgestaltung der Compliance-Funktion

a) Kontrolle von Mitarbeitergeschäfte und Director's Dealing. Wertpa- **108** pierdienstleistungsunternehmen sind durch § 33b Abs. 3 WpHG durch den Einsatz angemessener Mittel und Verfahren verpflichtet, die Geschäfte ihrer Mitarbeiter, die mit der Erbringung von Wertpapierdienstleistungen befasst sind, auf Verstöße gegen das Insiderrecht zu kontrollieren (*Hauschka,* 953).

Dabei benennt § 33b Abs. 3 Nr. 1–3 WpHG die Geschäfte, die mittels organisa- **109** torischer Vorkehrungen vermieden werden sollen. § 33b Abs. 3 Nr. 1 benennt die Erlangung von Insiderinformationen nach § 13 WpHG. Für die Compliance-Ausrichtung müssen demzufolge die Unternehmensbereiche bestimmt werden, in denen das Risiko eines Insiderhandels besonders hoch ist, z. B. die Betreuung von Geschäftskunden oder vermögender Privatkunden, der Eigenhandel oder die Vermögensverwaltung (Renz/Hense-*Wagemann,* 560). Gesetzessystematisch benennt wiederum der Emittentenleitfaden Beispiele für Geschäftsfälle oder unternehmerische Entscheidungen, die Insiderinformationen verschaffen können und zwar unter dem Aspekt des erheblichen Preisbeeinflussungspotentials i. S. d. § 13 Abs. 1 S. 1 WpHG, bei denen sich wiederum bei Bekanntwerden die Frage der Veröffentlichung einer Ad-hoc-Meldung stellt (Emittentenleitfaden, S. 56, 57). Zu den organisatorischen Vorkehrungen der Vermeidung derartiger potenziell unzulässiger Mitarbeitergeschäfte äußert sich schließlich § 33b Abs. 3, Abs. 4 WpHG und die MaComp (BT 2.3. und 2.4). Das Rundschreiben 8/2008 (WA) – Überwachung von Mitarbeitergeschäften gemäß § 33b WpHG und § 25a KWG – definierte die compliance-relevanten Tatsachen bereits zuvor wie nunmehr im Emittentenleitfaden (Ziffer 3a).

Eine organisatorische Schutzvorkehrung im Unternehmen ist der Abgleich der **110** danach festgestellten potenziell relevanten Geschäfte mit dem **Insiderverzeichnis** nach § 15b WpHG. Dadurch soll die Überwachung von Insidergeschäften erleichtert werden, indem in konkreten Fällen der Kreis der Insider durch das BaFin schneller ermittelt werden kann (*Kuthe/Rückert/Sickinger,* 118). In dem Verzeichnis enthalten sind die dem Wertpapierdienstleistungsunternehmen vorliegenden kurssensiblen Informationen über Finanzinstrumente sowie die Namen der Mitarbeiter, die Zugang zu diesen Informationen haben. Die Meldungen zur Insiderliste hat durch den Mitarbeiter an die Compliance zu erfolgen (§§ 33b Abs. 4 Nr. 2 WpHG, 14 WpAIV und Emittentenleitfaden, S. 121 ff.). Die in dem Verzeichnis geführten Personen sind durch den Emittenten zu belehren (§ 15b Abs. 1 S. 3 WpHG). **Stichprobenprüfungen** sind u.a. zur Einhaltung der Meldewesens durch die Compliance-Funktion durchzuführen (MaComp BT 1.2.7). Als Reaktion der Prüfung kann u. U. die Stornierung des Geschäfts vorgenommen bzw. die Durchführung privater Wertpapiergeschäfte des Mitarbeiters unter einen Zustimmungsvorbehalt gestellt werden (*Hauschka*, 953, 954).

111   In börsennotierten Kreditinstituten müssen Führungspersonen Mitarbeitergeschäfte mit Aktien des Instituts oder darauf bezogene Finanzinstrumente gemäß § 15a WpHG innerhalb von fünf Werktagen nach Abschluss des schuldrechtlichen Verpflichtungsgeschäfts der BaFin und dem Kreditinstitut mitteilen und veröffentlichen lassen („director's dealing"). Die Führungsperson erfüllt diese Verpflichtung durch Mitteilung des Geschäfts im Unternehmen u.a. an die Compliance-Funktion (Renz/Hense-*Wagemann,* 572). Der Mindestinhalt der Mitteilung ergibt sich aus § 10 WpAIV. Der Emittentenleitfaden benennt als Personen mit Führungsaufgaben u.a. die Mitglieder des Vorstandes und sonstige Führungspersonen, die befugt sind, unternehmerische Entscheidungen zu treffen und regelmäßig Zugang zu Insiderinformationen haben (S. 85), aber auch, zur Vermeidung von Umgehungsgeschäften, die Familienangehörigen dieses Personenkreises. Mitteilungspflichtig sind Geschäfte in Aktien des Emittenten und Finanzinstrumente, die sich auf Aktien des Emittenten beziehen, insbesondere Derivate, wenn die Preisbildung wiederum zu mindestens 50% durch die Aktie bestimmt wird. Ausgenommen sind u.a. Vergütungsformen mit diesen Aktien (Emittentenleitfaden, 88).

112   **b) Unterstützungsleistungen für die Ad-hoc Publizität.** Nach § 15 WpHG sind Inlandsemittenten verpflichtet, Insiderinformationen, die sie unmittelbar betreffen, der BaFin und der Geschäftsleitung der inländisch organisierten Märkte, an denen die Finanzinstrumente gehalten werden, **30 Minuten** vor der Veröffentlichung mitzuteilen (Emittentenleitfaden, S. 73). Zweck der Ad-hoc Publizität ist es, einen gleichen Informationsstand der Marktteilnehmer durch eine schnelle und gleichmäßige Unterrichtung des Marktes zu erreichen und so zu verhindern, dass sich unangemessene Börsen- und Marktpreise infolge fehlerhafter oder unvollständiger Informationsunterrichtung des Marktes bilden. Der Emittentenleitfaden bezeichnet die Pflicht zur Ad-hoc Publizität als eine wichtige Präventivmaßnahme gegen den Missbrauch von Insiderinformationen (S. 47). Durch die unverzügliche Veröffentlichung der Insiderinformation soll dem Insiderhandel der Boden entzogen werden (Renz/Hense-*Göres,* 629). Zwar ist die Beachtung der **Ad-hoc Publizität** ausschließlich Geschäftsführungsaufgabe des Vorstands. Die Informationsgewinnung selbst, durch das vollständige Erfassen und Auswerten aller potenziell insiderrechtlich relevanten Umstände, gehört als Präventivaufgabe zur Compliance-Funktion (*Wendel* CCZ 2008, 41, 42). Der danach vorausgesetzte und jederzeit vorzuhaltende Informationsfluss, auf deren Grundlage erst die Bewertung der unmittelbaren Betroffenheit und des Preisbeeinflussungspotentials möglich wird, erstreckt sich auf den gesamten Tätigkeitsbereich des Konzerns, somit auch auf alle zum Konzern gehörigen Tochtergesellschaften. Dies erfordert im Hinblick auf das Angemessenheitserfordernis in § 33 Abs. 1 Nr. 1 WpHG eine

detaillierte Festlegung der einzelnen Stufen zur Informationsgewinnung und eine straffe Vorgabe an das Meldewesen, um überhaupt die Frist für die Ad-hoc Publizität erfüllen zu können. Die BaFin hat dazu, mit Ausnahme einer Negativabgrenzung zu den Insiderinformationen, die den Emittenten regelmäßig nur mittelbar treffen (Emittentenleitfaden, 54), keine Vorgaben gemacht. Mittelbare Insiderinformationen sind beispielhaft allgemeine Marktstatistiken, zukünftige Ratingergebnisse, allgemeine Zinssatzentwicklungen, Entscheidungen über Regeln zur Marktaufsicht, Entscheidungen der Wettbewerbs- und Marktüberwachungsbehörden hinsichtlich börsennotierter Unternehmen, Kauf- und Verkaufsaufträge in den Finanzinstrumenten des Emittenten oder Veränderungen in den Handelsbedingungen (Emittentenleitfaden, S. 54). Auch wenn diese Informationen nicht veröffentlichungspflichtig sind, lösen diese dennoch das Insiderhandelsverbot des § 14 WpHG aus (Emittentenleitfaden, S. 55). Eine „Empfehlung", welche Insiderinformationen publizitätspflichtig sind, beschreibt der Emittentenleitfaden unter dem Gesichtspunkt einer möglichen Eignung des Tatbestandes zur erheblichen Preisbeeinflussung. Beispielhaft werden aufgeführt:

- Veräußerung von Kerngeschäftsfeldern, Rückzug aus oder Aufnahme von neuen Kerngeschäftsfeldern,
- Verschmelzungsverträge, Eingliederungen, Ausgliederungen, Umwandlungen, Spaltungen, sowie andere wesentliche Strukturmaßnahmen,
- Beherrschungs- und/oder Gewinnabführungsverträge,
- Erwerb oder Veräußerung von wesentlichen Beteiligungen,
- Übernahme- und Abfindungs-/Kaufangebote,
- Kapitalmaßnahmen (inkl. Kapitalberichtigung),
- wesentliche Änderung der Ergebnisse der Jahresabschlüsse oder Zwischenberichte gegenüber früheren Ergebnissen oder Marktprognosen,
- wesentliche Änderung des Dividendensatzes,
- bevorstehende Zahlungseinstellung/Überschuldung, Verlust nach § 92 AktG/ kurzfristige Kündigung wesentlicher Kreditlinien,
- Verdacht auf Bilanzmanipulation, Ankündigung der Verweigerung des Jahresabschlusstestats durch den Wirtschaftsprüfer
- erhebliche außerordentliche Aufwendungen (z. B. nach Großschäden oder Aufdeckung krimineller Machenschaften) oder erhebliche außerordentliche Erträge,
- Ausfall wesentlicher Schuldner,
- Abschluss, Änderung oder Kündigung besonders bedeutender Vertragsverhältnisse (einschließlich Kooperationsabkommen),
- Restrukturierungsmaßnahmen mit erheblichen Auswirkungen auf die künftige Geschäftstätigkeit,
- bedeutende Erfindungen, Erteilung bedeutender Patente und Gewährung wichtiger (aktiver/passiver) Lizenzen,
- maßgebliche Produkthaftungs- oder Umweltschadensfälle,
- Rechtsstreitigkeiten von besonderer Bedeutung,
- überraschende Veränderungen in Schlüsselpositionen des Unternehmens (z. B. Vorstandsvorsitzender, Aufsichtsratsvorsitzender, überraschender Ausstieg des Unternehmensgründers),
- überraschender Wechsel des Wirtschaftsprüfers,
- Antrag des Emittenten auf Widerruf der Zulassung zum organisierten Markt, wenn nicht noch an einem anderen inländischen organisierten Markt eine Zulassung aufrecht erhalten wird,

– Lohnsenkungen oder Lohnerhöhungen, die nur den Emittenten betreffen,

– Beschlussfassung des Vorstandes, von der Ermächtigung der Hauptversammlung zur Durchführung eines Rückkaufprogramms Gebrauch zu machen (Emittentenleitfaden, S.56, 57).

113 Der hohe logistische Aufwand für ein **Monitoring** ist daher eigenständig von den Wertpapierdienstleistungsunternehmen zu leisten. Dies betrifft die Kanalisierung der Informationen, die Informationswege selbst, die Festlegung der Bereiche im Unternehmen, in denen insiderinformationsrelevante Umstände auftreten können, die Schulung und Sensibilisierung der Mitarbeiter allein zur Aufrechterhaltung des eingerichteten Meldesystems und schließlich die materiell-rechtliche Prüfung der Voraussetzungen einer Ad-hoc Meldung und, falls dies erforderlich ist, die Prüfung der tatsächlichen Umsetzung der Meldung. Dies setzt vor allem ein qualifiziertes Risikomanagement im Unternehmen voraus, durch das die Risikopotentiale bzw. -bereiche individuell in Form einer Risikoklassifizierung der unterschiedlichen Unternehmensbereiche eingestuft werden können. Das Ergebnis der Bewertung erfüllt das Angemessenheitsgebot, wenn der Risikogehalt ermessensfehlerfrei und nachvollziehbar ermittelt und dokumentiert wurde und das Analyseergebnis selbst anlassbezogen bzw. in festgelegten Prüfabschnitten durch die Analysten hinterfragt, ggf. dann auch neu bewertet wird. Der Compliance-Funktion kommt durch risikobasierte Überwachungshandlungen, wie Vorortprüfungen, die Aufgabe zu, ob im operativen Bereich den Arbeits- und Organisationsanweisungen nachgekommen wird (*Schäfer* BKR 2011, 187).

114 **c) Schaffung von Vertraulichkeitsbereichen und Überwachungsformen.** § 13 Abs. 3 S. 3 Nr. 1 WpDVerOV definiert allerdings über das Aufsichtsrecht eigenständig unternehmensinterne Risikobereiche als Vertraulichkeitsbereiche im Unternehmen. Diese besonders gewichteten Bereiche sollen dazu beitragen, den Informationsfluss bei Interessenkonflikten nach § 33 Abs. 1 Nr. 3 WpHG zu erschweren. Die MaComp hat diesen Ansatz als Instrument der Durchsetzung der Präventivmaßnahmen konkretisiert, wenn auch als „Soll-Bestimmung". (AT 6.1.; 6.2.3.).

115 Das Ziel der **„Chinese Wall"** als organisatorische Maßnahme besteht darin, Sicherheit dafür zu gewähren, dass vertrauliche Informationen in dem Bereich verbleiben, in dem sie anfallen oder verwendet werden und diesen Bereich lediglich im Fall einer betrieblichen Notwendigkeit auf einem vorgeschriebenen Weg verlassen (MaComP AT 6.2.3.a). Unveröffentlichte kursrelevante Informationen, die in einem bestimmten Geschäftsbereich anfallen, sollen diese Bereiche nicht verlassen, damit dadurch einerseits die Einhaltung des Insiderrechts nach § 33 Abs. 1 S. 2 Nr. 1 WpHG, andererseits die Einhaltung des Weitergabeverbots des § 14 Abs. 1 Nr. 2 WpHG sichergestellt werden kann (Kümpel/Wittig-*Rothenhöfer,* 220). Die MaComp geht dabei so weit, zur Durchsetzung von „Chinese Walls" räumliche Trennungen von Kundenhandel und Eigengeschäft als eine Art „best practice" vorzuschlagen (MaComp AT 6.2.3a). Ein wesentlicher Aspekt der Zugangsbeschränkungen dürfte dabei die Wirkung auf Mitarbeiter haben, die bewusst diese Regeln zum Vertraulichkeitsbereich zur Tatausführung verletzen müssen, damit aber selbst Beweisspuren legen würden.

116 Das **Wall-Crossing** beschränkt den bereichsüberschreitenden Informationsfluss auf das beruflich erforderliche Maß (MaComp AT 6.2.3.b; „Need-to-know-Prinzip").

Ein weiteres Instrument zur Überwachung der Vertraulichkeitsbereiche ist die **117** ebenfalls vertrauliche Führung einer „**watch-list**", einer nicht öffentlichen Liste von Finanzinstrumenten, zu denen dem Unternehmen compliance-relevante Informationen vorliegen und die es der Compliance ermöglichen, zu diesen Werten die Eigenhandels- und Mitarbeitergeschäfte zu überprüfen (MaComp AT 6.2.3c). Sie erlaubt zusammen mit der zeitnahen Beobachtung des Orderflusses in der Bank die Kontrolle der Wirksamkeit der „Chinese Wall", so dass Indizien für eventuelle Lücken erkannt und Gegenmaßnahmen ergriffen werden können. Grundsätzlich werden dadurch Banken und Mitarbeiter nicht beschränkt, weil die „watch-list" nicht veröffentlicht wird. Die Personen, die Kenntnis durch die Liste über kurssensible Informationen haben, unterliegen dem Insiderhandelsverbot. Die Liste ist damit eine Dokumentation der Daten durch die Compliance (*Eisele* WM 1993, 1021, 1024). Sie eröffnet aber auch Eingriffsmöglichkeiten. So hat die Compliance die Möglichkeit, Geschäfte zu untersagen oder nachträglich zu stornieren oder die Liquidation einer Position zu verlangen, wenn sich der Verdacht unlauterer Ausnutzung sensibler Kenntnisse bestätigen sollte (*Eisele* WM 1993, 1021, 1024; Hauschka, S. 953). Eine weitere Möglichkeit ist der Zustimmungsvorbehalt, bei dem der Mitarbeiter vor Durchführung privater Wertpapiertransaktionen die Zustimmung des Vorgesetzten und von Compliance benötigt („Pre Approval/Pre Clearence").

Einen Schritt weiter im Hinblick auf die Untersagung bestimmter Geschäfte **118** geht die „Sperrliste" (MaComp AT 6.2.3c). Haben die compliance-relevanten Informationen eine Qualität erlangt, bei deren Veröffentlichung sofortige wesentliche Kursänderungen die Folge wären, werden über diese unternehmensintern offen zu haltende Liste Beschränkungen für die Mitarbeiter- und Eigengeschäfte umgesetzt. Die darin aufgeführten Mitarbeitergeschäfte sind grundsätzlich untersagt. Kundengeschäfte können ausgeführt werden, allerdings mit dem ausdrücklichen Zusatz, dass das Geschäft auf „ausdrücklichen Kundenwunsch" erfolgt. Die „watch-list" unterscheidet sich von der „Stoppliste" dadurch, dass die „Stoppliste" unmittelbare Rechtswirkungen für die Mitarbeiter entfaltet, die „watch-list" ist die bloße Zusammenfassung der Ergebnisse.

d) Ausbildung und Beratung von Mitarbeitern. Nach § 12 Abs. 3 Nr. 2 **119** WpDVerOV muss die Compliance-Funktion die Mitarbeiter im Hinblick auf die Gefahr der Verletzung des WpHG durch deren Handeln beraten und unterstützen. Dazu gehören Schulungsverpflichtungen, aber auch die Beratung im operativen Bereich selbst (MaComp BT 1.2.1). Dies darf nicht als reine abstrakte Tätigkeit verstanden werden. Die Annahme einer Aufsichtspflichtverletzung geht vom konkreten Einzelfall des fehlerhaften Mitarbeiterhandelns aus und rückverfolgt dieses Geschäft innerhalb der übergeordneten Aufsichtsebenen, ob das Mitarbeiterverhalten von der Aufsicht erfasst wurde und welche Verhinderungsmaßnahmen dafür im Unternehmen installiert wurden. Die Beratungsintensität wird damit höher, wenn sich ein Mitarbeiter unsicher ist und von sich aus die Compliance-Funktion anfragt. In diesem Fall ist zu gewährleisten, dass eine Art Beratungsprotokoll erstellt wird, aus dem die Konfliktsituation und die Beratungsleistung hervorgehen. Dieses muss auch dem Vorgesetzten des Mitarbeiters zugehen. Allerdings darf die Initiative für eine Beratung nicht nur vom Mitarbeiter selbst ausgehen. Werden Auffälligkeiten für Defizite bekannt, sind gezielte Beratungen von der Compliance-Funktion zu veranlassen. Auch diese sollten dokumentiert werden.

3. Personelle Ausgestaltung der Compliance-Funktion

120   § 34d Abs. 3 S. 1 WpHG fordert für die Auswahl des Compliance-Beauftragten dessen Sachkunde und Zuverlässigkeit. Sollte ein Mitarbeiter diesen Anforderungen nicht oder nicht mehr genügen, kann die **BaFin** dem Wertpapierdienstleistungsunternehmen **untersagen,** den Mitarbeiter weiter in der betreffenden Funktion einzusetzen (§ 34d Abs. 4 Nr. 1 WpHG) und das Unternehmen verwarnen (§ 34d Abs. 4 Nr. 2a WpHG). Dadurch unterliegt die privatrechtlich getroffene Auswahl des **Compliance-Beauftragten** einer behördlichen Prüfung, was sehr weitgehend erscheint. Relativiert wird der Maßnahmenkatalog dadurch, dass die Untersagungsanordnung nach § 34d Abs. 4 Nr. 2b WpHG nur bei schwerwiegenden Verfehlungen in Betracht kommt (*Möllers/Wenninger* NJW 2011, 1697, 1699).

121   § 33 Abs. 1 S. 2 Nr. 1 WpHG fordert die Dauerhaftigkeit, Wirksamkeit und **Unabhängigkeit** der **Compliance-Funktion,** was durch § 12 Abs. 4 S. 3 WpDVerOV und die MaComP (BT 1) weiter erläutert wird. Die Unabhängigkeit des Compliance-Beauftragten ist dadurch zu gewährleisten, dass er ausschließlich den fachlichen Weisungen der Geschäftsleitung unterliegt (MaComp BT 1.1.1.1; 1.1.1.4). Die Compliance-Funktion ist ein Instrument der Geschäftsleitung und kann einem Mitglied der Geschäftsleitung unterstellt sein (MaComp BT 1.1.3). Der Aufsichtsratsvorsitzende kann nur unter Einbeziehung der Geschäftsleitung direkt Auskünfte vom Compliance-Beauftragten einholen (MaComp BT 1.1.3 S. 3). Damit korrespondiert dessen unmittelbare Berichterstattung an die Geschäftsleitung und das Aufsichtsorgan (§ 33 Abs. 1 Nr. 5 WpHG). Sie hat zumindest einmal jährlich zu erfolgen und darzulegen, ob die Grundsätze nach § 33 Abs. 1 S. 2 Nr. 1 WpHG eingehalten wurden (MaComp BT 1.2.9). Allerdings schließt dies unterjährige (ad-hoc) Berichte nicht aus, wenn dazu ein Anlass besteht. Werden Defizite durch die Compliance-Funktion ermittelt, ist darüber die Geschäftsleitung zu informieren (MaComp BT 1.2.8). Die Unabhängigkeit der Compliance-Funktion wird weiterhin in seiner selbständigen Beratungsfunktion gegenüber der Geschäftsleitung sichtbar. So sind nur die Übereinstimmung wesentlicher Bewertungen und Empfehlungen des Compliance-Beauftragten seitens der Geschäftsleitung dokumentationspflichtig und in den Bericht gemäß § 33 Abs. 1 S. 2 Nr. 5 WpHG aufzunehmen (MaComp BT 1.1.1.5). Damit bleiben Vorschläge, denen die Geschäftsleitung nicht zustimmt, als „Sondervotum" des Compliance-Beauftragten in seinem Bericht erhalten und können im Ernstfall als Beweis gegenüber der abweichenden Meinung der Geschäftsleitung herangezogen werden (*Zingel* BKR 2011, 500, 503). Aufsichtsrechtlich wird durch diese Bestimmungen nicht nur die Unabhängigkeit des Compliance-Beauftragten innerhalb des Unternehmens bestätigt, sondern auch der unmittelbare Delegationsakt von der originär aufsichtspflichtigen Geschäftsleitung auf den Compliance-Beauftragten. Organisatorische Zwischenebenen zwischen Geschäftsleitung und dem Compliance-Beauftragten sind unzulässig.

122   Dessen Unabhängigkeit wird durch weitere Anforderungsprofile unterstrichen, wie den **Ausschluss eines Interessenkonflikts** durch die Untersagung seiner Beteiligung an den von ihm zu überwachenden Wertpapierdienstleistungen (§ 12 Abs. 4 S. 3 1.Hs. WpDVerOV; MaComp BT 1.1.1.2), seine arbeitsrechtliche Sonderstellung durch die Bestellung auf einen Zeitraum von mindestens 24 Monaten bei einer 12-monatigen Kündigungsfrist (MaComp BT 1.1.1.6), die organisatorische Gleichstellung und denkbare Anbindung an ähnlich gelagerte Kontrollbereiche, wie die Geldwäscheprävention oder das Risikocontrolling (MaComp BT

1.1.1.4) und die Vergütungsempfehlungen der BaFin (MaComp 1.1.1.7 und 1.1.1.8).

4. Eigene Anordnungskompetenzen

Hinsichtlich der Kompetenzen steht dem Compliance-Beauftragten ein umfas- **123** sendes Auskunftsrecht zur Informationserlangung zu (MaComp BT 1.1.2.1) und in diesem Bereich auch ein Weisungsrecht gegenüber den Mitarbeitern, ohne, dass er zuvor verpflichtet wäre, die Geschäftsleitung darüber zu informieren (§ 12 Abs. 4 S. 3 WpDVerOV).

Über festgestellte **Defizite** und deren Nichtabstellung ist die **Geschäftsleitung** **124** zu **informieren** (§ 12 Abs. 4 S. 2 iVm Abs. 2a WpDVerOV). Compliance ist im Wesentlichen auf diese Mitteilung bzw. ein Eskalationsrecht an die Geschäftsleitung beschränkt (*Schäfer* BKR 2011, 187, 190). Das erwähnte Weisungsrecht nach § 12 Abs. 4 S. 3 WpDVerOV beschränkt sich auf sein Informationsrecht im Unternehmen. Dies befugt ihn aber wegen des anderslautenden gesellschaftsrechtlichen Regelwerkes und der sich daraus ergebenden Zuständigkeitsverteilung regelmäßig nicht dazu, von ihm erkannte Compliance-Risiken durch konkrete Handlungsanweisungen an Mitarbeiter der anderen Abteilungen im Unternehmen selbst abzustellen (Schwark/Zimmer-*Fett* § 33, Rn. 24; *Schäfer* BKR 2011, 190).

In Ausnahmefällen wird aus den präventiven Kontrollbefugnissen Compliance **125** dennoch ein starkes Interventionsrecht zuzubilligen sein, wenn ein Mitarbeitergeschäft den Tatbestand eines Verstoßes gegen die Insidervorschriften oder die Kurs- oder Marktmanipulation erfüllen würde (*Schäfer* BKR 2011, 187, 199; Kümpel/Wittig-*Rothenhöfer,* 219, 220). Das lässt sich aus den Befugnissen zur Geschäftskontrolle und der Möglichkeit zur Beobachtung bzw. Aussetzung bestimmter Geschäfte über die „watch-list" bzw. die „Sperrliste" entnehmen (die auch in der MaComp erwähnt werden (dazu Rn. 117). Sie werden als Kontrollinstrument für die Einhaltung der Vertraulichkeitsbereiche eingesetzt und wirken dadurch sowohl transaktions- als auch mitarbeiterbezogen.

V. Straf- und bußgeldrechtliche Verantwortlichkeiten des Wertpapier-Compliance-Officers

1. Der Obersatz im „BSR" Urteil

Die Frage nach den Strafbarkeitsrisiken des Compliance-Beauftragten hat nach **126** dem Urteil des BGH vom 17.7.2009 (BGHSt 54, 44 ff.; „BSR") zu einem kaum noch überschaubaren Echo auch bei Privatunternehmen geführt.

Dies, obwohl der BGH in seinem Urteil über das strafbare Verhalten des Leiters **127** der Rechtsabteilung bzw. Innenrevision eines Unternehmens zu entscheiden hatte, auf das die Rechtvorschriften für eine Anstalt des öffentlichen Rechts anwendbar waren und dem Angeklagten vorgeworfen wurde, einen erkannten Fehler bei der Gebührenbemessung für die Straßenreinigung nicht rechtzeitig für die Gebührenbescheide der Folgejahre korrigiert zu haben. Dabei handelte es sich um die Tätigkeit im hoheitlichen Bereich des Unternehmens, weil die durch den Anschluss- und Benutzungszwang geprägte Straßenreinigung gegenüber den Anliegern nach öffentlich-rechtlichen Gebührensätzen abzurechnen war.

Im Verlauf der Urteilsbegründung musste sich der Senat mit der **Garantenstel-** **128** **lung** des Angeklagten auseinandersetzen. Die dazu gemachten Ausführungen, dies müsse inhaltlich nach dem übernommenen Pflichtkreis bestimmt werden, führten zu den als „Obiter dictum" bewerteten Aussagen. Der Senat führt aus, dass zur Feststellung des Pflichtkreises auf die Zielrichtung der Beauftragung abzustellen und danach zu differenzieren sei, „ob sich die Pflichtenstellung des Beauftragten allein darin erschöpft, [a] die unternehmerischen Prozesse zu optimieren und gegen das Unternehmen gerichtete Pflichtverstöße aufzudecken und zukünftig zu verhindern, oder ob [b] der Beauftragte weitergehende Pflichten dergestalt hat, dass er auch vom Unternehmen ausgehende Rechtsverstöße zu beanstanden und zu unterbinden hat. Unter diesen [beiden] Gesichtspunkten ist ggf. die Beschreibung des Dienstpostens zu bewerten". Diese Aussagen sind als Obersatz für die weitere Prüfung zu verstehen, ob im Einzelfall eine Verantwortlichkeit des Beauftragten auch für den Schutz und die Bewahrung von Rechtsgütern außerhalb des Unternehmens besteht, anzusehen. Danach findet in den Urteilsgründen ein sehr verkürzter Subsumtionsvorgang, bezogen auf die Compliance-Funktion in Unternehmen, statt. Das gefundene Ergebnis muss deshalb relativiert werden, weil sich die (konkrete) Compliance-Funktion erst aus einer Fülle unterschiedlichster Vorschriften und Organisationsanweisungen in den verschiedensten Unternehmensbereich bestimmen lässt und es einen allgemeinen Compliance-Kodex nicht gibt.

2. Die Bestimmung des „Pflichtenkreises" der Geschäftsleitung

129   Nach der Umsetzung der Richtlinie über Märkte für Finanzinstrumente (MiFiD), ist die Pflicht zur Unterhaltung einer Compliance-Funktion ausdrücklich in § 33 Abs. 1 Nr. 1 WpHG gesetzlich geregelt (*Hauschka*, 60). Die Bestimmung der §§ 25a Abs. 1 und 4 KWG iVm § 33 Abs. 1 Nr. 1 WpHG bilden die Rechtsgrundlage der Compliance-Organisation im Finanzdienstleistungsrecht. Die dort geregelten organisatorischen, dem Aufsichtsrecht geschuldeten Anforderungen an Kreditinstitute oder Wertpapierdienstleistungsunternehmen stehen in Zusammenhang mit der qualitativen Bankenaufsicht und den besonderen Risiken des Finanzsektors und lassen sich nicht ohne weiteres mit der Risikosituation in anderen Wirtschaftsbranchen gleichsetzen (*Spindler* WM 2008, 905, 908).

130   Aber auch dort, wo keine aufsichtsrechtlichen Vorgaben existieren, wird zum Teil gesellschaftsrechtlich aus der organschaftlichen Leitungsverantwortlichkeit nach § 76 Abs. 1 AktG die allgemeine Pflicht des Vorstandes abgeleitet, eine auf Schadensprävention und Risikokontrolle ausgerichtete „Compliance" einzurichten und zu betreiben (*Schneider* ZIP 2003, 645, 648; *Liese* BB-Special 2008, 17, 22; *Reichert/Ott* ZIP 2009, 2173, 2174). Gestützt wird dieses Ergebnis auf die Leitungsfunktion des Vorstandes. § 91 Abs. 2 AktG verpflichte den Vorstand als Gesamtorgan, ein Frühwarn- und Überwachungssystem einzurichten, damit den Fortbestand der Gesellschaft gefährdende Entwicklungen rechtzeitig erkannt werden. Dazu könnten allgemein auch rechtliche Entwicklungen gehören. Methodisch wird dies aber nur dort gelingen, wo sich das Frühwarn- und Überwachungssystem auf sämtliche als risikorelevant einzustufende Unternehmensbereiche und -entwicklungen bezieht. Hinzu kommt die Pflicht des Vorstandes nach § 93 AktG, bereits gravierenden Entwicklungen entgegenwirken zu müssen. Letztlich dürfte sich die Frage nach der Pflicht zur Implementierung von Compliance nach dieser Ansicht auf die Frage zurückführen lassen, ob das Überwachungssystem nach § 91 Abs. 2 AktG als Compliance bezeichnet werden muss oder nicht (*Liese* BB-Spezial 2008, 17, 22).

Nach anderer Ansicht sei der Legalitätspflicht und -kontrolle nach § 91 Abs. 2 **131** AktG nur die Pflicht zur Einrichtung eines Überwachungssystems zu entnehmen, damit den Fortbestand gefährdende Entwicklungen frühzeitig erkannt werden. Die Compliance-Funktion lasse sich ex-ante nicht auf die Verhinderung von Bestandsgefährdungen beschränken. Die treuhänderischen Sorgfaltsverpflichtungen nach § 93 Abs. 1 AktG bestünden allein zur Verhinderung von Gesellschaftsschäden (§ 93 Abs. 2 AktG). Durch Compliance seien aber auch Rechtsverletzungen zu verhindern, wenn kein Gesellschaftsschaden entstehe oder zu befürchten sei. Nr. 4.1.3 DCGK, der „Compliance" ausdrücklich erwähne, sei weder ein Gesetz, noch eine Satzung; aus ihm sei keine Rechtsverbindlichkeit abzuleiten (BGH BB 2008, 855; LG München BB 2008, 10). Die Entsprechensklausel des § 161 AktG stelle nur eine unverbindliche Absichtserklärung dar, die jederzeit, und damit auch unterjährig, korrigiert, zurückgenommen oder von der abgewichen werden kann (Münch.Komm.AktG-*Semmler* § 161, Rn. 54). Höchstrichterliche Entscheidungen zu dieser Frage liegen nicht vor.

Ein anderer Ansatz lässt sich, allerdings nur mittelbar, aus § 130 OWiG wegen **132** der besonderen Eignung von Compliance zur Verminderung des Risikos straf- und ordnungswidrigkeitsrechtlicher Verstöße entwickeln (*Bock* ZIS 2009, 79,80).

Zur Bestimmung des übernommenen Pflichtenkreises als Grundlage für eine **133** individuelle Garantenpflicht sind daher entweder die spezial- oder aufsichtsrechtlichen Bestimmungen heranzuziehen oder, wenn das Unternehmen zur Vermeidung von Haftungslagen nach §§ 9,30, 130 OWiG Compliance-Funktionen installiert hat, die dazu dispositiv getroffenen Vorschriften zur unternehmensinternen Ausgestaltung.

Nach den dargestellten Bestimmungen im WpHG und den hierzu ergangenen **134** Verordnungen und behördlichen Hinweisen, leitet der **Wertpapier-Compliance-Officer** seine Funktion im Wege einer **vertikalen Delegation von der Geschäftsleitung** ab. Aufgrund des Charakters der Compliance-Verantwortung als Leitungsaufgabe aller Geschäftsleiter ist dadurch aber keine vollständige haftungsbefreiende Delegation möglich, es bleibt immer bei der Letztverantwortung des übergeordneten Geschäftsleiters (*Bürkle* CCZ 2010,.5; *Hauschka,* 142, 148).

Dennoch scheidet der Compliance-Officer nach dem WpHG als **Beauftragter 135** i. S. d. § 14 Abs. 2 Nr. 2 StGB, der Tätermerkmale auf Personen erweitert, die in einem bestimmten Vertretungs- oder Auftragsverhältnis für den primären Normadressaten handeln, aus. Dies würde nämlich einen ausdrücklichen Auftrag voraussetzen, in eigener Verantwortung Aufgaben wahrzunehmen, die dem Inhaber des Betriebs obliegen (*Fischer* § 14, Rn. 13). Der Compliance-Officer bleibt zur Geschäftsleitung auch fachlich weisungsgebunden. Ihm fehlen, mit Ausnahme bei der Durchsetzung seines Informationsanspruches, klare eigene Entscheidungsmöglichkeiten, wie eine nach § 14 Abs. 2 Nr. 2 StGB vorausgesetzte selbständige Verbots-, Weisungs- oder Anordnungskompetenz. Dies wird durch die umfassende Berichtslinie, die der Compliance-Officer zur Geschäftsleitung einzuhalten hat, bekräftigt. Insoweit bestehen auch keine Unterschiede zu den mit öffentlichen Aufgaben betrauten Beauftragten, die mangels gerichtlicher Entscheidungen zur Herausarbeitung von Gemeinsamkeiten und Unterschieden zu den Compliance-Officers immer wieder herangezogen werden, z. B. dem Gewässerbeauftragten (OLG Frankfurt MDR 1988, 161 f.).

Spätestens seit der Ledersprayentscheidung (BGHSt 37, 106 ff.) ist die strafbe- **136** wehrte Verletzung von Kontrollpflichten durch ein Organ einer Gesellschaft anerkannt, auch wenn das Unterlassen dieser Kontrollmaßnahmen nicht nur das

Gesellschaftsvermögen schädigt, sondern in Fällen der Produkthaftung auch dann, wenn es zu einer Verletzung von Rechtsgütern führt, die außerhalb der Gesellschaft stehen. Im Ledersprayurteil wurde sogar eine strafrechtliche Generalverantwortung und Alleinzuständigkeit der Geschäftsleitung in ressortübergreifenden Krisensituationen angenommen. Diese bestand darin, ein als gesundheitsgefährdendes erkanntes Produkt des Unternehmens vom Markt zurückzurufen. Das Unterlassen der Rückrufaktion begründete die Unterlassungshaftung eines jeden Geschäftsführers (BGHSt 37, 123 f.). In diesem Urteil wurde die Garantenstellung aus vorangegangenem Gefährdungsverhalten („Ingerenz") abgeleitet.

137   Existiert aber eine Gebotsnorm, wie § 33 WpHG, ist die Garantenstellung auch aus der Gesetzesvorschrift unmittelbar begründbar. § 33 WpHG schreibt Organisationsvorkehrungen und Verfahren vor, um u.a. Straftaten nach dem WpHG zu verhindern, soweit diese innerhalb des Unternehmens begangen werden könnten. Die Norm setzt daher bei den Leitungsaufgaben der Geschäftsleitung und dessen Organisationsgewalt für einen bestimmten Herrschaftsbereich, das Wertpapierdienstleistungsunternehmen, an. Eine Vergleichbarkeit besteht insoweit zu den Verkehrssicherungspflichten (*Fischer* § 13 Rn. 16; *Kraft/Winkler* CCZ 2009, 29, 30). Die praktische Bedeutung der danach begründbaren Täter- oder Teilnahmestrafbarkeit der Geschäftsleitung beim unechten Unterlassungsdelikt entscheidet sich bei der Beweisfrage, ob bei Vornahme der pflichtgemäßen Handlung der Erfolg nicht eingetreten wäre. Der BGH verlangt für das Kausalitätserfordernis, dass der Erfolg mit an Sicherheit grenzender Wahrscheinlichkeit nicht eingetreten wäre (BGH NJW 2000, S. 583; Schönke/*Schröder-Stree* § 13, Rn. 61). Kann dieser Nachweis nicht erbracht werden, könnte allerdings noch der „Auffangtatbestand" der Ordnungswidrigkeit nach §§ 9,30, 130 OWiG in Betracht kommen.

138   Führt die vorsätzliche Nichtbeachtung der Pflichten aus § 33 WpHG zu Verfallsanordnungen bzw. Unternehmensgeldbußen in das das Unternehmensvermögen, lässt sich deswegen auch eine Untreuestrafbarkeit der Geschäftsleitung nach § 266 StGB nicht ausschließen. Zum Unmittelbarkeitserfordernis zwischen dem pflichtwidrigen Tun bzw. Unterlassen und dem Vermögensnachteil hat zumindest der 1. Strafsenat in zwei Entscheidungen verdeutlicht, dass der Vermögensnachteil nicht dadurch unterbrochen werde, dass der Vermögensschaden erst bei der Entdeckung der Tathandlung eintrete (BGH NStZ 2011, 37 „AUB"; NStZ 2011, 1747 „Kölner Parteispendenaffäre"). Ein enger zeitlicher Zusammenhang zwischen den beiden Tatbestandsmerkmalen ist zumindest nicht erforderlich. Es erscheint angesichts dieser Bewertung des Zusammenhangs zwischen Pflichtverletzung und Vermögensnachteil bedenklich, eine Strafbarkeit nach § 266 StGB wegen fehlender bzw. fehlerhafter Compliance allein deshalb auszuschließen, weil erst die selbständige Prüfung und Entscheidung der Behörden, d.h. eines Dritten, hinsichtlich einer Inhaftungnahme des Unternehmens dort zu einem Vermögensnachteil führen könne, es somit an der Unmittelbarkeit fehle.

139   Fraglich ist allerdings, ob die Geschäftsleitung mit der Einrichtung von Compliance-Programmen auch eine **Vermögensbetreuungspflicht** trifft und dementsprechend das Unterlassen bereits eine Pflichtverletzung darstellt. Außerhalb des § 33 WpHG sind die gesellschaftsrechtlichen Herleitungen unsicher (Rn. 130–133). Die Spezialvorschrift des § 33 WpHG ist als öffentlich-rechtliche Norm auf die Ausgestaltung des Außenverhältnis der Gesellschaft angelegt. Damit wird noch nichts über das für § 266 StGB ausschlaggebende Innenverhältnis von Unternehmensleitung und Gesellschaft ausgesagt, insbesondere ob Compliance im Innenverhältnis tatsächlich ein vermögensbetreuender Charakter zuzusprechen ist.

Gegenwärtig lassen sich keine eindeutigen Entwicklungen zu dieser Frage darstellen (vgl. *Theile* wistra 2011, 457 ff.; *Michalke* StV 2011, 245 ff.). Die Frage lässt sich nicht völlig von der (höchstrichterlich ungeklärten) Problematik der Geschäftsherrenhaftung bei den Unterlassungsdelikten lösen (Rn. 145 f.). Diese (theoretische) Diskussion darf sich nicht allein in juristischen Auseinandersetzungen mit dem Strafrecht verfangen, denn dabei würde die eigentliche Verankerung von Compliance im Kontext der in Betracht kommenden Aufsichtspflichtverletzungen (§§ 9, 30, 130 OWiG) verkannt werden.

3. Die Bestimmung des „Pflichtenkreises" der Compliance-Officers nach dem WpHG

Im Verhältnis der Geschäftsleitung übernimmt der weiterhin weisungsgebundene Wertpapier-Compliance-Officer nur einen Teil der dort verbleibenden Verantwortlichkeit. Seine Zuständigkeit erstreckt sich, zusammenfassend, auf die Einführung, Dokumentation und ständige Weiterentwicklung des Compliance-Systems. In diesem Zusammenhang hat er die Geschäftsleitung zu unterstützen und zu beraten und die Unternehmensvorgaben zu überwachen (*Kraft/Winkler* CCZ 2009, 29, 31). **140**

Mangels der ihm regelmäßig nicht zustehenden Entscheidungsbefugnis scheidet die unmittelbare Täterschaft des Compliance-Officers aus. Mittelbare Täterschaft könnte allenfalls im Falle einer pflichtwidrigen Fehlinformation in Betracht kommen. **141**

Es verblieb aber noch seine Teilnehmerverantwortlichkeit, wenn er pflichtwidrig als Garant seinen Kontroll-, Informations- und Initiativpflichten nicht nachgekommen ist (OLG Frankfurt MDR 1988, 161). **142**

Die Garantenstellung des Teilnehmers ist selbständig zu ermitteln. So können Pflichten kraft tatsächlicher Übernahme die eigene Garantenstellung begründen. Dadurch kann nicht auf anders lautende gesetzliche oder vertragliche Abreden verwiesen werden, aus denen sich derartige Pflichten nicht ergeben. Ein Verweis des Compliance-Officers auf seinen **Arbeitsvertrag**, der seine Pflichten im Vergleich zu dem tatsächlichen Handeln anders beschreibt, reicht naturgemäß nicht zur Exkulpation aus. So wird mit der allgemein beschriebenen Beratung im Unternehmen durch Compliance Beratung auch dahingehend zu verstehen sein, wie z. B. strafbares Verhalten der Mitarbeiter im Unternehmen zu vermeiden ist. Entscheidend ist, dass der Verpflichtete es tatsächlich übernimmt, für den Schutz des Rechtsgutes zu sorgen (Schönke/*Schröder-Stree* § 13, Rn. 28). Eine tatsächliche Gewährsübernahme ist auch durch die Übernahme einer Sicherungspflicht von einem anderen Garantenpflichtigen möglich (BGHSt 47, 224 ff.; *Fischer* § 13, Rn. 23). **143**

Praktisch anschaulich sind die Fälle der Verkehrssicherungspflichten, in denen der Fahrer eines Kfz auch die Pflichten des Fahrzeughalters übernimmt, wenn ihm das Fahrzeug anvertraut wird oder der Mieter die dem Hauseigentümer obliegende Streupflicht. **144**

Die übernommene „Sicherungspflicht" folgt für den Compliance-Bereich aus der sogenannten **„Geschäftsherrenhaftung"**, d.h. der auch strafbewehrten Verantwortlichkeit der Geschäftsleitung als Inhaber der Herrschaft über den Betrieb zu verhindern, dass durch Mitarbeiter aus dem Unternehmen heraus betriebsbezogene Straftaten begangen werden (*Fischer* § 13, Rn. 38). Die Rechtsfigur ist in der Rechtslehre umstritten, allerdings wird ihr überwiegend zugestimmt (vgl. die Nachw. bei *Rönnau/Schneider* ZIP 2010, 53, 55 Fußn. 25). An einer eindeutigen höchstrichterlichen Entscheidung fehlt es bislang. **145**

146   Soweit darauf verwiesen wird, hinsichtlich betriebsbezogener Straftaten komme es für die Begründung einer Garantenstellung auf die Organisationsmacht des Geschäftsherrn iVm mit seiner Herrschaft über die Gefahrenquelle an, sind zumindest durch § 33 WpHG klare und verbindliche Vorgaben zur Ausgestaltung dieser Organisationsmacht gemacht worden, die für dem Compliance-Officer den gesetzlichen Rahmen für seine Tätigkeit schafft. Das gegen die „Geschäftsherrenhaftung" vorgetragene Argument der Eigenverantwortlichkeit des Untergebenenhandelns findet bei den betriebsbezogenen Straftaten, die zudem auch bei Gutgläubigkeit der Unternehmensorgane zur Haftung des Unternehmens führen können, spätestens dort eine Grenze. Zudem besteht die strafrechtliche Geschäftsherrenhaftung nicht in der Sonderverantwortlichkeit für bestimmte Rechtsgüter, sondern für die Herrschaft über die Gefahrenquelle, d.h. das Unternehmen selbst.

147   Angezweifelt werden kann dieses Ergebnis einer abgeleiteten Garantenstellung des Compliance-Officers als Überwachungsgarant kraft freiwilliger Übernahme nicht durch das Fehlen ausreichender Kompetenzen zur Erfolgsverhinderung. Teilweise wird zwar zu Recht darauf abgestellt, dass der Compliance-Officer im Vergleich zur Geschäftsleitung stets durch seine Überwachungstätigkeit über einen Informationsvorsprung verfüge. Dabei sei es im Ergebnis nicht zu rechtfertigen, wenn keine strafrechtliche Verantwortung zu begründen sei, weil derjenige, der über die Informationen verfüge, nicht entscheiden könne (Compliance-Officer) und derjenige, der entscheidet, nicht über ausreichende Informationen verfüge (Geschäftsleitung). Wenn daraus aber der Schluss gezogen wird (*Rönnau/Schneider* ZIP 2010, 53, 58), mit dem entstehenden Informationsfundus übernehme der Compliance-Officer einen Teil der Herrschaft, die die Garantenstellung des Betriebsinhabers begründet, so ist das zwar zutreffend, ersetzt aber nicht die ihm fehlenden Anordnungskompetenzen. Der Informationsweg ist vertikal zur Geschäftsleitung ausgerichtet und Informationsvorsprünge sind für denjenigen wertlos, der daraus keine Entscheidungen treffen kann.

148   Für den Bereich des Wertpapier-Compliance werden allerdings dem Compliance-Officer zumindest vorläufige Anordnungskompetenzen im Rahmen seiner Präventionsarbeit eingeräumt, denn er ist berechtigt, vorab eine Transaktion im Hinblick auf compliance-relevante Verdachtsmomente zu untersuchen (*Veil* WM 2008, 1098; aA *Spindler* WM 2008, 905, 911). Dies ist eindeutig auch mit einer Anordnungskompetenz ausgestattet worden, wenn man sich die Überwachungsmöglichkeiten in den Vertraulichkeitsbereichen durch die Maßnahmen der „watch-list" oder der „Sperr-Liste" betrachtet (Rn. 117; *Eisele* WM 1993, 1021, 1024; *Hauschka,* 953). Da das Täterverhalten im Bereich Insider- und Marktmanipulationsrecht transaktionsbezogen erfolgt, bestehen nicht nur Informations-, sondern auch Interventionsrechte, die jedenfalls dann ausgenutzt werden müssen, wenn selbst eine ad-hoc Berichterstattung zu spät käme.

149   Die **Einschreitenspflicht** ist vergleichbar mit dem Erkennen einer sogenannten schwarzen Kasse durch den Compliance-Officer bei der Korruptionsbekämpfung. Erfahrungsgemäß dient die schwarze Kasse dazu, Schmiergeldzahlungen erbringen und verheimlichen zu können. Deren Aufrechterhaltung ist bereits eine Untreue durch einen endgültigen Vermögensnachteil. Während die Zahlung von Schmiergeldern aus dieser schwarzen Kasse noch durch die vorherige Berichterstattung an den Vorstand verhindert werden, ist dies in manchen Fällen der schnellen Transaktionsgeschwindigkeiten im Wertpapierhandel nicht mehr möglich und käme oft zu spät.

Zudem hat im Fall der „Wuppertaler Schwebebahn" (BGHSt 47, 229 ff.) der **150** Einwand, aus dem Arbeitsvertrag des Angeklagten habe sich nur die Pflicht zur Beseitigung einer offenkundig hochbrisanten Gefahrenquelle für den Fahrbetrieb, nicht aber die Übernahme von Schutzpflichten gegenüber den Benutzern der Schwebebahn ergeben, nicht überzeugt, weil dadurch dieser letztgenannte Pflichtkreis tatsächlich (mit) übernommen worden sei.

Darüber hinaus wäre im Unternehmen zu ermitteln, wer unternehmensintern für **151** die Fertigung der Anzeige nach § 10 WpHG zuständig ist, weil dies auch ein Mittel der Erfolgsabwendung ist. Häufig wird damit die Compliance beauftragt sein.

Daher ist dem BGH zuzustimmen, wenn er zunächst die Beschreibung des **152** „Dienstpostens" in den Mittelpunkt seiner Überlegungen stellt. Für den Wertpapier-Compliance-Officer ist seine Garantenstellung regelmäßig aufgrund seines tatsächlichen Aufgabenbereiches anzunehmen.

Wenn sich – unabhängig von einer Diskussion zu den Garantenstellungen – **153** die Mittel und Pflichten des Wertpapier-Compliance-Officers zur Erfolgsabwendung auf die Berichterstattung an die Geschäftsleitung beschränken sollten, so kommt der Compliance-Officer mit dieser Berichterstattung seiner strafrechtlichen Pflicht zur Erfolgsabwendung nach. Soweit die Erfolgsverhinderung noch vom Handeln eines Dritten, der informierten Geschäftsleitung, abhängt, genügt für die eigene Zurechnung des eingetretenen Erfolgs, dass erfahrungsgemäß mit dem gefahrbegrenzenden Verhalten des Dritten gerechnet werden kann (LG Waldshut-Tiengen NJW 2002, 153; Schönke/*Schröder-Stree* § 13, Rn. 62). Mit der Unterrichtung der Geschäftsleitung endet daher auch regelmäßig die Garantenpflicht des Compliance-Officer.

Nach den Ausführungen im „BSR"-Urteil ist abschließend die Frage des durch **154** Compliance **beabsichtigten Rechtsgüterschutzes** zu klären (Rn. 128). Als potenzielle Rechtsgüter kommen der Unternehmensschutz und der Kapitalmarkt- bzw. Anlegerschutz in Betracht. Die in § 33 Abs. 1 Nr. 1 WpHG selbst ausgesprochene Verpflichtung betrifft die Einhaltung der gesetzlichen Regeln durch das Wertpapierdienstleistungsunternehmen und deren Mitarbeiter. Die vorbeugenden Maßnahmen zur Bekämpfung des Marktmissbrauches sind im Unternehmen umzusetzen, um die Integrität des Marktes dadurch sicherzustellen, dass die professionell mit der Durchführung kapitalmarktbezogener Transaktionen Beschäftigten einer eigenständigen, unternehmerischen, Kontrolle unterliegen (*Lösler* NZG 2005, 104,108). Auch Wertpapier-Compliance ist in seinen Kernelementen betriebsbezogen angelegt, insoweit ergeben sich keine Unterschiede zu anderen Rechtsgebieten, in denen Compliance-Einrichtungen vorhanden sind. In dem hier vertretenen strafrechtlichen Verständnis von Compliance als Ausfluss der Geschäftsherrenhaftung engt sich der Rechtsgüterschutz auf den Unternehmensschutz ein; nur soweit reichen die Eingriffsmöglichkeiten. Als Reflex einer Compliance steht demgegenüber der Kapitalmarkt- und Anlegerschutz. Der Compliance-Beauftragte übernimmt zwar mittelbar auch diesen Aspekt des Rechtsgüterschutzes, aber ausdrücklich nur im Interesse des Unternehmens selbst.

4. Bußgeldrechtliche Verantwortlichkeit

a) Der Compliance-Officer im Täterkreis von § 30 Abs. 1 OWiG. Hin- **155** sichtlich der Verantwortlichkeit des Wertpapier-Compliance-Officers nach §§ 9, 30, 130 OWiG ergibt sich aus § 30 Abs. 1 Nr. 5 OWiG, dass dieser zu den dort genannten Kontrollpersonen zählt und ihm damit auch eine für die Verbandsgeldbußenhaftung vorausgesetzte originäre Täterqualität zukommt, wenn seine Aufsichtspflichtverletzung in Rede steht (*Göhler/Gürtler* § 30, Rn. 14 a; Karlsruher Kommentar/*Rogall* § 30, Rn. 68 b). Die Täterqualität wird allerdings auf den im Unternehmen benannten Compliance-Officer nach § 12 Abs. 4 WpDVerOV zu beschränken sein und nicht zudem auf die mit der Verrichtung der Compliance-Funktion weiter betrauten Mitarbeiter in einer Compliance-Abteilung. Wegen der Einzelheiten einer Aufsichtspflichtverletzung nach §§ 9, 30, 130 OWiG wird auf die Ausführungen im 2. Teil (S. 145 ff.) verwiesen.

156   **b) Der Inhalt der Aufsichtsmaßnahmen nach § 130 OWiG.** Ein Verstoß gegen die Aufsichtspflicht nach § 130 OWiG ist eine betriebsbezogene Ordnungswidrigkeit i.S.d. § 30 OWiG. Durch § 130 OWiG wird die Möglichkeit bei Aufsichtspflichtverletzungen auf das Unternehmen durchzugreifen geschaffen. Aufgrund des weitgefassten Täterkreises nach § 30 Abs. 1 Nr. 1–5 OWiG kann die vorsätzlich oder fahrlässige Aufsichtspflichtverletzung des Compliance-Officers (Nr. 5) oder der Geschäftsleitung (Nr. 1) zu einer Sanktion bis zu einer Million € führen (§ 30 Abs. 2 S. 2 iVm § 130 Abs. 3 S. 1 OWiG). Im Fall der eigenen Bereicherung der juristischen Person bestimmt der Abschöpfungsteil zusätzlich die Höhe der Geldbuße (§ 30 Abs. 3 iVm 17 Abs. 4 OWiG).

157   Der objektive Tatbestand des § 130 OWiG setzt ein Unterlassen derjenigen Aufsichtsmaßnahmen voraus, die erforderlich und zumutbar sind, um die Gefahr von Zuwiderhandlungen gegen betriebs- und unternehmensbezogene Pflichten zu begegnen. Eine Konkretisierung der Aufsichtspflicht enthält das Gesetz nicht. Die Erforderlichkeit wird allenfalls in Abs. 1 S. 2 OWiG dadurch verdeutlicht, dass dazu „auch" die Personalauswahl und Überwachung der Aufsichtspersonen gehört. Ein Maßnahmenkatalog, den die Aufsichtsperson zu ergreifen hat, um der erforderlichen Aufsicht zu genügen, wird und kann gesetzestechnisch wegen der unüberschaubaren und heterogenen Fallgestaltungen nicht unmittelbar in der Sanktionsnorm benannt werden. Die insoweit als Blankettnorm gefasste Vorschrift ist zum Erforderlichkeitsumfang aus anderen Vorschriften zu bestimmen.

158   Konkrete Vorgaben zur Bestimmung der erforderlichen Aufsicht enthalten weder § 33 Abs. 1 Nr. 1 bzw. Nr. 6 WpHG oder § 12 WpDVerOV. Erst mit den MaComp liegt seit 1.1.2011 ein detailliertes Regelwerk vor (Rn. 106 ff.). Allerdings sind diese wie die MaRisk kein materielles Recht, sondern zusammengefasste Auslegungen gesetzlicher Bestimmungen durch die Aufsichtsbehörde. Als allein norminterpretierende oder normkonkretisierende Verwaltungsvorschriften (*Schäfer* BKR 2011, 45) binden sie die BaFin in ihrer Rechtsauslegung, nicht aber die Gerichte (*Zingel* BKR 2010, 500, 501). Allerdings, für die gerichtliche Prüfung des Einzelfalles, ob dieser nicht durch zusätzliche Aufsichtsmaßnahmen hätte verhindert werden können, ist es für die tatrichterliche Feststellung unerlässlich, zunächst den Maßstab für die Aufsicht zu bestimmen. Faktisch wird dieser Maßstab auch aus den Regeln, die die Aufsichtsbehörde für sich aufgestellt hat, abzuleiten sein. Über die Rechtsanwendung des § 130 OWiG im Einzelfall wird die Erforderlichkeit der Aufsicht inhaltlich deshalb aus der MaComp bestimmt werden müssen. Der Bestimmtheitsgrundsatz nach Art. 103 Abs. 2 GG wird bei dieser Blankettvorschrift dadurch nicht verletzt. Allerdings genügt ein derartiger Vergleich, ob die Bestimmungen der MaComp eingehalten wurden, nicht. Neben der Erforderlichkeit, d.h. der praktischen Durchführbarkeit, ist auch die objektive Zumutbarkeit der verlangten Aufsichtsmaßnahmen im konkreten Einzelfall selbständig festzustellen, was im Einzelfall zu (erheblichen) Abweichungen im Bußgeldverfahren zu den „Best-Practice-Vorstellungen" der BaFin in den MaComp führen wird.

Stichwortverzeichnis

Stichwortverzeichnis